Persönlichkeitspsychologie und Differentielle Psychologie

Howard S. Friedman
Miriam W. Schustack

Persönlichkeitspsychologie und Differentielle Psychologie

ergänzt um ein Kapitel zur Intelligenz von
Heiner Rindermann

PEARSON
Studium

ein Imprint von Pearson Education
München • Boston • San Francisco • Harlow, England
Don Mills, Ontario • Sydney • Mexico City
Madrid • Amsterdam

Bibliografische Information Der Deutschen Bibliothek

Die Deutsche Bibliothek verzeichnet diese Publikation in der Deutschen Nationalbibliografie; detaillierte bibliografische Daten sind im Internet über *http://dnb.ddb.de* abrufbar.

10 9 8 7 6 5 4 3 2 1

07 06 05 04

ISBN 3-8273-7105-8

ein Imprint der Pearson Education Deutschland GmbH,
Martin-Kollar-Straße 10-12, D-81829 München/Germany

www.pearson-studium.de
Übersetzung: Elisabeth Steinweg-Fleckner, Peggy Plötz-Steger, Andreas Zantop
Lektorat: Christian Schneider, cschneider@pearson.de
Korrektorat: Dr. Andrea Stumpf, München
Fachlektorat: Kathrin Ohla, Magdeburg
Einbandgestaltung: adesso 21, Thomas Arlt, München
Titelbild: Getty Images
Herstellung: Claudia Bäurle, cbaeurle@pearson.de
Satz: mediaService, Siegen (www.media-service.tv)
Druck und Verarbeitung: Kösel, Krugzell (www.KoeselBuch.de)

Printed in Germany

Inhaltsverzeichnis

Vorwort

Der Erfolg der ersten Auflage dieses Lehrbuchs hat uns sehr gefreut, besonders aber die Gründe für diesen Erfolg. Viele Lehrende hat es überzeugt, dass wir an den bedeutenden Einsichten der „klassischen“ großen Theorien festhalten und dabei gleichzeitig die aktuellsten „modernen“ Schwerpunkte aufnehmen – dazu zählen Untersuchungen über die Persönlichkeit und die Kultur, die Evolution, das Ich, das Geschlecht sowie den Interaktionismus von Person und Situation. So geht dieser Band zwar von bestehenden Texten über Persönlichkeit aus, bietet aber auch Neues. Generationen von Studenten verdanken ihr Wissen über Persönlichkeit Büchern, in denen die „ehrwürdigen“ Theorien vertreten sind. Unser Ziel war es, die bedeutendsten der alten Erkenntnisse mit den besten der neuen empirischen Forschungen und Entdeckungen zu verbinden.

Sieben besondere Merkmale zeichnen dieses Buch aus und waren maßgeblich für seine Entwicklung zu einem ungewöhnlichen Lehrbuch über Persönlichkeit.

Erstens, und am wichtigsten: Das Buch fördert das kritische Denken über die menschliche Natur. Studenten lernen spezifische Inhalte, aber sie lernen auch, Annahmen, Theorien und Forschungen zu beurteilen. Lassen Sie sich nicht täuschen; obwohl dieses Buch unterhaltsam und gut lesbar ist, wahren wir das höchste wissenschaftliche und intellektuelle Niveau. Eines der Ziele dieses Buchs ist, dass Studenten nach Jahren zurückkommen und sagen „Dieser Kurs hilft mir, mein Leben zu gestalten.“

Zweitens: Das Buch bemüht sich um Geschlossenheit und Ausgewogenheit durch die Betrachtung von acht Grundaspekten. (Diese sind die psychoanalytischen, Ich-, biologischen, behavioristischen, kognitiven, eigenschaftstheoretischen -, existenzialistisch-humanistischen und situationalen/interaktionistischen Aspekte.) Unserer Überzeugung nach tragen verschiedene Einflüsse zur menschlichen Komplexität bei – dazu zählen biologische Prädispositionen, frühe Erfahrungen, kognitive Strukturen, Verstärkungen, situationale Anforderungen und Motivationen, die auf Selbstverwirklichung gerichtet sind. Es trifft nicht zu, dass ein Ansatz immer „richtig“ und ein anderer immer „falsch“ ist; jeder hat bestimmte Erkenntnisse beizutragen. Daher nehmen wir eine optimistische Position ein und konzentrieren uns auf das, was jeder Ansatz zu bieten hat, weisen aber auch auf die jeweiligen Schwächen hin.

Drittens: Das Buch vereint Theorie und Grundlagenforschung. Obwohl oft das Leben von Persönlichkeitstheoretikern zur Veranschaulichung herangezogen wird, liegt der Schwerpunkt auf den intellektuellen Inhalten als auf Biographischem. Erfolglose Ansätze von geringerem historischem Interesse sind nicht berücksichtigt. Neueste Forschungen werden in die ursprüngliche Theorie integriert. So endet das Kapitel über freudsche psychoanalytische Ansätze mit einer eingehenden Besprechung heutiger kognitiver Theorien über das Unbewusste. Ebenso wird gezeigt, dass die Arbeiten von Henry Murray und von Harry Stack Sullivan das Fundament für gegenwärtige interaktionistische Ansätze gelegt haben, und dass die Arbeit von Maslow auf das moderne Gebiet der positiven Psychologie vorausdeutet. Ziel ist, sich die Erkenntnisse der klassischen Theoretiker zu Eigen zu machen und zu zeigen, wie ihre Ideen untersucht und in der heutigen Forschung umgesetzt worden sind.

Viertens: Dieses Buch nimmt interkulturelle Fragen und frauenspezifische Fragen auf und räumt ihnen größeren Raum ein – Themen, die traditionellerweise vernachlässigt werden. Dabei liegt die Betonung eher auf Wissenschaft und Logik als auf politischer Korrektheit. Beispielsweise werden die Probleme von Testverzerrungen unterstrichen, ohne jedoch alle Testmethoden abzuqualifizieren. Die kulturelle Beschränktheit der verschiedenen Theorien werden festgestellt, aber ohne Überheblichkeit; wir alle sind durch unsere Zeit und Kultur geblendet. Diese Probleme werden im ganzen Buch berücksichtigt und in gesonderten Kapiteln gezielt besprochen.

Fünftens: Das Buch bietet einen breiten, zusammenhängenden und eigenwilligen Ansatz, über Persönlichkeit nachzudenken; dabei werden im Verlauf des Textes Evaluation und Integration besonders betont. Es soll Studenten helfen zu verstehen, dass das Thema Persönlichkeit für wichtige Fragen in ihrem eigenen und dem Leben der Gesellschaft relevant ist. Zum Beispiel werden die Auswirkungen biologischer Einflüsse auf die Persönlichkeit sorgfältig ausgewertet. Ebenso wie wichtige neue Entwicklungen in der Verhaltensgenetik und Hirnphysiologie nicht ignoriert werden können, müssen die Gefahren einer modernen eugenischen Bewegung eingehend dargelegt werden, damit sich die Studenten damit auseinander setzen können. Die verschiedenen Sichtweisen von Persönlichkeit spiegeln in gewissem Maß die Annahmen und Wertvorstellungen ihrer Vertreter wider, wobei wir immer wieder die Studenten auffordern, sich eigene Gedanken darüber zu machen, was es bedeutet, eine Person zu sein. Dieses Buch erzählt eine Geschichte über den menschlichen Charakter.

Sechstens: Den Schluss dieses Buchs bilden mehrere Kapitel über praktische Anwendungen auf individuelle Unterschiede; sie enthalten Informationen, die Studenten helfen, die Ursachen von Hass und Terror zu verstehen. Die Persönlichkeitsforschung und -theorie ist von größter Bedeutung für das gegenwärtige gesellschaftliche Denken über Geschlechterunterschiede, Gesundheitsunterschiede, kulturelle Unterschiede und Liebe und Hass. In einem kürzeren Seminar können diese Kapitel ausgelassen werden.

Siebtens: Dieser Text ordnet *Persönlichkeit* wieder dem Gebiet der Persönlichkeitspsychologie zu. Wir haben uns darum bemüht, ein sehr gut lesbares Buch zu schreiben, und viele Beispiele aufgenommen, die das Interesse der Studenten wecken. Man lernt am besten, wenn man von einem Stoff fasziniert ist; und auf guten Stil zu achten heißt nicht, die wissenschaftliche Stringenz zu opfern. Wie ein Rezensent es ausdrückte: „Dieser hervorragende Text präsentiert auf einzigartige Weise den Gegenstand der Persönlichkeit auf einem Niveau, das verständlich ist, auch wenn Studenten wenig Vorkenntnisse auf diesem Gebiet haben."

Was macht dieses Buch *nicht*? Obwohl es sich auf die neuesten Forschungen stützt, ist dieses Buch kein umfassendes Kompendium aktueller Erkenntnisse. Es ist keine typische Auswahl von Fragen und Themen zur Persönlichkeit und bietet auch keine geschwätzige Populärpsychologie. Vielmehr bemüht es sich, umfassend, aber fesselnd zu sein. Es ist in Seminaren und Vorlesungen in den Vereinigten Staaten, Kanada und Europa begeistert aufgenommen worden.

Summa summarum: Die Betonung liegt auf Klarheit und Verständlichkeit, Stimmigkeit und Ausgewogenheit, theoretischer und empirischer Korrektheit, kultureller Sensibilität und Wissenschaftlichkeit, Integration und Positionierung, Grundlagenkenntnis und Anwendung und der Förderung kritischen Denkens. Das sind ehrgeizige Ziele, aber wir meinen, dass unsere Studenten nichts Geringeres verdienen.

In den Kapiteln erscheinen, in Form gesonderter Kästen, vier wichtige Rubriken:

- Die Kästen **Damals und heute** zeigen für jede Perspektive den Weg, auf dem klassische Ideen zu aktuellen Forschungen geführt haben (neu in der zweiten Auflage).
- Die Kästen **Selbstverständnis** präsentieren Beispiele für Erfassungstechniken, die die Studenten ausprobieren können.
- Die Kästen **Berühmte Persönlichkeiten** illustrieren ausgewählte Konzepte anhand bekannter Persönlichkeiten, oft von Menschen aus unserer Zeit wie Madonna.
- Die Kästen **Auswertung der Perspektiven** beschreiben die wesentlichen Stärken und Schwächen der jeweiligen theoretischen Ansätze.

Weitere didaktische Mittel sind die vielen aus der realen Welt stammenden Beispiele und Anwendungen auf die Gesellschaft, Listen der Haupttheoretiker und der Schlüsselbegriffe, Kapitelzusammenfassungen und ein umfassendes Glossar.

Was ist neu?

Was ist neu an der zweiten Auflage?

- In alle Kernkapitel ist ein **historischer Abriss** über die Entwicklungen in der Persönlichkeitspsychologie aufgenommen worden. Dieser hilft den Studenten, den intellektuellen Fortschritt von Ideen sowie deren wissenschaftlichen und gesellschaftlichen Kontext zu verstehen.
- Die **Damals-und-heute**-Kästen sind ein neues Highlight. Hier wird gezeigt, wie klassische Ideen in der heutigen modernen Persönlichkeitsforschung untersucht werden.
- Ergänzung von weiteren Informationen zu den **biologischen und evolutionären Aspekten** der Persönlichkeit. Beispielsweise bietet Kapitel 2 nun eine Tabelle zu biologischen / neurowissenschaftlichen Verfahren, um individuelle Unterschiede zu messen; und Kapitel 11 bespricht in einem Kasten die Stärken und Schwächen von Evolutionstheorien hinsichtlich ihrer Betrachtung der Geschlechterunterschiede bei der Eifersucht.
- **Erweiterte Erörterungen und Kästen** mit Beispielen, die durch Gegenüberstellung und Vergleich zu kritischem Denken anregen sollen. So enthält Kapitel 2 über die Erfassung von Persönlichkeitsmerkmalen jetzt einen Kasten, in dem die Vorzüge und Grenzen von Persönlichkeitstests aufgelistet sind.
- Die eingehende Behandlung der Themen Glück und Hass sowie Kultur hilft den Studenten, die Phänomene **Terror, Konflikt und Heilung** zu verstehen.

Danksagung

Unser Dank und unsere Anerkennung gelten den vielen großartigen Wissenschaftlern und Studenten, die uns bei diesem Projekt geholfen haben: Dr. Nancy Lees, Dr. Leslie Martin, Particia Lee, Dr. Terry Allison, Dr. Raymond D. Collings, Dr. Kathy McCartney, Dr. Glenn Stanley, Dr. Dan Ozer, Dr. Mike Furr, Dr. Kathleen Clark, Jessica Dennis, Ryan Howell, Charlotte C. Markey, Joya Paul, Alanna Daniels, Aarti Ramchandra Kulkarni, Petra Pinkston und vielen anderen, die auf verschiedenste Art und Weise zum Entstehen dieses Buchs beigetragen haben. Das Buch ist von seiner Konzeption her am Studenten orientiert, und so ist es nur angemessen, dass von Anfang an Studenten an seiner Entwicklung beteiligt waren.

Wir danken auch den folgenden Rezensenten der ersten Auflage: Joan B. Cannon, University of Masschusetts in Lowell; Nancy Dixon, Tennessee Technological University; Christina M. Frederick, Southern Utah University; Steven C. Funk, Northern Arizona University; Diane Henschel, California State University, Dominguez Hills; Ralph W. Hood, Jr., University of Tennessee in Chattanooga; David Korotkov, Memorial University (Kanada); Mary Jo Litten, Pittsburg State University; Mitchell S. Nesler, Regents College; Leonard S. Newman, University of Illinois in Chikago; John W. Nichols, Tulsa Community College; Jean Nyland, College of Notre Dame; Augustine Osman, University of Northern Iowa; Michael F. Shaughnessy, Eastern New Mexico University; and Brian H. Stagner, Texas A & M University. Und für ihren wertvollen Rat bei der Vorbereitung der zweiten Auflage danken wir: Jeffrey Baerwald, Loyola College in Maryland; Elizabeth J. Cracco, University of Wisconsin; Kathryn L. Engel, University of Illinois in Chicago; Marvin M. Megibow, California State University, Chico; Tonya Ringgold, Baltimore City Community College; and Thomas Schoenfelder, Temple University.

Wir freuen uns über Anregungen für folgende Auflagen und über Rückmeldungen von Dozenten und Studenten.

Howard S. Friedman
Miriam W. Schustack

Über die Autoren

Howard S. Friedman ist Distinguished Professor of Psychology an der University of California, Riverside, wo er sich gegenwärtig mit dem Forschungsthema Persönlichkeit und Gesundheit beschäftigt. 1995 wurde Dr. Howard S. Friedman der Distinguished Teaching Award der UCR verliehen und 2000 von der Western Psychological Association (WPA) zum Outstanding Teacher ernannt. Er ist gewählter Fellow der Division of Personality and Social Psychology und der Division of Health Psychology der American Psychological Association. Friedman, der das Studium an der Universität Yale mit Auszeichnung abschloss, promovierte in Harvard.

Miriam W. Schustack ist Professor of Psychology an der California State University of San Marcos (bei San Diego), wo sie sich auf den Einsatz von Computern beim Lernen spezialisiert hat. Zuvor lehrte sie an der Harvard University. Dr. Miriam W. Schustack, die ihr Studium an der Princeton University mit Auszeichnung abschloss, erwarb ihren Magistergrad in Yale und promovierte an der Carnegie-Mellon University.

Zur deutschen Ausgabe

Das Lehrbuch von Friedman und Schustack stellt einen breit angelegten Einstieg in die Persönlichkeitspsychologie dar. Zu seinem Erfolg dürften auch die immer gute Lesbarkeit und Verständlichkeit beitragen. Amerikanische Lehrbücher orientieren sich am Leser und versuchen Wissenschaft an ihn heranzuführen.

Friedman und Schustack schildern die verschiedensten Ansätze der Persönlichkeitspsychologie, sowohl traditionelle als auch aktuelle, biologische, statistische, psychoanalytische, humanistische usw. Dabei gehen sie vom klassischen Konzept der Persönlichkeit aus: psychische und stabil bleibende Merkmale einer Person, die nicht zugleich Fähigkeiten sind. Persönlichkeit und Fähigkeit stehen in Wechselwirkung und sind in der Entwicklung interdependent. Für die deutsche Fassung wurde deshalb ein Unterkapitel zur wichtigsten Fähigkeit, der Intelligenz, ergänzt. Intelligenz ist für die individuelle Entwicklung von höchster Bedeutung, sie ebnet Ausbildungswege, erleichtert die Bewältigung bildungsbezogener und nicht bildungsbezogener Anforderungen in Schule, Beruf und Freizeit. Dies hat wiederum Rückwirkung auf die Persönlichkeit, über die gesammelten Erfahrungen in alltäglichen Situationen.

Ein weiterer Grund dafür, Intelligenz aufzunehmen, liegt in der Relevanz des Themas innerhalb psychologischer Studiengänge, sowohl im Diplomstudiengang als auch in Psychologie als Nachbarfach.

Den Leserinnen und Lesern wünschen wir, dass durch die Lektüre des Buches das Interesse am Fach weiter gesteigert und die Kenntnisse vermehrt werden. Vielleicht schauen Sie auch noch später öfter ins Buch, um das eine oder andere Thema aufzufrischen oder um Anregungen für weitergehende Studien zu finden.

Magdeburg, im Juni 2004

Heiner Rindermann

Kapitel

1 Was ist Persönlichkeit?

In diesem Kapitel

Als ein neunzehnjähriger College-Student und seine gleichaltrige Kommilitonin am Mittag aus der Chemievorlesung kamen, sahen sie die Spuren der Verwüstung durch den Terroranschlag. Einer der beiden blieb blass und zitternd stehen, gelähmt vor Angst; ein schwaches Lächeln ging über sein Gesicht. Die Studentin nahm die Sache in die Hand – sie leistete erste Hilfe und wies ihre Studienkollegen an, was sie zu tun hatten. Warum reagierten die beiden so unterschiedlich?

Der verängstigte Student – Michael – war ein nervöser und introvertierter, sympathischer junger Mann, der Informatik studierte. In einem späteren Gespräch erzählte Michael, dass er immer schon ängstlich und gehemmt war, sich diese Gefühle aber verstärkt hatten, als er im Alter von sieben Jahren von seinem Onkel sexuell belästigt worden war.

Die zupackende Studentin – Sara – war eine freundliche und lebhafte Medizinstudentin mit ausgezeichneten Noten. Sie bekleidete einen verantwortlichen Posten in ihrer Studentenverbindung. Als Angehörige einer ethnischen Minderheit hatte sie in der Grundschule Diskriminierung erfahren, aber ihre Eltern vermittelten ihr ein starkes Bewusstsein für moralische Werte und förderten nachdrücklich ihre Leistungen.

Michael und Sara sind beides intelligente, freundliche College-Studenten, aber konfrontiert mit derselben Notsituation reagierten sie ganz unterschiedlich. Hätten wir vorhersagen können, welcher von beiden helfen würde, wenn wir Informationen über ihre Persönlichkeit gesammelt hätten? In den meisten Fällen ja, wenn auch nicht in allen. Haben wir die entsprechenden Informationen über Individuen, können wir ihr Verhalten ziemlich genau vorhersagen und die Gründe dafür verstehen, besonders, wenn wir gleichzeitig die spezielle soziale Situation berücksichtigen.

Als gleichaltrige College-Studenten, die zusammen eine Lehrveranstaltung besuchen, haben Michael und Sara viel miteinander gemein, aber jeder von ihnen ist auch einzigartig. Wir haben einige ihrer Eigenschaften und Verhaltensweisen kurz beschrieben, aber was geht wirklich in ihnen vor? Welche psychologischen Kräfte machen Michael und Sara zu den Menschen, die sie sind? Dieses Buch schildert, was Psychologen über Persönlichkeit denken und wissen.

Im Grunde stellt Persönlichkeitspsychologie dic Frage: *Was bedeutet es, eine Person zu sein?* Anders ausgedrückt: Wie sind wir als Individuen einzigartig? Was ist das Wesen des Selbst? Persönlichkeitspsychologen beantworten diese faszinierenden Fragen durch systematische Beobachtungen, wie und warum Individuum sich so verhalten, wie sie es tun. Persönlichkeitspsychologen neigen dazu, abstrakte philosophische oder religiöse Überlegungen zu vermeiden, und konzentrieren sich stattdessen auf die Gedanken, die Gefühle und das Verhalten realer Menschen. Die Persönlichkeit wird in der Regel *nicht* unter dem Aspekt nichtpsychologischer Konzepte wie Gewinn und Verlust, Seele oder Geist oder Moleküle und Elektromagnetismus untersucht. Persönlichkeit ist ein Teilbereich der Psychologie.

Persönlichkeitspsychologie kann als die wissenschaftliche Untersuchung der psychologischen Kräfte definiert werden, die Menschen zu einzigartigen Individuen machen. Um genau zu sein, können wir sagen, dass Persönlichkeit acht Schlüsselaspekte hat, die uns zusammen genommen helfen, die komplexe Natur des Individuums zu verstehen. Erstens: Das Individuum wird von *unbewussten* Aspekten beeinflusst, also Kräften, die uns nicht immer bewusst sind. Zum Beispiel können wir zu anderen etwas sagen oder uns ihnen gegenüber verhalten, wie unsere Eltern es uns gegenüber immer taten, ohne dabei zu erkennen, dass wir von dem Wunsch angetrieben werden, unseren Eltern zu ähneln. Zweitens: Das Individuum wird von so genannten *Ich-Kräften* bestimmt, die für ein Gefühl der Identität oder des „Selbst" sorgen. Zum Beispiel streben wir oft danach, ein Gefühl der Überlegenheit und der Konsistenz in unserem Verhalten aufrechtzuerhalten. Drittens: Eine Person ist ein *biologisches Wesen* und genetisch, physisch, physiologisch und in ihrer Veranlagung einmalig. Die menschliche Spezies hat sich über Millionen von Jahren entwickelt, doch jeder von uns ist ein einzigartiges biologisches System. Viertens: Menschen werden *konditioniert und geformt* durch ihre Erfahrungen und ihr Umfeld. Das heißt, unsere Umgebung erzieht uns manchmal dazu, auf bestimmte Weise zu reagieren, und wir wachsen in unterschiedlichen Kulturen auf. Kultur ist ein Schlüsselaspekt unserer Persönlichkeit.

Fünftens: Menschen haben eine *kognitive Dimension* – sie denken über ihre Umwelt nach und interpretieren sie aktiv. Unterschiedliche Menschen deuten die Geschehnisse um sie herum auf unterschiedliche Weise. Sechstens: Ein Individuum ist eine Sammlung spezifischer *Eigenschaften, Fertigkeiten und Prädispositionen.* Es lässt sich nicht bestreiten, dass jeder von uns bestimmte spezifische Fähigkeiten und Neigungen hat. Siebtens: Menschen haben eine *spirituelle Dimension* in ihrem Leben, die sie erhebt und sie veranlasst, über den Sinn ihres Daseins nachzudenken. Menschen sind viel mehr als von Computern programmierte Roboter. Sie suchen Glück und Selbsterfüllung. Und schließlich achtens: In der Natur des Individuums herrscht eine permanente *Interaktion* zwischen der Person und der jeweiligen Umgebung. Zusammen genommen helfen uns diese acht Aspekte, Persönlichkeit zu definieren und zu verstehen; sie sind Thema dieses Buches.

1.1 Persönlichkeit und Wissenschaft

Moderne Persönlichkeitspsychologen sind in der Hinsicht wissenschaftlich, dass sie versuchen, anhand Methoden wissenschaftlicher Inferenz (unter Verwendung systematisch gesammelter Belege) Theorien zu überprüfen. Auch wenn man viel über Persönlichkeit lernen kann, indem man in Dostojewskis Roman *Schuld und Sühne* über Raskolnikow liest oder im Theater Shakespeares *Hamlet* sieht, sind solche Erkenntnisse nicht wissenschaftlich, bis sie systematisch überprüft worden sind. Wie wir zeigen werden, haben wissenschaftliche Methoden Einblicke in die Persönlichkeit erbracht, die einem Romanschriftsteller oder Philosophen nicht möglich sind.

Es heißt, der frühere Präsident Ronald Reagan und seine Frau Nancy hätten zur Beurteilung anderer Menschen auf die Astrologie zurückgegriffen. Warum sollte man sich bei der Einschätzung von Persönlichkeit nicht auf Sterngucker verlassen? Oder warum nicht zum nächsten Jahrmarkt gehen und sich die eigene Persönlichkeit aus den Handlinien lesen lassen? Vielleicht sollten Sie sich bei der Beurteilung anderer der Physiognomik zuwenden – der Kunst also, das Gesicht zu lesen? Sollten Sie Rückschlüsse auf die Persönlichkeit von Menschen ziehen, die eine hohe Stirn haben? Nein, solche Methoden funktionieren nicht. All diese Techniken sind im Allgemeinen wertlos; sie sind genauso oft falsch oder unklar wie richtig. Durch das Verstehen der Persönlichkeitspsychologie jedoch – klassischer Theorien und moderner Forschung – sind bedeutungsvolle Antworten über Persönlichkeit möglich.

Manche Wissenschaftler meinen, dass die exakte Erforschung von Persönlichkeit mathematisch sein und Zahlen einbeziehen muss – beispielsweise Statistiken, z.B. Korrelationen. Ein Korrelationskoeffizient ist ein mathematischer Index für den Grad der Übereinstimmung (oder des Zusammenhangs) zwischen zwei Messungen. Zum Beispiel sind Größe und Gewicht positiv korreliert. In den meisten (aber nicht allen) Fällen gilt: Je größer eine Person ist, desto mehr wiegt sie. Extraversion und Schüchternheit sind negativ korreliert: Wenn wir wissen, dass eine Person in einem Test hohe Punkte für Extraversion erzielt, können wir vorhersagen, dass die Person eher selten schüchtern reagieren wird. In dem in Abbildung 1.1 dargestellten Beispiel besteht eine negative Korrelation zwischen dem Grad der Introversion einer Person und der Zahl der Verabredungen, die sie im letzten Monat hatte. Solche Statistiken helfen uns, Beziehungen zu quantifizieren.

Korrelationen sagen uns etwas über Verbindungen, aber nicht über Kausalbeziehungen. Wenn wir z. B. lernen, dass dicke Menschen dazu neigen, vergnügt zu sein, sagt uns diese positive Korrelation nichts über die Ursache dieser Beziehung. Gibt es eine zugrunde liegende Prädisposition, die dazu führt, dass bestimmte Menschen dazu neigen, viel zu essen und gut gelaunt zu sein? Machen reichliches Essen und Übergewicht einen Menschen glücklicher? Sorgen sich glückliche Menschen nicht um ihr Aussehen und nehmen daher zu? Verbergen dicke Menschen eine innere Einsamkeit, indem sie Fröhlichkeit vortäuschen? Gehen andere davon aus, dass dicke Menschen lustig sind, und begegnen ihnen darum entsprechend und heben so noch deren gute Stimmung? Wo liegen die Kausalzusammenhänge? Die wissenschaftliche Untersuchung von Persönlichkeit hilft, dieses Netz von Zusammenhängen zu entwirren. Wir werden die Methoden der wissenschaftlichen Erforschung von Persönlichkeit in späteren Kapiteln erläutern.

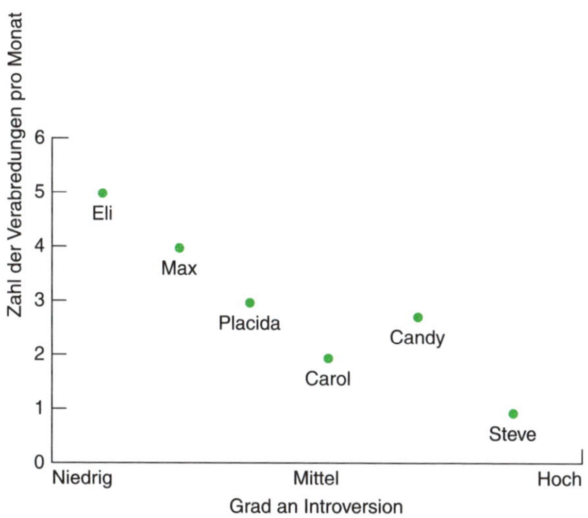

Abbildung 1.1: Korrelation zwischen Verabredungen und Introversion
Diese Daten zeigen eine negative (umgekehrte) Korrelation zwischen Introversion und Verabredungen. Allgemein gesagt gilt: je introvertierter das Subjekt, desto weniger Verabredungen. Beachten Sie jedoch, dass Candy zwar recht introvertiert ist, aber dennoch eine durchschnittliche Zahl von Verabredungen hat. Anhand solcher Statistiken wird die Validität sowohl der Messung der Introversion als auch deren Konstrukt beurteilt.

Obwohl Statistiken wie z. B. Korrelationen in der Tat außerordentlich hilfreich sein können, sind sie doch nur Werkzeuge, die zur Aufdeckung der Wahrheit eingesetzt werden sollen. Die Persönlichkeitspsychologie muss nicht immer mathematisch sein, um auch wissenschaftlich zu sein. In diesem Buch stellen wir neben den Korrelationsanalysen verschiedene Arten systematischer Analysen vor, einschließlich der Fallstudien (intensive Konzentration auf ein Individuum), der interkulturellen Vergleiche und der Erforschung biologischer Strukturen. Indem wir Erkenntnisse aus diesen und anderen Quellen miteinander verbinden, können wir zu einem tiefen und begründeten Verständnis von Persönlichkeit gelangen.

Ist eine Person kontaktfreudig oder sogar herrschsüchtig? Ist er oder sie zwanghaft mit sexueller Anziehung und sexueller Erfüllung beschäftigt? Hat er oder sie sehr gute oder sehr schlechte Arbeitsgewohnheiten? Zeigt die Person Unsicherheiten, die anscheinend auf Kindheitserfahrungen zurückzuführen sind? Setzt er oder sie sich hohe Ziele, aber zeigt Zweifel bezüglich der Fähigkeit, sie zu erreichen? Mit den Hilfsmitteln der Persönlichkeitspsychologie können wir zu verstehen beginnen, warum Menschen so sind, wie sie sind.

1.1.1 Woher kommen Persönlichkeitstheorien?

Viele Persönlichkeitstheorien sind das Ergebnis sorgfältiger Beobachtungen und gründlicher Selbstbeobachtung kluger Gelehrter. Sigmund Freud beispielsweise verbrachte viele Stunden damit, seine eigenen Träume zu analysieren, die ihm die in ihm verborgenen Konflikte und Triebe offenbarten. Er hatte die Macht unterdrückter sexueller Triebe zuerst bei seinen Patienten beobachtet und entwickelte daraus eine umfassende Theorie der menschlichen Psyche. Ausgehend von seinen Annahmen über den Kampf mit sexuellen Trieben, arbeitete Freud seine Theorie weiter aus, um die vielen Probleme zu erklären, denen er in seiner ärztlichen Praxis begegnete, aber auch größere, gesellschaftliche Konflikte. Die Analyse entwickelt sich aus grundsätzlichen Postulaten über die Natur der Psyche. Dies ist eine überwiegend **deduktive Herangehensweise** an Persönlichkeit, da die Schlussfolgerungen logisch aus den Prämissen oder Annahmen folgen. Bei der Deduktion nutzen wir unsere Kenntnisse fundamentaler psychologischer „Gesetze“ oder Prinzipien, um jede einzelne Person zu verstehen.

Manche Persönlichkeitstheorien sind auch direkt auf systematische empirische Forschungen zurückzuführen. Zum Beispiel könnte es uns interessieren, welche Grunddimensionen oder Eigenschaften (wie z. B. Extraversion) für das Verständnis von Persönlichkeit unerlässlich sind. Indem wir viele eigenschaftsrelevante Beobachtungen sammeln, können wir ein Gefühl dafür bekommen, welche Eigenschaften grundlegend und welche weniger wichtig, unklar oder überflüssig sind. Wir können gezielt viele Daten von vielen Personen sammeln und ständig unsere Schlussfolgerungen korrigieren, während neue Daten beschafft werden. Dies ist eine **induktive Herangehensweise** an Persönlichkeit, weil die Konzepte auf den Ergebnissen sorgfältig gesammelter Beobachtungen basieren. Induktionen gelangen von den Daten zur Theorie. Ein schematisches Diagramm dieser Prozesse zeigt Abbildung 1.2.

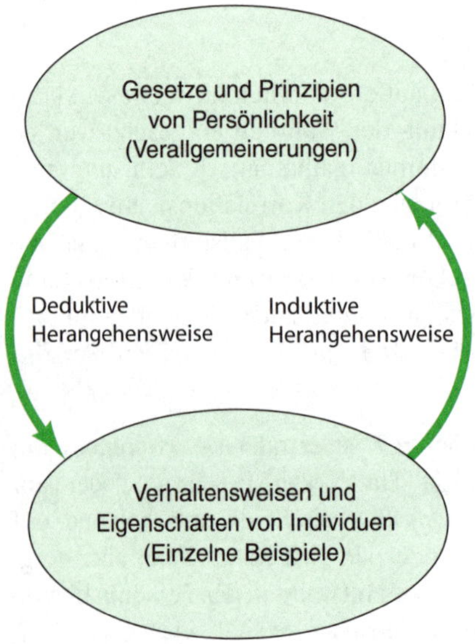

Abbildung 1.2: Induktive versus deduktive Ansätze
Deduktion wird oft als Top-down-Prozess (ein von oben nach unten verlaufender Denkprozess) – vom Allgemeinen zum Besonderen – und Induktion als Gegenteil – Bottom-up-Prozess (von unten nach oben) – beschrieben.

Eine dritte Quelle von Persönlichkeitstheorien sind Analogien und Konzepte, die aus verwandten Disziplinen entliehen werden. So werden zurzeit große Fortschritte beim Verständnis der Struktur und der Arbeitsweise des menschlichen Gehirns erzielt. Man setzt dazu verschiedene Arten von Schnittbildaufnahmen des Gehirns ein. Die Magnetresonanztomographie (MRT) und funktionale MRT (fMRT) beispielsweise benutzen magnetische Felder, die Computertomographie (CT) arbeitet mit Röntgenstrahlen, um detaillierte Bilder des lebendigen Gehirns zu erhalten (siehe Kapitel 2). Die Positronen-Emissions-Tomographie (PET) kann die aktuelle Hirntätigkeit zeigen, indem sie verfolgt, wohin radioaktive Glukose geleitet wird, während Personen denken und reagieren. Diese Verfahren werden oft bei Menschen mit abnormaler Persönlichkeit angewendet – wie z. B. Schizophrenen oder solchen mit Hirnschäden –, um nach Gründen für ihre Krankheit zu suchen. Bestimmte Persönlichkeitsmodelle verlieren an Plausibilität, wenn sie mit unserem Wissen über die Struktur und Arbeitsweise des Gehirns nicht zu vereinbaren sind. Andererseits können Bilder des Gehirns neue Vorstellungen über die psychologische Organisation des Gehirns nahe legen.

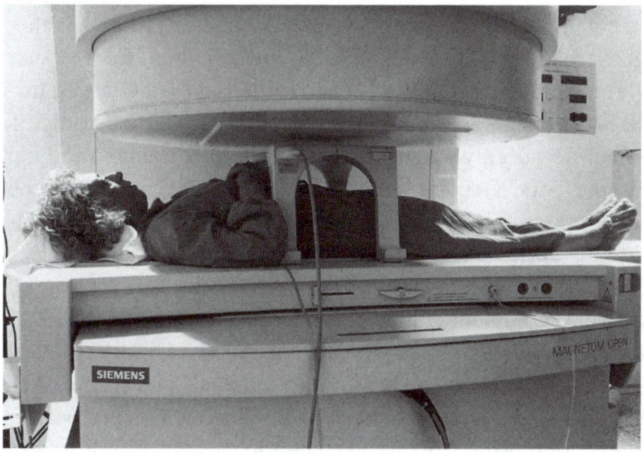

Abbildung 1.3: Indem wir durch moderne Technologien wie die Magnetresonanztomographie (MRT) mehr über Struktur und Arbeitsweise des Gehirns lernen, verstehen wir die biologischen Grundlagen der Persönlichkeit besser.

Ebenso haben Anthropologen grundsätzliche Informationen sowohl über die menschliche Evolution als auch über Unterschiede zwischen Kulturen geliefert. Manche menschlichen Phänomene wie z. B. unsere soziale Natur sind zeit- und kulturunabhängig; Menschen neigen dazu, in Gruppen zusammenzuleben: in familiärenund kulturellen Gruppen. Andererseits sind manche Dinge – wie z. B. der Grad der Betonung der Individualität – in den jeweiligen Kulturen oft sehr verschieden. So neigen Amerikaner dazu, individuelle Leistung und individuelle Freiheiten zu verherrlichen, während Japaner Harmonie schätzen und persönliche Unterschiede eher vermeiden. Eine erfolgreiche Persönlichkeitstheorie muss solche anthropologischen Umstände berücksichtigen.

In der Praxis beinhaltet jede Persönlichkeitstheorie einige Elemente von allen diesen Ansätzen. Jede Theorie entwickelt sich teils durch Deduktion, teils durch Induktion und teils durch Analogie. Bei Verkennung dieser Tatsache kommt es gelegentlich zu interessanten Missverständnissen. Wie wir in Kapitel 3 zeigen, lautet ein wesentlicher Grundsatz der Freud'schen Theorie, dass kleine Jungen motiviert sind, ihre Väter „loszuwerden“ und ihre Mütter zu „heiraten". Man sagt, dass sich die Lösung dieses Konflikts direkt auf die erwachsene Persönlichkeit auswirkt. Interessante Vorhersagen über Persönlichkeit können aus diesem Grundsatz oder dieser Annahme abgeleitet werden. Es ist faszinierend zu sehen, dass junge Eltern, die einen Kurs in Persönlichkeitspsychologie besucht haben, oft verblüfft sind, wenn ihr vierjähriger Sohn in ihr Schlafzimmer marschiert und versucht, ins Bett zu steigen und den Vater hinauszuschicken!

Die Eltern sagen vielleicht: „Donnerwetter, Freud hatte Recht!" Das Verhalten des Jungen wird als Beweis für die Richtigkeit der Freud'schen Theorie verstanden. Was die Eltern jedoch nicht erkennen, ist, dass Freud seine Theorie anhand solcher Beobachtungen entwickelte und es daher nicht überraschend ist, dass auch andere diese Beobachtungen machen. (Freud war – wie die meisten Persönlichkeitstheoretiker – ein ausgezeichneter Beobachter.)

Diese Überlegung führt uns zu einem wichtigen Punkt: Verschiedene Persönlichkeitstheorien können viele gleichartige Verhaltensweisen vorhersagen und erklären. Es ist daher schwierig, zu beweisen, dass ein Ansatz ganz „falsch" ist. In den anerkannten Naturwissenschaften wie der Physik ist es möglich, ein theoretisches Modell oder Paradigma wie z.B. Einsteins Relativitätstheorie zu entwickeln, das bisherige Erklärungen radikal über den Haufen wirft – und eine neue Generation von Wissenschaftlern nimmt sich bereitwillig der neuen Theorie an und arbeitet sie weiter aus (Kuhn, 1962). Die Persönlichkeitspsychologie jedoch hat kein allgemein anerkanntes überspannendes System. Das bedeutet, dass konkurrierende Erklärungen für Persönlichkeitsphänomene geprüft werden müssen, aber es heißt auch, dass für die Persönlichkeitspsychologie eine Reihe intellektuell anregender konkurrierender Betrachtungsweisen kennzeichnend ist. Darüber hinaus lassen sich einige Theorien auf bestimmte Bereiche besser anwenden als auf andere. Aus diesen Gründen wollen wir die Stärken und Schwächen unterschiedlicher Ansätze bei der Erklärung von Persönlichkeit aufzeigen. Eine stichhaltige Theorie ist umfassend (erklärt verschiedene Phänomene), sparsam (erklärt Dinge präzise), falsifizierbar (kann auf Richtigkeit untersucht werden) und produktiv (führt zu neuen Ideen, neuen Vorhersagen und neuen Forschungen) (Campbell, 1988).

1.2 Einführung in die Perspektiven

Jeder hat von Sigmund Freuds Theorien gehört und vielleicht ist Ihnen auch bekannt, dass nach Freud die folgenden Objekte in Träumen einen Penis symbolisieren können: Hämmer, Gewehre, Dolche, Schirme, Krawatten, Schlangen und vieles andere. Sie alle sind Phallussymbole. Sie haben vielleicht auch gehört, dass man von der Vagina möglicherweise als Weg durch das Unterholz oder als einem Garten träumt – wie in einem Traum, in dem eine junge Frau einen Gärtner fragt, ob einige Zweige in ihren Garten verpflanzt werden könnten. Aus dem Zusammenhang gerissen mögen solche Erklärungen unsinnig wirken, doch Freud hatte großen Einfluss auf das Denken des zwanzigsten Jahrhunderts. Wir werden versuchen zu zeigen, warum die Freud'sche Theorie solche enormen Auswirkungen hatte.

Auch viele andere Persönlichkeitstheoretiker und -forscher sind bekannt, aber die besten und modernsten Erkenntnisse über Persönlichkeit stammen aus einer Synthese psychologischer Forschungen zu solchen Gegenständen wie die Natur des Selbst, Psychobiologie, Lerntheorien, Eigenschaftstheorien, existenzielle Ansätze und Sozialpsychologie. Einen Vorgeschmack auf das, was vor uns liegt, bietet eine Einführung in die Konzepte und Psychologen, mit denen wir uns näher beschäftigen werden. Die Hauptmerkmale der zu behandelnden Perspektiven werden in Tabelle 1.1 dargestellt.

Perspektive	Hauptstärke
Psychoanalytisch	Richtet die Aufmerksamkeit auf unbewusste Einflüsse; sieht die Bedeutung von sexuellen Trieben auch in nichtsexuellen Bereichen.
Neoanalytisch/Ich	Betont das Selbst, das darum kämpft, mit den inneren Emotionen und Trieben und den äußeren Anforderungen durch andere fertig zu werden.
Biologisch	Konzentriert sich auf genetisch bedingte Neigungen und Beschränkungen; kann leicht mit den meisten anderen Ansätzen kombiniert werden.
Behavioristisch	Kann auf eine wissenschaftlichere Analyse der Lernerfahrungen dringen, die die Persönlichkeit formen.
Kognitiv	Erfasst den aktiven Charakter menschlichen Denkens; nutzt moderne Kenntnisse aus der kognitiven Psychologie.
Eigenschaft	Umfasst gute individuelle Erfassungstechniken.
Humanistisch	Würdigt die spirituelle Natur einer Person; unterstreicht die Bemühungen um Selbsterfüllung und Würde.
Interaktionistisch	Setzt ein von der Situation abhängiges Selbst voraus.

Tabelle 1.1: Die acht Grundaspekte von Persönlichkeit

1.2.1 Überblick über die acht Perspektiven

In Kapitel 3 befassen wir uns mit den psychoanalytischen Deutungen von Persönlichkeit und richten unser Augenmerk vor allem auf das Unbewusste. Interessanterweise ist die Untersuchung des Unbewussten inzwischen wieder zu einem wichtigen Bereich aktueller psychologischer Forschungen geworden. Es ist nun klar, dass das Gehirn komplexe, verborgene Systeme hat, ebenso wie Freud es postulierte. In Kapitel 4 konzentrieren wir uns auf die Ich- oder „Selbst"-Aspekte von Persönlichkeit und beschäftigen uns mit verschiedenen Vorstellungen vom Selbst – von Alfred Adlers Arbeit zu Minderwertigkeitskomplexen bis hin zu modernen Theorien über ein multiples Selbst. Theorien darüber, wie und warum wir ein „Selbst"-Gefühl haben, faszinieren Psychologen weiterhin (Higgins, 1999).

Ebenso wie in ihrer Größe, Figur und Hautfarbe unterscheiden sich Menschen in ihren biologischen Systemen. Kapitel 5 untersucht die biologischen Aspekte von Persönlichkeit, ein Thema, das in Texten zu Persönlichkeit manchmal ignoriert wird. Der emotionale und motivationale Charakter eines Individuums, im Allgemeinen Temperament genannt, wird stark von mehreren biologischen Faktoren beeinflusst. Solche Fragen haben seit der Zeit Charles Darwins die Aufmerksamkeit führender Wissenschaftler erregt. Heute werden neue Entwicklungen in der Evolutionstheorie und in der Humangenetik auf die Persönlichkeitspsychologie angewandt.

Im Kapitel 6 werden Verhaltens- und Lernaspekte von Persönlichkeit betrachtet. Ausgehend von der Arbeit des radikalen Behavioristen B. F. Skinner untersuchen wir das Ausmaß, in dem sich Persönlichkeit im äußeren Umfeld „finden“ lässt. Kapitel 7 analysiert die kognitiven Aspekte von Persönlichkeit und konzentriert sich im Besonderen darauf, wie konsistent Menschen ihre Unwelt wahrnehmen und interpretieren. Wie wir sehen werden, werden kognitive Ansätze zunehmend mit sozialpsychologischen zu sozialkognitiven Persönlichkeitstheorien verbunden, wie Albert Banduras Vorstellungen von der Bedeutung der Selbstwirksamkeit. In Kapitel 8 stehen Eigenschafts- und Fähigkeitsaspekte von Persönlichkeit im Mittelpunkt. Früher in diesem Jahrhundert entwickelte der Harvard-Psychologe Gordon Allport beinahe im Alleingang faszinierende Eigenschaftsansätze, die seither dieses Gebiet dominieren, was selbst heute mit einem Wiedererstarken des wissenschaftliches Interesses an Eigenschaftstheorien noch gilt. Heutzutage sind fünf grundlegende Eigenschaftsdimensionen ein allgemein anerkannter Ausgangspunkt für Theorien über Persönlichkeitseigenschaften.

Humanistische und existenzielle Sichtweisen auf Persönlichkeit, die sich auf Freiheit und Selbsterfüllung konzentrieren, sind Gegenstand von Kapitel 9. Wir beginnen mit der maßgeblichen Arbeit von Carl Rogers und gehen anschließend zu der Frage über, was die Einzigartigkeit des Menschen auszumachen scheint. Außerdem: Was gibt Menschen das Gefühl der Erfüllung? In Kapitel 10 werden auf Person und Situation bezogene interaktionistische Aspekte, der modernste Persönlichkeitsansatz, erläutert.

1.2.2 Sind Persönlichkeitsaspekte wirklich voneinander zu trennen?

Ist dies der beste Weg, das Gebiet der Persönlichkeit aufzuteilen? Manche Forscher wären mit diesem Klassifikationsschema wahrscheinlich nicht einverstanden, da alle herausragenden Persönlichkeitstheoretiker notwendigerweise mehr als einen Aspekt von Persönlichkeit in ihren Schriften behandeln. Freud z. B. verwendete in seinen Theorien viele biologische Begriffe, und sicherlich würdigte er die bedeutende Rolle der Sozialisierung. In ähnlicher Weise erkannte B. F. Skinner, der radikale Behaviorist, den gewaltigen Einfluss anderer Menschen in unserem Leben – trotzdem er seinen Forschungsschwerpunkt auf die Konditionierung von Versuchstieren gesetzt hat. Unser Ziel in diesem Buch ist nicht die Einordnung komplizierter Theorien in enge Schubladen, sondern eine gründliche Untersuchung der unterschiedlichen Arten wichtiger Erkenntnisse über die Natur der Persönlichkeit, die während des letzten Jahrhunderts entwickelt wurden.

Welche Sichtweise auf Persönlichkeit ist richtig? Werden Menschen von Eigenschaften, Hormonen, unbewussten Motiven oder ihrer vornehmen Denkungsart bestimmt? Das ist eine andere Frage als „Welche Persönlichkeits*theorie* stimmt?“ oder „Welche *Hypothese* ist richtig?“ Theorien und Hypothesen sind prüfbar und können ihrer Natur gemäß widerlegt werden. Das heißt, sie sind falsifizierbar. Wir werden später in diesem Buch viele solcher Theorien und Hypothesen untersuchen und zeigen, welche Aspekte falsch oder zweifelhaft sind. Aber die Frage hier lautet: „Welche Persönlichkeits*perspektive* ist richtig?“ Diese Frage ist leicht zu beantworten: Alle acht stimmen, insofern sie alle wichtige Erkenntnisse darüber bieten, was es heißt, eine Person zu sein. Mit anderen Worten: Wir können davon profitieren, die Stärken (und die Schwächen) aller acht Sichtweisen kennen zu lernen.

Diese Antwort ist kein Ausweichen und auch kein Trick. Die menschliche Natur ist ungeheuer komplex und muss aus vielen Perspektiven untersucht werden. Tatsächlich ist es eine schwache Strategie, sich zu sehr auf einen Ansatz zu verlassen und die wertvollen Erkenntnisse anderer Ansätze und wissenschaftlicher Forschungen zu ignorieren. Man sollte erkennen, dass jede dieser Sichtweisen unser Verständnis von Persönlichkeit bereichert. Andererseits ist es unangebracht, Vorstellungen aufrechtzuerhalten, die nicht durch Belege gestützt werden.

1.3 Geschichtlicher Abriss der Persönlichkeitspsychologie

Etliche wissenschaftliche und philosophische Entwicklungen, die im frühen zwanzigsten Jahrhundert zusammenliefen, machten die Geburt der Persönlichkeitspsychologie möglich. Sigmund Freud war sich dieser Neuanfänge sehr bewusst und veröffentliche eines seiner bedeutendsten Bücher, *Die Traumdeutung*, erst im Jahr 1900 (statt schon 1899). In den 1930er Jahren nahm die moderne Persönlichkeitstheorie Gestalt an. Also ist die Persönlichkeitspsychologie nicht viel älter als ein halbes Jahrhundert. Aber ihre Wurzeln reichen tief in die Geschichte zurück.

1.3.1 Theater und Selbstdarstellung

Einige Wurzeln der Persönlichkeitspsychologie können auf das Theater zurückgeführt werden. Theophrastus, ein Schüler von Aristoteles, ist einer der ersten bekannten Verfasser von Charakterstudien, kurzen Beschreibungen eines Personentyps also, der zu allen Zeiten und überall erkannt werden kann – z. B. eines Menschen, der geizig oder ordentlich oder faul oder flegelhaft ist (Allport, 1961). Die alten griechischen und römischen Schauspieler trugen Masken, um zu zeigen, dass sie nicht sich selbst, sondern andere Personen spielten. Das deutete auf ein besonderes Interesse am wahren (unmaskierten) Charakter des Individuums hin. Zu Shakespeares Zeit waren die Masken weitgehend verschwunden, aber dafür waren die Rollen, die gespielt wurden, von besonderer Bedeutung. In *Wie es euch gefällt* bemerkte Shakespeare: „Die ganze Welt ist Bühne, und alle Männer und Frauen bloße Spieler“. Zu dieser Zeit war klar, dass die Rolle des eifersüchtigen Königs oder verschmähten Liebhabers von unterschiedlichen Personen auf ähnliche Weise besetzt (gespielt) werden konnte. Jeder erkannte und verstand die Grundcharaktere.

Gibt es unter der Oberfläche der Rollen, die Menschen in ihrem Leben spielen, wirklich etwas Festes? Im zwanzigsten Jahrhundert vollzog das Theater einen weiteren Schritt, als Dramatiker wie Luigi Pirandello (1867-1936) mit der Idee spielten, dass Figuren aus der Handlung ihrer Stücke aussteigen könnten. Beispielsweise könnte ein Schauspieler die Bühne (oder den Drehschauplatz) verlassen und das Drama kommentieren. Plötzlich scheint die Rolle eine eigene Wirklichkeit zu haben – was für Realität gehalten wird, ist eine Folge von Illusionen. Zur gleichen Zeit begannen Sozialphilosophen, die Idee eines relativen Selbst in Betracht zu ziehen – d.h., ein zugrunde liegendes Selbst und eine nach außen gezeigte Maske gibt es nicht, sondern das „wahre" Selbst besteht lediglich aus Masken (Hare & Blumberg, 1988; G. Mead, 1968). Anders ausgedrückt: Diese Überlegungen im zwanzigsten Jahrhundert stellten die Vorstellung in Frage, dass es einen Kern des Selbst oder eine Persönlichkeit gibt, die es zu entdecken gilt.

Mit solchen Überlegungen aus dem Bereich des Theaters hat sich in der Folge die Persönlichkeitspsychologie befasst, besonders wenn es darum ging, die Bedeutung der sozialen Situation zu verstehen. Diese Ideen haben auch existenzialistische und humanistische Psychologen beeinflusst, die darüber spekulierten, was es bedeutet, Mensch zu sein. Während jedoch das Theater einen vorübergehenden Einblick vermittelt, sucht die Persönlichkeitspsychologie dauerhafte und allgemein gültige wissenschaftliche Prinzipien.

1.3.2 Religion

Andere Aspekte der Persönlichkeitspsychologie können auf religiöse Vorstellungen zurückgeführt werden. Der westlichen jüdisch-christlichen Tradition zufolge wurde der Mensch nach Gottes Bild geschaffen und war von Anfang an mit Versuchungen und sittlichem Kampf konfrontiert. Menschen erfüllen einen göttlichen Zweck und kämpfen für das Gute und gegen das Böse. Nach dieser Tradition ist die Natur des Menschen in erster Linie spirituell – während er auf Erden ist, bewohnt sein Geist einen Körper. Diese Vorstellungen hemmen eine wissenschaftliche Analyse der Persönlichkeit und schließen sie sogar aus, weil sie Menschen nicht als Teil der Natur, sondern als Teil der göttlichen Ordnung betrachten.

Gleichzeitig betonen östliche Philosophien und Religionen Selbstbewusstheit und spirituelle Selbsterfüllung durch Techniken wie Meditation. Darüber hinaus wird veränderten Bewusstseinszuständen (z. B. der Trance) große Aufmerksamkeit zuteil. Auch hier ist wenig Raum für Objektivität. Dieses östliche Interesse an Bewusstheit, Selbsterfüllung und dem menschlichen Geist spielte eine wichtige Rolle bei bestimmten Aspekten der modernen Persönlichkeitstheorie. Ein solcher Einfluss zeigt sich am deutlichsten in der Arbeit existenzialistischer Psychologen wie Abraham Maslow, östliches Denken hat jedoch auch so wegweisende Persönlichkeitspsychologen wie C. G. Jung beeinflusst. Die meisten wissenschaftlichen Untersuchungen von Persönlichkeit finden heute allerdings in der Arena moderner positivistischer Wissenschaft statt und sind weniger mit spirituellen Fragen befasst.

Die Schwächung religiöser Einflüsse auf westliche Konzepte der menschlichen Natur begann in der Renaissance, besonders im siebzehnten Jahrhundert. In den Schriften der Philosophen Descartes, Spinoza und Leibniz und ihrer Schüler im 17. Jahrhundert finden wir Erörterungen über den Verstand und den Körper, Emotion und Motivation und Wahrnehmung und Bewusstsein. Die Natur des menschlichen Geistes wurde nicht als selbstverständlich angenommen, sondern analysiert und beobachtet. Dieses Interesse entwickelte sich über die nächsten zwei Jahrhunderte weiter. In der modernen Persönlichkeitstheorie zeigen sich dessen Einflüsse als Beschäftigung mit der Integration und Einheit der individuellen Persönlichkeit. Sie werden auch in Versuchen deutlich, biologisches und psychologisches Wissen miteinander zu vereinen – die Seele und den Körper. In Kapitel 12 betrachten wir unter dem Aspekt des Konzepts der selbstheilenden Persönlichkeit Vorstellungen von Spiritualität und Wohlbefinden.

1.3.3 Evolutionsbiologie

Die unmittelbarsten Einflüsse auf die moderne Persönlichkeitspsychologie können auf Entwicklungen in den Biowissenschaftenwährend des neunzehnten Jahrhunderts zurückgeführt werden. Warum sind manche Tiere, z. B. Tiger, aggressive Einzelgänger, während andere, z. B. Schimpansen, gesellig und kooperativ sind? Welche Eigenschaften teilen Menschen mit Tieren? Die bedeutendste Entwicklung im biologischen Denken des neunzehnten Jahrhunderts war die Evolutionstheorie. Charles Darwin zufolge, der dabei die Ideen anderer fortführte, entwickeln sich genau jene individuellen Merkmale, die es dem Organismus ermöglichen, Gene an die Nachkommenschaft weiterzugeben. Individuen, die sich an die Anforderungen ihrer Umwelt nicht gut anpassen, überleben nicht und können sich so auch nicht fortpflanzen. So hat beispielsweise ein starker Sexualtrieb einen Anpassungswert– diejenigen mit einem schwächeren pflanzen sich auch mit geringerer Wahrscheinlichkeit fort. Ebenso kann ein gewisses Maß an Aggressivität und ein bestimmter Typ sozialer Kooperativität Zeichen von Anpassungsfähigkeit sein. Tiere, die sich gegenüber anderen hinsichtlich Nahrung und Paarung durchsetzen, und Tiere, die um ihrer Sicherheit willen mit anderen kooperieren, überleben und geben ihre Gene weiter. Diese Konzentration auf die Funktion – d. h. die Nützlichkeit von Verhalten – ist auch weiterhin ein wichtiger Aspekt unserer Vorstellungen von Persönlichkeit.

Der wesentliche Beitrag der darwinschen Evolutionstheorie zur Persönlichkeitspsychologie lag jedoch darin, dass sie das Denken von Annahmen über göttliche Lenkung befreite. Wenn wir glauben, dass eine göttliche Macht das menschliche Tun völlig unter Kontrolle hat, dann besteht wenig Anlass, nach anderen Einflüssen auf das Individuum zu suchen. Sobald klar wurde, dass Menschen Naturgesetzen unterliegen, begannen Wissenschaftler, menschliches Verhalten systematisch zu studieren. Im Positiven wie im Negativen hatte die Evolutionstheorie bedeutenden Einfluss auf die Erforschung von Persönlichkeit im zwanzigsten Jahrhundert.

Abbildung 1.4:
Auch wenn sich Haustiere keinen Persönlichkeitstests unterziehen können, können ihre Besitzer doch ihre „Persönlichkeit“ beschreiben – ihr individuelles und nicht nur hunde- oder katzenspezifisches Verhalten.

Eine selten erwähnte Folgerung der darwinschen Lehre ist, dass Tiere, insbesondere andere Primaten, zumindest einige Persönlichkeitselemente haben. Das kann Tierhalter, die oft die Persönlichkeit ihrer Hunde, Katzen und Pferde schildern, vermutlich kaum überraschen. Aber Persönlichkeitspsychologen führten bis vor kurzem nur sehr wenige Untersuchungen an Tieren durch. Natürlich können wir Tiere nicht zur Selbstbeobachtung auffordern, aber vielleicht verhilft uns die Forschung zur Persönlichkeit bei Tieren zu neuen Möglichkeiten der Erfassung und Konzeptualisierung von menschlicher Persönlichkeit. Diese Frage wird in dem Kasten„Persönlichkeit bei Tieren“ thematisiert. Dieser Kasten ist der erste in der Rubrik **Damals-und-heute**, die darstellt, wie klassische Theorien in der Persönlichkeitspsychologie zu moderner empirischer Forschung geführt haben.

Damals und heute

Persönlichkeit bei Tieren

Die Persönlichkeitspsychologie begann sich im späten neunzehnten Jahrhundert zu entwickeln, nachdem Charles Darwin seine Evolutionstheorie veröffentlicht hatte. Darwin revolutionierte nicht nur die Biologie, sondern auch Vorstellungen von der menschlichen Natur. Er vertrat die These, dass sich alle Arten, die Menschen eingeschlossen, über die Jahrtausende entwickelten, als jene Organismen, die für ihre Umwelt am besten geeignet waren, überleben und sich fortpflanzen konnten.

Viele Jahre bestand die wichtigste Auswirkung dieser Arbeit auf die Persönlichkeitspsychologie darin, dass sie Wissenschaftlern erlaubte, die Natur des Menschen aus wissenschaftlicher Perspektive zu betrachten.

So war es Sigmund Freud (der sich im Medizinstudium mit der Evolutionstheorie befasste) möglich anzunehmen, dass sich unter dem Bewusstsein evolutionäre Instinkte verbergen, und Gordon Allport konnte biologische Untersysteme postulieren, die sich in allgemeinen Persönlichkeitseigenschaften manifestieren. Später in diesem Buch werden wir sehen, dass die Evolutionstheorie viele Folgerungen für die Persönlichkeitspsychologie (und viele Gefahren des Missbrauchs) mit sich bringt. Aber als Illustration dafür, wie klassische Theorien die gegenwärtige Persönlichkeitsforschung prägen können, wollen wir hier das Beispiel der Persönlichkeit der Tiere betrachten.

Viele Leute sprechen davon, dass ein Hund, eine Katze oder auch ein Fisch freundlich, aggressiv, klug, einfühlsam und so weiter ist. Aber ist dies nicht nur eine Vermenschlichung, bei der wir törichterweise Haustieren menschliche Eigenschaften zusprechen? Die moderne Persönlichkeitsforschung ermöglicht uns wissenschaftliche Antworten auf solche Fragen. Da Tiere generell keine Selbstbeurteilung oder kein Selbstverständnis aufweisen, setzen Studien zur Tierpersönlichkeit von Menschen abgeleitete Eigenschafts-Ratings (Schätzurteile) ein. Glücklicherweise hat die Persönlichkeitsforschung den Wissenschaftlern gezeigt, wie man reliable (replizierbare) und valide (gültige, mit Konzentration auf die relevante Eigenschaft) Ratings erstellt. Man kann Tiere auch experimentellen Tests unterziehen, um zu kodieren, wie sie reagieren, wenn sie einer bestimmten Situation ausgesetzt sind (z.B. dem Konkurrenzkampf um Futter). Es zeigt sich, dass die Beurteiler in ihren Einschätzungen von Tierpersönlichkeit übereinstimmen, vor allem bezüglich bestimmter Grunddimensionen (Gosling, 2001).

Welche Eigenschaften werden normalerweise und zuverlässig in Tierstudien eingeschätzt? Eine Analyse prüfte 19 Untersuchungen von Persönlichkeitsfaktoren bei verschiedenen nichtmenschlichen Spezies (Schimpansen, Gorillas, Affen, Hyänen, Hunden, Katzen, Eseln, Schweinen, Ratten, Guppys und Tintenfischen) unter dem Aspekt der Grunddimensionen, die für gewöhnlich in Studien zur menschlichen Persönlichkeit benutzt werden. Die Ergebnisse zeigen, dass die Grunddimensionen Extraversion, Neurotizismus (Ängstlichkeit) und Verträglichkeit die stärkste speziesübergreifende Allgemeingültigkeit aufweisen (Gosling & John, 1999). (Und wie bei Menschen ist Extraversion am einfachsten reliabel einzuschätzen.) Außerdem scheinen extrovertierte Tier bessere und häufigere Interaktionen mit ihren Artgenossen zu haben. Daher ist es auch unter wissenschaftlichen Gesichtspunkten nicht widersinnig, vom eigenen Hund als kontaktfreudig, ruhig und freundlich und vom Hund des Nachbarn als ängstlich, neurotisch und nicht vertrauenswürdig zu sprechen.

Weiterführende Literatur

Gosling, S. D. (2001). From mice to men: What can we learn about personality from animal research? *Psychological Bulletin, 127*, 45–86.

Gosling, S. D., & John, O. P. (1999). Personality dimensions in nonhuman animals: A cross-species review. *Current Directions in Psychological Science, 8* (3), 69–75.

1.3.4 Testen

Achtung! Diese Untersuchung soll zeigen, wie gut Sie erinnern, denken und ausführen können, was Ihnen zu tun aufgetragen wird. Wir suchen keine verrückten Leute. Das Ziel ist herauszufinden, zu welcher Arbeit in der Armee Sie am besten geeignet sind.

So begann die Anleitung zu einem Test, der mit über einer Million junger Amerikaner durchgeführt wurde, als die Vereinigten Staaten 1917 in den Ersten Weltkrieg eintraten (Yerkes, 1921). Die Amerikaner hatten eine Aufgabe vor sich und dachten, dass sie diese besser erledigen könnten, wenn sie Menschen wie Maschinen maßen. Dieser praktische „Can-do"-Ansatz der amerikanischen Psychologie hat seither prägenden Einfluss auf die Erforschung individueller Unterschiede.

Abbildung 1.5: Im Ersten Weltkrieg wurden zum ersten Mal in großem Umfang Persönlichkeitstests durchgeführt. Auf diese Weise sollten so genannte „Unerwünschte" von Führungspositionen ausgeschlossen und Rekruten Einheiten zugeteilt werden, die ihrem individuellen Profil entsprachen.

Psychologische Forschungen zur Persönlichkeit hatte in Kriegszeiten strategische Bedeutung für den Kampf, in Friedenszeiten im Rahmen der Landesverteidigung. Noch heute führen Hunderte von Psychologen im Auftrag des US-Militärs Forschungen und Tests unter dem uniformierten Personal durch. Das allgemeine Ziel ist weiterhin, Soldaten und Matrosen in einer gut geölten militärischen „Maschinerie" auf die geeignete Position zu bringen.

1917 war die Armee hauptsächlich daran interessiert, so genannte Schwachsinnige auszusondern, aber auch solche Bewerber herauszufiltern, die unter Stress zusammenbrechen würden. Zum Beispiel hieß es in einem Fragebogen für Rekruten: „Haben Sie den Drang zu springen, wenn Sie sich in großer Höhe befinden?" (Woodworth, 1919). Es sind solche Fragebögen, die zur Entwicklung moderner Persönlichkeitstests beigetragen haben.

Die Armeetests wurden unter Mitwirkung der Psychologen Lewis Terman von Stanford und Robert Yerkes von Harvard entwickelt, die in erster Linie daran interessiert waren, Intelligenz zu testen. Dies war der erste Masseneinsatz von psychologischen Tests. Die Psychologen begrüßten den großen Erfolg ihrer Untersuchungen und dachten an viele zukünftige Einsatzmöglichkeiten, z. B. die flächendeckende Erfassung von Schülern, aus denen sich die zukünftige Elite der Gesellschaft bilden ließ. Leider schufen diese Testverfahren auch die Voraussetzung für die Anwendung von voreingenommenen Tests, um jene Gruppen zu diskriminieren, denen die Testanwender nicht wohl gesonnen waren. So fand man z. B. heraus, dass die „klügsten" Einwanderer aus Nordeuropa kamen (deren Kultur mit den amerikanischen Tests am meisten in Einklang stand). Und jenen mit dunklerer Haut, die bereits Opfer starker schulischer und sozialer Diskriminierung waren, wurde durch die Tests ihre Minderwertigkeit bescheinigt.

Intelligenz und Kreativität werden oft von der Persönlichkeit getrennt, weil man sie eher für „Fähigkeiten" wie körperliche Kraft und nicht für „Eigenschaften" wie Extraversion hält. Wenn man jedoch davon ausgeht, dass intellektuelle Fähigkeiten von zentraler Bedeutung für die psychische Konstitution einer Person sind, sollten sie als Teil der Persönlichkeit betrachtet werden. Aus praktischen Gründen können wir die zahlreichen Informationen, die über Intelligenz verfügbar sind, nicht voll in unsere Analyse von Persönlichkeit integrieren, werden jedoch bestimmte relevante Informationen in diesem Buch aufnehmen.

Kenntnisse über Test- und Messverfahren, die von Psychometrikern wie J. P. Guilford auf Persönlichkeit angewandt wurden (Guilford, 1940), verbanden sich bald mit Erkenntnissen aus der klinischen (therapeutischen) Arbeit und mit Ansätzen aus der Experimentalpsychologie, um die Grundlage moderner Persönlichkeitstheorie und -forschung zu bilden.

1.3.5 Moderne Theorie

Die moderne Persönlichkeitstheorie begann in den 1930er Jahren formal Gestalt anzunehmen. Sie wurde stark beeinflusst von der Arbeit dreier Männer – Gordon Allport, Kurt Lewin und Henry Murray. Allport, der Philosophie und Altphilologie studiert hatte, widmete seine Aufmerksamkeit der Einzigartigkeit und Würde des Individuums. Er definierte Persönlichkeit als „die dynamische Organisation jener psychophysischen Kräfte innerhalb eines Individuums, die seine einzigartige Anpassung an seine Umwelt bestimmen" (1937, S. 48). Er lehnte, gestützt auf die Arbeit des Psychologen und Philosophen William James, den Versuch ab, Persönlichkeit in Grundbestandteile aufzuspalten (wie z. B. Sinnesempfindung oder angeborene Triebe), und suchte stattdessen nach der Struktur, die der Einzigartigkeit einer jeden Person zugrunde liegt.

Kurt Lewin kam von der europäischen Gestalttradition her. Die Gestaltpsychologen unterstrichen die integrative und aktive Natur von Wahrnehmung und Denken und vertraten die Theorie, dass das Ganze mehr als die Summe seiner Teile ist. So ist ein vom Gestalt-Pionier Wolfgang Kohler angeführtes Beispiel der Versuch, eine Liste von Substantiv-Paaren auswendig zu lernen, z. B. See-Zucker, Stiefel-Teller und Mädchen-Känguru. Diese Wörter würden normalerweise nicht miteinander assoziiert, aber die Paare könnten leicht gelernt werden. Die Gestalterklärung lautet folgendermaßen: „Wenn ich diese Wörter lese, kann ich sie mir als eine Folge merkwürdiger Bilder vorstellen, wie sich ein Stück Zucker im See auflöst, wie ein Stiefel auf einem Teller steht, wie ein Mädchen ein Känguru füttert. Wenn dies geschieht während ich die Wortliste lese, habe ich in meiner Fantasie etliche gut organisierte, wenn auch recht ungewöhnliche Einheiten" (Kohler, 1947, S. 265). Diese Betonung des ganzen Bildes, das sich eine Person in einer Situation vorstellt, hatte einen enormen Einfluss auf Lewin und in der Folge auf die Persönlichkeits- und Sozialpsychologie.

Lewins Ansatz, als er nach Systemen suchte, die beobachtbarem Verhalten zugrunde liegen, war ebenso wie der Allports dynamisch. Lewin lenkte die Aufmerksamkeit auf „die momentane Verfassung des Individuums und die Struktur der psychologischen Situation" (1935, S. 41). Anders ausgedrückt: Lewin betonte, dass sich die Kräfte, die eine Person beeinflussen, von Zeit zu Zeit und von Situation zu Situation ändern. Moderne Persönlichkeitstheorien haben diese Betonung des Verständnisses des aktuellen Zustands einer Person in einer bestimmten Situation übernommen.

Die dritte bedeutende Prägung erhielt die moderne Persönlichkeitstheorie durch Henry Murray. Murray verbrachte den Großteil seines Berufslebens an der Harvard Psychological Clinic, wo er daran arbeitete, klinische Themen (Probleme wirklicher Patienten) mit Theorie und Fragen des Assessmentszu verbinden. Wesentlich ist, dass Murray von einer übergreifenden Orientierung überzeugt war; dazu zählten auch Längsschnittstudien – die Untersuchung derselben Personen über längere Zeit. Er vertrat einen breiten persönlichkeitstheoretischen Ansatz, den er definierte als „den Zweig der Psychologie, der sich hauptsächlich mit der Untersuchung des Lebens von Menschen und den Faktoren, die seinen Verlauf beeinflussen, beschäftigt, [und] der individuelle Unterschiede erforscht" (1938, S. 4).

Sein Schwerpunkt lag auf der Untersuchung des Reichtums des persönlichen Lebens; dies führte dazu, dass Murray den Begriff „Personologie" dem Begriff „Persönlichkeit" vorzog; moderne Psychologen, die in der Tradition Murrays arbeiten, bezeichnen sich oft als „Personologen". Auch Murray betonte die ganzheitliche, dynamische Natur des Individuums als eines Komplexes organismischer Reaktionen auf eine spezifische Umwelt. Murray unterstrich auch die Bedeutung von Bedürfnissen und Motivationen, was sich als ziemlich einflussreich erweisen sollte.

Zusammengefasst gesagt: Allport, Lewin und Murray und ihre Kollegen bereiteten den Weg für die moderne Persönlichkeitstheorie, indem sie hervorhoben, dass sich die Forschung auf den ganzen Menschen, nicht auf Teile des Wesens oder auf Sammlungen von Organismen konzentrieren sollte. Jede Person ist in jedem Moment und jeder Situation ein einzigartiges Ensemble miteinander in Beziehung stehender psychologischer Kräfte, die zusammen die Reaktionen des Individuums bestimmen. Mit anderen Worten: Eine überzeugende Theorie kann die Ganzheit des Individuums oder der verschiedenen Kräfte – bewusster und unbewusster, biologischer und sozialer –, die in einem gegebenen Moment agieren, nicht ignorieren. Das ist die moderne Auffassung von Persönlichkeit.

Im Kontrast zu diesen gerade entstehenden Ideen standen die neuen Lerntheorien von Clark Hull und seinen Kollegen in Yale sowie die behavioristischen Theorien von B. F. Skinner und seinen Kollegen in Harvard. Dieser Widerspruch führte zu einer produktiven

Spannung, die letzten Endes dazu beitrug, dass sich die modernen Vorstellungen vom Wesen des Menschen weiterentwickelten.

In den 1930er Jahren hatte darüber hinaus die aufsehenerregende Arbeit der Anthropologin Margaret Mead großen Einfluss – wenn sie wahrscheinlich auch nicht in dem Maß richtungweisend für die Persönlichkeitspsychologie war, wie es wünschenswert gewesen wäre. In ihrem Buch *Geschlecht und Temperament in drei primitiven Gesellschaften* zeigte Mead, dass Männlichkeit nicht notwendigerweise mit Aggressivität und Weiblichkeit nicht zwangsläufig mit Hilfsbereitschaft in Zusammenhang steht. Vielmehr wird Persönlichkeit stark von der Kultur beeinflusst. Mead schreibt:

> *Wir haben uns nun eingehend mit der jeweiligen geschlechtsspezifischen Persönlichkeit befasst, die unter [...] primitiven Völkern [...] akzeptiert ist. Wir stellten fest, dass die Arapesh – sowohl die Männer als auch die Frauen – eine Persönlichkeit zeigen, die wir aus unserer historisch beschränkten Perspektive mütterlich im Blick auf die Erziehung und weiblich hinsichtlich des Sexualverhaltens nennen würden. Wir beobachteten, dass Männer ebenso wie Frauen dazu erzogen werden, kooperativ, unaggressiv und empfänglich für die Bedürfnisse und Ansprüche anderer zu sein. Die Vorstellung, dass Sex eine starke treibende Kraft für Männer oder für Frauen ist, ließ sich nicht finden. In deutlichem Gegensatz zu diesen Einstellungen stellten wir unter den Mundugumor fest, dass sich sowohl Männer als auch Frauen zu rücksichtslosen, aggressiven Individuen mit einem starken Sexualtrieb entwickelten, mit sehr geringer Ausprägung der mütterlich sorgenden Persönlichkeitsaspekte. (1935, S. 190)*

Meads Arbeit zeigte klar, dass Persönlichkeit nicht nur in einer Kultur oder einem Kontext untersucht werden sollte. Sie widerlegte auch viele Mythen über die Natur des Mannes im Vergleich zur Natur der Frau, ebenso wie Vorstellungen von einer angeborenen und unveränderlichen sexuellen Aggressivität. Leider wurden Meads Erkenntnisse von Persönlichkeitsforschern im Allgemeinen ignoriert. Die amerikanische Psychologie hat oft übersehen, in welchem Maß die Kultur das Leben von Menschen prägt. (Betancourt & Lopez, 1993). In diesem Buch haben wir versucht, kulturelle Einflüsse besonders zu berücksichtigen; das ist wichtig, um eine gute wissenschaftliche Arbeit zu gewährleisten.

1.4 Einige Grundbegriffe: das Unbewusste, das Selbst, Einzigartigkeit, Geschlecht, Situationen, Kultur

Bestimmte Themen der Persönlichkeitspsychologie tauchen zu unterschiedlichen Zeiten und in unterschiedlichen Theorien immer wieder auf; sie sind fundamental für das Verständnis von Persönlichkeit. Einige werden in den folgenden Abschnitten vorgestellt.

1.4.1 Welche Bedeutung hat das Unbewusste?

Sie haben vielleicht im Freundes- oder Familienkreis beobachtet, dass sich manche Männer zu Frauen hingezogen fühlen und heiraten, die ihren eigenen Müttern ähnlich sind. Natürlich nehmen sich die meisten Männer nicht bewusst vor, eine Ehefrau zu finden, die wie ihre Mutter ist. Manchmal jedoch scheinen wir von inneren Kräften beeinflusst zu werden, die uns nicht bewusst sind, oder wir verspüren ein inneres Bedürfnis oder Gefühle, die wir nicht verstehen. Andererseits geht man gemeinhin davon aus, dass Menschen für ihr Handeln verantwortlich sind. Mit Ausnahme von Geisteskranken erwarten wir, dass Menschen wissen, was sie tun und warum sie es tun; sie handeln bewusst. Wir stehen also vor dem Dilemma: bewusste versus unbewusste Verhaltensdeterminanten. Die Persönlichkeitspsychologie bemüht sich zu verstehen, wie und in welchem Ausmaß unbewusste Kräfte eine Rolle in menschlichem Verhalten spielen.

1.4.2 Was ist das Selbst?

Carl Gustav Jung sagte: „Begegnen sich zwei Persönlichkeiten, so ist es, als träfen zwei chemische Stoffe aufeinander: Kommt es zu einer Reaktion, werden beide umgewandelt." Sollten wir uns das Selbst als einen Komplex chemischer Stoffe oder (wie Jung auch sagte) als einen Geist vorstellen? Welche Bedeutung haben soziale Einflüsse auf das Selbst? Wie bedeutend sind für das Selbst soziale Einflüsse? Trifft in Wirklichkeit eher Carl Rogers Vorstellung zu, wonach das Selbst ein Komplex von Wahrnehmungen über die Eigenschaften von „mir" ist, der versucht, sein menschliches Potenzial zu verwirklichen? Ist das Selbstgefühl lediglich eine belanglose Begleiterscheinung oder eine sekundäre Wahrnehmung, die aus anderen, wirklich relevanten Kräften (z. B. biologischen Trieben) herrührt? Was ist der Kern unserer Person? All das sind berechtigte Fragestellungen in der Persönlichkeitspsychologie.

1.4.3 Erfordert jedes Individuum einen einzigartigen Ansatz?

Inwieweit können wir allgemeine Methoden auf alle Menschen anwenden? Oder ist es möglich, vielleicht sogar notwendig, die besonderen Eigenschaften eines Individuums unter jeweils anderen Aspekten zu betrachten? Die Wissenschaft sucht ihrer Natur gemäß nach allgemeingültigen Gesetzen. Sie ist daher oft **nomothetisch**, d.h. bemüht, Gesetze zu formulieren (vom griechischen *nomos* „Gesetz" und *thetisch*, „niederlegen"). Gordon Allport vertrat jedoch nachdrücklich die Auffassung, dass sich ein Schlüsselaspekt des Studiums von Persönlichkeit auf das Individuum konzentrieren und daher **idiographisch** – mit der Untersuchung von Einzelfällen befasst (von *idio*, griechisch für „privat, persönlich, eigen") – sein müsse. Sicherlich ist es sinnvoll, von einer intensiven biographischen Analyse Gebrauch zu machen, um eine Person zu verstehen, aber jede Person hat eine andere Biographie. Wie können wir daher verallgemeinern? Dieses Dilemma bleibt eine wichtige Herausforderung. Vor vielen Jahren monierte Gordon Allport, dass die meisten einführenden Psychologie-Lehrbücher meist am Schluss (halbherzig) ein Kapitel über Persönlichkeit einflechten würden, das der vitalen, dynamischen Individualität jedes Menschen nicht Rechnung trage. Forscher seien so sehr um Wissenschaftlichkeit bemüht, dass sie die interessantesten (aber komplexen) Aspekte von Persönlichkeit übergingen. Dieses Problem haben wir heute noch.

1.4.4 Gibt es Unterschiede zwischen Männern und Frauen?

Was sind die Unterschiede zwischen Männern und Frauen und woher kommen sie? Die elementarsten Geschlechtsunterschiede sind natürlich die anatomischen und sie sind eindeutig durch unsere Gene bestimmt, schon vor unserer Geburt. Aber wie sollen wir die diversen psychologischen Unterschiede zwischen Männern und Frauen verstehen, die in unserer Gesellschaft in Erscheinung treten? Warum scheinen Männer oft aggressiver, dominanter und unsozialer zu sein und können mathematische und räumliche Aufgaben besser bewältigen? Warum sind Frauen im Allgemeinen stärker sozial vernetzt, anfälliger für Depressionen und fürsorglicher? Wer hat den stärkeren Sexualtrieb und wer steuert die sexuellen Begegnungen und warum? Solche faszinierenden Fragen sind für die Erforschung von Persönlichkeit grundlegend und wurden von fast allen Persönlichkeitstheoretikern behandelt. Wir können zwar keine einfachen Antworten darauf bieten, dafür aber eine differenzierte und begründete Betrachtung der relevanten Themen.

1.4.5 Person versus Situation

Seit den Anfängen der modernen Persönlichkeitstheorie im letzten Jahrhundert hat man erkannt, dass es Inkonsistenzen im Verhalten jedes Individuums gibt (Woodworth, 1934). Ein Individuum, das an einem Tag extrovertiert handelt, verhält sich möglicherweise am nächsten Tag in einer anderen Situation introvertiert. Darüber hinaus ist es seit den 1920er Jahren unbestritten, dass manche Individuen wesentlich selbstkonsistenter sind als andere (Hartshorne & May, 1928). Beispielsweise sind manche Kinder so gut wie immer ehrlich, andere dagegen sind mal ehrlich, mal nicht.

Wenn extrovertierte Menschen sich introvertiert verhalten oder ehrliche Menschen unehrlich sein können, ist es dann überhaupt sinnvoll, über Persönlichkeit zu reden? Und wie berücksichtigen wir die Tatsache, dass jeder, zumindest teilweise, von der Situation beeinflusst wird? Diese Fragen sind aus unterschiedlichen Perspektiven untersucht worden, die wir darstellen werden.

1.4.6 In welchem Maß ist Persönlichkeit kulturell bestimmt?

Der Dichter Walt Whitman schrieb: „Es ist angeborene Persönlichkeit, und nichts anderes, die einen Mann befähigt, in *selbstbewusster Haltung* vor Präsidenten oder Generälen zu stehen oder irgendwelchen anderen namhaften Personen – nicht etwa Kultur oder Wissen oder Intellekt“ (1871, *Democratic Vistas*). Diese Aussage bringt den Standpunkt zum Ausdruck, dass Persönlichkeit angeboren ist – dass wir mit einem bestimmten Temperament und Charakter auf die Welt kommen und für immer so bleiben werden.

Natürlich gibt es auch guten Grund für die Annahme, dass Kinder von der Umwelt und der Kultur, in denen sie aufwachsen, beeinflusst werden. Auch wenn die Beziehung von Vererbung und Umwelt („Nature-Nurture“-Beziehung) ungemein komplex ist, gibt es mittlerweile viele Antworten, wie wir sehen werden. Wir müssen nicht mehr pauschal behaupten, dass Persönlichkeit teilweise angeboren und teilweise kulturell bestimmt ist. Stattdessen werden wir untersuchen, welche Teile der Persönlichkeit relativ festgelegt und welche veränderlich sind.

1.4.7 Ist Persönlichkeit ein brauchbares Konzept?

Ist Persönlichkeit zum Verstehen menschlichen Verhaltens ein brauchbares wissenschaftliches Konzept, oder ist es lediglich eine Illusion, ein Missverstehen von Ursachen? Die meisten von uns haben wahrscheinlich schon von engen Freunden Karten mit solch schmeichelhaften Botschaften bekommen:

> *Es ist nicht dein Name oder dein Hintergrund oder etwas Großartiges, was du geleistet hast. Es ist nicht deine Hilfsbereitschaft, die dich zum besten Freund macht, den ich jemals gefunden habe. Es sind nicht deine guten Eigenschaften, auf die ich zähle, obwohl du auch nett und ehrlich bist. Es ist, was du bist, das dich zu einem ganz besonderen Freund macht.*

Solche Zeilen gehen davon aus, dass wir ein inneres Wesen haben, das uns zu dem macht, der wir sind. Leider sind solche Vorstellungen von „Persönlichkeit“ vage und irreführend. Zum Beispiel erschrecken Liebende, wenn sie entdecken, dass ihr Partner, den sie bis ins Innerste kennen, tatsächlich eine kriminelle, ehebrecherische oder aggressive Seite hat. Darüber hinaus erweisen sich Versuche, diesen inneren Kern zu erfassen, im Allgemeinen als wissenschaftlich fruchtlos. Menschen sind komplexe Geschöpfe, und es ist wichtig, simplifizierende Vorstellungen oder Wunschdenken über Persönlichkeit zu vermeiden.

Bedeutet dies, dass man die wissenschaftliche Erforschung von Persönlichkeit aufgeben sollte? Keineswegs. Wie wir zeigen werden, gehören die unterschiedlichen wissenschaftlichen Verfahren zur Erforschung und Erklärung von Persönlichkeit zu den differenziertesten überhaupt.

Neben diesen Grundthemen der Persönlichkeitspsychologie gibt es in der modernen Persönlichkeitsforschung viele aktuelle Fragen, die von Interesse sind. Zur Zeit entwickeln die meisten Forscher keine neuen großen Persönlichkeitstheorien, sondern arbeiten stattdessen daran, Antworten auf anwendungsbezogene Fragen zu finden, wie z. B. die Rolle der Persönlichkeit bei physischer Gesundheit und Krankheit und bei Ehe und Scheidung. Gibt es eine Persönlichkeit, die zu Krankheit und eine, die zu Selbstheilung neigt? Erweisen sich bestimmte Persönlichkeitstypen als gute Liebhaber oder gute Ehepartner? Die Antworten auf diese Fragen, mit denen wir uns später in diesem Buch beschäftigen werden, gestalten sich recht schwierig.

1.5 Persönlichkeit im Kontext

Während der 1930er und 1940er Jahre untersuchten amerikanische Psychologen die autoritäre Persönlichkeit, einen übermäßig maskulinen, kalten und despotischen Persönlichkeitstyp, der zum Faschismus neigte und dazu, Angehörige missliebiger gesellschaftlicher Gruppen zu verfolgen. Zur gleichen Zeit erforschten nationalsozialistisch gesinnte Psychologen in Deutschland den Gegentyp – Menschen, die eher schwach, liberal, künstlerisch orientiert und unmännlich waren (Brown, 1965). Was Amerikaner Rigidität nannten, bezeichneten die Deutschen als Stabilität. Was die Deutschen Exzentrizität nannten, bezeichneten die Amerikaner als Individualität. Was die Deutschen Perversion nannten, bezeichneten die Amerikaner als ästhetische Sensibilität. Zweifellos waren die Nazis unglaublich brutale Mörder und Zerstörer, während die Amerikaner dieser Epoche Freiheit und Sicherheit fördern wollten. Dennoch ist es interessant zu sehen, wie stark Beobachtungen über die Persönlichkeit von ihrem jeweiligen kulturellen Kontext beeinflusst werden konnten.

Heutzutage ist der Großteil der Persönlichkeitsforschung eindeutig von der westlichen Kultur im Allgemeinen und der amerikanischen Mainstream-Kultur im Besonderen geprägt. Die ganz eigenen Perspektiven asiatischer, lateinamerikanischer, afrikanischer und indigener amerikanischer Kulturen werden zu oft übersehen. Zum Beispiel werden in der amerikanischen Gesellschaft Personen, die „etwas auf ihre Art tun“ wollen und die konventionellen Erwartungen ihrer Firmen oder ihrer Regierung in Frage stellen, normalerweise positiv als durchsetzungsfähig und unabhängig eingeschätzt (und möglicherweise sogar als heldenhaft). Aber in der japanischen Gesellschaft gilt das gleiche Verhalten als unhöflich, unkooperativ, egoistisch und unsozial. Mit anderen Worten: Unsere Erklärungen menschlichen Verhaltens sind abhängig von unserer Kultur. Ein gewisses Maß an Voreingenommenheit ist unvermeidlich.

In diesem Buch versuchen wir, den kulturellen Kontext von Persönlichkeitstheorien und -forschungen zu berücksichtigen. Dabei konzentrieren wir uns zur Veranschaulichung häufig auf das Leben der Theoretiker. Es ist wichtig, dass Kritik an einer Idee nicht zum Angriff auf die Person wird; d.h., wir müssen die Qualität von Theorie und Forschung unter ihren eigenen (Umwelt-)Bedingungen bewerten und nicht unter den persönlichen Bedingungen des Theoretikers, der sie vorgelegt hat. Nur weil viele von Sigmund Freuds Patienten jüdische europäische Frauen der Mittelschicht waren, bedeutet das nicht, dass seine Erkenntnisse nicht auf andere angewendet werden können. Dennoch ist die Stichhaltigkeit von Theorien wahrscheinlicher, die den Kontext berücksichtigen, aus dem sie hervorgehen. Lassen Sie uns zum Schluss etwas demonstrieren. Angenommen, wir sagen Ihnen, dass Menschen mit den folgenden Besonderheiten im späteren Leben häufig signifikante Persönlichkeitsprobleme entwickeln:

> *Diese Menschen fühlen sich oft einsam und zweifeln manchmal an ihrem Selbstwert. Sie würden gerne beliebter sein. Sie haben regelmäßig sexuelle Fantasien und sexuelle Träume, die sich auf bestimmte, besondere Menschen beziehen. Sie wünschen sich, dass sie einen schöneren Körper hätten. Sie sind manchmal unsicher, wer sie sind und warum sie leben.*

Diese Beschreibung ist erfunden. Aber sie würde viele College-Studenten charakterisieren. Das heißt, viele College-Studenten hätten den Eindruck, dass diese Beschreibung auf ihre Person zutrifft (und sie daher zu Persönlichkeitsproblemen neigen), obwohl das Profil lächerlich allgemein ist, wie im Beispiel in Abbildung 1.6. Die Tendenz, vagen Verallgemeinerungen über die eigene Persönlichkeit Glauben zu schenken, wird manchmal als **Barnum-Effekt** bezeichnet (zuerst dargelegt von Ulrich, Stachnik & Stainton, 1963; Snyder et. al., 1977). Das Beispiel zeigt, dass eine gewisse Vorsicht vonnöten ist, um zu gewährleisten, dass Persönlichkeitstheorien und Beurteilungen präzise und wissenschaftlich validiert sind. Persönlichkeit ist ein faszinierendes Gebiet, das aber Missbrauch und Verzerrungen unterliegt, wenn Theorien nicht mit äußerster Vorsicht bewertet werden.

Abbildung 1.6: Die Sternzeichen und die „prophetische" Botschaft eines Horoskops
Akzeptieren Menschen, die an Astrologie glauben, eher verallgemeinernde Beschreibungen ihrer eigenen Persönlichkeit als Skeptiker? Eine Untersuchung bestätigte, dass Astrologie-Gläubige tatsächlich besonders anfällig für den Barnum-Effekt sind, aber fast jeder findet bis zu einem gewissen Grad in vagen Verallgemeinerungen eine auf ihn zutreffende Bedeutung (Glick, Gottesman & Jolton, 1989).

Andererseits hat der Versuch, die Einzigartigkeit von Personen zu verstehen, einen gesellschaftlichen Wert. Blaise Pascal, der große französische Philosoph und Mathematiker schrieb: „Je mehr man Geist hat, findet man, dass es mehr eigenartige Menschen gibt. Der große Haufe findet keinen Unterschied unter den Menschen“ (*Pensées* I.7). Die moderne Psychobiologie bestätigt Pascals Behauptung, und in diesem Buch werden wir zeigen, wie wichtig es ist, jedes Individuum zu verstehen, in seinem je eigenen Kontext.

Bevor wir uns eingehend mit Persönlichkeit befassen können, müssen wir verstehen, wie Persönlichkeit untersucht und beurteilt wird. Dies ist Gegenstand des nächsten Kapitels.

Zusammenfassung und Fazit

Die Persönlichkeitspsychologie fragt: Was bedeutet es, eine Person zu sein? Anders ausgedrückt: Inwiefern sind wir als Individuen einmalig? Was ist die Natur des Selbst?

Die Persönlichkeitspsychologie beantwortet diese Fragen in Form von systematischen Beobachtungen dazu, wie und warum Individuen sich so verhalten, wie sie es tun – mit besonderem Schwerpunkt auf den Gedanken, Gefühlen und Verhaltensweisen realer Menschen. Die Persönlichkeitspsychologie kann als die wissenschaftliche Untersuchung der psychischen Kräfte bezeichnet werden, die Menschen zu einmaligen Individuen machen.

Allgemein gesagt, hat Persönlichkeit acht Schlüsselaspekte, die uns zusammen genommen helfen, die sehr komplexe Natur des Individuums zu verstehen. In diesem Buch untersuchen wir eingehend jede dieser Perspektiven unter Berücksichtigung der jeweils besonderen Erkenntnisse.

Persönlichkeitspsychologen versuchen, Theorien anhand wissenschaftlicher Inferenzmethoden zu prüfen. Die Verfahren reichen von der sehr formalen mathematischen Erfassung von Eigenschaften und Fähigkeiten zur sorgfältigen, umfassenden Untersuchung der Gedanken, Gefühle und Verhaltensweisen eines einzigen Individuums. Warum scheint ein bestimmter Abiturient von sexuellen Fantasien verzehrt zu werden? Sind es die Hormone? Unterdrückte Sexualtriebe? Der Einfluss der Umgebung? Frühere Erfahrungen und Konditionierung? Eine existenzielle Krise? Kombinationen dieser und anderer persönlicher Einflüsse? Zu einer genauen Untersuchung von Persönlichkeit gehört es auch, die Bedeutung, Validität und logischen Folgerungen der verschiedenen Perspektiven zu kennen und zu verstehen.

Persönlichkeitstheorien haben unterschiedliche Quellen: sorgfältige Beobachtung und gründliche Selbstbeobachtung; systematische Messungen und statistische Analysen; Schnittbildaufnahmen (auch „Scans“) des Gehirns und Studien zu Geisteskrankheiten; sie haben Wurzeln in der Anthropologie, der Soziologie, den Wirtschaftswissenschaften und der Philosophie. Theoretiker verwenden diese verschiedenen Erkenntnisse für das psychologische Verständnis des Individuums.

Einige Wurzeln der Persönlichkeitspsychologie können bis zum Theater zurückverfolgt werden. Andere Aspekte entstammen der Religion und östlichen und westlichen philosophischen Traditionen. Die darwinsche Evolutionsbiologie hatte nachhaltigen Einfluss auf die Persönlichkeitspsychologie, der gegenwärtig wieder an Bedeutung gewinnt. Durchbrüche im Testen von Persönlichkeit und Intelligenz prägten sowohl die Theorien als auch die Methoden der modernen Persönlichkeitspsychologie, obwohl die signifikanten Auswirkungen der Kultur auf Testergebnisse häufig ignoriert wurden.

Die moderne Persönlichkeitstheorie begann in den 1930er Jahren formale Gestalt anzunehmen, dank der Pionierarbeit dreier Männer – Gordon Allport, Kurt Lewin und Henry Murray. Allport definierte Persönlichkeit als „die dynamische Ordnung jener psychophysischen Kräfte innerhalb eines Individuums, die seine einzigartige Anpassung an seine Umwelt bestimmen". Auch Lewins Ansatz war dynamisch, als er nach Systemen suchte, die beobachtbarem Verhalten zugrunde liegen. Lewin lenkte die Aufmerksamkeit auf „die momentane Verfassung des Individuums und die Struktur der psychologischen Situation". Murray war von einer übergreifenden Orientierung überzeugt, die auch Längsschnittstudien, die Untersuchung derselben Personen über längere Zeit, einschlossen. Er vertrat einen breit gefächerten persönlichkeitstheoretischen Ansatz, den er definierte als „den Zweig der Psychologie, der sich hauptsächlich mit der Untersuchung des Lebens von Menschen und den Faktoren, die seinen Verlauf beeinflussen, beschäftigt, [und] der individuelle Unterschiede erforscht." Zu gleichen Zeit zeigte Margaret Mead auf, dass Persönlichkeit stark von Kultur beeinflusst wird; ihre Arbeit wurde damals allerdings nicht angemessen gewürdigt.

Bestimmte Grundfragen in der Erforschung der Persönlichkeit tauchen zu unterschiedlichen Zeiten und in unterschiedlichen Theorien immer wieder auf. Dazu zählen:

- Welche Bedeutung hat das Unbewusste?
- Was ist das Selbst?
- In welchem Maß können unsere Theorien nomothetisch (mit allgemeinen Gesetzmäßigkeiten befasst) im Gegensatz zu idiographisch (einzelne Fälle untersuchend) sein?
- Was sind die Unterschiede zwischen Männern und Frauen und worauf sind sie zurückzuführen?
- Was beeinflusst das Verhalten mehr – die Person oder die Situation?
- In welchem Maß ist Persönlichkeit kulturell bestimmt?
- Ist Persönlichkeit ein brauchbares wissenschaftliches Konzept oder lediglich eine zweckdienliche Illusion?

Summa summarum: Die Persönlichkeitspsychologie befasst sich mit einigen der interessantesten, wenn auch komplizierten Fragen, die sich stellen, wenn wir zu verstehen versuchen, was es bedeutet, Mensch zu sein. Wie es Gordon Allport formulierte – alle Bücher über Persönlichkeitspsychologie sind gleichzeitig Bücher über die Philosophie dessen, was eine Person ist.

Haupttheoretiker

Gordon Allport
Kurt Lewin
Henry Murray

Zentrale Begriffe

Persönlichkeitspsychologie
Deduktiver versus induktiver Ansatz
Acht Perspektiven zur Persönlichkeit
Darwinsche Evolutionstheorie
Nomothetische versus idiographische Wissenschaft
Barnum-Effekt

Literaturempfehlungen

Allport, G. W. (1968). *The person in psychology: Selected essays*. Boston: Beacon Press.

Benjamin, L. T. (Hrsg.) (1988). *A history of psychology: Original sources and contemporary research.* New York: McGraw-Hill.

Craik, K., Hogan, R., & Wolfe, R. N. (Hrsg.) (1993). *Fifty years of personality psychology.* New York: Plenum Press.

Gadlin, H., & Ingle, G. (1975). Through the one-way mirror: The limits of experimental self-reflection. *American Psychologist, 30*, 1003–1009.

Loevinger, J. (1987). *Paradigms of personality.* New York: W. H. Freeman & Company.

Murphy, G. (1949). *Historical introduction to modern psychology.* New York: Harcourt, Brace.

Roth, E. (1981). *Persönlichkeitspsychologie. Eine Einführung*. Stuttgart: Kohlhammer.

Sahakian, W. S. (Hrsg.). (1968). *History of psychology: A sourcebook in systematic psychology.* Itasca: F. E. Peacock Publishers.

Kapitel

2 Wie wird Persönlichkeit untersucht und eingeschätzt?

In diesem Kapitel

Als wir mit unseren zwei kleinen Söhnen das Disneyland besuchten, begegneten wir einem zwei Meter großen Piraten, der genau wie der böse Captain Hook aussah. Der Pirat mischte sich unter die Menge und gab Vorübergehenden die Hand (und den Haken). Obwohl unser älterer Sohn Piraten sehr bewunderte und *Peter Pan* unzählige Male gesehen hatte, wich er, als er Hook wieder erkannte, vor ihm zurück und versteckte sich hinter seiner Mutter. Im Gegensatz dazu ging unser jüngerer Sohn direkt auf den Piraten zu und gab ihm die Hand.

Damit waren wir über eine neue Art von Persönlichkeitstest gestolpert – einen standardisierten Stimulus, der Reaktionen provoziert und aufschlussreiche individuelle Unterschiede bewertet. Wir könnten ihn den Piratentest für Kinder nennen. Wir könnten andere Kinder zu dem Piraten bringen und sehen, wie sie reagieren. Als Persönlichkeitstest ist dies kein schlechter Anfang, aber er ist unvollständig. Wie jeder Persönlichkeitstest hat er bestimmte Stärken, wenn es um die Erfassung der zu messenden Eigenschaft geht, und bestimmte Schwächen oder Grenzen, die ihn unvollständig oder fehlerhaft machen.

Der Piratentest ist wie viele andere Persönlichkeitstests nicht sehr objektiv in seinem Testergebnis. In einem Rechen- oder einem Hochsprungtest sind die Ergebnisse objektiv: der Prozentsatz korrekter Antworten oder die Höhe in Zentimetern. Das sind objektive Maßstäbe von Fähigkeit. Manche Persönlichkeitstests beinhalten in ähnlicher Weise eine **objektive Erfassung**, bei der die Messung nicht von der den Test durchführenden Person abhängt. Solche Tests fordern den Testteilnehmer beispielsweise dazu auf, eine in einer unübersichtlichen Zeichnung versteckte Figur zu finden oder einen Knopf zu drücken, sobald ein vertrauter Ton zu hören ist. Solche Tests führen zu eindeutigen Messwerten; in diesen Fällen ist es der Prozentsatz entdeckter versteckter Figuren und die Reaktionszeit (auf den bekannten Ton) in Sekunden. Der Piratentest jedoch hängt von Beobachtern ab, die die Reaktion des Kindes interpretieren. Andererseits ermöglicht unser Piratentest einem erfahrenen Beobachter von Kindern einen umfassenden Eindruck – d.h., er lässt eine subjektive Erfassung zu.

Die **subjektive Erfassung** – eine Messung, die sich auf Deutung stützt – hat sich gegenseitig ergänzende Stärken und Schwächen. Die Probleme drehen sich um die Tatsache, dass unterschiedliche Beobachter unterschiedliche Bewertungen abgeben und solche Einschätzungen fehlbar sind. Dieses Problem gibt es nicht nur in der Psychologie. In vielen Bereichen menschlichen Tuns und Trachtens spielt das subjektive Urteil eines Fachmanns eine Rolle. Denken Sie z. B. an die Bewertung von Kunst. Der arme Vincent van Gogh und viele andere heute berühmte impressionistische Maler hatten vor einem Jahrhundert Schwierigkeiten, ihre Bilder zu verkaufen. Ein Gremium von Betrachtern, zusammengesetzt aus Vertretern der bestehenden kulturellen Hauptströmung oder Leuten von der Straße, hätte viele impressionistische Werke als nicht „echte Kunst“ verworfen.

Abbildung 2.1:
Beobachter mögen unter sich einig sein (man spricht dann von einer hohen Inter-Rater-Reliabilität) über die Qualität eines Kunstwerks, aber die Validität ihres Urteils kann zweifelhaft sein. Viele Bilder Vincent van Goghs wurden zu seinen Lebzeiten als praktisch wertlos betrachtet, werden aber heute hoch geschätzt und bringen bei Auktionsverkäufen Millionen von Euro ein. Die von Beobachtern vorgenommenen Einschätzungen von Persönlichkeit können ebenso zweifelhafte Validität hinsichtlich bestimmter Dimensionen besitzen.

Ein Gremium von Beobachtern ist möglicherweise geteilter Meinung; und selbst wenn sie sich einig sind, kann ihr Urteil zweifelhaft sein.

Andererseits kann eine Gruppe von Fachleuten die Komplexitäten eines vielschichtigen Phänomens oft durchschauen und wundervolle Erkenntnisse gewinnen. Das Gleiche gilt für die Persönlichkeitspsychologie. Fähige Kliniker, die die Kommunikation eines Kindes mit Captain Hook beobachten, stellen möglicherweise ein Reaktionsmuster fest, das auf eine signifikante Fehlanpassung hinweist oder auf ein Kindheitstrauma schließen lässt oder auch auf eine ausgeprägte Anpassungsfähigkeit. Viele verbreitete Persönlichkeitstests enthalten daher ein subjektives Element. Bei der Erfassung von Persönlichkeit dürfen wir einerseits nicht so objektiv sein, dass unsere Informationen nutzlos sind, andererseits aber auch nicht so subjektiv, dass unsere Beobachtung eigenwillig und unsere Schlussfolgerungen unwissenschaftlich sind. Glücklicherweise gibt es viele Richtlinien und Verfahren, die die sinnvolle und wissenschaftliche Erfassung von Persönlichkeit fördern. Dieses Kapitel erläutert die gültigen und ungültigen Mittel der Persönlichkeitsmessung.

2.1 Persönlichkeit messen

Nach charismatischen Führern gefragt, nennen Leute in Amerika gewöhnlich Persönlichkeiten wie John F. Kennedy, Martin Luther King, Ronald Reagan, Mahatma Gandhi, Franklin Roosevelt, Winston Churchill und Malcolm X. Sie waren in der Lage, Anhänger in großer Zahl zu gewinnen und zu inspirieren. Aber wir treffen jeden Tag Menschen, die eine Art persönliches Charisma haben – Menschen, die attraktiv, einflussreich und expressiv sind und die oft im Mittelpunkt der Aufmerksamkeit stehen. Tatsächlich sind sich die Mitglieder einer Seminarklasse oder einer anderen kleinen Gruppe normalerweise erstaunlich einig darüber, wer von ihnen der charismatischste ist.

Abbildung 2.2:
Viele Menschen führen den Erfolg und den Ruhm charismatischer Politiker wie des verstorbenen Präsidenten John F. Kennedy eher auf ihre Charme und Anziehungskraft als auf ihre Politik zurück.

Wie können wir beurteilen, ob jemand besonders expressiv und in einer Gruppe wahrscheinlich ein einflussreicher emotionaler Führer ist? Wie können wir solche Personen identifizieren, so dass wir die Vorstellung von Charisma eingehender untersuchen können – sowohl in Hinblick auf die charismatischen Personen selbst als auch auf ihren Einfluss in der Gesellschaft? Könnten wir einen einfachen Charisma-Test entwickeln? Ein einfaches Verfahren zur Messung persönlichen Charismas ist der Affective Communication Test oder ACT (Friedman et. al., 1980). Der ACT ist in Tabelle 2.1 abgebildet. Sie können diesen Test selbst machen: Schätzen Sie ein, in welchem Maß jede Aussage auf Sie zutrifft, indem Sie eine Skala von -4 bis 4 benutzen: -4 bedeutet „trifft auf mich überhaupt nicht zu“ und 4 bedeutet „trifft auf mich völlig zu“. Mehr über diesen einfachen Test und seine Auswertung werden Sie später in diesem Kapitel erfahren.

Bitte lesen Sie diese Anweisungen sorgfältig. Unten finden Sie eine Reihe von Aussagen, die eine innere Einstellung oder ein Verhalten kennzeichnen, das auf Sie persönlich zutreffen oder nicht zutreffen kann. Ihre Aufgabe ist, jede Aussage sorgfältig zu lesen und die Zahl zwischen minus 4 (-4) und plus vier (4) einzukreisen, die Ihrer Antwort aam nächsten kommt. Je negativer Ihre Antwort ist, desto weniger trifft Ihrer Einschätzung nach diese Aussage auf Sie zu. Je positiver Ihre Antwort ist, desto mehr trifft Ihrer Einschätzung nach diese Aussage auf Sie zu.

Beispiel: *Ich freue mich sehr, wenn ich schöne Blumen sehe.	Trifft auf mich überhaupt nicht zu	-4	-3	-2	-1	0	1	2	3	4	Trifft auf mich völlig zu

Das Einkreisen der 2 würde bedeuten, dass Sie sich freuen, wenn Sie Blumen sehen, aber nicht in dem Maße, wie bei der eingekreisten 4. Hätten Sie die -4 eingekreist, würde dies bedeuten, dass das Gegenteil zutrifft – dass es Sie traurig macht, Blumen zu sehen.

Es gibt keine richtigen oder falschen Antworten. Bitte kreisen Sie auf jeder Skala nur eine Zahl ein. Lesen Sie jede Aussage sorgfältig und markieren Sie für jede nur eine Antwort.

1.	*Wenn ich gute Tanzmusik höre, kann ich kaum stillhalten.	Trifft auf mich überhaupt nicht zu	-4	-3	-2	-1	0	1	2	3	4	Trifft auf mich völlig zu
2.	*Mein Lachen ist leise und gedämpft.	Trifft auf mich überhaupt nicht zu	-4	-3	-2	-1	0	1	2	3	4	Trifft auf mich völlig zu
3.	*Ich kann am Telefon leicht Gefühle ausdrücken.	Trifft auf mich überhaupt nicht zu	-4	-3	-2	-1	0	1	2	3	4	Trifft auf mich völlig zu
4.	*Ich berühre Freunde oft, während ich mit ihnen spreche.	Trifft auf mich überhaupt nicht zu	-4	-3	-2	-1	0	1	2	3	4	Trifft auf mich völlig zu
5.	*Ich mag es nicht, von einer großen Gruppe von Menschen angesehen zu werden.	Trifft auf mich überhaupt nicht zu	-4	-3	-2	-1	0	1	2	3	4	Trifft auf mich völlig zu
6.	*Normalerweise habe ich einen neutralen Gesichtsausdruck.	Trifft auf mich überhaupt nicht zu	-4	-3	-2	-1	0	1	2	3	4	Trifft auf mich völlig zu
7.	*Man sagt, ich würde einen guten Schauspieler oder eine gute Schauspielerin abgeben.	Trifft auf mich überhaupt nicht zu	-4	-3	-2	-1	0	1	2	3	4	Trifft auf mich völlig zu

Tabelle 2.1: Der Affective Communication Test

8.	*Ich bleibe in einer Menge gerne unbeachtet.	Trifft auf mich überhaupt nicht zu	-4	-3	-2	-1	0	1	2	3	4	Trifft auf mich völlig zu
9.	*Unter Fremden bin ich schüchtern.	Trifft auf mich überhaupt nicht zu	-4	-3	-2	-1	0	1	2	3	4	Trifft auf mich völlig zu
10.	*Wenn ich möchte, kann ich jemandem verführerische Blicke zuwerfen.	Trifft auf mich überhaupt nicht zu	-4	-3	-2	-1	0	1	2	3	4	Trifft auf mich völlig zu
11.	*Pantomimische Spiele wie Scharade liegen mir überhaupt nicht.	Trifft auf mich überhaupt nicht zu	-4	-3	-2	-1	0	1	2	3	4	Trifft auf mich völlig zu
12.	*Auf kleinen Partys stehe ich im Mittelpunkt der Aufmerksamkeit.	Trifft auf mich überhaupt nicht zu	-4	-3	-2	-1	0	1	2	3	4	Trifft auf mich völlig zu
13.	*Ich zeige, dass ich jemanden mag, indem ich ihn oder sie umarme oder berühre.	Trifft auf mich überhaupt nicht zu	-4	-3	-2	-1	0	1	2	3	4	Trifft auf mich völlig zu

Tabelle 2.1: Der Affective Communication Test ***(Forts.)***

2.1.1 Reliabilität

Wenn Sie im Lauf eines Nachmittags jede halbe Stunde auf eine Badezimmerwaage steigen, erwarten Sie, dass Ihr Gewicht jedes Mal ungefähr gleich ist. Der Begriff **Reliabilität** bezieht sich auf die Konsistenz von Messwerten, von denen erwartet wird, dass sie gleich sind. Eine zuverlässige Waage ist konsistent. Wenn die Waage im Lauf eines einzigen Nachmittags eine Veränderung Ihres Gewichts von 75 Kilo auf 70 oder auf 80 oder auf 60 anzeigt, würden Sie die Waage wegwerfen, weil sie unzuverlässig ist.

Natürlich könnten Sie möglicherweise leichte Unterschiede im gemessenen Gewicht feststellen, da die Feder in der Waage auf veränderte Raumfeuchtigkeit oder wiederholten Gebrauch reagiert. Solche zufälligen Abweichungen führen zum so genannten *Messfehler* oder der *Fehlervarianz* – Abweichungen, die durch irrelevante, zufällige Schwankungen verursacht werden. Gute Waagen sind sehr zuverlässig; sie geben konsistente Messungen an. Bei der Bewertung von Charisma würden wir erwarten, dass eine Person, deren

Punktwert am Montag sehr hoch ist, am Dienstag nicht sehr niedrige Werte für Charisma erzielt. Reliabilität enthält implizit auch den Gedanken der Präzision. Sie wären nicht zufrieden mit einer Badezimmerwaage, die Ihnen sagt, dass Sie „über 50 Kilo“ wiegen.

Interne Konsistenz-Reliabilität

Die Zuverlässigkeit eines Persönlichkeitstests wird üblicherweise auf zwei Arten bestimmt. Zunächst wird der Grad der Konsistenz daran gemessen, ob untergeordnete oder äquivalente Teile eines Tests das gleiche Ergebnis erzielen. Zum Beispiel könnten wir einen Papier-und-Bleistift-Test in zwei Hälften aufteilen und dann die Testhälften-Reliabilität (Split-half-Reliabilität) ermitteln, indem wir die Korrelation zwischen den beiden Hälften finden (wenn der Test etlichen Personen gegeben wird). Wir würden erwarten, dass die Testhälften stark miteinander korrelieren; so sollte die Person, die die höchsten Werte bei der ersten Testhälfte erzielte, auch bei der zweiten eine sehr hohe Punktzahl erreichen. Das wird als **interne Konsistenz-Reliabilität** bezeichnet. Bei der ACT-Messung von Charisma sind die Punktwerte bei den verschiedenen Testfragen oft ähnlich, wenn auch nicht identisch.

Die interne Konsistenz wird oft durch eine Kenngröße gemessen, die Cronbachs Alpha-Koeffizient heißt. Wir können uns Alpha als den mittleren aller möglichen Korrelations-Koeffizienten der Teilhälften denken. Die Messung wird konsistenter und stabiler, wenn wir wiederholte relevante Messungen durchführen (Rosenthal & Rosnow, 1991). Statistisch ausgedrückt bedeutet das, dass die interne Konsistenz eine Funktion der Zahl der Fragen und ihres Korrelationsgrads ist. Bei der Entwicklung eines Persönlichkeitstests wollen wir so viele relevante Testfragen hinzufügen, bis das Gesamtergebnis sehr stabil wird. Aber es sollen nicht so viele Testfragen sein, dass der Test umständlich oder langweilig wird. Bei Tests, die häufig eingesetzt werden sollen, sollte der Koeffizient der internen Konsistenz-Reliabilität etwa bei 80 Prozent liegen.

Manchmal betrifft das Konsistenz-Problem unsere fachkundigen Beobachter. Im Fall unseres neuen Piratentests möchten wir, dass unsere Beobachter in ihren Beurteilungen übereinstimmen. Normalerweise genügen 12 Beobachter, um Konsistenz zu erreichen.

Test-Retest-Reliabilität

Das zweite Kriterium für Reliabilität ist der Konsistenzgrad des Testinstruments bei unterschiedlichen Gelegenheiten. Das heißt: Menschen, die am Montag expressiv oder gewissenhaft sind, sollten auch am Dienstag ähnliche Punkte erzielen. Bei der Entwicklung des ACT maßen die Forscher dieselben Personen zweimal – im Abstand von zwei Monaten. Diese zeitliche Stabilität wird als **Test-Retest-Reliabilität** bezeichnet. Die Test-Retest-Reliabilität des ACT liegt bei ungefähr 90 Prozent. Über kurze Zeiträume bleiben die ACT-Ergebnisse trotz einer gewissen Messunsicherheit in etwa gleich. Wenn die interne Konsistenz-Reliabilität und die Test-Retest-Reliabilität hoch sind, wissen wir, dass wir etwas Reales messen – wir haben einen zuverlässigen Persönlichkeitstest.

Natürlich wollen wir berücksichtigen können, dass Menschen sich möglicherweise verändern. Unser biologisches System reift und altert, wir werden von Erfahrungen geprägt, wir gewinnen Einsichten in uns selbst und andere und sind im Lauf unseres Lebens mit unterschiedlichen Situationen konfrontiert. Daher ist es einleuchtend, dass sich auch die Persönlichkeit verändert. Für das Messen von Gewicht stellt das kein Problem dar – wir sind uns alle dessen nur allzu bewusst, dass unser Gewicht schwankt, wenn wir eine Diät machen oder zu viel essen. Aber Persönlichkeit wird per definitionem als recht stabil vorausgesetzt. All das stellt uns vor ein erhebliches Problem im Blick auf Theorie und Messung: Wie können wir zu einer zuverlässigen (stabilen) Bewertung von Persönlichkeit gelangen, wenn sich die Persönlichkeit möglicherweise verändert?

Auf diese Frage gibt es zwei differenzierte Antworten. Erstens besteht Persönlichkeit, wie Gordon Allport wiederholt betonte, aus **Mustern**, die dynamisch das Handeln steuern. Obwohl sich die bestimmten Aktivitäten und täglichen Reaktionen einer Person ändern können, bleiben die Grundmuster relativ stabil. Tatsächlich sollte die zeitliche (Zeit-) Dimension in vielen Persönlichkeitsstudien enthalten sein; d.h., wir sollten die Reaktionsmuster des Individuums über längere Zeit beobachten (Larsen, 1989). Oft zeichnen sich konsistente Muster ab. Ist z.B. eine Person einmal manisch und dann wieder depressiv, stellt es kein Problem für die Reliabilität dar, wenn wir von einer manisch-depressiven Persönlichkeit ausgehen. Wenn wir jedoch Muster nicht über längere Zeit untersuchen würden, könnten wir (irrtümerlicherweise) zu dem Schluss kommen, dass unsere Messung unzuverlässig ist – erst schien die Person manisch und dann depressiv.

Die zweite Antwort auf das Problem der Persönlichkeitsveränderung lautet: Wir gestehen zu, dass Persönlichkeit sich langfristig (oder nach einem schweren Trauma) verändern kann, und erwarten nur über kürzere Zeitspannen – von vielleicht einigen Jahren – eine Stabilität der Persönlichkeit. Zum Beispiel wäre die zuverlässige Erfassung von Extraversion im Alter von 16 Jahren nützlich, wenn uns die Identifizierung dieser Eigenschaft helfen würde, das Verhalten der Person im College und im jungen Erwachsenenalter zu verstehen. Wenn die Person dann nach vielen Jahren introvertiert werden würde, wäre dies nicht zwangsläufig ein Problem für die Reliabilität unseres Konzepts. Tatsächlich könnte das wiederum ein interessantes Phänomen sein: Warum werden manche Extravertierte introvertierter? Die Untersuchung und das Messen von Persönlichkeit sind immer mit dieser Art von Kompromissen verbunden. Das Messen bewusster biologischer Systeme (Menschen) ist mit dem Messen physikalischer Quantitäten wie Größe und Gewicht nicht zu vergleichen. Menschen wachsen und verändern sich, und sogar ihre Grundreaktionsmuster können sich ändern.

2.1.2 Konstruktvalidität

Angenommen wir würden in ein Einkaufszentrum gehen und uns den ganzen Nachmittag über jede Stunde auf eine Waage stellen und immer das gleiche, zuverlässige Ergebnis erhalten; die Waage, eines dieser elektronischen Geräte mit Computerstimme verkündet jedes Mal: „37, 37, 37“ Das scheint ein seltsames Gewicht zu sein. Es stellt sich heraus, dass das Gerät eigens für Schuhgeschäfte entwickelt worden ist und über den Druck die Länge unserer Füße misst (und unsere Schuhgröße sehr zuverlässig angibt). Misst der Test, was er messen soll? Was misst er? Das ist die Frage der Validität.

Der wichtigste (und schwierigste) Aspekt der Validität ist die **Konstruktvalidität**. Die Konstruktvalidität bezieht sich auf das Ausmaß, in dem ein Test ein theoretisches Konstrukt misst. Misst z. B. der ACT wirklich persönliches Charisma oder misst er vielleicht Freundlichkeit oder Fürsorge?

Die Konstruktvalidität wird ermittelt, indem geprüft wird, ob die Einschätzungen Verhaltensweisen und Reaktionen vorhersagen, die von dem Konstrukt (theoretisch) vorausgesetzt werden. Charismatische Menschen sollten nicht nur bei einem Papier-und-Bleistift-Test hohe Punkte erzielen. Sie sollten bestimmte charismatische Verhaltensweisen aufweisen und bei anderen Messverfahren ein bestimmtes Reaktionsmuster zeigen. Zum Beispiel sollten sie deutlicher extrovertiert als introvertiert sein. Die Konstruktvalidierung ist ein permanenter Prozess und soll zwei Dinge zeigen: (1) Die Erfassung bezieht sich auf die Größe, auf die sie theoretisch bezogen sein sollte – das wird **konvergente Validität** genannt; und (2) die Erfassung lässt nicht zu erfassende Größen außer Acht – das ist die **diskriminative Validität** (Campbell & Fiske, 1959). Wenn der ACT auf Maßstäbe für Extraversion bezogen ist (wie er es sein sollte), dann ist dies ein Beleg für konvergente Validität. Wenn sich der ACT auf Intelligenz beziehen würde (was er nicht tun sollte), dann wäre dies ein Nachweis dafür, dass es ihm an diskriminativer Validität fehlt.

Und schließlich: Konstruktvalidierung ist ein Prozess, der eng mit der Theorieentwicklung verbunden ist. Nur eine Theorie kann uns sagen, worauf sich unser Persönlichkeitskonstrukt beziehen sollte und worauf nicht. Die Theorieentwicklung in den Sozialwissenschaften ist bekanntermaßen komplex. Theorien sind eine Funktion vieler Hypothesen und vieler schwer messbarer Einzelphänomene. Paradoxerweise beruht die Theorie auf der Erfassung, und die Erfassung ihrerseits beruht auf der Theorie. Wir beginnen mit bestimmten Ideen über Persönlichkeit und während wir Persönlichkeit messen, entwickeln wir unsere Theorien weiter. Aus diesem Grunde ist die Erfassung bzw. Messung ein wiederkehrendes Thema in jeder Vorlesung über Persönlichkeit. Zum Beispiel sollte der ACT ursprünglich nonverbale Expressivität messen. Mit wachsender Erfahrung wurde jedoch deutlich, dass der ACT ein gutes, schnelles Messverfahren für persönliches Charisma war. So erzielte der erfolgreichste Toyota-Verkäufer in den Vereinigten Staaten eine sehr hohe Punktzahl beim ACT.

Was wäre, wenn wir einen kurzen Papier-und-Bleistift-Intelligenztest entwerfen würden, der gut mit anderen Papier-und-Bleistift-Intelligenztests korrelieren würde, wir uns aber nie die Mühe machten zu prüfen, ob die Testergebnisse in Zusammenhang mit der Fähigkeit stehen, im Alltag Probleme zu lösen? Um die Validität unseres Tests zu demonstrieren, müssen wir unter Anwendung zusätzlicher Messmethoden auch nachweisen, dass sich unser Test wie erwartet auf die Ergebniskriterien bezieht. Das wird manchmal als **Kriteriumsvalidität** bezeichnet – sie gibt an, ob die Vorhersagen unserer Messungen den Ergebniskriterien entsprechen. So sagt beispielsweise der ACT voraus, wer wahrscheinlich eine Führerpersönlichkeit ist – was er ja auch sollte. Weil die sachgerechte Testvalidierung die Bewertung unterschiedlicher Eigenschaften und die Anwendung mehrerer Erfassungsmethoden einschließt, wird der Validierungsansatz als Multitrait-Multimethod-Ansatz (MTMM) bezeichnet (Campbell & Fiske, 1959).

Inhaltsvalidität

Die **Inhaltsvalidität** bezieht sich darauf, ob ein Test den von ihm zu messenden Bereich erfasst. Zum Beispiel kann es den Anschein haben, als messe ein Test kreative Begabung, aber tatsächlich erfasst er nur bildnerisches Talent und ignoriert musikalische und schriftstellerische Begabungen und andere Aspekte der Kreativität. Als wir Testfragen für den ACT zusammenstellten, sammelten wir eine große Auswahl von Eigenschaften, die für einen sehr expressiven Stil von Bedeutung schienen. Unzuverlässige und nicht eindeutige Testfragen wurden aufgegeben, aber die endgültige Skala enthält Fragen über nonverbale Ausdrucksformen (wie z. B. Berührungen, Lachen und Mimik), über das Auftreten, über soziale Beziehungen (wie z. B. Verhalten auf Partys) und über zwischenmenschliche expressive Kommunikation (wie z. B. das Zuwerfen verführerischer Blicke). Der ACT versucht, viele der Inhaltsdimensionen persönlichen Charismas zu erfassen.

Item-Auswahl

Welche Testfragen eignen sich für einen Persönlichkeitstest am besten? Es liegt auf der Hand, dass Testfragen klar, relevant und relativ einfach sein sollten. Darüber hinaus hängt die Wahl stark von Prämissen über das Wesen von Persönlichkeit ab; eine Erfassung sollte immer theoretisch untermauert sein. Die mathematischen Annahmen, die der Entwicklung von zuverlässigen und validen Persönlichkeitstests zugrunde liegen, können ziemlich kompliziert sein. Es gibt Psychologen, die ihr ganzes Berufsleben mit der Erarbeitung optimaler Strategien für die Entwicklung und Auswertung von Messungen verbringen. Zum Beispiel haben wir bereits festgestellt, dass die Verlängerung eines Tests im Allgemeinen seine Reliabilität und Validität verbessert (bis zu einem bestimmten Punkt), aber dies erfordert zusätzlichen Aufwand. Trotz aller Bemühungen, die besten Testfragen auszuwählen und ungeeignete auszumustern, ist die Definition *beste* in diesem Kontext nicht so einfach.

Eine wünschenswerte Eigenschaft einer Testfrage ist, dass sie einen Unterschied zwischen Testteilnehmern macht; eine Testfrage ist unbrauchbar, wenn jeder sie auf die gleiche Art beantwortet. Allgemeinen gesprochen heißt das: Jede Testfrage sollte die Gruppe der Testteilnehmer in ungefähr zwei Gruppen aufteilen. Wichtig ist jedoch auch, dass alle Testfragen interkorrelieren (bzw. aufeinander bezogen sind); jede Testfrage erfasst einen Aspekt des Gesamtkonstrukts. Diese Item-Interkorrelation wirkt sich wiederum auf die Frage der Diskriminabilität aus – eine zu hohe Interkorrelation führt nur zu überflüssigen Informationen. Die Gesamtpunktzahlen innerhalb eines Tests sollten auch richtig verteilt sein. Das heißt, wir müssen in der Lage sein, viele verschiedene Menschen zu beurteilen. Der ACT z. B. sollte die wenigen ungewöhnlich charismatischen Menschen erfassen, die wenigen außergewöhnlich uncharismatischen und die vielen, die dazwischen liegen.

Eine spezielle mathematische Methode zur Auswahl der besten Testfragen ist in den letzten Jahren stark weiterentwickelt worden: die **Item Response Theory** (IRT). Wenn wir die mathematischen Verfahren dieser Methode anwenden, können wir die Wahrscheinlichkeit einer positiven Antwort auf eine bestimmte Testfrage prüfen – unter Berücksichtigung der Gesamtplatzierung der Person hinsichtlich der zugrunde liegenden Eigenschaft (die durch die anderen Antworten über den Test erfasst wird). Manche Testfragen funktionieren für Männer anders als für Frauen (sind also nur für ein Geschlecht diagnostisch) und werden daher als verzerrte Fragen bezeichnet. Eine Erläuterung der mathematischen Grundlagen der IRT ist in aktuellen Fachbüchern und Artikeln über Persönlichkeitsmessung zu finden (Flannery, Reise & Widaman, 1995).

2.2 Verzerrung

Eines der heikelsten Probleme bei der Erfassung von Persönlichkeit betrifft das Verzerrungspotential in Messungen und Erfassungen. Wir beschäftigen uns das ganze Buch hindurch mit dem Problem der Verzerrung, aber wir wollen hier nun drei Ursachen der Verzerrung beschreiben: Antworttendenzen (Response Sets), ethnische und geschlechtsspezifische Voreingenommenheit bzw. Verzerrung.

2.2.1 Antworttendenzen

Bei der Punktwertung des ACT sind die Testfragen 2, 5, 6, 8, 9 und 11 (Tabelle 2.1) andersherum formuliert. Ein Bejahen dieser Fragen weist auf einen Mangel an Expressivität hin. Umgekehrte Formulierungen sollen eine **Zustimmungstendenz** korrigieren. Manche Menschen neigen stärker als andere dazu, auf Fragen zustimmend zu antworten. Response Sets sind Verzerrungen, die nicht mit der gemessenen Eigenschaft in Beziehung stehen. Daher ist es für das Unterlaufen der Zustimmungstendenz wichtig, Testfragen aufzunehmen, die andersherum formuliert sind. Bevor Sie den ACT auswerten, müssen Sie die Antworten auf diese Fragen umkehren.

Ein besonders schwieriges Problem stellt die Tendenz **sozialer Erwünschtheit** dar. Viele Menschen wollen sich selbst in einem günstigen Licht darstellen oder durch ihre Antwort den Experimentator oder Testadministrator zufrieden stellen. Wenige werden einer Aussage wie „Ich habe daran gedacht, kleine Kinder sexuell zu belästigen“ wahrheitsgemäß zustimmen. Andererseits stimmt möglicherweise jemand, der vorgeben will, psychisch krank zu sein, einer solchen Aussage zu, obwohl sie nicht zutrifft. Eine Möglichkeit des Umgangs mit der sozialen Erwünschtheitstendenz besteht darin, zwei Testfragen gleicher Erwünschtheit zu präsentieren und den Testteilnehmer aufzufordern, zwischen beiden zu wählen.

Ebenso geben manche Menschen völlig wahllose Antworten bei einem Multiple-Choice-Persönlichkeitstest. Vielleicht können sie nicht besonders gut lesen oder sie versuchen, eine Studie (von einem Forscher durchgeführt, den sie nicht mögen) zu boykottieren, oder sie haben keine Lust mehr, Fragebögen auszufüllen, die Teil eines Experiments im Psychologieseminar sind. Manche Tests haben daher eine Lügenskala mit Testfragen wie beispielsweise „Ich bin auf dem Mond herumspaziert (ja/nein).“ Solche Fragen entlarven die Lügner (aber versagen, wenn dann doch einmal ein Astronaut getestet wird).

Auch ein klug konzipierter Persönlichkeitstest unterliegt unterschiedlichen Formen der Entstellung und Verzerrung. Beim ACT können Sie durch Lügen leicht Ihr Testergebnis verfälschen. Daher ist es, wie wir später in diesem Kapitel beschreiben werden, für den Persönlichkeitspsychologen hilfreich, verschiedene Mittel der Erfassung einzusetzen.

Andererseits sollte man zur Kenntnis nehmen, dass Tests Verzerrungen aufweisen können und trotzdem von Nutzen sind. Die meisten gängigen Persönlichkeitstests haben wenigstens einen mittleren bis hohen Grad an Validität. In den meisten Fällen ergeben sie wertvolle Informationen.

Die Standardwerte des ACT werden in Tabelle 2.2 dargestellt. Um Ihren ACT-Punktwert zu berechnen, zählen Sie bei jeder Frage 5 Punkte hinzu (um negative Zahlen auszuschließen). Kehren Sie dann die Punkte für die sechs umgekehrten Fragen um (Fragen 2, 5, 6, 8, 9 und 11), so dass eine 1 zur 9 wird, eine 2 zur 8 und so weiter. Schließlich zählen Sie die Punktergebnisse aller Testfragen zusammen.

Mittelwert	71,3
Median	71,2
Häufigster Wert	68,0
Erreichte Mindestpunktzahl	25,0
Erreichte Höchstpunktzahl	116,0
Standardabweichung	15,7
Mittelwert für Frauen	72,7
Mittelwert für Männer	69,5

Tabelle 2.2: Standardwerte für die ACT-Skala

2.2.2 Ethnische Voreingenommenheit

Bei der Begegnung mit Captain Hook im Disneyland zeigte ein anderes Kind noch eine ganz andere Reaktion als unsere Kinder. Der kleine verdutzte Junge, der offensichtlich aus Asien kam, schien nicht zu wissen, um wen oder was es sich bei Captain Hook überhaupt handelte.

Unser Piraten-Persönlichkeitstest wäre für diesen kleinen Jungen vermutlich ungeeignet gewesen, da er ein bestimmtes Wissen und einen bestimmten Hintergrund des „Testteilnehmers“ voraussetzt. Wie viele Tests ist auch dieser kulturell beeinflusst und sollte daher nur bei einer bestimmten Teilmenge der Bevölkerung eingesetzt werden.

Obwohl alle Tests auf einer Reihe von Prämissen beruhen und daher als voreingenommen bezeichnet werden können, sind sie nicht zwangsläufig schlecht oder wertlos. Vielmehr müssen sie richtig angewendet und interpretiert werden, um valide zu sein. Ein Mann, der sich mehrere Frauen genommen, seine Kinder geschlagen und regelmäßig bei religiösen Riten Tiere geopfert hat, würde heute ganz anders beurteilt werden als in früheren Zeiten (als ein solches Verhalten üblich war). Die Persönlichkeitsbeurteilung ergibt nur im Kontext Sinn. Wir sollten sensibel für den Kontext von allen unseren Bewertungen werden.

Wie bereits festgestellt, ist eine der häufigsten Arten der Testverzerrung die **ethnische Voreingenommenheit**. Allzu oft berücksichtigt ein Test die für die getestete Person relevante Kultur oder Subkultur nicht. Theorien und Messverfahren, die in einer Kultur entwickelt worden sind, werden in einer anderen unsachgemäß angewandt. Beispielsweise werden gesellschaftlich gut integrierte amerikanische Kinder asiatischer Abstammung oft dazu erzogen, sich kooperativ, demütig und bescheiden zu verhalten, während von gleichermaßen gut integrierten italoamerikanischen Kindern häufig erwartet wird, dass sie durchsetzungsfähig, kontaktfreudig und expressiv sind. Es ist natürlich richtig, dass beide Subkulturen für gewöhnlich gut angepasste, erfolgreiche Erwachsene hervorbringen. Es wäre ein Bewertungsfehler, das durchschnittliche amerikanische Kind asiatischer Abstammung als „übermäßig scheu" oder das durchschnittlich italoamerikanische Kind als „besonders aggressiv" zu bezeichnen. Dagegen kann es hilfreich sein, ein extrem schüchtern wirkendes amerikanisches Kind asiatischer Abstammung mit anderen Kindern aus dieser Volksgruppe zu vergleichen; und es könnte sich als ebenso informativ erweisen, ein italoamerikanisches Kind, das Probleme mit Freunden hat, mit anderen Kindern zu vergleichen, die in derselben Subkultur aufgewachsen sind.

Manchmal führt eine Verzerrung dazu, dass eine kulturelle Stärke als Schwäche wahrgenommen wird. Beispielsweise wird gelegentlich die Auffassung vertreten, dass es hispanoamerikanischen Kindern an Leistungsmotivation mangelt (was als Defizit gewertet wird). Tatsächlich jedoch werden sie dazu erzogen, mit Gleichaltrigen sehr kooperativ zu sein (was oft eine Stärke ist).

Da es schwierig sein kann, ethnische Voreingenommenheit in unseren eigenen Theorien und Bewertungen festzustellen, wollen wir ein Beispiel aus dem 19. Jahrhundert betrachten. In dieser Zeit wurde eine kriminelle Persönlichkeit weitgehend als eine angeborene, von Geburt an festgelegte Eigenart verstanden (Gould, 1981). Ein Verbrechen wurde nicht als Folge von Missbrauch in der Kindheit oder von Gruppendruck, mangelnden Chancen, Unbildung oder sozialem Stress gesehen, sondern vielmehr als Resultat einer kriminellen Persönlichkeit. Es überrascht nicht, dass Menschen, die nicht der dominierenden Kultur angehörten, besonders häufig so etikettiert wurden. Solche blinden Vorurteile haben eine lange und unerfreuliche Geschichte in der amerikanischen Kultur, in der Afroamerikaner häufig als Menschen mit einer angeborenen kriminellen Natur abgestempelt wurden. Ironischerweise waren während der jahrzehntelangen amerikanischen Sklaverei die Herren der Sklaven davon überzeugt, dass diese offenkundig eine fügsame, sklavische Persönlichkeit hätten (außer wenn sie zu fliehen versuchten; dann glaubte man, dass sie von Natur aus kriminell seien).

Solche Vorurteile sind subtil und doch tief eingewurzelt in unserer Gesellschaft. Die Persönlichkeitspsychologie untersucht zu oft Personen, die leicht erreichbar sind – eigene Patienten, eigene Studenten, die eigenen Nachbarn oder Kinder – und versucht zu selten, systematisch zu ermitteln, ob Schlussfolgerungen auf andere Volksgruppen an anderen Orten und zu anderen Zeiten zutreffen.

2.2.3 Geschlechtsspezifische Voreingenommenheit

Sagen wir mal, dass wir einen neuen Test für Extraversion entwickeln. Vorläufige Ergebnisse mit unserer Skala zeigen, dass Frauen eine höhere Punktzahl als Männer erzielen. Was machen wir? Verwerfen wir die Testfragen, bei denen Frauen besser abschneiden, und erreichen so eine „Gleichheit" der Testwerte? Wir könnten dies tun, wenn wir einen starken theoretischen Grund zu der Annahme hätten, dass Männer und Frauen gleich extrovertiert sind. Normalerweise haben wir jedoch keinen solchen theoretischen Grund; wir haben nur Vorurteile. Wir passen die Testergebnisse unseren Vorurteilen an. Eine zweite häufige Art der Testverzerrung ist geschlechtsspezifische Voreingenommenheit.

Betrachten Sie ein oft bei Frauen diagnostiziertes Problem: eine selbstschädigende Persönlichkeitsstörung (Tavris, 1992). Viele gängige Theorien und damit verbundene Tests versuchen zu zeigen, warum viele amerikanische Frauen unglücklich, frustriert und übermäßig vertrauensvoll sind und häufig in unglücklichen Ehen oder Berufen ohne Aufstiegschancen ausharren. Tests können demonstrieren, dass diese Frauen masochistisch und co-abhängig sind, dass sie zu viel lieben, zu viel wollen, von Männern abhängig oder einfach depressiv sind. Seltener richtet sich die Aufmerksamkeit auf die Umgebung – auf missbrauchende Ehemänner, Benachteiligung am Arbeitsplatz oder Mangel an gleichen Bildungschancen.

Denken Sie auch an geschlechtsspezifische Erwartungen hinsichtlich einer gesunden Persönlichkeit. Wenn eine Frau Kindern gegenüber besonders fürsorglich und mütterlich ist, wenn sie anderen gegenüber sehr kooperativ ist, wenn sie über Gewalt entsetzt ist, Angst vor Mäusen hat, sehr mit ihrem Äußeren beschäftigt ist und gerne häkelt, backt und dekoriert, wird diese Frau für gewöhnlich als psychisch gesund gelten. Aber was, wenn ein Mann genau das gleiche Verhaltensmuster zeigt? Wir untersuchen diese beunruhigenden Probleme der geschlechtsspezifischen Voreingenommenheit in diesem Buch im jeweiligen Kontext.

Selbst gut konzipierte Persönlichkeitstests sind Werkzeuge und können wie andere Arbeitsmittel auch richtig oder vollkommen falsch angewendet werden. Obwohl z. B. manche Tests gefährlich sein können, wenn sie unbedacht drastische Persönlichkeitsunterschiede zwischen ethnischen Gruppen feststellen, können sie andererseits hilfreich bei der Untersuchung von Persönlichkeitsunterschieden *innerhalb* einer ethnischen Gruppe (z. B. unter Amerikanern asiatischer Abstammung) sein. Überdies können Testverfahren interessante Gruppenunterschiede aufdecken, denen man mithilfe anderer Forschungstechniken weiter nachgehen sollte. Daher sollten wir Tests nicht wegen möglicher Voreingenommenheit verbieten – ebenso wenig wie man Werkzeuge wegen eines möglichen falschen Gebrauchs verbietet. Vielmehr sollten wir die Grenzen unserer Messmethoden erkennen. Mit diesen Fragen werden wir uns später in diesem Kapitel im Abschnitt über die ethischen Grundsätze des Testens von Persönlichkeit eingehender befassen.

Die Entwicklung vieler unterschiedlicher Arten von Persönlichkeitstests im vergangenen Jahrhundert war ein großer Gewinn. Richtig eingesetzt können alle diese Tests etwas zu unserem Verständnis der komplexen Frage beitragen, was es bedeutet, Mensch zu sein. Im Rest dieses Kapitels beschreiben wir die unterschiedlichen Arten von Persönlichkeitstests – und zwar so, dass es Ihnen möglich ist, tatsächlich mit der Erfassung von Persönlichkeit zu beginnen.

2.3 Verschiedene Arten der Persönlichkeitsmessung

Sowohl theoretische als auch methodische Gründe sprechen dafür, über unterschiedliche Arten von Persönlichkeitstests zu verfügen. Aus theoretischen Gründen ist es offensichtlich, dass viele Testarten nur mehr oder weniger geeignet sind, den zu erfassenden Persönlichkeitsaspekt zu messen. Beispielsweise ist es nicht sinnvoll, Menschen aufzufordern, etwas über ihre unbewussten Motivationen zu erzählen; definitionsgemäß können solche Beweggründe nicht bewusst verstanden und mitgeteilt werden.

Aus methodischen Gründen ist es wichtig, über verschiedene Arten der Persönlichkeitsmessung zu verfügen, weil jede durch inhärente Verzerrungen beeinträchtigt wird. Beispielsweise können Gespräche die verborgenen Gedanken und Gefühle eines Individuums tiefer erforschen als ein standardisierter Fragebogen. Andererseits erfassen Verhaltensbeobachtungen oder die Analyse der Ausdrucksformeneiner Person oft am besten, was eine Person wirklich tut. Die Schwächen einer Erfassungstechnik können durch andere Techniken ausgeglichen werden und uns so zu einem komplexeren Verständnis der Persönlichkeit verhelfen. Tabelle 2.3 listet die wichtigsten Arten von Persönlichkeitstests auf, zusammen mit Beispielen für jeden Typ.

Testart	Beispiele
Selbstbeurteilung (self-report)	Minnesota Multiphasic Personality Inventory (MMPI); Affective Communication Test (ACT); Million Clinical Multiaxial Inventory; NEO-PI; Personality Research Form (PRF); Myers-Briggs Typenindikator (MBTI)
Q-Sort-Tests	Selbstkonzept; Selbstwertgefühl; Familie; therapeutisch; Generativität
Fremdbeurteilungen (other-report)	Beurteilungen von Eltern, Lehrern, Freunden, Ehepartner; Bewertung von Psychologen
Biologische Tests	Reaktionszeit; Haut-Leitfähigkeit; Elektroenzephalogramm (EEG); Positronen-Emissions-Tomographie (PET), Magnetresonanztomographie (MRT), funktionelle MRT (fMRT); postmortale Analysen; Hormon- und Neurotransmitter-Werte; Chromosomen- und Genanalysen
Verhaltensbeobachtungen	Experience Sampling; Bewertungen anhand von Videoaufzeichnungen
Gespräche (Interviews)	Strukturiertes Typ-A-Interview; Kinsey's Sexual Interview; klinisches (psychiatrisches) Aufnahmegespräch
Expressives Verhalten	Sprechgeschwindigkeit; Blickmuster; Körperhaltung; Gestik; Gang; interpersonale Distanz
Dokumentanalyse	Psychobiographie; Traumtagebücher

Tabelle 2.3: Arten von Persönlichkeitstests

Testart	Beispiele
Projektive Tests	Draw-A-Person; Rorschach-Test; Thematischer Apperzeptionstest (TAT)
Demographische Information und Lebensstil	Alter; Kulturgruppe; sexuelle Orientierung; politische Zugehörigkeit

Tabelle 2.3: Arten von Persönlichkeitstests *(Forts.)*

2.3.1 Selbstbeurteilungstests

Die meisten allgemein gebräuchlichen Persönlichkeitstests wie der ACT-Charisma-Test hängen von der Selbstbeurteilung der Testteilnehmer ab. Solche Tests sind leicht und ohne großen finanziellen Aufwand durchzuführen und sie sind oft objektiv, aber ihre Validität muss sorgfältig und fortlaufend evaluiert werden.

Ein umfassender Selbstbeurteilungstest ist der bekannte Minnesota Multiphasic Personality Inventory (MMPI). Auf ungefähr 500 Aussagen antwortet der Testteilnehmer mit „Richtig", „Falsch" oder „Kann ich nicht sagen". Der MMPI wurde mithilfe der kriteriumsbezogenen Itemauswahl erstellt. Das heißt, die ausgewählten Testfragen machten einen Unterschied zwischen einer Zielgruppe, z. B. depressiven Personen, und einer normalen Kontrollgruppe. Auf diese Weise wurde der Schwerpunkt des Tests auf die Erfassung von Psychopathologie (Geisteskrankheit) gelegt. In dem Versuch, veraltete Begriffe auszusondern und anhand einer Stichprobe neue Normen zu schaffen, die repräsentativer für die Bevölkerung der Vereinigten Staaten sind, wurde das Inventory 1989 überarbeitet (MMPI-2) (Butcher, 1990).

MMPIs, die die individuellen Skalenwerte erhöhen, werden oft unter Verwendung eines Bildes oder Schaubildes ausgewertet, das das *Muster* der Skalenwerte grafisch darstellt. Beispielsweise erzielen manche Menschen sehr hohe Werte auf den MMPI-Skalen Hypochondrie (klagen über körperliche Symptome), Depression (fühlen sich deprimiert) und Hysterie (verkehren psychische in körperliche Probleme); diese Menschen sind für Forscher in der Verhaltensmedizin besonders interessant, weil diese Triade oft Patienten beschreibt, die von chronischen Schmerzen berichten. Bei Personen mit hohen Werten auf diesen Skalen besteht auch eine höhere Wahrscheinlichkeit, dass sie medizinische Dienste übermäßig beanspruchen und von einer psychologischen Behandlung profitieren, die die ärztliche Therapie begleitet.

Unter solchen Persönlichkeitstests, die Therapeuten bei der Planung der Behandlung helfen, bildet der auf Millons Auffassung von Psychopathologie basierende neue Millon Clinical Multiaxial Inventory einen profunderen Versuch, Persönlichkeitsstörungen zu erfassen (Craig, 1993; Millon, 1997). Beispielsweise hilft er bei der Diagnose klinischer Syndrome wie Alkoholabhängigkeit oder Persönlichkeitsmustern wie dem so genannten passiv-aggressiven, bei dem Menschen ihre Aggressivität durch falsche Freundlichkeit verbergen (sie turteln mit dem Partner, verweigern aber sexuelle Beziehungen). Skalen wie der Millon sind weniger aussagekräftig hinsichtlich der Persönlichkeit normaler (geistig nicht gestörter) Populationen gut funktionierender Individuen.

Es gibt etliche ausgezeichnete moderne Persönlichkeitstests, die Grunddimensionen der Persönlichkeit bei normalen Erwachsenen zu messen versuchen. Der NEO-PI z. B. baut auf der Vorstellung von fünf Grunddimensionen der Persönlichkeit auf (Costa & McCrae, 1992a, 1992b). Diese Methode der Persönlichkeitsmessung stützt sich weitgehend auf die statistische Technik der Faktorenanalyse. Sie beginnt mit Korrelationen zwischen etlichen einfachen Skalen und reduziert anschließend diese Informationen auf ein paar Grunddimensionen. Beispielsweise werden die Meinungen zu Kontaktfreudigkeit, Aktivität, Wärme, Gesprächigkeit, Energie, Geselligkeit und so weiter im Faktor Extraversion erfasst. Diese datengestützte Methode der Persönlichkeitsmessung wurde von J. P. Guilford, L. Thurstone und R. B. Cattell eingeführt. Die in erster Linie beschreibenden Faktoren müssen dann von einer Theorie erklärt werden. Die fünf Grunddimensionen der Persönlichkeit – Gewissenhaftigkeit, Extraversion, Verträglichkeit, Neurotizismus und Offenheit – werden in Kapitel 8 im Einzelnen besprochen.

Einen ergänzenden Ansatz zu Selbstbeurteilungsskalen stellt der Personality Research Form (PRF) dar (Jackson & Messick, 1967). Der PRF versucht zunächst die von Henry Murray (1938) vertretenen Grundbedürfnisse und Motivationen zu messen. So steht hinter dem Test ein theoretisches Interesse, aber entwickelt wurde er mithilfe korrelationaler Techniken. Ein weiterer unmittelbar auf Persönlichkeitstheorie basierender Selbstbeurteilungstest ist der Myers-Briggs Typenindikator oder MBTI (Hammer, 1996), der C. G. Jungs Typenlehre folgt. (Dieses Instrument wird auch in Kapitel 8 besprochen.) Die Persönlichkeitserfassung kämpft immer mit der Spannung zwischen induktiven Ansätzen, die auf einer Fülle von Daten, und deduktiven Methoden, die auf einer stichhaltigen Theorie aufbauen. Wie wir sehen werden, haben sich beide Ansätze als hilfreich erwiesen.

2.3.2 Q-Sort-Tests

Eine interessante Methode zur Erhebung von Selbstbeurteilungen – aktiver als Fragebögen – ist der **Q-Sort**. Beim Q-Sort erhält eine Person einen Stoß Karten, die verschiedene Eigenschaften nennen, und wird aufgefordert, sie auf einer Dimension in Stapel zu sortieren – z. B. von „sehr bezeichnend“ bis „überhaupt nicht bezeichnend“ für die eigene Person. Eine Karte könnte sagen: „Ist grundsätzlich ängstlich“ oder „Ist fürsorglich“. Durch genaue Anweisungen zur Menge der Stapel und der Karten pro Stapel kann der Untersucher sicherstellen, dass die Selbstbeurteilungen die gewünschte statistische Verteilung ergeben. (Eine annähernd normale Kurve wird als *erzwungene Normalverteilung* bezeichnet.) Beachten Sie, dass die Testteilnehmer Vergleiche zwischen den eigenen Eigenschaften ziehen, sich aber nicht mit anderen Personen vergleichen.

Ein besonderer Vorteil des Q-Sort ist, dass die zu sortierenden Items (Eigenschaften) konstant gehalten werden können, während der Kontext verändert werden kann. Beispielsweise könnte ein Mann, nachdem er sich selbst einsortiert (beschrieben) hat, aufgefordert werden, anhand der gleichen Q-Sort-Karten seine Frau zu beschreiben oder sich selbst als Kind oder wie er idealerweise gerne wäre. Vergleiche zwischen den Q-Sorts können im Blick auf die Einstellung der Person zu den untersuchten Eigenschaften sehr aufschlussreich sein (Ozer, 1993).

Q-Sorts können auch eingesetzt werden, um Verhalten in strukturierten Situationen zu kodieren (Funder, Furr & Colvin, 2000). Zum Beispiel könnte (entweder persönlich oder auf einem Videoband) das Verhalten eines Studenten in zwei Situationen beobachtet und verglichen werden: einmal, wenn er eine Kommilitonin, und dann, wenn er einen Kommilitonen trifft. Der Beobachter kann das Verhalten beschreiben, indem er die passenden Karten aus einer Menge von Dutzenden von Grundverhaltensweisen auswählt, z.B. „scheint nett“, „verhält sich genervt“, „spricht gewandt“ und so weiter. Die ausgewählten Karten können dann von „am meisten …“ bis zu „am wenigsten charakteristisch und relevant“ sortiert werden. Solche Methoden demonstrieren einen modernen Versuch, objektivere Verhaltensdaten bei der Erforschung der Persönlichkeit zu gewinnen.

2.3.3 Fremdratings und Fremdbeurteilungen

1921 begann Lewis Terman eine Untersuchung von über 1.500 Jungen und Mädchen in kalifornischen Schulen, die sich durch ihre Intelligenz auszeichneten. Terman, der den Stanford-Binet-Intelligenztest entwickelt hat, interessierte sich dafür, wie hochintelligente Kinder aufwuchsen. Würden sie sich zu sonderbaren, ungeselligen Strebern entwickeln? Zu Erfolgstypen? Zu überzeugenden Führungspersönlichkeiten? Zur Untersuchung dieser Fragen führte Terman eine lebenslange Studie an diesen Kindern durch – er untersuchte nicht nur ihre Intelligenz, sondern auch ihre Persönlichkeit und ihre sozialen Fertigkeiten (Terman, 1921).

Zuverlässige und valide Persönlichkeitstests waren noch nicht entwickelt worden. Glücklicherweise hatte Terman eine brillante Idee – eine Idee, der man in der heutigen Persönlichkeitsforschung öfter folgen sollte. Terman sammelte verschiedene Arten von anderen Informationen über diese Kinder. Beispielsweise ließ Terman im Schuljahr 1921-22 Eltern und Lehrer die Kinder (die etwa elf Jahre alt waren) auf einer Reihe von Dimensionen einschätzen, u. a.:

Besonnenheit/Vorausdenken	Gewissenhaftigkeit
Bescheidenheit	Aufrichtigkeit

Zusammen bildeten diese Ratings eine ausgezeichnete Skala für Gewissenhaftigkeit/soziale Zuverlässigkeit. Es ist eine sehr vernünftig anzunehmen, dass Eltern und Lehrer erkennen können, ob ein elfjähriges Kind gewissenhaft und sozial zuverlässig ist. Es zeigt sich, dass diese Ratings verlässlich sind; z. B. beträgt der Koeffizient Alpha für diese vier Ratings 76 Prozent. Es zeigt sich auch, dass diese Ratings valide sind; sie sagen zutreffend viele andere Verhaltensweisen voraus, die wir von solchen Kindern erwarten würden. Am interessantesten ist jedoch, dass solche Gewissenhaftigkeits-/Zuverlässigkeits-Ratings (von 1922) sich als guter Prädiktor für Langlebigkeit erweisen! Kinder, die als gewissenhafter eingeschätzt wurden, lebten signifikant länger als solche, die niedrige Werte in dieser Skala hatten (Friedman et al., 1993). Dieser Effekt lässt sich in gewisser Weise mit bekannten Indikatoren für den Gesundheitszustand wie z. B. dem Cholesterinspiegel vergleichen. Offensichtlich wird durch diese Eltern- und Lehrer-Ratings, abgeleitet aus ihren Antworten auf Fragenbögen wie den in Abbildung 2.3 gezeigten, etwas Wichtiges über das Individuum gemessen. Kurz gesagt: Die Beurteilungen anderer sachkundiger Personen können manchmal eine außerordentlich effektive Möglichkeit der Persönlichkeitserfassung sein.

igenschaft 11. Vorliebe für große Gruppen.

ußergewöhnliche orliebe für große ruppen. Unglücklich, venn allein. Liebt artys, Picknicks etc.	Eindeutig gesellig	Ziemlich gesellig	Alters-typischer Durchschnitt	Ziemlich einzel-gängerisch	Eindeutig einzel-gängerisch	Vermeidet generell Gruppen. Zieht es immer vor, allein oder mit einem oder zwei engen Freunden zusammen zu sein.

Var Ihre Einschätzung der oben genannten Eigenschaft sehr sicher, relativ sicher, ziemlich unsicher oder sehr unsicher?

igenschaft 12. Führerschaft.

ußergewöhnliche ührungseigenschaften. ringt andere dazu, sei-en Willen zu tun. Nicht eicht beeinflussbar.	Eindeutig ein Führer.	Hat die Tendenz zum Führer	Alters-typischer Durchschnitt	Hat die Tendenz zum Mitläufer	Eindeutig ein Mitläufer	Immer ein Mitläufer. Ergreift nie die Initiative. Leicht beeinflussbar.

Var Ihre Einschätzung der oben genannten Eigenschaft sehr sicher, relativ sicher, ziemlich unsicher oder sehr unsicher?

igenschaft 13. Beliebtheit bei anderen Kindern.

ußergewöhnlich eliebt. Allgemeiner iebling. Ist gesucht nd hat viele Freunde.	Eindeutig beliebter als der Durchschnitt	Um einiges beliebter als der Durch-schnitt	Durch-schnittlich für Alter	Um einiges unbeliebter als der Durchschnitt	Eindeutig un-beliebter als der Durch-schnitt.	Äußerst unbeliebt. Abgelehnt und gemie-den. Gesellschaftlicher Außenseiter.

Var Ihre Einschätzung der oben genannten Eigenschaft sehr sicher, relativ sicher, ziemlich unsicher oder sehr unsicher?

igenschaft 14. Sensibiltiät für Anerkennung oder Ablehnung.

ußergewöhnliche ensibilität für nerkennung oder blehnung durch ndere Kinder.	Eindeutig sensibler als der Durchschnitt	Um einiges sensibler als der Durch-schnitt	Alters-typischer Durchschnitt	Ziemlich indifferent gegenüber den Meinun-gen anderer.	Eindeutig indifferent gegenüber den Meinun-gen anderer.	Interessiert sich überhaupt nicht für die Meinungen anderer und für die eigene Beliebtheit.

Var Ihre Einschätzung der oben genannten Eigenschaft sehr sicher, relativ sicher, ziemlich unsicher oder sehr unsicher?

igenschaft 15. Wunsch, sich hervorzutun.

ußergewöhnlich tolz auf Leistung und berdurchschnittlich tarkes Bedürfnis, sich ervorzutun. Versucht it allen Mitteln, der/ ie Beste zu sein.	Eindeutig bemüht, sich hervorzutun.	Ziemlich bemüht, sich hervorzutun.	Alters-typischer Durchschnitt	Ziemlich wenig Ehrgeiz.	Eindeutig schwacher Ehrgeiz.	Nicht stolz auf Leistung. Kein Wunsch, sich hervorzutun. Gibt fast nie sein/ihr Bestes.

Var Ihre Einschätzung der oben genannten Eigenschaft sehr sicher, relativ sicher, ziemlich unsicher oder sehr unsicher?

igenschaft 16. Uneitelkeit und Selbstlosigkeit

ußergewöhnlich elbstlos und uneitel. chreckt vor Lob oder ewunderung zurück.	Eindeutig bescheiden.	Ziemlich bescheiden.	Alters-typischer Durchschnitt	Ziemlich eitel.	Eindeutig eitel.	Extrem egoistisch und eitel. Giert nach Lob. Prahlt immer.

Var Ihre Einschätzung der oben genannten Eigenschaft sehr sicher, relativ sicher, ziemlich unsicher oder sehr unsicher?

igenschaft 17. Mitgefühl und Sensibilität.

ußergewöhnlich eich und mitfühlend. rundsätzlich freund-ch. Verabscheut rausamkeit.	Eindeutig mitfühlender als der Durchschnitt.	Um einiges mitfühlender als der Durchschnitt.	Alters-typischer Durchschnitt	Eher unter-durchschnitt-liches Mitgefühl.	Eindeutig unterdurch-schnittliches Mitgefühl.	Extremer Mangel an Sensibilität oder Mit-gefühl. Verhält sich selten freundlich. Neigt zu Grausamkeit.

Var Ihre Einschätzung der oben genannten Eigenschaft sehr sicher, relativ sicher, ziemlich unsicher oder sehr unsicher?

bildung 2.3: Eine Auswahl von Fragen aus Termans Längsschnittstudie. Durch Fragebögen wie diese bekam Terman ormationen von den Eltern und Lehrern der Kinder, die er untersuchte. Diese Beurteilungen aus der Kindheit haben sich als diktoren für die erwachsene Persönlichkeit herausgestellt.

Der Einsatz von Ratings setzt voraus, dass andere Menschen valide Beurteilungen über eine Persönlichkeit abgeben können. Können sie das? Sehr viel deutet darauf hin, dass das zutrifft, einschließlich neuer systematischer Untersuchungen der Persönlichkeitsbewertungen, die andere – Freunde, Bekannte und sogar Fremde – vornehmen können (Funder & Dobroth, 1987; Funder & Colvin, 1991; Funder & Sneed, 1993; Kenny, Horner, Kashy & Chu, 1992). Beispielsweise konnten Beurteilungen des nonverbalen Stils von Lehrern – aufgrund von sehr kurzen Ausschnitten von Videoaufnahmen (von maximal 30 Sekunden) – etwas darüber aussagen, wie die Lehrer von anderen beurteilt wurden (Ambady & Rosenthal, 1993). Mit anderen Worten: Unsere ersten Eindrücke eines anderen hinsichtlich bestimmter Dimensionen wie Extraversion können manchmal recht zutreffend sein.

Eigenschaften wie Extraversion sind vergleichsweise einfach zu beurteilen (sogar von Fremden), weil sie Beziehungen mit anderen betreffen; diese Aktivitäten sind leicht erkennbar. Andere Aspekte der Persönlichkeit wie verborgene innere Konflikte sind natürlich schwieriger zu beobachten, obwohl auch sie manchmal durch nonverbale Hinweise wie Handgesten „durchschimmern“. Auf expressive Hinweise gehen wir später in diesem Kapitel ein.

2.3.4 Biologische Messverfahren

Zu Anfang des 19. Jahrhunderts brachten die Schriften von Franz Joseph Gall Tausende von Leuten dazu, die Persönlichkeit anderer durch Betasten der Schädelform einzuschätzen zu versuchen. Diese Praktik wurde *Phrenologie* genannt (DeGiustino, 1975). Dahinter stand die Vorstellung, dass verschiedene psychische Merkmale im Gehirn verkörpert sind (ein vernünftiger Gedanke) und dass hoch entwickelte Fähigkeiten oder Defizite sich in Schädelverformungen erkennen lassen. Mit zunehmenden Kenntnissen über die Arbeitsweise des Gehirns zeigte sich natürlich, dass dieser Rückschluss auf die Schädelform lächerlich war. Die Reaktion des Gehirns hängt von den Nervennetzen ab, nicht von den Besonderheiten des Schädels. Dennoch hat die Grundidee der Phrenologie das spätere Denken über die biologische Erfassung der Persönlichkeit beeinflusst.

Moderne biologische Persönlichkeitstests basieren auf der Annahme, dass das Nervensystem (einschließlich der neuronalen Netze des Gehirns) der Schlüssel ist. Daher versuchen Tests, vom Nervensystem abhängige Verhaltensweisen zu messen, z. B. die Reaktionszeit oder Hautleitfähigkeit (Schwitzen), aber sie führten oft zu enttäuschenden Ergebnissen. Interessanter sind aktuelle Versuche, die sich auf das Nervensystem konzentrieren, indem sie direkt das Gehirn untersuchen. Tatsächlich haben in den letzten Jahren neue biologische Messmethoden den größten Fortschritt bei der Erfassung individueller Unterschiede erzielt (Blascovich, 2000; Cacioppo, Berntson, Sheridan & McClintock, 2000; Kircher et al., 2000).

Eine verbreitete Methode ist mit der Messung evozierter Potenziale durch Elektroenzephalogramme (EEGs) verbunden. EEGs messen elektrische Potenziale auf der Kopfhaut, die dadurch verursacht werden, dass große Neuronenpopulationen gleichzeitig aktiv werden. Ein Vorteil des EEGs ist, dass keine umfangreiche Laborausrüstung erforderlich und daher mehr Flexibilität bei der Forschung möglich ist.

Das Gehirn setzt sich aus verschiedenen Untersystemen zusammen, die zueinander in Beziehung stehen. Wenn sie besser erforscht werden, wird sich die psychologische Erfassung in Zukunft wahrscheinlich mit der Arbeitsweise jedes dieser Untersysteme befassen (Matarazzo, 1992). Beispielsweise ist der Einsatz evozierter Potenziale – vom EEG gemessene Gehirnwellen – bei Untersuchung von Verhalten recht neu (Cacioppo et al., 1993). Eines Tages, vielleicht in absehbarer Zukunft, sind wir möglicherweise in der Lage, zumindest einige Aspekte der allgemeinen Reaktionsmuster oder -tendenzen von Menschen zu beurteilen, indem wir die Arbeitsweise ihres Gehirns beobachten.

Abbildung 2.4:
Das Verfahren der Phrenologie war ein ernst gemeinter, wenn auch fehlgeleiteter Versuch, Persönlichkeit mithilfe wissenschaftlicher Geräte zu messen. Dieses komplizierte mechanische Gerät hat wahrscheinlich – trotz fehlender Validität – sehr zuverlässig die Schädelkonturen bestimmt.

Die Positronen-Emissions-Tomographie (PET) ist eine sehr viel versprechende Technik. Sie kann die Aktivität des Gehirns zeigen, indem sie dessen Glukoseverbrauch aufzeichnet (Zellen verbrauchen zur Energieerzeugung Glukose). Wir können die Gehirnaktivität beobachten, während Personen denken oder eine Aufgabe bewältigen. Das Ergebnis einer PET wird in Abbildung 2.5 gezeigt. Es ist möglich, dass eines Tages systematische individuelle Unterschiede in Gedankenprozessen durch diese Technik aufgezeigt werden können (Blascovich, 2000; Posner, Petersen, Fox & Raichle, 1988).

Hormonspiegel-Bestimmungen sind ein anderes Erfolg versprechendes biologisches Messverfahren. Bestimmte Grundaspekte der Persönlichkeit hängen zweifellos mit Hormonen zusammen. Beispielsweise können Menschen, denen es am Schilddrüsenhormon Thyroxin fehlt, träge oder depressiv werden. Das wahrscheinlich eindeutigste Beispiel für hormonelle Effekte sind die Sexualhormone wie Testosteron und die Östrogene. Zweifellos beeinflussen und verändern diese Hormone die Persönlichkeit von Jugendlichen in der Pubertät. Jedoch gibt es selbst bei Ratten keine einfache Übereinstimmung zwischen

Hormonen und Verhalten. So wird die sexuelle Aktivität kastrierter Ratten sowohl von ihren früheren Erfahrungen und den auslösenden Stimuli in ihrem Umfeld (Whalen, Geary & Johnson, 1990) als auch von ihrem Hormonspiegel beeinflusst. Die Beziehungen in Menschen sind bei weitem komplexer. Auch wenn man simplifizierende, voreilige Schlüsse über Hormone und Persönlichkeit vermeiden sollte, weiß man, dass ein enormer Mangel oder Überschuss an bestimmten Hormonen oder Neurotransmittern nachhaltigen Einfluss auf die Persönlichkeit haben kann.

Auch bei bestimmten Krankheiten können biologische Messmethoden wertvolle Informationen über die Persönlichkeit liefern – in diesem Fall über eine krankhafte Persönlichkeit. Beispielsweise kann eine von einem Schilddrüsentumor verursachte Manie oder Lethargie durch einen Schilddrüsenfunktions-Test erkannt werden. Eine leichte Gehirnvergiftung (z. B. eine Quecksilber- oder Bleivergiftung) kann durch Blutuntersuchungen festgestellt werden. Schizophrenieähnliche Symptome können eine Folge verschiedener Giftarten sein. Oder das Messen von Hirnbotenstoffen wie Serotonin kann Aufschluss über die depressive Persönlichkeit geben. Antidepressiva wie das psychiatrische Medikament Prozac können bemerkenswerte Persönlichkeitsveränderungen bewirken.

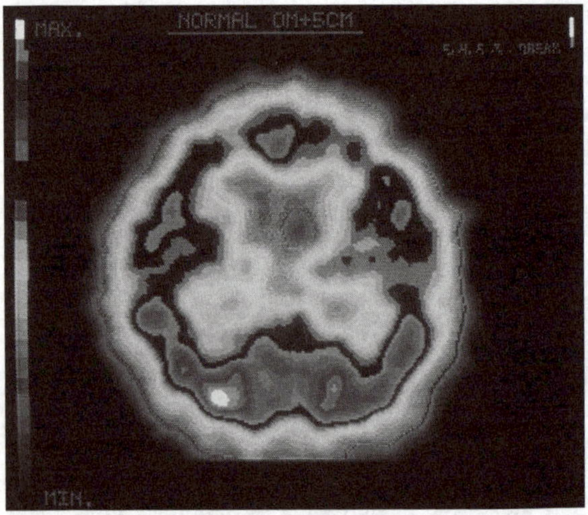

Abbildung 2.5: PET-Aufnahme eines normalen Gehirns während des REM-(Rapid-Eye-Movement-Schlafs. PET-Bilder des Gehirns registrieren das Aktivitätsniveau von Hirnarealen, während die Person eine bestimmte Aufgabe ausführt. Forscher erhalten nützliche Informationen sowohl über die üblichen Hirnaktivitätsmuster eines Individuums als auch darüber, wie dieses Muster durch verschiedene Hirnstörungen verändert wird. In diesem Bild repräsentiert die hellste Farbe die Hirnbereiche mit dem höchsten Grad an Stoffwechselaktivität.

Darüber hinaus können bestimmte schwere genetische Krankheiten wie das Down-Syndrom, das sich auf Intelligenz und Persönlichkeit auswirkt, leicht in einer Chromosomenanalyse erkannt werden. (Beim Down-Syndrom ist eine Trisomie oder ein zusätzlicher Abschnitt vom Chromosom 21 vorhanden.) Die aktuelle Genforschung wird möglicherweise zunehmend die Gen-Chip-Analyse einsetzen, bei der eine Sammlung von DNA-Sequenzen (Genen) schnell mit einem biologischen Extrakt (vielleicht etwas Gehirngewebe) verglichen wird, um zu sehen, welche der Gene in der Extraktprobe vorhanden sind. Diese biologischen Fragen werden eingehender in Kapitel 5 behandelt.

Einen Überblick über Erfolg versprechende biologische Verfahren zur Erfassung der Persönlichkeit bietet Tabelle 2.4. Beachten Sie, dass die enge Verknüpfung der Persönlichkeitsforschung mit der neurowissenschaftlichen Forschung die Anwendung solcher Messmethoden erleichtert.

Zum Teil beruhen Selbstbeurteilungs-Fragebögen sowohl auf biologisch abgeleiteten Persönlichkeitstheorien als auch auf empirisch beobachteten Wechselbeziehungen von Eigenschaften. Ein Beispiel für einen solchen Ansatz ist das Eysenck Persönlichkeitsinventar (EPI). (Die biologischen Einflüsse auf die Persönlichkeit erläutern wir in Kapitel 5.) Das EPI enthält eine Neurotizismus-Dimension, die emotionale Stabilität misst. Sowohl hinsichtlich der Reaktionen des Nervensystems als auch der Selbstbeurteilungsmuster von Eigenschaften ist Neurotizismus als eine Grunddimension der Persönlichkeit sinnvoll. Die besten Persönlichkeitstests (und die nützlichsten Theorien) der Zukunft werden wahrscheinlich noch enger mit den biologischen Untermauerungen der Persönlichkeit verknüpft sein (Strelau & Eysenck, 1987).

2.3.5 Verhaltensbeobachtungen

Francis Galton, britischer Wissenschaftler im 19. Jahrhundert, bahnte den Weg für viele Ansätze zum Verständnis individueller Unterschiede, Verfahren der Verhaltensbeobachtung eingeschlossen. mithilfe seines anthropometrischen Labors sammelte Galton viele verschiedene physikalische Messungen von Menschen. Dann begann er, die Reaktionen von Individuen in kontrollierten Situationen zu untersuchen (Galton, 1907). Beispielsweise löste er mit einer Trillerpfeife Reaktionen von Subjekten auf hohe Tonlagen aus und seine Instrumente maßen die Stärke ihres Hörvermögens. Er machte den Vorschlag, mithilfe eines unter dem Stuhl verborgenen Druckmessers der „Neigungsgrad“ von Personen zu messen, und benutzte einen Sextanten, um die Ausmaße „großzügiger“ Frauen zu messen.

Trotz seiner Genialität war Galton auch eindeutig von dem Zeitgeist und der Denkweise seiner Gesellschaftsklasse beeinflusst; so sprach er in rassistischen Tönen vom „höchsten Kaukasier“ und „niedrigsten Wilden“. Viele herausragende Persönlichkeitsforscher während des letzten Jahrhunderts waren in ähnlicher Weise geblendet von rassistischen Vorurteilen, die in ihrem intellektuellen Umfeld vorherrschten.

Bei der modernen Erforschung der Persönlichkeit kann eine Verhaltensbeobachtung so einfach sein wie das Zählen von Verhaltensweisen (z. B. wie oft eine Person stottert oder sich kratzt oder wie viele Drinks sie nimmt). Oder sie kann recht komplex werden, wenn Forscher versuchen, die zwischenmenschlichen Interaktionen des Individuums zu erfassen. (Dabei können Videoaufnahmen eingesetzt werden.)

Messverfahren	Beschreibung
Hautleitfähigkeit, Herzfrequenz, Blutdruck	Spiegelt die Aktivität des autonomen Nervensystems wider; sind oft zu vage, um nützliche Instrumente der Persönlichkeitsmessung zu sein.
PET (Positronen-Emissions-Tomographie)	Nutzt radioaktiv markierte Moleküle zur Untersuchung der Gehirnfunktion, z. B. radioaktive Glukose, um mit Aktivität verbundene Veränderungen im Energiestoffwechsel zu untersuchen. Andere Präparate können auch radioaktiv markiert werden und zur Untersuchung anderer Gehirnprozesse eingesetzt werden. Veränderungen des Stoffwechsels können jedoch langsam und verzögert sein.
fMRT (funktionelle Magnetresonanztomographie)	Untersucht mithilfe sehr großer Magnetfelder die Bewegungen von Molekülen. fMRI macht sich die Unterschiede in den Eigenschaften oxygenisierten und desoxygenisierten Hämoglobins zunutze und führt auf diese Weise zu einem Signal, das auf die Hirnaktivität bezogen ist (Nervenaktivität braucht Sauerstoff).
EEG (Elektroenzephalogramm)	Misst elektrische Potenziale auf der Kopfhaut, deren Ursache die gleichzeitige Aktivität großer Neuronenpopulationen ist. Die P300 tritt in Reaktion auf neue Stimuli auf und kann sich bei der Erforschung von Reaktionsunterschieden nützlich erweisen.
MEG (Magnetoenzephalographie)	Dem EEG ähnlich, zeichnet aber nicht elektrische Potenziale, sondern Magnetfelder auf, die aus den elektrischen Strömungen im Gehirn resultieren.
Neurochemische Untersuchungen	Chemische Untersuchungen auf bestimmte Neurotransmitter, Transmitter-Stoffwechselprodukte oder Hormone. Untersucht wird die Cerebrospinalflüssigkeit (Liquor) oder das Blut. Bei Tierstudien können Untersuchungen (durch Mikrodialyse) direkt im Gehirn durchgeführt werden.
Postmortale Untersuchungen	Untersucht individuelle Unterschiede in der Anatomie (sowohl bezüglich der Grob- als auch der Zellstruktur) und in den Zahlen und der Lokalisation von Neurorezeptoren (nach dem Tod).
Kandidatengenuntersuchungen	Sucht nach bestimmten Genen, die mit bestimmten Persönlichkeiten korrelieren, obwohl wahrscheinlich mehrere Gene zu einer Eigenschaft beitragen können. Mit der erfolgreichen Entschlüsselung des Humangenoms wird dieser biologische Ansatz in den kommenden Jahren wahrscheinlich an Bedeutung gewinnen.

Tabelle 2.4: Biologische/neurowissenschaftliche Verfahren zur Messung individueller Unterschiede

Abbildung 2.6:
Der englische Wissenschaftler Sir Francis Galton (1822-1911) konzentrierte sich darauf, individuelle Unterschiede auf vielen Variablen zu messen, und setzte dabei raffinierte Instrumente ein.

Die Verfügbarkeit elektronischer Pager („Piepser") hat vollständigere Verhaltensstichproben ermöglicht. Der Experimentator bestimmt die Zeitintervalle, in denen eine Stichprobe erhoben werden soll, und schickt eine elektronische Aufforderung. Wenn der „Piepser" des Testteilnehmers ertönt, ruft dieser den Experimentator an oder vermerkt in einem Tagebuch, was er gerade macht oder denkt (Stone, Kessler & Haythornthwaite, 1991). Dies wird manchmal als Experience Sampling Method of Assessment bezeichnet. (Es ist verblüffend, wie viele College-Studenten bei sexuellen Tagträumen erwischt werden.)

Der Einsatz von Verhaltensbeobachtung setzt voraus, dass gegenwärtiges Verhalten ein zuverlässiger und valider Prädiktor zukünftigen Verhaltens ist. Wenn eine ausreichende Stichprobe aktuellen Verhaltens erhoben worden ist, bestätigt sich diese Annahme in der Regel.

2.3.6 Interviews

Eine scheinbar nahe liegende Möglichkeit, etwas über die Persönlichkeit eines Menschen herauszufinden, besteht darin, ein Interview mit ihm zu führen. Das klassische Interview in der Psychologie ist das psychotherapeutische Gespräch, in dem der Klient (Patient) über wichtige oder problematische Aspekte seines Lebens spricht. Bei der Psychoanalyse liegt der Patient tatsächlich oft auf einer Couch.

Die Validität eines Assessment-Interviews ist schwer zu ermitteln. Sicherlich gibt es viele Gründe, warum manche Menschen nicht über ihre tiefsten Gedanken, Gefühle und Motivationen reden wollen oder können. Die Validität eines psychotherapeutischen Gesprächs kann u. a. anhand der Therapieergebnisse beurteilt werden. Vermutlich ist eine Gesprächsdiagnose, die zu einer eindeutig effektiven Behandlung führt, zutreffender als eine Diagnose, deren Resultat eine verfehlte Therapie ist. Natürlich spielen auch viele andere Faktoren mit. Dennoch erweisen sich Interviews oft als recht nützliche Bewertungsinstrumente.

In den 1940er und 1950er Jahren erforschte Alfred Kinsey (Kinsey, Pomeroy & Martin, 1948) mithilfe von Interviews die menschliche Sexualität. Indem er ein Vertrauensverhältnis zu den Interviewten aufbaute, konnte er ihnen Mitteilungen entlocken, die sie niemals dem Papier anvertraut hätten. Kinsey war auch in der Lage, Suggestivfragen zu stellen und hartnäckig eine Fragerichtung zu verfolgen, bis heikle Informationen preisgegeben wurden. Interviews können recht ungenau und subjektiv sein, aber ein erfahrener Interviewer kann überraschende Informationen aufdecken, die auf keine andere Weise beschafft werden können. Beispielsweise erzählten viele seiner Teilnehmer Kinsey schließlich von heimlichen homosexuellen Erfahrungen, sexuellen Beziehungen mit Tieren und außerehelichen Affären.

In den letzten Jahren sind viele Assessment-Interviews systematischer oder strukturierter geworden. Statt den Abschweifungen des Interviewten zu folgen, hält sich der Interviewer an einen festgelegten Plan. Man erhofft sich auf diese Weise ähnliche Arten von Informationen von jedem Interviewten und eine größere Validität der Einschätzung. Eines der bestuntersuchten strukturierten Interviews ist das, mit dem das Typ-A-Verhaltensmuster erfasst wird.

In den 1950er Jahren vertraten zwei Kardiologen die These, dass bei bestimmten Menschen – die sich durch eine angespannte, konkurrenzbetonte Verhaltensweise auszeichnen – die Wahrscheinlichkeit koronarer Herzkrankheiten besonders hoch ist. Sie bezeichneten diese Menschen (überwiegend Männer) als „Typ A“. Es gibt inzwischen ein paar standardisierte Interviews, die sich für die Erfassung der Typ-A-Persönlichkeit als recht zuverlässig erwiesen haben. Übrigens legen die neuesten Gesundheitsdaten nahe, dass als besonders konkurrenzbetont und feindselig eingestufte Menschen tatsächlich wesentlich häufiger zu Herz-Kreislauf-Krankheiten neigen, obwohl die genauen Kausalzusammenhänge immer noch unbekannt sind.

In dem strukturierten Typ-A-Interview stellt der Interviewer eine Reihe provozierender Fragen (Chesney & Rosenman, 1985). Viele dieser Fragen betreffen Konkurrenzsituationen mit anderen: „Was machen Sie, wenn Sie auf der Autobahn hinter einem langsamen Fahrer hängen?“ Interessanterweise wird Typ A sowohl anhand der verbalen als auch der nichtverbalen Reaktionen auf solche Fragen diagnostiziert. Ein Fahrer, der verärgert antwortet und dabei schnell, laut und mit zusammengebissenen Zähnen spricht, würde wahrscheinlich als Typ A eingestuft werden. Einer der ausgeprägtesten Typ-A-Männer, den wir je interviewten, wurde gefragt, ob er spielt, um zu gewinnen. Er gab zurück: „Ich spiele, um zu töten!“

Die Erfassung des Typ-A-Musters wirft auch das Problem Typen versus Eigenschaften auf, ein altes Rätsel in der Persönlichkeitstheorie. Eine Typologie ist ein grundsätzliches Schema, in dem Personen entweder der einen oder der anderen Gruppe angehören. Beispielsweise ist männlich oder weiblich sein ein Typ. Jeder ist entweder das eine oder das andere, mit sehr seltenen Ausnahmen. Wie sieht es jedoch mit Maskulinität aus – ob jemand die typischerweise Männern zugeschriebenen Charaktereigenschaften besitzt? Das ist kein Typ, sondern eine Eigenschaft, weil Menschen (sowohl Männer als auch Frauen) mehr oder weniger maskulin sein können. Eigenschaftsansätze sind in der heutigen Persönlichkeitsforschung wesentlich verbreiteter als Typenansätze.

Typ A, Ergebnis medizinischer Forschungen, war ursprünglich als Typ gedacht: entweder man ist dieser Typ also oder man ist es nicht, ebenso wie man entweder Tuberkulose hat oder nicht. Manche plädieren dafür, dass er tatsächlich ein Typ bleiben sollte (Strube, 1989), weil gewisse Diskontinuitäten damit verbunden seien. In den letzten Jahren jedoch wurde Typ A im Sinne von aggressivem Konkurrenzverhalten oder Feindseligkeit verstanden – einer Eigenschaft, der jeder zugeordnet werden kann. Beachten Sie, dass unsere Messtechniken Folgen für unsere Theorien *und* unsere Theorien Auswirkungen auf unsere Messtechniken haben.

Im Allgemeinen haben Interviews den signifikanten Nachteil, dass sie durch das Verhalten des Interviewers Verzerrungen unterliegen. Ein Interviewer, der erwartet, dass ein Klient (oder Patient oder Bewerber oder Student) „besorgt" ist, kann diese erwarteten Verhaltensweisen oft aus dem Interviewten herauslocken. Zudem kann der Interviewer am besten Informationen erfragen, die der Interviewte kennt und zu offenbaren bereit ist. Andererseits kann, wie bereits festgestellt, ein guter Interviewer dynamisch nach Fakten und Gefühlen forschen, die sich auf andere Weise schwer finden lassen.

2.3.7 Expressives Verhalten

Im Fall des strukturierten Typ-A-Interviews beruht die Einschätzung der Persönlichkeit zum Teil auf verbalen, zum Teil aber auch auf nichtverbalen stimmlichen Reaktionen wie Lautstärke und Sprechgeschwindigkeit. Nichtverbale Zeichen expressiven Stils sind schon für sich selbst genommen eine interessante Möglichkeit der Persönlichkeitseinschätzung. Die moderne Untersuchung expressiven Verhaltens und expressiver Persönlichkeit erhielt in den 1930er Jahren viel Auftrieb durch die Arbeit Gordon Allports und P. E. Vernons (1933).

Oft ist die Art, in der Menschen etwas tun, aufschlussreicher als das, was sie tun. Manche sprechen laut, andere leise; manche lächeln viel und sind sehr expressiv, andere dagegen sehen ärgerlich oder depressiv aus. Oft können wir eine Anruferin an ihrem „Hallo" erkennen oder unsere Freunde aus der Ferne an ihrem Gang. Expressivität, insbesondere emotionale Expressivität, scheint eng verbunden mit den dynamischen, motivationalen Aspekten von Persönlichkeit. Expressives Verhalten und expressive Persönlichkeit werden in Kapitel 8 noch ausführlicher behandelt. (Beachten Sie, dass die Beobachtung des expressiven Verhaltens, obwohl sie als Teil der „Verhaltensbeobachtung" gilt, einen eigenen Charakter hat.)

Das expressive Verhalten ist eine ausgezeichnete Möglichkeit, persönliches Charisma einzuschätzen – und weist eine höhere Validität auf als ein Selbstbeurteilungsfragebogen wie der ACT; allerdings ist der Untersucher auch stärker gefordert. Beispielsweise neigen charismatische Personen zu weniger nervösen Gesten und zu flüssigerem, lebhafteren Sprechen. Tatsächlich ziehen sie oft die Aufmerksamkeit und das Interesse von Fremden auf sich. Zur Erfassung solcher Persönlichkeitsaspekte ist die Untersuchung expressiven Verhaltens eindeutig eine der besten Techniken.

Wie andere Messwerte wird auch das expressive Verhalten oft durch kulturelle Faktoren verzerrt. Beispielsweise neigen Menschen aus dem Süden Amerikas dazu, langsamer zu sprechen, in einer für die Südstaaten typischen gedehnten Sprechweise. Es wäre ein Fehler, diese schleppende Sprechweise mit der eines langsam sprechenden New Yorkers gleichzusetzen; bei dem New Yorker sagt die ungewöhnliche (langsame) Sprechweise etwas über seine Persönlichkeit aus, bei dem Südstaatler ist sie dagegen Ausdruck der regionalen Kultur. Oder denken Sie an die Unterschiede in den Blickmustern von Menschen. Weiße

Amerikaner neigen dazu, ihren Gesprächspartner anzuschauen, während sie zuhören, aber wegzuschauen, wenn sie reden; Afroamerikaner sehen den anderen mehr an, während sie reden, und schauen mehr weg, wenn sie zuhören (LaFrance & Mayo, 1976). Werden diese kulturellen Normen nicht berücksichtigt, können Fehler bei der Bewertung auftreten. Beispielsweise könnte ein Weißer einen Schwarzen als weniger kooperativ beurteilen, als er es tatsächlich ist.

Abbildung 2.7:
Manche Menschen haben außergewöhnliche expressive Fähigkeiten, die es ihnen ermöglichen, unterschiedliche Charaktere erfolgreich darzustellen; sie können sehr verschiedene Emotionen, Verhaltensweisen, Körperhaltungen und Stile zum Ausdruck bringen.

So unkonventionelle Begutachter wie Wahrsager verlassen sich bei ihrer Beurteilung wahrscheinlich oft auf expressives Verhalten. Stellen Sie sich z. B. eine übergewichtige junge Frau vor, die sich zaghaft an einen Wahrsager wendet und ihm mit leiser, piepsiger Stimme, nervös lachend und in unterwürfiger Köperhaltung Fragen über ihre Zukunft stellt. Der Wahrsager antwortet: „Wegen Ihrer Schüchternheit fällt es Ihnen wahrscheinlich schwer, Männer zu treffen ...“ Und so weiter. Natürlich liest der Wahrsager, der eine einigermaßen valide, aber vage Einschätzung abgibt, weder ihre Gedanken noch aus ihrer Hand. Er „liest“ ihr expressives Verhalten.

2.3.8 Dokumentenanalyse und Lebensgeschichten

Es ist vielleicht nicht überraschend, dass Tagebücher und ähnliche persönliche Aufzeichnungen eine ergiebige Quelle von Informationen über die Persönlichkeit darstellen, aber von ihnen wird in der Persönlichkeitspsychologie selten Gebrauch gemacht. Gordon Allport betrachtete Briefe und Tagebücher als ausgezeichnete Informationsquelle für die Untersuchung von Persönlichkeitsveränderung (da sie über die Jahre geschrieben werden) und behauptete, sie seien ein guter Test für den Nutzen einer Persönlichkeitstheorie. Er schrieb, dass „Psychologen auf sicherem Boden sind, solange sie in abstrakten Begriffen über Persönlichkeit ganz allgemein sprechen", aber dass der wahre Test kommt, wenn der Psychologe das Leben einer einzigen realen Person zu erklären versucht. 1965 veröffentlichte Allport *Letters from Jenny*, eine Sammlung von ungefähr dreihundert Briefen, die von Jenny Gove Masterson im hohen Alter im Laufe eines Jahrzehnts geschrieben worden waren. Allport ergänzte diese Sammlung mit seiner „Erklärung" von Jennys Persönlichkeit und wandte dabei seine Persönlichkeitstheorie auf die Briefe an.

Jenny führte ein selbst schädigendes und pessimistisches Leben. Der Versuch, Jenny anhand ihrer Korrespondenz zu erklären, erwies sich für Allport als schwieriges Unterfangen. So schrieb Jenny in einem ihrer Briefe: „Ich habe oft das Gefühl, dass ich die einsamste Frau der Welt bin" (13. Oktober 1935). Müssen wir solche Äußerungen für bare Münze nehmen, oder glauben wir, dass sie von verschiedenen Faktoren beeinflusst sind? Weil wir nur die Briefe haben, ist es schwierig zu wissen, wie wir vorgehen sollen. In Anbetracht solcher Schwierigkeiten ist es nicht überraschend, dass seither nur einige Persönlichkeitspsychologen einen entsprechenden Versuch unternommen haben. Doch ist die Dokumentenanalyse eine der wenigen Möglichkeiten, zu einem umfassenden Bild eines Individuums über einen längeren Zeitraum zu kommen. (Die Experience Sampling Method der Verhaltensbeobachtung ist eine andere.)

Die Dokumentenanalyse kann auch präzisere Fragen untersuchen. In einer interessanten archivalischen Untersuchung der Intelligenz Galtons behauptete Lewis Terman, der überwiegend Briefe verwendete, dass Galton einen IQ von mindestens 200 gehabt haben müsse (Terman, 1917). So rühmte sich Galton in einem Brief, den er vor seinem fünften Geburtstag schrieb, dass er jedes englische Buch lesen könne, recht gute Lateinkenntnisse habe, die Multiplikationstabellen kenne und auch etwas französisch lesen könne. Im Alter von sechs Jahren hatte er die *Ilias* und die *Odyssee* gelesen und mit sieben widmete er sich zum Vergnügen dem Werk Shakespeares. Von denen, die ihn kannten, wurde er zudem als braves, anhängliches und uneigennütziges Kind beschrieben. Indem er Galtons Leistungen mit denen von Kindern verglich, die doppelt so alt sind, konnte Terman Galtons Begabung einschätzen und belegen.

Tagebücher können besonders nützliche Daten über die Persönlichkeit jener liefern, die zu anderen Zeiten und an anderen Orten gelebt haben. Abbildung 2.8 zeigt eine Seite des Tagebuchs, das Anne Frank während der Zeit des Nationalsozialismus führte. Eine der interessantesten Schlussfolgerungen, die wir aus einer Analyse dieses Dokuments ziehen können, ist, dass sich Anne Frank selbst unter den denkbar schlimmsten und entsetzlichsten Bedingungen immer noch stark auf viele der normalen Interessen und Probleme von vorpubertären und pubertären Jugendlichen konzentrierte – ihre äußere Erscheinung, die Unabhängigkeit von den Eltern, ihre sich entwickelnde Identität und ihre Sexualität.

Viele gute Biographen verlassen sich auf die Lebensdokumente wichtiger historischer Persönlichkeiten. Natürlich gibt es Gründe, warum Dokumente wie Liebesbriefe, Stellenbewerbungen oder Autobiographien Gedanken und Gefühle möglicherweise nicht ganz ehrlich aufzeigen, aber das Muster solcher Dokumente kann trotzdem aufschlussreich sein. Die Dokumentenanalyse ist besonders nützlich, wenn es darum geht, den psychologischen Reichtum des Lebens einer bestimmten Person zu verstehen. Dies zeigt sich in der Regel in psychobiographischen Studien komplexer Individuen, über die wir reichlich Informationen aus anderen Quellen haben. Beispielsweise verdanken wir Erik Eriksons Arbeiten *Der junge Mann Luther* (eine Luther-Studie) und *Gandhis Wahrheit* (eine Studie über

Mahatma Gandhi) außergewöhnliche Erkenntnisse. Persönliche Schreiben sind sehr hilfreich, wenn unsere Einschätzung von anderen Informationsquellen bestätigt werden kann.

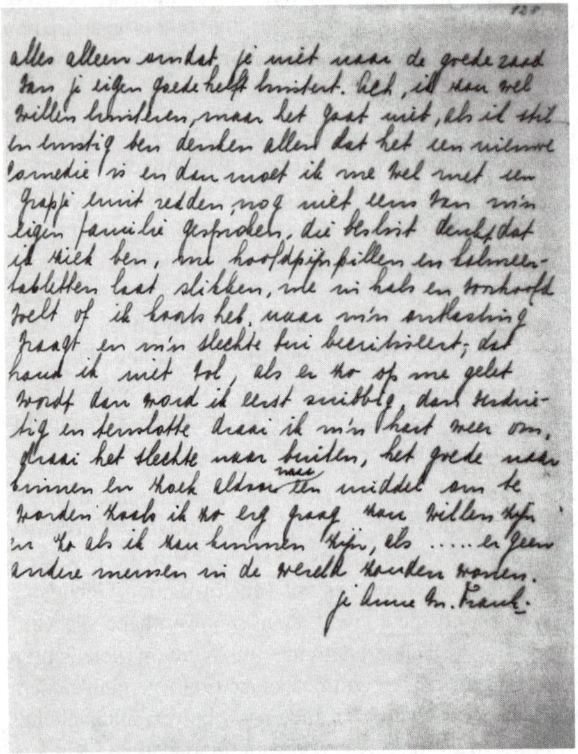

alles alleen omdat, je niet naar de goede raad van je eigen goede helft luistert. Ach, ik zou wel willen luisteren, maar het gaat niet, als ik stil en ernstig ben, denken allen dat het een nieuwe comedie is en dan moet ik me wel met een grapje eruit redden, nog niet eens van mijn eigen familie gesproken, die beslist denkt dat ik ziek ben, me hoofdpijnpillen en kalmeertabletten laat slikken, me in hals en voorhoofd voelt of ik koorts heb, naar mijn ontlasting vraagt en mijn slechte bui bekritiseert; dat houd ik niet vol, als er zo op me gelet wordt dan word ik eerst snibbig, dan verdrietig en tenslotte draai ik mijn hart weer om, draai het slechte naar buiten, het goede naar binnen en zoek steeds naar een middel om te worden zoals ik zo erg graag zou willen zijn en zo als ik zou kunnen zijn, als ..... er geen andere mensen in de wereld zouden wonen.

je Anne M. Frank.

Abbildung 2.8: Eine Seite aus dem Tagebuch der Anne Frank
Die Dokumentenanalyse ermöglicht uns Erkenntnisse über die Persönlichkeit eines Menschen anhand seiner schriftlichen Dokumente, insbesondere durch autobiographisches Material wie Tagebücher und Briefe. Hier sehen Sie eine Seite aus dem Tagebuch von Anne Frank, die während der 1940er Jahre mit ihrer Familie versteckt in Amsterdam lebte, in dem letztendlich erfolglosen Versuch, dem Tod durch die Nazis zu entkommen. Dieser Eintrag, in Holländisch verfasst, war der letzte, den Anne schrieb. Nach ihrer Entdeckung wenige Tage später wurde sie in ein Konzentrationslager gebracht, wo sie starb.

2.3.9 Projektive Tests

Wenn ein Kind eine traumatische Erfahrung durchlebt hat, z. B. sexuellen Missbrauch, einen schweren Verkehrsunfall oder ein Massaker (z. B. in einem Bürgerkrieg oder bei einem gewaltsamen Kult), werden häufig Psychologen und Psychiater hinzugezogen, damit sie beurteilen, wie sich dieses Trauma langfristig auf das Funktionieren des Kindes auswirkt. Eine in diesen Situationen häufig eingesetzte Technik der Beurteilung ist, das Kind aufzufordern, ein Bild oder eine Reihe von Bildern zu malen.

Bilder als Teil der psychobiologischen Erfassung werden seit den 1920er Jahren eingesetzt. Dahinter steht der Gedanke, dass das Kind (oder der Erwachsene) möglicherweise bereit ist, in einem Bild bestimmte Dinge auszudrücken, die zu peinlich sind, um darüber zu sprechen. Oder dass Bilder Dinge offenbaren, die außerhalb des Bewusstseins liegen, wie unbewusste Motivationen. Wenn ein Kind ein Bild von einem Vater mit einem ungeheuer großen Penis oder ohne Gesichtszüge oder von Schlangen umgeben malt, weist das Bild möglicherweise auf ein psychologisches Problem hin. Draw-a-Person-Tests sind subjektiv. (Versuche, sie durch feste Verbindungen zwischen bestimmten Merkmalen von Bildern und bestimmten Persönlichkeitsaspekten zu objektivieren, blieben erfolglos.) Ihr Nutzen hängt daher von der Sachkenntnis des Deuters ab, der in der Regel ein Therapeut ist. Jedenfalls ermöglichen Bilder potenziell wertvolle Erkenntnisse über den „Künstler". Ein Beispiel für diesen Test zeigt Abbildung 2.9.

Abbildung 2.9:
Reaktion eines Kindes auf einen Draw-a-Person-Test
Projektive Tests ermöglichen dem Individuum, den Inhalt der Reaktion zu bestimmen. Dieses Bild wurde von einem neunjährigen Kind gezeichnet, nachdem es aufgefordert worden war, einen Menschen zu malen. Manche Psychologen glauben, dass wir Erkenntnisse über die Persönlichkeit des Kindes gewinnen können, indem wir die Besonderheiten eines Bildes analysieren.

Erfassungstechniken, die versuchen, Persönlichkeit durch den Einsatz relativ unstrukturierter Stimuli, Aufgaben oder Situationen zu untersuchen, werden **projektive Tests** genannt, weil sie einer Person erlauben, ihre inneren Motivationen auf den Test des Beurteilers zu projizieren. Außer dem Zeichnen eines Bildes schließen projektive Tests auch das Erzählen einer Geschichte, das Beenden eines Satzes oder das Bilden von Wortassoziationen ein.

Projektive Tests schienen Befürwortern der psychoanalytischen Theorie besonders wertvoll, weil die Theorien auf unbewussten Motivationen aufbauen und projektive Tests versuchen, solche Motivationen zu erfassen. (Die psychoanalytische Theorie wird in Kapitel 3 eingehend erklärt.)

Anfang dieses Jahrhunderts begann der Schweizer Psychiater Hermann Rorschach damit, seinen Patienten Tintenkleckse zu zeigen und sie um Beschreibungen zu bitten. Der Rorschach-Test ist seitdem zu einem der am meisten eingesetzten projektiven Tests geworden. Ein Beispiel für die in dem Test verwendeten Tintenkleckse wird in Abbildung 2.10 gezeigt. Wie bei anderen projektiven Tests werden beim Rorschach unbestimmte und mehrdeutige Stimuli präsentiert und die Reaktionen der Person festgehalten (Exner, 1986). Während eine Person eine Reihe von 10 Tintenklecksen anschaut und darauf reagiert, protokolliert der Rorschach-Untersucher, was gesagt wird, und notiert später, ob die

Person den ganzen Tintenklecks oder Teile betrachtet, ein Objekt in Bewegung „sieht", auf Schattierungen reagiert und so weiter. Der Untersucher kann dann weitere Fragen stellen, z.B.: „Wo in diesem Bild haben Sie einen springenden Ball gesehen?"

Abbildung 2.10: Tintenklecks vom Rorschach-Typ
Der Rorschach-Test fordert den Testteilnehmer auf, jedes einzelne einer Reihe von Tintenklecks-Bildern zu beschreiben. Die im Rorschach-Test tatsächlich verwendeten Tintenkleckse dürfen hier nicht gezeigt werden, aber dieser Tintenklecks ähnelt in seiner Art den Originalen.

Weil Menschen sich der Faktoren, die ihr Verhalten motivieren, oft nicht bewusst sind, ist die Erforschung solcher Motivationen keine einfache Angelegenheit, aber entscheidend, wenn man Verhalten verstehen will. Indem sie vage Aufgaben oder Stimuli einsetzen und dann die emotionale oder motivationale Reaktion des Teilnehmers beurteilen, versuchen projektive Tests, verborgene persönliche Sichtweisen herauszufinden. Unser Piratentest für Kinder hat gewisse projektive Aspekte, da Piraten bei Kindern dramatische Reaktionen hervorrufen können und es keine offensichtlich richtige Weise zu reagieren gibt. Beispielsweise könnte man bei einem Kind, das einen lauten Piratenschrei ausstößt, wenn es auf Captain Hook trifft, und das zu Hause oft mit einem Schwert und einem Kopftuch herummarschiert, zu Recht einen aggressiven Aspekt seiner Persönlichkeit annehmen.

Der Rorschach hat mit allen projektiven Tests ein signifikantes Problem gemeinsam, nämlich die Bewertung. Möglicherweise vermitteln uns die persönlichen Deutungen des Untersuchers wichtige Erkenntnisse, denen wir nachgehen können, aber es fehlt die Reliabilität. Das heißt, unterschiedliche Untersucher oder sogar derselbe Untersucher könnten zu unterschiedlichen Zeiten zu einer anderen Deutung (Punktwert) kommen. Man kann dieses Problem durch Schulungen in einem standardisierten Bewertungssystem angehen. Beispielsweise könnten Leute, die in den meisten Tintenklecksen ein gräuliches Bild sehen, als depressiv bewertet werden. Leider haben die meisten Studien, die den Rorschach verwendet haben, ergeben, dass er nicht sehr valide ist, aber dennoch potenziell nützlich, vor allem wenn es darum geht, klinische Erkenntnisse zu gewinnen (Exner, 1986; Peterson, 1978).

Bei projektiven Tests wird dem Teilnehmer gesagt, dass es keine korrekte Antwort gibt, und tatsächlich gibt es sie auch nicht. Einer der am häufigsten eingesetzten projektiven Tests ist der Thematische Apperzeptionstest bzw. TAT (Bellak, 1978). Beim TAT fordert der Beurteiler den Teilnehmer nur auf, zu einem Bild, das er ihm vorlegen wird, eine Geschichte zu erfinden und auch vorherzusagen, was als Nächstes geschehen wird. Der Beurteiler hält dann das erste Bild hoch (es könnte z. B. das eines Jungen sein, der eine Geige betrachtet). Manchmal schreibt der Beurteiler die Geschichte auf; manchmal schreiben die Teilnehmer die Geschichten selbst auf. Der TAT versucht so zu erkennen, wie eine Person auf einen vagen Stimulus reagiert. Wenn z. B. der Teilnehmer entscheidet, dass der Junge betrübt ist, weil ihm gerade die Violine die Treppe heruntergefallen ist und er Angst hat, dass sein Vater ihn schlagen wird, könnte der Beurteiler nach Anhaltspunkten für latente Aggression suchen.

Es ist wichtig zu beachten, dass projektive Tests, wie alle Persönlichkeitstests, Annahmen über die Natur der Persönlichkeit und über Verhalten machen. Projektive Tests gehen von tiefen motivationalen Grundmustern aus und setzen voraus, dass sich diese Muster in unseren Reaktionen auf Wahrnehmungsreize zeigen. Murray betrachtete Tests wie den TAT als besonders nützlich, denn Murrays Persönlichkeitstheorie beruhte auf dem Gedanken, dass unbewusste Bedürfnisse darum kämpfen, realisiert zu werden (Smith, 1992).

2.3.10 Demographische Information und Lebensstil

Es ist gar nicht mal ungewöhnlich, dass jemand sagt: „Ich kann Steinböcke nicht leiden, aber zu Widdern fühle ich mich wirklich hingezogen.“ Der Sprecher verlässt sich darauf, dass die Astrologie – unter Rückgriff auf die Himmelskörper und die Tierkreiszeichen – etwas über die Persönlichkeit aussagt. Die Astrologie nahm ihren Anfang vor mehr als 2500 Jahren, als die Menschen der Antike glaubten, dass ihr Schicksal in den Sternen geschrieben stand. In dem Versuch, die Eigenschaften und das Schicksal eines Menschen vorherzusagen, wertet die Astrologie heutzutage normalerweise die Stellung von Sonne, Mond und Planeten zum Zeitpunkt der Geburt eines Menschen aus.

Es ist durchaus möglich, dass Himmelsereignisse menschliches Verhalten beeinflussen, beispielsweise bestimmt der Mond die Gezeiten, die Sonnenstrahlung wirkt sich auf Magnetfelder auf der Erde aus und die Position der Erde beeinflusst das Wetter. Die Astrologie verlässt sich jedoch weitgehend auf Aberglauben und Glauben statt auf strenge wissenschaftliche Analysen. Es ist keine wissenschaftliche Validität bekannt. Die hartnäckige Popularität der Astrologie macht uns die Bereitschaft vieler Menschen bewusst, fast jede Erklärung der Persönlichkeit zu akzeptieren.

Beim Versuch, ein Individuum zu verstehen, ist es im Allgemeinen hilfreich, verschiedene Arten demographischer, wenn auch nicht astrologischer Informationen herauszufinden – Alter, kulturelle Herkunft, Religion, Familiengröße und so weiter. Alle für Bevölkerungsstatistiken relevanten Informationen bieten einen Rahmen für das bessere Verständnis des Individuums. Die Beurteilung eines Zwanzigjährigen sollte im Allgemeinen in Durchführung und Interpretation anders sein als die eines Achtzigjährigen. Aber demographische Informationen für sich allein können irreführend sein, wie im Fall von Zwillingsbrüdern, die alle statistischen Merkmale teilen, aber vollkommen verschiedene Persönlichkeiten haben.

Um ein Individuum verstehen zu können, müssen wir das kulturelle Milieu und die kulturelle Identität der Person kennen, vor allem wenn es sich um eine Randkultur handelt. Es sind viele törichte Versuche unternommen worden, Persönlichkeit bei Afroamerikanern zu beurteilen, ohne jeden Versuch, die afroamerikanische Kultur zu verstehen. So wurden die Black Panthers, die aus der Bürgerrechtsbewegung der 1960er Jahre hervorgingen, von der herrschenden Kultur als unruhige und aggressive Rebellen gesehen, obwohl die Panthers selten gewalttätig waren und sich stark in sozialen Programmen engagierten, die ihren

Gemeinschaften zugute kamen. Ebenso werden Homosexuelle (Männer und Frauen) in Amerika zunehmend von der Schwulenkultur beeinflusst, besonders in Großstädten wie San Francisco, Los Angeles und New York. Das ungewöhnliche (unkonventionelle) Verhalten eines homosexuellen Individuums kann irrtümlicherweise auf seine Persönlichkeit zurückgeführt werden, wenn die relevante Kultur nicht berücksichtigt wird.

Damals und heute

Der TAT

Als Sigmund Freud und seine psychoanalytisch orientierten Kollegen das Unbewusste entdeckten, standen sie vor einem schwierigen Forschungsproblem. Unbewusste Motivationen sind definitionsgemäß bewussten Gedankenprozessen nicht zugänglich. Sie sind verborgen. Daher können wir von einer Person natürlich nicht erwarten, dass sie in der Lage ist, uns direkt etwas über diese unbewussten Motivationen zu sagen. Wie wir in Kapitel 3 sehen werden, verließ sich Freud weitgehend auf Exploration mittels freier Assoziation während therapeutischer Gespräche und auf Traumdeutung. Seine Anhänger entdeckten jedoch zusätzliche Methoden.

Projektive Tests ermöglichen es einer Person, ihre eigenen inneren Motivationen auf den Test des Beurteilers zu projizieren. Dieser gewinnt so Einblicke in Gedanken und Gefühle, die außerhalb der Wahrnehmung des Testteilnehmers liegen. Einer der am häufigsten eingesetzten projektiven Tests ist der von Henry Murray entwickelte Thematische Apperzeptionstest oder TAT.

Der Beurteiler oder Kliniker fordert den Teilnehmer auf, zu einem präsentierten Bild eine Geschichte zu erfinden und auch den Fortgang der Geschichte vorauszusagen. Der Beurteiler hält dann das erste Bild hoch (z. B. das Bild einer jungen Frau, die die Schultern eines jungen Mannes umfasst), das zu verschiedenen psychologischen Assoziationen führen kann, die für das eigene Leben des Testteilnehmers relevant sind. Der TAT versucht auf diese Weise herauszufinden, wie eine Person einen vagen Stimulus einordnet. Als Schlüsselinstrument hinsichtlich wichtiger Fragen der inneren Persönlichkeit und Motivation wird der TAT häufig von psychodynamisch orientierten Klinikern eingesetzt.

Leider ist der TAT seit langem Anlass für Kontroversen, und diese Auseinandersetzungen dauern an. Kürzlich prüften der Psychologe Scott Lilienfeld und seine Kollegen die Forschungsbelege und stellten die Validität des TAT und verwandter Tests in Frage, besonders was ihre Einsatzhäufigkeit angeht (Lilienfeld, Wood & Garb). Ein Problem ist, dass mehrere standardisierte TAT-Auswertungssysteme in Gebrauch sind und viele Kliniker es vorziehen, sich nur auf ihre eigenen klinischen Eindrücke zu verlassen.

Ein zweites Problem betrifft Diskrepanzen zwischen den TAT-Ergebnissen und Selbstbeurteilungs-Skalen; ist die Abweichung ein Validitätsproblem oder ist sie ein erwartetes Resultat der Diskrepanz zwischen bewussten und unbewussten Motivationen? Alles in allem drehen sich die wissenschaftlichen Auseinandersetzungen um Fragen der Reliabilitiät und Validität – d.h., erreicht eine Person ungefähr dasselbe Ergebnis, wenn sie zu einem späteren Zeitpunkt oder von einem anderen Untersucher getestet wird? Und wird das Ergebnis einer Person mit anderen Indikatoren assoziiert und von ihnen bestätigt? Prognostiziert es bestimmte Folgen? Es gibt keine absoluten Antworten auf diese Fragen.

Der springende Punkt bei dieser Kontroverse ist häufig der Zweck des TAT (Dawes, 1998; Woike, 2001). Wenn ein Klient, der sich in psychotherapeutischer Behandlung befindet, unter chronischer Angst leidet und der TAT dem Kliniker und dem Klienten Aufschluss über Erlebnisse oder Konflikte gibt, die die Angst verursachen könnten, dann ist der Test nützlich, selbst wenn er manchmal zu falschen Ergebnissen führt. Wenn jedoch Zweck des Tests ist zu beurteilen, ob jemand als Lehrer geeignet ist, oder wenn der Test einen des Kindesmissbrauchs Angeklagten vor Gericht belasten soll, dann würden Fehler, die aus der schwachen Reliabilität und Validität resultieren, sehr schwerwiegende Folgen haben. Wenn zudem projektive Tests wie der TAT als ein Auswahlverfahren mit einer großen Zahl an gesunden Menschen durchgeführt und diese Tests von Klinikern interpretiert werden, die gewöhnlich psychisch Kranke behandeln, kann die schwache Validität einer Neigung zur „Überpathologisierung“ Vorschub leisten – d.h., gesunde Personen als krank einzuordnen.

Für denjenigen, der die Persönlichkeit erforscht, sind solche Fragen auch in praktischer Hinsicht interessant, denn man kann auf eine solche Auseinandersetzung über Persönlichkeitstests am Arbeitsplatz, im Gerichtssaal oder im Büro eines Arztes stoßen. Wenn Sie verstehen, wie Persönlichkeitstests aufgebaut sind, wenn Sie ihre Stärken und Schwächen kennen, den Zweck, für den sie sich am besten einsetzen lassen, und die Theorien, auf denen sie beruhen, dann können Sie besser beurteilen, ob der Test für den spezifischen Kontext, in dem er angewendet wird, geeignet und gut ist.

Weiterführende Literatur

Dawes, R. M. (1998). Standards for psychotherapy. In H. S. Friedman (Hrsg.), *Encyclopedia of mental health* (Bd. 3, 589–597). San Diego: Academic Press.

Lilienfeld, S. O., Wood, J. M., & Garb, H. N. (2000). The scientific status of projective techniques. *Psychological Science in the Public Interest, 1*, 27–66.

Abbildung 2.11:
Die Sängerin und Schauspielerin Jennifer Lopez stammt aus einer puertoricanischen Familie in der Bronx. Sie ist nicht nur die höchst bezahlte Schauspielerin lateinamerikanischer Herkunft, sondern erreichte mit Alben und Singles auch die Spitze der Musik-Charts. Ihre Festnahme und ihr Gefängnisaufenthalt nach einer Schlägerei in einem Nachtklub und einer rasanten Verfolgungsjagd durch die Polizei scheinen nicht zu ihrem Image zu passen. Können wir die Widersprüche in ihrem Leben verstehen, wenn wir ihre individuellen Persönlichkeitsmerkmale in das kulturelle Umfeld der Rapper und Hollywoods einordnen?

Diese demographischen und kulturellen Gruppeneinteilungen sind nicht psychologischer Natur und lassen sich daher nicht reibungslos in die meisten Persönlichkeitstheorien integrieren. Andererseits übersehen Persönlichkeitspsychologen zu oft solche gesellschaftlichen Einflüsse. Beispielsweise lässt sich die Tatsache, dass es in den 1920er Jahren so viele Kommunisten in Russland, in den 1960er Jahren so viele Hippies in Kalifornien und in den 1970er Jahren so viele Ehescheidungen in den Vereinigten Staaten gab, am besten durch soziale und gesellschaftliche Faktoren erklären – und nicht durch eine kommunistische oder rebellische oder scheidungsanfällige Persönlichkeit der betroffenen Individuen.

2.3.11 Gibt es die eine optimale Erfassungsmethode?

Welche Persönlichkeitstests sind am besten? Die Antwort hängt zum Teil von der Person, von dem Tester und von dem Zweck der Erfassung ab. Wenn wir z. B. gerne wissen würden, welche Persönlichkeitsaspekte koronare Herzkrankheiten ankündigen, dann sollten wir uns darum bemühen, Erfassungstechniken zu verfeinern und anzuwenden, die exakt und brauchbar Herzerkrankungen vorhersagen. Oder wenn wir an unbewussten Motiven hinter Aggressionen interessiert wären, sollten wir nicht mit Selbstbeurteilungsfragebögen, sondern mit projektiven Tests und Verhaltensbeobachtungen arbeiten. Am wichtigsten ist ein Schwerpunkt auf der ständigen Auswertung der Validität. Einige der Vorzüge und Grenzen häufig eingesetzter Persönlichkeitsmessverfahren werden in Tabelle 2.5 dargestellt.

Zudem sollte man nicht vergessen, dass die Validität nahezu aller Techniken der Persönlichkeitserfassung von dem Übergeneralisierungsphänomen des Barnum-Effekts bedroht ist, also der Tendenz von Individuen und Klinikern, vage Persönlichkeitsbeschreibungen bereitwillig als valide und spezifisch zu akzeptieren (Cash, Mikulka & Brown, 1989; Prince & Guastello, 1990). Brauchbare Messverfahren zeigen die Besonderheiten oder Andersartigkeit der getesteten Person.

Testtyp	Vorzüge und Grenzen
Selbstbeurteilung	Einfach zu standardisieren, leicht anzuwenden, zuverlässig, erfassen das Selbstbild gut; aber begrenzte Ergiebigkeit, leicht zu verfälschen, hängen von der Selbsterkenntnis ab.
Q-Sort	Aktiver (stärker reagierende Beteiligung) als Fragebögen, können eine Rangliste von Eigenschaften bringen und die gleichen Items können für unterschiedliche Ziele eingesetzt werden; aber die gleichen Beschränkungen wie Selbstbeurteilungsfragebögen.
Fremdbeurteilungen	Bieten eine Perspektive, die nicht durch Selbstbeurteilung des Individuums verzerrt ist und können zweifellos „sichtbare" Eigenschaften aufzeigen; können zur Beurteilung von Kindern (oder Tieren) eingesetzt werden; Validität hängt allerdings von den Kenntnissen und der Unvoreingenommenheit der Beurteiler ab.
Biologische Verfahren	Können unabhängig von Selbstbeurteilung oder Fremdbeurteilung individuelle Reaktionen aufzeigen; die Anwendung kann jedoch schwierig und kostspielig sein; die Beziehung zwischen biologischen Substraten und komplexen Verhaltensmustern ist oft nicht einfach.
Verhaltensbeobachtungen	Erfassen, was das Individuum tatsächlich macht; können aber schwierig als Persönlichkeit zu interpretieren oder nichtrepräsentativ für die ganze Skala der Verhaltensweisen des Individuums sein.
Interviews	Gründliches Sondieren und Nachfragen ist möglich, sehr flexibel; können durch den Interviewer oder den Befragten allerdings beeinflusst werden; teuer und zeitaufwendig.
Expressives Verhalten	Erfasst den tatsächlichen einzigartigen Verhaltensstil, einschließlich der Feinheiten und der Emotionen; kann aber schwierig zu erfassen, zu kodieren und zu deuten sein.
Dokumentenanalyse	Kann zur Beurteilung einer Person über die Zeitspanne angewandt werden (wenn schriftliche Dokumente durchgängig vorhanden sind), kann recht ausführlich und objektiv sein und sogar für verstorbene Personen durchgeführt werden; zeigt aber möglicherweise nur bestimmte Aspekte der Person, ist vielleicht nicht ganz ehrlich und steht nicht unbedingt über wichtige Zeiten oder Ereignisse zur Verfügung.

Tabelle 2.5: Vorzüge und Grenzen von Persönlichkeitstests

Testtyp	Vorzüge und Grenzen
Projektive Tests	Eine der wenigen Möglichkeiten, unter die Oberfläche zu gehen und Aspekte zu erfassen, die die Person nicht selbst beurteilen kann; können Erkenntnisse für weitere Untersuchungen bringen; haben oft deutliche Reliabilitäts- und Validitätsprobleme.
Demographische Information und Lebensstil	Zeigt den Rahmen und die Gruppierung, in der das Individuum „funktioniert" (Alter, Geschlecht, Beruf, Kultur); kann aber für sich allein wenig über den einzelnen Menschen aussagen.

Tabelle 2.5: Vorzüge und Grenzen von Persönlichkeitstests *(Forts.)*

2.4 Wie man Persönlichkeit nicht testen sollte

Es ist erstaunlich, wie viel Zeit und Geld manche Menschen für Versuche der Persönlichkeitsmessung aufwenden, die im besten Falle geringfügig valide sind. Viele sind einfach Betrügereien oder Fantastereien. Wir besprechen hier kurz einige von ihnen.

Wie erwähnt ist eine der ältesten und absurdesten Methoden die Astrologie – Aufklärung über die eigene Persönlichkeit durch die Sterne. Viele Zeitungen drucken immer noch Horoskope und bieten vage Hinweise wie „Dein Glück ist nahe." Sie sind etwa genauso brauchbar wie Glückskekse, nur schmecken sie nicht so gut.

Zu einer weiteren Gruppe ungültiger Methoden zählen physikalische Vermessungen des Körpers. Wie oben erwähnt, beruht eines dieser Verfahren – die Phrenologie (auch Cranioskopie genannt) – auf der falschen Theorie aus dem 19. Jahrhundert, dass die Kopfform einen Hinweis auf das Gehirn und die Form des Gehirns einen Zugang zur Persönlichkeit bietet. Als dieser Gedanke das erste Mal vertreten wurde, war er nicht völlig abwegig, weil nur wenig über die Arbeit des Gehirns bekannt war. Es ist jedoch interessant, dass es bis auf den heutigen Tag ähnlich ungültige und überholte Methoden gibt.

Dann gibt es Erfassungsmethoden, die auf Jahrmärkten, in Wohnzimmern oder in obskuren Religionen angewendet werden. Dazu gehören traditionell Handleserei und Zahlenmystik, aber heutzutage kann man dazu auch Pseudo-Hightech-Unsinn wie Haaranalyse oder Stimmanalyse durch den Computer zählen.

Problematischer sind Messtechniken, die Aspekte des expressiven Verhaltens einbeziehen; sie sind kritisch, weil das expressive Verhalten (besonders das emotionale Verhalten) ein valider Indikator für Persönlichkeit sein *kann*. Eine dieser dubiosen Techniken ist die Graphologie oder Handschriftenanalyse. Handschriftenanalysen werden Firmen oft als ein Mittel zur Vorauswahl potenzieller Mitarbeiter verkauft. Obwohl es keine zuverlässigen Belege gibt, die die von Graphologen gebotenen detaillierten Beurteilungen rechtfertigen, trifft es wahrscheinlich zu, dass die Handschrift einiges über eine Person verrät (siehe Abbildung 2.12). Beispielsweise lässt sich eine männliche Handschrift oft von einer weiblichen unterscheiden; eine alte, schwache Handschrift lässt sich von einer jungen, gesunden unterscheiden; und vielleicht sind auch einige andere Dimensionen normalerweise erkennbar. Aber derartige Informationen sind in einem Gespräch noch evidenter! Solche banalen Beobachtungen sind weit entfernt von Behauptungen wie: „Die Art, in der sie ihren t-Strich macht, deutet darauf hin, dass sie bei ihrer Arbeit keine Ausdauer zeigen wird."

Abbildung 2.12: Die Unterschrift von Hans Eysenck
Meinen Sie, dass Sie aus dieser Unterschrift ersehen können, ob der Schreiber ein intro- oder ein extrovertierter Mensch ist? (Mit Erlaubnis verwendet.)

Es geht nicht darum, dass die Graphologie uns im Prinzip nichts über die Persönlichkeit sagen könnte. Vielmehr sollten wir uns fragen: Was ist die Theorie, die der Graphologie zugrunde liegt? Stimmt sie mit dem überein, was wir über die menschliche Biologie und das menschliche Verhalten wissen? Welches sind die Untersuchungen zur Reliabilität? Zur Validität? Sind die Belege von unabhängiger wissenschaftlicher Seite bestätigt worden? Mit anderen Worten: Wurden die üblichen Maßstäbe angelegt? Im Fall der Handschriftenanalyse ist das nicht geschehen. Einer der Hauptvorteile des gründlichen Studium der Persönlichkeit ist, dass es uns besser darauf vorbereitet, solche Feststellungen in unserem Leben zu treffen.

2.5 Forschungsdesigns

Nach welchen Kriterien wählen Psychologen die Forschungsdesigns, mit denen sie die Persönlichkeit untersuchen? Die Persönlichkeitsforschung ist in der Regel kein linearer Prozess, der von der Hypothese zum endgültigen Nachweis verläuft. Im Gegenteil, sie geht immer wieder vor und zurück und dreht sich auch im Kreise, während Ideen getestet und verbessert werden. Dennoch lässt sich sagen, dass dem Forschungsprozess eine bestimmte Abfolge von Rückschlüssen zugrunde liegt. Die Grundelemente sind Fallstudien, Korrelationsstudien und experimentelle Studien.

2.5.1 Fallstudien

Lassen Sie uns einmal davon ausgehen, dass wir die Autorität und den Einfluss eines charismatischen Führers wie Martin Luther King im zwischenmenschlichen Bereich verstehen wollen. Was ist das Besondere einer charismatischen Persönlichkeit? Wir könnten uns zunächst auf verschiedene Weise eingehend mit solchen Personen befassen. Dann könnten wir Interviews untersuchen, um zu sehen, wie er über sich selbst und andere dachte. Wir würden schriftliche Dokumente studieren, z. B. seine Reden, Schriften und Predigten. Wir könnten Beurteilungen sammeln von Menschen, die ihn flüchtig und die ihn sehr gut kannten. Wir können das expressive Verhalten seiner Gesten und seines Tonfalls analysieren. Wir könnten sehen, wie er auf Herausforderungen reagiert und wie er mit Untergebenen und Vorgesetzten interagiert hat; seine Beziehungen zu Frauen, seine Politik und seinen Lebensstil. Diese flexible, eingehende Studie illustriert den Vorzug des **Fallstudiendesigns**.

Solche Fallstudien sind im Allgemeinen die Methode, mit der wir Ideen und Hypothesen über die Persönlichkeit sammeln, aber zu ihrer Wissenschaftlichkeit bedürfen diese Hypothesen einer weiteren systematischen Untersuchung. Fallstudien lassen sich nicht einfach generalisieren und auf andere Menschen übertragen. Und Fallstudien sagen uns nicht viel über ursächliche Zusammenhänge.

2.5.2 Korrelationsstudien

In Korrelationsstudien messen wir den Grad der Beziehung erst zwischen zwei und anschließend zwischen mehr Variablen. Beispielsweise könnten wir eine Stichprobe von Führern erheben, sowohl charismatischen als auch nichtcharismatischen, und ermitteln, ob Charisma mit Extravertiertsein (und Geselligkeit) einhergeht. Dann könnten wir überprüfen, ob Charisma mit dynamischer Gestik und einer ausdrucksvollen Stimme zusammenhängt. Wir würden daraus ersehen, ob expressives Verhalten mit Extraversion in Verbindung steht. Mit anderen Worten: Wir würden eine Reihe von Assoziationen zwischen Variablen sammeln und messen, welche Variablen mit anderen assoziiert (oder nicht assoziiert) sind. Wie schon erwähnt, würden wir zuerst mit Korrelationskoeffizienten und dann mit Faktorenanalysen (Analysen von Korrelationen) arbeiten.

Korrelationen sagen uns jedoch nichts über den Kausalnexus der Assoziationen. Beispielsweise sagen sie uns nicht, ob Menschen, die danach streben, erfolgreiche Führer zu sein, bewusst expressive Gesten einsetzen, oder ob Menschen mit expressiver Gestik als Führer ausgewählt werden oder ob sowohl Führerschaft als auch Gestik Resultat einer dritten zugrunde liegenden Variablen sind, wie z. B. einer biologischen Tendenz, aktiv zu sein und Anregung zu suchen. Um mehr von den ursächlichen Mustern zu verstehen, müssen wir uns experimentellen und quasiexperimentellen Forschungsdesigns zuwenden.

2.5.3 Experimentelle Studien

Der direkteste Weg, zu einer validen kausalen Inferenz zu kommen, ist die Planung eines echten Experiments (Campbell & Stanley, 1963). Bei einem echten experimentellen Design werden Personen entweder einer Behandlungs- oder einer Kontrollgruppe zugeteilt und die beiden Gruppen anschließend miteinander verglichen. Ein Beispiel: Wir wollen sehen, ob Menschen charismatischer werden, wenn man ihnen expressive Gesten beibringt. Wir könnten Folgendes tun: Wir nehmen eine Gruppe von Personen und teilen die eine Hälfte von ihnen willkürlich dem Unterricht in expressiver Gestik zu, während die Kontrollgruppe Unterricht zu einem irrelevanten Gegenstand erhält, z. B. Kraulschwimmen. Dann prüfen wir bei allen Personen, ob bei denjenigen, die Unterricht und Übung im Gestikulieren hatten, die Wahrscheinlichkeit gestiegen ist, dass sie zu einer charismatischen Persönlichkeit werden (oder als solche wahrgenommen werden). (Die Bestimmung der „größeren Wahrscheinlichkeit" erfolgt auf statistischem Wege.) Wenn das der Fall ist, gehen wir davon aus, dass die Intervention diesen Effekt bewirkt hat.

Durch die zufällige Zuteilung auf Bedingungen schützt uns ein experimentelles Design vor der Möglichkeit, dass sich die Behandlungs- und die Kontrollgruppe von Anfang an auf irgendeine unbekannte Weise voneinander unterscheiden. Aber sogar bei einem solchen experimentellen Design können Inferenzprobleme auftreten. Erstens wissen wir nicht, ob sich das Ergebnis auf andere Personen generalisieren lässt, die andere Eigenschaften haben als jene, die wir untersucht haben. Zweitens, und damit verbunden, wissen wir nicht, welche einschränkenden Faktoren möglicherweise von Bedeutung sind; so kann z. B. unsere Intervention sehr gut bei älteren Personen funktionieren, aber bei jüngeren kaum etwas bewirken. Drittens könnte es Probleme (Verzerrungen) bei der Ausführung unseres ausgeklügelten Designs gegeben haben; d.h., der Experimentator könnte Fehler gemacht haben. Schließlich wissen wir weder, ob andere Interventionen funktionieren würden, noch welche die beste ist.

Obwohl ein echtes Experiment diesen verschiedenen Beschränkungen unterliegt, sind die daraus gezogenen Schlussfolgerungen jenen überlegen, die ausschließlich auf Fallstudien oder Korrelationen basieren, besonders wenn sie auf Korrelationsuntersuchungen aufbauen. In der Medizin werden solche echten Experimente gewöhnlich als „randomisierte klinische Versuche“ bezeichnet. In der Persönlichkeitspsychologie werden sie normalerweise „experimentelle Methoden“ genannt.

Leider können wir in den meisten Forschungen zur Persönlichkeit nicht uneingeschränkt zufällige Zuteilungen vornehmen. Wir können nicht einfach willkürlich 10.000 Teenager anweisen, fünf Jahre Unterricht im Gestikulieren zu nehmen, oder 10.000 weitere Teenager einer Kontrollgruppe zuteilen und anschließend sehen, aus welcher Gruppe mehr charismatische Führer im Erwachsenenalter kommen. Daher sind wir auf quasiexperimentelle Forschung oder natürlich auftretende Experimente angewiesen, um zu sehen, welche Einflüsse und Komponenten die Wahrscheinlichkeit erhöhen, dass sich eine Person zu einem charismatischer Führer entwickelt. Zum Beispiel könnten wir Teenager aus gemischten Oberschulen mit denen aus Mädchen- oder Jungen-Oberschulen vergleichen. Zur Übung überlegen Sie einmal, ob Ihnen Beispiele für die Arten von Belegen einfallen, die zu sammeln nützlich für das Verständnis des Ursprungs und der Komponenten von Charisma wäre.

Entwicklungen in der Persönlichkeitserfassung		Gesellschaftlicher und wissenschaftlicher Kontext
Wenig systematische Versuche der Persönlichkeitsmessung.	**vor 1800**	Menschen werden in erster Linie in religiösen oder philosophischen Kategorien gesehen.
Francis Galton, ein Cousin von Darwin, richtet ein Labor ein, um individuelle Unterschiede zu messen.	**1880er**	Zunehmende Beachtung der Evolution und individueller Abweichungen.
Erste psychologische Tests, die sich auf die Intelligenz konzentrieren, aber erst die Arbeit Alfred Binets hat Erfolg.	**1890-1910**	Phase massiver Einwanderung in die USA; mathematische Statistiken werden zunehmend beachtet.

Entwicklungen in der Persönlichkeitserfassung		Gesellschaftlicher und wissenschaftlicher Kontext
Robert Yerkes, Lewis Terman u. a. arbeiten für die US-Armee, um Soldaten auszuwählen und zu überprüfen; die Bemühungen führten zu Massentests.	**1910-1920**	Fortschreiten der technischen Entwicklung und der Industrialisierung; große technisch aufgerüstete Armeen; Weltkrieg 1914-1918.
Erste Untersuchungen individueller Wertvorstellungen und beruflicher Interessen; biologische Veranlagungen findet Beachtung.	**1920er-1930er**	Konjunkturaufschwung und Wirtschaftskrise; Fortschritte in mathematischer Statistik.
Allport und andere erstellen Listen von Eigenschaften; die statistischen Analysen von Eigenschaften folgen der Entwicklung neuer statistischer Verfahren; Neoanalytiker setzen erstmals projektive Tests ein.	**1930er**	Faschismus und drohender Weltkrieg; wirtschaftliche Depression, Propaganda; Entwicklung riesiger Unternehmen.
Untersuchungen des Autoritarismus und Ethnozentrismus setzen sich unter Anwendung unterschiedlicher Messmethoden durch.	**1940er**	Intellektuelle Reaktionen gegen den Faschismus.
Anhand von Interviews untersucht Kinsey die Sexualität und studieren Marktforscher das Kaufverhalten. Neue Ideen der kognitiven Psychologie führen zu kognitiven Assessementmethoden.	**1940er-1960er**	Neue Rollen für Frauen, Arbeit und soziale Beziehungen. Wirtschaftliche Hochkonjunktur mit einer neuen, breiten Mittelschicht; Ansteigen der Geburtenzahlen; die Vermarktung geschieht nach wissenschaftlichen Erkenntnissen.
Das expressive Verhalten wird gemessen, da die nonverbale Kommunikation wieder Beachtung findet.	**1970er-1980er**	Rückzug des Behaviorismus; Schwerpunkt auf der Kommunikation in Beziehungen und Familien; in der Politik wird das Fernsehen wichtig.
Faktorentheorien setzen sich durch und Eigenschaftsmessungen rücken wieder in den Vordergrund; Lebensgeschichten gewinnen erneut an Bedeutung.	**1990-2000er**	Gute wirtschaftliche Zeiten und besseres Verständnis des Individuums am Arbeitsplatz.

Historischer Abriss der Geschichte der Persönlichkeitserfassung
Die bedeutenden Entwicklungen im Bereich der Persönlichkeitserfassung sind hier in historischer Beziehung zueinander und in Beziehung zu ihrem weiteren gesellschaftlichen und kulturellen Kontext zu sehen.

2.6 Ethische Grundsätze für Persönlichkeitstests

Die ersten psychologischen Test von echter Validität sind gerade einmal ein Jahrhundert alt. Ende des 19. Jahrhunderts führte Alfred Binet in Paris die ersten validen Intelligenztests durch. Sein Ziel war ehrenwert: Seine Tests konnten dazu eingesetzt werden, Schüler ausfindig zu machen, die intelligent waren, aber aufgrund von Problemen wie Hör- und Sprachbeeinträchtigungen fälschlicherweise als dumm eingestuft worden waren. Mit anderen Worten: Binet beabsichtigte, jenen zu helfen, die von der Gesellschaft übersehen worden waren (Binet & Simon, 1916).

Ähnliche Argumente für den Einsatz von Tests betreffen Menschen mit psychischen oder Beziehungsproblemen. Um Menschen mit Problemen zu helfen, ist eine genaue Diagnose ihrer Probleme und ihrer Stärken hilfreich. Daher können faire und valide Tests zum Nutzen aller sein. Es besteht immer die Gefahr, dass Testergebnisse aufgrund verschiedener Beschränkungen falsch ausfallen. Ungenaue Tests sind dann ein großes Problem, wenn sie durchgeführt werden, um Menschen zu identifizieren, die weniger „wert" sind. In diesem Fall ist ein Fehler oder eine Verzerrung besonders tragisch.

Ebenso wie die ersten Intelligenztests schnell missbraucht wurden, um nach „Schwachsinnigen" oder „Idioten" zu suchen, wird psychologische Erfassung und Einschätzung heute manchmal zu Zwecken der Diskriminierung und Verfolgung eingesetzt. Beispielsweise könnte ein legitimes Ziel von Tests die Auswahl von Bewerbern sein. Aber solch ein Test könnte (beabsichtigt oder unbeabsichtigt) leicht voreingenommen gegenüber jenen sein, die aus Gruppen mit einer traditionell höheren Arbeitslosigkeit kommen. Das ist so, wie wenn man medizinische Diagnostik nicht zur erfolgreichen ärztlichen Behandlung einsetzt, sondern zur Bestimmung dessen, wer als „krank" gemieden werden sollte.

In seinem Buch *Der falsch vermessene Mensch* beschreibt Steven Jay Gould (1981, 1996) die traurige Geschichte des wissenschaftlichen Rassismus. Gould, der sich auf Intelligenztests konzentriert, erzählt, wie auch die bedeutendsten Wissenschaftler von Vorurteilen geblendet waren, während sie glaubten, mit rein wissenschaftlichen Testverfahren befasst zu sein. So „bewies" Mitte des 19. Jahrhunderts der geachtete Arzt Paul Broca anhand der Schädelgröße, dass Männer klüger als Frauen und Kaukasier klüger als Afrikaner sind. Broca, wie viele wohlmeinende Wissenschaftler, die sich ihm im 20. Jahrhundert anschlossen, war sich der Verzerrungen in seinen Daten wahrscheinlich nicht bewusst. Er war einfach durch seine starken Vorurteile voreingenommen. Zweifellos beeinträchtigen solche Voreingenommenheiten auch moderne Persönlichkeitstests, die oft erst im Nachhinein zu erkennen sind.

Wegen der missbräuchlichen Verwendung von Tests haben einige Leute schon die Auffassung vertreten, dass Tests gesetzlich verboten werden sollten. Das ist eine extreme Reaktion. So als würde man sagen, dass wir die Wissenschaft verbieten sollten, weil wissenschaftliche Entwicklungen zur Herstellung schrecklicher Waffen geführt haben. Oder dass wir Operationen verbieten sollten, weil viele Menschen auf dem Operationstisch sterben. Das eigentliche Problem besteht darin, dass manche Persönlichkeitstests schlecht konstruiert, unsachgemäß gehandhabt und falsch eingesetzt werden. Die Lösung dafür ist, sicherzustellen, dass entsprechend ausgebildete Menschen die validen Anwendungen und strengen Grenzen von Persönlichkeitstests gut kennen.

Dieses Thema ist keineswegs belanglos. Uninformierte Laien schenken Behauptungen von Psychiatern und Psychologen wahrscheinlich Glauben. Daher ist es die Verantwortung derjenigen, die Persönlichkeit untersuchen, ständig die Validität und die Schlüssigkeit ihrer Ergebnisse sowie die gesellschaftlichen Auswirkungen ihrer Schlussfolgerungen zu evaluieren.

Zusammenfassung und Fazit

Persönlichkeitstests sind mit standardisierten Begegnungen verbunden, die aufschlussreiche individuelle Unterschiede in den Reaktionen provozieren und erfassen. Bei objektiven Tests gibt es korrekte Antworten, die sich leicht messen und festlegen lassen, aber ihnen entgehen möglicherweise subtilere Persönlichkeitsaspekte. Subjektive Tests sind auf Deutungen von Beobachtern oder Testgebern angewiesen, aber sie können zu nicht übereinstimmenden Interpretationen führen. Die beste Erfassung stützt sich auf verschiedene Messverfahren, um sich ein Bild von einem Individuum zu machen.

Persönlichkeitstests sollten zuverlässig sein. Die Reliabilität bezieht sich auf die Konsistenz von Messwerten; Menschen sollten beim gleichen Test zu unterschiedlichen Gelegenheiten ähnliche Werte erzielen, da man von einer relativen Stabilität der Persönlichkeit ausgeht. Gute Erfassungsmethoden berücksichtigen, dass Grundmuster stabil bleiben, auch wenn sich die alltäglichen Reaktionen möglicherweise zu verändern scheinen. (Persönlichkeit kann sich jedoch langfristig oder als Reaktion auf traumatische Ereignisse verändern.) Die interne Konsistenz-Reliabilität prüft die Untertests eines Persönlichkeitstests. Die Test-Retest-Reliabilität vergleicht die Punktwerte bei unterschiedlichen Gelegenheiten, in der Regel in einem Abstand von mehreren Wochen.

Misst ein Test die zu erfassende Größe? Was misst er? Dies sind Fragen der Validität. Der wichtigste Aspekt der Validität ist die Konstruktvalidität. Sie wird ermittelt, indem geprüft wird, ob die Einschätzung Verhaltensweisen und Reaktionen vorhersagt, die von dem Konstrukt (theoretisch) vorausgesetzt werden. Bezieht sich die Erfassung auf die Größe, auf die sie sich beziehen sollte? Wenn das so ist, hat sie konvergente Validität. Andererseits sollte die Erfassung erkennbar, d.h. nicht auf theoretisch irrelevante Konstrukte bezogen sein.

Dies wird diskriminative Validität genannt. Die Inhaltsvalidität bezieht sich darauf, ob ein Test den von ihm zu messenden Bereich erfasst.

Eine wünschenswerte Eigenschaft einer Testfrage ist, dass sie einen Unterschied zwischen Testteilnehmern macht; Testfragen sollten auch interkorreliert (d.h. aufeinander bezogen) sein, weil jede Testfrage einen Aspekt des Gesamtkonstrukts erfasst. Schließlich sollten die Testfragen zu einer brauchbaren Verteilung führen, so dass der Test viele verschiedene Individuen erfassen kann.

Antworttendenzen (Response Sets) sind Verzerrungen, die nicht mit der gemessenen Eigenschaft in Beziehung stehen. Bei Menschen mit Zustimmungstendenz ist die Wahrscheinlichkeit, dass sie auf Fragen beliebigen Inhalts mit Zustimmung reagieren, größer als bei anderen. Ein besonders schwieriges Problem stellt die Tendenz sozialer Erwünschtheit dar.

Das heißt, viele Menschen wollen sich selbst in einem günstigen Licht präsentieren oder durch ihre Antwort den Experimentator oder Testadministrator zufrieden stellen. Obwohl alle Tests bis zu einem gewissen Grad auf einer Reihe von Prämissen beruhen und daher als voreingenommen bezeichnet werden können, sind sie nicht zwangsläufig schlecht oder wertlos. Vielmehr müssen sie richtig konstruiert, eingesetzt und interpretiert werden, um valide zu sein.

Eine der häufigsten Arten der Testverzerrung ist ethnische Voreingenommenheit. Allzu oft berücksichtigen Tests die relevante Kultur oder Subkultur der getesteten Person nicht. Theorien und Messverfahren, die in einer bestimmten Kultur entwickelt worden sind, werden in einer anderen unsachgemäß angewandt. Beispielsweise wird gelegentlich die Auffassung vertreten, dass es hispanoamerikanischen Kindern an Leistungsmotivation mangelt. Tatsächlich jedoch werden sie dazu erzogen, mit Gleichaltrigen sehr kooperativ zu sein. Die Persönlichkeitspsychologie untersucht zu oft Personen, die am leichtesten erreichbar sind – Patienten, Studenten, Nachbarn –, und versucht zu selten, systematisch zu ermitteln, ob die Schlussfolgerungen auch auf andere Völker an anderen Orten und zu anderen Zeiten zutreffen.

Auch die geschlechtsspezifische Voreingenommenheit ist eine verbreitete Art der Testverzerrung. So können Tests „Probleme" mit Frauen aufzeigen, ohne das Umfeld in den Blick zu nehmen – Ehemänner, Benachteiligung am Arbeitsplatz oder Mangel an gleichen Bildungschancen.

Im vergangenen Jahrhundert war einer der großen Fortschritte auf dem Gebiet der Persönlichkeitstests die Entwicklung vieler unterschiedlicher Testarten. Die gängigsten und am einfachsten anzuwendenden Persönlichkeitstests hängen von der Selbstbeurteilung der Testteilnehmer ab; zu ihnen zählen der MMPI, der PRF, der Millon und der NEO-PI. Eine aktivere Form der Selbstbeurteilung als Fragebögen ist die Q-Sort-Technik. Beim Q-Sort sortiert eine Person einen Stoß Karten, die verschiedene Eigenschaften nennen, auf einer Dimension in Stapeln, wie z. B. von „am wenigsten" bis zu „am meisten bezeichnend" für sich selbst. Ein besonderer Vorteil des Q-Sort ist, dass die zu sortierenden Items (Eigenschaften) konstant gehalten werden können, während der Kontext verändert wird.

Viele wichtige Persönlichkeitstests basieren nicht auf Selbstbeurteilung. Der Einsatz von Beurteilungen durch andere zeigt, dass Freunde, Bekannte und sogar Fremde valide Persönlichkeitseinschätzungen vornehmen können.

Moderne biologische Messverfahren beruhen auf der Annahme, dass das Nervensystem die Schlüsselrolle spielt. Hoch interessante aktuelle Forschungsversuche in diesem Bereich konzentrieren sich auf das Gehirn und messen evozierte Potenziale mit Elektroenzephalogrammen (EEGs) und den Glukose-Stoffwechsel (mittels der Positronen-Emissions-Tomographie oder PET). Die Verhaltensbeobachtung, z. B. die Registrierung von Verhaltensweisen, ist eine weitere Technik, die sich als nützlich erwiesen hat. Ein Experimentator, der die Testperson anruft oder per Funksignal auffordert, eine Tagebucheintragung über ihre momentane Aktivität oder Gedankenprozesse zu machen, wendet die Experience Sampling Method of Assessment an.

Das klassische Interview in der Psychologie ist das psychotherapeutische Gespräch, in dem der Klient (Patient) über wichtige oder problematische Aspekte seines Lebens spricht. In den letzten Jahren sind Assessment-Interviews oft systematischer und strukturierter geworden. Statt den Abschweifungen des Interviewten zu folgen, hält sich der Interviewer an einen festen Plan. Im Fall des strukturierten Typ-A-Interviews stützt sich die Beurteilung der Persönlichkeit zum Teil auf die verbalen und zum Teil auf die nichtverbalen stimmlichen Reaktionen wie Sprechgeschwindigkeit und Lautstärke.

Nichtverbale Zeichen expressiven Verhaltens sind in der Tat eine interessante und zu selten eingesetzte Möglichkeit der Persönlichkeitsbewertung. Beispielsweise ist expressives Verhalten eine ausgezeichnete Methode, persönliches Charisma zu messen. Im Gegensatz dazu können Briefe und Tagebücher (die keine nichtverbalen Anhaltspunkte enthalten) eine gute Informationsquelle für die Untersuchung der Persönlichkeit sein, weil sie Daten aus verschiedenen Zeiten liefern.

Projektive Tests wie der Rorschach präsentieren einen unstrukturierten Stimulus und geben einer Person die Möglichkeit, ihre inneren Motivationen auf den Test des Beurteilers zu „projizieren". Außer dem Malen eines Bildes schließen projektive Tests auch das Erzählen einer Geschichte, das Beenden eines Satzes oder das Bilden von Wortassoziationen ein. Der Hauptnachteil von projektiven Tests ist das Problem der Bewertung. Die persönlichen Deutungen des Untersuchers können uns interessante Erkenntnisse vermitteln, denen wir nachgehen können, aber es gibt keine Reliabilität. Das heißt, unterschiedliche Untersucher oder sogar derselbe Untersucher können zu einem späteren Zeitpunkt zu einer anderen Deutung kommen. Man kann dieses Problem mit Schulungen in einem standardisierten Bewertungssystem angehen.

Und zu guter Letzt: Wenn wir ein Individuum genau verstehen wollen, müssen wir das kulturelle Milieu und die kulturelle Identität der Person kennen. Dies trifft vor allem zu, wenn es sich um eine Randkultur handelt. Beispielsweise sind viele unsinnige Versuche unternommen worden, Persönlichkeit bei Afroamerikanern zu bewerten, ohne sich ausreichend darum zu bemühen, die afroamerikanische Kultur zu verstehen.

Persönlichkeitstests können falsch eingesetzt werden – das ist durchaus vorgekommen. Wegen der missbräuchlichen Anwendungen von Messverfahren haben manche die Auffassung vertreten, dass Tests verboten werden sollten.

Aber das eigentliche Problem besteht darin, dass manche Persönlichkeitstests schlecht konstruiert, unsachgemäß gehandhabt oder zu politischen oder anderen Zwecken missbraucht werden. Die Lösung besteht darin, dass wir – im Kontext der Persönlichkeitstheorien – zu einer fundierten Kenntnis der validen Anwendungen und der strengen Grenzen von Persönlichkeitstests kommen.

Zentrale Begriffe

Objektive versus subjektive Erfassung
Verhaltensbeobachtungen
Reliabilität
Experience Sampling Method of Assessment
Konstruktvalidität
psychotherapeutisches Gespräch
Antworttendenzen (Response Set)
strukturiertes Interview
Verzerrung
expressives Verhalten
Selbstbeurteilungen (self-report)
Dokumentenanalyse
Q-Sort-Tests
projektive Tests
Fremdbeurteilungen
Demographische Informationen und biologische Messverfahren
Lebensstil

Literaturempfehlungen

Aiken, L. R. (1999). *Personality assessment: Methods and practices*. Seattle: Hogrefe & Huber Publishers.

Bohm, E. (1974). *Der Rohrschach-Test*. Bern: Hans Huber.

Brähler, E., Holling, H., Leutner, D., Petermann, F. (Hrsg.) (2002). *Brickenkamp Handbuch psychologischer und pädagogischer Tests*. Göttingen: Hogrefe.

Campbell, D. T. (1960). Recommendations for the APA test standards regarding construct, trait, and discriminant validity. *American Psychologist*, 15, 546–553.

Fiske, D. W. (1971). *Measuring the concepts of personality*. Chicago: Aldine.

Gould, S. J. (1981/1996). *The mismeasure of man*. New York: W. W. Norton.

Pervin, L. A., & John, O. P. (Hrsg.). (1990). *Handbook of personality: Theory and research*. New York: Guilford Press.

Steyer, R., Eid, M. (2001). *Messen und Testen*. Berlin: Springer.

Kapitel

3 Psychoanalytische Aspekte der Persönlichkeit

In diesem Kapitel

Im Jahr 1882 verliebte sich Dr. Sigmund Freud in eine junge Frau namens Martha Bernays. Leider hatte Freud weder das Geld noch den sozialen Status, um sofort heiraten zu können, und seine sexuellen Wünsche konnten nicht gleich befriedigt werden. Der damaligen Zeit und ihrer österreichisch-jüdischen Kultur entsprechend ließen sich Freud und Martha Bernays, damals in den Zwanzigern, nicht auf voreheliche sexuelle Beziehungen ein. Sie mussten bis zu ihrer Hochzeit vier lange Jahre warten. Während dieser Zeit dachte Freud, ein sehr gut beobachtender junger Wissenschaftler, oft darüber nach, wie seine sexuellen Bedürfnisse andere Seiten seines Lebens beeinträchtigten. Zehn Jahre später, in den 1890ern, begann Freud seine psychosexuellen Theorien der menschlichen Psyche zu entwickeln.

Freuds Mutter Amalie war die dritte Frau seines Vaters Jakob Freud, der zwanzig Jahre älter als sie war. Sie war sehr attraktiv und wie viele verehrte sie auch der junge Freud. Freud erinnerte sich später, welchen Eindruck es hinterließ, als er seine Mutter einmal nackt sah. Das Thema der Liebesbeziehungen, auch der unerwiderten Liebe, nahm er in die Grundlagen seiner Theorie auf.

Als Freud zweieinhalb Jahre alt war, traten in der Familie Komplikationen auf: Seine Mutter brachte seine Schwester zur Welt. Ein Ereignis, das in dem hochintelligenten kleinen Sigmund Staunen über die menschliche Fortpflanzung weckte und tiefe Geschwisterrivalität hervorrief. Die Situation wurde noch weiter verkompliziert durch den Umstand, dass Freuds erwachsene Stiefbrüder (aus einer früheren Ehe seines Vaters) in der Nähe wohnten und sehr an seiner Mutter zu hängen schienen. Warum flirtete sein Halbbruder mit seiner Mutter? Noch in späteren Jahren erinnerte sich Freud an das Gewirr von erotischen Beziehungen in seiner Kindheit (Gay, 1988; Jones, 1953).

Abbildung 3.1: Der junge Sigmund Freud mit seiner innig geliebten Mutter Amalie.

Obwohl Freud Jude und seine Frau Martha als orthodoxe Jüdin erzogen worden war, war er aus tiefstem Herzen areligiös und verweigerte Martha die volle Ausübung ihrer Religion. Er befand sich bei diesem Thema meistens in der Defensive trotz des Umstands, dass der Antisemitismus das Leben aller europäischen Juden sehr bestimmte – so wie Hautfarbe ein signifikanter Faktor im Leben der heutigen Afroamerikaner ist. Als Arzt ausgebildet, war Freud doch in erster Linie Biologe – ein Biologe, der von den Schriften und Einflüssen Charles Darwins geprägt war. Darwin hatte kurz zuvor durch seine These, dass die Menschen nicht von Gott im Paradies erschaffen worden waren, sondern sich über einen langen Zeitraum hin aus anderen Lebensformen entwickelt hatten, das wissenschaftliche Denken revolutioniert. Menschen waren hochintelligente Tiere, aber eben Tiere – biologische Wesen. Freud verbrachte zu Anfang seines Berufslebens viele Jahre damit, die biologische Entwicklung von Fischen zu untersuchen.

Wie viele Intellektuelle seiner Zeit betrachtete Freud Religion daher als eine unbedeutende Krücke für ungebildete Menschen, etwas, mit dem er nichts zu tun haben wollte. Es ist sehr wichtig, diesen Aspekt von Freuds Arbeit zu verstehen: Er war in erster Linie Biologie, Wissenschaftler, der sich bemühte (mit all seinen Fähigkeiten), die biologischen Strukturen und Gesetze, die psychischen Reaktionen zugrunde liegen, zu verstehen (Bernstein, 1976; Freud, 1966; Gay, 1988; Jones, 1953).

Diese Darlegung der Kindheit und jungen Erwachsenenjahre Sigmund Freuds deutet bereits an, dass sich Kindheitserfahrungen, verdrängte erotische Gefühle und unbewusste Konflikte auf das Verhalten des Erwachsenen auswirken. Eine solche Art der Analyse scheint heute den meisten Studenten einleuchtend, aber tatsächlich war sie bis zum Anfang des 20. Jahrhunderts ausgesprochen selten. Die heutige Eingängigkeit der Freud'schen Interpretation der Persönlichkeit bezeugt den Erfolg und den Einfluss vieler Ideen der Freud'schen **psychoanalytischen** Persönlichkeitstheorie.

1909 besuchte Freud die Vereinigten Staaten auf Einladung von G. Stanley Hall, dem einflussreichen Kinderpsychologen, der damals Präsident der Clark University war. Freud wurde begleitet von Carl Gustav Jung (damals Anfang dreißig; Freud war Mitte fünfzig). Keiner der beiden Männer war da schon berühmt, aber ihre Gedanken über unbewusste Sexualität waren für jene Amerikaner, die darüber lasen, faszinierend. Sie wurden an der Clark University von vielen einflussreichen Psychologen besucht, darunter auch William James, dem Philosophen und Psychologen aus Harvard, einem der Begründer der amerikanischen Psychologie. Obwohl ihn ein so namhaftes Publikum verunsicherte, stellte Freud seine Ideen überzeugend dar. Damit nahm die starke Verbreitung psychoanalytischer Ideen in Nordamerika ihren Anfang. Freuds Werk ist heute das meistzitierte im gesamten Bereich der Psychologie und auch in vielen Geisteswissenschaften wird immer wieder Bezug darauf genommen.

Sigmund Freud wird von laberorientierten Persönlichkeitsforschern gelegentlich als historische Kuriosität behandelt, weil seine Ideen zum Teil durch moderne biologische und psychologische Forschungen widerlegt worden sind. Diese Haltung ist eine Verkennung von Freuds Wirkung und kann dazu führen, dass die Erkenntnisse, die die psychoanalytische Theorie zu unserem Verständnis der Persönlichkeit beitragen kann, übersehen werden. In diesem Kapitel zeigen wir, dass Freuds aufsehenerregende Ideen auch heute noch lebendig und im höchsten Maße einflussreich sind. Darüber hinaus untersuchen wir die Grenzen und Versäumnisse des psychoanalytischen Ansatzes.

3.1 Psychoanalytische Grundkonzepte

In den Anfängen seiner medizinischen Laufbahn interessierte Sigmund Freud sich zunehmend für die Neurologie und Psychiatrie. Da er sich klinische Fertigkeiten aneignen musste, mit denen er Geld verdienen konnte, konzentrierte er sich immer weniger auf die biologische Forschung, sondern richtete seine Bemühungen stärker auf Probleme, die seine Patienten quälten. 1885 ging Freud nach Paris, um bei dem berühmten Neuropathologen J. M. Charcot zu studieren.

Charcot untersuchte die **Hysterie**. Obwohl Hysterie heute selten vorkommt, war sie vor einem Jahrhundert ein wirkliches Problem. Man könnte fast sagen, dass sie eine Modekrankheit war. Viele Menschen, vor allem junge Frauen, litten an verschiedenen Formen der Lähmung, für die keine organische Ursache gefunden werden konnte. Manchmal, geradezu wie durch ein Wunder, konnten sie durch psychologische oder soziale Einflüsse geheilt werden. Beispielsweise setzten Charcot und Pierre Janet (Janet, 1907) zur Heilung der Hysterie erfolgreich **Hypnose** ein. Hinter der Therapie stand der Gedanke, dass – ohne Wissen des Patienten – psychische Kräfte körperliche Leiden verursachten. Durch Lösung der inneren psychischen Spannung konnte der Körper befreit werden.

3.1.1 Das Unbewusste und therapeutische Techniken

Auch Freud wendete nun Hypnose an, bis er feststellte, dass sie für viele seiner Patienten nicht die angemessene Behandlung war. Beeinflusst von seinem Kollegen Josef Breuer, einem Arzt und Physiologen, begann er zu experimentieren und ging von der Hypnose und anderen Formen starker Suggestion zu Techniken der **freien Assoziation** – spontanen, frei fließenden Assoziationen von Gedanken und Gefühlen – über; schließlich wandte er sich Träumen zu (Breuer & Freud, 1957). Es wurde Freud immer deutlicher, dass die meisten Patienten sich ihrer inneren Konflikte, der Ursache ihrer beobachtbaren psychischen und physischen Probleme, nicht bewusst waren. Aber Träume könnten der Schlüssel zu den Geheimnissen ihrer Seele sein.

Abbildung 3.2:
Sigmund Freuds Arbeitzimmer in Wien. Seine Patienten lagen für gewöhnlich auf der Couch und ließen ihren Assoziationen freien Lauf.

Träume sind seit und sogar schon vor biblischen Zeiten gedeutet worden. Sie wurden oft als Prophezeiungen oder göttliche Offenbarungen verstanden. Für Freud, den Evolutionsbiologen, waren Träume dagegen eine Hervorbringung der individuellen Psyche. Er verstand Träume als Bruchstücke des **Unbewussten** und als Hinweise darauf – auf jenen Teil der Psyche also, der normalem, bewusstem Denken nicht zugänglich war (Freud, 1913).

Freud bezeichnete Träume als „Königsweg" zum Verständnis des Unbewussten. Lassen Sie uns einmal Folgendes annehmen: Sie träumen wiederholt, dass Sie Ihrem Chef die Treppe hinauf hinterherlaufen. Sie rennen immer schneller und sind zunehmend frustrierter, erreichen aber nie ihr Ziel. Nach Freuds Deutung steht ein solches Tun für Geschlechtsverkehr, der jedoch nie vollzogen wird. Warum sollte jemand einen derartigen Traum haben? Weil es, psychisch gesprochen, zu bedrohlich ist, solche Gedanken zuzugeben. Es wäre bedrohlich für die eigene Ehe, das Selbstbild und das eigene Sittlichkeitsgefühl, solche lüsternen Wünsche zuzugeben. Dieser Drang wird daher in ein nichtbedrohliches Symbol verwandelt – eine Treppe hinauflaufen.

Im Träumen könnte jedes phallusähnliche Objekt – von einer Klarinette bis zu einem Regenschirm – einen Penis repräsentieren, also ein Phallussymbol sein. Und jeder umschlossene Raum wie z. B. ein von Mauern umgebener Hof oder ein Pelzmuff oder eine Schachtel könnte die weiblichen Geschlechtsteile symbolisieren. Freud, ein großer Zigarrenraucher, soll jedoch auch gesagt haben, dass eine Zigarre manchmal nichts als eine Zigarre sei. (Übrigens war das Rauchen letztendlich Freuds Verderben: Er starb 1939 an Mund- und Rachenkrebs.)

Aber was ist mit Menschen, die tatsächlich träumen, dass sie mit ihrem Chef oder ihrem Kollegen Geschlechtsverkehr haben? Warum ist ihre sexuelle Motivation nicht verborgen? Das Problem von Freuds Patienten war oft ein innerer Konflikt oder eine innere Spannung. Das traf besonders auf die prüde bürgerliche Gesellschaft des neunzehnten Jahrhunderts zu, in der alles Sexuelle skandalös war. Eindeutig wollüstige Träume ließen sich selten bei Patienten finden; und wenn, dann wurden sie so gedeutet, dass sie einen anderen, noch tieferen, verborgenen Konflikt repräsentierten. Es wäre faszinierend zu hören, was Freud über die heutige offene Sexualität, in der es keine Geheimnisse gibt, sagen würde. Wäre er möglicherweise der Meinung, dass unsere Gesellschaft immer noch nicht wirklich offen und entspannt mit Sexualität umgeht?

Nach der psychoanalytischen Traumtheorie haben Träume – und in der Tat die meisten Aspekte psychischen Erlebens – zwei Inhaltsebenen: den **manifesten Inhalt** und den **latenten Inhalt**. Der manifeste Inhalt ist das, woran sich eine Person erinnert und worüber sie bewusst nachdenkt. Der latente Inhalt ist die zugrunde liegende verborgene Bedeutung. Man kann sagen, dass Träume Eisbergen ähneln – ein kleines Stück schwimmt über der Oberfläche, aber der wesentlich größere Teil ist darunter verborgen. Dies ist das Kennzeichen der psychoanalytischen Persönlichkeitstheorie – die Vorstellung, dass das, was wir an der Oberfläche sehen (was manifest ist), nur einen kleinen Teil der darunter liegenden Masse (was latent ist) repräsentiert. Für das Verständnis von Persönlichkeit bedeutet dies, dass alle Messverfahren oder Tests, die sich auf bewusste Antworten oder Selbsteinschätzungen von Personen stützen, zwangsläufig unvollständig sind; sie erfassen nur den manifesten Inhalt. Das Unbewusste kann sich in einem Traum symbolisch offenbaren (siehe Abbildung 3.3).

Abbildung 3.3: Das Unbewusste offenbart sich selbst
Ein Traum über eine Zahnextraktion symbolisiert möglicherweise eine Kastrationsangst.

Die psychoanalytische Erklärung der Persönlichkeit kann in einen Teufelskreis münden (oder in eine Tautologie). Lassen Sie uns einmal annehmen, dass der hartnäckige nervöse Husten einer jungen Frau, ihr Schielen und eine Teillähmung auf einen unbewussten Konflikt zurückgeführt werden, dessen Ursache sexueller Missbrauch ist. In der Psychotherapie wird das Problem allmählich ans Licht gebracht und gründlich untersucht und seine emotionale Energie in andere Bahnen gelenkt. Dennoch leidet die Patientin weiterhin unter vielen nervösen oder hysterischen Problemen. Schließen wir daraus, dass die psychoanalytische Erklärung völlig falsch war? Nein, der Psychoanalytiker kann noch nach tieferen, verborgeneren Aspekten des Problems suchen. Daher lässt sich die Erklärung logisch oder wissenschaftlich nicht beurteilen. Man kann dieses Problem auch anders ausdrücken: Psychoanalytische Untersuchungen *haben selten eine Kontrollgruppe*; d.h., es gibt keinen Vergleich oder Standard, anhand dessen die Theorie oder die Therapie sorgfältig bewertet werden kann. In dem Film *Der Stadtneurotiker* erzählt Alvy (gespielt von Woody Allen) Annie, dass er „erst seit 15 Jahren" zu einem Psychoanalytiker geht. Als Annie sich darüber wundert, antwortet Alvy, dass er der Analyse noch ein weiteres Jahr geben und dann nach Lourdes (dem Zentrum der Wunderheilung in Frankreich) gehen werde. Der Vergleich der Psychoanalyse mit religiöser Wunderheilung ist in den Fällen treffend, in denen Freuds Ideen nicht genauso kritisch geprüft werden wie andere psychologische Theorien.

Abbildung 3.4: Als die Türme des World Trade Center von Terroristen angegriffen und zerstört wurden, spekulierten einige Psychologen (in Nachrichtensendungen), dieses Ziel sei unter anderem deshalb gewählt worden, weil die Türme Phallussymbole seien. Solche Bemerkungen wurden in der Regel von den Nachrichtensprechern mit einem Lächeln kommentiert. Doch einer der Flugzeugentführer, die den Jet in den Turm steuerten, hinterließ einen letzten Willen. Darin hieß es: „Ich will nicht, dass Frauen meiner Beerdigung beiwohnen oder später mein Grab besuchen. Und ich will nicht, dass schwangere Frauen kommen, um von mir Abschied zu nehmen." Eine entscheidende Rolle für das Verständnis der Vielschichtigkeit von Motivationen spielt für den psychoanalytischen Ansatz sexuelle Dysfunktion und abnormale sexuelle Beziehungen, die tief in unserer Psyche verborgen sind.

3.1.2 Die Struktur der Psyche

Alle Persönlichkeitstheorien stimmen darin überein, dass Menschen, wie andere Tiere auch, mit bestimmten Instinkten und Motivationen geboren werden. Neugeborene schreien als Reaktion auf schmerzhafte Stimulation und saugen Milch, bis sie gesättigt sind. Bei der Geburt sind die inneren motivierenden Kräfte offensichtlich noch nicht von der äußeren Welt geprägt. Sie sind elementar und nicht sozialisiert. Freud sprach von diesem undifferenzierten Kern der Persönlichkeit als dem **Es**. Das Es enthält die psychische Grundenergie und die Grundmotivationen, oft als Instinkte oder Impulse bezeichnet.

Das Es funktioniert nach den Forderungen des Lustprinzips. Das heißt, das Es strebt einzig danach, seine Bedürfnisse zu befriedigen und dadurch innere Spannung zu reduzieren. So wird beispielsweise das Baby dazu getrieben, zu saugen, Lust zu erleben und sich zu entspannen. Das Bedürfnis nach Nahrung führt zu dem Drang, zu saugen und sich Erleichterung zu verschaffen.

Aber auch Säuglinge müssen der Realität ins Auge sehen. Es gibt eine Außenwelt – müde Mütter, schmutzige Windeln, kalte Schlafzimmer –, auf die bald reagiert werden muss. Die Persönlichkeitsstruktur, die sich entwickelt, um sich mit der realen Welt auseinander zu setzen nannte Freud das **Ich**.

Das Ich funktioniert nach dem **Realitätsprinzip**, es muss reale Probleme lösen. Der Wunsch nach der Brust oder nach einer Liebkosung bewirkt noch nichts. Man muss planen und handeln, abhängig und eingeschränkt von der realen Welt. Babys lernen schnell, ihr Weinen zu dramatisieren, damit ihre Mutter kommt, es aber auch nicht zu übertreiben.

Während des ganzen Lebens kämpft das vergnügungssüchtige Es mit dem realitätsprüfenden Ich. Man lässt das Es nie hinter sich, aber die meisten Erwachsenen halten es unter

Kontrolle. In manchen Menschen dominiert jedoch die Vergnügungssucht über die Maßen oder zu oft; Befriedigung wird ein Kernaspekt ihrer erwachsenen Persönlichkeit. Die Rolle des Es wird in Abbildung 3.5 grafisch dargestellt.

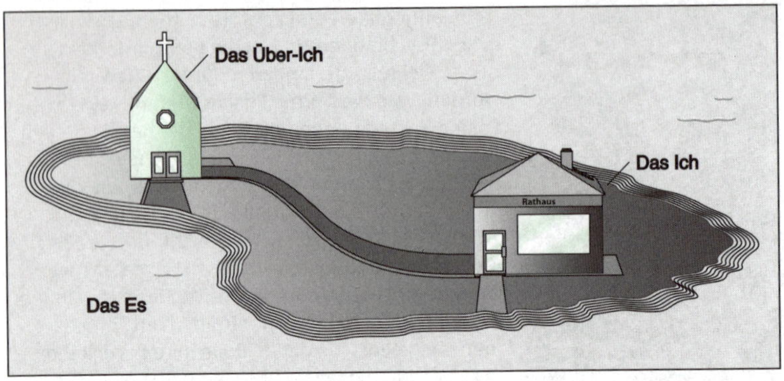

Abbildung 3.5: Die Struktur der Psyche aus der Sicht der Psychoanalyse
Das Ich (hier dargestellt vom Rathaus) und das Über-Ich (hier symbolisiert durch die Kirche) haben beide ihre Wurzeln und Grundlagen im Es (hier repräsentiert durch das Meer) – genauso wie diese vulkanische Insel sich aus dem Wasser erhebt und von ihm umgeben ist.

Es gibt noch ein weiteres Problemfeld. Es reicht nicht, wenn das kleine Kind einfach die Möglichkeiten der Triebbefriedigung lernt, die der Realität am ehesten angemessen sind. Wir können nicht völlig ichbezogen sein. Vielmehr werden wir stark von unseren Eltern und dem Rest der Gesellschaft dahingehend geprägt, dass wir moralische Regeln befolgen. Die Persönlichkeitsstruktur, die sich entwickelt, um diese gesellschaftlichen Regeln zu internalisieren heißt **Über-Ich**. Freud dachte sich das im buchstäblichen Sinne, da es über das Ich herrscht. Das Über-Ich ist dem Gewissen ähnlich, umfasst aber mehr. Wir können darüber nachdenken, was unser Gewissen, unsere inneren moralischen Richtlinien uns zu tun auftragen, aber Teile des Über-Ich sind unbewusst. Das heißt, wir sind uns nicht immer der verinnerlichten moralischen Kräfte bewusst, die unser Handeln motivieren oder einschränken.

Wenn das Ich und besonders das Über-Ich ihre Aufgabe nicht richtig wahrnehmen, können Aspekte des Es zum Vorschein kommen. Denken Sie an den von Freud zitierten Fall des Anatomieprofessors, der sagte: „Was das weibliche Geschlechtsteil anbelangt: Trotz der Versuchung, ich meine, des Versuchs …“ Freud hält die linguistischen Erklärungen solcher Versprecher für unzulänglich und macht unbewusste Triebwünsche für sie verantwortlich (Freud, 1924). Es sind nicht einfach Versprecher; eine viel tiefere Motivation kommt ans Licht. Solche psychologischen Fehler beim Reden oder Schreiben werden als **freudsche Fehlleistungen** bezeichnet. Wenn Sie den Namen eines Freundes vorübergehend vergessen, wird das nicht im Rahmen einer Lerntheorie über das Gedächtnis oder als einfache Erschöpfung gesehen, sondern als Anzeichen für einen unbewussten Konflikt mit diesem Freund. Oder wenn eine junge Frau an ihrem Verlobungsring herumfingert, während sie mit einem neuen, attraktiven Bekannten spricht, weist dies auf eine unbewusste Sorge bezüglich ihrer Verlobung hin.

Möglicherweise ist sogar beim Schreiben dieses Buchs eine freudsche Fehlleistung passiert, und zwar durch die einfache Auslassung des Buchstabens *n*. Als die wissenschaftliche Hilfskraft einen Abriss über die Unterschiede zwischen Männern und Frauen niederschrieb, wollte sie tippen, dass „es unter dem Gesichtspunkt der Evolution wichtig für Männer *(men)* ist, so viele Sexualkontakte wie möglich zu haben, um ihre Gene weiterzugeben". Zu ihrer großen Verlegenheit schrieb sie, eine junge Frau, dass „es unter dem Gesichtspunkt der Evolution für mich *(me)* wichtig ist, so viele Sexualkontakte wie möglich zu haben …" Selbstverständlich fanden andere diesen Satz sehr amüsant.

Freud gibt zu, dass Versprecher und Schreibfehler häufiger vorkommen, wenn eine Person müde oder abgelenkt ist, ihm zufolge ist zu solchen Zeitpunkten allerdings unsere psychische Widerstandskraft erschöpft, und da der Widerstand geringer ist, können sich unbewusste Impulse leichter bemerkbar machen. Freud war ein außerordentlich scharfsinniger Beobachter, der nicht mit oberflächlichen Erklärungen der Persönlichkeit zufrieden war. (Es würde Freud wahrscheinlich amüsieren, aber keineswegs überraschen, dass ein führender Tabakgegner Randolph Smoak heißt.) Freud suchte selbst in den belanglosesten Gedanken und Verhaltensweisen nach einer Bedeutung.

Wir wissen heute viel über die Struktur und Arbeitsweise des menschlichen Gehirns, was Freud und seine Kollegen vor hundert Jahren noch verschlossen war. Mittlerweile ist bekannt, dass das Gehirn eindeutig *nicht* in Es-, Ich- und Über-Ich-Areale aufgeteilt ist. Aber es gibt im menschlichen Gehirn tatsächlich verschiedene Schichten und Strukturen. Einige sind primitiver und jenen ähnlich, die man in primitiven Tieren findet. Andere Hirnstrukturen scheinen sich entwickelt zu haben, um Emotion und Motivation zu erzeugen. Und die oberen kortikalen Schichten enthalten komplexe neuronale Schaltkreise – die Voraussetzung für die höhere menschliche Intelligenz. Freud hatte also Recht mit seiner Schlussfolgerung, dass bestimmte Teile der Psyche nicht dem Bewusstsein unterliegen.

Es ist eine interessante Übung, eine Zeit lang auf die eigenen Versprecher und Träume zu achten. Sie können sich ihre Träume am besten ins Gedächtnis rufen, indem sie neben dem Bett Papier und Bleistift griffbereit halten und nach dem Aufwachen (mit geschlossenen Augen) liegen bleiben und versuchen, sich an ihre Träume zu erinnern. Dann schreiben Sie alles auf, an das Sie sich erinnern können. (Das wird zunehmend einfacher.) Nach einigen Wochen suchen Sie die Aufzeichnungen nach wiederkehrenden Themen durch und versuchen, diese mit Ihren Sorgen, Konflikten und Freunden in Verbindung zu bringen. Diese Übung kann aufschlussreich sein, auf alle Fälle vermittelt sie einen Eindruck von der Selbstanalyse, an der Freud viele Jahre arbeitete.

3.2 Psychosexuelle Entwicklung

Freud sah die psychische Welt als eine Folge von Spannungen, z. B. der Spannung zwischen Egoismus und Gesellschaft, und inneren Spannungen, die Entlastung suchen. Ihm zufolge liegt diesen Spannungen die sexuelle Energie oder **Libido** zugrunde.

Vor Freuds Versuch, der Sexualität einen wissenschaftlichen Rahmen zu geben, wurden sexuelle Bedürfnisse und sexuelles Verhalten außerhalb der Ehe nicht als gesund oder normal angesehen. Dann begannen im späten 19. Jahrhundert einige Ärzte und Wissenschaftler, darunter Richard von Krafft-Ebing und Havelock Ellis (1913; 1899/1936), Bücher zu verfassen, die sich mit der menschlichen Sexualität und sexuellen Abweichungen beschäftigten. Freud war fasziniert von der großen Vielfalt an sexuellen Erfahrungen, über die er las und denen er bei seinen eigenen Patienten begegnete. Warum hatten manche Menschen den Wunsch nach sexuellen Kontakten mit Kindern, Leichen, Tieren? Nach Sex mit Peitschen und Ketten, mit Schuhen, in Gruppen, vor Zuschauern, zwanghaft und so weiter und so fort? Freud, der sich eher in der Rolle des Wissenschaftlers und nicht der des Moralisten und Richters sah, versuchte herauszufinden, warum sexuelle Energie in so viele Formen gelenkt werden konnte.

3.2.1 Die orale Phase

Säuglinge wollen ihren Hunger- und ihren Dursttrieb befriedigen und wenden sich auf der Suche nach dieser Befriedigung, nach Sicherheit und der mit dem Saugen verbundenen Lust der mütterlichen Brust oder der Flasche zu. Glücklicher- oder unglücklicherweise muss das Baby irgendwann aufhören zu saugen und abgestillt werden (in der amerikanischen Gesellschaft normalerweise mit einem Jahr). Das erzeugt einen Konflikt zwischen dem Wunsch, in einem Zustand abhängiger Sicherheit zu verharren, und der biologischen und psychischen Notwendigkeit, entwöhnt zu werden („erwachsen zu werden"). Es ist ein Beispiel für den Konflikt zwischen dem Es und dem Ich. Manche Babys lösen diesen Konflikt schnell und richten ihre psychosexuelle Energie (Libido) auf andere Aufgaben. Aber für einige Kinder ist dieser Übergang schwierig, weil sie auf feste Nahrung umgestellt werden, bevor sie dazu bereit sind. Nach der psychoanalytischen Theorie wollen diese Kinder weiterhin bemuttert und versorgt werden und über ihren Mund Befriedigung erleben. In der Fachsprache spricht man davon, dass sie auf die **orale Phase** fixiert sind.

Wenn sich ihre Persönlichkeit entwickelt, bleiben Individuen, die auf die orale Phase fixiert sind, mit Fragen der Abhängigkeit, der Bindung und der lustvollen „Aufnahme" über den Mund – oder vielleicht sogar der geistigen Aufnahme – beschäftigt. Die Fixierung bildet den Rahmen ihrer Entwicklung. Als Erwachsene haben sie möglicherweise Freude daran, harte Bonbons, Nahrung oder Zigaretten zu beißen, zu kauen oder zu lutschen. Entsprechend ist es auf der psychischen Ebene lustvoll für sie zu reden, anderen nahe (vielleicht zu nahe) zu sein, und ständig ihr Wissen erweitern zu wollen. Moderne Untersuchungen bestätigen die Bedeutung dieses frühen Gefühls der Sicherheit. Die Feinfühligkeit der Mutter ist einer der besten Prädiktoren kindlicher Bindungsmuster und späterer sozialer Anpassung (Pederson et al., 1990; Sroufe & Fleeson, 1986).

3.2.2 Die anale Phase

Wenn man heute jemand als analen Charaktertyp bezeichnen würde, könnte dies als Beleidigung oder als irgendeine populärpsychologische Etikettierung verstanden werden. Das liegt daran, dass das Wissen über Inhalt und Besonderheit der Ideen Freuds weitgehend verloren gegangen sind. Freud gebrauchte ein wichtiges Ereignis in der frühen Kindheit als Erklärung verborgener Muster, die der späteren Persönlichkeit zugrunde liegen.

Abbildung 3.6:
Ein Zweijähriger, dem die Ausscheidung von Kot großen Spaß macht und der auf diese Phase fixiert wird, entwickelt möglicherweise ein Persönlichkeitsmuster der Kreativität und des offenen Ausdrucks – des „Alles-Rauslassens".

In der amerikanischen Kultur tragen alle Einjährigen Windeln, aber fast alle Dreijährigen benutzen die Toilette. Etwa ab dem zweiten Lebensjahr werden die Kinder an die Toilette gewöhnt. Obwohl die meisten Menschen ihre eigene Sauberkeitserziehung vergessen, erinnern sich die Eltern nur allzu gut daran, wie schwierig es war, ihre Kinder an die Toilette zu gewöhnen.

Der Zweijährige, der den Bedürfnissen des Es folgt, hat Spaß an der Erleichterung – dem Abbau der Spannung – des Kot-Ausscheidens. Die Eltern wollen jedoch kontrollieren, wann und wo das Kind uriniert und defäkiert. Mit anderen Worten: Die Eltern wollen, dass das gesellschaftliche Verbot der ungezügelten Ausscheidung im Über-Ich des Kindes präsent ist.

Manche Kinder lernen eine solche Selbstkontrolle bereitwillig und sie wird ein gesunder Aspekt ihrer Persönlichkeit. Andere überlernen diese Kontrolle; für sie ist es ein Vergnügen, ihre Fäkalien zurückzuhalten, um Kontrolle über ihre Eltern zu behalten. Sie geben ihre Ausscheidungen erst her, wenn diese artig und bereit sind. (Bei manchen Kindern wird das Zurückhalten des Stuhlgangs zu einer solchen gesundheitlichen Gefährung, dass sie Abführmittel nehmen müssen.) Wieder andere Kinder wehren sich gegen die Bemühungen, ihre Blasen- und Darmentleerung zu steuern, und versuchen, vollkommene Handlungsfreiheit zu behalten. Nach der psychoanalytischen Theorie ziehen sich diese Muster durch das ganze Leben (A. Freud, 1981; S. Freud, 1908; Fromm, 1947).

Im Erwachsenenalter kann solchen Menschen, die auf die **anale Phase** fixiert bleiben, eine vermehrte Darmbewegung eine besondere Befriedigung verschaffen. Auf der psychischen Ebene macht sich die anale Fixierung möglicherweise durch Fäkalhumor bemerkbar oder durch die Neigung, überall Chaos anzurichten – auch im Leben anderer Menschen. Oder es ist ihnen vielleicht übermäßig an Reinlichkeit, Sparsamkeit, Ordnung und Organisation gelegen. Das heißt, dass eine strenge Sauberkeitserziehung zu einer großen Lust an der Kontrolle über die Ausscheidungen führen kann, die sich (theoretisch) im Erwachsenenalter in Hartnäckigkeit („Ich gehe, wann ich will") und Geiz („Ich will es für mich behalten") manifestiert. Obwohl dieser einfache Mechanismus nicht durch empirische

Forschungen bestätigt wurde und obwohl die Psychoanalyse nicht die optimale Therapie für Menschen mit Zwangsneurosen ist, fand der Gedanke, dass solche frühen emotionalen Muster und Konflikte einen enormen Einfluss auf die Persönlichkeitsentwicklung hat, allgemeine Anerkennung.

Abbildung 3.7: Jackson Pollock (1912-1956) behauptete, dass die Inspiration für seine Bilder sein Unbewusstes war. Er war ein Vorreiter in unorthodoxen Techniken des Farbeinsatzes und verzichtete oft auf den Pinsel, um Farbe direkt auf seine Leinwand zu tropfen zu lassen oder zu gießen.

Wie bereits erwähnt, sind anal-retentive Menschen (die das Zurückhalten ihrer Fäkalien überlernt haben) später möglicherweise übermäßig geizig. Solche Menschen sind oft passiv-aggressiv. So verhalten sie sich nicht offen gemein, greifen aber passiv an, z. B. durch beleidigtes Schweigen. Das ist eine Parallele zum Zurückhalten des Stuhlgangs in der Kindheit – „Sieh' mal, ich habe nichts falsch gemacht, Mami; keine Schweinerei."

Ist die Konzentration auf die Sauberkeitserziehung der beste Weg, einen geizigen oder passiv-aggressiven Erwachsenen zu verstehen? Wenn wir annehmen, dass ein in der Kindheit erfolgreich gelerntes Muster während des ganzen Lebens in verschiedenen Versionen wieder angewandt wird, dann ist dieser Ansatz sinnvoll. Wenn wir jedoch behaupten, dass die Fixierung der Libido auf die anale Phase eine direkte physiologische Ursache der erwachsenen Verhaltensmuster ist, dann sind wir weit über das hinausgegangen, was durch die derzeitige Theorie und Forschung gestützt wird.

Im Allgemeinen haben sich Versuche, die erwachsene Persönlichkeit direkt mit dem Stillen oder Abstillen oder mit dem Alter und der Art, in denen die Sauberkeitserziehung erfolgte, in Verbindung zu bringen, als fruchtlos erwiesen. Unter außergewöhnlichen Umständen könnte eine sehr traumatische Erfahrung bei der Sauberkeitserziehung ein Muster festsetzen, das ein Leben lang besteht. Aber bei den meisten Menschen haben ihre frühen Erfahrungen für sich genommen keine einfachen, direkten Auswirkungen auf die spätere Persönlichkeit. Viele der Eigenschaftskomplexe sind jedoch valide. Wie Freud bemerkte und die moderne Forschung bestätigt, scheinen Ordentlichkeit, Eigensinn und Geiz verwandte Eigenschaften zu sein; und vielleicht resultieren solche Muster aus bestimmten Zwängen, die manche Eltern und manche gesellschaftlichen Instanzen auf bestimmte Kinder ausüben (Fischer & Greenberg, 1996; Lewis, 1996).

3.2.3 Die phallische Phase

Um das vierte Lebensjahr kommt das Kind in die **phallische Phase**, in der sich die sexuelle Energie auf die Genitalien konzentriert. Kinder erforschen ihre Genitalien und masturbieren, aber offene Masturbation ist gesellschaftlich nicht akzeptiert. In vielen Familien wird auch die heimliche Masturbation von den Eltern verboten, die ihren Kindern unter Umständen mit schrecklichen Konsequenzen drohen. Kinder konzentrieren sich jetzt auch auf die Unterschiede zwischen Jungen und Mädchen. Im Alter von sechs Jahren hat sich bei den meisten Kindern ein Bewusstsein ihrer Geschlechtsidentität entwickelt. Der **Ödipuskomplex** ist für diese Phase der Freud'schen Theorie von zentraler Bedeutung.

Der Ödipuskomplex

Im ersten Jahrzehnt des zwanzigsten Jahrhunderts erlebten psychoanalytische Ideen eine Blütezeit. Eine besonders einflussreiche Fallstudie war die des kleinen Hans, Gegenstand von Freuds „Analyse der Phobie eines fünfjährigen Knaben“ (1909/1967).

Der kleine Hans war der Sohn einer der Freunde und Bewunderer Freuds. Der Junge litt an einer **Phobie** – einer übermäßigen oder lähmenden Angst. In Hans' Fall war es eine Angst vor Pferden. (Zu dieser Zeit gab es noch wenig Autos.) Er hatte solche Angst davor, von einem Pferd gebissen zu werden, dass er sich beinahe nicht mehr aus dem Haus traute.

Unterschiedliche Theorien haben unterschiedliche Erklärungen für eine solche Phobie. Freuds Erklärung bezog sich auf einen unbewussten sexuellen Konflikt. Er bemerkte, dass Hans' Vater einen großen Schnurrbart trug und ein großer und kräftiger Mann war; ebenso trugen Pferde ein Zaumzeug über dem Maul und waren groß und kräftig. So wie in Träumen Symbole wichtig waren, betrachtete Freud Pferde als ein Symbol in Hans' Psyche für seinen Vater. Aber warum fürchtete Hans sich unbewusst so sehr vor seinem Vater?

Freud beobachtete, dass Hans, wie viele kleine Jungen, sehr an Penissen interessiert war – seinem Penis, dem Penis seines Vaters, dem großen Penis eines Pferdes. Hans interessierte sich auch für Menschen ohne Penis (wie seine Schwester). Man hatte Hans gedroht, weil er mit seinem Penis spielte. Freud folgerte, dass Hans darum kämpfte, mit der leidenschaftlichen Liebe für seine Mutter fertig zu werden, in dem Wissen, dass er seinen starken Vater nicht bezwingen konnte. Seine Pferdephobie war die Folge dieses inneren Kampfes. Diese unbewusste Angst wird als **Kastrationsangst** bezeichnet. Hans fürchtete, dass sein Vater sich rächen und ihn kastrieren und auf diese Weise seiner Schwester gleichmachen würde.

In der griechischen Sage tötet Ödipus, der König von Theben, unwissentlich seinen Vater und heiratet seine Mutter. Ähnliche Legenden vom Vatermord hat es im Lauf der Geschichte in allen Kulturen gegeben. Freud war in der klassischen Literatur sehr belesen und glaubte, dass solche Legenden und Stoffe nicht reine Unterhaltung seien; vielmehr erfassten sie die Grundlagen der menschlichen Natur. Freud wählte daher den Begriff **Ödipuskomplex**, um die sexuellen Gefühle eines Jungen für die Mutter und die Rivalitäten mit dem Vater zu beschreiben. Diese Gefühle eines kleinen Jungen und seine psychischen Mechanismen, um bedrohliche Gedanken und Gefühle abzuwehren, sind von entscheidender Bedeutung, weil sie die Grundreaktionsmuster bilden, die während des ganzen Lebens gebraucht werden; d.h., sie bilden die Persönlichkeit.

Abbildung 3.8: Der kleine Hans hatte eine übermäßige Angst vor Pferden, die Freud zufolge Hans' verdrängte Angst vor der Kastration durch seinen Vater war.

Ein fünfjähriger Junge kann nicht seinen Vater töten und seine Mutter heiraten. Um diese unbewusste Spannung zwischen Angst und erotischem Verlangen zu lösen, flüchtet sich ein sich normal entwickelnder Junge in die Identifikation mit seinem Vater. Er nimmt männliche Eigenschaften an und versucht, wie sein Vater zu sein. Diese Identifikation verringert nicht nur die Gefahr der Kastration, sondern ermöglicht dem kleinen Jungen auch, die Mutter indirekt zu „bekommen" – d.h., durch den Vater.

Penisneid

Was ist mit Mädchen? Freud glaubte, dass kleine Mädchen sehr bestürzt sind, wenn sie erkennen, dass sie – anders als Jungen und Männer – keinen Penis haben. Dies ist zu Zeiten oder in Zusammenhängen, in denen Jungen ein wesentlich höheres Ansehen genießen als Mädchen, eine durchaus vernünftige Annahme. Ein kleines Mädchen, das sich fragt, warum es weniger wert ist, könnte auf den einzigen erkennbaren physischen Unterschied kommen, den fehlenden Penis. Wenn man darüber hinaus Freuds Aufwertung der Sexualität als *prä-*

gende Kraft voraussetzt, ist es plausibel, dass das Fehlen von auffälligen Genitalien kleine Mädchen beschäftigt. Nach dieser Auffassung kommt es bei Mädchen zu Minderwertigkeitsgefühlen und Eifersucht, ein als **Penisneid** bezeichnetes Phänomen.

Wie Jungen entwickeln auch Mädchen zuerst eine sexuelle Bindung zu ihrer Mutter. Weil aber die Mutter zugelassen hat, dass das Mädchen ohne Penis geboren wurde, oder den Penis möglicherweise abgeschnitten hat (denkt das Kind), überträgt das Mädchen seine Liebe auf den Vater und versucht sich so einen Penis zu beschaffen. Hier weist Freud auf die widersprüchlichen Gefühle eines kleines Mädchens hin, das natürlich seine Mutter liebt, aber auf die Zuneigung und Stärke seines Vaters reagiert. Der Gedanke wäre nicht umstritten, wenn Freud diesen Beziehungen nicht eine gewisse sexuelle Bedeutung beigemessen hätte. (Der Konflikt des Mädchens wird manchmal als Elektrakomplex bezeichnet – nach der Frau in der griechischen Mythologie, die ihren Bruder Orestes überredete, die gemeinsame Mutter Klytemnästra zu ermorden; aber Freud gefiel dieser Begriff nicht.)

Ebenso wie ein Junge nicht seine Mutter heiraten kann, kann ein Mädchen nicht seinen Vater heiraten. Bei einer normalen Entwicklung entscheidet daher ein Mädchen, dass es zwar keinen Penis, aber als Erwachsene ein Kind haben und sich dadurch komplettieren kann. Mit anderen Worten: Für Freud beruht die Persönlichkeitsentwicklung eines Mädchens auf frühen psychosexuellen Gefühlen im Zusammenhang mit seiner genitalen Identität. Daraus folgt, dass eine gesunde erwachsene Frau den Wunsch haben sollte, einen guten Mann wie ihren Vater zu finden und ein Kind zu gebären.

Es gibt Männer, die offensichtlich eine Frau suchen, die ihrer Mutter ähnlich oder das genaue Gegenteil ihrer Mutter ist. Entsprechend gibt es Frauen, die einen ihrem Vater ähnlichen Partner suchen – oder das Gegenteil des Vaters. Diese Motivationen lassen sich aus der psychoanalytischen Theorie herleiten. Verschiedene Belege aus jüngerer Zeit bestätigen, dass sich viele Aspekte und Probleme des Werbens und der Ehe um Fragen drehen, die mit den Eltern des jeweiligen Partners zusammenhängen, wenn auch nicht immer in der von Freud angenommenen Weise. Erwachsene wiederholen vielmehr möglicherweise ungelöste Konflikte aus ihrer Kindheit (Snyder, Wills & Grady-Fletcher, 1991; Sullivan & Christensen, 1998).

3.2.4 Die Latenzperiode

Es ist jedem Beobachter klar, dass in der Pubertät die Sexualtriebe einen bedeutsamen Einfluss bekommen. Aber was ist mit der Zeit zwischen der Lösung des Ödipuskomplexes (um das fünfte Lebensjahr) und der Pubertät (um das elfte Lebensjahr)? Freud konnte keine wichtigen psychosexuellen Entwicklungen während dieser Zeit feststellen und nannte sie daher **Latenzperiode**. Weil sexuelle Wünsche während dieser Phase für gewöhnlich nicht direkt ausgedrückt werden können, werden die sexuellen Energien auf andere Aktivitäten gelenkt, z. B. auf den schulischen Bereich und auf Freundschaften.

Die Tatsache, dass die Freud'sche Theorie wenig über die Grundschuljahre zu sagen hat, offenbart eine signifikante Schwäche des ganzen Ansatzes. Diese Jahre sind die Zeit, in der ein Kind lernt, Freundschaften zu schließen, ein Führer oder ein Mitläufer zu werden, mit Lehrern und anderen Autoritäten zu kooperieren und Lern- und Arbeitsgewohnheiten zu entwickeln. Solche Dinge lassen sich nicht leicht durch unbewusste Motivationen und Sexualtriebe erklären. Um sie zu verstehen, müssen wir mehr über das Selbstkonzept und über Fähigkeiten und Eigenschaften wissen, Fragen, die in späteren Kapiteln dieses Buches behandelt werden.

Freud wusste es nicht, aber es zeigt sich, dass dies keineswegs eine Ruhephase in der biologischen Entwicklung ist. In den Jahren vor der Pubertät (zwischen sechs und elf Jahren) reifen die Nebennieren und ein Wachstumsschub findet statt, der mit Veränderungen der in den Nebennieren gebildeten Hormone einhergeht. Nicht selten sind schon Viertklässler sexuell voneinander angezogen, lange bevor sie die sexuelle Reife erreichen (McClintock & Herdt, 1996).

3.2.5 Die genitale Phase

Wenn ein Mensch nach den vielen Herausforderungen der frühen Kindheit noch über genügend sexuelle Energie verfügt (d.h., wenn er keine starke Fixierungen hat), wird sein Leben vermutlich ziemlich ausgeglichen und von der **genitalen Phase** geprägt sein. Mit anderen Worten: Freud zufolge markiert die Adoleszenz, wenn eine Person bis dahin nicht in eine Falle gegangen oder blockiert wurde, den Beginn eines erwachsenen Lebens mit normalen sexuellen Beziehungen, Ehe und dem Aufziehen von Kindern.

Freud hatte Recht mit seiner Theorie, dass abweichende Erfahrungen in der Kindheit zu persönlichen Eigenarten und Persönlichkeitsproblemen im Erwachsenenalter führen können. Tatsächlich ist diese Annahme heute die Grundlage vieler psychotherapeutischer Verfahren, die davon ausgehen, dass das frühe Umfeld das Muster für das spätere Leben festlegt (Horowitz, 1998). Freud scheint sich jedoch mit seiner These geirrt zu haben, dass die sexuellen Wünsche in der Adoleszenz plötzlich zum Leben erwachen. Es ist inzwischen klar, dass bemerkenswerte hormonelle Veränderungen in der Pubertät stattfinden und der Heranwachsende darum kämpft, unabhängig zu werden. In der Pubertät treten viele Konflikte auf, aber sie scheinen in keinem engen Zusammenhang mit der psychosexuellen Entwicklung von Säuglingen und Kleinkindern zu stehen. Zudem ist es heute wesentlich klarer, dass es viele Fragen der erwachsenen Sexualität und des erwachsenen Verhaltens gibt, die für sich betrachtet werden müssen und nicht im Kontext eines übergreifenden psychoanalytischen psychosexuellen Modells.

In der genitalen Phase soll sich die Aufmerksamkeit von der Masturbation ab- und heterosexuellen Beziehungen zuwenden. Jede Abweichung (z. B. Ledigsein oder Kinderlosigkeit, Homosexualität und anderes) wird als Mangel und unnatürlich betrachtet. In dieser Hinsicht hatte Freud eindeutig Unrecht. Kulturelle und biologische Forschungen lassen darauf schließen, dass sich bei psychisch gesunden, produktiven, ausgeglichenen Menschen unterschiedliche Paarungsmuster, Homosexualität und viele verschiedene Formen der sexuellen Aktivität finden lassen. Man kann bestimmte Formen der erwachsenen Sexualität aus religiösen, moralischen, praktischen oder kulturellen Gründen missbilligen, aber solche Vorurteile lassen sich wissenschaftlich oder biologisch nicht begründen (Kaplan, 1983; Master & Johnson, 1966). Freud beging diesen Fehler und viele andere wohlmeinende Leute begehen ihn noch heute.

Freud war Arzt und seine Theorien ergaben sich aus der Behandlung seiner Patienten. Selbstverständlich hatten seine Patienten Probleme, andernfalls hätten sie nicht die Behandlung durch ihn gesucht. Insofern beruhen die Freud'schen Theorien auf dem medizinischen Modell der Pathologie, Therapie und Heilung. Das ist ein seltsamer Weg, eine allgemeine psychologische Theorie zu entwickeln; man kann vermuten, dass sie zur Überbetonung der Krankheitsbilder neigt. Tatsächlich ist dies eine entscheidende Kritik an der Freud'schen Theorie: Sie tendiert dazu, sich auf die Abweichungen und Probleme in der menschlichen Entwicklung zu konzentrieren und daher zu viele Verhaltensweisen und Reaktionen als krank oder unangemessen oder als Zeichen eines Konflikts zu bewerten. Es gibt viele andere wichtige Motivationen und Erfahrungen, die die menschliche Persönlichkeit prägen. Wir werden uns in späteren Kapiteln dieses Buches mit ihnen beschäftigen.

Trotzdem bestätigen viele jüngere Forschungen den prädiktiven Wert – und vielleicht die kausalen Einflüsse – von Temperament und Persönlichkeit während der ersten Lebensjahre. Die Anpassung und das Temperament kleiner Kinder stehen zuverlässig in Beziehung zu ihrer Persönlichkeit und ihrem Sozialverhalten im jungen Erwachsenenalter (Caspi, 2000). Oder wie es der Dichter William Wordsworth ausdrückte: „Das Kind ist der Vater des Mannes."

3.3 Männlich versus weiblich

Da Freud sich auf die Sexualität als die entscheidende Kraft in der menschlichen Natur konzentrierte, ist es nicht überraschend, dass sich seine Theorien oft mit dem Penis befassen. Beim Theoretisieren über Frauen schien es daher logisch zu untersuchen, welche Folgen das Fehlen eines Penis hat.

Freud zufolge ist es wichtig, die Bedeutung der Klitoris eines Mädchens herunterzuspielen. Selbst in der heutigen, erheblich offeneren Gesellschaft erfahren Mädchen oft nicht die Bezeichnung für ihre Klitoris und lernen nur selten, sie zu erforschen oder zu stimulieren. Eine Konzentration auf die Klitoris könnte die Bedeutung verringern, die Männer für das sexuelle Erleben der Frauen haben, und tatsächlich sind es heute in der Regel radikale Feministinnen, die besonderes Gewicht darauf legen, über Funktion und Rolle der Klitoris aufzuklären. So gesehen ist die These Freuds verständlich, nach der die reife sexuelle Entwicklung eines Mädchens beinhaltet, dass die sexuelle Erfüllung auf die Vagina verlagert wird. Daher postulierte Freud einen „vaginalen Orgasmus", der psychisch und biologisch einem „klitoralen Orgasmus" überlegen sei. Ein vaginaler Orgasmus soll die Folge „natürlicher" Stimulation durch einen Penis sein, ein klitoraler Orgasmus dagegen könnte durch „künstliche" Stimulation ausgelöst werden.

Moderne Untersuchungen zur sexuellen Reaktion des Menschen, durchgeführt von Masters und Johnson (1966) und anderen, haben solche unterschiedlichen Orgasmusarten nicht bestätigt. Ein Orgasmus ist ein Orgasmus. Freuds männlich orientierte und gesellschaftlich beeinflusste Mutmaßungen, die von seinen Anhängern weiterentwickelt wurden, haben Frauen viel Kummer bereitet und ließen sich oft von Therapeuten behandeln, weil sie nicht den „richtigen" vaginalen Orgasmus hatten. Dies ist ein weiteres Beispiel dafür, dass Freud gute Ideen, aber unzureichende Informationen hatte. Es leuchtet (damals wie heute) ein, eine reife Person als einen Menschen zu begreifen, der sexuelle Befriedigung in einer engen Partnerschaft erreichen kann. Aber das biologische Postulat verschiedener Orgasmusarten, die abhängen von der Stimulation der Vagina durch einen Penis oder von der direkten Stimulation der Klitoris, ist nicht plausibel. (Tatsächlich bewirkt die Stimulation der Vagina durch einen Penis auch die Stimulation der Klitoris.)

Wie allgemein in der westlichen Kultur des späten 19. Jahrhunderts ging auch Freud von einer natürlichen Überlegenheit des Mannes der Frau gegenüber aus. Seine Theorien konzentrierten sich daher auf männliches Verhalten als Norm und weibliches Verhalten als Abweichung.

Eines von Freuds Argumenten lautete, dass Frauen einen unbewussten Wunsch nach Leiden hätten (und Leiden einen unbewussten Lustgewinn für sie bedeutete). Freud hatte viele Frauen beobachtet, die in unglücklichen oder demütigenden Beziehungen mit Männern gefangen waren, und doch blieben sie in solchen Beziehungen und erklärten ihm, warum sie sie vorzogen. Freud hatte die äußersten Grenzen aufgedeckt, an die Menschen gehen, um ihre Lebenssituation rational zu erklären. Freuds Patientinnen waren in solchen Beziehungen gefangen, weil Frauen in dieser Zeit wenig Gelegenheiten hatten, eigene Leistungen in Gesellschaft, Bildung und Wirtschaft zu erbringen. Freud hielt solche Frauen für masochistisch. Heute, in einer Zeit gewaltiger sozialer Veränderungen, geht man eher davon aus, dass solche Frauen Opfer von Gehirnwäsche, Selbstschädigung oder Schikane sind. Frauen als Opfer zu sehen, war für Männer in Freuds Zeit praktisch unmöglich, weil alle gesellschaftlichen Institutionen – religiöse, politische, pädagogische, rechtliche, familiäre – die Frauen als den Männern untergeordnet und dienstbar betrachteten.

In diesem wie in vielen anderen Bereichen war Freud zu einer grundlegenden Erkenntnis gelangt, deren Folgerungen von denen verdreht wurden, die nach ihm kamen. Jungen und Mädchen zeigen in der Tat unterschiedliche Entwicklungsmuster. Mit der Anerkennung der Rechte der Frauen werden auch zunehmend Wert und Bedeutung der „weiblichen“ Anlagen gewürdigt. Die meisten Psychologen heute, auch feministische Psychologinnen, stimmen darin überein, dass es große Unterschiede in den psychischen Neigungen von Männern und Frauen gibt. (Diese werden in Kapitel 11 untersucht.) Aber mittlerweile werden daraus völlig andere Schlussfolgerungen gezogen. Die Emotionalität und Familienorientierung von Frauen werden jetzt als gesunde Fürsorglichkeit und Hilfsbereitschaft gesehen, während die Härte und Unabhängigkeit von Männern als Aggressivität und Mangel an Verbundenheit verstanden werden.

Feministische Autorinnen der 1970er und 1980er Jahre verurteilten häufig die sexistischen Aspekte des „Freudianismus“, jener Pseudoreligion, zu der sich die Psychoanalyse in manchen Kreisen entwickelt hat. Sie bemerkten, dass Freud lediglich den Notstand diagnostizierte, den der Feminismus heilen soll, und die Psychoanalyse selbst zu der Krankheit wurde, die sie angeblich heilt (Firestone, 1970; Millett, 1974). Solche Diskussionen führten das moderne Denken in neue Richtungen, als die unterschiedlichen biologischen und kulturellen Einflüsse auf die männliche und weibliche Entwicklung eingehend untersucht wurden.

3.4 Abwehrmechanismen

Probleme aufgrund unseres äußeren Umfelds oder unserer inneren Triebe bedrohen uns mit **Angst**. Diese Schwierigkeiten können Konflikte mit uns nahe stehenden Menschen oder Gefahren für unsere Selbstachtung sein (Verlegenheit, Schuld, Enttäuschung über uns selbst und so weiter). Das vom Realitätsprinzip geleitete Ich versucht realistisch mit dem Umfeld umzugehen. Manchmal jedoch müssen wir die Realität verzerren, um das Ich vor schmerzlichen oder bedrohlichen Impulsen, die vom Es kommen, zu schützen. Die Prozesse, die die Realität verzerren, um das Ich zu schützen, werden **Abwehrmechanismen** genannt. Einige der interessantesten und einflussreichsten Erkenntnisse aus Freuds psychoanalytischem Ansatz betreffen die Abwehrmechanismen.

3.4.1 Verdrängung

Vor nicht allzu langer Zeit wurde ein älterer Mann wegen Mordes an einem achtjährigen Mädchen vor Gericht gestellt. Erstaunlicherweise lag der Mord 21 Jahre zurück. Warum wurde der Mann erst jetzt angeklagt? Der neue Beweis war die Zeugenaussage der 29jährigen Tochter des Mannes. Sie berichtete, dass ihr nach mehr als zwei Jahrzehnten unvermittelt eine alte Erinnerung bewusst geworden war. Sie erinnerte sich, als Achtjährige gesehen zu haben, wie ihr Vater ihre Klassenkameradin sexuell belästigt und totgeschlagen hat. Nach Freud ist **Verdrängung** der Abwehrmechanismus des Ich, der bedrohliche Gedanken ins Unbewusste schiebt.

Abbildung 3.9: George Franklin wurde des Mordes angeklagt und verurteilt, weil seine erwachsene Tochter sich nach ihrer Aussage nach vielen Jahren daran erinnert hatte, mit angesehen zu haben, wie ihr Vater ihre Spielkameradin belästigt und getötet hatte. War dies eine echte Erinnerung, lange verdrängt aufgrund der Angst und des Entsetzens der Tochter, die ins Bewusstsein hochgestiegen war? (Das Urteil wurde später aufgehoben.)

Konnte eine so wichtige Erinnerung 21 Jahre verdrängt werden? Können wir glauben, dass die Erinnerung korrekt ist, wenn sie Jahrzehnte später plötzlich ins Bewusstsein drängt? Könnte jeder von uns solche versteckten Erinnerungen haben?

Interessante Belege, die in diese Richtung gehen, liefert ein Phänomen, die so genannte **posttraumatische Belastung** (posttraumatische Belastungsstörung, PTBS). Nach dem Vietnamkrieg beobachtete man bei Tausenden von US-Veteranen Alpträume, Angst, Schlafstörungen und das Scheitern der Ehen (Jaycox & Foa, 1998). Als einziger Zugang zu ihren Schwierigkeiten zeigte sich, dass manche der Veteranen von Flashbacks an Kriegserlebnisse berichteten, die sie hartnäckig aus ihren Gedanken zu verbannen versuchten. Es schien, dass das Bewusstsein, wie Freud postuliert hatte, übermäßig belastende und furchtbare Erinnerungen nicht ertragen konnte, in diesem Fall Erinnerungen an verbrannte, verstümmelte Leichen und niedergemetzelte Kinder.

Bei Kriegsveteranen mit posttraumatischer Belastungsstörung ist die Wahrscheinlichkeit höher, dass sie grundsätzlich wenig emotionale Reaktionen zeigen (Roemer, Litz, Orsillo & Wagner, 2001). Oft haben sich Selbsthilfegruppen mit anderen Veteranen und Psychotherapien, in denen ein Schwerpunkt auf das Gespräch über das traumatische Ereignis gelegt wird, als hilfreiche Behandlung erwiesen. Zu beachten ist jedoch, dass die Abwehr nicht unbewusst, also keine Verdrängung ist, wenn der Veteran weiß, dass seine Probleme auf ein Kriegserlebnis zurückzuführen sind. In vielen Fällen überwinden Menschen, die frühe Traumata erlebt haben, den ersten Schock jedoch und führen ein scheinbar normales Leben, aber die versteckten Erinnerungen verfolgen und quälen sie. Solche Fälle scheinen die Existenz von Verdrängung zu validieren.

In Einklang mit Freuds Interesse an verdrängter Sexualität liegt ein weiterer Bereich, in dem Verdrängung heutzutage in der psychologischen Praxis oft diskutiert wird, der Inzest. Nach der Freud'schen Theorie sind sexuelle Übergriffe durch den Vater oder die Mutter so belastend, dass sie durchaus verdrängt werden können. Freud selber behauptete jedoch, dass die meisten solcher sexuellen Handlungen von Eltern an den eigenen Kindern eingebildet und nicht real seien (Masson, 1984). (Manche Feministinnen werfen Freud vor, dass er aufgrund seiner sexistischen Orientierung die allgemein verbreiteten sexuellen Übergriffe auf kleine Mädchen bestritten habe.) Diese Fragen sind zurzeit in Gerichtssälen sehr aktuell (Loftus & Ketcham, 1991; Crews, 1996). Erwachsene Kinder verklagen möglicherweise ihre Eltern wegen angeblichen Missbrauchs, der viele Jahre zurückliegt. Interessanterweise ergab eine allgemeine Bevölkerungsstudie in St. Louis, dass am häufigsten Kriegsveteranen und Frauen, die Opfer körperlicher Übergriffe waren, unter posttraumatischer Belastung litten (Helzer, Robis & McEvoy, 1987).

Wenn es außer der zuvor verdrängten Erinnerung des Kindes keine objektiven Beweise für den Missbrauch gibt, entsteht eine sehr schwierige rechtliche Situation. Das mutmaßliche Opfer, beispielsweise eine mittlerweile 22jährige Frau mit Angststörungen, wirft dem Vater oder einem Nachbarn Inzest oder sexuelle Belästigung oder vielleicht ein anderes Verbrechen vor. Der Angeklagte, der vor dem Gesetz als unschuldig gilt, ist gezwungen, sich wegen skandalöser Handlungen zu verteidigen, die angeblich vor vielen Jahren stattgefunden haben.

Übrigens wurde in dem oben beschriebenen Fall der Vater, der wegen eines Mordes angeklagt wurde, den seine kleine Tochter angeblich mit angesehen und verdrängt hatte, tatsächlich verurteilt und ins Gefängnis gesteckt. Er wurde jedoch später freigelassen, nachdem ein Bundesberufungsgericht das Urteil aufgehoben hatte. Obwohl seine Tochter nach wie vor von seiner Schuld überzeugt ist, weiß nur der Mann selbst mit Sicherheit, was geschehen ist. (Diese Fragen werden später in diesem Kapitel in dem Kasten „Selbstverständnis" näher betrachtet.)

Die Sache wird dadurch noch weiter verkompliziert, dass einige, durchaus wohlmeinende Psychotherapeuten dem Klienten die Idee des Missbrauchs suggerieren. Wenn beispielsweise eine junge Frau Anfang zwanzig Therapie sucht, weil sie deprimiert ist, Alpträume hat und keine befriedigenden Beziehungen zu Männern aufbauen kann, könnte der Therapeut sagen: „Sind Sie als Kind jemals sexuell missbraucht worden? Ein solcher Missbrauch, selbst in frühem Alter, kann diese Symptome verursachen." Diese Bemerkung könnte die Klientin veranlassen zu glauben, dass sie missbraucht worden ist. Dann sucht sie vielleicht in ihrer Erinnerung nach Anhaltspunkten. In dem gegenwärtigen gesellschaftlichen Klima, in dem viele Frauen ihre Probleme auf frühen sexuellen Missbrauch zurückführen, redet die Frau sich möglicherweise ein, dass sie tatsächlich sexuell belästigt wurde. Die moderne Gedächtnisforschung zeigt eindeutig, dass falsche Erinnerungen „implantiert" werden können, ebenso wie manchmal hinter Vorlieben für bestimmte Modestile oder bestimmte politische Ansichten subtile soziale Einflüsse stehen. Wir können dahin kommen, Geschichten zu glauben und Erlebnisse zu erinnern, die wir in Wirklichkeit nie hatten (Appelbaum, Uyehara & Ellin, 1997; Loftus & Ketcham, 1991).

Die Kehrseite der Medaille ist die unvermeidliche Frage, wie verbreitet Kindesmissbrauch, Inzest und andere Formen des Missbrauchs sind. Als Freud begann, die Kindheit seiner Patienten zu erforschen, stellte er fest, dass eine überraschende Zahl von ihnen mit sexuellen Konflikten zu kämpfen schien, die sich auf Kindesmissbrauch zurückverfolgen ließen. Das war in den prüden Zeiten, in denen Freud lebte, ziemlich schockierend, aber Freud ließ sich nicht beirren. In der Tat ist es einer der bedeutenden und bleibenden Beiträge Freuds, dass er die Aufmerksamkeit darauf lenkte, welchen Einfluss die Sexualität auf die Persönlichkeit hat. Wie wir jedoch bereits erwähnt haben, konnte oder wollte Freud nicht glauben, dass so viele Kinder sexuell missbraucht worden sind. Daher bestehen nach seiner Theorie die meisten sexuellen Konflikte nur in der Einbildung. Kinder bekommen Angst davor, dass ihr Vater ihre Genitalien verletzt, aber Freud behauptete, diese Gefahr bestehe nur in ihrer Fantasie. Neuere Bevölkerungsuntersuchungen lassen allerdings darauf schließen, dass viel mehr Menschen (vor allem Frauen) sexuell belästigt werden, als im Allgemeinen angenommen wird.

So hängen viele der aktuellen Fragen von Schuld und Unschuld, Missbrauch und Gerechtigkeit vom Verständnis des Phänomens ab, das Freud als *Verdrängung* bezeichnete. Leider gibt es darauf bisher keine einfachen Antworten. Es gibt keine Nagelprobe, anhand deren wir entscheiden können, ob ein plötzlich auftauchender Gedanke eine echte, lang verdrängte Erinnerung ist – oder eine falsche Schlussfolgerung, die das Ergebnis von Suggestion oder anderen Einflussprozessen ist. In jedem einzelnen Fall sind eine sorgfältige Analyse der Beweise und die modernsten Kenntnisse über die Funktionsweise der Psyche erforderlich. Dies ist ein anschauliches Beispiel dafür, wie wichtig das Studium der Persönlichkeitspsychologie für das tägliche Leben von Menschen sein kann.

Verdrängung ist in vielen Bereichen der Psychologie nach wie vor ein Schlüsselkonzept, das nicht nur für unser Verständnis von psychischer Gesundheit, sondern auch für unsere Beziehungen mit anderen und unsere allgemeine körperliche Gesundheit relevant zu sein scheint (Emmons, 1992; Blatt, Cornell & Eshkol, 1993).

Selbstverständnis

Verdrängte Erinnerungen an sexuellen Missbrauch?

Im Jahr 1993 zeigte sich Kardinal Bernadin aus Chicago öffentlich entrüstet, als ein Mann namens Steven Cook ihn beschuldigte, von ihm vor 17 Jahren sexuell missbraucht worden zu sein. Der katholische Priester stritt die Vorwürfe energisch ab, aber Cook behauptete, dass er sich nach der Behandlung durch einen Hypnotherapeuten an den Missbrauch erinnert hatte. Später, nach weiteren psychologischen und juristischen Untersuchungen, nahm Cook seine Anschuldigungen gegen den Kardinal zurück und erklärte, sich geirrt zu haben. Er hatte sich in seiner Erinnerung getäuscht. In vielen solchen Fällen kann es sein, dass der Therapeut, wissentlich oder unwissentlich, die Quelle von „Erinnerungen" ist.

Ungefähr zur gleichen Zeit erklärte der Comedy-Star Roseanne Barr in den Nachrichten, dass sie von ihrem Vater sexuell missbraucht worden sei; ihre Eltern stritten die Vorwürfe ab. Tausende ähnlicher Fälle sind vorgekommen (in der Regel betrafen sie Frauen). Eine Frau, die psychische oder sexuelle Probleme hat, möchte eine Therapie machen. Während der Therapie wird herausgefunden, dass die Ursache dieser Probleme sexueller Missbrauch in der Kindheit ist, an den die Erinnerung verdrängt worden ist. Sollte man solchen Anschuldigungen Glauben schenken? Sind die Erinnerungen korrekt? Wie kann man eigene alte „Erinnerungen" beurteilen?

Es gibt keine einfache Antwort auf diese Frage, weil zwei anerkannte Phänomene dabei miteinander im Streit liegen. Ironischerweise waren beide Phänomene ein Schwerpunkt der Arbeit Freuds. Erstens ist es bekannt, dass Erinnerungen in der Psyche tatsächlich von schmerzlichen Empfindungen abgespalten werden können. Eine traumatische Erfahrung kann zu emotionalen Problemen wie Schlaflosigkeit, Alpträumen und Ängsten führen, während das Bewusstsein sich weigert, über das Bild des Erlebten nachzudenken. Zweitens ist bekannt, dass Menschen beeinflussbar sind; sie können ihre Erinnerungen verdrehen und von einem Therapeuten beeinflusst werden. Auf die Erinnerung ist oft kein Verlass.

Komplexe Kindheitserinnerungen sind im Allgemeinen nicht eidetisch – sie sind nicht wie Fotografien. Die Erinnerungen einer Frau, die als Kind im Alter von drei bis fünf Jahren wiederholt sexuell missbraucht worden ist, sind von den späteren Ereignissen in ihrem Leben beeinflusst. Daher sollten wir misstrauisch sein, wenn eine psychisch labile Erwachsene plötzlich ihre frühe Kindheit für alle ihre Probleme verantwortlich macht, ohne dass sich dies durch Beweise bestätigen lässt. Es ist unwahrscheinlich, dass deutliche Erinnerungen an einen solchen Missbrauch über längere Zeit plötzlich aus dem tiefsten Unbewussten wieder auftauchen.

Ein Unschuldiger könnte verleumdet werden. Andererseits wird tatsächlich eine alarmierende Zahl von Kindern sexuell missbraucht.

Die Erinnerung an ein einzelnes schockierendes Erlebnis kann jedoch tatsächlich in einer Form verdrängt werden, dass sie fast vollständig wieder hervorgeholt werden kann. Wenn jemand als Kind oder Erwachsener Zeuge eines blutigen Mordes, einer Verstümmelung oder eines außergewöhnlich peinlichen sozialen Fehltritts wird, trägt er diese Erinnerung, vor dem Bewusstsein verborgen, möglicherweise jahrlang mit sich herum.

Abbildung 3.10: Der verstorbene Kardinal Bernadin wurde in einem Fall einer „wiederentdeckten Erinnerung" des sexuellen Missbrauchs bezichtigt. Der Ankläger zog später seine Anschuldigungen zurück und dementierte seine Erinnerungen.

3.4.2 Reaktionsbildung

Fernsehprediger – religiöse Prediger, die im Fernsehen auftreten – erreichen mit ihren Glaubensbekundungen und Aufrufen zu einem gottesfürchtigen Leben Millionen von Zuschauern. Es muss eine interessante Erfahrung sein, sich vor einem so großen Publikum über die eigenen tiefen religiösen Gefühle auszubreiten. Was motiviert solche Fernsehprediger? In den meisten Fällen scheint es, dass diese Prediger das aufrichtige, überwältigende Verlangen haben, anderen Menschen zu spirituellen Segnungen zu verhelfen. Die psychoanalytische Theorie legt jedoch eine ganz andere Art der Erklärung nahe.

Jim Bakker war ein außergewöhnlich beliebter Fernsehprediger, der der Inbegriff von Rechtschaffenheit zu sein schien und Millionen von Zuschauern zu Spenden überredete, damit er gute Werke vollbringen könne. Schließlich stellte sich heraus, dass Bakker in eine Reihe unmoralischer, illegaler und unsittlicher Aktivitäten verstrickt war. Als er gefasst wurde, brach er unter Tränen zusammen und wurde schließlich ins Gefängnis geschickt. Ein anderer bekannter Fernsehprediger, der gegen sexuelle Sittenlosigkeit wetterte, war Jimmy Swaggart. Er legte sein kirchliches Amt nieder, nachdem er mit einer Prostituierten aus New Orleans fotografiert worden war. Auch er gestand unter Tränen und seine TV-Arbeit wurde eingestellt. Später wurde er in Kalifornien wegen dreier Verkehrsdelikte vorgeladen, die er begangen hatte, als er mit einer Frau im Auto unterwegs war, die nach eigenem Bekunden Prostituierte war.

Abbildung 3.11:
Jim Bakker war ein Fernsehpfarrer, der an der Spitze eines religiösen Multi-Millionen-Dollar- Imperiums stand und moralische Rechtschaffenheit predigte. Er legte sein Amt nieder, als ans Licht kam, dass er mit einer Kirchenangestellten Ehebruch beging und mit Kirchengeldern das Schweigen der Frau erkaufte. Des Betrugs und der Unterschlagung kirchlicher Gelder für seinen persönlichen Gebrauch überführt, wurde Bakker zu einer Haftstrafe und einer hohen Geldbuße verurteilt.

Nach der psychoanalytischen Theorie drängen die niederen, inneren Triebe solcher Menschen (die Es-Kräfte) sie zu Dingen – diversen sexuellen Aktivitäten, Gier, Betrug –, die mit ihren religiösen Überzeugungen unvereinbar sind. Das bedeutet eine ernste Bedrohung für ihr Selbstgefühl und das Selbst (das Ich) verzerrt diese unbewussten Triebe und verwandelt sie in ihr Gegenteil. Statt ihre sexuellen Wünsche auszuleben, predigen solche Menschen möglicherweise vehement gegen sexuelle „Sündhaftigkeit".

Reaktionsbildung ist der Prozess, bei dem Handlungen und Denkweisen, die bedrohlichen Impulsen entgegengesetzt sind, übermäßig betont werden. Das Konzept der Reaktionsbildung ist umstritten, weil es nahe legt, dass viele scheinbar tugendhafte Menschen in Wirklichkeit verzweifelt mit ihrer eigenen Verdorbenheit kämpfen. Spielen manche Pastoren den Frommen, weil sie sich eigentlich teuflisch und unheilig fühlen? Steht hinter der selbstgefälligen Weigerung, im eigenen Haus Alkohol anzubieten, im Grunde das innere Verlangen, sich gehen zu lassen und zu betrinken? Werden Menschen, die gegen Schwule wettern, in Wirklichkeit unbewusst von eigenen latenten homosexuellen Impulsen bedroht?

Reaktionsbildung ist ein faszinierendes Konzept, das von der modernen Persönlichkeitsforschung kaum systematisch ausgewertet worden ist. Bei gelegentlichen Untersuchungen wird diese Theorie jedoch durch Befunde gestützt. So wurde in einer Studie über erklärte Heterosexuelle ein Vergleich zwischen homophoben (also solche mit sehr negativen Gefühlen gegenüber Homosexuellen) und nichthomophoben Männern im Blick darauf gezogen, in welchem Maße sie durch erotische Videos von heterosexuellen und homosexuellen Paaren erregt wurden. Nur die homophoben Männer zeigten eine verstärkte Peniserektion, als sie die männlichen homosexuellen Stimuli sahen (Adams, Wright & Lohr, 1996).

Abbildung 3.12:
Der US-Kongressabgeordnete Gary Condit, ein konservativer Demokrat, der für familiäre Werte eintrat, wuchs im so genannten Bible Belt (einer streng religiösen Gegend) als Sohn eines Baptistenpfarrers auf. Er stand hinter der Gesetzesvorlage für den Aushang der Zehn Gebote in öffentlichen Gebäuden und rügte den früheren Präsidenten Clinton, weil dieser Informationen über seine Affäre mit Monica Lewinsky verschwiegen hatte. Nach dem mysteriösen Verschwinden einer jungen Praktikantin in Washington zeigte sich, dass Condit eine Affäre mit ihr (und vermutlich auch mit anderen Frauen) gehabt hatte. Auch kooperierte er nicht sofort mit den Behörden, die ihr Verschwinden untersuchten.

3.4.3 Verleugnung

Bei einem tödlichen Unfall oder Mord, dem ein Kind zum Opfer gefallen ist, ist es meist die Aufgabe eines Polizeibeamten, die Familie aufzusuchen und darüber in Kenntnis zu setzen. Manchmal ist die Reaktion der Mutter oder des Vaters schlicht: „Nein, das kann nicht sein. Ich hole mein Kind doch gleich von der Schule ab." Die Eltern leugnen die schreckliche Tatsache. Ähnlich kann ein junges Mädchen im späten Stadium einer unerwünschten Schwangerschaft vor sich selbst und anderen leugnen, dass sie schwanger ist – auch wenn das Gegenteil evident ist.

Als Terroristen das World Trade Center in New York zerstörten und dabei über 3.000 Zivilisten töteten, verdampften viele Opfer in den extremen Temperaturen des brennenden Flugzeugbenzins oder wurden von den einstürzenden Wolkenkratzern in Stücke gerissen. Ihre Leichen wurden daher „vermisst" und Verwandte und Freunde liefen in der vergeblichen Suche nach ihnen von einem Krankenhaus zu anderen. Als Tage später Reporter begannen, die Hinterbliebenen zu fragen, ob sie die Hoffnung, ihre Angehörigen zu finden, verloren hätten, antworteten die meisten ruhig, sie seien sicher, dass sie die Vermissten finden und alles gut werden würde. Es war unvorstellbar, war für die menschliche Psyche nicht zu begreifen, dass der junge vitale Ehepartner, der Bruder, die Schwester oder das Kind in einem Angriff religiöser Fanatiker ausgelöscht worden war.

Forschungen zur Reaktion auf physischen Schmerz oder Verletzung zeigen ein ähnliches Phänomen. Zum Beispiel rutschte ein Handwerker aus und bohrte sich einen Schraubenzieher durch die Hand. Er hatte keine Schmerzen, bis er nach unten blickte und das Blut sah; da wurde ihm allmählich bewusst, was passiert war. Im Kampf verwundete Soldaten oder auf dem Spielfeld verletzte Fußballspieler spüren den Schmerz oft erst viele Stunden später. Die Psyche hat die Möglichkeit, eigene Empfindungen nicht ins Bewusstsein vordringen zu lassen.

Verleugnung, die Weigerung, Angst erregende Stimuli anzuerkennen, ist ein häufiger Abwehrmechanismus (Baumeister, Dale & Sommer, 1998). Obwohl er sich gewöhnlich bei Erwachsenen findet, die unter großem Stress stehen oder starke Schmerzen haben, verzerren Menschen manchmal *auch* bestimmte Aspekte einer Situation, indem sie beispielsweise ihren Freunden sagen, dass ein schlimmer Streit mit dem Partner eigentlich nur eine unbedeutende Auseinandersetzung unter Liebenden war. In solchen Fällen lügen sie sich selbst an. Wie Verdrängung ist Verleugnung ein Mechanismus, der immer wieder Gegenstand von Forschungen über Stress, Bewältigung und Gesundheit war (Fernandez & Turk, 1995), mit denen wir uns in Kapitel 12 beschäftigen werden.

3.4.4 Projektion

Projektion ist ein Abwehrmechanismus, bei dem Angst auslösende Impulse externalisiert werden, indem sie auf andere Menschen verlagert oder projiziert werden. Die inneren Bedrohungen einer Person werden Menschen aus ihrem Umfeld zugeschrieben.

Denken Sie an einen radikal-konservativen Politiker, der gegen Leute wütet, die vorehelichen Sex haben, gegen uneheliche Kinder, gegen Homosexuelle und Sexualpädagogen und behauptet: „Diese subversiven Linken zerstören unser moralisches Gefüge!" Ist dieser Politiker ein edler und tugendhafter Prophet, der allen ein besseres Leben bringt, oder eine gestörte Persönlichkeit, die kein normales Verhältnis zur Sexualität und Angst vor den drängenden Es-Kräften in sich selbst hat? Freud verstand sich darauf, diese Theorie auf wichtige Probleme in der Gesellschaft anzuwenden, z. B. auf die Ursachen von Vorurteilen und von Krieg.

In gewisser Hinsicht lassen sich die wahren Motive unseres radikalen Politikers (oder jedes Menschen) wissenschaftlich nicht beweisen. Das ist eine der Schwächen dieses Aspekts der Freud'schen Theorie und der psychoanalytischen Theorie im Allgemeinen. Beispielsweise können die traditionellen freudschen „Beweisquellen", nämlich weitere Enthüllungen während der Psychotherapie und besseres psychisches Funktionieren nach der Enthüllung oder der Therapie, ohne weiteres das Ergebnis anderer Faktoren sein. Und falls die Muster nach der Psychotherapie weiterbestehen, könnte man sagen, dass die unbewussten Motive noch tiefer verborgen sind; dieser Befund lässt sich nicht beweisen. Wenn dagegen ein konservativer Politiker ein bestimmtes Verhalten zeigt, scheint eine psychosexuelle Dysfunktion wahrscheinlicher. Stellt sich im Extremfall heraus, dass ein verheirateter konservativer Politiker, der ständig von Familienwerten spricht, eine langjährige heimliche Geliebte hat, dann können wir uns zu Recht fragen, ob der Politiker durch Reaktionsbildung (den eigenen Triebwünschen entgegengesetzt handeln) und Projektion (die eigenen Wünsche auf andere verlagern) gegen seine Libido ankämpfte. Diese Annahme würde sich bestätigen, wenn der Politiker weitere Anzeichen von Labilität zeigen würde. Andere Beispiele sind subtiler.

Denken Sie sich den Fall einer politisch engagierten Frau, die an Sitzungen der örtlichen Schulbehörde teilnimmt, weil sie sich vergewissern will, dass Sexualität und Geburtenkontrolle kein Unterrichtsthema an den staatlichen Schulen sind. Weil sie auch entschieden gegen Abtreibung ist, vertritt sie die Ansicht, dass über Sexualität und Verhütung zu Hause in der Familie oder in der Kirche gesprochen werden sollte. Wenn das wirklich ihre Motivation ist, dann sollte diese Frau ihren Kindern die relevanten Informationen vermitteln können. Sie sollte mit diesen Fragen sehr unbefangen umgehen und viel wissen, z. B. über die Erektion des Penis, die Lubrikation der Vagina, Orgasmen und so weiter – und auch über sexuelle Probleme wie vorzeitige Ejakulation, Vaginismus und sexuell übertragbare Krankheiten wie AIDS und Chlamydien-Infektionen. Dies ließe sich in einem privaten Gespräch unter Erwachsenen feststellen. Wenn die Frau intelligent über solche Themen sprechen kann, vielleicht im Kontext ihrer religiösen Überzeugungen, scheint eine freudsche Interpretation nicht angebracht. Bekommt die Frau jedoch einen roten Kopf, wird extrem abwehrend oder bringt irrelevante Themen zur Sprache, wenn über grundlegende Fakten der menschlichen Sexualität gesprochen wird, wäre sich ein Freudianer über die Motivation für das konservative Verhalten der Frau sicher.

Eine vergleichbare Art der Analyse ließe sich anwenden auf einen liberalen Politiker oder Aktivisten, dem die freie Liebe und die öffentliche Zurschaustellung erotischer Kunst besonders am Herz zu liegen scheinen. Ein an Freud geschulter Beobachter könnte feststellen, ob es sich hier um rationale und logische Überzeugungen handelt oder um eine irrationale Anpassung an unkontrollierte instinktive sexuelle Kräfte. Diskussion und Forschung über den Abwehrmechanismus Projektion sind seit langem ein faszinierendes Thema und untermauerten zumindest in gewissem Maße die Auffassungen Freuds (Allport, 1954; Newman, Duff & Baumeister, 1997; Vaillant, 1986).

Viele moderne Studien haben das Vorhandensein von unbewussten Vorurteilen, vor allem Rassenvorurteilen, belegt. So wurden in einem Experiment den Teilnehmern eine Reihe afroamerikanischer und weißer Gesichter gezeigt, zusammen mit einem positiven oder einem negativen Adjektiv. Bei Weißen mit einem unbewussten Vorurteil gegen Afroamerikaner müsste dieses Vorurteil durch den Anblick des afroamerikanischen Gesichts aktiviert werden. Die Teilnehmer hatten die Aufgabe, schnell eine Taste zu drücken, um anzuzeigen, ob das präsentierte Wort positiv oder negativ war. Eine Reaktionslatenz auf die mit einem afroamerikanischen Gesicht gekoppelten negativen Wörter sollte daher auf ein unbewusstes Vorurteil schließen lassen. Tatsächlich zeigten die Ergebnisse, dass diese Messung von individuellen Unterschieden bei Vorurteilen vorhersagte, ob eine afroamerikanische Mitarbeiterin (des Experimentators) später die Teilnehmer als freundlich und positiv einschätzte, als sie diese über die Studie befragte (Fazio, Jackson, Dunton & Williams, 1995).

3.4.5 Verschiebung

Denken Sie daran, dass im Fall des kleinen Hans der Junge Angst hatte, von einem Pferd gebissen zu werden, aber in Wirklichkeit befürchtete, dass sein großer, kräftiger Vater ihn kastrieren würde. Dies ist ein Beispiel für **Verschiebung**. Verschiebung ist die Verlagerung des Ziels der eigenen unbewussten Ängste oder Wünsche.

Ein klassisches Beispiel für Verschiebung ist der Fall eines Mannes, der von seinem Vorgesetzten gedemütigt wird und nach Hause geht und den Hund tritt. Ein solches Beispiel ist interessant, da es theoretisch interessante alternative Erklärungen gibt. Die Verschiebung des Ärgers auf den Hund impliziert, dass die unakzeptablen Gefühle, den Chef am liebsten zu ermorden, auf akzeptablere Weise an dem armen Hund ausgelassen werden. Das ist ein **psycho-hydraulisches Verschiebungsmodell (auch „Dampfkesselmodell“ genannt)**, das typisch für freudsche Erklärungen ist. Der Druck baut sich wie Dampf in einem Kessel auf und muss abgelassen werden. Andere, nicht Freud entsprechende Erklärungen würden sich stärker auf die Situation konzentrieren, die die aggressive Handlung nach sich zieht, auf die bisherige Lerngeschichte, auf die Aggressivität des Mannes oder auf sein Selbstgefühl und seine Zielstrebigkeit. Die Erklärung ist wichtig, weil sich daraus unterschiedliche Folgerungen für die Prävention von Aggression ergeben (Neubauer, 1994; Melburg & Tedeschi, 1989). Nach dem psycho-hydraulischen Verschiebungsmodell muss für die aufgestauten Impulse, ausgelöst durch Frustration und Demütigung, ein Ventil gefunden werden.

Insgesamt ist das Phänomen der verschobenen Aggression durch Forschungen gut belegt (Marcus-Newhall, Pedersen, Carlson & Miller, 2000. Außerdem: Je ähnlicher das Ziel dem Provokateur ist, desto stärker die Aggressionsverschiebung.

3.4.6 Sublimierung

Sublimierung ist die Umwandlung gefährlicher Triebwünsche in positive, sozial akzeptable Motive (Loewald, 1988). Beispielsweise haben anal-retentive Impulse, die auf dem Zurückhalten von Kot beruhen, möglicherweise zu dem Wunsch geführt, das Leben der anderen zu Hause und am Arbeitsplatz zu kontrollieren und zu bestimmen. Durch Sublimierung können diese Triebe in den Wunsch transformiert werden, Aktivitäten für Kinder zu organisieren oder das örtliche Flussufer zu säubern.

Abbildung 3.13:
Freud analysierte den italienischen Künstler Michelangelo (1475-1564) anhand von Archivmaterial. Nach Freud hatte Michelangelo verdrängte homosexuelle Neigungen, wurde von seiner Mutter beherrscht und sublimierte seine sexuelle Energien durch seine Kreativität als Bildhauer, Maler, Architekt und Dichter. Dies ist seine Statue von David, des biblischen Bezwingers von Goliath.

Künstlerische Arbeit wird oft auf Sublimierung zurückgeführt. In seiner psychohistorischen Analyse Leonardo da Vincis behauptete Freud (1947), dass dessen Genie in der Sublimierung sexueller Energien in eine Leidenschaft für wissenschaftliche Kreativität und Entdeckung begründet liege. Natürlich war auch angeborenes Talent nötig; nicht jeder mit sublimierten sexuellen Energien kann ein Leonardo werden. Freud führte eine ähnliche Analyse Michelangelos durch.

Freud betrachtete die Gesellschaft als eine Möglichkeit, sexuelle Energie auf gesellschaftliche Ziele umzuleiten. Dieser Anschauung zufolge fürchtet die Gesellschaft nichts mehr, als dass sexuelle Triebwünsche sich wieder ihrem ursprünglichem Ziel zuwenden – der sexuellen Erfüllung. Man kann die Ansicht vertreten, dass die moderne Gesellschaft einen laufenden Test der Freud'schen Theorie liefert. Seit dem prüden Zeitalter Freuds hat eine sexuelle Revolution und eine weitgehende sexuelle Befreiung stattgefunden. Die Psychoanalyse sagt voraus, dass die Kunst, die Kreativität und sogar die Zivilisation selbst unter der zunehmenden sexuellen Befreiung Schaden nehmen und schließlich untergehen werden.

3.4.7 Regression

Bei der **Regression** greifen wir auf frühere, sicherere Phasen unseres Lebens zurück. Ein kürzlich abgestilltes Kind versucht vielleicht, zur Flasche oder zur Brust zurückzukehren. Ein Kind, dem der Schulanfang Angst macht, verhält sich möglicherweise wie ein Kleinkind. Im Einzelnen kann die Regression bis zu der Phase gehen, in der zuvor eine Fixierung stattgefunden hatte.

Bei Erwachsenen ist Regression schwierig zu belegen. Zu den klassischen Beispielen zählt ein ängstlicher Erwachsener, der wie ein Kind wimmert und sich nach der Mutter sehnt. Oder ein verstörter Mann versucht, sich an die Brust seiner Frau zu kuscheln, oder eine gestresste Frau setzt sich ihrem Mann auf den Schoß. Der Abwehrmechanismus Regression erinnert uns daran, dass die psychoanalytische Theorie eine Phasentheorie ist: Die psychosexuelle Entwicklung verläuft in festgelegten, vorgezeichneten Stufen.

3.4.8 Rationalisierung

Rationalisierung ist ein Mechanismus, bei dem Verhaltensweisen, hinter denen tatsächlich innere unbewusste Motive standen, im Nachhinein logisch erklärt werden. Nach Erkenntnis der Psychoanalyse müssen die Begründungen, die wir für unser Verhalten geben, nicht unbedingt mit den wirklichen Ursachen in irgendeinem Zusammenhang stehen. Statt zuzugeben, dass wir vom einen Ende des Landes an das andere gezogen sind, um einer Geliebten näher zu sein, erklären wir möglicherweise (nicht nur anderen, sondern auch uns selbst gegenüber), dass wir nach besseren Arbeitsmöglichkeiten oder neuen Herausforderungen suchen. Die Gefahren der Rationalisierung (die zu unlogischem Verhalten führt) sind auch von vielen anderen Persönlichkeitstheorien betont worden; wenn die Abwehr jedoch nicht als Schutz gegen bedrohliche Triebwünsche aus dem Unbewussten verstanden wird, dann ist sie kein psychoanalytischer Abwehrmechanismus.

Im Allgemeinen ist der Grundgedanke von Abwehrmechanismen in der vorherrschenden modernen Persönlichkeitspsychologie nicht oft Gegenstand wissenschaftlicher Untersuchungen gewesen. Allerdings wurde in den letzten Jahren eine interessante empirische

Studie über psychoanalytische Abwehrmechanismen mit einer Stichprobe von Männern mittleren und hohen Alters durchgeführt, die man seit vielen Jahren, seit der Mittelstufe in der Schule, beobachtet hatte (Vaillant et al., 1986). Berichte darüber, wie diese Männer auf Probleme in ihrem Leben reagierten, wurden in ein Abwehrmechanismus-System übertragen. Ganz grundsätzlich lässt diese Arbeit darauf schließen, dass das Abwehrverhalten ein dauerhafter Aspekt der Persönlichkeit ist. Man fand auch heraus, dass die Reife der Abwehr assoziiert war mit davon unabhängig gemessenen Anzeichen für die psychische Reife der Männer – nämlich mit einer insgesamt besseren psychischen Gesundheit.

Einen experimentelleren Ansatz verfolgte eine interessante Studie, die untersuchte, unter welchen Umständen Liebespartner unbewusst motiviert sein können, die Gedanken oder Gefühle des anderen falsch einzuschätzen (Simpson, Ickes & Blackstone, 1995). Zuerst füllten alle Personen – es waren 82 Paare – Fragebögen aus, die die Tiefe ihrer Beziehung und ihre Gedanken oder Unsicherheit bezüglich der Beziehungsdauer erfassten. Als Nächstes sah sich das Paar gemeinsam eine Reihe von Dias an. Der Mann bewertete potenzielle Partnerinnen nach ihrer körperlichen Attraktivität und ihrem Sexappeal und die Frau beurteilte potenzielle Partner. Die Stimulus-Dias zeigten entweder sehr attraktive oder unattraktive denkbare Liebespartner. Während sie anschließend über ihre Wahl sprachen, wurden die Paare auf Videoband aufgenommen.

Später sahen sich die Männer und die Frauen unabhängig voneinander das Videoband ihres Gesprächs an und sagten, an welchen Punkten während der Interaktion ein Gedanke oder ein Gefühl aufgekommen war, welcher Art es war und ob es positiv oder negativ gewesen war. Anschließend wurde jeder gebeten, das Gesprächsband noch einmal anzusehen und daraus abzuleiten, was der Partner oder die Partnerin an jedem Punkt gedacht oder gefühlt hatte. Es stellte sich heraus, dass Partner, die einander nahe standen, die unsicher in ihrer Beziehung waren und die sehr attraktive (d. h. bedrohliche) andersgeschlechtliche Personen betrachteten, die am wenigsten zutreffende Einfühlung zeigten, als sie versuchten, vom Videoband auf die tatsächlichen Gedanken und Gefühle des anderen zu schließen. Mit anderen Worten: Ihre Fähigkeit, die Gefühle des Partners zu verstehen, war beeinträchtigt, wenn eine Bedrohung für die Beziehung auftrat. Auf irgendeiner Ebene wollten sie die Wahrheit nicht wissen. Diese Studie ist ein gutes Beispiel dafür, wie moderne Persönlichkeitsforscher versuchen, anhand von Experimenten die erstmals von Freud vorgebrachten Konzepte zu erforschen.

3.5 Interkulturelle Fragen

Freud erforschte das Unbewusste bis in Einzelne, kümmerte sich aber kaum um mögliche kulturelle Unterschiede. Er war sehr daran interessiert, mithilfe der Psychoanalyse Kultur zu verstehen, glaubte jedoch, dass allen Kulturen die gleichen grundlegenden psychodynamischen Kräfte zugrunde liegen, besonders die mit dem Ödipuskomplex verbundene Dynamik. In seiner Schrift *Totem und Tabu* verfolgte Freud (1952) den Ursprung der Zivilisation bis zu der Zeit zurück, als sich die Brüder zusammentaten, um den Urvater des Stammes zu ermorden und sich seine Macht und seine Frauen anzueignen. Freud war überzeugt, dass dies in allen Zivilisationen Spuren hinterlässt – in Form von kulturellen Tabus wie dem Inzestverbot. In ähnlicher Weise führte er die Religion auf psychodynamische Kräfte zurück; er bedachte nicht, dass die Religion möglicherweise bestimmte psychodynamische Kräfte hervorgebracht hatte.

Freud beschäftigte sich auch mit der Psychobiographie; tatsächlich begründeten Freud und seine Kollegen diesen Untersuchungsbereich. Als er sich Leonardo da Vinci zuwandte, analysierte Freud ihn anhand von Archivmaterial als einen Homosexuellen mit verdrängter Neigung, der von seiner Mutter beherrscht wurde und seine sexuellen Energien sublimierte. Und wieder folgerte Freud, dass die von ihm aufgedeckten Phänomene allgemein gültig waren. Die im Österreich des 19. Jahrhunderts gewonnenen psychoanalytischen Prinzipien könnten direkt auf das Leben eines Mannes angewandt werden, der im Italien des 15. Jahrhunderts lebte. In diesem Klima wurde für Kulturanthropologen der ersten Hälfte des 20. Jahrhunderts der Gedanke interessant, dass unterschiedliche Erziehungspraktiken in den verschiedenen Kulturen zu systematischen Unterschieden in der Persönlichkeit führen – d.h., dass jede Gesellschaft einen grundsätzlichen Persönlichkeitstyp produziert (Linton, 1945). Wenn beispielsweise die Gesellschaft Kindern eine wesentlich größere Freiheit bei sexuellen Spielen zugestehen würde (als in Freuds prüdem Europa), dann müssten diese Kinder eine andere Persönlichkeitsstruktur entwickeln.

Es ist bekannt, dass Deutsche ihre Kinder strenger bestrafen als Amerikaner. Können wir daraus schließen, dass das Resultat eine von Natur aus strengere Persönlichkeit ist (Rippl & Boehnke, 1995)? Analog dazu: Sind Amerikaner innovative Wissenschaftler (die viele Nobelpreise gewinnen), weil sie in einer liberaleren, stärker kindzentrierten Gesellschaft aufwachsen und eine unabhängigere Persönlichkeit haben? Bringen japanische Schulen mit ihrem Schwergewicht auf Uniformität Erwachsene hervor, deren Persönlichkeit sich für kooperative Arbeit in großen, unpersönlichen Konzernen eignet?

Obwohl solche Generalisierungen zunächst klug erscheinen mögen, weisen sie doch einen gravierenden logischen Fehler auf. Warum solche erwachsenen Verhaltensweisen auf eine kulturell bedingte Persönlichkeit zurückführen, wenn die Kultur selbst als offenkundige Erklärung dient? Deutsche trinken viel Bier, aber es gibt keinen Grund, eine deutsche Biertrinker-Persönlichkeit anzunehmen; sie leben einfach in einer Kultur, in der das Biertrinken beliebt ist. Würden wir sagen, dass Juden eine zu Bagel und Räucherlachs neigende Persönlichkeit haben? Oder Italiener eine für Nudeln empfängliche Persönlichkeit? Es leuchtet wesentlich mehr ein zu sagen, dass in einer bestimmten Kultur Menschen übliche Verhaltensweisen von ihren Familien und Freunden lernen. Diese Verhaltensweisen sind nicht Ergebnis ihrer Persönlichkeit; wenn sie an einen neuen Ort mit neuen Freunden ziehen würden, würde sich ihr Verhalten ändern. Gewohnheiten sind nicht die Persönlichkeit. Der Begriff der Persönlichkeit sollte sich mit Recht auf individuelle Unterschiede innerhalb einer Kultur beziehen.

Und dennoch: Um Vorstellungen wie Persönlichkeit und Kultur zu untersuchen, griffen Anthropologen zu projektiven Tests wie dem Rorschach. Sie schlussfolgerten, dass solche Tests (die mit Tintenklecks-Bildern arbeiten und daher nicht sprachspezifisch sind) in allen Kulturen anwendbar (valide) sind. Leider krankten diese interkulturellen Studien an gravierenden methodischen Fehlern und falschen Prämissen (Lindzey, 1961). Generell war die Suche nach grundlegenden, tief verwurzelten Persönlichkeitseigenschaften, die charakteristisch für eine Kultur sind, unter Einsatz projektiver Messverfahren schon an sich voreingenommen. Die Forscher hatten vorgefasste Vorstellungen von der erwarteten kulturellen

Persönlichkeit, gebrauchten Messverfahren, die nicht an andere Kulturen angepasst und in ihnen validiert worden waren und wählten oft keine wirklich repräsentativen Stichproben von Probanden. Wenn in der interkulturellen Forschung projektive klinische Tests zur Messung von Psychopathologie eingesetzt werden, kann zu guter Letzt sogar die ganze fremde Kultur als pathologisch erklärt werden (und manchmal war dies auch das Ergebnis).

Das heißt nicht, dass bestimmte Persönlichkeitsmuster in bestimmten Kulturen nicht häufiger vorkommen; es bedeutet aber, dass solche Muster bisher nicht gut belegt sind. Mit neueren Forschungstechniken, die die einzigartigen charakteristischen Merkmale jeder Kultur besser erfassen, sind die Aussichten für brauchbare interkulturelle Forschungen zur Persönlichkeit sehr gut (Segall, Daen, Berry & Poortinga, 1990).

3.6 Wichtige Beiträge und Grenzen der Freud'schen Psychoanalyse

Vor dem 20. Jahrhundert und vor Freud gab es keine Persönlichkeitspsychologie. Gewiss gab es Erklärungen für individuelle Unterschiede. Die führenden Theologen betrachteten das menschliche Verhalten jedoch als vom göttlichen Einfluss bestimmt, von einem allmächtigen Gott, der alles lenkte und bewirkte. Weltlichere Theologien machten das Böse für persönliche Schwächen verantwortlich. Mechanische medizinische Modelle begriffen den Menschen als von inneren Säften beeinflusst. Aber es existierte keine *Psychologie* der menschlichen Persönlichkeit und des Verhaltens, bevor Freud, Darwins Beispiel folgend, nach den Motiven der menschlichen Seele und ihren Funktionen fragte. Und die Psychotherapie existierte nicht.

Freud revolutionierte die Psychologie außerdem, indem er erklärte, die Sexualität sei das grundlegende Element der Persönlichkeit. Fragen Sie einen jungen Mann oder eine junge Frau, deren Hormonhaushalt außer Rand und Band ist, ob Sexualität einen signifikanten Einfluss auf ihr Verhalten hat – ob ihnen ein Partner wichtig ist/wäre –, und Sie werden gewiss keine Widerrede hören. Freuds Durchbruch bestand darin, diese Vorstellung der dynamischen Motivation auf Kinder auszudehnen – die Idee einer kindlichen Sexualität – und sie zu einer beherrschenden motivationalen Kraft zu generalisieren.

So betonte Freud die Bedeutung früher Kindheitserfahrungen für die erwachsene Persönlichkeit. Diese Annahme wurde sowohl in wissenschaftlichen Kreisen als auch vom Mann auf der Straße fast durchgängig akzeptiert. Heute bezweifeln nur noch wenige, dass die Vernachlässigung oder die Misshandlung von Kindern – insbesondere sexueller Missbrauch – große Auswirkungen auf ihr ganzes weiteres Leben haben können. Freud vertrat auch die These, der Kern der Persönlichkeit habe sich bis zum sechsten Lebensjahr gebildet. Auch diese Idee wurde weithin akzeptiert. Die Bedeutung der frühen Jahre für das spätere Leben wird selten in Frage gestellt, obwohl Freuds Entwicklungsmodell von anderen erweitert wurde.

Dass Menschen sich im Allgemeinen ihrer inneren Triebe und Konflikte nicht bewusst sind, veranlasste Freud, eine andere maßgebliche Idee zu erforschen und entwickeln – die des *Unbewussten*. Die Realität der freudschen Fehlleistungen und das Potenzial der Traumanalyse sind weithin akzeptiert. Dies wiederum führte zur Erforschung unterschiedlicher Strukturen der Psyche. Freud zeigte auch, dass psychische Krankheit auf einem Kontinuum mit physischer Krankheit liegt und daher wissenschaftlich behandelt werden kann. Jeder, der psychologische Beratung sucht, steht in Freuds Schuld. Die moderne Hirnforschung und die kognitive Psychologie bestätigen viele Beobachtungen Freuds, widerlegen aber die von ihm postulierten Strukturen, die auf einem primitiven Verständnis des Gehirns beruhten.

Weil er Verhalten als eine Funktion innerer Konflikte sieht, hat der psychoanalytische Ansatz eine pessimistische und deterministische Auffassung von Persönlichkeit. Er ist auch darauf ausgerichtet, Krankheitsbilder und Störungen zu begreifen. (Siehe auch „Berühmte Persönlichkeiten".) Um diesen Gewichtungen entgegenzuwirken, vertreten viele ursprünglich psychoanalytisch ausgebildete Theoretiker mittlerweile existenzialistische oder humanistische Ansätze; diese werden in Kapitel 9 erläutert. Freuds Ansatz hing auch zu sehr von einem hydraulischen Modell psychischer Energie ab. Moderne Forschungen befassen sich stärker mit der Hirnstruktur und kognitiven Ansätzen.

Psychoanalytische Persönlichkeitsansätze sind im Allgemeinen schwierig als wissenschaftliche Theorien zu evaluieren. Sie lassen sich oft nicht widerlegen, da es stets einen weiteren postulierten verborgenen Mechanismus gibt, der als Erklärung für Beobachtungen dienen kann. Kontrollierte Studien werden selten durchgeführt. Das ist bedauerlich, weil ihr Fehlen dazu führt, dass viele moderne Persönlichkeitsforscher wertvolle Einsichten Freuds ignorieren. In diesem Buch versuchen wir, auf den Nutzen und die Schwächen jedes Persönlichkeitsansatzes hinzuweisen. Die psychoanalytische Theorie mag ihre Fehler haben, ist jedoch keinesfalls unbrauchbar.

Berühmte Persönlichkeiten

Lorena Bobbitt

Es war einfach nur ein weiterer Tag im Leben von Lorena Bobbitt. Ihr Ehemann, John Wayne Bobbitt, kam spät nach Hause und wurde sexuell zudringlich. Dieses Mal wies sie ihn zurück, weil er betrunken war. Aber er überwältigte die zierliche Frau und vergewaltigte sie. Um vier Uhr morgens schnitt Lorena ihrem Mann mit einem Filetiermesser den Penis ab. Anschließend steckte sie den Penis zusammen mit etwas Eis in einen Gefrierbeutel und hielt diesen in der Hand, während sie in der Stadt herumfuhr. Schließlich warf sie ihn aus dem Autofenster und fuhr zum Haus einer Freundin weiter.

Lorena war eine 24jährige Kosmetikerin, die bis zu dieser Nacht ein durchschnittliches und ruhiges Leben zu führen schien. Was könnte sie zu einer dermaßen aggressiven Tat getrieben haben? Nach Lorenas späteren Berichten hatte John sie während ihrer Ehe emotional, physisch und sexuell misshandelt. Sie wurde geschlagen, zum Analverkehr gezwungen und zu einer Abtreibung gedrängt. Sie beklagte sich auch darüber, dass er kein einziges Mal darauf gewartet hatte, dass sie zum Orgasmus kam. Aber wenn das schon vier Jahre so ging, was war an dieser einen Nacht so anders?

Lorenas Aussage zufolge drängten sich nach der Vergewaltigung an diesem Abend plötzlich Erinnerungen an all die anderen Male auf, bei denen ihr Ehemann sie terrorisiert hatte. Sie erklärte, sie habe den Bezug zur Realität verloren und keine Kontrolle mehr gehabt, als sie ihren Ehemann angriff. Der 26jährige John stritt die Misshandlung seiner Ehefrau ab, obwohl er außereheliche Affären zugab. Rächte Lorena sich lediglich für seine Untreue und stellte dabei sicher, dass er sie nie wieder betrügen konnte?

Nach der psychoanalytischen Theorie steckte mehr dahinter, als man auf den ersten Blick denkt. Lorenas Verhalten war wahrscheinlich unbewussten Motiven, die von ihren inneren sexuellen Konflikten beeinflusst waren, zuzuschreiben. Sie war nicht notwendigerweise nur ein Opfer, denn den Freudianern zufolge haben viele Frauen den unbewussten Wunsch zu leiden (wie belegt von den vielen geschlagenen Ehefrauen, die in Missbrauchsbeziehungen bleiben). Eine wahrscheinlichere Erklärung ist, dass das Problem Lorenas Unfähigkeit war, ihr Es zu kontrollieren, das seine Triebspannungen abbauen wollte.

Einfach gesagt: Lorena litt unter Penisneid, unter dem die meisten Mädchen leiden, aber nach dem nur wenige handeln. Wenn Lorena ihr Kind hätte zur Welt bringen können, wäre das Weitere möglicherweise nicht geschehen. Gebären ist eine Möglichkeit für das Ich, den weiblichen Wunsch nach Gefühlen der Stärke und des Selbstwerts zu erfüllen, die Männer schon aufgrund ihrer männlichen Anatomie haben. Stattdessen wurde sie von ihrem Ehemann gezwungen, ihr Kind abzutreiben, und daher versuchte sie vielleicht immer noch, den Penis zu bekommen, der ihr bei der eigenen Geburt verweigert worden war. Dieser Wunsch hilft zu erklären, warum sie das Organ vorsichtig in einem verschließbaren Plastikbeutel mit Eis bewahrte – es war für sie wertvoll.

Höchst ungewöhnlich in diesem Fall ist, dass Lorena ihre Gefühle bezüglich des Penis ihres Mannes tatsächlich direkt ausagierte. Nach der Freud'schen Theorie sind solche Konflikte unbewusst und zeigen sich daher für gewöhnlich auf andere Weise. Nach Lorenas Aussage „wollte sie nur, dass er verschwindet" – interessanterweise wollte sie ihren Mann aus ihrem Leben entfernen, indem sie seinen Penis entfernte, und ihn so, nach freudscher Sichtweise, zu einem wertlosen und minderwertigen Mann machte. Der Racheakt ermöglichte es ihr also indirekt, einen eigenen Penis zu bekommen.

Lorena wurde vor Gericht gestellt, aber freigesprochen, da man zu dem Ergebnis kam, dass sie ihren Impulsen nicht hätte widerstehen können und daher die Tat für sie nicht verhinderbar war. In gewisser Hinsicht akzeptiert also die moderne Gesellschaft die Vorstellung überwältigender unbewusster Motivation. Freud hätte wahrscheinlich gesagt, dass sowohl Lorenas Ich als auch ihr Über-Ich die inneren Triebe nicht kontrollieren konnten und ihr Es in seinen Kampf um das, was es sich am meisten wünschte, siegte. Tatsächlich war die Freud'sche Theorie Gegenstand vieler hitziger Auseinandersetzungen über Rechtstheorie. Wenn wir manchmal von unserem Es gesteuert werden, wie können wir dann in den Augen des Gesetzes für unser Tun verantwortlich gemacht werden?

Der Bobbitt-Fall ist ein gutes Beispiel für eine Diskussion über die Stärken und Schwächen der Theorien Freuds. Einerseits ist es so gut wie unmöglich, Lorenas Motivationen auf eindeutig wissenschaftliche Weise aufzudecken. Andererseits weist das große, weltweite Interesse an diesem Fall darauf hin, dass etwas ganz Grundlegendes des menschlichen Verhaltens – ein verborgenes, dunkles Geheimnis – entdeckt worden ist, genauso wie der Arzt aus Wien es vorhergesagt hätte.

Einige moderne Psychoanalytiker verehren die Schriften Freuds wie eine Bibel; die Psychoanalyse hat manche heiklen, unwissenschaftlichen Aspekte und viele „Anhänger". Darf man Freud die Schuld an den Marotten seiner Schüler zu geben? Als Freud begann, die Persönlichkeit und das Unbewusste zu erforschen, verstand er seine Arbeit als vorläufige Einschätzung der Arbeitsweise des Gehirns. Aber die psychoanalytische Theorie wurde auch als eine Theorie der physischen Struktur des Gehirns ausgelegt – mit verhängnisvollen Folgen. Die **Psychochirurgie** – chirurgische Eingriffe in das Gehirn, die Persönlichkeitsprobleme beheben sollen – hat eine lange und abschreckende Geschichte. In den 1940er Jahren war die präfrontale Lobotomie ein anerkanntes Verfahren. Die Chirurgen bohrten Löcher in den Schädel, führten ein stumpfes Messer ein und trennten die Stirnlappen ab, bis der Patient (der nur unter örtlicher Betäubung stand) völlig desorientiert zu sein schien. Zweck dieser Operation war die Durchtrennung der Nervenverbindungen zwischen den höheren Zentren des Gehirns und den niederen „Sitzen" animalischer Instinkte (z. B. dem Thalamus), was im Einklang mit der psychoanalytischen Theorie stand. Wenn der Patient nach der Operation nicht nur vor sich hin vegetierte, verhielt er sich tatsächlich oft weniger ausfallend und aggressiv als vor dem Eingriff. Natürlich gibt es auch andere Erklärungen für die Wirkung dieser Operation – nicht nur jene, die sich auf das buchstäbliche Abschneiden unbewusster Triebe beziehen.

Abbildung 3.14:
Obwohl die Rolle, die psychodynamische, psychosexuelle Kräfte in der menschlichen Natur spielen, in der modernen Persönlichkeitsforschung relativ wenig Beachtung finden, erscheinen in den Nachrichten regelmäßig Beispiele dieser komplexen Kräfte. Denken Sie an Fall von John G. Schmitz, des ultrakonservativen Senators aus Kalifornien. Schmitz war bekannt dafür, dass er nachdrücklich für Familienwerte eintrat und Aufklärungsunterricht in der Schule entschlossen bekämpfte. Seine Karriere endete in einem Skandal, als herauskam, dass er eine Geliebte hatte. Besonders interessant: Senator Schmitz ist der Vater von Mary Kay LeTourneau. 1997 wurde LeTourneau, eine 35jährige verheiratete Lehrerin, verurteilt wegen der Affäre mit einem 13jährigen Jungen aus ihrer Schule, von dem sie auch ein Kind hatte. Später wurde sie erneut von dem Teenager schwanger und musste noch einmal eine lange Haftstrafe verbüßen.

Freud war ausgebildeter Neurologe und Biologe. Wenn er heute leben würde, wäre er vermutlich Neurowissenschaftler. Freuds Arbeit deswegen zu verwerfen, weil einige seiner Annahmen widerlegt worden sind, ist nicht gerecht. Andererseits stand Freud gerne im Mittelpunkt und nahm Kritik nicht gut auf. Seine Haltung als Begründer und unangefochtener Meister der Psychoanalyse steht hinter vielen der unwissenschaftlichen Irrwege, die in seinem Namen eingeschlagen wurden.

Freud postulierte fundamentale, psychoanalytisch begründete Unterschiede zwischen Männern und Frauen – ein Thema, auf das wir in diesem Buch immer wieder zurückkommen. Weil kleine Mädchen nicht den Ödipuskomplex durchmachen, entwickeln sie nach

Freud keinen starken sittlichen Charakter; eine Idee, die natürlich vielfach in Frage gestellt wurde. Die meisten Frauen entwickeln nämlich im Gegenteil starke Schuldgefühle, kümmern sich in der Regel um die Schwachen, sind einfühlsam und haben einen ausgeprägten Gerechtigkeitssinn (Block, 1984; Eagly, 1987; Friedan, 1963; Hall, 1990; Tangney et al. 1996; Tangney & Fischer, 1995).

Eine Hauptkritik an der Psychoanalyse schließlich lautet, dass Freud sich relativ wenig mit interpersonalen Beziehungen oder mit der Identität des Individuums und seiner Anpassung im Lauf des Lebens befasst hat. Diese Fragen wurden später von den Neoanalytikern und den Ich-Analytikern aufgenommen; sie werden in Kapitel 4 behandelt.

3.7 Moderne Entwicklungen aus der Experimentalpsychologie

Über viele Jahre ignorierte die Hauptrichtung der Experimentalpsychologie die Ideen, die für einen freudschen Ansatz grundlegend sind – oder verspottete sie sogar. Besonders in der Zeit, als der **Behaviorismus** die gesamte Experimentalpsychologie beherrschte (von den 1920er bis zu den 1950er Jahren), war jegliche Berücksichtigung der Rolle, die unbewusste Einflüsse spielen, grundsätzlich ausgeschlossen. Behavioristische Ansätze beschränkten zulässige Daten ausdrücklich auf das Verhalten, das von außen erkennbar war, und zulässige Theorien auf die, die wahrnehmbare Aspekte des Umfelds eines Organismus auf wahrnehmbare Verhaltensaspekte dieses Organismus bezogen. Dieser Ansatz ließ weder für die Berücksichtigung unbewusster Prozesse oder unbewusster Motivation und Emotion Raum noch für die Untersuchung der Inhalte von Träumen und Erinnerungen (die naturgemäß eine direkte Beobachtung ausschließen). Tatsächlich klammerten die Behavioristen sogar jene Gedanken, Erinnerungen und Prozesse aus, deren sich die Subjekte bewusst waren, da sie bewusste und unbewusste Aspekte „der Seele" als gleichermaßen ungeeignet für wissenschaftliche Untersuchungen betrachteten.

Die psychoanalytische Bewegung jenseits der Mainstream-Psychologie hatte immer ihre Fachzeitschriften und wissenschaftlichen Gesellschaften. Aber diese Arbeit ging oft ihren eigenen Weg, losgelöst von den meisten akademischen Fachbereichen der Psychologie. Beispielsweise erscheint die psychoanalytische Arbeit selten in verbreiteten Psychologie-Zeitschriften wie dem *Journal of Personality and Social Psychology*.

In den letzten Jahrzehnten jedoch, als der Behaviorismus von alternativen Ansätzen der Untersuchung menschlichen Verhaltens abgelöst wurde, tauchten viele von Freuds Ideen wieder in der (nicht psychoanalytischen) Hauptströmung der Psychologie auf, allerdings in etwas veränderter Form. Zum Beispiel prägten die Vorstellungen Freuds maßgeblich humanistische Persönlichkeitsansätze; diese Fragen werden in Kapitel 9 eingehend behandelt. Auch in der modernen kognitiven Psychologie (Cohen & Schooler, 1997) wurde Freuds Einfluss wieder sichtbar.

Als sich die menschliche Kognition zu einem maßgeblichen und strengen Forschungsgebiet entwickelte, entdeckten Wissenschaftler innerhalb dieses Gebiets die Notwendigkeit, sich mit unbewussten Prozessen zu beschäftigen. Trotz des Umstands, dass sich Methodik, Ansätze und Ziele der kognitiven Psychologie von denen der Psychoanalyse stark unterscheiden, ertappten sich Kognitivisten dabei, dass sie dieselben Aspekte menschlichen Verhaltens untersuchten, die Freud interessiert hatten. Dieses Interesse an unbewussten Prozessen war nichts Neues in der Experimentalpsychologie; es war vielmehr die Wiederentdeckung eines Themas, das jahrelang geächtet worden war, aber im Blickpunkt des Interesses stand, bis es die Behavioristen verbannten. Ganz zu Anfang der Entwicklung der Psychologie sahen sogar die strengsten Experimentalisten die Notwendigkeit, innere Prozesse zu postulieren, die außerhalb des Bewusstseins stattfinden. Beispielsweise behauptete Hermann von Helmholtz, der im 19. Jahrhundert Pionierarbeit in der Erforschung der menschlichen Wahrnehmung leistete, dass die visuelle Wahrnehmung unbewusste Schlussfolgerungen erfordert (1866, 1925).

Hier ein Beispiel für unbewusste Sinneswahrnehmung. Die meisten Menschen fallen nachts nicht aus dem Bett. Doch würden Sie im Tiefschlaf nicht merken, wenn jemand in Ihr Zimmer schlüpfen, Sie betrachten und wieder hinausgehen würde. Wir bleiben im Bett, sind uns jedoch nicht bewusst, was um herum uns vorgeht. Außerdem erinnern wir uns am Morgen nicht an die Male, als wir beinahe aus dem Bett fielen, uns aber rechtzeitig fingen. Dieses einfache Beispiel legt nahe, dass irgendwelche sensorischen Systeme unablässig arbeiten, auch wenn wir uns ihrer nicht bewusst sind. Andererseits kann ein Patient im Krankenhaus, der im Koma liegt oder unter Medikamenteneinfluss steht, tatsächlich aus dem Bett fallen; Krankenhausbetten haben Seitengitter, um solche Unfälle zu verhindern. Es muss also verschiedene Arten von fehlendem oder mangelndem Bewusstsein geben. Die moderne Forschung hat viele Ideen Freuds weiterverfolgt, wenn auch nicht immer so, wie von ihm erwartet.

3.7.1 Unbewusste Emotion und Motivation

Gibt es irgendwelche Belege dafür, dass ein Teil der Psyche, der viele emotionale Kräfte umfasst, außerhalb des Bewusstseins existiert? Die Vorstellung unbewusster Motivationen wird eindeutig unterstützt von Studien zur Emotion, die darauf hinweisen, dass emotional-motivationale Zustände wie Ärger unabhängig vom Denken vorkommen. Einige dieser Forschungen stützen sich auf Hirnstudien, die unterschiedliche neurologische Systeme erkennen lassen (Panksepp, 1991). Mit anderen Worten: Im Verlauf der Evolution haben sich neuronale Schaltkreise entwickelt, die relativ unabhängig sind von den höheren kortikalen, mit dem Denken verbundenen Funktionen. Diese neuronale Schaltkreise können feuern, auch ohne Auslöser von einer höheren kortikalen Ebene, von einem Gedanken.

Andere Forschungen über Emotionen zeigen, dass sie angeboren und universell sind, dass sie neuronal mit der Mimik verknüpft sind und unabhängig vom Denken (Kognition) hervorgerufen werden können. Alle diese Untersuchungen stimmen mit der freudschen Vorstellung überein, dass wir innere Erregung erleben können, die wir kognitiv nicht verstehen oder wahrnehmen. Freud konnte die genauen biologischen Strukturen des Gehirns nicht kennen, aber viele seiner Vermutungen waren richtig (Izard, 1992).

3.7.2 Hypermnesie

Als wir mit einer Freundin aus Kindertagen zusammensaßen, sprachen wir über etwas, das uns vor langer Zeit viel Vergnügen bereitet hatte – die Zubereitung von Eisbechern. Plötzlich kamen die Erinnerungen unserer Freundin zurück, als ihr verschiedene ähnliche Erlebnisse einfielen, an die sie seit 30 Jahren nicht gedacht hatte. **Hypermnesie** bezieht sich auf eine Situation, in der ein späterer Versuch, etwas zu erinnern, Informationen ergibt, die zuvor nicht verfügbar waren. Hypermnesie, ein zentrales Phänomen in der psychoanalytischen Literatur, hat auch ein Gegenstück in der Forschungsliteratur der kognitiven Psychologie (z. B. Madigan & O'Hara, 1992).

Im Allgemeinen neigt die menschliche Erinnerung dazu, mit der Zeit zu verblassen; je länger das Ereignis zurückliegt, desto weniger erinnert man sich daran. Daher ist das typische Ergebnis bei Gedächtnisexperimenten, dass Personen die beste Erinnerung an ein Ereignis zeigen, wenn sie unmittelbar danach befragt werden, und dass ihre Erinnerung im Lauf der Zeit nachlässt (erst schnell, dann langsamer). Eine übliche Erklärung aus der Reiz-Reaktions-Psychologie (auch Stimulus-response- oder „Lerntheorie") lautet, dass die Erinnerung oder Assoziation mit der Zeit erlischt oder verschwindet; sie löst sich auf. Das erklärt jedoch nicht alles. Es hat sich gezeigt, dass außer dem Verstreichen der Zeit viele andere Faktoren darüber entscheiden, was erinnert wird.

Entwicklungen in den psychoanalytischen Aspekten der Persönlichkeit		Gesellschaftlicher und wissenschaftlicher Kontext
Kaum Versuche, das Unbewusste zu erforschen – bis auf den Exorzismus.	**Vor 1800**	Die Menschen werden in erster Linie in religiösen oder philosophischen Kategorien gesehen.
Charcot und Janet beschäftigen sich mit Hypnose, werden von Freud besucht.	**1880er**	Zunehmende Beachtung der Evolution und der Hirnfunktion; Vergleiche zwischen Menschen und anderen Tieren.
Freud entwickelt die Begriffe Es, Ich, Über-Ich, verdrängte Sexualität (Libido) und Traumdeutung.	**1890-1910**	Periode großer industrieller und technischer Veränderungen; viktorianisches Zeitalter mit patriarchalischen Familienstrukturen, Ehrbar-keit und religiöser Konformität.
Neoanalytiker brechen mit Freud, Kontroversen über Triebe und Abwehrmechanismen, Theorie des Todestriebs.	**1910-1930**	Fortschreiten der technischen Entwicklung und der Industrialisierung, große technisierte Armeen, Weltkrieg 1914-1918, Aufkommen des Behaviorismus in der amerikanischen Psychologie.

Entwicklungen in den psychoanalytischen Aspekten der Persönlichkeit		Gesellschaftlicher und wissenschaftlicher Kontext
Freud flieht vor den Nazis und stirbt in England.	**1930er**	Wirtschaftliche Depression, soziale Unruhen, Propaganda, in den USA Weiterentwicklung der Psychiatrie.
Psychoanalytisches Gedankengut beeinflusst unterschiedliche Theorien über Triebe, Motivation, Bindung, Konflikt, Amnesie, Krankheit und mehr.	**1920er-1940er**	Freuds Ideen tauchen in der ganzen westlichen Kultur auf, u. a. in bildender Kunst, Literatur, Komödie, Film, Medizin.
Klassische (orthodoxe) Ansätze spalten sich von der Hauptrichtung der Persönlichkeitspsychologie ab.	**1950er-1960er**	Die Psychoanalyse wird verstärkt zum klinischen und ärztlichen Instrument und ist von geringerem unmittelbaren Interesse für Persönlichkeitsforscher.
Die moderne Experimentalpsychologie, die kognitive Psychologie und die Linguistik bieten neue Erklärungen für freudsche Phänomene.	**1960er-1990er**	Große Fortschritte in den Neurowissenschaften, in Testmethoden und in der Entwicklungspsychologie.
Freudsche Ideen werden im Licht moderner Kenntnisse neu interpretiert.	**2000er**	Hirnbilder in der Wissenschaft; Erkenntnis der Vielschichtigkeit sozialer Pathologien.

Historischer Abriss der Geschichte der psychoanalytischen Persönlichkeitsansätze
Die bedeutenden Entwicklungen in der psychoanalytischen Theorie können hier in historischer Beziehung zueinander und in Beziehung zu ihrem weiteren gesellschaftlichen und kulturellen Kontext gesehen werden.

In der Psychoanalyse ist die freie Assoziation die Schlüsselmethode, um Erinnerungen freizulegen, die dem Bewusstsein des Patienten zunächst nicht zugänglich sind. Nach Jahren in der Analyse erzählen Menschen häufig zuvor „Vergessenes“ (über das sie bisher nicht berichtet hatten): traumatische Erlebnisse aus ihrer Kindheit oder böse Wünsche und erschreckende Gedanken aus ihrer Vergangenheit. Diese wiedererlangten Erinnerungen werden innerhalb der Psychoanalyse als Frucht der vereinten Bemühungen von Patient und Therapeut betrachtet, jene Abwehrmechanismen zu überwinden, die zunächst erfolgreich die Erinnerungen verdrängten. Für den Skeptiker (oder den heutigen kognitiven Psychologen) stellen sich zwei Fragen. Erstens: Entsprechen diese Erinnerungen der Wahrheit, d. h., haben sich diese vergangenen Ereignisse, Wünsche und Gedanken, von denen der Patient berichtet, wirklich zugetragen? Zweitens: Sind diese Erinnerungen gerade erst ins Bewusstsein aufgestiegen, nachdem sie zuvor unzugänglich waren, oder ist es vielmehr so, dass der Analytiker und das analytische Umfeld dazu beigetragen haben, dass der Patient über diese Erinnerungen spricht? (Siehe den Kasten „Selbstverständnis")

In der Psychoanalyse wird die schwierige Aufgabe der Verifizierung von Kindheitserinnerungen in der Regel noch nicht einmal versucht. Aber für die Erforschung und das Verständnis menschlicher Erinnerung ist diese Frage von entscheidender Bedeutung. Im Alltag erzählen Menschen häufig lebhafte Erinnerungen, die sich später im Licht objektiver Sachinformationen als unrichtig erweisen. Beispielsweise ist eine Augenzeugin eines Verbrechens sicher, dass sie einen Verdächtigen wiedererkennt, von dem sich später herausstellt, dass er außer Landes war; ein Student erinnert sich gut daran, dass er gerade im Spanischseminar war, als er von der Explosion der Raumfähre *Challenger* hörte, aber sein Studienbuch zeigt, dass er in jenem Jahr überhaupt kein Spanisch belegt hatte, und so weiter (Harsh & Neissler, 1989).

Es gibt viele Ursachen für die Ungenauigkeit und das Verdrehen von Erinnerungen, die alle unabhängig von einander beeinflussen können, was zunächst kodiert und was später vom Gedächtnis hervorgeholt wird. Nicht immer ist ein subjektives Gefühl der Gewissheit mit der wirklichen Genauigkeit des Erinnerten positiv korreliert. Die psychoanalytische Technik wird als eine Methode präsentiert, verdrängte Erinnerungen aufzudecken, die die psychische Gesundheit beeinträchtigen, aber wenn das Material, das bei der Therapie herauskommt, nicht korrekt ist (zumindest in dem Sinne, dass es das ist, was die Person erlebt hat, wenn es schon nicht objektiv geschehen ist), dann bricht die ganze Argumentationskette zusammen. Die ernsthafte wissenschaftliche Untersuchung dieser Frage steht erst am Anfang (Conway, 1996; Pezdek & Banks, 1996) und vieles ist noch unklar.

Die zweite kritische Frage – ob die Informationen neu erinnert oder neu berichtet werden – ist in vielen Gedächtnisexperimenten untersucht worden. Es gibt klare Befunde, dass unterschiedliche Methoden, die Erinnerung eines Subjekts an ein Ereignis zu ergründen, unterschiedliche Mengen an erinnerten Informationen ergeben (Baddeley, 1990). Nehmen wir beispielsweise an, dass zwei Gruppen von Probanden eine Liste von Wörtern lernen. Die Subjekte in der einen Gruppe erhalten anschließend ein leeres Papier und werden gebeten, so viele Wörter von der Liste aufzuschreiben, wie sie erinnern können (ein als **freies Erinnern** (free recall) bekanntes Verfahren). Der anderen Gruppe werden Wortpaare vorgelegt und gefragt, welches Wort aus jedem Paar in der Liste auftauchte (ein als *forced-choice Recognition* bekanntes Vorgehen). Es überrascht wenig, dass die Angaben der Subjekte in der Forced-choice-Bedingung korrekter sind; es ist einfacher, das gelernte Wort aus einem präsentierten Wortpaar richtig auszuwählen, als es ohne jeglichen äußeren Anhaltspunkt zu reproduzieren. Bedeutet dies, dass Stärke oder Genauigkeit der zugrunde liegenden Erinnerungen zwischen den Gruppen voneinander abwichen? Vorausgesetzt, dass zwischen den Gruppen erst zum Testzeitpunkt ein Unterschied gemacht wurde, kann es nur die Testmethode sein, die zu dem offensichtlichen Unterschied im Erinnerungsvermögen führt. Die Verfügbarkeit oder Zugänglichkeit einer Erinnerung kann durch geeignete Stichwörter, Hinweise und Sondierungen gesteigert werden (Tulving, 1968). Im psychoanalytischen Rahmen kann gelenktes Fragen durch den Therapeuten oder das Sprechen über Ereignisse, die mit der zuvor nicht verfügbaren Erinnerung in Zusammenhang stehen, ihr Zurückholen ermöglichen oder provozieren. Auf diese Weise hat die kognitive Psychologie diesen Aspekt des psychoanalytischen Erinnerns validiert.

Besonders relevant für die Skepsis gegenüber den Möglichkeiten der psychoanalytischen Technik ist ein anderer Befund der Gedächtnisforschung – die Wahrscheinlichkeit, dass eine Erinnerung berichtet wird, hängt nicht nur von der Verfügbarkeit oder Stärke der Erinnerung selbst ab, sondern auch von den Belohnungen oder Bestrafungen für korrektes oder nicht korrektes Wiedergeben. Diese Einflüsse sind intensiv im Rahmen der so genannten **Signalerkennungstheorie** untersucht worden (Swets, 1996; Commons, Nevin & Davidson, 1991). Denken Sie noch einmal an die kontrollierten Studien des Wortlisten-Lernens. Wir können die Erinnerung untersuchen, indem wir Subjekten jeweils ein Wort präsentieren und das Subjekt bei jedem Wort „Ja" oder „Nein" sagen muss, je nachdem, ob es auf der Liste war oder nicht. Wörter, die tatsächlich auf der Liste waren, können entweder Treffer (Subjekt sagt „Ja" bei einem richtig erkannten Wort) oder Fehlschläge (auch „Verpasser", Subjekt sagt unrichtigerweise „Nein" bei einem gelernten Wort) sein. Wörter, die nicht auf der Liste waren, können entweder korrekte Zurückweisungen (Subjekt sagt „Nein" zu einem nicht gelernten Wort) oder falsche Alarme(Subjekt sagt fälschlicherweise „Ja" zu einem nicht gelernten Wort) sein. Es zeigt sich, dass dabei der erkennbare Grad der Erinnerung eines Subjekts empfindlich auf die Belohnungs- und Bestrafungsstruktur dieser Aufgabe reagiert. Wenn Subjekte für Treffer gut belohnt werden und auf Fehlschläge und falsche Alarme leichte Strafen sowie auf korrekte Zurückweisungen kleine Belohnungen folgen, werden sie zu mehr Items „Ja" sagen. Wenn die Strafe für einen falschen Alarm gravierend ist (im Verhältnis zu den anderen drei möglichen Folgen), werden sie zu mehr Items „Nein" sagen. Wenn sie sich ihrer Erinnerung nicht sicher sind, werden sie dem Belohnungssystem entsprechend „raten": Mehr falsche Alarme gehen mit einer höheren Trefferquote einher und mehr korrekte Zurückweisungen sind mit mehr Fehlschlägen verbunden.

Was sind die Folgerungen für die Psychoanalyse? Man kann es wie folgt sehen: Patienten in Psychotherapie, die versuchen, wichtige Erinnerungen abzurufen, sind in dieser Signalerkennungssituation. Bei jedem Gedanken, der ihnen in den Sinn kommt, müssen sie entscheiden (nicht unbedingt bewusst), ob sie ihn erzählen oder nicht. Die psychoanalytische Situation bietet eine hohe Belohnung für Treffer (sowohl der Patient als auch der Therapeut können einen „Fortschritt" erkennen), geringe Bestrafung für falsche Alarme (falsche Erinnerungen können ebenso gutes „Therapiematerial" sein wie richtige), hohe Bestrafung für Fehlschläge (die echten Erinnerungen werden nicht untersucht) und wenig Belohnung für korrekte Zurückweisungen. Unter diesen Umständen ist es wahrscheinlich, dass Patienten Erinnerungen von Konfabulationen weniger kritisch unterscheiden. Die Fehler in der berichteten Erinnerung, die sich in diesem unkritischen Interview ergeben, sind eine signifikante Schwäche angewandter Psychoanalyse.

Kann Hypnose helfen? Sollte die Polizei bei Vernehmungen Hypnotiseure einsetzen, die helfen, lang verdrängte Erinnerungen an strafbare Belästigung hervorzuholen? Zu Beginn der Entwicklung der Psychoanalyse wandten Freud und sein Kollege Josef Breuer Hypnose an – intensive Suggestion durch den Therapeuten –, um auf verborgene Erinnerungen ihrer Patienten Zugriff zu erhalten. In der Forschung der modernen Experimentalpsychologie würde dies als *hypnotische Hypermnesie* bezeichnet (Kihlstrom, 1998). Laborexperimente zeigen, dass hypnotische Hypermnesie tatsächlich bisweilen auftritt – Hypnose ist also manchmal erfolgreich –, aber nicht wirksamer ist als andere die Erinnerung steigernde Effekte wie die Präsentation von Stichwörtern, um eine Erinnerung auszulösen. Tatsächlich scheint Hypnose etwas weniger effektiv zu sein (Kihlstrom & Barnhardt, 1993). Mit anderen Worten: Experimentelle Forschungen bestätigen, dass die freie Assoziation und ähnliche exploratorische und die Erinnerung provozierende Prozesse der Hypnose überlegen sind. Freud hatte Recht, die Hypnose relativ bald wieder aufzugeben.

3.7.3 Infantile Amnesie

Nach Freud resultieren die meisten Motivationen aus frühkindlichen Wünschen, die in der Erwachsenengesellschaft nicht annehmbar sind, z. B. der Wunsch eines Jungen nach intimen Beziehungen mit seiner Mutter. Wir haben gesehen, dass Neurosen bei Erwachsenen als die Folge verdrängter innerer Konflikte verstanden werden. Freud führte zur Untermauerung dieser These an, dass die meisten Erwachsenen nicht viel aus ihren ersten Jahren erinnern können, obwohl sie sich an einiges aus ihrer Grundschulzeit erinnern – ein als **infantile Amnesie** bezeichnetes Phänomen. Diese Beobachtung, dass Erwachsene und ältere Kinder nicht mehr viel von dem wissen, was sie vor dem dritten oder vierten Lebensjahr erlebt haben, wurde von etlichen Studien bestätigt (Pillemer & White, 1989). Dabei lernen kleine Kinder während dieser Jahre unglaublich viel und sie scheinen zu dieser Zeit ein gutes Gedächtnis zu haben. Ein Dreijähriger kann den Zoobesuch in der Woche zuvor bemerkenswert gut beschreiben. Werden diese Erinnerungen später verdrängt?

Wie oft bei Freud wird das Phänomen akzeptiert, aber die Erklärung hat sich geändert. Problematisch an Freuds Idee ist, dass sie nur erklärt, warum bedrohliche frühe Erinnerungen vergessen werden, im Grunde werden jedoch alle frühen Erinnerungen vergessen, nicht nur die traumatischen. Daher hat sich in jüngerer Zeit die Aufmerksamkeit auf die kognitive Struktur des Gedächtnisses gerichtet. Vielleicht ist das Gehirn kleiner Kinder zu unreif und zu wenig organisiert für Langzeiterinnerungen. Allerdings weisen Untersuchungen darauf hin, dass sogar kleine Kinder einige gut organisierte Erinnerungen haben, die denen von Erwachsenen ähneln (Nelson, 1993). Neuere Arbeiten (Newcombe, Drummey, Fox, Lie & Ottinger-Alberts, 2000) lassen darauf schließen, dass alternative Methoden, nach frühen Erinnerungen zu suchen, erfolgreicher sind als die Aufforderung, sich zu erinnern und davon zu erzählen. In dieser Studie waren die über eine direkte, explizite Methode („Suchen Sie unter den Kindern auf diesen Fotos Ihre Klassenkameraden") getesteten Erinnerungen an Klassenkameraden aus der Vorschule ziemlich schwach. Aber andere Messmethoden, bei denen die Klassenkameraden nicht identifiziert werden mussten, zeigten, dass die Klassenkameraden auf einer gewissen Ebene vertraut waren. Die Erinnerungen existieren, aber sie sind uns nicht leicht zugänglich und können daher nicht abgerufen werden.

Es kann sein, dass kleine Kinder noch nicht die Fähigkeit entwickelt haben, über ihre eigene Geschichte nachzudenken oder ihre Erinnerungen mit anderen Menschen auf üblichem Wege zu teilen. Beispielsweise sprechen ältere Kinder vielleicht darüber, was für ein Glück sie hatten, in ein bestimmtes Ferienlager zu fahren, und trainieren (wiederholen) so die Erinnerung und lassen sie Teil ihres Selbstbilds werden (Nelson, 1993). Dann lässt sich das Ereignis wesentlich einfacher erinnern. Jedoch ist diese Erklärung der infantilen Amnesie noch nicht belegt oder überhaupt eingehend untersucht worden.

Beachten Sie auch, dass diese Begründung mit der Idee der Identitätsbildung verbunden ist, was genau Freuds Behauptungen entspricht. Alles in allem sind die Gründe, warum wir unsere frühesten und wichtigsten Jahre vergessen, immer noch weitgehend ein Rätsel. Doch auch hier hatte Freud eine wichtige Frage aufgeworfen.

Damals und heute

Sind psychoanalytische Erkenntnisse immer noch hilfreich?

Sigmund Freud und seine Kollegen entwickelten vor einem Jahrhundert die Grundideen des psychoanalytischen Ansatzes. Hat die moderne Persönlichkeitsforschung dazu geführt, dass diese Ideen mittlerweile überholt sind? Oder sind sie, wie die von Charles Darwin, immer noch eine treibende Kraft in der modernen Wissenschaft? Die Antwort lautet: ja und nein.

In seinem Aufsatz „Das wissenschaftliche Erbe Sigmund Freuds: Auf dem Weg zu einer psychodynamisch geprägten psychologischen Wissenschaft" vertritt Drew Westen (1998) die Ansicht, dass psychoanalytische Erkenntnisse zeitgemäß und von Bedeutung sind. Obwohl viele von Freuds speziellen Postulaten durch Befunde in der modernen Biologie und Neurowissenschaft überholt sind, bleiben viele Erkenntnisse und Fragestellungen Freuds aktuell. Meldungen über sein intellektuelles Ableben sind verfrüht. Der Gerechtigkeit halber müssen wir die Entwicklung psychoanalytischer Einsichten berücksichtigen und dürfen uns nicht nur auf die genauen Formulierungen Freuds stützen.

Freuds zentrale Erkenntnis war, dass ein Großteil des psychischen Lebens – Gedanken, Gefühle und Motive eingeschlossen – unbewusst ist. Mit anderen Worten: Menschen tun manchmal Dinge aus Gründen, die sie selbst nicht verstehen. Westen weist darauf hin, dass das Unbewusste heutzutage ein wichtiger Gegenstand in der Persönlichkeitspsychologie, der kognitiven Psychologie und der kognitiven Neurowissenschaft ist, während Wissenschaftler sich bemühen zu verstehen, wie Teile des Gehirns manchmal ohne Einbeziehung der bewussten, höheren Prozesse des Neocortex Empfindungen und Informationen verarbeiten und darauf reagieren.

Wie erwähnt, gibt es eine implizite Wahrnehmung, ein implizites Gedächtnis und eine implizite Motivation. Daher „sehen" wir manchmal Dinge, ohne dass uns das bewusst ist, wir lernen und erinnern Dinge, ohne bewusst zu wissen, wie und dass wir sie gelernt haben, und zuweilen handeln wir aus Gründen, die tief in unserem komplexen motivationalen System verborgen liegen. Beispielsweise behindern oder steigern wir manchmal unsere Leistung aus Gründen, die uns nicht bewusst sind.

Zweitens: Viele moderne Untersuchungen belegen, dass Menschen unbewusste Gefühle haben und nach ihnen handeln – z. B. wenn sie sich fast unmerklich feindselig oder abwehrend gegenüber Angehörigen ethnischer Minderheiten oder anderer Randgruppen verhalten. Daraus resultieren oft gespannte interpersonelle Beziehungen zwischen den verschiedenen Gruppen. Psychoanalytische Kliniker achten seit langem auf Zeichen versteckter Emotionen, indem sie nichtverbales Verhalten (wie die

Veränderung des Gesichtsausdrucks oder der Körperhaltung) und verbales Verhalten (z. B. nervöser Themenwechsel, wirres Erzählen) beobachten. Freud zufolge deuten solche inneren Konflikte in der Regel auf Abwehrmechanismen hin, ein grundlegendes psychodynamisches Konstrukt. Beispielsweise ist eine häufige Folge experimenteller Studien, die den Menschen die eigene Sterblichkeit bewusster machen (z. B. durch entsprechende Fragebögen oder durch Hinweise auf ein nahes Beerdigungsinstitut), dass die Personen abwehrend reagieren, obwohl sie sich der Gefühle, die diese Reaktionen beeinflussen, oder der Auswirkungen auf ihr Verhalten nicht bewusst sind. Das wird als Todesangst gedeutet (Strachan, Pyszczynski, Greenberg & Solomon, 2001). Oder Menschen stärken ihr eigenes Selbstwertgefühl, indem sie Fremdgruppen verächtlich machen (ohne zu wissen, warum sie das tun). Wie wir in diesem Kapitel gesehen haben, zeigen viele Belege unbewusste Zusammenhänge zwischen frühen Erfahrungen wie Missbrauch, Vernachlässigung und zerrütteten Familien in der Kindheit und späteren zwischenmenschlichen Schwierigkeiten und Persönlichkeitsstörungen.

Einige von Freuds Gedanken, z. B. seine Ansichten über die Minderwertigkeit von Frauen, waren zweifellos von seiner Zeit und seinem Milieu beeinflusst, doch es finden auch viele seiner Erkenntnisse in der neuesten psychologischen Forschung ihren Niederschlag.

Weiterführende Literatur

Westen, D. (1998). The scientific legacy of Sigmund Freud: Toward a psychodynamically informed psychological science. *Psychological Bulletin*, 124, 333-371.

Strachan, E., Pyszczynski, T., Greenberg, J., & Solomon, S. (2001). Coping with the inevitability of death: Terror management and mismanagement. In C. R. Snyder (Hrsg.), *Coping with stress: Effective people and processes* (114-136). New York: Oxford University Press.

3.7.4 Subliminale Wahrnehmung

Möchten Sie Ihr Selbstwertgefühl steigern, an Gewicht verlieren und einen erotischen Körper haben oder Ihre sportlichen Leistungen verbessern, ohne Zeit und Mühe aufzuwenden? Möchten Sie all das lernen, während Sie schlafen? Jedes Jahr wird viel Geld für so genannte Subliminalkassetten ausgegeben, die versprechen, auf wundersame Weise auf unbewusste Motivationen einzuwirken (während des Schlafens, Lesens oder Fernsehens). Funktionieren diese Verfahren? Können sie irgendeine wissenschaftliche Validität besitzen?

Solche Verfahren, die mit der unterschwelligen Wahrnehmung arbeiten, klingen für Laien, die mit der Freud'schen Theorie ein wenig vertraut sind, möglicherweise plausibel. Die meisten Menschen glauben, dass sich außerhalb ihres Bewusstseins etwas in ihrer Psyche abspielt, daher scheint der Versuch, diese unbewussten Kräfte zu verändern, vernünftig. Sind Subliminalkassetten die richtige Methode, um dies zu erreichen?

Nach Gustav Fechner, dem Begründer der Psychophysik, ist der menschliche Wahrnehmungsapparat so angelegt, dass tatsächlich sehr schwache Stimuli wahrgenommen und verarbeitet werden können, ohne dass sie bewusst zur Kenntnis genommen werden – d.h., dass **subliminale Wahrnehmung** stattfinden kann und stattfindet. Spätere Forschungen bestätigen, dass wir Stimuli manchmal nicht bewusst wahrnehmen, obwohl sie von irgendwelchen Teilen unseres Gehirns verarbeitet werden (Reder & Gordon, 1997). Aber dieses Phänomen unterscheidet sich erheblich von dem, was uns die Verkäufer der Lernkassetten glauben machen wollen.

Die subliminale Lerntechnik hat zwei gravierende Fehler. Der erste und gewichtigere ist, dass viele der Kassetten Botschaften enthalten, die einfach nicht von Menschen wahrgenommen werden können. Die Botschaften erfolgen zu leise oder zu schnell oder auf andere Weise nicht wahrnehmbar. Experimente haben gezeigt, dass sie nicht von weißem Rauschen zu unterscheiden sind. Tatsächlich enthalten einige dieser teuren Kassetten nur weißes Rauschen! Wenn diese Botschaften unser Gehirn nicht erreichen, können sie mit Sicherheit keinen Einfluss auf uns haben (Moore & Merikle, 1991).

Die zweite Schwachstelle des subliminalen Lernens betrifft die Stärke oder Macht solchen Einflusses. Nehmen wir einmal an, dass einige dieser Botschaften tatsächlich vernommen werden, dass z. B. eine motivationale Kassette akustisch hörbar wäre und den ganzen Tag leise die Mahnung spielte: „Du wirst dich an deine Diät halten. Du wirst dich an deine Diät halten.“ Die meisten Menschen, die eine Schlankheitskur machen, versuchen sowieso, sich an ihre Diät zu halten, finden es aber schwierig. Warum sollte eine langweilige Kassette Erfolg haben, wenn viele andere, stärkere Motivationsquellen (wie Kommentare vom Freund) versagen? Kurz gesagt: Die Kassette wird keinen Erfolg haben.

Manche Leute machen sich Sorgen, dass sie durch unterbewusste Werbung, eingebettet in Filmen, Fernsehshows oder Musikaufnahmen, beeinflusst werden. Kann ein skrupelloser Filmproduzent Sie davon überzeugen, für seinen Kandidaten bei der Wahl zu stimmen, indem er in seinen Film ein Bild von ihm einfügt? Auch hier gilt wieder: Wenn es nicht wahrnehmbar ist, ist es nicht effektiv. Und wenn es wahrnehmbar ist, ist sein Einfluss wahrscheinlich minimal. Ironischerweise sorgen sich die Leute weniger um das Bombardement mit expliziter, bewusster Werbung, die sie *tatsächlich* beeinflusst! Sie machen sich auch wenig Gedanken über Filme oder Dokumentationen, die im bewussten Versuch, die Zuschauer zu manipulieren, Geschichte verzerren. In Wirklichkeit sind das die größeren Gefahren.

Beachten Sie, dass so genannte Subliminalkassetten sich von anderen Arten subtiler Einwirkung unterscheiden. Sagen wir einmal, dass unsere Morgenzeitung eine Anzeige enthält, die für Levi's-Jeans wirbt; der Fernseher im Nebenzimmer sendet einen Levi's-Werbespot; und wir fahren auf dem Weg zur Uni an einer Plakatwand mit einer Levi's-Werbung vorbei. Wir beachten diese Reklame vielleicht nicht bewusst. Wenn wir gefragt werden, ob wir eine Werbung für Levi's gesehen haben, sagen wir wahrscheinlich: „Nicht, dass ich wüsste.“ Aber eine solche Reklame kann tatsächlich eine kumulative Wirkung auf uns haben. Diese Art subtilen Einflusses ist alles andere als unterschwellig. Die Zeitungsanzeige, der Werbespot, die Plakatwand sind zweifellos wahrnehmbar, wenn wir uns dafür entscheiden, sie anzuschauen.

Unterschwellige Wahrnehmung sollte von Phänomenen unterschieden werden, die die Lenkung der Aufmerksamkeit betreffen. Es ist bekannt, dass unser Bewusstsein davon beeinflusst wird, wohin wir unsere Aufmerksamkeit richten, sowohl innerlich als auch äußerlich. Beispielsweise achten Menschen mit Angststörungen oft übermäßig auf ihre Körperempfindungen (z. B. Schmerzen oder Krämpfe) und suchen nach Anzeichen dafür, dass sie krank sind. Dann haben sie mehr Schmerzen. Solche ängstlichen Menschen suchen vielleicht auch die äußere Umgebung nach Bedrohungen ab. Eine Studie zu diesem Thema verwendete eine dichotische Höraufgabe, bei der Personen Kopfhörer tragen und aufgefordert werden, die Wörter zu wiederholen (auf sie zu achten), die in ein Ohr gesprochen werden (Mathews & MacLeod, 1986). In dem anderen, unbeachteten Ohr präsentierten die Forscher Wörter, die eine Bedrohung ausdrücken, z. B. „Notfall". Man stellte fest, dass Personen mit Angststörungen (aber nicht die normalen Kontrollsubjekte) Probleme mit der vorgeschriebenen aktuellen Aufgabe hatten, wenn sie die bedrohlichen Wörter hörten. In solchen Fällen sind die bedrohlichen Stimuli außerhalb der bewussten Wahrnehmung, weil die Aufmerksamkeit anderswohin gelenkt ist, aber die bedrohlichen Stimuli sind dem Bewusstsein durchaus zugänglich. Das heißt, wenn die Probanden die Aufmerksamkeit auf das andere Ohr richten würden, würden sie die bedrohlichen Wörter deutlich hören.

3.7.5 Gedächtnis

Die direkte Untersuchung des menschlichen Gedächtnisses bietet viele gute Beispiele dafür, wie sich kognitive Beschreibungen mit psychoanalytischen überschneiden. Der verbale Lernansatz – das Lernen von Wörterlisten – führte zu Tausenden von Experimenten zu der Frage, wie die spätere Erinnerung an gelernte Wörter davon beeinflusst wird, auf welche Weise das Material präsentiert wird. Diese Forschungen konzentrierten sich in erster Linie auf die Bedeutung solcher Variablen wie die Geschwindigkeit, in der die Liste präsentiert wurde, die Anzahl der Wörter auf der Liste, die Länge der einzelnen Wörter, die Beziehung der Wörter zueinander, wie viele andere Listen vor oder nach dieser Liste gelernt wurden, wie viel Zeit zwischen dem Lernen einer Liste und dem Abfragen verstrich und die Methoden, mit denen das Wortgedächtnis untersucht wurde.

Zwei in diesen Untersuchungen wiederholt festgestellte Phänomene sind für eine kognitive Neuinterpretation Freud'scher Ideen relevant. Erstens: Was von einem Ereignis erinnert wird, ist nicht identisch mit der Begebenheit selbst, sondern vielmehr eine persönliche, interpretierte, internalisierte Schilderung dieses Ereignisses. Zwei Menschen, die dasselbe Ereignis erleben, werden nicht zwangsläufig dieselben Erinnerungen daran haben. Stattdessen erlebt jede Person jedes Ereignis aus einer einzigartigen, individuellen Perspektive, die von Bedürfnissen, Zielen, Annahmen und anderen Erfahrungen dieser Person abhängt, und zwar sowohl zum Zeitpunkt des Ereignisses als auch davor. Sogar bei einem scheinbar so banalen und eindeutigen Ereignis wie der Präsentation eines alltäglichen, vertrauten Worts kommt eine Variabilität der individuellen Erfahrung vor. Einzelne Subjekte werden sich hinsichtlich der richtig und der falsch erinnerten Items unterscheiden.

Je vielschichtiger die ursprüngliche Information ist, desto größer wird die Variabilität des Erinnerten sein. Eine komplizierte Geschichte erzeugt verschiedenartigere Erinnerungen als eine einfache Wortliste. Anders gesagt: Die Erinnerung ist die Verflechtung oder Mischung von Informationen über das tatsächliche Ereignis und den Erwartungen und

Vorstellungen einer Person (Bartlett, 1932; Owens, Bower & Black, 1979). Solche Befunde bestätigen Freuds Theorie, dass zusätzliche Faktoren Erinnerungen verzerren, aber der Schwerpunkt in der modernen Forschung liegt stärker auf den komplexen Strukturen der Psyche und weniger auf der Abwehr gegen unerwünschte Gedanken.

Zweitens: Auch die individualisierte Erinnerung ist keine einzelne, feste Größe, präsent (oder auch nicht präsent) in der Person, die dieses Ereignis erlebt hat, sondern vielmehr eine komplexe, facettenreiche und sich ständig ändernde Darstellung. Was über das Ereignis berichtet wird (auch ob überhaupt etwas erzählt wird), variiert stark – je nach den Umständen, unter denen die Erinnerung abgefragt wird. Immer wieder weisen empirische Befunde darauf hin, dass Erinnerungen, deren „Vorhandensein" auf verschiedene Weise bewiesen werden kann, von einem Subjekt, das zu einem anderen Zeitpunkt und auf andere Art und Weise befragt wird, möglicherweise nicht berichtet werden. Mit anderen Worten: Eine Erinnerung kann verfügbar, aber nicht immer zugänglich sein. Wir haben z. B. schon erwähnt, dass Abrufhilfen – etwas, das mit der Erinnerung verknüpft ist – das Erinnern sehr erleichtern.

Diese Befunde sind relevant für eine freudsche Sichtweise, weil sie eine methodisch rigorose Herangehensweise an Aspekte des Bewusstseins und des Unbewussten exemplifizieren, die zentral sind für Freuds Arbeit. In der Psychoanalyse wird der Therapeut wiederholte Versuche unterstützen, wichtige frühe Erinnerungen zu aktivieren, den Kontext der Ereignisse (z. B. das Haus, in dem sie stattfanden) zu erinnern, die beteiligten Personen sowie die damaligen Gefühle. Diese Strategien stimmen mit dem überein, was modernen Forschungen zufolge das Erinnern erleichtert (z. B. Williams & Hollan, 1982). Die meisten Menschen, die eine solche Therapie machen, berichten, dass sie wichtige Einflüsse in ihrem Leben klar erkennen, die sie vorher nie bedacht hatten. All das stimmt mit Freuds Grundthese überein, der zufolge ein Großteil dessen, was Persönlichkeit ausmacht, unter der Oberfläche des Bewusstseins liegt.

Obwohl die kognitiv-psychologische Literatur eine etwas andere Terminologie verwendet, spiegeln sich viele Gedanken Freuds über die Existenz und Bedeutung des Unbewussten in modernen kognitiven Ansätzen. So haben Experimente zeigen können, dass es ein unbewusstes Erinnern gibt. Typischerweise denken wir an das Gedächtnis als **explizites Gedächtnis** – wir können etwas erinnern oder wiedererkennen. Aber es gibt auch ein **implizites Gedächtnis** – wir können Denken oder Verhalten aufgrund einer Erfahrung ändern, an die wir uns nicht bewusst erinnern (Schacter, 1992). Normale Menschen können eine frühere Erfahrung „vergessen" (d. h., ihnen fehlt offenbar die bewusste Erinnerung daran), z. B. das Lösen eines Rätsels oder das Lernen einer neuen motorischen Fähigkeit, aber gleichzeitig zeigen sie durch ihr Geschick bei der Ausführung der Aufgabe, dass sie diese bereits geübt haben. Mit anderen Worten: Die Person, die untersucht wird, kann sich nicht bewusst an ein Ereignis erinnern, von dem der Experimentator weiß, dass es im Rahmen des Experiments stattgefunden hat und vom Subjekt bewusst wahrgenommen worden ist. Aber obwohl sich das Subjekt zu einem späteren Zeitpunkt nicht bewusst an diese Erfahrung erinnern kann, führt es die Aufgabe besser aus als eine Person, die das erste Mal vor diese Aufgabe gestellt wird. Diese Dissoziation von expliziter und impliziter Erinnerung zeigt, dass Erfahrungen, die nicht bewusst erinnert werden, dennoch unser Verhalten beeinflussen können.

Dieses Phänomen des impliziten Gedächtnisses wird heute in der Regel innerhalb einer strikt kognitiven (nicht freudschen) Sichtweise gedeutet. Die Kognitivisten neigen dazu, es als Beleg dafür zu sehen, dass der repräsentationale Code, in dem Fertigkeiten häufig im Gehirn enkodiert werden, nicht zwangsläufig mit der sprachlichen Wiedergabe der Erinnerung übereinstimmt. Auch wenn die bewusste Erinnerung an das Ereignis, bei dem die Fertigkeit erworben wurde, nicht vorhanden ist, kann die Fertigkeit im Gedächtnis in einer prozeduralen Form (die dem Bewusstsein nicht verfügbar ist) repräsentiert sein. In der kognitiven Terminologie wird das **prozedurale Gedächtnis** (Gedächtnis für den Ablauf einer Aufgabe) vom **deklarativen Gedächtnis** (Gedächtnis für Fakten bezüglich einer Aufgabe oder eines Ereignisses) unterschieden; das eine kann ohne das andere nicht existieren (Schacter, 1987). Vielleicht haben Sie sich schon einmal dabei ertappt, wie Sie gesagt haben: „Ich wusste einmal, wie man das macht" (wenn es um ein Spiel geht, das Binden eines Knotens, das Fahren eines Einrads oder das Spielen eines Musikinstruments). Damit haben Sie implizit ausgedrückt, dass Ihr deklaratives Wissen über bestimmte Erfahrungen noch vorhanden ist, obwohl das relevante prozedurale Wissen verblasst ist. Wenn Sie umgekehrt über eine fertigkeitsbezogene Aktivität sagen: „Ich kann dir nicht sagen, wie ich es mache, aber ich kann es dir zeigen", erklären Sie, dass eine Fähigkeit in Ihrem Gedächtnis in einer Form repräsentiert ist, die sich nicht mit einer verbalen Darstellung vereinbaren lässt.

3.7.6 Amnesie

Ähnliche interessante kognitive Forschungen zu dem Phänomen der unbewussten Erinnerung konzentrierten sich nicht auf normale Personen, sondern auf Patienten mit einer Form der Amnesie, bei der schon wenige Minuten nach einem Ereignis keine neuen bewussten Erinnerungen abgerufen werden können. Sie könnten ein langes Gespräch mit einer solchen Person führen, dann den Raum verlassen und fünf Minuten später zurückkommen – und der unter Amnesie Leidende würde behaupten, Sie nie zuvor gesehen zu haben! Faszinierend an diesen Patienten ist jedoch, dass sie neue Fertigkeiten erlernen können. Beispielsweise wurde einem solchen anterograd amnestischen Patienten über viele Tage wiederholt die Möglichkeit gegeben, den Weg aus einem Labyrinth zu finden. Mit der Zeit verbesserte sich seine Fertigkeit, den richtigen Weg aus dem Labyrinth ausfindig zu machen, so wie bei einer Person mit normalen Gedächtnis. Interessanterweise behauptete er jeden Tag, sogar als er bei der Ausführung der Aufgabe außerordentlich geschickt wurde, dass er das Labyrinth vorher noch nie gesehen habe (Milner, 1962). Sein Verhalten zeigte eindeutig den Einfluss von Erfahrungen, an die er keine abrufbare Erinnerung hatte.

Der Schwerpunkt der Gedächtnisforschung über amnestische Patienten liegt darauf, sie viele unterschiedliche Erfahrungen machen zu lassen (z. B. das Erlernen neuer motorischer Fähigkeiten, das Hören neuer Lieder, neue optische Eindrücke, die Begegnung mit unbekannten Menschen, die Erkundung einer neuen Umgebung, das Lesen neuer Fakten und dergleichen) und nach Prinzipien zu suchen, die die Erfahrungen, die als „erinnert" abgerufen werden können, von jenen unterscheiden, die das Verhalten beeinflussen, obwohl sie nicht „erinnert" werden. Ein herausragender Befund bei diesen Untersuchungen war, dass die Fähigkeit, Erfahrungen als bewusst erinnert wiederzugeben, nicht deckungsgleich ist mit dem Ausmaß, in dem diese „vergessenen“ Erfahrungen Verhalten beeinflussen (Warrington & Weiskrantz, 1978; Graf, Mandler & Squire, 1984). Das heißt, es gibt überzeugende Belege dafür, dass die bewussten Erinnerungen amnestischer Patienten von jenen Ereignissen abgespalten werden, die diese Personen tatsächlich beeinflusst haben. Dieser Befund, soweit er sich über die klinische Population hinaus anwenden lässt, impliziert, dass viele Erfahrungen, die unser aktuelles psychisches Leben beeinflussen, dem Bewusstsein nicht ohne weiteres verfügbar sind, genauso wie Freud behauptete.

Ein anderes wichtiges Ziel der Forschungen über Amnesie ist, das normale Gedächtnis besser zu verstehen. Wenn die eingehende Untersuchung von vielen Menschen mit gestörter Erinnerungsfähigkeit zeigt, dass häufig bestimmte Cluster von Gedächtnisfunktionen gemeinsam verloren gehen, ist es wahrscheinlich, dass die Funktionen innerhalb eines jeden Clusters von einem gemeinsamen Grundprozess abhängen (Kihlstrom & Glisky, 1998). Mit anderen Worten: Diese modernen Forschungen gehen von der Vorstellung aus (und finden Belege dafür), dass verschiedene Systeme unabhängig voneinander im Gehirn aktiv sind – außerhalb des Bewusstseins und mit gelegentlicher Verbindung untereinander. Genau dies ist einer der Kerngedanken der Freud'schen Theorie.

Obwohl die kognitive Psychologie belegt, dass ein Großteil wichtigen psychischen Geschehens außerhalb unseres Bewusstseins stattfindet, unterscheidet sich Freuds Vorstellung vom Unbewussten in wichtigen Punkten vom modernen kognitiven Ansatz. Nach Freud spielen unbewusste Prozesse nicht nur eine beherrschende Rolle beim Funktionieren der menschlichen Psyche; er ging auch davon aus, dass das Unbewusste die wichtigsten Aspekte des menschlichen Lebens enthält und seine Inhalte dazu neigen, durch einen aktiven Prozess der Verdrängung im Unbewussten zu bleiben. Wie schon erwähnt, dachte Freud, dass verdrängte Überzeugungen, Gefühle und Wünsche sich in Sprech- oder Schreibfehlern zeigen, die verdrehen, was die Person bewusst sagen wollte. Die experimentelle Psycholinguistik (die Untersuchung der Psychologie der Sprache) erklärt die gleichen Fehler, ohne dabei psychodynamische Mechanismen zu nennen.

Zudem war das Unbewusste für Freud die Quelle der Libido – die bedrohlichsten, am stärksten sexuell aufgeladenen, sozial inakzeptabelsten und irrationalsten Triebe. Kognitive Psychologen sehen das Unbewusste positiver als eine Sammlung von Informationen (Erinnerungen, Vorstellungen, Prozesse), die sich aus folgenden Gründen gegenwärtig nicht im begrenzten Bereich des Bewusstseins befinden: Sie sind irrelevant oder zu schwach repräsentiert, um wachgerufen zu werden, oder sie sind ihrer Natur entsprechend auf eine Art repräsentiert, die mit dem Bewusstsein nicht kompatibel ist. Zum Beispiel:

- Sie sind sich Ihrer Erinnerungen an Ihre erste Verabredung als Teenager wahrscheinlich nicht bewusst, wenn Sie mit jemandem ausgehen oder hoffen, dass eine Verabredung zustande kommt. Liegt es daran, dass diese Erinnerungen für Ihre jetzigen Wünsche und Hoffnungen nicht relevant sind, oder liegt es an einem ungelösten sexuellen Konflikt?
- Sie können auf Nachfrage vielleicht nicht ohne weiteres die Namen all Ihrer Lehrer aus der zweiten Grundschulklasse nennen, obwohl Sie sie kannten, als Sie in der zweiten Klasse waren. Ist das so, weil diese Erinnerungen zu schwach repräsentiert

und deshalb ohne richtige Hinweisreize nicht leicht zugänglich sind, oder weil Sie zu dieser Zeit sexuell belästigt wurden?

- Sie können nicht erklären, warum Sie den Geschmack von Oliven ganz und gar nicht mögen oder wie Sie überhaupt den Geschmack von Oliven erkennen. Ist das so, weil Prozesse dieser Art nie ins Bewusstsein gebracht werden können, oder liegt es an verdrängten Gefühlen im Zusammenhang mit Hoden?

Jüngste kognitive Untersuchungen zum Gebrauch der Einsicht bei der Problemlösung konzentrieren sich auf die Frage, ob Einsichten, die die erfolgreiche und effiziente Lösung eines Problems herbeiführen, bewusst verfügbar sein müssen, bevor sie umgesetzt werden können. Bei einer Untersuchungsreihe (Siegler, 2000) wurde gemessen, wie viel Zeit Kinder für die Lösung von Rechenaufgaben brauchten, und nach jeder Aufgabe wurden die Kinder nach ihrer Strategie gefragt. Das Experiment verwendete einige geschickt konstruierte Aufgaben, die entweder durch wirkliche Berechnung oder eine vereinfachende Erkenntnis gelöst werden konnten. Beispielsweise kann 18 + 24 – 24 entweder durch Addition gefolgt von Subtraktion gelöst werden oder durch die Erkenntnis, dass die zweite und die dritte Zahl sich gegenseitig aufheben. Führten die Kinder die Rechnung durch, dauerte es wesentlich länger, bis sie die Lösung hatten, als wenn sie diese mittels der Erkenntnis erreichten. Der interessante Befund war, dass die Kinder schon bei mehreren Aufgaben die Erkenntnis anwendeten, bevor sie davon berichteten – d.h., bei etlichen aufeinander folgenden Aufgaben hatten sie die Erkenntnis gut genug verstanden, um sie anzuwenden, aber nicht gut genug, um sie zu verbalisieren. Die Kinder nutzten eine unbewusste Einsicht, um das Problem zu lösen. Eine kognitive Erklärung dieses Phänomens stützt sich auf Konzepte wie das Aktivierungsniveau und bezieht sich in keiner Weise auf psychoanalytische Vorstellungen von Bedrohung oder Verdrängung.

Die kognitive Sichtweise des Unbewussten kennt keinen aktiven Prozess des Schutzes vor potenziell schmerzlichen und schädlichen Inhalten des Unbewussten (Kihlstrom, 1987). Zu Freuds Konzept des dynamischen Unbewussten existiert keine weithin akzeptierte kognitive Parallele. Es bleibt abzuwarten, ob Freud seine Beobachtungen über unbewusste Prozesse und Erinnerung zu sehr verallgemeinerte und überinterpretierte oder ob moderne kognitive Psychologen ein Phänomen von großer Bedeutung übersehen.

Auswertung der Perspektiven

Vorzüge und Grenzen des psychoanalytischen Ansatzes

- ***Kurze Umschreibung des Inhalts***
  - Der Mensch als ein Bündel sexueller und aggressiver Triebe, die von der Zivilisation unterdrückt werden.
- ***Vorzüge***
  - Betont den Einfluss, den Muster, die in früher Kindheit gebildet wurden, auf die Entwicklung der Persönlichkeit haben.
  - Versucht, unbewusste Kräfte zu verstehen.

- Befasst sich mit den elementaren motivationalen Trieben Sexualität und Aggression.
- Versteht Abwehrmechanismen als einen wesentlichen Aspekt der Persönlichkeit.
- Geht von verschiedenen aktiven Ebenen im Gehirn aus.

■ ***Grenzen***

- Pessimistische Überbetonung der frühen Erfahrungen und destruktiven inneren Triebwünsche.
- Lässt zwischenmenschliche Beziehungen oder die Identität des Individuums und seine Anpassung im Leben weitgehend außer Acht.
- Schwierig empirisch zu überprüfen.
- Viele Vorstellungen über die Struktur des Gehirns wurden von der neueren Hirnforschung widerlegt.
- Setzt voraus, dass jede Abweichung von heterosexuellen Beziehungen pathologisch ist.
- Konzentriert sich auf männliches Verhalten als die Norm und weibliches Verhalten als eine Abweichung.

■ ***Bedeutung des freien Willens***

- Verhalten wird von inneren Trieben und Konflikten bestimmt.

■ ***Gängige Erfassungstechniken***

- Psychotherapie, freie Assoziation, Traumdeutung.

■ ***Konsequenzen für die Therapie***

- Weil Persönlichkeitsprobleme die Folge tiefer innerer Konflikte sind, muss eine wirkliche Veränderung durch eine langfristige, klärungsorientierte Psychotherapie kommen, bei der man – unter Anleitung eines gut bezahlen Therapeuten – das innere Selbst durch Hypnose, freie Assoziation oder Traumdeutung erforscht. Die traditionelle psychoanalytische Therapie kann Jahre dauern, aber neuere klärungsorientierte Kurzzeit-Psychotherapien versuchen, eine therapeutische Allianz zwischen dem Experten und dem Klienten zu schaffen, bei der der Klient zu bedeutsamen Einsichten geführt wird.

Zusammenfassung und Fazit

Obwohl Sigmund Freud von einigen labororientierten modernen Persönlichkeitsforschern als historische Kuriosität behandelt wird, kann eine Fehleinschätzung von Freuds Einfluss dazu führen, dass die zahlreichen Erkenntnisse vernachlässigt werden, die die psychoanalytische Theorie zu unserem Verständnis von Persönlichkeit beitragen kann. Viele von Freuds aufsehenerregenden Ideen sind von modernen biologischen und psychologischen Forschungen widerlegt oder überholt worden, andere dagegen sind auch heute noch aktuell und finden sehr viel Beachtung (Westen, 1998). Dieses Kapitel macht auf die bedeutenden intellektuellen Beiträge aufmerksam, erwähnt aber auch die Grenzen und Fehler des psychoanalytischen Ansatzes.

Schon früh begann Freud, seine Theorien von der Bedeutung des Unbewussten zu entwickeln. Anfangs setzte er Hypnose ein, um diesen Bereich der Psyche zu erschließen, aber bald ging er zu freier Assoziation und zur Traumdeutung über. Freud glaubte, dass Träume und andere Gedanken aus Bildern bestehen, die der Erinnerung (oder dem Bewusstsein) ohne weiteres zugänglich sind, aber dass diese Bilder häufig unbewusste Probleme und Spannungen symbolisieren (d.h., eine latente Bedeutung haben).

Die Träume und Probleme seiner Patienten – sowie die Erinnerungen an seine eigene Kindheit – brachten Freud zu den Theorien von der Struktur der Psyche und der psychosexuellen Entwicklung, für die er heute bekannt ist. Nach der Freud'schen Theorie haben Individuen einen inneren Kern, *Es* genannt, der der primitivste Teil der Psyche ist und Lust erleben will. Auf der nächsten Ebene befindet sich das *Ich*, das nach praktischen Möglichkeiten sucht, die Bedürfnisse des Es zu befriedigen. Und zuletzt internalisiert das Über-Ich, das dem Konzept des Gewissens ähnlich ist, aber einen unbewussten Aspekt enthält, gesellschaftliche Normen und lenkt unser zielsuchendes Verhalten auf sozial akzeptable Beschäftigungen.

Nach der psychosexuellen Entwicklungstheorie Freuds durchlaufen Individuen in ihrer Entwicklung Phasen, in denen bestimmte Ziele äußerst wichtig sind. Zudem postulierte er eine *Fixierung* des Individuums auf eine bestimmte Phase, wenn der mit dieser Phase verbundene Konflikt nicht gelöst ist. Die erste Phase (orale Phase) ist eine Periode, in der die Befriedigung des Hunger- und Dursttriebes von höchster Bedeutung ist; Individuen mit einer Fixierung auf diese Phase sind übermäßig mit den Themen Abhängigkeit und oraler Bedürfnisbefriedigung beschäftigt. In der zweiten Phase (anale Phase) geht es um den Lustgewinn durch das Ausscheiden des Kots und um die Probleme, das zu sozial angemessenen Zeiten zu tun; auf diese Phase fixierte Individuen können passiv-aggressiv oder übermäßig ordentlich oder unordentlich sein. Während der dritten Phase (genitale Phase) liegt der Schwerpunkt auf den Genitalien, für diese Phase wird für Jungen ein Ödipuskomplex postuliert (für Mädchen dagegen ein Elektrakomplex), der durch die Identifikation mit einem Elternteil gelöst wird. Die vierte Phase ist um einiges länger als die ersten drei Phasen und wird als Latenzphase bezeichnet, weil sich die sexuellen Energien nicht zeigen, sondern in schulische Aktivitäten und in Freundschaften kanalisiert werden. Die erfolgreiche Lösung der vierten Phase zeigt sich in einer gesunden erwachsenen heterosexuellen Beziehung, einer liebevollen Ehe und dem Großziehen von Kindern.

Der Gedanke, dass die Lösungsmuster solcher Kindheitskonflikte die erwachsene Persönlichkeit stark beeinflussen können, ist allgemein anerkannt worden, aber viele der spezifischen Prognosen haben wenig Unterstützung gefunden oder sich als zu eng verknüpft mit Freuds Zeit, Kultur und Vorurteilen erwiesen.

Freud entwickelte auch komplexe, einflussreiche Theorien über Abwehrmechanismen – die Versuche der Psyche, die Wirklichkeit zu verzerren, um das Leben angenehmer und weniger bedrohlich zu machen. Ein entscheidender Abwehrmechanismus ist die *Verdrängung* oder die Fähigkeit, schmerzliche Erinnerungen ins Unbewusste zu verbannen. Posttraumatische Belastungsstörungen und verdrängte Erinnerungen an sexuellen Missbrauch, Themen, die heute oft für Schlagzeilen sorgen, lassen sich direkt auf diese Theorie der Verdrängung anwenden. Ein anderer Freud'scher Abwehrmechanismus heißt *Reaktionsbildung*. Bei der Reaktionsbildung können die Wünsche einer Person, wenn sie gegen ihre eigenen fundamentalen Überzeugungen verstoßen, in ihr Gegenteil verkehrt werden – und diese entgegengesetzten Triebwünsche bestimmen das Verhalten. Ein verwandter Mechanismus ist die *Sublimierung*, die Verwandlung gefährlicher Triebwünsche in uneigennützige oder andere nützliche und sozial erwünschte Motivationen. *Verleugnung*, ein weiterer Abwehrmechanismus, ist die Unfähigkeit (oder Weigerung) der Psyche, eine Wirklichkeit anzuerkennen; in Fällen, in denen die Wahrheit nicht völlig verleugnet werden kann, werden möglicherweise nur Teile verzerrt. *Projektion* findet statt, wenn eigene Angst erregende Impulse einer anderen Person zugeschrieben werden. Der Abwehrmechanismus der *Verschiebung* verlagert bedrohliche Gefühle von ihrer eigentlichen Ursache auf etwas oder einen anderen hin; das neue Ziel ist im Allgemeinen kontrollierbarer und weniger bedrohlich als das ursprüngliche. Bei der Regression gehen Individuen „in der Zeit zurück" in eine sicherere und glücklichere Phase ihres Lebens, um gegenwärtigen Bedrohungen zu entkommen. Obwohl man in der frühen Kindheit Regression feststellen kann, ist es schwierig, sie bei Erwachsenen zu belegen. Der letzte und vielleicht häufigste Abwehrmechanismus ist die Rationalisierung – die logische Begründung von Verhaltensweisen und Ereignissen, hinter denen ursprünglich unbewusste Motive standen.

Obwohl die Freud'sche Theorie manchmal als primitiv verurteilt wird, sollte nicht vergessen werden, dass Freuds Ideen kühn und innovativ waren und viele wichtige nachfolgende Entwicklungen in Theorie und Forschung anstießen. Außer der umfangreichen gegenwärtigen psychoanalytischen Theorie und Praxis, die direkt aus der Arbeit von Freud hervorging, kann die Freud'sche Theorie als Ausgangspunkt für die Erforschung vieler aktueller Fragen in der Psychologie dienen. Ein Beispiel ist Hypermnesie, das Phänomen, bei dem ein späterer Erinnerungsversuch Informationen erbringt, die zuvor nicht abrufbar waren. In der Forschung der kognitiven Psychologie ist Hypermnesie inzwischen von zentraler Bedeutung bei den Untersuchungen darüber, wie angeblich frühe Erinnerungen an Kindesmissbrauch wiedererlangt werden. Ebenso ist die infantile Amnesie, das Phänomen, dass Menschen sich im Allgemeinen nicht an Dinge aus der frühen und sehr frühen Kindheit erinnern, von großem Interesse für jene, die Entwicklung und Sprache des Kindes untersuchen. Studien zur subliminalen Wahrnehmung und zum impliziten Gedächtnis beruhen auf Freuds Ideen über das Unbewusste, auch wenn die modernen Forschungstechniken und Theorien auf wesentlich neueren Kenntnissen basieren.

Obwohl Freuds Beschäftigung mit der menschlichen Sexualität und dem Es heutzutage als eine Überbetonung betrachtet wird, bleibt abzuwarten, ob er seine Beobachtungen überinterpretierte oder ob moderne Psychologen signifikante Phänomene übersehen.

Haupttheoretiker

Sigmund Freud

Zentrale Begriffe

Unbewusst
Manifester versus latenter Inhalt
Struktur der Psyche – Es, Ich, Über-Ich
Lustprinzip versus Realitätsprinzip
Psychosexuelle Entwicklungstheorie
Libido
Ödipuskonflikt
Kastrationsangst
Penisneid
Abwehrmechanismen
Psycho-hydraulisches Verschiebungsmodell
Hypermnesie
Infantile Amnesie
Subliminale Wahrnehmung
Explizites Gedächtnis versus implizites Gedächtnis
Prozedurales versus deklaratives Gedächtnis

Literaturempfehlungen

Cohen, J. D., & Schooler, J. W. (Hrsg.). (1997). *Scientific approaches to consciousness*. Mahwah: Lawrence Erlbaum.

Freud, S. (1917/1924). *Vorlesung zur Einführung in die Psychoanalyse*. Leipzig: Internat. Psychoanalyt. Verlag

Freud, S. (1963). *Three case histories: The „Wolf Man," the „Rat Man," and the psychotic Doctor Schreber*. (P. Reiff, Hrsg.). New York: Macmillan.

Freud, S. (1982). *Studienausgabe*. Frankfurt a. M.: Fischer.

Freud, S. (1990). *Das Ich und das ES*. Frankfurt a. M.: Fischer.

Freud, S. (2003). *Vorlesungen zur Einführung in die Psychoanalyse und Neue Folge*. Frankfurt a.M.: Fischer.

Gay, P. (1988). *Freud: A life for our time*. New York: W. W. Norton.

Masson, J. (1984). *The assault on truth: Freud's suppression of the seduction theory*. New York: Farrar, Strauss, & Giroux.

Kapitel

4 Neoanalytische und Ich-Aspekte der Persönlichkeit: Identität

In diesem Kapitel

Stellen Sie sich Michael vor, einen College-Studenten, der alles daransetzt, bei seinen Kommilitonen beliebt zu sein und Kontakt zu finden. Er bemüht sich so sehr darum, dass manche sagen, er habe einen Minderwertigkeitskomplex. Das heißt, er ist übermäßig damit beschäftigt, sich mit anderen zu vergleichen; er versucht ständig, andere zu übertreffen, fühlt sich aber dennoch minderwertig. Könnte es sein, dass dieses Reaktionsmuster von ungelösten Konflikten in Michaels Kindheit herrührt?

C. G. Jung prägte den Begriff „Komplex" und bezog ihn auf verdrängte Triebe, die späteres Verhalten beeinflussen (wie bei Freuds Ödipuskomplex). Aber bald darauf wendete der Psychoanalytiker Alfred Adler den Begriff auf das Bemühen eines Kindes an, Gefühle der Unterlegenheit und der Ohnmacht zu verdrängen und dadurch zu überwinden. Ein kleiner Junge z. B. könnte das Gefühl haben, in jeder Hinsicht minderwertig zu sein – von seinen sportlichen Fähigkeiten (verglichen mit einem älteren Bruder) bis hin zur Penisgröße (verglichen mit seinem Vater); unvermeidliche Folge wäre der intrapsychische Kampf, mit diesen Dingen fertig zu werden. Adler nannte diesen Komplex den „Minderwertigkeitskomplex"; dieses Wort gehört heute zum allgemeinen Sprachgebrauch.

Bedeutsam an Adlers Vorstellung ist, dass er Vergleiche und Rivalitäten mit anderen Menschen explizit einbezieht. Für Adler ist das soziale Interesse eine Primärquelle der Motivation. Die von Freud betonten inneren Triebe werden durch äußere Anforderungen ergänzt, vor allem jene, die sich aus Beziehungen ergeben.

Sara, Michaels 19jährige Kommilitonin, die Ärztin werden möchte, kann nachts manchmal nicht schlafen, weil sie sich Sorgen wegen ihrer Berufswahl macht. Sie kommt in ihrem Studium gut voran, aber sie ist die Erste in ihrer Familie, die Medizin studiert. Tatsächlich haben viele ihrer Verwandten noch nicht einmal das College besucht. Außerdem vermisst sie ihre Freunde aus der Oberschule und manchmal ist sie sich nicht sicher, wer sie ist und was sie tun soll. Sie ärgert sich über die sexistischen Bemerkungen, die ihre Kommilitonen über „hässliche Ärztinnen" machen. Man könnte es verstehen, wenn man ihr eine „Identitätskrise" bescheinigen würde.

In der Pubertät und im jungen Erwachsenenalter steht der Mensch vor der sexuellen Reife (und der Fähigkeit, auf sexuelle Triebwünsche zu reagieren), vor einem Kontinuitätsbruch mit der Kindheit und der großen Sorge, wie er von anderen gesehen wird. Der Psychoanalytiker Erik Erikson (1950) beschrieb diese psychosozialen Ereignisse als eine Entwicklungsphase in der Jugend, die sich oft in solchen bekannten Phänomenen wie Cliquenbildung und Jugendschwärmerei zeigt. Wenn diese Phase erfolgreich durchlaufen wird, kann der Jugendliche, wirklicher Intimität fähig, zur nächsten Phase übergehen – dem reifen Erwachsenenalter. Beachten Sie, dass diese Phasen der Persönlichkeitsentwicklung weit nach dem Zeitpunkt stattfinden, an dem Freud zufolge die Persönlichkeit geformt ist.

Obwohl Sigmund Freud glaubte, dass Menschen von ihren Instinkten (dem Es) beherrscht werden, erkannten und vertraten bedeutende Denker in der Tradition Freuds bald die Bedeutung der Selbst-Gefühle (Ich-Gefühle), die im Laufe unseres Lebens aus unseren Interaktionen und Konflikten mit anderen entspringen. Diese Psychologen und Psychiater beschäftigen sich wesentlich mehr mit dem Selbstbewusstsein (Ich-Bewusstsein) des Individuums als dem zentralen Kern der Persönlichkeit. Beachten Sie, dass dieser Begriff des „Ich“ nicht mit dem Freuds gleichzusetzen ist. Hier ist der Gedanke des Ich weiter gefasst und definiert die Kernindividualität der Person. Weil diese Theoretiker von der Psychoanalyse ausgehen, sie aber in neue Richtungen erweitern, wird der Ansatz oft **neoanalytisch** genannt (d.h. die „neue Analyse“). In der zweiten Hälfte des zwanzigsten Jahrhunderts ermöglichten diese Ich-Ansätze außerdem die Entwicklung von Theorien über das Selbst, die die Freud'schen Vorstellungen vom Es völlig verwarfen, aber den Motivationen und sozialen Interaktionen immer noch großes Gewicht beimaßen (Brenner, 1994). Sie sind Gegenstand dieses Kapitels.

4.1 Carl Gustav Jung und die Individualität

Aus der Geschichte sind unzählige Fälle bekannt, in denen es zu einem schweren Zerwürfnis zwischen dem Kronprinzen und dem König oder dem Nachfolger und dem Vorstandsvorsitzenden kam. Nehmen Sie beispielsweise den biblischen Bericht von Absaloms Verrat an seinem Vater, König David. Auch wenn Sie die Geschichte nicht kennen, können Sie wahrscheinlich viele ihrer Elemente erraten. Sie könnten vermuten, dass König David ein guter und weiser Herrscher war, der versuchte, das Richtige zu tun. Sie würden wahrscheinlich auch annehmen, dass Absalom ein verwöhnter und habgieriger Sohn war, der sich so sehr in die Vorstellung verliebte, Macht zu haben und reich zu sein, dass er bereit war, seinen Vater zu verraten, um sich all das zu verschaffen. (Sie hätten in beiden Punkten Recht.)

Warum fallen uns Geschichten wie diese sofort ein? Warum können wir uns ein solches Szenario ohne weiteres vorstellen? Carl Gustav Jung glaubte, dass wir darauf programmiert sind, bestimmte Wahrheiten zu erkennen und zu akzeptieren – nicht nur aufgrund unserer eigenen Erfahrungen, sondern auch aufgrund der kumulierten Erfahrungen unserer Vorfahren. Diese Überzeugung bot eine wichtige Grundlage für seine Persönlichkeitstheorie.

Die Geschichte von David und Absalom hat sich über die Jahrhunderte immer wieder wiederholt. Aber nicht alle Geschichten sind so extrem. Wenn Sie das nächste Mal zwischen den Fernsehprogammen hin und her zappen, dann achten Sie einmal auf die Gäste in vielen der Talkshows: Kinder, die mit ihren Eltern und Stiefeltern im Streit liegen; Angestellte, die in erbitterter Feindschaft ihren Chef attackieren; und „Jünger“, die ihre Gurus anprangern und aussteigen, um ihrerseits Führer zu werden und eigene Zwecke zu verfolgen. Dieses Muster traf auch auf Freud und Jung zu. Carl Gustav Jung (Freuds „Kronprinz“) sorgte für den entscheidenden ersten Bruch mit der Freud'schen Lehre.

4.1.1 Der Hintergrund von Jungs Ansatz

Jungs Kindheit

Carl Gustav Jung wurde 1875 im Schweizerischen Kesswil geboren. Er wuchs in einem religiösen Elternhaus auf; sein Vater Paul Jung war Landpfarrer und seine Mutter Emilie die Tochter eines Pfarrers. Jungs Persönlichkeitstheorien waren einzigartig, und ihre Wurzeln können auf Gedanken und Erfahrungen aus seiner Kindheit zurückverfolgt werden. Vor allem zwei Themen waren während seiner Kindheit von besonderer Bedeutung für ihn – Themen, die später die Grundlage für seine Persönlichkeitstheorie bilden sollten.

Das erste war seine Überzeugung, dass er aus zwei verschiedenen Persönlichkeiten bestehe; er war sowohl (1) das Kind, das er nach außen zu sein schien, als auch (2) ein weiser und kultivierter Herr des vorherigen Jahrhunderts. Jung war ein introvertiertes und verschlossenes Kind, das viel Zeit im einsamen Spiel und Nachdenken verbrachte. Oft saß er auf einem großen Stein im Garten und konzentrierte sich abwechselnd auf zwei Vorstellungen: dass er ein Junge war, der auf einem Stein saß, und dass er ein Stein war, auf dem ein Junge saß. Seine Fähigkeit, den Blickwinkel des Steins einzunehmen, vermittelte ihm die Vorstellung, dass er tatsächlich mehr als eine Seinsform haben könnte. Diese Idee schien sich zu verfestigen, als der Vater eines Freundes ihn für ein Vergehen bestrafte. Als er ausgeschimpft wurde, spürte er plötzlich Empörung darüber, dass dieser Mann *ihn* auf eine solche Weise behandelte. *Er* war eine wichtige und angesehene Person, die respektiert und bewundert werden musste. Gleichzeitig war ihm klar, dass er ein ungezogenes Kind war, das gerade von einem Erwachsenen gerügt wurde. So wurde Jung sich seiner gespaltenen Persönlichkeit voll bewusst.

Das zweite und damit eng verwandte Thema aus Jungs Kindheit war, dass seine häufigen Visionen und Träume keine unbedeutenden Koinzidenzen, sondern wertvolle Informationsvermittlungen aus dem Reich des Paranormalen waren. Dieser Gedanke sollte später die Grundlage für sein Konzept des kollektiven Unbewussten bilden. Um das zehnte Lebensjahr schnitzte Jung sich eine kleine Holzfigur, fertigte sorgfältig Kleidung für sie an und versteckte sie zusammen mit einem bemalten Stein auf dem Dachboden des Hauses. Der Gedanke an diese heimlich versteckte Figur mit dem Stein war angenehm für ihn und konnte ihn beruhigen, wenn er unglücklich war. Er pflegte auf kleine Papierstreifen Mitteilungen in Geheimschrift zu schreiben, die er mit der Figur zusammen versteckte – eine Art heimlicher Bibliothek für sie (Jung, 1961a).

Die Anfänge von Jungs Theorie

Erst Jahre später, bei Recherchen für ein Buch, las Jung über „Seelensteine“ (die sich in der Nähe von Arlesheim befinden) und einige der alten monumentalen Götterstatuen. Es fiel ihm leicht, sich dabei ein inneres Bild von den Steinen und Statuen zu machen, weil sie seinem bemalten Stein und seiner Holzfigur aus der Kindheit sehr ähnlich waren. Er hatte nie zuvor Bilder von diesen Objekten gesehen und auch nicht über sie gelesen (um sicher zu sein, durchsuchte er die Bibliothek seines Vaters danach), doch er hatte sie als Kind für sich selbst geschaffen. Diese Begebenheiten waren für ihn ein Hinweis auf bestimmte psychische Elemente, die durch einen unbewussten Kanal von Generation zu Generation weitergegeben werden.

Jung studierte Medizin in Basel und fing dort an, sich für Psychiatrie zu interessieren (zum Entsetzen einiger seiner Professoren). Er schloss sein Studium im Jahr 1900 ab; im selben Jahr wurde Freuds *Traumdeutung* veröffentlicht. Jung las dieses Buch und begann 1906, mit Freud zu korrespondieren. Die beiden wurden schnell gegenseitige Bewunderer, und im April 1907 war klar, dass Freud Jung zu seinem Protegé erwählt hatte, der die psychoanalytische Tradition fortführen sollte.

Abbildung 4.1:
Carl Gustav Jungs (1875-1961) analytische Psychologie war weniger sexuell, sondern stärker historisch orientiert und deutlicher auf das Spirituelle und Übernatürliche gerichtet als Freuds psychoanalytische Psychologie.

Eine Zeit lang ging alles gut, obwohl Jung glaubte, dass die Ziele und Motivationen eines Menschen seinen Lebensweg ebenso entscheidend beeinflussten wie seine sexuellen Triebwünsche. Er war zu der Überzeugung gekommen, dass es universelle Archetypen (emotionale Symbole) gibt, die er immer wieder in seinen Gesprächen mit Patienten identifizierte. Während Freud meinte, dass die Persönlichkeit bis zur mittleren Kindheit weitgehend festgelegt sei, zog Jung es vor, die Persönlichkeit von ihren Zielen und ihrer Zukunftsausrichtung her zu betrachten. Schließlich wurde die Kluft zwischen diesen beiden Richtungen psychologischen Denkens so groß, dass es zwingend schien, getrennte Wege zu gehen. 1913 wurde der Bruch vollzogen, und Jung zog sich in die Abgeschiedenheit seines Hauses zurück. Diese Phase der Einsamkeit und Introspektion währte einige Jahre. Während dieser Zeit erforschte er sich selbst gründlich und lernte die einzelnen Bestandteile seiner Psyche nach und nach kennen. Nach dieser Phase war er fester denn je davon überzeugt, dass die Grundsätze seiner Theorie universal gültig seien. Um seine Theorie von der Freud'schen psychoanalytischen Theorie zu unterscheiden, nannte er sie *analytische Psychologie*.

4.1.2 Jungs analytische Psychologie

Nach der Jung'schen Theorie ist die Seele oder Psyche in drei Teile aufgeteilt: (1) das bewusste Ich, (2) das persönliche Unbewusste und (3) das kollektive Unbewusste.

Das bewusste Ich

Bei Jung hat das **Ich** eine ähnliche Aufgabe und Bedeutung wie bei Freud. Es ist der Aspekt der Persönlichkeit, der bewusst ist, und verkörpert das Selbstbewusstsein. (Nach Jung entwickelt sich diese persönliche Identität, oder das Ich, um das vierte Lebensjahr.)

Das persönliche Unbewusste

Jungs zweiter Bestandteil der Psyche, das **persönliche Unbewusste,** enthält Gedanken und Gefühle, die gegenwärtig nicht bewusst sind. Auf Gedanken aus dem persönlichen Unbewussten kann jedoch zugegriffen werden. Das persönliche Unbewusste enthält sowohl die Gedanken und Wünsche, die gegenwärtig einfach unwichtig sind, als auch jene, die aktiv verdrängt worden sind, weil sie für das Ich eine Bedrohung darstellen. Zum Beispiel: Wenn Sie in der Psychologie-Vorlesung sitzen, denken Sie nicht über Ihre Verabredung am Abend zuvor nach (hoffen wir). Diese Informationen sind nicht verdrängt worden; sie sind im Moment nur nicht relevant. Ihre Sitznachbarin hegt vielleicht wegen früherer Rivalitäten einen tiefen Groll und Feindseligkeit gegen einen Bruder oder eine Schwester, wobei in ihrer Familie Liebe allerdings einen sehr hohen Stellenwert hat. Diese Person verdrängt möglicherweise diese negativen Gefühle, weil sie ihre Fähigkeit bedrohen, sich selbst als eine „gute" Person zu sehen. Solche Gedanken und Wünsche (in beiden Fällen) werden von Jung als Teil des persönlichen Unbewussten betrachtet. (Beachten Sie, dass Freud die Gedanken an das Rendezvous vom Abend zuvor wahrscheinlich als „vorbewusst" bezeichnet hätte.)

Nach Jung enthält das persönliche Unbewusste sowohl vergangenes (retrospektives) als auch zukünftiges (prospektives) Material. Dies erwuchs aus der Beobachtung, dass viele seiner Patienten Träume hatten, die sich auf Fragen und Ereignisse der Zukunft bezogen. Sie „sehen" nicht die Zukunft, sondern ahnen vielmehr Dinge, die wahrscheinlich geschehen werden. Zudem glaubte er, dass es eine Aufgabe des persönlichen Unbewussten ist, bewusste Einstellungen und Gedanken zu *kompensieren* (auszugleichen). Das heißt: Wenn die bewussten Ansichten einer Person sehr einseitig sind, kann das persönliche Unbewusste, in dem Versuch, ein gewisses Gleichgewicht wiederherzustellen, durch Träume oder andere Mittel den entgegengesetzten Standpunkt betonen (Jung, 1961c, 1990).

Das kollektive Unbewusste

Die dritte, wahrscheinlich umstrittenste, Komponente der Psyche wurde von Jung als das **kollektive Unbewusste** bezeichnet. Es enthält eine tiefere Schicht des Unbewussten und besteht aus starken emotionalen Symbolen, den so genannten **Archetypen**. Diese Symbole sind allen Menschen gemeinsam und wurden seit Anbeginn der Zeiten gebildet (d. h., sie sind eher „transpersonal" als persönlich oder individuell). Die Archetypen stammen aus den emotionalen Reaktionen unserer Vorfahren auf sich ständige wiederholende Ereignisse wie das Auf- und Untergehen der Sonne, den Wechsel der Jahreszeiten und sich wiederholende zwischenmenschliche Beziehungen wie die von Mutter und Kind. Die Präsenz solcher Archetypen oder emotionaler Muster lässt uns auf häufige, immer wieder auftretende Stimuli in vorhersehbarer Weise reagieren. Jung beschrieb viele verschiedene Archetypen, darunter den Helden, den alten Weisen, den Zauberer und den Schatten, die alle eindeutig in populären Filmen wie der Star-Wars-Trilogie auftauchen (mit dem weisen alten Obi-Wan Kenobi, dem dämonischen Darth Vader, dem Helden Luke und so weiter). Im Folgenden werden einige seiner bekanntesten Archetypen beschrieben (siehe auch Tabelle 4.1).

Animus und Anima. Zwei wichtige Archetypen sind der **Animus** (das männliche Element einer Frau) und die **Anima** (das weibliche Element eines Mannes). Der Animus-Archetyp impliziert, dass jede Frau eine männliche Seite hat und ein entsprechendes angeborenes Wissen darüber, was es bedeutet, ein Mann zu sein; der Anima-Archetyp beinhaltet, dass in jedem Mann eine weibliche Seite wohnt und daher auch ein Wissen darum, was es bedeutet, Frau zu sein.

Archetyp	Beispiele
Magier (Betrüger)	Zauberer, Hexenmeister, Hellseher
Kindgott	Elfe, Kobold
Mutter	weise Großmutter, Jungfrau Maria
Held	König, Retter, Krieger
Dämon	Satan, Antichrist, Vampir
Schatten	„die dunkle Seite", böser Zwilling
Persona	Maske, soziale Fassade, Schauspieler

Tabelle 4.1: Jungs Archetypen und moderne Symbole

Persona und Schatten. Diese beiden entgegengesetzten Archetypen repräsentieren die Unterschiede zwischen unserer äußeren Erscheinung und unserem inneren Selbst. Der **Persona**-Archetyp (lateinisch für „Maske") verkörpert die gesellschaftliche Seite, die wir anderen zeigen. Obwohl von außen betrachtet jede Persona individuell ist, ist der Archetyp selber ein idealisiertes Bild davon, wie Menschen sein sollten. Es wird modifiziert von den einzigartigen Bemühungen eines jeden Menschen, dieses Ziel zu erreichen. Dagegen ist der **Schatten**-Archetyp die dunkle und unannehmbare Seite der Persönlichkeit – die schändlichen Wünsche und Motive, die wir lieber nicht zugeben würden. Diese negativen Impulse führen zu sozial inakzeptablen Gedanken und Handlungen, so wie bei Freud die ungehemmten Triebwünsche des Es verabscheuungswürdiges Verhalten bewirken können.

Mutter. Der **Mutter**-Archetyp verkörpert im Allgemeinen Generativität und Fruchtbarkeit. Er kann durch eine tatsächliche Mutterfigur (z. B. die eigene Mutter oder Großmutter) oder eine symbolische (z. B. die Kirche) heraufbeschworen werden. Außerdem kann der Mutter-Archetyp gut oder böse sein, oder auch beides, so wie echte Mütter das Potenzial für beides haben.

Held und Dämon. Der Held-Archetyp beschreibt eine starke und gute Macht, die mit dem Feind kämpft, um einen anderen aus der Gefahr zu retten. Das Gegenteil des Helden ist der Dämon, der Grausamkeit und das Böse verkörpert. In unserem Beispiel von David und Absalom würde König David den Helden repräsentieren, während sein undankbarer Sohn der Dämon wäre.

Jungs Ansichten über das kollektive Unbewusste und seine Archetypen sollten, obwohl faszinierend, nicht ungeprüft übernommen werden. Die moderne wissenschaftliche Psychologie bezweifelt die Existenz des kollektiven Unbewussten, zumindest hinsichtlich Erinnerungen im Gehirn, die aus den Erfahrungen unserer Vorfahren resultieren. Jedoch hat eine komplexere Version von Jungs Vorstellung wahrscheinlich eine gewisse Validität.

Zu allen Zeiten scheinen Menschen immer wieder mit denselben Problemen zu kämpfen. Beispielsweise werden seit Jahrtausenden im Namen Gottes Kriege geführt. Zu den neueren Beispielen zählen die fortgesetzten Konflikte zwischen Katholiken und Protestanten in Nordirland und zwischen Muslimen und Christen in Bosnien, aber das sind keineswegs seltene und isolierte Beispiele. Ein anderes Problem, mit dem jede Generation ringt, sind Geschlechterunterschiede: Was sind die Unterschiede und wie wichtig sind sie? (Für eine ausführlichere Behandlung von Geschlechterfragen siehe Kapitel 11.) Unsere westliche Gesellschaft hat große Fortschritte gemacht seit dem frühen 20. Jahrhundert, als Frauen nicht studieren und nicht wählen konnten und als das Eigentum ihrer Männer betrachtet wurden. Aber trotz dieser größeren Gleichberechtigung interessiert sich die Gesellschaft immer noch für die *Unterschiede*. Der populäre Bestseller *Männer sind vom Mars, Frauen von der Venus* (Gray, 1992) konzentriert sich auf die Unterschiede in der männlichen und der weiblichen Kommunikation.

Warum interessieren uns nach wie vor Fragen wie die nach Geschlechterunterschieden und nach dem „wahren Gott“ oder der „richtige Religion“? Vielleicht hatte Jung in gewisser Hinsicht Recht. Es scheint, dass wir als Menschen bestimmte Interessen, bestimmte Leidenschaften teilen, und zwar auf eine Weise, die an Instinkt grenzt. Diese Art von Fragen und Bemühungen sind Teil dessen, was das Menschsein ausmacht. Manche der moderneren Theorien versuchen in ihren Daten „objektiver“ zu sein, um den Preis, dass sie diese tiefen und fundamentalen Fragen ignorieren. Um diesen Fehler zu vermeiden, versuchen wir in diesem Buch, die Stärken *und* die Schwächen der verschiedenen Persönlichkeitsansätze zu zeigen.

Komplexe

Für Jung ist ein **Komplex** eine Gruppe affektiv aufgeladener Gefühle, Gedanken und Vorstellungen, die alle mit einem bestimmten Thema in Zusammenhang stehen (z. B. Saras Identität oder Michaels Minderwertigkeit). Die Stärke eines Komplexes wird von seiner Libido oder seinem „Wert" bestimmt. Beachten Sie, dass Jungs Definition der Libido sich von der Freuds darin unterscheidet, dass der Begriff eine allgemeine psychische Energie beschreibt, die nicht zwangsläufig sexueller Natur ist.

Jung begründete seine These über die Existenz von Komplexen mit seinem Wortassoziationstest. Er präsentierte seinen Klienten eine Liste von – seines Erachtens optimal angeordneten – Wörtern (siehe Tabelle 4.2) und die Klienten mussten auf jedes Wort mit dem ersten Wort antworten, das ihnen einfiel. Jung und seine Kollegen maßen die Zeit, die ein Klient für seine Antwort brauchte (Verzögerungen wiesen auf eine irgendeine Abnormalität oder einen Konflikt hin), sowie die Atemgeschwindigkeit, den Hautwiderstand und bei einer Testwiederholung das Gedächtnis. Auf diese Weise identifizierte er bestimmte Wörter, die eine emotionale Erregung hervorriefen, und durch Nachfragen konnte anhand dieser Wörter oft die Natur des Komplexes aufgedeckt werden. Interessanterweise werden heute ähnliche (wenn auch differenziertere) Methoden in der kognitiven Psychologie angewendet. Jung glaubte, dass die Persönlichkeit aus gegeneinander wirkenden Kräften besteht, die beständig im Widerstreit liegen und so (in der gesunden Person) ein gewisses Gleichgewicht schaffen. Er kam später jedoch zu dem Schluss, dass der Wortassoziationstest an sich nicht richtig zwischen Gefühlen, die sich auf vorgestellte Stimuli und solchen, die sich auf tatsächliche Ereignisse bezogen, unterscheiden konnte. Daher gab er diese Methode auf.

Kopf	blau	Frosch	waschen
grün	Lampe	trennen	Kuh
Wasser	sündigen	Hunger	Freund
singen	Brot	weiß	Glück
Tod	reich	Kind	Lüge
Schiff	stechen	Bleistift	eng
bezahlen	Mitleid	traurig	Bruder
Fenster	gelb	Pflaume	fürchten
freundlich	Berg	heiraten	Storch

Beachten Sie: Carl Gustav Jung war der Erste, der zur Erforschung der Persönlichkeit Wortassoziationen benutzte.

Anleitung: Nachdem ein Wort vorgelesen worden ist, antworten Sie mit dem ersten Wort, das Ihnen einfällt.

Deutung: Achten Sie zunächst darauf, ob Sie sofort oder mit Verzögerung geantwortet haben. Listen Sie dann die Wörter auf, bei denen Sie nicht unmittelbar, mit einem sehr ungewöhnlichen, mit einem langen oder mehrfach zusammengesetzten Wort geantwortet oder bestimmte Emotionen gezeigt haben. Überlegen Sie zum Schluss, ob Sie ein Thema in diesen speziellen Wörtern finden können. Jung ging davon aus, dass dieses Thema einen Blick ins Unbewusste ermöglicht.

Quelle: Bearbeitet nach Jung, C. G. (1910), Die Assoziationsmethode, *American Journal of Psychology, 31,* 219-269.

Tabelle 4.2: Einige Stimuluswörter für Jungs Wortassoziationstest

Funktionen und Einstellungen

Jung postulierte vier Funktionen der Psyche: (1) Empfindung („Ist etwas da?“); (2) Denken („Was ist das, was da ist?“); (3) Fühlen („Was ist es wert?“); und (4) Intuition („Wo ist es hergekommen und wo geht es hin?“). Denken und Fühlen wurden von Jung als rational bezeichnet, weil sie mit Wertung und logischem Denken verbunden sind. Im Gegensatz dazu nannte er Empfindung und Intuition irrational, weil bewusstes Denken bei diesen Prozessen praktisch nicht vorkommt. Obwohl alle diese Funktionen in jedem Menschen vorhanden sind, dominiert normalerweise eine.

Zusätzlich zu diesen vier Funktionen beschrieb Jung zwei entscheidende Einstellungen: **Extraversion** und **Introversion**. Diese Begriffe gehören heute zur Alltagssprache, werden aber im Allgemeinen als entgegengesetzte Pole derselben Dimension verstanden und nicht wie in Jungs Theorie als zwei getrennte und gegeneinander wirkende Konstrukte. Analog zu den Funktionen existieren Extraversion und Introversion in jedem Individuum, aber eine Einstellung ist für gewöhnlich dominierend. Extrovertierte richten ihre Libido (psychische Energie) auf Dinge in der äußeren Welt, während Introvertierte stärker nach innen orientiert sind. Die Kombination dieser beiden Einstellungen mit den vier Funktionen ergibt acht mögliche Persönlichkeitstypen. Nehmen Sie z. B. eine Person, deren dominierende Funktion das Fühlen und deren dominierende Einstellung Extraversion ist; die „Fühlen“-Tendenzen der Person würden nach außen gerichtet werden. Das heißt, dass die Person im Allgemeinen leicht Anschluss findet, dazu neigt, laut zu sein und von den Stimmungen anderer beeinflusst zu werden. Wäre jedoch die vorherrschende Einstellung Introversion, würden die „Fühlen“-Tendenzen der Person in die Introspektion und Beschäftigung mit inneren Erfahrungen kanalisiert werden, die von Beobachtern als *Gefühlsmangel* interpretiert werden könnten. So wird deutlich, dass jede dominierende Funktion sehr verschiedenartige Ausprägungen annehmen kann, wenn sie mit der einen oder der anderen Einstellung gepaart wird, und dass sich acht sehr unterschiedliche Kategorien oder Typen von Persönlichkeit ergeben. Diese Typologie bildet die Grundlage eines bekannten Persönlichkeitsinventars – des Myers-Briggs-Typen-Indikators.

Bezeichnenderweise war es Jung, der Freud in Frage stellte und hinsichtlich Motivation und Ich begriffliches Neuland erschloss und damit die Entfaltung anderer Ansätze ermöglichte. Es sollte auch festgehalten werden, dass Jungs Bereitschaft, sich mit mystischeren und spirituelleren Aspekten der Persönlichkeit zu beschäftigen, maßgeblichen Einfluss auf existenzialistisch-humanistische Ansätze hatte; diese werden in Kapitel 9 behandelt. Wie Freud war Jung einer der intellektuellen Riesen des frühen 20. Jahrhunderts, der mittelalterliche Hirngespinste, die über Generationen weitergegeben worden waren, wegfegte und neue Denkweisen über das Personsein erschloss. Jung war jedoch mehr Philosoph als Wissenschaftler.

4.2 Alfred Adler, der Minderwertigkeitskomplex und die Bedeutung der Gesellschaft

Vor einigen Jahren sagte der amerikanische Justizminister, als es darum ging, dass man für Kinderrechte eintreten müsse: „Mit 12- oder 13jährigen Aussteigern zu arbeiten ist zu spät – dann haben sie bereits Minderwertigkeitskomplexe entwickelt." (*Newsweek*, 1993) Wie bereits erwähnt, prägte Jung den Begriff des Komplexes, aber der *Minderwertigkeitskomplex* ist Alfred Adlers Beitrag.

Alfred Adler, geboren 1870 in Wien, war gebürtiger Jude, aber er schien sich diesem Erbe nicht besonders verbunden zu fühlen. Als Kind war Adler schwächlich und wäre tatsächlich einige Male beinahe gestorben. Er litt an Rachitis und konnte deshalb seinen Geschwistern beim Spielen oft nur zuschauen. Während seines fünften Lebensjahrs erkrankte er so schwer an Lungenentzündung, dass der Hausarzt die Hoffnung auf seine Genesung aufgab (zum Glück holten seine Eltern die Meinung eines anderen Arztes ein). Er wurde auf der Straße überfahren, und das nicht nur einmal, sondern zweimal – der Schock war so groß, dass er das Bewusstsein verlor (Orgler, 1963). Diese Begegnungen mit dem Tod und das Wissen um seine eigene Hinfälligkeit hinterließen in ihm ein Gefühl der Ohnmacht und Angst. Er beschloss, Arzt zu werden, um zu lernen, wie man dem Tod entgegenwirkt.

Adler studierte in Wien Medizin (obwohl Freud damals dort Vorlesungen hielt, lernten sich die beiden zu dieser Zeit nicht kennen), schloss 1895 sein Studium ab und eröffnete bald darauf seine eigene Praxis. Zwei Jahre später heiratete er Raissa Epstein; zwei ihrer vier Kinder wurden später Psychologen.

4.2.1 Adlers Auseinandersetzungen mit der Freud'schen Theorie

Im Jahr 1902 wurde Adler eingeladen, die kleinen, unregelmäßig stattfindenden Seminare bei Freud zu besuchen. Obwohl seine Auffassungen sich nicht mit denen der Freud'schen Psychoanalytiker deckten, gehörte er etliche Jahre der Gruppe an. Im Jahr 1911 waren die Meinungsverschiedenheiten zwischen Freud und Adler unüberwindlich geworden und wurden sehr hitzig ausgetragen; Adler trat von seinem Posten als Präsident der Wiener Psychoanalytischen Vereinigung (wie die Gruppe sich nannte) zurück und brach jeglichen Kontakt zu ihr ab. Die Debatten mit dem dominierenden Freud und anderen Mitgliedern der Gruppen hatten Adler jedoch geholfen, seine eigene, sich entwickelnde Persönlichkeitstheorie zu durchdenken. Bald darauf gründete er seinen eigenen Verein, den Verein für freie Psychoanalyse (später wurde daraus der Verein für Individualpsychologie).

Einer der zentralen Unterschiede zwischen Adler und Freud war das Gewicht, das die beiden auf den Ursprung von Motivation legten. Für Freud waren die primären motivierenden Kräfte Lust (denken Sie daran, dass das Es nach dem so genannten Lustprinzip arbeitet) und Sexualität. Für Adler waren menschliche Motivationen wesentlich komplexer.

Abbildung 4.2:
Alfred Adler (1870-1937). Viele von Adlers theoretischen Konstrukten (Minderwertigkeitskomplex, Organminderwertigkeit, männlicher Protest) spiegeln seine persönlichen Erfahrungen als krankes Kind wider.

4.2.2 Adlers Individualpsychologie

Adler nannte seine Theorie **Individualpsychologie**, da er fest davon überzeugt war, dass die Motivationen von Individuen einzigartig sind und jede Person ihren Platz in der Gemeinschaft finden muss. Wie Jung trat er entschieden für die Bedeutung der teleologischen Aspekte oder Zielgerichtetheit der menschlichen Natur ein. Ein weiterer signifikanter – und damit verbundener – Unterschied in ihren Philosophien war, dass Adler zufolge, der sich wesentlich stärker als Freud mit sozialen Bedingungen befasste, vorbeugende Maßnahmen ergriffen werden müssen, um Persönlichkeitsstörungen zu vermeiden.

Streben nach Überlegenheit

Für Adler (1930) ist das Streben nach Überlegenheit ein zentraler Kern der Persönlichkeit. Wenn Menschen ein überwältigendes Gefühl der Hilflosigkeit haben oder eine Ohnmachtserfahrung machen, fühlen sie sich oft minderwertig. Wenn diese Gefühle vorherrschend werden, kann sich ein **Minderwertigkeitskomplex** entwickeln. Ein Minderwertigkeitskomplex übersteigert normale Gefühle der Unfähigkeit und vermittelt dem Individuum so den Eindruck, dass Ziele unerreichbar sind und daher jeder Versuch zu ihrer Erlangung hoffnungslos ist. Nehmen Sie z. B. den Fall von David, der nie ein besonders guter Schüler war. Er ist kein schlechter Student, aber neben den Auszeichnungen und akademischen Erfolgen seiner Geschwister wirken seine Leistungen dürftig. Mit der Zeit hat er einen Minderwertigkeitskomplex entwickelt – das unangenehme Gefühl, dass er dumm und sogar weniger wert als sein Bruder und seine Schwester ist.

Ein Individuum, das darum kämpft, einen solchen Komplex zu überwinden, entwickelt möglicherweise einen Überlegenheitskomplex, um nicht das Selbstwertgefühl zu verlieren, und tatsächlich hat David das gemacht. Bei einer ersten Begegnung würden Sie nicht vermuten, dass irgendetwas an ihm minderwertig sein könnte. Er scheint eine sehr hohe Meinung von sich zu haben – ständig prahlt er und ist zumeist der Meinung, seine Lösung für ein Problem sei die richtige. Wenn Sie jedoch tiefer blicken, erkennen Sie, dass diese übertriebene Arroganz in Wirklichkeit eine Überkompensation für seinen vermeintlichen Mangel ist; er hat einen Überlegenheitskomplex entwickelt, um der Minderwertigkeit, die er empfindet, entgegenzuwirken. Er versucht andere und sich selbst davon zu überzeugen, dass er doch wertvoll ist. Nur hat David das Pech, dass Überlegenheitskomplexe auf andere in der Regel unangenehm wirken, und daher wird man ihm wahrscheinlich mit Zurückhaltung oder sogar Abneigung begegnen, wenn er sein überhebliches Gebaren an den Tag legt. Diese Ablehnung wiederum könnte seine inneren Gefühle der Wertlosigkeit verstärken und zu noch aggressiverer Kompensation führen – der Anfang eines Teufelskreises.

Die Entwicklung von Adlers Theorie

Adlers Theorie erfuhr im Zuge seiner Überlegungen zur menschlichen Motivationen eine Reihe von Modifikationen. Das erste Konzept, das er beschrieb, war das der **Organminderwertigkeit** – die Vorstellung, dass jeder mit irgendeiner physischen Schwäche geboren wird. An dieser „Schwachstelle", sagt Adler, manifestiere sich am ehesten Unvermögen oder Krankheit und so versuche der Körper, diese Mangelhaftigkeit in einem anderen Bereich auszugleichen. (Beachten Sie, dass dieser Gedanke eine gewisse Ähnlichkeit mit der Theorie der Homöostase aufweist, die in Kapitel 12 besprochen wird.) Er behauptete, dass solche Schwächen (und was vielleicht noch wichtiger ist, die *individuellen* Reaktionen darauf) entscheidenden Einfluss auf die Lebensentscheidungen von Menschen hätten.

Kurz darauf erweiterte Adler sein Modell um das Konzept des **Aggressionstriebs**. Er glaubte, dass Triebe entweder direkt wirksam sein oder in einen entgegengesetzten Trieb verkehrt werden können (einem freudschen Abwehrmechanismus vergleichbar). Aggression war für Adler von besonderer Bedeutung, da er davon ausging, dass sie eine Reaktion auf wahrgenommene Hilflosigkeit oder Minderwertigkeit ist – ein Sich-Wehren gegen die Unfähigkeit, etwas zu leisten oder zu beherrschen.

Adlers nächster Schritt war der von ihm so genannte **männliche Protest**. Er meinte jedoch nicht, dass nur Jungen dieses Phänomen erlebten. Während dieser Zeit war es kulturell und gesellschaftlich angemessen, die Wörter Weiblichkeit und Männlichkeit als Metaphern für Minderwertigkeit und Überlegenheit zu gebrauchen. Adler ging davon aus, dass alle Kinder aufgrund ihrer relativ machtlosen und abhängigen Position ausgesprochen weiblich sind und dass sowohl Jungen als auch Mädchen diesen männlichen Protest erleben, in ihrem Bemühen, unabhängig von den Erwachsenen und den Machtfiguren in ihrer Kinderwelt und ihnen schließlich ebenbürtig zu werden. Der männliche Protest ist der Versuch eines Individuums, fähig und unabhängig zu sein – selbstständig und nicht nur ein Produkt der Eltern. Manchmal kann das Streben nach Überlegenheit gesund sein, wenn es eine positive Selbstbehauptung beinhaltet.

Diese Suche nach Autonomie und einem Gefühl der Kontrolle und Wirksamkeit wurde später in die Theorien sehr vieler anderer Persönlichkeitspsychologen aufgenommen. Robert White (1959) z. B. führte die Begriffe Wirksamkeitsmotivation und Kompetenz in die Hauptrichtung psychoanalytischen Denkens ein. Sie rührten aus seinen eigenen Erfahrungen und Wünschen nach Kompetenz und würdevoller Selbstsicherheit als jüngerer Mensch – Motivationen, die White zufolge von der Freud'schen Philosophie übersehen wurden.

Berühmte Persönlichkeiten

Hugh Grants Ich

Es war halb zwei Uhr morgens. Ein Mann war auf der Heimfahrt von einem späten Abendessen in Los Angeles. Als er in seinem weißen BMW den Sunset Strip hinunterfuhr, sah er eine Frau am Straßenrand. Er hielt an und gab ihr 45 Dollar, sie stieg in den Wagen. Er parkte in einer Seitenstraße. Während sie auf dem Rücksitz waren, hielt ein Polizeiwagen an; der Polizist warf einen prüfenden Blick in das Wageninnere und verhaftete das Paar sofort. Nichts Ungewöhnliches in einer Nacht in Los Angeles, wäre der Mann auf dem Verbrecherfoto nicht Hugh Grant gewesen.

Grant, der zu dieser Zeit bereits berühmt war, hatte in einer Reihe sehr erfolgreicher Filme die Hauptrolle gespielt. Er war nicht nur beruflich sowohl in Europa als auch in den Vereinigten Staaten erfolgreich, sondern auch in seinem Privatleben: er war mit seiner langjährigen Freundin Elizabeth Hurley, dem „Gesicht von Estée Lauder", verlobt. Warum riskierte der 34jährige mit dem guten Aussehen eines Stars und der Supermodel-Verlobten sein Image als überaus erfolgreicher Mann, indem er die Dienste einer Prostituierten beanspruchte?

Wie es heißt, war Stella Thompson (alias „Divine Brown") für Grant die Verkörperung seiner sexuellen Fantasien. Sie war dunkel, sinnlich und verboten. Als Fantasie hat sie möglicherweise etwas symbolisiert, was dem heranwachsenden Grant unerreichbar und unerlaubt schien. Grant, dessen Mutter Englischlehrerin war und der später zum Studium nach Oxford ging, wurde wahrscheinlich von sozial konservativen Wertvorstellungen eingeengt und bestimmt.

Er gab zu, dass er sich in seiner Jugend immer etwas ersehnt hatte, das er nicht haben konnte – oder vielmehr jemanden oder einen Typ. Das wird eindrucksvoll illustriert durch seine Erinnerung, dass er sich stets in – vorzugsweise katholische – Cheerleader verliebte.

Psychoanalytiker würden vielleicht sagen, dass Grant aufwuchs mit einem inneren Konflikt zwischen seinem Es, das verbotene Fantasien begehrt, und seinem Über-Ich, das ihn (normalerweise) von diesem Archetyp einer verbotenen Frucht zurückhielt. Sein Ich war unfähig, einen vollständigen Kompromiss für das Es zu erreichen (trotz Elizabeth Hurley), weil es keine Möglichkeit gibt, diese verbotenen Mädchen auf gesellschaftlich und moralisch akzeptable Weise zu besitzen. Als Grant nun immer erfolgreicher wurde, gewann sein bereits verwöhntes Es größeren Einfluss. Außerdem war Grant schon längere Zeit in keine Probleme wegen seines Verhaltens geraten, und so war sein Über-Ich vielleicht nicht auf der Hut; gesellschaftliche Einschränkungen traten in den Hintergrund. Es war allerdings sein Ich, das ihn im Stich ließ. Viele erfolgreiche Hollywood-Schauspieler entwickeln Ich-Probleme. Statt durch Herausforderungen zu wachsen, reifer und klüger zu werden, schwelgen sie in der falschen und oberflächlichen Schmeichelei eines bewundernden Publikums, das ihr Image sieht, aber nicht ihr wahres Selbst.

Einige Jahre nach diesem Vorfall sagte Grant in einem Interview, dass er die Schauspielerei eigentlich hasst und sich wünscht, er hätte einen kreativeren Weg wie das Schreiben von Drehbüchern oder Romanen gewählt. Aber wie er zugab, glaubt er, dass ihm die Selbstdisziplin für eine solche Aufgabe fehlt. Und trotz des öffentlichen Bruchs mit Elizabeth Hurley meint er, dass sie eine Beziehung der Co-Abhängigkeit aufrechterhalten, in der er ohne sie nicht wirklich funktionieren kann. Diese Unzufriedenheit sowohl im Blick auf den Beruf als auch auf die Liebe passt in das Bild einer Ich-Schwäche.

Als er den Sunset Boulevard hinunterfuhr, wurde Hugh verleitet von diesem alten Wunsch, etwas zu haben, was moralisch und gesellschaftlich nicht akzeptabel war – diese Frau, die tabu, doch sexuell aufreizend war. Er hatte das Geld, er war erfolgreich und berühmt, er wurde von jedem geliebt, warum also nicht? Mit einem gut entwickelten Ich, das die Realität überprüft und ihm gesagt hätte, dass dieses Nachgeben gegenüber seinen Wünschen irrational war, untreu gegenüber seiner Verlobten, verboten, gefährlich und „verrückt“, wäre er weitergefahren.

Die psychoanalytische Theorie würde behaupten, dass dieses ganze Fiasko auf einen frühen, von seinem Über-Ich verdrängten Es-Wunsch Grants zurückzuführen sei. Aber die Neoanalytiker sehen stärker auf sein Ich – das Gefühl dafür, wer man ist und was man tun sollte. Grant hatte alles und war gewohnt, alles zu bekommen, was er wollte. Warum sollte er jetzt damit aufhören?

Ein ähnlicher Aspekt bzw. verwandtes Konzept, das für Adler große Bedeutung hatte, wurde **Perfektionsstreben** genannt. Seiner Auffassung nach versuchen Menschen, die nicht neurotisch an einen Minderwertigkeitskomplex gebunden sind, ihr Leben lang **fiktionale Ziele** zu erreichen. (Das wird manchmal als „fiktionaler Finalismus“ bezeichnet.) Diese Ziele sind von Person zu Person verschieden – sie spiegeln die individuelle Auffassung von Perfektion wider und erfordern die Beseitigung der als solche wahrgenommenen persönlichen Fehler und Mängel. Der Glaube an die Realität solcher fiktionalen Ziele wird auch „Als-ob-Philosophie“ genannt. Jeder von uns hat fiktionale Ziele. Beispielsweise ist eines von Cleos fiktionalen Zielen eine „perfekte Karriere“. Sie stellt sich vor, dass sie die Universität spielend und mit guten Noten schafft, dass sie ein Praktikum bei einer renommierten Firma machen wird und dann eine Stelle in einer international operierenden Firma erhält, die ihr eine angenehme Arbeitsumgebung, ein beneidenswertes Gehalt und die Möglichkeit zu reisen bietet. Natürlich wird sie in ihrem Job auch sehr erfolgreich und effizient sein und ihre Vorgesetzten zufrieden stellen und mit ihrem großen Talent beeindrucken. Tatsächlich schafft Cleo das Studium nicht spielend; sie muss sehr viel dafür tun, ihren guten Notendurchschnitt zu halten. Es bleibt abzuwarten, ob sie einen Praktikumsplatz in einer renommierten Firma bekommt oder nur eine ganz gewöhnliche Arbeit und ob sie die Karriereleiter erklimmen oder „zweite Liga“ sein wird. Aber diese fiktionalen Ziele geben ihr Beharrlichkeit und Motivation und allein die rosigen Zukunftsbilder sind schon eine gewisse Befriedigung. Würde sie sich niedrigere Ziele stecken, würde sie wahrscheinlich keinen dieser Träume je erreichen. Stattdessen steckt sie sich hohe Ziele und obwohl sie zweifellos einige Enttäuschungen erleben wird, wird sie wahrscheinlich viele ihrer Wünsche verwirklichen.

Adler befasste sich eingehend mit der Wahrnehmung sozialer Verantwortung und dem sozialen Verständnis von Individuen. Aufbauend auf Freuds Beschäftigung mit den Themen Liebe und Arbeit identifizierte Adler drei soziale Grundaufgaben, die jeder bewältigen muss: (1) Berufssaufgaben (occupational tasks) – Wahl und Verfolgung einer Laufbahn, die ein Gefühl des Selbstwerts vermittelt; (2) Gesellschaftsaufgaben (societal tasks) – Aufbau von Freundschaften und eines sozialen Netzes; (3) Liebesaufgaben (love tasks) – das Finden eines passenden Lebenspartners. Nach Adler sind diese drei Aufgaben miteinander verflochten und beeinflussen sich gegenseitig.

Die Rolle der Geburtenfolge

Durch seine intensive Beschäftigung mit der sozialen Struktur und durch scharfsinnige Beobachtungen (sowohl der eigenen Kindheit als auch der anderer) gelangte Adler zu der Überzeugung, dass der Geburtenfolge eine zentrale Bedeutung zukommt und sie sich auf die Persönlichkeit auswirkt. *Erstgeborene Kinder* sind eine Zeit lang bevorzugt, weil sie „Einzelkinder" sind. Sie müssen später lernen, mit der Tatsache fertig zu werden, dass sie nicht mehr im Mittelpunkt stehen und die elterliche Aufmerksamkeit mit den Geschwistern teilen müssen. Dieses ziemlich böse Erwachen kann dazu führen, dass das erstgeborene Kind nach Unabhängigkeit strebt, seinen Status wiedererlangen will oder sich sozial orientiert und sich quasi mütterlich/väterlich um die Geschwister und um andere kümmert. *Zweitgeborene Kinder* werden in eine Situation der Rivalität und des Wettbewerbs geboren. (Adler selbst empfand eine große Rivalität mit seinem älteren Bruder und seine Unfähigkeit, auf körperlicher Ebene zu konkurrieren – aufgrund seiner schlechten Gesundheit –, führte zu späteren Minderwertigkeitsgefühlen.) Auch wenn dies dazu dienen kann, das zweite Kind zu größeren Leistungen zu drängen, steckt in wiederholten Misserfolgen die Gefahr, dem Selbstwertgefühl zu schaden. *Letztgeborene Kinder* sind in der Regel verwöhnter als die anderen. Sie werden für immer „das Nesthäkchen" bleiben. Adler glaubte, dass die Fülle von geschwisterlichen Vorbildern dazu führen kann, dass dieses Kind sich übermäßig unter Druck fühlt, auf allen Gebieten erfolgreich zu sein; und dass die wahrscheinliche Unfähigkeit, das zu erreichen, möglicherweise zu einer faulen und defätistischen Grundhaltung führt.

Diese Gedanken über die Geburtenfolge und die Persönlichkeit (die tatsächlich zum Teil auf die Arbeit Francis Galtons zurückgehen) waren seither Gegenstand unzähliger Forschungen. Einer der vielen Befunde ist, dass bei Erstgeborenen in der Tat eine höhere Wahrscheinlichkeit besteht, dass sie das College besuchen und als Wissenschaftler erfolgreich sind (Simonton, 1994). Aber Spätergeborene sind eher kreativ, rebellisch, revolutionär oder avantgardistisch. Das Buch *Der Rebell der Familie* (Sulloway, 1996) vertritt die These, dass hinter Revolutionen in Wissenschaft, Religion, Politik und sozialen Bewegungen unverhältnismäßig oft Spätgeborene stehen. Aufgrund einer umfassenden Untersuchung der Biographien von 6.000 für die westliche Geschichte wichtigen Persönlichkeiten kommt Sulloway zu dem Schluss, dass Erstgeborene zwar häufig sehr erfolgreich sind, aber die Wahrscheinlichkeit, dass sie revolutionäre Standpunkte vertreten oder unterstützen, wesentlich geringer ist als bei Spätergeborenen.

Sulloway erklärt diesen Einfluss der Geburtenfolge auf die Neigung zu abweichenden Meinungen und radikalen Ideen mit der Familiendynamik – durch die Erstgeborene sich andere Überlebensstrategien aneignen als ihre später geborenen Geschwister. Charles Darwin ist ein klassisches Beispiel eines später geborenen Revolutionärs: Die Daten, auf die Darwin 1837 seine Theorie stützte, standen allen Wissenschaftlern seiner Zeit zur Verfügung, aber es bedurfte der Aufsässigkeit eines Spätergeborenen, um zu erkennen, dass sie erforderten, die verbreiteten Lehre von einem göttlichen Plan zu überdenken, also zur Häresie aufriefen. Beachten Sie, dass für Sulloways ebenso wie für Adlers Ansatz nicht die Position in der Geburtenfolge an sich von Bedeutung ist, sondern vielmehr die Motivationen, die daraus erwachsen. Adler ebnete so vielen späteren Motivationspsychologen den Weg.

Studien zur Geburtenfolge trennen die Auswirkungen der biologischen Geburtenfolge in der Regel nicht von derjenigen der Geschwisterposition. Wenn z. B. das erstgeborene Kind bei der Geburt stirbt, dann ist das zweitgeborene das älteste Kind. Oder wenn ein erstgeborenes Kind in eine Familie aufgenommen wird, die bereits Kinder hat, ist dieses neue Kind biologisch ein erstgeborenes, wächst jedoch als ein spätergeborenes auf. Es sind biologische Unterschiede zwischen Schwangerschaften bekannt (z. B. ist der Uterus während der ersten Schwangerschaft kleiner, der Hormonhaushalt ist unterschiedlich, auch können sich die Brüste mit jeder Stillphase verändern und so weiter). Zukünftige Forschungen sollten daher verstärkt differenzieren, was geschieht, wenn sich die biologische Geburtenfolge von der Geschwisterposition unterscheidet (Beer & Horn, 2000). Dennoch gibt es eindeutige Belege dafür, dass Erstgeborene leistungsorientierter und pflichtbewusster als Spätergeborene sind (Paulhus, Trapnell & Chen, 1999).

Adlers Persönlichkeitstypologie

Adler versuchte, seine Ideen mit der griechischen Vorstellung zu verbinden, dass jeder Persönlichkeit bestimmte Körpersäfte zugrunde liegen. Nach dieser Typenlehre der Antike weist ein Vorherrschen des gelben Gallensafts auf ein reizbares (cholerisches) Temperament hin; ein Überwiegen des Bluts auf ein heiteres (sanguines) Temperament; schwarze Gallenflüssigkeit führt zu einem grüblerischen (melancholischen) und zäher Schleim zu einem lethargischen (phlegmatischen) Temperament. Dieses Grundmuster ergänzte Adler um seine Ideen über unterschiedliche Grade des sozialen Interesses sowie um die Berücksichtigung des Aktivitätsgrads.

Wie Tabelle 4.3 zeigt, benannte Adler die vier Komponenten seiner Typologie neu: (1) herrschend-dominierend (aggressiv und herrschsüchtig), (2) empfangend-anlehnend (nimmt von anderen; ziemlich passiv), vermeidend (löst Probleme durch Weglaufen) und (4) sozial nützlich (bewältigt Probleme auf realistische Art; ist kooperativ und fürsorglich). Diese Orientierung soll das Ergebnis früher Erfahrungen sein. Adler schrieb, dass ein Körper, der für seine Umwelt nicht geeignet ist, für die Psyche eine Belastung sei. Kinder, die unter solchen „mangelhaften Organen" leiden, stehen vor der Herausforderung, diese Einschränkungen zu überwinden – entweder auf eine aktiv-unsoziale Weise (beherrschend werden), auf eine aktiv-soziale Weise (kooperieren), auf eine passiv-unsoziale Weise (nehmen, was andere geben) oder auf eine passiv-depressive Weise (vor Problemen weglaufen). Viele Kinder sind mit dieser Aufgabe psychisch überfordert und werden ichbezogen (egoistisch).

Der Weg zu physischer und psychischer Gesundheit ist mit der Überwindung dieser Ichbezogenheit verbunden. Wie bei den meisten großen Theorien hat sich bei dieser Typologie eine einfache, empirische Validierung als sehr schwierig erwiesen.

Griechische Körpersäfte	Griechische Typen	Soziales Interesse	Aktivität	Adlers Typen
Gelber Gallensaft	cholerisch	gering	hoch	herrschend-dominierend
Zäher Schleim	phlegmatisch	gering	gering	empfangend-anlehnend
Schwarzer Gallensaft	melancholisch	sehr gering	gering	vermeidend
Blut	sanguinisch	hoch	hoch	sozial nützlich

Tabelle 4.3: Ein Vergleich von Adlers Typologie mit der klassischen griechischen Typologie

Einige von Adlers Vorstellungen bezüglich der großen Bedeutung sozialer Situationen wurden von Harry Stack Sullivan weiterentwickelt, mit dem wir uns in Kapitel 10 (über interaktionistische Ansätze) beschäftigen. Adler ebnete den Weg für Denker wie Erich Fromm, der sowohl die elementare, biologisch getriebene Seite der Persönlichkeit als auch deren große gesellschaftliche Einschränkungen anerkannte, aber auch versuchte, jene Kräfte mit Vorstellungen von Kreativität, Liebe und Freiheit zu versöhnen. Fromm und diese Ideen werden in Kapitel 9 (zu humanistischen und existenzialistischen Aspekten von Persönlichkeit) näher betrachtet. Vielleicht war Adlers größtes Geschenk an die Persönlichkeitspsychologie sein Beharren auf der positiven und zielorientierten Natur des Menschen. Ihm verdanken wir die Vorstellung, dass Menschen danach streben, ihre Schwächen zu überwinden und produktiv zu funktionieren – mit anderen Worten: dass Menschen zum Gemeinwesen beitragen.

4.3 Karen Horney, Kultur und Feminismus

Karen Danielson, ein intelligentes, ehrgeiziges Mädchen, wuchs Ende des 19. Jahrhunderts in Hamburg auf. In ihrer Kindheit und Jugend hatte sie zahlreiche persönliche und soziale Probleme. Ihr Vater, ein Kapitän, hatte seine erste Frau verloren, nachdem sie vier Kinder geboren hatte. Er heiratete ein zweites Mal, die attraktive und kultivierte Clotilde, die achtzehn Jahre jünger als er war. Sie bekamen einen Sohn und vier Jahre später eine Tochter – Karen. So wuchs Karen in einer Welt von Stiefgeschwistern auf, die den neuen Familienzuwachs niemals ganz akzeptierten (Horney, 1980; Quinn, 1987).

Ihr Vater, bei ihrer Geburt fünfzig Jahre alt, war ein strenger und sehr religiöser Mann. Er begründete seine Ansichten über die Minderwertigkeit von Frauen mit Verweisen auf die Bibel und regierte seine Familie mit fester Hand. Auch wenn er Karens Bruder Berndt seine Zuneigung offener zeigte, bedeutete ihm doch auch Karen viel. Manchmal brachte er ihr Geschenke aus fernen Ländern mit und erlaubte ihr sogar einige Male, ihn auf Schiffsreisen zu begleiten. So wuchs Karen mit widersprüchlichen Gefühlen ihrem Vater gegenüber auf: Sie bewunderte ihn, fühlte sich jedoch nicht genug geliebt. Sie und ihre Mutter standen sich allerdings sehr nahe.

Obwohl Karen nicht unattraktiv war, glaubte sie, hässlich zu sein, und entschied schon früh, dass sie, wenn schon nicht schön, wenigstens intelligent sein konnte. Sie ging gern zur Schule und war eine ausgezeichnete Schülerin. Bereits mit zwölf beschloss sie, Ärztin zu werden, eine Entscheidung, die ihrem Vater nicht gefiel. Aber Karen, Berndt und Clotilde drangen so sehr auf ihn ein, dass er schließlich zustimmte, Karens Studium zu finanzieren.

In der ganzen Gesellschaft waren die Beziehungen zwischen den Geschlechtern in dieser Zeit im Umbruch. Frauen forderten lautstark mehr Rechte und Bildungschancen. Karen war eines der ersten Mädchen, denen der Besuch des Gymnasiums erlaubt wurde. Auch medizinische Fakultäten öffneten gerade erst ihre Pforten für Frauen. 1906 nahm Karen ihr Medizinstudium in Freiburg auf. Während dieser Zeit lernte sie Oskar Horney kennen und die beiden entwickelten rasch eine enge Freundschaft. Sie heirateten 1909 und 1910 war das erste Kind unterwegs. Dies war ein anstrengendes Jahr mit vielen Veränderungen für Karen. Sie war frisch verheiratet und schwanger. Sie unterzog sich einer Psychoanalyse bei Karl Abraham, einem Schüler Freuds, um sich auf die Arbeit als Psychiaterin vorzubereiten. Und zu alledem starb ihre Mutter, kurz bevor Karens Kind geboren wurde.

Karen und Oskar hatten insgesamt drei Töchter und jede von ihnen erinnerte sich später, dass ihre Mutter ihnen gegenüber in der Kindheit etwas distanziert war. Obwohl das zweifellos auch Absicht war, ein Versuch, Unabhängigkeit zu fördern (etwas, woran sowohl Karen als auch Oskar fest glaubten), fehlte es in ihrer Kindererziehung auch an Wärme und Interesse. Dies ist besonders interessant angesichts Karens eigener Gefühle der Vernachlässigung während ihrer Kindheit und angesichts ihrer späteren Theorien von der Rolle, die elterliche Gleichgültigkeit bei der Entstehung von Neurosen spielt.

In den frühen 1920er Jahren fingen Karen und ihr Ehemann an, sich auseinander zu leben. Dann trat eine Katastrophe ein. Die Familie verlor durch Oskars Finanzgeschäfte ihr Vermögen und bei der steil ansteigenden Inflation reichte sein Gehalt nicht mehr aus, um sie vor dem Bankrott zu bewahren. Zudem machte ihn eine schwere Meningitis-Erkrankung zu einem schwachen, gebrochenen Mann. Im gleichen Jahr starb Karens geliebter Bruder Berndt an einer Lungenentzündung. Sowohl Karen als auch ihr Mann versanken in Depression und im Jahr 1926 wurde deutlich, dass ihre Ehe nicht überdauern würde. Karen und die drei Töchter zogen in eine eigene Wohnung, wenngleich die Ehe erst 1939 geschieden wurde.

Karen Horneys Ideen glichen in mancherlei Hinsicht denen Adlers. Horney war wie Adler davon überzeugt, dass eine der wichtigsten Entdeckungen, die ein Kind macht, die der eigenen Hilflosigkeit ist, und dass der darauf folgende Kampf um Individualität und Kontrolle das Selbst entscheidend prägt. Sie glaubte fest daran, dass für jedes Individuum Selbstverwirklichung und Wachstum wichtig sind, und konzentrierte sich wesentlich stärker auf die soziale Welt und soziale Motivationen als die Freudianer (die ihre Aufmerksamkeit fast ausschließlich auf sexuelle Triebe richteten). 1932 emigrierte Karen von Berlin in die Vereinigten Staaten. Diese enorme kulturelle Veränderung öffnete ihr die Augen noch weiter für die Einflüsse der Gesellschaft auf die Entwicklung des Individuums.

4.3.1 Ablehnung des Penisneids

Freuds Analyse von Frauen orientierte sich an seinem Konzept des Penisneids. Horney lehnte die Vorstellung ab, Frauen hätten das Gefühl, ihre Genitalien seien minderwertig, aber ihre sorgfältige Beobachtung ergab, dass Frauen sich Männern häufig *tatsächlich* unterlegen fühlen. Freud, der dieselbe Beobachtung machte, erklärte dies mit einer anatomischen Ursache – dem Fehlen des Penis. Horney vertrat jedoch die Ansicht, dass die Minderwertigkeitsgefühle der Frauen auf ihre Erziehung zurückzuführen seien sowie darauf, dass es für Frauen übermäßig wichtig sei, sich die Liebe eines Mannes zu sichern. Sie glaubte, dass Frauen, wenn sie in einem Umfeld aufwachsen, in dem „Männlichkeit" als stark, tapfer, fähig und frei und „Weiblichkeit" als minderwertig, zart, schwach und gehorsam definiert werden, sich selbst natürlich als zweitrangig betrachten und sich daher „männliche" Dinge wünschen, um Macht zu bekommen. Aber sie stimmte Freud nicht darin zu, dass es der Penis ist, den Frauen wollen; vielmehr wollen sie die Autonomie und Kontrolle, die sie mit Männlichkeit assoziieren. Sie postulierte auch, dass Männer unbewusst auf bestimmte weibliche Eigenschaften neidisch sind, z. B. die Fähigkeit, Kinder zu gebären.

4.3.2 Grundangst

Weil Kinder machtlos sind – weil sie nicht einfach in die Welt hinausgehen und ihren rechtmäßigen Platz beanspruchen können –, müssen sie, damit ihre Bedürfnisse erfüllt werden können, alle Gefühle der Feindseligkeit und des Ärgers gegenüber den mächtigen Erwachsenen in ihrer Welt verdrängen und sich stattdessen bemühen, diese Erwachsenen zufrieden zu stellen. Horney ersetzte so Freuds biologischen Schwerpunkt durch die Idee der Grundangst. Die **Grundangst** ist die Angst eines Kindes, allein, hilflos und unsicher zu sein. Sie rührt von Problemen in der Beziehung zu den Eltern, z. B. Mangel an Wärme, Stabilität, Respekt oder Zuwendung. Schließlich glaubte Horney, dass die Grundangst auf so gut wie jeden gelenkt werden könne. Dann werde der innere Aufruhr nach außen gerichtet, auf die Welt im Allgemeinen. Obwohl sie Freuds grundsätzliche psychoanalytische Vorstellung akzeptierte, dass Menschen von unbewussten, irrationalen, in der Kindheit entwickelten Motiven getrieben werden, waren ihrer Ansicht nach diese Motive auf soziale Konflikte innerhalb der Familie und auf größere Konflikte innerhalb der Gesellschaft zurückzuführen (Horney, 1968, 1987, 1991).

Sie ging davon aus, dass Individuen auf diese Grundangst reagieren, indem sie eine zentrale Strategie wählen, sich der Welt anzupassen. Diejenigen, die glauben, dass sie mit Nachgiebigkeit am besten im Leben zurechtkommen, nehmen den **passiven Stil** an; diejenigen, die glauben, dass man mit Kämpfen weiterkommt, machen sich den **aggressiven Stil** zu Eigen; und diejenigen, die glauben, dass es am besten ist, sich emotional überhaupt nicht zu engagieren, übernehmen den **distanzierten Stil**. Diese Vorstellungen sind keineswegs nur von historischem Interesse; sie bilden einen weithin akzeptierten Rahmen für das Verständnis von einer positiven Erziehung. Das heutige Anliegen, für Kinder ein warmes, respektvolles familiäres Umfeld zu schaffen, ist wesentlich geprägt von solchen neoanalytischen Theorien über die Rolle der Gesellschaft bei der Zähmung biologischer Instinkte.

Abbildung 4.3:
Karen Horney (1885-1952) modifizierte die Freud'sche Psychoanalyse, um die sozialen und kulturellen Einflüsse auf die Persönlichkeit aufzuzeigen, und lehnte Freuds Betonung der angeborenen Sexualität und des Penis ab. Ihre feministische Perspektive widersprach der patriarchalischen Sicht Freuds.

4.3.3 Das Selbst

Die Neoanalytiker konzentrierten sich auf Identität und Selbstgefühl. Aufgrund ihrer Analyse von Neurotikern beschrieb Horney unterschiedliche Aspekte des Selbst. Erstens gibt es das **reale Selbst**, den inneren Kern unserer Persönlichkeit, wie wir sie wahrnehmen, einschließlich unseres Potenzials zur Selbstverwirklichung; dieser Kern nimmt Schaden durch elterliche Vernachlässigung und Gleichgültigkeit. Eine Folge dieser elterlichen Vernachlässigung kann das **verachtete Selbst** sein, das aus Wahrnehmungen unserer Minderwertigkeit und Schwächen besteht. Es beruht oft auf den negativen Beurteilungen durch andere und unserer daraus resultierenden Hilflosigkeit. Vielleicht am wichtigsten ist das von Horney identifizierte **ideale Selbst** – das, was wir als vollkommen betrachten und zu erreichen hoffen; dieses Ideal wird geprägt von dem Gegenteil dessen, was wir als Unzulänglichkeiten wahrnehmen. Bei der Beschreibung des idealen Selbst bezog sich Horney auf die von ihr so genannte „Tyrannei des Sollens", die Litanei der Dinge, die wir anders hätten machen sollen und mit der wir uns selbst quälen. Für Horney bestand das Ziel der Psychoanalyse nicht darin, einem Menschen zu helfen, sein ideales Ziel zu erreichen, sondern ihn stattdessen zu befähigen, sein reales Selbst anzunehmen. Jemand, der seinem realen Selbst entfremdet ist, wird neurotisch und entwickelt eine interpersonale Bewältigungsstrategie, um den Konflikt zu lösen.

4.3.4 Neurotische Bewältigungsstrategien

Nach Horney wenden Neurotiker eine Reihe von Strategien an, um mit anderen Menschen zurechtzukommen. Die erste dieser Haltungen hat sie als „moving toward people" bezeichnet – das ist der ständige Versuch, andere glücklich zu machen, geliebt zu werden und sich das Lob und die Zuneigung der anderen zu sichern. Horney meinte, dass Individuen, die diese Bewältigungsstrategie anwenden, sich zu sehr mit einem verachteten Selbst identifizieren und daher glauben, dass sie Liebe nicht verdienen. Ihr Verhalten, mit dem sie Liebe gewinnen wollen, soll einerseits ihre Unwürdigkeit verbergen, von der sie überzeugt sind, andererseits jedoch andere davon überzeugen, dass sie Zuneigung verdienen. Beispielsweise haben Frauen, die aus einer Alkoholikerfamilie stammen, möglicherweise gelernt, Selbstbestätigung darin zu finden, dass sie sich von den Eltern ausnutzen lassen; als Erwachsene suchen diese Frauen dann Männer, die sie ausnutzen, und widmen sich der Aufgabe, diese Männer glücklich zu machen und dadurch ihre Anerkennung zu gewinnen (Lyon & Greenberg, 1991). In der Populärpsychologie wird diese gestörte Beziehung auch als *„Co-Abhängigkeit“* bezeichnet.

Horney nannte die zweite Strategie „moving against people“ – das ist das Streben nach Macht, Anerkennung und Bewunderung von anderen. Horney zufolge identifizieren sich diese Individuen nicht zu stark mit dem verachteten, sondern mit dem idealen Selbst. Sie haben die Überzeugung entwickelt, dass ihr Wunschbild von sich selbst Wirklichkeit ist, und ihr Streben nach Anerkennung und Macht ist ein Versuch, sich selbst die Wahrheit dieser Illusion zu bestätigen.

Eine dritte Haltung wurde „moving away from people“ genannt – sie enthält sich jeglicher emotionaler Investition in zwischenmenschliche Beziehungen, um so zu vermeiden, in diesen Beziehungen verletzt zu werden. Horney glaubte, dass diese Individuen das verachtete Selbst überwinden wollen, aber sich trotzdem unfähig fühlen, jemals das ideale Selbst zu werden. Sie denken, dass sie in ihrem gegenwärtigen Zustand die Liebe und Aufmerksamkeit anderer nicht verdienen, haben jedoch das Gefühl, nichts Besseres erreichen zu können. Um daher diesen unangenehmen Kontrast – die Kluft – zwischen jenen beiden Aspekten des Selbst zu vermeiden, verstecken sie sich hinter Unabhängigkeit und Einsamkeit.

Insgesamt können diese selbstschützenden, doch neurotischen Strategien ein dominierendes Bedürfnis werden und die Persönlichkeit bestimmen. Horney führte zehn solcher Abwehrmechanismen gegen Angst auf, die als die zehn neurotischen Bedürfnisse bekannt geworden sind. Sie werden in Tabelle 4.4 aufgezählt.

Zuneigung und Anerkennung (versucht immer, anderen zu gefallen)
Dominierender Partner (übertriebene Abhängigkeit)
Macht (muss andere kontrollieren und Schwäche verachten)
Ausbeutung (Angst davor, ausgenutzt zu werden, aber keine Scheu, selbst andere auszunutzen)
Anerkennung und Prestige (sucht immer einen höheren Status)
Bewunderung (bemüht sich um Komplimente, auch um unverdiente)
Ehrgeiz und Leistung (innere Unsicherheit führt zu dem Wunsch, der/die Beste zu sein)
Unabhängigkeit (sich nie an andere binden)

Tabelle 4.4: Die zehn neurotischen Bedürfnisse nach Karen Horney

Perfektion (versucht, alles richtig zu machen)	
Enge Grenzen (mit wenig zufrieden sein und sich so anderen anpassen)	

Neurotische Menschen konzentrieren sich in allen ihren sozialen Interaktionen zwanghaft auf eines dieser Bedürfnisse. Sie sind irrationale Lösungen für Probleme, mit denen wir alle konfrontiert werden (Horney, 1942). Das Bedürfnis des Neurotikers kann nie befriedigt werden.

Tabelle 4.4: Die zehn neurotischen Bedürfnisse nach Karen Horney *(Forts.)*

4.3.5 Horneys Einfluss auf das psychoanalytische Denken

Summa summarum: Karen Horney trug dazu bei, dass sich das psychoanalytische Denken über Persönlichkeit nicht mehr nur auf biologische, anatomische und individualistische Aspekte konzentrierte. Während sie die Bedeutung unbewusster, in der Kindheit entwickelter Motive akzeptierte, betonte Horney jedoch außerdem die Wichtigkeit sowohl einer warmen, stabilen Familienatmosphäre als auch des Einflusses der Gesellschaft und der Kultur. Außerdem kämpfte Horney nicht nur in ihrem eigenen Leben mit gesellschaftlichen Hindernissen, die dem Erfolg von Frauen im Wege stehen, sondern verwarf auch den Gedanken, dass Frauen von Natur aus schwach und unterwürfig sind. Sie erkannte, dass jede Person von der Familie und der Kultur beeinflusst wird, und beharrte darauf, dass Menschen sich bemühen können, ihre unbewussten Dämonen zu überwinden. Sie betonte die Verzweiflung, die aus der „Tyrannei des Sollens" erwächst – den neurotischen inneren Forderungen nach Perfektion. Sie schrieb, dass Psychoanalyse nicht der einzige Weg sei, innere Konflikte zu lösen – dass das „Leben selbst" ein sehr effektiver Therapeut sei (Horney, 1945).

Trotz Horneys Bemühungen blieb die Psychoanalyse stark androzentrisch und patriarchalisch. Wie die Feministin Germain Greer (1971) spottete: „Freud ist der Vater der Psychoanalyse. Sie hatte keine Mutter."

4.4 Brücken von Freud zu moderneren Konzepten

4.4.1 Anna Freud

Anna Freud wurde im Dezember 1895 als Tochter von Sigmund und Martha Freud geboren – Eltern, die zuvor beschlossen hatten, dass sie keine weiteren Kinder wollten. Als Kind und Jugendliche war sie schüchtern und ruhig, hing aber sehr an ihrem Vater. Mit Anfang Zwanzig unterzog sie sich einer Analyse bei ihrem Vater und wurde anschließend Mitglied der Wiener Psychoanalytischen Vereinigung.

1922 hielt sie ihren ersten Vortrag vor der Vereinigung und 1923 nahm sie die Tätigkeit als Psychoanalytikerin auf, ohne ordentliche psychologische oder medizinische Ausbildung. Im selben Jahr wurde der Rachenkrebs ihres Vaters diagnostiziert. Die folgenden Operationen verursachten zahlreiche Komplikationen; diese Situation förderte vielleicht ihr leidenschaftliches Bemühen, die Theorien ihres Vaters zu erweitern.

Abbildung 4.4:
Anna Freud (1895-1982), hier im Alter von siebzehn Jahren mit ihrem Vater Sigmund während eines Familienurlaubs im Jahr 1913. Ihre Arbeit konzentrierte sich darauf, psychoanalytische Ansätze auf Kinder und Jugendliche anzuwenden.

Im Gegensatz zu ihrem Vater, der versuchte, die Kindheit aus der Perspektive des erwachsenen Patienten aufzudecken, arbeitete Anna Freud direkt mit Kindern. Sie passte psychoanalytische Verfahren den besonderen Bedürfnissen von Kindern an – ihren unterschiedlichen verbalen Fähigkeiten und Aufmerksamkeitsspannen entsprechend. Für das nächste halbe Jahrhundert trat Anna in die Fußstapfen ihres Vaters und wandte die psychoanalytische Theorie auf Kinder und Jugendliche an. Zwar wich sie niemals weit vom traditionellen psychoanalytischen Denken ab, aber indem sie der direkten Untersuchung des Ich Plausibilität verlieh, begann sie die Brücke zu bauen, über die die Neo-Freudianer später gingen. Indem sie den Einfluss des sozialen Umfelds hervorhob, brachte sie das Ich deutlicher in den Mittelpunkt, hielt jedoch an den Verbindungen des Ich zum Es und Über-Ich fest. Sie erreichte auch, dass das psychoanalytische Denken etwas von seinem Determinismus abrückte; obwohl sie keineswegs die Bedeutung der Es-Kräfte oder der Einschränkungen durch das Über-Ich leugnete, gestand sie dem menschlichen Ich ein gewisses proaktives, unabhängiges Funktionieren zu, das spätere Theoretiker weiter ausbauen konnten (A. Freud, 1942).

4.4.2 Heinz Hartmann

Heinz Hartmann wird manchmal als Vater der Ich-Psychologie bezeichnet. Wie Anna Freud arbeitete Heinz Hartmann innerhalb eines klassischen freudschen Rahmens, während er Freuds Konzept vom Ich erweiterte und stärkte. Hartmann glaubte nicht, dass das Ich vom Es kontrolliert wird, aber er sah es auch nicht als völlig autonom an. Vielmehr meinte er, dass das Ich und das Es ausgleichend arbeiten und sich gegenseitig regulieren. Weil Hartmann die Idee akzeptierte, dass es Aufgabe des Ich ist, der Person zu helfen, in der Welt zu funktionieren, musste er das traditionelle freudsche Konzept modifizieren, nach dem das Individuum nur ein Organismus ist, der Spannungsabbau und Lust sucht. Stattdessen erkannte er, dass das Ich Menschen oft so steuern kann, dass sie Dinge tun, die langfristig selbsterhaltend, aber kurzfristig unangenehm sind. Das Ich schützt nicht nur vor libidinösen Triebwünschen, sondern funktioniert auch unabhängig, um mit den Anforderungen der Gesellschaft fertig zu werden (Hartmann, 1958).

4.5 Objektbeziehungstheorien: Eine konzeptuelle Verbindung zwischen Selbst-Identität und sozialer Identität

Mit der allgemeinen Weiterentwicklung der psychoanalytischen Persönlichkeitsansätze wurde es immer deutlicher, dass nicht nur die innere Psyche des Individuums, sondern auch die Beziehungen zu anderen Menschen beachtet werden mussten. Mit anderen Worten: Das Wesentliche unserer Persönlichkeit lässt sich nur erfassen, wenn wir unsere Beziehungen zu wichtigen Bezugspersonen verstehen. Diese Ansätze werden auch **Objektbeziehungstheorien** genannt. Sie konzentrieren sich auf die Objekte psychischer Triebe nicht als Ziele der Instinkte, sondern als wichtige eigenständige Größen. Das heißt: Das Kind lernt über sich selbst und andere in erster Linie durch Interaktion mit anderen Menschen. Normalerweise bezieht sich der Begriff „Objektbeziehungen" in diesem Kontext auf die mentale Repräsentation zentraler Bezugspersonen.

Es ist nicht immer ganz leicht, zwischen Objektbeziehungs-Psychologen, Ich-Psychologen und neoanalytischen Psychologen zu unterscheiden; selten beschränkt sich ein Theoretiker ausschließlich auf ein Gebiet. Eines haben Objektbeziehungstheoretiker jedoch gemeinsam: Sie konzentrieren sich auf die Bedeutung, die die Beziehungen zu anderen Menschen bei der Prägung der Persönlichkeit haben Die meisten Objektbeziehungstheoretiker glauben auch, dass das Selbst als eine Funktion spezifischer interpersonaler Reaktionen sozial konstruiert ist und nicht von Natur aus durch biologische Entwicklung entsteht (Kernberg, 1984). (Siehe den Kasten „Selbstverständnis" unten auf der nächsten Seite)

4.5.1 Margaret Mahler und die Symbiose

Es war Margaret Mahlers Arbeit mit emotional gestörten Kindern, die sie veranlasste, ihre Theorie der *Symbiose* zu entwickeln. Sie beobachtete, dass bestimmte Kinder, die heute wahrscheinlich als autistisch bezeichnet werden würden, offenbar unfähig sind, emotionale Beziehungen zu anderen Menschen (besonders ihren Müttern) zu entwickeln, und sich gegen die Welt abkapseln. Andererseits formen **symbiotisch-psychotische** Kinder emotionale Bindungen, die so stark sind, dass das Kind kein Selbstgefühl entwickeln kann – d.h., es hat kein autonomes Wesen. Im Allgemeinen stehen wir vor dem Konflikt zwischen dem Bedürfnis nach Autonomie und der Sehnsucht, uns in die Hände eines anderen zu begeben und ihm nahe zu kommen.

Mahler zufolge ist die Ausbildung einer gesunden Bindung an die Mutter von äußerster Wichtigkeit für die psychische Gesundheit. Sie bezeichnete Kinder, die normale emotionale Beziehungen zu ihrer Mutter aufbauen, als **normal-symbiotisch**. Sie entwickeln Empathie und das Bewusstsein, eine eigenständige, aber in Liebe verbundene Person zu sein. Wie Anna Freud und Heinz Hartmann legte Mahler zunehmend Gewicht auf das Potenzial des Individuums, seine Welt zu meistern, und auf die Entwicklung eines gesunden Ich. Vor allem aber wies Mahler (1979) darauf hin, dass echte mütterliche Fähigkeiten von großer Bedeutung für die Entwicklung eines emotional gesunden Kindes ist.

Selbstverständnis

Ich-Einschätzung

Ich-psychologische Persönlichkeitsansätze konzentrieren sich auf das bewusste Selbst – wer wir unserer Meinung nach sind – als einen zentralen Aspekt des Individuums. Damit Sie einen Einblick in die Ich-Einschätzung gewinnen können, präsentieren wir drei Übungen; jede veranschaulicht einen anderen ich-psychologischen Ansatz zu dieser Frage.

1. **Was offenbaren Ihre „fiktionalen Ziele?“**
   a. Welches sind im Augenblick die drei Hauptziele (die Bemühungen um persönliche Weiterentwicklung) in Ihrem Leben?
   b. Was sagen diese fiktionalen Ziele über Sie aus?
   c. Was sagen sie über die Schwächen aus, die Sie bei sich erkennen, oder vielleicht über Schwächen, die Sie sich selbst nicht eingestanden haben?
   d. Wie können diese fiktionalen Zielen Ihre zukünftige Lebensgestaltung positiv beeinflussen?
   e. Wird sich Ihre Identität in irgendeiner Weise verändern, wenn Sie Ihre Ziele ändern?

2. **Eine Übung in kritischer Betrachtung von Ich-Ansätzen**

   Für diese Übung brauchen Sie einen Partner, der Sie kennt. Zuerst verfasst jeder für sich fünf kurze Selbstbeschreibungen (jeweils ein Satz). Diese Beschreibungen können allgemein oder spezifisch sein; wichtig ist, dass sie versuchen, das Wesentliche **Ihrer Person** zu erfassen. Nun nehmen Sie sich einen Augenblick Zeit, um über Ihren Partner nachzudenken, und dann schreiben Sie fünf kurze Beschreibungen des anderen (wieder jeweils nur einen Satz). Anschließend vergleichen Sie die Listen.

   Wie gut hat Ihr Partner Sie beschrieben? Wie gut haben Sie Ihren Partner beschrieben? Sagen eventuelle Widersprüche (und bei den meisten Paaren wird es einige geben) etwas über die Unterschiede zwischen Ihrem sozialen und Ihrem persönlichen Selbst aus? Definieren Sie sich von sozialen Rollen her? Oder von Zielen her? Definieren Sie sich neu, wenn Sie wissen, wie andere über Sie denken?

3. **Traumdeutung**

   Wir alle träumen jede Nacht, obwohl viele ihre Träume vergessen. Legen Sie Notizbuch und Stift an Ihr Bett und lassen Sie ein schummriges Nachtlicht an. Wenn Sie nachts oder am frühen Morgen während eines Traums aufwachen, halten Sie Ihre Augen für einen Moment geschlossen und konzentrieren Sie sich darauf, sich an Ihren Traum zu erinnern. Dann öffnen Sie Ihre Augen und schreiben sofort auf, was Sie erinnern. (Im Lauf weniger Wochen sollten Sie sich immer besser an Einzelheiten erinnern können.)

Sehen Sie sich Ihre Träume darauf hin an, ob sich Themen oder Motivationen wiederholen. Dann vergleichen Sie diese mit den Zielen, Themen und Motivationen in Ihrem täglichen Leben. Kommt in ihren Träumen beispielsweise ein Ärger oder ein Konflikt vor, der einem permanenten Ärger oder Konflikt in Ihrem Alltag entspricht? Die Angst zu versagen? Der überwältigende Wunsch, geliebt zu werden? Sind irgendwelche von Jungs Archetypen vertreten?

Wenn Sie das, sagen wir einmal, jedes Jahr im Dezember machen, über einige Jahre hinweg, können Sie sehen, wie sich Ihre Motivationen und Ihre Identität im Lauf der Zeit verändern.

Im Zuge ihrer Weiterentwicklung wurde die Objektbeziehungstheorie ausgebaut und man rückte von mechanistischen Ansichten ab. So vertrat z. B. Otto Kernberg (1948) die Ansicht, dass von Geburt an unsere emotionalen Beziehungen zu wichtigen Bezugspersonen die größte Rolle spielen. Diese Kernbeziehungen werden als emotionales Gedächtnis internalisiert. Wir lernen etwas über uns selbst, über unsere Bezugspersonen (in der Objektbeziehungstheorie „Objekte“ genannt) und über die Natur elementarer emotionaler Beziehungen (wie Liebe, Misstrauen etc.). Diese Erfahrungen oder Repräsentationen kristallisieren sich dann zu einem integrierten Selbst, dem Ich. Interessanterweise wurde, wie wir sehen werden, eine so umfassende Sicht vom sozial geformten Selbst gleichzeitig im soziologischen Bereich der Sozial- und Persönlichkeitspsychologie entwickelt.

4.5.2 Melanie Klein und die relationale Perspektive

Die in Wien geborene britische Psychiaterin Melanie Klein (1882-1960) arbeitete ebenfalls intensiv mit Kindern und konzentrierte sich darauf, wie Kinder Vorstellungen und (psychische) Repräsentationen von anderen Menschen entwickeln. Man könnte sie als die erste bedeutende Kinderanalytikerin betrachten. Klein brachte die Geduld auf, kleine Kinder lange beim freien Spiel zu beobachten. Ihre Ansätze waren jedoch stark von ihren Erfahrungen in der therapeutischen Arbeit beeinflusst, bei der Beziehungen zu anderen in der Regel von äußerster Wichtigkeit sind. Ihre Ideen, wie die von Otto Kernberg, waren auch geprägt von den Vorstellungen der sozialen Interaktion und der Selbstidentität, also der Vorstellung eines sozialen Selbst, die die Grundlage der modernen Sozialpsychologie bilden.

Klein entwickelte eine „Spieltherapie", die heute weit verbreitet ist. Heutzutage können z. B. Kinder, die trauern, weil Vater oder Mutter gestorben ist oder weil sie körperlich misshandelt worden sind, in einem Trauerzentrum behandelt werden, wo sie durch Spielen, Basteln oder Malen ihre unbewussten Gefühle und Konflikte verarbeiten – so wie ein Erwachsener vielleicht durch Traumdeutung oder freie Assoziation. Würden Sie solch eine Therapie für das Kind eines Freundes oder eines in Ihrer Familie empfehlen, das Trauer durchlebt? Die Antwort auf solche Fragen fällt leichter, wenn wir die Ursprünge dieser Therapien verstehen und die Theorien, die ihnen zugrunde liegen.

Klein, die Freuds Ideen in eine neue Richtung lenkte, untersuchte bestimmte frühe Muster wie die Reaktion des Säuglings auf den Entzug der mütterlichen Brust nach dem Stillen. Die Brust ist für den Säugling die erste Quelle der Befriedigung, und wenn sie entzogen wird, gibt das Kind der Mutter die Schuld. Daher lieben und hassen wir zugleich diejenigen, die uns am nächsten sind. Dieser Konflikt wird gelöst, wenn der Säugling versteht, dass die Liebe der Mutter nicht nur ihre Brust ist, wenn also eine Differenzierung stattfindet und ein besseres Begreifen erfolgt. Diese frühe Entwicklung unseres Verständnisses für andere Menschen bestimmt das Muster unserer zukünftigen Beziehungen zu anderen.

In den letzten Jahren sind Melanie Kleins Vorstellungen von modernen Ich-Theoretikern (Objektbeziehungstheoretikern) wie Stephen Mitchell (2000) zur so genannten *relationalen Perspektive* in der Psychoanalyse erweitert worden. Diese Entwicklungen sind Versuche zu erkennen, wie die anfänglichen Muster und Repräsentationen der Selbst-andere-Beziehungen, die wir als Säuglinge und Kinder formen, in den unterschiedlichen Problemen und Herausforderungen unseres späteren Lebens unser Selbstkonzept und unsere sozialen Beziehungen beeinflussen. Das Fehlen einer stabilen Grundlage kann später zu psychischen Störungen führen. Beispielsweise könnte eine Person, die besessen ist von ihrer „Liebe" zu einem Star und diesen ständig verfolgt, unter dem folgenden Aspekt begriffen werden: Die Entwicklung einer normalen Differenzierung von Selbstidentität, Liebesbeziehungen und Empathie ist nicht gelungen. Solche Ansätze sind klinischer, humanistischer und philosophischer als die stärker experimentellen, empirischen Ansätze der persönlichkeitspsychologischen Hauptrichtung, aber auch sie beschäftigen sich mit der sozialen Natur des Selbst.

4.5.3 Heinz Kohut

Auch Heinz Kohut hat zu den neuen Vorstellungen vom Selbst beigetragen (1971). Kohut, der Psychoanalytiker war, vertrat die Auffassung, dass ein Schlüsselproblem vieler ängstlicher Menschen die Angst ist, ein wichtiges Liebesobjekt (meistens Vater oder Mutter) zu verlieren. Er arbeitete mit Patienten, die eine *narzisstische Persönlichkeitsstörung* hatten, d.h., sie fühlten sich ohnmächtig und abhängig, vermittelten jedoch den Eindruck von Tapferkeit und übertriebenem Selbstbewusstsein. Er glaubte, dass die Probleme dieser Patienten von mangelnder Akzeptanz seitens der Eltern herrührten, die bei den Patienten zu der Unfähigkeit führte, sich selbst voll und ganz anzunehmen. Er beobachtete, dass er, wenn er den Elternteil spielte, diesen Prozess oft umkehren und seine Patienten in die Lage versetzen konnte, ein gesundes Selbstkonzept zu entwickeln.

Als Beispiel wollen wir uns Philip anschauen, einen 24jährigen, der wegen seines sehr geringen Selbstwertgefühls einen Therapeuten aufsucht. Sein Selbstkonzept ist so sehr davon bestimmt, was andere von ihm denken, dass er kaum eigene Entscheidungen treffen kann; er macht sich ständig Sorgen, was andere Menschen denken werden. Gleichzeitig gibt ihm diese Unsicherheit das Gefühl, dass er Anspruch auf besondere Aufmerksamkeit hat. Seinem Therapeuten zufolge, der nach Kohuts Theorie arbeitet, hat Philip, bevor er alt genug war, zwischen „Mutter" und „Selbst" unterscheiden zu können, ein traumatisches Ereignis erlebt, wahrscheinlich im Zusammenhang mit seiner Mutter. In seiner Therapie wird der Therapeut mit der *idealisierenden Übertragung* arbeiten; d.h., Philip wird schließlich den Therapeuten als das elterliche Liebesobjekt sehen. Der Therapeut in seiner Eigenschaft als Elternteil kann dann Philip helfen, ein inneres System zu entwickeln, mit dem er sein Selbstwertgefühl aufrechterhalten kann, statt dafür auf andere angewiesen zu sein. Dieser Ansatz erinnert an die humanistische Psychologie von Carl Rogers (siehe Kapitel 9). Tatsächlich bildete Kohut eine Brücke zwischen der freudschen Psychoanalyse und den optimistischeren und ich-orientierten Ansätzen vieler humanistischer Psychologen.

4.5.4 Die Beiträge der Objektbeziehungsansätze

Die Objektbeziehungsansätze, die ihre Aufmerksamkeit darauf richten, wie das Kind seine Umwelt wahrnimmt, wiesen auf die kognitiven Persönlichkeitsansätze voraus, die in Kapitel 7 eingehend behandelt werden. Außerdem führten sie zu verschiedenen Formen der kognitiven Psychotherapie, bei der bestimmte psychische Störungen auf ein schwach strukturiertes Ich zurückgeführt werden. Jeder dieser Objektbeziehungstheoretiker in Freuds Fußstapfen versuchte, die Struktur sowohl der gesunden als auch der labilen Psyche zu beschreiben und zu erklären, wie es zu den Ergebnissen bestimmter Entwicklungen kommt. Diese Theoretiker begannen jedoch, das Ich als ein wesentlich unabhängigeres Gebilde zu sehen als Freud, und sie betonten die Bedeutung der menschlichen Individualität und Kontrolle.

Kurz gesagt: Es ist wichtig zu erkennen, dass eine Reihe von brillanten Denkern die Freud'sche Theorie (die das Denken über die menschliche Natur revolutioniert hatte) übernahmen und weiterentwickelten, so dass sie aufnahmefähig für neue Erkenntnisse darüber wurde, was es bedeutet, ein soziales Selbst, d.h. eine Identität in einer sozialen Welt, zu haben. Viele dieser neoanalytischen Ideen – über Minderwertigkeitskomplexe, psychische Archetypen, das Streben nach Beherrschung, Geschwisterrivalitäten, Grundängste und die Bedeutung der Mutter-Kind-Beziehungen, die Differenzierung der Identität und vieles mehr – durchdringen unsere heutigen Vorstellungen von Erziehung, Familie und der menschlichen Natur. Diese Gedanken finden sich in der Literatur, der Politik, den schönen Künsten und im Bildungswesen. Ein aufmerksamer Student der Persönlichkeit wird diese mittlerweile allgemein verbreiteten Annahmen im Alltag wiedererkennen und eine Vorstellung von ihren Ursprüngen und ihrer Geschichte haben.

Es ist interessant zu beobachten, dass wichtige Elemente der neoanalytischen Ich-Theorien aus jener jüdischen kulturellen und intellektuellen Tradition erwuchsen, die im Europa des späten 19. Jahrhunderts eine Blütezeit erlebte; viele dieser Elemente basierten auf dem Studium des Talmud. Die Talmuddeutungen befassen sich stark mit der Natur der Menschen und der Förderung der menschlichen Moralität. Tatsächlich lässt sich sagen, dass viele der neoanalytischen Theoretiker ebenso sehr Moralisten wie auch Psychologen waren. Diese talmudische Tradition betont auch die Bedeutung des Gesprächs, der Scharfsinnigkeit und der unterschiedlichen Perspektiven beim Kampf eines jeden Menschen darum, den gesellschaftlichen Ansprüchen und Normen gerecht zu werden. Es ist nicht verwunderlich, dass die neoanalytischen Theorien sich relativ wenig mit der Biologie und festen Persönlichkeitsstrukturen, aber eingehend mit der Natur des Selbst befassen, die sich offenbart, wenn die Grundinstinkte mit den unterschiedlichen Erwartungen der Gesellschaft kollidieren.

4.6 Erik Erikson, Identität im Lebenszyklus und Identitätskrisen

Ebenso wie Adler die psychoanalytische Theorie erweiterte, um den Einfluss der sozialen Umgebung einzubeziehen, und Horney die Vorstellungen über Frauen veränderte, gab Erik Erikson dem psychoanalytischen Denken eine neue Richtung, indem er diese Theorie nicht nur auf die Kindheit, sondern auch auf spätere Lebensphasen anwandte. Für Erikson war die erwachsene Persönlichkeit nicht nur eine Reaktion auf Kindheitserfahrungen, sondern vielmehr ein *anhaltender* Entwicklungsprozess, der von früheren Phasen beeinflusst wird.

4.6.1 Eriksons Lebenszyklus

Der junge, heranreifende Erikson, geboren 1902 in Frankfurt, war sich nicht sicher, welche Richtung er in seinem Leben einschlagen sollte. Eriks Stiefvater (den er für seinen Vater hielt) war Jude. (Sein biologischer Vater, ein Skandinavier, verließ Eriks Mutter vor der Geburt des Kindes.) Wegen seines blonden Haars und seiner blauen Augen fühlte er sich anders als der Rest der Familie. In der Schule wurde er von seinen Klassenkameraden als Jude beschimpft, doch in der Synagoge galt er als „Goi" (Nichtjude). Es ist nicht verwunderlich, dass er das Gefühl hatte, nirgendwohin zu gehören.

Sein Stiefvater, Theodor Homburger, war Arzt, und als Erik heranwuchs, wurde deutlich, dass der freundliche Mann hoffte, Erik würde in seine Fußstapfen treten. Erik wollte jedoch seinen eigenen Weg im Leben gehen – er wollte anders sein. Er besuchte die Kunstakademie und reiste als Künstler umher, aber er war immer noch nicht völlig zufrieden. Er genoss seine Kunst und die damit verbundene Freiheit von sozialer Verantwortung, doch gleichzeitig sehnte er sich danach, sich etwas wirklich Sinnvollem zu widmen. Es schien keine Tätigkeit zu geben, die diese beiden sich widersprechenden Bedürfnisse erfüllte.

Im Laufe der Zeit lernte Erik Selbstdisziplin und wurde Lehrer an einer Wiener Schule. Er begann, sich sehr für die kindliche Entwicklung zu interessieren; während dieser Zeit lernte er Anna Freud und den übrigen Wiener Kreis kennen. Erik schätzte Sigmund und Anna Freud sehr und betrachtete die Psychoanalyse als einen Bereich, in dem er produktiv würde sein können, ohne die üblichen Hürden überwinden zu müssen (d.h., ohne Medizin studieren zu müssen). Er unterzog sich einer Lehranalyse durch Anna Freud und es gelang ihm, allein damit und einem Montessori-Diplom einer der einflussreichsten Psychologen dieses Jahrhunderts zu werden.

1933 gelangten in Deutschland die Nazis an die Macht und Erik und seine Frau emigrierten nach Boston. Als er amerikanischer Staatsbürger wurde, dachte er gründlich darüber nach, wer er war und wer er sein wollte. Er änderte seinen Namen von Erik Homberger (Homberger war der Name seines Stiefvaters) in Erik H. Erikson. Es ist aufschlussreich, dass er sich dafür entschied, im Nachnamen seinen Vornamen zu wiederholen – und damit vielleicht andeutete, was er als seine eigene „Identität" entdeckt hatte. Eine Zeit lang arbeitete er mit Henry Murray zusammen, der sich intensiv mit Persönlichkeitsveränderungen während der gesamten Lebensspanne befasste (Murrays Arbeit wird in Kapitel 10 eingehend dargestellt). Erikson entwickelte dann seine eigene Theorie über die Entwicklung der Persönlichkeit aus einer Lebensspannen-Perspektive. Eine Übersicht über diese Phasentheorie der Persönlichkeitsentwicklung bietet Tabelle 4.5.

Ich-Krise	Freuds Phase	Erworbene Fähigkeit	Alter
Urvertrauen versus Urmisstrauen	oral	Hoffnung	Säuglingsalter
Autonomie versus Scham und Zweifel	anal	Wille	frühe Kindheit
Initiative versus Schuldgefühle	phallisch	Zielstrebigkeit	frühe bis mittlere Kindheit
Leistung versus Minderwertigkeit	genital	Kompetenz	mittlere bis späte Kindheit
Identität versus Rollenunsicherheit	Latenz	Loyalität	Teenagerjahre
Intimität versus Isolierung	keine	Liebe	frühes Erwachsenenalter
Generativität versus Stagnation	keine	Fürsorge	mittleres Erwachsenenalter
Ich-Integrität versus Verzweiflung	keine	Weisheit	spätes Erwachsenenalter

Tabelle 4.5: Erik Eriksons Phasentheorie

4.6.2 Identitätsbildung und Ich-Krisen

Nach Freud wird die Identität in der Kindheit festgelegt und hat sich bis zum fünften oder sechsten Lebensjahr herausgebildet. Erikson lehnte diesen Gedanken ab und vertrat dagegen die These, dass Identitätsbildung ein lebenslanger Prozess ist. Teilweise verwarf Erikson damit europäische Vorstellungen von einer festgelegten Persönlichkeit und einem determinierten Leben; stattdessen übernahm er die eher amerikanische Philosophie, dass Individuen sich entscheidend verändern können und dies auch tun. Diese Überzeugung impliziert auch, dass das Individuen eine persönliche Verantwortung für sein Leben übernehmen muss.

Nach Erikson entwickelt sich Persönlichkeit (tatsächlich konzentrierte Erikson sich auf die *Identität*) durch eine Abfolge von acht Phasen im Verlauf des Lebens (Erikson, 1963, 1978). Das Ergebnis jeder Phase (d.h. die daraus resultierende Persönlichkeit) hängt bis zu einem gewissen Grad von dem der vorhergehenden Phase ab, und die erfolgreiche Bewältigung jeder der Ich-Krisen ist unverzichtbar für ein optimales Wachstum. Er ging von Freuds Phasen der psychosexuellen Entwicklung aus, und tatsächlich sind die Ich-Krisen seiner ersten fünf Phasen an Freuds Phasen gebunden.

Urvertrauen gegen Urmisstrauen

Die erste Ich-Krise bezeichnete Erikson als „Urvertrauen versus Urmisstrauen". Während dieser Phase (ungefähr zur gleichen Zeit wie Freuds orale Phase) richtet sich das Bestreben des Säuglings auf erfolgreiches Gestilltwerden, friedliche Wärme und bequeme Ausscheidung. Wenn die von der Mutter geschaffene Umgebung die Bedürfnisse des Säuglings befriedigt, entwickelt das Kind ein Gefühl von Vertrauen und Hoffnung. Störungen in dieser Phase können zu Gefühlen von Misstrauen und Verlassenheit führen. Bei einem Säugling, dessen Mutter nicht zuverlässig auf sein hungriges Weinen reagiert oder der selten gehalten wird, wird sich wahrscheinlich ein Gefühl der Unsicherheit und des Misstrauens gegenüber der Umwelt einstellen – der Welt kann nicht vertraut werden. Wenn diese Ich-Krise nie gelöst wird, hat die Person möglicherweise ein Leben lang Schwierigkeiten, anderen Menschen zu vertrauen, immer überzeugt davon, dass andere versuchen, sie finanziell auszunutzen, oder dass Freunde sie eines Tages verraten werden.

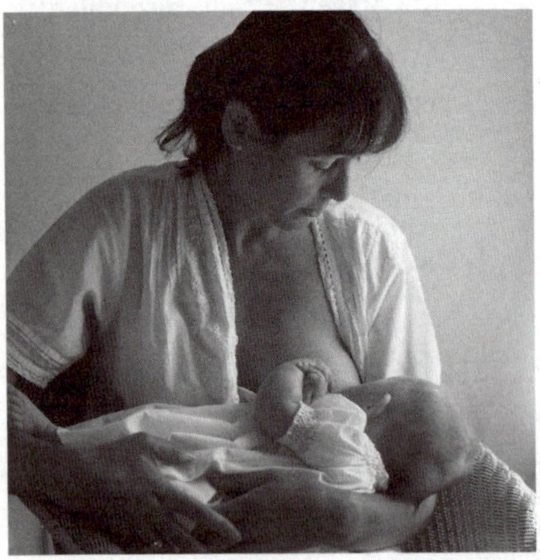

Abbildung 4.5:
Die erste Ich-Krise des Kindes ereignet sich im Säuglingsalter, wenn das Kind lernen soll, sich darauf zu verlassen, dass die Umwelt seine Bedürfnisse befriedigt.

Autonomie versus Scham und Zweifel

Die zweite Ich-Krise nannte Erikson „Autonomie versus Scham und Zweifel". Während dieser Zeit (ungefähr Freuds analer Phase entsprechend) lernt das kleine Kind, dass es Kontrolle über seinen eigenen Körper hat. Im Idealfall leiten die Eltern das Kind an und bringen ihm bei, seine Impulse zu kontrollieren, gehen dabei jedoch nicht allzu streng vor. Das Ergebnis der erfolgreichen Bewältigung dieser Phase ist, dass das Kind den Unterschied zwischen richtig und falsch kennt und meistens bereit und in der Lage ist, das „Richtige" zu wählen. Wenn die Eltern übermäßig kontrollierend und rigoros sind, entsteht im Kind das Gefühl: „Ich bin immer schlecht … Ich weiß nicht, wie ich etwas richtig machen kann."

Initiative versus Schuldgefühle

Erikson nannte die dritte Phase (die Freuds phallischer Phase entspricht) „Initiative versus Schuldgefühle". Wenn das Kind in diese Phase kommt, weiß es bereits, dass es eine unabhängige und autonome Person ist, aber viel mehr nicht. Während dieser Phase lernt das Kind, Handlungen zu planen und auszuführen und mit Gleichaltrigen auszukommen. Ein Kind, das diese Phase nicht erfolgreich durchlaufen hat, wird sich Möglichkeiten ausmalen können, ist aber zu ängstlich, sie zu verfolgen. Wenn solche Gefühle nicht beseitigt werden, entwickelt sich eine Persönlichkeit, die später keine Initiative ergreifen oder Entscheidungen treffen kann, deren Selbstvertrauen gering ist und die geringen Leistungswillen hat. Viele Untersuchungen bestätigen, dass Kinder aus dysfunktionalen Familien später Probleme mit dem Selbstwertgefühl haben (Kernis, Brown & Brody, 2000).

Leistung versus Minderwertigkeit

Die vierte Phase wurde „Leistung versus Minderwertigkeit" genannt (zeitlich fällt sie mit der Latenzphase Freuds zusammen). In dieser Zeit lernt das Kind, Freude an der Erfüllung von Aufgaben zu haben – vor allem schulischen Aufgaben. Der erfolgreiche Abschluss dieser Phase führt dazu, dass das Kind Probleme lösen kann und stolz auf Leistungen ist. Dies ist ein Kind, das kompetent ist. Andererseits fühlt sich ein Kind, dass diese Phase nicht bewältigt, minderwertig – als ob es unfähig sei, positive Lösungen zu erreichen und dasselbe wie seine Altergenossen zu leisten.

Identität versus Rollenunsicherheit

Die fünfte Ich-Krise (zeitlich etwa Freuds genitaler Phase entsprechend) ist die bekannteste und einflussreichste von Eriksons Phasen: „Identität versus Rollenunsicherheit". In dieser Phase experimentiert der Jugendliche mit verschiedenen Rollen, während er versucht, Identitäten aus früheren Phasen zu integrieren. Beispielsweise ist das Kind sowohl Sohn (oder Tochter) als auch Bruder (Schwester), Student (Studentin) und Freund (Freundin). Wie passen sie zusammen und werden ein geschlossenes Ganzes? Erschwerend kommt hinzu, dass Jugendliche zu derselben Zeit versuchen herauszufinden, wer sie sind und wer sie werden wollen, und die Gesellschaft beginnt, ihnen in den Bereichen Freundschaft und Beruf mehr Freiheiten einzuräumen. Wird diese Phase erfolgreich durchlaufen, steht am Ende eine Person, die ein klares und facettenreiches Selbstgefühl hat – und der es gelungen ist, viele

Rollen in einer einzigen persönlichen „Identität" zu integrieren. Erikson zufolge gehen die Unsicherheit und die Verlegenheit der Teenagerjahre auf eine Identitätskonfusion zurück – die Ungewissheit über eigene Fähigkeiten, Verbindungen und zukünftige Ziele. Er bezeichnete diese Verwirrung als **Identitätskrise**. Das Unvermögen, diese Ich-Krise erfolgreich zu bewältigen, führt im Ergebnis zu einer Person mit einer andauernden Identitätskrise – zu jemandem, der nicht sicher ist, wer er ist, und ständig darum kämpft, es herauszufinden.

Abbildung 4.6: Nach Eriksons Theorie bestimmt in den Teenagerjahren die Auseinandersetzung mit der eigenen Identität und Rolle die Hauptkrise dieser Entwicklungsphase.

Abbildung 4.7: Drew Barrymore war ein äußerst erfolgreicher Kinderstar – sie stammt aus einer Familie, aus der schon seit etlichen Generationen Bühnen- und Filmschauspieler kommen. Sie hatte eine Hauptrolle in dem Film E.T. - Der Außerirdische, und diesem Erfolg im Alter von sechs Jahren schloss sich ein Leben von Fernsehauftritten, Premieren und Partys an. Mit neun Jahren trank sie Alkohol; im nächsten Jahr begann sie, Marihuana zu rauchen, und später nahm sie Kokain. Ihre Karriere verlief reibungslos in dieser Zeit, aber nicht ihr Leben. Ihre Probleme während dieser Zeitspanne könnten als misslungene Bewältigung von Eriksons Phase der „Identität versus Rollenunsicherheit" verstanden werden. Als aufstrebender Hollywood-Star wurde ihre öffentliche Identität von Agenten, Regisseuren und Presse aufgebaut – und nicht durch die normale jugendliche Erforschung und Selbstreflexion. Die Belastungen und Anforderungen des für sie geschaffenen Images haben möglicherweise verhindert, dass sie ihre eigene Identität während dieser Phase entwickelte. Im Anschluss an eine Zeit in der Rehabilitation gelang ihr der schwierige Übergang vom Kinderstar zu einer erfolgreichen Karriere als Schauspielerin und neuerdings Filmproduzentin.

Intimität versus Isolierung

Die sechste Phase (hier enden Freuds Phasen und Erikson betritt völliges Neuland) heißt „Intimität versus Isolierung". Während dieser Zeitspanne lernen junge Erwachsene, auf einer tieferen Ebene mit anderen zu interagieren. Sie lassen es zu, dass andere dieses neue gefundene „Selbst" intim kennen lernen. Für das Individuum ist das Ziel dieser Phase, Gemeinschaft mit Gleichen zu entwickeln, insbesondere eine Liebesbeziehung mit einem Partner. Die Unfähigkeit, starke soziale Bindungen zu schaffen, ohne sich selbst in diesem Prozess zu verlieren, führt zu Absonderung und Einsamkeit statt zu Liebe und Erfüllung. Eine solche Person kann unfähig sein, überhaupt vertraute Beziehungen einzugehen, und wird dann entweder zum Einzelgänger oder hat viele oberflächliche Beziehungen.

Ann z. B. scheint beliebt zu sein und einige ihrer Klassenkameraden beneiden sie um ihre soziale Ungezwungenheit. Sie hat wechselnde Freunde und ist dauernd von Menschen umgeben. Trotzdem fühlt sie sich innerlich einsam. Niemand kennt die wirkliche Ann, und sie scheint anderen nicht nahe genug kommen zu können, um sie erkennen zu lassen, wie es in ihr aussieht. Sie hat Angst, dass niemand ihr wahres Selbst mögen wird. Im Gegensatz dazu führt Jill ein wesentlich ruhigeres Leben. Sie wird nicht abgelehnt, aber sie ist auch nicht ungewöhnlich beliebt. Sie hat etliche Bekannte (Leute, die sie mit „Hallo, wie geht's denn so?" begrüßt, wenn sie sie unterwegs trifft), aber nur zwei enge Freundinnen. Ihre Freundschaft mit den beiden ist jedoch tief und befriedigend. Außerdem hat sie einen Freund, der ihr viel bedeutet. Sie sind seit fast einem Jahr zusammen und sie fühlt sich ihm nahe, beinahe, als ob sie sich schon ihr Leben lang gekannt hätten. Obwohl für den oberflächlichen Betrachter Jill wahrscheinlich isolierter wirkt als Ann, hat sie tatsächlich die Ich-Krise „Intimität versus Isolierung" wesentlich erfolgreicher bewältigt als Ann.

Generativität versus Stagnation

Erikson nannte seine siebte Phase „Generativität versus Stagnation". In dieser Phase wird es dem Individuum ein Anliegen, etwas von sich selbst an andere weiterzugeben. Dies zeigt sich oft im Gebären und Aufziehen von Kindern, aber auch in anderen Aktivitäten wie sozialem oder politischem Engagement. Dahinter steht der Gedanke, der Welt etwas zurückzugeben und das gute Leben zukünftiger Generationen zu sichern. Sie kennen wahrscheinlich Menschen, die sich, nachdem sie ihre materiellen Ziele erreicht haben, neue Ziele setzen, zu denen auch zählt, anderen zu helfen. Beispielsweise spenden manche erfolgreichen Künstler oder Prominente Zeit und Geld für gute Zwecke oder werden Botschafter für Organisationen, die sie für wichtig halten. Wahrscheinlich haben Ihre eigenen Eltern finanzielle Opfer gebracht, um Ihnen die Chance zu geben, die Universität zu besuchen, Musik- oder Tanzstunden zu nehmen oder an sportlichen Aktivitäten teilzunehmen. Die Unfähigkeit, diese generative Perspektive einzunehmen, führt zu dem Gefühl, das Leben sei wertlos und langweilig. Das Individuum erreicht möglicherweise äußere Ziele, aber unter dem offenkundigen Erfolg scheint das Leben sinnlos.

Ich-Integrität versus Verzweiflung

Die achte und letzte Phase der Ich-Entwicklung nannte Erikson „Ich-Integrität versus Verzweiflung". In dieser Phase, dem Alter, schöpft das Individuum Weisheit aus seinen Lebenserfahrungen, kann auf sein Leben zurückblicken und Sinn, Ordnung und Ganzheit erkennen. Der Verlauf des eigenen Lebens wird akzeptiert, und auch das jetzige Streben entspricht den integrierten Lebenszielen, die die Person über Jahre verfolgt hat. Ein psychosoziales Scheitern in dieser Phase bedeutet ein Gefühl der Verzweiflung: Ich habe nicht erreicht, was ich im Leben gerne erreicht hätte, und jetzt ist es zu spät, etwas daran zu ändern.

Abbildung 4.8:
Jennifer Capriati gab ihr Debüt als Tennis-Wunderkind mit dreizehn Jahren, zog sich aber mit siebzehn aus dem Profisport zurück, weil sie mit dem Stress nicht fertig wurde, als Jugendliche wie eine Erwachsene konkurrieren zu müssen. Daraufhin bestimmte die Women's Tennis Association, dass kein Mädchen vor dem sechzehnten Lebensjahr in einem großen Turnier spielen durfte. Damit wurde stillschweigend anerkannt, dass nicht nur das sportliche Können, sondern auch die psychologische Entwicklung darüber entscheidet, wer professionell spielen kann. Capriati gelang jedoch ein erfolgreiches Comeback und mit fünfundzwanzig Jahren hatte sie sich wieder auf Platz 2 der Weltrangliste vorgekämpft.

Die Ich-Krisen lösen

Es ist wichtig, sich daran zu erinnern, dass nach Erikson ein *ausgewogenes* Ergebnis optimal für jede dieser acht Phasen ist; dieses Merkmal seiner Theorie wird häufig allzu sehr vereinfacht und missverstanden. In der ersten Phase ist das Ziel für das Kind, Vertrauen zu entwickeln; doch es wäre nicht gut für das Kind, ganz und gar gutgläubig und naiv zu sein. Eine Überbetonung des Vertrauens könnte zu ebenso vielen Problemen führen wie eine Überbetonung des Misstrauens. Stattdessen muss das Individuum in dieser Phase Vertrauensfähigkeit lernen, und vielleicht sollte Vertrauen seine erste Neigung sein, aber trotzdem sollte es nicht die Fähigkeit verlieren, wenn nötig skeptisch zu sein und sich selbst zu schützen. Das Gleiche gilt für jede dieser Phasen. In jeder Phase sollten zwei Eigenschaften vorherrschen, aber wahre Reife schließt den anderen Pol nicht aus, sondern ein.

Erikson (1969) betrachtete nicht nur die Persönlichkeit im Verlauf ihrer ganzen Lebensspanne, sondern betonte auch die Bedeutung der Gesellschaft. Er untersuchte Kultur, Geschichte und Anthropologie und porträtierte so berühmte Männer wie Martin Luther und Mahatma Gandhi. Diese Persönlichkeitsprofile bieten sowohl einen genaueren historischen Blick auf wichtige Persönlichkeiten als auch gute Beispiele für die Umsetzung von Eriksons Theorien. Sein Lebensspannen-Ansatz, der positive und negative Potenziale verbindet, bietet einen realistischeren Rahmen für die Betrachtung normalen menschlichen Wachstums (im Gegensatz zur ausschließlichen Konzentration auf menschliche Probleme). Neoanalytische Ich-Psychologen wie Erikson haben an den sinnvolleren

Aspekten der psychoanalytischen Theorie festgehalten, während sie für die Schwachstellen dieser Theorie neue Lösungen entwickelten. Ihr Ziel ist immer zu verstehen, was es bedeutet, ein Individuum zu sein. Das ist keine einfache Aufgabe. Wie der Dichter Alan Watts sagt: „Der Versuch, sich selbst zu definieren, ist so ähnlich wie der Versuch, sich die Zähne auszubeißen" (*Life*-Magazin, 21. 4. 1961)

Als wir in den 1970er Jahren mit ihm sprachen, schien Eriksons Persönlichkeit seinen eigenen Theorien zu entsprechen. Er war weise und reif, aber las, schrieb und lernte noch. Er starb 1994 im Alter von einundneunzig Jahren.

Abbildung 4.9:
Erik Erikson selbst ist ein gutes Beispiel für die positive Lösung der letzten Phase der Ich-Entwicklung. In hohem Alter verkörperte er beispielhaft Weisheit und Integrität.

4.7 Einige neuere Identitätstheorien

Die modernen Ich-Psychologen sind in der Regel nicht sehr daran interessiert, erwachsene Motivationen bis zu Kindheitstraumen zurückzuverfolgen. Ihre Auffassung wird von Holden Caulfield (der Antiheld in J. D. Salingers *Der Fänger im Roggen*) zum Ausdruck gebracht: „Ihr wollt wahrscheinlich als Erstes wissen, wo ich geboren bin und wie meine miese Kindheit war und was meine Eltern getan haben und so, bevor sie mich kriegten, und den ganzen David-Copperfield-Mist, aber eigentlich ist mir gar nicht danach, wenn ihr's genau wissen wollt." Stattdessen konzentrieren sich moderne Ich-Psychologen auf die Gegenwart: Wer sind wir heute? Was definiert uns? Was beeinflusst uns? Was hoffen wir zu werden? Und in welcher Weise beeinflussen unsere Zukunftsziele unsere gegenwärtige Identität? Wie in Kapitel 1 erwähnt, spielen Dramatiker und Philosophen des 20. Jahrhunderts mit der Vorstellung von mehreren Variationen des Selbst.

4.7.1 Persönliche und soziale Identität

Ein Forscher unserer Zeit, der sich sehr für die Identitätspsychologie interessiert, ist Jonathan Cheek. Statt festzustellen zu versuchen, ob Identität richtigerweise als ein inneres und persönliches Konstrukt konzeptualisiert wird (wofür ein traditioneller Ich-Psychologe eintreten würde) oder als ein äußeres, sozial definiertes Konstrukt (eine rein sozialpsychologische Betrachtung), postuliert er, dass manche Menschen am besten durch die persönliche und andere durch die soziale Sicht definiert werden (Briggs & Cheek, 1988; Cheek, 1989). Das heißt, dass für manche Individuen der wichtigste Teil des „Selbst" derjenige sein kann, der sie in Beziehung zu anderen sind: „Ich bin ein guter Vater" oder „Ich bin beliebt und habe viele Freunde." Für andere jedoch sind die sozialen Rollen möglicherweise weniger wichtig und das „Selbst" lässt sich am besten mit Introspektion beschreiben: „Ich bin jemand, der viel davon hält, die Welt zu einem freundlicheren Ort zu machen" oder „Ich bin sehr kreativ."

Cheek hat eine Skala entwickelt, die sowohl die persönliche als auch die soziale Identität misst. Cheek und seine Kollegen präsentieren Individuen eine Liste mit Eintragungen wie „Meine Gedanken und Ideen" oder „Meine Attraktivität für andere Menschen" und fordern die Teilnehmer auf einzuschätzen, welche Bedeutung jedes Item für ihr Selbstgefühl hat. Das soll einen Einblick in die innere Funktion der Personen vermitteln; d.h., nach welchem System ordnen sie ihre verschiedenen sozialen und persönlichen Rollen? Letzten Endes ist, wie bei den Ich-Psychologen, das Ziel, erklären zu können, was das Selbstkonzept ist, wie es sich entwickelt und wie es sich verändert.

Damals und heute

Gefühle in Worte fassen

Ich-Psychologen beschäftigen sich vorrangig mit den Gefühlen, die sich im Lauf des Lebens aus schwierigen Interaktionen und Konflikten mit anderen ergeben. Ihr Schwerpunkt hat sich verlagert und ist nicht länger die Freud'sche Beschäftigung mit den Es-Kräften; stattdessen untersuchen sie die Eifersüchte, Ängste, Bestrebungen und Neurosen, die eine Folge gestörter interpersonaler Beziehungen mit wichtigen Bezugspersonen sind. Ein gesundes Ich oder Selbstgefühl kann mit Problemen rationaler und produktiver umgehen und wird nicht geplagt von irrationalen emotionalen Auslöser von Rivalität, Ohnmacht, Misstrauen, Selbsthass, Narzissmus, Mangel an Autonomie und anderen Schwächen der neurotischen Persönlichkeit.

Diese Ideen der Neoanalytiker und Ich-Theoretiker – zu Minderwertigkeitskomplexen, Streben nach Kompetenz, Geschwisterrivalitäten, Grundängsten, Differenzierung der Identität und vielem mehr – durchdringen unsere heutigen Vorstellungen von Kindererziehung, Familie und der menschlichen Natur. Doch angemessenes Coping ist weiterhin ein großes und ungelöstes Problem. Wir wissen noch nicht viel darüber, wie Stress nach einer sexuellen Belästigung, großem Ärger, einem Verrat oder einem Terroranschlag bewältigt wird. Was wir wissen, lässt darauf schließen, dass das Aussprechen dieser Unausgeglichenheiten und Diskrepanzen in unserem Selbst-Gefühl (Ich-Gefühl) die Situation irgendwie verbessert. So suchen wir Freunde oder Therapeuten oder Selbsthilfegruppen auf, um über das, was uns zugestoßen ist, und über erworbene destruktive interpersonale Muster zu reden. Einen Kummer in Worte zu fassen und ihn zu deuten, scheint oft der erste wichtige Schritt auf dem Weg der Besserung zu sein. Was könnte der Grund dafür sein?

Einen interessanten aktuellen Ansatz zu diesen klassischen Fragen des Selbst verfolgt gegenwärtig der Psychologe James Pennebaker. Er stellt Fragen wie „Was sind die Ursachen und Auswirkungen der Selbstöffnung?“ und „Welche sprachlichen Merkmale prädizieren Veränderungen der Gesundheit und des Wohlbefindens?“

Pennebaker zeigte zunächst, dass Erzählen sich gesundheitlich positiv auswirkt, wie die Neoanalytiker aus ihren klinischen Erfahrungen gefolgert hatten. Nur fünfzehn Minuten jeden Tag über wichtige persönliche Erfahrungen zu schreiben und dabei die eigenen Gefühle zu Papier zu bringen, bewirkt bereits Verbesserungen der psychischen und physischen Gesundheit (Pennebaker & Seagal, 1999). Die Gestaltung einer Geschichte und damit das Ordnen komplexer emotionaler Erfahrungen ist entscheidend für die Lösung innerer emotionaler Konflikte. Beispielsweise gehen Traumata, die anderen nicht erzählt werden, mit einer höheren Krankheitsrate einher (Pennebaker & Keough, 1999).

In der letzten Zeit hat Pennebaker sich in seinen Forschungen mit der Frage beschäftigt, inwieweit Sprache diese Prozesse erleichtert. Er sammelte gemeinsam mit Kollegen eine große Zahl Textproben verschiedener Menschen aus unterschiedlichen Lebenssituationen. Die Analyse der Textproben weist darauf hin, dass bestimmte Muster in der Verwendung von Wörtern etwas über die Persönlichkeit aussagen und Gesundheit vorhersagen (Pennebaker & Graybeal, 2001; Stirman & Pennebaker, 2001). So ergab die Analyse von 300 Gedichten von neun Dichtern, die (im Alter von 30 bis 58) Selbstmord begingen, und neun Dichtern, die eines natürlichen Todes starben, dass die Gedichte der suizidalen Dichter mehr Wörter enthalten, die sich auf das einzelne Selbst, und weniger Wörter, die sich auf die Gemeinschaft (andere) beziehen, als die Gedichte derjenigen, die keinen Selbstmord begingen. Das heißt, dass suizidale Personen weniger an andere gebunden und mehr mit sich selbst beschäftigt sind; das zeigt sich in ihrem Sprachgebrauch und beherrscht vermutlich auch ihr Denken. Daher ist die Sprache selbst möglicherweise ein fehlendes Glied zwischen unseren emotional-motivationalen Konflikten und einer rationaleren und adaptiveren, gesunden Bewältigung.

Weiterführende Literatur

Stirman, S. W., & Pennebaker, J. W. (2001). Word use in the poetry of suicidal and nonsuicidal poets. *Psychosomatic Medicine, 63*(4), 517–522.

Pennebaker, J. W., & Graybeal, A. (2001). Patterns of natural language use: Disclosure, personality, and social integration. *Current Directions in Psychological Science, 10*(3), 90–93.

Pennebaker, J. W., & Seagal, J. D. (1999). Forming a story: The health benefits of narrative. *Journal of Clinical Psychology, 55*(10), 1243–1254.

Pennebaker, J. W., & Keough, K. A. (1999). Revealing, organizing, and reorganizing the self in response to stress and emotion. In R. J. Contrada & R. D. Ashmore (Hrsg.), *Self, social identity, and physical health: Interdisciplinary explorations* (101–121). New York: Oxford University Press.

4.7.2 Selbstüberwachung

Ein anderer Ansatz, um zu verstehen, in welchem Ausmaß die Identität einer Person stärker sozial oder stärker persönlich definiert ist, ist Mark Snyders Konzept der Selbstüberwachung (self-monitoring). Selbstüberwachung beinhaltet Selbstbeobachtung und Selbstkontrolle, die von situativen Anhaltspunkten für die soziale Angemessenheit des Verhaltens geleitet werden. Bei einer Person mit ausgeprägter Selbstüberwachung ist die Bereitschaft und Fähigkeit zur Selbstdarstellung vorhanden – d.h. zum sozial erwarteten Verhalten. Der frühere Präsident (und ehemalige Schauspieler) Ronald Reagan war ausgesprochen bereit und fähig, sich selbst darzustellen; tatsächlich war er als der „große Kommunikator“ bekannt. Personen mit schwach ausgeprägter Selbstüberwachung dagegen sind sich sozialer Erwartungen oft nicht bewusst oder nicht bereit oder fähig, sich nach ihnen zu richten; sie sind häufig stärker in sich gekehrt und reflektierter. Das heißt, bei schwachen Selbstüberwachern besteht die Tendenz zur *Neigungsorientierung*, bei starken Selbstüberwachern dagegen zur *Situationsorientierung*.

Snyder (1987) und andere moderne Theoretiker wenden sich einem funktionalistischen Ansatz zu, um Persönlichkeit zu erklären. Das heißt: Was ist die Funktion oder der Zweck eines bestimmten Verhaltens? Ihnen zufolge wird die Persönlichkeit maßgeblich davon bestimmt, (1) was Menschen wollen, (2) warum sie es wollen und (3) wie sie es zu erreichen versuchen. Mark Snyder hat einen Großteil seiner Forschungen der Frage gewidmet, welches Umfeld Menschen für sich wählen. Das ist wichtig, weil unser Umfeld unser Verhalten und sogar unser Denken mitbestimmt und so unsere Identität prägt. Um etwas darüber sagen zu können, was für eine Person Sie sind, würde Snyder wissen wollen, mit was für Leuten Sie Ihre Zeit verbringen, welche Hobbys Sie pflegen und so weiter. Weil dies weitgehend Ihrer freien Entscheidung unterliegt, sagen Sie viel damit über Ihre Person und Ihr Selbstbild aus. Wer z. B. erklärt sich bereit, AIDS-Patienten zu helfen (Omoto & Snyder, 1995)? Eine Motivation zu helfen, die ein eigenes persönliches Bedürfnis stillt, ist ein entscheidender Prädiktor. Diese Art der Analyse ist eine moderne Aktualisierung der neoanalytischen Beschäftigung mit der sozialen Motivation und sozialen Identität, aber ohne die zugrunde liegenden Freud'schen Prämissen. Andererseits erheben diese neueren Ansätze keineswegs den Anspruch, alles erklären zu können.

4.7.3 Die Rolle von Zielen und Lebensaufgaben

Eine ähnliche Methode, mit deren Hilfe heutige Forscher Identität bestimmen, ist, Menschen nach ihren persönlichen Zielen zu fragen – danach, was ihnen wichtig ist. Beispielsweise gebraucht Brian Little (1993) den Begriffe „persönliche Projekte“ für aktuelle Ziele oder Aufgaben. Es gibt große Projekte wie „Arzt werden“ oder kleine wie „nicht mehr an den Nägel kauen“. Diese persönlichen Projekte sind spezifische Aufgaben, die Menschen täglich motivieren. Robert Emmons (1992) beschreibt abstraktere Ziele als „persönliche Bestrebungen“ – z. B. „meine Freunde beeindrucken –, die durch unterschiedliche Verhaltensweisen befriedigt werden können. Beispielsweise könnten Sie Ihre

Freunde beeindrucken durch sehr gute Noten, eine attraktive Freundin, ein schickes Auto oder indem Sie gut Konversation machen können. Persönliche Bestrebungen sind also Ziele, die viele kleinere Ziele und Verhaltensweisen zusammenfassen und funktionell gleichwertig machen.

Die Psychologin Nancy Cantor (1994), eine führende Identitätstheoretikerin von heute, richtet ihr Augenmerk auf die von ihr so genannten „Lebensaufgaben". Dies sind altersabhängige Fragen und Probleme, auf die man sich gegenwärtig konzentriert. Cantor geht praktisch vor: Was denken Studenten über ihre Partnerbeziehungen? Was sagen sie darüber? So suchen manche als Folge ihrer bisherigen Ich-Entwicklung eine enge Liebesbeziehung und andere das Gegenteil: Sie arbeiten daran, sich ihre Unabhängigkeit zu bewahren. Manche Menschen offenbaren ihre innersten Geheimnisse, während andere manche Dinge (z. B. ein Tagebuch) ganz für sich behalten wollen.

Cantor arbeitet insofern in dem von Erik Erikson vorgegebenen Rahmen, als die Aufgaben eines Individuums weitgehend von der Lebensphase bestimmt werden. Beispielsweise ist es unwahrscheinlich, dass ein Dreijähriger das Ziel „Abitur machen" hat, aber für einen Sechzehnjährigen ist es eine wichtige und normale Lebensaufgabe. Ebenso sollten junge Erwachsene lernen, wer sie sind – sie sollten eine Identität haben –, bevor sie versuchen, enge und dauerhafte Bindungen, wie in der Ehe, einzugehen. Wo jedoch große Theoretiker wie Adler und Erikson die gründliche Analyse bestimmter Individuen mit ausführlichen Bemerkungen über soziale Bedingungen verbanden, sammeln heutige Persönlichkeitsforscher eher systematische, umfassende Daten über eine Gruppe von Personen, die eine Stichprobe der relevanten Population darstellen. So muss z. B. das Individuum in Eriksons sechster Phase, die um das einundzwanzigste Lebensjahr beginnt, echte Intimität und Liebe suchen oder sich andernfalls mit ichbezogener Isolation abfinden. Moderne Theoretiker versuchen, unter spezifischen Aspekten und anhand umfassender Daten herauszufinden, wie das erreicht (oder nicht erreicht) wird.

Cantor, wie die meisten heutigen Persönlichkeitsforscher, betont nachdrücklich die Bedeutung situativer Einflüsse auf das Individuum. Ansätze, die ausdrücklich sowohl die individuelle als auch die soziale Situation berücksichtigen – so genannte interaktionistische Ansätze – werden in Kapitel 10 ausführlicher besprochen.

Neoanalytische und Ich-Aspekte: Identität		Gesellschaftlicher und wissenschaftlicher Kontext
Man ging davon aus, dass Menschen ihre Identität hauptsächlich aus ihrer gesellschaftlichen Position beziehen (Frau, Feudalherr, Pfarrer)	**vor 1800**	Die Menschen werden in erster Linie in religiösen oder philosophischen Kategorien gesehen; zwischen Kindern und Erwachsenen wird oft kein Unterschied gemacht.
Um Freud versammelte Wissenschaftler in Europa erwägen erstmals, seine Ideen über die Libido hinaus zu erweitern.	**1880er-1900**	Evolution und Fortpflanzung finden zunehmende Beachtung; Vergleiche zwischen Menschen und anderen Tiergruppen.
Neoanalytiker brechen mit Freud, Kontroversen über Triebe und Abwehrmechanismen.Jung legt seine Theorie über das kollektive Unbewusste vor.	**1910-1930**	Fortschreiten der technischen Entwicklung und der Industrialisierung; anthropologische Entdeckungen über interkulturelle Ähnlichkeiten und Unterschiede.
Adler und Horney verlagern die Aufmerksamkeit auf die soziale Welt des Kindes;Objektbeziehungstheorien entwickeln sich.	**1910er-1940er**	Das viktorianische Zeitalter mit seinen patriarchalischen Familienstrukturen wird abgelöst von den Frauenrechtsbewegungen; die Kinderpsychiatrie entwickelt sich.
Erikson und andere modifizieren die Erforschung der Identität und berücksichtigen die Lebensspanne.	**1940er-1960er**	Die Menschen leben länger und haben mehr Wahlmöglichkeiten; Aufweichen der traditionellen Geschlechter- und Arbeitsrollen.
Moderne Theoretiker konzentrieren sich unmittelbar auf die Identität – im Hinblick auf Lebensaufgaben, Selbstüberwachung, Selbstdarstellung und Bindungen.	**1960er-1980er**	Wachsende individuelle Freiheit und Verfolgung von Zielen; weniger traditionelle soziale Struktur und Zunahme der Mobilität und Bildungsarbeit.
Ziele und Motivationen werden wieder interessant.	**1990er-2000er**	Schulen, Unternehmen und Sportmannschaften streben nach Leistungssteigerung.

Historischer Abriss der Geschichte der neoanalytischen Ansätze und der Ich-Ansätze zur Persönlichkeit

Die bedeutenden Entwicklungen in der neoanalytischen und Ich-Theorie sind hier in historischer Beziehung zueinander und in Beziehung zu ihrem weiteren gesellschaftlichen und kulturellen Kontext zu sehen.

4.7.4 Mögliche Variationen des Selbst und die Suche nach einem sinnvollen Leben

Die Vorstellungen Karen Horneys und der Neoanalytiker über das ideale Selbst und „das Sollen" sowie die Auffassungen der Objektbeziehungstheoretiker über mehrere Variationen des Selbst zeigen sich auch in der neueren Persönlichkeitsforschung, sind jedoch wesentlich stärker kognitiv orientiert. Das heißt: Diese modernen Theoretiker räumen ein, dass wir alle abhängig von der Rolle und Situation verschiedene Selbstbilder haben, aber dies wird eher als ein rationaler, kognitiver Prozess gesehen und weniger auf tiefere emotionale Konflikte zurückgeführt (Markus & Ruvolo, 1989). Der Psychologe Tory Higgins schreibt über das tatsächliche Selbst (das aktuelle Selbstkonzept), ein ideales Selbst (Hoffnungen, Wünsche oder Ambitionen) und ein gefordertes Selbst (was man für seine Pflicht hält). Diskrepanzen zwischen dem tatsächlichen und dem idealen Selbst resultieren in chronischer Enttäuschung und Unzufriedenheit. Diskrepanzen zwischen dem tatsächlichen und dem geforderten Selbst führen zu Schuldgefühlen und Angst davor, bei den Pflichten zu versagen (Higgins, 1999). Für Higgins haben Emotion und Motivation ihre Ursache in diesen Diskrepanzen. Wenn Sie also ständig größere Anerkennung anstreben, werden Sie möglicherweise depressiv, während die Sorge über immer größere Verantwortlichkeiten Sie ängstlich und neurotisch werden lässt. Solche „Mini-Theorien" bemühen sich jedoch nicht um die psychologische Tiefe der neoanalytischen Theorien.

Roy Baumeister ist ein weiterer zeitgenössischer Forscher, der versucht, genauer zu erklären, was wir mit „Selbst" meinen. Ihm zufolge ist jedoch die menschliche Beschäftigung mit der „Selbstfindung" zum großen Teil die verkappte Suche nach einem sinnvollen Leben. Wir alle haben das Bedürfnis nach Zugehörigkeit – die Sehnsucht nach zwischenmenschlichen Bindungen (Baumeister & Leary, 1995). Er weist darauf hin, dass das Leben sich ständig verändert (unsere Gemeinschaften, unsere Ziele, unsere Arbeit, unsere Freunde), aber der Sinn, den wir dem Leben geben möchten, eine Konstante ist (unsere Wertvorstellungen). Daher lässt sich nach Baumeister das Selbst (oder der Sinn) am besten durch unsere Fähigkeit definieren, (1) ein Ziel zu finden, (2) etwas zu verändern, (3) Verhalten zu begründen und (4) Selbstachtung zu empfinden. Diese Auffassung von Identität ist philosophischer als diejenigen der anderen hier vorgestellten modernen Theoretiker, teilt aber mit ihnen die Konzepte der Identitätsschaffung und der funktionalen Bedeutung des Ich. Diese neueren Theoretiker vertreten ausnahmslos die Ansicht, dass Individuen auch nach der Kindheit psychisch weiterwachsen und dass die Betrachtung persönlicher Ziele und der Strategien, mit denen diese erreicht werden sollen, wertvolle Einblicke in die Identität von Menschen vermittelt. (Siehe den Kasten „Auswertung der Perspektiven".)

Auswertung der Perspektiven

Vorzüge und Grenzen des (neoanalytischen) Ich-Ansatzes

- ***Kurze Umschreibung des Inhalts***
  - Menschen als bewusste Akteure und Strebende.
- ***Vorzüge***
  - Legt den Schwerpunkt auf das Selbst, das darum kämpft, mit den inneren Emotionen und Trieben und den äußeren Anforderungen durch andere fertig zu werden.
  - Betont die Bedeutung der positiven und zielorientierten Natur der Menschen.
  - Erkennt den Einfluss an, den andere Individuen, die Gesellschaft und die Kultur auf die Persönlichkeit haben.
  - Versucht, die Struktur der gesunden und der kranken Psyche zu erklären.
  - Geht davon aus, dass die Entwicklung während des gesamten Lebenszyklus' andauert.
- ***Grenzen***
  - Lässt die Biologie und feste Persönlichkeitsstrukturen weitgehend außer Acht.
  - Sehr schwierig, empirisch zu testen.
  - Manchmal eine bunte Mischung unterschiedlicher Ideen aus unterschiedlichen Traditionen.
  - Stützt sich bisweilen auf abstrakte oder unklare Konzepte.
- ***Bedeutung des freien Willens***
  - Obwohl die Persönlichkeit weitgehend von unbewussten Kräften bestimmt wird, haben Individuen die Fähigkeit, diese zu überwinden.
- ***Gängige Erfassungstechniken***
  - Reicht von freier Assoziation bis zur situativen und autobiographischen Untersuchung mit einem Schwerpunkt auf dem Selbstkonzept.
- ***Konsequenzen für die Therapie***
  - Wie bei der psychoanalytischen Theorie ist der Einblick in die inneren Motivationen entscheidend, da aber das Ich zentral ist, werden unbewusste Motivationen wenig beachtet. So könnten Sie z. B. mit einem Therapeuten daran arbeiten, Ihre ständige Prahlerei vor Freunden oder Ihre Angst vor der Nähe zu einem Partner vor dem Hintergrund früher Gefühle zu verstehen – der Angst vor dem Verlassenwerden, der Unsicherheit, des Misstrauens und der Minderwertigkeit. Schließlich erkennen Sie möglicherweise, dass Ihre gestörten Beziehungen zu Freunden und Partnern auf falsche Muster in den Beziehungen zu Ihren Eltern, Geschwistern oder Grundschullehrern zurückgehen.

Zusammenfassung und Fazit

Obwohl Sigmund Freud dem Ich eine zentrale Position im Streit zwischen Es und Über-Ich zuwies, waren die Triebe und dieser Streit von wesentlich größerem Interesse für ihn als das Ich. Viele von Freuds Nachfolgern setzten sich für das Ich ein, als sie erkannten, dass es eine wichtige und unabhängige Kraft der Psyche ist und nicht nur eine Reaktion auf das Es. Der Gedanke des bewussten „Selbst" – unseres Bilds von uns selbst – bleibt ein grundlegendes Element moderner Persönlichkeitskonzepte.

Carl Gustav Jung interessierte sich für die tiefsten universellen Aspekte der Persönlichkeit und erweiterte die Vorstellungen vom Unbewussten, um affektiv aufgeladene Bilder und Quasi-Instinkte einzubeziehen, die charakteristisch für alle Generationen zu sein scheinen. Besonders interessant waren für ihn Überzeugungen, die wir alle teilen, und die Frage, wie sich unsere vielen ähnlichen Züge herausbilden. Er entwickelte die Theorie vom kollektiven Unbewussten und den Archetypen; und obwohl diese Ideen im einfachen und wörtlichen Sinn von heutigen Persönlichkeitstheoretikern nicht akzeptiert werden, hat Jungs Kreativität in diesem Bereich nachfolgenden Theoretikern Türen geöffnet; dieser Teil seiner Theorie wird im Lauf der Zeit möglicherweise in einer komplexeren Form Zustimmung finden. Ein anderer Jung'scher Beitrag – die Vorstellung von Komplexen (affektiv aufgeladenen Gedanken und Gefühlen, die sich auf ein bestimmtes Thema beziehen) – ist von der psychologischen Gemeinschaft weithin übernommen worden. Tatsächlich ist dieser Begriff in unsere Alltagssprache eingegangen. Und schließlich besteht Persönlichkeit Jung zufolge aus konkurrierenden Kräften, die gegeneinander wirken, um ein Gleichgewicht zu erreichen. Das wird am besten illustriert durch die Dimensionen Extraversion und Introversion – eine Tendenz zur Orientierung nach außen und eine Neigung zur Orientierung nach innen. Diese Begriffe werden heute häufig gebraucht, obwohl sie im Allgemeinen als entgegengesetzte Pole derselben Dimension verstanden werden.

Alfred Adler richtete sein Augenmerk auf die soziale Welt und ihren Einfluss auf das Ich oder die Identitätsbildung. Wir verdanken ihm unsere heutigen Konzepte des Minderwertigkeitskomplexes (übersteigerte Gefühle persönlicher Unfähigkeit) und des korrespondierenden Überlegenheitskomplexes (ichschützende Gefühle eigener Größe). Adlers Psychologie ist eine Individualpsychologie, die sich auf die Einzigartigkeit von Individuen und die Bedeutung ihrer Selbstwahrnehmung konzentriert. Er glaubte, dass viele Persönlichkeitsprobleme vermieden werden können, wenn detaillierte Kenntnisse über Individuen genutzt würden, um gesündere soziale Bedingungen zu schaffen. Adler entwickelte auch eine Persönlichkeitstypologie, die lose an die alten griechischen Vorstellungen von den Körpersäften anknüpft, aber er ist vielleicht am bekanntesten dafür, dass er von der positiven, zielgerichteten Natur des Menschen fest überzeugt war.

Karen Horney veränderte das Frauenbild der psychoanalytischen Theorie, indem sie die Freud'schen Annahmen vom Penisneid ablehnte und stattdessen – basierend auf ihren eigenen Beobachtungen – Theorien zu der Frage entwickelte, warum Frauen sich Männern häufig unterlegen fühlen. Sie betonte, dass soziale Einflüsse auf Frauen – ihr relativer Mangel an Chancen – die Ursache dieser Minderwertigkeitsgefühle seien. Mit ihrem Konzept von der Grundangst (dem kindlichen Gefühl der Hilflosigkeit und der Unsicherheit) modifizierte sie auch den biologischen Determinismus Freuds. So lenkte sie das psychoanalytische Denken weg von seiner überwiegend deterministischen Sicht auf eine inklusivere und interaktivere Deutung.

Erik Erikson demonstrierte, dass wichtige Entwicklungsschritte den Lebensweg eines Individuums kennzeichnen. Die ersten Phasen seiner Entwicklungstheorie gleichen einer neoanalytischen Version der psychosexuellen Phasen Freuds, aber Erikson ging weiter. Statt das Erwachsenenalter in erster Linie als eine Reaktion auf Kindheitserfahrungen zu sehen, verstand er es als einen andauernden Entwicklungsprozess mit seinen eigenen Problemen und Konflikten. In jeder Phase muss eine bestimmte Ich-Krise gelöst werden und die erfolgreiche Bewältigung jeder Krise ermöglicht eine gesunde Entwicklung in späteren Lebensphasen.

Ansätze der modernen Identitätspsychologie neigen nicht zu Generalisierungen über große Personengruppen. So wie neoanalytische Theoretiker die Freud'sche Theorie revidierten, um die Auswirkungen von Gesellschaft, Kultur, Geschlechterunterschieden und der lebenslangen Entwicklung zu berücksichtigen, konzentrieren sich heutige Identitätstheoretiker noch stärker auf die einzigartigen persönlichen und situativen Anforderungen, mit denen das Individuum in seinem ständigen Kampf, ein Selbstgefühl – ein Gefühl für seine Identität – zu bewahren, konfrontiert ist. Moderne Identitätstheoretiker nehmen oft einen funktionalen Ansatz zur Persönlichkeit ein; d.h., sie betrachten motivierte Verhaltensweisen und Ziele, um das ihnen zugrunde liegende Selbst zu verstehen. Manche Forscher glauben, dass tägliche Ziele den größten Einfluss auf die Persönlichkeit haben, während andere davon überzeugt sind, dass weit reichende, abstrakte Ziele wichtiger sind. Manche messen der Art, wie Individuen planen, ihre Ziele zu erreichen, größere Bedeutung bei als den Zielen selber. Aber alle diese Forscher stimmen darin überein, dass es hilfreich ist, diese Bausteine der Identität (Ziele, Motive, Bestrebungen, Wünsche) zu untersuchen, um die Person besser zu verstehen.

Die Fragen „Wo ist das Ich?" und „Was macht die Identität aus?" werden sich nicht ohne weiteres beantworten lassen. Wir müssen uns zuerst über die Definition von *Identität* einigen. Ist sie globaler Natur und umfasst die nach außen gerichteten Aspekte des Individuums, das in Beziehung mit der Welt steht? Oder machen die inneren, persönlichen und introspektiven Aspekte die Identität aus? In beiden Fällen ist es von größter Wichtigkeit, dass die Selbstgerichtetheit des Individuums anerkannt wird, denn es ist die Psychologie, die diese proaktive Natur, an deren Konstrukt die Neoanalytiker so hart gearbeitet haben, erkennen und untersuchen kann.

Haupttheoretiker

Carl Gustav Jung
Alfred Adler
Karen Horney
Erik Erikson

Zentrale Begriffe

Persönliches Unbewusstes versus kollektives Unbewusstes
Archetypen
Jungs vier Funktionen der Psyche
Extraversion versus Introversion
Individualpsychologie
Minderwertigkeitskomplex
Überlegenheitskomplex
Organminderwertigkeit
Aggressionstrieb
Adlers Persönlichkeitstypologie
Grundangst
Objektbeziehungstheorien
Symbiotisch-psychotisch versus normal-psychotisch
Eriksons Phasen der Identitätsbildung
Identitätskrise
Selbstüberwachung
Selbstdarstellung

Literaturempfehlungen

Adler, A. (1959). *The practice and theory of individual psychology.* Totowa: Littlefield Adams.

Bottome, P. (1957). *Alfred Adler: A portrait from life*. New York: Vanguard.

Brome, V. (1981). *Jung: Man and myth.* New York: Atheneum Books.

Coles, R. (1970). *Erik Erikson: The growth of his work.* Boston: Little, Brown.

Erikson, E. (1963). *Childhood and society.* New York: Norton.

Horney, K. (1950). *Neurosis and human growth.* New York: Norton.

Horney, K. (1951). *Der neurotische Mensch unserer Zeit.* München: Kindler.

Horney, K. (1980). *The adolescent diaries of Karen Horney.* New York: Basic Books.

Jung, C.G. (1971). *Erinnerungen, Träume, Gedanken*. Olten: Walter

Jung, C.G. (1980) *Gesammelte Werke*. Olten: Walter.

Jung, C.G. (1992). *Die Archetypen und das kollektive Unbewusste*. Zürich: Rascher

Pervin, L.A. (2000). *Persönlichkeitstheorien: Freud, Adler, Jung, Rogers, Kelly, Cattell, Eysenck, Skinner, Bandura et al.* München: Reinhardt.

Quinn, S. (1987). *A mind of her own: The life of Karen Horney.* New York: Simon & Schuster.

Snyder, M. (1987). *Public appearances, private realities: The psychology of self-monitoring*. New York: Freeman.

Young-Bruehl, E. (1988). *Anna Freud: A biography.* New York: Summit.

Kapitel

5 Biologische Aspekte der Persönlichkeit

In diesem Kapitel

Wenn Sie Eltern fragen, warum sich ihre Kinder im Verhalten voneinander unterscheiden, so werden sie Ihnen fast ausnahmslos erklären, dass das von Geburt an so war. Viele Mütter (und Väter) beteuern, dass ihre Kinder mit ihren eigenen Persönlichkeiten und Verhaltensweisen auf die Welt gekommen sind – d. h. mit ihrem eigenen Bewusstsein.

Die US-amerikanische Kinderpsychologie neigte jedoch dazu, die Umwelteinflüsse auf die Persönlichkeit hervorzuheben. Familien werden mit Ratschlägen bombardiert, wie sie produktive, zufriedene, ausgeglichene Mitglieder der Gesellschaft aufziehen. Bücher zum Thema Kindererziehung haben großes Interesse geweckt, und amerikanische Eltern sind bestrebt, beim Heranwachsen ihrer Kinder eine aktive unterstützende Rolle zu übernehmen. Erziehungsexperten betonen die Wichtigkeit einer liebevollen Umgebung, in der die Kinder für ihre Leistungen und Errungenschaften Lob und Bestätigung erhalten.

Diese Betonung der Umwelteinflüsse lässt sich zum Teil auf die unter US-Amerikanern schon lange herrschende Überzeugung zurückführen, dass man sich selbst verbessern könne. Wir akzeptieren nicht die Auffassung, dass der Platz einer Person im Leben schon bei der Geburt festgelegt ist. Eher vertreten wir die Ansicht, dass nahezu jedes Kind mit genug Selbstmotivation und einem stabilen Elternhaus im Grunde alles erreichen kann, was es will. Diese Ansicht geht zurück auf die Aufklärung im 17. und 18. Jahrhundert und ihr Nachdenken darüber, welch große Ziele freie Menschen potenziell erreichen können, was auch das Denken während der US-amerikanischen Revolution gegen die Briten im Jahr 1776 beeinflusste.

So schrieb z. B. der im 17. Jahrhundert lebende englische Philosoph John Locke (1690/1964), dass das menschliche Bewusstsein zum Zeitpunkt der Geburt einem unbeschriebenen Blatt Papier – *Tabula rasa* – gleicht. Mit der richtigen Erziehung, so die Auffassung, könne jeder Mensch eine hervorragende Persönlichkeit werden.

Es gibt keinen Zweifel daran, dass der amerikanische Traum der Selbstverwirklichung durch die richtige Erziehung und harte Arbeit tatsächlich in den meisten Fällen wahr wird. Es besteht jedoch auch kein Zweifel daran, dass die charakteristischen Reaktionsmuster einer Person von biologischen Faktoren beeinflusst werden. Bei der Geburt ist eine Person *kein* unbeschriebenes Blatt, auf das die Umgebung dann etwas schreibt; vielmehr ist es so, dass Menschen ihr Leben mit bestimmten angeborenen Veranlagungen und Fähigkeiten beginnen. Statt über die relativen Auswirkungen vererbter Faktoren versus Umweltfaktoren zu diskutieren, ist es wesentlich produktiver, den Versuch zu unternehmen, die Auswirkungen der menschlichen Biologie auf die Persönlichkeit zu verstehen. Mit einer sorgfältigen Analyse vermeiden wir eine Unter- oder Überbewertung oder allgemein eine unrichtige Darstellung des Einflusses der Erbfaktoren.

5.1 Direkte genetische Auswirkungen

Mitte des 19. Jahrhunderts stellte Charles Darwin das Weltbild der Biowissenschaften auf den Kopf, als er behauptete, der Mensch sei kein Wesen göttlicher Schöpfung, sondern habe sich vielmehr durch Evolution aus niederen Spezies entwickelt. Demnach sind wir nicht Gottes Ebenbild, sagte Darwin, sondern Cousins und Cousinen von Affen und Schimpansen. Diese Idee war so radikal, dass Darwin sehr viel Zeit und Mühen darauf verwandte, auf die Ähnlichkeit zwischen Menschen und Primaten hinzuweisen, was Knochen, Nerven und Muskeln betrifft. Obwohl solche anatomischen Ähnlichkeiten für uns heute „offensichtlich" sind, wurden sie zu Darwins Zeiten nicht akzeptiert oder gewürdigt.

5.1.1 Natürliche Selektion und Funktionalismus

Darwin (1859) weist darauf hin, dass sich jede Person von allen anderen unterscheidet. Einige dieser individuellen Eigenschaften helfen der Person zu überleben – d. h., sich fortzupflanzen und ihre Gene an die Nachkommen weiterzugeben. Der Vorgang, durch den bestimmte adaptive individuelle Eigenschaften über Generationen hervortreten, ist bekannt als **natürliche Selektion**. So überleben z. B. in einer gefährlichen Umgebung voller Feinde und Räuber diejenigen Lebewesen am besten, die groß, schnell, wachsam oder imstande sind, sich zu verteidigen. Nach Analyse Darwins gilt die meiste Aufmerksamkeit beim Überlebenskampf auf der *Funktion* einer Eigenschaft (wie etwa Geschwindigkeit oder Intelligenz).

Doch welche Eigenschaft ist die wichtigste? War es in einer Umgebung voller Feinde und Räuber die Größe, die Geschwindigkeit oder die Intelligenz des Lebewesens? Oder waren es Organisationsfähigkeiten oder Möglichkeiten der Tarnung, die in Bezug auf das Überleben den Unterschied ausmachten? Oder war es etwas völlig anderes? Dies ist eine Hauptschwierigkeit bei der Ausführung des Darwin'schen Ansatzes: Es ist schwer nachzuvollziehen, was genau die Selektionskriterien waren, die die menschliche Evolution über Millionen von Jahren formten. Dieses Problem erschwert die moderne Anwendung von Darwins Ideen auf individuelle Unterschiede – mitunter auch als **evolutionäre Persönlichkeitstheorie** bezeichnet (Buss, 1990; Simpson & Kenrick, 1997). Trotzdem ist es klar, dass viele unserer individuellen Neigungen in uns stecken, oder genauer gesagt, in unseren Genen.

5.1.2 Das Angelman-Syndrom: Gene und Persönlichkeit

Betrachten wir nun folgendes Beispiel. Können Sie sich ein übermäßig glückliches Kind vorstellen, eines, das immer lustig und heiter ist? Tatsächlich ist das ein Hinweis auf eine seltene genetische Störung, die man als *Angelman-Syndrom* bezeichnet. Gewöhnlich sind diese Kinder noch dazu besonders attraktiv und freundlich. Klingt doch eigentlich ganz gut? Nun, leider sind diese Kinder aber auch geistig zurückgeblieben, schlafen äußerst wenig und bewegen sich plötzlich und ruckartig, etwa so wie eine Marionette.

Das Angelman-Syndrom ist eine biologische Störung, die durch einen Defekt am Chromosom 15 verursacht wird (Zori et al., 1992). Der Mensch verfügt über 23 Paare von Chromosomen, wobei jedes Elternteil die Hälfte jedes Paares beisteuert. Die Chromosomen enthalten die Gene, die die körpereigene Produktion von Proteinen steuern. Die Gene beeinflussen die Entwicklung in vielerlei Hinsicht, einschließlich der strukturellen Entwicklung – wie unser Gehirn und unser Körper wachsen – und der physiologischen Entwicklung – wie unsere Hormone und der allgemeine Stoffwechsel funktionieren.

Extremfälle wie das Angelman-Syndrom zeigen, dass genetische Faktoren, die schon vor der Geburt festgelegt sind, einen extremen Einfluss auf die spätere Persönlichkeit ausüben können. Obgleich wir also wissen, dass Gene in ungewöhnlichen Fällen einen starken Einfluss auf die Persönlichkeit ausüben *können*, stellt sich dennoch die Frage, *in welchem Ausmaß* die Gene bei der normalen Entwicklung die Persönlichkeit beeinflussen und *welche* Aspekte sie formen (DiLalla, 1998).

5.1.3 Verhaltensgenetik: Der Einfluss der Gene auf das Verhalten

Das menschliche Genom ist der vollständige Satz Gene, der sich auf den 23 Chromosomenpaaren befindet, die die biologische Grundlage des Menschen bestimmen. Im Jahr 2000 wurde das menschliche Genom größtenteils entschlüsselt und gewissermaßen kartographisch erfasst. Das heißt, die einzelnen Gene wurden auf den DNS-Strängen identifiziert und markiert. Wir sind jedoch noch weit davon entfernt, die genaue Funktion oder Rolle jedes dieser Gene zu verstehen. Trotzdem besteht mit dieser genetischen Landkarte die Möglichkeit, menschliches Verhalten besser zu verstehen, indem die biologischen Anweisungen, die unsere Gene enthalten, entschlüsselt werden. Dieses neue Studiengebiet des

Einflusses der Gene auf das Verhalten bezeichnet man als **Verhaltensgenetik** („**Behavioral Genomics bzw. Genetics**"; Plomin & Crabbe, 2000).

In eher traditioneller Weise bemühte sich das Studiengebiet **Verhaltensgenetik** um ein besseres Verständnis davon, wie individuelle Unterschiede in der Biologie das Verhalten beeinflussen. Wie wir noch sehen werden, untersuchten einige Studien die Bereiche Adoption und Zwillinge, um Vergleiche hinsichtlich der Natur und der Fürsorge im Elternhaus anzustellen (was manchmal als „quantitative Genetik" bezeichnet wird). Andere Studien untersuchten die Produkte und Wechselbeziehungen eines bestimmten Gens (auch als „Molekulargenetik" bezeichnet). Mit dem Studium des Einflusses der Gene auf das Verhalten können wir nun untersuchen, wie unsere Gene, die sich durch Variationen und natürliche Selektion entwickelt haben, miteinander und mit der Umgebung in Wechselwirkung treten, um das Verhalten zu beeinflussen. Diese Studien ermöglichen uns fantastische Einblicke und Antworten auf die Frage, was es bedeutet, eine Person zu sein. Sie werfen auch wichtige Frage zu Themen wie Ethik und Moral auf.

Es liegt nahe davon auszugehen, dass ein starker Sexualtrieb wertvoll für das Überleben ist; Menschen, die kein Interesse an sexuellen Beziehungen haben, geben ihre Gene gewöhnlich nicht an Nachkommen weiter. Allerdings unterscheiden sich Menschen hinsichtlich ihres Sexualtriebs (Libido) sehr stark voneinander. Wir können mit einiger Wahrscheinlichkeit auch davon ausgehen, dass Liebe, Angst und Wut eine genetische Grundlage haben. Sie sind universell und zeitlos. Leider hilft uns dieses Wissen nicht, die von Person zu Person erkennbaren Variationen zu erklären. Dazu müssen wir stabile individuelle Unterschiede in Bezug auf biologische Reaktionsmuster finden. Dieses Kapitel widmet sich der Untersuchung solcher Unterschiede.

5.2 Genetische Auswirkungen durch das Temperament

Der russische Physiologe Iwan Pawlow entdeckte die klassische Konditionierung, als er die unterschiedliche Intensität der Speichelabsonderung bei Hunden als Reaktion auf bestimmte Reize maß. Pawlow war auch sehr an den individuellen Unterschieden bei Personen hinsichtlich des Nervensystems interessiert (Pawlow, 1927). Seine Untersuchungen konzentrierten sich auf die Reaktionen eines Tiers auf neue Stimuli. Pawlow wusste, dass der Organismus situationsbedingt angemessene Reaktionen zeigen muss, um sich optimal an seine Umgebung anzupassen. Der Organismus muss z. B. das richtige Maß an Empfindsamkeit zeigen, um sowohl Nahrung als auch Gefahren richtig erkennen und einschätzen zu können, doch eine Überreaktion auf Stimuli würde zu einer Überwältigung des Organismus oder zu der Unfähigkeit, angemessene Entscheidungen zu treffen, führen. *Wenn* wir in Gefahr sind, müssen wir natürlich reagieren – doch wir sollten nicht *ständig* so reagieren, als ob alles eine Gefahr darstellen würde.

Zum Zeitpunkt der Geburt sind bei Babys bereits Unterschiede hinsichtlich Temperament und Sinneswahrnehmungen erkennbar. Der Begriff **Temperament** wird hier benutzt, um auf stabile individuelle Unterschiede hinsichtlich emotionaler Reaktivität hinzuweisen. Einige Babys sind z. B. anschmiegsam und ruhig und schlafen den größten Teil des Tages, andere sind übermäßig aktiv, schreien häufig, werden nicht gerne liebkost und treiben ihre Eltern zur Verzweiflung. Longitudinal-Studien zur Entwicklung, die in den 20er Jahren des letzten Jahrhunderts begannen, deuten darauf hin, dass zumindest ein Teil der Reaktivität beim Heranwachsen der Kinder über die Zeit hinweg stabil bleibt. Auf einer physiologischen Ebene zeigen Menschen unterschiedliche Reaktionen ihres Nervensystems auf unangenehme Stimuli (wie beim Eintauchen ihrer Ellbogen in eiskaltes Wasser), und auch diese individuellen Reaktionsmuster bleiben über die Zeit hinweg stabil (Kagan & Moss, 1962; Kagan, Snidman & Arcus, 1995; siehe auch Conley, 1984; Goldsmith, 1989). (Siehe den Kasten „Selbstverständnis“ auf Seite 201.)

5.2.1 Aktivität, Emotionalität, Kontaktfreudigkeit, Impulsivität

Bei Tieren lässt sich das Temperament gut beobachten. Es ist Ihnen sicher bekannt, dass viele Tiere wie Hunde und Hähne so gezüchtet werden können, dass sie kämpferischer und aggressiver oder sanfter und kooperativer sind. Beim Menschen ist es jedoch so, dass Therapeuten und Psychologen, die Kinder behandeln, oft überrascht feststellen, dass so genannte Problemkinder, also aggressive oder hyperaktive Kinder, häufig aus sehr stabilen, harmonischen Familien kommen; ihre Eltern beklagen sich (meist zu Recht), dass die Kinder bereits so auf die Welt kamen. Umwelteinflüsse können also das Verhalten nur zum Teil erklären, weshalb nun auch den Theorien und Forschungsarbeiten auf dem Gebiet des Temperaments mehr Aufmerksamkeit geschenkt wird.

Obgleich es voneinander abweichende Beschreibungen und Modelle zum Thema Temperament gibt, herrscht allgemeine Übereinstimmung hinsichtlich der folgenden vier grundlegenden Aspekte des Temperaments (Buss & Plomin, 1984; Rothbart, 1981; Thomas, Chess & Korn, 1982). Zunächst gibt es den Bereich *Aktivität*. Manche Kinder sind fast ständig in starker Bewegung, andere wiederum sind eher passiv. Dann gibt es den Bereich *Emotionalität*. Manche Kinder geraten leicht in Wut oder Angst oder andere negative Emotionen, andere Kinder wiederum sind emotional ruhiger und stabiler. Den dritten Bereich bildet die *Kontaktfreudigkeit*. Kontaktfreudige Kinder gehen leicht auf andere zu und empfinden deren Gegenwart als angenehm. Der vierte Bereich ist *Aggressivität/Impulsivität*. Dieser Bereich gibt Auskunft darüber, in welchem Maße Kinder aggressiv und kaltherzig und weniger gewissenhaft und freundlich sind.

Gehen Sie jedoch bloß nicht davon aus, dass die Wissenschaft in Bezug auf das Thema Temperament einer Meinung ist. Entscheidungen zu wissenschaftlichen Modellen und Bereichen des Temperaments beruhen gewöhnlich auf Informationen, die dadurch zustande kommen, dass Eltern oder andere Erwachsene bestimmte Verhaltensweisen bei ihren Kindern beobachten, zählen und kodifizieren. Eltern zeichnen z. B. auf, wie oft ein Kind an einem bestimmten Tag schreit. Oder man könnte die Reaktion des Kindes beim

Kontakt mit Fremden systematisch beobachten. Abhängig vom aufgezeichneten Verhalten, den Kodifizierungskriterien, der zu lösenden Aufgabe, den Testern, der Situation, der Subkultur und ähnlichen Faktoren kommt man in Bezug auf das Temperament zu recht unterschiedlichen Ergebnissen.

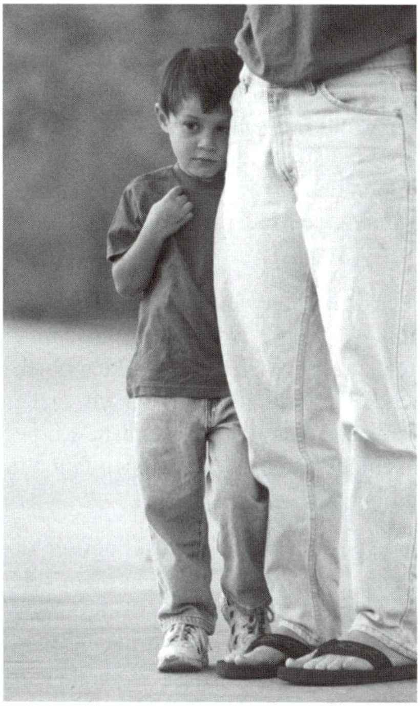

Abbildung 5.1: Unterschiede im Temperament bei Kindern werden sichtbar, wenn man beobachtet, wie sie auf Fremde reagieren. Manche Kinder meiden den Umgang mit ihnen unbekannten Personen, andere nutzen die Gelegenheit zur Kontaktaufnahme.

5.2.2 Eysenck: Nervensystem und Temperament

Am besten ließen sich solche Diskrepanzen klären, wenn man die tatsächlichen biologischen Träger dieser beobachtbaren Muster emotionaler Reaktivität finden könnte. Das heißt, es wäre hilfreich, die Veränderungen im Nerven- und Hormonsystem zu verfolgen, die solche stabilen Reaktivitätsmuster begleiten. Möglicherweise könnten verschiedene Muster physiologischer Reaktionen identifiziert werden. Nach unserem gegenwärtigen Wissensstand ist das jedoch ein schwieriges Unterfangen.

Einige der interessantesten Belege für die Auswirkungen des biologischen Temperaments auf die Persönlichkeit entstammen der Arbeit des verstorbenen britischen Psychologen Hans Eysenck, vor allem im Bereich Introversion / Extroversion. Introvertierte Menschen sind im Allgemeinen ruhig, reserviert und bedächtig. Extrovertierte Menschen sind aktiv, kontaktfreudig und gesellig. Der Bereich Introversion / Extroversion kombiniert somit hinsichtlich des Temperaments Elemente des Bereichs Aktivität mit dem Bereich Kontaktfreudigkeit. Obwohl in vielen Persönlichkeitstheorien der Bereich Introversion/ Extroversion vertreten ist, ist es Eysenck, der den Bereich direkt mit dem Zentralnervensystem verbindet. Seine Persönlichkeitstheorie ist biologisch begründet.

Die grundlegende Idee dabei ist, dass extrovertierte Menschen ein niedriges Niveau an Erregung des Gehirns aufweisen und deshalb verstärkt nach Stimulation suchen. Sie möchten die Dinge gern etwas „aufpeppen“. Introvertierte Menschen dagegen scheinen ein höheres Niveau an Erregung des Zentralnervensystems aufzuweisen und ziehen sich deswegen eher von stimulierenden Umgebungen zurück. Eysenck weist vor allem auf den Teil des Gehirns hin, der als „aufsteigendes retikuläres Aktivierungssystem“ bekannt ist (Eysenck, 1967). Bis jetzt gibt es jedoch wenige empirische Belege dafür, dass dieses System direkt mit der Persönlichkeit in Bezug steht. Eysenck und andere Kollegen bezogen ihre Überlegungen auch auf den Bereich Neurotizismus / Emotionalität und vertraten die Auffassung, dass emotional stabile Menschen über ein ausgeglichenes Nervensystem verfügen, wohingegen neurotische Menschen ein sehr reaktives Nervensystem haben, was zu emotionaler Instabilität führt. Ob dieses faszinierende Modell stichhaltig ist, weiß man allerdings nicht (Gale, 1983).

Wie Eysenck selbst bestätigt, gibt es viele Probleme damit, eine Theorie zum Temperament zu überprüfen, die auf dem Nervensystem beruht (Eysenck, 1990). Zunächst einmal ist es schwierig, nervöse „Erregung“ zu definieren und zu messen. Es existiert kein objektiver Maßstab wie ein Thermometer, und es tritt auch keine einzelne Reaktion wie Fieber auf. Außerdem erwachsen viele Probleme aus dem Umstand, dass der menschliche Körper ein System ist, das immer bestrebt ist, einen Ausgleich herzustellen; Reaktionen fallen in ihrer Intensität und Dauer jeweils unterschiedlich aus.

Es gibt jedoch einige Belege dafür, dass extrovertierte Menschen sich physiologisch tatsächlich von introvertierten Menschen unterscheiden, wenn auch nicht auf einfache Weise (Pickering & Gray, 1999; Stelmack, 1990; Stelmack & Pivik, 1996). Untermauert wird dies durch Studien, die auf die Messung elektrodermaler Aktivitäten zurückgreifen – die Messung der elektrischen Aktivität der Haut mittels Elektroden. (Diese Methode wird auch bei den so genannten Lügendetektor-Tests verwendet: Verschwitzte Hände leiten den elektrischen Strom besser.) Wie vorausgesagt, existieren auch einige Belege dafür, dass introvertierte Menschen sich nicht so schnell an sensorische Stimuli gewöhnen, etwa ungewöhnliche Töne, die auf einem Musikinstrument gespielt werden (Crider & Lunn, 1971; Zuckerman, 1999). Stimulation empfinden sie als störend. Umgangssprachlich ausgedrückt: Sie geht ihnen „auf die Nerven“. Einige Studien unter Verwendung der Elektroenzephalographie (EEG) untermauern ebenfalls Eysencks Modell des Nervensystems. (Wie bereits in Kapitel 2 erwähnt, verwendet das EEG Elektroden, die außen am Schädel angebracht werden, um die Gehirnwellenaktivität zu messen.) Ein sehr einfaches Beispiel: Extrovertierte Menschen zeigen allgemein eine geringere Gehirnwellenaktivität als introvertierte Menschen. Auch wenn dieser vorläufige Ansatz wirklich viel versprechend ist, muss wahrscheinlich ein komplexeres Modell der Zusammenhänge zwischen Gehirnwellenaktivität und Temperament entwickelt werden – eines, das nicht nur auf dem einen Aspekt der Nervenerregung beruht (Eysenck, 1990; Gale, 1983; Pickering & Gray, 1999).

Selbstverständnis

Was ist Ihr biologisches Temperament?

Obwohl die besten Methoden, biologische Aspekte der Persönlichkeit einzuschätzen, letztendlich direkte biologische Messungen (etwa des Hormonspiegels, der Herzfrequenz und durch PET-Scans des Gehirns) einschließen werden, können wir oft schon ein Gefühl für unser Temperament bekommen, wenn wir auf bestimmte Dinge achten, die wir oder andere an uns wahrnehmen.

I. Introversion / Extroversion

- **a.** Suchen Sie eher die Nähe vieler Menschen (z. B. auf Partys) oder ziehen Sie es vor, allein zu sein?
- **b.** Hassen Sie es, vor einer großen Menschenmasse eine Rede halten zu müssen? Verursacht der Gedanke daran bei Ihnen Herzklopfen?
- **c.** Fahren Sie gern Achterbahn, sind Sie ein begeisterter Fallschirmspringer oder lieben Sie Reisen in exotische Länder?

II. Emotionalität

- **a.** Waren Sie als Kind ängstlich?
- **b.** Sind Sie leicht in Wut zu bringen (jähzornig)?
- **c.** Leiden Sie unter starken Stimmungsschwankungen (von sehr begeistert bis tief betrübt)?

III. Aktivität

- **a.** Waren Sie als Kind ständig in Bewegung?
- **b.** Sind Sie eher passiv, gemütlich, lethargisch?
- **c.** Hassen Sie es, Zeit mit Nichtstun zu verbringen?

IV. Aggression / Impulsivität

- **a.** Waren Sie als Kind eher ein Tyrann oder ein Friedensstifter?
- **b.** Haben Sie eher Belohnungen dafür erhalten, dass sie fröhlich und gesellig sind, oder eher dafür, dass Sie anderen die kalte Schulter zeigen?
- **c.** Neigen Sie dazu, Pläne zu machen und zu verfolgen, oder schlagen Sie eher impulsiv neue Richtungen ein?

V. Andere Antriebe

- **a.** Haben Sie einen sehr starken Sexualtrieb?
- **b.** Haben Sie großen Appetit auf Essen und/oder Trinken?
- **c.** Sind Sie einem Ihrer Elternteile in Bezug auf einen Antrieb bzw. Fähigkeit ähnlich, die immer als etwas Natürliches und Besonderes erschien und nicht als etwas Antrainiertes oder Erlerntes? (Dies könnten Dinge sein wie künstlerisches oder musikalisches Talent, sportliche Fähigkeiten, hohe Intelligenz oder Leidenschaftlichkeit.)
- **d.** Gibt es hinsichtlich Ihres biologischen Potenzials eine Unzulänglichkeit, die dazu geführt hat, dass Sie eine andere Fähigkeit zum Ausgleich überentwickelt haben?

Beachten Sie, dass sich biologische Faktoren mit anderen Aspekten der Persönlichkeit auf komplexe Weise verbinden, um die Verhaltensmuster eines Erwachsenen hervorzubringen.

5.2.3 Annäherung, Inhibition und Regulation

Jeffrey Gray und seine Kollegen unternahmen einen Versuch, das physiologische gehirnbasierte Modell der Persönlichkeit zu erweitern und neuere Erkenntnisse aus den Neurowissenschaften einzubeziehen (Pickering & Gray, 1999). Dieser Ansatz beginnt ebenfalls mit Pawlows klassischer Auffassung, dass die Nervensysteme von Tieren sich so entwickelt haben, dass sie ihnen eine Orientierung hinsichtlich anziehender und gefährlicher Situationen verschaffen, doch er betont auch die Wichtigkeit von Belohnung oder Bestrafung für angemessenes oder unangemessenes Verhalten. Mit anderen Worten: Beobachtung *und* Lernen sind für das Überleben von elementarer Bedeutung.

Dieser Ansatz postuliert deshalb zwei maßgebliche biologische Systeme. Das erste ist das *Verhaltensinhibitionssystem*. Dieses System liefert die Orientierungsreaktion auf neuartige Situationen und reagiert auch auf Dinge, die sich als Bestrafung auswirken. Wenn dieses System aktiv ist, gerät die Person leicht in Angst, ist ständig auf der Hut und besorgt, dass etwas Schlimmes passieren wird. Das zweite System ist das *Verhaltensaktivierungssystem*, das unsere Reaktion auf Belohnungen reguliert. Auf diese Weise lernen wir, Dinge mit Belohnungscharakter wie etwa ein gutes Essen mit netten Freunden zu genießen. Wenn dieses physiologische System allerdings überaktiv ist, reagieren wir impulsiv und sind ständig auf der Suche nach Belohnungen.

Dieses Konzept stimmt auch mit der Beobachtung überein, dass impulsive Menschen meistens von Belohnungen gesteuert werden, während ängstlich-zwanghafte Menschen meistens damit beschäftigt sind, unbekannte Situationen und Bestrafungen zu vermeiden. Würden Sie am Wochenende einen Skiausflug mit einem Blind Date machen? Eine Person mit einem aktiven biologischen Annäherungssystem fühlt sich von der Aussicht auf viele Belohnungen angezogen. Eine Person, die unter der Kontrolle eines starken Verhaltensinhibitionssystems steht, wird sich jedoch eher zurückziehen und sich über so ziemlich alles Sorgen machen – von Peinlichkeit über Verletzung bis hin zur Übertragung von Geschlechtskrankheiten.

5.2.4 Suche nach Nervenkitzel und Neigung zu Süchten

Ein ähnlicher Ansatz zur Persönlichkeit über das Nervensystem konzentriert sich direkt auf die **Suche nach Nervenkitzel** (Zuckerman, 1983, 1999). Denken Sie beispielsweise an Leute, die immer auf der Suche nach einer neuen Herausforderung oder einem neuen „High“ sind. Menschen auf der Suche nach Nervenkitzel neigen dazu, sich ständig mit stark stimulierenden Aktivitäten wie etwa Fallschirmspringen zu befassen, und fühlen sich vom Unbekannten angezogen. Solche Menschen zeigen jedoch keine einheitliche Präferenz, was die Freude am Zusammensein mit anderen betrifft. Sie sind also nicht einfach nur extrovertierte Menschen. Doch auch diese Theorie geht davon aus, dass Menschen, die den Nervenkitzel suchen, von Natur aus ein niedriges Niveau von (innerer biologischer) Aktivierung aufweisen, und streben deshalb nach Erregung in der äußeren Umgebung. Im

Einklang mit Pawlows ursprünglicher Auffassung scheinen Menschen auf der Suche nach Nervenkitzel einen starken, auf dem Nervensystem beruhenden Orientierungssinn zu haben. Sie scheinen biologisch dafür prädestiniert zu sein, sich ihre Umgebung auszusuchen und sie aktiv in ihr Leben einzubeziehen.

Abbildung 5.2:
Einige Menschen neigen eher als andere dazu, sich aufregende (und potenziell gefährliche) Aktivitäten auszusuchen. Möglicherweise suchen sie nach Erregung aus der Umgebung, um ihr niedrigeres Niveau an innerer biologischer Aktivität zu kompensieren.

Leider ist es nicht leicht, solche natürlichen Neigungen zu verstehen, bis Psychologen ein besseres Verständnis der Gehirn- und Nervenfunktionen erlangen. Eine Möglichkeit betrifft den Neurotransmitter Dopamin, bei dem es einige Belege dafür gibt, dass Unterschiede in der Dopaminverfügbarkeit und -regulation genetisch bedingt sind (Zuckerman & Kuhlman, 2000). Warum fühlen sich z. B. Menschen, die auf der Suche nach Nervenkitzel sind, von Kokain angezogen? Kokain ist ein Psychostimulans und eine weit verbreitete gefährliche Droge. Es gibt Belege dafür, dass Kokain die Resorption des Neurotransmitters Dopamin hemmt, indem es sich an den Transmitter bindet, der für die Wiederaufnahme von Dopamin verantwortlich ist (Bloom & Kupfer, 1995). Wenn die Dopaminkonzentration deshalb aufgrund des Konsums von Kokain steigt, erzeugt dies anfänglich (und auf künstliche Weise) ein emotionales „High". Allerdings kommt es zu schweren Störungen im Gehirn, wenn der Dopaminspiegel später wieder steil abfällt.

Es ist möglich, dass Menschen einen natürlichen Defekt oder eine durch Krankheit herbeigeführte Schwächung des Dopaminsystems aufweisen, und diese Menschen sind besonders anfällig für eine Kokainabhängigkeit. Selbst bei anfänglich gesunden Menschen führt der chronische Konsum von Kokain zu Symptomen von Paranoia, da das Gehirn versucht, sich auf den hohen Dopaminspiegel einzustellen. Ein auf dem Nervensystem beruhendes Modell individueller Unterschiede hinsichtlich der Anfälligkeit für Drogensucht wird in Abbildung 5.3 gezeigt.

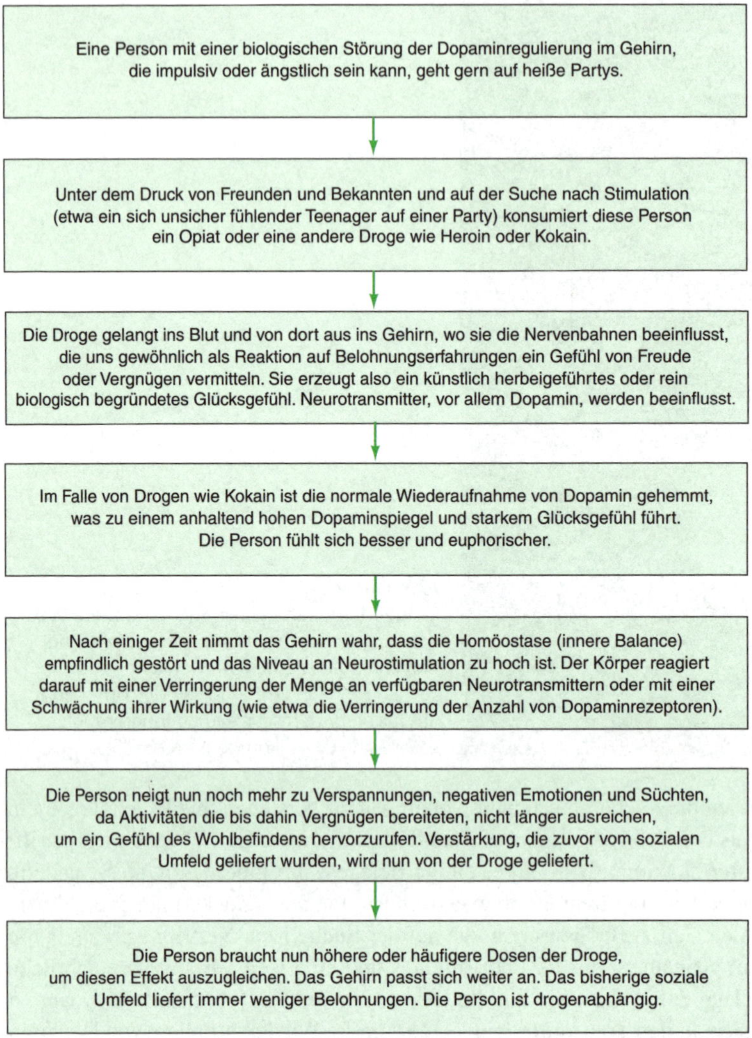

Abbildung 5.3: Ein auf dem Nervensystem beruhendes Modell individueller Unterschiede hinsichtlich der Neigung zur Drogenabhängigkeit.

Der Neurotransmitter Serotonin scheint ebenfalls mit impulsivem Verhalten in Bezug zu stehen. So gibt es z. B. bei Grünen Meerkatzen ein umgekehrt proportionales Verhältnis zwischen impulsivem Verhalten und Serotoninspiegel (Fairbanks, Melega, Jorgensen & Kaplan, 2001). Außerdem kann die Impulsivität dieser Tiere durch Verabreichung der Droge Fluoxetin (Prozac, Fluctin), die die Resorption von Serotonin im Gehirn hemmt und so die Stimmung aufhellt, auf drastische Weise verändert werden. Aber wie kann man eigentlich feststellen, ob sich eine Grüne Meerkatze impulsiv verhält? (Einen Rorschach-Test kann man nicht mit ihnen machen.) Im Falle von Meerkatzen in Gefangenschaft bringt man ein Tier als „Eindringling" in die Nähe des Territoriums des Versuchstiers. Dann zeichnet man die Reaktionen auf. Impulsive Tiere sind rastlos auf der Jagd nach dem Eindringling, beschnuppern ihn und versuchen, ihn zu berühren (Fairbanks, 2001). Ihre vorsichtigeren, weniger impulsiven Artgenossen halten sich zurück und beobachten den Eindringling eine Weile lang aus der Entfernung.

Das menschliche Gehirn hat zwei Hemisphären: eine linke und eine rechte. Eine viel versprechende Methode, auf biologische Unterschiede hinsichtlich der Persönlichkeit einzugehen, konzentriert sich auf individuelle Unterschiede in Bezug auf die Aktivitäten in den Gehirnhälften, d. h. die relativen Aktivitätsunterschiede zwischen der rechten und linken Hemisphäre des Großhirns (Davidson & Fox, 1989).

Obwohl die beiden Hemisphären in intensiver Kommunikation miteinander sind, hat doch jede ihre eigenen Strukturen und Funktionen. Es gibt Gründe für die Annahme, dass der vordere Teil der linken Gehirnhälfte bei positiven Emotionen eine Schlüsselrolle spielt, wohingegen der vordere Teil der rechten Gehirnhälfte bei negativen Emotionen beteiligt ist (Glick, 1985). Diese Spezialisierung von Funktionen unterschiedlicher Hirnregionen sollte nicht mit der einst so populären Pseudowissenschaft der Phrenologie verwechselt werden (siehe Abbildung 5.4).

Alpha-Gehirnwellen, von denen bekannt ist, dass sie zur relativen Gehirnaktivität in einem umgekehrt proportionalen Verhältnis stehen, können mit einem EEG gemessen werden. Was hat das alles mit der Persönlichkeit zu tun? Die Idee hierbei ist, dass eine relativ größere Aktivität der rechten Gehirnhälfte auf eine stärkere Angstreaktion bei Stress hinweist. Das heißt, Personen, deren rechte Gehirnhälfte aktiver ist, neigen eher zu einer Überreaktion auf negative Stimuli. Obgleich die auf diesen EEG-Studien beruhenden Belege nicht sehr stichhaltig sind, können solche Ansätze doch wichtige Erkenntnisse liefern, da aktive „Online"-Gehirnscanning-Techniken für die Forschung nun häufiger zur Verfügung stehen (Haier, 1998).

Wenn bestimmte Aspekte der Persönlichkeit tatsächlich auf biologisch bedingtem Temperament beruhen, dann sollten wir erwarten können, dass diese Unterschiede in allen Kulturen auftreten. Tatsächlich scheint der Bereich Introversion / Extroversion für die ganze Welt Gültigkeit zu haben (Eysenck, 1990). Und was ebenfalls interessant ist: Studien zur Gehirnentwicklung und -aktivität haben aufgezeigt, dass das Gehirn seine maximale Anzahl von synaptischen Verbindungen und seine größte Stoffwechselaktivität etwa im Alter von drei oder vier Jahren erreicht. Das bestätigt die Beobachtung aus der Psychoanalyse, dass die Grundpersönlichkeit ungefähr in diesem Alter geformt wird. Das Gehirn kann jedoch die Organisation seiner Funktionen zu einem späteren Zeitpunkt im Leben ändern (Thompson, 1993).

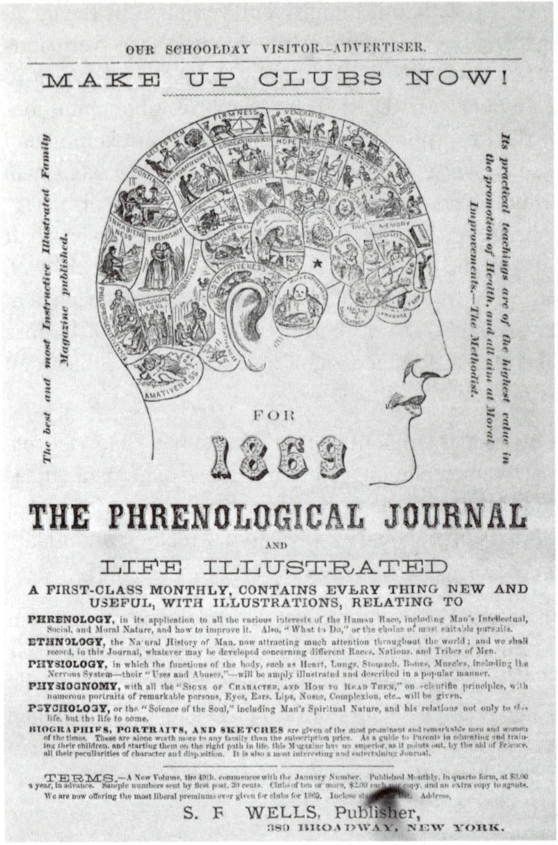

Abbildung 5.4:
Eine phrenologische Karte des Gehirns nach Gall. Versuche, einen Bezug zwischen Persönlichkeit und Gehirn herzustellen, haben eine lange Geschichte. Diese Karte zeigt die Bereiche des Gehirns, von denen Gall, ein Phrenologe, meinte, dass dort bestimmte Persönlichkeitsmerkmale lokalisiert seien. Phrenologen untersuchten den Schädel des Menschen auf Form, Größe und Unregelmäßigkeiten hin und zogen damit Rückschlüsse auf psychologische Eigenschaften.

5.3 Zwillinge als Datenquelle

Wenn man das Verhalten von Zwillingen untersucht, sollte man imstande sein, auf systematische Weise biologische Einflüsse auf die Persönlichkeit festzustellen. Tatsächlich ist die Forschungsarbeit mit Zwillingen heute einer der aktivsten Bereiche beim Studium biologischer Aspekte der Persönlichkeit. Viele faszinierende Studien nahmen Vergleiche zwischen eineiigen und zweieiigen Zwillingen vor. Eineiige Zwillinge sind genetisch identisch, zweieiige Zwillinge (die sich aus zwei getrennten befruchteten Ovarien entwickeln) überschneiden sich genetisch etwa so, wie es gewöhnliche Geschwister tun. In bestimmten Schlüsselbereichen – emotionale Stabilität und Extroversion – sind sich eineiige Zwillinge tatsächlich ähnlicher als zweieiige Zwillinge (Heath et al., 1989; Rose et al., 1988; siehe auch Loehlin, 1992).

Ist das der Beweis für eine biologische Grundlage? Nicht unbedingt, denn eineiige Zwillinge könnten im Vergleich zu zweieiigen Zwillingen ähnlicher behandelt werden. Eineiige Zwillinge sehen sich ähnlicher, und ihre Eltern könnten dies in ihrer Kleidung zum Ausdruck bringen usw. Es könnte auch sein, dass eineiige Zwillinge im Vergleich zu zweieiigen ganz bewusst in ähnlicher Manier handeln. Aus diesen Gründen lassen sich beim Vergleich von Zwillingen, die getrennt voneinander aufgewachsen sind, viel mehr Informationen gewinnen.

Abbildung 5.5: Eltern von eineiigen Zwillingen betonen mitunter die Ähnlichkeit ihrer Kinder durch einheitliche Kleidung, dieselbe Frisur und identische Behandlung. Wenn eineiige Zwillinge im Vergleich zu zweieiigen Zwillingen einheitlicher behandelt werden, dann können wir nicht den Schluss ziehen, dass stärkere Ähnlichkeiten bei eineiigen Zwillingen hinsichtlich der Persönlichkeit ausschließlich genetischen Ursprungs sind.

Berühmte Persönlichkeiten

Sportlerinnen von Geburt an? Venus und Serena Williams

In den letzten Jahren wurde die Welt des Damentennis durch den rasanten Aufstieg zweier ausgezeichneter Spielerinnen in Aufruhr versetzt: Venus und Serena Williams, zwei Schwestern im Altersabstand von 15 Monaten, sind in vieler Hinsicht ungewöhnliche Tennisstars. Sie unterscheiden sich deutlich von vielen ihrer Konkurrentinnen auf dem professionellen Tenniscourt. Sie sind Afroamerikanerinnen aus eher ärmlichen Verhältnissen, die es in einem Sport an die Spitze gebracht haben, der traditionell eher von Angehörigen der reichen Oberschicht ausgeübt wird. In einer Sportart, in der traditionell eher zurückhaltendes schickliches Verhalten – sowohl bei den Spielern als auch bei ihren Fans – üblich ist, stechen sie mit ihrem ausgefallenen Kleidungsstil und Verhalten hervor. Sie nahmen nicht in vollem Umfang an den Juniorenturnieren teil, die gewöhnlich der erste Schritt in den professionellen Tennissport sind, und wechselten beide schon mit 14 Jahren ins Profilager.

Sie erzielten jedoch phänomenale Erfolge. Im Jahre 1999 gewann die jüngere Schwester Serena das U.S. Open-Turnier und war damit die erste afroamerikanische Frau, die nach über 40 Jahren einen Grand-Slam-Titel gewinnen konnte. Ihre ältere Schwester Venus gewann mehrmals in Wimbledon und feierte ihren ersten U.S. Open-Sieg im Jahre 2000. Im Jahre 2001 gewannen die Schwestern bei den U.S. Open ihre jeweiligen Halbfinalspiele und traten dann im Finale gegeneinander an – so dass der Titel auf jeden Fall in der Familie bleiben würde. Diese Finalrunde (die Venus gewann) zeigte, dass die beiden bereit und imstande sind, in Konkurrenz miteinander zu treten, als sie gegeneinander spielten – doch sie bilden ebenso ein gut koordiniertes Team, wenn sie im Doppel antreten. Serena und Venus haben zusammen viele Doppeltitel mehrfach gewonnen: die U.S. Open, die French Open, Wimbledon als auch die olympische Goldmedaille im Damentennisdoppel.

Die Schwestern sind sich in vielerlei Hinsicht äußerst ähnlich – was sicher nicht überrascht, wenn man ihr gemeinsames genetische Erbe als Vollschwestern berücksichtigt. Beide Frauen sind groß und muskulös, weisen ähnliche Gesichtszüge auf und verfügen über die Kraft, Schnelligkeit, Ausdauer, Wendigkeit und Koordinationsfähigkeit, die es ihnen ermöglicht haben, zu Weltklasseathletinnen aufzusteigen. Außerdem haben sie viele Jahre intensiv miteinander trainiert und standen immer in direkter Konkurrenz zueinander. Von Yetunde, Isha oder Lyndrea Williams haben Sie dagegen wahrscheinlich noch nicht gehört; es sind die anderen Schwestern in der Williams-Familie und ältere Kinder derselben Eltern. Sie spielen jedoch weder Tennis noch betreiben sie eine andere Sportart. Genetisch gesehen sind sie ihren Schwestern Venus und Serena genauso ähnlich wie die beiden Tennisstars untereinander. Hinter dem Erfolg von Venus und Serena muss also noch mehr stecken als nur ihre Gene und das Familienumfeld.

Natürlich könnte es einfach der Fall sein, dass Venus und Serena mehr als ihre älteren Schwestern Eigenschaften vererbt bekommen haben, die für eine erfolgreiche Sportlerkarriere grundlegend sind, doch wahrscheinlicher ist, dass das Umfeld einen starken Einfluss ausübte.

Tatsächlich berichteten einige Medien, dass ihr Vater, Richard Williams, beschlossen hatte, seine jüngeren Töchter sollten zu Tennisstars heranwachsen – und er soll diesen Beschluss gefasst haben, noch bevor Venus und Serena geboren waren. Als ihr Manager und Coach gestaltete er ihr Trainingsprogramm und brachte sie schon in ganz jungen Jahren dazu, die Erfahrungen zu machen, die sie brauchten, damit sich sein Traum erfüllen konnte. Hätten die jüngsten Schwestern nicht über das notwendige sportliche Talent, die Intelligenz und das Temperament verfügt, wäre der Traum des Vaters natürlich nie in Erfüllung gegangen. Doch seine Planung, Betreuung und Unterstützung waren ebenfalls entscheidende Faktoren für ihren Erfolg – Faktoren, durch die sich Venus und Serena von ihren älteren Schwestern unterscheiden, denen nicht dieselben Möglichkeiten gegeben wurden oder die nicht demselben Druck ausgesetzt waren. Vielleicht verfügen die älteren Schwestern über dieselben sportlichen Fähigkeiten, wie sie Venus und Serena vererbt bekommen haben, vermissten jedoch eine entsprechend starke Stimulation aus der Umgebung, die die Entwicklung dieser Anlagen gestattet hätte.

In gewissem Sinne könnte man also sagen: Große Sportler werden geboren und dann dazu gemacht. Die Fähigkeiten und Prädispositionen von Starsportlern weisen eine genetische Komponente auf, doch entsprechende Umweltfaktoren sind ebenso erforderlich.

Abbildung 5.6:
Wenn zwei Familienmitglieder in derselben Sportart äußerst erfolgreich sind, ist es wahrscheinlich, dass sowohl erblich bedingte Ähnlichkeiten als auch ein gemeinsames Elternhaus dafür verantwortlich sind. Venus und Serena Williams sind Schwestern, Weltklasseathletinnen und Ikonen des professionellen Damentennis.

5.3.1 Sir Francis Galton

In der zweiten Hälfte des 19. Jahrhunderts begann der britische Wissenschaftler Sir Francis Galton mit dem Studium genetischer Einflüsse auf die Persönlichkeit (Galton, 1869). Er wurde dabei von der Arbeit seines Cousins Charles Darwin inspiriert. Galton entwarf Familienstammbäume von berühmten und bedeutenden Personen, die blutsverwandt waren. Und tatsächlich: Er entdeckte, dass in Familien mit bedeutenden oder berühmten Eltern auch die Nachkommen oft zu bedeutenden oder berühmten Persönlichkeiten heranwachsen. So trat z. B. ein Sohn in die Fußstapfen seines Vaters, der einen Lehrstuhl an einer Universität einnahm, und wurde selbst Professor. Galton bemerkte auch, das kaum jemand aus den unteren Gesellschaftsschichten im Großbritannien des 19. Jahrhunderts je eine bedeutende gesellschaftliche Stellung einnahm.

Obwohl Galton einer der brillantesten Männer seiner Zeit war und durchaus gute Absichten hatte, würden wir ihn heute als einen „gutartigen Rassisten" bezeichnen. Er bemühte sich zwar um Wissenschaftlichkeit, begann seine Untersuchungen aber von vornherein unter der Annahme, die Angehörigen der englischen Oberschicht seien eine überlegene Population. Es ist kaum überraschend, dass der Sohn eines wohlhabenden Professors in einer hierarchischen Gesellschaft eher Bedeutung erlangt als der Sohn armer ungebildeter Eltern. Man muss Galton aber lassen, dass er diese Möglichkeit erkannte (wie andere Zeitgenossen), und entsprechend schlug er vor, man solle Adoptivkinder untersuchen, vor allem adoptierte Zwillinge. Galton war es also, der das Studium von Adoptivzwillingen begann. Doch Galton glaubte nicht, dass bei solchen Untersuchungen viel herauskommen würde, und war von seiner eigenen natürlichen Überlegenheit (als auch der seiner Verwandten und Freunde) überzeugt.

Es ist seltsam, dass ein doch recht offensichtlicher Fehler in Galtons Argumentationskette nicht ins Auge sprang und seine Theorien zunichte machte – nämlich das Thema Frauen. Weibliche Kinder bedeutender britischer Professoren folgten ihren Vätern nicht auf einen Professorenstuhl. Im Allgemeinen wurden Frauen nicht einmal an den Eliteschulen zugelassen. (In den USA waren Frauen auf Universitäten wie Yale oder Princeton bis in die 1970er Jahre nicht zum Studium zugelassen.) Dasselbe widerfuhr den unteren Gesellschaftsschichten – sowohl Männern als auch Frauen – in Galtons Zeiten in Großbritannien.

Interessanterweise war Galton auch der Urheber der Eugenik (lat. für „gute Abstammung" oder „gute Gene"). Sein Argument in diesem Zusammenhang lautete: Bedeutende Familien sollten viele Kinder haben und so die menschliche Abstammung aufwerten. Leiter trug dieser scheinbar wohlwollende Denkansatz zu einem wissenschaftlich „gerechtfertigten" weltweiten Rassismus (und sogar zu Völkermord) bei, der wie ein dunkler Schatten über dem 20. Jahrhundert liegt. Wir werden in diesem Kapitel noch einmal darauf zurückkommen. Biologische Persönlichkeitstheorien scheinen jedenfalls unentwirrbar mit den jeweiligen gesellschaftlichen und politischen Entwicklungen verbunden zu sein.

5.3.2 Die Minnesota-Zwillingsstudie

Betrachten wir nun den Fall von Jack und Oskar. Jack und Oskar sind eineiige Zwillinge, die in früher Kindheit getrennt, später als Erwachsene aber wieder zusammengebracht wurden. Oskar wuchs in Deutschland bei seiner katholischen Großmutter mütterlicherseits auf, Jack wurde von seinem jüdischen Vater außerhalb Europas großgezogen. Es stellte sich heraus, dass diese Zwillingsbrüder viele Eigenschaften und Angewohnheiten gemeinsam haben. Sie sind beide zerstreut, mögen stark gewürzte Speisen, und was für unsere Fragestellung am wichtigsten ist: sie haben beide ein dominantes, zorniges Temperament.

Jack und Oskar verfügen über dieselben Gene (*monozygotisch,* derselben Zygote bzw. befruchteten Eizelle entstammend). Da sie in sehr unterschiedlichen Verhältnissen aufgewachsen sind, lassen sich die Ähnlichkeiten dieser Zwillinge somit nur mit ihrer genetischen Veranlagung erklären. Was Jacks und Oscars überraschende körperliche Ähnlichkeit betrifft, hat niemand mit diesem Argument ein Problem. Doch eine direkte genetische Steuerung der Persönlichkeit – das ist nicht so leicht zu glauben.

Diese eineiigen Zwillinge und andere, die getrennt voneinander aufwuchsen, sind Gegenstand einer laufenden Studie an der Universität von Minnesota (Bouchard, 1999; Bouchard et al., 1990). Solche Studien enthüllen beeindruckende Ähnlichkeiten zwischen Menschen, die dasselbe genetische Erbgut aufweisen. Diese Ähnlichkeiten treten jedoch nicht so häufig auf wie bei eineiigen Zwillingen, die zusammen aufwuchsen, was zeigt, welchen Einfluss die Umgebung in dieser Lebensphase ausübt. Die Ähnlichkeiten bei eineiigen Zwillingen treten jedoch häufiger auf als bei zweieiigen, die zwar sich überschneidendes, aber nicht identisches Erbgut aufweisen (Pedersen, Plomin, McClearn & Friberg, 1988; siehe auch McCartney, Harris & Bernieri, 1990).

Strittig ist die Frage, warum eineiige Zwillinge sich in ihrer Persönlichkeit so ähnlich sind. Gibt es ein Gen, das verantwortlich ist für Geiz, und eines, das verantwortlich ist für Optimismus? Wahrscheinlich nicht. Doch wie oben schon angemerkt, kann es sehr wohl Genmuster geben, die unser Temperament und die Prädisposition unseres Verhaltens beeinflussen. Das könnten z. B. solche sein, die uns entweder aggressiver oder achtsamer und vorsichtiger handeln lassen. Wenn diese angeborenen Neigungen auf ähnliche Spannungsfelder in der Umgebung treffen, resultieren sie oft in ähnlichen Verhaltensmustern – d. h. ähnlichen Persönlichkeiten (Waller et al., 1990). So ist es z. B. relativ unwahrscheinlich, dass ein vorsichtiger, friedfertiger Junge mit einem Körper, der sehr empfindlich gegenüber Schmerzen und Reizen ist, ein Fußballspieler wird. Das heißt nicht, dass wir behaupten, es gäbe ein Gen, das für „Interesse an Sport" verantwortlich ist; es scheint jedoch einen genetischen Einfluss auf entsprechende Reaktionsmuster zu geben. Diese Differenzierung ist wichtig, weil aus ihr folgt, dass aus dem vorsichtigen, empfindsamen, friedfertigen Jungen sehr wohl ein Fußballstar werden kann, wenn die Umstände und Bedingungen entsprechend sind.

In diesem Sinne verglich eine Studie monozygotische (eineiige) und dizygotische (zweieiige) Zwillinge hinsichtlich einer breiten Palette von Einstellungen und entdeckte eine „genetische Grundlage" bei bestimmten Einstellungen und Verhaltensweisen (Olson, Vernon, Harris & Jang, 2001). Das bedeutet jedoch keinesfalls, dass wir für eine bestimmte Einstellung ein bestimmtes Gen vererbt bekommen. Siehe hierzu den Kasten „Damals und heute" auf Seite 213 für weitere Einzelheiten.

Die Forschung ist immer noch auf der Suche nach einem Gen, das möglicherweise bestimmten aggressiven Persönlichkeiten zugrunde liegt. Einige Forscher folgten Galtons Beispiel und erstellten Familienstammbäume von einer Gruppe aggressiver Männer in den Niederlanden (Morell, 1993). Man geht davon aus, dass ein bestimmter genetischer Defekt die Produktion eines Enzyms verhindert, das für den chemischen Aufschluss bestimmter **Neurotransmitter** – der Chemikalien, mit deren Hilfe unsere Nerven miteinander in Kommunikation sind – verantwortlich ist. Wenn diese Männer mit einer bestimmten Herausforderung aus der Umgebung konfrontiert werden, sind sie prädestiniert dafür „zu explodieren" – eine Überreaktion auf die Situation zu zeigen, da die Regulierung ihres Nervensystems gestört ist. Bemerken Sie hierbei jedoch, dass das Gen nicht direkt die Aggression verursacht. Vielmehr übt das Gen Einfluss auf ein Enzym aus, das seinerseits den Körper prädisponiert, auf bestimmte Weise zu reagieren; die tatsächlich gezeigten Reaktionen werden dann durch die Umgebung und durch andere Aspekte der Person bestimmt.

Abbildung 5.7: Eineiige Zwillinge, die kurz nach der Geburt getrennt wurden, sind eine ausgezeichnete Informationsquelle, was die Rolle von genetischen und Umweltfaktoren bei der Einschätzung der Persönlichkeit betrifft. Die beiden Zwillinge im Bild wussten nicht einmal von der Existenz des anderen, bis sie sich als Erwachsene kennen lernten und erstaunlich viele Gemeinsamkeiten entdeckten. Beide hatten den Beruf des Feuerwehrmanns ergriffen, beide trugen einen ähnlichen Schnurrbart und dasselbe Brillenmodell. Auch hinsichtlich ihrer Persönlichkeit waren sie sich erstaunlich ähnlich.

5.3.3 Erziehung und nicht geteilte Umweltvarianz

Es herrschen ziemlich kontroverse Ansichten darüber, wie groß der Anteil der Persönlichkeit ist, der genetischen Bestimmungen unterliegt. Kinder derselben Eltern, die in derselben Familie aufwachsen, haben sowohl ihre biologische Veranlagung als auch einen großen Teil des Umwelteinflusses gemeinsam, doch ihre Persönlichkeiten unterscheiden sich oft erheblich voneinander (Saudino, 1997). In gewissem Maße machen Kinder in derselben Familie unterschiedliche Erfahrungen und werden auch unterschiedlich behandelt, doch wie und warum das so ist, ist schwer herauszufinden (Dunn & Plomin, 1990; Baker & Daniels, 1990). In der Phase des Heranwachsens vom Kind zum Erwachsenen werden die Umwelteinflüsse immer deutlicher. Es existiert ein umgekehrt proportionales Verhältnis zwischen der Ähnlichkeit in der Persönlichkeit und dem Alter sowohl von monozygotischen als auch dizygotischen Zwillingen: Mit steigendem Alter unterscheiden sich ihre Persönlichkeiten immer mehr (McCartney et al., 1990).

In ihrem kontrovers diskutierten Buch mit dem Titel *The Nurture Assumption* (Die Erziehungslüge, 1999) vertritt die Autorin Judith Rich Harris den Standpunkt, dass Eltern keine große Rolle spielen, Gleichaltrige (Klassenkameraden und Freunde) jedoch sehr wohl. Harris beginnt ihre Ausführungen mit dem Beleg, dass eineiige Zwillinge, die getrennt voneinander aufwuchsen, ähnliche Persönlichkeiten aufweisen. Sie weist darauf hin, dass zwei verschiedene Kinder, die von denselben Eltern aufgezogen wurden, unterschiedliche Persönlichkeiten aufweisen; dass viele Kinder aus liebevollen und fürsorglichen Elternhäusern zu Drogen greifen oder gewalttätig werden; dass Adoptivkinder, die von denselben Eltern aufgezogen wurden, unterschiedliche Persönlichkeiten aufweisen – Belege dieser Art zeigen ihres Erachtens nach die Grenzen des Einflusses der Eltern auf die Kinder auf.

In gewisser Hinsicht stellt diese Analyse allerdings eine Überbewertung des Sachverhalts dar. Bei allgemeineren komplexen Persönlichkeitsmerkmalen (statt spezifischer biologischer Fähigkeiten) neigen Kinder dazu, Dinge von ihren Eltern zu übernehmen: die Religion, den Form der Interaktion, politische Ansichten und viele Einstellungen und Bräuche (Plomin, 2001; Segal, 1999). Indem Judith Harris auf die Wichtigkeit von Gleichaltrigen (Klassenkameraden und Freunde) hinweist, beleuchtet sie jedoch das Konzept der „**non-shared environmental variance**", der **nicht geteilten Umweltvarianz**. Dies beinhaltet Merkmale der Umgebung, die die im selben Elternhaus aufwachsenden Kinder unterschiedlich erleben (Turkheimer & Waldron, 2000). Ganz offensichtlich erlebt das erste Kind in einer Familie das zweite Kind als jüngeren Bruder oder Schwester, wohingegen das zweite Kind das erste als älteren Bruder oder Schwester erlebt. Ihr Familienumfeld besteht also aus jeweils anderen Familienmitgliedern. Doch es gibt noch viele andere Unterschiede. Die Geschwister leben jedes für sich in einem etwas anderen Umfeld, und ihre Erfahrungen im täglichen Leben weichen voneinander ab.

Doch nun zurück zu den Fallstudien an eineiigen Zwillingen, die getrennt voneinander aufwuchsen. Hinsichtlich des Umstandes, dass sie oft ähnliche Persönlichkeiten aufweisen, ergeben sich viele komplexe Fragen. Wurden sie von Adoptionsagenturen in ähnlichen Elternhäusern untergebracht? Wussten sie voneinander, vielleicht weil man ihnen von ihrem Zwillingsbruder bzw. ihrer Zwillingsschwester erzählte? Versuchen sie, sich ähnlich zu verhalten, wenn sie zusammengeführt werden – da sie ja wissen, dass sie Zwillinge sind? Und vielleicht die wichtigste Frage: War der Prozess ihrer ähnlichen Persönlichkeitsentwicklung vielleicht viel komplexer als ein simples genetisches Modell mutmaßen ließe?

Es stellt sich also wiederum die Frage, wie groß der tatsächliche Anteil der Persönlichkeit ist, der genetisch bestimmt ist. Man geht nicht davon aus, dass sich in der nahen Zukunft klare Antworten darauf finden lassen. Tatsächlich ist die Frage selbst zu einfach, als dass sie für das Verstehen individueller Unterschiede hilfreich wäre. Biologische Prädispositionen treten mit den auslösenden Umständen der Umgebung und dem Einfluss des Umfelds, das wir uns aussuchen, in Interaktion (Bouchard, 1999; Reiss, 1997). Einige Forscher schätzen, dass etwa 40 Prozent aller Abweichungen hinsichtlich Persönlichkeitsmerkmalen genetisch beeinflusst sind, doch es ist schwer nachzuvollziehen, was diese Zahl konkret bedeutet (ausgenommen in einem komplizierten mathematischen Sinne), seit man festgestellt hat, dass Biologie, Sozialisierung und Umgebung allesamt wichtige Elemente für die Persönlichkeit sind.

Damals und heute

Es geht nicht um Natur versus Erziehung

Die Persönlichkeitstheorie der Evolutionspsychologie unternimmt den Versuch, die Wurzeln individueller Verhaltensmuster in unserer Entwicklungsgeschichte zu finden. So war es z. B. schon immer so, dass Männer, die sich der Treue ihrer Partnerin nicht versicherten, unter Umständen unfreiwillig halfen, die Kinder anderer Männer aufzuziehen.

Ihre Persönlichkeitsmerkmale überlebten daher nicht, dagegen die „eifersüchtiger" Männer, die ihre Partnerin ständig kontrollierten, in ihren Nachkommen schon. Deshalb, so könnte man argumentieren, wurden die Gene für Eifersucht ausgewählt und weitergegeben . Natürlich geht diese Analyse davon aus, dass wir wissen, was die Selektionskriterien (fürs Überleben) vor langer Zeit waren. Einige Theoretiker könnten dann zu der allzu vereinfachten Annahme kommen, dass „eifersüchtige" Männer dieses „Eifersuchtsgen" aufweisen. Solche Theoretiker spötteln über die neoanalytischen Auffassungen, dass der Eifersucht Kindheits- und frühe Lernerfahrungen zugrunde liegen.

Ein Problem mit einer solchen „Natur versus Erziehung"-Analyse ist, dass Gene ihre Wirkung als Funktion der Umgebung, in der sie vorzufinden sind, entfalten (Gottlieb, 2000). Dazu ein Beispiel: Die Gene, die für die Kontrolle der Entwicklung des visuellen Kortex bei Katzen verantwortlich sind, werden ohne visuelle Stimulation nicht aktiv. Die Gene, die für die Entwicklung des Gehörsinns bei Mäusen verantwortlich sind, werden ohne entsprechende akustische Stimulation nicht aktiv. Selbst bei Fruchtfliegen ist der Licht-Dunkelheit-Zyklus für die Bildung bestimmter Proteine notwendig. Gene werden erst aufgrund bestimmter Funktionen der Umgebung aktiv, und wir verstehen bisher noch nicht, ob und wie dies bei komplexen menschlichen Emotionen auftritt.

Was vielleicht noch wichtiger ist: Viele Eigenschaften, die genetisch festgelegt zu sein scheinen, werden nicht einfach oder direkt durch Gene kontrolliert. Ein interessantes Beispiel hierfür sind Einstellungen, die mit Sicherheit innerhalb einer Subkultur und Kultur erlernt werden. Eine aufschlussreiche Studie verglich monozygotische (eineiige) und dizygotische (zweieiige) Zwillinge hinsichtlich einer breiten Palette von Einstellungen. Bei der Betrachtung der sichtbaren Unterschiede zwischen den Zwillingen entdeckte diese Studie eine „genetische Basis" für bestimmte Einstellungen (Olson et al., 2001). Doch das bedeutet keinesfalls, dass wir für eine bestimmte Einstellung ein bestimmtes Gen vererbt bekommen.

Betrachten wir das Beispiel, in dem bei Zwillingsvergleichen die Einstellung zu Sport eine biologische Grundlage zu haben schien; solche Einstellungen standen in Bezug zu Selbstbeschreibungen sportlicher Fähigkeiten. Die Ergebnisse zeigten, dass Personen, die mit einer natürlichen Koordinationsfähigkeit und körperlicher Stärke geboren wurden, bei sportlichen Aktivitäten erfolgreicher waren, ein besseres Verständnis für verschiedene Sportarten hatten, allgemein sportlich aktiver waren und deshalb eine bessere Einstellung zum Sport allgemein hatten. In ähnlicher Weise zeigten Einstellungen und Neigungen zu sehr intensiven Erfahrungen wie etwa laute Musik, große Partys und Achterbahnfahrten beim Vergleich von Zwillingen eine starke „genetische" Basis. Das bedeutet nicht, dass wir mit einer Neigung zu solchen Einstellungen geboren werden (das „Ich-fahre-gern-Achterbahn-Gen"). Vielmehr deutet es darauf hin, dass uns eine komplexe biologische Neigung zur Freude an bestimmten Erfahrungen manchmal dazu führen kann, entsprechende Einstellungen anzunehmen. In diesem Licht betrachtet, ist es bei vielen menschlichen Verhaltensmustern nicht besonders sinnvoll, eine scharfe Trennung zwischen Natur und Erziehung vorzunehmen.

LiteraturEmpfehlungen:

Gottlieb, G. (2000). Environmental and behavioral influences on gene activity. *Current Directions in Psychological Science, 9*, 93–97.

Olson, J. M., Vernon, P. A., Harris, J. A., & Jang, K. L. (2001). The heritability of attitudes: A study of twins. *Journal of Personality & Social Psychology, 80*(6), 845–860.

5.3.4 Schizophrenie

Man generalisiert die Wichtigkeit der Genetik für die Persönlichkeit leicht zu stark. Betrachten wir dazu das Phänomen der Schizophrenie. Schizophrenie ist eine sehr schwere Geisteskrankheit, bei der die Person den Kontakt mit der Realität verliert. Solche Menschen leiden unter Wahnvorstellungen, werden paranoid und sprechen oder verhalten sich im Allgemeinen sehr merkwürdig. Interessanterweise waren die meisten Psychologen und Psychiater bis in die sechziger Jahre des letzten Jahrhunderts hinein der Auffassung, dass die Ursache für Schizophrenie in einer mangelhaften Erziehung und einem gestörten Elternhaus liegt. Es gab Belege dafür, dass „eigenartige" Eltern überwiegend auch „eigenartige" Kinder hatten (aufzogen).

Nachdem man den Einfluss biologischer Anomalien auf markant abnormales Verhalten besser verstand, begann eine intensive Suche nach den biologischen Ursachen dieser Störung. Viele Studien belegten, das Schizophrenie innerhalb bestimmter Familien verstärkt auftritt (Schiffman & Walker, 1998). Das heißt, wenn man schizophrene Eltern hat, ist die Wahrscheinlichkeit, dass man selbst unter Schizophrenie leiden wird, drastisch erhöht. Die Wahrscheinlichkeit erhöht sich sogar noch mehr, wenn man einen zweieiigen Zwilling hat, der oder die unter Schizophrenie leidet. Und am wichtigsten: Wenn man einen eineiigen Zwilling hat, der oder die unter Schizophrenie leidet, liegt die Wahrscheinlichkeit, dieses Syndrom verzerrter Realität und seltsamer emotionaler Reaktionen zu entwickeln, bei 50:50. Es besteht hier also eine sichtbare Wechselbeziehung, selbst wenn die Zwillinge in unterschiedlichen Familien aufgewachsen sind (Gottesman, 1991; Gottesman & Moldin, 1998).

5.3.5 Schlussfolgerungen aus dem Studium schizophrener Zwillinge

Aufgrund dieser Wechselbeziehungen haben manche Forscher den Schluss gezogen, dass Schizophrenie eine Erbkrankheit ist. Das ist bestenfalls eine sehr unpräzise Schlussfolgerung, da viele eineiige Zwillinge, deren Brüder oder Schwestern unter Schizophrenie leiden, selbst nie eine solche Gemütsverfassung entwickeln! (Zum Vergleich: Wenn ein eineiiger Zwilling blaue Augen hat, hat auch der andere in jedem Fall blaue Augen.) Wenn Schizophrenie einfach die unmittelbare Folge defekter Gene ist, dann sollte – wenn einer der beiden eineiigen Zwillinge unter Schizophrenie leidet – dasselbe auch für den anderen gelten. Eine sorgfältige Analyse der Gehirnstruktur von eineiigen Zwillingen wirft allerdings Zweifel auf, ob der Schizophrenie tatsächlich eine direkte genetische Ursache zugrunde liegt. In dieser Studie wurden 15 Zwillingspaare untersucht; bei jedem Paar lag der Sachverhalt so, dass eines dieser Geschwisterpaare unter Schizophrenie litt, dass andere jedoch nicht. Als eineiige Zwillinge wies jedes Geschwisterpaar identisches Erbgut auf, doch mithilfe der MRT (Magnetresonanztomographie) und ähnlicher Techniken waren die Wissenschaftler imstande, hinsichtlich ihrer Gehirnstruktur eindeutige Unterschiede festzustellen. Die Ventrikel des an Schizophrenie leidenden Zwillings waren gewöhnlich stärker mit Flüssigkeit gefüllt, was darauf hinweist, dass bei diesem Zwilling etwas Hirngewebe fehlte. Die unter Schizophrenie leidenden Zwillinge zeigten auch Anzeichen eines Hirngewebsschwunds oder allgemein eine Störung der Entwicklung des Hirngewebes (Suddath et al., 1990). Da die identischen Gene eineiiger Zwillinge dem Körper auch identische Anweisungen zur Entwicklung des Gehirns erteilt hätten, muss demnach etwas anderes – irgendein anderer Faktor – ausschlaggebend für die unterschiedliche Gehirnentwicklung sein.

Angesichts dieses Rätsels sagen einige Forscher nun, dass es eine „genetische Prädisposition“ für Schizophrenie gibt. Das heißt: Bestimmte Gene erhöhen die Wahrscheinlichkeit des Auftretens einer Schizophrenie, sind aber nicht die einzige direkte Ursache. Wenn wir darüber nachdenken, ist diese Erklärung eine Art intellektueller Rückzieher. Was sie wirklich bedeutet, ist: „Die Gene spielen sicher irgendeine Rolle, doch wie der Prozess genau abläuft, wissen wir nicht.“

Dasselbe gilt für viele andere genetische Einflüsse auf die Persönlichkeit. So ist z. B. die Wahrscheinlichkeit einer Übereinstimmung – auch Konkordanz genannt – bei manisch-depressiven Störungen sehr hoch. Wenn eine manisch veranlagte Person regelmäßig zwischen wildem Enthusiasmus und hoffnungsloser Depression hin und her schwankt, dann ist die Wahrscheinlichkeit, dass der andere Zwilling ebenfalls an dieser Störung leidet, sehr hoch. Die Konkordanz bzw. Übereinstimmungsrate ist hoch (Suinn, 1995). Es wurde jedoch festgestellt, dass depressive Störungen ein komplexes Phänomen sind, bei dem auch die unmittelbare Umgebung einen starken Einfluss ausübt. Es wäre ein großer Fehler zu glauben, dass sie allein biologisch bedingt seien. Wir sollten uns immer daran erinnern, dass wir den Einfluss biologischer Faktoren auf die Persönlichkeit in einem breiteren Zusammenhang betrachten sollten. Das macht ein umfassendes Nachdenken über Biologie und Persönlichkeit erforderlich.

5.4 Sexuelle Identität und Homosexualität

In der Geschichte der Menschheit hat es schon immer Homosexualität gegeben; selbst in der Bibel wird diese Veranlagung und Praxis beschrieben. Sie existiert auch in allen Gesellschaften auf der ganzen Welt. Abgesehen davon, dass homosexuelle Männer und Frauen oft Sexualpraktiken betreiben, die von der Norm abweichen, bringen sie manchmal auch ein Verhalten zum Ausdruck, das auf diese homosexuelle Orientierung hinweist. Homosexualität oder Heterosexualität ist eindeutig ein wichtiger Aspekt der Persönlichkeit, und eine Persönlichkeitstheorie sollte imstande sein, dieses Phänomen zu erklären.

Nach einer Analyse von Sigmund Freud (die mittlerweile jedoch in Verruf geraten ist) ist Homosexualität eine Krankheit, die das Ergebnis einer Störung der normalen psychosexuellen Entwicklung ist. Nach Freud durchläuft ein normales Kind drei psychosexuelle Phasen, bis es seinen Sexualtrieb schließlich in reifer Manier auf ein passendes Liebesobjekt, eine Person des anderen Geschlechts, ausrichtet. Die meisten Kinder durchlaufen im Rahmen dieser Entwicklung eine Phase, in der sie in ihre eigenen Genitalien verliebt sind – eine allein auf das Selbst ausgerichtete, narzisstische Liebe. Doch manche Kinder bleiben mit der Aufmerksamkeit auf ihre Genitalien als Liebesobjekt fixiert: Kleine Jungen wachsen nicht heran und identifizieren sich mit ihrem Vater, sondern versuchen stattdessen viel mehr, ihrem Vater alles recht zu machen und sind schließlich auf der Suche nach einem Liebespartner mit Genitalien wie den eigenen. Das heißt, sie entwickeln sich zu Homosexuellen. Auch wenn diese Schlussfolgerung von der Forschung nicht bestätigt wurde, hatte sie doch einen großen Einfluss auf die Praxis der Psychiatrie. Erst 1974 erklärte die American Psychiatric Association Freuds Erklärungen für das Auftreten von Homosexualität für ungültig und strich diese Veranlagung von ihrer Liste der Geistesstörungen – zur großen Erleichterung Tausender Homosexueller, die ein normales Leben führen. Tatsächlich lässt sich ein Großteil der emotionalen Probleme von Homosexuellen direkt auf die harsche Reaktion der Gesellschaft auf diese Minderheit zurückführen (Herschberger, 1998).

Viele Homosexuelle berichten, dass sie sich schon zu ihrem eigenen Geschlecht hingezogen fühlten, bevor sie irgendwelche sexuellen Erfahrungen gemacht hatten. Die meisten Homosexuellen fühlen sich von der Gesellschaft verfolgt oder diskriminiert; es gibt kaum Gründe anzunehmen, dass Homosexuelle von sich aus beschließen, diese Gefühle und Anziehung zu spüren. Da manche Menschen nun einmal so sind, wie sie sind – homosexuell –, wuchs das Interesse an möglichen biologischen Grundlagen und Ursachen dafür. Da die Gesellschaft jedoch die Homosexualität so stark stigmatisiert, sind die Ergebnisse der Forschungsarbeiten auf diesem Gebiet lückenhaft, widersprüchlich oder ohne tatsächlichen Informationsgehalt. Einige neuere Forschungsarbeiten deuten darauf hin, dass eine homosexuelle Prädisposition zumindest teilweise (doch wirklich nur teilweise) genetisch bedingt ist (Bailey & Pillard, 1991, 1995; Buhrich, Bailey & Martin, 1991). Homosexualität ist auch eine Veranlagung, die verstärkt innerhalb einer Familie auftritt, und bei monozygotischen (eineiigen) Zwillingen ist die Wahrscheinlichkeit, dass sie dieselbe sexuelle Präferenz aufweisen, größer als bei dizygotischen (zweieiigen) Zwillingen. Es gibt auch einige Belege dafür, dass im Gehirn ein Teil des vorderen Hypothalamus, von dem bekannt ist, dass er in direkter Beziehung zum Sexualverhalten steht, bei homosexuellen Männern erheblich kleiner ist (LeVay, 1991). Keiner dieser Faktoren stellt jedoch einen Beweis dafür dar, dass Homosexualität genetischen Ursprungs ist. Angesichts der Tatsache, dass Homosexualität zu allen Zeiten und in allen Kulturen ein universelles Phänomen war, deuten diese Erkenntnisse allerdings darauf hin, dass es zumindest ansatzweise einen biologischen Ursprung für die Neigung zur Homosexualität gibt.

Abbildung 5.8:
Obwohl die Homosexualität eine biologische Grundlage zu haben scheint, stehen Homosexuelle – wie alle anderen Menschen auch – unter dem starken Einfluss ihrer jeweiligen Kultur und familiären Erziehung. Dieses Hochzeitsfoto zweier lesbischer Frauen bringt das wunderbar zum Ausdruck: Das Paar hat sich für die Zeremonie für das traditionelle Hochzeitskleid heterosexueller Frauen entschieden.

Andererseits weist die Tatsache, dass Zusammenhänge zwischen genetischer Vererbung und Homosexualität alles andere als klar erwiesen sind, darauf hin, dass bei diesem Aspekt der Persönlichkeit auch Umweltfaktoren eine wichtige Rolle spielen (Bailey, Dunne & Martin, 2000). Wie wir bereits bei anderen biologischen Prädispositionen sahen, wächst oder reift die biologisch-sexuelle Orientierung in bestimmten Kontexten auf bestimmte Weise. Es ist auch möglich, dass einige Fälle von Homosexualität nichts mit der Genetik zu tun haben und stattdessen das Resultat von Konditionierung oder anderen Erfahrungen sind. Einige Homosexuelle, vor allem diejenigen, die schon früh das Stadium der Pubertät erreichen, sind von Freunden des gleichen Geschlechts umgeben (die meisten Jungen im Alter von 11 Jahren haben nur enge Freundschaften zu Jungen), sodass diese Jungen ihre ersten sexuellen Fantasien oder frühen Erfahrungen mit Vertretern ihres Geschlechts machen (Storms, 1981). Das kann dazu führen, dass sie dieses Vergnügen auch in Zukunft mit Gleichgeschlechtlichen anstreben. Das ist eine mögliche, jedoch nicht bewiesene umweltbedingte Basis für einen Teil homosexuellen Verhaltens. Wie wir schon öfter in diesem Buch angemerkt haben, schließen sich die unterschiedlichen Persönlichkeitsperspektiven nicht gegenseitig aus, im Gegenteil: Wir brauchen unterschiedliche Ansätze, um die Vielfältigkeit menschlichen Verhaltens ganz zu verstehen. Das mag vielleicht für diejenigen, die nach einfachen, endgültigen Erklärungen komplexer Verhaltensmuster suchen, nicht zufrieden stellend sein, doch es reflektiert den gegenwärtigen Stand unserer Erkenntnis.

5.4.1 Exotisch wird erotisch

Ein weiterer Ansatz, der den Versuch unternimmt, bei der Erklärung einiger Fälle von Homosexualität oder Bisexualität Biologie und Sozialisierung zu kombinieren, ist, was Daryl Bem (1996) als „exotisch wird erotisch“ bezeichnet. Bem vertritt die Auffassung, dass das angeborene Temperament einen Einfluss darauf ausübt, dass kleinere Kinder sich geschlechtskongruent (in Übereinstimmung mit den gesellschaftlichen Erwartungen) verhalten – oder nicht. So wird z. B. ein kleines Mädchen, das am liebsten in ruhiger fürsorglicher Weise mit Puppen spielt, einen Freundeskreis haben, der fast nur aus Mädchen besteht. Wenn sie allerdings die raueren und wilderen Aktivitäten von Jungen vorzieht, dann werden sich in ihrem Freundeskreis auch viele Jungen finden. In letzterem Falle betrachtet das Mädchen Jungen als etwas Gewöhnliches und Alltägliches.

Was passiert nun in den Jahren des Heranreifens? Wenn sich während der Pubertät das Hormonsystem verändert, wird dies von starken Gefühlen und körperlicher Erregung begleitet. Obwohl die meisten Mädchen diese Erregung in Verbindung mit exotischen Figuren wie etwa Popstars, Schauspielern und sogar unbekannten Jungen in der Schule bringen, hat ein eher temperamentvolles Mädchen bereits viele Jungen als Freunde und betrachtet deshalb vielleicht bestimmte Mädchen zunächst als exotisch und dann als erotisch. Das Gegenteil trifft auf bestimmte Jungen zu; einige von ihnen, die mit vielen Freundinnen aufgewachsen sind, sind vielleicht von Jungen fasziniert. Auch wenn diese Theorie keiner gründlicheren Prüfung unterzogen wurde, zeigt sie, dass es verschiedene mögliche, komplexe Wege zur sexuellen Anziehung gibt.

5.4.2 Verwandtenselektion

Wie ist es eigentlich möglich, dass – entwicklungsgeschichtlich gesehen – Homosexualität immer noch auftritt, wenn man bedenkt, dass Homosexuelle wenige Kinder haben, wenn überhaupt? Warum sind Neigungen zur Homosexualität also nicht schon vor langer Zeit „ausgestorben", denn ganz offensichtlich stellt diese Veranlagung doch keinen großen Überlebenswert dar? Die Antwort liegt wahrscheinlich in der Tatsache begründet, dass wir die Feinheiten und Mechanismen der Evolution noch nicht vollständig verstehen.

Eine mögliche Antwort könnte das Phänomen der **Verwandtenselektion** liefern (Burnstein, Crandall & Kitayama, 1994). Wenn die Wahrscheinlichkeit groß ist, dass die Nichten und Neffen von Homosexuellen überleben, dann wird auch die genetische Veranlagung zur Homosexualität fortbestehen (denn Nichten und Neffen teilen mit ihren homosexuellen Onkeln oder Tanten dasselbe genetische Erbgut). Solche Analysen richten die Aufmerksamkeit weg vom Überleben des Individuums und stattdessen auf die ganze Population – die so genannte Populationsgenetik. Eine weitere Möglichkeit, weshalb eine genetisch bedingte Neigung zur Homosexualität fortbesteht, ist der Umstand, dass sie Heterosexuellen mit einer Neigung in diese Richtung in irgendeiner Weise einen direkten reproduktiven Vorteil verschafft.

5.4.3 Sexualhormone und Erfahrungen

Es kann auch sein, dass biologische Aspekte der Homosexualität das Ergebnis früher Erfahrungen mit Veränderungen des Hormonhaushalts sind. Wenn der schwangeren Mutter z. B. Arzneimittel verabreicht wurden oder sie Drogen genommen hat, kann das auf das ungeborene Kind oder die frühe Kindheit einen Einfluss haben, der nicht genetischen Ursprungs ist (Persky, 1987). Tatsächlich sind viele biologische Grundlagen der Persönlichkeit nicht die Folge einer genetischen Veranlagung, sondern das Resultat von Erfahrungen früh im Leben. Das Wachstum des Gehirns und des Nervensystems – ein biologischer Faktor – wird nicht nur durch die Gene, sondern auch durch die Umgebung stark beeinflusst.

Wie wir bereits feststellten, kann eine genetische Neigung zur Homosexualität für Personen, die nicht schwul oder lesbisch werden, einen unbekannten Überlebensvorteil mit sich bringen. So ist z. B. die Wahrscheinlichkeit ziemlich groß, dass die heterosexuellen Schwestern von homosexuellen Brüdern besonders viele Kinder bekommen. Der springende Punkt hier ist, dass biologische Einflüsse auf die Persönlichkeit und das Verhalten selten einfach zu erklären sind, und dass fast alle allzu einfachen Schlussfolgerungen sich als fehlerhaft erweisen.

Wenn wir ein tief greifendes und umfassendes Verständnis der biologischen Grundlagen der Persönlichkeit erlangen wollen, ist es letztendlich auch wichtig festzustellen, dass eindeutige Ergebnisse hervortreten, wenn biologische Aspekte der Persönlichkeit mit bestimmten Umgebungseinflüssen kombiniert werden. Diese Ergebnisse sind durch die Biologie oder die Umgebung jeweils für sich allein nicht vorhersagbar. So kann z. B. in einer Familie, in der ein autoritärer Vater ein straffes Regiment führt und bei der Erziehung seiner beiden Söhne oft auf Bestrafung zurückgreift, der von Natur aus aggressive und energische Sohn beim Heranwachsen genauso autoritär und unnachgiebig wie sein Vater werden, während der feinfühlige, emotionale Sohn eher zu einem liebevollen, wohlwollenden Menschen heranwächst und sich schwört, sich niemals so wie sein grausamer, großmäuliger Vater zu verhalten. Wenn jedoch dieselben beiden Söhne von einem sehr fürsorglichen, demokratischen Vater aufgezogen werden, könnte das Resultat genau umgekehrt aussehen: Der feinfühlige Sohn könnte eher zu einer energischen Person heranwachsen, die sich im Leben durchsetzt, wohingegen der andere Sohn seine Energien dafür aufwendet, anderen zu helfen. Mit anderen Worten: Hier herrscht ein Interaktionseffekt.

In mathematischen Begriffen ist die Persönlichkeit eher das Produkt der Multiplikation dieser beiden Einflüsse als die Summe ihrer Einzelposten. Das bedeutet, dass es nicht möglich ist, einen Durchschnittswert zu ermitteln, der sich aus den biologischen und den Umwelteinflüssen ergibt, um das Verhalten einer Persönlichkeit vorherzusagen. Vielmehr müssen wir eine sorgfältige Analyse der jeweils herrschenden Umstände vornehmen, die das Ergebnis einer Kombination dieser beiden Faktoren sind.

5.5 Indirekte Auswirkungen der Biologie

Vincent van Gogh, der bedeutende impressionistische Maler, war für viele ein großes Genie, das sich selbst in den Wahnsinn getrieben habe. Tatsächlich verhielt sich van Gogh oft recht merkwürdig und schnitt sich sogar selbst einmal einen Teil seines Ohrs ab (und malte dann ein Selbstporträt). Im Jahre 1890 beging er Selbstmord. Es hat nun den Anschein, dass van Gogh nicht unter einer Persönlichkeitsstörung gelitten hat, sondern an der **Ménière-Krankheit**, einer Erkrankung des Innenohrs, die Schwindelgefühle, Gleichgewichtsstörungen, Übelkeit und Störungen des Gehörs verursachen kann (Arenberg, 1990). Krankheiten können dramatische Auswirkungen auf Reaktionsmuster haben, ebenso wie toxische Substanzen solche Veränderungen herbeiführen können.

Abbildung 5.9:
Vincent van Gogh (hier in einem Selbstporträt) schnitt sich nach einem Streit mit Paul Gauguin mit einer Rasierklinge einen Teil seines rechten Ohrs ab und beging wenig später Selbstmord. Sein Verhalten könnte das Resultat psychischer Auswirkungen einer organischen Krankheit gewesen sein.

5.5.1 Auswirkungen von Umweltgiften

Vergiftungen

In Lewis Carrolls Erzählung *Alice im Wunderland* begegnet Alice dem verrückten Hutmacher. Die Redewendung „mad as a hatter" („verrückt wie ein Hutmacher") ist im englischen Sprachraum seit über 100 Jahren geläufig. Diese Redewendung ergab sich aus der Tatsache, dass viele Hutmacher an einer Hirnschädigung litten, weil sie bei der Herstellung von Filzhüten mit Quecksilber arbeiteten. Es ist mittlerweile gut dokumentiert, dass Vergiftungen dramatische Veränderungen der Persönlichkeit herbeiführen können.

Heutzutage wird Quecksilber in Industrie und Landwirtschaft eingesetzt und ist zum Teil in Speisefischen nachweisbar, die in verschmutzten Gewässern gelebt haben. Menschen, die solcherart vergiftete Fische verzehren, verhalten sich schon kurz danach sehr merkwürdig. Kurz gesagt, es ist bekannt, dass eine Quecksilbervergiftung selbst heutzutage starke Persönlichkeitsveränderungen verursachen kann (Fagala & Wigg, 1992). Da Quecksilber ein Bestandteil von Amalgam-Zahnfüllungen ist, gab es in den letzten Jahren eine Menge Spekulationen über mögliche subtile Auswirkungen von Quecksilber auf die körperliche und geistige Gesundheit. Es gibt jedoch keine Belege dafür, dass Zahnärzte ihre Patienten unabsichtlich vergiften.

Abbildung 5.10: Der „verrückte Hutmacher" aus der Erzählung Alice im Wunderland. Lewis Carroll und sein Zeichner Sir John Tenniel schufen diese Figur, die beispielhaft für das im 19. Jahrhundert bestehende Stereotyp des mental instabilen Hutmachers steht. Obgleich die psychischen Symptome einer Quecksilbervergiftung in der medizinischen Literatur sogar ihren eigenen Namen haben (Erethismus mercurialis), scheint es wohl noch viele andere nicht aufgedeckte Fälle zu geben, bei denen toxische Substanzen aus der Umwelt eine Änderung des Verhaltens und der Persönlichkeit bewirken.

Obwohl Quecksilbervergiftungen relativ selten vorkommen, sind Schwermetallvergiftungen immer noch weit verbreitet. Heutzutage leidet eine erhebliche Anzahl von Kindern an einer graduellen Schädigung des Gehirns, die auf die Folgen von Vergiftungen zurückzuführen sind. Hunderttausende von Kindern sind potenziell toxischen Dosen von Blei ausgesetzt, das sich in alten Anstrichfarben, Wasserrohren aus Blei, verbleitem Benzin und andernorts in unserer Umgebung findet. (Im englischen Wort *plumbing* [Klempnerarbeit] findet sich das lateinische Wort für Blei, *plumbum*, wieder; eine Bleivergiftung wird mitunter auch als „Plumbismus" bezeichnet.) Blei führt bei Kindern zu einer Vergiftung des sich in der Entwicklung befindenden Nervensystems, beeinträchtigt kognitive Funktionen und verursacht von der Norm abweichendes (oft antisoziales) Verhalten (Needleman & Bellinger, 1991).

Viele andere Metalle beeinflussen in ähnlicher Weise die Persönlichkeit, auch wenn noch nicht bekannt ist in welchem Maße. Bergbauarbeiter in Manganminen entwickeln sich manchmal zu zwanghaft kämpferischen Charakteren und leiden später an der Parkinsonkrankheit. Auch einige Bewohner von Inseln im Pazifik, deren vulkanische Erde reich an Mangan und anderen Metallen ist, scheinen teilweise unter solchen Vergiftungserscheinungen zu leiden.

5.5.2 Auswirkungen durch körperliche Krankheiten

Eine stabile Persönlichkeit ist von einem gesunden, reibungslos funktionierenden Gehirn abhängig. Krankheiten oder Toxine, die die Gehirnfunktionen beeinträchtigen, haben auch oft einen Einfluss auf die Persönlichkeit (Grunberg, Klein & Brown, 1998). Neben den Metallen gibt es eine lange Liste toxischer Substanzen, von denen bekannt ist, dass sie einen Einfluss auf die Persönlichkeit ausüben. Bei vielen Gehirnstörungen ist nicht bekannt, ob das Problem durch Toxine oder durch Fehlfunktionen des Körpers selbst ausgelöst wird. Die Alzheimer-Krankheit ist eine sehr schwere Erkrankung der Großhirnrinde, die gewöhnlich nur ältere Menschen trifft. Ihre Ursache sind bisher unbekannt. Die allerersten psychischen Manifestationen von Alzheimer sind oft ein eigenartiges Verhalten und ein leichter Gedächtnisverlust. Mit Fortschreiten der Krankheit treten die Persönlichkeitsveränderungen auf dramatische Weise zutage, und es hat den Anschein, als ob die Patienten ihre Persönlichkeit vollkommen verlören. Für die (erwachsenen) Kinder älterer Alzheimer-Patienten ist der Umgang mit diesen Auswirkungen oft am schwierigsten. Es ist tragisch zu beobachten, wie ein Elternteil seine Persönlichkeit verliert und zu einem Fremden wird. Der Schmerz, den wir beim Erleben solcher Veränderungen spüren, zeigt, wie sehr wir tatsächlich Menschen wegen ihrer Persönlichkeit lieben.

Schlaganfälle, die Teile des Gehirns verletzen, können sich ebenfalls auf dramatische Weise auf die Persönlichkeit auswirken. Oft wird eine zuvor freundliche und friedfertige Person nach einem Schlaganfall aggressiv und unkooperativ. Manchmal geschieht aber auch das Gegenteil. Das hängt teilweise davon ab, welche Regionen des Gehirns geschädigt wurden. Viele andere Krankheiten (wie etwa die Schläfenlappenepilepsie) und bestimmte chirurgische Eingriffe können ebenfalls biologisch bedingte Persönlichkeitsveränderungen auslösen, doch werden diese von Persönlichkeitspsychologen nur selten untersucht. Viele Menschen beklagen sich z. B. bei ihren Ärzten, dass sich die Persönlichkeit ihres Partners nach einer koronaren Bypass-Operation „irgendwie verändert" hat, doch ist dieses Phänomen noch nicht vollkommen verstanden. Eine Möglichkeit ist, dass die im Operationssaal getroffenen Lebenserhaltungs- und Anästhesiemaßnahmen unter Umständen kleine Bereiche des Gehirns schädigen. Eine interessante Vermutung ist, dass eine breite Palette von Krankheiten Auswirkungen auf die Persönlichkeit hat, die entweder kaum verstanden oder zu subtil sind. Genauso wie man Krankheiten wie Alzheimer und Vergiftungen wie die durch Blei viele Jahre lang nicht verstanden hatte, gibt es auch heute zweifellos viele Krankheiten und Gifte, die die Persönlichkeit beeinflussen, auch wenn sie uns unbekannt sind.

Ein weiteres interessantes Beispiel ist die Pick-Krankheit (Frontotemporale Demenz, FTD). Wie bei Alzheimer liegt auch bei dieser Krankheit eine Schädigung des Gehirns vor, doch oft wird sie von dramatischen Veränderungen in der Selbstwahrnehmung des Patienten begleitet, lange bevor eine völlige körperlich-geistige Unfähigkeit einsetzt. Vor allem Patienten mit einer Schädigung des rechten vorderen Schläfenlappens im Gehirn (ein Bereich, der nicht mit dem Sprachzentrum in Verbindung steht) verändern manchmal ihre Einstellungen und Präferenzen auf markante Weise (Miller, 2001; Perry & Miller, 2001). So warf z. B. eine recht wohlhabende Frau ihre Designerkleidung schnell in die Ecke und aß ab sofort bei Taco Bell (einer amerikanischen Fast-Food-Kette), während sie vorher die feine französische Küche liebte. Körperliche Krankheiten können uns deshalb wichtige Einblicke in die biologischen Grundlagen der Persönlichkeit vermitteln, doch wäre es ein großer Fehler zu behaupten, dass der vordere Schläfenlappen (dessen Sitz im Gehirn in Abbildung 5.11 gezeigt wird) der Sitz des „Ego" ist.

Unser Verständnis solcher biologischer Einflüsse auf die Persönlichkeit hat wichtige Konsequenzen für unsere Auffassungen von Recht und Gesetz. Eine Extremposition ist, dass die meisten kriminellen oder bösartigen Handlungen von Menschen begangen werden, die nicht anders können; sie stehen aufgrund einer Störung in ihrem Nervensystem entweder unter einem Zwang oder können sich nicht zurückhalten. Obwohl diese Position oft mit einer sehr liberalen oder linksgerichteten politischen Orientierung in Verbindung gebracht wird, ist sie doch der Position sehr ähnlich, dass Menschen einfach „schlechte Gene" haben. Das letztere Argument wird gewöhnlich von konservativen Politikern des rechten Flügels vorgebracht. So finden sich ironischerweise beide extremen politischen Positionen oft mit der Idee eines biologischen Determinismus der Persönlichkeit ab.

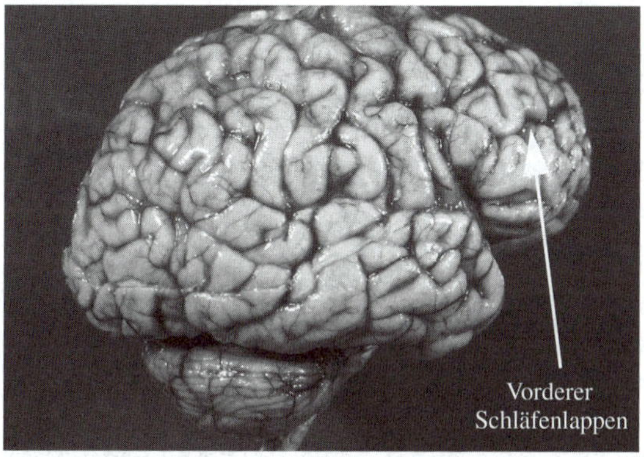

Abbildung 5.11: Der vordere Schläfenlappen des menschlichen Gehirns. Die Pick-Krankheit (Frontotemporale Demenz, FTD) ist eine Erkrankung des Gehirns, die dramatische Veränderungen der Selbstwahrnehmung auslösen kann. Patienten mit einer erheblichen Schädigung des rechten vorderen Schläfenlappens scheinen ihren normalen Sinn für ihre Selbstwahrnehmung zu verlieren. So wurde z. B. aus einem Menschen, der sein Leben lang politisch eher dem konservativen Lager zuzuordnen war, plötzlich ein radikaler Tierschutzaktivist.

Die etwas schwierigere, komplexe Position erkennt an, dass biologische Faktoren zwar einen Einfluss auf die Persönlichkeit ausüben können, erkennt aber ebenso an, dass eine Person imstande ist, der Herausforderung zu begegnen, die diese biologischen Faktoren darstellen, und sie erfolgreich zu überwinden.

5.5.3 Auswirkungen legaler und illegaler Drogen

Viele chemische Effekte treten nicht zufällig auf. Häufig verschriebene Medikamente wie Beruhigungsmittel (wie Valium), Schlaftabletten (wie Halcion) und verschiedene Antidepressiva sind bekannt für ihre kurz- und manchmal auch langfristigen Auswirkungen auf die Persönlichkeit. Langfristige dramatische Veränderungen der Persönlichkeit sind nach allgemeiner Auffassung ziemlich selten, doch sie können schon mit einer einzigen Dosis einer Droge wie Kokain oder LSD auftreten. Die Tatsache, dass solche dramatischen Veränderungen überhaupt auftreten können, sollte uns zum Nachdenken über die weiter verbreiteten subtilen Auswirkungen anregen (Alessandri et al., 1995; McMahon & Richards, 1996).

Betrachten wir z. B. chronische Kokainkonsumenten. Eine der Nebenwirkungen chronischen Kokainkonsums ist das verstärkte Auftreten von Paranoia. Kokainkonsumenten können überempfindlich reagieren – auf Licht, Geräusche und andere Menschen. Sie neigen dazu sich übermäßig Sorgen zu machen, hängen sich an Details auf und leiden unter Verfolgungswahn. Kokainsüchtige können unter nervösen Störungen und Depressionen leiden. Wie bereits beschrieben, gibt es Belege dafür, dass Kokain die Wiederaufnahme des Neurotransmitters Dopamin hemmt (der von bestimmten Neuronen zum gegenseitigen Informationsaustausch verwendet wird). Wenn die Dopaminkonzentration nach Einnahme von Kokain ansteigt, ist der Initialeffekt ein emotionales „High“. Doch wenn die Wirkung der Droge nachlässt und der Dopaminspiegel steil abfällt, kommt es zu schweren Störungen der Gehirnaktivität. Es möglich, dass manche Menschen natürliche oder krankheitsbedingte Defekte oder Schwächen in ihrem Dopaminsystem haben, was diese Menschen anfällig für paranoide Anwandlungen machen könnte. Solche Menschen können auch sehr stark zu Kokainsucht neigen. In ähnlicher Weise wurde oft beobachtet, dass Menschen, die an der Parkinsonkrankheit leiden, stoische Charaktere sind. Da bei dieser Krankheit ein Defekt des Dopaminsystems vorliegt, kann es sein, dass dieser Defekt für Persönlichkeitsaspekte verantwortlich ist.

Deshalb gibt es ein wachsendes Interesse an Persönlichkeitstheorien, die auf der Grundlage von Analysen von Neurotransmittern aufgestellt werden. So schlug z. B. der Psychiater C. R. Cloninger ein biosoziales Persönlichkeitsmodell vor, das sich schwerpunktmäßig mit Dopamin und der Suche nach Nervenkitzel, Serotonin und Impulsivität sowie Norepinephrin und Streben nach Belohnungen befasst. Leider steckt jedoch das Studium des gesamten Feldes der Neurotransmitter-Anomalien und ihre Auswirkungen auf die Persönlichkeit immer noch in den Kinderschuhen (Bond, 2001; Cloninger, 1998; Menza et al., 1990).

Wenn Medikamente auf ihre Sicherheit und Wirksamkeit geprüft werden, werden die Auswirkungen auf die Persönlichkeit selten, wenn überhaupt, gründlich oder umfassend untersucht. Wir hören vielleicht von der Mörderin, die ihre Schlaftabletten für ihr kriminelles Verhalten verantwortlich macht, doch es gibt keine regelmäßigen Untersuchungen dazu, ob bestimmte Medikamente die Wahrscheinlichkeit einer Scheidung, eines Kindesmissbrauchs oder eines gesellschaftlichen Rückzugs erhöhen. Angesichts der riesigen Zahl von Menschen, die stark wirkende legale und illegale Drogen konsumieren, ist es überraschend, dass so wenig darüber bekannt ist.

Entwicklung biologischer Aspekte	Zeit	Gesellschaftlicher und wissenschaftlicher Kontext
Charles Darwin veröffentlicht *On the Origin of Species by Means of Natural Selection*, die erste formelle Abhandlung über die Evolution (1859).	**1850–1890**	Die Biologie übernimmt die These der Evolution durch natürliche Selektion.
Francis Galton studiert Familien und Zwillinge und beginnt das biologische Studium individueller Unterschiede. Er ruft die Eugenikbewegung ins Leben.	**1860–1900**	Entwicklung der Genetik, der Sozialdarwinismus eignet sich diese Ideen an, um eine pseudowissenschaftliche Basis für den Faschismus zu liefern.
Studien des Temperaments und der individuellen Konstitution beginnen, mit Betonung auf Körperbautypen und emotionalen Mustern.	**1940-1970**	Die Psychologie wird von behavioristischen und anderen nichtbiologischen Ansätzen beherrscht. Der Faschismus ist besiegt und die Demokratie breitet sich über die westliche Welt aus.
Hans Eysenck schlägt ein auf Gehirnfunktionen beruhendes Persönlichkeitsmodell vor.	**1960-1980**	Hormone, Temperament und Neurotransmitter wird größere Aufmerksamkeit zugewandt.
Ernsthafte Studien der Auswirkungen von Drogenmissbrauch, Umweltverschmutzung und Erbkrankheiten beginnen.	**1980–2000**	Die Forschungsfelder Umwelttoxikologie und Psychopharmakologie entwickeln sich.
Die evolutionäre Persönlichkeitspsychologie etabliert sich; Prädispositionen hinsichtlich Sex, Liebe, Hass, Eifersucht und Aggression werden untersucht.	**1990–2000**	Ein umfassenderes Verständnis der Genetik und Evolution entwickelt sich; die komplexen Interaktionen zwischen Biologie und Verhalten werden aufgedeckt.
Die Persönlichkeitspsychologie beginnt mit dem ernsthaften Studium der genetischen Grundlagen individueller Verhaltensmuster	**1995–2000**	Das menschliche Genom wird entschlüsselt; neue ethische Herausforderungen stellen sich.

Historischer Abriss der biologischen Ansätze zur Persönlichkeit von 1850 bis heute
Die bedeutenden Entwicklungen im biologischen Ansatz sind hier in historischer Beziehung zueinander und in Beziehung zu ihrem weiteren gesellschaftlichen und kulturellen Kontext zu sehen.

Da Drogen und Gifte solche starken und dramatischen Einflüsse auf die Persönlichkeit ausüben können, sollte es ein grundlegendes Studienfeld mit dem Namen „Persönlichkeitstoxikologie" geben. Hier sollten sich Experten auf die stärkeren und schwächeren Auswirkungen von Umweltsubstanzen und -giften auf die menschliche Persönlichkeit konzentrieren. Leider besteht immer noch die Auffassung, dass das Studium der Persönlichkeit und das Studium der Biochemie so gut wie nichts miteinander zu tun haben, weshalb es auch kaum Überschneidungen zwischen beiden gibt. (Das Gegenteil trifft ebenfalls zu: Können Sie sich einen Kurs in Biochemie vorstellen, der einen größeren Abschnitt über die

Persönlichkeit enthält?) Tatsächlich studieren einige Psychiater die Rolle von Drogen und anderen toxischen Substanzen bei der Verursachung und Behandlung psychischer Störungen – ein Gebiet, dass man als Psychopharmakologie bezeichnet –, doch hat diese Arbeit wenig mit den Hauptströmungen der Persönlichkeitspsychologie zu tun.

Die Existenz vieler umweltbedingter biologischer Einflüsse auf die Persönlichkeit ist ein weiterer Grund, mit Mutmaßungen und Spekulationen zu erblich bedingten Ursachen von Persönlichkeitsmerkmalen vorsichtig zu sein. Das heißt, man findet zweifellos viele Wechselbeziehungen zwischen biologischen Funktionen und der Persönlichkeit, die eine gemeinsame umweltbedingte Ursache und nichts mit Vererbung zu tun haben. Wenn z. B. die Kinder von Hutmachern eine manische Persönlichkeit wie ihre Väter aufweisen, liegt das nicht an ihren Genen, sondern am Quecksilber, mit dem der Vater arbeitet und mit dem auch seine Kinder in Berührung kommen. Nur weil mehrere Mitglieder einer Familie dieselbe Krankheit haben, bedeutet das nicht, dass sie genetisch bedingt ist. In ähnlicher Weise, doch weniger offensichtlich: Wenn man feststellt, dass sehr nervöse, für einen Herzinfarkt anfällige Menschen ein sehr stark reagierendes Nervensystem haben, dann muss das nicht unbedingt auf vererbte Veranlagungen zurückzuführen sein.

Bedenken Sie schließlich auch, dass jemand, der politische Richtlinienempfehlungen zur Vermeidung oder Behandlung von Nikotin- oder Alkoholsucht formuliert, es sehr schwer hätte, ohne ein Verständnis der biochemischen Grundlagen der Persönlichkeit mit sinnvollen Vorschlägen aufzuwarten. Auch hier ist es wiederum wichtig zu verstehen, was es bedeutet, eine Person zu sein.

5.6 Auswirkungen durch die Schaffung bestimmter Umgebungen

Wir wiesen zuvor schon darauf hin, das chronisch überaktive, ständig schreiende Babys und Kleinkinder ihre Eltern in Frustration und Verzweiflung treiben können; das Kind lebt dann in einer frustrierten verzweifelten Umgebung. Eine faszinierende Art und Weise, wie die Biologie die Persönlichkeit beeinflussen kann, ist die Beeinflussung der Umgebung, in der wir uns befinden. Das heißt: Bestimmte biologische Einflüsse, denen wir ausgesetzt sind, können verursachen, dass wir uns in bestimmten Situation wiederfinden, und diese Situationen können ihrerseits unsere Persönlichkeit beeinflussen (Scarr & McCartney, 1990).

5.6.1 Tropismen

Betrachten wir den Fall einer Person, die in ihrem Leben eine Reihe von sehr belastenden Erfahrungen macht, etwa den Verlust eines geliebten Menschen, einen Umzug und einen neuen Arbeitsplatz (Plomin & Neiderhiser, 1992). Solche seelisch und körperlich belastenden Geschehnisse betrachtet man gewöhnlich als zufällige Einwirkungen einer unvorhersagbaren Umgebung. Es existieren so genannte Stress-Skalen, mit denen das Ausmaß an Stress oder Herausforderungen im Leben einer Person gemessen wird.

Doch manchmal liegen solche Geschehnisse nicht vollkommen außerhalb des Einflussbereichs der Person. Tatsächlich können genetische oder andere biologische Eigenschaften die Wahrscheinlichkeit, dass wir ganz bestimmte Erlebnisse machen, beeinflussen. So können z. B. Menschen mit einer angeborenen Neigung zu verstärkter Aggressivität häufiger Scheidungserfahrungen machen als andere. Extrovertierte Menschen auf der Suche nach Stimulation machen vielleicht häufiger die Erfahrung von Arbeitsplatzwechseln, Umzügen und anderen Veränderungen. Bestimmte Eigenschaften eines Individuums führen zu bestimmten Erfahrungen, die ihrerseits das individuelle Reaktionsmuster beeinflussen (Saudino et al., 1997). In ähnlicher Weise könnten sich Menschen, die sehr aktiv, stark und sportlich sind, ein bestimmtes Umfeld aussuchen, in dem sportliche Betätigung verbreitet und verschiedene Sportarten verfügbar sind; dieses Umfeld wiederum könnte dann zur Formung einer „Sportlerpersönlichkeit“ beitragen (Scarr & McCartney, 1990).

Genau wie fototrope (sich dem Licht zuwendende) Pflanzen in Richtung der Lichtquelle wachsen, wenden sich manche Personen eher gesundheitsfördernden und erfüllenden Aktivitäten zu, während sich andere Menschen in einem Umfeld aufhalten, das eher gesundheitsgefährdend und schädlich ist. Diese verschiedenen Kräfte nennt man **Tropismen** (durch äußere Reize verursachte Bewegungen auf die Reizquelle hin oder von ihr weg, Friedman, 2000a). Einige dieser anregenden Kräfte entspringen zweifellos den jeweiligen Unterschieden im Temperament, die sich aus genetischen Kombinationen, Hormoneinwirkungen und frühkindlichen Erfahrungen ableiten. Andere Tropismen sind eindeutig umweltbedingt; Bestrafungen und Belohnungen führen bestimmte Kinder und Heranwachsende auf einen bestimmten Lebensweg. Doch das Temperament ist nicht von der Umgebung unabhängig. So neigen z. B. Menschen, die an Neurotizismus (einer Neigung zu Angst und Depressionen) leiden, zur Annahme, dass ihnen im Leben bestimmt etwas Negatives widerfahren wird (Magnus et al., 1993). Das heißt, es ist oft *inkorrekt* zu glauben, dass die in einem Individuum vorzufindende Persönlichkeit stressgeladene oder stressfreie Erfahrungen nach dem Zufallsprinzip macht (Bolger & Zuckerman, 1995; McCartney, Harris & Bernieri, 1990; Van Heck, 1997).

Empfindsame, aktive Babys und Kleinkinder können das Leben ihrer Eltern ziemlich durcheinander bringen und für Angst und Schlaflosigkeit sorgen. Das hat zur Folge, dass die Kinder ein ganz anderes Familienleben erfahren, als wenn sie ruhig und kooperativ wären. Nun sind sie aktive Kinder in einer herausfordernden Umgebung.

Biologische Einflüsse auf die Schaffung von Umgebungen können auch auf noch subtilere und komplexere Weise erfolgen. Nehmen wir z. B. den Fall der Blindheit. Verschiedene biologische Faktoren können dazu führen, dass Kinder blind geboren werden oder ihr Augenlicht schon früh im Leben verlieren. Man kann erwarten, dass die Erblindung bestimmte Persönlichkeitsmerkmale hervorbringt, die allen Blinden gemeinsam sind. So ist z. B. die Wahrscheinlichkeit groß, dass blinde, aber kreative Kinder sich mehr zu Aktivitäten hingezogen fühlen, die Gebrauch von den nichtvisuellen Sinnen machen, z. B. (Musik) Hören oder (Skulpturen) Berühren. Blindheit lässt sich leicht als solche erkennen. Doch stellen Sie sich vor, zwei Menschen werden geboren und nehmen die Welt auf eine bestimmte, aber ähnliche Weise wahr. Vielleicht haben sie einen ausgezeichneten Geruchs- oder Sehsinn oder verfügen über eine erstklassige Koordinationsfähigkeit von Händen und Augen, oder ihr Bewusstsein arbeitet eher mit bildhaften Eindrücken als mit Worten (analog dem Unterschied zwischen bildhaften Verkehrssymbolen und abstrakten Verkehrszeichen). In solchen Fällen führt die biologische Prädisposition dazu, dass die Person sich von einer bestimmten Umgebung oder Aktivität angezogen fühlt, die ihrerseits wiederum einen systematischen Einfluss auf die Persönlichkeit ausübt. (Siehe Chipuer et al., 1993, in Bezug auf Genetik, Persönlichkeit und Wahrnehmungen Erwachsener. Siehe auch Plomin & Nesselroade, 1990.) So könnte es z. B. sein, dass Kinder mit einem visuellen Feingefühl künstlerischer Art sich mit Aktivitäten beschäftigen, die bei der Formung ihrer „künstlerischen Persönlichkeit" behilflich sind. Solche Vorgänge wurden jedoch noch nicht eingehend studiert.

5.6.2 Sagen Blicke etwas über die Persönlichkeit aus? Somatotypen

In seinem Drama Julius Cäsar schrieb Shakespeare: „Der Cassius dort hat einen hohlen Blick; er denkt zuviel: die Leute sind gefährlich." (Erster Aufzug, Zweite Szene). Hätte Cassius andere Augen, wäre er vermutlich weniger gefährlich. Sagen Blicke tatsächlich etwas über die Persönlichkeit aus? Ein systematisches Studium dieses Forschungsfeldes begann mit der Arbeit des deutschen Psychiaters Ernst Kretschmer (1934). Bei der Beobachtung seiner Patienten ging Kretschmer von einer Wechselbeziehung zwischen Physis und Geistesstörungen aus. So waren z. B. nach seiner Auffassung Schizophrene eher von schlanker Statur. W. H. Sheldon führte diese Idee weiter aus und wandte sie auf normale Menschen an (Sheldon & Stevens, 1942). Sheldon maß die Proportionen und Persönlichkeiten von Menschen und entwickelte darauf aufbauend eine Theorie der Körperbautypen oder Somatotypen.

Somatotypen

Sheldons **Somatotypologie** unterscheidet zwischen drei Körperbautypen: (1) Der **Mesomorph** hat einen muskulös-athletischen Körperbau mit großen Knochen, (2) der **Ektomorph** ist von eher schlanker Statur mit schmalen Schultern und (3) der **Endomorph** ist eher gedrungen, pummelig und angeblich von wohlwollender Natur. Sheldons Arbeit erregte zwar eine Menge Aufmerksamkeit, doch haben die meisten Forschungen seine Theorien nicht bestätigt. Wir können keine wirklich wichtigen Informationen zur Persönlichkeit gewinnen, indem wir Messungen des Bauchumfangs vornehmen. Zweifellos vereinfachte die Idee den Sachverhalt zu stark. Sheldons Arbeit wird deshalb heutzutage in Psychologielehrbüchern eher am Rande als geschichtliche Kuriosität notiert. Doch enthält dieser Ansatz über die Körperbautypen nicht auch ein Körnchen Wahrheit? Könnte es eine physiologische Grundlage für die möglichen Wechselbeziehungen zwischen körperlichen Eigenschaften und Persönlichkeit geben?

Über Somatotypen hinaus

Es gibt mehrere Möglichkeiten. Zunächst einmal könnte es sein, das eine bestimmte Art von Physiologie sowohl die Persönlichkeit als auch den Körperbau beeinflusst. Es könnte z. B. sein, dass ein Nervensystem, das eine Person schüchtern und introvertiert sein lässt, auch ein Nervensystem ist, das einen Menschen dünn bleiben lässt. Dies könnte wegen eines hohen Grundstoffwechsels oder eines Hungermechanismus, der leicht abzustellen ist, der Fall sein. Solche Wechselbeziehungen sind jedoch bisher noch nicht entdeckt worden.

Auch gesellschaftliche Einflüsse können eine Rolle spielen. Betrachten wir z. B. die Magersucht, bei der eine normalerweise gesunde Person immer weniger isst und immer mehr an Gewicht verliert (Mussell & Mitchell, 1998). Der oder die Magersüchtige kann aufgrund der Komplikationen im Zusammenhang mit den Gewichtsverlust sogar sterben, wie es bei der Sängerin Karen Carpenter der Fall war. Magersüchtige sind gewöhnlich sehr empfindsame junge Frauen, die schüchtern sind und ein mangelndes Selbstwertgefühl haben. Ihre Familienmitglieder setzen sie oft unter Druck, und sie haben das Gefühl, dass ihnen die Kontrolle entgleitet. In solchen Fällen sind körperliche Merkmale (extrem dünn zu sein) gute Hinweise auf die Persönlichkeit (schüchtern, introvertiert, empfindsam). Leider wurden die genauen Wechselbeziehungen zwischen Persönlichkeit, Physiologie und Krankheiten wie der Magersucht noch nicht eingehend genug untersucht, um die zugrunde liegenden physiologischen Ursachen zu erklären und zu dokumentieren.

Es könnte auch der Fall sein, dass eine drastische Veränderung der eigenen körperlichen Merkmale – wie etwa durch starke Gewichtszunahme oder intensives Bodybuilding – auch zu einer Veränderung der eigenen gewohnheitsmäßigen Reaktionsmuster führen könnte. Es ist bekannt, dass solche Veränderungen der Physis tatsächlich auch Einfluss auf körperliche Funktionen wie den Ruhepuls, die Veränderung der Pulsrate bei Anstrengungen oder Belastungen, den Cholesterinspiegel, den Blutdruck, die Lungenkapazität und -funktion und andere physiologische Merkmale haben kann, die ihrerseits alle bestimmte psychische Reaktionsmuster auslösen können. Auch das kann sich also auf die Persönlichkeit auswirken. Obgleich das Ausmaß solcher Veränderungen auf die Persönlichkeit noch nicht detailliert untersucht wurde, ist dieses Forschungsfeld ein möglicherweise nutzbringender Gegenstand für zukünftige Arbeiten. (Die Wechselbeziehungen zwischen dem Ausdruck von Gefühlen und der Persönlichkeit werden in Kapitel 8 im Zuge unserer Erörterungen zu Persönlichkeitsmerkmalen behandelt.) Zusammengefasst lässt sich sagen: Es ist vorstellbar, dass es direkte physiologische Verbindungen zwischen Persönlichkeit und Art des Körperbaus gibt, doch hat die moderne Forschung in dieser Richtung noch nicht viel Arbeit geleistet.

Es ist zweifellos so, dass unsere körperlichen Merkmale einen Einfluss auf die Reaktionen anderer ausüben können (Heatherton & Hebl, 1998). Wenn z. B. Lehrer mit Kindern zu tun haben, die dünn sind und „intellektuell" aussehen, und sie der Ansicht sind, dass diese Kinder besonders gute Schüler seien, dann erfüllen sich auf diese Weise ihre eigenen Erwartungen. Damit dies einen stärkeren Einfluss auf die Persönlichkeit haben kann, müssen Menschen hinsichtlich der Wechselbeziehungen zwischen Persönlichkeit und körperlichen Merkmalen bestimmte Stereotype gemeinsam haben – und tatsächlich ist das so (Tucker, 1983). Das ist das Thema des nächsten Abschnitts.

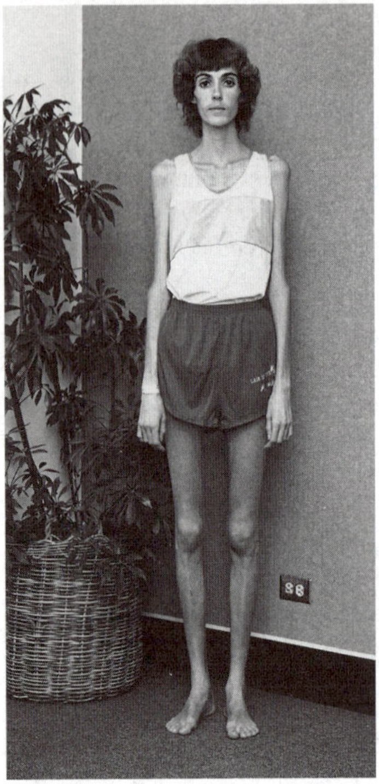

Abbildung 5.12:
Viele Menschen, die an Störungen wie Magersucht oder Bulimie leiden, gefährden ihre Gesundheit und mitunter sogar ihr Leben.

5.7 Auswirkungen der Reaktionen anderer

Die Reaktionen der Menschen um uns herum üben den größten Umwelteinfluss auf unsere psychische Entwicklung aus. Unsere Selbstwahrnehmung hängt in großem Maße davon ab, wie wir behandelt werden; wenn unsere Eltern, Lehrer und Freunde uns mögen und große Dinge von uns erwarten, haben wir auch von uns selbst ein positiveres Selbstbild. Leider trifft auch das Gegenteil zu; unerwünschte körperliche Merkmale können zu unangenehmen Reaktionen und somit zu einem negativen Selbstbild führen.

Denken Sie allein an die Reaktionen anderer auf diejenigen unter uns, die körperlich entweder sehr groß oder klein sind. Wir neigen dazu, zu großen Menschen „aufzusehen", aber auf kleine Menschen „herabzusehen". Mit „groß" verbinden wir Dinge wie Erhabenheit, Vornehmheit und Bedeutung; mit „klein" assoziieren wir Dinge wie Minderwertigkeit, Bedeutungslosigkeit und Niedergeschlagenheit. Für Frauen gelten noch weitere Einschränkungen, denn die Erwartungshaltung ist, dass Frauen nicht größer als Männer sein sollten. Natürlich sind solche Reaktionen Stereotype, doch sie sind so häufig und weit verbreitet, dass sie oft eine unauslöschliche Wirkung auf sehr große oder sehr kleine Menschen haben. Diese Wirkungen treten zusätzlich zu solchen auf, die bei der Schaffung bestimmter Umgebungen entstehen – den Orten und Aktivitäten, die sich sehr große oder sehr kleine Menschen vielleicht aussuchen. So sind z. B. Schüler von kleiner Statur nicht automatisch unfähig, sportliche Spitzenleistungen zu erbringen, doch ihre Mitschüler könnten der Erwartungshaltung anhängen, dass sie bei körperlich fordernden Aufgaben nicht so erfolgreich sind. Solche Erwartungshaltungen können wiederum die Persönlichkeit beeinflussen.

Ein junges Mädchen, das an Kehlkopfkrebs litt, stellte fest, dass sie im Zuge der chirurgischen Eingriffe, die ihr Aussehen zunehmend entstellten, auch Persönlichkeitsveränderungen durchmachte. Ihre Klassenkameraden begannen sie zu meiden, und sie hatte zunehmend Schwierigkeiten, ihr zuvor freundliches Wesen beizubehalten. Viele Opfer schwerer Verbrennungen oder anderer körperlicher Stigmata leiden in ähnlicher Weise unter mangelndem Selbstwertgefühl und Schüchternheit. Das sind biologische Einflüsse auf die Persönlichkeit, doch sie erwachsen allein aus sozialen Mechanismen – den Erwartungen und Reaktionen anderer.

5.7.1 Das Stereotyp der körperlichen Anziehungskraft

Forschungen in der Sozialpsychologie haben dokumentiert, dass viele Menschen gegenüber körperlich anziehenden Persönlichkeiten die Erwartungshaltung haben, dass diese Menschen gut sein und Gutes tun müssten (Dion, 1972, 1973; Hatfield & Sprecher, 1986). Dieses Stereotyp der körperlichen Anziehungskraft entspricht unserer Auffassung, dass „das, was schön ist, auch gut ist“. Erwachsene stellen an körperlich attraktive Kinder höhere Erwartungen, und die meisten von uns glauben, attraktive Menschen seien erfolgreicher und setzen sich auch leichter durch. Was sind die Auswirkungen, die das wahrscheinlich auf die Persönlichkeit hat? Es ist keine Überraschung, dass körperlich attraktive Menschen dazu neigen glücklicher zu sein, auch wenn sie vielleicht mit zunehmendem Alter stärker unter dem Verlust ihrer Attraktivität leiden. Auch hier ist die Persönlichkeit zum Teil ein Resultat der Biologie (körperliche Attraktivität), doch stellt dies keinen direkten Effekt der Gene dar; vielmehr ergeben sich die Wirkungen aus den Reaktionen Anderer.

Ähnliches trifft auf Kinder zu, deren Hautfarbe, Augenform oder andere körperliche Merkmale sich von denen der Mehrheit der Kinder unterscheiden. An Kinder mit kulturell „wünschenswerten“ Eigenschaften stellt man positive Erwartungen, Kinder mit „unerwünschten“ Eigenschaften sind oft Gegenstand negativer Erwartungen. Wie wir bereits sahen, können solche negativen Erwartungen noch durch voreingenommene und unausgewogene Tests an Kindern verstärkt und verschlimmert werden. Die langfristigen Auswirkungen auf die Persönlichkeit sind schwer einzuschätzen, doch sie sind zweifellos erheblich.

Was geschieht, wenn wir diese verschiedenen Arten biologischer Einflüsse kombinieren? Nun, wir sollten imstande sein, viele Bereiche zu finden, in denen biologische Aspekte der Persönlichkeit eine tief greifende Wirkung auf das Gesellschaftsleben ausüben. Nehmen wir das Thema „Scheidung“. Es gibt Belege dafür, dass es bei eineiigen Zwillingen häufiger zu Scheidungen beider Zwillingsgeschwister von ihren Ehepartnern kommt als bei zweieiigen Zwillingen (McGue & Lykken, 1992). Das heißt: Wenn Sie ein eineiiger Zwilling und geschieden sind, dann ist die Wahrscheinlichkeit, dass sich Zwillingsbruder oder -schwester ebenfalls irgendwann scheiden lassen wird, größer als bei zweieiigen Zwillingen. Bedeutet das etwa, dass eine Scheidung genetisch vorherbestimmt ist? Eine solche Behauptung wäre natürlich lächerlich; die Wahrscheinlichkeit einer Scheidung variiert beträchtlich, je nach Erziehung, Elternhaus, Religion, Einkommen, Kultur, Zeit und anderen Umweltfaktoren. Eineiige Zwillinge können jedoch tatsächlich ähnliche Temperamente, Fähigkeiten, Sexualtriebe, häusliche Umgebungen in der Ehe und Gesundheitsverfassungen haben und dieselben Reaktionen von anderen (auf ihre Schönheit, Größe usw.) erfahren, wie wir bereits anhand der in diesem Kapitel erörterten Faktoren sahen. Das Ergebnis sieht dann offensichtlich wie eine „genetisch bedingte" höhere Wahrscheinlichkeit einer Scheidung aus.

Wir erklärten, es sei lächerlich zu behaupten, dass Dinge wie die Wahrscheinlichkeit einer Scheidung genetisch vorbestimmt seien; offensichtlich haben auch viele Umweltfaktoren hierauf einen großen Einfluss. Doch die Geschichte des 20. Jahrhunderts zeigt uns, dass viele sonst sehr helle Köpfe offensichtlich bereit sind, viele dumme und sogar gefährliche Mutmaßungen über die genetische Grundlage der Persönlichkeit anzustellen. Anscheinend hat es etwas Faszinierendes, komplexe Einflüsse auf die Persönlichkeit auf eine einfache (wenn auch ungültige) Erklärung zu reduzieren, die allein genetische Einflüsse verantwortlich macht.

5.8 Soziobiologie und evolutionäre Persönlichkeit

5.8.1 Soziobiologie

Wenn Darwins Evolutionstheorie sorgfältig angewandt wird, kann sie einige interessante Einblicke in die Grundlagen der Persönlichkeit liefern. Das wissenschaftliche Studium des Einflusses der evolutionären Biologie auf die Reaktionen eines Organismus in Bezug auf gesellschaftliche Angelegenheiten hat mit der so genannten **Soziobiologie** zu tun. Soziobiologen studieren die Gründe für die Evolution des Verhaltens von Tieren (und deren Funktionen). So haben sich z. B. als Teil der Paarungsrituale bestimmter Spezies, der Verteidigung eines Territoriums oder der sozialen Organisation verschiedene Farben, Düfte, Lockrufe oder Tänze entwickelt. Während der Paarungszeit lassen sich die Männchen vieler Spezies (vom Hirsch bis zum Tropenfisch) auf rituelle Kämpfe um die begehrenswertesten Weibchen ein.

Es ist auch klar, dass manche Spezies in ihrer Entwicklung eher zur Monogamie neigen (zumindest während der Brutzeiten), während sich bei anderen Spezies ein dominantes Männchen mit nahezu allen Weibchen in seiner Umgebung paaren kann. Obgleich solche Muster unter ungewöhnlichen Umständen manchmal in sich zusammenfallen, kann man allgemein davon ausgehen, das viele „in der Natur" bestimmter Spezies „begründet" sind. Diese Analysen lassen sich am besten anwenden auf Tiere wie Ameisen, Fische, Spinnen, Bienen und viele Vögel, denn das Verhalten vieler dieser Tiere wird von Instinkten oder festen Reaktionsmustern beherrscht (Wilson, 1975).

Wesentlich komplexer sind die Versuche, diese Analysearten auf Spezies mit großer Gehirnkapazität wie dem Menschen anzuwenden. Hier müssen Soziobiologen oft eine Gratwanderung vornehmen und sich von den Vorstellungen des Sozialdarwinismus und der Eugenik trennen (siehe den folgenden Abschnitt). Die Zurschaustellung des Gefieders ist ein wesentlicher Teil des Paarungsrituals bei Pfauen. In ähnlicher Weise tragen bestimmte Menschen auffällige Kleidung, um mögliche Sexualpartner zu gewinnen, doch offensichtlich wäre es ein Fehler anzunehmen, dass dieselben einfachen Mechanismen des Balzverhaltens von Tieren Anwendung finden. Wie bereits angemerkt, bezeichnet man die moderne Anwendung von Darwins Ideen zum Verständnis individueller Unterschiede mitunter als *evolutionäre Persönlichkeitstheorie* (Buss, 1990; Simpson & Kenrick, 1997).

Am häufigsten werden Analysen der soziobiologischen Art auf menschliche Aggression, menschliches Werbungsverhalten und menschliche Familienbeziehungen angewendet, da Aggression, Paarungsverhalten und Aufzucht der Jungen zentrale Schwerpunkte der Evolutionsbiologen sind, die Organismen wie Insekten, Fische oder Vögel studieren. So entwickelt sich z. B. in allen menschlichen Gesellschaften zwischen Neugeborenem und Fürsorgeperson (gewöhnlich die Mutter) kurz nach der Geburt eine enge Bindung. Das trifft auch auf nichtmenschliche Primaten (und tatsächlich auf viele Säugetiere) zu und scheint mit Sicherheit eine biologische Grundlage zu haben.

Mit diesem evolutionären Ansatz erklären John Bowlby und Mary Ainsworth, wie sich das Kleinkind an die Mutter klammert, gluckst, lächelt und noch andere Dinge tut, um die Mutter anzuziehen, während die Mutter wiederum das Kind versorgt und pflegt (Ainsworth, 1979; Ainsworth & Bowlby, 1991; Bowlby, 1969). Die starke Bindung stellt das Überleben des Kindes sicher und damit die Weitergabe der Gene der Mutter. Die Niedlichkeit und Attraktivität eines Babys hat tatsächlich eine evolutionäre Funktion.

5.8.2 Der Aschenputtel-Effekt

Betrachten wir nun das Märchen vom Aschenputtel, das von seiner grausamen Stiefmutter misshandelt wird. Aschenputtel und unzählige andere Kinder werden von ihrer Stiefmutter oder ihrem Stiefvater misshandelt. Es gibt tatsächlich einige Belege dafür, dass Stiefkinder schlechter behandelt werden als leibliche Kinder, und dieser Unterschied lässt sich nicht einfach mit gesellschaftlichen Faktoren wie Armut oder Ähnlichem erklären. Soziobiologen gehen davon aus, dass dads Aschenputtel-Phänomen Resultat natürlicher Selektion ist; im Zuge der Evolution bevorzugen und schützen Eltern eher ihre leiblichen Kinder (Daly & Wilson, 1988a, 1988b).

Solche Analysen können provokativ und intellektuell recht stimulierend sein, wenn sie uns helfen, über die angeborenen Veranlagungen nachzudenken, auf denen menschliche Gesellschaften errichtet wurden. Ein Beispiel: In welchem Ausmaß haben gesellschaftliche Tabus gegenüber Inzest und gesellschaftliche Muster von Mord und Aggression ihre Wurzeln in Überlebenskämpfen in der frühen Entwicklungsgeschichte der Spezies (Daly & Wilson, 1988)? Vielleicht haben Familien eine angeborene Prädisposition zur Verteidigung ihrer Mitglieder und ihres Territoriums. Solche evolutionären Analysen können jedoch töricht oder sogar gefährlich sein, wenn sie den enormen Einfluss menschlicher

Lernerfahrungen und menschlicher Kultur auf menschliches Verhalten außer Acht lassen. Es ist sicher so, dass Aggression als eine Funktion unterschiedlicher kultureller Zeiten und Orte in ihrer Stärke und Ausprägung beträchtlich variiert. Selbst wenn z. B. Beziehungen zu Stiefkindern aufgrund des Drucks evolutionärer Umstände eher für Konflikte anfällig sind (zwar eine vernünftige Hypothese, aber keine wissenschaftliche Tatsache), bedeutet dies keinesfalls, dass es nicht auch liebevolle und wunderbare Beziehungen zu Stiefkindern geben kann. Viele Adoptiveltern würden ihr eigenes Leben für das ihrer adoptierten Kinder geben. Man muss also aufpassen: die Spekulationen der Soziobiologen können von Politikern für ihre eigenen Ziele verdreht werden.

Wie wir sahen, weist die menschliche Persönlichkeit tatsächlich eine signifikante biologische Basis auf, doch die spezifischen Verhaltensmuster einer bestimmten Person werden zum größten Teil durch Erzeihung und Umgebung beeinflusst. Es ist eine schwierige Aufgabe, die äußerst unterschiedlichen Kräfte, die die Persönlichkeit formen, vollständig und in wissenschaftlicher Weise zu erfassen (Petrinovich, 1995). Evolution und Persönlichkeit werden in Kapitel 11 als Teil der Erörterungen der Unterschiede zwischen Männern und Frauen und in Kapitel 14 bei der Diskussion um die Ursprünge von Liebe und Hass noch eingehender behandelt.

5.8.3 Evolution und Kultur

Als sich Ende des 19. Jahrhunderts das darwinsche Gedankengut durchsetzte, führte die Auffassung „survival of the fittest" (Überleben der am besten Angepassten) oft zu der fälschlichen Annahme, dass wir in einer Ellbogenwelt des Hauens und Stechens leben, in der „jeder auf sich allein gestellt" ist. Doch solche Annahmen gehen nicht aus den Theorien der Evolution hervor und sind auch nicht das, was Darwin ursprünglich vertrat. Vielmehr ist es klar, dass sich bei komplexen Spezies wie den Primaten ein *Potenzial* für bestimmte Arten von Verhalten in bestimmten Situationen herausbildet. Ob dieses Verhalten allerdings tatsächlich zutage tritt, hängt von Lernerfahrungen ab, und die Muster der Lernerfahrungen werden von der jeweiligen Kultur geformt (Wissen und Erfahrungen, die innerhalb der Gesellschaft weitergegeben werden).

Viele nichtmenschliche Primaten, vor allem Schimpansen und Affen, eignen sich Wissen und Angewohnheiten von anderen Tieren an. Viele Tiere leben dazu in „Gesellschaften", in denen ein reger Informationsaustausch unter den einzelnen Tieren herrscht. So lernen z. B. Schimpansen von Artgenossen, wie man in einem Fluss Bananen wäscht (de Waal, 2001). Sie tun sich auch zusammen, um Feinde und Räuber abzuwehren. Wir werden also nie ein einzelnes Gen oder einen einzelnen Instinkt finden, auf das bzw. den sich die Aggressivität oder Kooperationsbereitschaft einer Person direkt zurückführen lässt. Vielmehr unterscheiden sich Individuen hinsichtlich ihrer Veranlagungen und Neigungen, und die Frage, welche dieser Veranlagungen und Neigungen zum Ausdruck gebracht werden, hängt von einer Vielzahl interagierender Kräfte ab, die wir in diesem Buch beschreiben.

Abbildung 5.13: Viele nichtmenschliche Spezies kommunizieren intensiv und sind zum Zwecke der Kooperation sozial organisiert. Sie arbeiten z. B. beim Sammeln von Nahrung oder bei der Verteidigung gegen Feinde zusammen. Da diese Verhaltensweisen oft von anderen Gruppenmitgliedern erlernt und an die Nachkommen weitergegeben werden, stellen sie eine rudimentäre Form der Kultur dar.

Im 20. Jahrhundert hatten die Menschen oft den Fehler begangen, nicht nur zu glauben, dass das „bestangepasste" Individuum nicht nur alle anderen besiegen kann; sie nahmen darüber hinaus (fälschlicherweise) an, dass die bestangepasste Kultur auch alle anderen Kulturen erobern kann. In der Persönlichkeitspsychologie sollten biologische Belange daraufhin untersucht werden, wie sie zum Zwecke der öffentlichen Ordnung interpretiert werden.

5.9 Persönlichkeit und öffentliche Ordnung

Darwin ging davon aus, dass sich Spezies deshalb entwickeln, weil diejenigen Individuen, die mit anderen in ihrem Lebensumfeld nicht konkurrieren können, beim Aufwachsen und der Hervorbringung von Nachkommen oft nicht so erfolgreich sind wie die besser angepassten Vertreter der Spezies. Tiere, die z. B. schnell genug sind, um ihren Feinden davonzulaufen, oder stark genug sind, Nesträuber abzuwehren, haben überlebensfähigere Nachkommen als ihre langsameren oder schwächeren Artgenossen. Diese Vorstellung vom „Überleben der Bestangepassten" ist allerdings eines der am häufigsten missverstandenen und falsch angewandten Konzepte in der Wissenschaft überhaupt.

5.9.1 Sozialdarwinimus und Eugenik

Das etwas unglücklich formulierte „survival of the fittest“ wurde manchmal von einem biologischen Prinzip zu einem moralischen Imperativ umgewandelt und so interpretiert, als bedeute er, dass schwache Geschöpfe nicht überleben *sollten*. Tatsächlich wurde er als eine Lizenz zum Töten verwendet.

In Amerika begann der Import von Sklaven schon lang vor Darwins Zeiten. Auch Asiaten, amerikanische Ureinwohner und andere Gruppen sah man als minderwertige Rassen an, lange bevor Darwin seine Theorien aufstellte. So glaubte man z. B. lange Zeit, dass Afroamerikaner aufgrund ihrer natürlichen Veranlagung nicht imstande seien, lesen zu lernen; also konnten sie genauso gut ohne jegliche Schulbildung auf Baumwollfeldern arbeiten. Und um ganz sicherzugehen, war es gesetzlich verboten, einem auf einer Plantage arbeitenden Sklaven das Lesen beizubringen.

Pseudowissenschaft

Was die Evolutionstheorie tat, war, eine pseudowissenschaftliche Rechtfertigung für die sowieso schon herrschende Unterdrückung zu liefern. Viele geistige und politische Führungspersonen einschließlich vieler Intellektueller und Wissenschaftler waren Ende des 19. Jahrhunderts schnell dabei, Ansichten und Konzepte einer „genetischen Minderwertigkeit“ bei Wesen zu übernehmen, die schon von Natur aus als geringerwertig galten. Die schlimmsten Verzerrungen dieser Art zeigten sich im so genannten **Sozialdarwinismus** (Hofstadter, 1959). Der Sozialdarwinismus wandte die Evolutionstheorie in recht plumper Manier auf Gesellschaften an. Dabei vertrat man die Auffassung, dass nicht nur einzelne Wesen, sondern ganze Gesellschaften und Kulturen in einem natürlichen Wettstreit um das Überleben der Bestangepassten stünden. Daraus folgte, dass es biologisch und moralisch gerechtfertigt (und sogar zwingend erforderlich) sei, dass weiße Menschen andere Gesellschaften erobern, in sie eindringen und sie beherrschen. Schließlich sah die weiße Rasse sich selbst als „besser angepasst“ an.

Solche Vorstellungen, die allesamt nur zu Vorurteilen gegenüber Menschen aus anderen Kulturkreisen führten, übten großen Einfluss auf die Politik der US-amerikanischen Regierung aus. So sorgten z. B. die in den 1920er Jahren erlassenen Einwanderungsgesetze der USA dafür, die Zahl „minderwertiger“ oder „nicht angepasster“ Immigranten wie solcher aus Ost- und Südeuropa sowie Asien streng zu begrenzen. (Angesichts der US-amerikanischen Geschichte überrascht es auch nicht, dass gerade Afrikaner als besonders „minderwertig“ und „unangepasst“ galten. Traurig aber wahr: Psychologen und andere Wissenschaftler jener Zeit spielten eine wichtige Rolle dabei, fadenscheinige Rechtfertigungen für diese Diskriminierung zu liefern. Psychologen waren auch in die Entwicklung voreingenommener und nichtobjektiver Tests verwickelt, mit denen „bewiesen“ werden sollte, dass die unerwünschten Kulturen den Weißen tatsächlich intellektuell und moralisch unterlegen seien (Gould, 1996; siehe auch Kapitel 2).)

Viele Psychologen, wie auch viele andere intelligente Menschen, verfingen sich in den fanatischen Ideen ihrer Zeit und gelangten zu verzerrten Auffassungen in ihren Denkansätzen und Forschungsarbeiten. Viele schrieben über die Wichtigkeit, den Genpool der Elite zu bewahren oder rein zu halten. Diese Eugenikbewegung befürwortete Maßnahmen wie die Zwangssterilisierung der ärmeren Schichten der Bevölkerung. (Wenn Sie oder Ihre Freunde je arm gewesen sind, klingt die Idee, dass ein Beauftragter der Regierung mit einem Messer Hand an ihren Fortpflanzungsorganen anlegt, wahrscheinlich nicht allzu gut.) Für die heutigen Persönlichkeitspsychologen ist es wichtig, sich dieser Ansichten aus der Vergangenheit bewusst zu sein, so dass die Wahrscheinlichkeit ähnliche Fehler zu begehen, auf ein Minimum reduziert wird.

5.9.2 Kultur, Nazis und „überlegene Rassen"

Viele Millionen Menschen wurden nur deshalb getötet, weil die Vorstellungen von den biologischen Einflüssen auf die Persönlichkeit gründlich missverstanden und missbraucht wurden. In Europa wurde dieses Missverstehen hinsichtlich der Unterschiede zwischen Menschen Anfang des 20. Jahrhunderts auf die Spitze getrieben. Adolf Hitler und eine Bande erbarmungsloser Faschisten setzte sich an die Spitze der deutschen Gesellschaft, die bereit war, an eine genetisch überlegene „Herrenrasse" zu glauben.

Natürlich gibt es einige stichhaltige Belege dafür, dass Menschen aus unterschiedlichen Kulturkreisen sich systematisch voneinander unterscheiden, doch es gibt nur wenige Belege dafür, dass diese Unterschiede eine genetische Grundlage haben. Wenn Einwanderer aus Asien, Afrika, Europa oder von anderswo in die USA immigrieren, dann entwickeln sich ihre Kinder in den meisten Fällen zu freiheitsliebenden Amerikanern, die gegenüber dem Kapitalismus aufgeschlossen sind und Spaß finden an Baseball, Football, Mickey Mouse, Autos und breiten freien Straßen, amerikanischer Musik und vielem anderen. Das heißt, die Kinder von Immigranten verhalten sich schon bald eher wie Amerikaner denn wie Angehörige der Kultur ihrer Eltern und Großeltern. Menschen in China verhalten sich wegen ihrer Kultur anders als Menschen in New York oder Nairobi.

Doch der biologische Determinismus hat offensichtlich einen gewissen Reiz. Selbst Menschen mit hohem Bildungsniveau fühlen sich von der Idee angezogen, dass „andere" Menschen von Natur aus minderwertig seien und deshalb nicht das gleiche Maß an Freiheit, Erfolg und Lebensglück verdienen würden. Im Falle Hitlers und der Nazis waren die minderwertigen Untermenschen Juden, Zigeuner, Homosexuelle und geistig und körperlich behinderte Menschen. Viele Ärzte halfen damals dabei mit, den Weg zum Massenmord zu ebnen und diesen zu vollziehen (Lifton, 1986). In den USA waren diejenigen, die von der Mehrheit der Gesellschaft mit dem Stigma der Minderwertigkeit gekennzeichnet wurden, vorwiegend Farbige und Homosexuelle. Obgleich dieses Thema ziemlich komplex ist, ist es für Studenten der Persönlichkeitspsychologie wichtig, sich dieser weit verbreiteten gesellschaftlichen Falschauffassungen und Vorurteile hinsichtlich der Natur der Persönlichkeit bewusst zu sein.

5.9.3 Das menschliche Genom: Rassistische Eugenik der Zukunft?

Biologen sind gegenwärtig mit großem Einsatz dabei, das menschliche Genom zu entschlüsseln. Sie bemühen sich, jedes der Zehntausende von Genen in unseren Chromosomen zu identifizieren. Das unmittelbare Ziel ist die Entwicklung von Methoden zur Behandlung von Erbkrankheiten wie etwa Muskeldystrophie. Es besteht jedoch auch die Wahrscheinlichkeit, dass schließlich Gene (oder Muster von Genen) entdeckt werden, die einen Einfluss darauf haben, ob Menschen von ihrer Veranlagung her aggressiv, depressiv, intelligent oder schüchtern sind. Sollte man an diesen Genen Veränderungen vornehmen, um einen „besseren" Menschen hervorzubringen?

Eine subtile Art von genetischem Rassismus schleicht sich oft selbst ins Denken der talentiertesten Forscher auf diesem Gebiet ein. Das Argument, das vorgebracht wird, lautet: Die moderne Medizin sorgt dafür, dass Menschen weiterleben können, die sonst schon längst gestorben wären. Die Theorie des „Überlebens der Bestangepassten" gilt somit nicht mehr und die Qualität des menschlichen Genpools verschlechtert sich. Wenn wir uns also genetisch weiterentwickeln wollen, müssen wir uns mit der Gentechnologie beschäftigen, um einen gesunden Genpool zu bilden und zu bewahren. Und wer sollte für dieses Unternehmen zuständig sein? Nun, natürlich die Genetiker!

Die rassistisch gefärbten Fehler in dieser Argumentationskette sind zwar subtiler, aber genauso bedrohlich wie die der Sozialdarwinisten. Es gibt keine Belege dafür, dass sich der menschliche Genpool tatsächlich verschlechtert. In Wirklichkeit ist sogar schwer zu definieren, was diese Aussage überhaupt bedeuten soll. Zumindest die körperlichen Eigenschaften des Menschen verbessern sich eher, als dass sie sich verschlechtern: Die Menschen sind heute größer, stärker und langlebiger als je zuvor. Was geistige oder künstlerische Fähigkeiten betrifft, wäre es eine gefährliche Lüge, auch nur andeutungsweise zu behaupten, dass wir etwas über die genetischen Grundlagen solcher Fähigkeiten wüssten. Musikalisches oder wissenschaftliches Genie tritt oft an „unerwarteter" Stelle auf: bei Nachkommen von Leibeigenen, Sklaven oder einfachen Arbeitern. Außerdem wissen wir nur sehr wenig über die menschlichen Eigenschaften, die über die Jahrtausende bei der biologischen Selektion bevorzugt wurden; jeder, der behauptet, er oder sie kenne die genauen Selektionskriterien, deren sich die Evolution seit Beginn der Schöpfung bedient, ist entweder ein Narr oder hat bestimmte politische Pläne im Hinterkopf.

Doch abgesehen von diesen rassistisch gefärbten falschen Auffassungen stellt sich immer noch die Frage: Sollten wir Manipulationen an unseren Genen vornehmen, um „bessere Menschen" hervorzubringen? Wäre es nicht prima, wenn kein Mensch mehr eine genetische Veranlagung zu kriminellem oder gewalttätigem Verhalten aufweisen würde? Warum nicht Klassentyrannen und Einschüchterern endlich ein Ende setzen? Oder wie wäre es, wenn man Nervensägen, Plagegeister und Querulanten von vornherein aussondern könnte? Um diese Fragen intelligent zu beantworten, braucht es ein umfassendes Wissen darüber, was es bedeutet, eine Person zu sein – mit anderen Worten, ein gutes Verständnis der Persönlichkeitspsychologie.

Andererseits wäre es unsinnig, jegliche genetische Forschung zu verurteilen oder alle Genetiker als Rassisten zu brandmarken. Die Persönlichkeitspsychologie sagt uns, dass Individuen sich tatsächlich voneinander unterscheiden, und sie unterscheiden sich in vielerlei Hinsicht und aus vielen Gründen. Wenn wir dabei sind, die weiteren biologischen Gründe für individuelle Unterschiede aufzudecken, brauchen wir auch eine Gesellschaft, die über ein umfassendes Verständnis darüber verfügt, welche Folgen solche Entdeckungen haben und welche nicht.

Wenn Sie oder einer Ihrer Verwandten eine Erbkrankheit hat oder an einem Gendefekt leidet, der das Leben besonders schwer macht, dann wären Sie sicher sehr glücklich, wenn die Wissenschaft imstande wäre, dieses Problem zu lösen. Doch was tun mit „Defekten" in der Persönlichkeit? Jeder von uns hat sie. Fänden Sie es erfreulich, wenn ein Wissenschaftler sie „repariert"? Wie würden Sie sich fühlen, wenn ihr bester Freund oder Partner sich plötzlich für solche „Reparaturarbeiten" an ihm oder ihr entscheiden würde? Stellen Sie sich vor, Ihr Partner denkt von sich selbst, er oder sie sei zu nachgiebig und sentimental und möchte deswegen rationaler und pragmatischer sein. Oder der Lehrer oder Arzt Ihres Kindes empfiehlt Ihnen, das widerspenstige Verhalten Ihres Sprösslings zu „reparieren". Das sind Fragen, die nun verstärkt aufgeworfen werden.

Auswertung der Perspektiven

Vorzüge und Grenzen des biologischen Ansatzes

- ***Kurze Umschreibung des Inhalts***
  - Menschliche Wesen als Gene, Gehirne und Hormone.
- ***Vorzüge***
  - Betont die genetisch, gesundheitlich und körperlich bedingten Veranlagungen und Grenzen der Persönlichkeit.
  - Anerkennung der Auswirkungen biologischer Einflüsse auf die Reaktionen anderer und die Umgebungen, die Personen für sich auswählen.
  - Kann mit anderen Ansätzen kombiniert werden.
- ***Grenzen***
  - Neigt dazu, das menschliche Wachstums- oder Veränderungspotenzial zu minimieren.
  - Ernsthafte Gefahr des Missbrauchs durch Politiker, die die Entdeckungen allzu sehr vereinfachen.
  - Greift auf biologische Konzepte zurück, die zur Deutung psychischer Phänomene nur eingeschränkt geeignet sind.
  - Schwierigkeiten beim Einbeziehen des Bewusstseins.
- ***Bedeutung des freien Willens***
  - Das Verhalten wird von biologischen Veranlagungen und Neigungen bestimmt.

- ***Gängige Erfassungstechniken***
  - Neurowissenschaften, Vererbungsstudien, physiologische Messungen.
- ***Konsequenzen für die Therapie***
  - Da der biologische Ansatz davon ausgeht, dass das Verhalten das Resultat entwickelter biologischer Strukturen und der Einwirkung von Genen, Hormonen, chemischen Unausgewogenheiten und Interaktionen der Umwelt mit diesen Strukturen ist, konzentriert sich die Therapie auf biologische Eingriffe: psychoaktive Drogen wie Prozac (Fluctin) oder Valium zur Behandlung von „Geisteskrankheiten", Hormone bei erhöhter Reizbarkeit infolge von PMS, plastische Chirurgie (oder Absaugen von Fett) bei körperlichen Anomalien, und Antihistamine oder eine schadstoffärmere Umgebung bei Allergien oder Erkrankungen aufgrund von Toxinen. Allgemein gesundheitsfördernde Aktivitäten wie sportliche Ertüchtigung können sich als hilfreich erweisen (z.B. bei der Behandlung von Ängsten und Depressionen). Die Gentherapie könnte in absehbarer Zeit weit verbreitet sein, birgt jedoch auch einige ethisch-moralische Gefahren in sich.

Zusammenfassung und Fazit

Beeinflussen relativ unveränderliche biologische Eigenschaften wie die genetische Vererbung, das neuroendokrine System, die körperliche Veranlagung und Gesundheit die Persönlichkeit? Zweifellos tun sie das bisweilen, und der ernsthafte Student der Persönlichkeitspsychologie sollte darüber auch gründliche Kenntnisse erwerben. Gordon Allport schrieb vor Jahrzehnten, dass – obwohl bei der Entwicklung der Wissenschaft der Persönlichkeit die Psychologie der sicherste Ansatz ist – „das `biologische Modell´ vielleicht eines Tages aufholen könnte" (1961, S. 73). Heutzutage hat die Biologie tatsächlich viele Erkenntnisse auf die Frage geliefert, was es bedeutet, eine Person zu sein. Zum größten Teil haben diese Erkenntnisse mit den äußeren Parametern oder Grenzen menschlichen Ansprechverhaltens zu tun.

Amerikaner glauben gern, dass nahezu jedes Kind, das über genügend Motivation und die entsprechende Erziehung verfügt, im Leben so ziemlich alles erreichen kann, was er oder sie will. Erfolg kann tatsächlich das Ergebnis harter Arbeit und guter Erziehung sein, doch es besteht ebenfalls kein Zweifel daran, dass biologische Faktoren die charakteristischen Reaktionen einer Person beeinflussen. Eine Person wird nicht als weißes Blatt Papier geboren, auf das die Umgebung dann etwas schreibt; vielmehr beginnt ein Mensch sein Leben mit bestimmten angeborenen Veranlagungen und Fähigkeiten.

Charles Darwin stellte die Biowissenschaften auf den Kopf, als er behauptete, der Mensch sei kein besonderes Wesen göttlicher Schöpfung, sondern hätte sich vielmehr durch natürliche Selektion aus primitiveren Rassen entwickelt. In einer darwinistischen Analyse wird die Aufmerksamkeit auf die *Funktion* einer Eigenschaft zum Zwecke des Überlebens gerichtet (wie Geschwindigkeit oder Intelligenz). Eine Hauptschwierigkeit mit dem darwinschen Ansatz ist, dass nur schwer nachzuvollziehen ist, welche genauen Selektionskriterien für die Evolution der menschlichen Spezies über Jahrmillionen weg verantwortlich waren. Dieses Problem belastet die moderne Anwendung von Darwins Ideen – das Feld der evolutionären Persönlichkeitstheorie.

Der Begriff Temperament wird benutzt, um auf stabile individuelle Unterschiede hinsichtlich emotionaler Reaktionsmuster hinzuweisen. Es wird gewöhnlich zwischen vier grundsätzlichen Bereichen des Temperaments unterschieden: (1) der Bereich Aktivität, (2) der Bereich Emotionalität, (3) der Bereich Kontaktfreudigkeit und (4) der Bereich Aggressivität / Impulsivität. Eysencks Faktor Introversion / Extroversion kombiniert Elemente der Bereiche Aktivität und Kontaktfreudigkeit. Die zugrunde liegende Idee ist, das extrovertierte Menschen ein relativ niedriges Niveau an Gehirnaktivität aufweisen und deshalb auf der Suche nach Stimulation sind. Introvertierte Menschen andererseits haben ein höheres Niveau an Erregung oder Aktivität des Zentralnervensystems und ziehen sich deshalb aus zu stark stimulierenden sozialen Umgebungen zurück. Beim Versuch, eine Theorie des Temperaments zu überprüfen, die auf dem Nervensystem beruht, stößt man allerdings auf viele Probleme, wie Eysenck selbst bestätigte.

Eine weitere viel versprechende Methode, biologische Unterschiede hinsichtlich der Persönlichkeit zu untersuchen, konzentriert sich auf individuelle Unterschiede in den Gehirnhälften – d. h. relative Unterschiede hinsichtlich der Aktivierung zwischen der linken und der rechten Hemisphäre. Eine relativ stärkere Aktivierung der rechten Hemisphäre wird mit stärkeren Angst- und Stressreaktionen auf belastende Situationen in Verbindung gebracht; Personen, deren rechte Gehirnhälfte relativ stärker aktiv ist, neigen eher zu Überreaktionen auf einen negativen Stimulus.

Viele Studien an Zwillingen haben hinsichtlich der Persönlichkeit beeindruckende Ähnlichkeiten zwischen Menschen mit demselben genetischen Erbgut festgestellt. Diese Ähnlichkeiten sind bei eineiigen Zwillingen größer als bei zweieiigen. Doch die Ähnlichkeit von Zwillingen, die getrennt voneinander aufwuchsen, ist weniger ausgeprägt, was ein Beleg für den Einfluss der Umgebung während des Heranwachsens ist. Wenn angeborene Neigungen oder Veranlagungen auf ähnliche Druck- oder Stresssituationen in der Umgebung treffen, resultiert dies oft in ähnlichen Verhaltensmustern – d. h. ähnlichen Persönlichkeiten. Deshalb existieren viele verschiedene Ansichten dazu, wie groß der Anteil an der Persönlichkeit ist, der tatsächlich genetisch festgelegt ist. Interessanterweise sind die Persönlichkeiten von Geschwistern, die bei denselben Eltern aufwuchsen, recht unterschiedlich. Bei der Entwicklung vom Kind zum Erwachsenen werden die wichtigen Einflüsse der Umgebung immer deutlicher sichtbar. Sowohl bei eineiigen als auch bei zweieiigen Zwillingen existiert mit zunehmendem Alter ein umgekehrt proportionales Verhältnis zwischen Ähnlichkeit hinsichtlich der Persönlichkeit und dem Alter; je älter die Zwillinge werden, desto deutlicher werden ihre unterschiedlichen Persönlichkeiten.

Es ist mittlerweile gut belegt, dass Gifte und bestimmte Krankheiten wie Schlaganfälle dramatische Veränderungen der Persönlichkeit herbeiführen können. Eine stabile Persönlichkeit ist von einem gesunden, voll funktionierenden Gehirn abhängig. Daraus folgt, dass Krankheiten oder Toxine, die die Gehirnfunktionen beeinträchtigen, oft auch einen Einfluss auf die Persönlichkeit haben. Und die Liste toxischer Substanzen, von denen bekannt ist, dass sie die Persönlichkeit beeinflussen, ist lang. Da Drogen und Gifte so starke und dramatische Einflüsse auf die Persönlichkeit ausüben können, sollte es eigentlich ein Studienfeld mit Namen „Persönlichkeitstoxikologie“ geben.

Unser Verständnis biologischer Einflüsse auf die Persönlichkeit hat tief greifende Konsequenzen für unsere Auffassungen von Gesetz und Ordnung. Eine Extremposition, die dabei vertreten wird, ist, dass die meisten kriminellen oder böswilligen Handlungen von Leuten begangen werden, die nicht anders können – sie leiden an Störungen ihres Nervensystems. Obwohl diese Position oft mit einer sehr liberalen oder linken Haltung gleichgesetzt wird, ist sie in Wirklichkeit der Position des rechten Flügels ähnlich, die davon ausgeht, dass manche Menschen einfach „schlechte Gene“ hätten.

Eine faszinierende Art und Weise, wie die Biologie die Persönlichkeit beeinflussen kann, ergibt sich aus unserem Einwirken auf die Umgebung, in der wir uns befinden (oder in die wir uns hineinbegeben). Das heißt, bestimmte biologische Einflüsse können dafür sorgen, dass wir uns in bestimmten Situationen wiederfinden, und diese Situationen können dann ihrerseits unsere Persönlichkeit beeinflussen. So erleben z. B. extrovertierte Menschen auf der Suche nach Stimulation möglicherweise häufiger Arbeitsplatz- und Wohnungswechsel oder andere größere Veränderungen. Bestimmte Eigenschaften der Person führen also zu bestimmten Erfahrungen, die ihrerseits wiederum bestimmte individuelle Reaktionsmuster beeinflussen.

Viele Opfer schwerer Verbrennungen oder körperlicher Stigmata leiden unter Veränderungen in ihrer Persönlichkeit. Das sind biologische Einflüsse auf die Persönlichkeit, doch sie lassen sich ausschließlich auf gesellschaftliche Mechanismen zurückführen – nämlich die Erwartungen und Reaktionen anderer.

Das „Überleben der Bestangepassten“ ist eines der am meisten missverstandenen und missbrauchten Konzepte in der gesamten Wissenschaft. Dieser etwas unglücklich gewählte Begriff wurde mitunter von einem biologischen Prinzip zu einem moralischen Imperativ abgewandelt und so uminterpretiert, dass er bedeutete, schwächere Geschöpfe *sollten nicht* überleben. Tatsächlich wurde dieses Konzept als eine Lizenz zum Töten missbraucht. Der Sozialdarwinismus wandte die Evolutionstheorie in ziemlich plumper Weise auf Gesellschaften an und führte das Argument ins Feld, Gesellschaften und Kulturen stünden ebenfalls in einem Wettstreit um das Überleben der Bestangepassten. Daraus folgerten sie, dass es biologisch und moralisch gerechtfertigt (und sogar zwingend erforderlich) sei, dass die weiße Rasse andere Gesellschaften erobert, in sie eindringt und beherrscht. Die Eugenikbewegung befürwortete sogar Maßnahmen wie die erzwungene Sterilisierung in armen Schichten der Bevölkerung. Für die Persönlichkeitspsychologen der Gegenwart ist es wichtig, sich dieser Vorgänge in der Vergangenheit bewusst zu sein, damit wir vermeiden können, dieselben Fehler erneut zu begehen.

Die Vorstellung von einem biologischen Determinismus hat etwas Faszinierendes an sich. Selbst Menschen mit einem hohen Bildungsgrad fühlen sich manchmal von der Idee angezogen, „andere“ Menschen seien von Natur aus minderwertig und verdienten deshalb weniger Freiheit, Erfolg und sogar Leben. Im Falle Hitlers und der Nazis waren diese minderwertigen Untermenschen Juden, Zigeuner, Homosexuelle und geistig und körperlich Behinderte. In den USA waren diejenigen, die von der Bevölkerungsmehrheit als Angehörige einer minderwertigen Rasse angesehen wurden, traditionell Menschen dunkler (nichtweißer) Hautfarbe sowie Asiaten und Homosexuelle. Abgesehen von diesen rassistischen falschen Auffassungen bleibt immer noch die Frage zu beantworten, ob wir Manipulationen an unseren Genen vornehmen sollten, um einen „besseren Menschen“ hervorzubringen.

Leider fällt es dem Menschen leicht, Stereotype zu akzeptieren und Ungerechtigkeiten gemäß dem vorherrschenden Status quo zu erklären. Bis vor kurzem „wussten“ die meisten Männer (und die meisten Frauen), dass Männer aufgrund ihrer Natur besser geeignet seien, Regierungsgeschäfte zu übernehmen, Besitz zu verwalten, Wissenschaftler und Künstler zu werden und Unternehmen zu leiten. Man dachte, dass es in der Natur der Frau – als dem schwächeren Geschlecht – liege, zu Hause zu bleiben, den Haushalt zu führen und die Kinder großzuziehen. Von daher war es (damals) absolut logisch, dass Frauen der Besuch der besten Schulen und Universitäten nicht gestattet wurde, sie nicht wählen oder gewählt werden durften, keinen Besitz halten durften usw. Frauen diese Dinge zu gestatten schien in den Augen vieler „gegen die Natur“ zu verstoßen.

Die heutigen unbegründeten Vorurteile als solche zu erkennen fällt uns natürlich schwerer (schließlich sind es ja Vorurteile). Sollten wir misstrauisch gegenüber Politikern sein, die die Wichtigkeit eines genetischen Determinismus überbetonen und viele andere Aspekte der Persönlichkeit außer Acht lassen? Angesichts der traurigen Vergangenheit so vieler fehlgeleiteter Ansätze bei der Suche nach „genetischer Reinheit“ müssen wir wirklich auf der Hut sein.

Haupttheoretiker

Charles Darwin
Iwan Pawlow
Hans Eysenck
Francis Galton

Zentrale Begriffe

Evolutionäre Persönlichkeitstheorie
Natürliche Selektion
Verhaltensgenetik
Vier grundsätzliche Bereiche des Temperaments
Introversion / Extroversion als Zeichen des Temperaments
Erregung und Aktivität des Nervensystems
Suche nach Nervenkitzel
Neurotransmitter
Nichtgeteilte Umweltvarianz
Eugenik
Verwandtenselektion
Somatotypologie
Überleben der Bestangepassten
Sozialdarwinismus
Soziobiologie
Bindung
Menschliches Genomprojekt
Biologischer Determinismus

Literaturempfehlungen

Birbaumer, N., Schmidt, R. F. (1996). *Biologische Psychologie*. Berlin: Springer. Kap. 25 und 26 Motivation und Emotion (606-680)

Buss, A. H., & Plomin, R. (1984). *Temperament: Early developing personality traits*. Hillsdale, NJ: Erlbaum.

Buss, D. M. (2004). *Evolutionäre Psychologie*. München: Pearson Studium.

Daly, M., & Wilson, M. (1988). *Homicide*. New York: A. DeGruyter.

Dunn, J., & Plomin, R. (1990). *Separate lives: Why siblings are so different*. New York: Basic Books.

Eibl-Eibesfelt, I. (1972). *Similarities and differences between cultures in expressive movements*. In: R. Hinde (Hrsg.), *Non-verbal communication*. Cambridge, MA: Cambridge University Press.

Ekman, P. (1973). Cross-cultural studies of facial expression. In P. Ekman (Hrsg.), *Darwin and facial expression*. New York: Academic Press.

Eysenck, H. J. (1967). *The biological basis of personality*. Springfield: Charles C. Thomas.

Hamer, D., Copeland, P. (1999). *Das unausweichliche Erbe*. Bern: Scherz Verlag.

Zuckerman, M. (1994). *Behavioral expressions and biosocial bases of sensation seeking*. New York: Cambridge University Press.

Kapitel

6 Behavioristische und lerntheoretische Aspekte der Persönlichkeit

In diesem Kapitel

Vor kurzer Zeit kam ein Freund von uns aufgrund eines erfolgreichen geschäftlichen Unternehmens an ein kleines Vermögen. Er war ganz glücklicher und aufgeregter Stimmung und unternahm eine kurze Fahrt mit dem Taxi. Den Fahrpreis von 5,00 Euro bezahlte er mit einem 100-Euro-Schein. Die Augen des Taxifahrers wurden immer größer, als unser Freund sagte: „Der Rest ist für Sie", und wegging. Der Taxifahrer hatte niemals zuvor ein so großzügiges Trinkgeld erhalten, und es war unwahrscheinlich, dass er, wenn überhaupt, in nächster Zeit erneut ein so großzügiges Trinkgeld erhalten würde. Trotzdem können wir vorhersagen, dass dieser Taxifahrer nun Fahrgäste suchen wird, die wie unser Freund aussehen, dass er versuchen wird, sich so zu verhalten wie während der Fahrt mit unserem Freund, und dass er ganz allgemein sein Taxi in der Hoffnung fahren wird, noch einmal ein so hohes Trinkgeld zu bekommen – und er könnte dies unter Umständen für einen langen Zeitraum tun. Anders gesagt: der Taxifahrer verhält sich jetzt aufgrund der beträchtlichen Belohnung durch einen Kunden konsistent und relativ vorhersehbar. In gewissem Sinne ist dieses Verhalten zu einem Teil seiner Persönlichkeit geworden.

Eine hohe und unvorhersehbare Belohnung wie das Trinkgeld des Taxifahrers wird von den Behavioristen als **partielle Verstärkung** bezeichnet. Die partielle Verstärkung wurde an Laborratten und vielen anderen Tiere untersucht. Die Ergebnisse dieser Versuche zeigen, dass eine selten auftretende (d. h. eine partielle), bedeutende Belohnung stärkere Auswirkungen auf die Herausbildung des Verhaltens hat als eine kontinuierliche Verstärkung. Die Menschen setzen ihre Aktivitäten fort, um die nur gelegentlich auftretende, aber äußerst befriedigende Belohnung durch einen Birdie beim Golf, den Gewinn eines Jackpots am Spielautomaten, eine sexuelle Beziehung, eine 1+ von einem Professor oder ein Trinkgeld in Höhe von 100 Euro zu erlangen. In diesem Kapitel wird erklärt, wie bestimmte Verstärkungsstrukturen in unserer Umwelt zu Konsistenzen im Verhalten von Individuen führen können.

Die behavioristischen Ansätze stellen die meisten anderen persönlichkeitspsychologischen Ansätze in Frage, die sich auf die Konzepte innerer Eigenschaften, Tendenzen, Abwehrmechanismen und Motivationen stützen. Derartige Konzepte werden von den Behavioristen abgelehnt; sie sehen die Menschen als vollkommen durch ihre Umwelt kontrolliert. Das hat zwangsläufig zu vielen Kontroversen geführt. Der Dichter W.H. Auden (1970) schrieb:

> *Natürlich „funktioniert" der Behaviorismus. Das tut die Folter aber auch. Geben Sie mir einen sachlichen und nüchternen Behavioristen, einige Medikamente und einfache elektrische Geräte, und in sechs Monaten lasse ich ihn das Glaubensbekenntnis des Athanasius öffentlich nachsprechen.*

Wie wir im Folgenden sehen werden, trifft die Beschreibung von Auden nicht genau zu, aber die kontroversen Fragen, die der Behaviorismus über die Natur des Menschen aufwirft, bestehen. In diesem Kapitel untersuchen wir die Stärken und Schwächen der behavioristischen und lerntheoretischen Ansätze zur Persönlichkeitsforschung.

6.1 Die klassische Konditionierung der Persönlichkeit

Eine der philosophischen Grundlagen für den lerntheoretischen Ansatz zur Persönlichkeitsforschung wurde durch den englischen Philosophen John Locke (1632-1704) gelegt. Locke betrachtete den Säugling als ein unbeschriebenes Blatt – *Tabula rasa* –, auf das die Erfahrungen des Lebens ihre Geschichte schreiben würden. Diese Annahme schließt bestimmte andere Ansätze gegenüber der Persönlichkeit nicht aus, sie betont allerdings definitiv den großen Einfluss der Situation. Wie alle Studenten der Psychologie wissen, war es allerdings der brillante russische Physiologe Iwan Petrovitsch Pawlow (1849-1936), der schließlich die Grundlagen für die modernen lerntheoretischen Ansätze legte.

6.1.1 Die Konditionierung einer Reaktion auf einen Reiz

Bei der Untersuchung von Verdauungsprozessen bei Hunden entdeckte Pawlow ein wichtiges Prinzip, das als **klassische Konditionierung** bezeichnet wird. Er gab einem hungrigen Hund Futter (den unkonditionierten Stimulus), das bei Hunden zur Speichelsekretion führt, und verband dies gleichzeitig mit etwas, das normalerweise nicht zur Speichelsekretion führt, z.B. das Anschlagen einer Glocke (einem neutralen Reiz). Pawlow stellte fest, wenn er die Gabe von Futter und den Glockenschlag mehrere Male miteinander verband, schließlich der bloße Klang der Glocke zur Speichelsekretion führte. Das heißt, der konditionierte Stimulus (die Glocke) rief schließlich eine konditionierte Reaktion (die Speichelsekretion) hervor. Menschen können ebenfalls so konditioniert werden, dass sie als Reaktion auf das Läuten einer Glocke, die auf einer Ranch zum Essen ruft, Speichel bilden. Normalerweise haben Glocken natürlich nichts mit der Speichelsekretion zu tun. Aber Hunde und Menschen können eine automatische Assoziation erlernen (d. h., sie können auf eine solche konditioniert werden).

Abbildung 6.1:
Das Läuten einer Essensglocke kann beim Menschen zur Speichelsekretion führen. Dabei handelt es sich um eine klassisch konditionierte Reaktion, die nahezu mit dem identisch ist, was Pawlow an seinen Laborhunden beobachtet hatte.

Pawlow stellte außerdem fest, dass die konditionierte Reaktion auch als Reaktion auf Stimuli auftrat, die dem konditionierten Stimulus *ähnelten*, was auf eine **Generalisierung** der Konditionierung hindeutet. Allerdings trat die konditionierte Reaktion nicht bei *allen* möglichen ähnlichen Stimuli auf, was wiederum darauf hindeutet, dass die Tiere auch in der Lage waren zu lernen, zwischen verschiedenen Stimuli zu unterscheiden. Das wird als **Diskrimination** bezeichnet. Wenn also das Futter nach dem Läuten einer Glocke mit nur einem Ton verabreicht wurde und nicht auf das Läuten einer Glocke mit anderen Tönen folgte, war der Hund in der Lage, diesen Ton von anderen zu unterscheiden, und die konditionierte Reaktion folgte nur auf den speziellen relevanten Ton hin. Analog dazu könnte ein kleiner Junge, der von Bienen und Moskitos gestochen wurde, Angst vor dem Summen aller Insekten (Generalisierung) entwickeln (konditioniert werden, darauf zu reagieren). Andererseits könnte der Junge, wenn er sieht, dass die Fliegen, die um ihn herumschwirren, keine Probleme verursachen, lernen, das Summen von Insekten, die stechen, vom Summen anderer Insekten zu unterscheiden.

6.1.2 Verhaltensmuster als Ergebnis der Konditionierung

Viele Verhaltensmuster von Reaktionen können durch die klassische Konditionierung erklärt werden. Neutrale, mit positiven und angenehmen Ereignissen assoziierte Stimuli werden zu „Vorlieben“, wogegen mit negativen Reaktionen assoziierte Ereignisse oder Konsequenzen zu „Abneigungen“ (oder Schlimmerem) werden. So könnte beispielsweise ein Hochschulstudent lernen, das Trinken von Alkohol auf Partys mit einer angenehmen und geselligen Zeit unter Freunden zu assoziieren. Andererseits könnte eine Frau, die auf einer Party von einem Bekannten vergewaltigt wurde, eine „Persönlichkeit“ entwickeln, die vor gesellschaftlichen Ereignissen an Hochschulen, auf denen Alkohol getrunken wird, Angst hat.

Somit liefern Pawlow'sche Konstrukte häufig eine Grundlage für die Erklärung emotionaler Aspekte der Persönlichkeit. Warum zeigen beispielsweise manche Menschen extreme Angstreaktionen (Phobien) auf bestimmte Dinge, während andere das nicht tun? Viele Menschen haben eine Herpetophobie und zeigen sogar auf Fotos von Schlangen extreme emotionale Reaktionen. Diese Reaktion könnte konditioniert werden, wenn eine Großmutter mit ihrer fünfjährigen Enkelin in den Zoo geht und bei der Annäherung an das „Schlangenhaus" in Gegenwart des Kindes große Angst zeigt. Diese Erklärung einer Phobie durch Konditionierung unterscheidet sich stark von der biologischen Erklärung, die auf einer angeborenen Angst vor Schlangen beruht, bzw. von der psychoanalytischen Erklärung, die Schlangen als Symbol eines drohenden Penis sieht, oder auch von der neoanalytischen Erklärung, der zufolge die Angst vor Schlangen Teil unseres kollektiven Unterbewusstseins ist.

6.1.3 Löschungsprozesse

Was geschieht, wenn die Verbindung des konditionierten Reizes mit dem unkonditionierten Reiz nicht fortgesetzt wird? In diesem Fall kann eine **Löschung (Extinktion)** eintreten. Das bedeutet, dass die konditionierte Reaktion im Laufe der Zeit weniger häufig auftritt – die Assoziation wird geschwächt –, bis sie ganz verschwindet. Anders gesagt, die „Persönlichkeit" (das Reaktionsmuster) verändert sich. Ein Vergewaltigungsopfer, das eine ängstliche Persönlichkeit entwickelt hat (Angst vor dem Besuch von Partys, vor Verabredungen oder sogar Angst vor dem Besuch eines Einkaufszentrums) könnte eine dramatische Änderung ihrer Persönlichkeit zum Besseren erleben, wenn sie derartige Ereignisse wiederholt in der ruhigen Gegenwart eines Freundes, der sie unterstützt, erlebt. Allerdings *vermeiden* Menschen, die gelernt haben, vor bestimmten Dingen Angst zu haben, diese Dinge leider häufig, wodurch es ihnen unmöglich wird, ihre Angst zu löschen.

6.1.4 Die Konditionierung neurotischen Verhaltens

Wie allerdings erklärt der Behaviorismus eine so komplexe Persönlichkeitsdimension wie den Neurotizismus? Tatsächlich gelang es Pawlow, bei einem Hund eine Reaktion, die neurotischem Verhalten ähnelte, zu konditionieren. Zunächst verband er die Darbietung von Futter mit einem Kreis, nicht aber mit einer Ellipse. Dann erhöhte er allmählich die Rundheit der Ellipse, so dass sie sich dem Kreis annäherte. Als der Hund den Kreis nicht mehr von der Ellipse unterscheiden konnte, begann er, neurotische Verhaltensmuster aufzuweisen (Pawlow, 1927). Das deutet darauf hin, dass Neurotizismus eine konditionierte Reaktion sein könnte, die durch eine Umgebung gefördert wird, in der das Individuum unter Bedingungen, unter denen ein solches Urteil beinahe unmöglich ist, Ereignisse unterscheiden muss (Wolpe & Plaud, 1997). So ist es beispielsweise für einige Kinder unmöglich, die Reaktionen ihrer instabilen Eltern vorherzusehen. Wenn Kinder sich niemals sicher sind, ob sie Lob oder Bestrafung erwarten müssen, können sie sich unter Umständen frustriert, ängstlich oder depressiv fühlen.

Pawlow war der Sohn eines russisch-orthodoxen Priesters und wollte selbst ursprünglich Priester werden. Allerdings las er als junger Mann fasziniert die damals gerade veröffentlichten Theorien von Charles Darwin und wandte sich einer Laufbahn in den Naturwissenschaften zu (Windholz, 1991). Seine Untersuchung der Funktion und Kontrolle der Speichelsekretion waren fest in Darwins Ideen verwurzelt.

6.1.5 Komplexitäten bei der Anwendung der Prinzipien der Konditionierung

Die moderne Forschung deutet darauf hin, dass die klassische Konditionierung weniger einfach ist, wie Pawlow gehofft hat. So nahm er beispielsweise an, dass die Prinzipien der Konditionierung allgemeine Regeln sind, die ohne Ausnahme auf alle Tiere zutreffen. Aber mittlerweile ist bekannt, dass verschiedene Organismen leichter darauf konditioniert werden können, auf eine gewisse Art auf spezielle Stimuli zu reagieren (Garcia & Koelling, 1966). Hungrige Hunde können mit einer Glocke, die mit dem Anblick und dem Geruch von Fleisch verbunden ist, auf die Speichelsekretion konditioniert werden, aber jede Art und sogar jedes einzelne Individuum weist bestimmte Tendenzen auf, die bestimmte Lernprozesse erleichtern oder behindern. So stützen sich beispielsweise Menschen stärker auf visuelle Signale als auf Gerüche, und verschiedene Menschen weisen wiederum unterschiedliche Neigungen im Bereich der Wahrnehmung und der Ästhetik auf. Trotzdem bleibt die klassische Konditionierung noch immer eine überzeugende Erklärung von Reaktionsmustern, insbesondere in den Fällen, in denen eine starke natürliche Verbindung von Stimulus und Reaktion besteht. Allerdings entsteht ein größerer Teil unserer erlernten Reaktionsmuster durch das Erleben der Konsequenzen (Auswirkungen) unserer Handlungen bzw. aus der Erwartung der Konsequenzen dieser Handlungen. Darauf konzentrieren sich die behavioristischen Ansätze zur Persönlichkeitsforschung. (Siehe Kasten „Berühmte Persönlichkeiten“ auf Seite 251.)

6.2 Die Ursprünge der behavioristischen Ansätze: Watsons Behaviorismus

Um die Jahrhundertwende herum studierten neben Freud auch viele experimentelle Philosophen und Psychologen, z.B. Wilhelm Wundt, die Psychologie mithilfe von subjektiven Analysen der menschlichen Psyche. Das heißt, die Leute wurden gebeten, ihre Gedanken mithilfe der Introspektion zu betrachten oder frei zu assoziieren, um unbewusste Prozesse aufzudecken. Dieser Ansatz steckte allerdings voller methodologischer Schwierigkeiten. Es war unmöglich, die Daten bzw. Schlussfolgerungen zu überprüfen bzw. zu verifizieren. Wie können wir wissen, ob das, was von der betreffenden Person als ihre Gedanken angegeben wurde, tatsächlich ihre Psyche gut abbildete?

6.2.1 Die Ablehnung der Introspektion

Als Reaktion auf diese von den Forschern erkannten Grenzen des Introspektionismus wurde der **Behaviorismus**, der wesentliche lerntheoretische Ansatz in der Psychologie, durch John B. Watson begründet. Watson wollte eine präzise Wissenschaft entwickeln und lehnte deshalb die Introspektion vollkommen ab. Ihm zufolge sind durch Introspektion ermittelte Gedanken und Gefühle nicht wahrnehmbar und unwissenschaftlich.

Watson wurde im Jahr 1878 in Greenville, South Carolina, geboren. Seine Erfahrungen führten dazu, dass er an der Universität Chicago ein Fachstudium in Philosophie begann, aber er wechselte bald zur Psychologie und studierte außerdem Neurologie, Physiologie und Tierforschung. Interessanterweise bemerkte Watson, während er seine Dissertation schrieb, dass er mit menschlichen Testpersonen nicht zurechtkam und Tiere bevorzugte. Watson war überzeugt, dass er durch die Untersuchungen an Tieren die gleiche Dinge erkennen konnte, die andere Forscher mithilfe der Untersuchung von Menschen zu erkennen behaupteten.

Von 1908 bis 1919 war Watson Professor an der Johns-Hopkins-Universität. Seine grundlegenden Theorien über die Untersuchung von beobachtbarem Verhalten und die Ablehnung der Introspektion stellte er 1914 in seinem Buch *Behavior* dar, und 1919 verfasste er zusammen mit Rosalie Rayner ein wichtiges Buch über den Behaviorismus mit dem Titel *Psychology from the Standpoint of a Behaviorist*. In einer weit reichenden Kritik verurteilten die beiden sowohl die Befürworter der Introspektion, die das Bewusstsein untersuchten, als auch die Psychoanalytiker, die sich auf das Unbewusste konzentrierten.

Berühmte Persönlichkeiten

John Travolta: Verstärkung des Ruhms?

Wie Lichtblitze in der Dunkelheit tauchen Stars auf und verschwinden wieder. Der Mythos, über Nacht zu Berühmtheit zu gelangen, macht Stars, deren Karriere durch ihre Öffentlichkeitswirkung genährt wird, zu Teenageridolen, Liebesobjekten unter Jugendlichen und Neidobjekten unter Erwachsenen. In den Augen der Öffentlichkeit hat dieser Ruhm etwas Glanzvolles an sich, oftmals aber finden solche Erfolgsgeschichten ein jähes Ende.

Bis zum Jahr 1994 passte die Karriere des Filmstars John Travolta genau in dieses Muster. Nachdem er in den 70er Jahren zum ersten Mal im Rampenlicht aufgetaucht war, erreichte seine Karriere ihren Höhepunkt mit seinen schauspielerischen Leistungen in den Kassenschlagern *Saturday Night Fever* und *Grease*. Während dieser Zeit wurde Travolta von vielen als der größte Kassenstar überhaupt betrachtet. Nach einer kurzen Phase des Ruhms, sank Travoltas Stern jedoch. Als er noch keine dreißig Jahre alt war, wurde er bereits zum „ehemaligen Kinostar", der erst einige Rollen in mittelmäßigen Filmen annahm und dann alle ihm angebotenen Rollen ablehnte.

Was allerdings Travoltas Geschichte von dem normalen Weg ehemaliger Stars unterscheidet, ist der Umstand, dass ihm ein Comeback gelungen ist. Jahrzehnte nach den Filmen, die ihn zum Star gemacht hatten, und nach beinahe zehn Jahren des fast völligen Verschwindens überraschte er die Öffentlichkeit mit seinem Wiederauftauchen in Quentin Tarantinos preisgekröntem Popkultur-Film *Pulp Fiction*. Dies war der Beginn seines zweiten Aufstiegs zum Star, weitere erfolgreiche Filmrollen folgten in *Schnappt Shorty*, *Face/Off – Im Körper des Feindes*, *Der schmale Grat* und *Operation Swordfish*.

Können die anhand von Travoltas Karriere (plötzlicher Starruhm, schnelles Sinken seines Sterns, spätere Rückkehr als Star) exemplarisch dargestellten Phänomene mithilfe einer behavioristischen Interpretation erklärt werden? Eine Möglichkeit, Travoltas frühen Aufstieg zu beschreiben, besteht darin zu sagen, dass sein Verhalten (in diesem Fall die Wahl seiner Rollen und seine schauspielerische Leistung) durch positive Verstärkung (in Form von Geld, den Annehmlichkeiten des Ruhms, des Respekts der Kollegen und der Bewunderung durch die Öffentlichkeit) geprägt wurde. In den Begriffen der operanten Konditionierung ausgedrückt, wurde Travolta umso mehr belohnt, je mehr sein Verhalten dem eines Stars ähnelte. Durch die Kontingenzen seiner Umwelt wurde Travolta konditioniert, ein Star zu sein.

Aber was geschah dann? Die Wahl von vielleicht ein oder zwei schlechten Rollen (oder vielleicht nur die unglückliche Wahl von einigen Rollen in einer unbeständigen Branche) führte zur Löschung der Verhaltensweisen, die ihm zum Erfolg verholfen hatten. Vielleicht rutschte Travolta, nachdem er für sein Starverhalten nicht verstärkt wurde – nach seinem Versagen in mehreren Filmen – in eine negative Spirale der Löschung seines Starverhaltens. Nachdem er für einige Filmrollen, die er angenommen hatte, nicht verstärkt worden war, sträubte er sich vielleicht, neue Rollen anzunehmen. Je weniger sichtbar er auf der Kinoleinwand wurde, desto weniger wahrscheinlich war es, dass ihm neue Rollen angeboten würden, und die Rollen, die ihm noch angeboten wurden, entsprachen wahrscheinlich weniger seinen Vorstellungen. Dieser Abwärtstrend könnte dann zu einer Spirale der negativen Verstärkung geworden sein. Indem er keine neuen Rollen mehr annahm, konnte er es vermeiden, die Verachtung und die negativen Kritiken erneut zu erleben, die ihm seine letzten Rollen eingebracht hatten.

Und wie können wir sein Comeback mit behavioristischen Prinzipien erklären? Vielleicht führten Travoltas Erfahrungen außerhalb des Rampenlichts (die Geschichte seiner Verstärkungen in der letzten Zeit) zu einer Änderung seiner Reaktion auf die Suche nach einer Filmrolle bzw. die Annahme einer solchen. Vielleicht waren auch die Aktivitäten des Regisseurs des Films, mit dem Travolta sein Comeback gelang, erfolgreicher darin, die Verhaltensmuster Travoltas aus den Tagen seines Starruhms, die so lange stillgelegen hatten, zu erwecken. Nachdem diese angemessenen Reaktionen erneut hervorgerufen und verstärkt worden waren, wurde es wahrscheinlicher, dass sie auch in den folgenden Situationen – in den Filmen nach *Pulp Fiction* – wieder auftauchen würden.

6.2.2 Die Anwendung der Prinzipien der Konditionierung auf den kleinen Albert: Konditionierte Angst und systematische Desensibilisierung

Watson demonstrierte, auf welche Art und Weise emotionale Reaktionen konditioniert werden, als er Pawlows Theorie, die mithilfe der Untersuchung von Tieren entwickelt worden war, auf die Konditionierung des kleinen Albert, einen 11 Monate alten Jungen, anwendete (Watson & Rayner, 1920). Die Forscher konditionierten die Angst vor einer Ratte, indem sie ein lautes, Furcht erregendes Geräusch (durch den Schlag eines Hammers auf einen Stahlstab – ein Geräusch, dass den kleinen Albert während der Vortests stark erschreckt hatte) machten, um den Säugling zu erschrecken, wenn die Ratte gezeigt wurde oder wenn er interessiert nach der Ratte griff. Bald brachte allein der Anblick der Ratte den Jungen zum Weinen.

Auch die Generalisierung wurde demonstriert, da sich Alberts konditionierte Angst auch auf andere pelzige Objekte, einschließlich eines Kaninchens, eines Hundes und eines Pelzmantels, verallgemeinerte. Der arme Albert hatte sogar Angst vor dem Bart des Weihnachtsmanns. Folglich deutete diese Studie darauf hin, dass eine emotionale Reaktion, die auf einen Stimulus konditioniert war, später auch zu emotionalen Reaktionen auf eine Vielzahl von Ereignissen / Stimuli führen kann. Sie zeigte darüber hinaus, dass jeder neutrale Stimulus auch dazu geeignet ist, eine Emotion hervorzurufen. Watson glaubte fest daran, dass auf diese Art und Weise ein Großteil der Persönlichkeit gebildet wird. Zutiefst überzeugt, dass die freudsche Vorstellung der sexuellen Grundlage der Persönlichkeit lächerlich war, hänselte er die Freudianer, indem er behauptete, dass Alberts Angst vor Fell durch einen Psychoanalytiker im Hinblick auf eine frühkindliche Erfahrung mit Schamhaar interpretiert werden würde.

Jones (1924) setzte Watsons und Rayners Ansatz ein, um die Gegenkonditionierung der Angst vor Ratten, Kaninchenfell, Federn und Ähnlichem bei einem kleinen Jungen, der Peter hieß, durchzuführen. Er brachte Peter dazu, mit drei anderen zu spielen, während das Angst auslösende Kaninchen anwesend war, und löschte die Angst allmählich aus, indem er das Kaninchen näher und näher an das Kind heranbrachte, während er dafür sorgte, dass das Kind weiter fröhlich blieb. Das war einer der ersten dokumentierten Fälle der Verwendung einer Methode, die heute als **systematische Desensibilisierung** bezeichnet wird. Peter wurde gegenüber dem Kaninchen desensibilisiert; folglich hat sich dieser Aspekt seiner Persönlichkeit verändert.

Diese Gegenkonditionierung von Phobien durch eine Behandlung mithilfe von Methoden der systematischen Desensibilisierung ist heute eine gängige und erfolgreiche Form der Therapie. Sie deutet darauf hin, dass selbst hochgradig emotionale Aspekte der Persönlichkeit im Laufe der Zeit verschwinden (ausgelöscht werden) können. In der letzten Zeit hat die Technik, die es den Menschen erlaubt, eine „virtuelle Realität" (VR) zu erleben, zu erheblichen Verbesserungen sowohl im Hinblick auf die Qualität der so geschaffenen Erfahrung als auch im Hinblick auf die Kosten (an Zeit und Geld) der Schaffung der simulierten Umgebungen geführt. Die gegenwärtige Forschung konzentriert sich auf den Einsatz der VR-Therapie zur Behandlung von Phobien durch die Anwendung der Methoden der systematischen Desensibilisierung mithilfe elektronisch simulierter, angstauslösender Situationen anstelle von vorgestellten oder tatsächlichen Situationen dieser Art. Bei einer Vielzahl von verbreiteten Phobien, einschließlich der Angst vor Spinnen, Höhen und vor geschlossenen Räumen, sind positive Ergebnisse nachgewiesen worden (z.B. North, North & Coble, 1998; Emmelkamp, Krijn, Hulsbosch, deVries, Schuemie & van der Mast, 2002). Ein solcher Ansatz weist viele mögliche Vorteile auf: Sie liegen nicht nur in reduzierten Kosten und einer höheren Wirksamkeit, sondern auch in der gesteigerten Bereitschaft der Menschen, die unter Phobien leiden, eine Therapie zu beginnen (Garcia-Palacios, Hoffman, See, Tsai & Botella, 2001).

Abbildung 6.2:
Bei Menschen, die an Phobien leiden, kann häufig erfolgreich ein Desensibilisierungstraining zur Therapie eingesetzt werden, bei dem das Prinzip der Extinktion angewendet wird. Hierbei wird die Angstreaktion „dekonditioniert", indem die Erfahrung der Ruhe und der Angstfreiheit mit aufeinander folgenden Annäherungen an die Angst verursachende Situation verbunden wird. In der Abbildung nimmt ein junger Agoraphobiker an einem Programm teil, das sich auf virtuelle Realität (VR) stützt, um so die Situationen zu simulieren, die seine Ängste hervorrufen. Bei angemessenem Einsatz der Methode, können VR-Techniken genauso wirkungsvoll sei, wie die konventionelle systematische Desensibilisierung. Das ermöglicht es den Patienten, ihre phobischen Reaktionen zu reduzieren bzw. löschen. (Foto mit freundlicher Genehmigung von Charles van der Mast, Technische Universität Delft, Niederlande.)

Eine weitere frühe Anwendung der Prinzipien der Konditionierung lag in der Behandlung des Bettnässens (Mowrer & Mowrer, 1928). Hierbei weckt ein elektrisches Gerät – eine laute Glocke – das Kind, wenn die geringste Nässe festgestellt wird. Eine solche Behandlung ist bei vielen Kindern wirkungsvoll. Bald lernt das Kind, auf seine Empfindungen zu reagieren, bevor es einnässt. Dieser Ansatz widerspricht allerdings der Freud'schen Erklärung, dass Bettnässen die Folge einer Persönlichkeitsstörung ist, die auf der Fixierung auf einer Stufe der psychosexuellen Entwicklung beruht. Hier liegt das Hauptaugenmerk auf der Konditionierung von außen und nicht auf dem inneren psychischen Problem.

Im Jahr 1919 ließ sich Watson von seiner Frau scheiden und heiratete seine wissenschaftliche Hilfskraft. Dieses in der damaligen Zeit skandalöse Handeln (das zweifellos mit einer schlechten moralischen Konditionierung in der Kindheit in Verbindung stand) führte zu starkem sozialen Druck, und Watson musste schließlich die Johns-Hopkins-Universität verlassen. Dieser Knick in seiner Karriere führte Watson auf eine ganz andere Laufbahn. Er wendete seine Lerntheorien auf dem Wirtschaftsmarkt an und wurde zum erfolgreichen Unternehmensberater. Im Jahr 1924 veröffentlichte er ein weiteres Buch, *Behaviorismus*, aber seine Karriere als experimenteller Psychologe war so gut wie vorbei, als er die Universität verließ. Watson starb 1958.

In der modernen Forschung bieten die Auswirkungen der klassischen Konditionierung der Persönlichkeit eine interessante Möglichkeit, die *Einführung* vieler Gewohnheiten und Süchte zu betrachten; aber Verhaltensmuster werden aufrechterhalten, wenn sie belohnt werden. So können beispielsweise Rauchen, Trinken und Spielen anfänglich zunächst eine unkonditionierte positive Reaktion (der positiven Erregung, Euphorie und Aufregung) hervorrufen, aber die langfristige Aufrechterhaltung dieser Verhaltensweisen kann besser als Folge der Belohnungen, die aus diesen Verhaltensweisen hervorgehen, erklärt werden.

Watson nahm die Idee, dass ein Kind ein unbeschriebenes Blatt sei, sehr ernst. Er behauptete sogar: „Gebt mir ein Dutzend gesunder Neugeborener und eine eigene spezielle Welt, in der ich sie aufziehe, und ich garantiere, dass ich irgendeines auf gut Glück auswähle und es ausbilde", irgendeinen Beruf wie den eines Arztes oder Rechtsanwaltes oder den eines Bettlers oder eines Diebs auszuüben – unabhängig von seinen Talenten, seiner Hautfarbe, seinen Neigungen oder sonstigen Aspekten (1924). Anders gesagt, Watson bringt hier viel mehr als nur eine spezielle Theorie zur Persönlichkeitsforschung zum Ausdruck. Er vertritt vielmehr eine Weltanschauung, in der die *Umgebung* den Schlüssel zum Verstehen einer Person liefert. Dementsprechend gilt, dass Kinder, wenn sie ordentlich erzogen werden, sich ordentlich benehmen werden, da ihre Persönlichkeiten eine Funktion ihrer Umgebung sind. Diese Betrachtungsweise steht in deutlichem Kontrast zu den in anderen Kapiteln dieses Buchs beschriebenen Betrachtungsweisen. Watsons Annahmen bildeten die Grundlage für die Arbeit von B. F. Skinner.

6.3 B. F. Skinners radikaler Behaviorismus

Burrhus Frederick Skinner (den seine Freunde Fred nannten) wurde 1904 in Pennsylvania geboren. Sein Vater, ein Rechtsanwalt, und seine Mutter befolgten strenge moralische Grundsätze. Skinner zufolge lebten sie in einem stabilen und liebevollen Zuhause. Seine Eltern und Großeltern lehrten ihn, die puritanische Arbeitsethik, puritanische Tugenden und Moralvorstellungen zu befolgen.

Als Kind baute Skinner Maschinen und Geräte (Roller, Flösse, Wippen, Schleudern, Blasrohre und Dampfkanonen) und erfand Apparate (unter anderem ein System zur Trennung von reifen und grünen Beeren). Diese Interessen aus seiner Kindheit haben sich später vielleicht darin widergespiegelt, dass er Laborausrüstungen und Maschinen konstruierte und einsetzte (Hall, 1967). Seit seiner frühen Kindheit war er außerdem auch sehr an Tieren und ihrem Verhalten interessiert; so beobachtete er z. B. dressierte Tauben auf dem Jahrmarkt.

Später würde Skinner sagen, dass er seine Verhaltensweisen als Erwachsener auf die Verstärkungen in seiner Kindheit und nicht auf die „Persönlichkeitsentwicklung", wie sie von Theoretikern der Persönlichkeitspsychologie wie Freud und Jung beschrieben wurde, zurückführen könnte. Skinner betonte, wer er war – seine Persönlichkeit –, war eindeutig das Ergebnis der Verstärkungen in seiner Kindheit – die Ergebnisse der Belohnungen und Bestrafungen, die er erlebt hatte. Sein Leben und seine Persönlichkeit, so behauptete er, wurden durch Ereignisse in seiner Umgebung bestimmt und kontrolliert.

Als Skinner Literatur am Hamilton College, einer kleinen Hochschule für Geisteswissenschaften, studierte, schickte er einige seiner Erzählungen an den Dichter Robert Frost, der ihm empfahl, weiterzuschreiben. Nach dem Abschluss seines Studiums hat Skinner tatsächlich ein Jahr lang versucht zu schreiben, entschied aber dann, dass er nichts Bedeutungsvolles zu sagen hatte. (Wir könnten uns hier fragen, warum Robert Frosts positive Verstärkung ihn nicht dazu ermutigt hat, es weiterhin zu versuchen. War das der begrenzten positiven Verstärkung zuzuschreiben, die er erhielt? Wurde dieses Verhalten ohne weitere positive Verstärkung ausgelöscht?) Danach verbrachte er sechs Monate in Greenwich Village; während dieser Zeit las er Pawlows *Konditionierte Reflexe* sowie einige andere Werke von und über Watson. Darüber hinaus wurde er durch den bahnbrechenden experimentellen Psychologen Edward Thorndike beeinflusst, dessen Gesetz des Effektes besagte, dass die Konsequenzen eines Verhaltens (d. h. dessen Effekt) das betreffende Verhalten entweder verstärken oder schwächen. Zunächst lernen wir durch Versuch und Irrtum. Wir lernen die Handlungen auszuführen, die uns Belohnungen bringen und uns helfen, Schmerzen zu vermeiden.

Skinner entschied sich, ein Fachstudium der Psychologie in Harvard aufzunehmen, nachdem er erkannt hatte, dass man Verhalten verstehen muss (so wie dies ein Psychologe tut) und nicht nur beschreiben (so wie dies ein Schriftsteller tut). Während seines Fachstudiums kam er zu der Schlussfolgerung, dass die Umwelt das Verhalten kontrolliert: Ereignisse in der Umwelt, insbesondere die *Konsequenzen des Verhaltens* sind für die meisten Verhaltensweisen verantwortlich. Da dies der Fall ist, so argumentierte Skinner, muss man die Umweltbedingungen aufdecken, die jede Verhaltensweise umgeben, um so das Verhalten verstehen zu können. Skinner versuchte, das Verhalten zu erklären, ohne dabei auf die Physiologie oder Konstrukte der inneren Persönlichkeit zurückzugreifen. Er erhielt im Jahr 1931 seinen Doktor der Psychologie an der Universität Harvard.

6.3.1 Operante Konditionierung

In der Folge ging Skinner nach Minnesota und danach für kurze Zeit nach Indiana, bevor er schließlich 1948 nach Harvard zurückkehrte. Er wurde eine Art Tiertrainer, der seine neu entwickelten Prinzipien, die als **operante Konditionierung** bezeichnet wurden, einsetzte. Bei der operanten Konditionierung wird ein Verhalten durch seine Konsequenzen geändert. Das bedeutet, Skinner manipulierte die Umwelt auf eine solche Art und Weise, dass er in der Lage war, Tiere (Ratten, Tauben) darauf zu dressieren, Dinge zu tun (z.B. Federball zu spielen), die weit von deren natürlichen Verhaltensweisen entfernt waren. Er erreichte das, indem er allmählich sukzessive Annäherungen an das gewünschte Verhalten schuf. Dressierte Robben springen nicht aufgrund ihrer Persönlichkeit durch Reifen, sondern weil sie mit Fisch dafür belohnt wurden, die von ihren Trainern gewünschten Verhaltensweisen auszuführen.

Skinners Theorie der operanten Konditionierung betonte die Untersuchung des offensichtlichen, wahrnehmbaren Verhaltens, der Umweltbedingungen und des Prozesses, durch den Umweltereignisse und Umweltbedingungen das Verhalten bestimmen. Folglich betont diese Theorie die Funktion des Verhaltens (was es tut) und nicht die Struktur der Persönlichkeit. Darüber hinaus handelt es sich um eine *deterministische* Theorie, bei der es keinen freien Willen gibt.

6.3.2 Die operante Theorie als alternative Beschreibung der Persönlichkeit

Skinner zufolge ist der Begriff „Persönlichkeit" bedeutungslos. Es gibt keinen Raum für innere Komponenten der Persönlichkeit, psychische Strukturen (Es, Ich und Über-Ich), Eigenschaften, Selbstverwirklichung, Bedürfnisse und Instinkte. Diese starke Ablehnung des „Mentalismus" zugunsten direkt beobachtbarer Verhaltensweisen entspricht einem seit langem schwelenden Konflikt zwischen dem Behaviorismus und den meisten anderen psychologischen Theorien (Uttal, 2000). Nach Skinners ist das, was wir als Persönlichkeit kennen, nur eine Reihe von Reaktionen auf die Umgebung. Pawlows Gedanken fügte Skinner die wichtige Vorstellung hinzu, dass die von einem Organismus produzierten Reaktionen Konsequenzen in der Umwelt haben, und entwickelte diese Konzepte weiter. Wenn die Reaktionen belohnt werden, dann ist es wahrscheinlicher, dass sie wieder auftreten. Skinner argumentierte, dass der größte Teil des Verhaltens einer Person oder auch eines anderen Organismus diesem Typ entspricht und dass diese operanten Verhaltensweisen zusammen genommen das ausmachen, was wir als Persönlichkeit bezeichnen.

Skinner hat das Verhalten eines abergläubischen Menschen sehr geschickt analysiert, ohne sich dabei auf jegliche Aspekte der Persönlichkeit zu stützen. Wie können wir einen Menschen verstehen, der zu wichtigen Prüfungen seine Glücksbringer-Schuhe trägt, der vor Vorstellungsgesprächen nur Erdnussbuttersandwiches isst oder immer ein bestimmtes Silberarmband trägt, wenn er auf eine Party geht, um einen Partner zu finden? Skinner erklärte dieses Verhalten so, dass eine Person, wenn sie die Erfahrung macht, dass ein bestimmtes Verhalten (wie das Tragen von glänzenden schwarzen Schuhen) insbesondere bei einigen zufälligen Gelegenheiten mit einer Eins in einer Prüfung zusammenfällt, sich weiterhin so verhält, da dieses Verhalten durch die Belohnung (Note) verstärkt wird, auch wenn keine Kausalbeziehung besteht. Hier muss nicht das Konzept einer „abergläubischen Persönlichkeit" angeführt werden.

Skinner stellte fest, dass das Lernen und das Verhalten eines einzelnen Tiers *nicht* wie das Verhalten des durchschnittlichen Tiers aussah, wodurch die Individualität der Umgebungsbedingungen und Reaktionen betont wurde. Deshalb erklärte er, dass wir die Prinzipien der Lerntheorie individuell auf jeden Organismus anwenden müssen. Folglich bildet dies einen idiographischen (und keinen nomothetischen) Ansatz. Allerdings suchte er durchaus nach allgemeinen Gesetzen des Lernens, die auf alle Organismen, egal ob menschlich oder nichtmenschlich, gleichermaßen zutreffen, wodurch ein gemeinsamer Prozess betont würde.

Selbstverständlich betrachtete Skinner sich nicht als Persönlichkeitspsychologen. Im Gegenteil, die Vorstellung innerer, nichtwahrnehmbarer Charakteristika war ihm ein Gräuel. Er stützte sich stark auf die Forschung an Tieren, wogegen andere Persönlichkeitstheoretiker die Entwicklung der menschlichen Persönlichkeit als einen für den Menschen einzigartigen Prozess untersuchten. Skinner war überzeugt, dass die universellen Gesetze des Erwerbs von Verhaltensweisen, die zu dem führen, was wir als Persönlichkeit betrachten, bei Tieren und Menschen gleich funktionieren, mit der Ausnahme, dass sie vielleicht bei nichtmenschlichen Tieren einfacher sind.

Noam Chomsky, der Linguistik und politische Publizist, war einer von vielen, die die von Skinner vertretene Sichtweise der Menschheit ablehnte:

> *Nehmen wir an, dass die Menschen so gebaut wären, dass sie sich die Möglichkeit freiwillig gewählter, produktiver Arbeit wünschen. Nehmen wir an, sie wollen frei sein von der Einmischung durch Technokraten und Beamte, durch Bankiers und Industriemagnaten und durch wahnsinnige Bombenleger, die psychologische Willenstest mit Bauern durchführen, die ihr Zuhause verteidigen, durch Verhaltensforscher, die eine Taube nicht von einem Dichter unterscheiden können, oder durch jeden anderen, der sich wünscht, Freiheit und Würde hörten auf zu existieren, oder diese in die Vergessenheit zurückdrängen will. (1973, S. 345)*

Trifft es wirklich zu, dass Skinner „eine Taube nicht von einem Dichter" unterscheiden konnte? Wie wir bereits festgestellt haben, hat Skinner Literatur studiert und gerne geschrieben. Allerdings betrachtete er die Konsistenzen des Verhaltens seiner Labortauben und seiner Kollegen in Harvard als grundsätzlich ähnlich. Allerdings zeigte sich Skinner persönlich (besonders in fortgeschrittenem Alter), entgegen seines Rufes, im Allgemeinen als höflicher und freundlicher Herr.

6.3.3 Die Kontrolle der Verstärkung

Da Skinner genau wie Watson glaubte, dass ein Kind (wie eine Taube) eine Funktion seiner Umwelt war, versuchte er, die besten Methoden zur Erziehung von Kindern und sogar zur Strukturierung ganzer Gemeinschaften zu entwerfen. Seine Untersuchungen führten zur Erfindung eines Geräts, das mitunter als **Skinner Box** bezeichnet wird (obwohl Skinner selbst diese Bezeichnung nicht verwendete und es auch nicht mochte, wenn andere dies taten). In diesem umschlossenen Bereich wurde das Tier (oder Kind) von allen irrelevanten Umgebungseinflüssen, mit Ausnahme derjenigen Umgebungseinflüsse, die durch den Experimentator kontrolliert wurden, abgeschirmt. Bei Tieren enthielt der Kasten entweder einen Hebel (der von der Ratte heruntergedrückt werden musste) oder eine Taste (auf die die Taube picken musste). Das Betätigen von Hebel bzw. Taste führte zur Freigabe einer Trockenfutterkugel (und gab somit eine positive Verstärkung) oder beendete die Verabreichung eines aversiven Reizes, z.B. eines elektrischen Schlags (und gab somit eine negative Verstärkung).

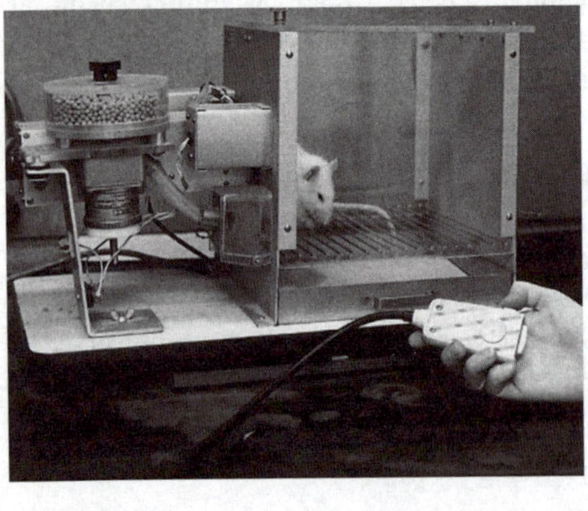

Abbildung 6.3:
Da Skinner überzeugt war, dass die Gesetze des Verhaltenserwerbs über alle Organismen hinweg nahezu identisch sind, entschied er sich dafür, seine Theorien an Ratten und Tauben zu untersuchen – die sich einfacher als Forschungsobjekte einsetzen lassen als Menschen.

Die Verstärkungsrate konnte sorgfältig kalibriert und kontrolliert werden, und die Geschwindigkeit des Drückens / Pickens wurde von dem Gerät aufgezeichnet. Die frühen Varianten von Skinners Gerät wurden vor der Ära der Elektronik entwickelt und elektromechanisch betrieben. Als aber höher entwickelte Komponenten verfügbar wurden, wurden auch die Kästen für das operante Konditionieren verbessert. Selbst mit den frühesten Versionen dieser Kästen war es möglich, die Reaktionsgeschwindigkeit exakt zu messen, während die Verstärkungsrate und der Zeitplan kontrolliert wurden. Dabei wurde festgestellt, dass Zeitpläne für die partielle Verstärkung, bei denen die Belohnung periodisch erfolgte, im Allgemeinen bei der Ausbildung von Verhaltensmustern am wirkungsvollsten waren. Später wurden diese Methoden für die Gestaltung von Unterrichtsmaschinen und Lehrplänen in Übereinstimmung mit der individuellen Lerngeschwindigkeit verwendet, bei denen die Studenten belohnt werden, wenn sie Fähigkeiten erlernt haben. Wenn wir das auf ein kleines Kind anwenden, so könnte dies eine Art phantastischer Laufstall sein, der strukturierte Rückmeldungen darüber liefert, wie die Welt funktioniert. Wenden wir das auf einen Angestellten in einer Firma an, so könnte dies ein Bonusplan zum Gehalt sein, der an bestimmte Steigerungen der Produktivität oder des Gewinns gebunden ist (Skinner, 1938).

Abbildung 6.4:
B. F. Skinner erfand eine „Unterrichtsmaschine", mit der ein menschlicher Lerner kontrolliert verstärkt werden konnte. Diese Maschine wurde in den 1950er Jahren in Harvard für einen Kurs im Grundstudium eingesetzt; so entstand der Ansatz des „programmierten Unterrichts" in der Pädagogik.

6.3.4 Skinners behavioristisches Utopia: *Walden Zwei*

Wie Freud und andere einflussreiche Theoretiker hatte auch Skinner eine umfassende Vision für die Gestaltung der Gesellschaft. In seinem Roman *Walden Zwei* (1948) beschrieb Skinner eine utopische Gemeinschaft, in der das Verhalten auf der Grundlage der Prinzipien des operanten Konditionieren gestaltet ist. Eine gütige Regierung belohnt (verstärkt) positives, sozial angemessenes Verhalten. In Walden Zwei gibt es keine Probleme, weil nur die positive Verstärkung eingesetzt wird; die Menschen zeigen stets verlässliches und verantwortungsbewusstes Verhalten, und sie sind immer kompetent. Das Thema der Freiheit existiert nicht, da Skinner überzeugt war, dass der freie Wille nur eine Illusion ist.

In einem geradezu ironischen Akt wählte Skinner für seinen Roman den Titel eines Werks von Henry David Thoreau, einem Schriftsteller aus dem 19. Jahrhundert. Thoreau hatte zwei Jahre lang allein in einer Hütte am Walden Pond, einem See in Massachusetts, gelebt, und diese Erfahrung lieferte die Inspiration für seinen Klassiker *Walden*. Thoreau war ein Individualist, der Selbstvertrauen und die Ablehnung von Autorität forderte. Das Individuum wurde als Quelle der Freiheit betrachtet. In Skinners *Walden Zwei* gibt es keine Freiheit, es gibt nur eine wahrgenommene Freiheit, da die Gemeinschaft das Verhalten jedes Einzelnen kontrolliert.

Das *Time Magazine* nannte *Walden Zwei* ein „deprimierend ernstes Rezept für eine Reglementierung durch die Gemeinschaft, gerade so, als hätte der Autor Aldous Huxleys *Schöne neue Welt* gelesen und es nicht verstanden" (*Time*, 22.2.1954). Skinner hatte es aber sehr wohl verstanden. Er war sich der Ängste davor bewusst, dass der Staat die Kontrolle über das individuelle Schicksal des Menschen übernehmen könnte, aber er selbst hatte keine Angst davor. In der Tat machte er sich darüber keinerlei Sorgen, da er überzeugt war, dass das gesamte Verhalten sowieso bestimmt war. Er glaubte stattdessen, dass eine wünschenswerte utopische Gemeinschaft so gestaltet werden könnte, dass sie die Umgebung kontrolliert, anstatt sie unstrukturiert zu belassen.

Diese Ideen ordnete Skinner in seinem Buch aus dem Jahr 1971, *Beyond Freedom and Dignity*, einem Sachbuch, in dem er eine Gesellschaft wie Walden Zwei befürwortete. Er schlug eine Gesellschaft vor, in der das Verhalten durch die Kontrolle der Umwelt kontrolliert wird, um das Verhalten der Menschen zu gestalten – mit einer Verhaltenstechnik, bei der die Umweltbedingungen so manipuliert werden, dass sie die Handlungen der Menschen bestimmen. Obwohl Freud glaubte, dass schwerwiegende menschliche Probleme auf die Kräfte des Es und den Todestrieb zurückgeführt werden können, und obwohl viele biologische Psychologen überzeugt sind, dass es einen entwickelten aggressiven Trieb gibt, war Skinner überzeugt, dass die meisten Probleme dieser Art – einschließlich Krieg und Verbrechen – nichts als menschliche Verhaltensweisen sind, die durch Lernprozesse gestaltet werden können. Wenn die Gesellschaft bessere Verhaltensweisen verstärken könnte, würden diese Verhaltensweisen die gestörten Verhaltensweisen ersetzen. Skinners Vorstellungen (1974) bilden das genaue Gegenteil zu den Vorstellungen von individueller Freiheit und Selbstverwirklichung, die in Kapitel 9 detailliert erörtert werden.

Abbildung 6.5:
In den Jahren unmittelbar nach der Veröffentlichung von Skinners *Walden Zwei* wurden einige kleinere Gemeinschaften auf der Grundlage behavioristischer Prinzipien gegründet. Hier arbeitet ein Mitglied der Twin Oaks Community (in Louisa, Virginia), die in den 1960er Jahren als Walden-Zwei-Gesellschaft begann, sich aber mittlerweile vom Behaviorismus wegentwickelt hat.

Skinner war bereit, einige seiner Prinzipien auch auf sein eigenes Leben anzuwenden. Beispielsweise stand er jeden Morgen um die gleiche Uhrzeit auf und setzte sich an den gleichen Schreibtisch, um die Gewohnheit täglichen produktiven Schreibens zu bilden. Als er älter wurde, weigerte er sich zunehmend, diesen Ablauf zu unterbrechen. Hochschulstudenten, die wissen wollen, wie sie ihre Noten verbessern können, erhalten oft den Rat, einen solchen geregelten Tagesablauf zu übernehmen – ihre Studienmaterialien an einem ruhigen Ort zu ordnen und jeden Tag zur gleichen Uhrzeit an diesen Ort zu gehen. Durch diese Konditionierung kann eine „produktive Persönlichkeit“ geschaffen werden. Natürlich lehnen aber viele Studenten einen solchen Rat ab, da sie spontaner, instinktiver und „frei“ sein wollen.

Wie aber sieht es mit gestörten Verhaltensweisen aus? Skinner zufolge wird die Psychopathologie auf die gleiche Art und Weise wie alle anderen Verhaltensweisen gelernt: anpassungsfähige oder gestörte Persönlichkeiten (d. h. Verhalten) werden durch Verstärkung gelernt. Die betreffenden Personen haben entweder die angemessene Reaktion nicht gelernt und weisen ein Verhaltensdefizit auf oder sie haben die falsche Reaktion gelernt. Darüber hinaus sind manche Individuen eventuell für ihre anpassungsfähigen Verhaltensweisen bestraft worden. Folglich besteht die Behandlung von „psychischen Erkrankungen“ darin, Umweltkontingenzen zu schaffen, die wünschenswertes Verhalten belohnen. Dieser Ansatz ist in gewissem Maße in Schulen und Heimen für Kinder mit kognitiven und psychischen Behinderungen operationalisiert worden. Interessanterweise stimmt Skinner Karl Marx und Erich Fromm zu, dass eine inkohärente und repressive Gesellschaft zu den vielen Problemen der einzelnen Menschen im modernen Leben beiträgt; aber für Skinner ist es das Verhalten, das durch schlecht organisierte Verstärker aufgesplittert wird, nicht das Bewusstsein oder die psychische Stabilität (Skinner, 1974). Skinner zufolge ist ein Neurotiker eine Person, die für übermäßig emotionales Verhalten verstärkt worden ist.

6.4 Die Anwendung des Behaviorismus: Die Änderung der Persönlichkeit und individuelle Unterschiede

Skinner betrachtete Freud als scharfsinnigen Beobachter menschlichen Verhaltens, aber er war nicht bereit. vage mentalistische Konzepte zu gestatten (die nicht beobachtet werden konnten). Deshalb interpretierte er ständig die Konzepte der anderen Theoretiker neu. Einige Beispiele dieser Reinterpretationen werden in Tabelle 6.1 dargestellt.

Ein Beispiel für die gegenwärtige Forschung, die mit diesem Ansatz Skinners im Einklang steht, bildet eine japanische Studie an sechsunddreißig Männern, die die ungesunde, zu Stress neigende Typ-A-Persönlichkeit aufwiesen (für weitere Informationen zu diesem Syndrom siehe Kapitel 12). Die Studie zeigte die Rolle des operanten Konditionierens bei der Änderung dieser angenommen „Persönlichkeitseigenschaften", indem all diese Männer mit operanten Verfahren zur Selbstkontrolle, wie der Belohnung konstruktiverer Verhaltensweisen, vertraut gemacht wurden, so dass alle Versuchspersonen in der Lage waren zu *lernen*, ihre Typ-A Verhaltensweisen zu reduzieren. Hierbei lag das Hauptaugenmerk keineswegs auf der inneren Persönlichkeit oder der inneren Ablehnung, sondern vielmehr auf den extern wahrnehmbaren Verhaltensweisen der Testpersonen (Nakano, 1990). Wenn die Persönlichkeit nur aus erlerntem Verhalten besteht, wie diese Lehrmeinung behauptet, so kann sie vermutlich mithilfe eben jener Konditionierungsverfahren verlernt werden, mit denen sie zunächst erlernt wurde. Das ist kein völlig neuer Gedanke. Tatsächlich stellen wir auf den Seiten 264 im Kasten „Selbstverständnis" ein von Benjamin Franklin entwickeltes Beispiel dazu dar. Neu daran ist, dass die Behavioristen versuchen, dies systematisch zu betreiben, in Übereinstimmung mit den von ihnen behaupteten wissenschaftlichen Gesetzen zu den Kontingenzen.

Psychoanalytisches Konzept	Behavioristische Reinterpretation
Freuds Vorstellung vom *Es* als den instinktiven Kräften , die den undifferenzierten Persönlichkeitskern ausmachen.	Skinner behauptet, dass dies einfach die den Menschen angeborene Empfänglichkeit gegenüber der Verstärkung ist, die ein Produkt der Evolution darstellt.
Die innere Persönlichkeitsstruktur, die als *Ich* bezeichnet wird und gemäß dem Prinzip der Realität auf die Welt reagiert.	Die erlernten Reaktionen auf die praktischen Kontingenzen des alltäglichen Lebens; es existieren verschiedene Verhaltensrepertoires für verschiedene Umgebungskontingenzen.
Das *Über-Ich*, das gesellschaftliche Regeln internalisiert und dazu beiträgt, das Ich vor den überwältigenden Impulsen des Es zu schützen.	Aus den bestrafenden Praktiken der Gesellschaft erlerntes Verhalten, das Verhaltensweisen kontrolliert, die von den Eltern und der Gesellschaft nicht erlaubt werden; „unbewusst" bedeutet einfach, dass den Menschen nicht beigebracht wird, dies zu beobachten bzw. darüber zu reden.

Tabelle 6.1: Behavioristische Reinterpretation psychoanalytischer und neoanalytischer Konzepte

Psychoanalytisches Konzept	Behavioristische Reinterpretation
Der Abwehrmechanismus des Ich, die *Verdrängung*, der bedrohliche Gedanken und Motive zurück ins Unbewusste drängt.	Wir lernen Verhalten zu vermeiden, das bestraft wird, und vermeiden, indem wir die betreffenden Verhaltensweisen nicht ausüben – eine konditionierte aversive Stimulation.
Jungs Vorstellung von den *Archetypen* (universellen, emotionalen Symbolen) und vom *kollektiven Unbewussten* der tiefen, universellen emotionalen Symbole.	Skinner sagt, dass dies der Evolution bestimmter universeller Eigenschaften der menschlichen Spezies und der parallelen kulturellen Evolution nützlicher Verhaltensweisen entspricht. Folglich besteht eine Gleichheit bzw. Universalität der Dinge, die verstärkend wirken, und ein gemeinsames Repertoire von Verhaltensweisen, die durch die Gesellschaften kontrolliert werden müssen.

Tabelle 6.1: Behavioristische Reinterpretation psychoanalytischer und neoanalytischer Konzepte ***(Forts.)***

Abbildung 6.6: Der Skinner'sche Ansatz zur Verhaltensänderung besteht darin, Umgebungskontingenzen zu schaffen, die erwünschtes Verhalten belohnen. Dieser Ansatz ist in vielen „Sonderschulen" und Behandlungszentren für Kinder und Erwachsene mit seelischen und kognitiven Behinderungen erfolgreich übernommen worden. In diesem Tageszentrum für geistig behinderte Erwachsene gibt es eine „Gutschein-Wirtschaft", in der angemessenes Verhalten mit Gutscheinen belohnt wird, die gegen besondere Vergünstigungen und Privilegien eingetauscht werden können – somit dienen die Gutscheine als sekundäre Verstärker. Auf dem Bild hilft ein Mitarbeiter einem Klienten (links) dabei, eine Belohnung auszusuchen, die er mit seinen Gutscheinen im Geschäft des Tageszentrums erwerben kann.

Skinner hat nicht bestritten, dass zwischen den Organismen genetische Unterschiede bestehen. Stattdessen vertrat er die Ansicht, dass die Rolle der biologischen Faktoren darin besteht, das Reaktionsrepertoire eines Organismus und dessen Fähigkeit zu definieren, sein Verhalten durch Ereignisse in der Umgebung zu verstärken. Er betonte, dass die

Umgebung selbst bei den vererbten Eigenschaften von grundlegender Bedeutung ist, da die Umgebung Verhaltensweisen selektiert, die die Fortpflanzung und das Überleben fördern. Dies bedeutet, dass die Umgebung, sofern sie relativ konstant ist, die Individuen mit den am besten angepassten Verhaltensweisen für das Überleben und die Fortpflanzung „selektiert". Schreibt man andererseits ein Verhalten einem „Instinkt" zu, wäre auch das falsch, da dadurch wiederum die Rolle der Umgebungsbedingungen ignoriert würden.

Selbstverständnis

Benjamin Franklins Gewohnheitstabelle

Obwohl die behavioristischen Theorien zu Lernen und Verstärkung erst im 20. Jahrhundert entwickelt wurden, waren die Schlüsselelemente dieses Ansatzes zum Teil bereits vor Jahrhunderten bekannt. (Im Rahmen dieses Lehrbuchs zeigen wir, wie die acht Aspekte der Persönlichkeit grundlegende Ansätze für das Verstehen der Komplexität der menschlichen Natur darstellen.) Eine der scharfsichtigsten Erkenntnisse über die behavioristischen Prinzipien stammt von Benjamin Franklin, die er vor mehr als 200 Jahren in seiner Autobiographie darlegte. Anstatt für einen New-Age-Kurs zur Selbstverbesserung viel Geld zu bezahlen, könnten Sie Franklins Methode an sich selbst ausprobieren.

Um die moralische Qualität seines Lebens zu verbessern, erstellte Franklin eine Liste von dreizehn Tugenden, die er als wünschenswert betrachtete. So strebte er beispielsweise stärkeres Maß halten (kein übermäßiges Essen oder Trinken), mehr Genügsamkeit, Fleiß („stets mit etwas Nützlichem beschäftigt sein") und Bescheidenheit an. Er erkannte, dass diese Tugenden aus speziellen Verhaltensweisen bestanden, die zusammen Gewohnheiten ausmachten. Um seine Gewohnheiten zu ändern, entwarf Franklin einen Kalender mit Zeilen für die Tugenden und Spalten für die Wochentage (siehe Tabelle). Am Ende jedes Tages markierte er das entsprechende Feld in der Tabelle mit einem schwarzen Zeichen, wenn er an dem Tag gegen die betreffende Tugend verstoßen hatte. Da er ein leere Tabelle erreichen wollte, erlebte er Verstärkung, wenn die Anzahl der schwarzen Markierungen abnahm. Mit dieser Methode reduzierte Franklin langsam seine schlechten Gewohnheiten.

Aber mit seiner tiefen Erkenntnis ging Franklin sogar noch weiter. Zu Beginn konzentrierte er sich immer nur auf eine Tugend, so dass er nicht abgelenkt wurde bzw. nicht entmutigt wurde, weil er zu viel auf einmal wollte. Zweitens organisierte oder ordnete er die Tugenden auf eine Art und Weise, die das Erlernen der nächsten Tugend erleichtern würde. (So konnte er beispielsweise, nachdem er nicht mehr durch zu viel Essen oder Trinken matt war, leichter zur nächsten Gruppe von Gewohnheiten übergehen.) Drittens vergrößerte er die Verstärkungsintervalle langsam; im Lauf der Zeit griff er immer seltener zu seinem Notizbuch, obwohl er es stets bei sich trug.

Interessanterweise erkannte Franklin auch einige der Grenzen des behavioristischen Ansatzes. Er schrieb kleine, ermutigende Mottos, Sprichworte und Gedichte in sein Notizbuch (hier ein Zitat von Cicero, dort einen Bibelvers aus den Sprüchen Salomons), um sich selbst weiter zu inspirieren und zu motivieren. Obwohl er nicht religiös im orthodoxen Sinn des Wortes war, verstand er die religiöse Grundlage dessen, was er da versuchte, sehr gut und brachte das auch zum Ausdruck. Folglich war es ihm gelungen, das zu integrieren, was wir heute als einen kognitiven Ansatz und einen Motivierungsansatz zur Verhaltensänderung bezeichnen würden.

Letzten Endes sagte Franklin, dass er es zwar nicht bis zur Vollkommenheit gebracht hatte, diese Bemühungen ihn aber zu einem besseren und glücklicheren Menschen gemacht hätten.

	Sonntag	Montag	Dienstag	Mittwoch	Donnerstag	Freitag	Samstag
Maß halten							
Ruhe							
Ordnung							
Entschlossenheit							
Genügsamkeit							
Fleiß							
Aufrichtigkeit							
Gerechtigkeit							
Mäßigkeit							
Sauberkeit							
Gelassenheit							
Enthaltsamkeit							
Bescheidenheit							

Benjamin Franklins Gewohnheitstabelle

Fast zwei Jahrhunderte bevor der Behaviorismus formuliert wurde, hatte Franklin einen hoch entwickelten und scharfsinnigen Ansatz zur Modifizierung seines eigenen Verhaltens gefunden, bei dem er negative Verstärkung einsetzte (in Form eines Rückgangs schwarzer Markierungen, die Verstöße gegen die von ihm angestrebten Tugenden darstellten).

6.4.1 Innere Prozesse und die behavioristische Theorie

Skinner erkannte an, dass wir Emotionen, Gedanken und innere Prozesse aufweisen, er wies diese aber als irrelevant für die Erklärung und das Verständnis von Verhalten zurück. Gedanken und Emotionen treten Skinner zufolge in der Tat auf, sie verursachen aber kein Verhalten. Gedanken, Emotionen und andere, innere „Dinge“ werden, wie alle Eigenschaften von Organismen, durch Ereignisse in der Umgebung *hervorgerufen.* Auf jeden Fall können wir innere Prozesse nicht operationalisieren oder deren Ausmaß messen. So sollten wir, anstatt jemanden zu fragen, ob er müde ist oder wie müde er ist, seine Umgebung betrachten – wann hat die Person zuletzt geschlafen, wie lange hat sie geschlafen usw. Diese Ereignisse in der Umgebung sind Ereignisse, die wissenschaftlich gemessen und untersucht werden können. Folglich ist die Persönlichkeit, im Gegensatz zu dem, was viele Persönlichkeitstheoretiker betonen, nichts, das speziell menschlich oder einzig auf den Menschen beschränkt ist. Da die Persönlichkeit nur eine Reihe von Verhaltensweisen ist, die durch die Umgebung unterstützt worden sind, könnte jeder Organismus potenziell eine „Persönlichkeit" aufweisen, so wie sie in Skinners Theorie definiert wird. (Ganz bestimmt können viele Besitzer von Haustieren die Tatsache bestätigen, dass ihre Haustiere in der Tat ganz eigene „Persönlichkeiten" haben.)

6.4.2 Externe Kausalität versus freien Willen und freie Wahl

Wie Freud war auch Skinner ein **radikaler Determinist**. Das bedeutet, er war davon überzeugt, dass das gesamte menschliche Verhalten kausal bedingt ist. Beide waren überzeugt, dass es keinerlei Beweise dafür gibt, dass die Menschen in ihrem Verhalten eine „freie Wahl" haben. Für Freud war dieser Determinismus biologischer Natur, wogegen er für Skinner durch die Umgebung bedingt war. Skinner zufolge bringt die Betrachtung der inneren Ursachen nur unsere Untersuchung durcheinander, da sie die so wichtige Aufmerksamkeit von den tatsächlichen Ursachen des Verhaltens ablenkt – die in der Verstärkungsgeschichte des betreffenden Organismus liegen. Skinner war besorgt, dass eine Konzentration auf innere Erklärungen für Verhaltensweisen das Risiko einer schlussendlichen Vernachlässigung des wesentlichen Einflusses der Ereignisse in der Umgebung beinhalten könnte. Skinner starb im Jahr 1990 im Alter von sechsundachtzig Jahren an Leukämie.

6.5 Andere lerntheoretische Ansätze zur Persönlichkeitsforschung

In den 1930er und 1940er Jahren wuchsen unter einigen experimentellen Psychologen die Zweifel an der Vorstellung, dass das Verhalten ausschließlich eine Funktion der Ereignisse in der Umgebung sein sollte. Sie waren vielmehr überzeugt, dass es auch wichtig war, innere Eigenschaften des Organismus zu berücksichtigen, z. B. wie hungrig oder müde der Organismus war. Trotzdem wollten sie aber noch einen vollkommen objektiven Ansatz beibehalten (oft auf der Grundlage der Untersuchung von Ratten). Einer der einflussreichsten Theoretiker unter ihnen war Clark Hull.

6.5.1 Die Rolle der inneren Triebe: Clark Hull

Hull wurde in New York geboren. Er studierte Mathematik, Physik und Chemie an der Universität von Michigan mit dem Ziel, Ingenieur zu werden. Als er an Kinderlähmung erkrankte, musste er seine Pläne ändern. Er wendete sich der Psychologie zu, lernte die Lehren von Watson und Pawlow kennen und wurde bald zu einem einflussreichen Professor in Yale. Im Jahr 1943 schrieb er *Principles of Behavior*. Hull betonte das Experimentieren, eine geordnete Theorie des Lernens und der Natur von **Gewohnheiten**, die, Hull zufolge, einfach Assoziationen zwischen einem Reiz und einer Reaktion darstellten.

Für Hull zeigt der Organismus (bei ihm gewöhnlich eine weiße Ratte) Reaktionen, die zu einem Ziel führen, das einen Trieb verringert. Diese Reaktionen an sich werden wiederum zu Reizen für weitere Reaktionen und stehen *zwischen* dem Reiz (z.B. Hunger) und einer Reaktion (z.B. Essen). So muss beispielsweise die Ratte lernen, eine Reihe von Bewegungen auszuführen, um durch ein Labyrinth zu gelangen, bevor sie das Futter erreichen und somit ihren Hunger reduzieren kann. Auf die Menschen angewendet erklärt das, wie ein Ziel, z.B. reich zu werden, erlernt werden kann, obwohl sich ein solcher Trieb stark von den angeborenen Trieben, wie Hunger, unterscheidet. Wir erkennen, dass Geld und Erfolg zu einer Triebsenkung führen können (indem sie uns z. B. Zugang zu gutem Essen gewähren). Aber all das geht auf grundlegende oder primäre Triebe zurück – Hunger, Durst, Sex und die Vermeidung von Schmerzen.

Für das Verständnis der Hull'schen lerntheoretischen Ansätze zur Persönlichkeitsforschung ist es wichtig zu wissen, dass Hull sich auf den inneren Zustand des Organismus während des Lernprozesses konzentrierte, obwohl er die durch die Umgebung gegebenen Verstärkungen noch immer betonte. Das ermöglichte später die Entwicklung komplexerer lerntheoretischer Ansätze, die sich aus einer strengen Konzentration auf die Reize und die Reaktionen ergeben sollte.

6.5.2 Die Theorie des sozialen Lernens: Dollard und Miller

Eine sehr produktive und einflussreiche Gruppe von Forschern mit verschiedenen Hintergründen schloss sich in den 1930er Jahren in Yale zusammen und wurde stark durch Hull beeinflusst. Zu ihnen gehörte Neal Miller, der 1935 seinen Doktorgrad erhielt. Interessanterweise forschte Miller nach seiner Promotion am Institut für Psychoanalyse in Wien, wo er Freuds Ideen auf dem Höhepunkt ihres Einflusses in Europa genauer kennen lernte. Später wurde Miller auch Experte in physiologischer Psychologie. Er verband all diese Aspekte und arbeitete in einem Forschungsparadigma mit Verstärkungen von Laborraten durch die Umgebung – wie es für experimentelle Behavioristen typisch ist. Er setzte allerdings darüber hinaus sowohl im Hinblick auf die Physiologie (z.B. Gehirnmechanismen) als auch im Hinblick auf die Motivation Hulls Betrachtung der inneren Triebe fort. Außerdem versuchte er, tiefere Fragen der Psyche zu verstehen, die Freud und andere aufgeworfen hatten. Miller blieb bis 1966 in Yale, dann ging er an die Rockefeller-Universität und war dort federführend auf dem neuen Gebiet der Gesundheitspsychologie tätig, die sich mit Themen wie dem Biofeedback und der willkürlichen Kontrolle der Herzfrequenz beschäftigte. 1961 war er Präsident der American Psychological Association.

In Yale traf Miller auf John Dollard, der seinen Doktor der Soziologie an der Universität Chicago gemacht hatte. Zur damaligen Zeit war Chicago das Zentrum des soziologischen und anthropologischen Ansatzes der Sozialpsychologie, die die soziale oder beziehungsgeprägte Natur des Selbst betonte. Darüber hinaus hatte Dollard auch Psychoanalytik in Berlin studiert. Als Dollard und Miller sich also kennen lernten und gemeinsam zu arbeiten begannen, repräsentierten sie zusammen beinahe alle wichtigen, für das Studium der Persönlichkeit relevanten Traditionen – die psychoanalytischen und die Ich-Aspekte sowie die sozialen und anthropologischen Aspekte – und all dies im Gesamtkontext eines lerntheoretischen und behavioristischen Rahmens. Es ist in der Tat faszinierend, sich anzusehen, was aus dieser Mischung grundlegender Ideen hervorging – ein Ansatz zur Persönlichkeitsforschung, der als Theorie des sozialen Lernens bezeichnet wird.

6.5.3 Gewohnheitshierarchien

Einfach ausgedrückt postuliert die Theorie des sozialen Lernens, dass die Wahrscheinlichkeit, mit der ein Mensch auf bestimmte Arten und Weisen reagiert – die als Gewohnheiten bezeichnet werden –, sich im Hinblick auf eine Hierarchie sekundärer oder *erworbener* Triebe aufbaut. Nehmen wir beispielsweise an, Sie werden beim Durchqueren einer dunklen Strasse überfallen, ausgeraubt und zusammengeschlagen. Sie würden wahrscheinlich nicht nur lernen, derartige Situationen zu meiden (weil Sie sich an den Schmerz erinnern), sondern würden in ähnlichen Situationen ebenfalls Angst empfinden. Diese erlernte Angst ist nunmehr ein erworbener Trieb, der neues Verhalten motivieren kann. Sie könnten verstärkt werden (und somit neue Aspekte Ihrer Persönlichkeit lernen), wenn der Trieb reduziert wird, indem Sie z. B. nachts immer zusammen mit einem selbstsicheren Freund durch die Straßen gehen. Sie könnten sogar lernen, es zu genießen, mit witzigen Menschen zusammen etwas Wein zu trinken, während die Sonne langsam untergeht (wenn ihre Angst dadurch reduziert wird). Dabei ist zu beachten, dass die witzigen Menschen Sie nicht davor beschützen werden, in einer dunklen Strasse überfallen und ausgeraubt zu werden; sondern es ist vielmehr durch das Erlernen und die Reduzierung neuer Triebe eine Hierarchie von Reaktionen aufgebaut worden.

Anders gesagt, Miller und Dollard (1941) gehen von einer erlernten Hierarchie von Wahrscheinlichkeiten aus, dass eine Person in bestimmten Situationen bestimmte Reaktionen produzieren wird. Dies wird von ihnen als **Gewohnheitshierarchie** bezeichnet. Im Wesentlichen führen die Erfahrungen des Individuums zum Erlernen der Wahrscheinlichkeit, dass eine spezielle Reaktion in einer bestimmten Situation zu einer Belohnung führt. Mithilfe dieser Informationen teilt das Individuum die Wahrscheinlichkeit der Reaktionen in der Gewohnheitshierarchie ein. In den Theorien des sozialen Lernens wird diese persönliche Einteilung als für die individuellen Unterschiede, die wir häufig als persönlichen Stil oder als Persönlichkeit bezeichnen, verantwortlich betrachtet. Darüber hinaus sind viele wichtige Verstärker sozialer Natur, d.h., sie kommen von den Menschen in unserer sozialen Umgebung.

Das Konzept der sekundären Triebe versucht zu beschreiben, wie die (erwachsene) menschliche Persönlichkeit, in ihrer ganzen Komplexität, vom Neugeborenenalter an konditioniert werden kann, in dem das Kind nur ein Bündel undifferenzierter physiologischer Triebe und Reaktionen ist. Das Konzept der sekundären Triebe erklärt traditionelle Persönlichkeitskonstrukte, z. B. die Eigenschaft der Extroversion, als erlernte sekundäre Triebe. Wenn beispielsweise die aktive Orientierung hin zu anderen (die einen extrovertierten Menschen charakterisiert) dazu führt, dass das Kind von der Mutter Milch und vom Vater eine saubere Windel bekommt, wird ein Trieb zu diesen Verhaltensweisen erlernt. Und das setzt sich während der Entwicklung des Kindes fort. Derartige Konzepte sind ebenfalls hilfreich, um zu verstehen, warum es in manchen Kulturen (wie in Japan, wo der Gruppenzusammenhalt gefördert wird) schüchternere Menschen gibt als in anderen (wie in den Vereinigten Staaten und Israel, wo individuelle Aktivität und Durchsetzungsvermögen belohnt werden). Kinder werden mit sozialen Belohnungen sozialisiert – d.h., sie lernen Triebe und Verhaltensweisen.

Wie weit kann diese Theorie erweitert werden? Funktioniert sie? Ein Aspekt dieses Konzepts der sekundären Triebe als aus dem primären Trieb des Fütterns abgeleitet wurde auf das Konzept der Bindung an die Mutter angewendet und in Harry Harlows berühmter Studie von Rhesusaffen untersucht (Harlow, 1986; Harlow & Mears, 1979). Neugeborene Affen wurden von ihren Müttern getrennt, und ein Teil von ihnen wurde mit Fläschchen gefüttert, die an einem einfachen Drahtzylinder befestigt waren. Harlow konnte zeigen, dass die neugeborenen Affen keinen sekundären Trieb der Bindung an diese Leihmütter aus Draht entwickelten; sie bevorzugten weiche, mit Frottee überzogene Leihmütter (selbst wenn diese sie nicht fütterten). Die Bindung wurde also nicht aus der Assoziation mit Nahrung abgeleitet. Obwohl dieses Ergebnis das Konzept der Bindung als sekundären Trieb nicht vollkommen negierte, deutete es doch darauf hin, dass bei diesen Neugeborenen das Wohlbefinden durch den bloßen Kontakt selbst den Rang eines primären Triebs einnimmt. Diese Studien deuten nicht nur darauf hin, dass das sich entwickelnde Kind mehr als nur die Befriedigung seiner primären Triebe braucht, sondern sie zeigten darüber hinaus auch die Schwierigkeiten einer einfachen Erklärung für die sozialen Bedürfnisse und Tendenzen auf.

Abbildung 6.7:
Bei der Erklärung des Drogenmissbrauchs konzentrieren sich die behavioristischen und lerntheoretischen Ansätze weder auf die Motive für Impulsivität noch auf neurochemische Substrate, sondern vielmehr auf Hierarchien von Verhaltensweisen, die belohnt worden sind. Sucht und Drogenmissbrauch werden hier als Muster erlernten Verhaltens betrachtet. Desgleichen konzentriert sich der Ansatz bei der Gestaltung der besten Therapie auf die Verstärkungen. (Siehe den Kasten „Damals und heute" über die Therapie gegen Drogenmissbrauch.)

Wie bereits oben angeführt, hatten sowohl Dollard als auch Miller Psychoanalyse studiert, waren von vielen Erkenntnissen der Psychoanalyse beeindruckt und sehr bereit, diese Erkenntnisse mit den Ergebnissen ihrer Experimente zu verbinden. Aber auch wenn Freud einen Neurotiker psychoanalysiert hatte, der von Abbildungen von Ratten besessen war (den er „Rattenmann" nannte), hatte er natürlich niemals eine Ratte psychoanalysiert. Dollard und Miller (1950) akzeptierten, dass Freud entscheidende Phasen der kindlichen Persönlichkeitsentwicklung erkannt hatte, aber sie änderten seine Erklärungen dafür in solche, die Lernen durch Belohnung und Bestrafung umfassten. So benannten sie beispielsweise entscheidende Phasen der Entwicklung (Füttern, Sauberkeitserziehung, frühe Sexualerziehung), in denen die durch die Eltern dargebotenen Verstärkungskontingenzen besonders relevant sind. Wird ein hungriges Kind nicht gefüttert, kann es Angst oder Passivität anstelle von Geselligkeit und Liebe entwickeln. Wird ein Kind für „Unfälle" bei der Sauberkeitserziehung bestraft, lernt es möglicherweise, seine Eltern zu vermeiden, um seine Angst zu reduzieren. Wird ein Kind wegen Masturbierens geschlagen, kann es unter Umständen lernen, mit allen Aspekten der Sexualität Angst zu assoziieren. Solche von Dollard, Miller und anderen Psychologen in den 1930er bis 1950er Jahren vorgenommenen Reinterpretationen und Überarbeitungen psychoanalytischer Konzepte spielen mittlerweile eine tonangebende Rolle bei den amerikanischen Ansätzen zur Sozialisation von Kindern.

Damals und heute

Therapie gegen Drogenmissbrauch

Seit ihren frühesten Anfängen in den Konditionierungslabors von Pawlow und Watson haben sich die behavioristischen und lerntheoretischen Ansätze auf zwei Dinge konzentriert: den Reiz der *Umgebung* und die Belohnungen und Bestrafungen, die die Wahrscheinlichkeit der darauf folgenden *Reaktion* des Organismus beeinflussen. In der Tat werden diese Ansätze mitunter als „Reiz-Reaktions"-Theorien bezeichnet. Auch die modernen Ansätze dieser Schule konzentrieren sich auf diese Aspekte, auch wenn die Modelle verfeinert worden sind. Ein gutes Beispiel dafür umfasst das therapeutische Eingreifen bei Drogenmissbrauch. Oder vielleicht sollten wir eher sagen, dass ein gutes Beispiel dafür Versuche umfasst, gesellschaftlich nicht erwünschte Verhaltensweisen zu ändern.

Während ein psychoanalytischer oder ein neoanalytischer Ansatz zur Behandlung von Drogenabhängigen sich auf gestörte Kindheitserfahrungen bzw. darauf konzentrieren würde, wie sich diese in einem schlecht funktionierenden erwachsenen Ich manifestieren, und während sich ein biologischer Ansatz für die beim Drogenmissbrauch involvierten neuralen Schaltkreise und Neurotransmitter interessieren würde, legen behavioristische und lerntheoretische Ansätze ihr Augenmerk auf die Änderung der relevanten Reize und die Änderung der Konsequenzen. Das bedeutet, bestimmte Reize sind mit der Einnahme illegaler Drogen assoziiert worden, und die Belohnungen für die Abstinenz sind nicht stark genug gewesen, um ein gesetzeskonformes Verhalten aufrechtzuerhalten. Was bedeutet das nun insbesondere hinsichtlich heutiger Therapieformen?

Im Hinblick auf den Umgang mit dem Reiz besteht ein Ansatz darin, sich mit den Umständen zu beschäftigen, die das Verhalten hervorrufen. Trifft beispielsweise ein Drogenabhängiger gewöhnlich seine drogenabhängigen Freunde in einem schäbigen Restaurant, könnte das Augenmerk darauf liegen, diesen Handlungsraum für den Patienten unzugänglich zu machen, beispielsweise indem man einen drogensüchtigen Jugendlichen auf eine andere Schule in einer anderen Stadt schickt oder gar in eine stationäre Therapieeinrichtung einweist. Oder man könnte dafür sorgen, dass die Polizei die Drogenkonsumenten in dem schäbigen Restaurant überwacht und ihnen so zusetzt, dass die Situation nicht mehr mit angenehm verbrachter Zeit assoziiert wird.

Ein weiterer Ansatz zur Änderung des Reizes könnte darin liegen, die Droge oder eine ähnliche Substanz so zu manipulieren, dass sie Übelkeit hervorruft. So kann der Therapeut beispielsweise bei Alkoholsucht ein Medikament wie Antabuse (Disulfiram) verschreiben, das in Verbindung mit Alkohol zu einer Ansammlung von Ethanal im Blut führt und äußerst unangenehmen Symptome verursacht, z.B. Erröten, Erbrechen, Zuckungen, Schwindelgefühl und Ohnmachtsanfälle. Oder der Therapeut könnte versuchen, Bilder der mit den Drogen verbundenen Utensilien mit unangenehmen Reaktionen (beispielsweise dem Anblick sich erbrechender Personen) zu verbinden. Wenn man sich beim bloßen Anblick der Droge schon schlecht fühlt, würde die Wahrscheinlichkeit der Einnahme der Substanz sicher sinken. Wie kann man nun aber die Verstärkungen für die Nichteinnahme von Drogen ändern? Eine interessante sechsmonatige Studie zur Therapie von Drogenabhängigen konzentrierte sich direkt auf die Verstärkung (Silverman u. a., 2001). Die Teilnehmerinnen (Patientinnen) waren substanzmissbrauchende Schwangere, die an einem Therapieprogramm gegen Drogenmissbrauch teilnahmen und bis dahin Opiate oder Kokain eingenommen hatten. Sie wurden willkürlich entweder in eine spezielle Therapiegruppe oder in eine Kontrollgruppe mit herkömmlicher Behandlung eingeteilt. Die Frauen in der Therapiegruppe wurden zu Arbeitsausbildungsstunden eingeteilt und leisteten täglich eine Arbeitsschicht von 3 Stunden gegen Bezahlung (in Form von Gutscheinen). Als laufende Überwachung des Drogenkonsums wurden Urinproben genommen. Im Zuge eines Planes zur zunehmenden Verstärkung konnten die Frauen viel mehr verdienen, wenn sie zu den Ausbildungsstunden erschienen und drogenfrei blieben. (Der Wert der Tagesgutscheine stieg von $7 bis auf das Vierfache dieser Summe, wenn die betreffende Patientin drogenfrei blieb.) Die Ergebnisse zeigten, dass die Wahrscheinlichkeit, dass die Untersuchung der Urinproben auf Opiate und Kokain negativ ausfiel, bei den Frauen in der Therapiegruppe doppelt so hoch war wie bei der Kontrollgruppe. Selbst in dieser schwer zu behandelnden Gruppe von „Abhängigen" von harten Drogen war eine beträchtliche Belohnung (ein hoher, steigender Verdienst, der zum Kauf verschiedener Waren eingesetzt werden konnte) für das erwünschte Verhalten dazu geeignet, so genannte Persönlichkeitsmuster bis zu einem beträchtlichen Ausmaß zu verändern.

Weiterführende Literatur

Silverman, K., Svikis, D., Robles, E., Stitzer, M.L., & Bigelow, G.E. (2001). A reinforcement-based therapeutic workplace for the treatment of drug abuse: Six-month abstinence outcomes. *Experimental & Clinical Psychopharmacology, 9*(1), 14-23.

Smith, J. W., Frawley, P.J., & Polissar, N.L. (1997). Six- and twelve-month abstinence rates in inpatient alcoholics treated with either faradic aversion or chemical aversion compared with matched patients from a treatment registry. *Journal of Addictive Diseases*, *16*(1), 5-24.

6.5.4 Triebkonflikte

Wie sieht es aber mit den psychischen Krankheiten und unterdrückten Konflikten aus, über die Freud so viel schrieb? Mit einer Erweiterung von Hulls Konzepten von Trieben, Lernen und sekundären Trieben versuchten Dollard und Miller die Entwicklung innerer Konflikte zu erklären, die zu Verhaltensweisen (Symptomen) führen, die für Neurosen und Störungen wie zwanghaftes Verhalten charakteristisch sind. So haben Kinder beispielsweise sexuelle Triebe, werden aber unter Umständen dafür bestraft, darauf zu reagieren. Führt eine solche Bestrafung zur Konditionierung einer Angstreaktion auf diesen Trieb, können die primären und sekundären Triebe in Konflikt geraten. Das wird als **Annäherungs-Vermeidungs-Konflikt** bezeichnet. Das Individuum wird von dem sexuellen Objekt sowohl angezogen als auch abgestoßen, was zu Angst und neurotischem Verhalten führt. Es kann ebenso zu einem **Annäherungs-Annäherungs-Konflikt**, bei dem eine Person (oder eine Ratte) von zwei gleich attraktiven Möglichkeiten angezogen wird, bzw. zu einem **Vermeidungs-Vermeidungs-Konflikt** kommen, bei dem das Individuum von zwei gleich unerwünschten Möglichkeiten abgestoßen wird. Das kann dazu führen, dass eine Ratte in einem Labyrinth hin und her rennt, da sie nicht weiß, welchen Trieb sie zuerst reduzieren soll – eine neurotische Ratte.

Ein weiteres wichtiges Beispiel für die Arbeit der so genannten Yale-Gruppe ist ihre Vorstellung, dass Aggression stets das Ergebnis der Blockade oder Behinderung der Bemühungen eines Individuums ist, ein Ziel zu erreichen. Diese Theorie wurde in dem einflussreichen Buch *Frustration and Aggression* (1939) postuliert. Auch hier begegnet uns wieder ein wichtiges psychologisches Konzept – die Aggression – das sowohl in den psychoanalytischen als auch in den biologischen Ansätzen zur Persönlichkeit eine wichtige Rolle spielt. Hier wird dieses Konzept nun aber im Hinblick auf Triebe, Gewohnheiten und Lernen (einschließlich des sozialen Lernens) untersucht, wodurch die komplexe und multidimensionale Natur der Aggression Berücksichtigung findet.

So ist es beispielsweise interessant, dass eine Frustration, die aus der Umgebung kommt, zu Aggressionen gegen ein anderes Ziel führen kann. Wenn Ihr Chef Ihnen eine Gehaltserhöhung verweigert, kann es sein, dass Sie nach Hause kommen und Ihre Familie anschreien. Auf gewisse Weise ähnelt diese Idee Freuds Abwehrmechanismus der *Verschiebung*, bei dem ein aggressiver Impuls an anderer Stelle kanalisiert wird. Wie die Freud'sche Vorstellung vom Todestrieb und wie die evolutionäre These einer entwickelten, despotischen Aggression, lässt auch die Frustrations-Aggressions-Hypothese Raum für eine biologische Neigung zur Aggression. Allerdings verbindet Dollards und Millers Ansatz diese Konzepte enger mit der Umgebung und der Art und Weise, mit der das Individuum gelernt hat, seine grundlegenden Triebe zu befriedigen (das ist ein von Hull abgeleitetes Konzept). Aggression kann erlernt werden; sie kann aber auch verlernt oder verhindert werden. Und die Aggression ändert sich offensichtlich von Situation zu Situation, von Familie zu Familie und von Kultur zu Kultur. Andres gesagt, der Ansatz des sozialen Lernens versucht, wesentliche Ideen aus anderen Theorien zu integrieren – dies aber stets in einem lerntheoretischen Rahmen. Diese Konzepte sind wichtig, da sie zu den modernen Ansätzen des kognitiv-sozialen Lernens und zu den modernen Interaktionsansätzen der Persönlichkeit geführt haben.

6.5.5 Muster der Kindererziehung und Persönlichkeit: Robert Sears

Ein weiteres Mitglied der Yale-Gruppe, Robert R. Sears, führte eine Reihe von Studien durch, die darauf abzielten, die Wirksamkeit der theoretischen Erklärungen der Persönlichkeit von Dollard und Miller (sowie Hull) zu untersuchen. Insbesondere wollte Sears psychoanalytische Konstrukte im Hinblick auf das reale, beobachtbare Verhalten von Eltern und Kindern untersuchen. Er beschrieb die Persönlichkeit als „Handlungspotenziale", die die Motivation, Erwartungen, Gewohnheitsstrukturen, die Art der Auslöser des Verhaltens sowie die durch das Verhalten hervorgerufenen Umweltereignisse beinhalteten. So studierte Sears beispielsweise die Vorläufer von Abhängigkeit und Aggressivität bei Kindern in der Erziehung dieser Kinder (Sears, Maccoby & Levin, 1957). Die kindliche Persönlichkeit wurde durch Einschätzungen von Lehrern, Verhaltensbeobachtung und Spiele mit Puppen bewertet. Die Methoden der Erziehung des Kindes wurden durch einen Bericht der Mutter ermittelt (was ein großes methodologisches Problem darstellte, da die Berichte von Müttern verzerrt sein können). Sears stellte fest, dass die von dem Elternteil angegebene Menge der Bestrafung des Kindes für Abhängigkeit sowohl mit der Abhängigkeit als auch mit der Aggression beim Kind in einem recht deutlichen Zusammenhang stand. Insgesamt wurde in der Studie festgestellt, dass Dollards und Millers Theorie, dass viele freudsche Störungen und Neurosen aus den Erziehungsmethoden der Bestrafungen – bei denen Kinder für unerwünschtes Verhalten bestraft wurden – in gewissem Maße durch die Daten bestätigt wurde, obwohl viele Methoden der Kindererziehung nur schwach oder überhaupt nicht mit den Persönlichkeitseigenschaften der Kinder in Zusammenhang standen. Anders gesagt, dieser empirische Ansatz versuchte die von Freud beschriebenen Konflikte mithilfe der Untersuchung der Reaktionen der Eltern zu erforschen. Freud selbst hat derartige Untersuchungen niemals durchgeführt, sie ergeben sich aber ganz natürlich aus dem lerntheoretischen Ansatz zur Persönlichkeit.

Warum spielt es eine Rolle, dass Dollard und Miller (und andere Kollegen, z.B. O. Hobart Mowrer und Leonard Doob) in den 1940er Jahren in Yale arbeiteten, wo sie stark durch Hull beeinflusst wurden, der wiederum durch die Arbeit von Watson in den 1920er Jahren beeinflusst worden war? Wir versuchen zu zeigen, dass es keine einfache Antwort auf die Frage gibt, was es bedeutet, eine Person zu sein. Es gibt keine einzelne, umfassende Theorie, die von der gesamten Persönlichkeitspsychologie allgemein übernommen wurde. Vielmehr bestehen komplexe Systeme von Konzepten und Erkenntnissen, die sich aus verschiedenen geistigen Traditionen und historischen Bewegungen herleiten. Indem wir diese Entwicklungen beschreiben und sie als acht grundlegende Einschätzungen der Persönlichkeit darstellen (Kapitel 3 bis 10 des vorliegenden Buchs), können wir ein umfassendes und vielschichtiges Verständnis der Persönlichkeit entwickeln, das weit über die einfachen Annahmen eines Laien hinausgeht.

Behavioristische und lerntheoretische Aspekte		Gesellschaftlicher und wissenschaftlicher Kontext
Philosophen und Theologen betrachten individuelle Abweichungen als Spiele der Götter oder als Besessenheit durch den Teufel.	**Antike und Mittelalter**	Die Menschen werden hauptsächlich in religiösen Begriffen gesehen – als durch eine göttliche Macht geschaffen.
Nach Lockes Betrachtung des Neugeborenen als unbeschriebenes Blatt wird das Individuum zunehmend als durch die soziale Klasse und durch die Arbeit geformt oder bestimmt betrachtet.	**18. und 19. Jahrhundert**	Zunehmende Betonung von Vernunft und Rationalität; Philosophen suchen nach dem Kern der menschlichen Natur; Benjamin Franklin entwickelt seine Gewohnheitstabelle.
Pawlow untersucht die klassische Konditionierung; andere ernsthafte Untersuchungen des Lernens bei Tieren beginnen.	**1880er bis 1900er Jahre**	Darwins Evolutionslehre führt zu experimentellen Untersuchungen an Tieren, um auch auf die Menschen anwendbare, allgemein gültige Wahrheiten zu finden.
Watson begründet den Behaviorismus.	**1900er bis 1920er Jahre**	Die experimentelle Psychologie entwickelt sich; erhöhte Industrialisierung der Gesellschaft.
Skinner erweitert den Behaviorismus; Hull entwickelt eine umfassendere Lerntheorie.	**1920er bis 1940er Jahre**	Die experimentelle Psychologie wird zunehmend durch den Behaviorismus bestimmt; Versuche, den Behaviorismus und die Psychoanalyse zu verbinden.
Stärkere Beeinflussung durch die Sozialpsychologie, Methoden der Kindererziehung werden untersucht.	**1940er bis 1950er Jahre**	Als Reaktion auf den Faschismus und den Zweiten Weltkrieg nehmen Untersuchungen von Propaganda, Meinungsbildung und sozialer Struktur zu.
Die Existenzialisten stellen den Behaviorimus in Frage; die Freiheit des Menschen wird diskutiert; die kognitive Psychologie wächst; der Behaviorismus verliert an Bedeutung.	**1950er bis 1960er Jahre**	Der Wirtschaftsboom bringt eine breite neue Mittelschicht hervor; die geburtenstarke Nachkriegsgeneration kommen in die Schule; der neue Wohlstand nimmt den Arbeitern alte Ängste.
Lerntheoretische Ansätze werden zunehmend mit kognitiven und sozialen Ansätzen kombiniert; die Persönlichkeit wird als mit den Anforderungen der sozialen Situationen interagierend gesehen.	**1970er bis 1980er Jahre**	Die gesellschaftlichen Probleme der Kriminalität und Straffälligkeit führen zur Suche nach ausgereifteren Lehr- und Lernmodellen.
Die Konzepte der Konditionierung und der Verstärkung werden in andere Ansätze zur Persönlichkeit integriert.	**1990er bis 2000er Jahre**	Besseres Verständnis des Individuums in spezifischen Arbeitsumgebungen.

Historischer Abriss der behavioristischen und lerntheoretischen Ansätze zur Persönlichkeit
Hier werden die wichtigsten Entwicklungen der behavioristischen und lerntheoretischen Ansätze in ihrer historischen Beziehung zueinander und in Bezug auf ihre weiteren gesellschaftlichen und kulturellen Zusammenhänge dargestellt.

6.6 Wichtige behavioristische Begriffe und Konzepte

Einige Schlüsselbegriffe und -konzepte aus dem behavioristischen und dem lerntheoretischen Ansatz zur Persönlichkeit sehen Sie in Tabelle 6.2.

Begriff oder Konzept	Definition oder Beispiel
Prinzip der Verstärkung	Die Häufigkeit eines Verhaltens hängt von dessen Konsequenzen ab – d. h. von den Arten von Ergebnissen, die dem Verhalten folgen. Die Reaktion erfolgt in Abhängigkeit von einem begehrten Ergebnis.
Verstärkung	Ein Ereignis, das eine Verhaltensweise verstärkt und die Wahrscheinlichkeit der Wiederholung der Verhaltensweise in der Zukunft erhöht.
Negative Verstärkung	Ein aversives Ereignis, das endet, wenn wir eine bestimmte Verhaltensweise zeigen, wodurch eine Wiederholung der Verhaltensweise in der Zukunft wahrscheinlicher wird. So wäscht beispielsweise eine Person mit einer zwanghaften Persönlichkeit (z.B. Lady MacBeth) ständig ihre Hände, da dies die Wahrscheinlichkeit reduziert, dass sie Blut daran sieht.
Bestrafung	Ein Ereignis, durch das die Wahrscheinlichkeit des Auftretens der Verhaltensweise in der Zukunft reduziert wird, da der Reaktion eine unangenehme Konsequenz folgt. Obwohl durch die Bestrafung die Wahrscheinlichkeit des Auftretens unerwünschter Verhaltensweisen reduziert wird, sind die Auswirkungen der Bestrafung zeitlich begrenzt, und die Bestrafung ist für die dauerhafte Löschung unerwünschter Verhaltensweisen nicht besonders wirkungsvoll. Skinner betonte die Bedeutung des Einsatzes versteckter Verstärkungen anstelle von Bestrafungen für die erfolgreiche Herausbildung und Kontrolle von Verhalten.
Primäre Verstärkung (bei Dollard und Miller)	Ein Ereignis (z.B. das Essen von Nahrung), das einen primären Trieb (z.B. Hunger) reduziert.
Sekundäre Verstärkung	Ein konditionierter (erlernter) Verstärker; d. h. ein neutraler Reiz, der mit einem primären Verstärker verbunden wird und der schließlich selbst zu einem Verstärker wird. Angeblich ist Mutterliebe an sich kein primärer Verstärker, da sie, diesen Theorien zufolge, keinen Trieb reduziert; der Säugling lernt vielmehr, seine Mutter mit wichtigen primären Verstärkern – beispielsweise Nahrung – zu assoziieren. Einige sekundäre Verstärkungen (wie Mutterliebe, Geld, Liebe und Lob) werden mit einer Vielzahl primärer Verstärker assoziiert und können somit zu generalisierten Verstärkern werden.

Begriff oder Konzept	Definition oder Beispiel
Verstärkungsplan	Die Verstärkungshäufigkeit und das Verstärkungsintervall. Ein solcher Plan kann auf einem Zeitaspekt (z.B. wird ein Tier alle zehn Minuten verstärkt – „festes Intervall") oder auf den Reaktionen (z.B. wird das Tier verstärkt, nachdem es zehn Mal gepickt hat – „festes Verhältnis") beruhen. Derartige Pläne können aber auch variabel sein, d.h., die Verstärkung erfolgt in unregelmäßigen Abständen („variables Intervall" – Verstärkung erfolgt zu unterschiedlichen Zeiten; oder „variables Verhältnis" – Verstärkung nach unterschiedlichen Anzahlen von Reaktionen). In der realen Welt werden Reaktionen nur selten bei jedem Auftreten oder auch nur in regelmäßigen Abständen verstärkt. Durch die intermittierende Verstärkung wird die Widerstandsfähigkeit des Verhaltens gegenüber einer Löschung erhöht. So wird beispielsweise abergläubisches oder unausstehliches Verhalten nur gelegentlich verstärkt, kann aber trotzdem äußerst schwierig zu löschen sein.
Löschung	Der Prozess, in dem die Häufigkeit, mit der der Organismus eine Reaktion produziert, allmählich sinkt, da die Verstärkung dem Verhalten nicht mehr folgt.
Generalisierung	Die Tendenz dazu, dass ähnliche Reize die gleiche Reaktion hervorrufen. Das kann zur Erklärung der scheinbar allgemeinen Natur der Persönlichkeit beitragen – eine Person verhält sich in Situationen, die einander ähneln, ähnlich. Skinner zufolge ist das der Fall, da die Reaktion auf vergleichbare Situationen generalisiert wurde, und nicht weil eine stabile, innere Persönlichkeitseigenschaft besteht. So wird sich ein Individuum, das für die Erfüllung seiner Arbeitsaufgabe im Rahmen eines intermittierenden Verstärkungsplans belohnt wird, in allen ähnlichen Arbeitssituationen gewissenhaft und fleißig verhalten. Vom Standpunkt des Beobachters aus sieht dieses Verhalten, das auf ähnliche Situationen generalisiert worden ist, wie eine stabile und dauerhafte „Persönlichkeitseigenschaft" aus.
Thorndikes Gesetz des Effektes	Folgt einem Reiz eine Reaktion und führt für den Organismus zu Befriedigung, wird die Verbindung zwischen dem Reiz und der Reaktion verstärkt; führt allerdings die Reaktion zu Unbehagen oder Schmerzen, wird die Verbindung geschwächt. Dieses Prinzip war der Vorläufer der Konzepte des operanten Konditionierens.
Shaping (Verhaltensformung)	Der Prozess während dessen undifferenzierte operante Verhaltensweisen allmählich durch die Verstärkung aufeinander folgender Annäherungen zu dem gewünschten Verhaltensmuster abgeändert (geformt) werden, so dass sich das Verhalten dem Zielverhalten immer mehr annähert. So können beispielsweise Tiertrainer durch Reifen springende Robben, tanzende Bären oder Tischtennis spielende Tauben „formen".

Tabelle 6.2: Einige Begriffe und Konzepte aus dem behavioristischen und dem lerntheoretischen Ansatz

6.7 Bewertung

Bei den behavioristischen und lerntheoretischen Ansätzen liegt die Betonung auf dem Einsatz vollkommen kontrollierter wissenschaftlicher Experimente. Im Hinblick auf die Forschung hat dieser Ansatz zu einer Konzentration auf Labortauben und -ratten geführt. Im Hinblick auf die Konzepte hat dieser Ansatz zu einem Unwillen geführt, Schlussfolgerungen über den „Verstand" oder den „Geist" zu ziehen. Nachdem sie sich vom Introspektionismus abgewendet hatten, lehnten es einige Experten auf diesem Gebiet (wie Skinner) schließlich ab, jegliche Art von inneren Strukturen, Wahrnehmungen, Motiven oder Eigenschaften zu akzeptieren. Darüber hinaus lässt der Behaviorismus keine innere Motivation für die Selbstverwirklichung und keinen wahren Heroismus zu; es gibt nur eine Geschichte der Verstärkung.

„Ach, nicht schlecht. Das Licht geht an, ich drück' den Hebel runter, sie geben mir 'nen Scheck. Und wie sieht's bei Dir aus?"

Abbildung 6.8: Skinner wies gern darauf hin, dass in vielen sozialen Interaktionen nicht nur das Verhalten des Untergeordneten durch den Übergeordneten geformt wird, sondern dass auch das Verhalten des Untergeordneten das Verhalten des Übergeordneten formt. So lernen beispielsweise Kinder sehr schnell, bestimmte von ihren Eltern gezeigte Verhaltensweisen zu belohnen. (Tom Cheney © 1993 aus New Yorker Collection. Alle Rechte vorbehalten.)

Die behavioristischen und lerntheoretischen Ansätze zur Persönlichkeit haben dazu geführt, dass Persönlichkeitsforschung viel experimenteller und begrifflich wesentlich präziser geworden ist, als das sonst der Fall gewesen wäre. Die Konzepte der Konditionierung, Belohnung und Löschung durchziehen heute die Psychologie, einschließlich der Persönlichkeits- und der klinischen Psychologie. Außerdem liefert dieser Ansatz eine empirisch gut gestützte Erklärung der Frage, warum das Verhalten in verschiedenen Situationen nicht so konsistent ist, wie andere Persönlichkeitstheoretiker möglicherweise andeuten. Die Situation selbst muss als Aspekt der Persönlichkeit betrachtet werden (siehe Kapitel 10).

Da andererseits die radikalen Behavioristen nicht bereit sind, jegliche Art innerer Strukturen des Geistes anzuerkennen, sind sie tendenziell weniger in der Lage, von den vielen Fortschritten zu profitieren, die in der kognitiven Psychologie und den anderen Gehirnwissenschaften gemacht werden. Bis zu seinem letzten Tag war Skinner in seinen Angriffen auf die kognitive Psychologie unnachgiebig, obwohl die kognitiven Psychologen gewöhnlich sehr streng bei der Gestaltung ihrer Experimente und in ihren wissenschaftlichen Methoden sind (siehe Kapitel 7). Desgleichen sind die Behavioristen oft nicht bereit, von den vielen Entwicklungen in den Eigenschaftansätzen der Persönlichkeitsforschung zu profitieren (siehe Kapitel 8).

Dass die Behavioristen es ablehnen, sich mit „unwissenschaftlichen" Konzepten wie Freiheit, Würde und Selbstverwirklichung zu beschäftigen, ist vielleicht noch wichtiger. Derartige Dinge werden als *Epiphänomene* betrachtet – als sekundäre Phänomene also, die von den „realen" Phänomenen der Erfahrung abgeleitet werden. So behauptet Skinner beispielsweise wiederholt, dass Menschen, obwohl sie sich manchmal „frei" fühlen, in Wirklichkeit immer durch die Kontingenzen der Umwelt kontrolliert werden. Skinner zufolge fühlen sich die Menschen frei, wenn sie nicht erkennen, dass sie kontrolliert werden. Bildung und Religion werden hier als zwei Mittel betrachtet, mit denen die Kontrolle des Verhaltens verschleiert oder verborgen wird (Skinner, 1974). Viele Psychologen betrachten diesen Ansatz als eine äußerst erniedrigende und beleidigende Sichtweise auf das, was es bedeutet, Mensch zu sein, da sich ein Mensch qualitativ von einer Laborratte unterscheide. Der Schriftsteller Arthur Koestler (1967) beschuldigte den Behaviorismus, dass er „die frühere anthropomorphische Betrachtungsweise der Ratte durch eine rattomorphische Sichtweise des Menschen ersetzt hat". Fragen dieser Art werden in den nächsten vier Kapiteln untersucht.

Auswertung der Perspektiven

Vorteile und Grenzen des behavioristischen und des lerntheoretischen Ansatzes

- ***Kurze Umschreibung des Inhalts***
  - Menschen als intelligente Ratten, die lernen, sich ihren Weg durch die Labyrinthe des Lebens zu bahnen.
- ***Vorzüge***
  - Lenkt die Aufmerksamkeit auf die Umgebungseinflüsse auf die Verhaltenskonsistenzen.
  - Fordert präzise empirische Untersuchungen (gewöhnlich im Labor).
  - Betont die Bedeutung der individuellen Anwendung der Prinzipien der Konditionierung auf jeden Organismus.
  - Sucht allgemeine Gesetze, die auf alle Organismen zutreffen.
- ***Grenzen***
  - Der radikale Behaviorismus ignoriert unter Umständen Erkenntnisse und Fortschritte aus der kognitiven Psychologie und der Sozialpsychologie.
  - Kann dazu tendieren, die einzigartigen Potenziale des Menschen durch Vergleiche mit Ratten und Tauben zu entmenschlichen.
  - Neigt dazu, jegliche Konzepte dauerhafter Veranlagungen beim Menschen zu negieren.
  - Tendiert dazu, Menschen als Objekte zu betrachten, die erzogen werden müssen.
- ***Bedeutung des freien Willens***
  - Das Verhalten wird durch unvorhersehbare Ereignisse in der Umwelt bestimmt.

- ***Gängige Erfassungstechniken***
  - Experimentelle Analyse des Lernens bei Tieren
- ***Konsequenzen für die Therapie***
  - Da die Persönlichkeit konditioniert und erlernt wird, beruht die Therapie darauf, erwünschte Gewohnheiten und Verhaltensweisen beizubringen und unerwünschte zu löschen. Störende oder aggressive Kinder können belohnt werden, wenn sie sich kooperativ oder still verhalten. Die Angst vor Aufzügen oder Flugzeugen wird mithilfe der systematischen Desensibilisierung behandelt, bei der eine Entspannung langsam und zunehmend mit dem die Angst verursachenden Reiz verbunden wird, bis die Angst gelöscht ist. Bei der Aversionstherapie zur Behandlung hartnäckiger Probleme, z.B. von Alkoholismus, kann der Therapeut ein Medikament verschreiben (z.B. Antabuse), das beim Konsum von Alkohol Übelkeit hervorruft.

Zusammenfassung und Fazit

Die meisten Ansätze der Persönlichkeitsforschung gehen von komplexen Mustern des menschlichen Verhaltens aus und versuchen, sie in einfachere und verständliche Komponenten zu unterteilen; statt die komplexen Muster in einfachere Komponenten zu unterteilen, gehen die behavioristischen und lerntheoretischen Ansätze von einfachen Reizen und Reaktionen niederer Tiere aus und versuchen, ein Verständnis der Komplexität des Menschen aufzubauen.

John B. Watson, ein Behaviorist, der in seiner Arbeit zu Beginn des 20. Jahrhunderts an die Arbeit Iwan Pawlows zur klassischen Konditionierung anschloss, lehnte den Introspektionismus und die Psychoanalyse ab. Er zeigte, wie die emotionale „Persönlichkeit" des kleinen Albert ausgebildet werden konnte, indem ein Hammer auf einen Stahlstab geschlagen wurde, um damit das Kleinkind stark zu erschrecken, während ein konditionierter Reiz dargeboten wurde. Die Prinzipien des Lernens, der Generalisierung und der Löschung wurden ebenfalls auf Kinder angewendet, da der lerntheoretische Ansatz erforschte, inwieweit sich die „Persönlichkeit" in der Umgebung und nicht in den Tiefen der Psyche befindet.

Nach B. F. Skinner ist die Persönlichkeit ein Repertoire an Verhaltensweisen, die aus einer organisierten Reihe von Umgebungskontingenzen gelernt werden. (Viele der wichtigen Begriffe und Prinzipien des Behaviorismus sind in Tabelle 6.2 aufgeführt.) Das bedeutet, die Persönlichkeit ist das Repertoire gewöhnlich ausgeführter Reaktionen, die eine Person gelernt hat. Da dies durch die Umgebung bestimmt ist, ist das Verhalten folglich sehr situationsspezifisch.

Skinners Ansatz betonte die Funktion des Verhaltens und stellt eine deterministische Theorie dar, nach der es keinen freien Willen gibt. Er betonte, dass wir die Prinzipien des Lernens individuell auf jeden Organismus anwenden müssen. In seinem Roman *Walden Zwei* beschreibt Skinner eine utopische Gemeinschaft, deren Verhalten auf der Grundlage der Prinzipien des operanten Konditionierens kontrolliert wird; eine wohlwollende Regierung belohnt positives, sozial angemessenes Verhalten – und alles wird gut.

Nach Skinner können die Motivationen, die Freud als Triebe des Es bezeichnete, eher als biologische Verstärker verstanden werden, und der Teil der Psyche, den Freud als das Über-Ich (Bewusstsein) bezeichnete, kann eher als die Kontingenzen verstanden werden, die durch die Gesellschaft geschaffen und auferlegt werden, um die selbstsüchtige (individualistische) Natur des Individuums zu kontrollieren. Für Skinner sind Persönlichkeitseigenschaften wie die Extroversion nur Verhaltensweisen, die verstärkt worden sind. Durch die behavioristischen Ansätze wurden die Persönlichkeitstheoretiker gezwungen, sich stärker empirisch zu orientieren, und viele nicht überprüfbare Freud'sche Annahmen wurden verworfen.

Dollard und Miller entwickelten einen komplexen und weit reichenden Ansatz zum Verständnis der Beziehung zwischen Lernen und Persönlichkeit, der auf Trieben, Verhaltensweisen und Verstärkungen beruht. Sie postulierten, dass man, um zu lernen, „etwas wollen, etwas bemerken, etwas tun und etwas bekommen" muss (1941, S. 2). Folglich akzeptierten sie die Konzepte der inneren Motivationen, sowohl biologischer als auch kognitiver Art, und der Verstärkungen, sowohl persönlicher als auch sozialer Art. Nach Dollard und Miller wird die Verbindung zwischen Reiz und Reaktion als Gewohnheit bezeichnet; deshalb besteht das, was wir als Persönlichkeit bezeichnen, in erster Linie aus Gewohnheiten und den Beziehungen zwischen verschiedenen Gewohnheiten. Sekundäre Triebe werden erlernt – erworben durch die Assoziierung mit der Befriedigung primärer Triebe. Abstrakte Konstrukte wie Zufriedenheit und Status werden als auf erlernten Trieben beruhend betrachtet. Ein reicher Mann, der ständig getrieben ist, noch mehr Reichtum anzuhäufen (was ein Eigenschaftspsychologe als Gier bezeichnen könnte), hat infolge der Verbindung von Geld mit der hochgradig verstärkenden Reduzierung primärer Triebe (Nahrung, Sex) ein Verhaltensmuster entwickelt (erlernt). Dollard und Miller sowie ihre Kollegen versuchten, die Erkenntnisse der Psychoanalyse und der Soziologie mit den Laborexperimenten der Behavioristen zu verbinden. Dies wiederum führte zu den sozialen und kognitiven Lerntheorien, die heute in der Untersuchung der Persönlichkeit und der Psychopathologie weit verbreitet sind.

Anders gesagt, Dollard und Miller (1941, 1950) versuchten allgemein gedeutet die Entwicklung der Vielfalt und der Komplexität der Persönlichkeit im Hinblick auf die Konditionierung und das Lernen zu verstehen. Ihre Theorie verband die biologischen und psychodynamischen Aspekte mit Konditionierungsprozessen. Dollard und Miller erkannten, dass die psychoanalytische Theorie hilfreiche Beobachtungen des menschlichen Verhaltens liefert, und so beschlossen sie zu versuchen, diese Beobachtungen objektiver zu betrachten. Wie auch Skinner sahen sie die Persönlichkeit als Ergebnis der Ansammlung konditionierter Verhaltensweisen, aber anders als Skinner sahen sie „innere“ Konstrukte (wie Triebe und Motivationen) und höhere geistige Prozesse als hilfreich an. An ihrer Theorie ist wichtig, dass sie erkannten, dass das menschliche Verhalten in einer Kultur verwurzelt ist.

Die behavioristischen und lerntheoretischen Ansätze zur Persönlichkeitsforschung mit ihrer Betonung der Umgebung lenkten die Aufmerksamkeit in beträchtlichem Maße auf die situationale Spezifität des Verhaltens. Das bedeutet, wir sollten nicht erwarten, dass eine Person sich in allen Situationen gleich verhält. Diese Erkenntnisse sind nunmehr in den meisten modernen Konzepten darüber, was es bedeutet, ein Mensch zu sein, berücksichtigt worden.

Haupttheoretiker

Iwan Pawlow
John B. Watson
B. F. Skinner
Clark Hull
John Dollard
Neal Miller
Robert Sears

Zentrale Begriffe

Partielle Verstärkung
Klassisches Konditionieren
Generalisierung
Diskrimination
Löschung
Behaviorismus
Systematische Desensibilisierung
Thorndikes Gesetz des Effektes
Operantes Konditionieren
Shaping (Verhaltensformung)
Radikaler Determinismus
Theorie des sozialen Lernens
Sekundäre Triebe
Gewohnheitshierarchie
Frustrations-Aggressions-Hypothese

Literaturempfehlungen

Asendorpf, J. B. (2004). *Psychologie der Persönlichkeit*. Berlin: Springer-Verlag.

Catania, C., & Harnard, S. (Hrsg.) (1988) *The selection of behavior: The operant behaviorism of B.F. Skinner: Comments and consequences*. New York: Cambridge University Press.

Fisseni, H. J. (2003). *Persönlichkeitspsychologie: Ein Theorienüberblick*. Göttingen: Hogrefe.

Pawlow, I. P. (1927). *Conditioned reflexes*. Oxford: Oxford University Press.

Pervin, L. A. (2000). *Persönlichkeitstheorien: Freud, Adler, Jung, Rogers, Kelly, Cattell, Eysenck, Skinner, Bandura et al.* München: Reinhardt.

Skinner, B. F. (1938). *The behavior of organisms*. New York: Appleton-Century-Crofts.

Skinner, B. F. (1948). *Walden Two*. New York: Macmillan.

Skinner, B. F. (1971). *Beyond freedom and dignity*. New York: Knopf.

Skinner, B. F. (1971). *Erziehung als Verhaltensformung*. München-Neubiberg: Keimer.

Skinner, B. F. (2002). *Walden Two*. München: Fifa-Verlag.

Kapitel

7 Kognitive und sozial-kognitive Aspekte der Persönlichkeit

In diesem Kapitel

Vor mehr als zweitausend Jahren schrieb der chinesische Philosoph Mencius (Meng-Tsu): „Der überlegene Mensch zeigt weder Engstirnigkeit noch einen Mangel an Selbstrespekt.“ Auch heute würden sich die meisten Menschen selbst gern als tolerante Menschen mit einem positiven Selbstbild sehen. Aber was bedeutet es, tolerant oder engstirnig zu sein? Gibt es charakteristische Arten, auf die Individuen die Welt wahrnehmen und über sie nachdenken?

Manche Menschen sind Träumer, während andere Realisten sind. Manche Menschen sind Optimisten, und manche sind Pessimisten. Einige betrachten das Glas als halb leer, während andere dasselbe Glas als halb voll betrachten. Manche Menschen denken, wenn sie einen brennenden Busch sehen, an Zerstörung. Manche sehen die Möglichkeit für die Schaffung neu gerodeten Landes, und andere erkennen darin ein Werk Gottes, während wieder andere Luftverschmutzung sehen.

Wie können wir diese unterschiedlichen Reaktionen erklären? Warum reagieren Kinder auf bestimmte Filme anders als Erwachsene? Warum reagieren viele Afroamerikaner auf bestimmte strafrechtliche Verfolgungen anders als viele europäisch-stämmige Amerikaner? Warum gelingt es manchen Menschen, sich den Unbilden des Lebens zu stellen, während andere daran zerbrechen und sich zurückziehen? Ein wichtiger Ansatz zur Beantwortung dieser Fragen besteht darin, die kognitiven Strukturen oder Konzepte, die Menschen aufweisen, und die von ihnen eingesetzten Wahrnehmungsprozesse zu erklären – auf was konzentrieren sie sich, was verstehen sie, und in welchen Begriffen denken sie?

Abbildung 7.1:
Die Arten, auf die die Menschen die Welt sehen, unterscheiden sich in hohem Maße – vom Standpunkt des kognitiven Ansatzes betrachtet, bildet diese Variabilität eine wichtige Quelle der Individualität. Hier zeigt der französische Maler René Magritte (1898 – 1967) einen Teil seiner „Persönlichkeit“.

Warum sollten wir erwarten, dass Theorien über die Persönlichkeit aufgestellt werden, die der Kognition eine zentrale Rolle zuweisen? Eine Erklärung besteht darin, dass wir verstehen müssen, wie die Menschen Informationen über ihre Umgebung wahrnehmen und verarbeiten, um *sämtliche* komplexen Aspekte des Funktionierens des Menschen, einschließlich der Persönlichkeit, verstehen zu können. Viele der zur Verarbeitung von Informationen zu unserer äußeren Umgebung und unserer inneren Umgebung (unsere Gefühle, Gedanken und Empfindungen) notwendigen Prozesse bleiben unabhängig von den speziellen Inhalten gleich – wir müssen uns auf die Information konzentrieren, sie verstehen und interpretieren und sie in den Rahmen unseres gesamten anderen Wissens und unserer gesamten Informationen einordnen (Norem, 1988).

7.1 Die Wurzeln der kognitiven Ansätze

Die Menschen denken über die Welt nach, die sie umgibt, und versuchen, sie zu verstehen. Diese Tatsache ist so wichtig, dass alle Theorien zur Persönlichkeitsforschung sie zu berücksichtigen versuchen. Aber die kognitiven Ansätze zur Persönlichkeit betrachten die menschliche Wahrnehmung und die menschliche Kognition als Kernstück dessen, was es bedeutet, ein Mensch zu sein. Die Art, auf die die Menschen ihre Umgebungen interpretieren, wird als zentraler Bestandteil ihrer Menschlichkeit betrachtet, wogegen die Art, auf die sich die Menschen dabei voneinander unterscheiden, als zentraler Bestandteil ihrer Individualität betrachtet wird. In diesem Kapitel werden die kognitiven Aspekte der Persönlichkeit untersucht. Wir beginnen mit grundlegenden Konzepten zu Kognition und Wahrnehmung und gehen dann zu komplexeren Vorstellungen über kognitive Stile und Erwartungen über. Zunächst wollen wir aber kurz die Geschichte des kognitiven Ansatzes zur Persönlichkeitsforschung darstellen.

Obwohl sich Philosophen schon seit langer Zeit mit der Natur des menschlichen Geistes beschäftigen, konnte sich erst die kognitive Psychologie dieses Themas wissenschaftlich annehmen, nachdem Charles Darwins Evolutionslehre das Denken über die menschliche Natur befreit hatte. Das heißt, erst nachdem der menschliche Geist als biologischer Organismus und nicht als von Gott erschaffen gesehen wurde, war es Wissenschaftlern möglich zu untersuchen, wie sich das Denken während der Entwicklung eines Kindes verändert, wie es durch verschiedene Umstände beeinflusst wird und wie es durch die Kultur geprägt wird. Außerdem konnten die Auswirkungen der unterschiedlichen Fähigkeiten jedes Menschen verglichen werden. (In diesem Zusammenhang ist es interessant festzustellen, dass es sich bei der von uns eben gegebenen Erklärung um eine kognitive Erklärung handelt. Das bedeutet, dass es den Wissenschaftlern nicht möglich war, sich wie psychologische Experimentatoren zu verhalten, bevor sie auf eine bestimmte Art und Weise *denken* konnten.)

7.1.1 Die Wurzeln in der Gestaltpsychologie

Die Gestaltpsychologie war eine Bewegung, die um 1900 in Deutschland ihren Anfang nahm. In den 1920er Jahren gewann sie großen Einfluss und kam in den 1930er Jahren nach Amerika, als viele ihrer führenden Verfechter vor dem Faschismus fliehen mussten. Die Gestalttheorie beruht auf drei zentralen Lehrsätzen: (1) Die Menschen suchen in ihrer Umgebung eine Bedeutung. (2) Wir bauen aus den Empfindungen, die wir aus unserer Umgebung erhalten, bedeutungsvolle Wahrnehmungen auf. Und (3) komplexe Stimuli können nicht auf die Summe ihrer Teile reduziert werden.

Das Wort **Gestalt** bedeutet in diesem Zusammenhang Muster oder Struktur. Die Gestalttheorie geht davon aus, dass die Struktur eines komplexen Reizes dessen Wesen ausmacht (Kohler, 1947). Von diesem Standpunkt aus gesehen, ist es unmöglich, die Bestandteile eines Reizes oder einer Erfahrung einfach zusammenzufügen, um somit das Original wiederherzustellen. Das Wesen des Originals besteht in seinen komplexen Beziehungen und in seiner Gesamtstruktur, die verloren gehen, wenn die einzelnen Komponenten getrennt voneinander analysiert werden. So ist beispielsweise das Dreieck in Abbildung 7.2 kein tatsächlich auf der Seite abgebildetes Dreieck, sondern es wird durch den Betrachter konstruiert. Wenn wir ein Dreieck anschauen, sehen wir mehr als drei Linien, und wenn wir eine Dreiecksbeziehung zwischen Liebenden betrachten, so besteht diese aus mehr als drei einzelnen Beziehungen.

Obwohl die Gestalttheorie hauptsächlich in den Bereichen der Wahrnehmung und der Problemlösung Anwendung fand, wurden verschiedene Aspekte auch in der sich damals entwickelnden Disziplin der Persönlichkeitsforschung eingesetzt. So untersuchten die Forscher beispielsweise das Konzept für die visuelle Wahrnehmung, demzufolge wir in der Lage sind, die Größe und die Distanz zweier Objekte genau zu beurteilen, obwohl ein großes Objekt, das weit entfernt ist, und ein kleines Objekt, das nah ist, ähnlich große Abbildungen auf die Netzhaut projizieren. Einigen Menschen gelingt dies besser als anderen – möglicherweise den extrovertierten Menschen, die sich stärker auf die Außenwelt konzentrieren. Aber erst mit der Arbeit von Kurt Lewin begann der Gestaltansatz, die Persönlichkeitspsychologie stark zu beeinflussen.

Abbildung 7.2: Eine typische Abbildung für die Gestaltwahrnehmung
Die Gestalttheorie postuliert, dass die Wahrnehmung die Suche nach einer Bedeutung umfasst und dass diese Bedeutung eine Eigenschaft sein kann, die sich aus den Elementen entwickelt, aber in keinem der einzelnen Elemente erscheint. In diesem Beispiel „entwickelt sich" das von den meisten Menschen wahrgenommene Dreieck aus der Anordnung unvollständiger Kreise. Es existiert im Geist des Wahrnehmers, aber nicht im Bild selbst.

7.1.2 Kurt Lewins Feldtheorie

Kurt Lewin kam unmittelbar aus der Tradition der Gestalttheorie, aber anders als die meisten Gestalttheoretiker konzentrierte er seine Bemühungen auf die Gebiete der Persönlichkeitspsychologie und der Sozialpsychologie und nicht auf die der Wahrnehmung und der Problemlösung. Im Jahr 1935 veröffentlichte er seine **Feldtheorie**. Seine Vorstellung vom „Feld" kann entweder als Feld im mathematischen Sinn von Vektorkräften oder als Spielfeld (als Feld des Lebens) gesehen werden. Das Augenmerk liegt hierbei auf dem **Lebensraum** – allen inneren und äußeren Kräfte, die auf das Individuum einwirken – und den strukturellen Beziehungen zwischen der Person und ihrer Umgebung. So kann beispielsweise das Familienleben einer Person ein Bereich ihres Lebensraums sein und die Religion ein anderer. Bei manchen Menschen sind die verschiedenen Bereich sauber und klar getrennt, es gibt Grenzen, die Probleme und Emotionen aus den verschiedenen Bereichen völlig voneinander getrennt halten. Bei anderen Menschen sind diese Grenzen offener, so dass die verschiedenen Bereiche des Lebens einander stärker beeinflussen.

Lewins Definition der Persönlichkeit konzentrierte sich auf den momentanen Zustand des Individuums – das Konzept der **gleichzeitigen Kausation**. Da Lewin sich so stark auf das konzentrierte, was in den einzelnen Momenten in der Psyche eines Menschen vorging, kann seine Orientierung als kognitiver Standpunkt betrachtet werden, obwohl sein Ansatz durch die gleichzeitige Betrachtung der Situation auch ein interaktionistischer Ansatz ist. (Der interaktionistische Ansatz wird in Kapitel 10 detailliert erörtert.) Wie bereits aufgezeigt wurde, können die verschiedenen Ansätze zur Persönlichkeitsforschung mitunter mehr als nur einen der grundlegenden Aspekte abdecken.

7.1.3 Die Feldabhängigkeit als Persönlichkeitsvariable

Im Folgenden untersuchen wir als Beispiel eines frühen, aber einflussreichen kognitiv-perzeptiven Ansatzes zur Persönlichkeitsforschung, der sich unmittelbar aus der Gestaltpsychologie entwickelt hat, das als Feldabhängigkeit bezeichnete Phänomen. Alle Individuen verfügen über einzigartige, beständige kognitive Stile im Umgang mit ihren alltäglichen kognitiven Aufgaben der Wahrnehmung, Problemlösung und Entscheidungsfindung (Bertini, Pizzamiglio & Wapner, 1986; Scott & Bruce, 1995; Porter & Suedfeld, 1981). Die Menschen unterscheiden sich in unzähligen Dimensionen, wie beispielsweise darin, ob sie auf Farben oder Formen reagieren (welche Dimension also als wichtiger betrachtet wird, wenn sich Objekte sowohl in Form als auch in Farbe unterscheiden), ob sie im Allgemeinen aufmerksam oder unaufmerksam sind, ob sie analytisch (ob sie sich auf die einzelnen Bestandteile von Dingen konzentrieren) oder synthetisch (ob sie sich auf Muster konzentrieren) vorgehen, ob sie bewerten oder nicht bewerten, und darin, ob sie Menschen sind, die die Welt komplex und hoch entwickelt oder eher in einfachen Begriffen sehen usw. Diese Unterschiede erklären, warum die eine Person zu einer Gartenparty im Hawaii-Hemd und in karierten Polyesterhosen mit weißen Lederschuhen erscheint, während eine andere im schwarzen Anzug mit weißem Hemd erscheint.

Eine solche Variable des kognitiven Stils, die sehr umfassend untersucht worden ist, ist die **Feldabhängigkeit**. Als hochgradig feldabhängig beurteilte Menschen werden in ihren Problemlösungsstrategien stark durch Aspekte des Kontextes (oder des Feldes), in dem das Problem auftritt, beeinflusst, die stark hervortreten (also äußerst stark wahrnehmbar sind), aber für die Lösung nicht unmittelbar relevant sind. Andere Menschen sind wiederum feldunabhängig und werden nicht im gleichen Maß durch kontextuelle Faktoren beeinflusst.

Die Feldabhängigkeit lässt sich anhand einer Aufgabe demonstrieren, bei der eine Versuchsperson einen Stab so positionieren muss, dass dieser vollkommen senkrecht ist. Eine Version dieser Aufgabe wird in Abbildung 7.3 dargestellt. Bei einigen Versuchen befindet sich der Stab innerhalb eines rechteckigen Rahmens, der leicht aus der Senkrechten verschoben wurde. Die Menschen, die dazu neigen, den Stab in eine Position zu bringen, die dem umgebenden Rahmen entspricht (und die den Stab somit nicht in eine vollkommen senkrechte Position bringen), werden im Rahmen des Stab-und-Rahmen-Tests als feldabhängig bezeichnet. Das bedeutet, ihre Wahrnehmung der Position des Stabs wird durch den Kontext bzw. das Feld beeinflusst, in dem er sich befindet. Diese Form der Orientierung wird im linken Teil der Abbildung dargestellt. Menschen, die den Stab trotz des geneigten Rahmens in eine senkrechte Position bringen (siehe rechter Teil der Abbildung), werden als feldunabhängig bezeichnet. Das bedeutet, diese Personen werden bei ihren Problemlösungsstrategien nicht durch das Feld beeinflusst.

Abbildung 7.3: Stab-und-Rahmen-Test
Dieser Test zur Feldunabhängigkeit misst, wie gut es einer Person gelingt, den irrelevanten Kontext eines Problems zu ignorieren. Eine feldabhängige Person (linker Teil der Abbildung) wird durch die Konzentration auf den Kontext in die Irre geführt und richtet den Stab auf den Rahmen aus. Eine feldunabhängige Person (rechter Teil der Abbildung) kann den irreführenden Rahmen ignorieren und die tatsächliche Senkrechte finden, was das Ziel der Aufgabe darstellt.

Bei einer anderen Version dieser Aufgabe sitzt die Versuchsperson in einem speziellen Stuhl mit Reglern zur Einstellung der Neigung. Danach wird die Versuchsperson gebeten, den Stuhl so zu positionieren, dass er vollkommen senkrecht steht, während sie in einem speziell für diese Zwecke konstruierten Raum sitzt, der einen geneigten Fußboden hat. In diesem Fall gelingt es einer feldunabhängigen Person, die visuellen Signale darüber, was senkrecht ist – Signale, die in dieser Situation irreführend sind –, zu ignorieren; sie wird stattdessen durch intern erzeugte Signale über die Positionierung des Körpers geleitet. Die feldabhängige Person wird durch die irrelevanten Signale des geneigten Raums so beeinflusst, dass sie sich schließlich in einer Position befindet, die sich an dem geneigten Raum statt an der tatsächlichen Senkrechten ausrichtet. In diesen einfachen Situationen wird durch die Feldunabhängigkeit ein Vorteil– die richtige Reaktion – erzielt, aber hinsichtlich der großen Bandbreite an Situationen betrachtet, mit denen Menschen normalerweise konfrontiert werden, kann keines der beiden Extreme allgemein vorgezogen werden. Die meisten Menschen liegen irgendwo in der Mitte dieses Kontinuums; sie verfügen über eine Mischung feldabhängiger und feldunabhängiger Eigenschaften.

Der feldunabhängige Stil ist analytischer und gestattet bei der Problemlösung komplexere Ebenen der Umstrukturierung. Die betreffenden Personen werden in ihrem Verhalten stärker durch internalisierte Aspekte der Problemlösungssituation beeinflusst. Feldabhängige Personen weisen andererseits eine größere Sensibilität gegenüber dem Kontext eines Problems auf und tendieren dazu, bei der Problemlösung holistischer und intuitiver vorzugehen. Darüber hinaus weisen feldabhängige Menschen auch eine größere Sensibilität gegenüber sozialen und zwischenmenschlichen Kontexten auf.

Die Feldabhängigkeit wurde zum ersten Mal in den 1940er Jahren von Herman Witkin (1949) und Solomon Asch (1952) als Persönlichkeitsvariable untersucht. Bis heute wurden zu dieser Variable Tausende von Studien durchgeführt. Die Feldabhängigkeit ist für die Beschreibung der individuellen Persönlichkeitsunterschiede hilfreich, da sie über viele verschiedene Instrumente hinweg verlässlich messbar ist und darüber hinaus dazu tendiert, bei einer Person im Lauf der Zeit (sogar von der Kindheit bis ins Erwachsenenalter) konsistent zu bleiben. Die Position eines Menschen auf dem Feldabhängigkeitskontinuum steht mit vielen Aspekten seines Verhaltens in Beziehung, insbesondere mit dem zwischenmenschlichen Verhalten. Einige der Unterschiede, die nachgewiesen worden sind, werden in Tabelle 7.1 aufgeführt.

Gebiet	Eigenschaften
Spielpräferenzen bei Kindern	Bei feldunabhängigen Kindern ist es wahrscheinlicher, dass Spielen allein gegenüber sozialem Spielen bevorzugt wird.
Sozialisierungsmuster	Bei feldunabhängigen Menschen ist es wahrscheinlicher, dass in ihrer Sozialisierung Autonomie gegenüber Konformität betont wurde.
Berufswahl	Feldunabhängige Menschen sind wahrscheinlicher in technischen als in humanitären Berufen zu finden.
Bevorzugte zwischenmenschliche Distanz bei Unterhaltungen	Bei feldunabhängigen Menschen ist es wahrscheinlicher, dass sie weiter von ihren Gesprächspartnern entfernt sitzen.
Niveau des Blickkontakts	Feldunabhängige Menschen nehmen weniger häufig und weniger lange Blickkontakt mit Gesprächspartnern auf.

Tabelle 7.1: Mit der Feldabhängigkeit verbundene Eigenschaften

Wird die Feldabhängigkeit bei Gruppen (und nicht bei Einzelpersonen) untersucht, zeigt sich ein mäßiger, aber konsistenter Unterschied zwischen den Geschlechtern, wobei die weiblichen Personen stärker zur Feldabhängigkeit tendieren als die männlichen. Dies stimmt sicherlich mit vielen Aspekten der geschlechtsspezifischen Unterschiede in Persönlichkeit und Kognition überein, wie einer höheren sozialen Sensibilität und einem stärker kontextgebundenen moralischen Denken. An späterer Stelle dieses Buches wird dargestellt, dass diese Unterschiede auch im Hinblick auf Eigenschaften erklärt werden können; die Feldabhängigkeit stützt sich allerdings als Grundlage der Erklärung auf die Wahrnehmung – einen kognitiven Prozess.

Auch wenn die Feldabhängigkeit in einem interkulturellen Kontext untersucht wird, treten Unterschiede auf. Witkin legte Beweise dafür vor, dass Gesellschaften im Hinblick auf den vorherrschenden kognitiven Stil ihrer Mitglieder charakterisiert werden können (z. B. Witkin & Berry, 1975). Witkin behauptete, dass Menschen in Gesellschaften von Jägern und Sammlern stärker zur Feldunabhängigkeit neigten als Menschen in vorwiegend agrarischen Gesellschaften. Er schrieb diesen Unterschied dem adaptiven Wert jedes Stils für die unterschiedlichen Anforderungen an die Mitglieder der jeweiligen Gruppe zu: So müssen Jäger und Sammler analytischer vorgehen, um Wild zu finden und ihren eigenen Standort nicht aus dem Auge zu verlieren, um den Weg zurück nach Hause zu finden. Andererseits gibt es bei bäuerlichen Gesellschaften tendenziell kompliziertere Systeme der sozialen Interaktion, und in einer solchen Umgebung wären die Konformität mit den Normen der Gruppe und die zwischenmenschliche Sensibilität von größter Wichtigkeit.

Es gibt noch eine Vielzahl anderer Variablen des kognitiven Stils, die unter Umständen für die Persönlichkeit von Bedeutung sein könnten. Forscher untersuchen weiterhin – mit unterschiedlichen Ergebnissen – die Beziehung zwischen der Hemisphärendominanz (der Frage, ob über eine Vielzahl von Aufgaben hinweg bei einem Individuum die rechte oder die linke Hälfte des Gehirns dominanter ist) und konventionelleren Messmethoden der Persönlichkeit. So stellten beispielsweise McLaughlin und Lester (1997) fest, dass die Hemisphärendominanz mit Eysencks Psychotizismusskala in Beziehung steht, während Biondi, Parise, Venturi, Riccio, Brunetti und Pancheri (1993) eine Verbindung zwischen der Hemisphärenlateralisierung und depressiven Persönlichkeitseigenschaften entdeckten. Allerdings ist es anderen Theoretikern entweder nicht gelungen, klare Auswirkungen zu finden, oder sie vertreten die Ansicht, dass die Arbeit auf diesem Gebiet so fehlerhaft war, dass sie wertlos ist (z. B. Efron, 1990).

Eine weitere Variable des kognitiven Stils, die als für die Persönlichkeit relevant betrachtet werden kann, wird als **kognitive Komplexität** bezeichnet – inwieweit eine Person in der Lage ist, eine größere Zahl von Unterschieden bzw. einzelnen Elementen, in die eine Einheit oder ein Ereignis unterteilt werden kann, zu verstehen, zu nutzen und mit ihnen umzugehen, und inwieweit die betreffende Person in der Lage ist, diese Elemente durch das Auffinden von zwischen ihnen bestehenden Verbindungen und Beziehungen zu integrieren. Menschen mit einer niedrigen kognitiven Komplexität sehen die Welt eher in absoluten und einfachen Begriffen und bevorzugen klare und unmissverständliche Probleme sowie einfache Lösungen. Eine wichtige Komponente der kognitiven Komplexität ist die Frage, wie wohl sich die betreffenden Personen im Umgang mit Unsicherheit fühlen. Menschen mit einer hohen kognitiven Komplexität tendieren dazu, sich im Umgang mit Unsicherheit vergleichsweise wohler zu fühlen, während Menschen mit einer niedrigen kognitiven Komplexität sich mehr Richtung Sicherheit orientieren (Sorrentino & Roney, 2000).

7.2 Kognitive und perzeptive Mechanismen

Jeder Mensch, der zur Schule gegangen ist, weiß, dass Kinder sich deutlich darin unterscheiden, wie sie über Problem nachdenken und auf Probleme reagieren, und dass sich diese Reaktionen mit dem Alter der Kinder verändern. Das bedeutet, dass wir durch die Untersuchung von Mechanismen der Erwartung, Beachtung und Verarbeitung von Informationen wichtige Erkenntnisse über die kognitiven Aspekte der Persönlichkeit gewinnen können.

7.2.1 Die Schematheorie

Jean Piaget wurde 1896 in der Schweiz geboren. Wie auch Freud interessierte sich Piaget zunächst für die Biologie (er untersuchte Weichtiere) und studierte danach eine Zeit lang bei C. G. Jung. Allerdings konzentrierte er sich bald auf die intellektuelle Entwicklung (einschließlich der seiner eigenen Kinder); seine Erkenntnisse hatten bedeutenden Einfluss auf die kognitiven Auffassungen zur Entwicklung der Persönlichkeit. Piaget lieferte eine Erklärung dafür, wie Kinder Konzepte über die sie umgebende Welt entwickeln, die sich auf die kognitive Struktur stützte.

Piaget (1952) zufolge durchlaufen Kinder in ihrer Entwicklung eine Reihe von kognitiven Phasen. In jeder dieser Phasen werden die Inhalte ihres Wissens sowie die Art ihres logischen Denkens immer differenzierter. Neue kognitive Strukturen, so genannte **Schemata**, bauen auf den früher erworbenen Strukturen (Schemata) auf. So wissen wir beispielsweise mittlerweile, dass Neugeborene eine angeborene Präferenz für das Hören menschlicher Sprache (die stärker ausgeprägt ist als die Präferenz für das Hören anderer Geräusche) und für die Fokussierung ihrer Augen auf menschliche Gesichter (die stärker ausgeprägt ist als die Präferenz für die Betrachtung anderer visueller Reize) aufweisen. Wenn Säuglinge mit der menschlichen Sprache und mit menschlichen Gesichtern konfrontiert werden, bauen sie auf dieser Grundlage komplexe kognitive Strukturen auf – Muster für das Verstehen der Welt. Ein neunjähriges Kind, das in einer Seifenoper im Fernsehen eine Sexszene sieht, „sieht" oder versteht in der Tat etwas anders als ein zweijähriges Kind oder auch ein reifer Erwachsener.

Das Schema, das in einer bestimmten Situation aktiviert wird, bildet eine wichtige Determinante der Erwartungen, Inferenzen und Handlungen einer Person in dieser Situation (Abelson, 1981). Derartige Schemata existieren auf vielen Ebenen, und gleichzeitig kann unser Verhalten durch Schemata auf verschiedenen Ebenen beeinflusst werden. Nehmen wir beispielsweise an, eine Frau namens Pat hat zum ersten Mal eine Verabredung mit einem neuen Bekannten namens Chris und beabsichtigt, mit ihm zum Abendessen und danach ins Kino zu gehen. Während sich Pat an den Tisch im Restaurant setzt, sind viele Schemata gleichzeitig für die Steuerung ihres Verhaltens relevant. Eines davon könnte ein

Schema für das Ereignis des Essens im Restaurant sein. (Mitunter wird ein Schema für ein vertrautes Ereignis als „Skript" bezeichnet, da es die Rollen und Handlungen aller Beteiligten zusammen mit den Requisiten und dem Schauplatz festlegt – so wie die Regieanweisungen in einem Drama). Pat weiß unter anderem, was der Kellner wahrscheinlich sagen wird und wie sie darauf angemessen reagiert. Im Allgemeinen denken wir über diese Schemata oder Skripte nicht nach, es sei denn, sie funktionieren nicht mehr, wie dies z. B. der Fall sein könnte, wenn wir in ein fremdes Land reisen.

Ein weiteres für Pat relevantes Schema könnte das Skript für eine erste Verabredung sein, das Pats Erwartungen darüber, wie sie sich verhalten soll, sowie ihre Erwartungen über Chris' Verhalten beeinflusst. Pat wird die speziellen Gesprächsschemata und linguistischen Schemata verwenden, die die Art und Weise bestimmen, wie man mit Personen aus bestimmten sozialen Kategorien (z. B. Freunde) oder mit bestimmten Rollen in einer Interaktion (z. B. einer Verabredung) spricht. Reagiert Chris darauf mit einem „Skript für einen Geschäftspartner", kann dies sehr wahrscheinlich das Ende dieser Bekanntschaft sein. Anders gesagt, die Persönlichkeit kann als eine Reihe kognitiver Skripte betrachtet werden.

Piagets Grundlagen (und die folgende Forschung zu Schemata und Skripten) sind von so großer Bedeutung, da sie darauf hindeuten, dass sich erstens die verschiedenen Arten unseres Verstehens in einer relativ logischen Reihenfolge entwickeln und dass zweitens neue Erkenntnisse auf älteren Erkenntnissen aufbauen (Rumelhart, 1980). Dieser Ansicht zufolge lehrt und verstärkt ein guter Lehrer nicht einfach nur, sondern führt die Lernenden vielmehr zu eigenen Entdeckungen. Das bildet eine unverwechselbare Sichtweise der menschlichen Natur.

7.2.2 Die Kategorisierung

Ein damit verbundenes charakteristisches Merkmal der menschlichen Kognition ist unsere Neigung, unsere Erfahrungen zu organisieren, indem Ereignisse, Objekte oder Menschen, denen wir begegnen, in Kategorien eingeteilt werden. Die **Kategorisierung** ist allgegenwärtig und tritt automatisch ein (d.h. ohne Bemühungen oder eine bewusste Absicht unsererseits). Was bedeutet das?

Die tatsächlichen physischen Stimuli, mit denen unsere Sinnesorgane konfrontiert werden, sind außergewöhnlich komplex. So umfasst beispielsweise die visuelle Szene, die Sie im Moment vor sich sehen, Millionen Informationen, selbst wenn diese Szene nur im Hinblick auf die visuellen Eigenschaften eines jeden winzigen Sektors des Gesichtsfelds beschrieben werden würde (so wie ein Computer verstehen könnte). Das sind die Informationen, die das Auge erreichen, es ist aber nicht das, was wir „sehen". Was wir stattdessen erfahren, sind die identifizierbaren, vertrauten Objekte, die im Moment vorhanden sind – Dinge wie diese Seite, die eigene Hand, ein Stift, eine Tür. Für die Menschen ist es unmöglich, *nicht* zu kategorisieren. Wir erleben die Welt durch unsere Interpretationen (Bruner, Goodnow & Austin, 1956).

Bei der menschlichen Wahrnehmung tritt die automatische Kategorisierung sehr komplexer Szenen häufig dann auf, wenn die einfachen Merkmale des Reizes zu kurz oder zu schwach sind, um unser Bewusstsein zu erreichen. Ein bemerkenswertes Beispiel dafür umfasst unsere Fähigkeit, Informationen über die Gemütszustände anderer Menschen aus kurzzeitig dargebotenen Gesichtsausdrücken abzuleiten. Ohne uns notwendigerweise der Tatsache bewusst zu sein, dass wir wahrgenommen haben, wie ein bestimmter Gesichtsmuskel gezuckt hat oder sich die Nasenflügel geweitet haben oder dass sich die Pupillen unseres Gegenübers erweitert haben, und manchmal sogar ohne dass wir über bewusstes oder beschreibbares Wissen darüber verfügen, was ein solches Signal bedeuten könnte, erkennen wir die mit diesen kurzen Reizen verbundenen Emotionen (DePaulo & Friedman, 1997; Rosenthal, 1979). Wir nehmen Wut oder Interesse oder Ekel wahr, ohne die Signale, die diese Informationen übermitteln, bewusst zu analysieren.

Betrachten wir nun, was geschieht, wenn wir einen Seminarraum betreten, in dem wir noch niemals zuvor gewesen sind. Normalerweise nehmen wir Gegenstände wie Stühle, Fenster, ein Pult und anderes Zubehör für Seminarräume wahr. Natürlich haben wir diese speziellen Stühle oder Fenster noch niemals zuvor gesehen, aber wir kategorisieren sie durch einen automatischen und mühelosen Prozess. Und obwohl diese Gegenstände vielleicht einige einzigartige Merkmale aufweisen, nehmen wir an, dass sie die meisten ihrer Merkmale sowohl hinsichtlich physischer als auch hinsichtlich funktionaler Eigenschaften mit bereits bekannten Beispielen dieser Kategorie teilen. Aber es gibt doch individuelle Unterschiede: Die von einer Person verwendete Gruppe von Kategorien hängt stark sowohl von den durch die gegenwärtige Umgebung hervorgerufenen Erwartungen als auch von den relevanten, vorangegangen Erfahrungen der betreffenden Person ab.

Abbildung 7.4:
In vielen Situation beginnen die Menschen normalerweise ein Objekt zu betrachten, indem sie ihm eine Kategorie zuweisen. Für die meisten ist die Einteilung in „männlich" oder „weiblich" die erste Kategorisierung, die sie vornehmen, wenn sie einer unbekannten Person begegnen. Viele Menschen stellen fest, dass ihre normalen Modi der Interaktion stark gestört werden, wenn eine der hervorstechendsten Eigenschaften, das Geschlecht, unbestimmbar ist.

Allerdings kann dieser einflussreiche, automatische Prozess der Kategorisierung auch negative Auswirkungen haben, da es nur ein winziger Schritt von einer nützlichen Kategorie zu einem schädlichen Stereotyp ist. Die gleiche Informationseffizienz, die uns nützliche Erwartungen und Interpretationen liefert, kann auch zu voreiligen Beurteilungen (Vorurteilen) führen. Die Existenz (und die Fortdauer) negativer sozialer Stereotypen über soziale, religiöse oder ethnische Gruppen kann durch die Verschmelzung verschiedener kognitiver Faktoren erklärt werden, die bei der menschlichen Informationsverarbeitung eine tief greifende Rolle spielen. Hierbei ist der wichtigste Faktor die bereits oben erörterte Macht der Kategorien bei der Steuerung der menschlichen Interpretationen und Erwartungen (Taylor & Crocker, 1981). Wenn wir einmal über eine Kategorie verfügen und mit Gegenständen oder Personen konfrontiert werden, die einige der Eigenschaften dieser Kategorie erfüllen, „ergänzen wir die weißen Flecken“ mit den übrigen Informationen, die auf die betreffende Kategorie zutreffen (Srull & Wyers, 1989). Von einem streng kognitiven Standpunkt aus betrachtet, unterscheiden sich die mit Kategorien von Personen verbundenen Stereotypen im Hinblick auf ihre Darstellung und Verwendung nicht von z. B. Kategorien von Häusern oder Blumen. Manche Menschen kategorisieren Gegenstände und andere Personen schnell. Das erklärt zum Teil, warum weiße und schwarze Amerikaner häufig dazu neigen, verschiedene Ansichten zu Gerichtsverfahren zu hegen, bei denen die Zugehörigkeit zu einer ethnischen Gruppe oder die Hautfarbe ein Thema ist. Ihre unterschiedlichen Erfahrungen haben bei ihnen zu verschiedenen Schemata und Kategorien bei der Verarbeitung der gleichen Informationen geführt.

Ein weiteres, damit verbundenes Merkmal der menschlichen Kognition unterstützt ebenfalls die Verwendung von Stereotypen: Es ist sehr viel wahrscheinlicher, dass die Menschen Informationen bemerken, die ihre Erwartungen stützen, als Informationen, die ihren Erwartungen widersprechen. Wenn wir also eine uns unbekannte Person betrachten, die zu einer Gruppe oder Kategorie gehört, ist es unter den meisten Bedingungen wahrscheinlicher, dass wir die Eigenschaften erkennen, die zu dem Stereotyp passen, als Eigenschaften, die nicht zu dem Stereotyp passen. Wenn wir etwas glauben, sehen wir es (Hamilton & Sherman, 1994).

7.2.3 Die Steuerung der Aufmerksamkeit

Wie „sehen“ (und hören, riechen, tasten und schmecken) wir Personen und Gegenstände und Ereignisse auf Arten, die für uns bedeutungsvoll sind? Häufig geschieht das durch die Steuerung der Aufmerksamkeit. Da es den Menschen so bemerkenswert gut gelingt, aus dem, was William James (1890) als „blühendes, summendes Durcheinander“ bezeichnete, Sinn zu gewinnen, sind den meisten Menschen die differenzierten Mechanismen nicht bewusst, mit denen wir kontinuierlich unsere Aufmerksamkeit steuern und unsere Umgebung interpretieren. Im Folgenden bieten wir Ihnen eine Übung an, mit der diese Fähigkeit aufgezeigt werden kann.

Lesen Sie diesen Abschnitt und hören Sie, während Sie lesen, auch auf die Hintergrundgeräusche in Ihrer Umgebung, spüren Sie, wie Ihre Kleidung Ihre Haut berührt, spüren Sie, wie das Buch in Ihrer Hand liegt, riechen Sie die Sie umgebende Luft, schmecken Sie das Innere Ihres Mundes und beachten Sie die visuelle Szene jenseits des Randes dieser Seite im Randbereich Ihres Gesichtsfeldes.

Selbstverständlich ist es schwierig, auf all diese Dinge gleichzeitig zu achten, und es beeinträchtigt auch Ihre Fähigkeit, sich auf das zu konzentrieren, was Sie lesen. Interessant an dieser Übung ist allerdings, dass all die sensorischen Informationen, die es Ihnen ermöglicht haben, die zuvor nicht beachteten Aspekte ihrer inneren und äußeren Umgebung zu hören, zu riechen, zu fühlen, zu schmecken und zu sehen, stets vorhanden sind, dass sie sich immer auf Ihre sensorischen Systeme auswirken. Zum Glück für unsere geistige Gesundheit bemerken wir diese Informationen nicht ständig und konzentrieren uns nicht ständig auf sie. Andererseits überwachen wir ständig *in gewissem Maße* unsere

Umgebung in all ihren Zuständen, so dass wir es beispielsweise wahrscheinlich bemerken würden, wenn es auch nur schwach nach Rauch riechen würde (Triesman, 1964). Die Menschen nehmen einige wenige wichtige Merkmale ihrer gegenwärtigen Umgebung wahr und filtern diese im Lichte ihrer gegenwärtigen Ziele. Diese Kombination innerer und äußerer Informationsquellen bildet die wichtigste Determinante der Aufteilung der Aufmerksamkeit zwischen verschiedenen Signalen der inneren und äußeren Umgebung. Unsere Aufmerksamkeit wird nicht nur auf die Aufgaben in unserer Umgebung, sondern auch auf die Steuerung einiger unserer inneren mentalen Prozesse aufgeteilt.

7.2.4 Individuelle Unterschiede in der Aufmerksamkeit: Störung mit Aufmerksamkeitsdefizit bei Hyperaktivität (ADHS)

Von einem kognitiven Standpunkt aus betrachtet, bildet das Ausmaß, in dem die Aufmerksamkeit der gezielten Kontrolle der Individuen unterliegt, einen auffallenden Aspekt, in dem sie sich unterscheiden. Bei Menschen (insbesondere bei Kindern im schulpflichtigen Alter), die atypische Aufmerksamkeitsprozesse aufweisen, wird häufig ADHS – **eine Störung mit Aufmerksamkeitsdefizit/ mit Hyperaktivität** – diagnostiziert. Dem *Diagnostic and Statistical Manual of Mental Disorders IV* (DSM IV, American Psychiatric Association, 1994) zufolge wird der Begriff ADHS für Menschen mit oder ohne der Komponente der Hyperaktivität verwendet. Diese Unterscheidung wird mithilfe der Subkategorisierung in drei charakteristische Untertypen der Störung vorgenommen: in den hyperaktiven / impulsiven Typ (keine Unaufmerksamkeit), den unaufmerksamen Typ (keine Hyperaktivität / Impulsivität) und den kombinierten Typ (sowohl Unaufmerksamkeit als auch Hyperaktivität / Impulsivität).

Viele Forscher und Kliniker argumentieren, dass ein relativ großer Teil der ADHS-unaufmerksamen Personen gerade deshalb nicht diagnostiziert und behandelt wird, weil sie keine hyperaktiven und impulsiven Verhaltensweisen aufweisen (Fisher, 1998). Das Aufmerksamkeitsverhalten bei diesen Personen unterscheidet sich auf mehrere Arten vom Aufmerksamkeitsverhalten der meisten anderen Menschen (Barkley & Edwards, 1998). Ihre Symptome scheinen mit einer Unfähigkeit in Zusammenhang zu stehen, ihre Aufmerksamkeit angemessen von einer räumlichen Position auf eine andere zu verschieben (Carter et al., 1995; Fisher, 1998; Swanson et al., 1998). Paradoxerweise ist die Aufmerksamkeit bei Menschen mit ADS / ADHS nicht in allen Hinsichten gleichmäßig schlechter, sie unterscheidet sich vielmehr in Arten und Weisen, die sie gleichzeitig besser und schlechter machen. Menschen mit ADS sind häufig bei Aufgaben, die ihr Interesse erwecken, zu sehr intensiver Konzentration – „übermäßiger Aufmerksamkeit" – fähig und weisen dabei eine stärkere und länger andauernde Konzentration auf, als dies bei ansonsten vergleichbaren Personen (nach Alter, Bildung und Intelligenz) der Fall ist. Darüber hinaus fällt es diesen Personen mitunter schwer, sich von einem Reiz oder einer Aktivität zu lösen. So kann sich beispielsweise ein schulpflichtiger Junge mit ADHS für lange Zeiträume auf ein Computerspiel konzentrieren und damit verbundene Aufgaben ausführen, noch lange nachdem gleichaltrigen Kindern langweilig geworden ist und sie zu einer anderen Aktivität übergegangen sind. Während dieses Zeitraums kann es den Eindruck machen, als hätte das Kind seine Umgebung vollkommen vergessen und würde sich vollkommen auf dieses Spiel konzentrieren – ein ideales Beispiel für die Konzentration auf eine Aufgabe. Allerdings gelingt es im umgekehrten Fall Menschen mit ADS häufig nicht, ihre Aufmerksamkeit angemessen auf andere Aspekte ihrer Umgebung zu verschieben. So bemerken sie eventuell nicht, dass die anderen Schüler ihre Bücher weggepackt haben, und sie sind sich nicht bewusst, dass ihre Freunde die Videospielhalle bereits verlassen haben, oder sie nehmen die sozialen Signale von anderen nicht wahr, die anzeigen, dass ihr Verhalten unangemessen ist.

Diese Variabilität der Menschen darin, wie ihre Aufmerksamkeitsprozesse funktionieren, ist aufgrund der bedeutenden Auswirkungen auf die Interaktionen einer Person mit ihren sozialen Umgebungen für die Persönlichkeit unmittelbar relevant. Darüber hinaus ist sie auch deshalb von Bedeutung, weil sie die Wahrnehmung der betreffenden Person durch andere beeinflusst – als aufmerksame oder unaufmerksame Person, als eine, die „mitkommt" oder „nicht mitkommt", bzw. als reaktionsfähige oder reservierte Person. Obwohl die bei diesen Defiziten involvierten spezifischen neurologischen Mechanismen noch nicht geklärt wurden, wird zunehmend klar, dass sich bei solchen Kindern die an der Reaktion auf Informationen aus der Peripherie beteiligten Systeme atypisch entwickelt haben (Collings, 2001). Unabhängig von der speziellen Ursache dafür beeinträchtigen die Defizite der betreffenden Personen häufig ihre Fähigkeit, die für gute intellektuelle und soziale Leistungen notwendigen Fertigkeiten zu erwerben, und haben darüber hinaus lebenslange Konsequenzen für Kinder mit ADHS- unaufmerksamer Typ.

Vor kurzem brachten einige Theoretiker die mit ADHS - hyperaktiver / impulsiver Typ und ADHS - kombinierter Typ verbundenen Symptome der Hyperaktivität und Impulsivität mit dem Verhaltenshemmsystem (BIS) von Gray (Gray, 1987) in Verbindung, dem an der Hemmung erlernter Reaktionen auf neue Reize beteiligten neurologischen System (Barkley, 1997; Quay, 1997). Interessanterweise ist dieses System auch mit der Persönlichkeitseigenschaft des Neurotizismus sowie mit negativer Emotionalität und Angst in Verbindung gebracht worden (Zelenski & Larsen, 2000; Quay, 1997). Barkley (1997) und Quay (1997) vertreten die Ansicht, dass die Unfähigkeit, unmittelbare Reaktionen auf Ereignisse in der Umgebung anzuhalten (oder zumindest zu regulieren) zu den bei diesen Kindern häufig beobachteten, störenden Verhaltensweisen (Hyperaktivität, Impulsivität und emotionale Ausbrüche) und den schlechten schulischen Leistungen führt. Außerdem ist zunehmend klar geworden, dass sich bei vielen dieser Kinder die problematischen Verhaltensweisen nicht im Laufe der Zeit verlieren, und sie während ihres gesamten Lebens psychosoziale Probleme haben – wie dies auch bei den Personen mit ADHS – unaufmerksamer Typ der Fall ist (Fisher, 1998). Obwohl ADHS häufiger Männer als Frauen zu betreffen scheint, tragen beide Geschlechter ein Risiko für diese hochgradig erbliche Störung in sich (NIH, 1998). Glücklicherweise geben uns Fortschritte in den neurowissenschaftlichen Techniken Anlass zur Hoffnung, effektivere, frühe Diagnosen und Interventionen bei dieser komplexen Störung zu ermöglichen.

ADHS wird normalerweise auf der Grundlage beobachteter, von Eltern und Lehrern bewerteter Verhaltensweisen diagnostiziert, es gibt allerdings zunehmend Beweise dafür, dass die Störung auch durch charakteristische Muster der Gehirnaktivität in speziellen Regionen gekennzeichnet ist. Mithilfe einer Vielzahl von Methoden ist mittlerweile nachgewiesen worden, dass sich die Gehirnaktivität bei Kindern mit ADHS messbar von der bei Kindern ohne diese Störung unterscheidet. So wurde beispielsweise mithilfe von durch die funktionelle Magnetresonanztomographie (fMRT, einer in Kapitel 2 beschriebenen Technik) erzeugten Bildern nachgewiesen, dass sich das Muster der Gehirnaktivität im Frontallappen (insbesondere im Bereich des Striatums) bei Jungen, bei denen ADHS diagnostiziert wurde, von dem bei gleichaltrigen Jungen ohne diese Störung unterscheidet, wenn keines der Kinder Medikamente einnimmt (Vaidya u. a., 1998).

Kinder mit ADHS werden häufig mit Ritalin oder Concerta behandelt, die Markennamen für das Medikament Methylphenidat sind, das wiederum eine Form von Amphetamin ist. Das Ziel dieser Medikation besteht in der Verbesserung der akademischen Leistungen, der Kontrolle des schulischen Verhaltens und der Verbesserung der sozialen Interaktionen. Diese Behandlung ist allerdings zumindest teilweise umstritten, da das Wesen der Störung nicht völlig bekannt ist (Barkley & Edwards, 1998). Einige Kritiker argumentieren, dass hier Kinder einfach unter Drogen gesetzt werden, um mit den Defiziten der schulischen Umgebung fertig zu werden. Sie fragen: „Wessen Aufmerksamkeitsstörung wird hier behandelt?“ Ist es das Problem des Kindes oder gestaltet sich der Fall eher so, dass sich die Pädagogen nicht auf die richtigen Prioritäten konzentrieren und in ihren Schulen keine angemessenen Lernumgebungen schaffen?

Allerdings ist klar, dass sich die Wirkung der Droge bei Patienten mit ADHS stark von der normalen Wirkung unterscheidet. Bei Personen ohne ADHS wirkt Amphetamin (das als illegale Droge als „Speed“ bezeichnet wird) stimulierend und steigert die Erregung. Paradoxerweise senkt Amphetamin bei Menschen mit ADHS die Hyperaktivität, Unaufmerksamkeit und Impulsivität – es verlangsamt und hemmt ihre Aktivität, statt sie zu stimulieren. Dieser paradoxe Effekt ist sehr stabil, obwohl die genauen, dem zugrunde liegenden Mechanismen noch immer untersucht werden. In der oben erwähnten fMRT-Studie (Vaidya et al., 1998) wurde festgestellt, dass Ritalin die Aktivierung des Striatums bei Kindern mit ADHS erhöht, aber bei gesunden Kindern die Aktivierung des Striatums reduziert. In einer weiteren Studie (Volkow et al., 2001) wurde mithilfe von PET-Scantechniken gezeigt, dass die Gehirnniveaus des Neurotransmitters Dopamin sich erhöhten, wenn Ritalin verabreicht wurde. Da das Striatum reich an Dopamin ist, bestätigen sich diese Studien gegenseitig. Wir beginnen an dieser Stelle, ein einheitliches Bild sowohl von der Störung als auch ihrer Behandlung zu entwickeln. Wenn die gegenwärtig aufgestellten Theorien bezüglich der Behauptung zutreffen, dass sich diese Störung aus Defiziten in der Fähigkeit zur Hemmung von Verhaltensweisen ergibt (Barkley, 1997), kann daraus geschlussfolgert werden, dass Medikamente vom Typ Ritalin ihre nützlichen Wirkungen bei ADHS erreichen, indem sie das Hemmsystem stimulieren. Unter Umständen werden wir bald die Eigenschaften des Gehirns besser verstehen, die der Persönlichkeitseigenschaft der Impulsivität zugrunde liegen, die für einige Formen von ADHS typisch ist.

7.3 Menschen als Wissenschaftler: George Kellys Theorie der persönlichen Konstrukte

Jeder Mensch versucht herauszufinden, wie seine Welt funktioniert: Können wir uns deshalb alle als gute oder schlechte Wissenschaftler sehen, die aktiv versuchen, der sie umgebenden Welt einen Sinn zu verleihen? Das ist die grundlegende Aussage von George Kellys einflussreicher Betrachtungsweise der Persönlichkeit – dass jeder Mensch versucht, die Welt zu verstehen und dass wir das auf unterschiedliche Art und Weise tun. Da das Hauptaugenmerk dieses Ansatzes auf den aktiven Bemühungen der Menschen liegt, die Welt zu interpretieren und zu verstehen und ihre eigenen Versionen der Realität zu konstruieren, wird dieser Ansatz (angemessen) als Konstruktivismus oder als **Theorie der persönlichen Konstrukte** bezeichnet.

Kellys grundlegendes Postulat ist, dass die „Prozesse eines Menschen durch die Art, auf die er Ereignisse antizipiert, psychologisch kanalisiert werden“ (1955, S. 46). Diesem Ansatz zufolge ändern sich die Menschen, während sie die Systeme ihrer Konstrukte umorganisieren. Kellys Theorie konzentrierte sich insbesondere auf den Bereich der zwischenmenschlichen Beziehungen. Das Verhalten einer Person wird durch ihre Interpretation der sie umgebenden Umwelt und die sich daraus ergebenden Erwartungen dazu gesteuert.

Abbildung 7.5: George Kelly zufolge ist jeder von uns ein Persönlichkeitstheoretiker.

7.3.1 Individuen als Amateure der Persönlichkeitstheorie

Kelly setzte das Modell der wissenschaftlichen Methode ausdrücklich zur Beschreibung des allgemeinen menschlichen Verhaltens ein. Er postulierte, dass „jeder Mensch auf seine spezielle Art und Weise ein Wissenschaftler ist“ (1955, S. 5). Wie der Wissenschaftler eine Hypothese aufstellt und danach Experimente durchführt, um zu untersuchen, ob die Hypothese das Ergebnis vorhersagt, stellen auch die einzelnen Menschen ihre eigenen

„Theorien“ auf und verwenden dann ihre persönlichen Erfahrungen als „Daten“, die diese Theorie unterstützen (oder entkräften).

Ein zentrales Merkmal von Kellys Theorie unterscheidet sie von vielen anderen Ansätzen zur Persönlichkeit. So postulieren beispielsweise die Eigenschaftansätze zur Persönlichkeitsforschung (die in Kapitel 8 erörtert werden), dass eine spezielle Reihe von Eigenschaften von entscheidender Bedeutung für die Erklärung der menschlichen Persönlichkeit ist. Kelly (1963) vertrat radikal andere Vorstellungen: Jeder Mensch verfügt über ein eigenes System von Konstrukten, die er einsetzt, um Verhalten (sowohl sein eigenes als auch das von anderen) zu verstehen und vorherzusagen. Das bedeutet, erklärt Kelly, dass jeder Mensch mehr oder weniger ein Persönlichkeitstheoretiker mit einem persönlichen System von Erklärungen für das menschliche Verhalten ist!

7.3.2 Der Rollen-Konstrukt-Repertoire-Test

Kelly entwickelte ein einzigartiges Bewertungsinstrument, mit dem das System der persönlichen Konstrukte evoziert werden sollte. Anstatt Versuchspersonen zu bitten, eine Reihe von Eigenschaften oder Persönlichkeitsdimensionen zu bewerten oder in Rangordnungen einzuteilen, die der Gestalter des Tests für wichtig hält, besteht das Ziel dieses Instruments darin, die eigenen Auffassungen der betreffenden Person zur Persönlichkeit mithilfe eines Vergleichsverfahrens zu verdeutlichen. Dieses bekannte Instrument wird als **Rollen-Konstrukt-Repertoire-Test** oder Rep-Test bezeichnet. (Ein ähnlicher Test kann von den Lesern des vorliegenden Buchs im Kasten „Selbstverständnis“ auf Seite 301 durchgeführt werden.) Zunächst erfragt der Testleiter von der Versuchsperson die Namen von zwanzig bis dreißig Personen, die spezielle Rollen im Leben der Versuchsperson erfüllen (wie beispielsweise des Vaters, des früheren Freunds / der früheren Freundin oder eines Lehrers, den man nicht gemocht hat). Danach stellt der Testleiter Triaden (Dreiergruppen) dieser Figuren zusammen und bittet die Versuchsperson zu bestimmen, inwieweit zwei der Personen sich von der dritten unterscheiden. Die Dimension, in der sich die Mitglieder der Gruppe unterscheiden, bildet das von der Versuchsperson generierte Konstrukt. Nehmen wir beispielsweise an, einer Frau wird die Triade ihrer Schwester Annette, ihrer Chefin Geraldine und eines ungeliebten Lehrers, Herrn Sorenson, vorgegeben, und sie wird gebeten zu bestimmen, in welchem Punkt sich einer der drei von den anderen beiden unterscheidet. Wenn die Versuchsperson sagt, dass ihre Schwester und ihre Chefin beide nervös sind, aber der Lehrer ruhig ist, wird das Konstrukt *nervös-ruhig* geschaffen. Dieses Verfahren wird einige Dutzend Mal mit verschiedenen Triaden wiederholt, so dass sich eine Reihe von Konstrukten ergibt, die als eine Abbildung der Hierarchie von Konstrukten (Dimensionen) betrachtet wird, die die Versuchsperson als für das Verständnis und die Vorhersage des Verhaltens wichtig erachtet. Die Konstrukte jeder einzelnen Person sind ein einzigartiger Ausdruck der eigenen Ansichten dieser Person darüber, welche Eigenschaften von Menschen wichtig sind.

Kellys Hauptwerk wurde 1955 veröffentlicht, ein Jahrzehnt bevor die kognitive Psychologie als Untersuchungsgebiet innerhalb der Psychologie begründet wurde. Trotzdem trug Kellys Arbeit dazu bei, den Weg für moderne Ansätze der sozialen Kognition zu bereiten, z. B. der Attributionsansätze und der Theorien des sozialen Lernens (siehe folgende

Abschnitte). Wie Kellys Theorie versuchen auch diese Theorien zu erklären, wie Individuen die soziale Welt wahrnehmen und Ereignisse antizipieren, und betrachten diese Prozesse als von grundlegender Bedeutung für das Verständnis menschlichen Verhaltens. Dabei ist allerdings zu beachten, dass die Erklärungen jedes Menschen in einem zwischenmenschlichen, kulturellen und historischen Kontext funktionieren. Das bedeutet, dass sich die Erklärungen in Abhängigkeit von den betreffenden, beteiligten Personen, Geschichten und Situationen ändern können (Hermans, Kempen & van Loon, 1992).

George Kellys Arbeit bleibt auch weiterhin einflussreich, wobei sich sein Ansatz zur Persönlichkeit in einer noch immer regelmäßig erscheinenden Zeitschrift widerspiegelt, die diesen theoretischen Ansatz untersucht: *The International Journal of Personal Construct Psychology*

7.4 Soziale Intelligenz

Offensichtlich unterscheiden sich die Menschen sehr stark in ihren kognitiven Fähigkeiten – helfen uns aber derartige Informationen dabei, ihre Persönlichkeiten besser zu verstehen? Viele der von uns bereits diskutierten Konzepte fließen in der Vorstellung von der sozialen Intelligenz zusammen (Cantor & Kihlstrom, 1987). Dieses Konzept ist grundsätzlich recht einfach: Genauso wie sich die Menschen in dem für viele Aspekte ihres Lebens relevanten Wissen und den betreffenden Fähigkeiten unterscheiden (beispielsweise in mathematischen Fähigkeiten, musikalischer Begabung, Fähigkeiten des logischen Denkens usw.), unterscheiden sie sich auch im Ausmaß ihrer Beherrschung der spezifischen Anhäufung (Cluster) von Wissen und Fähigkeiten, die für zwischenmenschliche Situationen relevant sind – in ihrer **sozialen Intelligenz**.

Dieser Ansatz beruht auf der Annahme, dass sich die Menschen in ihrer Fähigkeit unterscheiden, andere Menschen zu verstehen und zu beeinflussen. Erfolg in zwischenmenschlichen Interaktionen zu haben fällt einigen Menschen leicht, während er anderen schwer fällt. Manche Menschen sind Diplomaten, andere dagegen sind Rüpel. Das Konstrukt der sozialen Intelligenz versucht zu erfassen, wie sich die Individuen in ihren zwischenmenschlichen Fähigkeiten voneinander unterscheiden.

Eine ähnliche Vorstellung über die Existenz einer solchen Gruppe von Fähigkeiten hat einen ganz anderen Ursprung. Howard Gardner, ein bekannter pädagogischer Psychologe, der sich für die Auswirkungen individueller Unterschiede auf die Bildung interessierte, entwickelte die Theorie der „multiplen Intelligenzen“, die auf dem Gebiet der Pädagogik sehr großen Einfluss gewonnen hat (Gardner, 1983). Diese Theorie postuliert, dass alle Menschen über mindestens sieben unterschiedliche Intelligenzen – über sieben verschiedene Arten des Wissens über die Welt – verfügen und sich durch ihre relativen Stärken auf jedem dieser Gebiete voneinander unterscheiden. Gardners sieben Intelligenzen umfassen Wissen über die Welt durch Sprache, logisch-mathematische Analysen, Raumvorstellung, musikalisches Denken, körperlich-kinästhetische Intelligenz (die Körperkontrolle, über die beispielsweise ein Turner verfügt) und das Verständnis des eigenen Selbst und anderer. Nach Gardners Ansatz wird jede Person durch ein Profil von Intelligenzen und nicht durch ein einziges globales Maß der Intelligenz (wie beispielsweise einen IQ) charakterisiert. Die traditionellen Maße der Intelligenz werden von Gardner als zu eng abgelehnt. Er postuliert, dass diese normalerweise die unterschiedlichen Fähigkeiten der Menschen in ein oder zwei Bereichen des Wissens widerspiegeln, aber so gut wie keine Informationen in den anderen Bereichen berücksichtigen. Sowohl Forscher im Bereich der sozialen Intelligenz als auch Forscher im Bereich der multiplen Intelligenz unterstützen die Ansicht, dass die individuell unterschiedlichen Fähigkeiten der Menschen auf dem sozial-zwischenmenschlichen Gebiet als eine Art Intelligenz betrachtet werden sollen – dass diese Fähigkeit intern zusammenhängende Gruppen bilden und innerhalb eines Rahmens individueller Unterschiede genauso messbar sind wie alle anderen Aspekte der kognitiven Fähigkeit. Anders gesagt: wenn ein Mensch über die kognitiven Fähigkeiten und die Aufmerksamkeitssteuerung verfügt, die es ihm ermöglichen, empathisch, sensibel, einflussreich, beliebt, inspirierend, mitfühlend, aufregend, humorvoll, charmant usw. zu sein, ist dieser Mensch sozial intelligent. Dabei ist zu beachten, dass dieses Konzept kognitive Fähigkeiten umfasst, die vermutlich bis zu einem gewissen Grad erlernt und kultiviert werden können. Bei diesem Ansatz können Aspekte der Persönlichkeit durch die Schulung von Fertigkeiten geändert werden.

Selbstverständnis

Die kognitive Persönlichkeitsbewertung mithilfe des Rollen-Konstrukt-Ansatzes

Auf der Grundlage der Arbeit von George Kelly

Wenn Sie den folgenden kurzen Test durchführen, erhalten Sie eine Vorstellung darüber, wie der Rollen-Konstrukt-Ansatz funktioniert. Sollten Sie sich dafür interessieren, Ihre eigenen Konstrukte weiter zu untersuchen, können Sie der Liste in Abschnitt **1.** weitere Rollen bzw. der Liste in Abschnitt **2.** weitere Triaden hinzufügen.

1. Geben Sie für jede der angegebenen Rollen den Namen einer bestimmten Person an, die diese Rolle in Ihrem Leben erfüllt.

______________ 1. Ihre Mutter oder Vater

______________ 2. Ihr bester Freund

______________ 3. Ihre altersmäßig nächste Schwester (oder eine weibliche Person, die der Rolle einer Schwester am nächsten kommt)

______________ 4. Ihr altersmäßig nächster Bruder (oder eine männliche Person, die der Rolle eines Bruders am nächsten kommt)

______________ 5. Ihre Ehegatte (oder Freund/Freundin)

______________ 6. ein Lehrer, den Sie mochten

______________ 7. ein Lehrer, den Sie nicht mochten

______________ 8. Ihr Chef

_______________ 9. Eine Ihnen bekannte erfolgreiche Person

_______________ 10. Einen Ihnen bekannte erfolglose Person

2. Betrachten Sie jede unten in der ersten Spalte angegebene Dreiergruppe (die Ziffern beziehen sich auf die in Abschnitt 1 benannten Personen). Überlegen Sie, in welcher Hinsicht zwei der drei einander ähneln und sich von der dritten Person unterscheiden. Schreiben Sie die Zahlen der beiden Personen, die sich ähneln, und einen Begriff auf, der beschreibt, inwieweit sie sich ähneln (ihre gemeinsame Eigenschaft). Danach schreiben Sie bitte die Ziffer der Person auf, die sich von den beiden anderen unterscheidet, und einen Begriff, der beschreibt, worin sie sich von den anderen unterscheidet.

Gruppe	Welche zwei ähneln sich?	Gemeinsame Eigenschaft	Wer ist anders?	Unterschiedliche Eigenschaft
1, 4, 5				
2, 3, 9				
4, 6, 10				
2, 4, 7				
6, 8, 9				
1, 7, 8				
4, 7, 9				
5, 8, 10				
1, 3, 8				
3, 5, 6				

3. Betrachen Sie die von Ihnen erstellte Liste von gegensätzliche Begriffspaaren. Ihre Liste spiegelt Ihre persönlichen Konstrukte – wie Sie über die Menschen denken – wider.

7.5 Der Erklärungsstil als Persönlichkeitsvariable

Im Zuge der Entwicklung des kognitiven Ansatzes zur Persönlichkeit ist den kognitiven Stilen (bzw. den charakteristischen Wahrnehmungsweisen), die Menschen zum Verstehen ihrer Umgebung einsetzen, mehr Aufmerksamkeit zuteil geworden. Der **Erklärungsstil** bezieht sich auf eine Reihe kognitiver Persönlichkeitsvariablen, die die gewöhnlichen Mittel einer Person zur Interpretation von Ereignissen in ihrem Leben erfassen. Zu diesem zentralen Konzept des Erklärungsstils gibt es eine Vielzahl von Ansätzen.

7.5.1 Optimismus und Pessimismus

Eine Version dieses Ansatzes verwendet den Optimismus und den Pessimismus als die beiden extremen Pole des Erklärungsstils. Menschen mit einem optimistischen Erklärungsstil neigen dazu, die Ereignisse in ihrem Leben mit einer optimistischen Perspektive zu interpretieren, nehmen selbst neutrale Ereignisse als positiv wahr und sehen auch bei negativen Ereignissen potenziell oder letztendlich doch noch eintretende positive Ergebnisse. Andererseits neigen Menschen mit einem pessimistischen Stil dazu, sich auf das negative Potenzial einer Situation zu konzentrieren. Wenn beispielsweise eine Studentin mit einem optimistischen Erklärungsstil in einer Prüfung eine für sie ungewöhnlich schlechte Note erhält, könnte sie das als nützliche Rückmeldung betrachten, durch die sie die Information erhält, dass sie ihre Lerntechnik ändern muss. Nachdem sie diese Änderung vorgenommen hat, erwartet sie zuversichtlich für die nächste Prüfung ein besseres Ergebnis.

Läge der Erklärungsstil der gleichen Person näher am pessimistischen Extrem, könnte sie die schlechte Note als Zeichen ihrer eigenen mangelnden Fähigkeit betrachten; das stellt eine stabile Attribution an eine innere Ursache dar. Oder sie könnte Faktoren, die außerhalb ihrer Kontrolle liegen – z. B. einen übermäßig strengen Professor –, für die schlechte Note verantwortlich machen; das stellt eine stabile Attribution an eine äußere Ursache dar. In jedem Fall wären ihre Erwartungen im Hinblick auf ihre zukünftigen Leistungen niedriger – sie könnte sogar depressiv werden (Peterson & Barrett, 1987; Peterson & Seligman, 1987).

Im Allgemeinen ist ein positiver Erklärungsstil mit besseren Ergebnissen verbunden. In einer Untersuchung bestand bei den Studenten mit einem positiven Erklärungsstil (gemessen mit einem standardisierten Instrument) eine höhere Wahrscheinlichkeit als bei den eher pessimistischen Studenten, dass sie davon überzeugt waren, dass Bemühungen, verbesserte Lerngewohnheiten und höhere Selbstdisziplin zu einer Verbesserung ihrer Noten führen könnten. Und gute Noten waren bei den Optimisten ebenfalls wahrscheinlicher (Peterson & Barrett, 1987). In einer anderen Untersuchung wurde die Arbeit der Studenten mit schlechten Noten durch eine Intervention messbar verbessert, bei der das Augenmerk auf der Überwindung der pessimistischen Interpretation ihrer Leistungen lag (Noel, Forsyth & Kelley, 1987).

Dabei ist allerdings zu beachten, dass übermäßiger Erfolg in Situationen, in denen der Optimismus dazu führt, dass die Menschen mögliche Probleme übersehen oder herunterspielen, auch nachteilige Auswirkungen auf den Erfolg haben kann. So ist es beispielsweise für einen Optimisten, der eine Diät macht, nicht hilfreich zu denken, dass Eiskrem eigentlich nicht viele Kalorien und Fett hat. Übermäßiger Optimismus kann sogar als fehlangepasst betrachtet werden. Ein Mensch, der selbst in Zeiten der Trauer oder Krise immer fröhlich und positiv ist, wird als „anormal" betrachtet.

7.5.2 Das Attributionsmodell der erlernten Hilflosigkeit

Was geschieht wenn ein Mensch lernt, dass er keines der Dinge, die wichtig sind, kontrollieren kann? Martin Seligman (1975) verwendet den Begriff der **erlernten Hilflosigkeit**, um eine Situation zu beschreiben, in der die wiederholte Exposition eines Organismus gegenüber unabwendbarer Bestrafung dazu führt, dass der Organismus später Bestrafungen akzeptiert, selbst wenn diese vermeidbar sind. In einer klassischen Versuchsreihe wurden Hunden, die dem nicht entkommen konnten, unangenehme elektrische Schläge verabreicht. Nachdem die Beschränkungen entfernt worden waren, wäre es den Hunden leicht möglich gewesen, die Schläge zu vermeiden, aber sie neigten dazu, sich nicht zu entfernen und die Schläge weiterhin zu ertragen. Bei der anfänglichen Reihe von Schlägen hatten sie gelernt, dass sie nicht fähig waren, sie zu kontrollieren, und so versuchten sie nicht weiter, zu entkommen oder sie zu vermeiden (Overmier & Seligman, 1967).

Entsprechende Experimente mit Menschen zeigen das gleiche Ergebnis: Nachdem eine Person gelernt hat, dass sie keine Kontrolle hat, kann die Motivation dazu, die Kontrolle zu erlangen zu versuchen, abgestellt sein, selbst wenn diese Kontrolle später möglich ist. Während der Anfangsphase ist die Kontrolle in der Tat extern. Aber nachdem sie unter der externen Kontrolle ausreichend Erfahrung gesammelt haben, versuchen die Teilnehmer nicht mehr, eine interne, selbstbestimmte Kontrolle zu erlangen. Depressionen, Stress und Apathie sind häufig die Konsequenzen. Dieser Gedankengang wird gegenwärtig zur Erforschung und Behandlung von Depressionen in Verbindung mit dem Konzept eingesetzt, dass depressive Menschen über ein depressives Schema verfügen, mit dem sie immer depressivere Gedanken erzeugen (Abramson, Metalsky & Alloy, 1989; Beck & Freeman, 1989). (Siehe Kasten „Berühmte Persönlichkeiten“ auf Seite 305.)

Glücklicherweise gibt es Beweise dafür, dass es möglich ist, Kinder gegen Depressionen zu „immunisieren“, indem man ihnen beibringt, pessimistische Gedanken abzulehnen (Seligman et al., 1995). Das bedeutet, eine kognitive Intervention – bei der den Menschen beigebracht wird, ihre Gedankenprozesse zu ändern – kann das spätere Verhalten beeinflussen. Dabei ist auch hier zu beachten, dass die Persönlichkeit als eine Art kognitiver Fertigkeit gesehen wird.

Die Konsequenzen dieser Persönlichkeitsunterschiede können mitunter im Hinblick auf Unterschiede des Gedächtnisses gesehen werden. Wenn beispielsweise das Gedächtnis auf Informationen untersucht wird, die aus einer emotional bedrohlichen Quelle stammen, weisen Menschen mit einem repressiven Bewältigungsstil eine reduzierte Gedächtniskapazität für Informationen aus der betreffenden Quelle auf, wogegen es Menschen mit einem eher informationssuchenden Bewältigungsstil gelingt, sich an die Informationen zu erinnern und sie zu verwenden. In anderen Experimenten wurde gezeigt, dass Menschen mit einer Neigung zum Pessimismus eventuell eine generalisierte Erwartung haben, dass ihnen negative Dinge passieren, und sie erinnern sich an schlechte Dinge und reinterpretieren sogar gute Dinge als weniger gut (Carver & Scheier, 1981; Scheier & Carver, 1985). Wie im Kapitel 3 zu den psychoanalytischen Ansätzen aufgezeigt wurde, können bestimmte Aspekte der kognitiven Ansätze als moderne Umsetzungen der zuerst von Sigmund Freud gegebenen Anweisungen betrachtet werden.

Interessanterweise stoßen rein kognitive Erklärungsversuche in der Psychotherapie mitunter auf unbewusste Prozesse. Wenn man sich zu stark darauf konzentriert, in eine bestimmte Richtung zu denken, kann man letztendlich damit enden, dass man in die genau entgegengesetzte Richtung denkt – das Gegengift wird zum Gift (Wegner, 1994). Wenn Sie beispielsweise eine Diät machen und sehr intensiv versuchen, nicht an Eiskrem und andere leckere, fettreiche Lebensmittel zu denken, ist es sehr wahrscheinlich, dass Sie damit einen unbewussten Gedankenprozess in Bewegung setzen, der sich auf genau diese Köstlichkeiten konzentriert, und sind dann bereit, sofort loszuschlemmen, sobald Sie für einen Moment die Vorsicht außer Acht lassen.

Berühmte Persönlichkeiten

Präsidenten und Leistungen

Fühlen Sie sich zuversichtlich und in der Lage, ihre Ziele zu erreichen? Könnten Sie Präsident werden? Albert Bandura beschreibt die Selbst-Wirksamkeit als die Überzeugung einer Person, dass sie eine bestimmte Handlung erfolgreich ausführen kann. Die Überzeugung der Selbst-Wirksamkeit ist bereichsspezifisch. Das bedeutet, die Menschen verfügen über unterschiedliche Überzeugungen im Hinblick auf ihre Selbst-Wirksamkeit bei der Ausführung unterschiedlicher Aufgaben. Während Sie beispielsweise nur eine geringe Überzeugung im Hinblick auf ihre Selbst-Wirksamkeit im Bereich der Mathematik haben, können Sie eine hohe Selbst-Wirksamkeit im Hinblick auf ihre Fähigkeiten im Schreiben haben. Bandura (1982) zufolge haben die Überzeugungen über die Selbst-Wirksamkeit wichtige Auswirkungen auf die Leistungen eines Menschen – und sind in der Tat die wichtigsten Motivationsfaktoren dafür. Die Menschen beteiligen sich mit viel größerer Wahrscheinlichkeit an Aktivitäten, von denen sie überzeugt sind, dass sie diese erfolgreich zu Ende bringen können, als an Aktivitäten, für deren erfolgreiche Ausführung sie sich nicht für kompetent halten.

Entscheidungen über die Selbst-Wirksamkeit beruhen auf vier Arten von Erfahrungen. Erstens zeigen frühere erfolgreiche Erfahrungen mit der Aufgabe die Fähigkeit zur kompetenten Erfüllung der Aufgabe. Zweitens erhöht die Tatsache, dass wir sehen, wie andere bestimmte Aufgaben erfolgreich ausführen, die Wahrnehmung, dass diese Aufgaben ausführbar sind. Drittens ermutigt uns die verbale Überzeugung durch andere, indem sie uns mitteilt, dass wir in der Lage sind, eine bestimmte Aufgabe erfolgreich auszuführen. Schließlich liefern uns die Niveaus unserer physiologischen Aktivierung Informationen darüber, ob wir in der Lage sind, eine bestimmte Situation zu bewältigen. Zusammen gipfeln diese Faktoren in der Wahrnehmung der Fähigkeit zur Bewältigung einer Aufgabe oder zum Erreichen eines Ziels durch eine Person – in der Selbst-Wirksamkeit der betreffenden Person in dieser Situation.

Damit verbunden betonen Attributionstheoretiker wie Bernard Weiner, dass sich die Leistungen einer Person daraus herleiten, wie sie Erfolg und Misserfolg interpretiert. Es bestehen drei Eigenschaften der wahrgenommen Kausalität für Ereignisse in unserem Leben: (1) Situationen werden als intern verursacht (durch einen Aspekt des betreffenden Individuums verursacht) oder extern verursacht wahrgenommen (aufgrund von Aspekten der Situation verursacht). (2) Ereignisse werden entweder als Ergebnis kontrollierbarer oder als Ergebnis unkontrollierbarer Faktoren gesehen. Und (3) die Ursachen des Auftretens werden entweder als stabil (über die Zeit hinweg dauerhaft) oder als veränderlich angesehen (Weiner, 1985). Weiner stellt die Hypothese auf, dass der normale Stil der Erklärung der Ursachen von Erfolg oder Misserfolg einer Person für die Erfolgserwartung und damit für die leistungsorientierten Verhaltensweisen der betreffenden Person verantwortlich ist. Dieser Theorie zufolge tendieren leistungsstarke Personen dazu, die Ursachen ihres Erfolgs als intern, kontrollierbar und stabil wahrzunehmen. Diese Konzepte scheinen über kulturelle Grenzen hinweg zuzutreffen (Betancourt & Weiner, 1982; Schuster, Forsterling & Weiner, 1989).

Ein schlagendes Beispiel für die Bedeutung der Reaktion auf Misserfolge für die Bestimmung der endgültigen Leistungen findet sich in der Betrachtung der Geschichte von Bill Clintons Präsidentschaftswahlkampf im Jahr 1992. Als er die Vorwahlen in New Hampshire verloren hatte, dachten viele Experten, dass er keine Chance auf die Nominierung mehr hätte. Aber Clinton bezeichnete sich selbst als „Comeback Kid“ und schrieb sein schlechtes Abschneiden den Skandalen zu, die ihm in seinem Wahlkampf in der Zeit zuvor zu schaffen gemacht hatten – dabei handelte es sich um eine externe Attribution. Natürlich haben viele Faktoren Clintons letztendlichen Erfolg in diesem Wahlkampf bestimmt, aber seine Erfolgserwartung und seine Attribution eines Misserfolgs an eine externe Ursache verliehen ihm im Hinblick auf die Durchführung seines Wahlkampfs eine starke Position. Er hatte bereits in der Vergangenheit die gleiche bemerkenswerte Wende geschafft, als er das Amt des Gouverneurs von Arkansas zunächst verlor und dann zurückgewann. Darüber hinaus hatte er fast sein gesamtes Erwachsenenleben mit der Vorbereitung auf politische Ämter, mit der Bewerbung um solche Ämter oder mit der Ausübung solcher Ämter verbracht (früherer Erfolg und starke Ermutigung).

Die Psychologin Carol Dweck und ihre Kollegen haben einen anderen Ansatz gewählt, um die Beziehung zwischen Kognitionen über die Ausführung einer Aufgabe und dem Erfolg zu verstehen. Sie hat festgestellt, dass Kinder in Leistungssituationen dazu tendieren, eines von zwei Verhaltensmustern zu zeigen: eine fehlangepasste „hilflose“ Reaktion oder eine anpassungsfähige „beherrschungsorientierte“ Reaktion. Hilfloses Verhalten umfasst bei Herausforderungen oder Hindernissen Vermeidung und schlechte Leistungen. Dagegen bewältigen Kinder, die beherrschungsorientierte Verhaltensweisen zeigen, ihre Aufgaben gut, wenn die Aktivitäten anspruchsvoll sind, und sie bemühen sich bei Schwierigkeiten weiter und haben Erfolg (Diener & Dweck, 1980; Elliott & Dweck, 1988). Diese individuellen Unterschiede in den Versuchen zur Lösung von schwierigen Aufgaben und in der Beharrlichkeit dabei fanden sich selbst bei Kindern mit ähnlichen Fähigkeiten.

Kinder, die hilflos sind, neigen dazu, ihren Misserfolg inneren Eigenschaften und Unzulänglichkeiten zuzuschreiben, z. B. einer geringen Intelligenz, einem schlechten Gedächtnis oder schlechten Problemlösungsfähigkeiten. Diese Attributionen werden von geringeren Erwartungen über den zukünftigen Erfolg begleitet. Darüber hinaus zeigen solche Kinder auch begleitende emotionale Reaktionen wie Angst oder Langeweile. Die Leistungen der hilflosen Kinder tendieren dazu, langsam abzusinken. Interessanterweise interpretieren die hilflosen Kinder darüber hinaus erfolgreiche Leistungen häufig als in gewisser Hinsicht unzureichend. Kinder, die beherrschungsorientiert sind, reagieren demgegenüber auf Schwierigkeiten völlig anders. Sie neigen dazu, die

Schwierigkeit nicht als Misserfolg zu sehen, sondern betrachten stattdessen, wie Bill Clinton, Hindernisse als interessante Herausforderungen, denen man sich stellen und die man überwinden muss. Sie steigern ihre Bemühungen und ihre Konzentration und weisen außerdem optimistische, positive Emotionen auf. (Bill Clinton wurde oft als der „ultimative Optimist" bezeichnet.)

Einige Personen haben Ziele, die es ihnen gestatten, Leistungssituationen als Möglichkeiten des Lernens, als Erweiterung ihrer Fähigkeiten und als Erhöhung ihrer Kompetenz zu sehen. Während Weiner argumentiert, dass individuelle Unterschiede bei den Attributionen für Erfolg oder Misserfolg zu leistungsstarkem und leistungsschwachem Verhalten führen, entgegnet Dweck, dass die von einer Person verwendeten Muster der Zielsetzung letztendlich für die Arten von Attributionen verantwortlich sind, die im Hinblick auf die Leistungen vorgenommen werden. Wenn wir uns keine Sorgen über unsere Leistung und deren Bewertung machen und uns stattdessen auf die Wege konzentrieren, die uns zu unseren Zielen führen, ist es viel wahrscheinlicher, dass wir sie auch erreichen (und vielleicht sogar Präsident werden).

7.6 Julian Rotters Ansatz des Locus of control

Der kognitive Ansatz lässt sich mit Theorien des sozialen Lernens (die in Kapitel 6 vorgestellt werden) kombinieren, so dass ein höchst differenziertes Bild der Persönlichkeit entsteht. Beispielsweise scheint es so, als sollte eine Theorie zur Persönlichkeit in der Lage sein zu berücksichtigen, dass die Menschen für das Erreichen ihrer Ziele sowohl aufgrund der Konsequenzen (Belohnungen) als auch aufgrund ihrer Gedanken und Wahrnehmungen über das Ergebnis und dessen Wahrscheinlichkeit arbeiten. Die Menschen planen und treffen Entscheidungen, bevor sie handeln. Julian Rotter war ein Theoretiker des sozialen Lernens, dessen Arbeit sich mit genau solchen Fragen beschäftigte. Rotter bildet eine wichtige Brücke zwischen den traditionellen Theorien des sozialen Lernens und ganz modernen Konzepten, die als sozial-kognitive Theorie bezeichnet werden (Rotter, Chance & Phares, 1972).

Rotter zufolge hängt unsere endgültige Wahl der Verhaltensweise davon ab, wie hoch unsere Erwartung ist, dass unsere Leistung ein positives Ergebnis haben wird (**Ergebniserwartung**) und wie hoch wir die erwartete Verstärkung bewerten (**Verstärkungswert**). Rotters Theorie konzentriert sich darauf, warum eine Person eine Verhaltensweise ausführt und welche Verhaltensweise die Person in einer spezifischen Situation tatsächlich wählt.

7.6.1 Generalisierte und spezifische Erwartungen

In jeder Umgebung haben die Menschen eine Vielzahl an möglicherweise relevanten Verhaltensweisen in ihrem Repertoire. Bei einigen dieser Verhaltensweisen ist die Wahrscheinlichkeit des Auftretens in einer bestimmten Situation höher als bei anderen. Rotter bezeichnet diese Wahrscheinlichkeit des Auftretens einer bestimmten Verhaltensweise in einer speziellen Situation als deren **Reaktionspotenzial**. Eine bestimmte Verhaltensweise, wie lautes Lachen, kann in einigen Situationen (z. B. während eines äußerst komischen Films) ein hohes Reaktionspotenzial und in anderen Situationen (z. B. während einer Abschlussprüfung) ein niedriges Reaktionspotenzial haben.

Es bestehen *spezifische* Erwartungen, dass einem Verhalten in einer speziellen Situation eine besondere Belohnung folgen wird, und im Zusammenhang mit einer Reihe von Situationen bestehen *generalisierte* Erwartungen. So kann beispielsweise eine Person die generalisierte Erwartung haben, dass sie Partys mag, aber zusätzlich dazu kann auch die spezifische Erwartung bestehen, dass ihr die Weihnachtsfeier in der Firma ihres Vaters nicht gefallen wird. Bei der Verwendung dieser Konstrukte können wir eventuell die stabileren, situationsbezogen konsistenten Persönlichkeitseigenschaften, die wir den Menschen zuschreiben, als Ergebnis ihrer generalisierten Erwartungen betrachten (die in einer Vielzahl von ähnlichen Situationen zu ähnlichen Verhaltensweisen führen). Die von Menschen ausgeführten Verhaltensweisen, die als im Widerspruch zu ihrer Persönlichkeit stehend wahrgenommen werden, können aus ihren spezifischen Erwartungen im Hinblick auf eine spezielle Situation entstehen (was zu anderen Verhaltensweisen als den für diese Menschen typischen führt). Da wir als externe Beobachter nur selten Zugang zu den internen Informationen haben, durch die der Handelnde in speziellen Situationen geleitet wird (die zu seinen spezifischen Erwartungen beitragen und somit sein Verhalten in der betreffenden Situation beeinflussen), scheint das Verhalten in der betreffenden Situation – in unserem Beispiel das Vermeiden des Besuchs der Weihnachtsfeier – im Widerspruch zur Persönlichkeit des jeweiligen Menschen zu stehen.

Wann beeinflussen generalisierte Erwartungen unser Verhalten stärker als die spezifischen Erwartungen und umgekehrt? Rotter sagt, dass wir dazu tendieren, generalisierte Erwartungen in neuen Situationen stärker zu bewerten und spezifische Erwartungen einzusetzen, wenn die Situation vertrauter wird (und wir eher wissen, was wir erwarten können).

7.6.2 Die Rolle von Verstärkungen

Rotter vertritt auch die Ansicht, dass ein Mensch einige Verstärkungen stärker als andere präferiert und dass dies die Wahrscheinlichkeit des Auftretens von Verhaltensweisen beeinflusst, die mit verschiedenen Verstärkungen verbunden sind. Je höher der subjektive Wert der Verstärkung ist, desto wahrscheinlicher ist es, dass eine Person eine mit der hoch bewerteten Verstärkung verbundene Verhaltensweise ausführt. Der Wert der Verstärkung wird in Bezug auf die Werte der anderen verfügbaren Verstärkungen betrachtet. Rotter zufolge ist die Verstärkung, die den höchsten Wert hat, diejenige, von der wir erwarten, dass sie zu anderen Dingen führt, denen wir einen hohen Wert beimessen (wie Geld und Prestige). Diese sekundären Verstärker sind aufgrund ihrer Verbindung mit der Erfüllung wichtiger psychologischer Bedürfnisse wertvoll.

Rotter beschreibt sechs psychologische Bedürfnisse, die sich aus biologischen Bedürfnissen entwickeln: Anerkennung / Status (das Bedürfnis danach, Leistungen zu erzielen, als kompetent gesehen zu werden, einen positiven sozialen Rang zu haben), Dominanz (das Bedürfnis, andere zu kontrollieren, Macht und Einfluss zu haben), Unabhängigkeit (das Bedürfnis,

Entscheidungen für sich selbst treffen zu können), Schutz / Abhängigkeit (das Bedürfnis danach, durch andere Sicherheit und Hilfe für das Erreichen der eigenen Ziele zu erhalten), Liebe und Zuneigung (das Bedürfnis, von anderen geliebt und gemocht zu werden) und körperliches Wohlbefinden (das Bedürfnis, Schmerzen zu vermeiden, Vergnügen zu suchen, körperliche Sicherheit und ein Gefühl des Wohlbefindens zu genießen).

7.6.3 Die psychologische Situation

Das Reaktionspotenzial, die Ergebniserwartung und das Verstärkungspotenzial fließen alle zusammen und bilden das, was von Rotter als die **psychologische Situation** bezeichnet wird. Rotter (1982) bemerkt, dass die Macht der Situation über das Verhalten häufig heruntergespielt wird. Er argumentiert, dass nicht notwendigerweise die objektive Situation wirklich wichtig ist (wie die Behavioristen postulieren könnten), sondern *die psychologische Situation.* Die psychologische Situation stellt die einzigartige Kombination von potenziellen Verhaltensweisen einer Person sowie deren Wert für die betreffende Person dar. In der psychologischen Situation interagieren die Erwartungen und Werte einer Person mit den Zwängen der Situation und üben somit großen Einfluss auf das Verhalten aus.

7.6.4 Der Locus of control

Das bekannteste Merkmal von Rotters Theorie ist das Konzept der externen und der internen Kontrolle der Verstärkung oder der **Locus of control (Ort der Steuerung)**. Entweder besteht die generalisierte Erwartung, dass die eigenen Handlungen des Individuums zu den gewünschten Ergebnissen führen – somit besteht ein **interner Locus of control**. Oder es besteht die Überzeugung, dass außerhalb des Individuums existierende Dinge, wie beispielsweise Zufall oder andere, mächtige Personen, bestimmen, ob die gewünschten Ergebnisse eintreten – somit besteht ein **externer Locus of control**. Rotter entwickelte eine Skala des internen / externen Ortes der Steuerung, mit deren Hilfe die Überzeugungen eines Menschen im Hinblick auf die Determinanten seines Verhaltens gemessen werden.

Anders als die in Kapitel 6 beschriebenen strengen Behavioristen ist Rotter überzeugt, dass die Menschen trotz der wichtigen Rolle der Situation bei der Bestimmung des Verhaltens über dauerhafte Veranlagungen verfügen. In seinem ursprünglichen Konzept betrachtete Rotter den Locus of control als stabile Variable der individuellen Unterschiede mit zwei Dimensionen (intern und extern), die eine Vielzahl von Verhaltensweisen in einer Reihe unterschiedlicher Kontexte beeinflusst. In jüngerer Vergangenheit wurde festgestellt, dass der Locus of control (LOC) über drei in gewissem Maße orthogonale (unabhängige) Dimensionen verfügt – Internalität, Glück oder Zufall und andere, mächtige Personen (Levenson, 1981). Dies bedeutet, Menschen mit einem externen Locus of control glauben nicht nur, dass Ereignisse außerhalb ihrer Kontrolle liegen, sie tun dies auch noch entweder im Hinblick auf den Zufall oder auf andere, mächtige Personen.

Individuen mit einem internen LOC sind mit höherer Wahrscheinlichkeit leistungsorientiert, da sie erkennen, dass ihr eigenes Verhalten zu positiven Ergebnissen führen kann. Darüber hinaus ist es wahrscheinlicher, dass sie leistungsstark sind (Findley & Cooper, 1983). Menschen mit externem LOC tendieren dazu, weniger unabhängig zu sein, und es besteht darüber hinaus eine höhere Wahrscheinlichkeit, dass sie deprimiert und gestresst sind – so, wie Rotter es vorhergesagt hatte (Benassi, Sweeney & Dufour, 1988; Rotter, 1954).

7.7 Albert Banduras Theorie des sozial-kognitiven Lernens

Bevor Sie zum ersten Mal ein Auto gefahren haben, hatten Sie bereits viel darüber gelernt, wie man fahren sollte und wie man nicht fahren sollte. Ein Großteil dieses Wissens hatten Sie als Beifahrer gesammelt, bevor Sie eine Fahrschule auch nur zum ersten Mal betreten haben. Dieses Wissen stammt aus Prozessen des Beobachtungslernens – aus dem Beobachten einer anderen Person bei der Ausführung dieser Aufgabe. Dieser grundlegende Aspekt des menschlichen Verhaltens bildet das Hauptaugenmerk von Albert Bandura, einem Theoretiker der sozialen Kognition, dessen wichtigste Arbeiten sich mit der Natur des Beobachtungslernens sowie der Art und Weise beschäftigen, auf die sich die innere Person und die Anforderungen der Situation zur Bestimmung der Handlungen der betreffenden Person verbinden.

In seiner Ausbildung wurde Bandura stark durch die Arbeit des Lerntheoretikers Clark Hull beeinflusst. Anders als die klassischen Behavioristen, die darauf bestanden, dass die Lernmechanismen auf die Erklärung der Beziehungen zwischen beobachtbaren Variablen beschränkt sein sollten, war Hull der Ansicht, dass in der Lerntheorie auch für nicht beobachtbare Variablen (vermittelnde oder innere Variablen) Raum sein sollte, die die Beziehung zwischen Reiz und Reaktion vermitteln.

7.7.1 Das Selbstwertsystem

Bandura misst in der Untersuchung der Persönlichkeit dem, was er als **Selbstwertsystem** bezeichnet, eine wichtige Rolle bei – der Reihe kognitiver Prozesse mittels derer eine Person ihr eigenes Verhalten wahrnimmt, bewertet und reguliert, so dass es für die Umgebung angemessen und für die Erreichung der Ziele des Individuums effektiv ist (Bandura, 1978). Folglich wird das Individuum nicht nur durch externe Prozesse der durch die Umgebung gegebenen Verstärkung beeinflusst, sondern das Verhalten wird auch durch Erwartungen, antizipierte Verstärkungen, Gedanken, Pläne und Ziele bestimmt – d. h. durch die inneren Prozesse des „Selbst“. Die aktive, kognitive Natur des Menschen *während* des Lernprozesses ist von entscheidender Bedeutung: Anstatt nur durch eine Änderung des Verhaltens in der Zukunft auf eine direkte Verstärkung im Nachhinein zu reagieren, kann die Person über die Auswirkungen der Umgebung nachdenken und diese antizipieren. Die Person kann also die möglichen Konsequenzen ihrer eigenen Handlungen antizipieren und somit eine Handlung auf der Grundlage der antizipierten Reaktion der Umgebung sowie der Menschen in dieser Umgebung wählen. Während in der klassischen behavioristischen Lerntheorie die Annahme vorherrscht, dass das Verhalten einer Person sich im Laufe der Zeit als Reaktion auf die direkten Auswirkungen der Verstärkung (und Bestrafung) auf der Grundlage der Verbindung von Reiz und Reaktion verändert, postuliert Bandura, dass die Auswirkungen früherer Verstärkungen internalisiert werden und dass sich das Verhalten tatsächlich aufgrund von Änderungen der Kenntnisse und Erwartungen der betreffenden Person verändert. Das Wissen darum, dass eine bestimmte Verhaltensweise (des Selbst oder einer anderen Person) in einer bestimmten Situation in der Vergangenheit verstärkt wurde, gestattet es der betreffenden Person zu *antizipieren*, dass sie in der Zukunft in den gleichen (oder in ähnlichen) Situationen für diese Verhaltensweise ebenfalls verstärkt werden wird. Folglich bezieht dieser Ansatz die Stärken sowohl der lerntheoretischen als auch der kognitiven Ansätze zur Persönlichkeit ein.

7.7.2 Beobachtungslernen

Einer der wichtigsten Beiträge von Bandura (1973) war seine Erklärung dafür, wie neue Verhaltensweisen erworben werden, ohne dass Verstärkungen erfolgen. Bandura bemerkte, dass die Menschen so viele komplexe Reaktionen erlernen, dass es unmöglich ist, dass jede erlernte Reaktion sich einfach aus dem Prinzip der Verstärkung ergibt. Deshalb erweiterte er den Umfang der Lerntheorie über das hinaus, was der traditionelle behavioristische Ansatz umfasste. Er stellte Theorien über Mechanismen auf, mit deren Hilfe die Menschen einfach durch die Beobachtung der Ausführung einer Verhaltensweise durch andere Menschen lernen können – d. h., sie lernen, ohne die Verhaltensweise selbst auszuführen und ohne direkt für diese Verhaltensweise belohnt oder bestraft zu werden. Das wird als **Beobachtungslernen** oder als **stellvertretendes Lernen** bezeichnet (stellvertretend, da es aus zweiter Hand durch die Beobachtung der Erfahrungen anderer Personen erworben wird). Darüber hinaus wird es auch als *Modellbildung* bezeichnet; das bedeutet, dass eine Person sich als Abbild einer anderen Person formt.

Banduras Standpunkt zufolge kopieren die Menschen nicht einfach gedankenlos das Verhalten anderer, sondern sie entscheiden vielmehr bewusst, ob sie eine durch Beobachtung erlernte Verhaltensweise ausführen oder nicht. Folglich gibt es eine klare Unterscheidung zwischen dem Erwerb einer Verhaltensweise (die Hinzufügung dieser Verhaltensweise zu dem Verhaltensrepertoire) und der späteren offenen Ausführung dieser Verhaltensweise. Eine Person kann durch Beobachtungslernen eine große Anzahl an Verhaltensweisen lernen oder erwerben, aber die Antwort auf die Frage, ob die Person eine Verhaltensweise tatsächlich einmal ausführen wird, hängt von einer Vielzahl von Faktoren ab, die in den nächsten Abschnitten erörtert werden.

Das Lernen aggressiven Verhaltens

Bandura und seine Kollegen führten eine Reihe von mittlerweile sehr bekannten Untersuchungen über das Beobachtungslernen von aggressivem Verhalten bei Kindern durch. In diesen Untersuchungen sahen die Kinder einen Film, in dem ein Erwachsener gezeigt wurde, der sich gegenüber einer aufblasbaren Clownspuppe aggressiv verhielt – er boxte und schlug den Clown, trat und hämmerte auf ihn ein. Bei den Kindern, die das aggressive Verhalten gesehen hatten, bestand eine höhere Wahrscheinlichkeit, dass sie sich auch aggressiv verhielten, wenn ihnen später gestattet wurde, selbst mit der Puppe zu spielen. Darüber hinaus bestand bei den Kindern, die gesehen hatten, dass der Erwachsene für sein aggressives Verhalten belohnt wurde, eine höhere Wahrscheinlichkeit, dass sie selbst auch aggressives Verhalten zeigten als bei den Kindern in der Kontrollgruppe, in der der Erwachsene weder belohnt noch bestraft wurde. Umgekehrt bestand bei den Kindern, die gesehen hatten, dass der Erwachsene bestraft wurde, eine geringere Wahrscheinlichkeit für aggressives Verhalten als bei den Kindern in der Kontrollgruppe. Aber es war nicht notwendig zu sehen, dass aggressives Verhalten belohnt wird, um erhöhte Aggressionen zu verursachen. Die Kinder, die Aggressionen gesehen hatten, die nicht belohnt wurden, waren später aggressiver als die Kinder, die bei dem gleichen erwachsenen Vorbild neutrales Verhalten gesehen hatten (ebenfalls ohne Belohnung). Für das Beobachtungslernen war die Beobachtung der Belohnung nicht notwendig: Allein das Sehen des aggressiven Verhaltens war ausreichend, um den Kindern dieses Verhalten „beizubringen".

Abbildung 7.6: Viele Kinder sehen jeden Tag stundenlang fern und werden dabei wiederholt mit Gewalttaten konfrontiert. Führt eine derartige visuelle Exposition gegenüber Gewalt zu stärkeren Aggressionen bei Kindern oder zeigen aggressivere Kinder eine größere Präferenz gegenüber gewalttätigen Sendungen?

Ergebniserwartung

In vielen späteren Experimenten wurde gezeigt, dass die Menschen eine Vielzahl neuer Reaktionen durch die bloße Beobachtung der Ausführung dieser Verhaltensweisen durch andere lernen. Dies gibt Anlass zur Sorge, da die Menschen immer größere Mengen immer gewalttätigerer Filme und Fernsehsendungen sehen. Bandura vertrat die Ansicht, dass die Menschen in der Lage sind, Informationen aus mehrfachen, separaten Beobachtungen zusammenzusetzen, so dass sich neue Verhaltensmuster entwickeln können, die sich in gewissem Maße von den tatsächlich beobachteten unterscheiden.

Dabei ist allerdings zu beachten, dass nicht alle Fernsehzuschauer zu wahnsinnigen Mördern werden. Banduras Ansicht zufolge liegt der wichtigste Einflussfaktor darüber, ob ein Beobachter das beobachtete Verhalten reproduziert, in den erwarteten Konsequenzen des Verhaltens – in seiner **Ergebniserwartung**: Es ist viel wahrscheinlicher, dass die Menschen Verhaltensweisen imitieren, von denen sie überzeugt sind, dass sie zu positiven Ergebnissen führen. Die Ergebniserwartung beruht nicht nur auf den beobachteten Konsequenzen der Verstärkung oder der Bestrafung, sondern auch auf den antizipierten Konsequenzen (Bandura & Walters, 1963).

Wessen Verhalten wird imitiert?

Neben der Ergebniserwartung beeinflussen auch andere Faktoren die Wahrscheinlichkeit, dass das Verhalten einer anderen Person nachgeahmt wird. Zu diesen Faktoren gehören Eigenschaften des Vorbilds: Alter, Geschlecht, Ähnlichkeit mit dem Beobachter, Status, Kompetenz und Macht. Die Merkmale des Verhaltens sind ebenfalls wichtig für die Bestimmung des Imitationslernens; so werden beispielsweise einfache Verhaltensweisen mit höherer Wahrscheinlichkeit imitiert als komplexe Verhaltensweisen. Darüber hinaus sind einige Kategorien von Verhaltensweisen *bedeutsamer*, und diese Bedeutsamkeit kann dazu führen, dass das betreffende Verhalten häufiger beobachtet und reproduziert wird. Außerdem wird eine Verhaltensweise, die bewundert wird oder erwünscht ist, mit höherer Wahrscheinlichkeit reproduziert.

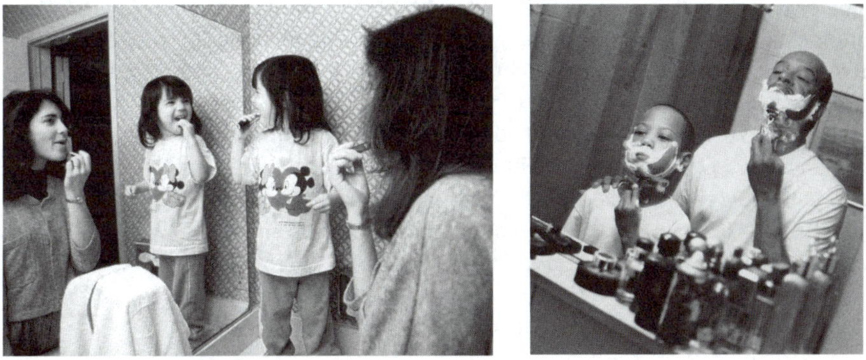

Abbildung 7.7: Beobachtungslernen und Imitationslernen treten Bandura zufolge wahrscheinlich auf, wenn das Verhalten und das Vorbild bewundert werden.

Die Wahrscheinlichkeit des Imitationslernens wird darüber hinaus auch durch einige Eigenschaften des Beobachters (des potenziellen Imitators) beeinflusst: Bei Menschen mit niedrigem Selbstwertgefühl oder Menschen, die weniger selbstständig sind, bzw. bei Menschen, bei denen in der Vergangenheit imitiertes Verhalten verstärkt wurde, besteht eine höhere Wahrscheinlichkeit für die Imitation. Und natürlich wird die Fähigkeit der Beobachter zur Imitation eines Vorbilds notwendigerweise durch deren kognitive und physische Entwicklung begrenzt. Das bedeutet, zur erfolgreichen Imitation ist die Fähigkeit zur korrekten Wahrnehmung, Verschlüsselung und Reproduktion des Verhaltens notwendig. Selbstverständlich verbessern sich die Fähigkeiten von Kindern für diese Aufgaben mit zunehmendem Alter, wodurch es dem älteren Kind möglich wird, Verhaltensweisen nachzuahmen, die außerhalb der Imitationsfähigkeiten des jüngeren Kindes liegen.

Das Beobachtungslernen stellt Mechanismen zum Erwerb von Verhaltensweisen zur Verfügung, die so gefährlich sind, dass der Betreffende unter Umständen nicht lang genug leben würde, um diese Verhaltensweisen auszuführen, wenn sie durch die Verhaltensformung erlernt werden müssten. Beispielsweise wäre ein Seiltänzer im Zirkus wahrscheinlich schon lange tot oder zum Krüppel geworden, bevor er ohne vorhergehendes Beobachtungslernen gelernt hätte, sein Verhalten mithilfe der sukzessiven Näherung zu einer annehmbaren Darbietung zu formen. (Das trifft auch auf Autofahren, Fechten oder das Überqueren einer Strasse zu). Im Zusammenhang damit sind einige Verhaltensweisen, wie die Arbeit im Kontrollturm des Flughafens oder das Aufziehen eines Babys, so komplex, dass das Lernen eine übermäßige Menge Zeit in Anspruch nehmen würde, wenn es nur durch direkte Verstärkung erfolgen sollte. In Bereichen wie den oben genannten können und müssen die Grundlagen durch Beobachtungslernen erworben werden.

Eine weitere Erkenntnis aus diesem Ansatz ist die Akzeptanz der Tatsache, dass sich komplexes Verhalten sehr schnell verändern kann – wie beispielsweise in dem Fall, in dem ein Mensch eine Erscheinung hat oder einen Wandel durchmacht. Wie alle Eltern bestätigen können, ist es Kindern möglich, nach einer sehr begrenzten Darbietung Verhaltensweisen zu erlernen, die von den Erwachsenen als nicht wünschenswert betrachtet werden.

Das sozial-kognitive Verhaltenslernen kann zumindest eine teilweise Erklärung für die häufig sehr starken Verhaltensähnlichkeiten zwischen Eltern und Kindern liefern. Bandura zufolge ermöglicht das Beobachtungslernen dem Kind nicht nur bestimmte Reihenfolgen von Verhalten von dem jeweiligen Elternteil zu lernen, sondern es gestattet ihm auch, umfassendere Muster von Verhaltensweisen und emotionalen Reaktionen zu verinnerlichen – was zu einem Kind führt, dass in seiner Persönlichkeit dem betreffenden Elternteil ähnelt. Diese Erklärung im Hinblick auf das Beobachtungslernen unterscheidet sich sehr deutlich von anderen Mechanismen, die zu Ähnlichkeiten zwischen Eltern und Kind führen (wie beispielsweise den biologischen, kulturellen und psychoanalytischen Erklärungen, die in anderen Kapiteln erörtert werden).

Vergleich mit der verstärkungsorientierten Lerntheorie

Im Gegensatz zu den Konditionierungstheorien von Skinner und anderen (siehe Kapitel 6), die sich vollkommen auf das Konstrukt der Verstärkung stützen, erklärt Banduras Theorie des sozial-kognitiven Lernens den Erwerb neuer Verhaltensweisen ohne jegliche beobachtbare Verstärkung. In dieser Theorie ist das Lernen von Verhaltensweisen möglich, für die weder das Vorbild noch der Beobachter belohnt wird – dabei handelt es sich um ein weit verbreitetes Phänomen, das mithilfe der behavioristischen Theorie nicht ohne weiteres erklärt werden kann. Das Beobachtungslernen erklärt ebenfalls, wie eine Person lernt, sozial unakzeptable Verhaltensweisen zu unterbinden, ohne sie zuerst unangemessen produzieren zu müssen. Zusätzlich dazu liefert das Beobachtungslernen Gründe dafür, warum eine Person eine normalerweise gehemmte oder unterdrückte Verhaltensweise enthemmt und anschließend infolge der Exposition gegenüber einem Vorbild, das die Verhaltensweise ausführt, eine unakzeptable Verhaltensweise produziert. Dies liefert eine

Erklärung für Gruppengewalt und Mob-Verhalten (z. B. Plünderei) – Verhaltensweisen, an denen sich Menschen beteiligen, wenn sie andere Menschen bei deren Ausführung sehen, die sie allein aber niemals ausführen würden.

Anders als die behavioristischen Theoretiker, deren Forschung sich hauptsächlich auf Tiere stützt, verwendet Bandura das Modell der kognitiven Theoretiker und führt präzise empirische Untersuchungen dieser Konstrukte an menschlichen Versuchspersonen durch. In der Tat kann das Beobachtungslernen eine Erklärung für den Erwerb von Persönlichkeitseigenschaften und Verhaltensweisen liefern, die allein menschlich sind und durch die traditionellen Lerntheorien nicht überzeugend erklärt werden – z. B. moralisches Verhalten, Belohnungsaufschub, selbstkritisches Verhalten und Leistungsorientierung.

Banduras Beobachtungslernen zugrunde liegende Prozesse

Bandura zufolge sind die Beobachtung von Vorbildern und die Wiederholung des Verhaltens des Vorbilds nicht nur Aspekte der einfachen Imitation, sondern das Beobachtungslernen umfasst auch aktive kognitive Prozesse mit vier Komponenten: Aufmerksamkeit, Behalten, motorische Reproduktion und Motivation. Die *Aufmerksamkeit* wird hauptsächlich durch die Eigenschaften des Vorbilds und der Situation beeinflusst. Das *Behalten* wird durch die kognitive Fähigkeit des Beobachters und seine Fähigkeit zur Verschlüsselung des Verhaltens (mithilfe der Verwendung von Bildern und verbalen Darstellungen) beeinflusst. Die *motorische Reproduktion* wird durch die Eigenschaften des Beobachters beeinflusst, beispielsweise die Fähigkeit, die mentale Abbildung in eine physische Aktion umzusetzen, und die Fähigkeit, das Verhalten mental zu üben. Die *Motivation* beeinflusst die tatsächliche Ausführung des beobachteten Verhaltens am stärksten.

Das bedeutet, selbst wenn eine Person eine Verhaltensweise beobachtet und erlernt hat, wird diese nur ausgeführt, wenn sie zu Ergebnissen führt, denen ein Wert beigemessen wird, und sie wird nicht ausgeführt, wenn erwartet wird, dass sie zu negativen Ergebnissen führt. So zeigen beispielsweise Fernsehsendungen viele illegale Aktivitäten, die wir wahrscheinlich nicht imitieren werden, weil uns dadurch das Risiko einer Bestrafung durch die Strafverfolgungsbehörden erwachsen würde. Folglich wird die Motivationskomponente stark durch sowohl die erwarteten (vorgestellten) als auch die beobachteten Konsequenzen der Verhaltensweise beeinflusst. Obwohl die Theorie des sozial-kognitiven Lernens für eine Übervereinfachung der am Lernen beteiligten kognitiven Prozesse kritisiert worden ist, stimmt die in diesem Ansatz vertretene Grundstruktur mit den weithin akzeptierten kognitiven Prinzipien der Aufmerksamkeit und des Gedächtnisses überein.

Die Anerkennung des Konzepts der Selbstverstärkung – dass wir über die potenziellen Konsequenzen unserer Handlungen nachdenken – führt zum Konstrukt der **Selbststeuerung**. Das bedeutet, Bandura erkennt an, dass die internen Prozesse der Zielsetzung, Planung und Selbstverstärkung des Individuums zur Selbststeuerung des Verhaltens führen. Die Selbstbestrafung kann von Gefühlen des Selbstekels oder der Scham bis zur tatsächlichen Vorenthaltung eines erwünschten Objekts reichen (indem man sich beispielsweise nicht gestattet, seine Lieblingssitcom im Fernsehen anzuschauen). Zusätzlich dazu deutet das Konzept der Selbststeuerung auf das Funktionieren interner Verhaltensstandards hin, an denen wir unseren eigenen Erfolg oder Misserfolg messen. Bandura ist überzeugt, dass diese internen Standards ursprünglich durch Beobachtungslernen (insbesondere von Eltern, Lehrern und anderen wichtigen Vorbildern) internalisiert werden können, schlussendlich aber das Verhalten in der Vergangenheit reflektieren, das als Standard fungiert, nach dem das zukünftige Verhalten bewertet wird.

7.7.3 Die Selbst-Wirksamkeit

Wenn die Menschen nicht überzeugt sind, dass sie so handeln können, dass die gewünschten Auswirkungen eintreten, besteht für sie nur ein geringer Anreiz zu handeln und dabei beharrlich zu bleiben. So wurden beispielsweise in einer Studie Absolventen der Betriebswirtschaft gebeten, unternehmerische Regeln aufzustellen und auf ein simuliertes Unternehmen anzuwenden. Einigen der Teilnehmer wurde gesagt, dass die notwendigen Fertigkeiten angeboren seien – wenn man über diese nicht verfügt, kann man keinen Erfolg haben. Diese Teilnehmer setzten ihre Ziele niedriger an und zeigten keine sehr guten Leistungen. Den anderen Teilnehmern wurde gesagt, dass die notwendigen Fertigkeiten durch Übung erworben werden könnten: Diese Absolventen der Betriebswirtschaft setzten sich anspruchsvolle Ziele und entwickelten erfolgreiche Unternehmensstrategien (Wood & Bandura, 1987).

Somit fügt Bandura (1997) der Formel ein weiteres wichtiges kognitives Element hinzu: die Persönlichkeitseigenschaft der **Selbst-Wirksamkeit**. Die Selbst-Wirksamkeit ist eine Erwartung – eine Überzeugung darüber, wie kompetent die betreffende Person in der Lage sein wird, eine Verhaltensweise in einer bestimmten Situation erfolgreich auszuführen. Die positive Selbst-Wirksamkeit ist die Überzeugung, dass man in der Lage ist, das Verhalten erfolgreich auszuführen. Ohne das Gefühl der Selbst-Wirksamkeit (das eine sehr situationsspezifische Überzeugung ist) ist es sehr viel weniger wahrscheinlich, dass die Person auch nur versuchen wird, die Verhaltensweise auszuführen. Bandura zufolge bestimmt die Selbst-Wirksamkeit, ob wir überhaupt versuchen zu handeln, wie lange wir bei Schwierigkeiten oder Misserfolg in unseren Bemühungen fortfahren und wie Erfolg oder Misserfolg bei der Lösung einer Aufgabe unser zukünftiges Verhalten beeinflussen. Das Konzept der Selbst-Wirksamkeit unterscheidet sich vom Konzept des Ortes der Steuerung darin, dass es sich bei der Selbst-Wirksamkeit um eine Überzeugung über unsere eigene Fähigkeit zur erfolgreichen Ausführung eines bestimmten Verhaltens handelt, wogegen der Locus of control eine Überzeugung über die Wahrscheinlichkeit ist, dass die Ausführung einer bestimmten Verhaltensweise das Endergebnis beeinflusst.

Unsere Überzeugungen im Hinblick auf unsere Selbst-Wirksamkeit ergeben sich aus vier Informationsarten: (1) unsere Erfahrungen bei dem Versuch, das Zielverhalten oder ähnliche Verhaltensweisen auszuführen (unsere Erfolge und Misserfolge in der Vergangenheit), (2) die Beobachtung anderer Personen bei der Ausführung des Verhaltens oder ähnlicher Verhaltensweisen (stellvertretende Erfahrung), (3) verbale Überzeugung (Menschen, die mit uns sprechen, uns zur Ausführung des Verhaltens ermutigen oder uns davon abraten) und (4) welches Gefühl wir hinsichtlich des betreffenden Verhaltens haben (emotionale Reaktionen). Dabei ist die wichtigste dieser Informationsquellen unsere eigene Erfahrung mit der Ausführung des Verhaltens. Die zweitwichtigste Quelle ist die stellvertretende Erfahrung, der die verbale Überzeugung folgt. Danach kommen die emotionalen Reaktionen. Wir verwenden diese vier Informationen, um zu bestimmen, ob wir ein bestimmtes Verhalten kompetent ausführen können. Dabei handelt es sich um eine wichtige Persönlichkeitseigenschaft, da sie eine grundlegende kognitive Determinante unserer Handlungen bildet.

Bandura hat das Konstrukt der Selbst-Wirksamkeit auch auf dem Gebiet der Gesundheit untersucht. Dabei wurde festgestellt, dass die Selbst-Wirksamkeit mit physiologischen Aspekten der Gesundheit in Zusammenhang steht: Menschen, die sich nicht selbst-wirksam fühlen, erleben Stress, was von entsprechenden Auswirkungen auf die Gesundheit und das Immunsystem begleitet wird. Die Selbst-Wirksamkeit steht darüber hinaus auch in Zusammenhang mit dem potenziellen Hervorbringen gesunder Verhaltensweisen durch das Individuum: Bei Menschen, die nicht glauben, dass sie eine gesundheitsfördernde Verhaltensweise effektiv ausführen können, ist es viel weniger wahrscheinlich, dass sie das auch nur versuchen (Bandura, 1992, 1998).

Obwohl die Selbst-Wirksamkeit eine innere Eigenschaft ist, die das Verhalten und die Reaktionen auf eine relativ stabile und vorhersagbare Art und Weise beeinflusst, wird die Selbst-Wirksamkeit auch durch die Situation bestimmt. Um das oben angeführte Beispiel noch weiter auszubauen, können wir sagen, dass eine Person spezifische Überzeugungen über die Selbst-Wirksamkeit im Hinblick auf ihre Fähigkeit zur Ausführung spezifischer gesundheitsfördernder Verhaltensweisen aufweist. So glaubt Mary unter Umständen, dass sie jeden Tag erfolgreich Sport treiben kann, um ihr Gewicht zu reduzieren; sie könnte sich aber andererseits sicher sein, dass sie ihrem Heißhunger auf Eiskrem nicht widerstehen kann. Bandura würde sagen, dass Mary im Bereich des Sports eine hohe Selbst-Wirksamkeit, im Bereich ihrer Essgewohnheiten aber eine niedrige Selbst-Wirksamkeit aufweist. Andererseits postulierte Bandura auch, dass ein Mensch in einem umfassenderen, allgemeineren Bereich „höherrangige“ oder weniger spezifische Überzeugungen im Hinblick auf die Selbst-Wirksamkeit haben kann. So kann beispielsweise ein Student die allgemeine Überzeugung vertreten, dass er akademische Erfolge erreichen kann, obwohl er gleichzeitig eine sehr niedrige Selbst-Wirksamkeit im Hinblick auf seine Fähigkeit aufweist, in einem bestimmten Geschichtskurs eine gute Leistung zu erreichen.

Damals und heute

Eine sozial-kognitive Interpretation der Übertragung

Das Konzept der Übertragung wird eng mit der freudschen Psychoanalyse verbunden, wonach der Patient Gefühle, Erinnerungen und Ängste aus Beziehungen aus der Vergangenheit auf den Therapeuten überträgt. Aber der Begriff an sich bezieht sich allgemeiner auf das Phänomen, bei dem Aspekte wichtiger zwischenmenschlicher Beziehungen aus der Vergangenheit die gegenwärtigen Interaktionen in neuen Beziehungen beeinflussen. Im Fall der Psychoanalyse repräsentiert der Analytiker für den Patienten tatsächlich die Mutter oder den Vater (oder eine andere wichtige Figur) und wird zum Ziel der ungelösten, unbewussten psychosexuellen Konflikte des Patienten aus dieser früheren Beziehung.

Andersen und Berk (1998) haben in der jüngeren Vergangenheit ein neues sozial-kognitives Modell des Phänomens der Übertragung entwickelt. Dieses Modell bezieht sich auf die alltäglichen sozialen Beziehungen und lehnt die freudsche Konzentration auf psychosexuelle Konflikte und Abwehrmechanismen ab. Die einfachste Beschreibung dieses sozial-kognitiven Ansatzes zur Übertragung lautet, dass er die grundlegenden Prozesse der Kognition und der sozialen Kognition (wie z. B. Kategorisierung, Ähnlichkeit, Erreichbarkeit und Schemata) berücksichtigt und auf die Frage anwendet, wie die alten Beziehungen die neuen sozialen Interaktionen beeinflussen. Anstatt sich mit der Mutmaßung zufrieden zu geben, dass die Übertragung ein alltäglichen Phänomen ist, das auch außerhalb eines psychoanalytischen Kontextes auftaucht, führten Andersen und ihre Kollegen zur Überprüfung dieser Hypothese sehr geschickte Laborexperimente durch.

Da die Übertragung ein Phänomen ist, das auf wichtigen persönlichen Beziehungen beruht, musste bei den Experimenten jeder Teilnehmer zu einer experimentellen Sitzung erscheinen, in der er in standardisierter Form Informationen über eine Bezugsperson lieferte. In einer weiteren Sitzung, die mit der ersten nicht in Zusammenhang zu stehen schien und Wochen später stattfand, wurden den Teilnehmern Informationen über eine neue Zielperson gegeben, die entweder so konstruiert worden war, dass sie der Bezugsperson des Teilnehmers ähnelte, oder die mit der Beschreibung dieser Person nicht in Zusammenhang stand. Nachdem sie die Informationen über die „neue" Person erhalten hatten, führten sie eine Gedächtnisaufgabe zu den Informationen über die neue Person aus und bewerteten die neue Person danach. Es wurde eine Vielzahl von unterschiedlichen Kontrollbedingungen eingesetzt, um sicherzustellen, dass jegliche in denen Experimenten festgestellten Auswirkungen auf die Ähnlichkeit der neuen Zielperson mit der Bezugsperson zurückzuführen waren.

Diese Untersuchungen haben das Bestehen der Übertragung auf verschiedene Art und Weise demonstriert. Die Teilnehmer erkannten fälschlich Informationen über die neue Zielperson wieder, die nicht gegeben worden waren, die aber auf die Bezugsperson zutrafen, der die Zielperson ähnelte. Die Bewertungen der Teilnehmer im Hinblick auf die neue Zielperson wurden sowohl bei positiv als auch bei negativ bewerteten Bezugspersonen durch die Gefühle der Teilnehmer für die Bezugsperson beeinflusst, der die Zielperson ähnelte. Die Untersuchungen lieferten auch Beweise dafür, dass die zwischenmenschlichen Rollen aktiviert wurden, wenn die neue Zielperson einer Bezugsperson ähnelte (Baum & Andersen, 1999). Die Daten zeigten darüber hinaus, dass die Motivation, sich der neuen Zielperson zu nähern, durch den Gefühlswert der Beziehung mit der Bezugsperson beeinflusst wurde und dass die Erwartungen darüber, wie die neue Zielperson auf den Teilnehmer reagieren würde, ebenfalls mit der Beziehung zu der realen Bezugsperson übereinstimmten.

Und als die Teilnehmer gebeten wurden, sich selbst zu beschreiben, nachdem sie die Informationen über die neue Person erhalten hatten, tendierten diese Selbstbeschreibungen im Zusammenhang mit der fiktiven neuen Person zu einer stärkeren Ähnlichkeit mit den Selbstbeschreibungen im Zusammenhang mit der Bezugsperson, wenn die neue Zielperson der Bezugsperson ähnelte. Dadurch ließ sich zeigen, dass das Selbstbild ebenfalls durch die Übertragung beeinflusst wird.

Diese Untersuchungen zeigen, dass ein der Übertragung ähnliches Phänomen in den alltäglichen sozialen Beziehungen auftritt. Dieses Phänomen der Übertragung kann allein mit den Prinzipien der Kognition und der sozialen Kognition ohne den psychoanalytischen Ballast, den es normalerweise mit sich bringt, erklärt werden. Die Forschung zeigt darüber hinaus, dass frühere, wichtige Beziehungen umfassende und vielfältige Auswirkungen auf neue Beziehungen haben und dass diese Auswirkungen so stark sind, dass sie sogar deutlich werden, wenn die neue Beziehung nicht tief oder bedeutungsvoll ist (die Teilnehmer entwickelten hier Beziehungen mit fiktiven Menschen, die in Form einer mündlichen Beschreibung vorgestellt wurden). Ohne auf die psychoanalytischen Konstrukte des Unbewussten, der Abwehrmechanismen oder ungelöster sexueller Konflikte zurückzugreifen, reichen allein die kognitiven und sozial-kognitiven Prozesse zur adäquaten Erklärung des Phänomens der Übertragung aus.

Weiterführende Literatur

Andersen, S. M., & Berk, M. S: (1998). The social-cognitive model of transference: Experiencing past relationships in the present. *Current Directions in Psychological Science, 7*, 109-115.

Baum, A., & Andersen, S. M. (1999). Interpersonal roles in transference: Transient mood effects under the condition of significant-other resemblance. *Social Cognition, 17(2)*, 161-185.

7.7.4 Selbststeuerungsprozesse

Die Selbststeuerung ist der Prozess, mit dessen Hilfe die Menschen ihre eigenen Leistungen und Handlungen steuern können: durch das Setzen von Zielen für sich selbst, durch die Bewertung ihres Erfolgs bei der Erreichung dieser Ziele und durch die Selbstbelohnung für das Erreichen dieser Ziele. Das Konzept der Selbst-Wirksamkeit ist ein wichtiger Bestandteil dieses Prozesses, der die Auswahl der Ziele und das erwartete Leistungsniveau bei diesen Zielen beeinflusst. Darüber hinaus sind auch die eigenen Schemata der betreffenden Person wichtig, mit deren Hilfe die Person ihrer Umgebung versteht und in dieser agiert. Das Konstrukt der Selbststeuerung konzentriert sich auf die interne (intrapersonale) Steuerung unseres Verhaltens. (Hierbei ist zu beachten, wie stark sich dies vom behavioristischen Standpunkt zur Steuerung des Verhaltens unterscheidet.) Dieser spezifische, kognitive Ansatz zum Verhalten ist mindestens zwei Jahrzehnte alt, wird heute allerdings am Schnittpunkt zwischen der Sozialpsychologie und der Persönlichkeitspsychologie immer wichtiger (Carver & Scheier, 1990; Boekaerts, Pintrich & Zeidner, 2000). Dieser Ansatz hat darüber hinaus auch eine weit reichende Bedeutung für viele angewandte Bereiche – insbesondere für die Bildung und die Gesundheit, Bereiche also, in denen ein besseres Verständnis darüber, wie die Menschen ihr eigenes Verhalten kontrollieren, Auswirkungen auf die Erhöhung des Erfolgs unserer Gesellschaft bei der Gesundheitserziehung und der Förderung der Gesundheit haben könnte.

Wenn die kognitiven Schemata und Stile der Informationsverarbeitung normalerweise zu Verhaltenskonsistenzen führen, was geschieht dann, wenn diese Prozesse zusammenbrechen? Betrachten wir beispielsweise die folgenden Prozesse, die mitunter Studienanfänger beeinflussen können. Zuerst zieht der Student von seiner Familie, seiner Gemeinschaft und seinen Schulfreunden weg und kommt in eine neue Umgebung mit neuen Erwartungen und neuen Überzeugungssystemen. Neue Studienfreunde können unter Umständen soziale oder religiöse Überzeugungen haben, mit denen der Student nicht vertraut ist und die sich von denen in der Gemeinschaft unterscheiden, in der der Student seine Kindheit verbracht hat. Darüber hinaus können auch neue Konzepte, die der Student in Seminaren kennen lernt, und von Professoren vertretene, neue Philosophien zu einer Änderung der Weltanschauung des Studenten beitragen. Zumindest könnten alte Schemata zeitweilig erschüttert werden.

Zweitens können Kognition und Wahrnehmung unmittelbarer durch biologische Faktoren verändert oder beeinträchtigt werden. So kann beispielsweise ein Student, der häufig sehr lange aufbleibt, um für seine Prüfungen zu lernen, unter Schlafentzug leiden. Und sehr häufig kommt auch Alkohol ins Spiel. Alkohol ist dafür bekannt, die normale Denkweise zu stören (Knight & Longmore, 1994; Parker & Noble, 1977).

Drittens kann der Student auf Umgebungen treffen, in denen Deindividuationsprozesse stattfinden. Die Deindividuation ist ein Prozess, durch den die betreffende Person ihr normales Identitätsgefühl verliert (Reicher, Spears & Postmes, 1995). Das tritt am wahrscheinlichsten in Situationen der Anonymität oder der fehlenden Betonung der eigenen persönlichen Situation auf – z. B. wenn man sich in einer großen Menschenmenge verliert, wenn man sich unter Bedingungen mit schlechter Beleuchtung befangen fühlt oder wenn man in einer Gruppe ist, die flüchtig ist oder sich schnell ändert.

All diese Bedingungen könnten beispielsweise auf einen Studienanfänger zutreffen, der an einem Samstag nach den Halbjahresprüfungen eine große Party besucht. Die alten Konzepte des Studienanfängers sind durch neue Freunde und Professoren in Frage gestellt worden, es bestehen aufgrund der Prüfungen Stress und Müdigkeit und der Alkohol fließt in Strömen. Außerdem fühlt sich der Studienanfänger auf dieser Party anonym, die Situation ist für ihn neu, und es finden Aktivitäten statt, die er vorher nicht kannte. Unter diesen Bedingungen könnte der Student Dinge tun, die für ihn ungewöhnlich und möglicherweise sogar gefährlich oder illegal sind. Wenn daraus negative Konsequenzen entstehen, könnten seine Familie, seine Freunde und sogar der Studienanfänger selbst sehr überrascht darüber sein, dass ein Mensch mit einer „guten" Persönlichkeit solche „schlechten" Dinge getan haben kann. In diesem Fall ist das Selbstwertsystem – die kognitiven Prozesse, die die normale Wahrnehmung und Selbststeuerung der Person beeinflussen – zusammengebrochen (wie in Abbildung 7.8 dargestellt).

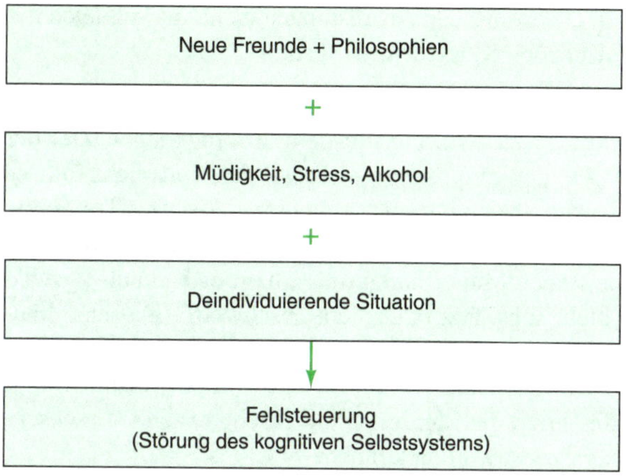

Abbildung 7.8: Alkohol und Deindividuation lösen eine Fehlsteuerung aus
Situationsfaktoren und physische Faktoren, die die normale Selbststeuerung beeinträchtigen, können das Funktionieren des Selbstwertsystems stören.

7.8 Menschen als Computer

Angesichts der schnellen Verbreitung von Computern ist es wenig überraschend, dass die neuesten kognitiven Ansätze zur Persönlichkeit die Menschen hauptsächlich als Informationsverarbeiter sehen. Diese Perspektive impliziert, dass die menschliche Persönlichkeit einem hoch entwickelten Computerprogramm ähnelt, das die Informationen aus der Umgebung auf eine Art und Weise verarbeitet, die der Informationsverarbeitung beim Menschen ähnelt. Die Hauptaufgabe von Computern liegt in der Verarbeitung von Informationen – sie sind nichts als Informationsverarbeitungsgeräte. Vielleicht sind die Menschen auch nicht mehr als das?

Können die Verbindungen von An-aus-Schaltern auch die Konsistenzen im menschlichen Verhalten repräsentieren? Können wir die Persönlichkeit vollständig in einem auf Maschinen beruhenden Informationsverarbeitungssystem erfassen? Wenn es uns gelänge, mithilfe der Fähigkeiten eines Computers menschenähnliche Programme zu schaffen, würde dies das Konzept unterstützen, dass die Menschen (bis zu einem beträchtlichen Ausmaß) als Informationsverarbeitungsgeräte verstanden werden können.

Ist es vernünftig zu glauben, dass wir einen Computer konstruieren können, der eine „Persönlichkeit" hat? Könnten wir einen generischen Menschen oder sogar eine bestimmte Person – einen Martin Luther King oder einen Adolf Hitler – simulieren? Was werden wir aus diesen Bemühungen darüber lernen, was es bedeutet, eine Person zu sein?

Es gibt viele Computerprogramme, die mithilfe von künstlicher Intelligenz (KI) menschliche Funktionen simulieren. Im Großen und Ganzen führen diese Programme eine Vielzahl kognitiver Aufgaben aus, versuchen aber nicht, eine vollständige „Persönlichkeit" aufzubauen. Es gibt viele Gründe, warum das so ist. Betrachten wir beispielsweise die relative Nützlichkeit eines KI-Geräts, das als individueller Tutor für einen Studenten in einer Ausbildungsstunde zur Behebung von Störungen an elektronischen Ausrüstungen dient, im Vergleich mit der eines Geräts, das in dem gleichen Kurs den Klassenclown spielt.

Soweit die meisten KI-Programme jegliche „Persönlichkeitseigenschaften" aufweisen, scheinen diese eine Folge von Merkmalen zu sein, die mit dem ausdrücklichen Ziel der Unterstützung der Funktion des Programms einprogrammiert wurden und nicht, um es menschlicher erscheinen zu lassen. So kann beispielsweise ein computerisiertes Trainingsprogramm als „geduldig" betrachtet werden, wenn es nicht „frustriert" wird, weil es das gleiche Problem bei der Hausaufgabe sieben Mal erklären muss, bzw. es kann als „gewissenhaft" betrachtet werden, weil es nicht schwänzt oder nicht abschweift. (Das sind häufige Schwächen menschlicher Tutoren.) Aber natürlich ist das Programm weder geduldig noch gewissenhaft – das Programm umfasst lediglich eine Reihe von Anweisungen zur Ausführung von Verhaltensweisen, die durch die Menschen mit den betreffenden menschlichen Persönlichkeitseigenschaften assoziiert werden können.

Computern werden häufig menschliche Eigenschaften zugeschrieben. Wir neigen dazu, komplexen Maschinen Ähnlichkeiten mit dem Menschen zuzuschreiben: „Der Computer denkt, ich wollte das ganze Dokument neu formatieren." Oder: „Der Computer versucht, den Brief zu drucken." Oder „Das Statistikprogramm bringt meine abhängigen und unabhängigen Variablen durcheinander." Wir schreiben aufgrund *unserer* Informationsverarbeitung Maschinen Ziele, Überzeugungen und Geisteszustände zu. Wie bereits erörtert wurde, nehmen wir derartige Attributionen vor, wenn wir uns selbst oder andere Menschen handeln sehen, und wir neigen dazu, diesen Prozess auch auf unser Verständnis anderer komplexer Einheiten zu übertragen – oftmals unangemessen. Das bedeutet aber nicht, dass wir diese Einheiten tatsächlich als Mitmenschen betrachten oder als solche behandeln.

Kurz nach dem Zweiten Weltkrieg, als zum ersten Mal primitive Computer entwickelt wurden, schlug der britische Mathematiker Alan Turing einen Standardtest vor, mit dem beurteilt werden sollte, ob ein Computer einen Menschen adäquat simulieren kann. Beim **Turing-Test** wird eine Situation geschaffen, in der ein Mensch, der mit der Beurteilung beauftragt ist, mit zwei anderen verborgenen Partnern interagiert (über eine Computertastatur oder ein Fernschreibegerät). Einer der beiden verborgenen Partner ist ein Mensch, der andere ein Computerprogramm. Die mit der Beurteilung beauftragte Person stellt jedem der beiden Partner Fragen und versucht auf Grundlage der von den beiden anderen eingegebenen Antworten zu bestimmen, bei welchem der Partner es sich um den Menschen und bei welchem um die Maschine handelt (Crockett, 1994). Wenn die mit der Beurteilung beauftragte Person nicht genau zwischen der Person und der Maschine unterscheiden kann, „besteht" der Computer den Turing-Test. Bis heute hat allerdings noch kein Computer den Test klar bestanden. Das bedeutet, bis heute kann kein Computerprogramm einen Menschen so gut simulieren, dass ein Mensch, der dies bewerten sollt, dadurch getäuscht wird – selbst wenn die Interaktion auf die Schriftsprache begrenzt ist.

Ein sehr interessanter Kontrast zu diesem Phänomen besteht darin, dass Computer in vielen Bereichen die menschliche Leistung deutlich übertreffen können. Das trifft nicht nur auf arithmetische Berechnungen zu, bei denen die Überlegenheit der Maschinen zweifellos zu erwarten ist, sondern auch auf Bereiche, für die umfassende Kenntnisse und logisches Denken notwendig sind. So können beispielsweise beim Schach Expertenprogramme

Schachgroßmeister – und sogar den an der Weltspitze stehenden menschlichen Schachspieler – schlagen. Wenn eine Maschine so programmiert werden kann, dass sie Schach von Weltklasse spielt, warum kann sie dann in einer Unterhaltung nicht überzeugend menschlich wirken? Eine Antwort auf diese Frage ist, dass keine menschliche Persönlichkeit notwendig ist, um exzellent Schach spielen zu können, aber sie ist ganz sicher notwendig, um menschlich zu wirken.

Entwicklung der kognitiven Aspekte		Gesellschaftlicher und wissenschaftlicher Kontext
Philosophen und Theologen betrachten individuelle Abweichungen als Spiele der Götter oder als Besessenheit durch den Teufel.	**Antike und Mittelalter**	Unterschiede in der Wahrnehmung werden hauptsächlich religiös oder philosophisch gesehen.
Gründung von Laboratorien, die Wahrnehmung und Denken untersuchen.	**19. Jahrhundert**	Zunehmende Betonung von Vernunft und Rationalität; Philosophen suchen nach dem Kern der menschlichen Natur.
Die Gestaltpsychologie setzt sich in Europa durch.	**1900 – 1930**	Die experimentelle Psychologie in den USA wird zunehmend durch den Behaviorismus dominiert; sozialer Aufruhr in Europa; Einwanderung in die USA.
Die Konzepte der Feldtheorie von Lewin und die Schema-Konzepte von Piaget erreichen die amerikanische Psychologie.	**1930er – 1940er**	Als Reaktion auf den Faschismus und den Weltkrieg nehmen Untersuchungen von Propaganda, Einstellungen, Vorurteilen und Kindererziehung zu.
Kelly entwickelt die Theorie der persönlichen Konstrukte; Pädagogen untersuchen, wie Kinder lernen.	**1940er – 1950er**	Die kognitive Psychologie entwickelt sich, der Behaviorismus schwindet; Kybernetik, Computer und verbesserte Telekommunikation; die neue Mittelschicht erhält eine bessere Bildung und wird mobiler.
Rotter, Bandura und andere passen die behavioristischen Ansätzen dem kognitiven Rahmen an.	**1960er – 1970er**	Blüte der Sozialpsychologie; Zeit sozialen und künstlerischen Wandels und Unruhen.
Forschung zu Erklärungsstil, Optimismus und Depression; Lernbehinderungen und Aufmerksamkeits-störungen wird große Aufmerksamkeit zuteil.	**1970er – 1980er**	Fortschritte in der kognitiven Psychologie, neue Arbeitsrollen in Verbindung mit neuen Familienstrukturen und weniger Großfamilien.
Untersuchungen der Selbst-Wirksamkeit und der Interaktionen zwischen Menschen und Computern erleben eine Blüte; Modelle der Selbststeuerung entwickeln sich.	**1990er – 2000er**	Gute wirtschaftliche Situation und ein besseres Verständnis über das Individuum am Arbeitsplatz; Computer- und Hochtechnologie-Revolution.

Historischer Abriss der kognitiven und sozial-kognitiven Ansätze zur Persönlichkeit
Hier werden die wichtigsten Entwicklungen der kognitiven und sozial-kognitiven Ansätze in ihrer historischen Beziehung zueinander und in Bezug auf ihre weiteren gesellschaftlichen und kulturellen Kontexte dargestellt.

Auswertung der Perspektiven

Vorteile und Grenzen des kognitiven Ansatzes zur Persönlichkeit

- ***Kurze Umschreibung des Inhalts***
  - Menschen als Wissenschaftler und Informationsverarbeiter.
- ***Vorzüge***
  - Versucht, die Persönlichkeit mithilfe der Untersuchung der den Menschen auszeichnenden Prozesse der Kognition zu erklären.
  - Erfasst die aktive Natur des menschlichen Denkens.
  - Unterschiede in den kognitiven Fertigkeiten werden als zentraler Bestandteil der Individualität betrachtet.
  - Untersucht Wahrnehmung, Kognition und Attribution mithilfe empirischer Experimente.
- ***Grenzen***
  - Ignoriert häufig die unbewussten und emotionalen Aspekte der Persönlichkeit.
  - Einige Theorien (z. B. die des sozialen Lernens) tendieren teilweise dazu, komplexe Denkprozesse grob zu vereinfachen.
  - Kann die Auswirkungen der Situation auf das Verhalten unter Umständen nicht ausreichend betonen.
- ***Bedeutung des freien Willens***
  - Freier Wille durch aktive menschliche Denkprozesse.
- ***Gängige Erfassungstechniken***
  - Entscheidungsaufgaben, biographische Analysen, Attributionsanalysen, Untersuchung der kognitiven Entwicklung, Beobachtung.
- ***Konsequenzen für die Therapie***
  - Setzt Kenntnisse über die Wahrnehmung, Kognition und Attribution ein, um Denkprozesse zu verändern. So können beispielsweise bei der Behandlung von Eheproblemen jedem der Partner das Arbeitspensum und die Standpunkte des anderen vor Augen geführt werden, jeder der Partner kann in einem Rollenspiel die Rolle des anderen spielen oder darauf trainiert werden, seinem Partner / seiner Partnerin aufmerksam zuzuhören, und darüber hinaus können den Partnern Beispiele von Paaren gezeigt werden, die kooperativ interagieren. Die kognitive Verhaltenstherapie fördert die Selbstwirkung, indem sie dem Klienten erfolgreiche Erfahrungen mit der Aufgabe vermittelt, ihm zeigt, dass ihm ähnliche Personen die Aufgabe erfolgreich ausführen können, sowie durch den Einsatz verbaler Ermutigung und durch die Konditionierung der Kontrolle übermäßiger physiologischer Aktivierung. Selbsthilfegruppen (z. B. Selbsthilfegruppen für die Bewältigung schwerer Krankheiten) setzen häufig diesen Ansatz ein.

Zusammenfassung und Fazit

Sämtliche in diesem Kapitel beschriebenen kognitiven Ansätze zur Persönlichkeit teilen die Ansicht, dass der Kern der Persönlichkeit in der Denkweise der Menschen liegt – d. h. darin, wie wir die Ereignisse in unserer Welt verstehen, wie wir die Natur und die Handlungen anderer Menschen verstehen, wie wir aus unserer sozialen Umgebung lernen und wie wir unsere eigenen Verhaltensweisen kontrollieren und verstehen.

In vielen Fällen waren die kognitiv orientierten Theorien zur Persönlichkeit Weiterentwicklungen früherer Theorien, die noch stärker kognitiv geprägt waren. Kurt Lewin verwendete den Gestaltansatz, der zuvor hauptsächlich auf die Wahrnehmung und die Problemlösung angewendet worden war, und entwickelte ihn zu seiner Feldtheorie der Persönlichkeit weiter. Eine andere Weiterentwicklung der Gestaltpsychologie findet sich in der Entwicklung des Konzepts der Feldabhängigkeit als Persönlichkeitsvariable. Stärker feldabhängige Menschen werden in ihrer Wahrnehmung und Problemlösung stärker durch den umgebenden Kontext beeinflusst; d. h., das „Feld", in dem das Objekt oder Problem auftritt, wird als dessen integraler Bestandteil betrachtet. Diese Empfindlichkeit im Hinblick auf den Kontext führt dazu, dass eine feldabhängige Person im Vergleich zu den eher analytischen und abstrakten Reaktionen von feldunabhängigen Personen holistischer und intuitiver reagiert. Die Feldabhängigkeit kann über viele verschiedene Instrumente hinweg zuverlässig gemessen werden, tendiert dazu, bei einer Person über die Zeit hinweg konsistent zu bleiben und trifft Vorhersagen über viele Aspekte des Verhaltens – insbesondere über das zwischenmenschliche Verhalten.

Die kognitiven und perzeptiven Mechanismen der Erwartung, Beachtung und Verarbeitung von Informationen sind ein zentraler Bestandteil unseres Verständnisses des menschlichen Verhaltens und sind durch viele der stärker kognitiv orientierten Ansätze auch auf die Untersuchung der Persönlichkeit angewendet worden. Schemata sind die kognitiven Strukturen, in denen wir unser Wissen und unsere Erwartungen über die Umgebung organisieren. Sie bestehen auf vielen Komplexitätsniveaus, und viele solcher Schemata können gleichzeitig ein Teil unseres Verständnisses eines einzelnen Ereignisses oder einer Einheit und unserer Erwartungen im Hinblick auf diese sein. In sozialen Situationen wird unsere Verhalten durch komplexe Schemata (die auch als Skripte bezeichnet werden) gesteuert. Diesem Standpunkt zufolge wird unsere Persönlichkeit als die Reihe von Skripten betrachtet, die unser Verhalten lenkt und einschränkt.

Kategorisierungsprozesse sind ein zentraler Bestandteil der menschlichen Kognition (und liegen unserer Fähigkeit, die geeigneten Schemata auszuwählen, zugrunde). Unsere Wahrnehmungsprozesse nehmen höchst komplexe Zusammensetzungen von Informationen auf, die Millionen Einzelinformationen umfassen, aber was wir erfahren, wird mithilfe der Kategorisierungsprozesse gefiltert, so dass wir eine kleine Anzahl identifizierbarer und vertrauter Objekte und Einheiten (Wörter, einzelne Menschen, Hauhaltsgegenstände usw.) wahrnehmen. Es ist den Menschen unmöglich, *nicht* zu kategorisieren – wir erleben die Welt durch unsere Interpretationen. In unseren

Kategorisierungsprozessen werden einige Merkmale einer Einheit erfasst und automatisch wird dazu eine Kategorie aufgerufen.

Im Hinblick auf die Informationen ist das effizient, da es uns ermöglicht, Kategorien ohne eine tief greifende Analyse zuzuteilen, aber andererseits führt es dazu, dass wir Details nicht wahrnehmen, die unter Umständen nicht zu den für diese Kategorie typischen Eigenschaften passen. Soweit einzelne Personen unterschiedliche Erfahrungen gemacht haben, können sie auch in gewissem Maße unterschiedliche Kategorien entwickelt haben, und folglich kann das gleiche Ereignis oder Objekt durch verschiedene Personen sehr unterschiedlich interpretiert werden.

George Kelly entwickelte die Theorie der persönlichen Konstrukte, deren grundlegendes Postulat lautet, dass „die Prozesse einer Person durch die Art und Weise, auf die sie Ereignisse erwartet, psychologisch kanalisiert werden". Kellys Theorien konzentrierten sich insbesondere auf den Bereich der zwischenmenschlichen Beziehungen. Er vertrat die Ansicht, dass jeder Mensch über ein einzigartiges System von Konstrukten verfügt, die er einsetzt, um das Verhalten (sowohl unser eigenes als auch das von anderen) zu verstehen und vorherzusagen. Sein Rollen-Konstrukt-Repertoire-Test führt zu einer Reihe von Konstrukten, die die Hierarchie der Dimensionen widerspiegelt, die für das Verständnis und die Vorhersage des Verhaltens von der Versuchsperson als wichtig erachtet werden.

In der Theorie der sozialen Intelligenz wird die Ansicht vertreten, dass sich die Menschen in ihren Fähigkeiten im Hinblick auf das Verständnis und die Beeinflussung anderer Menschen unterscheiden. Einigen Menschen fallen erfolgreiche zwischenmenschliche Interaktionen leicht, während das für andere schwierig ist. Das Niveau der Beherrschung einer bestimmten Gruppe von für zwischenmenschliche Situationen relevanten Kenntnissen und Fertigkeiten wird als soziale Intelligenz bezeichnet.

Der Begriff Erklärungsstil bezieht sich auf eine Reihe kognitiver Persönlichkeitsvariablen, die die gewöhnlich von einer Person zur Interpretation von Ereignissen in ihrem Leben eingesetzten Mittel erfasst. Es existiert eine Vielzahl von unterschiedlichen Ansätzen zu diesem zentralen Konzept des Erklärungsstils. Eine Version verwendet die Pole des Optimismus und des Pessimismus als die beiden Extreme des Erklärungsstils. Im Allgemeinen interpretieren Menschen mit einem optimistischen Erklärungsstil die Ereignisse in ihrem Leben in einer optimistischen Perspektive, wogegen Menschen mit einem pessimistischen Erklärungsstil dazu tendieren, sich auf das negative Potenzial einer Situation zu konzentrieren. Die Menschen, deren Erklärungsstil näher am Pol des pessimistischen Extrems liegt, können für Depressionen anfälliger sein. Umgekehrt steht ein optimistischer Erklärungsstil mit besseren Ergebnissen in Verbindung. Ein weiterer Ansatz zum Erklärungsstil findet sich im Attributionsmodell der erlernten Hilflosigkeit. Der Begriff „erlernte Hilflosigkeit" beschreibt, was geschieht, wenn eine Person lernt, dass sie nichts, was wichtig ist, kontrollieren kann: eine wiederholte Exposition gegenüber unabwendbarer Bestrafung führt dazu, dass ein Organismus lernt, auch später die Bestrafung zu akzeptieren, selbst wenn sie dann vermeidbar *ist*. Häufig sind Depressionen, Stress und Apathie die Folge. Allerdings gibt es auch Beweise dafür, dass die kognitive Intervention – d.h., den Menschen beizubringen, dass sie ihre Denkprozesse ändern können – das spätere Verhalten beeinflussen kann. Das Konzept der Überwindung der erlernten Hilflosigkeit beruht darauf, dass die Persönlichkeit als eine Form einer kognitiven Fertigkeit betrachtet wird.

In Rotters sozial-kognitiver Theore wird die Ansicht vertreten, dass die Menschen ihre Verhaltensweisen auf der Grundlage der Wahrscheinlichkeit des Verhaltens in der speziellen Situation (seines Reaktionspotenzials), eines erwarteten Ergebnisses (seiner Ergebniserwartung) und danach auswählen, welchen Wert, sie dem Ergebnis beimessen (seinem Verstärkungswert). Diese Faktoren bilden die „psychologische Situation", die letztendlich das Verhalten bestimmt. Das bekannteste Merkmal von Rotters Theorie ist das Konzept der internen und der externen Steuerung des Verhaltens bzw. des Ortes der Steuerung (LOC). Entweder haben die Menschen die generalisierte Erwartung, dass ihre eigenen Handlungen zu den gewünschten Ergebnissen führen – einen internen Locus of control, oder sie sind überzeugt, dass Dinge außerhalb der betreffenden Person, z. B. das Zufall oder andere, mächtige Personen, bestimmen, ob die gewünschten Ergebnisse eintreten – es besteht ein externer Locus of control. Bei Menschen mit einem internen LOC besteht eine höherer Wahrscheinlichkeit, dass sie leistungsorientiert und leistungsstark sind, wogegen Menschen mit einem externen LOC dazu neigen, weniger unabhängig zu sein; darüber hinaus besteht bei diesen Menschen auch eine höhere Wahrscheinlichkeit, dass sie unter Depressionen oder Stress leiden.

Banduras Theorie des sozial-kognitiven Lernens kann als Anwendung und Weiterentwicklung der klassischen Lerntheorie gesehen werden, die die Psychologie während eines großen Teils des zwanzigsten Jahrhunderts beherrschte. Bandura lenkte die Aufmerksamkeit auf das Beobachtungslernen (stellvertretendes Lernen), das durch den klassischen Behaviorismus nur schlecht erklärt werden konnte. Er demonstrierte, dass für das Lernen durch Bobachten keine offene Verstärkung notwendig ist. Banduras Theorie zufolge führen die inneren Prozesse der Zielsetzung, Planung und Selbstverstärkung des Individuums zur Selbststeuerung des Verhaltens. Er fügte der Formel noch ein weiteres wichtiges kognitives Element hinzu: die Persönlichkeitseigenschaft der Selbst-Wirksamkeit, eine Überzeugung (Erwartung) darüber, wie kompetent der betreffende Mensch in der Lage sein wird, ein Verhalten in einer bestimmten Situation auszuführen.

All diese kognitiven Ansätze zur Persönlichkeit teilen die Auffassung, dass die menschliche Wahrnehmung und die menschliche Kognition einen zentralen Bestandteil dessen bilden, was es bedeutet, eine Person zu sein. Die Art und Weise, auf die die Menschen ihre Umgebungen interpretieren, wird als zentraler Bestandteil ihrer Menschlichkeit betrachtet, wogegen die Art und Weise, auf die sich die Menschen darin unterscheiden, als zentraler Bestandteil ihrer Individualität gesehen wird.

Haupttheoretiker

Kurt Lewin
Jean Piaget
George Kelly
Julian Rotter
Albert Bandura

Zentrale Begriffe

Gestaltpsychologie
Feldtheorie
Lebensraum
Gleichzeitige Kausation
Kognitiver Stil
Schemata und Skripte
Kategorisierung
Theorie der persönlichen Konstrukte
Rollen-Konstrukt-Repertoire-Test
Soziale Intelligenz
Multiple Intelligenzen
Erklärungsstil
Erlernte Hilflosigkeit
Reaktionspotenzial
Interner und externer Locus of control
Selbstwertsystem
Beobachtungslernen
Selbststeuerung
Selbst-Wirksamkeit
Turing-Test

Literaturempfehlungen

Asendorpf, J. B. (2004). *Psychologie der Persönlichkeit.* Berlin: Springer-Verlag.

Bandura, A. (1977). *Social learning theory.* Englewood Cliffs: Prentice Hall.

Bandura, A. (1997). *Self-efficacy: The exercise of control.* New York: W. H. Freeman.

Cantor, N., & Kihlstrom, J. F. (1987). *Personality and social intelligence.* Englewood Cliffs: Prentice Hall.

Ellis, A,. & Harper, R. A. (1975). *A new guide to rational living.* Hollywood, CA: Wilshire Books.

Fisseni, H.J. (2003). *Persönlichkeitspsychologie: Ein Theorienüberblick.* Göttingen: Hogrefe.

Hastorf, A. H., & Cantril, H. (1954). They saw a game: A case study. *Journal of Abnormal and Social Psychology, 49*, 129-134.

Mischel, W., (1973). Toward a cognitive social learning reconceptualization of personality. *Psychological Review, 80*, 252-283.

Pervin, L. A. (2000). *Persönlichkeitstheorien: Freud, Adler, Jung, Rogers, Kelly, Cattell, Eysenck, Skinner, Bandura et al.* München: Reinhardt.

Rotter, J. B. (1966). Generalized expectancies for interval vs. external control of reinforcement. *Psychological Monographs, 80* (Nr. 609).

Seligman, M. E. P. (1991), *Learned optimism.* New York: A.A. Knopf.

Kapitel 8 Eigenschafts- und Fertigkeitsaspekte der Persönlichkeit

In diesem Kapitel

Nach den Terrorattacken auf die Vereinigten Staaten am 11. September 2001 tauchte plötzlich eine biologische Bedrohung auf: Anthrax. Sporen der tödlichen Bakterien wurden mit der Post verschickt, und einige Menschen starben. Wer war dafür verantwortlich? Zwei Monate später war das FBI noch immer ratlos. Aber es schickte seine Verhaltensforscher an die Arbeit und veröffentlichte ein Profil der Person, die hinter den Anthrax-Anschlägen stecken konnte. Der Täter sollte demnach höchstwahrscheinlich ein erwachsener Mann sein, der Schwierigkeiten mit sozialen Beziehungen hat. Wenn er überhaupt eine Beziehung hat, ist diese wahrscheinlich egoistischer, selbstsüchtiger Natur. Er kann lange Zeit einen Groll gegen jemanden hegen und sich dabei schwören, dass er es der betreffenden Person eines Tages heimzahlen wird. Woher glaubt das FBI derartige Dinge über die Persönlichkeit eines unbekannten Verdächtigen zu wissen?

Dieses FBI-Profil erinnerte auffällig an einen anderen tödlichen Fall. Ab Mai 1978 begann eine unbekannte Person Briefbomben an Wissenschaftler in den gesamten Vereinigten Staaten zu versenden. Über einen Zeitraum von siebzehn Jahren führten mehr als ein Dutzend solcher Bomben bei dreiundzwanzig Unschuldigen zu schweren Verletzungen sowie zu drei Todesfällen. Das FBI, das den Bau der Sprengsätze analysierte, stellte fest, dass sie von derselben Person hergestellt worden waren; das war Jahre, bevor die Medien die ersten Briefe vom „Unabomber" erhielten. Noch überraschender ist, dass das FBI die Muster der Bombenanschläge zur Erstellung eines psychologischen Profils des Bombenlegers verwenden konnte. Das FBI beschrieb den Bombenleger in seinem Profil als einen zwangsneurotischen Mann Ende dreißig oder Anfang vierzig, der gebildet ist und gern Listen erstellt, sich ordentlich kleidet, ein ruhiger Nachbar ist und wahrscheinlich schlechte Beziehungen zu Frauen hat. Dabei ist zu beachten, dass das FBI diese Person nicht kannte – stattdessen stellten die Experten ein psychologisches Profil zusammen, das auf die Person wahrscheinlich zutreffen würde.

Solche Profile von Verbrechern treffen häufig beängstigend genau zu. In vielen Fällen scheint es, als ob Einzelheiten der Persönlichkeit eines Menschen aus bestimmten charakteristischen Verhaltensmustern abgeleitet werden können. (Im Fall des Unabombers hatte das FBI allerdings nur zum Teil Recht.) Das für uns Interessante an solchen Fällen ist, dass sie sich sehr stark auf einen Eigenschaftsansatz zur Persönlichkeit stützen. Das heißt, sie beruhen auf der Annahme, dass auf Grundlage der Kenntnis der zentralen Persönlichkeitseigenschaften der betreffenden Personen viele Vorhersagen über deren konsistente Reaktionsmuster getroffen werden können. Ein **eigenschaftstheoretischer Ansatz** zur Persönlichkeit verwendet eine grundlegende, begrenzte Reihe von Adjektiven oder Adjektivdimensionen, um Personen zu beschreiben und darzustellen.

Wie viele Eigenschaften gibt es? Es stellt sich heraus, dass diese Frage die Schlüsselfrage für den Eigenschaftsansatz zur Persönlichkeit ist. Die Sprache umfasst Tausende von Wörtern, die zur Beschreibung der Eigenschaften von Personen verwendet werden können (Allport & Odbert, 1936). *Von A wie abgebrüht, abgestumpft, artig, aufmerksam ... bis zu Z wie zickig, zutraulich, zugeknöpft, zurückhaltend.* Gordon Allport zählte in der englischen Sprache ungefähr achtzehntausend Adjektive. Bedeutet dies, dass es Tausende von Persönlichkeitseigenschaften gibt? Wenn das der Fall wäre, würde sich das Studium der Persönlichkeit sehr schwierig gestalten. Damit ein **eigenschaftstheoretischer Ansatz** erfolgreich sein kann, sollte er eine relativ geringe Anzahl von Eigenschaften umfassen, um die Konsistenzen einer Person gut zu erklären. Ein solcher Ansatz wäre sogar noch einfacher, wenn die gleichen Eigenschaften differenziell auf alle Menschen angewendet werden könnten – das bedeutet, wenn es möglich wäre, jeden Menschen im Hinblick auf jede dieser Eigenschaften zu beurteilen. Aber das ist nicht absolut notwendig; vielleicht könnte für jeden Menschen eine Untergruppe von Eigenschaften verwendet werden. Darüber hinaus müssen wir uns nicht auf einfache adjektivische Beschreibungen der Eigenschaften von Menschen beschränken, da die Menschen sich auch im Hinblick auf ihre Motivationen und Fähigkeiten zu unterscheiden scheinen.

Eigenschaftstheoretische Ansätze zur Persönlichkeit sind sicher in der Populärkultur weit verbreitet. Wir denken uns nichts dabei, einen Bekannten als extrovertiert, pflichtbewusst oder egoistisch zu beschreiben. Wir verstehen, was es bedeutet, wenn ein Bombenleger als ruhig und reserviert und doch zwangsneurotisch und Frauen gegenüber schüchtern beschrieben wird. Können derartige Eigenschaften zuverlässig gemessen werden, fassen sie Reaktionen schlüssig zusammen und können Reaktionen mit ihrer Hilfe vorhergesagt werden? Kann das FBI die Persönlichkeit eines Verbrechers genau vorhersagen? Es hat sich herausgestellt, dass ein erfolgreicher Eigenschaftspsychologe wie ein Detektiv sein muss, der so scharfsinnig und klug wie Sherlock Holmes vorgeht. Im vorliegenden Kapitel werden die Eigenschafts- und Fähigkeitsaspekte der Persönlichkeit erörtert.

8.1 Die Geschichte der eigenschaftstheoretischen Ansätze

8.1.1 Antike Vorstellungen

Die Idee der Verwendung von Eigenschaften zur Beschreibung von Menschen geht Jahrtausende zurück. Beispielsweise erzählt das Buch Genesis, dass Noah ein gerechter Mann war, der mit Gott ging. Beschreibungen solcher rechtschaffenen Männer wurden häufig mit Erzählungen über ihre gerechten Taten illustriert, aber die Eigenschaft an sich wurde als stabiles Merkmal betrachtet. Viele der Namen, die in unserer Gesellschaft Neugeborenen gegeben werden, leiten sich von Figuren aus der Bibel ab, vielleicht in der Hoffnung, dass die Kinder als Erwachsene die charakteristischen und ehrenvollen Eigenschaften ihres Namensvetters aufweisen werden.

Der erste systematische Ansatz zur Analyse von Eigenschaften entstand im antiken Griechenland. Hippokrates beschrieb das menschliche Temperament mithilfe der so genannten Säfte (humores) – sanguinisches Temperament (Blut), melancholisches Temperament (schwarze Gallenflüssigkeit), cholerisches Temperament (gelbe Gallenflüssigkeit) und phlegmatisches Temperament (Phlegma= Schleim). Die Dominanz eines der *humores* – das Vorherrschen einer der vier Körpersäfte – bestimmte angeblich die typischen Reaktionsmuster. Der Sanguiniker war voller Hoffnung und heiter, der Melancholiker war traurig und depressiv, der Choleriker war wütend und jähzornig, und der Phlegmatiker war langsam und apathisch. Interessanterweise war es mit dem Ansatz der *humores* sehr gut möglich, die grundlegenden Reaktionsmuster zu beschreiben, obwohl er biologisch unbegründet war. Erst mit dem 17. Jahrhundert begann man, das Konzept der *humores* zu verwerfen.

Neben den Temperamenten nahmen auch die Charakterbeschreibungen ihren Anfang im antiken Griechenland. Wie bereits in Kapitel 1 beschrieben, war Theophrast, ein Schüler des Aristoteles, einer der frühesten bekannten Autoren von Charakterskizzen. Diese Skizzen sind kurze Beschreibungen eines Typus, der über die Zeit und über den Raum hinweg wiedererkannt werden kann – wie z.B. der Spaßvogel oder die Verführerin, der Geizkragen oder der Rüpel (Allport, 1961). Theophrasts berühmter „Geizkragen", den er vor mehr als zweitausend Jahren beschrieben hat, teilt in einem Lokal die Rechnung danach auf, was jede Person gegessen hat. Er geht auf Schnäppchenjagd und ist gegenüber seinen Gästen knauserig. Er verrückt das gesamte Mobiliar im Haus, um auch nur die kleinste Münze zu finden. Eine solche Person ist auch huete leicht zu erkennen. Die **eigenschaftstheoretischen Ansätze** zur Persönlichkeit versuchen mithilfe systematischer wissenschaftlicher Mittel, derartige Vorstellungen von Persönlichkeit zuverlässig und schlüssig zu erfassen.

Abbildung 8.1: In diesem holländischen Gemälde aus dem 17. Jahrhundert mit dem Titel „Der Geizhals" spiegelt sich die seit langem bestehende Vorstellung wider, dass es Menschen gibt, deren Wesen erfasst werden, indem man sie im Hinblick auf eine einzige auffällige Eigenschaft beschreibt. Dieser „Geizhals" hat sehr viel mit dem von Theophrast zweitausend Jahre zuvor beschriebenen gemeinsam.

Im neunzehnten Jahrhundert befreite Charles Darwin die Vorstellung über die Ursachen der Unterschiede zwischen den Menschen. Dämonen und Geister wurden durch Mutationen und natürliche Auslese ersetzt, und die individuellen Unterschiede wurden zu einem Hauptthema der wissenschaftlichen Untersuchung. Konsistenzen sollten in den psychobiologischen Merkmalen der Person gesucht werden. Als Freud begann, das Unbewusste zu untersuchen, rückten die menschliche Motivation und die Unterschiede in der individuellen Entwicklung in den Mittelpunkt der Aufmerksamkeit. Daneben trieben Francis Galtons (1907) umfassende Versuche zur Messung menschlicher Fähigkeiten die Entwicklung der Intelligenztestung und der Bewertung anderer Begabungen voran. Das letzte notwendige Element war die Entwicklung moderner statistischer Methoden, die die quantitative Grundlage für eine ernsthafte Untersuchung der Eigenschaften legte.

8.1.2 Extroversion und Introversion nach Jung

C. G. Jung, dessen Arbeit in Kapitel 4 über die neoanalytischen Aspekte der Persönlichkeit erörtert wird, trug zur Einführung der Eigenschaftsansätze bei. Obwohl Jung Psychoanalytiker war, setzte er viele Forschungen über die Eigenschaften in Gang, als er in einer Persönlichkeitstheorie begann, die Begriffe Extroversion und Introversion zu verwenden (Jung, 1921/ 1967). Jungs Gebrauch dieser Begriffe unterscheidet sich in gewissem Maß vom heutigen. Bei Jung bezieht sich der Begriff Extroversion auf eine Orientierung hin zu Dingen außerhalb des eigenen Selbst, wogegen sich der Begriff Introversion auf eine Tendenz zur Wendung nach Innen und zur Untersuchung der eigenen Gefühle und Erfahrungen bezieht. Folglich könnte bei Jung eine Person Tendenzen sowohl zur Introversion als auch zur Extroversion aufweisen, aber eine der beiden wäre dominant. Erst mit Hans Eysencks Arbeit in den frühen 1950er Jahren erhielten diese Begriffe ihre heutige Bedeutung, die im Folgenden erörtert wird. (Einige Theoretiker bevorzugen die Schreibweise „Extraversion", während andere „Extroversion" verwenden. Um Verwirrung zu vermeiden, bleiben wir bei dem verbreiteteren „Extroversion".)

Der Myers-Briggs-Typen-Indikator ist ein verbreitetes Instrument, mit dem versucht wird, die Introversion und die Extroversion, wie von Jung definiert, zu messen. Neben der globalen Einteilung in Introversion – Extroversion gibt es noch Unterklassen: Die Skala „sinnliche und intuitive Wahrnehmung" gibt an, ob eine Person eher zu Realismus oder Einbildungskraft veranlagt ist. Die Skala „analytische und gefühlsmäßige Beurteilung" gibt an, ob eine Person stärker logisch und objektiv oder stärker individuell und subjektiv ist. Darüber hinaus gibt es auch eine Skala „Beurteilung und Wahrnehmung", die die Orientierung auf die Bewertung oder Wahrnehmung der Dinge angibt. Manche Menschen sind stärker strukturiert und urteilend, während andere über stärkere Flexibilität und Wahrnehmung verfügen.

Dieses Myers-Briggs-Schema ist schon oft erfolgreich von Berufsberatern eingesetzt worden (Bayne, 1995). So richten beispielsweise manche Menschen ihre Aufmerksamkeit nach innen (d.h., sie sind introvertiert) und stützen sich bei der Bewertung neuer Situationen auf Gefühle und Intuitionen. Solche Menschen können gute klinische Psychologen abgeben. Wie sieht es aber mit einem extrovertierten Menschen aus, der realistisch denkend und urteilend ist? Ein solcher Mensch könnte einen guten Offizier abgeben. Interessant an diesem bahnbrechenden Ansatz ist, dass die Personen systematisch in Übereinstimmung mit einer psychologisch umfassenden, aber trotzdem verständlichen Reihe von Kategorien klassifiziert werden.

Im Allgemeinen wurde durch die folgende Forschung die Bedeutung der Unterteilung in Introversion und Extroversion bestätigt, allerdings wurde die Nützlichkeit einer weiteren Unterteilung in Untertypen in Übereinstimmung mit Jungs Theorie als allgemeiner

Ansatz zur Persönlichkeit nicht wissenschaftlich bewiesen. Empirisch gesprochen sind Jungs Unterteilungen nicht die besten. Stattdessen sind Systeme wie die Persönlichkeitsdimensionen der Big Five (siehe folgender Abschnitt) klarer und hilfreicher (McCrae & Costa, 1989; Myers, 1962; Carlson, 1980; Myers & McCaulley, 1985). Jung legte die Grundlagen, indem er die Aufmerksamkeit auf die Beobachtung leitete, dass manche Menschen sich eher nach innen und andere nach außen orientieren und dass diese Zweiteilung einen stabilen Unterschied zwischen den Menschen bildet. mithilfe späterer empirischer Untersuchungen wurden diese Ideen verbessert und weiterentwickelt.

8.1.3 Der Einsatz der Statistik: R. B. Cattell

Als die auf der Grundlage der Psychoanalyse arbeitenden Theoretiker wie Jung Theorien über die grundlegenden die Persönlichkeit motivierenden Tendenzen entwickelten, begannen eher quantitativ orientierte Psychologen, statistische Ansätze zu entwickeln und einzusetzen, um damit zu versuchen, die Struktur der Persönlichkeit zu vereinfachen und zu objektivieren. Einige wichtige Schritte auf diesem Weg vollzog R. B. Cattell ab den 1940er Jahren.

An dieser Stelle sei daran erinnert, dass Allport Tausende die Persönlichkeit beschreibende Adjektiven in der englischen Sprache gefunden hatte, dass er aber zu dem Schluss kam, dass diese Liste durch das Aussortieren von synonymen Begriffen verkürzt werden müsste. Cattell ging mit seinem lexikalischen (sprachbasierten) Ansatz noch weiter. Die von Allport aufgelisteten Eigenschaften wurden in Gruppen eingeteilt, bewertet und dann durch Cattell einer Faktorenanalyse unterzogen. Das heißt, dass Cattell, wie auch Allport, von der Annahme ausging, dass die Sprache sich so entwickelt hat, dass sie wichtige Aspekte der Persönlichkeit erfasst. Also begann er mit einer Liste, die von Allports Liste abgeleitet war und die alle nichtsynonymen Adjektive zusammenzufassen schien, die zur Beschreibung der Persönlichkeit verwendet wurden. Dann wurden Personen im Hinblick auf diese Eigenschaften bewertet, und die Bewertungen wurden mithilfe statistischer Verfahren, hauptsächlich der Faktorenanalyse, kombiniert. Im Lauf der Jahre wiederholte Cattell diesen grundlegenden Prozess auf viele Arten und mit verschiedenen Datensätzen.

Die Faktorenanalyse ist eine statistische Methode. Wie auch andere Statistiken ermöglicht sie es uns, Informationen, über die wir bereits verfügen, zu überarbeiten oder zu reduzieren, um sie so leichter verständlich zu machen. So kann beispielsweise eine Liste von Zahlen (Punktwerten) im Hinblick auf zwei Zahlen zusammengefasst werden – einen Mittelwert (Durchschnitt) und ein Maß der Abweichung (z.B. die Standardabweichung). Das sind statistische Zusammenfassungen. Desgleichen kann auch die Beziehung zwischen zwei Variablen – d. h. zwischen Paaren von Punktwerten – im Hinblick auf Korrelationskoeffizienten (wie r) zusammengefasst werden. Die Faktorenanalyse geht noch einen Schritt weiter – sie stellt eine Methode zur Zusammenfassung der Korrelationskoeffizienten dar. Das bedeutet, wenn wir die Korrelationen (Verbindungen) zwischen einer Reihe von Variablen kennen, kann die Faktorenanalyse uns dabei helfen, diese Beziehungen im Hinblick auf eine kleine Anzahl von Dimensionen zusammenzufassen. Durch die Berücksichtigung der Überlappung (also der geteilten Varianz) konsolidiert die Faktorenanalyse Informationen mathematisch. Variablen, die miteinander, nicht aber mit anderen Variablen in Wechselbeziehungen stehen, bilden eine Dimension oder einen Faktor. Daher kann die Faktorenanalyse zu einer Reduzierung oder sogar Eliminierung redundanter Informationen in einer Liste von persönlichkeitsbeschreibenden Wörtern beitragen.

Cattell wurde 1905 geboren. Er schrieb seine Abschlussarbeit bei Charles Spearman, dem englischen Psychologen und Statistiker; dieser wurde für seine bahnbrechende Arbeit zur Intelligenzbewertung berühmt, die auch die Entwicklung des Konzepts eines allgemeinen Faktors der Intelligenz umfasste, der mit *g* bezeichnet wurde. Wie die meisten Psychologen der damaligen Zeit wurde auch Cattell in klinischer Psychologie ausgebildet und sammelte auf diesem Fachgebiet Erfahrungen. Er zog 1937 von England in die Vereinigten Staaten, um mit E. L. Thorndike zusammenzuarbeiten. Wie Spearman interessierte sich auch Thorndike stark für die Details der Messung in der Intelligenzbewertung, so dass es nicht überrascht, dass Cattells Ansatz zur Persönlichkeit an die faktorenanalytischen Ansätze zur Intelligenz erinnert. Cattell sammelte viele Persönlichkeitsbewertungen und analysierte diese anhand verschiedener geschickter Methoden.

8.1.4 Q-Daten, T-Daten, L-Daten und der 16PF-R

Mit Q-Daten bezeichnete Cattell Daten, die anhand von Selbstberichten und Fragebögen gesammelt wurden (englisch: questionnaire data). Da Cattell erkannte, dass die Menschen oft ihre eigene Persönlichkeit nicht gut verstehen, vertrat er die Ansicht, dass darüber hinaus noch zwei andere Arten von Informationen gesammelt werden sollten. **T-Daten** werden gesammelt, indem die Person in eine kontrollierte Testsituation gebracht wird und dann ihre Reaktionen protokolliert und bewertet werden; diese Daten werden durch Beobachtung gesammelt (Testdaten). **L-Daten** bestehen aus Informationen, die über das Leben einer Person gesammelt werden, z.B. mithilfe von Schulzeugnissen (Lebensdaten). Offensichtlich sollte sich eine gültige Persönlichkeitseigenschaft im Verlauf des gesamten Lebens manifestieren; so würden wir z.B. erwarten, dass mehr Vereinsvorsitzende extrovertiert als introvertiert sind. Anders gesagt, Cattell wollte untersuchen, ob die gleiche Persönlichkeitseigenschaft mit verschiedenen Methoden erfasst werden kann. Dieser Ansatz zur Validierung ist seit dieser Zeit häufig zur Bewertung der Gültigkeit von Persönlichkeitseigenschaften eingesetzt worden.

Cattell war in der Persönlichkeitstheorie sehr bewandert und stützte sich auf diese Theorie, um die Variablen auszuwählen, die in seinen Analysen berücksichtigt werden sollten. Er war sich sehr wohl bewusst, dass in der Faktorenanalyse wie auch in vielen anderen Bereichen des Lebens gilt: „Woman Müll hineinwirft, kommt auch Müll heraus.“ Das bedeutet, wenn wir zu Beginn über schlechte Informationen verfügen, wird selbst der differenzierteste Versuch zur Zusammenfassung oder Analyse der Daten zu unbrauchbaren Ergebnissen führen. Im Hinblick auf die Theorie setzte er eine differenzierte Methode zur Gewinnung der Rohdaten ein, allerdings war sein Ansatz zur Persönlichkeit ab diesem Punkt eindeutig statistisch. Cattell starb 1998 in Honolulu.

Auf der Grundlage seiner Erkenntnisse aus der Faktorenanalyse vertrat Cattell die Ansicht, dass sechzehn grundlegende Persönlichkeitseigenschaften existieren. Cattell bezeichnete die Faktoren mit Buchstaben, um sicherzugehen, dass sie ein objektives Ergebnis der statistischen Methode sind, das nicht durch vorgefasste Vorstellungen beeinflusst wurde. In einfachen Dichotomien ausgedrückt, lauten diese sechzehn Persönlichkeitseigenschaften wie folgt (in Klammern die Zuordnung zur jeweiligen Skala des 16PF-R):

- kontaktfreudig – reserviert (Wärme)
- mehr – weniger intelligent (logisches Schlussfolgern)
- emotional stabil – emotional instabil (emotionale Stabilität)
- durchsetzungsfähig – demütig (Dominanz)
- unbekümmert – sachlich (Lebhaftigkeit)
- gewissenhaft – eigennützig (Regelbewusstsein)
- wagemutig – schüchtern (soziale Kompetenz)
- gefühlvoll – robust (Empfindsamkeit)
- misstrauisch – vertrauensvoll (Wachsamkeit)
- fantasievoll – pragmatisch (Abgehobenheit)
- überlegt – unbefangen (Privatheit)
- besorgt – gelassen (Besorgtheit)
- experimentierfreudig – konservativ (Offenheit für Veränderung)
- selbstgenügsam – gruppengebunden (Selbstgenügsamkeit)
- kontrolliert – spontan (Perfektionismus)
- angespannt – entspannt (Anspannung)

Diese Eigenschaften werden normalerweise mithilfe des Fragebogens zu den 16 Persönlichkeitseigenschaften (16PF-R) erfasst.

Wie die meisten anderen Eigenschaftspsychologen argumentierte auch Cattell, dass es Strata bzw. Schichten von Eigenschaften gibt, dass bestimmte Tendenzen grundlegender als andere sind und als Quelle für andere Eigenschaften dienen. Darüber hinaus zeigte er auch die Notwendigkeit der Testung von Eigenschaftsprogrammen in Umgebungen der praktischen Anwendung – in der klinischen Arbeit, in Unternehmen, Schulen usw. – sowie der folgenden Verwendung der Ergebnisse aus diesen Tests zum besseren Verständnis der Eigenschaften auf. Dieses Verfahren – der Übergang von der Theorie zur Bewertung und zur praktischen Arbeit sowie danach wieder zurück zur Theorie und zur Bewertung – ist zum Standardverfahren für alle modernen Eigenschaftsansätze zur Persönlichkeit geworden.

Zusammengefasst gesagt, stellten Cattell und seine Kollegen sicher, dass die Eigenschaftsansätze eine stärkere empirische und statistische Orientierung entwickelten. Er betonte den großen Wert der sorgfältigen Sammlung von Schlüsselinformationen über eine Person aus Fragebögen, aus Testsituationen und aus dem Lebensweg und der objektiven Kombination dieser Informationen mithilfe differenzierter quantitativer Instrumente.

In den späten 1930er Jahren und während der 1940er und 1950er Jahren übten Cattells quantitative Ansätze und die damals populären behavioristischen und psychoanalytischen Ansätze bedeutenden Einfluss auf Gordon Allport aus. Allport sah aber in allen drei Ansätzen schwerwiegende Probleme! Allerdings war es Allport, der enormen (und wahrscheinlich sogar den größten) Einfluss auf die Eigenschaftspsychologie hatte.

8.2 Gordon Allports Eigenschaftspsychologie

8.2.1 Variabilität und Konsistenz

Jeder, der schon einmal Menschen beobachtet hat, weiß, dass sich dieselbe Person in verschiedenen Situation unterschiedlich verhalten kann. Dieselbe Person kann sich außerdem auch zu verschiedenen Zeiten, bei verschiedenen Personen und in verschiedenem Alter unterschiedlich verhalten. Folglich ist eine simplifizierende Vorstellung von stabilen Eigenschaften offensichtlich unzureichend – selbst der fröhlichste und freundlichste Mensch ist mitunter zornig und aggressiv.

Diese Variabilität wurde von Gordon Allport sehr wohl erkannt, und er argumentierte, dass das Verhalten zwar variabel ist, es bei jeder Person aber einen konstanten Teil gibt. Die veränderlichen Teile werden also von einem unveränderlichen Aspekt des Verhaltens begleitet. Und dieser konstante Anteil wird von der modernen Konzeption zu den Eigenschaften erfasst.

Das Konzept der Eigenschaften beruht auf der Annahme, dass die Persönlichkeit sehr stark innerhalb der Person verwurzelt ist. Wir erinnern uns aus Kapitel 1, dass Allport die Persönlichkeit definierte als die „dynamische Organisation der psychophysischen Systeme innerhalb der Person, die das charakteristische Verhalten und Denken bestimmen" (1961, S. 28). Dieser Ansicht zufolge hat jede Person einzigartige Schlüsselqualitäten. In den letzten Jahren haben einige einflussreiche Ansätze zur Persönlichkeit die Konzentration auf das Individuum dahingehend erweitert, dass auch Aspekte der Situation aufgenommen wurden. In diesen so genannten interaktionistischen Ansätzen werden gleichzeitig die Interaktionen der Person in der Situation untersucht. Diese Ansätze werden in Kapitel 10 detailliert erörtert.

Gordon Allport wurde 1897 in Indiana geboren. Er war lange Jahre an der Harvard-Universität und starb 1967. Sein Vater war Arzt, seine Mutter Lehrerin und sein älterer Bruder Floyd war ebenfalls ein ausgezeichneter Psychologe. Allport, ein hervorragender und bewanderter Gelehrter, war für seine wissenschaftlichen Kenntnisse und Fähigkeiten bekannt. Er war einer der Gelehrten, die interessante Themen für ihre Studien auswählten und dann eine große Auswahl relevanter Beweise und origineller Gedanken darauf anwenden.

Im Alter von zweiundzwanzig Jahren besuchte Allport Europa und schickte einen Brief an Sigmund Freud mit der Bitte um ein Treffen. Allport berichtet, dass Freud das Treffen eröffnete, indem er ihn erwartungsvoll ansah. Schließlich war Freud ein exzellenter Kliniker und im Allgemeinen kamen die Menschen zu ihm, weil sie eine Beratung wollten. Da er nicht wusste, was er sagen sollte, erzählte Allport einen Vorfall, den er in der Straßenbahn gesehen hatte: Ein kleiner Junge schien eine schwere Phobie vor Schmutz bzw. dem Schmutzigwerden zu haben. Allport selbst war peinlich sauber, und seine Kleidung gut gestärkt. Freud blickte ihn an und fragte: „Und? Waren Sie der kleine Junge?" (Allport, 1968)

Allport war schockiert darüber, dass Freud versuchte, in einer so schlichten Bemerkung eine tiefere Bedeutung zu finden. Als er sich später an dieses Treffen erinnerte, berichtet Allport, dass er daraus gelernt hatte, stärker auf die oberflächlichen, offenkundigen Aspekte der Persönlichkeit zu sehen, bevor er tief in das Unbewusste vordrang. Freud betonte die Primärtriebe, während Allport die Eigenschaften betonte. Natürlich könnte ein Freudianer spekulieren, dass Freud mit seiner Frage an Allport genau ins Ziel getroffen hatte und dass Allport aus diesem Grund so schockiert war und sich unbehaglich fühlte. Ein Psychoanalytiker würde Allports spätere Erklärung („Rationalisierung") einfach als einen Abwehrmechanismus sehen. Im Gegensatz dazu sah Allport sich selbst als einen vernunftgeleiteten, sehr rationalen Menschen. Es ist interessant, dass ein sachlicher, gelehrter junger Mann aus dem amerikanischen Mittelwesten eine gelehrte, akribische und auf der Vernunft beruhende Theorie der Persönlichkeit entwickeln sollte.

Abbildung 8.2:
Hätten Sie in den 1950er Jahren in Harvard Persönlichkeitspsychologie studiert, hätten Sie diesen Mann wahrscheinlich als gewissenhaft bewertet. Eine Kardinaldispostion Gordon Allports bestand in seinem pedantischen und weit reichenden Ansatz zur Persönlichkeitsforschung.

Wie akribisch und rational war Allport? Wir haben bereits gesehen, dass er die englische Sprache studierte, um eine Datenbank aus Adjektiven zusammenzustellen, die es ihm ermöglichte, über Eigenschaften nachzudenken. Allports Begeisterung für Wörter begann offensichtlich in jungem Jahren. Er berichtete, dass einmal ein eifersüchtiger Klassenkamerad auf ihn, er war damals zehn, zeigte und sagte: „Ach, der Kerl hat ja ein ganzes Wörterbuch verschluckt!" (Allport, 1968, S. 378) Seine Persönlichkeit blieb beständig – als Professor berichtete er, dass er *Psychological Abstracts* vom Anfang bis zum Ende durchlas (Allport, 1968). Ebenso untersuchte er Dutzende Definitionen der Persönlichkeit, bevor er seine eigene erstellte. Seine Definition ist so sorgfältig formuliert, dass sie in sehr, sehr vielen Büchern zitiert worden ist. Das Konzept der Persönlichkeit als die „dynamische Organisation der psychophysischen Systeme innerhalb der Person, die das charakteristische Verhalten und Denken bestimmen" entspricht der grundlegenden Eigenschaftsperspektive. Hier wird die Persönlichkeit als Organisation innerhalb des Individuums gesehen.

8.2.2 Die Bedeutung der Kultur

Die Untersuchung von Vorurteilen war ein lebenslanges Anliegen von Allport, das er in der Hoffnung verfolgte, dass diese reduziert werden könnten. Wie auch Kurt Lewin war Allport überzeugt, dass Theorien in der Praxis hilfreich sein können und dass die Theorien wiederum durch die Praxis beseelt (und bereichert) werden sollten. Allport untersuchte zu einer Zeit, als dies durchaus nicht modern war, die in Amerika herrschenden Vorurteile gegen Neger (wie sie damals bezeichnet wurden) und Juden. Er war einer der ersten amerikanischen Intellektuellen, die die Wahrheit über den Genozid der Nazis erkannten, und sein Buch *The Nature of Prejudice* (1954) ist noch heute bemerkenswert modern, obwohl es vor mehr als einem halben Jahrhundert geschrieben wurde.

Durch diese Studien wurde sich Allport der kulturellen Einflüsse auf die Persönlichkeit sehr bewusst. In der Tat unterstützte er die Gründung der Abteilung für soziale Interaktionen in Harvard, das die Fachgebiete der Persönlichkeits- und Sozialpsychologie mit der Soziologie und Anthropologie verband. (Diese Abteilung wurde 1972 aufgelöst, da viele Psychologen einen so breit gefassten Ansatz zum menschlichen Verhalten vermeiden wollten.) Allport betonte, dass niemand einen Wiener mit einem Vietnamesen oder einem Venezianer verwechseln würde, da ihre jeweilige Kultur jedem von ihnen fertige Wege dazu liefert, wie sie ihr Leben anzugehen haben. Die interessanten Fragen entstehen, wenn Menschen in andere Kulturen auswandern – beispielsweise aus Wien, Vietnam oder Venedig nach Los Angeles – und dort ihre Kinder aufziehen. Inwieweit und auf welche Art und Weise nimmt bei diesen neuen Amerikanern die Ähnlichkeit in ihren Eigenschaften zu? Wie wir bereits gesehen haben, sind das wichtige Fragen der Kultur, die immer wieder in diesem Buch und insbesondere in Kapitel 13 auftauchen.

Auf all diesen Gebieten – in der Ausführung angewandter Arbeit in sensiblen Bereichen, in der Untersuchung kultureller Variationen, in der Infragestellung von Ansätzen, die zu tief gingen oder zu oberflächlich waren – war Allport den meisten seiner Zeitgenossen und im Grunde auch vielen modernen Persönlichkeitsforschern weit voraus. In seinen Arbeiten integrierte Allport die Konzepte hunderter Philosophen von der Antike an. Ein Ansatz, mit dem er allerdings Schwierigkeiten hatte, war die behavioristische Arbeit von B. F. Skinner. Allport konnte keinerlei Versuche akzeptieren, die Komplexität und die edle Natur jedes menschlichen Wesens zu reduzieren. Daher unterstützte Allport begeistert die Entwicklung der humanistischen Psychologie (siehe Kapitel 9), da er befürchtete, dass es die Menschen erniedrigte, wenn ihr Verhalten im Hinblick auf die Konditionierung von Ratten und Tauben erklärt würde.

8.2.3 Funktionelle Äquivalenz

Allport war außerdem überzeugt, dass die Faktorenanalyse unmöglich das Leben einer Person vollständig darstellen konnte (Allport, 1961, S. 329). Folglich war er kein Anhänger von Cattell. Da ein Faktor nichts weiter als eine statistische Zusammensetzung ist, so Allport, kann er einem Menschen unmöglich gerecht werden. Und es ist unmöglich, durch die Betrachtung von Informationen, die aus der Untersuchung vieler Menschen gewonnen worden sind, das Gleiche herauszufinden, das durch die Untersuchung einer einzelnen Person aufgedeckt werden kann. Darüber hinaus wies Allport darauf hin, dass die Faktorenanalyse eine Gruppe (einen Faktor) ergibt, diesem Faktor aber keinen Namen gibt. Der Faktorenanalytiker ist derjenige, der dem Faktor einen Namen gibt, und es besteht häufig Anlass zu Zweifeln, ob dieser Name den Kern des Faktors wirklich erfasst. So kann der Faktoranalytiker durch seine eigenen Statistiken in die Irre geführt werden.

Trotzdem konnte Allport natürlich nicht mit Tausenden von Persönlichkeitseigenschaften arbeiten. Wie hat er die Masse individueller Gedanken, Gefühle und Handlungen reduziert und strukturiert? Er war der Ansicht, dass Regelmäßigkeiten entstehen, weil (1) das Individuum viele Situationen und Stimuli auf die gleiche Art und Weise sieht und (2) viele der Verhaltensweisen des Individuums sich in ihrer Bedeutung ähneln – d. h., sie sind funktionell äquivalent. In Allports Worten ausgedrückt, ist eine Eigenschaft eine innere Struktur, die „viele Reize funktionell äquivalent macht“ und „äquivalente Formen adaptiven und expressiven Verhaltens steuern“ kann (1961, S. 347). Die funktionelle Äquivalenz ist der Kern von Allports Eigenschaftsansatz.

So kann beispielsweise ein so genannter Superpatriot (für den Allport den Namen „McCarley“ erfand) Kommunisten, Hochschulprofessoren, Friedensorganisationen, Juden, Vertreter der Vereinten Nationen, Gegner der Rassentrennung und so weiter als verachtenswerte Menschen betrachten; diese Menschen werden durch den Extremisten als äquivalent gesehen. Eine solche Person könnte wiederum hasserfüllte Reden halten oder sich einem Lynchmob anschließen – hierbei handelt es sich um äquivalente Verhaltensweisen. Diese Konsistenzen bilden die Grundlage für Allports Konzept der Persönlichkeit. Er analysierte sie im Hinblick auf allgemeine Eigenschaften und persönliche Dispositionen

8.2.4 Allgemeine Eigenschaften

Da die Menschen ein gemeinsames biologisches Erbe teilen und innerhalb einer Kultur ein gemeinsames kulturelles Erbe haben, ist es sinnvoll anzunehmen, dass sie auch viele Organisationsstrukturen (Eigenschaften) gemeinsam haben. Allport bezeichnete diese als **allgemeine Eigenschaften** Allgemeine Eigenschaften sind Eigenschaften, die von den Menschen in einer Bevölkerung geteilt werden: Es handelt sich um grundlegende Dimensionen.

So kämpfen beispielsweise in der amerikanischen Gesellschaft manche Menschen ständig darum, gegenüber anderen einen Vorsprung zu gewinnen und ihre Umgebung zu beherrschen. Andere Menschen entwickeln dagegen den bequemen Stil, mit dem Strom zu schwimmen (was auch umfasst, den dynamischen Menschen nachzugeben oder diese zu ignorieren). Allport dachte, dass die Menschen nutzbringend im Hinblick auf solche Dimensionen verglichen werden könnten. Er glaubte aber nicht, dass eine solche Analyse zu einem sehr tiefen Verständnis der Persönlichkeit führen würde.

Wie aber sieht es mit der Motivation aus, die eine Person dazu antreibt, alles sauber und ordentlich zu halten (ähnlich wie Allport selbst dies tat)? Allport akzeptierte die freudsche Vorstellung, dass eine derartige Motivation ihre Ursprünge in der Sozialisierung der Triebtendenzen während der Kindheit haben könnte. Allerdings können im Erwachsenenalter diese Motivationen und Triebe ein Eigenleben entwickeln. Allport sagte, dies bedeutet, dass viele Motivationen **funktionell autonom** sind – sie sind von den Ursprüngen in der Kindheit unabhängig geworden. Folglich wäre es nicht sinnvoll zu versuchen, sie in die frühe Kindheit zurückzuverfolgen (eventuell mit der Ausnahme schwerwiegender Fälle von Psychopathologie). Die Kindheitserfahrungen können die Wurzel oder den Ursprung der Tendenzen beim Erwachsenen bilden, aber sie beeinflussen diese Tendenzen nicht weiter. Es wäre hilfreich zu verstehen, dass ein Wunsch nach Sauberkeit und Ordnung den Ansatz einer Person gegenüber dem Leben dominiert, es ist allerdings nicht notwendig herauszufinden, wo diese Tendenzen ihren Ursprung haben.

Allport verwendete mitunter den Begriff **Proprium** zur Bezeichnung des Kerns der Persönlichkeit. (Proprium bezeichnet einfach das eigene Ich oder das eigene Selbst.) Damit meinte er, dass in der menschlichen Psyche Schichten bestehen, einschließlich eines nicht weiter reduzierbaren Kerns, der definiert, wer wir sind. In diesem Sinn ähnelte Allports Ansicht der von Freud. Beide Theoretiker waren sicher, dass es zentrale Kräfte gibt, die unseren alltäglichen, unterschiedlichen Verhaltensweisen zugrunde liegen. Vermutlich hat dieser Kern ein biologisches Pendant (wie sowohl von Freud als auch von Allport ausdrücklich erwartet wurde), aber wie in Kapitel 5 zu den biologischen Aspekten der Persönlichkeit festgestellt wurde, sind derartige biologische Strukturen zumindest bis heute noch nicht vollständig bestimmt worden. Auf jeden Fall war Allport überzeugt, dass solche grundlegenden Motivationen viel rationaler und positiver waren, als in Freuds Ansatz beschrieben.

8.2.5 Persönliche Disposition

Wir lernen, Tausende von Menschen an ihren Gesichtern zu unterscheiden. Keine zwei Menschen auf dieser Welt sehen sich vollkommen gleich (mit Ausnahme einiger Fälle von eineiigen Zwillingen). Also sollte es nicht überraschen, dass es auch keine zwei Persönlichkeiten gibt, die sich völlig gleichen. Um Individuen vollständig verstehen zu können, müssen wir Methoden einsetzen, die die Einzigartigkeit jedes Menschen berücksichtigen. Solche Methoden werden als **idiographisch** bezeichnet. Zu den hilfreichen idiographischen Methoden gehören die Dokumentenanalyse (z. B. die von Tagebüchern), Befragungen, Verhaltensbeobachtungen und flexible Selbstberichte (z.B. Q-Sort). mithilfe dieser Methoden können verschiedene Menschen auf unterschiedliche Weise und nicht nur im Hinblick auf die gleichen, wenigen Dimensionen beschrieben werden.

Allport entwickelte ein Konzept der persönlichen Dispositionen im Hinblick auf die Ziele, Motivationen oder Stile der betreffenden Person und bezeichnete dies als eine „Kerneigenschaft". Ein Michael Jackson, eine Madonna oder ein George Bush haben alle einen sehr charakteristischen Stil. Oder betrachten wir die komplexe Persönlichkeit eines Künstlers wie Picasso, dessen einzigartige Persönlichkeit durch seinen Ausdruck deutlich wird. Hierbei handelt es sich um eine komplexe Persönlichkeit, die im Detail untersucht werden kann und auch untersucht wurde – allerdings nicht im Hinblick auf allgemeine Eigenschaften. Folglich ist für Allport eine **persönliche** Disposition - eine Eigenschaft – eine generalisierte neuropsychische Struktur –, die für das Individuum typisch ist (Allport, 1961, S. 373).

Persönliche Dispositionen, die einen überwältigenden Einfluss auf das Verhalten ausüben, werden als **Kardinaldispositionen** (oder die beherrschenden Leidenschaften eines Lebens) bezeichnet. Allport führt hierfür Beispiele wie Albert Schweitzers Ehrfurcht vor dem Leben, die sich in seiner vollkommenen Hingabe an seine Tätigkeit als Missionsarzt realisierte, oder Marquis de Sades sexuelle Grausamkeit an, die sich in seinen verzehrenden sexuellen Leidenschaften realisierte. Bei dem zu Beginn dieses Kapitels beschriebenen Bombenleger könnte die Kardinaldispositionen ein Zwang zur Kontrolle über ein bestimmtes Selbst-Erscheinungsbild oder eine bestimmte Weltsicht in Verbindung mit immenser Frustration und Unsicherheit sein, die zu der sehr sorgfältig geplanten Gewalt geführt hat. Normalerweise organisiert sich die Persönlichkeit allerdings um einige **zentrale Dispositionen**. Zentrale Dispositionen sind z.B. die Eigenschaften, die ein Professor in einem Empfehlungsschreiben für einen Studenten erwähnen würde.

Der Gedanke, dass jedes Individuum über eine Organisation der Persönlichkeit verfügt, die einzigartig ist, finden einige quantitativ orientierte Psychologen sehr beunruhigend. Wenn jeder Mensch einzigartig ist, können wir nicht alle Menschen im Hinblick auf die gleichen Dimensionen auf gültige Art und Weise bewerten und, so wird argumentiert, es ist uns unmöglich, die grundlegenden Gesetze der Persönlichkeit aufzudecken. Darüber hinaus wird die Untersuchung der Persönlichkeit zu beträchtlichen Kopfschmerzen führen, wenn wir nicht mit jedem Menschen den gleichen Persönlichkeitstest durchführen können, sondern die Persönlichkeitstests auf jeden einzelnen Menschen abstimmen müssen!

Allports Reaktionen auf derartige Kritik ist sehr scharfsinnig. Er verwirft die nomothetische Suche nach gemeinsamen Eigenschaften (die Suche nach allgemeinen Gesetzen, die auf alle Menschen zutreffen) nicht als nutzlos. Er sagt vielmehr nur, dass derartige Bemühungen nicht vollständig sind. Von einer biologischen Perspektive aus betrachtet hat Allport Recht: Die moderne Biologie erkennt die einzigartigen Variationen jedes Individuums an. Die künstlerische Vorstellungskraft Picassos kann wahrscheinlich nicht in den gleichen Rahmen wie die Vorstellungskraft der meisten anderen Menschen eingeordnet werden. Und von einer psychologischen Perspektive aus betrachtet, gibt es keine zwei Menschen auf dieser Welt, die die gleiche Erziehung und die gleichen Erfahrungen teilen. Folglich misst Allport der eingehenden psychologischen Untersuchung des Individuums große Bedeutung bei.

Die Frage, ob Allport im Hinblick auf die Notwendigkeit eines idiographischen Ansatzes – die Notwendigkeit der Annahme persönlicher Dispositionen – Recht hat, ist empirischer Natur. Vielleicht liegt Allport falsch; vielleicht wird eines Tages durch Beweise demonstriert werden, dass jeder Mensch vollständig im Hinblick auf eine Reihe allgemeiner Eigenschaften beschrieben werden kann. Aber wir sollten die Gefahren der *Annahme*, dass persönliche Dispositionen ignoriert werden können, nicht unterschätzen. Forscher, die sich nur auf die allgemeinen Eigenschaften stützen, können unter Umständen annehmen, dass ein einziger Test in allen Kulturen und Subkulturen eingesetzt werden kann. Diese Annahme ist in der Vergangenheit wiederholt widerlegt worden, als Musterbeispiele der dominanten Kulturen (europäischstämmige, weiße Männer) als Norm gesetzt wurden, nach der andere bewertet wurden. Interessanterweise ist ein frühes Lehrbuch der Persönlichkeitspsychologie von Ross Stagner (1937), in dem die sozialen und kulturellen Aspekte der Persönlichkeit stark hervorgehoben wurden, bis vor kurzer Zeit weitgehend ignoriert worden. Allport hat derartige ethnozentrische Fehler nicht gemacht.

Ein Ansatz zur Persönlichkeit, der allzu bereit ist, idiographische Ansätze zu verwerfen, kann auch ein Ansatz sein, der sich wichtige und einzigartige Informationen über Frauen, über ältere Menschen und über Menschen aus verschiedenen Religionen, Kulturen und ethnischen Gruppen entgehen lässt. Letztendlich kann ein strikt nomothetischer Ansatz zu ungenau sein, genauso wie es wenig sinnvoll ist, Einsteins Intelligenz im Hinblick auf einen allgemeinen Intelligenzfaktor *g* zu beschreiben, der bei allen Menschen messbar ist. Mit diesen Vorbehalten Allports im Kopf wenden wir unsere Aufmerksamkeit nun den erfolgreichsten modernen Bemühungen zu, ein nützliches nomothetisches Schema zu schaffen – die faktorenanalytische Suche nach allgemeinen Eigenschaften.

8.3 Ein zeitgenössischer Eigenschaftsansatz: Die Big Five

Eine der bemerkenswertesten und gleichzeitig umstrittenen Entwicklungen im Eigenschaftsansatz zur Persönlichkeit war die Ausbildung eines hohen Maßes an Übereinstimmung über ein adäquates Dimensionsschema, das auf fünf Dimensionen beruhte. Ab den 1960er Jahren, aber mit zunehmender Geschwindigkeit in den 1980er, 1990er und 2000er Jahren, näherten sich viele Forschungsarbeiten der Idee, dass die meisten allgemeinen Eigenschaftsansätze zur Persönlichkeit mithilfe von fünf Dimensionen erfasst werden können. Im Folgenden werden diese fünf Dimensionen aufgeführt, die als die **Big Five** bezeichnet werden:

- **Extroversion** (auch als Aufgeschlossenheit bezeichnet): Extrovertierte Menschen sind tendenziell energisch, enthusiastisch, dominierend, gesellig und gesprächig. Introvertierte Menschen sind tendenziell schüchtern, zurückhaltend, unterwürfig und ruhig.
- **Soziale Verträglichkeit**: Sozial verträgliche Menschen sind freundlich, kooperativ, vertrauensvoll und warmherzig. Menschen, die über diese Dimension nur in einem geringen Ausmaß verfügen, sind kalt, streitsüchtig und unfreundlich.
- **Gewissenhaftigkeit** (auch als Mangel an Impulsivität bezeichnet): Gewissenhafte Menschen sind im Allgemeinen vorsichtig, zuverlässig, gut organisiert und verantwortungsvoll. Impulsive Menschen sind tendenziell unvorsichtig, unordentlich und unzuverlässig. Die frühe Persönlichkeitsforschung bezeichnete diese Dimension als „Willen“.
- **Neurotizismus** (auch als emotionale Instabilität bezeichnet): Neurotische Menschen sind tendenziell nervös, unruhig, angespannt und besorgt. Emotional stabile Menschen sind ruhig und zufrieden.
- **Offenheit** (auch als Kultur oder Intellekt bezeichnet): Offene Menschen erscheinen im Allgemeinen als fantasievoll, geistreich, originell und kreativ. Menschen, die über diese Dimension nur in einem geringen Ausmaß verfügen, sind oberflächlich, einfach und schlicht.

8.3.1 Wie wurde das Modell der Big Five entwickelt?

Dieses Modell war das Ergebnis umfassender Analysen der zur Persönlichkeitsbeschreibung verwendeten Adjektive sowie ebenso umfassender Faktorenanalysen von verschiedenen Persönlichkeitstests und -skalen (McCrae & Costa, 1985; Goldberg, 1990; John, 1990; Norman, 1963). Dabei ist zu beachten, dass der Ansatz der Big Five zur Persönlichkeitsforschung weniger theoriegeleitet ist, sondern durch die Forschung angetrieben. Er bildet einen induktiven Ansatz zur Persönlichkeit, was bedeutet, dass die Theorie sich aus den Daten entwickelt.

Gibt es die Big-Five-Eigenschaften tatsächlich? Können diese Eigenschaften auf eine andere Art und Weise als durch die Analyse von sprachbasierten Bewertungen bestätigt werden? Dimensionen, die sich aus einer Faktorenanalyse oder einer anderen Methode zur Bildung von Gruppen ergeben, repräsentieren nicht notwendigerweise tatsächliche Einheiten. Wenn wir mathematisch eine Gruppe aus einer Reihe männlicher und weiblicher Eigenschaften bilden (z.B. dominierend, aggressiv, zäh, zart, fürsorglich, feminin), finden wir Beweise für zwei Dimensionen – männlich und weiblich. Dabei handelt es sich selbstverständlich um „reale" Kategorien. Das heißt, wir können biologische Pendants zu diesen Gruppen finden – Männer und Frauen. Können wir, wenn wir Gruppen aus Persönlichkeitseigenschaften bilden, analoge biologische Merkmale finden? Allport weist darauf hin, dass lange Zeit das Atom – der kleinste Bestandteil eines Elements – nur ein hypothetisches Konstrukt war. Aber durch die Entwicklung neuer Theorien und neuer Messinstrumente wurde die Existenz des Atoms, seine „Realität", schließlich bewiesen. Es kann hypothetische Konstrukte für etwas geben, das wirklich existiert, selbst wenn wir uns noch nicht darüber sicher sind, was dieses „Etwas" genau ist. Viele Forscher sind überzeugt, dass schließlich eines Tages einige auf der Biologie beruhende Ursprünge der Big Five entdeckt werden.

Andererseits leiten sich die Dimensionen der Big Five hauptsächlich aus lexikalischen Ansätzen zu den Eigenschaften her. Das bedeutet, Menschen (entweder naive Beurteiler oder professionelle Psychologen) haben andere Menschen beschrieben, getestet und kategorisiert, und diese Bewertungen wurden auf fünf Dimensionen reduziert. Das Problem dabei ist, dass die Beurteiler falsch liegen können. Die Beurteiler können auf zwei verschiedene Arten falsch liegen. Erstens sehen sie unter Umständen Dinge, die nicht wirklich da sind. So ist es möglich, dass Menschen dazu neigen, andere Menschen im Hinblick auf fünf Dimensionen zu sehen. Diese Art einer Tendenz zum Vorurteil wird mitunter als **implizite Persönlichkeitstheorie** bezeichnet. Das bedeutet, dass es Konsistenzen (und Vorurteile) darin gibt, wie wir die Dinge sehen, insbesondere die Persönlichkeiten anderer Menschen. Wir können fälschlicherweise dazu neigen, bestimmte Eigenschaften als zusammen auftretend zu sehen. Genau wie Stereotypen unsere Wahrnehmungen von Personen beeinflussen, die nicht Mitglieder unserer Gruppe sind, können implizite Persönlichkeitstheorien unsere Wahrnehmungen anderer Menschen beeinflussen. Wenn das der Fall ist, kann die Faktorenanalyse unter Umständen die impliziten Persönlichkeitstheorien anstelle der grundlegenden Persönlichkeitsdimensionen erfassen.

Zweitens können die Beurteiler falsch liegen, wenn ihnen Dinge, die wirklich existieren, entgehen (wenn sie diese nicht sehen). Selbst die besten Wissenschaftler betrachteten unsere Welt als dreidimensional bis Einstein mathematisch bewies, dass die Zeit eine vierte Dimension bildet, die kontinuierlich zu den anderen drei Dimensionen gehört. Alle dachten, wir leben in einer dreidimensionalen Welt – und alle lagen damit falsch. Analog dazu können eventuell auch die Beobachter der Persönlichkeit falsch liegen, wenn ihnen ein Schlüsselaspekt der Reaktionsmuster anderer entgeht.

Wie können diese Fragen gelöst werden? Mittlerweile besteht guter Grund zu glauben, dass zumindest die grundlegenden Eigenschaftsdimensionen tatsächlich existieren – vielleicht sind es drei, vielleicht sechzehn, aber am wahrscheinlichsten bestehen ungefähr fünf Dimensionen. Die Forschung mithilfe verhaltensgenetischer und anderer biologischer Ansätze bestätigt, dass man durchaus sagen kann, dass biologische Beweise für eine kleine Anzahl von Dimensionen existieren, obwohl eine etwas größere oder kleinere Anzahl von Dimensionen durch diese Analysen nicht ausgeschlossen wird (Borkenau, Riemann, Angleitner & Spinath, 2001; Loehlin, 1992). So scheint beispielsweise nur wenig Zweifel daran zu bestehen, dass die Betrachtung des Konstrukts als Abbild von etwas, das wahrscheinlich im biologischen Sinne real ist, von großem Wert ist – unabhängig davon, ob die Extroversion letztendlich einmal im Hinblick auf eine Reaktionsfähigkeit des Nervensystems, eine genetisch programmierte Orientierung oder ein entwickeltes Verhaltensmuster oder auch als ein Produkt der Verbindung einiger anderer Elemente verstanden werden wird.

Die interkulturelle Forschung bestätigt weiterhin, genauso wie Untersuchungen an Populationen von alten und jungen, von gebildeten und ungebildeten Menschen (McCrae & John, 1992), die Nützlichkeit von ungefähr fünf Dimensionen. Wären die Dimensionen der Big Five das Ergebnis einer Art beeinflussender Stereotypen, würden sie sich in anderen Kulturen nicht wiederholen. Aber dieses Schema scheint zumindest bis heute auf der ganzen Welt sehr gut zu funktionieren.

Allerdings ergeben sich aus der interkulturellen Forschung auch einige Warnhinweise gegenüber einer unkritischen Verwendung der Big-Five-Dimensionen der Persönlichkeit. Obwohl in vielen Kulturen anerkannt wird, dass sich die Menschen im Hinblick auf solche Dimensionen unterscheiden, bestehen zwischen den Kulturen deutliche Unterschiede darin, welchen Wert sie diesen Eigenschaften beimessen. Ein gutes Beispiel dafür umfasst den Druck zum Wettbewerb im Vergleich zur Zusammenarbeit – unabhängiges Streben nach Erfolg im Vergleich zur Unterstützung anderer. In Vergleichen zwischen Mexikanern und Amerikanern sowie zwischen mexikanischstämmigen und europäischstämmigen Amerikanern wurden einige faszinierende Unterschiede aufgezeigt. Von Amerikanern (und europäischstämmigen Amerikanern) wird erwartet, dass sie in Wettstreit treten, dominieren und gewinnen. In der mexikanischen (und mexikanisch-amerikanischen) Kultur wird andererseits Vertrauen, Kooperation und die Unterstützung der Peers geschätzt. Diese Unterschiede bei den Präferenzen können beispielsweise für den Schulunterricht große Folgen haben. Sollen wir die traditionelle amerikanische Methode der Förderung des Wettbewerbs im Unterricht fortsetzen, bei dem die Schüler um die besten Noten wetteifern? Oder sollen wir uns bemühen, kooperativere Lernumgebungen zu schaffen, in denen die Kinder einander beim Lernen helfen müssen? Derartige Fragen erinnern uns daran, dass individuelle Unterschiede in den Eigenschaften sich nicht außerhalb eines spezifischen kulturellen Kontexts entwickeln bzw. ihre Auswirkungen auch nicht außerhalb eines solchen haben; die Kultur ist immer relevant (Kagan & Madsen, 1972; Aronson, 1978). Die kulturellen Einflüsse werden in Kapitel 13 weiter erörtert.

Eigenschaft	Beschreibung	Musterbeispiel
Extroversion	Geselligkeit, Warmherzigkeit, Durchsetzungsvermögen	 Bill Clinton, ehemaliger Präsident der USA
Soziale Verträglichkeit	Aufrichtigkeit, Vertrauen, Altruismus, Bescheidenheit	 Mutter Teresa, Menschenfreundin
Gewissenhaftigkeit	Kompetenz, Vorsicht, Beharrlichkeit, Leistungsstreben	 Colin Powell, Staatsmann und General a.D.
Neurotizismus	Angst, Feindseligkeit, Depression, Verletzbarkeit	 Woody Allen, Schauspieler und Regisseur
Offenheit	Fantasie, Sinn für Ästhetik, Toleranz, intellektuelle Neugierde	 Steven Spielberg, Filmproduzent und Regisseur

Tabelle 8.1: Die Big-Five-Dimensionen der Persönlichkeit, erfasst durch das NEO-PI und ähnliche Maßstäbe

Jeder Mensch kann mit sämtlichen Big-Five-Dimensionen erfasst werden; allerdings kennzeichnen einige Menschen extrem hohe Werte im Hinblick auf eine Dimension – wie die oben abgebildeten bekannten Persönlichkeiten des öffentlichen Lebens.

8.3.2 Karrierewege

Gibt es für die Big-Five-Faktoren nützliche Anwendungen für das Verständnis der Karrierewege von Menschen? Extrovertierte Menschen mit Freude an anderen, ihrem Mut, ihrer Energie, ihrem Ehrgeiz und – ja – mit ihrem großen Mundwerk können als Politiker oder andere, stark wahrgenommene Führungspersönlichkeiten Erfolg haben. Menschen, die eine große Gewissenhaftigkeit aufweisen, scheinen im Beruf, insbesondere in Unternehmen, erfolgreich zu sein. Ihre Beharrlichkeit, ihr Verantwortungsbewusstsein und ihre starke Zielstrebigkeit helfen diesen Menschen dabei, bestimmte Ziele zu erreichen und den Respekt ihrer Vorgesetzten zu gewinnen (Barrick & Mount, 1991). Menschen mit einer großen sozialen Verträglichkeit sind wahrscheinlich altruistisch und helfen anderen (Graziano & Eisenberg, 1997). Sie können exzellente Führungskräfte bei gemeinnützigen Organisationen, Geistliche oder auch gute Mütter und Väter sein.

Neurotiker, die unter Umständen ängstlich, angespannt und unruhig sind, können sich in eine von zwei Richtungen bewegen – entweder sie kanalisieren ihre Besorgnis in einer Art zwanghaftem Erfolg oder sie lassen zu, dass ihre Angst sie zum Leichtsinn führt. Wahrscheinlich sind dem Leser beide Arten von Menschen vertraut. In diesem Zusammenhang ist auch zu beachten, dass extrovertierte Menschen, die riskante Verhaltensweisen ausführen, das tun, um positive Belohnungen und Erfahrungen zu steigern, wogegen die Neurotiker riskante, leichtsinnige Verhaltensweisen, wie Alkoholmissbrauch, ausführen, um ihre negativen Stimmungen zu bewältigen (Cooper, Agocha & Sheldon, 2000).

Und schließlich tendieren Menschen, die eine hohe Offenheit aufweisen, dazu, kreativ zu sein und ästhetische und intellektuelle Aufgaben zu schätzen. Da sie nach einer großen Vielfalt von Erfahrungen streben, können sie Künstler oder Schriftsteller werden (McCrae & Costa, 1997). Natürlich dienen diese Veranschaulichungen nur als Beispiele, da angenommen wird, dass die Menschen sich in all diesen fünf Dimensionen unterscheiden.

8.3.3 Mehr als fünf? Weniger als fünf?

Der Ansicht Allports und anderer zufolge sind sicher mehr als fünf Eigenschaftsdimensionen notwendig, um jede Person charakterisieren zu können – d. h., wenn ein idiographischer Ansatz gewählt wird. Die Big Five sollen in nomothetischen Analysen eingesetzt werden – d. h., wenn die gleichen Dimensionen über die Individuen hinweg angewendet werden. Aber sind fünf Dimensionen ausreichend, um allgemeine Eigenschaften zusammenzufassen? Diese Frage kann heute noch nicht beantwortet werden. Der Grund dafür liegt darin, dass es keine zwingende und umfassende Theorie gibt, die erklärt, warum fünf Dimensionen ausreichend sind, um das zu erfassen, was wir zum Vergleich und zur Gegenüberstellung von Individuen wissen müssen.

Wie könnte eine solche Theorie aussehen? Sie könnte aus neuen Kenntnissen der Biologie des Gehirns abgeleitet werden; so könnten z. B. fünf verschiedene Typen biologischer Reaktionen bestimmt werden. Oder sie könnte aus einer funktionellen Analyse des evolutionären Drucks auf das Überleben hergeleitet werden; so könnten beispielsweise fünf

Arten von Fertigkeiten – wie die Verbindung mit anderen oder das Auffinden von Ressourcen – den Schlüssel dazu bilden, was es bedeutet, ein Mensch zu sein. Im Zusammenhang damit kann es allerdings für die Menschen am hilfreichsten (im evolutionären Sinn) gewesen sein, diese fünf Dimensionen bei anderen festzustellen. So kann argumentiert werden, dass wir wissen müssen, wer mit uns zusammenarbeiten wird (d.h. sozial verträglich ist), wer ein erfolgreicher Anführer sein wird (d.h. extrovertiert ist) und wer zuverlässig (d.h. gewissenhaft) ist (Buss, 1995a). Folglich ist es möglich, dass die Menschen die Fähigkeit entwickelt haben, diese individuellen Unterschiede bei anderen zu erkennen und zu verstehen.

Trotz der Fortschritte beim Verständnis der Big Five bestand Cattell weiter darauf, dass sechzehn allgemeine Persönlichkeitsfaktoren von grundlegender Bedeutung sind. In der Tat beruhen die neuesten Fortschritte in Cattells Faktoransatz zur Persönlichkeit auf der Annahme der Notwendigkeit der sechzehn Eigenschaften und entwickeln das Konzept von diesem Punkt aus weiter. Cattell war gegenüber Psychologen, die sein Schema nicht akzeptierten, intolerant und frustriert darüber, dass die Psychologen, wie er sagte, sich nicht gleichzeitig an sechzehn Dinge erinnern wollten (Cattell, 1990). Cattell selbst wandte seine Aufmerksamkeit auch Motiven und Interessen zu. Er war überzeugt, dass zur Analyse der instinktiven Triebe – Sex, Angst, Selbstbehauptung und Selbstschutz – und Bindungen, wie die Liebe zu Heim, Ehepartner oder Arbeit, ein psychometrischer Ansatz verwendet werden sollte. Wesentlich dabei ist, dass Cattell auch auf eine Analyse der Veränderung im Lauf der Zeit drängte. Ändert sich beispielsweise durch eine Heirat der Gewissenhaftigkeitsfaktor der Persönlichkeit systematisch, d.h., wird man gewissenhafter? Wie kann diese Umwandlung am besten mathematisch dargestellt werden? Durch die Erweiterung der Aufmerksamkeit über die innerhalb der Person lokalisierten fixen Eigenschaften hinaus auf die alltäglichen Motive, Interessen und Verhaltensweisen verweisen die Persönlichkeitsforscher nun auf die Komplexität der menschlichen Persönlichkeit und die Notwendigkeit der Betrachtung des weiteren Kontextes der Persönlichkeit. Dies wird in Kapitel 10 detaillierter erörtert.

Interessanterweise halten auch die Befürworter des Big-Five-Ansatzes zur Persönlichkeit es im Allgemeinen für angebracht, sich zusätzlichen Eigenschaftsbeschreibungen zuzuwenden, um die Persönlichkeit vollständig zu beschreiben (sie tun dies sogar bei der Erörterung allgemeiner Eigenschaften). Mitunter werden diese als Subfaktoren oder Facetten bezeichnet, jedenfalls umfassen sie alle eine weitere Ausarbeitung des Modells der Big Five (Block, 2001). So sind beispielsweise sowohl Angst als auch Depressionen eng mit Aspekten des Neurotizismus verbunden, aber Kliniker, die Angststörungen und depressive Störungen behandeln, halten die Unterscheidung zwischen diesen für sehr bedeutend. Und in der Tat können zur Behandlung dieser beiden Erkrankungen verschiedene Psychopharmaka verschrieben werden – z. B. Valium bei Angstzuständen und Prozac bei Depressionen. Die Tatsache, dass diese Medikamente im Gehirn auf verschiedene Arten wirken, deutet darauf hin, dass der Neurotizismus sich als zu breit gefasster Faktor erweisen könnte. Wenn sich allerdings herausstellt, dass Angstzustände und Depressionen zwei Varianten der Fehler sein können, die in demselben zugrunde liegenden neurologischen System entstehen können, kann sich die übergeordnete Kategorie des Neurotizismus schließlich doch als zutreffend erweisen.

Könnte es weniger als fünf grundlegende Dimensionen der Persönlichkeit (die Big Five) geben? Es wäre möglich, dass zwei oder drei der Eigenschaftsdimensionen der Big Five einen zentralen Teil des Organismus bilden, während die anderen zwei bzw. drei nur Ableitungen davon sind. Vielleicht ist eine Person aufgrund biologischer Faktoren dafür prädisponiert, sich auf eine von drei grundlegenden Typen von Arten zu verhalten, aber diese können natürlich noch weiter unterteilt werden. So könnte beispielsweise ein grundlegend extrovertierter Mensch noch weiter im Hinblick auf das Aktivitätsniveau, die Geselligkeit und die Erregbarkeit kategorisiert werden. Dies entspricht dem Standpunkt von Hans Eysenck.

8.3.4 Eysencks Big Three und damit verbundene Alternativen

Bei der Erörterung der biologischen Aspekte der Persönlichkeit in Kapitel 5 wurde die auf dem Nervensystem basierende Theorie von Hans Eysenck erörtert. Diesem Ansatz zufolge sind beispielsweise Menschen extrovertiert, deren Nervensystem zusätzliche Stimulation braucht, während Menschen introvertiert sind, die sensibel gegenüber externer Stimulierung sind. Auf der Grundlage seines biologischen Ansatzes war Eysenck überzeugt, dass weniger als fünf grundlegende Dimensionen die Basis der Persönlichkeit bilden. Alle anderen Eigenschaften leiteten sich aus drei biologischen Systemen ab.

Leider sind, wie in den Kapiteln 2 und 5 aufgezeigt wurde, die zugrunde liegenden biologischen Systeme noch immer nicht ausreichend beschrieben bzw. verstanden. Einige Forscher, die die Arbeit des Psychiaters C. R. Cloninger weiterverfolgen, konzentrieren sich auf Dopamin in seinen Zusammenhängen mit der Reizsuche, auf Serotonin in seinen Zusammenhängen mit der Impulsivität und auf Noradrenalin in seinen Zusammenhängen mit der Belohnungssuche (Bond, 2001; Cloning, 1998). Andere Wissenschaftler konzentrieren sich nicht auf die Neurotransmitter sondern auf die Struktur des Gehirns und die Nervensysteme. Wie bereits aufgezeigt wurde, sind zwei Systeme, denen Aufmerksamkeit zuteil geworden ist, das Verhaltenshemmsystem (das die Orientierungsreaktion auf neue Situationen zu liefern scheint und darüber hinaus auch auf Dinge reagiert, die bestrafend wirken) und das biologische Aktivierungssystem (das unsere Reaktion auf Belohnungen steuert) (Pickering & Gray, 1999). Aber das Gehirn ist ein komplexes Kompendium verschiedener Systeme, und es bleibt zweifelhaft, ob einfache Eins-zu-eins-Verbindungen zu Persönlichkeitsfaktoren aufgestellt werden können.

Während Cattell glaubte, dass die Persönlichkeitstheorie das Kriterium für die Auswahl der in den Faktorenanalysen zu verwendenden Variablen – d.h. der Daten – sein sollte, und viele Forscher, die das Modell der Big Five vertreten, einen vollständig induktiven Ansatz gewählt haben, geht Eysenck noch weiter und vertritt die Ansicht, dass auch verschiedene andere Arten von Beweisen die Auswahl der Faktoren beeinflussen sollten (Eysenck, 1994; Eysenck & Eysenck, 1985). Das bedeutet, die Faktorenanalysen allein sollten nicht unsere Strukturierung der grundlegenden Dimensionen bestimmen. So gibt es z.B. Beweise dafür, dass die Tendenzen von Personen im Hinblick auf mindestens drei Eigenschaften – Angststärke, Verträglichkeit und Offenheit für neue Erfahrungen – im

Allgemeinen während des gesamten Erwachsenenlebens stabil bleiben (Costa & McCrae, 1987a). Wenn ein Mensch im Alter von 25 Jahren ruhig und kontaktfreudig ist, wird er wahrscheinlich im Alter von 65 Jahren nicht quenglig, nervös und dogmatisch sein. (Siehe den Kasten „Berühmte Persönlichkeiten".)

Eysenck wurde 1916 in Deutschland geboren und emigrierte 1934 nach England, wo er lange Zeit eine bedeutende Position in der Psychologie innehatte. Er starb 1997. Die erste Dimension der Persönlichkeit nach Eysenck ist die **Extroversion**. Sie umfasst Cattells Faktoren der Kontaktfreudigkeit und des Durchsetzungsvermögens. Die zweite Dimension ist der **Neurotizismus**. Diese Dimension schließt Cattells Faktoren der emotionalen Instabilität und Angstbereitschaft ein. Der dritte Faktor ist der **Psychotizismus** – eine Tendenz zur Psychopathologie, die Impulsivität und Grausamkeit umfasst. Der Psychotizismus schließt Cattells Faktoren des Realismus und des Scharfsinns ein. Im Hinblick auf die Big Five ausgedrückt, umfasst Eysencks Psychotizismus eine geringe soziale Verträglichkeit und eine geringe Gewissenhaftigkeit; seine Dimensionen der Extroversion und des Neurotizismus ähneln denen der Big Five. Eysenck erklärt den Faktor der Offenheit nicht direkt, und tatsächlich ist die Offenheit der Faktor unter den Big Five, der sowohl theoretisch als auch statistisch am wenigsten definiert und am unklarsten ist.

Eysencks Ansatz ist einer der wenigen, die versuchen, die biologischen Grundlagen der Persönlichkeit (was Allport als „psychophysische" Aspekte bezeichnete), der Persönlichkeitstheorie und der aus präzisen empirischen und statistischen Eigenschaftsanalysen entstandenen Beweise zu berücksichtigen. Interessanterweise waren Eysencks Eltern Schauspieler, und er selbst war ein extrem leidenschaftlicher und entschiedener Psychologe und Intellektueller, der oft im Zentrum intellektueller Auseinandersetzungen stand. Folglich ist es nicht überraschend, dass Eysenck so faszinierende Fragen stellte, wie die, ob die Extroversion in der Familie liegt.

Abbildung 8.3: Die neuere Forschung zu den biologischen Aspekten der Eigenschaften deutet darauf hin, dass extrovertierte Menschen hauptsächlich aufgrund des Potenzials für angenehm verbrachte Zeit und für positive Belohnungen gern auf Partys gehen und nicht, weil sie andere Menschen mehr mögen, als dies bei introvertierten Menschen der Fall ist.

Berühmte Persönlichkeiten

Madonna: Was ist ihre Eigenschaft?

Sinnlich, sexy, exzentrisch, offen, stolz, kreativ. Männer finden sie erotisch, aber auch viele Frauen bewundern ihren einzigartigen Stil als starke weibliche Figur. „Who's that girl?" – Madonna.

Diese Unterhaltungskünstlerin zieht die Aufmerksamkeit der Medien mit fast allem, was sie tut, auf sich. Mit Platten, Videos, Konzertourneen, Filmen, Ehen, Scheidungen, Mutterschaft und Flammen (sowohl männlichen als auch weiblichen) ist sie bereits auf der Titelseite fast jeder Zeitschrift von der *Time* bis hin zum *Penthouse* gewesen. Als Feministin betont sie, wie wichtig es ist, attraktiv, sinnlich, energiegeladen, ehrgeizig, aggressiv und humorvoll zu sein. Sie ist für ihre strittigen Videos bekannt, in denen unverhohlen Botschaften über Sex, Rasse und Religion verbreitet werden, genauso für ihre umstrittenen Konzerte; zu den Choreographien gehört auch das Reiben ihrer weiblichen Körpermerkmale und Masturbation. Im Zusammenhang mit der aktiven Rolle, die sie in politischen Fragen wie den Rechten Homosexueller und der Unterstützung der AIDS-Forschung übernommen hat, kritisierte diese eigensinnige Frau die katholische Kirche offen als widerwärtig und heuchlerisch. Gibt es eine Dimension bzw. einige wenige Eigenschaften, mit denen ihre Persönlichkeit präzise erfasst werden könnten?

Hätte Jung Madonnas Persönlichkeit mithilfe des Eigenschafts- und Fertigkeitsansatzes interpretiert, hätte er vielleicht gesagt, dass sie introvertiert ist, weil ihr die Beschäftigung mit Gefühlen, Intuitionen und Erfahrungen wichtig ist. Andererseits ist sie auch realistisch und denkend, engagiert sich aggressiv gegen das, womit sie unzufrieden ist, und scheut sich nicht, ihre Meinung zu einer Vielzahl kontroverser Themen zu äußern. Daher hätte Jung sie auch als einen Menschen mit Tendenzen zur Extroversion begreifen können.

Die modernen Eigenschaftspsychologen, die mit den Persönlichkeitsdimensionen der Big Five arbeiten, würden Madonna aufgrund der häufigen Zuschaustellung von Energie und aufgrund des aktiven Enthusiasmus, der ihren dominanten, sozialen und gesprächigen Eigenschaften zugrunde liegt, als extrovertiert beschreiben. In der Tat braucht man Durchhaltevermögen, wenn man auf Welttournee geht, Konzerte gibt, Tanznummern darbietet, Hits veröffentlicht, ein Plattenlabel gründet und so weiter und so fort. Durch ihre Fantasie, ihren Sinn für Ästhetik und ihre Neugierde würde sie sich auch für eine hohe Bewertung im Hinblick auf Offenheit qualifizieren, aber durch Extroversion und Offenheit allein wird ihre Persönlichkeit nicht vollkommen erfasst. Obwohl sie nach ausgezeichneten Leistungen strebt, zeigen ihre Eitelkeit und ihre Bereitschaft, alle Vorsicht in den Wind zu schlagen, dass sie nur ein geringes Maß an Gewissenhaftigkeit aufweist.

Vielleicht sollten wir an dieser Stelle auf Eysencks Arbeit schauen. Er würde Madonna auf der Grundlage der Unempfindlichkeit ihres Nervensystems wahrscheinlich ebenfalls als extrovertiert bezeichnen. Da Madonna sich mit Menschen umgibt und sich mit Aktivitäten beschäftigt, die die Stimulierung fördern und die Aufmerksamkeit auf sich ziehen, offenbart sie damit, dass ihr Nervensystem von Natur aus nicht sehr empfindlich ist und die Aktivierung sucht, die ihr Körper braucht.

Könnten wir sagen, dass sich ihre persönlichen Dispositionen um die Entdeckung und den Ausdruck von Sexualität drehen? Madonna, deren Fotos in *Penthouse* veröffentlicht wurden, hegt keine Hemmungen oder Unsicherheiten darüber, wer sie als Frau ist. Sie ist berühmt dafür, dass sie kegelförmige Büstenhalter, rosafarbene Korsetts, Nadelstreifenanzüge und Boxershorts trägt. In ihren Videos spielt normalerweise auch ein Mann eine wichtige Rolle, den sie begehrt oder der sie begehrt. Da diese Kernqualität einen Großteil ihres Verhaltens beeinflusst, kann sie als Kardinaldisposition gesehen werden. Aber diese einfache Zusammenfassung scheint ihr nicht gerecht zu werden. Eine umfassendere Analyse der Motive scheint hier angebracht.

Vielleicht hat sie Angst davor, allein gelassen zu werden, und bringt sich deshalb in eine Position, in der sie immer von Menschen umgeben ist – motiviert durch ihre starken Bedürfnisse nach Sex, nach Macht und nach Anschluss. In *Truth or Dare*, einem Dokumentarfilm über ihre Blond-Ambition-Tournee, sehen wir, wie Madonna persönliche Beziehungen mit ihrem riesigen Ensemble von Künstlern, Technikern und Mitarbeitern aufbaut. Sie tritt als große Schwester, als herrschsüchtige Mutter, als Predigerin, als autoritäre Anführerin und als Liebende auf. Das kommentierte sie mit: „Macht ist ein großartiges Aphrodisiakum." In jeder Situation steht sie im Zentrum der Aufmerksamkeit, und ihr Wort ist Gesetz. Sie liegt bei Murrays Konzept des Bedürfnisses nach Beachtung – dem Bedürfnis, aufzutreten und im Mittelpunkt der Aufmerksamkeit zu stehen – außerhalb der Skala. So überrascht es wenig, dass in Madonnas Ausdrucksstil der Schlüssel zu ihrer Persönlichkeit liegt. Ihre laute und unverblümte Sprache, ihre erotischen Bewegungen und ihr offener Gesichtsausdruck gewähren zentrale Einblicke in ihren Charakter.

8.3.5 Belege für Eysencks Ansatz

In der neueren Forschung wurde versucht, Eysencks Rat zu befolgen und zu bestimmen, ob drei Eigenschaftsdimensionen den Kern der Persönlichkeit erfassen. So wurden beispielsweise in einer Studie selbst beschriebene Eigenschaften sowie damit verbundene Emotionen und Motivationen untersucht (Zuckerman, Joireman, Kraft & Kuhlmann, 1999). Menschen, die gegenüber Signalen der Bestrafung empfindlich waren, wiesen ein hohes Maß an Neurotizismus auf. Menschen, die gegenüber Signalen der Belohnung sensibel waren, wiesen einen hohen Wert beim Faktor Extroversion auf. Menschen, die im Wesentlichen feindselig, zynisch und unglücklich waren, wiesen einen hohen Wert beim Faktor Psychotizismus auf.

In Verbindung damit wurde in anderen Untersuchungen zu bestimmen versucht, ob die grundlegende Eigenschaft der Extroversion die Tendenz ist, soziale Situationen zu genießen (Geselligkeit), oder eine Empfindlichkeit gegenüber der Belohnungssuche und der Erfahrung angenehmer Emotionen darstellt (was mit dem postulierten biologischen Aktivierungssystem übereinstimmt). In einer Studie mussten introvertierte und extrovertierte Menschen Situationen bewerten, die sich darin unterschieden, wie gesellig und angenehm sie waren (Lucas & Diener, 2001). Dabei stellte sich heraus, dass die extrovertierten Menschen soziale Situationen nur dann positiver bewerteten als die introvertierten Menschen, wenn die Situationen angenehm waren. Die extrovertierten Menschen bewerteten auch nichtsoziale Situationen positiver als die introvertierten Menschen, wenn die betreffenden Situationen angenehm waren, was wiederum darauf hindeutet, dass für die extrovertierten Menschen die Belohnung (die angenehme Zeit) wichtiger ist als die Geselligkeit.

Bei einer weiteren Studie (bei der nur Frauen untersucht wurden) wurde zur Untersuchung der Reaktivität des Gehirns auf positive, angenehme Bilder die funktionelle Magnetresonanztomographie (fMRT) eingesetzt. In dieser Studie wurde festgestellt, dass die extrovertierten (nicht aber die introvertierten) Menschen auf diese positiven Reize hin eine höhere Gehirnaktivität aufwiesen als auf negative Reize (Canli u. a., 2001). Folglich kann die Extroversion tatsächlich mit den biologischen Unterschieden im Belohnungssystem des Gehirns in Verbindung stehen.

Interessanterweise sind die von amerikanischen Hochschulstudenten im Hinblick auf die Extroversion erzielten Punktzahlen (Skalen des Eysenck Personality Inventory und des Eysenck Personality Questionnaire) in den letzten Jahren gestiegen (Twenge, 2001). Diese Feststellung ist bemerkenswert, da postuliert wird, dass die Extroversion sehr stark auf einer biologischen Grundlage fußt. Da es unwahrscheinlich ist, dass die Biologie der Bevölkerung sich auf dramatische, systematische und relevante Weise ändert, deutet diese Erkenntnis auf die Wahrscheinlichkeit hin, dass die Extroversion eine komplexe Kombination biologischer Prädispositionen, Sozialisationserfahrungen und gesellschaftlicher Erwartungen ist. Wie im Verlauf des gesamten vorliegenden Buchs betont wird, sind für das Verständnis der Persönlichkeit verschiedene Perspektiven notwendig.

8.4 Persönlichkeitsbeurteilungen

Ist die „Liebe auf den ersten Blick" nur erotische Anziehung oder können wir wirklich unmittelbar etwas erkennen? Was geschieht, wenn wir einen Fremden zum ersten Mal sehen? Können wir zuverlässige und gültige Anfangsurteile über die Persönlichkeit fällen oder werden wir normalerweise durch Stereotypen in die Irre geführt? Diese Fragen haben direkte Auswirkungen auf die Gültigkeit eines Eigenschaftsansatzes zur Persönlichkeit.

8.4.1 Übereinstimmungen bei Persönlichkeitsbeurteilungen

Wenn Beobachter zutreffende Beurteilungen über die Persönlichkeit anderer Menschen abgeben können – d. h. Beurteilungen, die durch andere Testmethoden bestätigt werden –, verfügt der Eigenschaftsansatz über Gültigkeit. Als grundlegendster Aspekt können Beobachter normalerweise sagen, ob eine fremde Person männlich oder weiblich ist; daraus erhalten wir viele wichtige Informationen darüber, wie die betreffende Person sich im Hinblick auf viele Dimensionen verhalten wird. Mitunter können wir auch Alter, Zugehörigkeit zu einer ethnischen Gruppe und einen schlechten Gesundheitszustand beurteilen, auch hier sammeln wir wieder wichtige Informationen. Wie sieht es aber mit der Beurteilung von Persönlichkeitsaspekten wie der Extroversion oder dem Neurotizismus aus?

Nehmen wir an, wir lassen fremde Personen eine Gruppe von Leuten im Hinblick auf eine Reihe von Eigenschaftsdimensionen bewerten. Danach unterziehen wir die Bewertungen einer Faktorenanalyse, und aus der Faktorenanalyse ergeben sich fünf grundlegende Dimensionen (die Big Five). Wie können wir sicher sein, dass die Konsistenz sich nicht aus kognitiven Abbildungen in der Psyche der Bewerter ergibt? Vielleicht „sehen“ die Bewerter bestimmte Eigenschaften so, dass diese natürlicherweise zusammen vorkommen. Vielleicht wird mit der Faktorenanalyse etwas über die Psyche der Bewerter und nicht über die Persönlichkeiten derjenigen, die bewertet werden, herausgefunden.

Analog dazu entsteht ein ähnliches Problem der Schlussfolgerung, wenn die in den Faktorenanalysen von Eigenschaften verwendeten Bewertungen Selbstbeurteilungen sind. Nehmen wir beispielsweise an, dass eine Gruppe von Personen sich selbst im Hinblick auf eine Reihe von Eigenschaften bewertet, und die Faktorenanalyse dieser Selbstbeurteilungen zeigt, dass diese im Hinblick auf fünf Dimensionen zusammengefasst werden können. An diesem Punkt stellt sich die Frage, ob wir statt der objektiven Dimensionen der Persönlichkeiten dieser Menschen ihre Vorstellungen darüber aufgedeckt haben, wie ihre Eigenschaften in Gruppen zusammengefasst werden können – also ihre Selbstbilder.

Nehmen wir nun aber an, dass wir die Peers der Testpersonen – die Freunde der betreffenden Personen – bitten, diese im Hinblick auf eine Reihe von Eigenschaftsdimensionen zu bewerten und dass die Faktorenanalyse dieser Bewertungen wiederum zeigt, dass fünf Dimensionen (die Big Five) existieren. Weiterhin nehmen wir an, dass die Bewertungen der Freunde mit den Selbstbeurteilungen übereinstimmen und genauer sind als die Bewertungen der Fremden. Dies wäre ein Anfang, der auf eine gültige Beurteilung der Persönlichkeit statt auf stereotype Urteile hindeutet. Und genau solche Untersuchungen sind durchgeführt worden (Funder & Colvin, 1988, 1991; Norman & Goldberg, 1966; Watson, 1989).

Selbstverständnis

Die Bewertung der Big Five

Es ist möglich, eine bessere Vorstellung von den Dimensionen der Big Five zu entwickeln, wenn man die Arten von Selbstbeurteilungsfragen betrachtet, die eingesetzt werden, um die von den Menschen im Hinblick auf diese Dimensionen erzielten Punktwerte zu bestimmen. Versuchen Sie, sich selbst über jede der folgenden Items ehrlich im Hinblick darauf zu bewerten, wie gut die unten stehenden Punkte Sie (im Vergleich zu Ihren Freunden und Bekannten) beschreiben. Verwenden Sie dazu eine Skala von 1 bis 5, von „Trifft gar nicht auf mich zu" bis „Trifft völlig auf mich zu." Bewerten Sie danach einen Kommilitonen / eine Kommilitonin. Überprüfen Sie zum Schluss, wie sich der Kommilitone / die Kommilitonin selbst bewertet hat und wie sie oder er Sie beurteilt hat.

Trifft gar nicht auf mich zu			Trifft völlig auf mich zu	
①	②	③	④	⑤

Items zur Extroversion:

_________1. Ich rede viel.

_________2. In Gegenwart von Fremden bin ich still (umgekehrt).

_________3. Ich bin der Mittelpunkt jeder Party.

Items zur sozialen Verträglichkeit

_________4. Ich sorge dafür, dass andere sich wohl fühlen.

_________5. Ich interessiere mich nicht besonders für die Probleme anderer (umgekehrt).

_________6. Ich neige dazu, anderen zu verzeihen.

Items zur Gewissenhaftigkeit

_________7. Ich bin stets gut vorbereitet.

_________8. Ich arbeite beharrlich an meinen Aufgaben.

_________9. Ich drücke mich manchmal vor meinen Pflichten (umgekehrt).

Items zum Neurotizismus

__________10. Ich bin leicht reizbar.

__________11. Ich bin meistens ruhig (umgekehrt).

__________12. Ich mache mir oft Sorgen.

Items zur Offenheit

__________13. Ich habe viele Ideen.

__________14. Ich bevorzuge konkrete gegenüber abstrakten Konzepten (umgekehrt).

__________15. Ich verbringe nicht viel Zeit damit, über Dinge nachzudenken (umgekehrt.)

8.4.2 Nullbekanntschaft

Wenn wir jemanden beobachten, mit dem wir noch niemals interagiert haben – beispielsweise einen neuen Kommilitonen in einem neuen Seminar –, befinden wir uns in einem Zustand, der als Nullbekanntschaft bezeichnet wird. Im Hinblick auf den Zustand der **Nullbekanntschaft** gibt es interessante Erkenntnisse (Kenny u. a., 1992). Erstens stimmen Beobachter tendenziell in ihren Beurteilungen überein – in der Nullbekanntschaft besteht Übereinstimmung. Mit anderen Worten ausgedrückt, ist die Übereinstimmung unter Beobachtern eine zusätzliche Information über die Persönlichkeitseigenschaften; sie ist ein Beweis für die Zuverlässigkeit der Persönlichkeit. Aber stützen sich die Beobachter dabei auf Stereotypen und fällen somit ungültige und ungenaue (obgleich ähnliche) Urteile? Und welche Eigenschaften werden am zuverlässigsten beurteilt? In Untersuchungen der Persönlichkeitsbeurteilungen durch Fremde und durch Freunde wurde deutlich, dass die Beurteilungen durch die Freunde sowohl stärker miteinander als auch stärker mit den Selbstbeurteilungen der Zielpersonen übereinstimmen als die Beurteilungen durch die Fremden.

Eine weitere geschickte Lösung für dieses Problem besteht in der Verwendung von Selbstbeurteilungen, Kollegenbeurteilungen und sogar von Beurteilungen durch die Ehepartner. (Ehepartner wissen vermutlich sehr viel über die Persönlichkeit ihres jeweiligen Partners.) Nach der Durchführung dieser Beurteilungen zeigen sich wiederum die gleichen Dimensionen der Big Five (McCrae & Costa, 1987). Insgesamt bilden diese Bestätigungen einen guten Beweis dafür, dass das Schema der Big Five gültig ist und kein künstliches Artefakt darstellt. Darüber hinaus gehen die Faktoren der Big Five auch aus Persönlichkeitsbewertungen vom Q-Typ hervor (können in diesen gefunden werden; siehe Kapitel 2), und sie treten auch in Bewertungen auf, die mithilfe anderer, traditioneller Selbstberichtsmaßstäbe, wie der Myers-Briggs-Skala und dem MMPI, durchgeführt werden (McCrae & Costa, 1989). Und schließlich können diese Bewertungen auch erfolgreich zur Vorhersage des zukünftigen Verhaltens eingesetzt werden.

Interessanterweise stimmen die Beobachter zu einem besonders hohen Maß in ihren Beurteilungen im Hinblick auf die Extroversion und die Gewissenhaftigkeit überein und sind bei diesen Beurteilungen auch besonders genau (Funder & Sneed, 1993; Funder & Colvin, 1991; Watson, 1989). Anders gesagt, Beobachter können beurteilen, ob Menschen gesellig, gesprächig, ordentlich und organisiert sind. Diese Erkenntnis ist gut nachvollziehbar, da diese Dimensionen für die sozialen Beziehungen von Bedeutung sind. Wie gelingt den Menschen das? Es scheint, als wären bestimmte Signale besonders dafür geeignet, daraus bestimmte Aspekte der Persönlichkeit abzuleiten. Diese Signale stehen nicht immer in allen Situationen zur Verfügung. So kann man z. B. leicht feststellen, ob ein Gast auf einer Party gesprächig ist, aber es kann schwierig sein zu beurteilen, ob er organisiert ist. Daher machen Beobachter mit unzureichenden Informationen und unzureichender Exposition Fehler, aber Beobachter, die über verschiedene Situationen hinweg über relevante Informationen verfügen, sind in ihren Beurteilungen erfolgreicher. Insgesamt wurden in diesen Untersuchungen ausreichende, das Konzept mehrer stabiler Dimensionen der Persönlichkeit unterstützende Beweise gefunden – obwohl es sich bei diesen Dimensionen nicht notwendigerweise um genau fünf Faktoren handeln muss. (Siehe den Kasten „Damals und heute" in diesem Kapitel auf Seite 361 für eine weitere Erörterung dieser Frage.) Aber die Untersuchung der Einzelheiten des Gesamtbildes der Eigenschaften bleibt eine Aufgabe für die weitere Forschung.

8.4.3 Die Grenzen der Eigenschaftskonzepte

Es besteht immer eine gewisse Gefahr, dass wir beim Einsatz des Eigenschaftskonzepts nicht vorsichtig sind. Wir könnten die Rolle anderer Aspekte der Persönlichkeit und die der sozialen Situation unterschätzen. Wir könnten die persönlichen Dispositionen oder den Umstand vernachlässigen, dass grundlegende Dimensionen für die Beschreibung bestimmter Personen besser geeignet sind als für die Beschreibung anderer. Dabei ist zu beachten, dass Eigenschaftsansätze häufig in direktem Widerspruch zu den behavioristischen und lerntheoretischen Ansätzen stehen, die die Umgebungsursachen von Verhaltensmustern betonen (Costa & McCrae, 1994). Wenn wir trotzdem dem Beispiel von Gordon Allport (1968) folgen und den empirischen Ansatz auf das Verständnis der Person als Ganzes (als Gestalt) anwenden, können wir damit in der Tat Erfolg haben. Durch die Betrachtung der Eigenschaften als entscheidenden, aber komplexen Aspekt der Persönlichkeit erreichen wir ein deutlich besseres Verständnis dessen, was es bedeutet, eine Person zu sein.

Gelingt dies den professionellen Profilern beim FBI sogar noch besser? In einer Studie wurden professionelle Profiler mit anderen Kriminalbeamten, Psychologen und Hochschulstudenten verglichen (Pinizzotto & Finkel, 1990). Wurden ihnen echte Materialien aus Fällen von Sexualstraftaten vorgelegt, waren die professionellen Profiler in der Tat präziser und umfassender, aber die erfahrenen Beamten der Kriminalpolizei und die Psychologen erzielten ebenfalls gute Ergebnisse. Nur die Hochschulstudenten erzielten schlechte Ergebnisse. Zumindest deuten also diese und andere damit zusammenhängende Untersuchungen darauf hin, dass Erfahrungen bei der Untersuchung der Persönlichkeit und der Motivation zu einigen dokumentierbaren Verbesserungen und Erfolgen führen, aber die optimale Vorgehensweise ist noch immer nicht gefunden worden.

Damals und heute

Die menschliche Natur, die fünf Faktoren und die Persönlichkeit der Persönlichkeitspsychologen

Der Historiker Thomas Kuhn (1962) machte das Konzept von Paradigmen und Paradigmenwechseln für das Verständnis der Entwicklung und Veränderung wissenschaftlicher Theorien populär. Der Grundgedanke besteht darin, dass das wissenschaftliche Denken nicht durch eine langsame Akkumulation des Wissens, sondern durch plötzliche Verschiebungen der Art und Weise, wie wir die Welt sehen, wächst und sich entsprechend verändert. So waren z. B. die von Newton entwickelten Überlegungen zur Physik durch die Relativitätstheorien Einsteins sofort überholt. Die Antike begriff die Gesundheit als durch die Temperamente bestimmt, diese Betrachtung wurde durch die in der Renaissance entwickelte Anatomie und Physiologie ersetzt. Interessanterweise ist es häufig nicht so, dass bestehende Theorien von ihren Vertretern aufgrund neuer Beweise verworfen werden. Vielmehr ist es so, dass eine neue Generation von Wissenschaftlern entsteht, die die neue Perspektive enthusiastisch aufgreift. Offenbar ist ein neuer Geist notwendig, um das ererbte Wissen abzuschütteln und die neuen Paradigmen, die bestimmte Entdeckungen mit sich bringen, aufzugreifen. Leider sind neue Paradigmen manchmal falsch, und es wäre töricht, sie zu übernehmen.

Ähnliche, wenngleich auch weniger umfangreiche Paradigmenwechsel scheinen auch in der Psychologie vorzukommen. In diesem Buch wird wiederholt darauf hingewiesen, dass die Persönlichkeitspsychologie zur Untersuchung der Grundlage der menschlichen Natur eingesetzt werden kann – was bedeutet es, eine Person zu sein? Verschiedene Psychologen sind mit unterschiedlichen Annahmen und Perspektiven zufrieden. Meinungsverschiedenheiten treten selbst unter den Persönlichkeitspsychologen auf, die im Allgemeinen die Bedeutung eines Eigenschaftaansatzes zur Persönlichkeit akzeptieren. Im Moment drehen sich die wichtigsten Kontroversen auch weiterhin um die Gültigkeit und den Nutzen eines Ansatzes mit fünf Faktoren.

So sind beispielsweise Paul Costa, R. R. McCrae und Lewis Goldberg vehemente Befürworter des Fünf-Faktoren-Modells. Jack Block bezweifelt dagegen, dass dieser Ansatz vernünftig ist. Und Hans Eysenck bestand auf seiner Ansicht, dass ein Ansatz mit drei Faktoren überlegen ist (Block, 1995a, 1995b, 2001; Costa & McCrae, 1995a, 1995b; Eysenck, 1992; Goldberg, 2001; Goldberg & Saucier, 1995). Wie können wir hier entscheiden?

Einer der Haupteinwände Blocks (und Eysencks) gegenüber dem Fünf-Faktoren-Modell ist, dass es auf der statistischen Methode der Faktorenanalyse beruht. In einfachen Worten ausgedrückt, werden in der Faktorenanalyse die eingegebenen Daten (normalerweise Korrelationen) reduziert oder neu formuliert. Wenn die eingegebenen Datenpunkte nicht ausreichen, um die Natur der Persönlichkeit vollständig zu erfassen, wird keine Menge von Analysen oder Reduzierungen zu den „Grundlagen“ führen.

In Verbindung damit beruht der Fünf-Faktoren-Ansatz normalerweise stark auf Sprache, die ihre eigenen, künstlichen Strukturen hat; allerdings ist das Fünf-Faktoren-Modell in verschiedenen Sprachen wiederholt worden, und einige seiner Befürworter behaupten, dass es eine „für alle Menschen gültige Wahrheit" darstellt (McCrae & Costa, 1997b). Darüber hinaus ist auch der Aspekt relevant, dass es keinen starken, deduktiven theoretischen Grund gibt, warum es fünf (und nicht drei, vier, sechzehn oder wie viel auch immer) grundlegende Faktoren geben sollte. (Es ist ja nicht so, als hätte jemand die entsprechenden fünf grundlegenden Teile des Gehirns entdeckt.)

Meinungsverschiedenheiten über das Fünf-Faktoren-Modell entzünden sich auch an der Frage, wie gut bestehende Daten durch dieses Modell erklärt werden. Erfasst und vereinfacht es das, was wir bereits über die Persönlichkeit wissen? Zum Teil ist die Antwort auf diese Frage statistischer Natur – in der Fachsprache wird dies als „unerklärte Varianz" bezeichnet. Ein anderer Teil der Antwort auf diese Frage ist konzeptioneller Natur – hilft uns dieses Modell auf subtile und doch umfassende Art, weitere Einsichten zu gewinnen? Kurz gesagt, ist es möglich, die Persönlichkeit mithilfe der fünf Faktoren gut zu erklären oder bleiben viele „Dinge" unerklärt? Hier trägt ein großer Teil der Auseinandersetzung den Anstrich einer Diskussion darüber, ob das Glas halb leer oder halb voll ist. Ist das Fünf-Faktoren-Modell eine elegante Konstruktion oder ein unangenehmes Hindernis?

Damit es zu diesem Paradigmenwechsel zur allgemeinen Akzeptanz des Fünf-Faktoren-Ansatzes zur Persönlichkeit kommen kann, ist vielleicht nur Folgendes nötig: Der Ansatz muss die Persönlichkeit ökonomisch und effizient (kurz gefasst) vollständig (ausreichend) erklären können, und er muss zu neuer Forschung führen, die ein umfassenderes und tieferes Verständnis der Persönlichkeit ermöglicht. Viele Forscher behaupten, dass dem Fünf-Faktor-Ansatz genau das gelingt, aber die Zweifler sind davon nicht überzeugt. Wir werden abwarten müssen, ob zukünftige Generationen von Persönlichkeitsforschern am ehesten diesen Ansatz verfolgen werden, in der Überzeugung, dass er die meisten Daten erklärt, besser in den Rahmen der anderen Kenntnisse passt und dies auf eine kurz gefasste und elegante Art und Weise tut. In der Zwischenzeit könnte Sie die Vorteile und Grenzen der Big Five in den Studien zur eigenen Persönlichkeit wie auch der Persönlichkeiten anderer untersuchen.

Weiterführende Literatur

Block, J. (2001). Millennial contrarianism: The five-factor approach to personality description 5 years later. *Journal of Research in Personality, 35(1)*, 98-107.

Goldberg, L.R. (2001). Analyses of Digman's child personality data: Derivation of Big-Five factor scores from each of six samples. *Journal of Personality, 69(5)*, 709-743.

8.5 Typen

Mitunter scheint es möglich, die Menschen in bestimmte Kategorien oder Klassen einzuteilen. So ist es beispielsweise einfach, Männer von Frauen oder Präadoleszente von sexuell reifen Erwachsenen zu unterscheiden. In der Erörterung der Persönlichkeit werden diese Kategorien oder Klassen oft als **Typen** bezeichnet. Das Typenkonzept wurde zum ersten Mal in Kapitel 2 in der Erörterung der Beurteilung von Menschen, die für Herzerkrankungen anfällig sein sollen – im Zusammenhang mit dem Konzept von Persönlichkeitstyp A und Persönlichkeitstyp B – eingeführt. Im Zusammenhang mit der Erörterung der Psychoanalyse wurde die Freud'sche Idee eines Analcharaktertyps erwähnt, der geizig sei. Bei der Erörterung der biologischen Aspekte der Persönlichkeit, wurde Sheldons Theorie von Körperbautypen (Somatotypen) erörtert (in Kapitel 5).

Das Konzept der Typen beruht auf dem Gedanken, dass eigenständige Klassen von Menschen existieren. Die Grenzen zwischen den Klassen sind allerdings normalerweise nicht eindeutig, wenn wir uns mit psychologischen Eigenschaften beschäftigen. Einige Kategorien, wie die Extroversion und die Introversion, sind weit gefasst, aber kein Mensch ist vollkommen introvertiert oder vollkommen extrovertiert. Das ist vielmehr eine Frage des Ausmaßes. Persönlichkeitstheorien, die Typen umfassen, sind normalerweise nur der erste Schritt auf dem Weg zu einem umfassenderen Verständnis der Eigenschaften. Trotzdem können Typentheorien dabei hilfreich sein, eine Ideal- oder Modellpersönlichkeit zu konstruieren, mit der tatsächliche Menschen dann verglichen werden können (Allport, 1961). Oder es kann tatsächlich bestimmte Arten geben, nach denen sich die Menschen kategorisch unterscheiden und nicht in ein Kontinuum gehören. Anstatt Pauschalbehauptungen über die Typentheorien aufzustellen, sollen sie hier nach den eigenen Maßgaben dargestellt werden.

8.6 Motive

In engem Zusammenhang mit den Eigenschaften stehen die Motive, auch wenn sie sich von diesen unterscheiden. Motive sind innere, psychobiologische Kräfte, die dazu beitragen, bestimmte Verhaltensmuster zu veranlassen. Das Konzept der Motive erfasst den Gedanken, dass es Kräfte im menschlichen Organismus gibt, die danach streben, sich auszudrücken – das Bedürfnis nach Nahrung, Spiel, Vergnügen und so weiter. In gewisser Hinsicht sind die Motive grundlegender als Eigenschaften, da die Motive als den Eigenschaften zugrunde liegend betrachtet werden können.

Motive umfassen ein Ziel. Versuchen wir zu erklären, warum Linda mit ihren Freunden oft auf Partys geht. Eine Eigenschaftserklärung könnte zu der Feststellung kommen, dass sie einen sehr hohen Wert hinsichtlich sozialer Verträglichkeit und Extroversion erreicht – sie ist freundlich, kooperativ und warmherzig. Das könnte eine gute Zusammenfassung darstellen, die zur Vorhersage anderer Aspekte von Lindas Leben geeignet ist. Was aber, wenn wir Lindas Partybesuche dahingehend erklären, dass sie Angst davor hat, allein zu sein, oder dass sie einen hohen Sexualtrieb, den Wunsch nach Fröhlichkeit oder das Bedürfnis hat, sich mit Menschen zu umgeben? Die letztgenannten Erklärungen sind motivational. Bedürfnisse, Triebe und Emotionen stehen alle in Verbindung mit Motiven. Das Konzept des Motivs hat den Vorteil, dass es die emotionale Dynamik einer Person berücksichtigt. Gleichzeitig besteht dabei die große Gefahr der Ungenauigkeit.

Henry Murray, ein Begründer der auf Motiven beruhenden Untersuchung der Persönlichkeit, verwendete den Begriff **Bedürfnis**, um die Bereitschaft zu beschreiben, unter bestimmten Bedingungen auf eine bestimmte Art und Weise zu reagieren (Murray, 1962). Die grundlegenden Bedürfnisse umfassen das Leistungsbedürfnis, das Geselligkeitsbedürfnis, das Dominanzstreben und das Bedürfnis nach Beachtung. Murrays differenzierter Ansatz stützt sich stark auf die soziale Situation; aus diesem Grund wird er in Kapitel 10 erörtert, in dem wir uns auf die Persönlichkeitsansätze der Interaktion zwischen Umwelt und Person konzentrieren.

In einigen der modernsten Ansätze zur Persönlichkeit wird das Konzept der „Motive" zum Verständnis der Persönlichkeit eingesetzt, diese sind in ihrem Umfang allerdings nicht sehr umfassend. So könnten wir beispielsweise eine spezifische Reihe von Zielen oder „Lebensaufgaben" analysieren, z.B. das Ziel, gute Leistungen in der Schule zu erbringen (Cantor et al., 1987). Viele Hochschulstudenten sehen dies als Schlüsselmotivation für ihr Leben. Hierbei ist allerdings zu beachten, dass das keine umfassende und komplexe Eigenschaft wie die Extroversion darstellt. Dadurch können wir vielmehr spezifische Verhaltensweisen und Konsistenzen in mit der Hochschule in Zusammenhang stehenden Situationen besser verstehen.

Ebenso verwendet auch Emmons (1986) das Konzept dessen, was er als „persönliche Bestrebungen" bezeichnet; das sind Typen von Zielen, die die Menschen mit ihrem alltäglichen Verhalten erreichen wollen. Wie alle Motive aktivieren solche Bestrebungen unsere Verhaltensweisen und tragen darüber hinaus dazu bei, sie zu kanalisieren. Für einen Hochschulstudenten könnte eine persönliche Bestrebung darin liegen, emotional und finanziell unabhängig zu werden. Dieses Ziel könnte allerdings mit dem Bestreben in Konflikt stehen, einen Partner zu umwerben und zu heiraten. Menschen, die in ihren Bestrebungen Ambivalenzen und Konflikte erleben, können sich sprunghaft verhalten oder Anzeichen von Kummer aufweisen. In Verbindung damit neigen Menschen, bei denen ein starkes Vermeidungsstreben besteht, z.B. nicht langweilig zu sein, nicht passiv zu sein, nicht übergewichtig zu sein, dazu, neurotisch und unglücklich zu sein. Aus diesem Grund ist es für Menschen vielleicht besser, viele positive Ziele zu haben (Elliot, Sheldon & Church, 1997). Wie in Kapitel 4 angemerkt, stehen diese Fragen häufig mit Fragen der Ich-Identität in Zusammenhang.

8.6.1 Das Leistungsbedürfnis: n Ach

Es überrascht nicht, dass in Amerika, wo die Identität der Menschen eng mit ihrem Erfolg verbunden ist, das Interesse am **Leistungsbedürfnis** enorm hoch ist. Dieses Bedürfnis wird manchmal mit „n Ach" abgekürzt.

Einer unserer Kollegen, ein äußerst fähiger Professor, hat einen unglaublich großen Drang danach, immer mehr zu leisten, insbesondere im Vergleich mit anderen Professoren. Er schreibt dauernd Bücher und Artikel, hält viele Gastvorträge und arbeitet auch sonst hart daran, seine Leistungen in der Fachwelt bekannt zu machen. Interessanterweise beherrscht dieses Leistungsbedürfnis das Leben unseres Kollegen in einem solchen Ausmaß, dass er im Hinblick auf andere Dimensionen trotz seiner beeindruckenden Qualifikationen recht unreif erscheint.

Menschen mit einem hohen Leistungsbedürfnis sind beharrlich und sogar bei Aufgaben, die ihnen die Gesellschaft stellt, zum Erfolg getrieben. Es ist möglich, dass diese Menschen eine ganze Reihe von Hochschulabschlüssen erwerben und haufenweise Auszeichnungen erhalten. Sie neigen dazu, in Unternehmen an die Spitze aufzusteigen, insbesondere dann, wenn die Quantität wichtiger ist als die Qualität oder wenn Scharfsinn und Beharrlichkeit zum Erfolg führen können. Beispielsweise können sie erstklassige Börsenmakler oder Verkäufer werden (McClelland, 1961). Allerdings können sie unter Umständen weniger erfolgreich sein, wenn z. B. Diplomatie oder Kooperation für ihre Arbeit an Bedeutung gewinnen.

Im Motivationsansatz zu den Eigenschaften wird diese Leistungsmotivation nutzbringend mit zwei anderen grundlegenden Bedürfnissen verglichen, denen in der Forschung ebenfalls beträchtliche Aufmerksamkeit zuteil geworden ist: mit dem Geselligkeitsbedürfnis und dem Machtmotiv.

8.6.2 Das Geselligkeitsbedürfnis: n Aff

Anfang des zwanzigsten Jahrhundert schrieb William McDougall, einer der Begründer der modernen Psychologie, über den „Herdeninstinkt“ (1908), der dazu führe, dass die Menschen in Gruppen zusammenkommen wollen. Dann entwickelte McDougall das Konzept eines „Motivziels“, bei dem es sich um einen Instinkt handelt, der so sozialisiert wird, dass er auf ein Ziel gebunden wird. Der Instinkt, die Gegenwart anderer Menschen zu suchen, könnte zur Motivation dafür werden, viele Freunde zu haben. Diese Idee des Geselligkeitsbedürfnisses hat zu einhundert Jahren Forschung geführt. So entwickelte Henry Murray beispielsweise das Konzept eines Geselligkeitsbedürfnisses und eines Abweisungsbedürfnisses. Aber dem **Geselligkeitsbedürfnis** (n Aff) – dem Bedürfnis zur Annäherung an andere Menschen und zur Gewinnung der Zuneigung dieser Menschen – wurde die meiste Aufmerksamkeit zuteil.

Menschen mit einem hohen Geselligkeitsbedürfnis wollen mit anderen Menschen zusammenkommen und mit ihnen Zeit verbringen. Dabei handelt es sich um ein faszinierendes Motiv, da es die Menschen sowohl dazu veranlasst, Freunde zu haben, als auch dazu, ihren Freunden zu gefallen (d.h., die Freundschaft zu behalten). Solche Menschen können extrovertiert, sozial verträglich und gewissenhaft sein: Sie sind extrovertiert, weil sie den Reiz anderer Menschen suchen. Sie sind sozial verträglich, weil sie freundlich auftreten wollen, und sie sind gewissenhaft, weil sie zuverlässig sind. Folglich geht ein solcher Motivationsansatz auch quer durch den Eigenschaftsansatz der fünf Faktoren (Winter, 1993). Bei einem Bedürfnis bestimmt das Ziel das Verhalten. So besteht beispielsweise in diesem Fall das Ziel darin, Freunde zu haben, und dieses Ziel kann mithilfe verschiedener Eigenschaften, wie der soziale Verträglichkeit, erreicht werden. Andererseits ist ein bombenlegender Einzelgänger vielleicht eine Person, die keinen Anschluss sucht, die nicht in der Lage oder willens ist, auf andere Menschen zuzugehen und Freunde oder einen Partner / eine Partnerin zu haben. Der Konflikt darüber, seine Gedanken ausdrücken zu wollen, aber keine vertrauten Zuhörer zu haben, kann zu gewalttätigen Ausbrüchen führen.

8.6.3 Das Machtmotiv: n Power

Murray identifizierte auch ein Dominanzstreben (n Dominance), das als **Machtmotiv** – n Power – bezeichnet wird. Menschen mit einem hohen Machtbedürfnis streben von Natur aus Positionen und Ämter an, die es ihnen ermöglichen oder sie dazu verleiten, Kontrolle über andere auszuüben. Wir alle kennen Menschen, die so sind: Sie reißen gern die Macht in kleinen Gruppen an sich, sie häufen Besitztümer an und üben Kontrolle aus, obwohl sie auch streitsüchtig und in gewissem Maße unsicher sein können. Natürlich besteht bei vielen Politikern eine hohe Machtmotivation, wenn einige von ihnen auch stärker durch ihr Leistungsbedürfnis motiviert werden. Das bedeutet, einige Politiker wollen nicht Geld und Einfluss (Macht), sondern Ansehen, Status und Erfolg (Leistung) erreichen (Winter, 1992). Die Ergebnisse einer interessanten Untersuchung der Reden amerikanischer Präsidenten zu ihrem Amtsantritt deuteten darauf hin, dass die Präsidenten mit einem hohem Machtmotiv mit höherer Wahrscheinlichkeit wichtige Entscheidungen trafen, die dazu führten, dass sie als bedeutende Präsidenten angesehen werden (Winter, 1987).

Abbildung 8.4:
Wenn wir sein erstaunliches Machstreben (n Power) begreifen, können wir das Wesen der Persönlichkeit von Napoleon Bonaparte erfassen.

8.6.4 Die Messung der Motivation

Individuelle Unterschiede im Hinblick auf Motivationen können durch die Beobachtung des Verhaltens über einen längeren Zeitraum und über verschiedene Situationen hinweg bewertet werden. Allerdings ist das ein schwieriges und zeitraubendes Unterfangen. Gibt es eine einfachere Methode zur Messung von Motivationen? Manchmal können standardisierte Selbstberichttests wie der Personality Research Form (Jackson & Messik, 1967) dazu geeignet sein, Bedürfnisse mithilfe von erzwungenen Reaktionen auf kurze standardisierte Items zu bewerten. Manchmal ist eine Bewertung der persönlichen Ziele möglich, indem die Personen gebeten werden, über die Dinge zu schreiben, die im Mittelpunkt ihrer täglichen Bemühungen stehen.

Wenn sich die Menschen allerdings der Bedürfnisse, die ihre Verhaltensweisen motivieren, meistens nicht bewusst sind, ist unter Umständen ein subtilerer Ansatz notwendig. Aus diesem Grund haben Motivationspsychologen wie John Atkinson (1958), David McClelland (1984) und David Winter (1973) versucht, projektivere Maßstäbe – wie Murrays Thematischen Apperzeptionstest, kurz TAT – zur Messung der Motivation einzusetzen. Dabei kann einer Person eine mehrdeutige Szene vorgeführt werden, in der z. B. ein attraktiver Mann sich an einer attraktiven Frau beim Betreten einer Hotellobby vorbeidrängt. Wenn die Testperson diese Szene so erklärt, dass der Mann versucht, einen Kunden zu treffen und einen Verkauf abzuschließen, den er angestrebt hat, würde dies dahingehend klassifiziert werden, dass es auf eine hohe Leistungsmotivation schließen lässt. Aufgrund der Schwierigkeiten und der Mehrdeutigkeit der projektiven Tests sind derartige Motivationsansätze zur Persönlichkeit in den letzten Jahren aus dem Blick geraten, aber sie sind noch immer sehr viel versprechend.

8.6.5 Das Bedürfnis nach Beachtung

Ein weiteres Schlüsselmotiv umfasst das Bedürfnis nach emotionaler Kommunikation, das Henry Murray als **Bedürfnis nach Beachtung** bezeichnete. Menschen mit einem hohen Bedürfnis nach Beachtung wollen sich vor anderen zeigen und sie unterhalten, in Begeisterung versetzen oder auch schockieren. Sie sind schillernd, fesselnd, auffallend, theatralisch und angeberisch. Das wird normalerweise durch die Betrachtung ihres jeweiligen Ausdrucksstils untersucht (Friedman, Prince, Riggio & DiMatteo, 1980).

Mickymaus und Donald Duck sind auf der ganzen Welt bekannt und beliebt. Was macht eine Zeichentrickfigur erfolgreich? Walt Disney sollte es wissen. Er sagte, dass der Schlüssel zum Erfolg darin liegt, in einem Cartoon eine individuelle Persönlichkeit zu zeigen.

8.7 Der Ausdrucksstil

Wie kann eine Zeichentrickfigur eine Persönlichkeit haben? Natürlich kann sie keine echte, auf der Biologie beruhende Persönlichkeit haben. Aber ein erfolgreicher Trickzeichner, im Übrigen auch ein erfolgreicher Romanautor, setzt seine Intuition ein, um charakteristische Verhaltensstile zu erfassen. Ganz besonders interessant an einer Zeichentrickfigur ist, dass ein Großteil dieser Informationen durch den Ausdrucksstil vermittelt wird – durch Elemente wie stimmliche Eigenschaften, Gestik und Mimik sowie durch Bewegungen. Wenn man Donald Duck nur wenige Minuten in Aktion gesehen hat (und seiner Quak-Stimme zugehört hat), weiß man, was für einen Charakter er hat. Eine detaillierte Beobachtung seines Verhaltens oder ein Persönlichkeitstest, wie der 16PF, ist dazu nicht notwendig.

Wie Gordon Allport und andere Persönlichkeitspsychologen schon seit langer Zeit wissen, können wir wichtige Informationen über die Persönlichkeit eines Menschen sammeln, indem wir seinen Ausdrucksstil beobachten. Im Jahr 1933 veröffentlichten Allport und Vernon ein Buch mit dem Titel *Studies in Expressive Movement*. Dies war eines der ersten wichtigen Werke zu Persönlichkeit und zu Ausdrucksstil. Als meisterhafter Beobachter war Allport gegenüber den Grenzen einfacher Ansätze zur Ausdrucksbewegung nicht blind. Er erwartete nicht, dass ein Mensch stets die gleichen Ausdrucksbewegungen zeigen würde. Er war vielmehr der Ansicht, dass es eine gewisse zugrunde liegende Konsistenz im Stil einer Person gibt und dass sich dies in bestimmten Situationen auf charakteristische Art und Weise zeigen würde. So würde beispielsweise eine extrovertierte Person nicht notwendigerweise heftig gestikulieren, wenn sie nervös ist. Trotzdem deuteten spätere Untersuchungen darauf hin, dass die Gestik, Körperhaltung und die stimmlichen Signale einer Person auch bei Interaktionen mit verschiedenen Personen durch ein bemerkenswertes Maß an Konsistenz charakterisiert werden (Levesque & Kenny, 1993).

8.7.1 Die emotionale Ausdruckskraft

In welchem Zusammenhang steht der Ausdrucksstil mit der Persönlichkeit und warum? Es gibt Beweise dafür, dass der emotionale Aspekt des Ausdrucksverhaltens (das Allport normalerweise als Temperament bezeichnete) den Schlüssel zum Verständnis seiner Verbindungen zu bestimmten Persönlichkeitseigenschaften bildet (Buck, 1984; DePaulo & Friedman, 1998; Friedman, 1991; Friedman, DiMatteo & Taranta, 1980; Friedman, Riggio & Segall, 1980). Es besteht demnach die Wahrscheinlichkeit, dass ein Individuum typische Methoden aufweist, mit denen es Gefühle wie Zorn oder Freude zum Ausdruck bringt oder hemmt. Wie in Kapitel 5 zu den biologischen Aspekten aufgezeigt, scheint ein Teil dieser Mechanismen angeboren zu sein; es gibt Konsistenzen bei gehemmten und ungehemmten Ausdrucksstilen, die zuerst bei Säuglingen beobachtet und dann in viele Jahre umfassenden Längsschnittstudien dokumentiert worden sind (Kagan u. a., 1988). In diesem Zusammenhang ist allerdings zu beachten, dass die Persönlichkeitseigenschaften im Erwachsenenalter stabiler sind als in der auf dem Temperament basierenden Eigenschaftsentwicklung (Roberts & DelVecchio, 2000). Das ist wahrscheinlich auf den Umstand zurückzuführen, dass relativ stabile Situationsfaktoren und andere Faktoren (wie die Interaktion mit dem gleichen Ehepartner) uns im Allgemeinen dabei helfen, im Erwachsenenalter eine Konsistenz der Reaktionen aufrechtzuerhalten.

Vielleicht bildet die Gesamtausdrucksfähigkeit die wichtigste individuelle Dimension des Stils. Die Menschen unterscheiden sich in der Intensität, der Mitteilsamkeit, der Lebhaftigkeit und der Dynamik ihrer nonverbalen (und verbalen) Verhaltensweisen (z.B. Friedman u. a., 1980; Gallaher, 1992; Halberstadt, 1991; Manstead, 1991). Die Ausdrucksfähigkeit kann danach gemessen und definiert werden, wie leicht die Emotionen der Menschen aus ihrem Ausdrucksverhalten abgelesen werden können, selbst wenn sie nicht absichtlich versuchen, anderen ihre Gefühle mitzuteilen. Solche Menschen sind häufig ungehemmt und charismatisch (Friedman u. a., 1980, 1988).

Ausdrucksvolle Menschen werden häufig als attraktiver wahrgenommen als ausdruckslose Menschen (DePaulo u. a., 1992; Friedman u. a., 1988; Larrance & Zuckerman, 1981; Riggio, 1986; Sabatelli & Rubin, 1986). Das bedeutet, die Ausdrucksfähigkeit lässt uns attraktiver erscheinen. Und in der Tat deuten Untersuchungen des persönlichen Charismas, in denen sowohl die fixe Attraktivität (auf Fotos) als auch die Ausdrucksfähigkeit betrachtet wird, darauf hin, dass die Ausdrucksfähigkeit für die Erklärung eines sympathischen ersten Eindrucks mindestens genauso wichtig ist wie die physische Attraktivität – und vielleicht sogar noch wichtiger als diese (Friedman u. a., 1988). Viele charismatische und faszinierende Schauspieler würden auf Fotografien als uninteressant und unattraktiv beurteilt werden, und im umgekehrten Fall kann die positive Wahrnehmung einer auffallenden Schönheit durch ein wenige Minuten andauerndes Gespräch ausgelöscht werden. Die Ausdrucksfähigkeit scheint ebenfalls in der Familie zu liegen (Halberstadt, 1991).

Abbildung 8.5: Ausdrucksstil
Einige Persönlichkeitseigenschaften sind mit Merkmalen verbunden, die bereits durch die zufällige Beobachtung der Person wahrgenommen werden können. Haltung und Gestik sind sichtbare Signale dafür, ob eine Person eher extrovertiert (wie die Person links) oder eher introvertiert (wie die Person rechts) ist.

Die Extroversion ist die Eigenschaft, die sich am einfachsten im Ausdrucksstil wiederfinden lässt. Das bedeutet, die Extroversion ist auf irgendeine Art und Weise „im Verhalten sichtbar". Menschen, die in Persönlichkeitstests als extrovertiert bewertet werden, erscheinen lebhaft, wenn sie von anderen Menschen, sowohl Freunden als auch Fremden, beobachtet werden (Albright, Kenny & Malloy, 1988; Borkenau & Liebler, 1993; Cunningham, 1977; Funder & Sneed, 1993; Kenny u. a., 1992; Riggio & Friedman, 1986; Scherer, 1978, 1982). Genau genommen benötigen Beobachter nicht viele Informationen, um zutreffende Beurteilungen über die Extroversion abgeben zu können (siehe Abbildung 8.5). Diese Urteile sind nicht perfekt, aber angesichts der beschränkten verfügbaren Informationen sind sie angemessen. Andere Eigenschaften von sozialer Bedeutung, wie die Geselligkeit, das Bedürfnis nach Beachtung, das Dominanzstreben, die Hilfsbereitschaft und die spielerische Grundhaltung, scheinen ebenfalls eng mit nonverbalen Ausdruckssignalen verbunden zu sein. Im Gegensatz dazu können unter Umständen eher individuell orientierte Merkmale, wie das Leistungsstreben, das Unabhängigkeitsstreben, das Ordnungsstreben, das allgemeine Interesse usw., nonverbal weniger deutlich werden (Gifford, 1994).

8.7.2 Dominanz, Führung und Einfluss

Ein weiterer mit dem Ausdrucksstil verbundener Aspekt der Persönlichkeit ist die Dominanz, obwohl dieses Merkmal häufig neben der Persönlichkeit auch soziale Variablen umfasst. Dominante Menschen sitzen wie der König auf dem Thron oder der Richter auf der Richterbank in erhöhter Position, sind in aufrechter Haltung größer und sprechen lauter. Es ist wahrscheinlich, dass sie in den persönlichen Raum anderer Menschen eindringen, beispielsweise indem sie ihre Füße auf den eigenen oder sogar auf deren Schreibtisch legen. Darüber hinaus zeigen dominante Menschen ausgreifendere Gesten, marschieren in der ersten Reihe oder an der Spitze einer Parade und sitzen in der ersten Reihe oder am Kopfende des Tisches. In Interaktionen unterbrechen sie möglicherweise häufiger, steuern die Zeit (beispielsweise wenn Sie in ihrem Wartezimmer sitzen) und starren Sie stärker an; wenn sie das möchten, können sie Sie aber auch weniger direkt anschauen (Ardrey, 1966; Exline, 1972; Exline, Ellyson & Long, 1975; Goffman, 1967; Henley, 1977, Mehrabian, 1969; Sommer, 1969, 1971). Sogar unter Kindern besteht bei denjenigen, die eine düstere Miene machen und das Kinn vorschieben, eine höhere Wahrscheinlichkeit, dass sie Wettbewerbe gewinnen und umkämpfte Spielzeuge behalten, als bei den Kindern, die weniger dominant erscheinen (Camras, 1982; Zivin, 1982).

Ausdrucksvolle Menschen ziehen die Aufmerksamkeit auf sich (Sullins, 1989), und sie können das Ausdrucksverhalten anderer Menschen inspirieren oder aktivieren, deren eigene Gefühle dann deutlicher werden. Außerdem besteht bei den nonverbal expressiven Menschen eine höhere Wahrscheinlichkeit, dass sie sich einen Namen machen oder sich individuieren. Das heißt, man weiß, wer sie sind, und es besteht die Wahrscheinlichkeit, dass sie sich auf eine Art von anderen unterscheiden, die relativ große Auswirkungen auf andere Menschen hat (Whitney, Sagrestano & Maslach, 1994).

Abbildung 8.6:
Die Sängerin und Schauspielerin Madonna. Unabhängig davon, ob die Persönlichkeitspsychologen ihre Theorien im Hinblick auf Eigenschaften, Dimensionen, Motive, Bedürfnisse, Typen, persönliche Bestrebungen oder den Ausdrucksstil aufstellen, versuchen sie eine systematische Beschreibung dessen zu finden, was jede Person einzigartig macht. Personen, die im Hinblick auf die gemessenen Aspekte extreme Pole darstellen, können eine Theorie illustrieren – oder sie in Frage stellen (siehe den Kasten „Berühmte Persönlichkeiten" auf den Seiten 354).

Die in der Kommunikation erfolgreichsten Menschen sind in der Lage, Signale anderer zu lesen und als Reaktion darauf spontan die entsprechenden Emotionen auszudrücken. Das bedeutet, sie sind nonverbal sensibel, nonverbal ausdrucksvoll, nonverbal selbstbeherrscht und motiviert dazu, für ihr „Publikum" zu spielen. Der frühere amerikanische

Präsident Ronald Reagan war ein herausragendes Beispiel für einen solchen guten Kommunikator. Seine Persönlichkeit war so gestaltet, dass die meisten Menschen ihn als Person mochten, selbst wenn sie seine Politik vollkommen ablehnten. (Es überrascht wenig, dass Reagan vor seiner Präsidentschaft ein erfolgreicher Filmschauspieler war.)

8.7.3 Ausdrucksfähigkeit und Gesundheit

Es ist interessant, dass die Erforscher der so genannten Typ-A-Persönlichkeit (Rosenman, 1978) ebenfalls viele der gleichen nonverbalen Merkmale (z.B. emphatische Bewegungen und Flüssigkeit der stimmlichen Signale) betrachten und untersuchen, die auch für die Extroversion und die Ausdrucksfähigkeit von Bedeutung sind. Eine charismatische Ausdrucksfähigkeit mit flüssigen, nach außen gerichteten Gesten ist ein Anzeichen für Gesundheit, wogegen nonverbale Signale ungeduldiger Feindseligkeit (z.B. aufbrausendes, immer schnelleres Sprechen und geballte Fäuste) Anzeichen für eine ungesunde Persönlichkeit sind. Die Ausdruckslosigkeit an sich ist nicht notwendigerweise ein Anzeichen für eine ungesunde Persönlichkeit, wenn der Mangel an Ausdrucksfähigkeit auf eine ruhige und zufriedene, aber doch reservierte Orientierung zurückzuführen ist. Stattdessen erscheint die Ausdruckslosigkeit als ungesund, wenn sie Anzeichen einer Entfremdung, Depression oder unterdrückten Angst ist (Friedman, 1991; Friedman & Booth-Kewley, 1987a, 1987b; Friedman, Hall & Harris, 1985; Hall & Friedman & Harris, 1986; Pennebaker, 1990).

Es bestehen gewisse Hinweise darauf, dass nach außen hin stoische Menschen innerlich (physiologisch) reagieren, während nach außen ausdrucksvolle Menschen innerlich eher ruhig sind (z.B. Buck, 1979). Charakteristische, bevorzugte Arten der emotionalen Reaktion werden wahrscheinlich bis zur Geburt oder kurz danach biologisch bestimmt, aber die Ausdrucksreaktionen werden während der Kindheit sowohl allgemein als auch im Hinblick auf spezielle soziale Situationen stark sozialisiert – mit Auswirkungen auf die Gesundheit. Als einfaches Beispiel dafür betrachten wir ein von Natur aus ausdrucksloses Kind und stecken es in eine Familie, die von ihm erwartet, dass es ein aggressiver Verkäufer wird. Oder wir nehmen ein von Natur aus ausdrucksvolles Mädchen und bringen es in eine Umgebung, die von ihm erwartet, dass sie ein „braves Mädchen" wird – zurückhaltend und gehorsam. Bei beiden Kindern sind die Auswirkungen auf die Anpassung, die Bewältigung und die Gesundheit wahrscheinlich bemerkenswert (siehe Kapitel 12).

Weitere Beweise dafür, dass der Ausdrucksstil, wie von Allport vermutet, ein grundlegendes Element der Persönlichkeit berührt, stammen aus Untersuchungen, in denen Menschen versuchen, ihre Ausdrucksfähigkeit zu kontrollieren oder zu erhöhen. Obwohl ausdrucksvolle Menschen im Allgemeinen ein Talent dafür haben, Emotionen zu spielen, sind sie weniger erfolgreich als ausdruckslose Menschen, wenn sie versuchen, neutral zu erscheinen – sie erscheinen trotzdem als emotional (Friedman u. a., 1980). Selbst wenn es für ausdrucksvolle Menschen wichtig ist, ihre Ausdrücke zurückzuhalten, um andere nicht in Verlegenheit zu bringen, fällt es ihnen schwer, ihre emotionalen Ausdrücke zu unterdrücken (Friedman & Miller-Herringer, 1991). Interessanterweise erscheinen ausdrucksvolle Menschen, die absichtlich versuchen, ausdruckslos zu wirken, trotzdem nicht so ausdruckslos wie ausdruckslose Menschen, die sich natürlich verhalten (DePaulo u. a., 1992). Dabei ist zu beachten, dass emotional leidenschaftliches Auftreten in der Öffentlichkeit in Japan oder Großbritannien zu sozialen Problemen führen kann, während es in Amerika, Italien und Israel zu sozialem Erfolg führen kann. Auch das deutet wiederum auf die Bedeutung der Interaktion zwischen Persönlichkeitseigenschaften und der Situation hin, die in Kapitel 10 erörtert wird.

Die Eigenschaftsforschung, die sich auf den Ausdrucksstil konzentriert, wird häufig als die Untersuchung der „nonverbalen sozialen Fertigkeit“ oder, einfacher ausgedrückt, der „sozialen Fertigkeit“ (Riggio, 1986, 1992; Rosenthal, 1979) bezeichnet. Die Untersuchung der nonverbalen Fertigkeiten in der Persönlichkeitspsychologie unterscheidet sich auf mindestens drei Arten von der normalen Beschäftigung mit Eigenschaften (Friedman, 1979). Erstens wird durch das Konzept der nonverbalen Fertigkeiten die Aufmerksamkeit auf die Emotionen verschoben. Das bedeutet, Aspekte der Persönlichkeit, wie die Kommunikation von Empathie, Mitgefühl und Zorn, rücken in den Vordergrund. Zweitens kommt es zu einer Verschiebung von der traditionellen Konzentration auf innere Eigenschaften und Motive zu beobachtbaren Fähigkeiten hin. So könnte beispielsweise das Hauptaugenmerk auf der mimischen, gestischen und stimmlichen Ausdrucksfähigkeit anstatt auf der Untersuchung der Extroversion per se liegen. Drittens gibt es eine Verschiebung auf den laufenden Prozess der sozialen Interaktion. Hier findet also die Persönlichkeit im Kontext der Kommunikation mit anderen stärkere Beachtung.

8.7.4 Fertigkeiten

Thomas Jefferson erklärte, dass alle Menschen gleich geschaffen sind, er sagte aber nicht, dass sie identisch geschaffen sind. Für ihn war der Gedanke unerträglich, dass ein Mensch König werden konnte, nur weil sein Vater vor ihm König gewesen war, oder dass unglaublicher Reichtum und Privilegien uneingeschränkt von einer Generation auf die nächste übergehen sollten. Jefferson, der die Demokratie befürwortete, strebte eine Gesellschaft an, in der die talentiertesten und am höchsten qualifizierten Menschen in die wichtigsten Ämter aufsteigen. (Seiner Zeit gemäß sah er allerdings Frauen, unabhängig davon, wie talentiert oder qualifiziert sie auch sein mochten, nicht als Kandidatinnen für öffentliche Ämter.) Die Menschen unterscheiden sich deutlich in ihren Fähigkeiten und ihrem Charakter. So war beispielsweise Jefferson selbst ein äußerst begabter Architekt, Autor, Staatsmann, Diplomat und Erfinder. Für Jefferson und für die meisten Menschen sind ihre Talente ein wesentlicher Bestandteil ihrer Persönlichkeit – ein wesentlicher Bestandteil dessen, was sie sind.

8.8 Intelligenz

von Heiner Rindermann

Intelligenz stellt ein zentrales Fähigkeitsmerkmal dar, und zwar nicht nur unter kognitiven Fähigkeiten, nicht nur auf der Ebene von Einzelpersonen und nicht nur innerhalb der Wissenschaft. Intelligenz spielt in modernen Gesellschaften vermittelt über das Bildungssystem eine wichtige Rolle. Die Intelligenzforschung leidet aber unter zwei spezifischen Problemen: Der Begriff uferte aus und wurde auf alle möglichen Kompetenzen und Nichtkompetenzen angewendet. Intelligenz wurde als angeborene, stabile und unveränderliche Fähigkeit wahrgenommen. Ziel dieses Kapitels ist es nun, Intelligenz als kognitive Fähigkeit zu beschreiben, ihre Relevanz in Wissenschaft und Alltag aufzuzeigen und die Beeinflussbarkeit durch Umwelt und eigenes Handeln zu belegen.

8.8.1 Persönlichkeit und Fähigkeit

Je nach Weite des Begriffs Persönlichkeit werden Fähigkeiten innerhalb der Persönlichkeit oder neben ihr angesiedelt. Sehr weit gefasst zählen zur Persönlichkeit auch nichtpsychische Merkmale wie Körpergröße und Aussehen, in einer weniger weiten Fähigkeiten, in einer engeren werden Fähigkeiten Persönlichkeitsmerkmalen wie Ängstlichkeit und Geselligkeit gegenübergestellt und in einer sehr engen gehören nur klassische Persönlichkeitseigenschaften wie Extraversion und Neurotizismus zur Persönlichkeit. Auf jeden Fall zählen Fähigkeiten zu den psychischen Personenmerkmalen.

Fähigkeiten

Fähigkeiten stellen relativ stabile Eigenschaften einer Person dar, die ihr ermöglichen, Leistungen zu erzielen. Im Vergleich zum Begabungsbegriff schwingt im Begriff Fähigkeit weniger die Bedeutung mit, dass die Leistungsdisposition angeboren ist. Die Genese bleibt völlig offen und Veränderlichkeit ist nicht ausgeschlossen. Da die meisten individuellen Leistungsdispositionen durch Umwelteinwirkungen und eigenes Verhalten veränderbar sind, ist der Begriff der Fähigkeit angemessener als der der Begabung.

Kognitive Fähigkeiten

Unter kognitiven Fähigkeiten (geistige, mentale, intellektuelle Kompetenzen) werden nach Komplexität, Inhalt, Operationen, Zielsetzung und Performanznähe unterschiedliche personenbezogene Leistungsvoraussetzungen subsumiert, die zur erfolgreichen Bearbeitung von mental herausfordernden Aufgaben, etwa von Alltagsproblemen oder Problemlöseaufgaben, notwendig sind.

Typische kognitive Aufgaben wären z. B. Erlernen einer Sprache, Lesen eines Textes, Verständnis abstrakter Begriffe, Schlussfolgerung aus eigenen Erfahrungen, Erwerb, Umfang und Anwendung von Wissen, Orientierung anhand von Karte und Kompass, Erstellung einer Rechnung, Koordination von Einkommen und Ausgaben. Aber auch viele Aufgaben, deren kognitiver Anteil nicht auf den ersten Blick erkennbar ist, benötigen für Erfolg kognitive Fähigkeiten wie Teilnahme am Straßenverkehr, Umgang mit Geräten, Führung eines Hundes, Entscheidung über den Kauf einer Ware, Vergleich zwischen Parteien vor einer Wahl, Bestimmung von Ähnlichkeiten und Unterschieden bei der Bewertung von Alternativen, Festlegung von Zielen, gesundheitsbewusste Lebensführung, Auswahl von Nahrungsmitteln, Lösung eines Problems bei der Arbeit und Verstehen und Beeinflussen des Verhaltens anderer.

Innerhalb der kognitiven Fähigkeiten lassen sich basale, wenig komplexe Fähigkeiten von komplexen und hochkomplexen und performanznahen Fähigkeiten unterscheiden. Zu den basalen zählen Konzentrationsfähigkeit, Informationsverarbeitungsgeschwindigkeit und Arbeitsgedächtniskapazität, wobei Arbeitsgedächtniskapazität schon eine sehr intelligenznahe und je nach Art der Messung komplexe Fähigkeit darstellt. Zu den komplexen gehören vor allem Intelligenz und kognitive Kreativität, zu den hochkomplexen das Problemlösen, das mit gängigen Problemlöseszenarien wie Leiten eines Dorfes oder einer Fabrik gemessen wird (Dörner et al., 1994).

Fähigkeit und Leistung

Oft werden Fähigkeiten Leistungen gegenübergestellt, etwa Intelligenz gemessen mit einem Test und Leistung erhoben in kognitiven Fächern der Schule (Sprachen, Mathematik, Natur-, Geistes- und Sozialwissenschaften). Selbstverständlich werden aber auch mit einem Test zunächst nur Leistungen erfasst, und erst durch eine theoretisch und empirisch unterstützte Interpretation werden Leistungsergebnisse zu Indikatoren für Fähigkeiten. Das trifft auch auf alltägliche kognitive Leistungen zu. Viele Intelligenztests, z. B. der KFT (Kognitiver Fähigkeitstest; Heller & Perleth, 2000), beinhalten schulisch vermitteltes Wissen. Nicht nur Fähigkeit und Leistung sind damit schwierig voneinander abgrenzbar, sondern auch Intelligenz und schulische kognitive Fähigkeiten/Leistungen, wie sie etwa durch Lehrer und vor allem durch Schulleistungstests wie in PISA, TIMSS und IGLU erhoben werden.

8.8.2 Was ist Intelligenz?

Intelligenz ist eine kognitive Fähigkeit zur erfolgreichen Bearbeitung von kognitiv anspruchsvollen Problemen. Unter (kognitiver) Intelligenz wird verstanden: die Fähigkeit zum denkgestützten Lösen von Aufgaben und Problemen in Situationen, die für die Person neu und nicht allein durch Wissensabruf erfolgreich bearbeitbar sind, die Fähigkeit zum induktiv und deduktiv-logisch schlussfolgernden Denken, die Fähigkeit zum abstrakten Denken und die Fähigkeit zu Verständnis und Einsicht – zum Erkennen und zur Herstellung von Strukturen, Beziehungen, Sinnzusammenhängen und Bedeutungen.

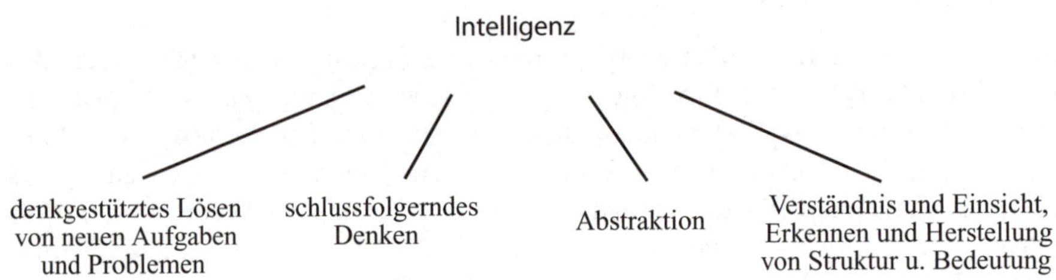

Abbildung 8.7: Definition der Intelligenz

Induktiv-schlussfolgerndes Denken beschreibt die Fähigkeit, aus vielen Einzelinformationen eine Regel zu extrahieren; deduktiv-schlussfolgerndes Denken beschreibt dagegen die Fähigkeit, solche Regeln anzuwenden. Meist werden sowohl induktives als auch deduktives Denken benötigt, das betrifft auch die meisten Intelligenztestaufgaben. Abstraktion beinhaltet die Fähigkeit zur Begriffsbildung, zum kompetenten Umgang mit abstrakten Informationen, zur Generalisierung und Rücknahme von Generalisierungen. Verstehen und Einsicht umfassen komplexere kognitive Prozesse, die Schlussfolgern und Abstraktion benötigen, aber darüber hinausgehen und vor allem die Interaktion mit Wissen beinhalten. Verstehen ist eng mit Lernen und Lernprozessen verbunden, der Fähigkeit, Wissen zu erwerben, zu generieren und sinnvoll zu verknüpfen. Es werden nicht nur Phänomene beobachtet und Zusammenhänge erkannt, sondern auch bis zu einer adäquaten Tiefe verstanden und erklärt.

Was ist Intelligenz nicht?

Intelligenz ist eine kognitive Fähigkeit; alles was nichtintellektuell, aber eine Fähigkeit ist, sollte unter dem weiteren Begriff Kompetenz gefasst werden. Intelligenz ist nicht Erfolg. Intelligenz führt mit größerer Wahrscheinlichkeit zu Erfolg in kognitiven Leistungssituationen, aus Erfolg ist aber nicht immer Intelligenz ableitbar und Intelligenz führt nicht immer zu Erfolg. So kann man ohne viel Intelligenz auch als Sportler sehr erfolgreich sein, während hohe Intelligenz in Gesellschaften, die eigenständiges Denken nicht honorieren, sogar gefährlich sein könnte.

Intelligenz und Wissen

Schwierig ist eine Abgrenzung von Intelligenz und Wissen. Intelligenztests mit verbalen oder numerischen Skalen enthalten immer Wissensanteile, und selbst bei figuralen Aufgaben kann die Kenntnis abstrakter Symbole helfen. Intelligenz als Fähigkeit enthält immer Wissensbestandteile, konkrete Informationen zu Fakten (was bedeutet „10“) und Informationen zu Lösungsroutinen (Addition, Gruppierung von Begriffen nach semantischer Ähnlichkeit u. Ä.). Denken braucht Wissen und Informationen aus der Umwelt, um einen Gegenstand des Denkens zu haben. Reiner Wissensabruf ist aber nicht Denken, und Intelligenz kann über Wissensfragen nicht konstruktadäquat gemessen werden.

8.8.3 Messung der Intelligenz

Intelligenz wird am objektivsten, messgenauesten und validesten mit Intelligenztests gemessen. Die Intelligenztests wiederum lassen sich am besten nach deren Inhalten kategorisieren: figurale, numerisch-mathematisch-quantitative, sprachlich-verbale. Die nichtfiguralen Anteile sind bildungs-, schul- und umweltabhängiger als die figuralen. Ein Beispiel wäre der KFT, der sprachliche, quantitative und figurale (hier nonverbal genannt) Intelligenz erhebt. Oft wird in figuralen Dimensionen auch räumliches Vorstellungsvermögen gemessen.

Aufgaben aus dem KFT

1. Verbal, Wortschatz

Hirsch passt am besten zu	A Musik B Säugetier C Reh D Zwölfender E Lasso

2. Verbal, Wortanalogien

groß : riesig → klein : ?	A Junge B erwachsen C winzig D wenig E mehr

3. Quantitativ, Mengenvergleiche

3+2hl vs. 2+3000hl	Was ist mehr? (hier auch geometrische Aufgaben, Winkel, Flächen)

4. Quantitativ, Zahlenreihen

12 14 17 21 26 A 30 B 31 C 27 D 33 E 32

5. Nonverbal / figural, Figurenklassifikation

♦ ♥ ♠ A ♣ B □ C O D ⊗ E ∅

6. Nonverbal / figural, Figurenanalogien

□ : □ = o : ? A ♣ B □ C O D ⊗ E ∅

7. Nonverbal / figural, Faltaufgaben (mentales Rotieren)

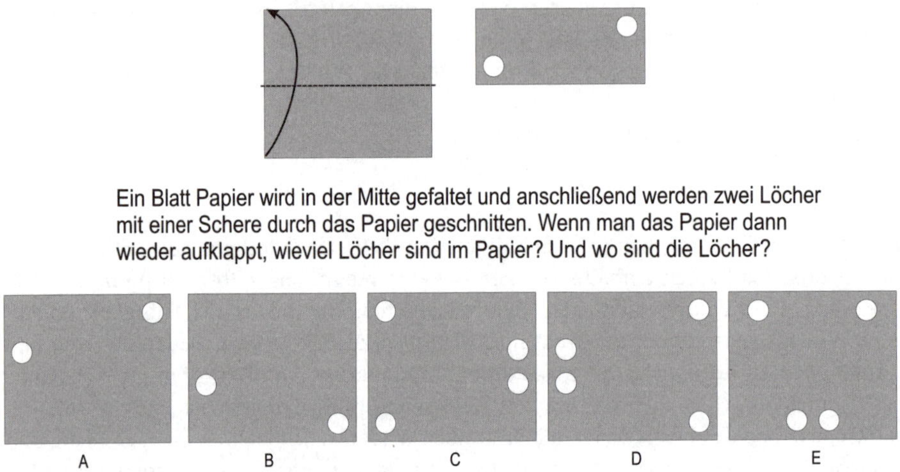

Abbildung 8.8: Aufgaben aus dem KFT

Der bekannteste Intelligenztest weltweit ist der rein figurale Matrizentest von Raven aus den 1930er Jahren (z. B Raven, 2000). In einer sehr leichten und farbigen Form (CPM) ist er auch für Vorschulkinder geeignet, die Standardform SPM für Grundschüler bis etwa zehn Jahre und die schwierigen APM für gesunde Jugendliche und Erwachsene, die eine Schule besucht haben. Da er weder sprachliche noch mathematische Aufgaben enthält und leicht verständlich ist, ist er hervorragend für kulturvergleichende Studien geeignet.

Intelligenz lässt sich zwar am besten über Tests messen, ist aber nicht nur über Tests erkennbar. So wie Testergebnisse Leistungsmaße kognitiver Fähigkeiten sind, so können auch andere kognitive Leistungen oder alle Handlungen, zu deren Gelingen Kognitionen beitragen, als Indikatoren für die kognitive Fähigkeit einer Person herangezogen werden – etwa Schulnoten, Aufsätze, Studien- und Berufsleistungen, Interaktions- und Kommunikationsverhalten, Bedienung technischer Geräte, Umgang mit neuen Anforderungen, Erstellung einer Rechnung, alltägliche Entscheidungsprozesse, Gesundheitsverhalten, Rezeption von Wissenschaft, Umgang mit Gerüchten, Beurteilung bedingter Wahrscheinlichkeiten usw. („everyday life as an intelligence test", „analogy between single test items and single nontest actions in everyday life"; Gordon, 1997, S. 203). Diesen nichtstandardisierten Leistungssituationen lässt sich jedoch weniger zuverlässig die Ausprägung kognitiver Fähigkeiten entnehmen. Die hier als diagnostisch verwertbar beschriebenen Situationen weisen aber den Vorteil auf, dass sie lebensweltlich relevante kognitive Leistungssituationen darstellen und somit der Kritik an Tests bezüglich ihrer Künstlichkeit, Abstraktion, einer die Validität einschränkenden Situiertheit und subjektiven Irrelevanz nicht ausgesetzt sind.

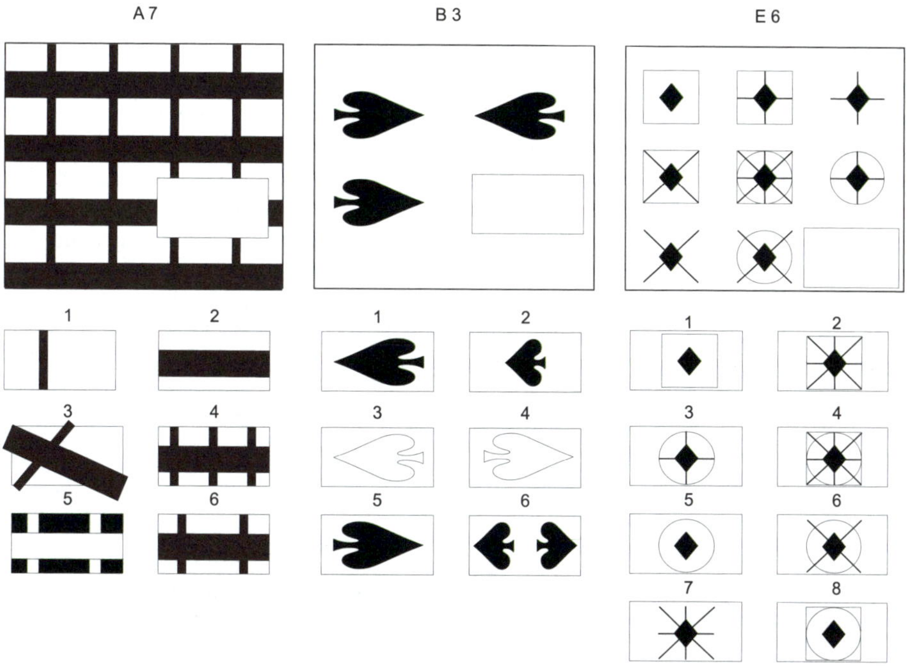

Abbildung 8.9: Aufgaben aus Matrizentests

8.8.4 Modelle der Intelligenz

In der Intelligenzforschung gibt es eine Menge unterschiedlicher Konzepte und Modelle. Unter Modellen sollen solche Konzepte verstanden werden, die Dimensionen der Intelligenz unterscheiden. Die Forschung ging hier meist so vor, dass gegebene Tests bzw. deren Aufgaben und Skalen von Personen mit unterschiedlicher Fähigkeit bearbeitet und anschließend die Antworten faktorenanalysiert wurden. Die Geschichte der Intelligenzforschung mit ihren wichtigsten Vertretern lässt sich an ihren Modellen ablesen.

g-Faktor (Charles Spearman)

Charles Spearman gilt als der Begründer des **g-Faktors** der Intelligenz, der Annahme, dass kognitive Fähigkeiten auf einen einzigen Generalfaktor zurückgeführt werden können, welcher als „zentrale mentale Energie“ die Zusammenhänge zwischen verschiedenen kognitiven Leistungen kausal erklären kann. In der Rezeption bleibt dahinter zurück, dass Spearman (1904, 1927) von einem Zwei-Faktorengruppen-Modell ausging, in dem er neben dem einen großen Faktor der allgemeinen Intelligenz zur Erklärung der Zusammenhänge eine Gruppe spezifischer Faktoren annahm, die die spezifischen Anteile kognitiver Leistungen in verschiedenen Gebieten erklären sollten (die Nichtzusammenhänge; kognitive Leistung = $g + s_x$).

Fluide und kristalline Intelligenz (Raymond Cattell)

Mit **fluider Intelligenz** (g_f) sind von der spezifischen Kultur unabhängige, stärker biologisch determinierte und kulturreduziert erhebbare grundlegende Denkprozesse gemeint, die Voraussetzung für den Erwerb kulturgebundener kognitiver Fähigkeiten – der kristallinen Intelligenz – sind. Nähere Umschreibungen sind inhaltsunabhängiges, generelles Schlussfolgern und Problemlösen. Die basalen kognitiven Kompetenzen Informationsverarbeitungsgeschwindigkeit und Arbeitsgedächtniskapazität werden oft der fluiden Intelligenz zugerechnet. Fluide Intelligenz wird überwiegend mit figuralem Material gemessen, sie wird aber auch zur Lösung sprachlicher und mathematischer Aufgaben benötigt. Es wird davon ausgegangen, dass die fluide Intelligenz ihr Maximum mit etwa 15 Jahren erreicht und ab dem 20. Lebensjahr zurückgeht.

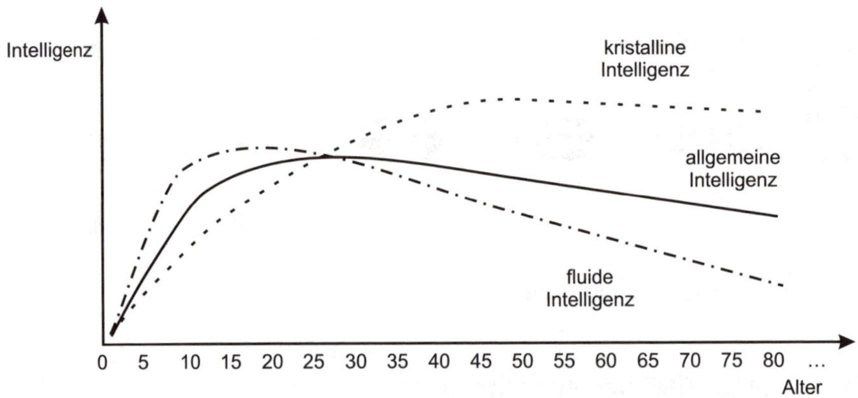

Abbildung 8.10: Entwicklung fluider und kristalliner Intelligenz nach Cattell

Kristalline Intelligenz beschreibt kultur-, wissens- und schulgebundenes inhaltsdifferenziertes Wissen und Denken (etwa verbale und numerische Intelligenz), die Folge der Lernumwelt und der Fähigkeit einer Person, sich dank seiner fluiden Intelligenz in dieser Lernumwelt kognitive Fähigkeiten anzueignen, sind. Kristalline Intelligenz stellt somit das Endprodukt investierter fluider Intelligenz dar, sie kann je nach Umweltanregungen und geistiger Beschäftigung bis ins hohe Alter zunehmen. Während die Entwicklung der kristallinen Intelligenz somit als stark sozialisationsabhängig aufgefasst wird, nahm Cattell (1987) fluide Intelligenz als genetisch fixiert an. Beide Dimensionen korrelieren zu ca. $r = .50$ miteinander.

Hinter dem Konzept der fluiden Intelligenz steht die problematische Annahme, dass sie genetisch fixiert und nur von der „kortikalen, neurologischen Entwicklung" abhängig ist. Studien zum Einfluss der Schule auf die Intelligenzentwicklung zeigen aber eindeutig, dass auch die fluide Intelligenz durch Quantität und Qualität von Schulunterricht beeinflussbar ist.

Primärfaktorenmodell (Louis Thurstone)

Mit Louis Leon Thurstone begann die Entwicklung einer Vielzahl unterschiedlicher Intelligenzfaktoren in der Intelligenzforschung und die Abwendung von einem einheitlichen Konzept allgemeiner Intelligenz in der Tradition Spearmans. Thurstone (1938) unterschied aufgrund von schiefwinklig rotierten Faktorenanalysen mit Intelligenztests bei amerikanischen Studenten sieben unabhängige, gleichberechtigte Primärfaktoren, die nicht in ein hierarchisches Modell integriert werden:

1. *Wahrnehmungsgeschwindigkeit:* Schnelligkeit der Wahrnehmung und Verarbeitung von (figuralen) Informationen.
2. *Räumliches Vorstellungsvermögen:* Fähigkeit zum räumlichen Vorstellen und Orientieren, mentales Rotieren.
3. *Gedächtnis/Merkfähigkeit:* Behalten und Erinnern paarweiser Assoziationen.
4. *Schlussfolgerndes Denken:* Fähigkeit zum Schließen, zur Regelerkennung (Induktion) und Regelanwendung (Deduktion), gemessen über Reihenfortsetzen.
5. *Wortflüssigkeit:* Schnelligkeit assoziativer Wortproduktion.
6. *Wort- und Sprachverständnis:* Umgang mit sprachlichen Begriffen, Kenntnis von Wörtern, Erfassung sprachlicher Bedeutungen und Beziehungen.
7. *Numerische Fähigkeit:* Fähigkeit, einfachere Rechenoperationen (Addition, Subtraktion, Multiplikation) ausführen zu können, Rechenfertigkeit und Rechengeschwindigkeit.

Die Menschen unterschieden sich nicht nur in ihrem Intelligenzniveau, sondern auch in ihrer Intelligenzstruktur. Thurstone ging rein empirisch vor, er interpretierte bei Studenten vorgefundene faktorenanalytische Ergebnisse in damals vorhandenen Intelligenztests. Die Intelligenzdimensionen stellen eine Mischung von Operationen (hier an den Anfang gestellt) und Inhalten dar, sie sind unterschiedlich breit und relevant (z. B. Wortflüssigkeit versus schlussfolgerndes Denken), stehen in unterschiedlicher Nähe zur Schulbildung (z. B. räumliches Vorstellungsvermögen versus Wort- und Sprachverständnis) und sind unterschiedlich komplex (z. B. Wahrnehmungsgeschwindigkeit versus schlussfolgerndes Denken).

Je nach Stichprobe wurde eine unterschiedliche Anzahl von Faktoren extrahiert, räumliches Vorstellungsvermögen wurde beispielsweise oft in zwei oder drei Subfaktoren untergliedert –welche Anzahl und welche Faktoren nun die „tatsächlich primären" sind, ist so nicht zu beantworten. Zudem legte die ursprüngliche fähigkeitshomogene Stichprobe der Studenten (geringere Varianz in Items zwischen Probanden, deshalb geringere Korrelationen zwischen Items, somit höhere Anzahl an extrahierten Faktoren) und die schiefwinklige Rotation eine vielfaktorielle Lösung nahe. Die Faktoren korrelieren zu ca. r = .35 untereinander, was in Faktorenanalysen mit Primärfaktoren als Variablen die Extraktion eines g-Faktors allgemeiner Intelligenz ermöglicht.

Drei-Schichten-Modell der Intelligenz (John Carroll)

John Carroll (1993, 2003) differenziert in einem hierarchischen Intelligenzmodell aufgrund von Reanalysen einer Vielzahl von Studien (461) mit verschiedenen Probandenstichproben drei unterschiedlich breite Schichten der Intelligenz:

1. *Stratum III* an der Spitze und am breitesten umfasst die allgemeine Intelligenz (g). Die Intelligenzfaktoren der zweiten Schicht werden in ihr gebündelt.
2. *Stratum II* in der Mitte ist in 6-8 Faktoren differenziert: Verarbeitungsgeschwindigkeit, breite kognitive Geschwindigkeit, Wiedererbringungsfähigkeit („retrieval", damit sind Originalität und Kreativität gemeint), breite auditorische Wahrnehmung (z. B. Rhythmus halten und beurteilen), breite visuelle Wahrnehmung, Gedächtnis und Lernen, fluide Intelligenz, kristalline Intelligenz. Verarbeitungsgeschwindigkeit und breite kognitive Geschwindigkeit lassen sich oft nicht trennen, genauso fluide Intelligenz und kristalline Intelligenz.
3. *Stratum I* unten differenziert die in Stratum II genannten Faktoren weiter aus. Hier nur für die fluide Intelligenz aufgeführt: sequenzielles Schlussfolgern (Syllogismen), Induktion (Analogien, Matrizen, Reihen, Regelentdeckung, unpassende Elemente), quantitatives Schlussfolgern.

Carrolls Vorgehen hat gegenüber anderen faktorenanalytischen Ansätzen den Vorteil, dass Zusammenhänge zwischen Dimensionen aus Instrumenten verschiedener Autoren, eingesetzt in verschiedenen Ländern und in einer Vielzahl von Studien, metaanalytisch ausgewertet wurden. Ihm lagen mehr als 1500 Studien vor, die er aufgrund von methodischer Qualität selegierte, anschließend rechnete er explorative Faktorenanalysen.

Berliner Intelligenzstrukturmodell (Adolf Jäger)

Adolf Jäger (Jäger, 1984; Jäger, Süß & Beauducel, 1997) unterscheidet im Berliner Intelligenzstrukturmodell die zwei Modalitäten Operationen und Inhalte und innerhalb dieser vier bzw. drei Klassen oder Dimensionen, die in Anlehnung an facettenmethodische Ansätze gekreuzt insgesamt 12 Unterfaktoren oder Einzelleistungen ergeben, die alle in der allgemeinen Intelligenz auf einer oberen Ebene zusammengefasst werden:

Operationen

- *Bearbeitungsgeschwindigkeit, B:* Arbeitstempo, Auffassungsleichtigkeit und Konzentrationskraft.
- *Verarbeitungskapazität, K:* Verarbeitung komplexer Informationen bei Aufgaben, die nicht auf Anhieb zu lösen sind, sondern Heranziehen, Beziehungsstiften, formallogisches Denken und sachgerechtes Beurteilen von Informationen erfordern.
- *Merkfähigkeit, M / G:* Aktives Einprägen und kurzfristiges Wiedererkennen oder Reproduzieren von verschiedenartigem Material.
- *Einfallsreichtum, E:* Flexible Ideenproduktion, die Verfügbarkeit vielfältiger Informationen, Reichtum an Vorstellungen.

Inhalte

- *Figural, F:* Anschauungsgebundenes, figural-bildhaftes Denken oder räumliches Vorstellen.
- *Numerisch, N:* Zahlengebundenes Denken.
- *Verbal, V:* Sprachgebundenes Denken.

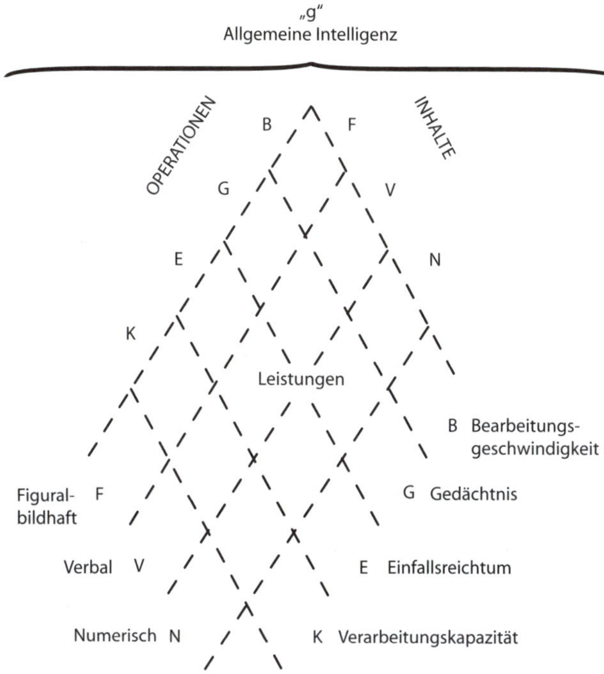

Abbildung 8.11: Das Berliner Intelligenzstrukturmodell (BIS)

Operationen werden mit Inhalten gekreuzt (siehe Abbildung 8.11), so gibt es z. B. eine figurale, eine numerische und eine verbale Bearbeitungsgeschwindigkeit. Jede Einzelkomponente wird durch einen Operations- und einen Inhaltsfaktor bestimmt, an der in geringerer Ausprägung aber auch andere Operationen und Inhalte beteiligt sind. Allerdings gehen die Operationen über das hinaus, was Intelligenz beschreibt; Bearbeitungsgeschwindigkeit stellt eine basale kognitive Kompetenz dar, Einfallsreichtum kognitive Kreativität. Das Berliner Modell ist eher ein Modell kognitiver Fähigkeiten.

8.8.5 g oder s: allgemeine Intelligenz oder viele Intelligenzen?

Die Frage nach der Dimensionalität und Anzahl der Dimensionen der Intelligenz beschäftigt die Intelligenzforschung seit mehr als einem halben Jahrhundert.[1] Empirisch ist sie kaum zu beantworten, da hier die Ergebnisse der empirischen Forschung stark von Methoden, Konzepten und Stichproben abhängig sind. Werden homogene Probandenstichproben herangezogen, resultieren eher multidimensionale Faktorenstrukturen. Werden homogene Itemstichproben herangezogen, erleichtern diese das Auffinden eines Generalfaktors. Noch wichtiger ist die Anwendungsvariante der Faktorenanalyse: Der erste extrahierte, unrotierte Faktor gibt fast immer die allgemeine Intelligenz wieder, eine orthogonal rotierte Faktorenanalyse dagegen eine multidimensionale Struktur, die sich anschließend nicht mit einer Faktorenanalyse zweiter Ordnung auf einer höheren Ebene zu einem Generalfaktor zusammenfassen lässt.

Hierarchische Modelle könnten die antagonistischen Ansätze einfaktorieller und multidimensionaler Modelle integrieren, indem sie die Gültigkeit ein- und multidimensionaler Ansätze unterschiedlichen Ebenen innerhalb hierarchischer Intelligenzstrukturen zuweist. Da Intelligenzfaktoren mit seltenen Ausnahmen immer miteinander korreliert sind – nur bei einer Null-Korrelation könnte man eindeutig ein multidimensionales Modell rechtfertigen – und unterschiedliche statistische Auswertungsverfahren zu unterschiedlichen Ergebnissen kommen, ist eine aufgrund empirischer Daten und Auswertungen zwingende Entscheidung zwischen einem Generalfaktormodell und multidimensionalen Modellen nicht möglich. Hierarchische Modelle – falls substanzielle Ladungen aller latenten Faktoren auf einem Generalfaktor der höchsten Ebene vorliegen – sind aufgrund ihrer modellintegrativen Funktion am überzeugendsten.

Das Plädoyer für ein hierarchisches Modell mit einem Generalfaktor der Intelligenz an der Spitze bedeutet nicht, dass es nicht aufschlussreich wäre, bei bestimmten Fragestellungen auf der Ebene inhaltsbasierter Intelligenzdimensionen zu arbeiten. So könnten sich etwa Schuleffekte in sprachlichen und mathematischen Dimensionen weit eher zeigen als in figuralen, weniger durch Unterrichtsinhalte betroffene Dimensionen der Intelligenz oder Unterschiede zwischen Männern und Frauen treten eher in mathematischen Fähigkeiten auf als in allgemeiner Intelligenz.

---

[1] Vertreter des g-Ansatzes mit unterschiedlicher Intensität sind Charles Spearman, Lewis Terman, Richard Herrnstein, Arthur Jensen, Christopher Brand, Richard Lynn, Philippe Rushton, Robert Gordon, Helmuth Nyborg, Linda Gottfredson, Ian Deary, Wolf Oswald, Detlef Rost, Volkmar Weiss und Aljoscha Neubauer. Oft steht der g-Ansatz in Verbindung mit einem Informationsverarbeitungsgeschwindigkeits-Ansatz und einer neuropsychologischen Fundierung der Intelligenz. Vertreter multidimensionaler Ansätze sind Louis Thurstone, Joy Guilford, Stephen Jay Gould, Stephen Ceci, Howard Gardner, Lazar Stankov, Kurt Heller, Heinz-Martin Süß und Elsbeth Stern.

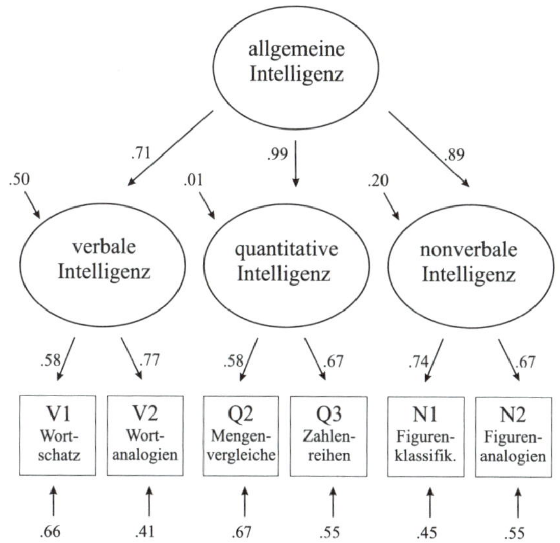

Abbildung 8.12: Hierarchisches Modell für den KFT[2]

8.8.6 Stabilität interindividueller Differenzen

Völlig unterschieden von der Fragestellung der Zu- und Abnahme höherer kognitiver Fähigkeiten durch Entwicklung (siehe Abbildung 8.10) ist die Frage nach Stabilität und Veränderung interindividueller Differenzen. Personen können bei gleichzeitiger Stabilität interindividueller Differenzen in ihrer Intelligenz wachsen – also intraindividuell instabil sein; wer also zuvor innerhalb einer Gruppe relativ zu den anderen besonders intelligent war, ist dies zwei Jahre später immer noch, aber auf einem höheren Niveau aller. Interindividuelle Differenzen in der Intelligenz sind erstaunlich stabil, selbst über extrem lange Zeiträume hinweg. In einer Studie von Deary u. a. (2000) über 66 Jahre Zeitabstand (Lebensalter 11 Jahre 1932 bis 77 Jahre 1998, N = 97 Personen in Schottland) betrug die Stabilität $r = .63$. Wer als 11jähriger zu den Intelligentesten zählte, gehörte demnach auch noch mit 77 Jahren zu den Intelligentesten. Fasst man nun mehrere Studien über unterschiedlich lange Zeiträume zusammen (Deary, 2000, S. 20; 19 Studien, Zeitabstand von 6 bis 66 Jahren, im Mittel 24,5 Jahre Zeitabstand) beträgt die mittlere Stabilität der Intelligenz $r = .76$. Stabilität von Differenzen bedeutet nicht, dass die Abstände zwischen Personen gleich bleiben müssen, sie können auch reduziert werden, aber nicht aufgehoben.

2 Konfirmatorische Faktorenanalyse, Stichprobe an 1354 deutschen Gymnasiasten, die Zahlenangaben hinter Pfeilen sind Fehler / Restvarianz, die Zahlenangaben an Pfeilen sind Pfadkoeffizienten (Quelle: Rindermann, in Vorb.).

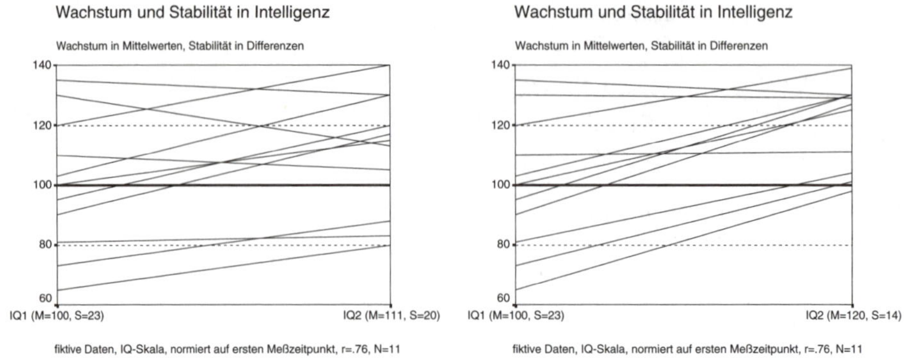

Abbildung 8.13: Visualisierung einer Stabilität von r=.76 bei gleichzeitigem Wachstum, rechts mit Varianzreduktion von unten

8.8.7 Erbe und Umwelt

Immer wieder umstritten ist die Frage nach der Vererblichkeit von Intelligenz. Unterschiede zwischen Menschen westlicher Gesellschaften in der Intelligenz lassen sich gemäß der Ergebnisse aus Zwillings- und Adoptionsstudien zu ca. 50 % auf genetische Faktoren zurückführen (Plomin u. a., 1999). Diese genetischen Faktoren können aber nur interindividuelle Differenzen aufklären. Aus den Ergebnissen lässt sich nicht ableiten, dass 50 % der Intelligenz oder der Intelligenz einer Einzelperson vererbt und der Rest durch die Umwelt bestimmt seien. Und es bedeutet nicht, selbst bei höheren Erblichkeitsschätzungen, dass kognitive Fähigkeiten oder Persönlichkeitsmerkmale als unabänderlich hinzunehmen sind. Präzise Beziehungen zwischen einzelnen genetischen Ausprägungen und der Intelligenz sind bislang bis auf Chromosomenanomalien und umgrenzte Störungen unbekannt (z. B. Trisomie 21 und Down-Syndrom). Allerdings sagen die Erblichkeitsschätzungen auch aus, dass bei gleichen Umweltbedingungen Unterschiede zwischen den Menschen bleiben. Je homogener die Umwelt ist, desto eher müssten verbleibende individuelle Unterschiede auf genetische Faktoren zurückführbar sein!

8.8.8 Entwicklung

Wie bei der Beschreibung des Modells von Cattell erwähnt, steigt die Intelligenz in Kindheit und Jugend stark an, verharrt dann auf einem Plateau und sinkt im Alter wieder. Der Rückgang ist stark von der Art der Fähigkeit abhängig – fluide Intelligenz fällt früher und stärker als kristalline –, von der Höhe der Intelligenz – überdurchschnittlich Intelligente erleben erst später einen Rückgang – und vor allem von der Art der Beschäftigung: Personen in kognitiv anspruchsvollen Berufen erleben deutlich später einen Rückgang der Intelligenz als Personen in kognitiv anspruchslosen Berufen.

Kognitive Fähigkeiten werden in verschiedenen Altersstufen durch kognitiv anspruchsvolle Tätigkeiten und Umwelten gefördert, durch kompetente Kommunikation der Eltern, Geschwister und Freunde, durch strukturierte und anregende Erziehung, durch umfangreichen, strukturierten und eigenes Denken fördernden Unterricht, durch Beschäftigung mit kognitiv komplexen Inhalten in Vorschule, Schule und Beruf und durch kognitiv anregende Freizeitbeschäftigung. Intelligenz stellt also eine durch eigenes Handeln veränderbare Fähigkeit dar!

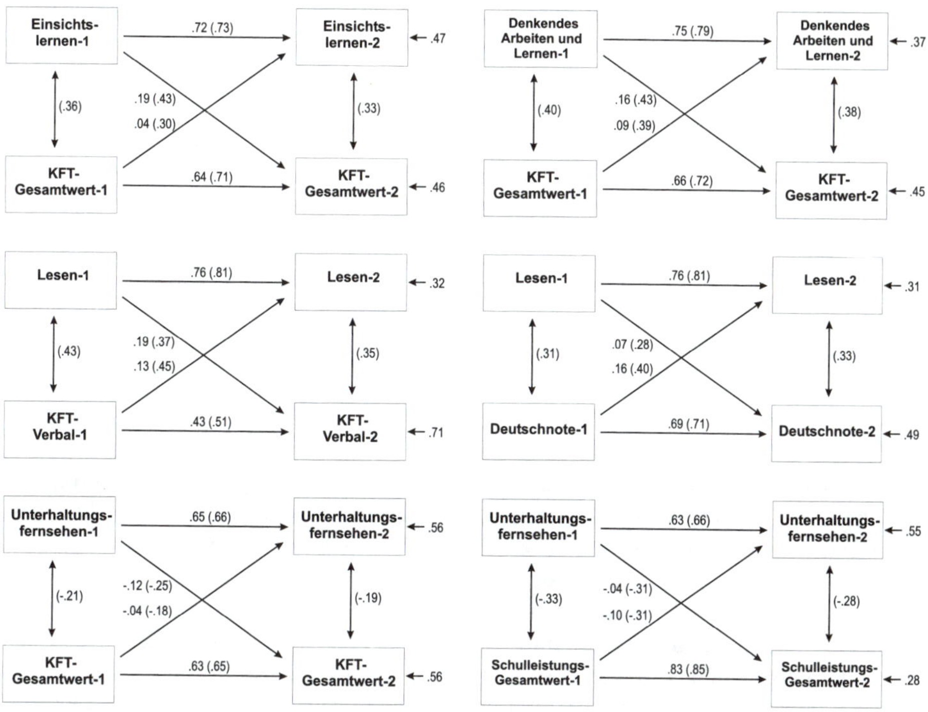

Abbildung 8.14: Einsichtslernen, denkendes Arbeiten und Lesen wirken sich positiv auf die Intelligenzentwicklung aus, Unterhaltungsfernsehen negativ[3]

8.8.9 Säkulare Akzeleration

Im 20. Jahrhundert wurden weltweit in Industrienationen die Generationen immer intelligenter, im Schnitt in 10 Jahren um 2-3 IQ-Punkte. Die Ursachen sind nicht völlig geklärt, als Faktoren werden verbesserte Ernährung und Gesundheitsversorgung, umfangreichere und bessere Bildung, kleinere Familien und allgemein zunehmende kognitive Anregungen diskutiert (Neisser, 1998). Von zentraler Bedeutung bei diesem Phänomen ist, dass Intelligenz nicht nur individuell eine veränderbare Größe darstellt, sondern auch gesellschaftlich.

3 Kreuzverzögerte Effekte, Stichprobe an 200 deutschen Gymnasiasten, die Werte in Klammern sind Korrelationen, die Zahlenangaben hinter Pfeilen sind Fehler / Restvarianz, die Zahlenangaben an Pfeilen sind Pfadkoeffizienten (Quelle: Rindermann, in Vorb.).

8.8.10 Intelligenz und Schulerfolg

Der beste personenbezogen-psychologische Prädiktor für Schulleistung ist die bereichsspezifische oder allgemeine Intelligenz (im Schnitt $r = .44$), hinzu kommen Zusammenhänge zur Schulbesuchsdauer (ca. $r = .70$) und Höhe der Schulabschlüsse (ca. $r = .70$; Süß, 2001; Ceci, 1996). Das ist nicht weiter verwunderlich, da Intelligenztests zur Prognose von Schulerfolg entwickelt wurden und oft schulnahe Aufgaben enthalten. Darüber hinaus sind ähnliche Umweltbedingungen und Persönlichkeitsmerkmale für die Entwicklung von Intelligenz und Schulleistung verantwortlich, z. B. Erziehung, Unterricht, Freizeitbeschäftigungen und Lernen. Leistungen in Intelligenztests und Schulprüfungen beruhen auf gemeinsamen Denkkomponenten (Schlussfolgern, Abstraktion, Verständnis). Diese finden auch eine gemeinsame Grundlage in den kognitiven Basiskompetenzen (Informationsverarbeitungsgeschwindigkeit, Aufmerksamkeit, Arbeitsgedächtniskapazität).

8.8.11 Intelligenz und Berufserfolg

Intelligenz ist aber ebenso zentral für Problemlösen und für den beruflichen Erfolg in westlichen, leistungsorientierten, meritokratischen Gesellschaften.

In verschiedenen Studien von Hunter (Schmidt & Hunter, 1998), in Metaanalysen auf der Grundlage von über 800 Primärstudien sowie in Pfadanalysen, die Kausalbeziehungen untersuchen, ließ sich nachweisen, dass Intelligenz über die Fähigkeit, in der Berufspraxis schnell und viel spezifisches Wissen und Fertigkeiten erwerben zu können, die wichtigste personenbezogene Determinante für beruflichen Erfolg in den verschiedensten Arbeitsfeldern darstellt: Die messfehler- und varianzkorrigierten standardisierten direkten und indirekten Pfadkoeffizienten betrugen zwischen ß = .46 und .80 (unkorrigiert $r = .28$; korrigiert $r = .53$). Allgemeine kognitive Fähigkeiten stellen, falls berufliche Vorerfahrung konstant gehalten wird, den besten Einzelprädiktor für Berufserfolg dar. Das gilt in den USA unabhängig von ethnisch-rassischer Zugehörigkeit und für die meisten Berufe, ebenso in Westeuropa (unkorrigiert $r = .25$; korrigiert $r = .53$; Salgado u. a., 2003). Mit steigender Komplexität der beruflichen Anforderungen – die mit technologischer Entwicklung und Wandel zur Dienstleistungsgesellschaft weiter anwachsen dürfte – wächst der Einfluss der Intelligenz auf den Berufserfolg, ansteigende Mindestschwellen der Intelligenz sind dann nicht mehr unterschreitbar (auch über die Selektionsfunktion der Bildungsabschlüsse), und Unterschiede in der Arbeitsproduktivität zwischen verschieden intelligenten Personen werden immer größer. In fast allen Berufen sind aber schon jetzt Lernen, Problemlösen, Entscheidungsfindung und Anpassungen an veränderte Anforderungen notwendig, was intelligenteren Personen rascher und besser gelingt. Das Ansehen verschiedener Berufe korreliert hoch mit der Notwendigkeit, in diesen Berufen komplexe kognitive Aufgaben zu bewältigen (Gottfredson, 2003).

Intelligenz und Alltagsverhalten

Intelligenzforschung war nie unumstritten. Besonders viele Diskussionen lösten Analysen der Zusammenhänge zwischen Intelligenz und Alltagsverhalten und zwischen Intelligenz und gesellschaftlichen oder ethnischen Merkmalen aus. Die entsprechenden Fragestellungen und Ergebnisse werden hier kurz skizziert.

Gesundheit und Lebenserwartung

Intelligenz stellt einen positiven Prädiktor für Gesundheit, Unfallfreiheit und Lebenserwartung dar. Nach O'Toole und Stankov (1992, Studie mit 2309 ehemaligen australischen Soldaten) fällt für das Alter um 40 Jahren mit jedem zusätzlichen IQ-Punkt das Mortalitätsrisiko. Nach Whalley und Deary (2001) ist die Intelligenz von Kindern ein wichtigerer Prädiktor als der Sozialstatus ihrer Eltern zur Vorhersage der Lebensdauer der Kinder (Intelligenz bei 11jährigen 1932 und Todesalter 1997 bei 2792 Schotten).

Gottfredson (2003) versucht die Zusammenhänge zwischen Intelligenz und Gesundheit aufzuklären, zwischen beiden stehe Gesundheitsverständnis und daraus folgend Gesundheitsverhalten: Intelligentere verfügen demnach über ein umfangreicheres Wissen und Verständnis um Gesundheit, Krankheit und Krankheitsprävention („health literacy"), suchen gezielter nach relevanten Informationen, verstehen Zusammenhänge zwischen Verhalten und Gesundheit besser, ernähren sich deshalb gesünder (weniger Fett und Zucker), hören deshalb eher mit dem Rauchen auf, erkennen eher Krankheits- und Unfallrisiken und verhalten sich deshalb risikoreduzierender, fragen gezielter ärztliche Hilfe nach, verstehen und befolgen eher eine komplexe Krankheitsprävention, -intervention und -nachsorge, wie sie bei Diabetes, nach Transplantationen und Herzinfarkten notwendig ist.

Erfolgreiches Gesundheitsverhalten beinhaltet Lernen, Wissenserwerb, Schlussfolgern und Problemlösen und benötigt dafür kognitive Fähigkeiten. Vor allem chronische Krankheiten wie Diabetes verlangen ein kompliziertes und ununterbrochenes selbstständiges Gesundheitsverhalten und stellen eine hochkomplexe kognitive Aufgabe dar. Noch ein anderes Verhalten der Umwelt als Reaktion auf das höhere Gesundheitsverständnis ist wohl bedeutsam: Durch Wissen und Nachfragen wird beispielsweise Ärzten eine höhere Kompetenz und Sorge um sich signalisiert, was deren Handeln sorgfältiger macht. Nicht zuletzt können dadurch medizinisches Handeln anderer kontrolliert und ärztliche Fehler korrigiert werden.

Die Ergebnisse und die angebotenen Erklärungen wirken beeindruckend und überzeugend. Fünf Probleme tauchen bei der näheren Betrachtung jedoch auf:

1. Die Effekte der Intelligenz auf Gesundheit und Mortalität sind gemessen an in der Psychologie üblichen *Effektgrößen* und ihren Interpretationsschwellen gering. Es ist schwierig, die Bedeutsamkeit der Intelligenz für Gesundheit und Mortalität zu beurteilen, auch deshalb, weil Informationen zur Aussagekraft vergleichbarer Prädiktoren (Geschlecht, Sozialstatus, Bildung) nur vereinzelt gegeben werden.

2. Die angebotenen *Erklärungsmechanismen* (gesundheitsbezogenes Wissen und Verstehen und deren Zusammenhang mit allgemeiner Intelligenz auf der einen und Gesundheitsverhalten wie Gesundheit auf der anderen Seite) sind theoretisch kohärent und äußerst plausibel, können aber nur indirekt empirisch belegt werden.

3. Es bleibt deshalb fraglich, ob es wirklich die Kognition ist, die einen Zusammenhang zwischen Intelligenz und Gesundheit oder Mortalität erklärt, oder ob es nicht mit Intelligenz und Gesundheitsverhalten kovariierende Determinanten wie vor aller Kognition liegende *Lebensstile* sind. So ernähren sich unabhängig von Wissen um Gesundheit der Nahrungsmittel Unterschichten traditionell anders als Oberschichten (z. B. Nudeln, Kartoffeln, Soßen versus Rindfleisch, Wild, Fisch; Kohlehydrate versus Eiweiß). Zu diesen unterschiedlichen Lebensstilen gehört auch eine unterschiedliche Sorge um sich und eine unterschiedliche Wertehierarchie (Gesundheit versus sofortiger Genuss).
4. Intelligenz ist ein Indikator und Kausalfaktor für *Sozialisationserfolg*. Diesem folgt ein höherer Sozialstatus und diesem wiederum eine höhere Qualität medizinischer Versorgung (private Krankenversicherung, bessere Ärzte, mehr Zeit, teurere Medikamente usw. – je nach Gesundheitssystem). Intelligentere haben ein höheres Einkommen und können so neuere, größere und sicherere Autos fahren. Hier wäre nicht die Kognition die unmittelbare Kausalvariable, sondern die erfolgreiche gesellschaftliche Eingliederung nach oben, zu der aber Kognition beiträgt. Intelligenz ist somit als Kausalfaktor nicht ausgeschlossen, aber in seiner Bedeutung als Weichensteller relativiert.
5. Intelligenz und Bildungsabschlüsse entscheiden über im Gesundheitsrisiko divergierende Berufskarrieren. Akademiker und Angestellte arbeiten in ungefährlicheren und gesünderen Berufsumwelten als Arbeiter. Intelligenz stellt einen *Weichensteller* dar, der von Intelligenz kausal unabhängige Risiken auf unterschiedlich intelligente Personengruppen unterschiedlich verteilt.

Kriminalität

Intelligenz und Kriminalität oder Delinquenz sind konstant über die verschiedensten Untersuchungen, Stichproben und Messverfahren kognitiver Fähigkeiten negativ miteinander korreliert. Bei Herrnstein und Murray (1994) sind es $r = -.20$, bei Steinberg u. a. (1994) $r = -.21$, auf makrosozialer Ebene mit den deutschen Bundesländern zwischen $r = -.44$ und $r = -.84$ je nach Maß kognitiver Fähigkeiten (Intelligenz oder PISA). Neben fehlender Einsicht in Selbst- und Fremdschädlichkeit kriminellen Verhaltens sind Frustrationsprozesse bei mangelnder Intelligenz (wegen geringerer Möglichkeiten beruflichen oder sozialen Erfolgs), klügere Formen von Kriminalität intelligenter Personen und Defizite in der kognitiv-moralischen Entwicklung denkbar. Die Entwicklung kognitiver Fähigkeiten ist an bestimmte Umweltfaktoren und Persönlichkeitsmerkmale geknüpft, die sowohl Intelligenz als auch Normkonformität fördern. Dazu gehören familiäre Erziehung (elterliches Vorbild, autoritativer Erziehungsstil, Bildungsorientierung, Verhaltenskontrolle was Schule und Sozialverhalten betrifft, elterliche Unterstützung), schulische Erziehung (Aufstellung und Durchsetzung schulischer Verhaltensnormen) und soziales Umfeld (Freunde, Stadtteil, Kultur und die hier vermittelten Normen und Verhaltensweisen). Geringe Intelligenz und Kriminalität lassen sich als kognitive, psychische, soziale und ethische Anomie, als mangelnde Kenntnis, Beherrschung und Anwendung von Regelsystemen und Anpassung an diese auf der Ebene von Personen, Gruppen und Kulturen interpretieren.

8.8.12 Intelligenz und Gesellschaft, Wirtschaft und Kultur

Intelligenz steht in Beziehung zu makrosozialen Phänomenen. In weltweiten Vergleichsstudien wie für die Intelligenz durch Lynn und Vanhanen (2002) oder für schulnahe kognitive Fähigkeiten wie in PISA und TIMSS ergibt sich ein charakteristisches Ergebnismuster: Die ostasiatischen Länder schneiden am besten ab, dicht gefolgt von europäischen und nordamerikanischen Staaten, dann Lateinamerika und der arabische und asiatische Raum und schließlich Schwarzafrika. Dieses Ergebnismuster lässt sich auch innerhalb von Staaten wiederfinden, z. B. in den USA – zwischen Weißen und Schwarzen besteht dort ein mittlerer Intelligenzunterschied von 15 IQ-Punkten.

Diese Ergebnisse korrelieren sehr hoch mit dem gesellschaftlichen Wohlstand (Bruttosozialprodukt, $r = .33\text{-}.62$) und dem Wirtschaftswachstum ($r = .40\text{-}.50$), mit den Religionen, mit dem mittleren Breitengrad eines Landes, dem Grad der Modernisierung, der Lebensgeschwindigkeit, mit der Zugehörigkeit zur Ersten oder Dritten Welt und mit politischer Macht.

Kausalerklärungen sind aber schwierig. Genetische Erklärungen wie durch Jensen (1998), Rushton und Rushton (2003) oder Lynn und Vanhanen (2002) sind umstritten, vor allem haben sie das zentrale Manko, dass die angenommene Ursache, die Gene, nicht bekannt sind. Zudem schließen genetische Erklärungen Umweltdeterminanten nicht aus. Besser belegbar sind makrosoziale Variablen wie etwa Krieg und Frieden (in England sank z. B. im Zweiten Weltkrieg die Intelligenz in untersuchten Stichproben um ca. 4 IQ-Punkte; Raven, 2000), schlechte Ernährung und Gesundheitsversorgung (Lynn, 1990) und vor allem die von normativen Überzeugungen abhängige Schulpolitik: Allein der Umfang des Schulunterrichts pro Jahr korreliert schon mit $r = .20\text{-}.30$ mit mittleren kognitiven Fähigkeiten, hinzu kommen positiv ein junges Schuleintrittsalter und ein später Abschluss formaler Bildungsprozesse (insgesamt $r = .40\text{-}.60$), noch nicht eingerechnet sind die unterschiedliche Qualität des Unterrichts über verschiedene Staaten und Subgruppen innerhalb eines Landes. Intelligenz ist demnach eng an Bildung gekoppelt.

8.9 Die sozial-emotionale Intelligenz

In einem weiteren Schritt könnten wir versuchen, die Konzepte der nichttraditionellen Arten der Intelligenz mit den Konzepten der nonverbalen sozialen Fähigkeiten zu kombinieren. Dies führt zu der Idee dessen, was manchmal als „soziale Intelligenz“ oder als „emotionale Intelligenz“ bezeichnet wird. Das bedeutet, die Menschen verfügen nicht nur über charakteristische Arten der Reaktion auf andere und sie haben nicht nur bestimmte Motivationen für ihre Reaktionen auf andere, sondern einzelne Menschen haben auch spezifische soziale und emotionale Fähigkeiten im Umgang mit anderen Menschen. So sind beispielsweise manche Menschen empathisch, während andere ahnungslos sind. Manche Menschen sind charmant, während andere rüpelhaft sind (Rosenthal, 1979).

Der Psychologe Daniel Goleman (1995) vertritt die Ansicht, dass die emotionale Intelligenz fünf Komponenten umfasst: Selbstbewusstsein, Kontrolle von Zorn und Ängsten, Beharrlichkeit und Optimismus bei Rückschlägen, Empathie und reibungslose Interaktion mit anderen. Wie im nächsten Kapitel noch aufgezeigt werden wird, sind das genau die Fertigkeiten, über die selbsterfüllte, selbstverwirklichte Menschen in hohem Maße verfügen.

Da in vielen Studien, die dem Eigenschaftsansatz zur Persönlichkeit folgen, statistische Methoden eingesetzt werden, die ursprünglich zur Untersuchung der Intelligenz entwickelt worden waren, erscheint es etwas merkwürdig, dass in der Untersuchung der Persönlichkeit nur selten ein Fertigkeits- oder Fähigkeitsansatz gewählt worden ist. Die Intelligenz ist die Fähigkeit etwas zu *tun*, aber das Konzept von der Persönlichkeit besteht im Allgemein darin, dass sie etwas *ist* und nicht etwas *tut*. Allerdings ist dieser Bereich, obwohl die Untersuchung der Intelligenz zu Recht ein Teil der Persönlichkeitsforschung ist, so komplex, dass er ein eigenes Lehrbuch verdient. Aus diesem Grund werden die Intelligenzaspekte der Persönlichkeit im vorliegenden Buch nicht detaillierter betrachtet. Trotzdem sind wir überzeugt, dass es bei der Verwendung eines Eigenschaftsansatzes zur Persönlichkeitsforschung wichtig ist, die Konzentration auf Stile, Motive und Fertigkeiten beizubehalten.

Entwicklung der Aspekte des Eigenschaftsansatzes		Gesellschaftlicher und wissenschaftlicher Kontext
Im antiken Griechenland entwickeln sich die Konzepte des Charakters und der Temperamente, die durch die so genannten Körperflüssigkeiten (*humores*) verursacht werden.	**Antike**	Es herrscht die Ansicht, dass die Natur aus Luft, Erde, Feuer und Wasser besteht.
In religiösen Interpretationen werden die Menschen als göttliche Geschöpfe betrachtet, die von guten oder bösen Kräften besessen sind.	**Mittelalter**	Die Menschen werden als Handelnde im Kampf zwischen Gut und Böse gesehen.
Die Suche nach grundlegenden Eigenschaften von individuellen Unterschieden beginnt – erfolglos.	**19. Jahrhundert**	Nach der Aufklärung, die den Verstand und die Rationalität betonte, suchen die Philosophen nach dem Kern der menschlichen Natur.
C. G. Jung und seine Kollegen suchen nach tief verwurzelten individuellen Unterschieden in der Orientierung im Hinblick auf die Welt.	**1920er bis 1940er Jahre**	Die experimentelle Psychologie wird durch den Behaviorismus und die klinische Psychologie durch die Psychoanalyse beherrscht.
Gordon Allport postuliert die Eigenschaftstheorie zur Persönlichkeit und definiert eine Eigenschaft als eine neuropsychische Struktur, die zur funktionellen Äquivalenz bestimmter Reize führt und konsistentes Verhalten steuert.	**1930er Jahre**	Durch den Aufstieg des Faschismus wird das Interesse an der Propaganda und an Individuen mit autoritären Eigenschaften belebt.
Statistiken (insbesondere die Faktorenanalyse) werden von Cattell und anderen entwickelt und zur Bewertung der Intelligenz und anderer individueller Unterschiede angewendet. Henry Murray entwickelt einen auf Motiven beruhenden Ansatz zu den individuellen Unterschieden, der als Personologie bezeichnet wird.	**1930er bis 1950er Jahre**	Tests auf der Grundlage von Statistiken werden für die Zulassung zum Studium, psychologische Screenings und andere Anwendungen zum Standard. Die klinische Psychologie bemüht sich um stärkere Verwissenschaftlichung, während die experimentelle Psychologie klinische Anwendungen berücksichtigt.

Entwicklung der Aspekte des Eigenschaftsansatzes		Gesellschaftlicher und wissenschaftlicher Kontext
„Krise" in der Persönlichkeitsforschung, da es mithilfe der Eigenschaften nicht gelingt, das Verhalten über verschiedene Situationen hinweg vorherzusagen.	**1960er bis 1970er Jahre**	Zeit sozialer Veränderungen, neue Rollen sind durch die Frauenrechte und in Amerika darüber hinaus durch die Bürgerrechte möglich.
Der Big-Five-Ansatz zu den Eigenschaften setzt sich durch.	**1990er Jahre**	Durch den verstärkten Einsatz von Längsschnittansätzen wird die langfristige Stabilität bestimmter individueller Unterschiede entdeckt.
Eigenschaften, Motive, Ziele und Ausdrucksstile werden auf differenziertere Art und Weise untersucht.	**1990er bis 2000er**	Die Persönlichkeitspsychologie wird als wichtiges Teilgebiet wieder eingeführt.

Historischer Abriss der Geschichte der Eigenschaft- und Fertigkeitsansätze zur Persönlichkeit
Hier werden die wichtigsten Entwicklungen der Eigenschafst- und Fertigkeitsansätze in ihrer historischen Beziehung zueinander und in Bezug auf ihre weiteren gesellschaftlichen und kulturellen Kontexte dargestellt.

Auswertung der Perspektiven

Vorteile und Grenzen des Eigenschafts- und Fertigkeitsansatzes

- ***Kurze Umschreibung des Inhalts***
  - Die Menschen als Bündel von Temperamenten, Eigenschaften und Fertigkeiten.
- ***Vorzüge***
  - Er vereinfacht die Persönlichkeit auf eine kleine Anzahl grundlegender Dimensionen.
  - Sucht nach tief liegenden Konsistenzen, auf denen die oberflächlichen Variationen des Verhaltens beruhen.
  - Gute individuelle Bewertungsmethoden.
  - Gestattet Vergleiche zwischen Individuen.
  - Setzt sowohl Labor- als auch Feldstudien ein, sowohl theoretisch als auch angewandt.
- ***Grenzen***
  - Kann in dem Versuch, das Individuum auf einige Arten zu erfassen, zu weit gehen.
  - Kann Menschen auf der Grundlage von Testergebnissen in Schubladen stecken.
  - Unterschätzt mitunter die Variabilität in verschiedenen Situationen.
  - Kann durch implizite Persönlichkeitstheorien beeinflusst werden.

  - Anzahl der zuverlässigen Persönlichkeitsdimensionen ist schwer zu bestimmen.
  - Kann den Einfluss unbewusster Motive und früher Erfahrungen unter Umständen unterschätzen.

- ***Bedeutung des freien Willens***
  - Gestattet am Rande den freien Willen, nachdem Prädispositionen und Motive ihren Einfluss ausgeübt haben.
- ***Gängige Erfassungstechniken***
  - Faktorenanalyse, Selbstberichte, Stil- und Fertigkeitstests, Dokumentenanalyse, Verhaltensbeobachtung, Interviews.
- ***Konsequenzen für die Therapie***
  - Wenn ein Großteil der Persönlichkeit sich um eine kleine Anzahl wesentlicher Dispositionen, Motive oder Eigenschaften herum anordnet, dann können wir zwar unsere Ziele, Fertigkeiten und Orientierungen ändern, wahrscheinlich aber nicht unsere grundlegende, auf Dispositionen beruhende „Natur". Wenn beispielsweise ein Mensch introvertiert, gewissenhaft und fleißig, aber einsam ist, ist es für ihn nicht vernünftig zu versuchen, ein sich einschmeichelnder Klassensprecher oder auch der strahlende Mittelpunkt jeder Party zu werden; aber er könnte sich eine Reihe begrenzter Ziele setzen, die darauf abzielen, einige enge Freundschaften mit Menschen aufzubauen, die seine Intensität und seine Gewissenhaftigkeit teilen. Er könnte sich auch um eine Verbesserung seiner Konversationsfertigkeiten bemühen.

Zusammenfassung und Fazit

Im Eigenschafts- und Fertigkeitsansatz zur Persönlichkeit wird versucht, eine kleine Anzahl zentraler Dimensionen zu finden, mit denen die konsistenten Reaktionsmuster einer Person sinnvoll zusammengefasst werden können. Die Anzahl dieser Dimensionen ist noch immer umstritten. In Cattells Faktorenansatz zur Persönlichkeit werden sechzehn Eigenschaften als notwendig erachtet. Eysenck vertritt die Ansicht, dass die Theorie auch die Auswahl der Faktoren bestimmen sollte, und er ist überzeugt, dass sich alle Eigenschaften aus drei biologischen Systemen herleiten. Seine drei Faktoren sind: Extroversion, Neurotizismus und Psychotizismus. Allerdings sind sich heute viele, wenn nicht gar die meisten Forscher einig, dass fünf Dimensionen unter den meisten Umständen ausreichend sind – die so genannten Big Five der Extroversion, der sozialen Verträglichkeit, der Gewissenhaftigkeit, des Neurotizismus und der Offenheit.

Aus den Wurzeln in den antiken griechischen Vorstellungen von Temperamenten und Charakteren stammend gelangte der Eigenschaftsansatz in den 1930er Jahren zur vollen Blüte – angetrieben durch Jungs Konzepte der Orientierung nach innen oder nach außen, die statistischen Analysen der quantitativen Psychologen und Gordon Allports weit reichende Theorien zur Erfassung des gesamten Lebens jedes Individuums. Die modernen Ansätze haben Allports Vorstellung übernommen, dass die Eigenschaften die unveränderlichen Aspekte einer Person sind, die den veränderlichen Teil begleiten. Anders gesagt, es gibt zentrale Tendenzen, die einem Leben seine Einzigartigkeit und seine Konsistenz verleihen, obwohl die Persönlichkeiten im Lauf der Zeit und über verschiedene Situationen hinweg Änderungen durchmachen.

Allgemeine Eigenschaften sind Eigenschaften, die die Menschen in einer Bevölkerung teilen, und persönliche Dispositionen sind Eigenschaften (generalisierte, neuropsychische Strukturen), die typisch für das Individuum sind. Motive sind innere psychobiologische Kräfte, die Verhalten verursachen und danach streben, sich auszudrücken; Motive umfassen stets ein Ziel, z. B. Nahrung, Freunde oder Macht. Für Allport (im Gegensatz zu Freud) sind die Motive funktionell autonom; d. h., sie sind von ihren Ursprüngen in der Kindheit nicht mehr abhängig. Die moderne Forschung zum Ausdrucksstil deutet darauf hin, dass in der Gestik, Körperhaltung und den stimmlichen Signalen einer Person selbst über Interaktionen mit verschiedenen Personen hinweg ein bemerkenswertes Maß an Konsistenz besteht und dass die emotionale Komponente des Ausdrucksverhaltens einen Schlüsselaspekt der Persönlichkeit darstellt. So unterscheiden sich die Menschen beispielsweise systematisch in der Intensität, Mitteilsamkeit, Lebhaftigkeit und der Dynamik ihrer nonverbalen und verbalen Stile. In solchen auf dem Ausdrucksstil beruhenden Ansätzen kann die Persönlichkeit im Hinblick auf soziale und intellektuelle Fähigkeiten betrachtet werden.

Die meisten Eigenschaftspsychologen nehmen an, dass für diese Konsistenzen biologische Grundlagen bestehen. Sie interessieren sich deshalb sehr für einen Zugewinn an Kenntnissen über die biologischen Grundlagen der Persönlichkeit, die in Kapitel 5 untersucht werden. Darüber hinaus sind die meisten Eigenschaftspsychologen auch bereit zu akzeptieren, dass die Eigenschaften kognitiven und psychodynamischen Einflüssen unterliegen. Trotzdem hat sich auch der Eigenschaftsansatz, wie jeder andere Ansatz zur Persönlichkeit, zur vollständigen Erfassung dessen, was es bedeutet, eine Person zu sein, als unzureichend erwiesen. Insbesondere müssen die Eigenschaftsansätze durch Ansätze ergänzt werden, in denen die höher gesinnten, spirituellen Aspekte der Menschen anerkannt und die Anforderungen der Situation an das Verhalten berücksichtigt werden. Die humanistischen und existenziellen Aspekte werden in Kapitel 9 und die Aspekte der Interaktion zwischen Mensch und Situation werden in Kapitel 10 erörtert.

Haupttheoretiker

C. G. Jung
R. B. Cattell
Gordon Allport
Hans Eysenck
Paul Costa und Robert McCrae
Henry Murray
Charles Spearman
Raymond Cattell
Louis Thurstone
Adolf Otto Jäger
Arthur Jensen
Stephen Ceci

Zentrale Begriffe

Myers-Briggs-Typen-Indikator
Faktorenanalyse
Funktionell äquivalent
Allgemeine Eigenschaften
Funktionell autonom
Proprium
Kardinaldispositionen
Persönliche Dispositionen
Zentrale Dispositionen
Big-Five-Ansatz
Implizite Persönlichkeitstheorie
Typen
Motive
Bedürfnisse
Ausdrucksstil
Fähigkeit und Leistung
Intelligenz und Wissen
Intelligenztest
IQ
Fluide und kristalline Intelligenz
g-Faktor
Sprachliche, numerische und figurale Intelligenz

Literaturempfehlungen

Allport, G. W. (1961). *Pattern and growth in personality.* New York: Holt, Rinehart und Winston.

Allport, G. W. (1966). Traits revisited. *American Psychologist, 21*, 1-10.

Allport, G. W. (1983). *Das Werden der Persönlichkeit*. München: Kindler Verlag.

Asendorpf, J. B. (2004). *Psychologie der Persönlichkeit*. Berlin: Springer-Verlag.

Ceci, S. J. (1996/1990). *On intelligence. A bioecological treatise on intellectual development*. Cambridge: Harvard University Press.

Dörner, D., Kreuzig, H. W., Reither, F., & Stäudel, T. (1994). *Lohhausen: Vom Umgang mit Unbestimmtheit und Komplexität.* Bern: Huber.

Eysenck, H. J., & Rachmann, S. (1965). *The causes and cures of neurosis.* San Diego: Robert R. Knapp.

Guilford, J. P. (1959). *Personality.* New York: McGraw-Hill.

Jensen, A. R. (1980). *Bias in mental testing*. London: Methuen.

John, O. P. (1990): The "Big Five" factor taxonomy: Dimensions of personality in the natural language and in questionnaires. In L.A. Pervin (Hrsg.), *Handbook of personality: Theory and research.* New York: Guildford.

Jung, C. G. (1924). *Psychological types.* New York: Harcourt Brace.

Loevinger, J. (1987). *Paradigms of personality.* New York: W.H. Freeman (93-120, "The psychometric approach: Traits").

McCrae, R. R., & Costa, P.T., Jr. (1990). *Personality in adulthood.* New York: Guildford Press.

Mischel, W. (1968). *Personality and assessment.* New York: Wiley.

Nyborg, H. (Hrsg.) (1997). *The scientific study of human nature: Tribute to Hans Eysenck at eighty.* New York: Elsevier Science.

Nyborg, H. (Hrsg.) (2003). *The scientific study of general intelligence. Tribute to Arthur R. Jensen*. Oxford: Pergamon.

Pervin, L. A. (2000). *Persönlichkeitstheorien: Freud, Adler, Jung, Rogers, Kelly, Cattell, Eysenck, Skinner, Bandura et al.* München: Reinhardt.

Revenstorf, D. (1982). *Persönlichkeit. Eine kritische Einführung*. München: Gerhard Röttger Verlag. Kap. 4. Dispositionelle Persönlichkeitstheorie (129-212)

Rindermann, H. (2003). Entwicklung und Förderung kognitiver Fähigkeiten. In Uslucan, H.-H., & Born, A. (Hrsg.), *Studientexte Entwicklungspsychologie* (95-145). Köln: Kölner Studien Verlag.

Smith, C. P., Atkinson, J.W., McClelland, D.C., & Veroff, J. (Hrsg.) (1992) *Motivation and personality: handbook of thematic content analysis.* Cambridge: Cambridge University Press.

Stern, E., & Guthke, J. (Hrsg.) (2001). *Perspektiven der Intelligenzforschung*. Lengerich: Pabst.

Waldmann, M., & Weinert, F. E. (1990). *Intelligenz und Denken. Perspektiven der Hochbegabungsforschung*. Göttingen: Hogrefe.

Kapitel

9 Humanistische und existenzialistische Aspekte der Persönlichkeit

In diesem Kapitel

Der Radfahrer Lance Armstrong erreichte eines der größten Comebacks aller Zeiten, als er in den Radsport zurückkehrte und zum überragenden Fahrer der Tour de France wurde. Aber zuvor war Armstrong mit einer noch größeren Herausforderung konfrontiert worden. Im Alter von 24 Jahren wurde bei ihm Hodenkrebs diagnostiziert, der sich bis in das Gehirn und die Lunge ausgebreitet hatte. Armstrong, der eine Überlebenschance von weniger als 40 Prozent hatte, wurde ein Hoden entfernt, und er musste eine aggressive Chemotherapie über sich ergehen lassen. Seine körperliche Stärke, die ein wesentlicher Bestandteil seines Selbst war, wurde plötzlich in Frage gestellt und zerstört. Armstrong erwarb sich aber nicht nur neuerlich Meriten im Radsport, sondern hatte auf dem Weg dorthin auch noch eine Familie gegründet und eine Krebsstiftung ins Leben gerufen.

Auf einer höheren, gesellschaftlichen Ebene führte Mohandas Gandhi, der „Mahatma" oder die „große Seele" genannt wurde, ein Leben, das durch sein Engagement für bestimmte Grundsätze definiert wurde. Er verfügte über die persönliche Stärke, zu einem der einflussreichsten Anführer aller Zeiten zu werden, der den Weg für gewaltfreien politischen Widerstand bereitete und Indiens politische Freiheit errang. Anatoli (heute: Natan) Scharanski wurde in der früheren Sowjetunion wegen Hochverrats verurteilt – sein einziges „Verbrechen" bestand darin, dass er ein Bürgerrechtskämpfer war, der nach Israel emigrieren wollte. Unter dem zunehmenden Druck und der Drohung einer langen Gefängnisstrafe wuchs seine Entschlossenheit nur noch, und er erlangte schließlich seine eigene Freiheit wie auch die Freiheit anderer. Martin Luther King trat entschlossen Polizeihunden, Wasserwerfern und einer tief verwurzelten rassistischen Gesellschaft in den Vereinigten Staaten entgegen und erzielte weitreichende Bürgerrechtsreformen. Aung San Suu Kyi verbrachte zehn Jahre unter Arrest in ihrem Haus in Myanmar (dem früheren Burma) und lehnte es ab, ihr Heimatland zu verlassen, während sie sich weiter für die Rückkehr des Landes zu Demokratie und Menschenrechten einsetzte.

Wie können wir solche Persönlichkeiten, solche modernen Helden verstehen, die das verkörpern, was hohen Geistes im Menschen ist? Was ist die Natur des menschlichen Geistes? Warum sind wir auf der Welt? Warum werden wir geboren, und warum müssen wir sterben? Was ist Liebe? Wie messen wir menschlichen Erfolg? Zu bestimmten Zeiten erlangen solche Fragen im Leben vieler ganz normaler Menschen Dringlichkeit. Die meisten Jugendlichen zermartern sich den Kopf über ihre Identität, ihren Lebenszweck und ihre Zukunft. Viele Erwachsene in der Mitte ihres Lebens werden mit einer existenziellen Midlifecrisis konfrontiert. Viele ältere Menschen denken über den Wert und die Bedeutung ihres Lebens nach. Aspekte von Liebe, Verantwortung, Angst und Selbstverwirklichung durchdringen diese Gedanken.

Solche Fragen und Probleme sind rein menschlich. Hunde denken nicht über die Bedeutung ihrer Existenz nach. Aber schon kleine Kinder fragen nach dem Tod und danach, warum die Menschen leiden bzw. was richtig oder falsch ist. Ein vollständiges psychologisches Verständnis dessen, was es bedeutet, eine Person zu sein, sollte eine psychologische Perspektive zur Berücksichtigung der individuellen Unterschiede bei der Betrachtung dieser uralten Fragen bereitstellen. Diese Fragen stehen im Mittelpunkt der Arbeit der humanistischen und existenzialistischen Ansätze zur Persönlichkeit.

Der Filmemacher Woody Allen hält in seinen Filmen die existenziellen Krisen fest, die das Leben eines Menschen beherrschen können. In seinen Filmen, wie dem mit einem Oscar ausgezeichneten Film *Annie Hall*, spielt Allen Menschen, die von existenziellen Fragen nach dem Sterben, der Liebe und dem Sinn des Lebens besessen sind. Als der von Woody Allen verkörperte Freund sich in einer Beziehungskrise von seiner Freundin Annie Hall trennt, muss das Paar all sein Hab und Gut aufteilen. Annie erinnert ihn daran, dass alle Bücher über den Tod und das Sterben ihm gehören. Er ist vom Tod besessen. Aber er ist auch von der Bedeutung des Lebens besessen. Er bombardiert Annie mit Erörterungen zu den Themen Philosophie, Kultur, nationalsozialistische Vernichtungslager, Krankheiten, Altern, die Bedeutung der Liebe und anderen zentralen Fragen der menschlichen Existenz – all dies als Teil seiner chronischen Suche nach dem Sinn des Lebens. Er ist entsetzt über die Menschen, die munter ihr Dasein weiterführen, sich der Selbsttäuschung hingeben und sich des tatsächlichen menschlichen Leids nicht bewusst sind. Das wird durch seinen Besuch der „Glamourstadt" Hollywood während der Weihnachtszeit symbolisiert, die als Höhepunkt der Oberflächlichkeit dargestellt wird, in der selbst der Schnee nicht echt ist.

Nicht nur in Filmen, sondern auch im realen Leben werden Menschen, die nach Werten und einem richtungsweisenden Sinn in ihrem Leben suchen, oft durch Ängste überwältigt: Sie werden neurotisch oder auf andere Art und Weise psychologisch beeinträchtigt. Andererseits haben die Menschen, die völlig in sich versunken sind und ein egozentrisches oder hedonistisches Leben führen, letztendlich häufig noch größeren Kummer als die Neurotiker. In diesem Kapitel wird erörtert, wie existenzialistische und humanistische Sichtweisen auf die Persönlichkeit den Weg zu einer Lösung der grundlegenden Konflikte über den Wert und den Sinn des Lebens weisen – Fragen, die von anderen Ansätzen zur Persönlichkeit häufig ignoriert werden.

9.1 Existenzialismus

Ganz einfach ausgedrückt ist der **Existenzialismus** eine Richtung in der Philosophie, die sich mit dem Sinn der menschlichen Existenz beschäftigt. Die Existenzialisten sprechen mitunter vom **In-der-Welt-Sein**. Dieser Begriff stammt von dem deutschen Philosophen Martin Heidegger (1962). Das dahinter stehende Konzept beschäftigt sich mit einem schwierigen philosophischen Problem, das die psychologische Wissenschaft herausfordert. Eine traditionelle positivistische Betrachtung der Welt konzentriert sich auf die Gesetze, die das Verhalten von Objekten in der Welt bestimmen. So werden beispielsweise Ratten in einem Labyrinth, die mit Trockenfutterkugeln für das Abbiegen nach links verstärkt werden, bald zu „Linksabbiegern". Dabei handelt es sich um gleichmäßiges, gesetzmäßiges Verhalten. Aber würde dieses Gesetz auch existieren, wenn es keine Menschen gäbe, die darüber nachdenken? Zur Beantwortung dieser Frage haben sich nichtpositivistische Philosophen auf die subjektive Natur der Existenz konzentriert – mit dem Argument, dass nichts existieren würde, wenn es keine Menschen gäbe, die es sehen könnten.

9.1.1 Alternativen zum Positivismus

Demnach verändert sich die Welt, wenn sich die Vorstellungen der Menschen über sie ändern. Anders gesagt, die Vorstellung von der Welt ist ein Konstrukt, das den Menschen auszeichnet. Das Problem bei diesem subjektiven Ansatz ist, dass es objektive Gesetze gibt, die die Welt exzellent beschreiben. Die positivistischen Ansätze funktionieren häufig – es werden gültige Vorhersagen getroffen. Sowohl der positivistische, objektive Standpunkt als auch der nichtpositivistische, subjektive Standpunkt treffen weitgehend zu, aber nicht vollkommen. Jeder dieser Standpunkte hat Argumente für sich. Deshalb wenden sich die Existenzialisten diesen Fragen zu, indem sie auf die „Wesen-in-der-Welt“ verweisen. Das heißt, dass das Ich nicht ohne eine Welt existieren kann, dass aber auch die Welt nicht ohne ein Ich (eine Person) existieren kann, das sie wahrnimmt.

Diese existenzialistische, psychologische Orientierung ist für die Persönlichkeitspsychologie von besonderer Bedeutung. Ein Naturwissenschaftler, z. B. ein Astronom, kann normalerweise derartige Fragen bedenkenlos ignorieren – zumindest bis zu einem gewissen Punkt. Für die Verfolgung eines Kometen oder die Analyse von Funkwellen ist die Vorstellung, die die Wissenschaftler über die menschliche Existenz haben, irrelevant. (Wenn allerdings Fragen der Kosmologie, wie die nach dem Ursprung des Universums, aufkommen, wird selbst ein Astronom philosophisch werden.) Aber für einen Persönlichkeitspsychologen haben solche schwierigen existenziellen Fragen unmittelbare und permanente Bedeutung. Die Menschen sind aktive, bewusste Wesen, die immer nachdenken. Ist die wahre Liebe ein Produkt der Psyche des Liebenden oder ist sie ein vergängliches und unwichtiges Produkt eines neurophysischen Zustands? Wahrscheinlich ist es nicht einfach eines von beiden. Die existenzialistischen Theorien postulieren, dass Versuche, die sich ausschließlich auf Selbstbilder und kognitive Strukturen oder ausschließlich auf die Umgebungskontingenzen konzentrieren, letztendlich fehlschlagen müssen. Vielmehr müssen wir auch untersuchen, wie Menschen versuchen, ihrer Welt einen Sinn zu geben. Wir müssen die Menschen in ihren Welten untersuchen (Hoeller, 1990).

Die existenzialistische Untersuchung ist nicht darauf eingestellt, logische Inkonsistenzen und Rationalisierungen aufzudecken. Nehmen wir beispielsweise die Religion, den Glauben an ein Leben nach dem Tod und die Angst vor dem Tod. Der existenzialistische Ansatz stellt keine Überlegungen darüber an, *warum* wir so denken, sondern *dass* wir so denken. Fragen wie die Entscheidung darüber, ob ein Mensch sich ethisch und moralisch verhält, und die von Schuldgefühlen aufgrund unmoralischen Verhaltens werden eher als wesentliche Aspekte des Menschseins denn als zufällige Nebenprodukte der biologischen Natur der Menschen betrachtet (Vandenberg, 1991). Ethische und spirituelle Fragen können weder ignoriert noch wegerklärt werden.

9.1.2 Der phänomenologische Standpunkt

In den Jahren nach dem Zweiten Weltkrieg wurde die existenzialistische Perspektive stark durch die französischen Schriftsteller Albert Camus und Jean-Paul Sartre gefördert. Camus, der sich über die Absurdität des Daseins Gedanken machte, sah trotzdem einen Wert darin, dass die Individuen den Mut haben zu versuchen, eine Ungerechtigkeit zu beseitigen, wenn sie eine solche erkennen. In Zusammenhang damit betonte Sartre die Verantwortung aller Individuen für ihre eigenen Entscheidungen und war überzeugt, dass wir uns als frei handelnde Menschen sehen müssen, um ein authentisches menschliches Dasein zu erreichen. So zeigt Sartre uns beispielsweise in seinem ausdrucksvollen Stück *Geschlossene Gesellschaft*, dass die Hölle darin besteht, mit Menschen in einem Raum gefangen zu sein, die wir hassen. Es sind unsere eigenen Wahrnehmungen (und nicht Feuer und Schwefel), die uns foltern. Bezeichnenderweise waren sowohl Camus als auch Sartre in einer Zeit, in der Mut, Verantwortung und individuelle Freiheit Fragen von größter Wichtigkeit waren, in der französischen Résistance aktiv.

Aspekte der existenzialistischen Ansätze werden manchmal als **phänomenologisch** bezeichnet. Das bedeutet, die Wahrnehmungen und subjektiven Realitäten der Menschen werden als gültige Daten für die Untersuchung betrachtet. Zwei Menschen können die gleiche Situation sehr unterschiedlich wahrnehmen, und dieser Unterschied – diese phänomenlogische Diskrepanz – stellt in den existenzialistischen Ansätzen zur Persönlichkeit häufig einen Mittelpunkt der Aufmerksamkeit dar. So würden beispielsweise bei einem phänomenologischen Ansatz in einem Streit zwischen Eheleuten die Bedürfnisse und Wahrnehmung der Beteiligten im Mittelpunkt stehen und nicht ihre jeweilige psychologische Geschichte oder die Belohnungen und Kontingenzen der Situation. Allerdings würde die Situation keineswegs ignoriert werden, da sie die Wahrnehmung beeinflusst.

Da im Existenzialismus argumentiert wird, dass eine Betrachtung der Menschen als durch fixe, physikalische Gesetze kontrolliert eine grobe Vereinfachung darstellt, ist dieser Ansatz nichtdeterministisch. Das bedeutet, die Menschen können nicht als Rädchen in einem riesigen Getriebe betrachtet werden. Folglich unterstützt dieser Ansatz Theorien, die Fragen der individuellen Initiative, Kreativität und Selbstverwirklichung erörtern. Das sind Themengebiete, mit denen sich insbesondere humanistische Psychologen beschäftigen. Die humanistischen Ansätze zur Persönlichkeitspsychologie konzentrieren sich auf die aktiven, positiven Seiten der menschlichen Entfaltung und Leistung.

9.2 Humanismus

Der **Humanismus** ist eine philosophische Bewegung, die den persönlichen Wert des Individuums betont und die menschlichen Werte ins Zentrum rückt. Humanistische Persönlichkeitsansätze berücksichtigen demgemäß Fragen der Ethik und der persönlichen Werte. Viele Ansätze zur Persönlichkeit betonen, da sie deterministisch sind, das Ausmaß, in dem unser Verhalten durch unbewusste Kräfte und frühere Erfahrungen kontrolliert wird. So haben wir beispielsweise erörtert, dass die Psychoanalytiker die Menschen als durch die primitiven Instinkte des Es getrieben sehen; weiterhin wurde erörtert, dass die Behavioristen die Menschen als durch die Umgebungskontingenzen konditioniert betrachten.

9.2.1 Eine Rolle für den menschlichen Geist

Allerdings haben humanistische Ansätze, die sich auf die komplexere philosophische Grundlage des Existenzialismus stützen, eher die Freiheit, dem menschlichen Geist Anerkennung zu zollen. Daher nannte Abraham Maslow die humanistische Psychologie die „dritte Kraft“ (wobei die ersten beiden Kräfte der Behaviorismus und die Psychoanalyse sind).

Die humanistischen Ansätze betonen die kreative, spontane und aktive Natur des Menschen. Sie sind normalerweise optimistisch, z.B. wenn sie sich auf die menschliche Fähigkeit konzentrieren, Schwierigkeiten oder Verzweiflung zu überwinden. Manchmal wenden sich diese Ansätze allerdings zum Pessimismus, wenn sie beispielsweise über die Sinnlosigkeit der Handlungen einer Person nachdenken. Grundsätzlich besteht in diesen Ansätzen jedenfalls die Bereitschaft, die spirituellen und philosophischen Aspekte der menschlichen Natur zu berücksichtigen (Rychlak, 1997). (Siehe den Kasten „Selbstverständnis“ in diesem Kapitel auf Seite 404.)

9.2.2 Die Definition unserer Menschlichkeit durch unsere Beziehungen zu anderen Menschen

Der humanistische Ansatz, der auf dem Existenzialismus aufbaut, betont das „Sein“ am „menschlichen Wesen“, also die besondere aktive und bewusste Qualität des Menschen. Das Leben entwickelt sich, während die Menschen Welten für sich schaffen. Dieser Ansatz verschiebt sich häufig auch vom „Sein“ der Menschen zum „Werden“ der Menschen. Das bedeutet, die gesunde Persönlichkeit weist eine aktive Bewegung zur Selbstverwirklichung hin auf. Darüber hinaus übernimmt der humanistische Ansatz das existenzialistische Konzept, dass unsere Existenz insbesondere aus unseren Beziehungen mit anderen Menschen herrührt (Buber, 1937). Ein Augenmerk liegt hierbei auf den unmittelbaren, wechselseitigen Beziehungen, die der Philosoph Martin Buber als den **Ich-Du-Dialog** bezeichnete. In einem solchen Dialog bestätigt jeder Mensch den anderen Menschen als ein menschliches Wesen mit einzigartigem Wert. Das wird von einer utilitaristischen Beziehung (die als **Ich-Es-Monolog** bezeichnet wird) unterschieden, in der eine Person andere benutzt, ihnen aber keinen besonderen eigenen Wert beimisst. Buber vertrat diese Ansicht in einem religiösen Kontext, aber viele humanistische Psychologen betrachten spirituelle Fragen ohne religiöse Inhalte bzw. sind in dieser Betrachtung bewusst religionsfeindlich und bürokratiefeindlich.

9.2.3 Die Bewegung für Selbstverwirklichung

Die so genannte **Bewegung für Selbstverwirklichung**, die in den 1960er Jahren begann, ist ein Beispiel für den existenzialistisch-humanistischen Ansatz zur Persönlichkeit. Durch kleine Gruppenversammlungen, Selbsteinbringung und Introspektion werden die Menschen dazu ermutigt, ihre inneren Potenziale zu verwirklichen. In den 1960er und 1970er Jahren fanden sich Menschen, die der „Selbstverwirklichungsbewegung“ anhingen sehr häufig in Hippie-Kommunen zusammen, in denen Selbsterfahrungsgruppen, Körpermassage, Meditation, Bewusstseinserweiterung, Lebensmittel aus biologischem Anbau und der Dialog mit der Natur große Bedeutung hatten.

Obwohl es solche Praktiken noch immer gibt, sind gegenwärtig die Auswirkungen dieser Ideen vermehrt überall in der Gesellschaft zu finden. So ist beispielsweise mittlerweile der Schutz der Beziehung des Menschen mit einer unberührten, unverschmutzten Ökosphäre weltweit zu einer wichtigen politischen Bewegung geworden. Auf dem Gebiet der

Wirtschaft sind heute die Selbstentwicklung einzelner Arbeiter und die Beschäftigung mit den Gefühlen und Gedanken kleiner Gruppen von Arbeitern wichtige Themen in der Industriepsychologie und der Unternehmenskultur. Darüber hinaus ist in der Psychotherapie die Beschäftigung mit unbewussten Konflikten durch Techniken zur Erleichterung der persönlichen Entfaltung ersetzt worden. Die Auswirkungen der humanistischen Ansätze auf eine gesunde Persönlichkeitsentwicklung sind in der gesamten Gesellschaft spürbar.

Abbildung 9.1: Als Teil der Bewegung zur Selbstverwirklichung entwickelten sich viele Formen der Gruppeninteraktion. Obwohl die Blütezeit dieser Gruppen vorbei ist, sind viele der Ideen und Ansätze, die diese Bewegung vertrat, in das alltägliche Leben integriert worden.

Selbstverständnis

Sind Sie kreativ?

Ein moderner Forscher, der in der humanistischen Tradition arbeitet, ist der positive Psychologe Mihaly Csikszentmihalyi, der für seine Arbeit über selbstverwirklichte Menschen bekannt wurde. Vor nicht langer Zeit beschrieb Csikszentmihalyi (1996, 2000) einige der Merkmale von hochgradig kreativen Menschen. Interessant daran ist seine Feststellung, dass kreative Menschen oft Eigenschaften aufweisen, die anscheinend widersprüchlich sind. Diese gegensätzlichen Eigenschaften scheinen eine „dialektische Spannung" zu verursachen, die möglicherweise bei der Kreativität eine Rolle spielt. (*Dialektisch* bezeichnet den Prozess, in dem zwei widersprüchliche Kräfte oder Tendenzen zu einer Lösung oder Synthese – in diesem Fall zu einer kreativen Produktion – führen.) Was genau bedeutet das?

Kreative Menschen sind normalerweise sehr intelligent, sie können gleichzeitig aber auch naiv sein. So konnte z. B. Albert Einstein ohne die Hilfe seiner Frau, seine finanziellen Angelegenheiten nicht regeln. Oder sie können klug und gleichzeitig kindisch sein, so wie dies von Wolfgang Amadeus Mozart berichtet wird. Darüber hinaus können sie der Ausgelassenheit einen großen Wert beimessen, trotzdem ist für kreative Leistungen, wie in den Künsten, normalerweise ein unglaubliches Maß an Disziplin notwendig. Außerdem gehen diese Menschen, wenn es für ihre kreativen Leistungen notwendig ist, Risiken ein.

Kreative Menschen haben normalerweise sehr hohe Energieniveaus. Wie Freud meinte, handelt es sich dabei häufig um sexuelle Energie, und diese Menschen weisen zum Teil eine enorme geschlechtliche Lust auf. Andererseits können sie diese Energie normalerweise fokussieren und somit sogar sexuelle Begegnungen vermeiden. Desgleichen erscheinen kreative Menschen oft recht extrovertiert und sind der Mittelpunkt jeder Party, während sie sich selbst oft als introvertiert und sogar als schüchtern betrachten. Sie können zugleich bescheiden und sehr stolz auf ihre bedeutenden Leistungen sein.

Csikszentmihalyi zufolge tendieren kreative Menschen dazu, sowohl männliche als auch weibliche Eigenschaften aufzuweisen. Kreative Männer sind häufig sensibel und hilfsbereit, während kreative Frauen häufig durchsetzungsfähig und dominant sind. Diese Menschen leiden möglicherweise wegen ihrer extremen Sensibilität, aber sie können auch unvergleichliche Erfahrungen der Selbstverwirklichung erreichen.

Dabei ist zu beachten, dass Analysen dieser Art einen klar humanistischen und existenzialistischen Anstrich haben. Es handelt sich hier nicht um eine Erklärung im Hinblick auf Hormone und Gehirnstrukturen, auf Konditionierung und Verstärkerpläne oder auf Instinkte und Sozialisation. Solche Analysen umfassen vielmehr häufig phänomenologische Erklärungen für Fragen, die rein menschlich sind, und lassen sich ohne weiteres auf die Konzepte der Kreativität, der Freiheit und der Selbstverwirklichung anwenden.

9.3 Die Liebe als Mittelpunkt des Lebens: Erich Fromm

Die meisten Eltern sagen, dass Liebe das Wichtigste ist, das sie ihren Kindern geben können. Die meisten Erwachsenen sagen, dass die Liebe der erfüllendste Aspekt ihres Lebens ist. Trotzdem schenken viele Persönlichkeitsansätze der Liebe nur wenig Beachtung und tun sie als unbedeutendes Nebenprodukt der eigentlichen Determinanten der Persönlichkeit ab. Im Gegensatz dazu konzentrieren sich die existenzialistischen und humanistischen Ansätze häufig unmittelbar auf die Liebe.

9.3.1 Die Liebe als Kunst

Der sehr bekannte humanistische Psychoanalytiker Erich Fromm vertrat die Ansicht, dass die Liebe eine Kunst ist (Fromm, 1956). Die Liebe ist kein Zustand, in den die Menschen hineinstolpern, sie ist aber auch kein nebulöses Epiphänomen, das keine wahre Bedeutung hat. Für die Liebe sind Wissen, Bemühungen und Erfahrung notwendig. Die Fähigkeit zu lieben muss mit Demut und Disziplin entwickelt werden. Fromm zufolge ist Liebe die Antwort auf die unvermeidliche Frage – das Problem der menschlichen Existenz. Nur die Liebe allein ermöglicht es uns, unsere Isolation von anderen zu überwinden, aber trotzdem unsere individuelle Integrität aufrechtzuerhalten. Aber er vertrat auch die Ansicht, dass Liebe nur in einer reifen, produktiven Persönlichkeit existieren kann.

Fromm sorgt sich, dass wir uns in der modernen Gesellschaft von uns selbst, von anderen und von der Natur entfremden. Wir sind uns häufig unserer Sehnsucht nach Transzendenz und Einheit nicht bewusst und versuchen, diese innere Entfremdung zu verbergen, indem wir „Spaß haben". Als unreife Menschen sehen wir die Welt als eine einzige riesige Brust, und wir sind die Säuglinge. Fromm vertritt die Ansicht, dass wir zur Überwindung dieser existenziellen Entfremdung in unserer Gesellschaft die nötige Disziplin entwickeln müssen, die es uns ermöglicht, geduldig zu sein, uns zu konzentrieren, aktiv in der Gegenwart zu leben und dabei unseren Narzissmus zu überwinden. Paradoxerweise haben die Menschen, während sie im Lauf der Zeit immer mehr Freiheit erhalten haben, auch immer stärkere Gefühle der Angst und der Einsamkeit entwickelt. Wenn wir diese Einsamkeit und Isolation nicht durch liebende Arbeit zur Unterstützung anderer Menschen bekämpfen, wählen wir unter Umständen das andere Extrem: Wir können die Last der Freiheit abschütteln, indem wir zugunsten eines Diktators oder einer anderen autoritären Macht auf sie verzichten.

Fromm und seine Anhänger sind bereit, sich einigen der grundlegenden philosophischen und religiösen Fragen des westlichen und asiatischen Denkens zuzuwenden, und zwar im Hinblick auf das psychologische Konzept einer vollständig verwirklichten und entwickelten Persönlichkeit. In den mystischen Aspekten des Judentums, des Islam und des Christentums werden bereits seit langem die Bedeutung tiefen Gebets und tiefer Spiritualität betont, während in den asiatischen Philosophien die psychologischen Vorteile der Meditation, der Empfindung und des spielerischen Denkens hervorgehoben werden. So betont z. B. der Zen-Buddhismus, dass die Geheimnisse des Lebens durch Intuition und aktives Bewusstsein über das eigene Leben erfolgreich gelöst werden können. Fromm und seine Anhänger ersetzen das philosophische, meditative und religiöse Nachdenken durch systematische Berichte, die auf einem Verständnis der Psychologie der menschlichen Persönlichkeit beruhen.

Zweifelsohne hätte Fromm Probleme mit einer Gesellschaft gehabt, in der gemeinsame Aktivität durch einsames Fernsehen ersetzt worden sind, mit einer Gesellschaft, die für standardisierte Big Macs auf ihre kulturellen Traditionen verzichtet hat, und mit einer Gesellschaft, in der wohltätige Aktivitäten zur Unterstützung anderer Menschen durch Luxusreisen zu Disneyland eingetauscht worden sind. Er würde vorhersagen, dass die Individuen in einer solchen Gesellschaft entfremdet, lieblos und unerfüllt sind, und dass sie außerdem für die Anziehungskraft einer totalitären Regierung empfänglich wären.

9.3.2 Dialektischer Humanismus: Die Überwindung der Konflikte

Wie viele Intellektuelle des zwanzigsten Jahrhunderts wurde auch Fromm durch die marxistische Auseinandersetzung mit der Ausbeutung der Arbeiter und die Theorien Freuds über die unbewussten Triebe beeinflusst. Fromm, der im Jahr 1900 in eine orthodoxe jüdische Familie hineingeboren wurde, war (wie viele bedeutende in Europa geborene Psychologen) stark durch den Talmud beeinflusst, die Sammlung alter jüdischer Kommentare zur hebräischen Bibel und deren Interpretationen. Obwohl Fromm in Berlin zum Psychoanalytiker ausgebildet wurde, begann er bald, viele ihrer Lehren zu verwerfen und die Auswirkungen sozialer und gesellschaftlicher Faktoren auf die Persönlichkeit zu betonen. Fromms Ansatz, der manchmal als **dialektischer Humanismus** bezeichnet wird, versucht, die biologisch getriebenen und durch gesellschaftlichen Druck geprägten Seiten der Menschen mit der Überzeugung zu vereinbaren, dass sie sich über diese Kräfte erheben bzw. diese *überwinden* und spontan, kreativ und liebevoll werden können. Fromm starb 1980.

Wie Fromm sehr gut wusste, besteht der Konflikt zwischen den Konzepten des freien Willens und des Determinismus seit langem. Im zwölften Jahrhundert schrieb der einflussreiche Religionsphilosoph Maimonides: „Glaubt nicht, dass der Charakter bei der Geburt bestimmt ist. Jeder Mensch kann so rechtschaffen wie Moses oder so böse wie Jerobeam werden. Wir selbst entscheiden, ob wir gelehrt oder ignorant, mitfühlend oder grausam, großzügig oder geizig werden.“ (Mishnah Torah, Hilchot Teshuva, 5.1) Die Menschen sollten für ihre Schwächen nicht andere Menschen oder böse Geister verantwortlich machen. Gott wurde als allwissend angesehen, aber ergäbe es einen Sinn, die Menschen dazu aufzufordern, ein rechtschaffenes Leben zu führen, wenn es keinen freien Willen gäbe? Dieses Dilemma wurde noch verschärft, als Freud eine wissenschaftliche Erklärung für die bösen Geister fand – nämlich die inneren Trieben des Es. Eine freudsche Betrachtungsweise der Persönlichkeit ist pessimistisch und deterministisch.

In Übereinstimmung mit den existenzialistischen Annahmen über die „Wesen-in-der-Welt“ und den freien Willen führte Fromm das menschliche Verhalten weder auf die inneren Triebe noch auf den Druck der Gesellschaft, sondern auf eine bewusste Person mit bestimmten Bedürfnissen zurück, die in einem Netz sozialer Anforderungen existiert. Fromm bestimmte verschiedene Charaktertypen oder persönliche Orientierungen, er verwendete solche Dimensionen wie Aktivität, Liebe und Verwandtschaft. Die reifste Persönlichkeit ist nach ihm diejenige, die die normalen Anforderungen des Lebens transzendiert und eine aktive, positive Identität schafft, in der auch eine produktive, respektvolle Liebe zu anderen Menschen wirkt. Solche Menschen erreichen eine produktive Orientierung, während sie die Welt durch ihre eigenen kreativen Bemühungen und humanitären Moralvorstellungen bereichern.

9.3.3 Belege für Fromms Ansatz? Das Zeitalter der Angst

Belege für Fromms Konzepte können sich zwangsläufig nur aus der Analyse von Kulturen oder Subkulturen und nicht aus einer kontextfreien Analyse einer Einzelperson ergeben. Wie unterscheiden sich die Persönlichkeiten von Menschen aus egoistischen, individualistischen und opportunistischen Gesellschaften von den Persönlichkeiten von Menschen aus liebevollen, respektvollen und spirituellen Gemeinschaften? Und auf lokalerer Ebene stellt sich die Frage danach, wie die Persönlichkeiten von Menschen, die zu Liebe, Hilfe und zum Glauben an andere erzogen worden sind, im Gegensatz zu den Persönlichkeiten von Menschen aussehen, die so erzogen wurden, dass sie ethische Grundsätze nicht beachten und andere ausnutzen?

Obwohl diese komplexen Fragen durch die Persönlichkeitspsychologen noch nicht präzise untersucht worden sind, untermauern einige Tendenzen Fromms Überlegungen: So ist beispielsweise die Häufigkeit schwerer psychologischer Depressionen in den westlichen Ländern stetig gestiegen, als die Gesellschaft in diesen Ländern stärker individualistisch und konsumorientiert geprägt wurde (Cross-National Collaborative Group, 1992). Darüber hinaus leidet die entfremdete, nicht in der Gemeinschaft verwurzelte US-amerikanische Gesellschaft, wie Fromm vorhergesagt hatte, zunehmend unter Gewalt, Ehescheidungen und Unruhen (siehe Tabelle 9.1). Die Beobachtung der in vielen Kulturen bestehenden Entfremdung und Zerstörung deutet darauf hin, dass die existenzialistischen Ideen über die Bedeutung der aktiven Liebe Aufmerksamkeit verdienen.

Weitere Belege ergeben sich aus den Untersuchungen der Angst. Wie sieht ein Vergleich von Hochschulstudenten am Ende des zwanzigsten Jahrhunderts mit den Hochschulstudenten fünfzig Jahre zuvor aus? Trotzdem es viel mehr Großunternehmen gibt und der gesellschaftliche Reichtum beträchtlich zugenommen hat, sind die Angstniveaus stark angestiegen (Twenge, 2000). (Dieser Anstieg trat bereits vor den Terroranschlägen im Jahr 2001 auf.) Der gleiche Anstieg zeigt sich auch bei Kindern. Das durchschnittliche amerikanische Kind beschreibt heute mehr Angst als Patienten in der Kinderpsychiatrie während der 1950er Jahre. Obwohl es für diesen Anstieg zweifellos viele Ursachen gibt, entsprechen diese Ergebnisse, wie noch gezeigt werden wird, genau den von Fromm und anderen existenzialistisch-humanistischen Psychologen, die die gesellschaftlichen Tendenzen besorgt betrachteten, vorhergesagten Ergebnissen.

Sozialer Indikator	Änderung von 1950 bis zum Jahr 2000
Scheidungsrate	verdoppelt
Anzahl der außerehelich geborenen Kinder	um das 7fache gestiegen
Prozentsatz der Bevölkerung in Haft	um das 5fache gestiegen
Beschriebene Angst und Depressionen	um das 5- bis 10fache gestiegen

Tabelle 9.1: Existenzielle Entfremdung? Änderung sozialer Indikatoren von 1950 bis zum Jahr 2000

Anmerkung: Die Zahlen und Zeiträume sind Näherungswerte. Die Daten stammen aus dem Statistical Abstract of the United States (http://www.census.gov/statab/www/).
Siehe auch: http://www.lib.umich.edu/govdocs/stcomp.html.

9.4 Verantwortung: Carl Rogers

Eines der wichtigsten Postulate der existenzialistischen Ansätze ist, dass jede Person für das eigene Leben und die eigene Reifung verantwortlich ist. Dieses Konzept lässt sich am besten an dem Werk des einflussreichen humanistischen Psychologen Carl Rogers veranschaulichen. Rogers war überzeugt, dass die Menschen eine inhärente Tendenz zu Entfaltung und Reifung haben. Aber diese Reifung ist nicht unvermeidlich. Vielmehr können die Menschen in einer unterstützenden psychosozialen Umgebung ein Selbstverständnis entwickeln. Die Menschen sind potenziell frei dazu, Kontrolle über ihr eigenes Selbst auszuüben, sie werden nicht nur getrieben und geformt. Allerdings müssen die Menschen sich bemühen, diese Verantwortung für sich selbst zu übernehmen. Verantwortung ist, genau wie Liebe, ein Begriff, der in den humanistischen Persönlichkeitsanalysen oft verwendet wird, aber in anderen Ansätzen nur selten eingesetzt wird.

9.4.1 Rogers' Hintergrund

Carl Rogers, der 1902 geboren wurde, wuchs in einer streng religiösen Atmosphäre mit engen Familienbindungen auf. Seine Erziehung wurde so strikt von moralischen Forderungen bestimmt, dass er berichtet, dass er sich ein bisschen ungezogen fühlte, als er seine erste Flasche Limo trank. Er verbrachte seine Jugendjahre auf der Farm seiner Familie und erlernte die Prinzipien der wissenschaftlichen Landwirtschaft. Rogers selbst schrieb seinen Erfolg zum Teil der Unabhängigkeit, dem wissenschaftlichen Ansatz und den Beobachtungsfertigkeiten zu, die er in diesem Zeitraum entwickelte.

Nach seinem Abschluss an der Universität von Wisconsin besuchte Rogers das Union Theological Seminary in New York, um sich auf das Amt eines Geistlichen vorzubereiten, wechselte aber allmählich zur Kinderpsychologie und zur klinischen Psychologie über. In diesem Zusammenhang ist interessant anzumerken, dass viele der humanistischen Ideen (von Rogers, Fromm und anderen) aus religiösen oder quasireligiösen Quellen abgeleitet wurden. Im Gegensatz zu den Psychologen, die aus der Perspektive der Evolutionsbiologie, der neurologischen Schädigung oder des Verhaltens von Tieren bzw. der Informationsverarbeitung Kenntnisse über die Persönlichkeit entwickelten, beschäftigten sich die humanistischen Psychologen häufig ein Leben lang mit der Fragen des menschlichen Geistes und der Religion. Rogers starb 1987 infolge einer Operation in San Diego. Bis zum Ende seines Lebens war er an seinem *Center for the Study of the Person* aktiv.

9.4.2 Entfaltung, innere Kontrolle und die erlebende Person

Ein Grundpfeiler von Rogers' Betrachtungen ist, dass die Menschen dazu neigen, sich in eine positive Richtung zu entwickeln; das bedeutet, wenn ihre Möglichkeiten nicht eingeschränkt werden, erfüllen die Menschen ihr Potenzial. Diese Idee lässt sich bis ins achtzehnte Jahrhundert zu dem französischen Philosophen Jean Jacques Rousseau zurückverfolgen, der an das naturgegebene Gute im Menschen glaubte. Rousseau vertrat die Ansicht, dass die Schulen den Ausdruck der eigenen Persönlichkeit der Schüler unterstützen sollten, statt „falsches" Verhalten zu bestrafen. Die humanistischen Psychologen vertreten eine ähnliche Ansicht. Rogers zufolge ist eine Person psychologisch gesund, wenn sie über ein umfassendes Selbstbild verfügt, das viele Gefühle und Erfahrungen verstehen und akzeptieren kann. Die innere Selbstkontrolle ist gesünder als eine aufgezwungene, äußere Kontrolle.

Darüber hinaus wählt Rogers einen phänomenologischen Ansatz: Wichtige Fragen müssen durch das Individuum definiert werden. Das Augenmerk der humanistischen Psychologie liegt auf dem, was Rogers als die **erlebende Person** bezeichnet. Von besonderer Bedeutung sind dabei die Diskrepanzen zwischen dem, was eine Person über sich selbst denkt, und der gesamten Bandbreite ihrer Erfahrungen. Die Unfähigkeit, Aspekte des eigenen Selbst zu akzeptieren, ist ein Stolperstein auf dem Weg zur persönlichen Entfaltung.

9.4.3 Rogers' Therapie

Rogers hatte enormen Einfluss auf die Praxis der Psychotherapie. Bei der Rogers-Therapie tendiert der Therapeut dazu, sich unterstützend und nicht direktiv zu verhalten. Der Therapeut ist empathisch und vermittelt unbedingte positive Zuwendung. Während der Jahre seiner Arbeit in der Erziehungsberatung und der klinischen Psychologie, erkannte Rogers, dass es der Klient und nicht der Therapeut ist, der am besten weiß, wo die Probleme liegen und in welche Richtung die Therapie laufen sollte. In Übereinstimmung mit dem existenzialistischen Standpunkt betrachtete Rogers eine Person als einen Prozess – als eine sich ändernde Konstellation von Möglichkeiten und nicht als fixe Menge von Eigenschaften. In der unterstützenden psychologischen Atmosphäre der klientenorientierten Rogers-Therapie lernt die Person, ihre Maske fallen zu lassen, offener zu werden und ein höheres Selbstvertrauen zu entwickeln.

Abbildung 9.2:
Carl Rogers' Betrachtungsweise zufolge besteht die Rolle des Therapeuten darin, empathisch und unterstützend zu sein und dem Klienten seine Spannungen und Konflikte aufzuzeigen.

Damit in der Psychotherapie eine konstruktive Persönlichkeitsänderung eintreten kann, berücksichtigt Rogers die folgenden beiden notwendigen Bedingungen: Erstens zeigt der Therapeut unbedingte positive Zuwendung gegenüber dem Klienten, und zweitens erlebt der Therapeut ein empathisches Verständnis des inneren Bezugsrahmens des Klienten und kommuniziert diese Erfahrung gegenüber dem Klienten (Rogers, 1951). Anders gesagt, ein wirklich integrierter Therapeut kann die Spannungen und widersprüchlichen Gefühle des Klienten spüren und diese gegenüber dem Klienten reflektieren und ihn so darin unterstützen, reifer und stärker selbstintegriert zu werden. Diese Konzepte haben die Ausbildung vieler Therapeuten geprägt. Dabei ist allerdings zu beachten, dass Rogers diesen Ansatz strikt verfolgt sehen wollte. So schlägt er beispielsweise vor, dass die Empathie jedes Therapeuten durch unabhängige Bewerter beurteilt werden sollte. Er begrüßte das systematische Testen seiner Ideen. Und in der Tat gehörte Rogers zu den ersten Psychologen, die Psychotherapie evaluierten.

9.4.4 Die Selbstwerdung

Von einem Roger'schen Standpunkt aus betrachtet, ist es von größter Bedeutung, dass wir mit unserer eigenen Natur zurechtkommen. Obwohl wir alle Vorstellungen darüber haben, wie wir *sein sollten*, sagt Rogers, dass eine Person „sie selbst" werden sollte. Eine gesunde Persönlichkeit kann ihrer eigenen Erfahrung vertrauen und die Tatsache, dass andere Menschen anders sind, akzeptieren. Existenzielle Angst und innere Konflikte treten Rogers zufolge häufig dann auf, wenn wir eine Fassade aufbauen und versuchen, den Erwartungen anderer zu entsprechen. So schrieb z. B. gegen Ende einer erfolgreichen Therapie einer der Klienten von Rogers: „Ich hatte immer das Gefühl, dass ich bestimmte Dinge tun müsste, weil das von mir erwartet wurde oder, was noch wichtiger war, damit die Leute mich mochten. Damit ist jetzt Schluss! Ich denke, von nun an werde ich einfach ich selbst sein." (Rogers, 1961, S. 170) (Siehe Kasten „Berühmte Persönlichkeiten" in diesem Kapitel auf Seite 413.)

Betrachten wir den Fall eines aggressiven Schlägers auf dem Schulhof oder eines rücksichtslosen, verärgerten Kollegen. Wie reagieren wir auf eine solche Person? Sollten wir die Aggression einer solchen Person erwidern? Sollten wir versteckte, gestörte Aspekte der Persönlichkeit dieser unangenehmen Person für ihr Verhalten verantwortlich machen? Rogers sagte, dass ein derartiges Verhalten inhärent destruktiv für uns selbst wäre. Stattdessen sollte eine gesunde Person gegenüber unausstehlichen Kollegen optimistisch und verständnisvoll auftreten und nach deren Menschlichkeit suchen. Manchmal führt eine solche Orientierung zu einer dramatischen Verschiebung im Verhalten der aggressiven Person. Aber selbst wenn das nicht der Fall ist, ist zentral (für Rogers), dass wir unsere eigene Menschlichkeit bewahrt haben.

Wie sieht es aber mit unseren eigenen Gefühlen aus? Sollten wir unsere eigenen Gefühle des Zorns gegenüber einem unausstehlichen Kollegen verleugnen? Ganz im Gegensatz zu dieser Ansicht drängte Rogers darauf, dass wir unsere eigenen Gefühle erleben bzw. dass wir mit unseren eigenen Gefühlen in Kontakt bleiben, dass wir aber danach unsere ethischen Normen einsetzen sollten, um Verantwortung zu übernehmen, und es uns nicht gestatten dürfen, dass unsere Gefühle des Zorns zu aggressiven Verhaltensweisen führen. Eine vollständig funktionierende Person führt ein spirituell bereicherndes, aufregendes und mutiges Leben.

Eine für die Roger'sche Betrachtungsweise gut geeignete Bewertungsmethode ist das Q-Sort-Verfahren (siehe Kapitel 2). So könnte beispielsweise eine Person Selbstbeschreibungen eines realen Selbst und eines idealen Selbst vor eine Psychotherapie und dann noch einmal nach einer Psychotherapie abgeben; der Psychotherapeut könnte dann bewerten, ob die Therapie zu einer umfassenderen Integration der Persönlichkeit geführt hat (Rogers & Dymond, 1954).

9.4.5 Die Auswirkungen des Humanismus auf den Weltfrieden

Dem Leser ist unter Umständen bereits aufgefallen, dass diese Betrachtungsweise Bedeutung für internationale Beziehungen hat, und tatsächlich beschäftigten sich Rogers und andere humanistische Psychologen nicht nur mit dem persönlichen Frieden, sondern auch mit dem Weltfrieden. Zum Beispiel begann Rogers noch in hohem Alter, sich mit den religiösen Unruhen in Nordirland zu beschäftigen. Einfach gesagt, die grundlegende Frage liegt darin, ob der Erwerb der stärksten Kriegsmaschinerie der beste Weg zum Weltfrieden ist oder ob der Einsatz militärischer Kräfte letztendlich nach hinten losgeht, da er die Grundlagen für weitere Zerstörung, Verzweiflung und Aggression legt. In der realen Welt sind die Überlegungen und die politischen Details natürlich viel komplexer. Trotzdem hängen Auseinandersetzungen über internationale Beziehungen und die internationale Politik häufig von Annahmen über die menschliche Persönlichkeit ab!

Rogers, ein humanistischer Psychologe, betrachtete die Verantwortung in einem positiven, selbstbefreienden und selbstverbessernden Licht. Allerdings waren einige seiner existenzialistischen Kollegen nicht so zuversichtlich und optimistisch. So argumentierte beispielsweise der von uns bereits genannte französische Schriftsteller Jean Paul Sartre (1956), dass das Individuum eine Bedeutung für sein eigenes Leben finden müsste – eine Bedeutung, die nicht durch eine äußere Welt geliefert werden könnte. Genau wie Rogers betonte auch Sartre die Verantwortung, allerdings bietet sie bei ihm ein Gegengewicht zu den existenziellen Ängsten und der Verzweifelung und kein Sprungbrett zur Reifung des Menschen.

9.5 Angst und Furcht

Computer entwickeln keine Ängste und Informationsverarbeitungsansätze zum Verständnis der Menschen ignorieren meistens Aspekte wie Angst. Ironischerweise fühlen sich die meisten Menschen ängstlich, wenn sie in einem Hightechumfeld von Computern umgeben sind. Überlegen Sie doch einmal, wie Sie sich an einem Tag fühlen, an dem jeder Anruf, den Sie tätigen, von einer computergenerierten elektronischen Stimme beantwortet wird, die Bank geschlossen ist und Sie den Geldautomaten benutzen müssen, an der Tankstelle eine per Kreditkarte gesteuerte Selbstbedienungszapfsäule installiert ist und Ihr Professor die Noten der Multiplechoice-Prüfung per E-Mail mitteilt. Weiß überhaupt jemand, dass Sie leben? Bei einem solchen elektronischen Ansturm fühlen sich viele

Menschen depersonalisiert und ängstlich, und sie haben sogar ein Gefühl der Furcht, wenn ihr spirituelles Leben – ihr Geist – ignoriert wird. Dieses Gefühl der Entfremdung in der modernen Gesellschaft sah der dänische Philosoph Søren Kierkegaard, der im neunzehnten Jahrhundert lebte und die Bedeutung des menschlichen Glaubens betonte, voraus, ebenso wie Friedrich Nietzsche, der deutsche Philosoph aus dem neunzehnten Jahrhundert der die Bedeutung von Leidenschaft und Kreativität aufzeigte.

Abbildung 9.3:
Der Schrei von Edvard Munch. Munch, ein norwegischer Künstler und einer der Begründer des modernen Expressionismus, offenbarte in seiner Kunst eine gequälte Sensibilität, die auf die Entfremdung und Verzweiflung in der Moderne hindeutet.

Berühmte Persönlichkeiten

Der existenzialistische Prince

Prince wurde mit dem Film *Purple Rain* und einer ganzen Reihe von Platten zu einem Megastar. Dieser Erfolg, den schließlich ein 100-Millionen-Dollar Vertrag (der Michael Jacksons vertragsmäßigem Coup entsprach) krönte, schien so ziemlich das Höchste zu sein, was ein Unterhaltungskünstler erreichen konnte. Warum sollte sich der 34jährige Musiker dann innerhalb von wenigen Monaten nach Unterzeichnung des Vertrags dafür entscheiden, sich aus der Branche zurückzuziehen?

Mit der Bekanntgabe, dass er seine Aufmerksamkeit nicht mehr auf Studioaufnahmen konzentrieren wollte, um alternative Medien verfolgen zu können, wurde deutlich, dass Prince sich offensichtlich nicht wie üblich wegen „Ruhe und Erholung" aus der Branche zurückzog, sondern dass er vielmehr seine kreativen Energien in neue Bereiche umleiten wollte. Welche verlockende Richtung könnte allerdings dazu führen, dass jemand eine erstaunlich erfolgreiche Karriere und einen 100-Millionen-Dollar-Vertrag aufgibt? In der Folge machte Prince ein Album, für das er mit einer Reihe von Künstlern zusammenarbeitete und dem er selbst den Titel gab – The New Power Generation. Auf diesem Album gab es Melodien, die ein Kritiker dahingehend beschrieb, dass sie wie Experimente klangen, woraus deutlich wird, dass Prince sich in einer Übergangsphase befand.

In Prince' Eröffnungssong auf dem Album erklärte er, „the one and only" zu sein, worin sich seine Beschäftigung mit dem persönlichen Wert manifestiert. Er kämpft mit den widersprüchlichen Kräften, die ihn als Person ausmachen, und deutet an, dass er diese Aspekte akzeptiert. Existenzialistische Theoretiker könnten nun sagen, dass Prince seinen 100-Millionen-Dollar-Lebensstil aufgab, weil er eine existenzielle Midlifecrisis durchmachte. Das bedeutet, seine Einstellung änderte sich von einer Unterwerfung unter die gesellschaftlichen Normen und Werte (das Streben nach dem Vertrag und die Verlängerung seines „Erfolgs") hin zu einer Führung durch das unbeschränkte, bewusste Wesen, das er in sich selbst erkannt hat. Da der Charakter nicht existenziell bis zur Geburt eines Menschen bestimmt ist, wird Prince so wahrgenommen, dass er über einen freien Willen verfügt und die Verantwortung für seine eigene Entfaltung übernimmt. Um ein Zeichen für diesen neuen Menschen zu setzen, änderte er seinen Namen in: „the Artist fomerly known as Prince" („der früher als Prince bekannte Künstler"). Später änderte er seinen „Namen" sogar noch einmal – in ein unaussprechliches Symbol.

Wenn wir diese existenzialistische Erklärung der neuen Richtung im Leben von Prince weiterverfolgen, kann man sagen, dass er sich auf sein inneres, persönliches Entfaltungspotenzial und seine Leistung konzentrierte. Dieser Wunsch nach Selbstverwirklichung wird als inhärente Tendenz aller Menschen betrachtet, obwohl nicht alle Menschen erkennen, dass sie selbst diejenigen sind, die die Grenzen ihres Potenzials bestimmen. In seinen Liedern, in denen seine Suche nach Selbstverwirklichung deutlich wird, bringt er das zentrale Thema zum Ausdruck, dass der Künstler zwischen Himmel und Hölle hin- und hergerissen ist – hier findet die Sorge um spirituelle Erfüllung Ausdruck, die ein wesentlicher Bestandteil des Existenzialismus ist.

Da Prince versucht, die verschiedenen (und mitunter miteinander in Konflikt stehenden) psychischen Kräfte (z.B. Rechtschaffenheit und Sündhaftigkeit) in sich zu integrieren und eine Einheit zu werden, ist er sich seines Wesens existenziell bewusst und setzt aktive Maßnahmen ein, um es zu leiten. Da Prince mit verschiedenen Musikstilen experimentiert und eine Mischung aus Soul, Jazz, Rap, Funk, Rock und Pop schafft, gewähren seine Tanzrhythmen und Balladen nicht nur neue Einsichten in die Welt des Musikschaffens, sondern erlauben ihm auch, seine Fähigkeiten und seine Potenziale auszutesten.

Spirituell erfüllt, zufrieden mit sich und anderen schien Prince sich in eine Richtung der Selbstrealisierung und Selbstverwirklichung zu entfalten. Das spiegelt sich in den persönlichen Eigenschaften wider, die häufig der existenziellen Erfüllung zugeschrieben werden: Liebe, Kreativität, Realismus und Produktivität, manchmal in Verbindung mit einer Spur Angst. Da Prince sich selbst kannte und akzeptierte, war er befreit von dem Ziel, einen (sehr einträglichen) Plattenvertrag zu erfüllen. Nachdem er frei war, versuchte er die volle Verantwortung für sein Leben zu übernehmen. Im Jahr 2000 gab Prince eine weitere Namensänderung bekannt und wurde wieder zu „Prince".

9.5.1 Angst, Bedrohung und Machtlosigkeit: Rollo May

Die existenzialistischen Psychologen sind bereit, Angst, Bedrohung und sogar Verzweiflung als zentrale Elemente der menschlichen Existenz – dessen, was es bedeutet, ein menschliches Wesen zu sein – zu betrachten. Die Angst war eines der Gebiete, auf die sich der existenzialistische Psychologe Rollo May besonders konzentrierte. Er betrachtete Angst als durch eine Bedrohung der zentralen Werte der Existenz eines Menschen ausgelöst. Dabei spielt häufig ein Gefühl der Machtlosigkeit eine Rolle. So könnte z. B. die Angst einer jungen Frau dadurch hervorgerufen werden, dass sie von ihren Eltern ignoriert wird, von der Religion entfremdet ist oder durch ihre Peers als Objekt behandelt wird. Vielleicht ist sie aber auch ein Vergewaltigungs- oder Missbrauchsopfer. Zur Bekämpfung der Entfremdung könnte sie sich Drogen, sexueller Promiskuität oder gewalttätigen Kulten zuwenden. In den westlichen Gesellschaften gehören Psychopharmaka, wie Valium, zu den am häufigsten verschriebenen Medikamenten, von denen jedes Jahr Hunderte Millionen Tabletten geschluckt werden. Alkohol wird sogar noch viel häufiger im Übermaß getrunken – oft um Ängste abzuwehren.

Rollo Mays tiefe innere Reflexion verstärkte sich, als er gezwungen war, als junger Tuberkulosepatient mehrere Jahre in einem Sanatorium zu verbringen. In derartigen Institutionen können die Gefühle der Depersonalisierung und der Isolation besonders intensiv sein. Später, in seiner Laufbahn als Therapeut, erlebte May viele Patienten, die nach dem Sinn ihres Lebens suchten, eine Beobachtung, die sein Interesse für Isolation und Angst noch förderte. In diesem Zusammenhang ist ebenfalls interessant anzumerken, dass May, genau wie die anderen Begründer der existenzialistisch-humanistischen Ansätze zur Persönlichkeit, sowohl eine Ausbildung in Theologie als auch eine Ausbildung in Psychoanalytik (einschließlich des Studiums bei Fromm) absolvierte.

Es gelang Rollo May (1969, 1977), die Kluft zwischen den existenzialistischen und den humanistischen Ansätzen zur Persönlichkeit zu überwinden. Obwohl er sich auf die Angst konzentriert, die jeden Versuch begleiten muss, ein vollständig erfülltes Leben zu leben, begreift May die Lebensreise des Menschen als etwas Hohes und Würdevolles. In dieser Hinsicht stimmt seine Betrachtungsweise mit einem großen Teil der religiösen Philosophie über den inhärenten Wert der Menschen überein: Es muss einen Kampf geben, damit es Würde geben kann.

9.5.2 Die persönliche Wahl: Victor Frankl

Ebenso betonen existenzialistisch-humanistische Theoretiker wie Victor Frankl (1962) die Vorteile der persönlichen Wahl. Wenn die Menschen sich dafür entscheiden, sich zu entfalten und zu entwickeln, führt das zu Angst vor dem Unbekannten. Aber diese Angst wiederum kann zu Triumph und Selbsterfüllung führen. Frankl war in einem Konzentrationslager. Er überlebte psychologisch, indem er sich dafür entschied, einen Sinn in diesem Leid zu finden, und indem er die Verantwortung dafür übernahm, den kleinen Teil seines Lebens, der ihm noch geblieben war, zu kontrollieren. Er hat den Schrecken, der ihn umgab, nicht passiv akzeptiert und sich ihm nicht einfach gefügt.

Frankls Eltern und seine schwangere Frau wurden in den Konzentrationslagern der Nazis umgebracht, und doch gelang es ihm, einer der einflussreichsten existenzialistischen Psychologen zu werden, der sich denjenigen zuwendete, die unter Verzweiflung oder Leere litten. Er bezeichnete seinen Ansatz als *Logotherapie* – die Suche nach dem Sinn des Daseins. Getreu seiner Theorie der persönlichen Beherrschung starb Frankl 1997 im hohen Alter von 92 Jahren in Wien.

Ein existenzieller Kampf kann zu einem Triumph des menschlichen Geistes führen. Unsere modernen Helden sind Menschen, denen es gelingt dem Druck einer wild wuchernden autoritären Gesellschaft zu widerstehen. Das zeigt, dass die existenzialistischen und humanistischen Betrachtungsweisen in vielerlei Hinsicht zwei Seiten derselben Münze sind.

Ein Gebiet, auf dem diese existenzialistisch-humanistischen Ansätze enorme Auswirkungen haben, ist bei Menschen, die mit lebensbedrohlichen Krankheiten konfrontiert sind. Menschen, die von einer solchen Krankheit betroffen sind, treffen sich heutzutage häufig wöchentlich zu persönlichen Gesprächen in kleinen Gruppen. Solche Gruppen entstanden zunächst unter Krebsleidenden, gibt es heute aber zu beinahe jedem schwerwiegenden medizinischen Problem (Kelly, 1979; Gottlieb, 1998). In diesen Gruppen offenbaren die Menschen in Übereinstimmung mit der existenzialistischen Betonung der aktiven Begegnung solcher Herausforderungen ihre Furcht und ihre Ängste davor, Schmerzen ertragen zu müssen und mit dem Tod konfrontiert zu werden. Darüber hinaus unterstützen die Teilnehmer sich gegenseitig sowohl in greifbarer Form (d.h. durch Informationen) als auch in spiritueller. Normalerweise bestehen die Ergebnisse solcher Erfahrungen in der Bestätigung der menschlichen Gefühle des Vertrauens und der Gemeinschaft und in dem Gefühl eines inneren Triumphs. Diese positiven Ergebnisse entsprechen genau den existenzialistisch-humanistischen Vorhersagen. Eine derartige vertrauliche Selbsteinbringung und Verbindung kann sogar lebensverlängernd wirkend (Pennebaker, 1990). Aber die existenzialistisch-humanistische Quelle dieser Orientierung wird nur selten ausdrücklich genannt. Das ist ein Beispiel dafür, wie unsere Annahmen über die Persönlichkeit viele Bereiche unseres Lebens auf subtile Art durchdringen, unabhängig davon, ob wir uns dessen bewusst sind oder nicht.

9.5.3 Gibt es einen freien Willen?

Vor einigen Jahren kam es zu einer Debatte zwischen B. F. Skinner und Rollo May. Die Argumente konzentrierten sich auf die Frage, ob die Menschen über einen freien Willen verfügen oder ob ihre Handlungen vorherbestimmt sind, wobei sich die Diskussion auch auf andere fundamentale Fragen des Lebens erstreckte. Nach ungefähr neunzig Minuten wurde vielen Zuhörern im Publikum immer klarer, dass sowohl May als auch Skinner Recht hatten. Jeder der beiden hatte hoch entwickelte Gedanken und tief greifende Erkenntnisse darüber, was es bedeutet, eine Person zu sein. Aber aufgrund ihrer unterschiedlichen Perspektiven und verschiedenen Interessen, haben sie sich niemals mit genau den gleichen Fragen beschäftigt. Es war unmöglich, die Thesen des einen bzw. des anderen durch einfache psychologische Argumente bzw. Untersuchungen zu widerlegen. Deshalb wird in diesem Lehrbuch immer wieder betont, dass für ein umfassendes Verständnis der Persönlichkeit die Bereitschaft notwendig ist, acht grundlegende, aber unterschiedliche Ansätze zu untersuchen und zu verstehen.

Abbildung 9.4: Die existenzialistisch-humanistischen Ansätze haben die Verbreitung von unterstützenden Gruppen für Menschen, die mit schweren Krankheiten konfrontiert werden, gefördert. Es gibt auch einige Beweise dafür, dass die Teilnahme an solchen Gruppen die Anpassung erleichtert und die Genesung fördert.

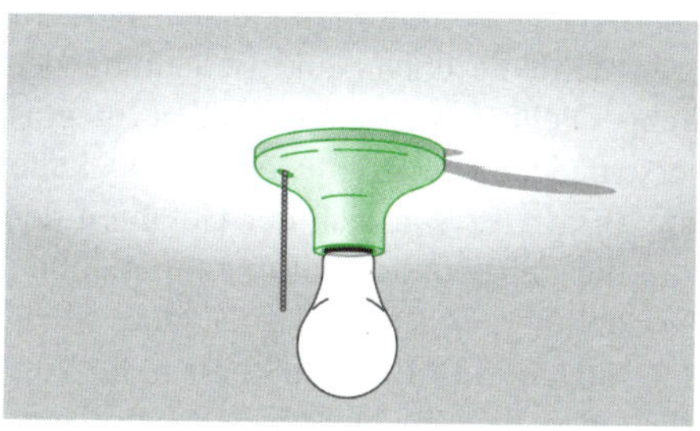

Abbildung 9.5:
„Wie viele Psychologen braucht man, um eine Glühbirne auszuwechseln?" „Nur einen, aber die Glühbirne muss es auch wollen." In diesem Witz spiegelt sich die Betrachtungsweise der humanistischen Psychologen wider – dass die Menschen einen freien Willen haben und durch ihre Willenskraft zu einer Entfaltung und Änderung zum Besseren kommen können.

9.6 Die Selbstverwirklichung

Messen die Menschen Weisheit, Kreativität, Erkenntnissen und Gemeinschaft einen hohen Wert bei oder bevorzugen sie Essen, Alkohol und Sex? Die humanistischen Psychologen können die Bedeutung grundlegender Triebe nicht leugnen, schließlich ist der Mensch auch ein Tier. Aber er ist mehr als nur ein Tier. Deshalb sprechen viele Theoretiker auf diesem Gebiet von drei Aspekten der menschlichen Natur – den biologischen, den sozialen und den persönlichen oder Selbstverwirklichungsaspekten (Frankl, 1960; Maddi, 1970). Wenn ein Mensch der Gemeinschaft beraubt wird oder wenn er den Sinn des Lebens nicht erkennt, kann dies für ihn genauso erschreckend und tödlich sein, als würde man ihm die Nahrung entziehen.

9.6.1 Frühe Vorstellungen über die Selbstverwirklichung in Jungs Arbeiten

Die **Selbstverwirklichung** ist der angeborene Prozess, durch den eine Person dazu tendiert, sich spirituell zu entfalten und ihr Potenzial zu verwirklichen. Nur wenige Menschen erreichen eine hochgradige Selbstverwirklichung, aber viele kommen auf diesem Weg sehr weit. Interessanterweise wurde das Konzept der Selbstverwirklichung zuerst von C. G. Jung dargelegt, der seine Laufbahn in enger Zusammenarbeit mit Sigmund Freud begann. Anders als die humanistischen Psychologen war Jung von den unbewussten Kräften des Es vollkommen überzeugt, aber diese Orientierung fand ein Gegengewicht in seinem Glauben an eine menschliche Tendenz zur Integration der verschiedenen psychischen Kräfte und an die Schaffung einer „ganzen" Person durch diesen Prozess. Für Jung waren die unbewussten, egoistischen Triebe nicht zu leugnen, aber sie konnten untersucht, verstanden und mit den spirituelleren Aspekten der Menschen verbunden werden. Auf diese Art und Weise könnte eine Person durch die Selbst-Exploration in Harmonie mit der Natur und mit der gesamten Menschheit leben, der Gemeinschaft, mit der jede Person tiefe biologische Verbindungen teilt.

Überrascht es, dass Jung, der in der Psychoanalyse ausgebildet war, viele humanistische Konzepte vertrat? Das tut es nicht, wenn wir uns daran erinnern, dass Jung auf dem Gebiet der asiatischen Religionen und der psychologischen Anthropologie sehr belesen und äußerst bewandert war. In diesen Literaturen wird die universelle Bedeutung der Natur, spiritueller Fragen, Symbole und des Gleichgewichts bzw. der spirituellen Integration gepriesen. Jung verwendete diese grundverschiedenen Konzepte und entwickelte daraus einen optimistischen, ja sogar mystischen Ansatz. Er war sich der Gefahren der Entfremdung sehr wohl bewusst. Obwohl Jung an die unbewusste Motivierung glaubte, war er auch von der **Teleologie** überzeugt – der Vorstellung, dass es im Leben eines Menschen einen großen Plan oder ein großes Ziel gibt (Jung, 1933). Folglich können die Vorstellungen Jungs darüber, was es bedeutet, eine Person zu sein, nicht einfach kategorisiert werden. Für Jung sind quasireligiöse, spirituelle Elemente ein wichtiger Bestandteil der menschlichen Natur, aber er war sich der triebhaften, inneren Dämonen, die uns quälen können, sehr wohl bewusst. Wie auch in Freuds Ansatz dauert der Kampf beständig an.

9.6.2 Gipfelerlebnisse: Abraham Maslow

Im Folgenden werden wir den anderen Extremfall betrachten – einen Selbstverwirklichungsansatz, der so positiv ist, dass darin der Geist der Menschen nicht nur als völlig frei von Dämonen, sondern tatsächlich als beinahe fromm betrachtet wird. Das ist der Ansatz von Abraham Maslow, der für seine Arbeit zu **Gipfelerlebnissen** bekannt wurde.

Zu bestimmten Zeitpunkten in unserem Leben scheint einfach alles einen Sinn zu ergeben. Ein solcher besonderer Moment kann auftreten, während man ein bewegendes Musikstück hört, wenn man eine kreative Lösung für ein quälendes Problem findet, wenn man einen ganz besonderen sinnlichen oder künstlerischen Moment erlebt und so weiter. In solchen Momenten scheinen die Menschen das Selbst zu überwinden und mit der Welt eins zu sein.

Sie sind vollständig selbstverwirklicht. Bilden diese positiven, bedeutungsvollen Erfahrungen einen wichtigen Aspekt der Persönlichkeit? Maslow war davon überzeugt und untersuchte solche so genannten Gipfelerlebnisse. Das Konzept stammt aus der Arbeit von William James aus dem späten neunzehnten Jahrhundert, der über „mystische Erfahrungen" schrieb – unbeschreibliche, vergängliche und die Wahrheit beleuchtende spirituelle Ereignisse. In der jüngeren Vergangenheit sind derartige Phänomene von Forschern wie Mihaly Csikszentmihalyi (1996, 2000) untersucht worden, der über das „Flow-Erlebnis" schreibt, das mit der vollkommenen Vertiefung in eine Aktivität verbunden ist.

Abbildung 9.6:
Abraham Maslow setzte die Selbstverwirklichung an die Spitze der Hierarchie der menschlichen Bedürfnisse. Er konzentrierte sich auf das Verständnis von selbstverwirklichten Menschen, um besser verstehen zu können, was es bedeutet, ein Mensch zu sein.

Abraham Maslow wurde 1908 als Kind russisch-jüdischer Einwanderer in New York geboren. Er starb 1970 in Kalifornien. Maslow, der ein sehr intelligentes Kind war, ertrug eine schreckliche Beziehung mit einer strengen Mutter, die häufig bizarre Verhaltensweisen ausführte. Er beschrieb sich selbst in seinen frühen Jahren als schüchternen, neurotischen Bücherwurm. Allerdings blieb Maslow nicht neurotisch und entwickelte auch keinen Selbsthass. Stattdessen verwirklichte er sein Potenzial und wurde zu einem führenden humanistischen Psychologen, der große positive gesellschaftliche Veränderungen hervorrief. Interessanterweise wurde Maslow zunächst im Behaviorismus ausgebildet. Er schrieb seine Abschlussarbeit bei Harry Harlow, dem bekannten, behavioristisch orientierten Primatologen. Aber als Professor am Brooklyn College in den 1930er und 1940er Jahren kam Maslow mit der Flut brillanter Intellektueller, einschließlich Erich Fromm, Alfred Adler und Karen Horney, in Berührung, die vor den Nazis nach New York geflohen waren. Durch seine genauen Kenntnisse des Behaviorismus konnte Maslow seine ernsthaften und wiederholten Angriffe auf den Behaviorismus und dessen Nichtbeachtung der Kreativität, des Spiels, des Staunens und der Liebe fundieren.

Gipfelerlebnisse treten häufig bei Menschen auf, die vollkommen selbstverwirklicht sind. Die Erkenntnisse, die diese Epiphanien vermitteln, tragen zur Aufrechterhaltung der reifen Persönlichkeit bei. Solche Menschen sind spirituell erfüllt – zufrieden mit sich und anderen, sie sind liebevoll, kreativ, realistisch und produktiv. Beispiele dafür sind Albert Einstein, Thomas Jefferson, Eleanor Roosevelt und, natürlich, Maslow selbst. (Siehe Tabelle 9.2 für Beispiele von Personen, auf die Maslow als Modelle der Selbstverwirklichung verwies.) Interessanterweise untersuchte Maslow ideale, gesunde Leben, obwohl sich viele andere Persönlichkeitstheorien aus Untersuchungen von Hysterikern, Neurotikern oder anderen krankhaften Persönlichkeiten herleiten. Folglich ist die Orientierung positiv und spirituell, und Maslow betont (wie Rogers) die positiven Potenziale, die allen menschlichen Wesen innewohnen. Viele Persönlichkeitstheorien beruhten auf der Untersuchung von Patienten mit psychologischen Störungen; Maslow aber wählte den umgekehrten Weg und untersuchte Menschen, die größte geistige Gesundheit aufwiesen.

Selbstverwirklichte Person	Selbstverwirklichende Leistung
Albert Einstein	Setzte sein kreatives Genie ein, um grundlegende Annahmen über Raum und Zeit neu zu überdenken.
Eleanor Roosevelt	Zeigte Sorge für die ganze Menschheit und arbeitete daran, zur Verbesserung des Lebens von Menschen beizutragen.
William James	Als einer der Begründer der Psychologie brachte er eine kreative, neue Perspektive ein.
Baruch Spinoza	Widersetzte sich der religiösen Orthodoxie seiner Zeit und vertrat Ideen, die als ketzerisch angesehen wurden.
Abraham Lincoln	Kämpfte trotz eines hohen persönlichen Preises für die moralische Idee der Freiheit.
Thomas Jefferson	War Architekt und Philosoph einer neuen Regierungsform, die auf demokratischen Prinzipien aufbaute.
Pablo Casals	Wurde von vielen als der bedeutendste Cellist des zwanzigsten Jahrhunderts angesehen.
George Washington Carver	Zeigte angesichts von Entbehrungen und Diskriminierung große Kreativität und große Leistungen.

Tabelle 9.2: Beispiele für von Maslow identifizierte, selbstverwirklichte historische Figuren

Solche selbstverwirklichten Menschen verfügen über realistische Kenntnisse über sich selbst und akzeptieren sich. (Nicht selbstverwirklichte Menschen können gelegentlich ebenfalls ein Gipfelerlebnis haben, allerdings werden sie dadurch wahrscheinlich eher verängstigt als erleuchtet.) Sie sind unabhängig, spontan und verspielt. Sie tendieren dazu, einen philosophischen Sinn für Humor zu haben. Man wird nicht erleben, dass sie Witze über ethnische Gruppen reißen oder grobe sexuelle Anspielungen machen. Sie können tiefe, enge Beziehungen mit anderen Menschen aufbauen, und sie empfinden im Allgemeinen Liebe für die Menschheit. Sie sind Nonkonformisten, aber äußerst moralisch. Und sie hatten bereits Gipfelerlebnisse.

Ein sexueller Orgasmus ist kein Gipfelerlebnis, kann aber zu einem Gipfelerlebnis führen, wenn er den Weg zu einer tiefen, spirituellen Liebe zu einem anderen Menschen öffnet. In dieser Hinsicht liegt die humanistische Psychologie wiederum sehr nah bei vielen religiösen Lehren, in denen die Sexualität als göttliches Geschenk gesehen wird, das für positive Zwecke eingesetzt werden soll. Während eines Gipfelerlebnisses kann die Zeit stillzustehen scheinen und die unmittelbare Umgebung kann in den Hintergrund treten.

Manche Forscher haben argumentiert, dass die Untersuchung von Gipfelerlebnissen und anderen spirituellen Aspekten der Persönlichkeit weit über den traditionellen existenzialistisch-humanistischen Rahmen hinausgeht und deshalb als separate Betrachtungsweise der Persönlichkeit betrachtet werden sollte. Allerdings liegen die Aspekte, die über diesen Rahmen hinausgehen und in ein anderes Gebiet reichen – wie beispielsweise Fragen des kosmischen Bewusstseins –, auch außerhalb des Gegenstandsbereichs der Persönlichkeitspsychologie.

Gipfelerlebnisse sind nicht notwendigerweise übernatürlicher oder heiliger Natur. Sie sind vielmehr in Freundschaften, in der Familie, in der Arbeit – in den Konstellationen des normalen Lebens – zu finden. In diesen wie auch in anderen Aspekten spiegelt Maslow den Einfluss der asiatischen Philosophien und Religionen wider, in denen er sehr belesen war. Spirituelle Entfaltung und spirituelles Bewusstsein beruhen auf der vollständigen Anerkennung der alltäglichen Welt.

9.6.3 Der innere Anstoß zur Selbstverwirklichung

Für Maslow, genauso wie für Rogers und Jung, gibt es eine natürliche Neigung bzw. einen natürlichen Drang zur Selbstverwirklichung. Das bedeutet, dass der Drang zur Entfaltung aus dem sich entwickelnden Organismus entsteht und nicht von außen kommt, aus der Umgebung. Solche Theorien werden auch als **organismisch** bezeichnet, da sie auf der Annahme beruhen, dass für jeden Organismus eine natürliche Entfaltung bzw. ein natürlicher Lebensweg besteht (Goldstein, 1963). So betonte beispielsweise der einflussreiche Neuropsychiater Kurt Goldstein die natürliche Einheit und Kohärenz des Lebens der meisten Individuen.

In diesem Zusammenhang ist allerdings zu beachten, dass sich die Motivation, sich zu entfalten und selbst zu verwirklichen, von den Trieben zur Befriedigung von Hunger, Durst oder des Geschlechtstriebs und folglich zur Beseitigung von Spannungen darin unterscheidet, dass sie genau genommen nicht für das Überleben notwendig sind. Rogers betonte eine reife Harmonie des Selbstbildes, wogegen Maslow sich auf die Entfaltung hin zu einer höheren Ebene konzentrierte. Ob diese organismische Entfaltung genetisch bestimmt ist oder auf komplexere Art beeinflusst wird, ist noch nicht genau geklärt. Stattdessen wird eine Neigung zur Entfaltung, die sich entwickelt hat, einfach angenommen. Hier sehen wir den Einfluss Charles Darwins auf humanistische Ansätze, die von der modernen biologischen Philosophie recht weit entfernt sind, bei der wir dessen Einfluss als selbstverständlich betrachten könnten.

Darwins Einfluss auf die existenzialistisch-humanistische Psychologie wird auch noch auf andere Weise spürbar. Im neunzehnten Jahrhundert konzentrierten sich die meisten Wissenschaftler auf jede einzelne Art als ganze Gruppe. Das Genie eines Darwins war notwendig, um die Einzigartigkeit jedes Individuums und die Bedeutung der Merkmale jedes Individuums zu erkennen (Mayr, 1991). (Individuelle Unterschiede bilden die Grundlage für die natürliche Auslese.) Die humanistischen Psychologen konzentrieren sich ebenso auf die Einzigartigkeit jedes Individuums und messen dabei dem natürlichen – inhärenten – Wert jeder Abweichung Bedeutung bei.

9.6.4 Maslows Bedürfnishierarchie

Maslow teilte die organismischen Bedürfnisse in zwei Kategorien ein. Zunächst bestimmte er mehrere Kategorien von Defizitbedürfnissen – „D-Bedürfnissen" (oder „D-Trieben") –, die für das Überleben notwendig sind. Die *physiologischen Bedürfnisse* umfassen die grundlegenden biologischen Notwendigkeiten, wie Nahrung, Wasser, Sex und Behausung. Die so genannten *Sicherheitsbedürfnisse* umfassen die Notwendigkeit einer allgemein vorhersagbaren Welt, einer Welt, die einen Sinn ergibt. Die *sozialen Bindungsbedürfnisse* umfassen psychologisch enge Beziehungen mit anderen Menschen. Und die *Selbstverwirklichungsbedürfnisse* umfassen den Respekt für sich selbst und für andere. All diese D-Bedürfnisse motivieren uns mit Defiziten – wir brauchen etwas, um den Trieb bzw. die Leere zu erfüllen.

Maslow argumentierte, dass zur Förderung der *Selbstverwirklichung* die richtigen sozialen Bedingungen notwendig sind. Das bedeutet, Maslow war überzeugt davon, dass die Menschen die Ebene des Seins („S-Ebene" mit „S-Werten" oder „S-Motiven") nicht erreichen können, wenn sie sich mit der Befriedigung grundlegenderer Bedürfnisse beschäftigen müssen. Normalerweise gelingt es uns nicht, unser ganzes menschliches Potenzial zu erfüllen und nach Wahrheit und Schönheit zu suchen, wenn es uns an Nahrung, Sicherheit, Liebe und Achtung mangelt.

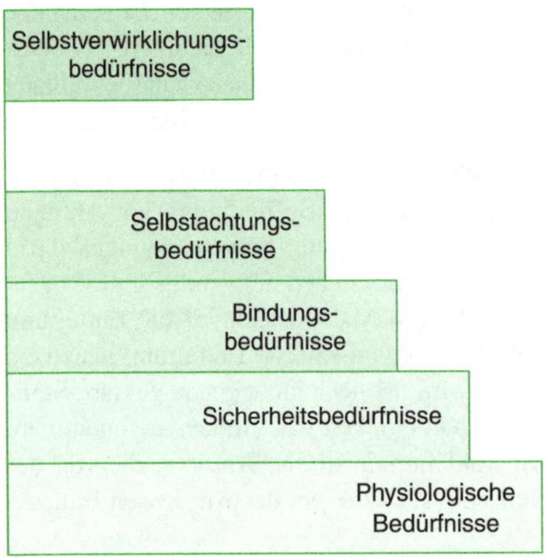

Abbildung 9.7: Maslows Bedürfnishierarchie
Maslows Ansicht zufolge ist die höchste Form des Bedürfnisses das Bedürfnis nach Selbstverwirklichung. In diesem hierarchischen Modell müssen die niedrigeren Bedürfnisse des Individuums zum größten Teil befriedigt sein, bevor höhere Bedürfnisse an Bedeutung gewinnen können.

Maslow (1987) ordnete all diese Bedürfnisse, wie in Abbildung 9.7 dargestellt, in eine Hierarchie ein. Wie auch in der psychoanalytischen Theorie teilt der Mensch die auf der Biologie beruhenden Triebe mit den meisten Tieren. Aber abweichend von der psychoanalytischen Theorie werden die höheren, einzigartig menschlichen Bedürfnisse zwar ebenfalls als auf der Biologie beruhend betrachtet, allerdings gleichzeitig auch als transzendent. Wie Jung sagte auch Maslow, dass der am höchsten entwickelte Zustand darin besteht, mit sich im Einklang zu sein – eine spezifische und wertvolle menschliche Eigenschaft. Ironischerweise widersprechen die modernen Evolutionsansätze dieser Annahme. Obwohl die meisten modernen Biologen zugeben, dass die Menschen in den meisten Dimensionen intelligenter sind als andere Tiere, sind sie jedoch nicht davon überzeugt, dass die Menschen im evolutionären Sinn „überlegen" sind. Mit anderen Worten ausgedrückt, man glaubt nicht, dass die Menschen sich an der Spitze des evolutionären Baums befinden, sondern sie werden eher auf einem seiner Äste gesehen. (Die Menschen sind weder die schnellsten noch die stärksten Tiere, sie hören nicht am besten und sind nicht am monogamsten, darüber hinaus sind sie auch nicht die friedlichsten Tiere usw.)

Die Forschung deutet darauf hin, dass Menschen, die im Allgemeinen einen reifen Persönlichkeitszustand erreichen – wie Mahatma Gandhi –, sich mit höherer Wahrscheinlichkeit auch selbstverwirklicht verhalten, aber gibt es auch Fälle von Menschen, die in sehr schwierigen Verhältnissen leben und außergewöhnliche Herausforderungen bewältigen müssen und trotzdem selbstverwirklicht werden. Daher scheint es so, als hätte Maslow mit seiner Annahme einer Bedürfnishierarchie im wörtlichen Sinne nicht Recht gehabt. Betrachten wir z. B. eine arme, allein erziehende Mutter, die sich mit Fragen der Ästhetik beschäftigt und eine künstlerische Ader hat – sie besucht Kunstmuseen und zeichnet gern. Sie kann, trotz der Tatsache, dass einige ihrer Überlebensbedürfnisse nicht erfüllt werden, viele Aspekte der Selbstverwirklichung erreichen. In diesem Zusammenhang ist allerdings auch zu beachten, dass es Maslow und die humanistischen Psychologen waren, die Bereitschaft zeigten, die Bedeutung von Fragen wie der Ästhetik überhaupt zu betonen.

Maslow und seine Kollegen studierten die Persönlichkeit nicht unter dem Blickpunkt der Psychopathologie, sondern durch die Untersuchung der am besten angepassten und am stärksten selbstverwirklichten Menschen. Diese Betonung hatte auch allgemeine Auswirkungen auf unseren Ansatz zur körperlichen und zur geistigen Gesundheit.

Die traditionelle Medizin konzentriert sich auf die Heilung von Krankheiten. Allerdings hat die humanistische Psychologie dazu geführt, dass Themen wie dem Wohlbefinden – warum manche Menschen besonders gesund bleiben – immer größere Aufmerksamkeit geschenkt wird. Diese Aspekte von Persönlichkeit und Gesundheit werden in Kapitel 12 detailliert erörtert, in dem die Themen Stress, Anpassung und Gesundheit behandelt werden.

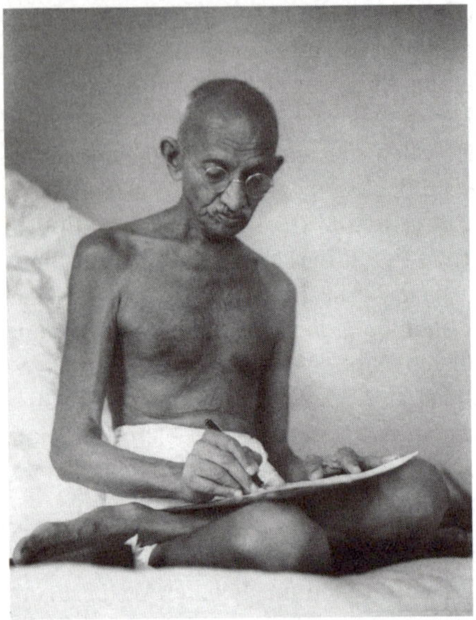

Mohandas Gandhi

Martin Luther King

Lance Armstrong

Aung San Suu Kyi

Abbildung 9.8: Wie können wir Spiritualität, hohe Gesinnung und Mut verstehen?

9.6.5 Die Messung der Selbstverwirklichung

Welche Beweise gibt es für Maslows humanistisches Konzept der Selbstverwirklichung? Sind selbstverwirklichte Menschen körperlich und geistig gesünder? Maslow setzte alle Bewertungsmethoden ein, die ihm zur Verfügung standen – u. a. Befragungen, Beobachtungen, Selbsterkennungsfragebögen, projektive Tests und biographische Untersuchungen. Dieser umfassende Ansatz wird zum Teil durch die Testpersonen selbst notwendig. Selbstverwirklichte Menschen neigen dazu, unabhängig zu sein, sozialem Druck zu widerstehen, sie sind freiheitsliebend und legen großen Wert auf ihre Privatsphäre. Darüber hinaus sind ihre Persönlichkeiten komplex. Folglich kann es schwierig sein, solche Menschen zu finden, zu bewerten und zu beurteilen.

Das Problem dieses freien Bewertungsansatzes bildet auch eine Schwierigkeit des gesamten theoretischen Bewertungsansatzes – nämlich, dass er Erkenntnisse und Perspektiven, aber nur wenige wissenschaftlich verifizierbare Folgerungen liefert. Ein Maßstab, der versucht, in seiner Bewertung der Selbstverwirklichung präziser zu sein, ist das Personal Orientation Inventory oder auch POI (Shostrom, 1974). Bei diesem Selbsterkennungsfragebogen werden die Menschen gebeten, sich selbst im Hinblick auf eine Reihe von Dimensionen zu klassifizieren, z.B. ob sie enge Beziehungen zu anderen Menschen aufbauen können, ob sie spontan und ungehemmt sind usw.; dies Bewertung erfolgt für die verschiedenen Merkmale der Selbstverwirklichung. Mit diesem Fragebogen wird auch bewertet, ob die Person optimistisch und realistisch in der Gegenwart lebt und sich nicht übermäßig über Vergangenheit oder Zukunft Sorgen macht.

In der Tat scheint die Forschung mithilfe dieses Fragebogens in der Lage zu sein, selbstverwirklichte Menschen zu bestimmen, zumindest im Sinn der Bestimmung von Menschen, deren Orientierungen im Leben und deren Verhaltensweisen mit Maslows Erwartungen übereinstimmen. Das überrascht allerdings nur wenig, da dies die Fragen sind, die in dem Fragebogen in erster Linie gestellt werden. Differenziertere, umfassendere Forschung zu solchen Themen findet tendenziell nicht statt; Persönlichkeitstheoretiker, die an Maslows Konzepten festhalten, halten im Allgemeinen eine Übersetzung der hohen humanistischen Konzepte in festgelegte Fragebögen für kaum möglich. In den Untersuchungen, die mithilfe des POI durchgeführt worden sind, wurde festgestellt, dass dieser Maßstab verschiedene Schwachpunkte im Hinblick auf die Validität und Reliabilität aufweist, aber zumindest einige Aspekte einer gesunden Persönlichkeit erfasst (Burwick & Knapp, 1991; Campbell et al., 1989; Weiss, 1991; Whitson & Olczak, 1991). Im Verfahrenssinn ist also keine enge Definition oder Bewertung der Selbstverwirklichung erfolgt; sie scheint aber eine Komponente der geistigen Gesundheit zu sein, wobei wir allerdings im Moment noch nicht genau wissen, worum es sich dabei handelt oder wie wir sie am besten messen können.

In einer allgemeineren Untersuchung der psychologischen Bedürfnisse wurden die Teilnehmer gebeten, die „befriedigendsten Erlebnisse" in ihrem Leben während des vergangenen Monats zu beschreiben. Die Teilnehmer bewerteten danach in Übereinstimmung mit zehn von den Experimentatoren vorgegebenen Dimensionen, wie sie sich während dieser Ereignisse fühlten. Selbstachtung, Verwandtschaft, Kompetenz und Autonomie waren hochgradig miteinander verbundene Themen oder Bedürfnisse, wobei auch Wohlbefinden und Selbstverwirklichung von Bedeutung waren.

Das bedeutet, dieser Analyse zufolge wollen sich die meisten Menschen *effektiv, autonom* und *mit anderen verbunden* fühlen. Interessanterweise wurden die Aspekte *Popularität/ Einfluss* und *Geld/Luxus* niedrig bewertet, was die humanistischen Betrachtungsweisen der menschlichen Motivation bestätigt (Sheldon, Elliot, Kim & Kasser, 2001).

Maslows Konzepte haben Auswirkungen auf verschiedene Aspekte der Persönlichkeitspsychologie, z.B. die Bewertungen der geistigen Gesundheit, gehabt. So versuchen beispielsweise die meisten Kliniker festzustellen, ob ihre Klienten über ein spontanes, spielerisches und kreatives Element verfügen. Das kann in Adoptions- oder Sorgerechtsfällen von besonderer Bedeutung sein. Darüber hinaus bewerten die am präzisesten entwickelten modernen Persönlichkeitstests mit Sicherheit diese Aspekte der Persönlichkeit, selbst wenn sie nicht als Selbstverwirklichung bezeichnet werden.

In bester existenzialistischer Tradition wies Maslow darauf hin, dass die Wissenschaft nicht jenseits der Menschen existiert, die sie schaffen. Folglich ist die Wissenschaft niemals wertfrei. Dieser Standpunkt findet auf den verschiedenen Gebieten der Wissenschaft zunehmend Anerkennung, und die Wissenschaftler stellen heute die Frage, ob sie Atombomben oder chemische Waffen bauen oder genetisch veränderte Embryos erschaffen sollen. In der Persönlichkeitspsychologie ist diese Frage von besonderer Bedeutung, da die Persönlichkeitspsychologen behaupten, dass sie über wissenschaftliche Beweise über die Natur des Menschen – darüber, was es bedeutet, ein Mensch zu sein – verfügen. Maslow war zurecht darüber besorgt, dass eine pessimistische Betrachtungsweise der Menschen als Ansammlung niedriger biologischer Triebe oder als durch ihre Umgebung gesteuerte Roboter schnell zu einer sich selbsterfüllenden Prophezeiung werden würde, da dabei die spirituellen und hochgesinnten Seiten des Menschen zunehmend unberücksichtigt blieben.

In den letzten Jahren seines Lebens wurde Maslow in seinem Denken philosophischer und in seinen Erkenntnissen realistischer; er erkannte die jeder Person innewohnenden Schwächen und die der Gesellschaft inhärenten Konflikte. So schrieb er z. B. Folgendes über seine selbstverwirklichten Freunde: „alle an der Spitze und doch alle beschränkt … die Besten sind alles andere als vollkommen“ (1965, S. 328). Er beklagte, dass so viele Intellektuelle egozentrisch und unfähig zur Zusammenarbeit sind – er bezeichnete sie als Primadonnen – und entwickelte ein Schema, demzufolge jeder einzelne „König eines Kleinstaates“ sein eigenes Reich kontrolliert. (Und in der Tat funktionieren die meisten Universitäten genau so.) Anders gesagt, Maslow strebte danach, das Beste über die Potenziale der Menschen zu glauben, musste aber letztendlich genau wie Jung und viele andere eingestehen, dass die dunklere, schwächere Seite der Menschen niemals verschwinden kann.

9.7 Glück und positive Psychologie

In der Unabhängigkeitserklärung (aus dem Jahr 1776) gingen Thomas Jefferson und seine Kollegen in gewissem Maß über die damals gängigen philosophischen Vorstellungen über die Unantastbarkeit des Lebens und die individuelle Freiheit hinaus und forderten „unveräußerliche Rechte, zu denen Leben, Freiheit und das Streben nach Glück gehören“. Seit dieser Zeit streben die Amerikaner begierig nach Glück. Wer ist glücklich?

Abbildung 9.9: Die neuere Forschung bestätigt die alte Weisheit, dass Geld nicht glücklich macht. Obwohl die Menschen, die kein Auto besitzen, denken, dass sie sehr glücklich wären, wenn sie einen drei Jahre alten Mazda geschenkt bekämen, würden sie sich doch bald an ihr neues Glück gewöhnen und sich dann eine Corvette oder einen BMW zum Ziel machen.

Vom Standpunkt eines externen Beobachters aus betrachtet, könnten wir postulieren, dass jemand, der gut essen kann, einen sichere Wohnstatt, gute Freunde und eine liebevolle Familie hat und darüber hinaus bei guter Gesundheit ist, eine hohe Lebensqualität aufweist. Und solche Faktoren tauchen in der Tat bei Vergleichen über große Gruppen von Menschen hinweg auf. Aber häufig wollen wir wissen, was die Personen selbst denken. Dieser Ansatz zum Glück wird als subjektives Wohlbefinden bezeichnet (Diener, 2000). Die Menschen wollen sich zunehmend selbstverwirklicht fühlen, aber viele erreichen dieses Ziel nicht.

Die Forschung dokumentiert, dass sich glückliche Menschen die meiste Zeit über leicht bis mäßig glücklich fühlen. Sind es die großen Häuser, schnellen Autos, modernen Möbel, Luxusreisen und glitzernden Schmuckstücke, die uns glücklich machen? Machen uns Verletzungen und widrige Umstände zwangsläufig unglücklich? Die Forschung deutet darauf hin, dass die meisten Menschen sich Änderungen in ihrer Situation bald anpassen (Diener, 2000; Myers, 2000; Wortman & Silver, 1991). Ein Lottogewinn führt nicht zwangsläufig zu mehr als einer zeitweiligen Hochstimmung und der Verlust des Arbeitsplatzes zu mehr als zeitweiligem Kummer.

Vorstellungen über die grundlegende Leere des Materialismus gehen über Jahrtausende bis zu den ersten Anfängen der westlichen Religionen zurück: „Wohl dem Menschen, der Weisheit erlangt, und dem Menschen, der Einsicht gewinnt! Denn es ist besser, sie zu erwerben, als Silber, und ihr Ertrag ist besser als Gold.“ (Sprüche Salomons, 3.13) Trotzdem beabsichtigen nur wenige Hochschulstudenten, auf zukünftigen Reichtum zu verzichten und stattdessen ihr Leben dem Studium von Themengebieten wie der Persönlichkeitspsychologie zu widmen.

Ein Echo des existenziellen Dilemmas, das folglich in den modernen reichen Ländern auftritt, ist der Konflikt zwischen der Anziehungskraft (und Unterstützung) der Gemeinschaft und den individuellen Freiheiten, die der Reichtum ermöglicht. Anstatt sich ein Zimmer zu teilen, schlafen viele Kinder (und mitunter sogar die Eltern) heute in einem eigenen Zimmer. Und anstatt sich in einem Zimmer für die ganze Familie aufzuhalten, gibt es in vielen der großen Häuser von heute viel Raum. Anstatt in den Städten in der Nähe vieler Nachbarn zu leben, breiten sich viele der Wohlhabenden in den Vorstädten aus und machen in abgelegenen Ferienorten Urlaub. Einsamkeit und Anomie sind häufig die Folge.

Was charakterisiert also glückliche Menschen, wenn es nicht Reichtum, Platz und unbeschränkte Freiheit ist? Es ist nicht das Alter, das Geschlecht oder das Einkommen, und es sind auch keine traditionellen Eigenschaften. Es bestehen geringe bis mittlere Verbindungen mit der Extroversion (vermutlich, weil extrovertierte Menschen empfänglicher für Belohnungen sind) und der Liebenswürdigkeit (vermutlich weil liebenswürdige Menschen vertrauensvoll und altruistisch sind). Es besteht eine umgekehrte Verbindung mit dem Neurotizismus, da Neurotiker zu Angst, Zynismus und Pessimismus neigen (DeNeve & Cooper, 1998). Aber diese Eigenschaften erfassen häufig nicht das, was wir mit der Bezeichnung „glückliche" Menschen meinen.

Psychologen, die sich für das Verständnis des subjektiven Wohlbefindens interessieren, haben häufig festgestellt, dass die Menschen, die am besten rationalisieren, auch am zufriedensten sind. Menschen, die glauben, dass sich alles immer zum Besten wendet, sind am glücklichsten, obwohl sie nicht zwangsläufig auch am erfolgreichsten sind. Darüber hinaus scheinen einige Menschen einfach chronisch glücklicher zu sein, was wahrscheinlich wiederum auf interne psychologische Prozesse zurückzuführen ist (Diener, 2000; Myers, 2000; Lyubomirsky, 2001). Das Glück ist also keine einfache Funktion der Tatsache, dass die betreffende Person sich in günstigen Umständen befindet.

Glückliche Menschen stört es weniger, wenn ihre Peers bessere Leistungen bringen, während unglückliche Menschen über die Leistungen ihrer Peers enttäuscht und über die Misserfolge ihrer Bekannten erleichtert sind. Glückliche Menschen suchen Informationen, die „gute Nachrichten" sind, machen sich aber ansonsten keine großen Gedanken darüber, wie sie im Vergleich mit anderen abschneiden. Glückliche Menschen tendieren dazu, über positive Ereignisse in ihrem Leben nachzudenken und sich an diese zu erinnern. Unglückliche Menschen neigen dazu, sich auf negative Ereignisse zu konzentrieren und über ihre Probleme und ihren Kummer nachzugrübeln (Lyubomirsky, 2001; Lyubomirsky & Ross, 1999).

Glückliche Menschen habe gute Beziehungen zu einer vertrauten Person, ein Gefühl des Sinns und der Hoffnung sowie eine Arbeit oder Hobbys, die sie mögen. Sie helfen häufig anderen Menschen und haben ein Gefühl des Glaubens und Vertrauens. Trotzdem ist bis heute noch nicht klar, ob wir für unser eigenes Glück sorgen können, indem wir heiraten, ehrenamtlich tätig werden oder in die Kirche gehen (siehe auch den Kasten „Von den Klassikern zur Gegenwart").

Damals und heute

Denken, Handeln, Selbstverwirklichung und Glück

Die klassische existenzialistisch-humanistische Persönlichkeitstheorie ringt mit der Spannung zwischen der Konzentration auf interne Selbstkonzepte und auf externe Umweltkontingenzen. Keine Person lebt in einer Welt, die sie ganz selbst geschaffen hat, aber andererseits ist sie auch mehr als nur ein Rädchen in einer mechanischen Welt. Die Menschen müssen sich darum bemühen, ihrer Welt einen Sinn zu geben und die Angst und die Furcht bekämpfen, um den Kampf zu transzendieren und unter schwierigen Bedingungen nach Selbstverwirklichung streben.

Eine ähnliche Spannung wird auch in der modernen Forschung über das Glück deutlich. Obwohl alle gegenwärtigen Forscher in der Ansicht übereinstimmen, dass materielle Besitztümer die Menschen nicht von sich aus glücklich machen, besteht Uneinigkeit darüber, welche Bedeutung auf dem Inneren beruhende Rationalisierungen und auf der Umgebung beruhende Interaktionen haben. Manche Forscher konzentrieren sich nach außen und verweisen die Menschen, die auf der Suche nach dem Glück sind, auf solche auf der Umgebung beruhende soziale Interaktionen, wie Altruismus, Treue und Gemeinschaft. Andere Forscher betrachten allerdings auf dem Inneren beruhende Rationalisierungen als bedeutungsvoll, wie die Erinnerung an positive Ereignisse, an die Tatsache, dass die Erfolge anderer uns nicht gestört haben, oder an die Anpassung an die eigene Situation. So bewerteten beispielsweise in einer Untersuchung über Hochschulbewerbungen Schulabgänger, die sich selbst als glücklich bzw. unglücklich bewerteten, Hochschulen, nachdem sie sich um einen Studienplatz beworben hatten, und später noch einmal, nachdem sie die Wahl der Hochschule getroffen hatten. Es stellte sich heraus, dass die glücklichen Schulabgänger zufriedener mit der Auswahl an Hochschulen waren und sie die erwünschten Hochschulen, die sie abgelehnt hatten, stärker abwerteten und somit ihr Glück aufrechterhielten (Lyubomirsky & Ross, 1999). In dieser Studie war das Glück eher eine Funktion interner Rationalisierungen als externer Begebenheiten. In vielen anderen Untersuchungen wurden allerdings die Vorteile altruistischer Handlungen demonstriert. In diesem Zusammenhang ist sogar noch wichtiger, dass externe Handlungen mitunter dazu beitragen, das eigene positive Selbstbild auszuprägen.

Auf Grundlage der Arbeit von David G. Myers (2000), einem der klügsten Psychologen, die die Forschung darüber interpretieren, was Menschen glücklich macht, sowie der Arbeit anderer führender Forscher, wie Ed Diener (2000) und Sonja Lyubomirsky (2001), können wir die folgenden Empfehlungen für das Streben nach Glück herleiten.

1. Helfen Sie anderen. Wenn man sich weniger auf die eigenen Probleme konzentriert und positive, enge Beziehungen mit anderen Menschen aufbaut, steigt das Gefühl des Wohlbefindens.
2. Überwachen Sie Ihr Streben nach Reichtum. Da die Menschen sich schnell dem neuen Reichtum anpassen, garantieren materielle Besitztümer allein nicht das Glück. Ressourcen, die dem Menschen dabei helfen, sich mit produktiven und fesselnden Aktivitäten zu beschäftigen, können allerdings das Glück fördern.

3. Meiden Sie das Fernsehen. Sowohl die Inaktivität als auch die fehlende Beschäftigung mit anderen Menschen, die Passivität und die Beschränkung der körperlichen Aktivität können zu Traurigkeit beitragen.
4. Führen Sie Listen oder Tagebuch über Ihre Leistungen, so dass Sie sich an die positiven Dinge in Ihrem Leben erinnern können. Tun Sie das auf wöchentlicher oder monatlicher Basis.
5. Suchen Sie geistige oder ehrfurchtgebietende Erfahrungen in ihrem Leben, insbesondere solche, die zu ihrem Temperament passen. Diese Erfahrungen könnten religiös, auf der Natur beruhend, künstlerisch, wissenschaftlich oder kreativ sein.
6. Setzen Sie sich langfristige Ziele und machen Sie nach kurzfristigen Misserfolgen schnell weiter. Erkennen Sie an, dass es im Leben viele schwierige Herausforderungen gibt und freuen Sie sich darüber.
7. Erkennen Sie, dass viele Menschen aufgrund einer Kombination aus Biologie, frühen Erfahrungen, Lernen in der Vergangenheit, Gedanken und Fähigkeiten sowie der gegenwärtigen Situation Tendenzen aufweisen, relativ unglücklich zu sein. Wenn Sie ein solcher Mensch sind, grübeln Sie nicht darüber nach. Genau wie die Persönlichkeit kann sich auch das Niveau des Glücks verbessern – aber normalerweise verändert es sich nur sehr langsam und über lange Zeiträume hinweg.

Weiterführende Literatur

Diener, E. (2000). Subjective well-being: The science of happiness and a proposal for a national index. *American Psychologist, 55(1)*, 34-43.

Lyubomirsky, S. (2001). Why are some people happier than others? The role of cognitive and motivational processes in well-being. *American Psychologist*, *56*, 239-249.

Lyubomirsky, S., & Ross, L. (1999). Changes in attractiveness of elected, rejected and unhappy alternatives: A comparison of happy and unhappy individuals. *Journal of Personality & Social Psychology, 76(6)*, 988-1007.

Myers, D. G. (2000). *The American paradox: Spiritual hunger in an age of plenty.* New Haven: Yale University Press.

9.7.1 Positive Psychologie

Wie Abraham Maslow und Carl Rogers vor einem halben Jahrhundert verlangten, wendet sich heute ein bedeutender Teil der modernen Persönlichkeitspsychologie der Untersuchung der positiven Kräfte des Lebens zu, eine Bewegung, die als **positive Psychologie** bezeichnet wird. Die positive Psychologie beschäftigt sich stärker mit Kreativität, Hoffnung, Weisheit und Spiritualität und weniger mit Aggressionen, Schwächen und Pathologien (Seligman & Csikszentmihalyi, 2000).

Auf dem Gebiet der Gesundheit bedeutet dieser Interessensschwerpunkt, dass positive Illusionen und die Selbstheilung in den Mittelpunkt der Aufmerksamkeit treten (Friedman, 2000b; Friedman et al., 1995; Taylor, Kemeny, Reed, Bower & Gruenewald, 2000) (siehe auch Kapitel 12). Menschen, die enthusiastisch und vertrauensvoll sind, die das Gefühl haben, die Kontrolle zu haben, über Ressourcen zur Bewältigung von großen Aufgaben verfügen und Persönlichkeiten haben, die zu den Situationen passen, bleiben tendenziell gesünder und leben länger. Interessanterweise handelt es sich bei diesen Personen nicht immer um Menschen, die sich in einer objektiv besseren Position befinden; vielmehr können in diesem Zusammenhang die psychologische Orientierung und die Fertigkeiten des Menschen die wichtigste Rolle spielen.

Auf dem Gebiet der geistigen Gesundheit führt die positive Psychologie häufig zu Untersuchungen der Weisheit, des Wohlbefindens und exzellenter Leistungen (im Gegensatz zu Untersuchungen von Geisteskrankheiten, pathologischem Verhalten und Fehlern der Motivation und der Kontrolle). Zunehmend erfahren Muster Aufmerksamkeit, die die Entwicklung einer krankhaften Persönlichkeit verhindern und eine gesunde psychologische Entwicklung fördern können. Auch die Frage, wie und warum manche Menschen als Reaktion auf Krisen und Stress Durchhaltevermögen zeigen, wird untersucht. All das sind aufregende, neue Herausforderungen für die zukünftige Persönlichkeitspsychologie. Trotzdem bleiben noch immer hartnäckige Streitfragen bestehen, dazu gehört eine, die als das amerikanische Paradoxon bezeichnet wird.

9.7.2 Das amerikanische Paradoxon

Die Menschen in den westlichen Industrieländern sind mit einem gesellschaftlichen Reichtum in das 21. Jahrhundert gegangen, der zu anderen Zeiten und an anderen Orten unvorstellbar wäre. Die Häuser sind groß, viele haben einen Computer und ein Handy und auch Kreuzfahrtschiffe sind reichlich vorhanden. Sind wir besser gestellt als in der Vergangenheit? Der Psychologe David Myers (2000) beantwortet diese Frage wie folgt: materiell gesehen ja, moralisch gesehen nein. Er bezeichnet dieses Phänomen als das **amerikanische Paradoxon**. Einerseits verfügen wir über materiellen Reichtum, aber andererseits erleben wir eine soziale Rezession und psychologische Depressionen.

Es gibt hohe Scheidungsraten, Selbstmordraten, Depressionsraten und Konfliktraten, eine hohe Zahl von außerehelich geborenen Kindern, von Familien, in denen Kinder missbraucht werden, und von Jugendlichen, die um sich schießen, und eine enorme Armut des Geistes. Die Bindungen an die Gemeinschaft sind zurückgegangen, und trotzdem hat das Glück nicht zugenommen. Wir haben mehr Sexpartner und mehr Geschlechtskrankheiten, mehr Freiheit und mehr Ernüchterung, mehr Gerätschaften und mehr Therapeuten. Sind wir jetzt wenigstens glücklich?

Um dieses Paradoxon zu bewältigen, empfehlen Myers und andere Altruismus, Treue, Familie, Gemeinschaft und Spiritualität, die ihrer Meinung nach zur Erfüllung führen. Sie sehen Hoffnung in Nachbarschaftsorganisationen, in der ehrenamtlichen Arbeit Jugendlicher und im gemeinschaftlichen Glauben. Obwohl es einige Beweise gibt, die diese Ansicht bestätigen, ist sie kaum neu. Vor mehr als 2500 Jahren prangerte der Prophet Jeremia die falsche Anbetung und die soziale Ungerechtigkeit an und drängte die Menschen, sich von Egoismus und Materialismus abzuwenden. Ebenso argumentierte Erich Fromm (1956), wie bereits erörtert, dass kapitalistische Gesellschaften zur Selbsterhaltung eine Kultur des Konsums erschaffen, und er sagte voraus, dass eine Entfremdung, ohne Liebe und ohne die individuelle Freiheit zu „sein“ statt nur zu „haben“, zu hohen Raten von Depressionen und Unzufriedenheit führen würde.

Abbildung 9.10: Drei beliebte Wege zum Glück sind das Streben nach materiellen Besitztümern, das Suchen von Annehmlichkeiten in Liebe und Lernen sowie das Abtauchen in Spiritualität und Gemeinschaft. Ironischerweise führt keiner der drei allein zum Glück, genau wie die Existenzialisten dies vor vielen Jahren vorhergesagt haben.

Der Kapitalismus, das Bildungs- und Erziehungswesen und die Investitionen in die Wissenschaften haben zu einer regelrechten Informations- und Kommunikationsrevolution geführt, mit einer Rekordzahl an Hochschulabsolventen und problemlosem Zugang zu Massen von Informationen. Paradoxerweise wird ein Großteil dieses materiellen „Fortschritts“, wenn er nicht gerade in Pornographie oder Sportergebnisse einfließt, eingesetzt, um alte Texte und Prophezeiungen zu studieren, die mit Federkielen auf Pergament geschrieben wurden. Hierbei handelt es sich um gegenwärtige Streitfragen, die durch die humanistischen und existenzialistischen Ansätze zur Persönlichkeit aufgeworfen werden.

Eine alternative Betrachtungsweise wird durch den einfallsreichen Astronomen Carl Sagan (1996) klar erläutert. In einer seiner letzten Arbeiten bezeichnet Sagan die Wissenschaft als „Kerze in der Dunkelheit". Er sieht die Wissenschaft als Leuchtfeuer gegen den Aberglauben. Wie die Humanisten beklagt auch Sagan unsere Gesellschaft mit all ihren Morden, Vergewaltigungen, Grausamkeiten und Konsum. Allerdings sieht Sagan die Wissenschaft als das Mittel schlechthin zum Schutz gegen die weltverändernden und die Gemeinschaft zerstörenden Technologien. Die Wissenschaft, die den freien Austausch von Ideen, logischen Werten und kritischen Bewertungen verlangt, wird als Weg hin zu einem wirklichen Verständnis der menschlichen Natur betrachtet. Sagan fürchtet die von Dämonen bevölkerte Welt der abergläubischen Religion.

9.8 Weitere Bewertung der existenzialistisch-humanistischen Ansätze

Die existenzialistischen und humanistischen Ansätze zur Persönlichkeitsforschung erinnern in gewisser Weise an die psychoanalytischen Ansätze: Sie leiten sich aus komplexen und dynamischen inneren Motivationen her. Das steht im Widerspruch zu Theorien, die nach Strukturen innerhalb des Individuums oder nach Strukturen in den Verstärkern in der Umgebung suchen. Allerdings gibt es in den existenzialistischen und humanistischen Theorien die Möglichkeit des freien Willens und für wahre Kreativität, Heroismus und Selbstverwirklichung. Die existenzialistischen Ansätze sind zwangsläufig idiographischer Natur, sie betrachten jede individuelle Erfahrung als einzigartig.

Bei den existenzialistischen Philosophen lastet die Verantwortung für die Persönlichkeit einzig auf den Schultern des Individuums. Wie gehe ich mit Liebe, Moral, Angst, Freiheit und Tod um? Werde ich es mir erlauben, aufgrund der Entfremdung in tiefste Verzweiflung zu versinken, oder werde ich meinen freien Willen einsetzen, um zu siegen und mich selbst zu verwirklichen? Den existenzialistischen Streitfragen wohnt die Möglichkeit für den Triumph des menschlichen Geistes inne.

Die humanistischen Ansätze, die auf dem Existenzialismus beruhen, aber seinen Pessimismus ablehnen, bilden die optimistischsten Ansätze zur Persönlichkeit, da sie die menschlichen Wesen und die spirituellen Fragen in positivem Licht sehen. Die humanistische Orientierung von Abraham Maslow, die die Untersuchung selbstverwirklichter, vollkommen reifer Individuen betont, brachte diesen positiven und spirituellen Aspekten der Menschen die so notwendige Aufmerksamkeit in der Persönlichkeitspsychologie. Trotzdem wird sein Beitrag aufgrund der Inkonsistenzen und Mehrdeutigkeiten in seinen Arbeiten weniger zu einer echten Theorie als vielmehr zu einem einflussreichen Ansatz oder einer einflussreichen Orientierung.

Der humanistische Ansatz zur Persönlichkeit begünstigt die interkulturelle Untersuchung der Persönlichkeit und die Untersuchung ethnischer Gruppen – eine Notwendigkeit, die in diesem Lehrbuch betont wird. Viele der existenzialistischen und humanistischen Psychologen wurden durch den Faschismus in den 1930er und 1940er Jahren – sowohl persönlich als auch intellektuell – furchtbar erschüttert. So warnt beispielsweise Fromm wiederholt vor den schrecklichen Konsequenzen des Versuchs, vor den durch die modernen Freiheiten verursachten existenziellen Ängsten zu fliehen. Die humanistischen Theoretiker sind bereit, alternative Betrachtungsweisen – z. B. asiatische Betrachtungsweisen oder religiöse Ansichten – dessen, was es bedeutet, ein Mensch zu sein, zu untersuchen.

Ein Bereich, in dem die humanistischen Ansätze zur Persönlichkeitspsychologie große praktische und noch immer andauernde Auswirkungen auf die allgemeine Gesellschaft haben, ist das Gebiet der persönlichen Rückzugsorte. Heute betrachten wir es nicht mehr als merkwürdig, wenn ein hart arbeitender Erwachsener (oder sogar eine kleine Gruppe von Kollegen) sich an einen einsamen Ort zurückziehen will. Ein solcher „Ausflug" unterscheidet sich deutlich von einem traditionellen Sport- oder Besichtigungsurlaub. Während eines persönlichen Rückzugs könnten wir uns allein zu einem landschaftlich schönen Ort begeben, versuchen, mit unseren Gefühlen in Kontakt zu treten, unsere Liebe für unseren Partner zu erneuern, uns mit unserer Kunst, Musik oder Kreativität auseinander zu setzen, Sport zu treiben und vielleicht zu meditieren oder beten. Solche Aktivitäten leiten sich aus der humanistischen Annahme her, dass jedes Individuum über ein einzigartiges inneres Potenzial verfügt, das sich bei angemessener Beschäftigung damit entfaltet.

Die humanistische Persönlichkeitspsychologie unterscheidet sich von anderen Ansätzen nicht nur in ihrem Themenfeld und in ihrer Philosophie, sondern auch in ihrer Ideologie. Die humanistischen Theorien verurteilen die reduktionistische Psychologie ausdrücklich, die versucht, die Menschen auf Triebe oder auch Neuronen oder konditionierte Reflexe zu „reduzieren". Diese Orientierung hat Auswirkungen auf die Durchführung wissenschaftlicher Untersuchungen (z.B. den strengen Schutz der Rechte von Versuchspersonen), unterliegt aber auch einer Reihe von persönlichen Präferenzen hinsichtlich der Natur der Menschheit. Die humanistischen Psychologen beschäftigen sich ausdrücklich mit der Würde und der Entfaltung des Menschen. Manche Menschen finden diesen Ansatz erhebend, während er für andere irritierend ist. (Die Orientierung eines Menschen im Hinblick auf solche Fragen könnte sogar als Persönlichkeitsvariable betrachtet werden.)

Rogers, Maslow und andere humanistische Psychologen waren besonders über B. F. Skinners Ansichten zur Persönlichkeit verärgert. Das lag nicht nur daran, dass Skinner behauptete, die menschliche Psychologie durch die Beobachtung von Tauben und Laborraten zu untersuchen. Besonders ärgerlich daran war, dass Skinner (in seinem Buch *Walden Zwei*) ganz frech die Parameter für eine utopische Gesellschaft darlegte. Mit der Absicht, über die Freiheit und die Würde hinauszugehen, schlug Skinner die Schaffung von Umweltkontingenzen vor, die es den Menschen ermöglichen würden zu lernen, sich verantwortlich zu verhalten. Dies war für Rogers und Maslow ein Gräuel, deren Ansätze auf genau solchen Konzepten der Freiheit, Würde und der individuellen Verantwortung aufbauen.

Entwicklung der Aspekte der humanistisch-existenzialistischen Ansätze		Gesellschaftlicher und wissenschaftlicher Kontext
Philosophen und Theologen erörtern die gute und böse Natur von Individuen.	**Antike und Mittelalter**	Die Menschen werden hauptsächlich in einem religiösen Kontext, als durch ein göttliches Wesen geschaffen gesehen.
Das Individuum wird zunehmend dahingehend verstanden, dass es eine einzigartige Natur hat und berechtigt ist, nach Glück zu streben.	**18. und 19. Jahrhundert**	Zunehmende Betonung von Vernunft und Rationalität; die Philosophen suchen nach dem Kern der menschlichen Natur.
Als Reaktion auf den Positivismus und die Dominanz der empirischen Forschung werden radikale, alternative Weltsichten erörtert.	**1920er bis 1940er Jahre**	Die experimentelle Psychologie wird durch den Behaviorismus beherrscht, während die klinische Psychologie durch die Psychoanalyse beherrscht wird; Aufstieg des Faschismus.
Der Einfluss des Existenzialismus nimmt zu, während Philosophen und Schriftsteller die individuelle Wahl, das individuelle Engagement und die individuelle Verantwortung betonen.	**1940er bis 1950er Jahre**	Intellektuelle Reaktionen auf den Faschismus; Zweiter Weltkrieg gefolgt vom Erstarken der USA als Weltmacht.
Die humanistische Psychologie erreicht eine Blüte; Carl Rogers und Abraham Maslow betonen Selbstvertrauen und Selbstverwirklichung.	**1960er Jahre**	Die klinische Psychologie versucht, stärker wissenschaftsbasiert zu werden, und die experimentelle Psychologie berücksichtigt klinische Anwendungen.
Selbsterfahrungsgruppen, unterstützende Gruppen und andere Manifestationen der Selbstverwirklichungsbewegung entstehen.	**1960er bis 1970er Jahre**	Neue Rollen für Frauenrechte und Familienstrukturen; kulturelle Revolutionen (im Hinblick auf Sexualität, Geschlechterrollen und soziale Aspekte) und Experimente mit neuen Arten der Lebensführung.
Untersuchungen von Glück, Flow-Erleben und Religiosität nehmen zu; die positive Psychologie wird begründet.	**1990er bis 2000er Jahre**	Gute wirtschaftliche Lage und Beschäftigung mit der Würde des Einzelnen in einer zunehmend technologisierten Welt; moralische Erörterung medizinischer Durchbrüche.

Historischer Abriss der humanistischen und existenzialistischen Ansätze zur Persönlichkeitsforschung

Hier werden die wichtigsten Entwicklungen der humanistischen und existenzialistischen Ansätze in ihrer historischen Beziehung zueinander und in Bezug auf ihre weiteren gesellschaftlichen und kulturellen Kontexte dargestellt.

Auswertung der Perspektiven

Vorteile und Grenzen des humanistisch-existenzialistischen Ansatzes

- ***Kurze Umschreibung des Inhalts***
  - Menschen als freie, empfindende Wesen, die nach geistiger Erfüllung streben.
- ***Vorzüge***
  - Betont den mutigen Kampf um Selbsterfüllung und Würde.
  - Ist sich der spirituellen Natur der Person bewusst.
  - Beruht häufig auf der Untersuchung gesunder, gut angepasster Individuen.
  - Betrachtet die Erfahrung jedes einzelnen Individuums als einzigartig.
- ***Grenzen***
  - Kann unter Umständen die für die Persönlichkeitswissenschaft notwendige Quantifizierung und wissenschaftliche Methode umgehen.
  - Beschäftigt sich mitunter nur unzureichend mit Vernunft und Logik.
  - Die Theorien sind zum Teil mehrdeutig oder widersprüchlich.
- ***Bedeutung des freien Willens***
  - Der freie Wille ist von grundlegender Bedeutung für das Menschsein.
- ***Gängige Erfassungstechniken***
  - Befragungen, Selbstbefragungen, Kunst, Literatur, biographische Analysen zu Kreativität und besonderen Leistungen, Selbsterkennungstest, Beobachtungen.
- ***Konsequenzen für die Therapie***
  - Fördert die Selbsterkenntnis durch für das Individuum geeignete Erfahrungen (einschließlich spiritueller Erfahrungen). Misst dem Rückzug („Ausflug"), der Selbsteinbringung und dem gemeinsamen Vertrauen großen Wert bei. Kann die Kreativität und den Ausdruck der eigenen Persönlichkeit durch Kunst, Schriftstellerei, Tanz oder Reisen fördern. Rogers' nicht direktive Therapie umfasst einen echten, empathischen Therapeuten, der unbedingte positive Zuwendung bietet. Fördert die Verwirklichung der eigenen Ziele durch die unterstützende Spiegelung der eigenen Fortschritte (durch Freunde oder einen Therapeuten). Befürwortet Aufopferung und Unterstützung zur Bekämpfung von Angst und Entfremdung.

Zusammenfassung und Fazit

Wie gestaltet sich die Natur des menschlichen Geistes? Was ist Liebe? Wie messen wir den Erfolg eines Menschen? Jedes umfassende psychologische Verständnis dessen, was es bedeutet, eine Person zu sein, sollte eine relevante psychologische Betrachtungsweise zur Beantwortung dieser uralten Fragen liefern. Die existenzialistisch-humanistischen Ansätze zur Persönlichkeit wenden sich diesen Fragen direkt zu.

Der Existenzialismus ist ein Gebiet der Philosophie, das sich mit der Bedeutung der menschlichen Existenz beschäftigt. Die Existenzialisten sprechen von „Wesen-in-der-Welt“. Einfach gesagt: Das Ich kann nicht ohne eine Welt existieren und die Welt kann nicht ohne eine Person (ein Ich) existieren, das sie wahrnimmt. Die Menschen sind aktive, bewusste Wesen, die immer nachdenken. Ebenso werden Fragen, wie die Entscheidung darüber, sich ethisch oder moralisch zu verhalten, oder zu Gefühlen von Schuld oder Angst als wesentliche Aspekte des Menschseins betrachtet und nicht als zufällige Nebenprodukte der biologischen Natur der Menschen.

Bestimmte Aspekte der existenzialistischen Ansätze werden manchmal als phänomenologisch bezeichnet, da sie die Wahrnehmungen oder subjektiven Realitäten der Menschen als gültige Daten für die Untersuchung betrachten. Der existenzialistische Ansatz ist darüber hinaus auch nichtdeterministisch, da er sich dagegen ausspricht, dass die Menschen als durch fixe physikalische Gesetze gesteuert betrachtet werden.

Beim Humanismus handelt es sich um eine philosophische Bewegung, die Werte und den persönlichen Wert des Individuums betont. Der humanistische Ansatz berücksichtigt dementsprechend Fragen der Moral und des persönlichen Werts. Abraham Maslow bezeichnete die humanistische Psychologie als die „dritte Kraft“ in der Psychologie, da nur die humanistischen Ansätze die kreative, spontane und aktive Natur der Menschen betonen. Das Leben entwickelt sich, während die Menschen eine Welt für sich schaffen. In dieser Betrachtungsweise verschiebt sich die Betonung vom „Sein“ der Menschen zum „Werden“ der Menschen. Das bedeutet, bei der gesunden Persönlichkeit gibt es eine aktive Bewegung hin zur Selbsterfüllung. Die Bewegung für Selbstverwirklichung, die in den 1960er Jahren ihren Anfang nahm, stellt ein Beispiel für den existenzialistisch-humanistischen Ansatz zur Persönlichkeitsforschung dar, aber die Auswirkungen der humanistischen Ansätze zur Entwicklung einer gesunden Persönlichkeit sind in der gesamten Gesellschaft spürbar.

Der humanistische Psychoanalytiker Erich Fromm vertrat die Ansicht, dass Liebe eine Kunst ist – dass sie nichts ist, in das man hineinstolpert, und dass sie auch kein nebulöses Epiphänomen ohne wahre Bedeutung ist. Für die Liebe sind Wissen, Bemühungen und Erfahrungen notwendig. Fromm war besorgt darüber, dass wir in der modernen Gesellschaft von uns selbst, von anderen und von der Natur entfremdet sind. Wir versuchen, diese innere Entfremdung zu verbergen, indem wir „Spaß haben“. Wenn wir nicht versuchen, die Einsamkeit zu bekämpfen, indem wir uns liebevoll darum bemühen, anderen zu helfen, können wir der Last der Freiheit unter Umständen dadurch zu entkommen versuchen, indem wir unsere Freiheit beispielsweise zugunsten eines Diktators aufgeben. Für Fromm ist die reifste Persönlichkeit diejenige, die die normalen Anforderungen des Lebens überwindet und eine aktive, positive Identität aufbaut, welche eine produktive, respektvolle Liebe zu anderen Menschen umfasst. Wie Fromm vorhersagte, leidet heute die entfremdete, nicht mehr auf der Gemeinschaft beruhende US-amerikanische Gesellschaft immer mehr unter Gewalt, Scheidungen und inneren Unruhen.

Der einflussreiche humanistische Psychologe Carl Rogers glaubte ebenfalls, dass die Menschen eine inhärente Tendenz zur Entfaltung und zur Reifung aufweisen. Aber diese Reifung geschieht nicht zwangsläufig. Die Menschen können vielmehr in einer sie unterstützenden psychosozialen Umgebung ein Selbstverständnis entwickeln, wenn sie Verantwortung übernehmen.

Rogers zufolge handelt es sich bei einer psychologisch gesunden Person um eine Person, die ein umfassendes Selbstbild hat, das viele Gefühle und Erfahrungen verstehen und akzeptieren kann. Die innere Kontrolle ist gesünder als eine Kontrolle von außen. Von besonderer Bedeutung sind die Diskrepanzen zwischen dem, was eine Person von sich selbst denkt, und der gesamten Bandbreite ihrer Erfahrungen. Die Unfähigkeit, bestimmte Aspekte des eigenen Ich zu akzeptieren, ist ein Hindernis auf dem Weg zur persönlichen Entfaltung. Rogers sagt, dass eine Person „sie selbst werden sollte".

Einige existenzialistische Perspektiven sind nicht so zuversichtlich und optimistisch, sie konzentrieren sich stattdessen auf die Angst und die Furcht, die die Freiheit zur Schaffung einer eigenen Bedeutung mit sich bringt. Dieses Gefühl der Entfremdung in der modernen Gesellschaft wurde durch zwei Philosophen des neunzehnten Jahrhunderts vorhergesehen: Søren Kierkegaard, der die Bedeutung des menschlichen Glaubens betonte, und Friedrich Nietzsche, der die Bedeutung von Leidenschaft und Kreativität aufzeigte. In dieser Tradition gelang es Rollo May, die Kluft zwischen den existenzialistischen und den humanistischen Ansätzen zur Persönlichkeit mit der Konzentration auf die Angst zu überwinden, die jeden Versuch begleiten muss, ein vollständig erfülltes Leben zu leben. Solche existenzialistisch-humanistischen Ansätze haben enorme Auswirkungen auf Menschen, die mit lebensbedrohlichen Krankheiten konfrontiert sind.

Die Selbstverwirklichung ist der angeborene Prozess, mit dessen Hilfe die Menschen sich geistig entfalten und ihr Potenzial verwirklichen. Obwohl nur wenige Menschen vollständig selbstverwirklicht sind, war Abraham Maslow überzeugt, dass positive Erlebnisse und Gipfelerlebnisse einen bedeutenden Aspekt der Persönlichkeit bilden. Während eines Gipfelerlebnisses kann die Zeit stillzustehen scheinen und die unmittelbare Umgebung in den Hintergrund treten. Nach Maslow haben selbstverwirklichte Menschen realistische Kenntnisse über sich selbst und sie akzeptieren sich selbst. Sie sind unabhängig und spontan. Derartige Aspekte der humanistischen Psychologie ähneln sehr stark den Lehren westlicher und asiatischer Religionen. Maslow trug dazu bei, dass sich die Untersuchung der Persönlichkeit von der Untersuchung der Psychopathologie weg und hin zur Untersuchung der am besten angepassten und am stärksten selbstverwirklichten Menschen bewegte. Und in bester existenzialistischer Tradition verwies Maslow darüber hinaus auch darauf, dass die Wissenschaft nicht außerhalb der Menschen existieren kann, die sie schaffen. Folglich ist die Wissenschaft niemals wertfrei. Die existenzialistischen und humanistischen Theorien berücksichtigen wahre Kreativität und Heldentum.

Selbstverwirklichung ist nicht das Gleiche wie Glück. Obwohl sie nicht zwangsläufig die im traditionellen Sinne erfolgreichsten sind, sind die Menschen, die am besten rationalisieren können, am glücklichsten und zufriedensten. Sie sehen die Dinge so, dass sich alles immer zum Besten wendet. Darüber hinaus sind einige Menschen auch chronisch glücklicher, was wahrscheinlich wiederum auf innere, psychologische Prozesse zurückzuführen ist.

Das Glück ist keine einfache Funktion der Tatsache, dass eine Person sich in günstigen Umständen befindet. Vielmehr macht es glücklichen Menschen weniger aus, wenn ihre Peers bessere Leistungen bringen, und sie suchen Informationen, die „gute Nachrichten“ sind. Sie denken über positive Ereignisse in ihrem Leben nach und erinnern sich an solche Ereignisse, während die unglücklichen Menschen dazu neigen, sich auf negative Ereignisse zu konzentrieren und über ihre Probleme und ihren Kummer nachzugrübeln. Wie die Humanisten erklärten, haben glückliche Menschen eine gute Beziehung zu einer vertrauten, anderen Person, ein Gefühl des Sinns und der Hoffnung, sie helfen oft anderen Menschen und können auch ein Gefühl des Glaubens und des Vertrauens haben.

Die existenzialistisch-humanistischen Ansätze, die zwangsläufig idiographische Ansätze bilden, betrachten die individuellen Erfahrungen als einzigartig. Dieser Ansatz zur Persönlichkeit begünstigt auch die interkulturelle Untersuchung der Persönlichkeit und die Untersuchung ethnischer Gruppen. Seine Befürworter prangern die reduktionistische Psychologie vehement an, die versucht, die Menschen auf Triebe, Neuronen oder konditionierte Reflexe zu „reduzieren“. Andererseits haben Kritiker den humanistischen Ansätzen zur Persönlichkeit vorgeworfen, dass sie sich nicht ausreichend mit Logik und Vernunft beschäftigen, und in der Tat wurde auch der intellektuelle Urahn der humanistischen Psychologie, Jean-Jacques Rousseau, dafür verurteilt, dass er den Wert der Gefühle über den der Vernunft stellte.

Haupttheoretiker

Erich Fromm
Carl Rogers
Rollo May
Victor Frankl
Abraham Maslow

Zentrale Begriffe

Existenzialismus
In-der-Welt-Sein
Phänomenologisch
Nichtdeterministisch
Humanismus
Ich-Du-Dialog und Ich-Es-Monolog
Bewegung zur Selbstverwirklichung
Dialektischer Humanismus
Die erlebende Person
Rogers-Therapie

Selbstverwirklichung
Teleologie
Gipfelerlebnisse
Organismisch
Bedürfnishierarchie
Defizitbedürfnisse
Personal Orientation Inventory
Dialektische Spannung
Subjektives Wohlbefinden
Amerikanisches Paradoxon

Literaturempfehlungen

Csikszentmihalyi, M., & Larson, R. (1984). *Being adolescent: Conflict and growth in the teenage years.* New York: Basic Books.

Frankl, V. E. (1984). *Man's search for meaning.* New York: Washington Square Press.

Fromm, E. (1941). *Escape from freedom.* New York: Farrar & Rinehart.

Lowrey, R. (1973). *A. H. Maslow: An intellectual portrait.* Monterey: Brooks-Cole.

Maslow, A. H. (1994). *Motivation und Persönlichkeit.* Reinbek bei Hamburg: Rowohlt. May, R. (1969). *Love and will.* New York: Norton.

Meier, H. (1984). *Auf der Suche nach Sinn: Logotherapie mit Viktor E. Frankl.* FIM-Psychologie - Erlangen.

Myers, D. G. (2000). *The American paradox: Spiritual hunger in an age of plenty.* New Haven: Yale University Press.

Pervin, L. A. (2000). *Persönlichkeitstheorien: Freud, Adler, Jung, Rogers, Kelly, Cattell, Eysenck, Skinner, Bandura et al.* München: Reinhardt.

Rogers, C. R. (1961). *On becoming a person: A therapist's view of psychotherapy.* Boston: Houghton Mifflin.

Rogers, C. R. & Stevens, B. (1986). *Von Mensch zu Mensch: Möglichkeiten, sich und anderen zu begegnen*. Paderborn: Junfermann.

Rogers, C. R. (2000). *Die klientenzentrierte Gesprächspsychotherapie*. Frankfurt a. M.: Fischer.

Wexler, D. A., & Rice, L. N. (1974). *Innovations in client-centered therapy.* New York: Wiley.

Kapitel

10 Aspekte des Interaktionismus zwischen Person und Situation in der Persönlichkeit

In diesem Kapitel

Im Jahr 1927 wurde eine Reihe von Schulkindern in eine Situation gebracht, in der sie die Möglichkeit hatten, die richtigen Antworten auf Prüfungsfragen aus einem Prüfungsschlüssel abzuschreiben. Die Forscher wollten die Ehrlichkeit der Schüler messen. Wie zu erwarten war, betrogen manche der Schüler, während andere das nicht taten. Danach hatten sie die Gelegenheit, Geld zu „finden", das von den Forschern in einem Puzzlekarton versteckt worden war. Manche der Schüler behielten (stahlen) das Geld, andere taten das wiederum nicht. Wie sah die Persönlichkeit der Betrüger und der Diebe aus? Ein interessantes Ergebnis der Studie war, dass die Schüler, die bei einigen Aufgaben ehrlich erschienen, bei anderen Aufgaben unehrlich wirkten (Hartshorne & May, 1928). Es wurde keine „betrügerische Persönlichkeit" gefunden.

Überrascht dieses Ergebnis wirklich so sehr? Einerseits denken die meisten Menschen, dass sie sich deutlich von „Betrügern" unterscheiden, von denen sie denken, dass sie weggesperrt werden sollten. (Und wenn man diese Menschen bei einer Schummelei erwischt, behaupten sie möglicherweise: „Ich bin doch kein Betrüger.") Andererseits denken viele Menschen, dass sie im Grunde ehrlich sind, wissen aber, dass sie sich nicht in allen Situation vollkommen ehrlich verhalten. So stecken sie vielleicht falsch herausgegebenes Wechselgeld ein, lassen sich bei ihren Hausaufgaben helfen oder sie schummeln bei der Steuererklärung. Es gibt nur wenige Menschen, die immer ehrlich oder immer unehrlich sind.

Untersuchungen wie die „Betrüger-Studie" aus dem Jahr 1927, in denen das Verhalten zur Messung der Persönlichkeit beobachtet wird, haben den Vorteil, dass sie sich auf greifbare, bedeutungsvolle Daten stützen. Aber ein Problem entsteht aus der Tatsache, dass die Menschen sich nicht konsistent verhalten. Vielleicht sollten wir Autolycus in William Shakespeares *Wintermärchen* beipflichten, der erklärte: „Bin ich auch von Natur nicht ehrlich, so bin ich's doch zuweilen durch Zufall."

Derartige Inkonsistenzen führten dazu, dass die Forscher in den 1930er Jahren begannen, sich über die allgemeine Bedeutung der Persönlichkeit Gedanken zu machen. Diese Themen wurden dann in den 1960er Jahren von Forschern wiederaufgegriffen (Mischel, 1968). Wie können wir über die Persönlichkeit sprechen, wenn die Menschen ihr Verhalten von Situation zu Situation ändern? Indem sie sich diesen Fragen direkt zuwandten, ist es den Psychologen gelungen, bedeutende Fortschritte beim Verständnis der Interaktion der Persönlichkeit mit der sozialen Situation zu machen.

Die Begründer der modernen Persönlichkeitspsychologie beschäftigten sich mit den gleichen Problemen. Für Kurt Lewin (1935) war das Verhalten eindeutig eine Funktion sowohl der persönlichen Eigenschaften als auch der unmittelbaren sozialen Situation. In der Tat fasste er diese Ansicht in der folgenden Gleichung zusammen: $V = f\,(PxS)$ – das Verhalten (V) ist eine Funktion der Person (P) *und* der Situation (S) bzw. Umgebung. Allport (1961) befasste sich mit dieser schwierigen Frage und kam zu dem Schluss, dass ein Teil jedes Verhaltensmusters eine unveränderliche zugrunde liegende Prädisposition darstellt, dass allerdings der Antrieb zu handeln in verschiedenen Situation auf verschiedene Art und Weise realisiert wird. (Das wurde bereits in Kapitel 8 zu den Eigenschafts- und Fertigkeitsaspekten erörtert.) Und für Henry Murray (1938) motivierten Bedürfnisse das Individuum von innen heraus, *während* ein „Umwelteinfluss" (z.B. ein Konflikt in der Familie) das Individuum von außen beeinflusste.

Somit ist die Vorstellung, dass die Persönlichkeit und die Situation so interagieren, dass das Verhalten beeinflusst wird, keineswegs neu. Die Menschen drücken ihre Persönlichkeit in verschiedenen Situationen auf unterschiedliche Art und Weise aus. Neu an den Ansätzen des Interaktionismus zwischen Person und Umwelt in der Persönlichkeitspsychologie ist, dass sie ausdrücklich versuchen, die soziale Situation zu berücksichtigen. In diesem Kapitel werden die Wurzeln des interaktionistischen Ansatzes zur Persönlichkeit beschrieben und einige der modernsten Verwirklichungen dieses Ansatzes erläutert. Das hilft uns zu verstehen, wer ein Betrüger ist.

10.1 Harry Stack Sullivan: Die interpersonale Theorie der Psychiatrie

Stellen wir uns einen kleinen Jungen vor, dessen Bedürfnisse nach Liebe und Zärtlichkeit durch seine Mutter nicht erfüllt werden. Seine Mutter verhält sich unberechenbar, ist mit ihrem Leben unzufrieden und häufig abwesend. Sein Vater, der frustriert und emotionslos ist, zieht sich in sich selbst zurück. Stellen wir uns weiter vor, dass der Junge ein Katholik ist, der in einer voreingenommenen, protestantischen, bäuerlichen Gemeinschaft aufwächst. Zu guter Letzt kommt noch der Druck homosexueller Gefühle hinzu, die in einem Jungen aufkommen, der in einer aggressiv heterosexuellen Welt aufwächst. Das beschreibt die frühen Jahre im Leben des einflussreichen Psychiaters Harry Stack Sullivan (Chapman, 1976; Pearce, 1985; Perry, 1982). Obwohl Sullivan seine Theorien bereits in den 1940er Jahren aufstellte, sind seine Gedanken für die heutigen Theorien zur Persönlichkeit noch immer sehr bedeutsam.

Vielleicht liegt der einfachste Weg, einen der Beiträge Sullivans zur Persönlichkeitstheorie zu verstehen, darin, dass wir sein Konzept der „Kameradschaft" betrachten. Denken wir über die Einflüsse – die sozialen Situationen – auf einen zehnjährigen Jungen wie Harry nach. (Sullivan legte das Hauptaugenmerk auf Jungen, bei Mädchen ergeben sich allerdings analoge Aspekte.) Der Präadoleszente distanziert sich selbst in gewissem Maße von seinen Eltern, versucht allerdings ernsthaft, von seinen Peers akzeptiert zu werden. Bedeutende psychosoziale Bedrohungen für das Wohlbefinden liegen in Einsamkeit, Isolierung und Ablehnung. Dabei ist zu beachten, dass all diese Bedrohungen inhärent *sozial* sind: Es ergibt keinen Sinn, über Ablehnung zu sprechen, wenn es keine Gruppe gibt, die jemanden ablehnt. Für Sullivan war es von größter Bedeutung, die Gefühle der Angst zu verstehen, die aufkommen, wenn eine interpersonale Ablehnung auftritt. Folglich führt er eine gesunde oder ungesunde psychologische Entwicklung auf die Reaktionen der Peers zurück.

Abbildung 10.1:
Sullivans Konzept der Kameradschaft zufolge dienen die Freunde eines Präadoleszenten als sozialer Spiegel für die Herausbildung seiner Identität. So wie wir in einen richtigen Spiegel sehen, um unsere Kleidung zurechtzurücken, sehen wir in den Spiegel, den uns unsere Freunde vorhalten, um darin eine Rückmeldung über unsere Werte und über unsere persönlichen Stärken und Schwächen zu erhalten. Diese Vorstellung wurde aus dem soziologischen Konzept des sozialen Selbst abgeleitet.

10.1.1 Die interpersonale Theorie der Psychiatrie im Vergleich zur Theorie der Psychoanalyse

Wie viele einflussreiche Persönlichkeitstheoretiker war auch Sullivan mit den Konzepten der Psychoanalytik vertraut. Andere Theoretiker, die in der Psychoanalyse ausgebildet waren, z.B. Karen Horney und Erich Fromm, wendeten sich von Freuds Konzentration auf innere Triebe und Konflikte ab und betonten stattdessen die soziale Umgebung. Karen Horney und die Verfechter der Objektbeziehungstheorie (siehe Kapitel 4) beschäftigten sich stark mit der Angst, die bei Kindern durch unbeständiges Verhalten der Eltern hervorgerufen wird. Aber zu der wichtigen Verschiebung auf diesem Fachgebiet kam es durch Harry Stack Sullivan. Für Sullivan ist die Persönlichkeit untrennbar mit den sozialen Situationen verbunden; die Persönlichkeit ist „das relativ beständige Muster von sich wiederholenden interpersonalen Situationen“, die das Leben eines Menschen charakterisieren (Sullivan, 1953, S. 111). Sullivans Ansatz wird deshalb mitunter auch als die **interpersonale Theorie der Psychiatrie** bezeichnet. Sie konzentriert sich auf die sich wiederholenden sozialen Situationen, mit denen wir konfrontiert werden. Das stellt einen großen Bruch mit den Traditionen der Psychoanalyse und des Ich dar. Dabei ist zu beachten, dass diese Theorie auf halbem Weg zwischen der Betonung der inneren Aspekte durch die Psychoanalytiker und der Betonung der äußeren Aspekte durch die Behavioristen liegt.

Sullivans Ansatz ist wie der von Kurt Lewin eng mit der Sozialpsychologie verbunden. Sullivan (der wie Lewin seine wichtigsten Konzepte in den 1930er Jahren entwickelte) wurde stark durch die Chikagoer Schule der Soziologie und Psychologie beeinflusst, insbesondere durch George Herbert Mead (1968) und Edward Sapir.

Mead ist et al. für seine faszinierenden Veröffentlichungen zum **sozialen Selbst** bekannt. Das soziale Selbst beschreibt die Vorstellung, dass sich aus unseren Interaktionen mit den Menschen in unserer Umgebung entwickelt, wer wir sind und was wir von uns selbst halten. Während sich die Freudianer auf den inneren Kampf des Kindes mit Ödipuskonflikten konzentrierten, betrachtete Mead die laufenden sozialen Interaktionen des Kindes mit Bezugspersonen. Wenn ein Vierjähriger sagt: „Ich bin ein sehr schlauer und hübscher kleiner Junge“, wo kommt dieses Selbstbild her? Mead zufolge liegt der Ursprung dieser Ansicht eindeutig darin, wie das Kind seine Interaktionen und Diskussionen mit seinen Eltern versteht.

10.1.2 Die Persönlichkeit als Muster interpersonaler Interaktionen

Edward Sapir, dessen Einfluss auf Sullivan ebenfalls von großer Bedeutung ist, war ein Anthropologe, der vor allem durch seine Arbeit zum Thema Sprache und Kultur bekannt geworden ist. Bei der Untersuchung unterschiedlicher Kulturen stellte Sapir (1956) fest, dass das Verhalten stark durch die Kultur beeinflusst wird. Harry Stack Sullivan verband die Arbeit von Mead und Sapir und kam zu dem Schluss, dass beständige Muster menschlicher Beziehungen – durch Familie und Gesellschaft geprägt – den Kern der Persönlichkeit ausmachen. In diesem Sinn ähnelt Sullivans Arbeit der von Erik Erikson (die in Kapitel 4 erörtert wurde). Wie Erikson war auch Sullivan überzeugt, dass wir, um die Persönlichkeit verstehen zu können, sich wiederholende Muster sozialer Beziehungen in einem realen gesellschaftlichen Kontext betrachten müssen. Ein zehnjähriger Junge auf einer Farm, der keine Interaktionsmuster von Gegenseitigkeit und Wechselseitigkeit mit einem Freund entwickeln kann, weist unter Umständen ein hohes Risiko für ein von Einsamkeit und möglicherweise Verzweiflung gekennzeichnetes Leben auf.

Sullivan wurde 1892 im ländlichen Teil des Staates New York geboren. Sein früher Bildungsweg und seine medizinische Ausbildung waren mittelmäßig. Erste beruflichen Schritte unternahm er in einer Reihe von psychiatrischen Kliniken, und es gibt einige Hinweise darauf, dass Sullivan selbst sehr darum kämpfen musste, sein emotionales Gleichgewicht aufrechtzuerhalten. (Es scheint häufig so, als müsse man selbst unter einem Problem leiden, um es bei anderen erkennen zu können. Die Theoretiker stützen sich in ihren Theorien stark auf ihre eigenen persönlichen Erkenntnisse.) Aber seine Karriere machte große Fortschritte, während seine faszinierende Persönlichkeit und seine unorthodoxen Ansichten zunehmende Akzeptanz erfuhren. Obwohl er viel mit Horney gemeinsam hatte, war er kein Neofreudianer (Pearce, 1985). Für Sullivan baut sich die Persönlichkeit nicht um die unbewussten Triebe des Es auf und wird auch nicht in der frühen Kindheit festgelegt. Sie ändert sich vielmehr ständig als Funktion der Beziehungen zu anderen Menschen. Ironischerweise, aber vielleicht auch nicht überraschend starb Sullivan 1949 allein, nachdem er an einer Konferenz in Paris teilgenommen hatte.

Abbildung 10.2:
Die Studentin ist in der Seminarsituation sehr ernsthaft und gewissenhaft. Inwieweit können wir diese Information über sie verwenden, um ihr Verhalten in anderen Situationen vorherzusagen?

Für einen Persönlichkeitspsychologen wie Sullivan, der an das Konzept des sozialen Selbst glaubt, sind wir in verschiedenen sozialen Situationen tatsächlich „unterschiedliche Menschen"! Das bedeutet, in jeder sozialen Situation stellen wir uns vor, was die anderen von uns denken und reagieren dementsprechend. Manchmal ziehen Menschen in eine andere Stadt, um „noch einmal von vorn anzufangen" – sie wollen neuen Freunden, neuen Nachbarn und neuen Kollegen ein neues Bild von sich zeigen. Das kann gelingen, wenn die Menschen darauf achten, nicht in den Wiederaufbau alter Muster zu verfallen.

Oder ein Hochschulstudent könnte sich sehr anders verhalten, wenn er in den Ferien nach Hause zurückkehrt und dort mit alten Schulfreunden interagiert. Die Schulfreunde haben andere Erwartungen als die neuen Freunde von der Hochschule, und der Student reagiert entsprechend darauf. Die Situation beeinflusst die Persönlichkeit (ruft sie hervor). Dieses Konzept kann auf alle sozialen Situationen erweitert werden. Die Persönlichkeit entwickelt sich aus einer Kombination individueller Neigungen und der sozialen Situation. Und tatsächlich bezeichnete Sullivan die Vorstellung, dass eine Person eine einzige, festgelegte Persönlichkeit hat, als die **Illusion der Individualität**. In gewissem Sinn können wir über genauso viele Persönlichkeiten verfügen, wie über interpersonale Situationen.

Da die Persönlichkeit in erster Linie eine Funktion der sozialen Erwartungen ist, macht Sullivan die Gesellschaft (und nicht innere Neurosen) für die meisten Probleme des Individuums verantwortlich. Die Gesellschaft erdrückt demnach die Bedürfnisse des Individuums nach kreativer Entfaltung. Die Angst kommt von außen und nicht von innen. In dieser Hinsicht hat Sullivan viel mit den humanistischen und existenzialistischen Psychologen gemein. So vertrat Sullivan beispielsweise die Idee, dass es häufiger schadet als nützt, die „Geisteskranken" in „Sanatorien" wegzuschließen. Und tatsächlich änderte sich die Sozialpolitik langsam, und viele Irrenanstalten wurden geschlossen. Das ist ein Beispiel für die Auswirkungen, die die Persönlichkeitstheorie manchmal auf die Sozialpolitik haben kann. Sullivan war als Psychiater oft erfolgreich, indem er dafür sorgte, dass er und sein Personal für seine Patienten zu „Freunden" wurden. Er überwand viele seiner eigenen Probleme und war davon überzeugt, dass gesunde, positive interpersonale Beziehungen auch anderen Menschen bei der Überwindung ihrer Probleme helfen könnten.

Folglich sollte nach Sullivan das Hauptaugenmerk bei der Erforschung der Persönlichkeit auf der interpersonalen Situation und nicht auf der Person liegen. Mit dieser Betonung der sozialen Situation trugen Sullivan und andere, die die Sozialpsychologie gut verstanden, dazu bei, die Grundlagen für die modernen interaktionistischen Ansätze zu legen. Aber der vielleicht einflussreichste Wegbereiter der modernen Bewegung war Henry A. Murray.

10.2 Motivation und Ziele: Henry Murray

Im Jahr 1933 las Henry Murray den Kindern auf der Geburtstagsparty seiner Tochter eine Gruselgeschichte vor und stellte fest, dass sie ihre Angst auf andere projizierten – sie sahen die abgebildeten Männer als heimtückischer und bedrohlicher. Während des Zweiten Weltkriegs musste Murray auf seine Universitätsarbeit verzichten und setzte seine Theorien und Methoden für patriotische Zwecke ein – die US-Armee ließ ihn Männer untersuchen, die als Agenten ausgebildet und gefährliche Aufträge erhalten sollten. Murrays (1948) Team setzte dazu Befragungen und projektive Tests ein, entwickelte aber auch schwierige, mit Stress verbundene Situationen, auf die die ausgewählten Rekruten reagieren mussten. So stellten sie z. B. die Frage: Wer würde bis in eine gefährliche Höhe klettern und warum? Murray verband somit seine tief greifenden Kenntnisse der menschlichen Motivation mit seiner Sensibilität für soziale und Situationsanforderungen und entwickelte so eine Betrachtungsweise, die zu vielen weiteren Arbeiten geführt und viele Studenten motiviert hat. Nebenbei sei angemerkt, dass die für Spionage und Gegenspionage zuständigen Behörden, wie die CIA und das FBI, heute routinemäßig psychologische Untersuchungen an ihren potenziellen Mitarbeitern durchführen lassen.

Henry Murray bezeichnete die Persönlichkeitspsychologie als den „Bereich der Psychologie, der sich hauptsächlich mit der Untersuchung des Lebens der Menschen und der Faktoren, die ihren Lebensweg beeinflussen, befasst [und] in dem die individuellen Unterschiede untersucht werden“ (1938, S. 4). Da Murray die Persönlichkeitspsychologie als die Untersuchung des Lebens der Menschen über die Zeit hinweg betrachtete, beobachtete und analysierte er zwangsläufig die Interaktionen von Individuen und die Situationen, mit denen sie im Laufe ihres Lebens konfrontiert wurden. Murray integrierte die unbewussten Triebe nach Freud, Jung und Adler, den Umgebungsdruck nach Lewin und das differenzierte Eigenschaftskonzept nach Allport in einen umfassenden Ansatz zur Persönlichkeit. Folglich kann Murray als einer der wichtigsten Begründer des interaktionistischen Ansatzes zur Persönlichkeit betrachtet werden.

Henry Murray wurde in New York geboren und arbeitete als Arzt in der biochemischen Forschung (er erwarb an der Universität Cambridge den Doktorgrad), bevor er sich nach einem Besuch bei C. G. Jung in Zürich der Psychologie zuwandte. Murray wurde zunächst durch Jung und danach durch Franz Alexander, der auf dem Gebiet der psychosomatischen Medizin führend war, psychoanalysiert. Er berichtete, dass diese beiden Koryphäen ihn dazu hinführten, die große Macht der unbewussten Motivation zu erleben. Murray wurde Direktor der Harvard Psychological Clinic (in der Leute mit psychischen Problemen behandelt wurden), stellte aber fest, dass er durch die Untersuchung gesunder Menschen mehr lernen könnte. Er verschmolz psychoanalytische und neoanalytische Konzepte zu einer Grundlage für die empirische Forschung. Und er war einer der Ersten, die dies taten.

10.2.1 Das personologische System

Aufgrund seiner Betonung der Untersuchung des Reichtums des Lebens jeder Person bevorzugte Murray den Begriff „Personologie“ gegenüber dem Begriff „Persönlichkeitspsychologie“. Und noch heute bezeichnen sich Psychologen, die in Murrays Tradition arbeiten, häufig als „Personologen“. Murray wurde durch Alfred North Whitehead, einem Philosophen aus dem 20. Jahrhundert, dahingehend beeinflusst, dass er sich eher auf den „Prozess“ der Persönlichkeit konzentrierte, statt sich auf statische Konzepte, z. B. beständige Strukturen der Psyche, zu stützen. Systeme – dynamische Einflüsse mit Rückmeldungen – bilden den Schlüssel. Entsprechend wird seine Theorie auch als **personologisches System** bezeichnet.

Murray erfasste die integrierte, dynamische Natur des Individuums als komplexen Organismus, der auf eine spezifische Umgebung reagiert. Folglich hob Murray einerseits die Bedeutung von Bedürfnissen und Motivationen hervor – was sich als sehr einflussreich erwiesen hat. (Siehe Tabelle 10.1 für einige der von Murray bestimmten Bedürfnisse.) Andererseits betonte Murray auch den **Umwelteinfluss** – den Druck der Situation. Dabei handelt es sich um richtungsweisende Kräfte, die auf eine Person einwirken und von anderen Personen oder Ereignissen in der Umgebung ausgehen. So könnte beispielsweise die Tatsache, dass die Freunde in der Schule gute Noten erhalten, als Einfluss wirken, der die eigenen Bemühungen um gute Leistungen anspornt. Betrachten wir beispielsweise die

Frage, ob ein Schüler betrügt oder nicht: Wir könnten feststellen, dass sich ein hohes Leistungsbedürfnis mit einer Situation verbindet, in der bei geringem Risiko oder zu einem niedrigen Preis durch einen Betrug ein großer Vorteil erreicht werden kann. In dieser Situation wäre das Ergebnis ein Betrug.

Folglich akzeptierte (und studierte) Murray, anders als die Behavioristen wie Skinner, unbewusste Fantasien und physiologische Triebe. Im Gegensatz zu Eigenschaftstheoretikern wie Allport, die die innere Struktur und die Selbstkonsistenz betonten, hob Murray die sozialen Rollen und die Determinanten in der Situation hervor. Er war ein Humanist, der die Existenz der Kreativität akzeptierte und begrüßte, aber er erkannte auch an, dass ein Teil dieser Energie aus unbewussten Trieben entsteht. Vor allem aber untersuchte er die *Kombination* innerer Motivationen und äußerer Anforderungen.

Bedürfnis	Beschreibung
Geselligkeit / Soziales	Das Bedürfnis, anderen Menschen nahe zu sein und in einer angenehmen wechselseitigen Beziehung mit anderen zu stehen.
Autonomie	Das Bedürfnis, frei und von anderen unabhängig zu sein.
Dominanz	Das Bedürfnis, andere Menschen zu kontrollieren oder zu beeinflussen.
Bewunderung	Das Bedürfnis, gesehen und gehört zu werden, zu unterhalten und zu verführen.
Schmerzvermeidung	Das Bedürfnis, Verletzungen zu vermeiden, Vorsichtsmaßnahmen zu treffen.
Fürsorglichkeit	Das Bedürfnis, den Schwachen zu helfen, sie zu trösten und zu pflegen.
Ordnung	Das Bedürfnis nach Organisation und Ordentlichkeit.
Spiel	Das Bedürfnis nach Vergnügen und Spaß.
Sex	Das Bedürfnis, eine erotische Beziehung aufzubauen.
Unterstützung	Das Bedürfnis, umhegt, geliebt und kontrolliert zu werden.
Verständnis	Das Bedürfnis, zu spekulieren, zu analysieren und zu generalisieren.

Tabelle 10.1: Beispiele für die Bedürfnisse nach Murray
Anmerkung: Bedürfnisse sind innerlich (können aber durch den Umwelteinfluss provoziert werden,) und machen es notwendig, in der sozialen Umgebung Handlungen zu ergreifen. Folglich ist dieser Ansatz interaktionistisch. Beispiele für Umwelteinflüsse reichen von den einfachen Erfordernissen des Lebens, z. B. nicht im Regen zu stehen oder genug Nahrung zu bekommen, bis hin zu komplexeren soziopsychologischen Anforderungen wie dem Umgang mit Ablehnung oder Wettbewerb.
Quelle: nach Murray, 1938.

10.2.2 Thema

Abbildung 10.3:
Was passiert Ihrer Meinung nach auf diesem Bild? Bei Murrays Thematischen Apperzeptionstest (TAT) wird eine Person gebeten, etwas über ein mehrdeutiges Foto zu erzählen oder dieses Foto imaginär zu interpretieren. Die Antwort wird als Widerspiegelung eines für diese Person wichtigen Themas interpretiert.

Murray bezeichnete typische Kombinationen von Bedürfnissen und Anforderungen als **Thema**. Er maß diese mit seinem Thematischen Apperzeptionstest oder TAT. In diesem Zusammenhang sei daran erinnert, dass der TAT ein projektiver Test ist, bei dem einer Person eine Reihe von mehrdeutigen Bildern (beispielsweise von zwei Frauen, die Mutter und Tochter sein könnten) vorgelegt wird, und diese Person erzählt dann dazu eine Geschichte. Es handelt sich hier um einen „Apperzeptionstest", da die Person nicht das berichtet was sie sieht („Wahrnehmung") sondern eher eine Erzählung oder eine fiktive Interpretation darbietet. Die eigenen Bedürfnisse finden sich in dem mehrdeutigen Stimulus (werden auf diesen projiziert), genauso wie die Freunde von Murrays Tochter ihre eigenen Ängste auf die Bilder „bedrohlicher" Männer projiziert hatten. Daraus werden Themen der Identität abgeleitet. Wenn beispielsweise eine Frau, die den TAT macht, sagt, dass eine der beiden Frauen auf dem Signalbild wahrscheinlich eine liebevolle, freigebige, äußerst nette Person ist, die von zwei unsensiblen Partnern sitzen gelassen wurde, kann das für uns ein Hinweis darauf sein, dass ein solcher Konflikt ein organisierendes Thema oder Muster im Leben dieser Frau bildet. Das Thema ist eine Interaktion zwischen ihrem Bedürfnis, anderen geistig nah zu sein, und dem Umwelteinfluss der Männer, die sie trifft und die wollen, dass sie Sex ohne Liebe mit ihnen macht.

Obwohl die Gültigkeit des TAT als Maß der Persönlichkeit noch immer kontrovers diskutiert wird, scheint es doch so zu sein, als bildete er ein wertvolles Instrumentarium, wenn er nicht allein, sondern in Verbindung mit anderen Mitteln zur Aufdeckung der Themen, die die Identität einer Person bestimmen, eingesetzt wird. Murrays ausdrückliche Formulierung dieser Interaktion zwischen Bedürfnissen und Anforderungen lieferte den Eckpfeiler für die interaktionistischen Ansätze zur Persönlichkeit.

10.2.3 Der narrative Ansatz: Murrays Einfluss

Ein modernes Beispiel für Murrays Akzentsetzung in der Betrachtung der Persönlichkeit findet sich in der Arbeit des Psychologen Dan P. McAdams, der versucht, den Gesamtkontext des Lebens der „ganzen Person" zu untersuchen. Er tut dies (wie Murray verlangte) durch die Untersuchung der Motivationen mithilfe von Biographien – also von Lebensgeschichten. Dahinter steckt der Gedanke, dass die Geschichte des eigenen Lebens zur eigenen Identität wird. Dieser Ansatz wird mitunter als **narrativer Ansatz** zur Persönlichkeit bezeichnet. So untersucht McAdams (1991) beispielsweise das Intimitätsmotiv – das Bedürfnis, mit anderen Menschen auf vertraute Art und Weise umzugehen. Können wir dies in einem umfassenden Kontext untersuchen? Betrachten wir dazu den hypothetischen Fall von Susan.

Zunächst entwickelte Susan dank der positiven und stabilen Interaktionen während des frühen Kindesalters und in ihrer Kindheit (sie stand ihrer liebevollen Mutter sehr nah) ein vertrauensvolles Wesen. In der späteren Kindheit und während des Jugendalters las Susan gern Geschichten, die sich mit Liebe, Zusammenarbeit und Verbundenheit beschäftigten, und schloss sich entsprechenden Gruppen an (den Pfadfinderinnen, einer Jugendgruppe und dem Kirchenchor). Als Hochschulstudentin war Susan idealistisch und beschäftigte sich intensiv mit Fragen der Gerechtigkeit. Jetzt, in einer späteren Phase ihres Lebens, baut sie die Selbst-Identität einer altruistischen Helferin (z. B. Lehrerin, Ärztin, Kinderpsychologin) auf – sie ist Kinderärztin. Ihre Patienten und deren Eltern schätzen sie als aufrichtige und engagierte Ärztin, und Susan teilt gern die innersten Gefühle anderer. In fortgeschrittenem Alter könnte Susan zu einer „generativen" Seniorin (wie Erik Erikson es formulierte) werden, die einen positiven Beitrag für die zukünftigen Generationen leistet, indem sie als Mentorin Rat anbietet und für andere enge Vertraute ist.

In jeder Phase des Lebens führen innere Neigungen dazu, dass wir bestimmte Situationen suchen und auf diese reagieren, was wiederum dazu beiträgt, unsere Neigungen und unsere Identität weiter zu prägen. In einer Untersuchung zu diesen Themen wurden generative, mit Preisen ausgezeichnete Lehrer mehrere Stunden lang über ihr Leben – ihre wichtigen Erinnerungen – befragt, und diese Berichte wurden später durch speziell ausgebildete Bewerter kodiert. Wie von McAdams vorhergesehen, war es besonders wahrscheinlich, dass die Themen Liebe, Fürsorge und Gemeinschaft in den von diesen generativen Lehrern berichteten Identitäten auftauchten (Mansfield & McAdams, 1996).

10.2.4 Andere Einflüsse auf Murrays Ansatz

Murray wurde in erheblichen Maß durch die Feldtheorien des Sozialpsychologen Kurt Lewin beeinflusst. Lewin, der vor allem für seine These, dass das Verhalten eine Funktion der Person und der Umgebung ist, bekannt wurde, war davon allerdings im Sinn der **gleichzeitigen Kausation** überzeugt. Das bedeutet, das Verhalten wird *in dem betreffenden Moment* als Funktion einer Vielzahl von Einflussgrößen verursacht. Einige dieser Einflussgrößen können Überreste vergangenen Verhaltens oder früherer Ereignisse sein, aber Lewin (1947) und die anderen Feldtheoretiker glaubten nicht, dass frühere Ereignisse, z. B. ein Konflikt in der Kindheit oder unterdrückte Triebe, beim Erwachsenen Verhaltensweisen direkt verursachen. So könnte Lewin beispielsweise zur Erklärung der Frage, warum ein Mann Geld an sich genommen hat, das ihm nicht rechtmäßig gehört, akzeptieren, dass dieser Mann keine sehr starke moralische Erziehung genossen hatte, aber er würde die Versuchungen des Augenblicks und das Fehlen von Hemmungen in der Situation betonen. Murrays Konzept von Bedürfnissen verband ihn allerdings enger mit den dynamischen Motivationskonzepten von Neoanalytikern wie Jung, die die unbewusste Motivation als wichtiges Element der Persönlichkeit ansahen. Diesem Konzept fügte Murray das Gewicht der Umwelteinflüsse und die organische Qualität des Verhaltens über die Zeit hinweg hinzu.

Auch die Behavioristen, wie B. F. Skinner, beeinflussten Murray und den Wechsel zu einem stärker interaktionistisch geprägten Ansatz. Wie bereits aufgezeigt wurde, existiert für Skinner die Persönlichkeit in der Umgebung und nicht im Individuum – in diesem Sinn sind wir das, was verstärkt wird. Skinner zufolge rufen ähnliche Situationen ähnliche Reaktionen hervor. Diese Konzepte ebneten den Weg für die Vertreter des Interaktionismus, da es nun selbstverständlicher wurde, die Auswirkungen der Situation stärker zu berücksichtigen. Murrays Betrachtungsweise unterschied sich natürlich sehr, sehr stark vom Standpunkt Skinners, aber trotzdem nahm Murray (der Skinner in Harvard kennen gelernt hatte) beträchtliche Situationseinflüsse in seine Theorie auf. Und schließlich wurden Murray und seine Studenten auch von den humanistischen Vorstellungen von inneren Trieben hin zu Kreativität und Selbstverwirklichung beeinflusst.

Zusammengefasst lässt sich sagen, von den 1930er bis 1950er Jahren beschäftigten sich verschiedene Theoretiker mit Methoden, die über die inneren, auf der Person beruhenden Konzepte der Persönlichkeit hinausgingen, und bemühten sich, die Einflüsse der Situation und die Interaktion zwischen der Person und der Situation zu verbinden. Harry Stack Sullivan konzentrierte sich ganz auf die sich wiederholende soziale Situation. Für Sullivan existierte die Persönlichkeit nicht außerhalb der sozialen Beziehungen. Für Henry Murray bringt das Individuum Bedürfnisse und Motivationen in sich wiederholende Situationen mit. Gemeinsam legten die Konzepte dieser scharfsinnigen Theoretiker und ihrer Kollegen die Grundlagen für die modernen interaktionistischen Ansätze dazu, was es bedeutet, eine Person zu sein.

10.3 Der Beginn der modernen interaktionistischen Ansätze

Im Jahr 1968 löste der Psychologe Walter Mischel erneut beträchtliches Interesse an den interaktionistischen Ansätzen aus (man fühlt sich dabei an die Durchbrüche der 1930er Jahre erinnert), indem er argumentierte, dass das Verhalten einer Person sich von Situation zu Situation so stark unterscheidet, dass es einfach nicht sinnvoll ist, in den Begriffen von umfassenden Persönlichkeitseigenschaften zu denken.

10.3.1 Mischels Kritik

Bis zu diesem Zeitpunkt hatte die Feststellung, dass die Situationen das Verhalten beeinflussen, bereits Anerkennung gefunden hatte. Mischel (1968) betrachtete nun den *Umfang* der Beziehungen zwischen dem Verhalten einer Person in den verschiedenen Situationen und deren Variabilität. Er vertrat die Ansicht, dass es unabhängig von der Eigenschaft bzw. vom Thema unmöglich sei, auf der Grundlage eines früheren Maßes der Eigenschaften der betreffenden Person vorherzusagen, was diese Person tun würde. So hat beispielsweise eine Person möglicherweise Angst, vor einer Gruppe von Menschen zu sprechen, während eine andere Person die gleiche Reaktion auf dem Gipfel eines Berges zeigt und eine dritte Person solche Gefühle verspürt, wenn sie sich mit dem Geliebten trifft – diese Variationen können nicht durch eine allgemeine Eigenschaft der Angst und Furcht erklärt werden. Sollten wir also aufhören zu versuchen, die Persönlichkeit zu verstehen und zu bewerten, und stattdessen die Situationen betrachten, die das Verhalten beeinflussen?

Viele von Mischels Argumenten beruhten auf dem Umfang der Beziehungen zwischen der Persönlichkeit und dem Verhalten und zwischen den Verhaltensweisen in verschiedenen Situationen. Wie gut können wir das Verhalten der Menschen vorhersagen, wenn wir etwas über ihre Eigenschaften wissen, und wie konsistent ist dieses auf der Persönlichkeit beruhende Verhalten in verschiedenen Situationen?

Mischel stützte sich auf den Korrelationskoeffizienten *r*. Wie bereits aufgezeigt wurde, gibt diese statistische Zahl an, wie gut eine Variable eine andere Variable vorhersagt bzw. wie eng sie mit dieser korreliert. So ist beispielsweise der Koeffizient bei einer vollkommen positiven Korrelation gleich 1,0. (Dies würde z. B. bedeuten, dass wir, wenn wir wissen, dass eine Frau extrovertiert ist, bei ihr immer zutreffend extrovertiertes Verhalten vorhersagen können.) Mischel vertrat allerdings die Ansicht, dass die meisten der Korrelationen, die Eigenschaften umfassen, weniger als 0,30 oder geringfügig mehr betragen. Aus diesem Grund ist es wenig sinnvoll, über Persönlichkeitseigenschaften zu sprechen; es gibt vielmehr produktivere Methoden zur Betrachtung dieser Fragen.

Dieser Analyse haften allerdings zwei Probleme an. Erstens beruht sie auf der Annahme eines festgelegten, einfachen Modells der Persönlichkeit, bei dem die Eigenschaften direkt zum Verhalten führen. Zweitens, was bedeutet es, wenn wir sagen, dass die meisten Korrelationen der Persönlichkeit mit dem Verhalten „nur" 0,30 betragen?

Wie im vorliegenden Buch bereits wiederholt aufgezeigt wurde, besteht kein Grund zu erwarten, dass die Eigenschaften oder andere Aspekte der Persönlichkeit vollkommene, unmittelbare Anzeiger eines bestimmten Verhaltens sind. Die Persönlichkeit ist kompliziert, und das Verhalten hängt zum Teil von der Situation ab. Es wurde aufgezeigt, dass die Persönlichkeit (beispielsweise in der Betrachtung der Neoanalytiker) mitunter Gegensätze umfasst; so können z. B. Gefühle der Minderwertigkeit dazu führen, dass ein Individuum sich überlegen verhält. Wenn ein Mann mit einem Adler'schen Minderwertigkeitskomplex versucht, dies durch überlegenes Verhalten zu kompensieren (zu bewältigen) oder wenn ein Mann, der seine Psyche gegen einen starken Geschlechtstrieb verteidigt, sich puritanisch und prüde verhält, kann sein Verhalten unvorhersehbar erscheinen – aber nur so lange, bis wir die zugrunde liegende Dynamik der Persönlichkeit besser verstehen. (Siehe den Kasten „Selbstverständnis" auf S. 455.)

Darüber hinaus wurde bereits aufgezeigt, dass die Variabilität durch den Eigenschaftspsychologen Gordon Allport sehr wohl erkannt worden war, der argumentierte, dass das Verhalten zwar variabel ist, dass aber bei jeder Person auch ein konstanter Teil der Persönlichkeit besteht. Anders gesagt, die veränderlichen Aspekte des Verhaltens werden stets von einem unveränderlichen Teil begleitet. Allport war davon überzeugt, dass Regelmäßigkeiten entstehen, da (1) das Individuum viele Situationen und Reize auf die gleiche Art und Weise sieht und (2) viele der Verhaltensweisen des Individuums sich in ihrer Bedeutung ähneln – sie sind *funktionell äquivalent*. So kann ein Rassist in verschiedenen Situationen unterschiedliche Dinge tun, aber all diese Verhaltensweisen können sich aus seiner rassistischen Persönlichkeitsstruktur herleiten. Selbst der biologische Ansatz zur Betrachtung der Persönlichkeit (Kapitel 5) beruht nicht auf der Annahme einer unveränderlichen Verbindung zwischen Neigungen und Verhaltensweisen, sondern vielmehr auf der Ansicht, dass sich jede biologische Neigung in einer bestimmten Umgebung entwickelt und realisiert.

Die zweite Beschränkung von Mischels Analyse ist die Annahme, dass eine Korrelation zwischen Persönlichkeit und Verhalten (die sich in Persönlichkeitsuntersuchungen zeigt) von „nur" $r = 0{,}30$ oder 0,40 gering ist. Statistisch wäre eine solche Korrelation gering, *wenn* wir erwarten, dass wir vollkommene Vorhersagen treffen können. Aber im realen Leben wird eine Auswirkung dieses Ausmaßes häufig als sehr wichtig und bedeutungsvoll betrachtet. So sind z. B. die Auswirkungen der Aufnahme von Cholesterin mit der Nahrung auf das Mortalitätsrisiko, die Auswirkungen von Airbags auf die Sterblichkeitsrate bei Autounfällen und die Auswirkungen von Treibhausgasen auf die globale Erwärmung allesamt geringer als die angegebenen Werte. Trotzdem würde sie niemand als irrelevant verwerfen. Von diesem Standpunkt aus betrachtet, erzielen die Persönlichkeitseigenschaften recht gute Ergebnisse bei der Vorhersage des Verhaltens. Darüber hinaus können wir sogar noch bessere Ergebnisse erreichen, wenn wir berücksichtigen, dass manche Eigenschaften nur für das Verständnis mancher Menschen bzw. mancher Situationen hilfreich sind.

Das Argument, dass die Persönlichkeit kein gültiges Konzept ist, weil es nicht hochgradig mit dem Verhalten in unterschiedlichen Situation korreliert ist, beinhaltet die implizite Annahme, dass es wichtiger ist, die Situationen zu verstehen als die Menschen. Wenn die Eigenschaften das Verhalten nicht genau vorhersagen, sollen wir uns auf die Situationen konzentrieren. Wenn wir allerdings den Einfluss der Situationen auf das Verhalten untersuchen, stellen wir fest, dass die Situationen das Verhalten auch nicht besser vorhersagen. Die meisten Untersuchungen in der Sozialpsychologie (in denen Situationen manipuliert werden) weisen ebenfalls eine Wirkungsgröße im Bereich von ungefähr $r = 0{,}30$ auf (Funder & Ozer, 1983). Es stimmt, dass eine schüchterne Person mitunter auf einer Party recht gesellig und sogar sehr laut sein kann, es stimmt aber auch, dass das Verhalten einer Person auf einer Party kein perfekter Anzeiger für das Verhalten dieser Person in anderen Situationen ist! Trotzdem diente Mischels Arbeit einem sehr nützlichen Zweck, indem sie weitere Aufmerksamkeit auf die Interaktion der Person und der Situation lenkte, was von Anfang an eines seiner wichtigsten Ziele darstellte.

Selbstverständnis

Menschen in der Zeit

Obwohl es viele Beweise dafür gibt, dass die Menschen sich in verschiedenen Situationen und zu verschiedenen Zeiten unterschiedlich verhalten und obwohl die Menschen sich im Laufe ihrer Entwicklung und des Alterungsprozesses verändern können, sollten wir vielleicht in unserer Suche nach der Persönlichkeit nicht zu rigide und erwartungsvoll sein. Vielmehr sollten wir vielleicht versuchen, diese Variationen in unsere Persönlichkeitstheorien einzubauen und sie zu berücksichtigen.

Eine Möglichkeit dazu besteht in der Klassifizierung der Menschen im Hinblick darauf, wie konsistent sie in einer bestimmten Eigenschaft sind (Bem & Allen, 1974). So können wir die Menschen z. B. fragen, ob sie konsistent freundlich oder konsistent ehrlich sind. Einige ehrliche Menschen, z. B. Geistliche, können in der Tat aus einer Vielzahl von Gründen über verschiedene Situationen hinweg ehrlich sein. Tatsächlich gibt es Beweise dafür, dass es bei Menschen im Hinblick auf die Konsistenz Unterschiede gibt; die Eigenschaften können das Verhalten von Menschen viel besser vorhersagen, die im Hinblick auf eine Eigenschaft konsistent sind.

Wir könnten auch die Stabilität der Identität einer Person untersuchen. Ein Mensch, dessen Identität sich noch entwickelt, z. B. Teenager, oder ein Mensch aus einer instabilen Familie kann sich im Vergleich mit einem Menschen, dessen Identität viel gefestigter ist, eventuell inkonsistent verhalten. Ebenso kann sich ein Mensch, der mit bedeutenden Herausforderungen seiner Selbst-Identität konfrontiert wird, z. B. bei einer Scheidung, einem großen Umzug oder dem Verlust des Arbeitsplatzes, in einer Zeit des Übergangs inkonsistent verhalten, während er sich später eventuell viel konsistenter verhält.

Schließlich können wir die Menschen im Hinblick auf ihre Lebenswege und Lebensläufe analysieren. Eine Abweichung des Verhaltens, die isoliert betrachtet rätselhaft erscheint, kann Sinn ergeben, wenn die gesamte Lebensgeschichte des betreffenden Menschen untersucht wird. Ein Rebellenführer kann gegenüber seinen Verbündeten warmherzig und fürsorglich erscheinen, während er gegenüber seinen Unterdrückern erstaunlich feindselig und verschlagen wirken kann – aber nur während der Zeit des Konflikts.

Das können Sie auch selbst versuchen, entweder indem Sie mit einem engen Freund sprechen oder indem Sie die Biographie einer berühmten Person studieren. Sie könnten das Ausmaß untersuchen, zu dem die Zielperson im Hinblick auf eine Reihe von Verhaltensweisen konsistent sein will (wie das bei jemandem der Fall sein kann, der sich für eine ihm am Herzen liegende Sache engagiert) oder andererseits die Notwendigkeit verspürt, sich den Umständen entsprechend zu verhalten (wie das bei einem Politiker der Fall sein könnte). Sie könnten untersuchen, inwieweit das Verhalten der betreffenden Person in Zeiten der Veränderung und des Identitätswandels, z. B. bei einer Änderung der beruflichen Laufbahn, variabler ist. Schließlich könnten Sie noch untersuchen, inwieweit die Inkonsistenzen angesichts der langfristigen Lebensziele oder der langfristigen Ideologie leichter zu verstehen sind.

10.3.2 Mischels Theorie

Mischel wurde 1930 in Wien geboren, kam früh in die Vereinigten Staaten und lebte in New York. Er studierte am City College von New York, absolvierte ein Fachstudium in klinischer Psychologie an der Ohio State University und arbeitete mit Psychologen zusammen, die sowohl einen kognitiven als auch einen lerntheoretischen Ansatz zur Persönlichkeitspsychologie verfolgten. In seiner Zeit als Professor an der Universität Stanford wurde er auch durch Albert Banduras Theorien des sozialen Lernens beeinflusst.

Wenn Ihnen auf einer Geburtstagsfeier ein Stück Schokoladenkuchen angeboten wird, schlingen Sie es herunter und hoffen auf einen Nachschlag, oder schieben Sie es zur Seite, damit sie in einer Weile wieder in Ihre schöne enge Hose passen? Mischels frühe Arbeit beschäftigte sich hauptsächlich mit kognitiven und Situationsfaktoren (d. h. den Faktoren des sozialen Lernens), die Verhaltensweisen, wie die Belohnungsverzögerung bei Kindern, beeinflussen. Die **Belohnungsverzögerung** ist ein spezifischer Aspekt der Selbstkontrolle, der auftritt, wenn ein Individuum sich entscheidet, auf einen unmittelbaren Verstärker zu verzichten, um auf einen späteren, besseren Verstärker zu warten. Mischel untersuchte die Variablen, die die Fähigkeit des Individuums zur Belohnungsverzögerung beeinflussen: das Beobachtungslernen (wenn man sieht, dass eine andere Person eine Belohnung aufschiebt), die Sichtbarkeit des gewünschten Objekts (hierbei gilt, dass aus dem Auge tatsächlich auch aus dem Sinn heißt) und die kognitiven Strategien, wie das Denken an andere Dinge (Ablenkung).

In der jüngeren Vergangenheit untersuchte Mischel die individuellen Unterschiede in den Bedeutungen, die Menschen Reizen und Verstärkungen zuweisen – er bezeichnet diese persönlichen Bedeutungen als **Strategien** oder Stile. Mischel vertritt die Ansicht, dass diese „kognitiven Persönlichkeitsmerkmale“ durch Erfahrungen mit Situationen und deren Belohnungen gelernt werden. Folglich verleiht Mischel trotz seiner offensichtlichen Betonung der Situation (die sich aus der kognitiven Psychologie und den Theorien des Lernens entwickelte) den inneren Persönlichkeitsmerkmalen, die der Persönlichkeit verdächtig ähneln, eine gewisse Glaubwürdigkeit. Anders gesagt, der Ansatz zur Persönlichkeit wurde durch die Bewertung der Stärken und Schwächen der vorangegangenen Ansätze zur Persönlichkeit verbessert.

Insbesondere erörterte Mischel vier Persönlichkeitsvariablen: **Kompetenzen** – die Fähigkeiten und Kompetenzen der Person; **Enkodierungsstrategien** – die zur Verarbeitung und Enkodierung von Informationen eingesetzten Schemata und Mechanismen; **Erwartungen**, einschließlich der Ergebniserwartungen für das eigene Verhalten und der Selbstwirkungserwartungen; und **Pläne**. Seine Untersuchungen beweisen, dass die Persönlichkeit nicht nur ein innerer Zustand ist, der das Individuum unabhängig von der Situation zu einem bestimmten Verhalten drängt und dass das Individuum nicht nur einfach den Ereignissen in der Umgebung ausgeliefert ist. Stattdessen sind die Handlungen eines Individuums, wie die Belohnungsverzögerung, das Ergebnis von sowohl Zwängen aus der Umgebung (wie z. B. die Sichtbarkeit des gewünschten Objekts bzw. die Erfahrung mit diesem) als auch innerer, kognitiver Eigenschaften des Individuums (wie z. B. Selbststeuerungsstrategien). Insgesamt betrachtet unterstützt diese Arbeit die grundlegende Lehre, dass die Person, ihr Verhalten und die Umgebung kontinuierlich interagieren und sich gegenseitig beeinflussen. Wir verfügen über eine Persönlichkeit, aber diese befindet sich ständig im Fluss.

Mischel und seine Kollegen (z.B. Mischel & Shoda, 1995) stellten in einem Großteil der Forschung, die diesen sozial-kognitiven Ansatz zur Persönlichkeit verfolgt, fest, dass ein Teil der „Konsistenz" der Persönlichkeit der Ähnlichkeit der wahrgenommenen Merkmale von Situationen zuzuschreiben ist – das bedeutet, die Menschen identifizieren Beziehungen zwischen der Situation und dem Verhalten, die zu **Verhaltenssignaturen** ihrer Persönlichkeit werden (Shoda, Mischel & Wright, 1994). Diese Signaturen sind idiographisch (individuell) (Lord, 1982). In gewissem Sinn können wir sagen, dass die Persönlichkeit genau genommen die Interaktion bzw. den „Schnittpunkt" der kognitiven Eigenschaften der „Person" und der Umgebung bildet (Krahe, 1990). Ebenso wird die Persönlichkeit manchmal als „Transaktion" betrachtet, die auftritt, wenn die einzigartigen persönlichen Strategien und Stile eines Menschen mit denen anderer Menschen interagieren (Thorne, 1987). Das sind modernere Konzepte zum sozialen Wesen der Persönlichkeit, die Harry Stack Sullivan so überzeugend vertrat. Diese Konzepte sind heute in den modernen Ansätzen zur Persönlichkeitspsychologie weit verbreitet (Ozer, 1986).

10.4 Die implizite Persönlichkeitstheorie

Wenn wirklich nur eine begrenzte Gültigkeit dafür besteht, wie gut die Eigenschaften zur Beschreibung von Menschen und zur Vorhersage des Verhaltens von Menschen unmittelbar eingesetzt werden können, warum verlassen wir uns dann so oft auf sie? Warum scheinen die Menschen in ihrem alltäglichen Leben also anzunehmen, dass die Eigenschaften nicht nur real, sondern auch bedeutsam sind, und machen Bemerkungen wie: „Sie ist sehr extrovertiert", „Er ist so schüchtern", „Sie ist recht gewissenhaft" und so weiter? Einer Erklärung zufolge befinden sich die Eigenschaften im Kopf des Beobachters. Dieser Ansatz leitet sich aus der kognitiven Betrachtungsweise der Persönlichkeit ab.

10.4.1 Attributionen

In den Attributionstheorien auf dem Gebiet der Sozialpsychologie wurden die Methoden untersucht, mit denen wir Schlussfolgerungen über das Verhalten anderer Menschen ziehen. Dabei wird häufig festgestellt, dass wir Vorurteile haben und bei der Beurteilung anderer Menschen Fehler machen (Jones & Nisbett, 1987). So ist es beispielsweise wahrscheinlich, dass wir ein bei einem Freund beobachtetes Verhalten als Schrulle erklären, während der Freund dasselbe Verhalten als durch die Situation bestimmt betrachtet. So können wir z. B. unseren Freund Sam als egoistisch oder ängstlich ansehen, weil er es ablehnt, bei einer Blutspendeaktion Blut zu spenden, während Sam unter Umständen weiß, dass er mit Hepatitis in Berührung gekommen ist und aus diesem Grund kein akzeptabler Spender ist und dass seine Eltern darüber hinaus dieses Verhalten missbilligen. Anders gesagt: Wir konzentrieren uns als Beobachter auf Sams spezielles Verhalten und ziehen eine Schlussfolgerung über seine Persönlichkeit, während Sam andere Kräfte sieht, die ihn dazu zwingen sich so zu verhalten, wie er es tut. Da wir diese Kräfte nicht wahrnehmen, erklären wir das Verhalten übermäßig – und falsch – im Hinblick auf die Persönlichkeit.

Ähnlich sind die Menschen auch bereit, auf Stereotypen zurückzugreifen, um ihre Sichtweise der Welt zu vereinfachen. Wenn also z. B. der Mitarbeiter in der Lebensmittelabteilung des Supermarkts schrille Kleidung trägt, eine Narbe im Gesicht hat und mit schwerem Akzent spricht, könnten wir zu einigen Schlussfolgerungen über seine Persönlichkeit kommen (darüber, was für eine Art von Mensch er ist), obwohl wir so gut wir gar nichts über ihn wissen. Diese Einordnung in ein bestimmtes Stereotyp fällt uns noch leichter, wenn wir die betreffende Person nur in einigen wenigen Situationen sehen.

So erleben wir beispielsweise einen Professor immer nur in formellen Situationen – im Vorlesungssaal oder seinem Büro – und folglich könnten wir annehmen, dass dieser Professor ein eher strenger und ernsthafter Mensch ist. Wenn wir diesen Professor allerdings im Urlaub auf Hawaii oder beim Flirten auf einer Party bzw. beim Tanzen in einem Nachtclub sehen würden, könnten wir zu einer ganz anderen Schlussfolgerung kommen. Häufig verallgemeinern wir die Persönlichkeit eines Menschen übermäßig. Das bedeutet allerdings nicht, dass wir keine bessere Schlussfolgerung ziehen könnten, wenn wir uns um eine umfassendere Bewertung bemühen würden.

Mit dieser Analyse ist das Konzept verbunden, dass die Menschen zu einer Überschätzung der Konsistenzen ihres eigenen Verhaltens neigen. Wenn wir überzeugt sind, dass wir ehrlich sind, tendieren wir dazu, sämtliche unserer Verhaltensweisen, die als unehrlich angesehen werden könnten, zu ignorieren, zu vergessen oder zu rationalisieren. Wir wünschen uns häufig ein konsistentes Selbstbild. Dann können wir andere Menschen davon überzeugen, dass wir über diese stabile Eigenschaft verfügen.

10.4.2 Die Validität

Obwohl mitunter Vorurteile dazu führen, dass wir das Verhalten übermäßig auf die Persönlichkeit zurückführen und deren Bedeutung mitunter übermäßig betonen, deutet die neuere Forschung darauf hin, dass gute Gründe dafür bestehen, zu glauben, dass einige Aspekte dieser Schlussfolgerungen über die Persönlichkeit über Validität verfügen (Funder, 1987; Funder, Kolar & Blackman, 1995). Die systematische Untersuchung deutet darauf hin, dass im Allgemeinen ausreichende Beweise für die Validität unserer Schlussfolgerungen bestehen, obwohl wir mitunter mit Vorurteilen behaftete oder verzerrte Schlussfolgerungen ziehen. So neigen beispielsweise unterschiedliche Personen, die eine Persönlichkeit beurteilen sollen (z. B. wenn Ihre Eltern, Freunde oder Kommilitonen Ihre Persönlichkeit beurteilen sollen), zur Übereinstimmung, und die Kenntnis der Zielperson im gleichen Kontext verbessert die Inter-Rater-Reliabilität (Übereinstimmung zwischen den Beurteilern), ist aber für diese nicht notwendig –situationsübergreifende Konsistenz kommt häufig vor. Darüber hinaus zeigt sich bei Persönlichkeitsbeurteilungen durch Bekannte eine stärkere Übereinstimmung unter der Beurteilern (sowie auch eine Übereinstimmung mit den eigenen Beurteilungen der Persönlichkeit der betreffenden Person) als bei den Beurteilungen durch Fremde. Das bedeutet, dass die Beobachter in ihren Beurteilungen der Persönlichkeit übereinstimmen und dass diese Inter-Rater-Reliabilität zumindest zum Teil aus einer gegenseitigen Genauigkeit der Beurteilung entsteht.

10.5 Die Macht der Situationen

Ein Grund, aus dem die Persönlichkeit mitunter nur schlecht zur Vorhersage des Verhaltens geeignet ist, besteht darin, dass die Macht der Situation manchmal so groß ist, dass sie unsere Neigungen außer Kraft setzt. Ein extremes Beispiel dafür wäre, wenn eine ruhige und rationale Person sich aufgeregt und irrational verhält, wenn in einem Theater, in dem sie sich befindet, ein Feuer ausbricht und die Menge in Panik gerät und zu den Ausgängen drängt.

Oder betrachten wir das Beispiel von Hochschulstudenten in den späten 1960er Jahren, die plötzlich in Protesten gegen den Vietnamkrieg und der Hippie-Revolution gegen das Establishment verwickelt waren. Selbst einige der bravsten und gesetzestreuesten jungen Menschen nahmen damals illegale Drogen (auch wenn sie vielleicht nicht inhaliert haben), verbrannten ihre Einberufungsbefehle, nahmen an verbotenen Demonstrationen teil und so weiter. In noch größerem Ausmaß kooperierten Millionen von ansonsten anständigen und gläubigen Deutschen mit dem Nazi-Regime, trotz seiner Konzentrationslager und Invasionen. Es wäre töricht zu versuchen, solche Verhaltensweisen ausschließlich im Hinblick auf innere Persönlichkeitsstrukturen zu erklären. Mitunter ist die Macht der Situation nahezu überwältigend. Diese Analyse leitet sich aus dem behavioristischen Ansatz B. F. Skinners (dem zufolge Verstärkungen das Verhalten bestimmen) und dem phänomenologischen Ansatz der Feldtheorie von Kurt Lewin her (dem zufolge der in dem Moment wahrgenommene Druck den größten Einfluss auf das Verhalten ausübt).

Aber es wäre auch eine grobe Vereinfachung, wenn wir den Gehorsam der Deutschen gegenüber Hitler nur im Hinblick auf die Situation erklären würden (Blass, 1991). Manche Menschen lassen sich gern in einer autoritären Bewegung mitreißen, während andere stärker zögern und wieder andere aktiven Widerstand leisten. Häufig hängt die Macht der Situation über unsere Handlungen von der Quelle unserer Identität in dieser Situation ab (Milgram, 1974). So widersetzten sich beispielsweise einzelne Geistliche, die ihre Identität aus höheren moralischen Grundsätzen herleiteten, den Nazis aktiv, obwohl die kirchlichen Organisationen in Deutschland und Italien dies nicht taten.

10.5.1 Die Relevanz der Eigenschaften

In der modernen Arbeit auf dem Gebiet der Persönlichkeitspsychologie wird mitunter versucht, sich direkt auf die Relevanz der Eigenschaften zu konzentrieren. Genau wie Allport argumentiert hat, scheint es wahrscheinlich, dass nicht alle Eigenschaften für alle Menschen gleich relevant sind. Darüber hinaus liefern bestimmte Situationen eine Möglichkeit dafür, bestimmte Eigenschaften auszudrücken (Britt & Shepperd, 1999; Tett & Guterman, 2000). Wenn ein Mensch beispielsweise eine hohe Risikobereitschaft aufweist und diese Eigenschaft für seine Persönlichkeit von zentraler Bedeutung ist, kann sie sich in Situationen, wie Reisen an exotische Orte oder den Wechsel an einen neuen Arbeitsplatz, als relevant erweisen, aber in anderen Situationen von geringerer Bedeutung sein, wenn er sich z. B. bemüht, einem Freund zu helfen. Für andere Menschen wiederum wäre die Risikobereitschaft keine sehr nützliche Eigenschaft für die Prognose des Verhaltens in irgendeiner Situation.

10.5.2 Die Konsistenz innerhalb von Situationen

Bei der Betonung der Situationen in den interaktionistischen Ansätzen liegt ein Schlüsselproblem in der Entscheidung darüber, wie die Situationen klassifiziert werden sollen. Betrachten wir dazu als Beispiel den Fall von Michael, der sich selbst als ziemlich schüchtern beschreibt. Wenn er gezwungen ist, vor einer Gruppe von Kommilitonen zu sprechen, zittert und schwitzt er vor Angst, während er zu Hause oder bei Familienfeiern aktiv ist und ein ziemlich großes Mundwerk hat. Wie wird sich Michael bei einer Abendgesellschaft verhalten? Wie sieht es bei einem Theaterstück aus, das an seiner Universität aufgeführt wird? Oder wie bei einer Verabredung mit dem Mädchen seiner Träume? Sind alle diese Situationen mit seiner Eigenschaft der Schüchternheit vergleichbar und für diese relevant?

10.5.3 Die „Persönlichkeit" von Situationen

Wie können wir Situationen systematisch klassifizieren? Eine Möglichkeit dazu wäre, die Menschen in eine sorgfältig gesteuerte Situation zu bringen und dann zu überprüfen, wer sich wie erwartet verhält. So könnten wir beispielsweise eine Situation schaffen, die Aggression hervorruft oder in der die Belohnungsverzögerung belohnt wird und dann beobachten, wer sich „angemessen" verhält (Bem & Funder, 1978). Nachdem wir die Eigenschaften von Menschen bestimmt haben, die sich in einer Situation, die wir für „aggressiv" halten, aggressiv verhalten, können wir untersuchen, ob sich dieselben Menschen auch in einer anderen Situation, die wir ebenfalls für „aggressiv" halten, aggressiv verhalten. Ruft die zweite Situation in der Tat bei den gleichen Individuen aggressives Verhalten hervor, können wir daraus schlussfolgern, dass diese zweite der ersten aggressiven Situation ähnelt. Wenn aber die Menschen, die in der zweiten Situation aggressiv werden, andere Eigenschaften haben, könnten wir schlussfolgern, dass sich die beiden Situationen nicht ähneln.

Obwohl dieses Konzept sehr intelligent ist, wäre es doch schwierig, alle Situationen, mit denen wir konfrontiert werden, zu bewerten. Das könnte ewig dauern. Eine einfachere Methode bestünde darin, Psychologen zu bitten, verschiedene Situationen zu bewerten und zu beurteilen – die Situationen zu klassifizieren –, um danach zu untersuchen, ob diese Situationen bei Menschen, die in relevanten Persönlichkeitstests ähnliche Ergebnisse erzielen, ähnliche Verhaltensweisen hervorrufen. Dieser Ansatz scheint viel versprechend, ist allerdings noch nicht umfassend untersucht worden.

Einige Psychologen versuchen, sich darauf zu konzentrieren, wie das jeweilige Individuum die verschiedenen Situationen, mit denen es konfrontiert wird, bewertet und interpretiert sowie auf diese Situationen reagiert (Magnusson & Endler, 1977; Magnusson, 1990; Torestad, Magnusson & Olah, 1990). So könnten wir beispielsweise die Menschen ihm Hinblick auf selbstbeschriebene oder physiologisch bewertete Angst beurteilen und sie dann in verschiedene Situationen bringen. Mit dieser Methode könnten wir versuchen, die Beiträge der stabilen Angst (Persönlichkeit), der Situation (die als Angst auslösend angesehen wird) und der Interaktion (nur manche Menschen sind in bestimmten Angst auslösenden Situationen ängstlich) zum Verhalten herauszufinden.

Eine weitere Schwierigkeit dabei ist der Umstand, dass sich keine zwei Situationen jemals völlig gleichen; die Welt ändert sich mit der Zeit (Elder & Caspi, 1988). Betrachten wir eine amerikanische Vorstadtfamilie mit einem Elternpaar und zwei Kindern im Jahr 1955 im Vergleich zu einer solchen Familie im Jahr 1999. Ganz sicher unterscheiden sich viele wichtige Faktoren ganz extrem – dazu zählen unter anderem die Ausbildung und Beschäftigung der Mutter, die Auswahl an Unterhaltungsmöglichkeiten, die Nähe zum Familienverband und die Beziehungen der Familie mit anderen ethnischen Gruppen. Wird es dadurch unmöglich, über die Persönlichkeit und die Situationen verallgemeinerte Aussagen zu treffen? Die beiden Familien teilen zweifellos auch viele gemeinsame Elemente – Rivalitäten zwischen den Kindern, die Liebe zu den Eltern und die Bindung an die Eltern in Verbindung mit Unabhängigkeitsstreben, die Notwendigkeit, sich gemeinsam um Essen und Haushalt zu bemühen usw. Erfolgreiche Ansätze zur Persönlichkeit können erkennbare Muster und Regelmäßigkeiten erfassen, während sie auch Veränderungen, die im Lauf der Zeit auftreten, berücksichtigen. Aus diesem Grund können wir noch heute Geschichten über Menschen aus der griechischen Mythologie und aus der Bibel verstehen und wissen, sie zu schätzen.

Abbildung 10.4:
Noch Tausende von Jahren nachdem sie das erste Mal niedergeschrieben wurde, kommt uns die biblische Geschichte von Joseph und seinen Brüdern bekannt vor. Josephs Brüder, die auf seinen Status als Lieblingssohn ihres Vaters eifersüchtig waren und sich über seinen schönen, bunten Rock ärgerten, warfen ihn in eine Grube und schickten ihn danach in die Sklaverei. Die Schilderung des rachsüchtigen Verhaltens der Brüder und von Josephs Bereitschaft, sie Jahre später zu retten, passen zu unseren modernen Betrachtungsweisen der Persönlichkeit und der Einflüsse der Situation auf das Verhalten.

10.5.4 Die über die Situationen gemittelte Konsistenz

Betrachten wir die Situation, in der Sue, eine hochgradig extrovertierte Frau, eine lebhafte Party besucht, aber allein herumsitzt und mit kaum jemandem spricht. Wie ist das möglich? Wenn es Persönlichkeitstests nicht gelingt, das Verhalten in einer spezifischen Situation vorherzusagen, können zwei Fehler möglich sein. Der erste kann den Aspekt der Zuverlässigkeit betreffen. Vielleicht beeinflussen in der speziellen Situation zufällige Faktoren das Verhalten; eine Stichprobe ihres Verhaltens war kein guter Indikator ihrer Persönlichkeit. Zweitens besteht die Frage der Angemessenheit dieser Situation zur Assoziierung mit der fraglichen Persönlichkeitseigenschaft (Murtha, Kanfer & Ackerman, 1996). Vielleicht war diese Party nicht die richtige Gelegenheit, um das extrovertierte Verhalten hervorzurufen. Eine Möglichkeit, mit beiden Aspekten umzugehen, besteht darin, über viele Situationen Informationen zu sammeln (das Verhalten zu beobachten). Wir könnten Sue auf anderen Feiern und anderen Arten von sozialem Beisammensein beobachten. Ihr Verhalten könnte dann als ihr „durchschnittliches Verhalten" betrachtet werden – als der über die Situationen hinweg gebildete Durchschnitt.

In den Ansätzen der Big-Five-Dimensionen der Persönlichkeit (siehe Kapitel 8) werden im Allgemeinen Ansätze dieser Art gewählt. Sie beruhen auf der Annahme, dass es vergleichsweise wenige Dimensionen der Persönlichkeit und vergleichsweise wenige grundlegende Arten von Situationen gibt. Bei diesen Ansätzen stört es überhaupt nicht, wenn eine extrovertierte Person auf einer Party nicht gesprächig ist; es wird vielmehr angenommen, dass die extrovertierte Person gesellig erscheinen wird, wenn ihre unterschiedlichen Verhaltensweisen zusammen betrachtet werden (der Durchschnitt dieser Verhaltensweisen gebildet wird). Und in der Tat liefern derartige Ansätze ein relativ genaues Bild über das Verhalten. So können sie beispielsweise sehr gut dazu geeignet sein, die Eignung eines Menschen zum Verkäufer im Hinblick auf sein Temperament zu beurteilen.

Allerdings wären derartige Ansätze für die Persönlichkeitstheoretiker, die sich auf die psychoanalytische oder neoanalytische Tradition stützen, keineswegs zufrieden stellend. Auch nach Lewin, Allport oder Murray wären solche „Durchschnittserklärungen" nicht zufrieden stellend. Diese Theoretiker würden versuchen zu verstehen, warum Sue auf *dieser* Party allein herumsitzt, obwohl innere Kräfte sie zu extrovertiertem Verhalten treiben.

10.5.5 Persönliche und soziale Situationen

Wie bereits aufgezeigt wurde, ist eines der ersten Dinge, die ein Kind lernt, sich von anderen zu unterscheiden. Das heißt, eine der Aufgaben des Säuglingsalters besteht darin, zu lernen, dass der Mund zu einem selbst, die Brust aber zu einem anderen (der Mutter) gehört. Bis zum Alter von zwei oder drei Jahren lernt das Kind darüber hinaus die Tabus des Verhaltens in der Öffentlichkeit – zunächst reichen diese von Masturbation bis zu Nasebohren – sowie die Gepflogenheiten der sozialen Interaktion – „Bitte" und „Danke" sagen, sich abwechseln und anderen helfen. Manche Kinder lernen außerdem auch charmant, manipulatorisch oder charismatisch zu sein.

Anders gesagt, obwohl wir ein soziales Selbst entwickeln, ist dieses soziale Selbst bei bestimmten Menschen, zu bestimmten Zeiten oder in bestimmten Situationen stärker ausgeprägt. Eine der ersten Theorien dieser psychosozialen Differenzierung umfasste das so genannte Konzept der „Feldabhängigkeit" versus der „Feldunabhängigkeit" (Witkin & Goodenough, 1977). Wie bereits im Kapitel über die kognitiven Aspekte der Persönlichkeit erörtert wurde, fällt es feldabhängigen Menschen schwerer, bei einer Wahrnehmungsaufgabe die Figur vom Hintergrund zu trennen. So wird z. B. gefragt, ob eine Person die Position eines Stabes zutreffend beurteilen kann, unabhängig von der Position des Rahmens, in dem der Stab erscheint. Feldunabhängige Menschen können ein Objekt zutreffend beurteilen, indem sie äußerst starke Einflüsse des Hintergrunds nicht beachten. Dagegen stützen sich feldabhängige Menschen wahrscheinlich stärker auf andere Menschen und sollten somit in Übereinstimmung mit den Anforderungen der sozialen Situation reagieren.

Wie im Kapitel zu kulturellen und ethnischen Unterschieden aufgezeigt werden wird, unterscheiden sich auch ganze Kulturen darin, inwieweit sie *individualistisch* oder *kollektivistisch* sind (Triandis, 1989). Individualistische Kulturen (wie die amerikanische Kultur) betonen die individuellen Rechte und Bedürfnisse sowie die individuelle Verantwortung. Das Individuum bildet die Schlüsselfigur vor dem sozialen Hintergrund. Kollektivistische Kulturen betonen die Bedürfnisse und den Erfolg der Gruppe; das Hauptaugenmerk liegt auf der Gruppe und ein Individuum, das herausragt wie der sprichwörtliche „bunte Hund", wird in die Gruppe zurückgedrängt.

Es ist auch möglich, sich den gleichen Fragen von einer neoanalytischen Perspektive der Vorstellung vom Selbst zuzuwenden. Manche Menschen sind besonders motiviert und fähig dazu, die Forderungen anderer zu lesen. Sie überwachen ihre eigenen Selbstvorstellungen, um einen guten Eindruck zu machen und auf die Erwartungen anderer zu reagieren. Der Psychologe Mark Snyder bezeichnet diese Menschen als hochgradige Selbstüberwacher (1974, 1987). Andererseits stehen Menschen, die sich nur wenig selbst überwachen, weniger im Einklang mit den Erwartungen anderer und beschäftigen sich weniger mit diesen Erwartungen. Aus diesem Grund können ihre Persönlichkeiten als Funktion der Situation weniger variabel sein. Der Persönlichkeitspsychologe Jonathan Cheek (z.B. Cheek & Melchior, 1990) schlägt eine geringfügig andere Richtung ein und vergleicht die Menschen mit einer niedrigen sozialen Identität (die deshalb unabhängig handeln und voranzukommen versuchen) mit Menschen mit einer niedrigen persönlichen Identität (die deshalb gesellig sind und sich mit anderen Menschen beschäftigen).

Auch die Aspekte der Schüchternheit, der Befangenheit, der Leistungsangst usw. können für diese Unterscheidung wichtig sein (Scheier & Carver, 1988; Snyder, 1987). Manche Menschen sind so an soziale Rollen gebunden, dass sie, fast wie Chamäleons, die Farben – die Anforderungen – der sozialen Situation annehmen. Beispielsweise scheinen manche Schauspieler beinahe keine eigene Identität zu haben und nehmen vollständig die Identität ihrer gegenwärtigen Rolle an. Andererseits sind manche Menschen in einem solchen Maße unfähig dazu, soziale Rollen zu spielen, dass sie soziale Situationen als sehr unangenehm empfinden. Solche Menschen gelten mitunter als „Langweiler". Das könnte eine Konsistenz in der Persönlichkeit hervorrufen. So verhalten sich diese Menschen beispielsweise privat gewissenhaft, und selbst auf einer wilden Party verhalten sie sich gewissenhaft. Wenn andererseits der soziale Druck zu überwältigend wird, können sich solche Menschen unberechenbar verhalten, so könnte z. B. eine sehr schüchterne und gewissenhafte Person bei einem Trinkgelage eine dermaßen große Befangenheit spüren, dass sie sich sehr ungewöhnlich verhält und betrinkt.

Wahrscheinlich hatte jeder von uns einen Schulkameraden, der nicht zu verstehen schien, dass man sich nicht in der Nase bohrt und den es, soweit er es *doch* verstand, nicht zu interessieren schien, was andere von ihm dachten. Manche Menschen, die von sozialen Situationen nur wenig beeinflusst werden, machen vielleicht den Eindruck, als hätten sie eine recht konsistente Persönlichkeit. Sie können unter Umständen Dinge unabhängiger wahrnehmen, weniger dazu fähig sein, soziale Signale zu erkennen; sie können unmotiviert dazu sein, sozialen Forderungen zu entsprechen, und es sogar bevorzugen, einzigartig und ungehemmt zu sein. Die Persönlichkeit dieser Menschen ist weniger „sozial“ und stärker „persönlich“. Ein vollständiges und differenziertes Verständnis der Persönlichkeit sollte derartige Fragen berücksichtigen. Diese umfassende Betrachtungsweise bildet eine der Stärken der interaktionistischen Perspektive.

10.5.6 Das Aufsuchen und Schaffen von Situationen

Betrachten wir zwei Schüler im letzten Schuljahr. Einer der beiden bringt Spitzenleistungen, ist sehr adrett und stammt aus einer Diplomatenfamilie. Der andere betreibt drei verschiedene Schulsportarten, ist sehr beliebt und direkt und stammt aus einer Familie von Bauern. Welcher der beiden Studenten bewirbt sich in Princeton und welcher an einer Universität auf dem flachen Land? Menschen mit bestimmten Eigenschaften bewerben sich an bestimmten Hochschulen und werden von bestimmten Hochschulen akzeptiert. Menschen mit bestimmten Eigenschaften werden dann für die entsprechenden Studenten- bzw. Studentinnenvereinigungen ausgewählt und wählen für sich selbst bestimmte Studenten- bzw. Studentinnenvereinigungen aus. Diese Vereinigungen wiederum verstärken die Tendenzen noch weiter. Wir suchen Situationen auf, die unsere Selbstbilder verstärken.

In einer interessanten Studie der Persönlichkeit und der Lebensereignisse verfolgten Forscher 130 Studenten der Universität Illinois vier Jahre lang (Magnus u. a., 1993). Zuerst füllten die Studenten den NEO Personality Inventory (NEO-PI-R) aus, einen allgemeinen Maßstab der Big-Five-Faktoren der Persönlichkeit (siehe Kapitel 8). Vier Jahre später wurden den Studenten Nachuntersuchungen zugeschickt, die auch Bewertungen von Lebensereignissen (z.B. eine Eheschließung) umfassten, die die Studenten erlebt hatten. Dabei stellte sich heraus, dass die Studenten durch die Extroversion für positive Lebensereignisse prädisponiert waren, während der Neurotizismus (eine Tendenz zu Angst und zu Depression) dazu tendierte, negative Lebensereignisse vorherzusagen. Die ängstlichen Menschen erlebten mehr angstauslösende Ereignisse. Das heißt, unsere Persönlichkeit führt uns dazu, bestimmte Arten von Ereignissen zu erleben, die dann wiederum natürlich die Persönlichkeit beeinflussen können. Selbstverständlich werden ängstliche, depressive Menschen nicht immer mit negativen Lebensereignissen konfrontiert, aber bei ihnen besteht eine höhere Wahrscheinlichkeit dafür.

Betrachten wir nun auch was geschieht, wenn ein Kind, das ein aggressiver Schläger ist, auf den Schulhof kommt. Mit der Ankunft des Schlägers kann sich der Spielplatz bald in ein „Kriegsgebiet“ verwandeln, da die Persönlichkeit dieses Kindes bestimmte Verhaltensweisen bei anderen hervorruft und provoziert (Rausch, 1977).

Insgesamt betrachtet, entscheiden wir uns willkürlich, uns in bestimmte Situationen zu begeben und andere Situationen zu vermeiden, die unseren Neigungen, Selbstkonzepten oder unseren Stimmungen nicht entsprechen. Die Auswahl von Situationen ist ein wichtiges Prinzip der interaktionistischen Betrachtungsweise der Persönlichkeit (Ickes, Snyder & Garcia, 1997).

Schließlich gibt es noch Beweise dafür, dass sich die Konsistenz zum Teil aus unseren eigenen aktiven und bewussten Bemühungen ergibt. Eine interessante Reihe von Untersuchungen bewertete den Einfluss der Selbstkonzepte auf die Art von Rückmeldungen, die in sozialen Interaktionen hervorgerufen werden (Swann & Read, 1981). In einem Experiment zeigten Studenten eine deutliche Präferenz für Rückmeldungen, die ihr von ihnen selbst wahrgenommenes Emotionalitätsniveau bestätigten. In einer weiteren Untersuchung dieser Reihe wurde festgestellt, dass die Teilnehmer selbstbestätigende Rückmeldungen als besonders informativ betrachteten (Wason & Johnson-Laird, 1972). Wir können Freunde wählen und Unterhaltungen zuhören, die uns das sagen, was wir über uns selbst hören wollen. Indem wir bestätigende Rückmeldungen von anderen suchen und anderen solche Rückmeldungen entlocken, können wir unsere sozialen Umgebungen und unsere Selbstkonzepte unter Umständen stabiler erscheinen lassen, als sie es eigentlich sind.

10.6 Zeit: Die Bedeutung von Längsschnittstudien

Die existenzialistischen und humanistischen Ansätze zur Persönlichkeit (siehe Kapitel 9) betonen, dass die Menschen keine festgelegte Ansammlung von Attributen sind, sondern dass wir uns immer in einem Prozess der Entwicklung hin zu etwas Neuem befinden. Die Dimension der *Zeit* wird folglich zunehmend als für das Verständnis der Persönlichkeit wichtig erachtet.

Wie verändern wir uns, während wir uns entfalten und entwickeln? Obwohl die Psychoanalytiker und die Neoanalytiker die Phasen der Persönlichkeitsentwicklung beschrieben haben, werden die Veränderungen über die Zeit hinweg von modernen wissenschaftlichen Persönlichkeitstheorien leider häufig übergangen, da sie so schwierig zu untersuchen sind. Die einzige gute Methode zur Untersuchung der Persönlichkeit über die Zeit hinweg liegt in der tatsächlichen Beobachtung der Menschen während ihres Alterns.

Anders gesagt, Längsschnittstudien sind notwendig, um die Menschen, während sie in der realen Welt reagieren, sich entfalten und verändern, wirklich untersuchen zu können. Der Psychologe Jack Block definiert die **Längsschnittstudie** als „die genaue, umfassende, systematische, objektive, ununterbrochene Untersuchung von Individuen über beträchtliche Teile ihrer Lebensspanne hinweg“ (1993, S. 7).

Natürlich tun wir das amateurhaft alle in gewissem Maß: Wir beobachten unsere Geschwister, Eltern, Kinder, Ehepartner und vielleicht unsere engen Freunden über Zeiträume von vielen Jahren hinweg. Aber das wissenschaftlich zu tun, ist viel schwieriger. Wer kann eine Studie durchführen, die viele Jahre dauert? Wie sieht es mit der Absicherung der Finanzierung und der Veröffentlichung dieser Forschung aus (oder der Gefahr, dass man als Forscher nicht mehr wahrgenommen wird)? Wie kann man die Leute weiterhin beobachten, wenn sie umziehen? Was geschieht, wenn jemand kein Interesse mehr daran hat, an der Studie teilzunehmen? Wie gehen wir mit zeitbedingten Änderungen und sich ändernden Maßstäben um? Die Hindernisse scheinen unüberwindlich. Trotzdem, so formuliert Block: „Es gibt keinen alternativen wissenschaftlichen Ansatz, der auch nur beginnen kann, die spezifischen Einflussfaktoren, die miteinander verknüpft und verwoben sind und sich gegenseitig beeinflussen, während das Individuum nach dem Leben greift, durch die Umstände umgeben ist und seinen Charakter herausbildet, zu erkennen und zu entwirren.“ (S.7)

Der eigenen Maßgabe folgend, begannen Jack Block und Jeanne Block, Professoren aus Berkeley, im Jahr 1968 eine Längsschnittstudie an Kindern, die noch immer läuft. Sie sammelten verschiedene Arten von Daten – Lebensdaten (wie Schulinformationen), Beobachtungsdaten (wie die Bewertungen von Eltern), Testdaten (mit förmlichen Testverfahren) und Selbstberichtdaten. Was haben sie über drei Jahrzehnte hinweg herausgefunden? Eine interessante Erkenntnis war, dass Mädchen, die im College-Alter depressiv wurden, tendenziell im Alter von sieben Jahren schüchtern, reserviert, übermäßig sozialisiert und übermäßig kontrolliert gewesen sind. Jungen, die depressiv wurden, waren in ihren frühen Jahren aggressiv, unsozialisiert und selbstverherrlichend gewesen.

Darüber hinaus waren Jungen, die in einem frühen Alter Ich-stark – ruhig, sozial unbefangen, geistig beweglich, einsichtig, nicht ängstlich – waren, auch zwei Jahrzehnte später noch relativ Ich-stark. Aber die Ergebnisse, die Mädchen in der Kindheit in dieser Dimension erzielten, standen nicht mit den Ergebnissen, die sie während des Jugendalters erzielten, in Beziehung. Die Erklärung solcher Erkenntnisse ist nicht einfach, aber es ist möglich, sich diesen Themen zuzuwenden, indem man die verschiedenen anderen Arten von Daten berücksichtigt, die gesammelt worden sind. So könnte man beispielsweise erwarten, dass Jungen, die als Kinder aggressiv und unsozialisiert waren, später mit strengen Disziplinierungsmaßnahmen und Schulversagen konfrontiert werden, was dazu führen kann, dass sie zu Depressionen neigen. Mädchen, die in einem jungen Alter widerstandsfähig sind, könnten schwächer werden, wenn sie mit dem Druck des Jungendalters in Amerika konfrontiert werden, genauso wie die Mädchen auf subtile Weise dazu gedrängt werden, ihr Interesse für Mathematik und Wissenschaften aufzugeben. Das Schöne an einem umfassenden Längsschnittansatz ist, dass solche Hypothesen überprüft werden können: So könnten wir beispielsweise die Schulergebnisse dieser Jungen und Mädchen vergleichen.

Damals und heute

Die Persönlichkeit über die Zeit hinweg

Mit die ältesten und wichtigsten Fragen über die Persönlichkeit betreffen die Stabilität der Persönlichkeit im Lauf der Zeit. Wann bildet sich die Persönlichkeit heraus, und wie verändert sie sich, während wir uns entwickeln? Wer verändert sich am meisten, und warum ist das so? Welcher Teil des zukünftigen Verhaltens kann vorhergesagt werden? Während der vergangenen 100 Jahre haben sich viele Persönlichkeitstheoretiker mit solchen Themen beschäftigt, sie haben sich dabei aber auf wenig überzeugende Beweise gestützt. Die Theoretiker mussten sich häufig auf zufällige Beobachtungen von Kindern oder auf retrospektive Berichte von Erwachsenen stützen (in denen sie über ihr Leben nachdenken). Wie bereits aufgezeigt wurde, sind solche Beweise notorisch schwach.

Die besten Beweise über die Stabilität und die Veränderungen der Persönlichkeit stammen zwangsläufig aus langfristigen Längsschnittstudien, die Kinder bis ins Erwachsenenalter und dann bis ins hohe Alter beobachten. Der Längsschnittpersönlichkeits-Psychologie wird heute ein hohes Maß an Aufmerksamkeit zuteil. So standen beispielsweise Längsschnittstudien im Mittelpunkt der wichtigen Arbeit des Persönlichkeitspsychologen Avshalom Caspi (Caspi, 2000; Caspi & Roberts, 2001; Roberts & Caspi, 2001).

Ein wichtiger Aspekt ist die Frage, in welchem Alter die Persönlichkeit ein stabiles Gefüge annimmt. Freud und die Psychoanalytiker waren davon überzeugt, dass das im Alter von ungefähr fünf Jahren eintritt, während die Neoanalytiker, wie Erikson, der Ansicht waren, dass sich die Entwicklung während des ganzen Lebens fortsetzt. Die biologisch orientierten Psychologen tendieren zu der Ansicht, dass die Persönlichkeit sich herausbildet, wenn das Erwachsenenalter (die sexuelle Reife) erreicht wird (in den Jahren der Teenagerzeit), und Allport schien ebenfalls der Ansicht zu sein, dass sich die grundlegenden Persönlichkeitseigenschaften bis zum späten Jugendalter herausgebildet haben, obwohl manche Personen in diesem Alter noch kindlich (unreif) sind. In einer wichtigen Studie wurden 1000 Kinder im Alter von drei Jahren bis zum Alter von 18 Jahren untersucht (Caspi & Silva, 1995). Darin wurden in der Tat einige Verbindungen und Kontinuitäten deutlich, sie waren allerdings nicht schlüssig. Beispielsweise neigten kleine Kinder, die impulsiv und unruhig waren, dazu, Erwachsene zu werden, die leichtsinnig und sensationslüstern sind. Wir schreiben bewusst „neigten dazu“, denn die Verbindungen waren alles andere als vollkommen.

Eine Quelle der Unsicherheit liegt in der Bestimmung und Messung der Stabilität oder Kontinuität der Persönlichkeit. Wenn eine Person in der Kindheit die Situationen häufig wechselt (z. B. wenn ein Elternteil beim Militär ist), während eine andere Person in der gleichen Familiengemeinschaft der Kindheit bleibt, wie sollte dieser Unterschied der Situationen berücksichtigt werden? Zweitens besteht die Frage, welcher Anteil der Variation einer unzulänglichen Messung zuzuschreiben ist, da bei der Messung der Persönlichkeit immer eine gewisse Unzuverlässigkeit besteht. Drittens, was geschieht, wenn eine Person ihre hohe Stellung in Bezug auf die Gewissenhaftigkeit gegenüber ihren Altersgenossen beibehält, aber die durchschnittliche Gewissenhaftigkeit der ganzen Gruppe vom jungen Erwachsenenalter bis ins mittlere Erwachsenenalter steigt; handelt es sich dabei um Stabilität oder Veränderung?

Wie bereits aufgezeigt wurde, suchen die Menschen unter Umständen Situationen auf, die zu ihrer Persönlichkeit passen. So geraten z. B. extrovertierte Menschen möglicherweise in stimulierende Situationen und erhalten stimulierende Arbeitsplätzen. Diese Situationen wiederum lehren verschiedene Aspekte der Persönlichkeit und bringen solche Aspekte hervor. Trotz all dieser erschwerenden Faktoren können bei vielen Menschen, insbesondere während des mittleren und höheren Erwachsenenalters, zumindest einige Konsistenzen beobachtet werden. Verschiedene Theoretiker sind sich nicht darüber einig, ob diese bescheidenen Konsistenzen, die von vielen Faktoren abhängen, bedeuten, dass das Glas halb voll ist (d.h., dass es eine bedeutende Stabilität gibt) oder dass das Glas halb leer ist (d.h., dass wir in komplexeren Begriffen als der „Persönlichkeit“ sprechen).

Unserer Meinung nach ist es sinnvoll, ein gewisses Ausmaß der Persönlichkeitsstabilität über die Zeit hinweg in Betracht zu ziehen, wenn auch die Situationen des dazugehörigen Lebenswegs berücksichtigt werden. Betrachten wir als Beispiel einen klugen und gewissenhaften Jungen, der sich gewissenhafte und kluge Freunde sucht, die ihm helfen, das Trinken und Rauchen zu meiden, der sich um eine gute Bildung bemüht und an der Hochschule hart arbeitet, sich eine Kariere in der Wissenschaft aufbaut, eine Wissenschaftlerin heiratet und ein langes Leben lebt. Nun könnte argumentiert werden, dass es eine grobe Vereinfachung wäre, zu der Schlussfolgerung zu kommen, dass die Gewissenhaftigkeit in seiner Kindheit zu seiner Langlebigkeit geführt hat. Aber wir sind doch überzeugt, dass es etwas bringt, solche Lebenswege mithilfe der Persönlichkeit als Leitkonzept zu untersuchen.

Das Fazit, das wir ziehen können, ist, dass wir noch nicht genug darüber wissen, wie sich die Persönlichkeit über die Jahre entfaltet und mit den Situationen, mit denen wir zufällig konfrontiert werden, und mit den Situationen, die wir schaffen, interagiert. Obwohl wir also bereits einiges darüber wissen, wann eine Persönlichkeitskonsistenz entsteht und wann sie nicht entsteht, ergeben sich keine definitiven Antworten auf die ältesten Fragen über die Persönlichkeit. Das sind Fragen für die zukünftige Theorie und Forschung auf dem Gebiet der Persönlichkeitspsychologie.

Weiterführende Literatur

Caspi, A. (2000). The child is father of the man: Personality continuities from childhood to adulthood. *Journal of Personality & Social Psychology, 78 (1)*, 158-172.

Caspi, A., & Roberts, B. W. (2001). Target article: Personality development across the life course: The argument for change and continuity. *Psychological Inquiry, 12(2)*, 49-66.

Caspi, A. & Silva, P. A. (1995). Temperamental qualities at age three predict personality traits in young adulthood: Longitudinal evidence from a birth cohort. *Child Development, 66*, 486-498.

Roberts, B. W., & Caspi, A. (2001). Personality development and the person-situation debate: It's deja vu all over again. *Psychological Inquiry, 12(2)*, 104-109.

10.6.1 Der Lebenslaufansatz

Der Lebenslaufansatz wird mitunter als Untersuchung der Persönlichkeit über die Lebensspanne bzw. den Lebensweg bezeichnet. Der Psychologe Avshalom Caspi von der Universität Wisconsin zieht den soziologischen Begriff **Lebenslaufansatz** vor. Jedenfalls betonen alle Begriffe, dass die Verhaltensmuster sich als Funktion des Alters, der Kultur, sozialer Gruppen, der Lebensereignisse usw. sowie aufgrund innerer Triebe, Motive, Fähigkeiten und Eigenschaften ändern. In der Tat entfalten und entwickeln sich diese inneren Aspekte in bestimmen Kontexten auf eine bestimmte Art und Weise. Ein Mädchen mit einem schwachen Ego, einer geringen Selbstkontrolle und stark ausgeprägten Trieben zur Intimität, Sexualität und Ausdrucksfähigkeit könnte sich vollkommen anders entwickeln und verhalten, wenn sie in einer muslimischen Familie in Saudi-Arabien lebt und auf die örtliche Mädchenschule geht, als wenn sie in einer agnostischen Familie in Los Angeles lebt und auf die Beverly Hills High geht.

Caspi und seine Kollegen erweitern neben anderen das Konzept des Lebenslaufs sogar noch, indem sie die Ansicht vertreten, dass die Individuen in gewissem Maße ihre eigenen Interaktionen zwischen Person und Situation *schaffen*, indem sie ihre Interpretationen von Situationen variieren, Reaktionen bei anderen hervorrufen und bestimmte Situationen suchen (z.B. Caspi & Bem, 1990). Denken wir beispielsweise an all die Dinge, die über die Jahre hinweg einem sehr aggressiven Jungen passiert sein können, der in unserer Gemeinschaft aufgewachsen ist. Die Aggression verursacht in bestimmten Situationen bestimmte Ereignisse, aber wir können unmöglich wissen, welche Verhaltensweisen sich ergeben werden, ohne die Interaktionen zwischen der Person und der Situation zu verstehen.

Wir kannten einen Jungen, der in der Grundschule sehr intelligent und sympathisch war, aber eine Aufmerksamkeitsstörung hatte und ein bisschen den Klassenclown spielte. Als seine Lehrer ihn zunehmend für sein störendes, sogar abweichendes Verhalten bestraften, begann er, nach Möglichkeiten zu suchen, Ärger zu machen und nach noch stärker abweichende Situationen und Verhaltensweisen zu trachten. Irgendwann brach er sein Studium ab und wurde wegen Drogenhandels verhaftet.

Die Forschung deutet darauf hin, dass Nachbarschaftsschläger– Jugendliche, die andere quälen – tatsächlich schließlich sich selbst quälen, indem sie ein langfristiges Muster der selbstzerstörerischen Aggression in Gang setzen, das ihnen, zusätzlich zu den Problemen mit ihren Altersgenossen, in der Schule und am Arbeitsplatz Probleme bereitet (Huesman, Eron & Yarmel, 1987). In einem interaktionistischen Ansatz wird die Depression sehr ähnlich verstanden: Depressionen führen zu schlechten sozialen Fähigkeiten und stressbehafteten Situationen, die andere entfremden und die soziale Unterstützung vermindern können, wodurch die Schwere der Depression gesteigert wird (Coyne & Whiffen, 1995).

Es gibt eine Studie der Persönlichkeit und ihrer Auswirkungen über die gesamte Lebensspanne. Im Jahr 1921 begann der Psychologe Lewis Terman von der Universität Stanford eine der umfangreichsten und bekanntesten Studien auf dem Gebiet der Psychologie. Um seine Theorien zur Intelligenz zu überprüfen, warb Terman 1528 intelligente kalifornische Jungen und Mädchen an, untersuchte intensiv ihre psychosoziale und intellektuelle Entwicklung und verfolgte sie bis ins Erwachsenenalter. Mehr als die Hälfte der Teilnehmer ist mittlerweile verstorben und wir (der Autor und die Koautorin des vorliegenden Lehrbuchs) haben ihre Totenscheine eingeholt und die Sterbedaten und Todesursachen kodiert (Friedman u. a., 1995). Diese Daten über eine ganze Lebensspanne liefern eine einzigartige Möglichkeit, faszinierende Fragen über die Rolle der Persönlichkeit für die physische Gesundheit und die Langlebigkeit mithilfe eines **prospektiven Designs** zu stellen – d. h. die Verwendung früherer Messungen zur Vorhersage späterer Ergebnisse.

Einige der interessantesten Erkenntnisse aus diesem Projekt betreffen die Rolle, die die Persönlichkeit während der Kindheit spielt. Wir denken alle, dass wir Kinder ansehen und uns zumindest ein wenig ihr späteres Leben vorstellen können, aber kann die Persönlichkeit während der Kindheit tatsächlich eine vorzeitige Sterblichkeit Jahrzehnte später vorhersagen? Können wir gültig vom „braven kleinen Jungen“ sprechen? Die bemerkenswerteste Erkenntnis aus dieser Studie war, dass die Gewissenhaftigkeit während der Kindheit (oder die „soziale Zuverlässigkeit") die Langlebigkeit vorhersagt. Kinder, insbesondere Jungen, die als umsichtig, gewissenhaft, ehrlich und frei von Eitelkeit bewertet wurden (vier separate Bewertungen durch die Eltern und Lehrer, deren Durchschnitt wir gebildet haben), leben während aller Lebensphasen bedeutend länger. Die Wahrscheinlichkeit, dass sie sterben, ist in jedem Jahr 30 Prozent niedriger als bei anderen.

Diese Erkenntnis, dass die Persönlichkeit der Kindheit das Überleben während der gesamten Lebensspanne vorhersagt, wirft viele faszinierende Fragen über kausale Mechanismen auf. Warum ist es wahrscheinlicher, dass gewissenhafte, zuverlässige Kinder, die bis ins Erwachsenenalter überleben, ein hohes Alter erreichen als ihre weniger gewissenhaften Altersgenossen? Statistische Analysen, die als *Überlebensanalysen* bezeichnet werden, zeigen, dass die schützende Wirkung zum Teil, aber nicht in erster Linie mit einer Reduzierung des Verletzungsrisikos verbunden ist. Obwohl bei nicht gewissenhaften Jungen eine gewisse Tendenz dafür besteht, dass sie im Erwachsenenalter einen gewaltsamen Tod erleiden, bildet die Gewissenhaftigkeit auch einen Schutz gegenüber einem vorzeitigen Tod aufgrund einer Herz-Kreislauf-Erkrankung oder einer Krebserkrankung. Eine Untersuchung ungesunder Verhaltensweisen zeigte, dass die Gewissenhaftigkeit auch hier als Erklärungsmechanismus in gewissem Maße relevant ist. Die nicht gewissenhaften Menschen haben weniger gesunde Gewohnheiten, aber auch nach der Berücksichtigung von Faktoren wie Alkoholgenuss und Rauchen bleibt noch immer ein bedeutender Effekt der Gewissenhaftigkeit bestehen. Dabei scheint es so zu sein, dass dieser Aspekt der Persönlichkeit während der Kindheit (der Mangel an Gewissenhaftigkeit) eine ganze Reihe von Handlungen beim Erwachsenen in Gang setzt, die alle zu einer verkürzten Lebensspanne führen. Diese Fragen werden in Kapitel 12 zu den Unterschieden in der Gesundheit näher erörtert. An dieser Stelle ist es wichtig zu verstehen, dass die frühe Persönlichkeit die spätere Persönlichkeit beeinflusst, und so kann sie mitunter sehr langfristige und weit reichende Auswirkungen haben, selbst darauf, wie lange wir leben.

Eine Überprüfung verschiedener Studien der Persönlichkeitskonsistenz über die Zeit hinweg deutet auf eine gute, wenngleich auch nicht vollkommene Stabilität der Persönlichkeit während des Erwachsenenalters hin (Roberts & DelVecchio, 2000). Viele Menschen ändern sich aber tatsächlich. Interessanterweise nimmt die Konsistenz der Eigenschaften, wie in Abbildung 10.5 dargestellt, im Allgemeinen bis zum Alter von etwa fünfzig Jahren linear zu (Test-Retest-Korrelationen von Eigenschaften). Das bedeutet, die Persönlichkeit scheint im Allgemeinen bei Menschen, die zwischen 50 und 59 Jahren alt sind, am stabilsten zu sein. Da allerdings diese Überprüfung eine Zusammenstellung verschiedener, kleinerer Studien und keine umfassende Studie derselben Menschen über ihre ganze Lebensspanne umfasst, müssen wir beim Versuch der Interpretation solcher Feststellungen vorsichtig vorgehen.

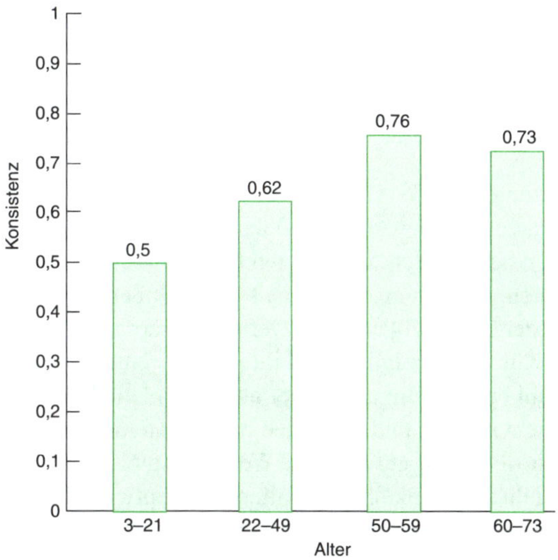

Abbildung 10.5: Die Eigenschaftskonsistenz in unterschiedlichen Altersgruppen
Die Persönlichkeit scheint im Allgemeinen bei Menschen zwischen 50 und 59 Jahren am stabilsten zu sein. Da allerdings diese Information aus einer Zusammenstellung verschiedener kleinerer Studien und nicht aus einer großen Studie derselben Menschen im Verlauf ihres Lebens stammt (Roberts & DelVecchio, 2000), müssen wir bei dem Versuch, derartige Kenntnisse zu interpretieren, vorsichtig vorgehen.

10.6.2 Bereitschaft

Ein altes Sprichwort besagt: „Was Hänschen nicht lernt, lernt Hans nimmermehr." Das stimmt natürlich nicht ganz, da der Mensch in jedem Alter lernen kann. Dieses Sprichwort erfasst allerdings zwei wichtige Elemente der zeitlichen Dimension der interaktionistischen Ansätze. Erstens ist es so, dass jede Erfahrung ihre Auswirkungen im Kontext der vorangegangenen Erfahrungen hat. So ist es beispielsweise möglich, dass eine schüchterne junge Person von einem aggressiven Verkäufer so eingeschüchtert wird, dass sie einen Gegenstand kauft, den sie eigentlich nicht will (oder dass sie zu einer Verabredung geht, zu der sie eigentlich nicht gehen wollte), wenn sie das erste Mal solchem Druck ausgesetzt ist. Wenn das allerdings das fünfzigste Mal passiert, ist es sehr viel weniger wahrscheinlich, dass die Person sich diesem Druck beugt („Hau ab, Freundchen!"), obwohl die betreffende Person die Situation vielleicht immer noch als unangenehm empfindet. Hierbei ist zu beachten, dass es sich um eine Charakterisierung der Umgebung handelt – es ist das „fünfzigste Mal", dass die Person mit diesem Druck konfrontiert wird, aber diese Charakterisierung hat nur im Zusammenhang mit der Person, die das Ereignis erlebt, eine Bedeutung. Folglich sollten wir nicht erwarten, dass die Persönlichkeit in der gleichen Situation auch immer zum gleichen Verhalten führt. Schließlich lernen die Menschen aus ihren Erfahrungen und reagieren auf ihre Erfahrungen!

Der zweite wichtige Punkt im Hinblick auf die Zeit besteht in der Tatsache, dass wir zu bestimmten Zeiten in unserem Leben stärker durch bestimmte Umgebungen beeinflusst werden. Wer wird durch einen sehr erotischen Gleichaltrigen stärker beeinflusst – ein

8jähriger, ein 18jähriger oder ein 80jähriger? Wer kann eine neue Sprache schneller lernen – ein Einwandererpaar, das Anfang vierzig ist, oder ihre neun und zehn Jahre alten Kinder? Irgendwann im Alter um die Pubertät herum verlieren Kinder einen Teil ihrer Fähigkeiten, Sprachen zu lernen. Leider ist das oft genau das Alter, in dem auf der Schule der Fremdsprachenunterricht beginnt.

Das führt uns zu einem Thema, das mitunter als **Bereitschaft** bezeichnet wird. Konrad Lorenz, der berühmte Ethologe (Verhaltensforscher), wusste so viel über Enten und Gänse, dass er sie dazu bringen konnte, hinter ihm herzulaufen, weil sie ihn für ihre Mutter hielten (Lorenz, 1937). Während eines bestimmten, kritischen Zeitraums kurz nach dem Schlüpfen werden Entenküken auf ihre Mutter oder einen schlauen Stellvertreter „geprägt". Wenn Lorenz zum richtigen Zeitpunkt an den Küken vorbeiging (und ihre Mutter entfernt worden war), wen haben die Küken dann wohl bereitwillig als Mutter angenommen? Desgleichen ist sehr gut bewiesen, dass unsere Gehirne und Wahrnehmungssysteme mit der Umgebung interagieren müssen, um sich richtig zu entwickeln. Wenn beispielsweise ein junges Tier von der Geburt bis ins Jugendalter in Dunkelheit gehalten wird, entwickelt sich sein Sehsystem niemals richtig, selbst wenn die späteren Erfahrungen normal sind.

Es gibt Beweise dafür, dass Menschen, die als Kinder mit schwerem Stress (wie z.B. sexueller Belästigung oder einer konfliktbelasteten Scheidung der Eltern) konfrontiert werden, im späteren Leben ein höheres Risiko für Störungen wie Depressionen aufweisen. Es gibt viele Gründe dafür, warum diese Dysfunktion auftreten kann. Wenn Menschen beispielsweise mit einer Angst vor anderen Menschen aufwachsen, haben sie eventuell weniger soziale Kontakte und weniger Quellen für soziale Unterstützung. Aber es bestehen auch Beweise dafür, dass unter Umständen eine frühe biologische Prädisposition geschaffen werden kann. So wurden beispielsweise in einer Untersuchung junge Ratten unter Stress gesetzt, als sie noch sehr jung waren und gesäugt wurden, ansonsten ließ man sie normal aufwachsen. Diese Ratten hatten später im Blut viel höhere Niveaus von Stresshormonen, wenn sie als erwachsene Tiere einem Stressauslöser (leichter Schlag am Fuß) ausgesetzt wurden (Ladd, Owens & Nemeroff, 1996). Menschen, die als Erwachsene, unter einer Major Depression leiden, reagieren eventuell auf Stress so schwerwiegend, weil ihr Nervensystem durch ihre frühen Erfahrungen beeinträchtigt wurde.

Wir können uns außerdem auch eine transzendentere Bereitschaft vorstellen, eine, die vielleicht nicht auf der Biologie beruht. So kann es beispielsweise nach einem Todesfall oder einer Scheidung einen Zeitraum geben, in dem eine Person psychologisch nicht bereit ist, eine reife, neue Beziehung zu beginnen. Obwohl dieses Phänomen nicht sehr gut dokumentiert ist, scheint es doch so, dass Beziehungen, die unter dem Einfluss einer gescheiterten Beziehung beginnen, häufiger problematisch sind. Die Auswirkungen unserer Persönlichkeit sind unter Umständen erst verständlich, wenn diese auf der Zeit beruhenden Situationsvariablen berücksichtigt werden.

Wir können sogar noch weiter gehen und stündliche Schwankungen postulieren. So ist beispielsweise bekannt, dass die meisten Menschen am späten Morgen munter sind und nach dem Mittag eine schläfrige Phase durchlaufen. Diese tageszyklischen Schwankungen unterscheiden sich allerdings von Mensch zu Mensch im gewissem Maß. Zu welcher Zeit hätten eine kokette Geste bzw. eine aggressive Geste ihre größte Wirkung auf eine bestimmte Person? Zur Beantwortung dieser Frage müssten wir sowohl etwas über die

Person als auch über die Zeit wissen. Kurz gesagt, ein vollständiges Verständnis der Auswirkungen der Interaktion zwischen Person und Situation sollte die verschiedenen Veränderungen, die sowohl kurzfristig als auch langfristig eintreten, berücksichtigen (Robins, Fraley, Roberts & Trzesniewski, 2001).

Wie bereits von vielen Persönlichkeitstheoretikern postuliert wurde, verlangt ein solches vollkommenes Verständnis einen idiographischen Entwicklungsansatz. Das bedeutet, die einzigartige Natur des Lebens eines Individuums muss im Lauf der Zeit mithilfe von Erkenntnissen und Instrumentarien untersucht werden, die aus nomothetischen Untersuchungen vieler Individuen gewonnen werden.

Dabei ist zu beachten, dass die interaktionistischen Ansätze akzeptieren, dass die Persönlichkeit eine biologische Grundlage hat, sie räumen damit allerdings nicht ein, dass sich die Persönlichkeit in einer automatischen, vorprogrammierten Reihenfolge entfaltet. Stattdessen vertreten sie die Ansicht, dass genauso wie die Persönlichkeit nicht verstanden werden kann, wenn man den einzelnen Organismus nicht im Blick hat, sie ebenfalls nicht verstanden werden kann, wenn man die soziale Umgebung außer Acht lässt.

10.7 Interaktionen, Emotionen und die Entwicklung

Psychologen, die sich mit der Analyse der Interaktionen von Menschen in kleinen Gruppen beschäftigen, haben mehrfach gezeigt, dass die Arten von Interaktionen, die auftreten, in zwei grundlegenden, unabhängigen Dimensionen kategorisiert werden können: (1) die *Dimension der Bindung*, die Wärme und Harmonie gegenüber Ablehnung und Feindseligkeit umfasst, sowie (2) die *Dimension des Durchsetzungsvermögens*, die Dominanz und Aufgabenzentrierung gegenüber Unterwerfung und Unterwürfigkeit umfasst.

10.7.1 Das Circumplexmodell

Die Persönlichkeitsforscher haben festgestellt, dass es hilfreich ist, diese Dimensionen in einen Kreis oder ein Circumplexmodell einzuordnen (Bales, 1958; Freedman, Ossorio & Coffey, 1951; Plutchik & Conte, 1997). Abbildung 10.6 stellt eine Veranschaulichung eines solchen Circumplexmodellansatzes zur Persönlichkeit dar.

So könnte beispielsweise in ihrem Freundskreis eine Person ganz selbstverständlich zum Anführer bei der Lösung einer Aufgabe werden und die Diskussion beherrschen, während eine andere Person sich bemühen könnte, die Harmonie unter den Mitgliedern der Gruppe zu fördern und den negativen Gefühlen, die durch einen Unruhestifter hervorgerufen werden, entgegenzuwirken. Ein fürsorglicher Mensch kann sowohl durchsetzungsfähig als auch harmoniesuchend sein und somit zwischen den beiden Extremen liegen. Anders gesagt, ein hilfreicher und einfacher Ansatz zur Verbindung der Sozial- und der Persönlichkeitspsychologie besteht darin, zu bestimmen, wo eine Person im Hinblick auf die Kooperation und das Durchsetzungsvermögen in laufenden Konversationen steht bzw. warum die betreffende Person sich so verhält.

Abbildung 10.6: Das Circumplexmodell der Persönlichkeit
Diese Abbildung stellt einen kreisförmigen Ansatz zur Persönlichkeit dar, der sich auf die interpersonalen, emotionalen Aspekte der Persönlichkeit konzentriert.

Diese Arten von theoretischen Gliederungen werden gegenwärtig noch weiter untersucht, um festzustellen, was in Familien oder anderen sozialen Gruppen falsch laufen kann (Benjamin, 1996). So misst beispielsweise ein Test, der als Fragebogen zu interpersonalen Problemen bezeichnet wird, den Kummer, der aus den interpersonalen Problemen entsteht, die die Menschen erleben (Horowitz u. a., 1988). Für eine nicht durchsetzungsfähige Person kann es schwer sein, entschieden und selbstbewusst zu sein, während es für eine kalte, feindselige Person schwer sein kann, Freunde zu finden oder Zuneigung zu zeigen. Mit anderen Worten ausgedrückt, konzentrieren sich diese interpersonalen Ansätze zur Persönlichkeit auf deren soziale und emotionale Aspekte.

10.7.2 Die Ich-Entwicklung

Ein weiterer interpersonaler und Längsschnittansatz zur Persönlichkeit konzentriert sich auf die so genannte **Ich-Entwicklung** (Loevinger, 1966). Ein unentwickeltes Ich ist impulsiv, selbstschützend oder konformistisch, es tendiert dazu, sich auf das Selbst zu konzentrieren und ist entweder manipulatorisch oder blind loyal. Andererseits ist ein hoch entwickeltes Ich individualistisch (tolerant), autonom (selbstverwirklicht und respektiert andere Menschen) bzw. „integriert" (Loevinger u. a., 1985). (Siehe den Kasten „Berühmte Persönlichkeiten".)

Diese integrierte Phase entspricht Maslows Darstellung der selbstverwirklichten Person. Folglich umfasst die Ich-Entwicklung das Konzept der Entfaltung hin zu höheren Ebenen. Der Satzergänzungstest der Universität Washington ist ein projektiver Maßstab des Niveaus der Ich-Entwicklung, der versucht, tiefere Motivationen zu erreichen, als dies mit einem objektiven Multiplechoice-Fragebogen möglich wäre. Bei einem Satzergänzungstest wird der Testperson ein emotional beladener Ausdruck, z.B. „Ich denke, meine Familie …", vorgelegt, und die Testperson vervollständigt den Satz. Eine selbstschützende, konformistische

Ergänzung als Antwort darauf, z.B. „Ich denke, meine Familie ist die beste in der ganzen Nachbarschaft“, ist ein Zeichen der Unreife. Aber eine komplexe, nuancierte Reaktion, z.B. „Ich denke, meine Familie war wegen der Schwäche meiner Eltern nicht konfliktfrei, aber es ist mir gelungen, die Konflikte zu lösen, als ich meine eigenen Ängste davor, diese Schwäche mit ihnen zu teilen, erkannt habe“, ist ein Zeichen für ein reifes Ich.

Jane Loevinger (1997) bewies, dass sich unter den richtigen Umständen, genau wie Henry Murray und Harry Stack Sullivan angenommen hatten, im Laufe des Entwicklungsprozesses eines Menschen eine psychologische Reife in den Beziehungen mit anderen Menschen entwickeln kann. Diese Reife wird durch die Fähigkeit gekennzeichnet, eine positive Führungspersönlichkeit für andere Menschen zu sein – entweder als fürsorglicher Elternteil, aktiver Bürger oder als politischer oder religiöser Anführer.

In den späten 1940er Jahren versuchte ein Mann namens Millard Wright verzweifelt, nicht mehr ins Gefängnis zu kommen. Willard war sein ganzes Leben lang ein Dieb gewesen (*Time*, 30. Juni 1941). Um seinen Trieb zu stehlen einzudämmen, ließ Wright eine präfrontale Lobotomie – eine Operation am Gehirn – durchführen. Allerdings wurde er fünf Jahre später in einem Haus voller gestohlener Güter verhaftet. Es wurde berichtet, dass weder die Kriminalbeamten noch die Neurochirurgen der Erkenntnis, was einen Menschen zu einem unheilbaren Dieb macht, auch nur einen Schritt näher gekommen waren. Vielleicht würden sie heute stattdessen den differenzierten persönlichkeitspsychologischen Ansatz des Interaktionismus zwischen der Person und der Situation einsetzen, um dem armen Willard Wright und anderen Menschen zu helfen, die ihr Verhalten verstehen und ändern wollen. Wie Diogenes, der auf der Suche nach einem ehrlichen Mann durch die Straßen des antiken Athen irrte, suchen auch wir noch immer – allerdings wissen wir heute eher, wo wir mit unserer Laterne hinleuchten müssen.

Kurz gesagt, versuchen die Ansätze des Interaktionismus zwischen Person und Situation die verschiedenen Arten, auf die sich die Persönlichkeit im Kontext der jeweiligen Situation „realisiert“ oder „entfaltet“ bzw. mit diesem Kontext „interagiert“, zu berücksichtigen. Obwohl in diesem Kapitel viele der modernsten Ansätzen zur Persönlichkeit dargestellt worden sind, ist es wichtig zu erkennen, dass diese sich aus den anderen sieben grundlegenden Aspekten der Persönlichkeit, die im vorliegenden Buch erörtert werden, herleiten und in engem Zusammenhang mit ihnen stehen.

Natürlich ist das menschliche Verhalten in gewissem Maß unvorhersehbar. In J. D. Salingers Roman *Der Fänger im Roggen* (1951) spricht der Erzähler seine Verachtung aus über diesen „Psychoanalytiker, den sie hier haben, [und der mich ständig fragt], ob ich mich auch anstrenge, wenn ich im September wieder in die Schule gehe. Meiner Meinung nach ist das eine ziemlich dumme Frage. Also wie soll man denn wissen, was man mal macht, bevor man es macht?“

Zusammen genommen liefern die acht grundlegenden Aspekte der Persönlichkeit, die wir bis hierher erörtert haben, ein differenziertes Verständnis dessen, was es bedeutet, eine Person zu sein. Für diejenigen, die sich dafür interessieren, wie diese Perspektiven darüber hinaus dazu eingesetzt werden können, bestimmte faszinierende Phänomene der individuellen Unterschiede zu verstehen, werden in den folgenden vier Kapiteln des vorliegenden Buchs vier solcher Spezialgebiete aufgegriffen – Geschlechtsunterschiede, Unterschiede bei Stress und Gesundheit, kulturelle und ethnische Unterschiede und Unterschiede bei Liebe und Hass.

Berühmte Persönlichkeiten

Wer ist die wahre Paula?

Paula Poundstone ist eine sehr erfolgreiche Komikerin und Schauspielerin, die in einer Vielzahl von Unterhaltungsmedien gearbeitet hat. Am bekanntesten ist sie als Stegreifkomikerin und ist als solche über viele Jahre auf der Bühne und im Fernsehen aufgetreten. Für eine kurze Zeit hatte sie auch eine eigene Talkshow, sie war Kolumnistin bei einer Zeitschrift und schrieb für Zeitungen, hat in Animationsfilmen Rollen gesprochen und ist in Quizsendungen aufgetreten.

In ihren Comedy-Shows bezieht stets das Publikum ein – sie improvisiert viel und stellt Fragen an die Zuschauer. Sie ist geistreich, selbstironisch und hat einen trockenen Humor. Ein großer Teil ihres Materials stammt aus ihrem eigenen Leben in einem Haus voller Adoptivkinder, einer ständig wechselnden Reihe von Pflegekindern und vielen Haustieren. Sie macht aus diesem hektischen Leben als allein erziehende Mutter in einem arbeitsreichen Haushalt eine Komödie. In einem Zeitungsinterview wurde sie wie folgt zitiert: „Bei meinem Humor geht es einfach um das Leben, denke ich. Mein Material kommt hauptsächlich von den Kindern und ein bisschen kommt auch von meinen Katzen."

Ihre Bemühungen um Pflegekinder begannen mit ihrer ehrenamtlichen Tätigkeit in Heimen, in denen sie über den Mangel an konsistenten Beziehungen im Leben dieser Kinder entsetzt war. Ihre Beschäftigung mit dem System der Versorgung von Kindern in Pflegefamilien führte dazu, dass sie selbst Pflegemutter wurde und einer ganzen Reihe von Kindern ein zeitweiliges Zuhause bot. Es gelang ihr, drei der Kinder, die ihr ursprünglich in Pflege gegeben wurden, zu adoptieren, und darüber hinaus bot sie Kindern, die zeitweilig in einer Pflegefamilie untergebracht werden mussten, ein Zuhause. Sie ist als Verfechterin der Rechte von Kindern bekannt.

Es war ein großer Schock für die Öffentlichkeit, als bekannt wurde, dass Paula Poundstone unter Anklage der Unzucht mit einem Kind und der Gefährdung von Kindern verhaftet worden war, wobei all diese Taten Kinder in ihrer Obhut betrafen. Zunächst wurde sie in drei Fällen der Unzucht mit einem Mädchen unter vierzehn Jahren sowie der Gefährdung von zwei weiteren Mädchen und zwei Jungen anklagt. Im Falle einer Verurteilung in allen Anklagepunkten hätte ihr eine Höchststrafe von 13 Jahren Haft gedroht. Obwohl ihr Agent behauptete, dass die Beschuldigungen „unbegründet und unbewiesen" seien, schloss Paula Poundstone eine Vereinbarung mit der Staatsanwaltschaft, wonach die Anklage wegen Unzucht fallen gelassen wurde und sie dafür die Beschuldigungen im Hinblick auf einen Fall des Straftatbestands der Gefährdung von Kindern und einen Fall des Vergehens der Verletzung eines Kindes „nicht bestritt". Der Richter schickte sie in ein Drogen- und Alkoholrehabilitationszentrum. Sie kam allerdings später für kurze Zeit ins Gefängnis, als das Behandlungszentrum meldete, dass sie einen Rückfall erlitten und nicht verschriebene Medikamente bzw. Drogen eingenommen hatte.

Das Bild von Paula Poundstone, das sich im Zusammenhang mit dieser Episode entwickelte, hatte nur wenig Ähnlichkeit mit ihrem früheren warmherzigen, lustigen, einfühlsamen und altruistischen Image in der Öffentlichkeit. In Erklärungen, die sie über ihren Rechtsanwalt und ihren Agenten verbreiten ließ, gab sie ein schweres Alkoholproblem zu und räumte ein, dass sie dadurch ihre Kinder gefährdet hätte. Zumindest hat sie sich in der Fürsorge für ihre eigenen Adoptivkinder und für ihre Pflegekinder verantwortungslos verhalten. Eine Möglichkeit, dieses abweichende Image zu verstehen, besteht darin, es im Hinblick auf die Einflüsse der Situation auf ihre Persönlichkeit zu interpretieren. In ihrem öffentlichen Leben auf der Bühne und im Fernsehen dominierten bestimmte Aspekte ihrer Persönlichkeit und begründeten ihr Image in der Öffentlichkeit. Die spezifischen Anforderungen und Signale ihres Lebens in der Unterhaltungsindustrie riefen bei Paula bestimmte Situationen hervor und unterstützten bei ihr eine konsistente Persönlichkeit bzw. hielten diese aufrecht. In ihrem Alltagsleben zu Hause bestanden allerdings im Umgang mit einem Haus voller kleiner Kinder völlig andere Anforderungen und Signale, und diese können dazu geführt haben, dass sie sich völlig anders verhielt. Die zugrunde liegenden Aspekte von Paulas Charakter – einschließlich des Alkoholismus und möglicherweise das Vernachlässigtwerden in der eigenen Kindheit – können in beiden Situationen gleich gewesen sein, aber die Persönlichkeit, die sich in den beiden Situationen zeigt, war unterschiedlich, weil jede Situation auf einzigartige Weise mit dieser zugrunde liegenden Struktur interagierte.

Abbildung 10.7:
Die Komikerin Paula Poundstone war in der Öffentlichkeit als geistreiche und auf das Publikum reagierende Person sowie als altruistische Pflege- und Adoptivmutter bekannt. Ihre Verhaftung und Anklage wegen sexuellen Missbrauchs und der Gefährdung von Kindern waren ein großer Schock. Haben die Unterschiede zwischen den Situationen ihres Berufslebens und ihres persönlichen Lebens zwei verschiedene „Persönlichkeiten" hervorgerufen?

Entwicklungen der Aspekte des Interaktionismus zwischen Person und Situation		Gesellschaftlicher und wissenschaftlicher Kontext
Philosophen und Theologen betrachten individuelle Abweichungen als Spiel der Götter oder als Besessenheit durch den Teufel.	**Antike und Mittelalter**	Die Menschen werden hauptsächlich in religiösen Begriffen als durch ein göttliches Wesen geschaffen gesehen.
Es wird zunehmend erkannt, dass das Individuum ein einzigartiges Wesen hat, das aber auch durch die soziale Klasse, die Arbeit und wesentliche Motivationen herausgebildet und bestimmt wird.	**18. und 19. Jahrhundert**	Zunehmende Betonung von Vernunft und Rationalität; die Philosophen suchen nach dem Kern der menschlichen Natur.
Untersuchungen der Werte und des Moralverhaltens zeigen individuelle Inkonsistenzen.	**1927 bis 1945**	Die experimentelle Psychologie wird durch den Behaviorismus beherrscht, während die klinische Psychologie durch die Psychoanalyse beherrscht wird; wirtschaftliche Krise und Aufstieg des Faschismus.
Der Einfluss der Sozialpsychologie nimmt zu, während Fromm, Sullivan, Murray und andere versuchen, das Augenmerk der Persönlichkeitspsychologie auf die interpersonale Situation zu verschieben.	**1940er bis 1950er Jahre**	Als Reaktion auf den Faschismus und den Weltkrieg nehmen Untersuchungen von Propaganda, Einstellungen, Vorurteilen und sozialen Strukturen zu; viele Familien ziehen in die Vororte und verwerfen alte Lebensformen.
Der Einfluss des Existenzialismus nimmt zu, und Schriftsteller betonen die Komplexität individueller Entscheidungen und Verhaltensweisen.	**1950er bis 1960er Jahre**	Intellektuelle Reaktionen auf den Faschismus; wirtschaftlicher Aufschwung mit einer breiten neuen Mittelschicht, der neue Wohlstand nimmt den Arbeitern alte Ängste.
Mischel erklärt, dass aufgrund des großen Einflusses der Situation das Verhalten durch die Eigenschaften nicht vorhergesagt werden kann.	**1960er Jahre**	Die Sozialpsychologie erreicht eine Blüte; tief greifende soziale Veränderungen infolge der sexuellen Revolution und der Bürgerrechtsbewegung
Die Forschung auf dem Gebiet der Persönlichkeit geht zurück, während die Psychologen versuchen, die Persönlichkeit als mit den Anforderungen der sozialen Situation interagierend zu verstehen.	**1970er bis 1980er Jahre**	Die neue Rollen für Frauen, Arbeit und soziale Beziehungen in Verbindung mit neuen Familienstrukturen betonen die Bedeutung sozialer und gesellschaftlicher Einflüsse auf das Verhalten.
Persönlichkeitsuntersuchungen tauchen verstärkt wieder auf, während differenziertere Betrachtungsweisen der Interaktionen der Person und der Situation entwickelt werden.	**1990er bis 2000er Jahre**	Gute wirtschaftliche Situation und bessere Kenntnisse über das Individuum am Arbeitsplatz sowie neue Sichtweisen über die Rolle der Kultur für das Verhalten des Individuums.

Historischer Abriss über die Aspekte des Interaktionismus zwischen Person und Situation in der Persönlichkeitspsychologie

Hier werden die wichtigsten Entwicklungen der Ansätze des Interaktionismus zwischen Person und Situation in ihrer historischen Beziehung zueinander und in Bezug auf ihre weiteren gesellschaftlichen und kulturellen Kontexte dargestellt.

Auswertung der Perspektiven

Vorteile und Grenzen des interaktionistischen Ansatzes

- ***Kurze Umschreibung des Inhalts***
  - Der Mensch als beständiger Dialog zwischen dem Selbst und der Umgebung.
- ***Vorzüge***
  - Betont die interpersonalen Einflüsse.
  - Kann die besten Aspekte der anderen Einflüsse verwenden.
  - Erkennt, dass wir in unterschiedlichen Situation ein unterschiedliches Selbst haben.
  - Untersucht die Persönlichkeit häufig im Lauf der Zeit.
- ***Grenzen***
  - Es ist schwierig, Situationen zu definieren und die vielen komplexen Aspekte von Interaktionen zu untersuchen.
  - Extreme Standpunkte können mitunter die Komplexität der Beziehung zwischen Persönlichkeit, Verhalten und Situation nicht berücksichtigen.
  - Kann biologische Einflüsse übersehen.
- ***Bedeutung des freien Willens***
  - Es gibt einen freien Willen – aber nur in begrenztem Maß.
- ***Gängige Erfassungstechniken***
  - Beobachtung und empirisches Testen der Konsistenz über verschiedene Situationen, Klassifizierung von Situationen, Selbstberichtstests, projektive Tests, biographische Untersuchung, Längsschnittsstudien.
- ***Konsequenzen für die Therapie***
  - Die Persönlichkeit kann sich im Laufe der Zeit langsam verändern, während der Mensch Situationen sucht und beeinflusst und die Situationen wiederum mit dem Menschen interagieren. Wenn beispielsweise ein Mensch eine starke Orientierung hin zu anderen hat und sehr gern anderen Menschen hilft, könnte er den Bereich der Medizin wählen, wenn er die Lebensorientierung hin zum biologischen Heilen weiterentwickeln möchte, oder er könnte die Laufbahn eines Geistlichen wählen, wenn er eine theologische und philosophische Lebensorientierung weiterentwickeln möchte, oder es wäre möglich, dass er eine Karriere in der klinischen Psychologie oder der Persönlichkeitspsychologie wählt, wenn er sich für die wissenschaftliche Orientierung interessiert und wie sein Professor in Persönlichkeitspsychologie werden möchte.

Zusammenfassung und Fazit

Wie können wir über die Persönlichkeit sprechen, wenn die Menschen ihr Verhalten von Situation zu Situation ändern? Die interaktionistischen Ansätze zur Persönlichkeitspsychologie versuchen ausdrücklich, die sozialen Situationen zu berücksichtigen, in denen sich Menschen befinden bzw. die sie für sich aufbauen. Die persönlichkeitspsychologischen Ansätze des Interaktionismus zwischen Person und Situation setzen verschiedene andere Perspektiven und Erkenntnisse ein, um eine sensiblere und trotzdem komplexe Betrachtungsweise der Muster des menschlichen Verhaltens zu entwickeln.

Von den späten 1930er bis zu den 1950er Jahren änderten sich unsere Vorstellungen von der Persönlichkeit durch mehrere konvergierende Einflüsse hin zu einer stärker situational und interaktionistisch geprägten Betrachtungsweise. Die Arbeiten von Erik Erikson und insbesondere von Harry Stack Sullivan gingen zwar aus der psychoanalytischen Tradition, hatten aber prägenden Einfluss auf die Persönlichkeitspsychologie. Für Sullivan ist die Persönlichkeit „das relativ beständige Muster von wiederkehrenden interpersonalen Situationen“, die das Leben eines Menschen charakterisieren (1953, S. 111). Für einen Persönlichkeitspsychologen wie Sullivan, der von der Idee eines sozialen Selbst überzeugt ist, werden wir in der Tat in verschiedenen sozialen Situation zu unterschiedlichen Menschen. In dieser Hinsicht können wir über eine so große Anzahl von „Persönlichkeiten“ verfügen, wie wir mit „interpersonalen Situationen“ konfrontiert werden.

Henry Murray betrachtete die Persönlichkeitspsychologie als die Untersuchung des Lebens von Menschen über die Zeit hinweg, und folglich beobachtete und analysierte er die Interaktionen der Individuen und der Situationen, mit denen sie im Lauf ihres Lebens konfrontiert werden. Bei Murray werden typische Kombinationen von Bedürfnissen und Anforderungen als Thema bezeichnet und können mit seinem Thematischen Apperzeptionstest gemessen werden. Als moderner Vertreter von Murrays Ansatz untersucht der Psychologe Dan McAdams das Intimitätsmotiv – das Bedürfnis, mit anderen Menschen auf vertraute Art umzugehen – in einem umfassenden Kontext und über längere Dauer.

Der Psychologe Walter Mischel löste in den 1960er Jahren beträchtliches Interesse an den interaktionistischen Ansätzen aus (wie es in der 1930er Jahren schon einmal der Fall war), indem er argumentierte, dass das Verhalten einer Person sich von Situation zu Situation so stark unterscheidet, dass es einfach nicht sinnvoll ist, in Konzepten von umfassenden Persönlichkeitseigenschaften zu denken. Allerdings besteht auch kein Grund zu erwarten, dass die Eigenschaften oder andere Aspekte der Persönlichkeit vollkommene, unmittelbare Anzeiger des Verhaltens sind. Die Persönlichkeit ist komplex, und Mischels Kritik half den Persönlichkeitstheoretikern dabei, eine differenziertere Denkweise über die Persönlichkeit zu entwickeln. Mischel kritisierte darüber hinaus das Ausmaß der einfachen Beziehungen zwischen Persönlichkeit und Verhalten; es wird allerdings deutlich, dass die Situationen auch nicht besser zur Vorhersage des Verhaltens geeignet sind als die Eigenschaften. Außerdem ist eine Korrelation von 0,30 auf diesem Gebiet in der Tat sehr wichtig und bedeutungsvoll.

Obwohl Vorurteile mitunter dazu führen, dass wir das Verhalten übermäßig der Persönlichkeit zuschreiben und die Bedeutung der Persönlichkeit übermäßig betonen, deutet die Forschung darauf hin, dass gute, aus mehreren Quellen stammende Gründe bestehen, dass einige Aspekte unserer Schlussfolgerungen über die Persönlichkeit gültig sind. Daher werden heute viele neue Faktoren berücksichtigt. Manchmal ist die Situation so stark, dass unsere Neigungen außer Kraft gesetzt werden. Mitunter können wir Situationen klassifizieren und uns unmittelbar darauf konzentrieren, wie das Individuum die verschiedenen Situationen, mit denen es konfrontiert wird, bewertet und interpretiert und wie es auf diese Situationen reagiert. Oder es wird festgestellt, dass das soziale Selbst bei manchen Menschen oder zu bestimmten Zeiten bzw. in bestimmten Situationen stärker hervortritt.

Manche Menschen sind unter Umständen weniger dazu motiviert, sozialen Anforderungen zu entsprechen, und wollen vielleicht sogar lieber einzigartig und ungehemmt sein. Solche Menschen haben eine weniger „soziale“ und stärker „persönliche“ Persönlichkeit. Ein vollständiges und differenziertes Verständnis der Persönlichkeit sollte solche Motivationen und Präferenzen berücksichtigen.

Manchmal ruft die Persönlichkeit bestimmte Verhaltensweisen bei anderen hervor und provoziert sie dazu. In manchen Fällen ergibt sich diese Konsistenz der Reaktion zum Teil aus unseren aktiven, bewussten Bemühungen. Wir können bestätigende Rückmeldungen von anderen suchen und hervorrufen. Darüber hinaus werden wir zu bestimmten Zeiten in unserem Leben durch bestimmte Umgebungen stärker beeinflusst. Aber das menschliche Verhalten ist nun einmal nicht ganz unvorhersehbar.

Obwohl keine „ehrliche“ Persönlichkeit gefunden wurde, die immer ehrlich ist, und auch keine „betrügerische“ Persönlichkeit gefunden wurde, die immer unehrlich ist, haben die Psychologen heute ein viel klareres Bild von den Konsistenzen (und Inkonsistenzen) im Leben der Menschen und von den Kräften, die diese Konsistenzen aufrechterhalten. Wenn das gesamte relevante Wissen berücksichtigt wird, gibt es keinen Grund, enttäuscht oder sogar überrascht darüber zu sein, dass eine hochgradig extrovertierte Person auf einer Party still dasitzt und die anderen meidet oder dass eine hochgradig neurotische Person beherrscht und souverän ist und ruhig ein Kind tröstet oder auch darüber, dass es, wenn überhaupt, nur wenige Menschen gibt, die immer vollkommen ehrlich sind. Die Persönlichkeitspsychologie hat wichtige Erkenntnisse über die Komplexitäten dessen, was es bedeutet, eine Person zu sein, geliefert und wird dies auch weiterhin tun.

Haupttheoretiker

Harry Stack Sullivan
Henry Murray
Walter Mischel
Mark Snyder
Jack und Jeanne Block
Avshalom Caspi
Konrad Lorenz

Zentrale Begriffe

Kameradschaft
Interpersonale Theorie der Psychiatrie
Soziales Selbst
Illusion der Individualität
Personologisches System/ Personologie
Bedürfnisse
Umgebungseinfluss
Thema
Thematischer Apperzeptionstest
Belohnungsverzögerung
Gleichzeitige Kausation
Persönliche Strategien
Verhaltenssignaturen
Implizite Persönlichkeitstheorie
„Persönlichkeit" von Situationen
Attributionstheorien
Selbstüberwachung
Soziale Identität und persönliche Identität
Längsschnittstudie
Bereitschaft
Lebenslaufansatz
Circumplexmodell

Literaturempfehlungen

Asendorpf, J. B. (2004). Psychologie der Persönlichkeit. Berlin: Springer-Verlag.

De Rivera, J. (Hrsg.) (1976). *Field theory as human science: Contributions of Lewin's Berlin Group.* New York: Gardner Press.

Funder, D. C. (1983). The „consistency" controversy and the accuracy of personality judgements. *Journal of Personality, 48*, 473-493.

Funder, D. C., & Ozer, D. J. (1983). Behavior as a function of the situation. *Journal of Personality and Social Psychology, 44*, 107-112.

Kenrick, D. T., & Funder, D. C. (1988). Profiting from controversy: Lessons from the person-situation debate. *American Psychologist, 43*, 23-34.

McAdams, D. P. (1988). Biography, narrative and lives: An introduction. *Journal of Personality, 56*, 1-18.

Mischel, W. (1968). *Personality and assessment*. New York: Wiley.

Mischel, W. (1977). On the future of personality assessment. *American Psychologist, 32*, 246-254.

Mischel, W. (1990). Personality dispositions visited and revisited: A view after three decades. In L.A. Pervin (Hrsg.), *Handbook of personality: Theory and research.* New York: Guilford Press.

Revenstorf, D. (1982). *Persönlichkeit. Eine kritische Einführung*. München: Gerhard Röttger

Ross, L. & Nisbett, R.E. (1991). *The person and the situation: Perspectives of social psychology.* New York: McGraw-Hill.

Kapitel

11 Unterschiede zwischen Männern und Frauen

In diesem Kapitel

John und Carol sitzen am Abend ihrer dritten Verabredung in seinem Auto. Seine Gedanken jagen sich: „Ich habe riesigen Hunger auf eine Pizza. Wie Carols Brüste wohl aussehen? Morgen sollte ich unbedingt das Auto wachsen." Carol sitzt ruhig neben John und studiert seinen Gesichtsausdruck. Sie denkt sich: „Ob John treu und reif ist? Sollte ich mich in diesem Monat noch einmal mit ihm treffen oder doch lieber mehr Zeit in meine Seminararbeit investieren? Ich frage mich, ob er genauso zärtlich wie stark ist ..." In welchem Ausmaß sind diese Gedanken von John und Carol eine Funktion ihrer Geschlechter? Was bedeutet es, ein Mann zu sein, und was bedeutet es, eine Frau zu sein? Ist das Geschlecht der wichtigste Persönlichkeitsaspekt?

Die üblichen Auffassungen und Stereotype in Bezug auf Männer und Frauen besagen, Jungen sind abenteuerlustig, Mädchen sind abhängig, Männer sind aggressiv, Frauen sind opferbereit und fürsorglich. Diese Eigenschaften werden Personen hauptsächlich aufgrund ihres Geschlechts zugeschrieben. Sind es vernünftige und genaue Beschreibungen der Persönlichkeit? Wird die Persönlichkeit durch geschlechtsbezogene Eigenschaften hinreichend beschrieben? Legt also die Tatsache, männlich oder weiblich zu sein, a priori die Persönlichkeit einer Person fest oder schafft sie eine strenge Begrenzung der Persönlichkeit?

In diesem Kapitel, wie auch im ganzen dritten Abschnitt dieses Buchs, verwenden wir die bereits in den früheren Kapiteln kennen gelernten Werkzeuge – die acht grundlegenden Aspekte der Persönlichkeit –, um eine genauere Untersuchung zum Thema „individuelle Unterschiede“ vorzunehmen. Wir stellen uns folgende Fragen: Gibt es geschlechtsbezogene psychologische Unterschiede? Was ist die Ätiologie (Lehre von den Ursachen) dieser Unterschiede? Wie erklären die verschiedenen Persönlichkeitstheorien, wie diese Unterschiede hervortreten und beibehalten werden? Welche Forschungsergebnisse belegen die Realität von geschlechtsbezogenen Perönlichkeitsmerkmalen? Wir zielen hier nicht nur darauf ab, ein umfassenderes Verstehen dieser Themen zu erlangen, sondern sind auch bestrebt, unser Verstehen der Grundlagen der Persönlichkeitspsychologie zu vertiefen.

Die biologischen Unterschiede der männlichen und weiblichen Genitalien (und die dem zugrunde liegenden Chromosomen) bestimmen das Geschlecht einer Person – männlich oder weiblich. Deshalb wurden Unterschiede zwischen Männern und Frauen herkömmlicherweise unter der Rubrik „biologische Geschlechtsunterschiede“ (engl. „sex differences“) studiert. Die meisten Psychologen erkennen mittlerweile jedoch ganz klar, dass die komplexe Art und Weise, in der Menschen bestimmen, was „männlich“ und was „weiblich“ ist, weitaus häufiger gesellschaftlich als biologisch begründet ist, und bevorzugen daher die Bezeichnung „soziale Geschlechtsunterschiede“ („gender differences“).

Maskulinität – die Eigenschaften, die allgemein mit der Tatsache, ein Mann zu sein, assoziiert werden – und **Feminität** – die Eigenschaften, die allgemein mit der Tatsache, eine Frau zu sein, assoziiert werden – sind gewöhnlich von größerem Interesse als „Mannsein“ und „Frausein“ an sich, denn sie fassen die interessanten psychologischen Merkmale (wie Kühnheit, Hilfsbereitschaft, Fürsorge usw.) zusammen. Wie wir noch sehen werden, können sowohl Männer als auch Frauen maskuline und feminine Merkmale auf verschiedene Arten und aus unterschiedlichen Gründen aufweisen.

11.1 Unterscheiden sich Männer und Frauen?

In Bezug auf die körperliche Entwicklung gibt es zwischen Männern und Frauen offensichtliche Unterschiede; das betrifft et al. die Körpergröße, die äußeren Genitalien, die Brust, das Kopfhaar und sein Wachstum bzw. Ausfall. Darüber hinaus gibt es grundsätzliche innere psychologische Unterschiede zwischen Männern und Frauen. So weisen Männer und Frauen z. B. unterschiedliche Hormonspiegel auf, die für eine Reihe von biologischen Merkmalen wie etwa Fruchtbarkeit verantwortlich sind.

Obgleich Männer gewöhnlich physisch stärker sind als Frauen, scheinen Mädchen und Frauen von der allgemeinen Konstitution her stärker als Jungen und Männer zu sein. Jungen sind für eine Reihe von Krankheiten und Behinderungen anfälliger als M3ädchen, und Mädchen sind von Geburt an bis in die Pubertät hinein neurologisch ausgereifter als Jungen (Nicholson, 1993; Parsons, 1980). Und Frauen leben länger als Männer (siehe Abbildung 11.1).

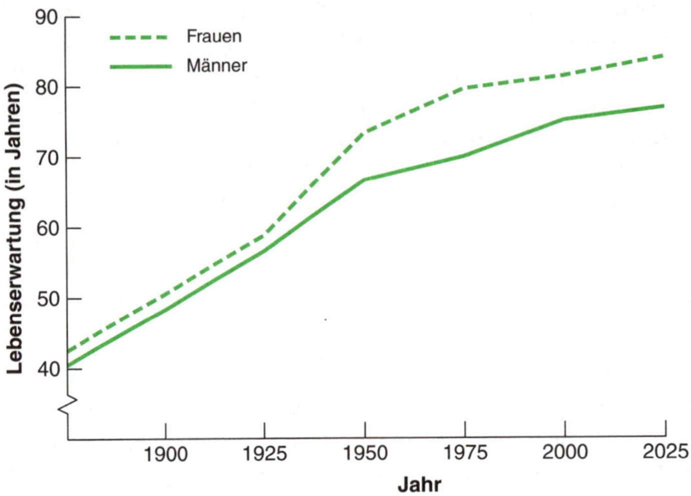

Abbildung 11.1: Voraussichtliche Lebenserwartung in den USA zum Zeitpunkt der Geburt. Während sich die allgemeine Lebenserwartung in den USA erhöht hat, ist die Lebenserwartung für Frauen höher geblieben als die für Männer. Dieser Vorteil des weiblichen Geschlechts trifft nicht nur auf die westlichen Industrienationen zu, sondern auf nahezu alle Länder – trotz einer hohen Sterblichkeitsrate von Schwangeren in weniger entwickelten Regionen. (Diese Daten sind Prognosen des U.S. Census Bureau.)

Sigmund Freud erklärte: „Anatomie ist Schicksal.“ Sind die physischen Unterschiede zwischen Männern und Frauen ein Beleg für gleichzeitig bestehende soziale Geschlechtsunterschiede? Dies ist eine wichtige Frage, denn die Tatsache, dass Männer und Frauen sich körperlich und physiologisch voneinander unterscheiden, führt oft zu einer simplen biologischen Rechtfertigung für alle Unterschiede in den Persönlichkeitsmerkmalen von Männern und Frauen. Schließlich sehen Männer und Frauen so unterschiedlich aus und haben so verschiedene Geschlechtsorgane und Hormone, dass (so nimmt man an) sie auch unterschiedlich denken, handeln und fühlen müssen – hauptsächlich aus biologischen Gründen. Erinnern Sie sich daran: Nach Freud erlangt ein Junge sein **Über-Ich** (moralische Instanz, Gewissen), indem er den **Ödipuskonflikt** löst und die Idee, seine Mutter heiraten zu wollen, neu überdenkt. Mädchen, denen schon von Natur aus ein Penis fehlt, entwickeln ein viel schwächeres Bewusstein. Diese Erklärung fügte sich wunderbar in die vorherrschenden (männlichen) Vorurteile der damaligen Zeit ein, und entsprechend „wusste“ Freud und jeder andere, dass Frauen einen weniger stark ausgeprägten Sinn für Gerechtigkeit und Vernunft hätten als Männer. Dieses ganze Buch hindurch konnten wir schon die Gefahren solch simpler biologischer Erklärungen erkennen. Ein Beispiel: Obwohl sich Gruppen wie Europäer, Afrikaner und Asiaten durch ihr Aussehen unterscheiden, ist es ein schwerer Fehler, entsprechende Unterschiede in der Persönlichkeit einfach der Biologie zuzuschreiben; tatsächlich spielen auch kulturelle und soziale Einflüsse eine sehr wichtige Rolle. Ebenso verhält es sich mit Männern und Frauen: Die biologischen Unterschiede existieren im Kontext eines komplexen sozialen Umfelds und werden von diesem geformt. Daher ist es interessant, die vielfältigen Einflüsse auf soziale geschlechtliche Unterschiede hinsichtlich der Persönlichkeit zu erforschen.

In einem beiläufigen, eher unwissenschaftlichen Sinne werden Frauen oft mit bestimmten Persönlichkeitsmerkmalen beschrieben (und beschreiben sich auch selbst so): gefühlsbetont, fürsorglich, unterwürfig, kommunikativ, kontaktfreudig, schlecht in Mathematik und Naturwissenschaften, subjektiv, passiv, beeinflussbar und mit einem weniger stark ausgeprägten Geschlechtstrieb als Männer. Männer wiederum werden beschrieben (und beschreiben sich auch selbst) als rationaler, unabhängig, energisch, dominant, objektiv, leistungsorientiert, aktiv und mit stark ausgeprägtem Geschlechtstrieb. In einer großen, 1972 durchgeführten Studie wurden Männer und Frauen unterschiedlichen Alters aufgefordert, die Eigenschaften und Verhaltensweisen aufzulisten, durch die sich Männer und Frauen voneinander unterscheiden (Broverman et al., 1972). Zwei interessante Resultate stachen hierbei hervor. Erstens: Die meisten Probanden stimmten darin überein, dass sich Männer und Frauen in Bezug auf über vierzig Persönlichkeitsmerkmale voneinander unterscheiden. Zweitens: Sowohl Männer als auch Frauen waren der Ansicht, dass die meisten „maskulinen" Merkmale begehrenswerter waren als die „femininen". Mit anderen Worten: Unabhängig davon, ob soziale Geschlechtsunterschiede hinsichtlich der Persönlichkeit tatsächlich existieren, nehmen viele Personen beträchtliche Unterschiede zwischen den Persönlichkeitszügen von Männern und Frauen wahr, und diese Wahrnehmungen beeinflussen ihre Einstellungen zu und ihr Verhalten gegenüber anderen und somit auch die Persönlichkeit. Studien, die die Realität (Gültigkeit) und das Ausmaß (Größe) dieser wahrgenommenen geschlechtsbezogenen Persönlichkeitsunterschiede bewerten, lieferten jedoch oft keine Belege für die Existenz vieler geschlechtsbezogener Merkmale auf. Mit Beginn einer 1974 durchgeführten umfassenden Untersuchung der Literatur zu geschlechtlichen Unterschieden (Maccoby & Jacklin, 1974) fanden Forscher heraus, dass die Persönlichkeitsmerkmale und das Verhalten von Männern und Frauen in vieler Hinsicht einander sehr ähnlich sind (Hyde, 1991). Das bedeutet: Es existiert eine beträchtliche Überschneidung bei der Unterteilung in männliche und weibliche Merkmale und Verhaltensweisen.

Es ist interessant anzumerken, dass diese sich wandelnde Ansicht der geschlechtsspezifischen Unterschiede zur selben Zeit einsetzte, als Frauen mehr gesellschaftliche Rechte gewannen (in den 70er Jahren). In jenem Jahrzehnt wurde Frauen in den USA zum ersten Mal Zugang zu vielen angesehenen Universitäten gewährt. Sie erlangten die gleichen Rechte in Bezug auf Eigentum und Ehe und ergriffen in großer Zahl Berufe mit höherem Status, z. B. in den Bereichen Medizin, Recht und Wirtschaft. Nachdem nicht mehr so häufig angenommen wurde, dass Frauen Männern unterlegen seien, fand man auch weniger Belege für eine solche Unterlegenheit. Ein gleichzeitig einsetzender Wandel im Verstehen half diese gesellschaftlichen Veränderungen herbeizuführen. Dies ist ein weiteres Beispiel dafür, wie unser Verstehen der Persönlichkeitsstruktur zum Teil durch unsere Kultur und Zeittendenzen beeinflusst wird und wie umgekehrt neue Einsichten in die Natur der Persönlichkeit unsere Kultur und Zeittendenzen beeinflussen können.

Abbildung 11.2: Die Frauenbewegung der 70er Jahre leitete einen grundlegenden Wandel der gesellschaftlichen Rolle der Frauen ein. Obwohl eine völlige Gleichstellung im Arbeitsleben bisher noch nicht erreicht wurde, sind wir doch einen großen Schritt vorangekommen gegenüber jenen Zeiten, als die Stellenanzeigen noch in die Rubriken „männlich" und „weiblich" unterteilt waren.

Abbildung 11.3: Nach der Pubertät sind Jungen in Mathematik Mädchen leicht überlegen. Wie trennen wir die Auswirkungen voneinander, die sich aus den Unterschieden in Gehirnfunktion, Hormonproduktion und Leistungserwartungen ergeben?

Es gibt einige wenige Bereiche, in denen verlässliche Geschlechtsunterschiede in Bezug auf psychologische Fähigkeiten entdeckt wurden. Im kognitiven Bereich verfügen Jungen und Männer (im Schnitt) über ein besseres räumliches Vorstellungsvermögen, während Mädchen und Frauen sprachlich begabter sind. Mädchen beginnen gewöhnlich etwas eher zu sprechen als Jungen, verfügen oft über einen größeren Wortschatz und sind in der Grundschule lesebegabter als Jungen. Jungen wiederum sind ab der Grundschule besser bei Aufgaben und Messungen des räumlichen Vorstellungsvermögens und in den höheren Klassen besser in Mathematik, obgleich diese Unterschiede eher geringfügig sind (Halpern, 1992).

Es existieren auch einige Belege für Geschlechtsunterschiede hinsichtlich zweier gesellschaftlicher Merkmale: Aggression und Kommunikation. Jungen und Männer verhalten sich verbal und körperlich aggressiver als Frauen (Eagly, 1987; Hyde, 1986a). Männer begehen mehr Gewaltverbrechen. Frauen sind in nonverbaler Kommunikation besser, empfindsamer gegenüber nonverbalen Hinweisen und stärker im nonverbalen Ausdruck als Männer (Hall, 1990). Andere oft bemerkte Geschlechtsunterschiede hinsichtlich Persönlichkeit und Verhaltensmerkmalen wie etwa Abhängigkeit, Beeinflussbarkeit und Hilfsbereitschaft lassen sich nur schwer bestätigen (Eagly, 1995). Männer übernehmen in kleinen Gruppen eher die Verantwortung und Frauen sind eher beschäftigt mit Kindererziehung und interessieren sich für sie, doch auch hier bestehen beträchtliche Überschneidungen, und viele Männer verhalten sich hilfsbereit, ebenso wie Frauen Unabhängigkeit anstreben. Es gibt also bezüglich dieser Bereiche einige Belege, die einen Unterschied bestätigen, doch auch einige Belege dafür, dass diese Unterschiede nur minimal sind.

11.2 Eine kurze Geschichte des sozialen Geschlechtsunterschieds hinsichtlich Persönlichkeit

11.2.1 Belege aus antiken Zivilisationen

Archäologische Ausgrabungen von den Überreste von Jagdvölkern, die vor vier- bis sechstausend Jahren lebten, förderten einige frühe Darstellungen von Frauen zutage – Felszeichnungen, Hieroglyphen und Grabstatuetten –, die hauptsächlich „weibliche" Merkmale wie Fruchtbarkeit und Fürsorge zeigten. Männer wiederum wurden in den prähistorischen Darstellungen oft als Jäger oder Krieger gezeigt. Einige der frühesten religiösen Glaubensüberzeugungen in Asien unterteilten die Menschheit in eine weibliche und eine männliche Komponente, *Yin* und *Yang*. Das Yin repräsentiert das Weibliche – passiv, dunkel und kalt –, während das Yang das männliche Element darstellt – aktiv, hell und heiß. Stammesführer und Priester waren meist männlich, obgleich Unterschiede hinsichtlich des Status nicht starr sein mussten.

Mit fortschreitender Zeit mündeten die Vorstellungen von den Unterschieden zwischen Männern und Frauen immer mehr in die Überzeugung, dass Frauen nicht nur anders, sondern auch minderwertig wären. Plato z. B. beschrieb Frauen als schwächer und den Männern unterlegen. Aristoteles beschrieb Frauen aufgrund ihrer Unfähigkeit zur Samenproduktion als unvollständig und inkompetent. Mit der Vorstellung von Frauen als unzulänglichen Wesen ging die Ansicht einher, dass Frauen schwache Persönlichkeiten seien – emotional, prinzipienlos, beeinflussbar und unentschlossen. In der hebräischen und später auch in der christlichen Bibel übten Männer nicht nur die Macht aus, sie stellten auch die höhere moralische Autorität dar, auch wenn Frauen gelegentlich wichtige Rollen spielten. Die Ansicht, dass Frauen unvollständige oder unvollkommene Männer seien, hielt sich über Jahrhunderte, und Thomas von Aquin führte diese Idee weiter, indem er eine Erklärung für die Minderwertigkeit von Frauen lieferte.

11.2.2 Ansichten des 19. Jahrhunderts

Wie wir sahen, erklärte die funktionelle Schule der Psychologie unter Darwins Einfluss (um 1900), dass sich Verhalten und Denken als Resultat ihrer Funktionalität fürs Überleben entwickeln würden. Befürworter dieser Lehre betonten z. B. das Thema **Mutterinstinkt**, der definiert wurde als „eine angeborene Neigung zur Fürsorge, die durch Kontakt mit einem hilflosen Kleinkind ausgelöst wird" (Lips & Colwill, 1978, S. 29). Nach den (männlichen) Funktionalisten wendete die Frau den größten Teil ihrer Energie für Schwangerschaft, Geburt und die Stillzeit auf; daher blieben Frauen keine weiteren Energieressourcen zur Entwicklung anderer Fähigkeiten. Diese Theoretiker erklärten auch, dass sich der Mutterinstinkt auch in anderen Bereichen zeige, wo Frauen für andere sorgen, wie etwa in ihren Beziehungen zu ihren Ehepartnern und engen Freunden. Diese Ansichten wurden benutzt, um in der gegenwärtigen Gesellschaft die Vormachtstellung der Männer und die dem Mann untergeordnete Position der Frauen zu erklären und zu rechtfertigen. Wie wir in diesem Buch immer wieder festgestellt haben, sind viele Vorstellungen von Persönlichkeit unentwirrbar mit den Vorurteilen der Gesellschaft verbunden.

Wie in Kapitel 3 über die Psychoanalyse angemerkt, war die erste neuzeitliche umfassende Persönlichkeitstheorie, die die Ätiologie der Geschlechtsunterschiede behandelte, die von Sigmund Freud. Freud erklärte, der sexuelle Geschlechtsunterschied hinsichtlich der Persönlichkeit sei auf die psychologische Reaktion auf physische Unterschiede hinsichtlich der Genitalien zurückzuführen. Freuds Theorie nährte weiterhin die Vorstellung, dass Frauen fehlerhafte oder unvollständige Männer seien. Neuzeitlichere psychologische Theorien zum Geschlechtsunterschied benutzten verschiedene moderne Perspektiven und suchten zusätzlich zum Erkennen physiologischer Einflüsse auch nach Erklärungen für Geschlechtsunterschiede hinsichtlich Persönlichkeit in den Bereichen Kultur, Sozialisierung, Kognition und soziales Lernen. Einige neuere Theorien postulieren eine Interaktion von biologischen und Umweltfaktoren, die die Merkmale hervorbringen, die wir als maskulin oder feminin verstehen. (Siehe den „Selbstverständnis"-Kasten auf Seite 494.)

Abbildung 11.4:
Die Funktionalisten betrachteten den so genannten Mutterinstinkt von Frauen als ein zentrales Element ihres Lebens, der das Streben nach anderen Zielen ausschließt. Doch Schwangerschaft, Geburt und Stillzeit sind nur für eine begrenzte Zeit im Leben einer Frau zentrale Daseinselemente.

11.3 Biologische Einflüsse auf Geschlechtsunterschiede

11.3.1 Sexualhormone in der normalen pränatalen Entwicklung

Das **genetische Geschlecht** wird zum Zeitpunkt der Empfängnis festgelegt, wenn die weibliche Eizelle mit ihrem X-Chromosom mit der männlichen Samenzelle und ihrem X- oder Y-Chromosom verschmilzt; das Ergebnis ist entweder ein Mädchen (XX) oder ein Junge (XY). Obgleich jeder Embryo die physiologischen Strukturen aufweist, aus denen sich sowohl männliche als auch weibliche Genitalien entwickeln können, ist es doch interessanterweise so, dass nach einer Reifungszeit von etwa sechs Wochen sich nur in Embryos mit XY-Chromosomen Hoden zu entwickeln beginnen. Die Hoden fangen an, Sexualhormone zu produzieren: etwas Progesteron und Östrogen (typischerweise als „weibliches" Hormon angesehen). Der genetisch männliche Fötus entwickelt dann die inneren und äußeren männlichen Geschlechtsorgane (Stockard & Johnson, 1992).

Wenn der Embryo XX-Geschlechtschromosomen aufweist, beginnen die Keimdrüsen sich nach etwa zwölf Wochen Reifungszeit zu Eierstöcken auszubilden. Es scheint, als ob sich in Abwesenheit von Hoden, die große Mengen von Androgen produzieren, weibliche innere und äußere Genitalien entwickeln. Sobald sich die Gonaden (Hoden oder Eierstöcke) entwickeln, hat das genetische Geschlecht (XX- oder XY-Chromosomen) offensichtlich nur mehr einen geringen Einfluss (Otten, 1985); von nun an werden vielmehr die Hormone zum entscheidenden Faktor.

Für den männlichen Embryo löst das Androgen also die Entwicklung männlicher Genitalien aus und kann in einem gewissen Ausmaß die Organisation des Gehirns beeinflussen. Es existiert darüber hinaus auch eine begrenzte Zahl von Belegen dafür, dass die Hormone, die von der Mutter, der Plazenta und den Eierstöcken des weiblichen Fötus abgesondert werden, zusätzlich die weibliche Entwicklung beeinflussen können (Otten, 1985). In dieser vorgeburtlichen Phase werden also später im Leben erscheinende physiologische Geschlechtsunterschiede durch den Einfluss der Hormone bestimmt. Die Auswirkungen auf das Gehirn sind bisher noch kaum verstanden, doch die vorgeburtlichen Hormone können z. B. das Gehirn auf derart beeinflussen, wie der Hypothalamus die Hypophyse (Hirnanhangdrüse) reguliert, wenn sie die Absonderung der Geschlechtsdrüsen-Hormone nach der Pubertät steuert (wie etwa in der Regulierung der Menstruation).

Selbstverständnis

Schaffung kategorialer Tatsachen oder „nicht von dieser Welt"?

Sollten wir uns überhaupt die Mühe machen, die Unterschiede zwischen Männern und Frauen hinsichtlich Persönlichkeit zu studieren? Die Geschichte weist darauf hin, dass selbst die aufgeklärtesten Versuche, in diesem Bereich Forschungen zu betreiben, im Allgemeinen durch die existierenden kulturellen Annahmen mit Vorurteilen behaftet sind, oder sie versprechen eine Idealwelt der Geschlechtergleichheit, die mehr auf Hoffnung als auf wissenschaftlichen Nachweisen beruht. Vielleicht sollten wir einfach nur individuelle Menschen in all ihrer Komplexität und Individualität studieren. Es ist jedoch unwahrscheinlich, dass eine solche machtvolle Ansammlung von Kategorien leicht aus unseren Theorien oder Praktiken eliminiert werden kann; mehr Aspekte hinsichtlich unserer Zivilisation und unseres Verstehens als wir uns vorstellen können, gruppieren sich um die Auffassungen von Männlichkeit und Weiblichkeit. Deshalb müssen wir unterdessen sicherstellen, dass wir anthropologische, soziologische, historische und politische Studien in unserem Versuch zu verstehen, was es bedeutet, eine Person zu sein, mit aufnehmen (Bohan, 1992; Morawski, 1985).

Wenn wir über die menschliche Natur nachdenken, ist es immer wieder faszinierend, auch darüber nachzudenken, was es bedeutet, maskulin oder feminin zu sein. Das wurde 1997 mit der ausführlichen Berichterstattung über die religiöse Gruppierung „Heaven´s Gate" erneut sichtbar. Die Gruppe wurde durch ihren Massen-Selbstmord bekannt, den alle Mitglieder gemeinsam in einem Anwesen in der Nähe von San Diego begingen. (Die Mitglieder beabsichtigten, ihre Körper zurückzulassen, so dass sie an Bord eines Raumschiffs geholt werden könnten, dass sie hinter dem sich nähernden Kometen Hale-Bopp vermuteten.) Das Eigenartige war, dass sämtliche Leichen eingeschlechtig gekleidet und ihre Köpfe kurzgeschoren waren. (Tatsächlich hieß es in den ersten Pressemitteilungen fälschlicherweise, die Anhänger der Sekte wären allesamt Männer gewesen, was daher rührte, dass die Frauen sehr unweiblich aussahen.) Eine der Lehren der Gruppe war, dass Sexualität abzulehnen sei. Auch wenn dies merkwürdig anmutet, ist dies in religiösen Gruppierungen nicht selten oder ungewöhnlich (wie das Leben von Priestern und Nonnen zeigt).

Dann wurde berichtet, der Kopf der Gruppe, Marshall Applewhite, wäre homosexuell, führe aber ein Doppelleben als verheirateter Mann mit Kindern. Applewhite, Sohn eines strengen, autoritären Pfarrers und ein ausgezeichneter Selbstdarsteller, hatte immer mit extremen Auswüchsen von Anziehung, Leidenschaft und Sittlichkeit zu tun. Das Magazin *Time* berichtete, dass Applewhite in seinen eigenen Leidenschaften verfangen gewesen sei, und die *Washington Post* behauptete, es wäre eine sexuelle Krise gewesen, die ihn auf diesen seltsamen Weg geführt hätte (Balch, 1995; Chua-Eoan, 1997; Daniel, 1997; Fisher & Pressley, 1997).

Einige der männlichen Heaven's-Gate-Mitglieder hatten sich zuvor kastrieren lassen – eine ziemlich extreme Lösung für die Qualen ungestillten sexuellen Verlangens. Dieser Fall weist also Elemente aller Persönlichkeitskonzepte auf, die auf das Geschlecht angewendet wurden: unterdrückte Sexualität, innere Konflikte, gesellschaftliche Ablehnung und Druck, biologische Triebe, soziale Rollen, soziales Lernen und Kultur. Auch wenn das Studium von Maskulinität und Feminität dem Gang durch ein Minenfeld gleichkommt, scheint es trotzdem ein Bereich zu sein, den wir nicht umgehen oder vermeiden können, wenn wir den vollen Reichtum der Persönlichkeit anerkennen möchten.

11.3.2 Die Auswirkungen pränataler Sexualhormone auf das Geschlechtsverhalten

Die Tatsache, dass Androgen die physische Entwicklung des Fötus beeinflusst, legt nahe, dass pränataler Androgen-Einfluss auch die Persönlichkeit in geschlechtsspezifischer Weise beeinflussen könnte. Zwei Arten von Belegen unterstützen die Möglichkeit einer Auswirkung pränataler Hormone auf geschlechtsspezifisches Verhalten: (1) experimentelle Daten aus Tierstudien und (2) Studien an Menschen, die in der pränatalen Phase genetischen oder hormonellen Anomalien ausgesetzt waren.

Wenn Forscher in der frühen pränatalen Entwicklungsphase Androgene auf Tierföten einwirken lassen, ist eine typische Entdeckung, dass größere Mengen von Androgenen späteres Verhalten beeinflussen; solche Tiere sind in ihrem Spieltrieb aggressiver veranlagt, sind in ihrem Verhalten energischer und haben ein höheres Aktivitätsniveau. Das gilt sowohl für genetisch männliche (XY) als auch genetisch weibliche (XX) Tiere, denen Androgene verabreicht werden (Parsons, 1980).

Eine analoge Art von natürlichem Experiment trat bei Menschen auf, die eine abnormale sexuelle Entwicklung im pränatalen Bereich erfuhren. Genetische Anomalien schließen auch Mutationen in Bezug auf die Anzahl der Geschlechtschromosomen mit ein, die in den Zellen des Embryos enthalten sind. In anderen Fällen kann es vorkommen, dass der Embryo oder Fötus nicht mit den entsprechenden Hormonen versorgt oder mit den falschen überversorgt wird. So werden z. B. hin und wieder Menschen mit zu vielen Geschlechtschromosomen geboren, wobei die Kombinationen XXX, XXY oder XYY die häufigsten sind. XXX-Menschen sind automatisch weiblich und fruchtbar, wohingegen XXY- und XYY-Menschen automatisch männlich sind (Stockard & Johnson, 1992). Es gibt nur wenige Nachweise dafür, dass das zusätzliche Y-Chromosom (beim XYY-Menschen) einen größeren Einfluss auf das Verhalten ausübt, obgleich das früher angenommen wurde. Einige Forscher gingen davon aus, dass Personen mit einem zusätzlichen Y-Chromosom höhere Mengen an Testosteronausschüttungen in ihrem System erfuhren und als Resultat davon aggressiver waren. Diese Personen fand man unter Gefängnisinsassen; es wurde jedoch nicht angemessen bestimmt, ob es einen äquivalenten (und ebenfalls ungewöhnlich aggressiven) Prozentsatz an XYY-Männern in der Bevölkerung außerhalb von Gefängnissen gibt. Dieser Mangel an angemessenen Kontrollen und die Tatsache, dass XY-Männer unter den Gefängnisinsassen tatsächlich für einen größeren Prozentsatz an

Gewaltverbrechen wie Mord und körperlichen sowie sexuellen Übergriffen verantwortlich waren, ergab die Schlussfolgerung, dass bei den XYY-Männern keine größere Tendenz zu Aggression vorherrscht (Lips & Colwill, 1978; Hargreaves & Colley, 1987).

Gelegentlich geschieht es, dass ein Kind mit nur einem X-Chromosom, ein X0, geboren wird. Diese Anomalie ist als „**Turner-Syndrom**" bekannt. Personen mit dem Turner-Syndrom haben weibliche äußere Genitalien, jedoch keine Eierstöcke. Da sie keinem Androgen ausgesetzt sind, bleiben sie weiblich, aber unfruchtbar. In der Pubertät müssen diese jungen Frauen aufgrund der Tatsache, dass sie keine Eierstöcke haben, die Östrogen absondern, Hormon-Ergänzungspräparate einnehmen, wenn sie sekundäre Geschlechtsmerkmale entwickeln möchten (Nicholson, 1993; Parsons, 1980). Es gibt einige Nachweise dafür, dass diese Mädchen zu extrem ängstlichem und übersteigert femininem Verhalten neigen und schwächere mathematische Leistungen und räumliches Vorstellungsvermögen an den Tag legen (Nicholson, 1993). Solche Entdeckungen dienten als Argument dafür, dass zumindest gewisse Aspekte femininen Verhaltens eine direkte genetische Grundlage haben.

Die Entwicklung von weiblichen oder männlichen Föten kann durch Unregelmäßigkeiten in der pränatalen Hormonversorgung beeinflusst werden. So können z. B. genetisch weibliche Embryos in der pränatalen Zeit einem Überschuss an Androgen ausgesetzt sein, vielleicht als Resultat einer Fehlfunktion der Nebenniere oder aufgrund der Tatsache, dass die schwangere Mutter männliche Hormone einnimmt. Wenn dieser Einfluss über ein gewisses Maß hinausgeht, werden solche genetisch **androgenisierten Frauen** entweder mit männlichen oder doppelten Genitalien geboren. In den meisten Fällen werden Kinder mit doppelten Genitalien einer chirurgischen Operation unterzogen, um den normalen weiblichen Körperbau herzustellen. Nach den Berichten ihrer Eltern zeigen diese androgenisierten Mädchen ein wilderes, aggressiveres Verhalten als andere Mädchen und sind auch aktiver als diese. Es ist unklar, ob diese so genannten maskulinen Persönlichkeitszüge und Verhaltensweisen (1) das Resultat eines Übermaßes an Androgen sind, (2) durch eine Erwartungshaltung der Eltern hinsichtlich des Verhaltens ihrer Töchter, die im Übermaß männlichen Hormonen ausgesetzt waren und mit doppelten (oder männlichen) Geschlechtsorganen geboren wurden, herbeigeführt wird, oder (3) das Resultat davon sind, dass die Mädchen sich ihrer hormonellen und physischen Maskulinität bewusst sind.

In manchen Fällen androgenisierter weiblicher Personen sehen die äußeren Genitalien tatsächlich männlich aus, und die „Weiblichkeit" ist in jungen Jahren kaum erkennbar. Diese Kinder werden wie Jungen aufgezogen und ihr Zustand bleibt unbemerkt bis zur Pubertät, wenn sich die sekundären Geschlechtsmerkmale nicht entwickeln. Da die Kinder bis zu diesem Zeitpunkt als männliche Wesen betrachtet und entsprechend über einen langen Zeitraum als solche behandelt wurden, werden ihnen zusätzliche männliche Hormone verabreicht, um die Entwicklung männlicher sekundärer Geschlechtsmerkmale zu begünstigen, und sie können u. U. ein erfolgreiches Leben als erwachsene „Männer" führen (auch wenn sie aufgrund ihrer XX-Chromosomen unfruchtbar sind). Die biologische Grundlage des Geschlechts ist also oft nicht so eindeutig, wie man vermuten könnte.

Abbildung 11.5: Einige junge Mädchen bevorzugen die Aktivitäten von Jungen ihres Alters statt der ihrer Geschlechtsgenossinnen. Sind ihr Hormonspiegel und ihre Gehirnstrukturen „maskuliner" als die eines typischen Mädchens oder haben sie andere Sozialisierungserfahrungen gemacht?

Allgemein kann man feststellen: Obwohl die Einwirkung von Sexualhormonen in der pränatalen Phase anscheinend die Entwicklung von maskulinen/femininen Verhaltensweisen in gewissem Ausmaß zu beeinflussen scheint, ist der tatsächliche Effekt dieser Hormone eher gering und auch abhängig vom starken Einfluss elterlicher Erwartungen und geschlechtlicher Sozialisierung. In den 1950er und 1960er Jahren nahmen z. B. viele schwangere Frauen das Hormon Diäthylstilbestrol (DES) ein, um eine Fehlgeburt zu vermeiden. DES kann ebenso wie **Testosteron** einen maskulinisierenden Einfluss ausüben, und tatsächlich entwickelten viele Töchter dieser Frauen später Fruchtbarkeitsprobleme. Alle gefundenen Auswirkungen auf das Verhalten (wie etwa eine Neigung zur Bisexualität) waren aber eher von schwacher Ausprägung (Hines & Sandberg, 1996; Meyer-Bahlburg et al., 1995). Das bedeutet: Die Natur pränataler Auswirkungen von Sexualhormonen auf geschlechtsspezifisches Verhalten ist unklar und komplex und erfordert weitere Untersuchung (Jacklin, Wilcox & Maccoby, 1988).

Genetik und Hormone bringen die physische Manifestation des Geschlechts klar zum Ausdruck – die Entwicklung äußerer und innerer Geschlechtsorgane. Ob sie allerdings mit Unterschieden in Bezug auf Persönlichkeit und Verhalten der jeweiligen Geschlechter in Verbindung stehen – und wenn ja, in welchem Ausmaß –, muss noch gezeigt werden. Wie wir schon zuvor in diesem Buch gesehen haben, wäre es eine zu grobe Vereinfachung, eine simple genetische Basis für *jeden* Persönlichkeitsaspekt anzunehmen. Eher ist es so, dass die Biologie die Voraussetzungen für verschiedene andere zentrale Einflüsse auf die Persönlichkeit schafft.

11.3.3 Der Einfluss von Hormonen während und nach der Pubertät

Der Einfluss biologischer und hormoneller Faktoren ist natürlich nicht auf den pränatalen Bereich beschränkt. Mit Beginn der Pubertät entstehen größere Unterschiede in den von Männern und Frauen produzierten Hormonen, und diese hormonellen Unterschiede können die Persönlichkeit beeinflussen. Außerdem wurde die zyklische versus die nichtzyklische Natur von hormonellen Schwankungen bei psychologischen Geschlechtsunterschieden einbezogen, und zwar besonders in Bezug auf Emotionalität und Stimmungsniveau.

Pubertät und Menstruation bringen einen zyklischen Prozess von Hormonausscheidungen in Frauen mit sich, die mit Veränderungen von Gefühlen und Verhalten zu verschiedenen Zeiten während des (monatlichen) Zyklus in Verbindung gebracht wurden. Zu Beginn des Zyklus weist die Hypophyse die Eierstöcke an, eine große Menge **Östrogen** freizusetzen, die ein schnelles Wachstum der Gebärmutterschleimhaut verursacht. Nach der Hälfte des Zyklus scheidet die Hypophyse ein Hormon aus, das den Eisprung herbeiführt. Zu diesem Zeitpunkt verringert sich die Östrogenmenge, erhöht sich nochmals am 20. Tag und verringert sich wieder zum Ende des Zyklus (siehe Abbildung 11.6). Nach dem Eisprung erhöht sich der Progesteronspiegel. Wird das Ei befruchtet, bleibt er hoch, wenn nicht, fällt er kurz vor der Menstruation wieder ab. Dies ist der Verlauf des weiblichen Hormonzyklus, wie er oft als relevant für die Persönlichkeit angesehen wird.

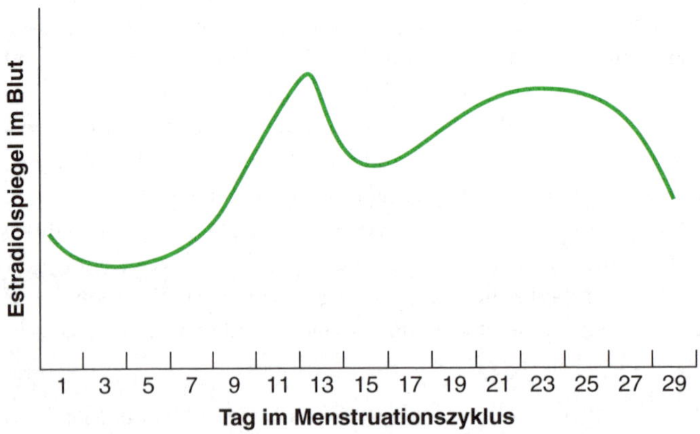

Abbildung 11.6: Zyklische Veränderung des Estradiolspiegels im Blut von Frauen. Estradiol, eine Form von Östrogen, zeigt ein bestimmtes Schwankungsmuster im Verlauf des Menstruationszyklus bei Frauen vor Einsetzen der Menopause.

Diese zyklischen Schwankungen im Hormonspiegel von Frauen werden oft mit weiblichen Persönlichkeitsmerkmalen in Verbindung gebracht wie etwa Gemütsschwankungen, heftigen Gefühlsausbrüchen, Unfähigkeit, Entscheidungen zu treffen, Geisteskrankheit und Verringerung der Koordinationsfähigkeit (Moir & Jessel, 1991; Lips & Colwill, 1978; Nicholson, 1993). Das am häufigsten mit den weiblichen Hormonzyklen in Beziehung gesetzte Persönlichkeitsmerkmal ist Emotionalität oder Gemütsschwankungen. Tatsächlich ist die

Vorstellung, dass die Menstruation bei Frauen zu emotionaler Instabilität führt, ziemlich alt und wurde u. a. schon in der Antike erwähnt. Das Wort „**Hysterie**“ (unkontrollierte Gefühlsausbrüche) stammt vom griechischen Wort für „Gebärmutter“ ab. Es herrschte die Vorstellung, dass die Emotionalität von Frauen auf eine wandernde Gebärmutter zurückzuführen ist, weshalb die Entfernung der Gebärmutter zur Heilung von Geisteskrankheiten angesehen wurde – eine Vorstellung, die sich bis heute gehalten hat. Dies ist ein trauriges Beispiel dafür, wie uralte Vorurteile gegenüber Frauen manchmal ihren Weg bis in moderne pseudowissenschaftliche Theorien hinein finden. Ein kleines Körnchen Wahrheit – Hormonschwankungen, die den Gemütszustand beeinflussen – kann sich in der Gesellschaft zu einem stereotypen Mythos steigern – weibliche Schwäche und mentale Instabilität.

Die Annahme, dass psychologische Geschlechtsunterschiede mit dieser zyklischen Hormonaktivität in Bezug stehen, wurde noch durch den Umstand gefördert, dass Männer Hormonschwankungen dieser Art offensichtlich nicht erleben. Zumindest gibt es anders als bei Frauen bei Männern keine unmittelbar sichtbaren Manifestationen von Hormonzyklen. Obwohl einige Studien, bei denen Frauen in Bezug auf Gefühlsschwankungen während des Hormonzyklus interviewt wurden, nahe legten, dass Frauen während der prämenstruellen Phase des Zyklus (Anstieg des Östrogenspiegels) mehr zu Feindseligkeit, Gespanntheit, Instabilität, Depressionen und Ängstlichkeit neigten, und ihr Selbstwertgefühl und -vertrauen zum Zeitpunkt des Eisprungs am stärksten ausgeprägt war (Nicholson, 1993; Stock & Johnson, 1992; Wood-Sherif, 1980), erleben die meisten Frauen nicht alle oder noch nicht einmal die meisten dieser Symptome. Die Mehrheit der Frauen erwähnt eine, maximal zwei dieser Manifestationen. Außerdem muss festgehalten werden, dass die Bevölkerungsgruppen, die in diesen Studien untersucht wurden, klinische (Krankheits-) Fälle waren und keine Kontrollgruppe zu Vergleichszwecken existierte. Der tatsächliche Einfluss von Hormonzyklen auf die Persönlichkeit scheint bei den meisten Frauen ziemlich gering zu sein. Und dennoch haben Schlussfolgerungen wie die obigen eine Rolle dabei gespielt, Frauen aus der Politik herauszuhalten, sie nicht in höhere militärische Ränge aufsteigen zu lassen und sie von Raumfahrtprojekten auszuschließen.

Abbildung 11.7:
Viele Religionen schließen kategorisch aus, dass Frauen das geistige Oberhaupt der Gemeinde werden können (einschließlich der römisch-katholischen, der muslimischen und der jüdisch-orthodoxen Religion). Kommt das daher, dass Frauen von Natur aus als nicht geeignet angesehen werden, eine moralische und praktische Führungsrolle in Gruppen zu übernehmen, in denen auch Männer sind?

11.3.4 Geschlechtsunterschiede im menschlichen Gehirn

Als man die Möglichkeit in Betracht zog, dass Sexualhormone das Gehirn beeinflussen könnten, führte dies zu vielen Diskussionen, aber wenigen Studien in Bezug auf die Frage, ob es bedeutende physiologische oder strukturelle Unterschiede zwischen dem männlichen und dem weiblichen Gehirn gibt – und ob diese Unterschiede psychologische Geschlechtsunterschiede beinhalten. Es gab z. B. Versuche, strukturelle Unterschiede im Gehirn zu finden, die zu den besseren Sprachfähigkeiten von Frauen und dem besseren räumlichen Vorstellungsvermögen von Männern führen. In den meisten Fällen ist bei sprachlichen Aktivitäten die linke Gehirnhälfte beteiligt, was nahe legt, dass es strukturelle oder funktionelle Unterschiede in den jeweiligen Gehirnhälften von Männern und Frauen geben könnte (Witelson, 1991). Das **Corpus Callosum** (Gehirnbalken), das Faserbündel, das die beiden Gehirnhälften miteinander verbindet, ist bei Frauen größer als bei Männern. Der Mechanismus, durch den eine zerebrale Spezialisierung vielleicht in einem Sprachvorteil für Frauen und einem Vorteil hinsichtlich räumlicher Vorstellungskraft für Männer resultieren könnte, ist jedoch unklar. Hier sehen wir wiederum die Verlockung, auf einfache biologische Unterschiede zu verweisen, um Unterschiede zwischen Menschen zu erklären. Doch das wahre Bild stellt sich als sehr viel komplizierter heraus und wird von vielen Faktoren beeinflusst. Jede Person unterscheidet sich von jeder anderen in vielerlei Hinsicht.

11.4 Geschlechtsunterschiede hinsichtlich Persönlichkeit nach den acht Perspektiven

Die Vermutungen, die wir hinsichtlich der Unterschiede zwischen Männern und Frauen (oder eines Fehlens derselben) sowie deren Ursachen anstellen, könnten mehrere wichtige Konsequenzen nach sich ziehen. Wenn man z. B. davon ausgeht, dass Geschlechtsunterschiede hauptsächlich physiologisch und biologisch festgelegt sind, dann besteht die Neigung anzunehmen, diese seien permanent, unveränderbar und sogar moralisch korrekt. (Manche Religionen schreiben Frauen „von Gott bestimmte" untergeordnete Rollen vor.) Wenn man diese Unterschiede so sieht, dass sie durch Verstärkung erlernt wurden, kann man sie wahrscheinlich schneller ändern. Wenn man sie als grundlegend und groß ansieht statt als sich ändernd und überschneidend, dann werden Männern und Frauen unterschiedliche gesellschaftliche Rollen zugewiesen usw. Deshalb konzentriert sich dieses Buch auf das Verstehen der acht grundlegenden Aspekte der Persönlichkeit und wie jeder von ihnen unsere Vorstellungen davon, was es heißt, eine Person zu sein, beeinflusst.

11.4.1 Der psychoanalytische Ansatz

In gewissem Sinne ist die psychoanalytische Theorie der psychologischen Geschlechtsunterschiede eine biologische Theorie. Sie geht davon aus, dass sich Unterschiede in einer Reihe von Merkmalen einschließlich Aggression, Eifersucht, Passivität, Rationalität und Abhängigkeit von emotionalen Reaktionen auf Unterschiede im Körperbau von Jungen und Mädchen herleiten lassen. Wenn der grundlegende Mechanismus, durch den geschlechtsspezifische Persönlichkeitsmerkmale erlangt werden, die Identifikation mit dem gleichgeschlechtlichen Elternteil ist (was am Ende der dritten psychosexuellen Entwicklungsphase im Alter von etwa fünf Jahren der Fall ist), dann ist klar, warum Freud Anatomie mit Schicksal gleichsetzte.

Erinnern Sie sich daran, dass der Junge in der phallischen Phase wahrscheinlich ein starkes Verlangen nach seiner Mutter entwickelt und als Resultat davon danach trachtet, an die Stelle seines Vaters zu treten. Da der Vater jedoch viel größer und stärker ist, hat der Junge Angst vor Vergeltung – d. h., Papa wird ihn dafür kastrieren, dass er Mama begehrt. Diese **Kastrationsangst** wird nach Freud geschürt durch (1) die Wichtigkeit seines Penis, um Vergnügen zu empfinden; (2) Drohungen seiner Eltern, was Masturbation angeht; und (3) die Tatsache, dass er feststellt, dass Mädchen dieses hoch geschätzte Anhängsel nicht haben und deshalb ja wohl schon wegen einer verheerenden Missetat kastriert worden sind. Um mit dieser überwältigenden Angst umzugehen, identifiziert sich der Junge mit dem Vater und übernimmt so dessen Persönlichkeitszüge, während er obendrein indirekt imstande ist, durch die Erfahrungen seines Vaters auch seine Mutter zu besitzen. Die Lösung dieser Ödipuskrise führt dazu, dass Jungen „männliche“ Wesenszüge in ihre Persönlichkeit aufnehmen, einschließlich Ethik- und Moralverhalten der Eltern, was in der Entwicklung des Über-Ich (Gewissen) resultiert.

Nach Freud beginnen auch Mädchen die phallische Phase mit der Mutter als stärkstem Liebesobjekt. In diesem Alter stellen Mädchen fest, dass sie keinen Penis haben, was zum so genannten **Penisneid** führt (was der historischen Ansicht ähnelt, dass Frauen unvollständige Männer seien); das Ergebnis ist, dass Mädchen von Neid-, Minderwertigkeits- und Eifersuchtsgefühlen überwältigt werden. Um diese Krise zu lösen, zieht das kleine Mädchen ihre Liebe zu ihrer ebenso minderwertigen Mutter zurück, wählt sich ihren Vater als Liebesobjekt und ersetzt ihr Verlangen nach einem Penis durch ein Verlangen nach einem Kind. So übernimmt das weibliche Wesen dic femininen Persönlichkeitsmerkmale von Eifersucht, Neid, Minderwertigkeit, Opferbereitschaft und Abhängigkeit. Der Mangel an extremer Angst, die das männliche Wesen zur Lösung der ödipalen Phase treibt, bedeutet, dass Frauen eine nicht so stark ausgeprägte Unterdrückung der Krise erleben und als Konsequenz daraus ein schwächeres Über-Ich entwickeln.

11.4.2 Die neoanalytischen Ansätze

Erik Erikson lieferte eine alternative Erklärung für die Entwicklung maskuliner und femininer Wesenszüge, die zwar in psychoanalytischen Ansätzen verwurzelt ist, aber von der Gesellschaft geformt wird. Sie beruhte allerdings immer noch auf der körperlichen Beschaffenheit der Geschlechtsorgane. Eriksons Konzeptualisierung beschrieb die männlichen Wesenszüge als aktiv, forschend, sich bekriegend und pragmatisch, was in gewissem Sinne mit ihren äußeren Genitalien korrespondierte. Kleine Jungen bauen phallische Türme aus ihren Bauklötzen. Er beschrieb die weiblichen Wesenszüge als Hilfs- und Opferbereitschaft, Sanftheit und Friedfertigkeit, entsprechend der inneren Beschaffenheit der weiblichen Genitalien. Kleine Mädchen schaffen sich Zufluchtsorte und abgeschlossene sichere Räume. Obwohl Erikson auch die Wichtigkeit von Ego-Faktoren sah, ist bei ihm ebenso eine starke Beziehung zwischen männlicher und weiblicher Biologie zu erkennen. Unsere Gesellschaft ist sicherlich sehr mit der Verhüllung der Genitalien befasst. Auch wenn Erektionen etwas Natürliches und Alltägliches sind: Wann haben Sie das letzte Mal im Fernsehen oder in einer Zeitschriftenanzeige einen erigierten Penis gesehen?

Karen Horney lehnte diese streng freudianischen Ansichten ab und war der Auffassung, Penisneid wäre nur von geringem Einfluss auf die Persönlichkeit, wohingegen Männer in Wirklichkeit neidisch auf die Fähigkeit von Frauen seien, Kinder gebären zu können. Sie drehte den Spieß um und postulierte, dass die Anstrengungen, die Männer auf sich nehmen, um alles zu kontrollieren und immer mehr im Leben zu erreichen, das Resultat von Minderwertigkeitsgefühlen aufgrund dieses Neids sind. Einige Frauen wiederum haben eine unbewusste Angst vor vaginalen Verletzungen durch Eindringen des Mannes mit seinem Penis. Horney bemerkte auch die Auswirkungen einer Gesellschaft, die Frauen als minderwertig definiert und ihre Entfaltungsmöglichkeiten stark beschränkt, und wies auf eine Interaktion von gesellschaftlichen Zwängen und biologischen Faktoren hin. Obgleich Horney eine neue weibliche Perspektive in die psychoanalytische Sichtweise einbrachte, betonte auch sie immer noch einen starken Einfluss biologischer Faktoren auf die Persönlichkeitsstruktur (wie etwa die Fähigkeit von Frauen, Kinder gebären zu können).

Carl Gustav Jung verband die psychoanalytische Theorie der Geschlechtsunterschiede mit den alten asiatischen Konzepten von Yin und Yang, männlich und weiblich, die beide Teil der vollständigen Person seien. Jung beschrieb zwei **Archetypen**, die die Männlichkeit und Weiblichkeit von Menschen reflektierten. Die so genannte **Anima** ist dabei die weibliche Komponente, die feminine innere Persönlichkeit, die im Unbewussten des Männlichen präsent ist – der „Beziehungs"-Teil der Persönlichkeit. Der so genannte **Animus** ist der männliche Archetyp, die abstrakte, analytisch-logische Komponente. Jung bewertete männliche und weibliche Merkmale nicht (im Gegensatz zu Freud); stattdessen postulierte er, dass Anima und Animus in jedem Menschen vorhanden seien, und betonte die Wichtigkeit, diese und alle anderen Aspekte des Unbewussten zu erkennen und zu integrieren, wenn man eine gesunde Persönlichkeit entwickeln wolle. Dies stellte die erste Auseinandersetzung mit der Androgynie dar, dem gemeinsamen Auftreten männlicher und weiblicher Merkmale als am besten angepasste und gesündeste Orientierung.

Die feministische Neoanalytikerin Nancy Chodorow führte eine objektbezogene Perspektive in die Frage nach den Geschlechtsunterschieden und dem Selbst ein. Ihrer Ansicht nach (Chodorow, 1999) ist das Selbst nicht völlig unabhängig und selbstständig, sondern wird grundlegend durch die Beziehung zu anderen beeinflusst. (Dies ist ein zentrales Prinzip bei objektbezogenen Ansätzen.) Aus ihrer Sicht entwickeln Kinder ihre Geschlechtsidentität im Kontext ihrer Beziehung zur Mutter, die sowohl bei Jungen als auch Mädchen den größten Einfluss auf diesen Entwicklungsprozess ausübt. Chodorow akzeptiert die traditionelle psychoanalytische Sichtweise, dass sowohl Jungen als auch Mädchen sich zunächst mit ihrer Mutter identifizieren. Die Geschlechtsidentität, die sich in der Tochter entwickelt, wird mit der ihrer Mutter übereinstimmen, auch wenn ihre individuelle Selbst-Identität sich von der ihrer Mutter unterscheiden wird. Dasselbe kann jedoch nicht für ihren Sohn gelten, der im Kontext seiner Beziehung zur Mutter eine männliche Geschlechtsidentität entwickeln muss, ebenso wie die eigene Selbst-Identität. Im Verlauf der Zeit muss sich die im Jungen entwickelnde Geschlechtsidentität von der primären Beziehung zu seiner Mutter ablösen, damit er eine gesunde männliche Identität entwickeln kann. Da die objektbezogene Sichtweise behauptet, dass das Selbst ein soziales Konstrukt im Kontext der Interaktion mit der Mutter sei, müssen Jungen und Mädchen hinsichtlich der Natur solcher Interaktionen voneinander abweichen, wenn sich ihr jeweiliges mit dem Geschlecht identifiziertes Selbst entwickeln soll. Diese Unterscheidung zwischen Jungen und Mädchen im Verlauf ihrer Entwicklung einer Geschlechtsidentität ist universell, doch Chodorow geht davon aus, dass die Art und Weise, in der dies in einem bestimmten Umfeld (wie etwa unserer gegenwärtigen westlichen Kultur) geschieht, auch von den elterlichen Praktiken und Erziehungsmethoden in jenem Kulturkreis beeinflusst wird.

Die psychoanalytischen und neoanalytischen Ansätze schürfen tief, was die komplexen Konflikte betrifft, die auf das sich entwickelnde Kind einwirken, und immer wieder treffen die Instinkte des Kindes und die vielen Anforderungen der Gesellschaft hart aufeinander. Viele der von Freud gelieferten Antworten sind eindeutig sexistisch, stammen aus seiner historischen Zeit und entstanden unter dem Einfluss von männlicher politischer Vorherrschaft über Generationen hinweg. Sie sind kaum einer direkten empirischen Gültigkeitsprüfung unterzogen worden. Andererseits sind Leute, die psychoanalytische Erklärungsansätze zu Geschlechtsunterschieden ausgiebig studiert haben, oft nur allzu bereit, sich mit diesen komplexen Sachverhalten in aller Breite zu beschäftigen. Solche Gedankenspiele berühren ganz klar die Öffentlichkeit und treffen einen gewissen Nerv, wie man an der Popularität solcher Bücher wie *Männer sind vom Mars, Frauen von der Venus* erkennen kann – ein Werk, das aufzeigt, wie Männer und Frauen unwissentlich (unbewusst) aneinander vorbeireden und versäumen, den jeweils anderen zu verstehen.

11.4.3 Biologische / evolutionäre Ansätze

Der evolutionäre Erklärungsansatz zu Geschlechtsunterschieden beruht hauptsächlich auf dem Argument, dass die erfolgreiche Fortpflanzung von Frauen und Männern ein unterschiedliches Sexualverhalten erfordert. Da die adaptiven Herausforderungen in diesem evolutionär kritischen Bereich für Männer und Frauen unterschiedlich sind, werden die bestehenden Geschlechtsunterschiede als Resultat natürlicher Auslese erklärt. Nach dieser Theorie ist es für Männer von der Evolution her zwingend erforderlich, so viele sexuelle Kontakte wie möglich zu haben, um ihre Gene weiterzugeben. Männer haben zur Befruchtung nahezu unerschöpfliche Reserven an Sperma zur Verfügung und brauchen nur wenig Gedanken und Energie auf die Fortpflanzung, insbesondere die Schwangerschaft, die Geburt und das Aufziehen von Kinder, verschwenden. Männer können sich jedoch nicht immer 100 % sicher sein, dass ein bestimmtes Kind tatsächlich ihres ist. Diese Überlegungen (oder ihr Fehlen, je nach Sachlage) führen dazu, dass Männer versuchen, so viele Frauen wie möglich zu schwängern; d. h., sie haben eine vererbte Neigung, sich auf zahlreiche sexuelle Kontakte mit einer Vielzahl von Partnerinnen einzulassen (Ehrlichmann & Eichenstein, 1992).

Frauen andererseits können nur eine gewisse Zahl von Jahren gebären und müssen hinsichtlich ihrer Partnerwahl sehr viel wählerischer sein, um zu vermeiden, dass sie ihre äußerst begrenzten Fortpflanzungsmöglichkeiten mit Schwangerschaften verschwenden, die von untauglichem Sperma herrühren. Außerdem müssen Frauen neun Monate ihres Lebens und einen großen Teil ihrer körperlichen Energiereserven für die Schwangerschaft aufbringen, gefolgt von vielen Jahren des Aufziehens der Kinder. Hilfreich ist es daher, einen Partner zu wählen, der sie beim Aufziehen der Kinder unterstützen wird (Kenrick et al., 1994).

Eine Interpretation nach dem evolutionären Ansatz liefert daher eine Erklärung dafür, warum Männer sexuell eine größere Promiskuität und Aktivität an den Tag legen als Frauen, und warum Frauen mehr Opfer- und Hilfsbereitschaft zeigen und empfindsamer für den Charakter eines Mannes sind. Dieser Erklärungsansatz wurde auch dazu genutzt zu erklären, dass Frauen weniger Vergnügen am Sex empfinden würden als Männer (damit sie keine wertvollen Ovarien (Eizellen) bei wahllosen sexuellen Kontakten verschwenden), obwohl wahrscheinlich Frauen ausgewählt wurden, die schwanger werden möchten.

Die meisten Studien und Erhebungen mit US-amerikanischen Männern und Frauen haben gezeigt, dass der Durchschnittsmann mehr Sexualpartner hat als die Durchschnittsfrau, obwohl die Evolutionspsychologen das natürlich schon wussten, bevor sie ihre Theorien formulierten! Männer sind in nahezu jedem Alter sexuell aktiver – einschließlich Masturbation, hetero- und homosexuelle Kontakte und Gelegenheitssex – als Frauen (Nicholson, 1993). Diese Unterschiede in den sexuellen Aktivitäten lassen sich jedoch nicht unbedingt auf eine biologische oder evolutionäre Erklärung zurückführen; es ist bekannt, dass viele andere Faktoren wie etwa kulturelle Normen und Erwartungshaltungen, soziales Lernen und sozialer Druck einen starken Einfluss auf das Sexualverhalten ausüben können. Da Unsicherheit über den genauen Selektionsdruck besteht, unter dem unsere Vorfahren standen, kann man auch kaum mit Sicherheit behaupten, dass sich bestimmte Verhaltensweisen als biologisch adaptiv erwiesen.

Tierversuche liefern überzeugende Nachweise für eine biologische Grundlage des Mutterinstinkts in subhumanen Spezies. Wenn z. B. Rattenweibchen Blut von Artgenossinnen injiziert wird, die erst kürzlich Junge geworfen haben, so zeigen diese Weibchen eine ganze Reihe von Mutterinstinkten wie etwa Nestbau und Zurückholen von Jungtieren. Aber auch männliche Ratten, denen Testosteron injiziert wurde, zeigen gegenüber Jungtieren gewisse Mutterinstinkte. Es scheint also klar, dass Hormone ein Mutterinstinktverhalten auslösen können, jedoch sind es nicht nur die weiblichen Hormone, die dafür verantwortlich sind (Nicholson, 1993). In ähnlicher Weise verursacht das Stillen nach der Geburt bei Primaten (einschließlich Menschen), dass große Mengen des Hormons **Prolaktin** gebildet werden, das für die Laktation (Milchproduktion) verantwortlich ist. Prolaktin wurde deswegen auch das „Bemutterungs-Hormon“ genannt. Doch trotz dieses offensichtlichen hormonellen Einflusses auf das Mutterverhalten sind Affenweibchen oft nicht imstande, sich erfolgreich um ihre Nachkommenschaft zu kümmern, wenn sie der normalen Gelegenheiten beraubt wurden, Mutterinstinktverhalten nachzuahmen und zu praktizieren. Beim Menschen liefert die Biologie nur das Kernelement eines komplexeren kognitiv-motivatorischen Systems (MacDonald, 1995). Trotz der biologischen Veränderungen, die mit der Mutterschaft einhergehen, weist der Mutter-„Instinkt“ in Primaten eine starke Lernkomponente auf. Dieser Instinkt scheint sich außerdem im Wesentlichen auf die Pflege des Neugeborenen zu richten und lässt sich nicht unbedingt so verallgemeinern, dass es ein weibliches Verlangen danach gibt, die Kinder zum Klavierunterricht oder zum Fußballtraining zu chauffieren.

Im Rahmen der evolutionären Sichtweise des Mutterinstinkts müssen wir im Kopf behalten, dass der Mensch in Umgebungen aufgewachsen ist, in denen das Überleben von Säuglingen und Kleinkindern alles andere als sicher war, und Mütter vermeiden mussten, dass sie ihre Energiereserven für ein Kind aufbringen, das (aufgrund seiner Verfassung oder der Umstände, in die es hineingeboren wurde) höchstwahrscheinlich nicht überleben würde. Selbstlose Hingabe an ein ungesundes oder unwillkommenes Kind stünde im Konflikt mit der allgemeinen erfolgreichen Fortpflanzungsfähigkeit der Mutter. Nach Ansicht der Anthropologin und Primatologin Sarah Blaffer Hrdy (1999) ist es unter den Weibchen vieler Spezies – einschließlich unserer eigenen – weit verbreitet, unter bestimmten Umständen ihre Nachkommenschaft auszusetzen, verhungern zu lassen oder zu töten. Der Erfolg einer Frau bei der Fortpflanzung könnte gesteigert werden, wenn sie es unter bestimmten Umständen vorzieht, ein Kind *nicht* zu ernähren und wachsen zu lassen. Nach Hrdys Ansicht ist die harte Realität unseres evolutionären Erbes, dass eine unmittelbare Bindung zwischen Mutter und Kind gleich nach der Geburt, wie es sentimental angehauchte Auffassungen postulieren, nicht zu einer adaptiven Tauglichkeit führen. Deshalb ist der Mutterinstinkt nach Hrdys Verständnis nicht der Instinkt, ein einzelnes Kind, das zum Überleben Pflege braucht, zu beschützen und aufzuziehen, sondern der weibliche Instinkt, die Verluste zu begrenzen, wenn die Situation der Mutter keine Wahl lässt.

Einige Forscher sahen das Sexualhormon Testosteron als eine korrelierende und direkte mögliche Ursache für Maskulinität und Feminität (Dabbs, 1993). Dahinter steckt der Gedanke, dass der Testosteronspiegel vielleicht mit Aggression, Dominanz oder Leistungsbereitschaft in Beziehung steht. Wie auch bei anderen einfachen biologischen Erklärungen gibt es einige Hinweise darauf, dass der Hormonspiegel relevant ist, doch müssen viele andere Faktoren mit einbezogen werden, um zu mehr als nur einem skizzenhaften Bild der in Frage stehenden Phänomene zu kommen.

Damals und heute

Geschlechtsunterschiede hinsichtlich Eifersucht

Charles Darwins erstaunliche Arbeit auf dem Gebiet der Evolution beeinflusste viele Pioniere der Persönlichkeitspsychologie einschließlich Pawlow, Freud, Watson und Eysenck. Von Beginn an hatte die Evolutionstheorie dramatische Auswirkungen auf das Verstehen männlich-weiblicher Unterschiede und männlich-weiblicher Beziehungen, da eine erfolgreiche Partnerwahl offensichtlich eine wesentliche Grundvoraussetzung für erfolgreiche Fortpflanzung (das Weitergeben der eigenen Gene) darstellt. Obwohl evolutionäre Konzepte im Verlauf der Entwicklung der Persönlichkeitspsychologie im 20. Jahrhundert in den Hintergrund rückten, lebte das Interesse an diesen Themen in den letzten Jahren wieder auf.

David Buss und seine Kollegen konzentrierten sich auf männlich-weibliche Unterschiede hinsichtlich Eifersucht (Buss, Larsen, Westen & Semmelroth, 1992). Männer (und andere männliche Säugetiere) stehen vor dem evolutionären Problem der unsicheren Vaterschaft. Das heißt, männliche Wesen können sich nicht 100 % sicher sein, dass das Kind ihrer Partnerin tatsächlich ihr eigenes ist. Ein betrogener Ehemann hat Anstrengungen auf sich genommen und Energie (Zeit, Geld, Schutz) in seine Partnerin investiert, erhält aber möglicherweise von seiner untreuen Frau nicht die genetische Gegenleistung. Deshalb, so wird argumentiert, hätte der Mann ein hohes Maß an sexueller Eifersucht entwickelt und geriete allein schon bei dem Gedanken, seine Partnerin könnte sich sexuell vielleicht auf einen anderen Mann einlassen, in maßlose Wut. Frauen andererseits sind sich natürlich sicher, die Mutter des Kindes zu sein, das sie selbst geboren haben, sehen sich aber einem anderen Risiko ausgesetzt. Frauen müssen das Risiko und die Bedrohung für ihre Nachkommenschaft auf sich nehmen, dass ihr Partner sie verlässt und mit einer oder einem anderen davonzieht. Deshalb, so wird argumentiert, hätte die Frau ein hohes Maß an emotionaler Eifersucht entwickelt und sehe vor allem jede Art von emotionaler Bindung ihres Partners zu einer Geschlechtsgenossin mit großer Besorgnis.

Buss und seine Kollegen haben eine beeindruckende Menge an Daten zusammengetragen, die die Vorhersage bestätigen, dass Männern der Gedanke, ihre Partnerin könnte ein leidenschaftliches sexuelles Verhältnis zu einem anderen Mann haben, Kopfzerbrechen bereitet, während es für Frauen ein größeres Problem ist, sich vorzustellen, ihr Partner hätte sich heftig in eine andere Frau verliebt. Allerdings gibt es viele Argumente und Studien dazu, die diesen Gesichtspunkt nicht bestätigen können.

Eines der Probleme ist, dass die meisten von uns glauben – selbst bevor wir irgendwelche Informationen dazu eingeholt haben –, Männer und Frauen würden sich in ihrer Orientierung auf Liebe und Sex erheblich voneinander unterscheiden. Es ist nicht neu, dass relativ mehr 20jährige Männer an Sex und relativ mehr 20jährige Frauen an Heirat denken. Die Frage ist: Warum ist das so? Einige Studien versagen bei der hypothetischen Erklärung, dass Männer z. B. eher auf sexuelle Bilder und Symbole reagieren statt auf emotionale, selbst wenn Untreue dabei keine Rolle spielt (Harris, 2000). Andere weisen darauf hin, dass Männer und Frauen Flirts ihrer Partner unterschiedlich verstehen und auslegen und sich nicht unbedingt ein biologischer Unterschied hinsichtlich Eifersucht herausentwickelt hätte (DeSteno & Salovey, 1996).

Mit anderen Worten: Viele Psychologen behaupten, dass soziokulturelle Theorien eine Alternative zur Erklärung der Evolutionspsychologie liefern, was männlich-weibliche Unterschiede hinsichtlich Eifersucht (und vieler anderer Bereiche) betrifft (Wood & Eagly, 2000). Haben sich also einige Persönlichkeitsunterschiede zwischen Männern und Frauen direkt aus Fragen wie Betrug versus Verlust der Ressourcen eines Partners entwickelt? Wie wir bisher gesehen haben, ist ein großer Teil menschlichen Verhaltens, besonders in Dingen wie sexueller Eifersucht, ziemlich komplex und muss unter vielen verschiedenen Gesichtspunkten betrachtet und mit Bedacht untersucht werden.

Abbildung 11.8: Unterscheiden sich Männer und Frauen voneinander, was Eifersucht auf den Partner und dessen potenzielle Untreue betrifft? Einige Informationen lassen darauf schließen, dass sich Frauen und Männer in ihrer Konzentration auf emotionale versus sexuelle Aspekte von Untreue voneinander unterscheiden. Solche Unterschiede können aus einer evolutionären Perspektive als Resultat der verschiedenen Elternrollen von Männern und Frauen erklärt werden. Doch gesellschaftliche und kulturelle Kräfte können auch die Grundlage für eine andere Erklärung liefern.

Literatur zum Thema:

Buss, D. M., Larsen, R. J., Westen, D., & Semmelroth, J. (1992). Sex differences in jealousy: Evolution, physiology, and psychology. *Psychological Science, 3,* 251–255.

DeSteno, D., & Salovey, P. (1996). Evolutionary origins of sex differences in jealousy? Questioning the „fitness“ of the model. *Psychological Science, 7,* 367–372.

Harris, C. R. (2000). Psychophysiological responses to imagined infidelity: The specific innate modular view of jealousy reconsidered. *Journal of Personality & Social Psychology, 78*, 1082–1091.

Wood, W., & Eagly, A. H. (2000). A call to recognize the breadth of evolutionary perspectives: Sociocultural theories and evolutionary psychology. *Psychological Inquiry, 11*, 52–55.

11.4.4 Der behavioristische Ansatz: Soziales Lernen

Nach den Ansätzen des sozialen Lernens werden geschlechtsspezifische Persönlichkeitsmerkmale durch denselben Prozess erlangt, durch den wir auch anderes Verhalten erlernen: **Verstärkung** (operantes Lernen), Modellierung, Konditionierung, **Generalisierung**, stellvertretendes oder beobachtendes Lernen und andere Lernprozesse dieser Art. Nach dieser Sichtweise dienen Eltern, die hauptsächlichen Quellen von Modellierung und Verstärkung, als erste und wichtigste „Sozialisierer“ von geschlechtstypischen Merkmalen. Ein Beispiel: Jennys Mutter bestraft ihre Tochter dafür, dass sie ihr gutes Kleid für festliche Anlässe schmutzig gemacht hat, und spricht ihr ein Lob dafür aus, dass sie ruhig in der Ecke sitzt und mit ihren Puppen spielt, womit sie das Kind auffordert, passiv und folgsam zu sein. Selbst Jennys Kleid schränkt ihre Aktivitäten stark ein, denn sie muss aufpassen, dass sie ihre Beine zusammenhält, und an Radschlagen ist auch nicht zu denken (Henley, 1977). Peters Vater andererseits tobt mit seinem Sohn herum, fährt mit ihm Rad und Gokart und sieht sich mit ihm am Wochenende ein Fußballspiel an, wobei beide jeden Angriff ihrer Mannschaft begeistert bejubeln – also eine Förderung aktiver und aggressiver Formen der Interaktion.

Auch andere einflussreiche Modelle wie Gleichaltrig und Lehrer und die Massenmedien demonstrieren indirekt ein verstärktes geschlechtsspezifisches Verhalten. Arnold Schwarzenegger ist der Prototyp des supermaskulinen Helden, dessen positive Verhaltenszüge ihm äußerst attraktive Belohnungen bescheren; die süßen femininen Mädchen in den Fernseh-Sitcoms wiederum bedienen sich ihrer gefälligen Art und ihrer femininen Listen und Tücken, um ihre Ziele zu erreichen. Zu den Eigenschaften von Modellen, die am deutlichsten Einfluss auf das Imitationsverhalten von Kindern haben, gehört die Ähnlichkeit des Modells zum Kind (Bandura, 1969). Da das Geschlecht eine so deutlich hervortretende Eigenschaft ist, imitieren Jungen die Merkmale und Verhaltensweisen, die sie in Männern sehen, wohingegen Mädchen eher ihr Verhalten von den Frauen lernen, die sie sehen.

Lernansätze neigen deshalb zu der Sichtweise, dass Geschlechtsunterschiede gesellschaftlichen Ursprungs sind und auch von der Gesellschaft verändert werden können. Viele moderne US-amerikanische Ansichten – wie etwa die Betonung der Wichtigkeit, für Mädchen in unserer Gesellschaft passende Rollenmodelle zu finden – erwachsen direkt aus dieser sozialen Lernperspektive. Das ist ein Beispiel dafür, weshalb ein gründliches Verstehen der Lernpsychologie uns helfen kann, in unseren Ansätzen zu vielen Bereichen des gesellschaftlichen Lebens differenzierter und durchdachter vorzugehen.

11.4.5 Der kognitive Ansatz: Die Geschlechtsschema-Theorie

Die **Geschlechtsschema-Theorie** besagt, dass unsere Kultur und die Sozialisierung der Geschlechterrollen uns bestimmte Geschlechtsschemata liefert – organisierte Mentalstrukturen, die unser Verstehen der Fähigkeiten, der angemessenen Verhaltensweisen und Situationen für Männer und Frauen, Jungen und Mädchen beschreiben (Bern, 1981).

Geschlechtsschemata fungieren als kognitive Filter oder Linsen, durch die wir geschlechtsrelevante Informationen verarbeiten. Diese Schemata bestimmen z. B., welche Eigenschaften einer Situation unsere Aufmerksamkeit erregen, und sie beschränken die Art und Anzahl der Merkmale in einer Situation, die wir verarbeiten. Auf diese Weise können sie unsere Aktionen und Reaktionen auf bestimmte Situationen beeinflussen. Das heißt, diese Schemata beeinflussen die Art und Weise, wie wir andere (und uns selbst) wahrnehmen, und helfen uns, Entscheidungen zu unserem daraus resultierenden Verhalten zu treffen. Als Kinder und später auch als Erwachsene benutzen wir Geschlechtsschemata, um eine mentale Einordnung der erwarteten Eigenschaften unseres eigenen und des anderen Geschlechts vorzunehmen. Betreten wir z. B. zum ersten Mal eine neue Arztpraxis, dann gehen wir oft davon aus, dass die dort arbeitenden Frauen Arzthelferinnen sind und die Männer die praktizierenden Ärzte. In einer geschlechtlich gemischten Gruppe werden medizinische Fragen eher den männlichen Anwesenden gestellt. Wenn wir zum ersten Mal jemanden treffen (oder am Telefon hören), wollen wir sofort wissen, ob der Gesprächspartner männlich oder weiblich ist. Diese Einteilung und unsere entsprechenden Annahmen und Erwartungen hinsichtlich Maskulinität und Feminität sind für unsere daraus resultierenden Wahrnehmungen und Interaktionen von entscheidendem Einfluss.

Die Geschlechtsschema-Theorie sagt auch voraus, dass Personen, die sich ihrer eigenen Ansicht nach mehr an überlieferte Geschlechts-Stereotype halten, häufiger auf Geschlechtsschemata zurückgreifen, um ihr eigenes Verhalten und das anderer zu verstehen. Sehr geschlechtsspezifische, also sehr maskuline oder feminine Personen organisieren ihre Konzepte und Auffassungen eher nach den Geschlechtsschemata als Personen, deren Geschlecht weniger ausgeprägt ist (Bern, 1974; Hargreaves, 1987). So unterstützen etwa sehr feminine Frauen (die sich selbst als opferbereit und abhängig sehen) eher politische Kandidaten, deren Leitsätze traditionelle Geschlechterrollen bevorzugen.

Geschlechts-Stereotype werden in bestimmten Situationen eher aktiviert als in anderen, wie etwa in Schönheitssalons oder Autoreparatur-Werkstätten (Deaux & Major, 1987). Ein männlicher Autoverkäufer wird sich gegenüber einer 19jährigen Schülerin, die ein rosafarbenes Träger-Top trägt, anders verhalten als gegenüber einem 30jährigen Footballspieler. Der kognitive Ansatz zur Persönlichkeit lenkt deshalb die Aufmerksamkeit auf die vielen Aspekte des Denkens, Wahrnehmens und Deutens, die stark durch das Geschlecht beeinflusst werden (siehe auch den Kasten „Berühmte Persönlichkeiten" auf Seite 512).

Abbildung 11.9: Wenn ein Kind geboren wird, verkünden die Eltern entweder „Es ist ein Junge!" oder „Es ist ein Mädchen!", und die meisten Eltern ziehen ihr Kind so an, dass das Geschlecht offensichtlich ist. Schon vom Moment der Geburt an werden Jungen und Mädchen unterschiedlich behandelt.

11.4.6 Was ist maskulin? Was ist feminin? Ansätze zur Bestimmung geschlechtstypischer Persönlichkeitsmerkmale

Maskulinität und Feminität wurden oft als dauerhafte innere Persönlichkeitsmerkmale oder Charakterzüge angesehen. Obgleich viele Psychologen übereinstimmen, dass Maskulinität und Feminität wichtige Merkmale sind, haben doch nur wenige von ihnen tatsächlich den Versuch gemacht, diese Charakterzüge zu definieren. Ein großer Teil der einschlägigen Literatur verwickelt sich in Tautologien, die nahe legen, dass die Merkmale von Maskulinität und Feminität aus den Charakterzügen zusammengesetzt sind, die Männer und Frauen jeweils an den Tag legen. Das Thema wird noch weiter durch den Umstand verkompliziert, dass kulturell vorgeschriebene Gesellschaftsrollen manchmal unterschiedliche Charakterzüge als maskulin oder feminin bezeichnen – je nach Kulturkreis.

Maskulinität und Feminität wurden geschichtlich als zwei gegensätzliche Pole ein und desselben Wesenszugs aufgefasst, doch durch diese Begriffsauslegung ergeben sich einige Probleme. Das Konzept von Maskulinität und Feminität als ein bipolares Kontinuum kann nicht das Verhalten von Personen erklären, die viele maskuline *und* feminine Charakterzüge aufweisen, oder alternativ dazu Personen, die nur wenige eindeutige Merkmale zeigen. Statistische Analysen bipolarer Messungen von Maskulinitäts-/Feminitäts-(M-F-)Wesenszügen haben oft gezeigt, dass solche Merkmale multidimensional sind (Stockard & Johnson, 1992) – d. h., eine Person kann sowohl maskulin als auch feminin sein. Die am häufigsten eingesetzten Erhebungsinstrumente messen deshalb Maskulinität und Feminität als separate Wesenszüge.

Unter Rückgriff auf den **Bem Sex Role Inventory (BSRI)** teilte die US-amerikanische Psychologin Sandra Bem Personen in vier Kategorien ein: (1) feminin – d. h., die Person weist viele feminine Charakterzüge auf; (2) maskulin – die Person weist viele maskuline Züge auf; (3) androgyn – die Person weist sowohl viele maskuline als auch viele feminine Züge auf; oder (4) undifferenziert – wenige typische Züge in beiden Kategorien. Da Personen im Leben vielen Situationen begegnen, die unterschiedliche Reaktionen und Verhaltensweisen erfordern, war Bem der Auffassung, dass die androgyne Person am besten mit der Mehrheit dieser Situationen umgehen kann, da sie einerseits hilfs- und opferbereit ist, sich aber auch durchsetzen kann; sie kann die angemessene Emotionalität zum Ausdruck bringen, aber auch rational und unabhängig agieren, wenn es angebracht ist (Bem, 1974). Die Ergebnisse empirischer Studien zu der Wechselbeziehung zwischen Geschlechtsidentifikation und Verhaltensflexibilität waren jedoch widersprüchlich. In vielen Fällen sind die „maskulinen" Wesenszüge wie Unabhängigkeit, Tatkraft, Selbstvertrauen usw. gesünder und besser anwendbar.

Aggression und Dominanz

Bei den meisten (aber nicht allen) Tierspezies sind die Männchen dominanter und physisch aggressiver als die Weibchen, und bei den Spezies, wo die Weibchen aggressiver als die Männchen sind, scheint sich die Aggression zumeist auf den Schutz ihrer Jungen zu beschränken. Männer werden ganz allgemein als ungestümer und durchsetzungsfähiger angesehen als Frauen, kleine Jungen als kampflustiger als kleine Mädchen. Zumindest in unserer und ähnlichen Gesellschaften nehmen Männer eher die beherrschenden politischen und wirtschaftlichen Stellungen ein, und oft wird behauptet, dass zum größten Teil ihre aggressivere Natur für dieses Mehr an Macht verantwortlich wäre. Eine der Schwierigkeiten, einem Geschlecht aggressivere Tendenzen zuzuschreiben als dem anderen, hat jedoch damit zu tun, wie Aggression definiert wird. Man berief sich auf so unterschiedliche Dinge wie das Dominieren eines Gesprächs und das Greifen zu Waffen in einem Krieg, um die aggressivere Natur von Männern zu veranschaulichen.

Die Tatsache, dass die meisten Kriege und Gewaltverbrechen von Männern geführt bzw. verübt werden, kann wegen der Vielzahl verschiedener Motive, die zu diesen Taten anregen – etwa politische Strategien, Geschichte und wirtschaftliche Zwänge –, nicht als Beweis dafür angesehen werden, dass Aggression ein typisch maskuliner Persönlichkeitszug sei. Wenn Frauen nicht gestattet wird, als Soldaten zu dienen, oder ihnen die Rolle des Familienoberhaupts nicht zuerkannt wird, brauchen wir ganz offensichtlich keine psychologische Erklärung dafür, warum Männer diese Rollen ausfüllen. Mit der Veränderung der sozialen und gesellschaftlichen Erwartungen (und der Gesetze) ist auch der Anteil an Frauen, die Gewaltverbrechen verüben und in der Armee dienen, in den letzten Jahren gestiegen.

Eine Auswahl von Experimental- und Beobachtungsstudien deutet – nicht überraschend – darauf hin, dass die entdeckten Unterschiede hinsichtlich Aggression eher in die Richtung männlicher Aggressivität tendieren, einschließlich stärkerer verbaler Aggression bei Männern als bei Frauen. Und tatsächlich: Als Hyde (1986b) eine Metaanalyse von 143 Studien zum Thema Geschlechtsunterschiede hinsichtlich Aggression vornahm, fand sie heraus, dass Männer aggressiver als Frauen sind, wobei dies in den Studien, die sich mit physischer Gewalt befassten, am deutlichsten ausgeprägt war. Hyde fand außerdem heraus, dass die Methode, mit der die Studien betrieben wurden, einen Einfluss auf das Resultat hatte, wobei naturalistische Beobachtungen zu größeren Geschlechtsunterschieden kamen als Experimentalstudien. Eagly und Steffen (1986) nahmen eine Metaanalyse von 63 Aggressionsstudien vor; auch sie fanden männlich-weibliche Unterschiede hinsichtlich Aggression und berichteten, der Effekt träte bei jüngeren Probanden stärker hervor als bei älteren.

Sind Männer von der Persönlichkeit her dominanter als Frauen? Wenn man aggressives Verhalten als Dominanz definiert, ist die Antwort natürlich ja. Wenn man in der Beschreibung des Begriffs jedoch Führungsqualitäten, Kontrollverhalten oder Verhalten, das sich Kontrolle widersetzt, mit einschließt, verblassen die Geschlechtsunterschiede hinsichtlich Dominanz (Stockard & Johnson, 1991). Da Kinder dazu neigen, eher mit Vertretern ihres Geschlechts zu interagieren, wurde Dominanz bei Kindern hauptsächlich in diesen eingeschlechtigen Gruppen studiert. Bei diesen Interaktionen entdeckt man, dass Jungen eher ein Verhalten an den Tag legen, das gewöhnlich mit Dominanz einhergeht, wie etwa Unterbrechen, Befehlen, Drohen, sich den Forderungen anderer widersetzen usw. Mädchen andererseits wechseln sich im Gespräch ab, stellen ihre Forderungen auf höflichere Weise und stimmen öfter in ihren Ansichten überein. Diese Ergebnisse wurden auch bei interkulturellen Studien bestätigt (Whiting & Edwards, 1968).

Zeigt sich in diesen Unterschieden in Beziehungen beispielhaft ein Unterschied hinsichtlich Machtstreben? Auch hier werden manchmal sehr stark vereinfachte Erklärungen angeboten. Man geht von einer biologischen Verbindung von Mann zu Mann aus, die zur

Folge hat, dass Männer beim Jagen, Bauen und Beschützen von Frauen und Kindern zusammenhalten. Frauen andererseits haben diese biologisch begründeten Führungsqualitäten angeblich nicht. Solche Theorien weisen auf eine biologisch begründete Dominanz von Männern hin, die unerschütterlich ist. Doch die streng biologischen Erklärungen für männliche Dominanz haben angesichts der Tatsache, dass immer mehr Frauen Führungsrollen in Unternehmen, an Universitäten und in der Politik einnehmen, versagt. Außerdem zeigen die Ergebnisse interkultureller Studien, dass männliche Dominanz in vielen Bereichen großen Schwankungen unterliegt. Eine alternative Erklärung für die „Führungsqualitäten" von Männern liefert Eaglys Theorie der sozialen Rolle (die später behandelt wird).

Berühmte Persönlichkeiten

Männer und Autos

Es wurde lange angenommen, dass die meisten Männer Persönlichkeitszüge aufweisen, die sie zu Autos hinziehen. Die meisten Automechaniker, Rennfahrer, Fahrzeugdesigner und sogar Autohändler sind Männer. Denken Sie an berühmte Persönlichkeiten (real oder fiktiv), die mit Autos in Verbindung gebracht werden. Wen haben Sie auf Ihrer Liste? Henry Ford, Ferdinand Porsche, Karl Benz, James Bond, Evel Knievel, John DeLorean, Batman, Mario Andretti, Dale Earnhardt, Al Unser, Richard Petty, Ralph Nader, das Michelin-Männchen (aus Reifen bestehend), Lee Iacocca. Wenn Sie so wie die meisten Menschen sind, ist fast jede Person, an die Sie denken, männlich.

Doch da immer mehr Frauen über ein ausreichendes Einkommen verfügen und Karriere machen wie Männer, hat sich die immens große Autoindustrie in Windeseile mit ihrer Werbung auf die Bedürfnisse der Frauen eingestellt. Selbst in den Automagazinen klingen neue Töne an. Früher ging man in den für diese Zeitschriften typischen Artikeln und Anzeigen davon aus, dass sich ausschließlich Männer mit Design und Leistung von Autos beschäftigen, während die Frauen mit ihren Autos nichts mehr machen, als ihre Kinder zum Fußballtraining oder an den Strand zu chauffieren. Doch die Zeiten haben sich geändert. Betrachten Sie z. B. diesen Auszug aus einer cleveren Story im Magazin *Motor Trend*:

Sie will die Sicherheit eines 20-Tonners und den Look eines Geländewagens. Und er hält Ausschau nach einem Minivan mit sieben oder acht Sitzen, mit dem die Kinder umhergefahren und all die Dinge, die man für ein schönes Wochenende oder die Renovierung des Hauses braucht, transportiert werden können. (Keebler, 1996)

Zwar wird gesagt, dass der Mann das Auto zum Transport von Heimwerkermaterial benutzt, aber er wird er auch mit ihm die Kinder umherfahren und die Wochenendbesorgungen machen. Die Frau wiederum fühlt sich vom bulligen und doch sportlichen Aussehen des Fahrzeugs angezogen. Solche Veränderungen in gesellschaftlichen Erwartungshaltungen haben einen Einfluss auf die jetzt heranwachsenden Jungen und Mädchen. Mädchen mit solchen Neigungen werden demnächst nicht mehr verlacht, sondern könnten sehr wohl als Auto-Designerinnen in führende Stellungen aufsteigen.

Abbildung 11.10: Obwohl Frauen in alle Truppenteile des US-Militärs integriert wurden, sind sie noch längst nicht auf breiter Basis akzeptiert. Einige Persönlichkeitstheorien behaupten, dass Frauen nicht über die aggressiven Instinkte verfügen, die ein guter Soldat angeblich braucht.

Emotionalität

Eine weit verbreitete Überzeugung, die auch in vielen Liedern und Geschichten zum Ausdruck gebracht wird, ist, dass Frauen emotionsgesteuerte Geschöpfe sind, die aufgrund ihrer erregbaren emotionalen Natur wankelmütig sind. Diese Ansicht kommt auch in Beschreibungen (und Erwartungen) zum Ausdruck, die Frauen als subjektiv und unlogisch bezeichnen. Von Männern andererseits erwartet man, dass sie sich unter Kontrolle haben – rational, logisch, unemotional. Wie zutreffend sind solche Darstellungen? Eine sich daraus ergebende Frage lautet: Unterscheiden sich Männer und Frauen, was das tatsächliche Ausmaß an erlebter Emotion betrifft? Oder zeigen Männer Emotionen nur nicht so häufig und leicht wie Frauen? Oder sind Unterschiede hinsichtlich männlicher und weiblicher Emotionalität nur kulturelle Mythen, die als Geschlechtsschemata dienen und unsere Wahrnehmungen von männlichem und weiblichem Verhalten färben?

Weinen Mädchen und Frauen mehr als Männer und Jungen? Beobachtungsstudien an Babys und Vorschulkindern fanden heraus, dass Jungen als Säuglinge, Klein- und Vorschulkinder häufiger weinen als Mädchen. Andererseits weinen in unserer Gesellschaft ältere Mädchen und Frauen nach eigenen Berichten und Beobachtungsdaten häufiger als ältere Jungen und Männer (Nicholson, 1993). In der Phase der Sozialisierung des Kindes wird es kleinen Jungen ausgeredet zu weinen (zumindest in der modernen US-amerikanischen Mittelschichtkultur), während bei Mädchen Tränen als Ausdruck negativer Emotionen weiterhin allgemein akzeptiert sind. Einige Berichte zeigen jedoch, dass manche Frauen eher zu Tränen neigen, wenn sie sich an bestimmten Punkten innerhalb ihres Menstruationszyklus befinden, was darauf zurückzuführen sein kann, dass der Hormonspiegel teilweise für die beobachteten Geschlechtsunterschiede hinsichtlich des Vergießens von Tränen verantwortlich sein könnte. Dies würde wieder eine Interaktion von sozialen und physiologischen Faktoren darstellen.

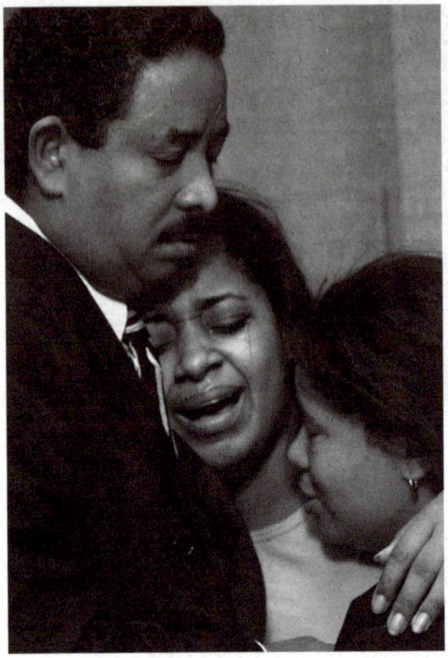

Abbildung 11.11:
Weinen Frauen in der Öffentlichkeit mehr als Männer wegen ihrer Hormone oder wegen ihrer Sozialisierung? Die beobachteten Unterschiede zwischen verschiedenen kulturellen Gruppen, was das Ausmaß an Weinen bei Frauen und Männern betrifft, weisen darauf hin, dass hormonelle Unterschiede allein keine ausreichende Erklärung liefern.

Angst ist eine weitere Emotion, bei der oft von Geschlechtsunterschieden ausgegangen wird, wobei die Ansicht vorherrscht, Frauen seien ängstlicher als Männer. Doch Beobachtungsstudien konnten diese Mutmaßungen nicht erhärten. Mädchen im Vorschulalter sind genauso abenteuerlustig und tapfer wie Jungen desselben Alters. Die Tendenz, dass Mädchen von sich selbst sagen, sie seien ängstlicher, und Jungen von sich behaupten, sie seien weniger ängstlich, als Beobachter sie tatsächlich wahrnehmen, legt nahe, dass alle Kinder durch Sozialisierung zu dem Glauben verleitet werden, Frauen wären ängstlicher, wohingegen Jungen schon früh lernen, dass es nicht „männlich" ist, Angstgefühle zuzugeben. In ähnlicher Weise geben Männer seltener Angstgefühle zu als Frauen (und lassen sich weniger Beruhigungsmittel verschreiben, trinken dafür aber mehr).

Was emotionale Empfindsamkeit betrifft, werden Mädchen und Frauen im Allgemeinen leichter von den Gefühlen anderer beeinflusst. So fangen z. B. weibliche Säuglinge eher an zu weinen, wenn andere Kinder bereits weinen. Frauen fällt es leichter, die auf einem Foto wiedergegebenen Emotionen zu deuten, und sie drücken ihre eigenen Emotionen auch leichter aus, sodass sie von anderen interpretierbar sind. Diese Ergebnisse deuten darauf hin, dass Frauen sich leichter auf ihre eigenen Emotionen und die anderer einstellen können.

Leistungsmotivation

Es ist für Autoren nicht unüblich, auf die relativ kleine Zahl von Frauen (vor allem berühmter Frauen) zu verweisen, die in verschiedenen Gebieten, von der Wirtschaft bis zur Archäologie, von der Physik bis zur Psychologie, vertreten sind. Für diese Autoren ist dies repräsentativ für ein geringeres Verlangen und Vermögen von Frauen, Leistung zu erbringen. Gibt es geschlechtliche Unterschiede hinsichtlich Ambitionen und Fähigkeiten oder des Strebens nach Erfolg? Eine weit verbreitete Methode zur Messung von Leistungen war das Konstrukt der **Leistungsmotivation**, wie es von McClelland (McClelland et al., 1953) definiert wurde – die Disposition (Veranlagung), nach Erfolg zu streben. Nach der Leistung, die man mit dem **Thematischen Apperzeptionstest (TAT)** maß, zogen McClelland und seine Kollegen den Schluss, dass Frauen nicht so leistungsmotiviert sind wie Männer. Schließlich leiten Frauen auch nicht die großen gesellschaftlichen Institutionen wie Regierung, Militär, Großunternehmen oder akademische Einrichtungen. Einige Erklärungen deuten auch darauf hin, dass der bei Frauen stärker vertretene Drang akzeptiert und gemocht zu werden, die Leistungsbereitschaft zum Erliegen bringt. Es sollte Ihnen jedoch mittlerweile klar geworden sein, dass Verhaltenstheoretiker ihre Daten zu stark verallgemeinern und zu viel in sie hineindeuten können, ebenso wie dies Anhängern anderer Ansätze unterläuft.

Es wurde auch vermutet, dass Frauen ihre Belohnungen von anderen Personen erhalten, wohingegen Männer ihre Belohnung in der Erfüllung einer Aufgabe sehen. Maccobys und Jacklins Studie zu Geschlechtsunterschieden (1974) zeigte jedoch, dass es diesbezüglich keine Geschlechtsunterschiede gibt. Tatsächlich waren Jungen in einigen Studien gegenüber der Anwesenheit Gleichaltriger empfindsamer als Mädchen. Eine weitere Eigenschaft von Frauen, von der manchmal behauptet wird, sie sei für den Mangel an beruflichem Erfolg verantwortlich (verglichen mit Männern), ist ihre „Angst vor Erfolg", doch haben sich nirgendwo empirische Belege für eine solche Phobie finden lassen. Kurz: Geschlechtsunterschiede hinsichtlich beruflichem Erfolg scheinen sich von etwas anderem abzuleiten als Geschlechtsunterschiede hinsichtlich Persönlichkeit. Oder wie es die unter dem männlichen Pseudonym George Eliot schreibende Mary Ann Adams auszudrücken pflegte: „Ich streite gar nicht ab, dass Frauen töricht sind; der Allmächtige hat es so eingerichtet, damit die Frau zum Manne passt." (*Adam Bede*, 1859)

11.4.7 Humanistische Ansätze

Abraham Maslows Persönlichkeitstheorie verringerte die Wichtigkeit maskuliner und femininer Persönlichkeitszüge stark und betonte stattdessen die Wichtigkeit der Selbstverwirklichung. Er bemerkte, dass sowohl Männer als auch Frauen, die in ihrem Leben alles in ihrer Macht Stehende erreichten, eine Reihe von Wesenszügen gemeinsam hatten, z. B. Einfühlungsvermögen und Offenheit (die oft als typisch weibliche Wesenszüge angesehen werden) sowie Kreativität und Eigenständigkeit (klassische männliche Charakterzüge). Insofern, so Maslow, hat eine selbstverwirklichte Person die traditionellen Auffassungen zu männlicher und weiblicher Persönlichkeit **transzendiert** (überwunden).

Maslow bemerkte, dass Personen sich hinsichtlich ihrer Dominanzgefühle, die in Bezug zur Selbsteinschätzung stehen, voneinander unterscheiden, und er brachte Gefühle niedriger Dominanz mit Gefühlen von Minderwertigkeit, Unterlegenheit, **Introversion** und Beeinflussbarkeit in Zusammenhang – Eigenschaften, die unsere Kultur oft als feminin ansieht. Im Gegensatz zu psychoanalytischen und biologischen Ansätzen stellte Maslow die Hypothese auf, dass es kulturelle Einflüsse wie Normen, Erziehung, Status und Erwartungen seien, die eine Verbindung von Frauen zu niedriger Dominanz herstellten. In einer 1942 durchgeführten Studie fand Maslow heraus, dass Frauen, die ein starkes Selbstwertgefühl haben, unabhängig, erfolgreich, durchsetzungsfähig und gesund waren und auch eine gesunde sexuelle Orientierung zeigten.

Humanistische Ansätze zur Persönlichkeit sind am ehesten dazu bereit, von einer psychologischen Gleichstellung von Männern und Frauen auszugehen, da jede Person nach Erfüllung strebt. Diese Ansätze gehen auch davon aus, dass Persönlichkeitsunterschiede zwischen Männern und Frauen sich immer mehr verringern, da die Gesellschaften den Frauen vermehrt gleiche Rechte und Gelegenheiten einräumen.

11.4.8 Interaktionistische Ansätze: Soziale und interpersonelle Eigenschaften

Eine sorgfältige Untersuchung zeigt, dass viele geschlechtsspezifische Aktivitäten nicht allein auf individuellen Persönlichkeitsmerkmalen beruhen, sondern auch eng mit den Anforderungen gesellschaftlicher Situationen verbunden sind. Dieses Phänomen lässt sich demnach häufig am besten mit dem interaktionistischen Ansatz erläutern.

Helfen

Obgleich Helfen an sich kein Persönlichkeitsmerkmal ist, scheint das Wesen einer Hilfesituation eine konkrete Manifestation der Persönlichkeit eines Menschen hervorzurufen. Steht Feminität mit Helfen in Beziehung? Es ist weit verbreitet, einen großen Teil gemeinschaftlichen, fürsorglichen und gesellschaftlich positiven Verhaltens Frauen zuzuschreiben. Die Bestimmung von Geschlechtsunterschieden hinsichtlich Hilfsbereitschaft kann jedoch durch die Art der angebotenen Hilfe schwierig werden; Männer helfen eher, wenn konkrete und instrumentelle Unterstützung erforderlich ist, und Frauen helfen eher, wenn emotionale oder zwischenmenschliche Unterstützung benötigt wird. Schließlich ist es auch so, dass das Hilfeverhalten von Frauen vorwiegend in Bereichen zutage tritt, die Forscher gewöhnlich nicht untersuchen, wie etwa das Zuhause, und in beruflichen Rollen, in denen Hilfe verlangt wird, wie im Falle von Sekretärinnen und Krankenschwestern. Tatsächlich zeigt die Forschung zum Thema Hilfe, dass Männer häufiger helfen als Frauen, doch die meisten Studien bedienen sich konstruierter Hilfeszenarien, in denen instrumentelle (aufgabenorientierte) Hilfe am häufigsten erforderlich ist und oft ein wahrgenommenes Risiko für den Helfenden besteht. Diese Merkmale können die Ergebnisse dieser Studien erwartungsgemäß so verfälschen, dass es den Anschein hat, Männer würden häufiger helfen (Eagly, 1987). Hilfesituationen, die Freunde oder Personen einschließen, mit denen enge oder langfristige Beziehungen bestehen (mit anderen Worten: die Art von Hilfesituation, in denen Frauen vorwiegend aktiv sind), wurden bei der Forschung zum Thema Hilfe im Allgemeinen nicht berücksichtigt.

Pflege und Fürsorge

Sowohl Einzelberichte als auch viele empirische Studien zeigen, dass unser gesellschaftliches Stereotyp, Mädchen und Frauen seien fürsorglicher und opferbereiter als Jungen und Männer (Deaux & Lewis, 1984) auf Unterschieden beruht, die empirisch mit einer recht guten Verlässlichkeit gemessen werden können (Feingold, 1994). Obwohl Maccoby und Jacklin nicht imstande waren, genug Studien zur Fürsorge für Kleinkinder zu finden, um zu bestimmen, ob es diesbezüglich Geschlechtsunterschiede gibt, zeigen interkulturelle Studien (Whiting & Edwards, 1988), dass in den meisten Gesellschaften junge Mädchen fürsorglicher sind als ihre männlichen Geschlechtsgenossen. Es gibt auch umfangreiche Literatur, aus der hervorgeht, dass ältere Mädchen und erwachsene Frauen fürsorglicher sind als Jungen und Männer im entsprechenden Alter (Stockard & Johnson, 1991). Interkulturelle Nachweise von Gesellschaften, in denen Männer hauptsächlich mit der Aufzucht von und Fürsorge für die Kinder betraut sind, lassen jedoch Zweifel aufkommen, ob der Mutterinstinkt in Frauen wirklich etwas Unveränderliches ist.

Kontaktfreudigkeit

Mutmaßungen, dass Frauen kontaktfreudiger seien als Männer, scheinen kaum oder gar keine empirische Grundlage zu haben. Studien zu Geschlechtsunterschieden lieferten keine Belege für die folgenden beiden (stereotypen) Geschlechtsunterschiede, die am häufigsten erwähnt werden: die Suche nach Nähe (Mädchen scheinen nicht mehr Kontakt zu anderen zu suchen als Jungen) oder die Empfindsamkeit für soziale Situationen (Stockard & Johnson, 1991). Obwohl weibliche Kinder oft so beschrieben werden, dass sie sich eher an ihre Eltern „heften", gibt es keine empirischen Nachweise für Unterschiede zwischen Jungen und Mädchen, was solch ein Bindungsverhalten betrifft (Lewis, 1987).

Nonverbales Verhalten

Es wurde herausgefunden, dass Frauen gegenüber Männern in der vorteilhaften Position sind, nonverbale Botschaften sowohl besser ausdrücken als auch besser entschlüsseln (verstehen) zu können. Frauen sind besser darin, nonverbales Verhalten anderer zu verstehen, einschließlich Gesichtsmimik und Körpergestik (Hall, 1990; Eagly, 1987).

In Bezug auf spezifische nonverbale soziale Verhaltensweisen wie Lächeln und Starren stellte man fest, dass Frauen eher zum Lächeln und Starren neigen (Hall & Halberstadt, 1986). Die Gründe (d. h. die dahinter stehenden psychologischen Prozesse), die für diese Unterschiede verantwortlich sind, sind immer noch unbekannt. Sozialisierungsdruck, unterschiedliche Erfahrungen und situationsbedingte Anforderungen könnten bestehende biologische Prädispositionen (Veranlagungen) noch verstärken. Es gab sowohl Mutmaßungen als auch Nachweise dafür, dass Männer Personen des anderen Geschlechts eher berühren als umgekehrt – vielleicht um Frauen „an ihrem Platz" zu halten" (Henley, 1977; Major, Schmidlin & Williams, 1990). Das Thema gestaltet sich jedoch komplexer, als es zunächst den Anschein haben mag (Hall, 1990; Hall & Veccia, 1990). Wir können eine andere Person aus vielen Gründen und auf vielerlei Weise berühren – zufällig, unbeabsichtigt, um zu helfen, auf aggressive oder ängstliche Weise, sexuell, um Dominanz, Zuneigung oder Anziehung auszudrücken oder Trost zu spenden –, und die Bedeutung der Berührung hängt auch von der schon existierenden Beziehung zu dieser Person und den Anforderungen an eine bestimmte Situation ab. Hier wie auch anderswo sind die Persönlichkeitsaspekte komplex, können aber durch eine sorgfältige und geduldige Analyse verstanden werden.

Es könnte jedoch sein, dass männlich-weibliche Unterschiede in der Genauigkeit des Einfühlungsvermögens oft eine Funktion unterschiedlicher Motivation statt unterschiedlicher Fähigkeiten von weiblichen versus männlichen Wahrnehmenden ist. Eine Untersuchung von über einem Dutzend Studien zur Genauigkeit des Einfühlungsvermögens stellte verlässliche Geschlechtsunterschiede in Situationen fest, in denen die Wahrnehmenden sich bewusst sind, dass sie, was ihr Einfühlungsvermögen betrifft, eingeschätzt werden, oder wenn die Bedeutung des Geschlechts für die Wahrnehmung des Einfühlungsvermögens klar und eindeutig ist (Ickes, Gesn & Graham, 2000). Maslows humanistisches Argument steht also im Einklang mit dem interaktionistischen Ansatz, da die selbstverwirklichte Person die geläufigen Erwartungen anderer in bestimmten Situationen transzendieren kann.

Beeinflussbarkeit

Stimmt die allgemein akzeptierte Auffassung, dass Frauen leichter beeinflussbar sind als Männer? Gibt es hinsichtlich Suggestibilität einen Geschlechtsunterschied dahingehend, dass Frauen sich leichter beeinflussen lassen, sich eher fügen und anpassen und leichter zu einer Änderung ihrer Auffassungen gebracht werden können als Männer? Als Maccoby und Jacklin (1974) entsprechende Literatur studierten, fanden sie heraus, dass Frauen in persönlichen Begegnungen ein wenig mehr bereit sind, sich zu fügen und anzupassen als Männer, dass es jedoch in Situationen, wo kein unmittelbarer persönlicher Kontakt von Angesicht zu Angesicht bestand, keine Geschlechtsunterschiede gab. Eagly und ihre Kollegen (Eagly, 1978; Eagly & Carli, 1981) untersuchten Unterschiede hinsichtlich Beeinflussbarkeit und fanden kleine bis mäßige Geschlechtsunterschiede in Studien zu den Themen Überredung und Übereinstimmung, wobei Frauen ein wenig mehr zu Übereinstimmung und Anpassung neigen als Männer. Diese Auswirkungen wurden jedoch durch den Umstand verkompliziert, dass männliche Forscher dazu neigten, Frauen eher als fügsam und anpassungswillig einzuschätzen, als weibliche Forscher, was auf eine geschlechtsbedingte Befangenheit hinsichtlich der erhaltenen Resultate hindeutet. Um diese Ergebnisse weiter auszuwerten, führte Becker (1986) eine Metaanalyse von Studien zu den Themen Anpassungswilligkeit und Beeinflussbarkeit durch. Sie fand kleine bis moderate Unterschiede, wobei Frauen eher bereit waren sich anzupassen. Wie können wir diese Unterschiede verstehen?

Instrumentelles versus expressives Verhalten

Instrumentelles Verhalten geht einher mit der Orientierung an Zielen, die aufgabenbezogen und vom interpersonellen System getrennt sind, wohingegen **expressives Verhalten** das emotionale Wohlergehen der eigenen sozialen Gruppe oder Familie einbezieht. Nach allgemeinen Erkenntnissen engagieren sich Frauen größtenteils in expressiven Tätigkeiten, während Männer eher instrumentell veranlagt sind, obwohl beide Qualitäten erwartungsgemäß in allen Personen in einem gewissen Ausmaß vorhanden sind (Hyde & Lynn, 1986). Es ist wichtig zu erkennen, dass sowohl instrumentelles als auch expressives Verhalten gewisse Fertigkeiten erfordert und beide nützlich und zuträglich sind. Expressiv zu sein bedeutet nicht zwangsläufig, emotionsgesteuert und inkompetent zu sein; ebenso wenig bedeutet instrumentelles Verhalten einen vollkommenen Mangel an interpersonellen Fertigkeiten.

Die Sozialpsychologin Alice Eagly äußerte ihre Unzufriedenheit mit den traditionellen Sozialisierungs- und Eigenschaftstheorien. Sie merkt zunächst an, dass das Studium von Geschlechtsunterschieden sich auf Biologie, Kindheitsentwicklung und Sozialisierung konzentriert hat statt auf die Untersuchung, was im Erwachsenenalter die Unterschiede tatsächlich aufrechterhält. Eagly bemerkt außerdem, dass sich ein großer Teil der Erwachsenenforschung mit kurzfristigen Interaktionen zwischen Fremden beschäftigt – ein begrenzter Situationskontext, der auch die verschiedenen Arten des Verhaltens, das Männer und Frauen an den Tag legen, begrenzt (Eagly, 1987). Statt solche Einzelfälle einfach nur zu verallgemeinern, bietet Eagly mit ihrer Theorie eine Beschreibung der Funktion sozialer Rollen als bestimmende Faktoren von Geschlechtsunterschieden. Nach dieser Theorie ist „das Sozialverhalten, durch das sich die Geschlechter voneinander unterscheiden, in gesellschaftliche Rollen eingebettet – sowohl in Geschlechterrollen als auch in viele andere, die das Arbeits- und Familienleben betreffen" (Eagly, 1987, S. 9). Das ist eine strukturelle und interaktionistische Erklärung für Geschlechtsunterschiede, die die Tatsache betont, dass Angehörige verschiedener Gruppen wie Männer und Frauen auch oft unterschiedliche gesellschaftliche Rollen einnehmen, die soziale Bedürfnisse erfüllen. Das heißt: Männer und Frauen neigen dazu, gesellschaftliche Rollen (Strukturen) einzunehmen – einschließlich geschlechtlicher, beruflicher und familiärer Rollen –, die bei den Männern und Frauen, die diese Rollen mit fürsorglichen Neigungen einnehmen, unterschiedliches Sozialverhalten auslösen.

Eagly geht deshalb davon aus, dass die unterschiedlichen Rollen, in denen Männer und Frauen sich wiederfinden, auch unterschiedliche Verhaltensweisen vorgeben. Rollen, die häufiger von Frauen eingenommen werden, wie familiäre Rollen als Ehefrau und Mutter und berufliche Rollen wie Krankenschwester, Lehrerin und Sekretärin, rufen kommunale Verhaltensweisen wie Aufrechterhalten von Beziehungen und Sorge um andere hervor. Rollen, in denen sich Männer häufiger wiederfinden, etwa die Rollen des Ernährers der Familie und des Vaters und berufliche Rollen wie Arzt oder Geschäftsführer, erfordern eher ursächliche Qualitäten wie Unabhängigkeit und Eigenständigkeit (Eagly, 1987).

Geschlechterrollen (d. h. gesellschaftliche Rollen, die auf dem Geschlecht beruhen) schränken allgemeine, weiter gefasste Verhaltensarten ein, da die Personen auf ihre eigenen Verhaltenserwartungen als auch die anderer reagieren. So existiert z. B. die stark ausgeprägte Erwartungshaltung, dass Männer (in unserer Gesellschaft) in der Öffentlichkeit nicht weinen. Nahezu jeder stimmt mit dieser Erwartungshaltung überein und dies ist uns auch bewusst. Diese Erwartungen resultieren darin, dass Männer sich an diese Zwänge hinsichtlich ihrer Geschlechterrolle anpassen (indem sie in der Öffentlichkeit eben nicht weinen) und dadurch die kontrollierte, unemotionale „Natur" von Männern an den Tag legen. Die Geschlechterrollen führen auch zu Auffassungen und Einstellungen hinsichtlich der Fähigkeiten, Aktivitäten und angestrebten Ziele der zur jeweiligen Geschlechterrolle Zugehörigen, was einen weiteren Einfluss auf das Rollenverhalten hat. Der ausgedehnte Einfluss und die Allgemeingültigkeit der Geschlechterrollen führt zu Verhaltensweisen, die in vielen Situationen diese Geschlechterrollen bestimmen, was diese Verhaltensweisen wie das Ergebnis stabiler innerer Geschlechtsmerkmale oder -eigenschaften aussehen lässt (Eagly, 1987).

Diese Analyse diente dem Verständnis dessen, warum es wahrscheinlicher ist, dass Männer für Führungspositionen ausgewählt werden. Das heißt: Die Art und Weise wie gesellschaftliche Rollen die sozialen Erwartungen anderer beeinflussen, wurde in einer Metaanalyse gezeigt, die die Einschätzung männlicher und weiblicher Führungspersonen untersuchte (Eagly, Makhijani, Klonsky, 1992). Bei dieser Untersuchung fanden Eagly und ihre Kollegen heraus, dass in Situationen, die einen stereotypisch männlichen Führungsstil erfordern oder sowieso gewöhnlich von Männern dominiert werden, die Einschätzung weiblicher Führungspersonen im Vergleich weniger positiv ausfiel. Mit anderen Worten: Wenn sich Frauen auf „geschlechtsübliche" Weise verhalten – wie etwa eine Führungsrolle in einer eher „kommunalen" Manier zu übernehmen –, werden sie von anderen positiver eingeschätzt. Doch wenn Frauen sich in Führungsrollen befinden, die gewöhnlich männlich dominiert sind, oder wenn sie in einer „geschlechtsunüblichen" Weise eine Führungsrolle einnehmen, dann werden sie von anderen negativ eingeschätzt.

Eine Metaanalyse von Führungsstilen fand keine Unterschiede zwischen Männern und Frauen bei interpersoneller Orientierung versus Aufgabenorientierung. Was jedoch festgestellt wurde, war, dass Frauen in Führungspositionen demokratischer sind und weniger zu Reglementierungen neigen als Männer (Eagly & Johnson, 1990). Kurz gesagt, Eagly liefert eine Erklärung für Geschlechtsunterschiede, die weder auf Biologie und Evolution noch auf Lernverhalten oder Modellierung beruht. Stattdessen ergeben sich die Unterschiede aus den verschiedenen gesellschaftlichen Rollen, die Männer und Frauen erfüllen, und aus besonderen Geschlechterrollen in bestimmten Situationen.

Der starke Einfluss gesellschaftlicher Erwartungen und Vergleiche von geschlechtsspezifischem Verhalten wurde auch von der Sozialpsychologin Brenda Major und ihren Kollegen aufgezeigt. Majors Arbeit betonte die Tatsache, dass Personen dazu neigen, Vergleiche vorwiegend unter den Angehörigen des eigenen Geschlechts anzustellen, wenn sie ihr Verhalten einschätzen. Diese „internen" Vergleiche sind teilweise dafür verantwortlich, dass eine Person mit ihren gesellschaftlichen Rollen zufrieden ist, selbst wenn mit dieser Rolle ein geringerer Status oder Lohn einhergeht. Bylsma und Major (1994) fanden Folgendes heraus: Weil Frauen ihre Urteile hinsichtlich „Anspruchsberechtigung, Leistung und Zufriedenheit mit dem Lohn" auf Vergleiche gründen, die sie unter ihresgleichen anstellen und Männer dabei nicht einbeziehen, drücken Frauen in Bezug auf ihren Status mehr Zufriedenheit aus. Das trifft trotz ihrer eindeutig unvorteilhaften Position zu. Das bedeutet: Frauen neigen dazu, sich eher mit anderen Frauen zu vergleichen, was dazu führt, dass Ungleichheiten zwischen Geschlechtern hinsichtlich Status und Bezahlung eher unberücksichtigt bleiben.

Abbildung 11.12:
Die Fußballspielerin und Olympionikin Mia Hamm (im weißen Trikot) hält im Frauenfußball die meisten Weltrekorde. Hamm hat in dieser Sportart auch allgemein einige Rekorde aufgestellt: 1999 brach sie den bis dahin gültigen internationalen Rekord an erzielten Treffern bei Männern und Frauen. In jüngerer Zeit sind weibliche Akteure in Sportarten wie Fußball und Basketball, bei denen es zwischen den Spielern oft recht hart zugeht, häufiger ins Licht der Öffentlichkeit getreten. Vielleicht reflektiert diese Entwicklung eine Veränderung der gesellschaftlichen Rollen und Erwartungen.

11.5 Interkulturelle Studien von Geschlechtsunterschieden

Anthropologen und andere, die die Rollen von Männern und Frauen in verschiedenen Kulturen studiert haben, vertreten die Auffassung, dass diese in den Kulturen auftretenden Geschlechtsunterschiede durch die Kultur selbst mittels Sozialisierung herbeigeführt werden. Tatsächlich gibt es aus der Untersuchung einer Reihe von Kulturen Belege dafür, dass viele Geschlechtsunterschiede kulturell bedingt sind. Eine vollständige Erörterung kultureller und ethnischer Unterschiede hinsichtlich Persönlichkeit wird in Kapitel 13 präsentiert.

Als Margaret Mead zwei in Neuguinea ansässige Volksstämme – die Arapesh und die Mundugamor – studierte, berichtete sie, dass weibliche und männliche Angehörige der Arapesh für unsere Begriffe feminine Eigenschaften wie Fürsorge und Opferbereitschaft aufwiesen, während unter den Mundugamor bei beiden Geschlechtern für unsere Begriffe ausgeprägt maskuline Eigenschaften wie Aggressivität vorherrschend waren (Mead, 1935). Oakley (1972) beschrieb den Bamenda-Volksstamm in Kamerun, in dem Frauen das stärkere Geschlecht sind, und von denen erwartet wird, dass sie den Großteil der schweren Landwirtschaftsarbeit leisten.

Andererseits werden einige Geschlechtsunterschiede in einer Reihe verschiedener Kulturen zuverlässig aufgezeigt. So studierten z. B. Whiting und Edwards (1988) Kinder aus 13 verschiedenen Kulturkreisen und fanden einheitliche Geschlechtsunterschiede im Fürsorgeverhalten (wobei Mädchen fürsorglicher waren als Jungen) und so genannte „egoistische Dominanz“, d. h. der Versuch, das Verhalten anderer zu kontrollieren, um die eigenen Bedürfnisse zu stillen (wobei Jungen eine größere egoistische Dominanz aufweisen). Natürlich könnte die Sozialisierung bestimmter Verhaltensweisen durch verschiedene Kulturkreise hindurch einheitlich sein. Doch die Forscher fanden auch keine zuverlässigen Geschlechtsunterschiede in verschiedenen anderen Bereichen, einschließlich Abhängigkeit, prosoziale Dominanz und Kontaktfreudigkeit. Jetzt sollte klar sein, dass Geschlechtsunterschiede weder nur biologischer Natur noch nur erlernt oder kulturell bedingt sind. Ein tiefer gehendes Verstehen erfordert eine Integration verschiedener Belege unter Benutzung sachbezogener Perspektiven.

11.6 Liebe und Sexualverhalten

In der US-amerikanischen Gesellschaft sind Stereotype hinsichtlich Geschlechtsunterschieden in Liebe und Sexualverhalten im Übermaß vorhanden. Den Beschreibungen nach dominieren Männer Frauen in sexuellen Beziehungen und finden mehr Vergnügen am Sex als Frauen, wohingegen Frauen wiederum den Männern Sex als Austausch für das geben, was sie in anderen Bereichen wollen. Das gängige Stereotyp besagt, Frauen seien an Liebe interessiert, Männer an Sex. Doch leider trifft dieses Stereotyp nicht immer zu. Geschichte und Literatur liefern eine Vielzahl gegensätzlicher Stereotype hinsichtlich weiblicher Sexualität, wobei Frauen mitunter als übermäßig stark sexuell orientiert und unersättlich dargestellt werden, weshalb sie leichter von Dämonen oder dem Teufel besessen sein könnten. In vielen Teilen Afrikas wurden (und werden manchmal immer noch) an den Mädchen Klitoridektomien (Beschneidungen der Klitoris) vorgenommen, um dem als schändlich angesehenen Sexualtrieb Einhalt zu gebieten. Tatsächlich stammt die Auffassung, Frauen würde es an sexuellen Gefühlen mangeln, aus der jüngeren Geschichte, nämlich dem 19. Jahrhundert. Dass trotz dieser historischen Widersprüche die Auffassung vorgeherrscht hat, Männer seien von Natur aus stärker sexuell orientiert als Frauen (wobei allgemein biologische und evolutionäre Erklärungen herangezogen werden), legt nahe, dass wir besonders wachsam gegenüber Pseudowissenschaften und verzerrten Darstellungen sein sollten, wenn wir solche Dinge untersuchen.

Die Kultur liefert den Kontext, in dem wir unser Sexualverhalten erlernen. Geschlechtsunterschiede hinsichtlich des Sexualverhaltens resultieren also aus der unterschiedlichen Sozialisierung für Jungen und Mädchen, verschiedenen Modellen, mit denen sie zu tun haben und denen sie Beachtung schenken, und Systemen, die Jungen und Mädchen, Männer und Frauen für bestimmtes Sexualverhalten unterschiedlich belohnen. Geschlechtsunterschiede hinsichtlich Sexualverhalten können auch klassischer Konditionierung unterliegen, und ebenso kann gesellschaftlich „unangebrachtes" Sexualverhalten gelöscht werden. In der US-amerikanischen Gesellschaft existiert schon seit langer Zeit die Doppelmoral, dass verheiratete Männer straflos mit Frauen flirten und scherzen dürfen, promiskuitive Frauen aber als Huren angesehen werden. Durch diese Prozesse lernen Männer, die physischen und oberflächlichen Aspekte des Sex zu betonen, und Mädchen und Frauen lernen, sich auf die Beziehungs- und Liebesaspekte beim Sex zu konzentrieren (Lips & Colwill, 1978). Außerdem überlagern kognitive Prozesse (wie etwa Erwartungen und Fantasien, die aus Massenmedien wie Filmen abgeleitet werden) einen großen Teil sexueller Reaktionen und spielen bei Geschlechtsunterschieden hinsichtlich dieses Verhaltens wahrscheinlich eine wichtige Rolle.

Viele dieser kulturbedingten Stereotype beginnen mit der Annahme, Männer seien sexuell eher dominanter und Frauen eher unterwürfig, und dass Männer die Initiative übernehmen sollten, was Verabredungen und sexuelle Aktivitäten betrifft. Männer verfügen nach diesen Auffassungen über den stärkeren Sexualtrieb, sind leichter erregbar und sexuell aggressiver als Frauen. Von Frauen wird erwartet, dass sie passiv, widerstrebend, schamhaft und weniger an sexueller Erregung interessiert sind. Bei einer empirischen Untersuchung hat es jedoch den Anschein, als ob Frauen und Männer in etwa gleichermaßen leicht erregbar sind, und viele Frauen (doch nur wenige Männer) können multiple Orgasmen erleben. In dem Maße wie Frauen größere politische Macht erlangt haben, ist die Gesellschaft auch besorgter um ihr sexuelles Verlangen geworden.

Obwohl sich das Sexualverhalten beider Geschlechter vor der Pubertät sehr ähnelt, kann diese Reifezeit doch alles von Grund auf ändern. Während einige der körperlichen Veränderungen in der Zeit der weiblichen Pubertät (wie etwa die Menstruation) nicht unbedingt mit sexuellem Vergnügen einhergehen, lenken die Pubertätsmanifestationen bei Jungen (Erektionen, sexuelle Träume) seine Aufmerksamkeit auf die Befriedigung, die er sich durch seine Genitalien verschaffen kann. Jungen im Teenageralter entdecken, dass sie auf ihre Genitalien als eine Quelle des Vergnügens konzentriert sind. In unserer Kultur und vielen anderen sprechen Jungen über ihr Geschlechtsteil und die Masturbation mit Gleichaltrigen häufiger, als es Mädchen tun (Nicholson, 1993). Mädchen konzentrieren sich bei ihrem wachsenden Interesse am anderen Geschlecht mehr auf Romantik und

Liebe, und sie betreiben weniger Masturbation als Jungen. Das weibliche Interesse an sexuellen Beziehungen kann sich jedoch zwischen zwanzig und vierzig weiter erhöhen.

Da Masturbation und sexuelle Erfahrungen mit einem verstärkten sexuellen Vergnügen in Verbindung stehen, ist es nicht überraschend, dass Jungen im Teenageralter mehr Interesse und Vergnügen an sexuellen Aktivitäten finden als Mädchen. Forschungen in der Sexualtherapie deuten jedoch darauf hin, dass das weibliche Masturbationstabu am Bröckeln und das Thema auch gesellschaftsfähiger geworden ist, was dazu führen wird, dass die Unterschiede im Teenageralter hinsichtlich des Empfindens sexuellen Vergnügens sich verringern werden.

Die Veränderungen im kulturellen Verständnis der weiblichen Sexualität führen zu einem Schließen der Lücke zwischen den Geschlechtern hinsichtlich der sexuellen Aktivitäten. In einigen Subkulturen nähern sich Frauen den Männern an, was das Alter betrifft, wo sie die ersten sexuellen Erfahrungen machen, ebenso wie in der Anzahl sexueller Begegnungen, sowohl vor- als auch außerehelich. Zwei weitere Aspekte der Sexualität, bei denen man nun davon ausgeht, dass Frauen den Männern hier sehr viel ähnlicher sind als angenommen, sind das weibliche Interesse an und Erregung durch Erotika sowie weibliche Fantasien und erotische Gedanken. Auch hier können sich unsere allzu simplen Annahmen hinsichtlich der Natur von Männern und Frauen als falsch herausstellen, wenn sie einer eingehenden Untersuchung unter mehreren Gesichtspunkten unterzogen werden.

Anders als bei manchen Tieren wird das Sexualverhalten von Menschen nur gering vom Hormonspiegel oder Zyklen beeinflusst; das Interesse am Orgasmus steht also offensichtlich nicht in Bezug zur Fortpflanzung. (Nur 6 % aller Frauen haben in der Mitte ihres Zyklus, wenn eine Empfängnis wahrscheinlich ist, eher Geschlechtsverkehr, was zeigt, dass der Zyklus nur einen sehr geringen Einfluss auf das tatsächliche Sexualverhalten hat [Nicholson, 1993].) Und die physiologischen Forschungsarbeiten von Masters und Johnson (1966) ergaben, dass die sexuellen Reaktionen von Männern und Frauen sehr viel mehr Ähnlichkeiten als Unterschiede aufweisen. Psychologische Einflüsse haben eine sehr viel stärkere Wirkung auf die menschliche Sexualität als hormonelle oder physiologische Faktoren, und deshalb rücken kulturelle und Lerneinflüsse stärker in den Vordergrund. Wie sich Menschen der Liebe nähern, wird stark von den verschiedenen gesellschaftlichen Kräften beeinflusst, die wir bereits behandelten.

Eine Longitudinalstudie unter Studenten im Großraum Boston (USA) lieferte einige interessante Ergebnisse in Bezug auf das sexuelle Werbungsverhalten. Im Gegensatz zum gängigen Stereotyp fanden die Forscher heraus, dass Männer mehr romantische Anwandlungen haben als Frauen und häufiger eine Beziehung in der Hoffnung begannen, sich zu verlieben. Männer zeigten auch eher ein größeres Ausmaß an Liebesgefühlen in der Beziehung als Frauen. Wenn Beziehungen abgebrochen wurden, resultierte dies häufiger aus den Zweifeln der Frau als denen des Mannes, und Männer waren über das Ende der Beziehung allgemein häufiger „am Boden zerstört“ als Frauen (Rubin, 1973).

Abbildung 11.13:
Die ehemalige US-Gesundheitsministerin Joycelyn Elders, die hier gezeigt wird, wie sie mit Teenagern über das Rauchen spricht, wurde des Amtes enthoben, als sie in der Öffentlichkeit Teenager dazu ermutigte, das Masturbieren zu lernen. Doch für viele junge Frauen würde das Erlernen des Masturbierens bis hin zum Orgasmus (wie es Jungen im Teenageralter fast durchweg tun) später zu befriedigenderen sexuellen Beziehungen führen.

Zusammenfassung und Fazit

Eine der ältesten philosophischen Fragen betrifft die Natur des Mannes und die Natur der Frau. Die Persönlichkeitspsychologie liefert ihre eigenen Antworten auf diese Frage und stützt sich dabei auf psychologische Theorien, Beobachtungen und Studien. Ein Jahrhundert Forschung auf diesem Gebiet hat viele alte Stereotype und Vorurteile hinfällig gemacht und viele relevante Fragen neu beantwortet. Dies betraf auch das Verständnis der vielfältigen Einflüsse auf Maskulinität und Feminität, was dazu führte, dass die Beschäftigung mit Allgemeinplätzen über Unterschiede zwischen Geschlechtern nach Kategorien mehr in den Hintergrund rückte. Obwohl es natürlich einige hervorstechende Unterschiede zwischen Mann und Frau gibt, bestehen jeweils unter Frauen und Männern größere Abweichungen als zwischen ihnen; die Verteilungen überschneiden sich beträchtlich. Das heißt, die Persönlichkeiten von Frauen und Männern weisen mehr Ähnlichkeiten als Unterschiede auf.

Aufgrund einer Kombination von biologischen Dispositionen und physischen Unterschieden, nach denen wegen der Erwartungen anderer und wegen des starken Sozialisierungsdrucks der Gesellschaft gehandelt wird, entwickeln Männer eher maskuline Wesenszüge, Verhaltensweisen und Fähigkeiten, während Frauen feminine entwickeln. Diese können dann im Erwachsenenalter durch gesellschaftliche Rollen aufrechterhalten werden. Im Bereich kognitiver Fähigkeiten schneiden Männer bei visuellen Aufgaben und solchen, die ein räumliches Vorstellungsvermögen erfordern, besser ab als Frauen. Im Gegensatz dazu verfügen Frauen allgemein über weiterentwickelte sprachliche Fähigkeiten. Frauen sind besser im Ausdruck und für nonverbale Botschaften empfänglicher, und sie sind auch hilfsbereiter und fürsorglicher, während Männer mehr dazu neigen, ungestüm und aggressiv zu sein. Männer sind, was das Eingehen sexueller Beziehungen betrifft, zwangloser als Frauen, doch beide – Männer und Frauen – haben einen starken Sexualtrieb. Außer den zuvor genannten ziemlich großen Unterschieden können Männer und Frauen abhängig von ihrer unmittelbaren Umgebung eine ganze Reihe anderer maskuliner und femininer Tendenzen entwickeln. So waren Männer z. B. oft athletischer als Frauen, doch schwindet dieser Unterschied schnell, wenn Frauen gestattet wird, an vormals Männern vorbehaltenen Sportarten teilzunehmen und ihnen Zugang zu den entsprechenden Trainingseinrichtungen gewährt wird. Das Geschlecht ist bei unserer Wahrnehmung der Persönlichkeit eines anderen von maßgeblichem Einfluss; wir reagieren in der Tat frustriert, wenn wir nicht herausfinden können, ob jemand männlich oder weiblich, maskulin oder feminin ist. Unsere Wahrnehmungen und Erwartungen sind oft fehlerhaft.

Im Allgemeinen sind Geschlechtsunterschiede hinsichtlich Persönlichkeit nicht angeboren oder unveränderbar, werden jedoch von einer Kombination aus biologischen Tendenzen, Motiven, Fähigkeiten, gesellschaftlichen Erwartungen, Lernen, Konditionierungen, Bestreben und Situationsdruck beeinflusst. Das bedeutet: In dieser Hinsicht ähneln Geschlechtsunterschiede anderen Persönlichkeitsaspekten. Wenn wir die verschiedenen Kräfte verstehen, die auf eine Person einwirken und die Persönlichkeit formen, verstehen wir auch die Kräfte, die eine Person maskulin oder feminin machen. Mit diesem Wissen können wir die Bürde der irreführenden Stereotype und falschen Annahmen abschütteln.

Haupttheoretiker

Sandra Bem
Alice Eagly
Brenda Major
Margaret Mead

Zentrale Begriffe

Funktionalismus
Mutterinstinkt
Genetisches Geschlecht
Turner-Syndrom
Androgenisierte Frauen
Ödipuskonflikt Kastrationsangst
Penisneid
Geschlechtsschema-Theorie
Bem Sex Role Inventory (BSRI)
Androgynie
Soziale Rollentheorie
Vergleiche innerhalb der Gruppe

Literaturempfehlungen

Amelang, M., Bartussek, D. (1997). *Differentielle Psychologie und Persönlichkeitsforschung*. Stuttgart: Verlag W. Kohlhammer.

Asendorpf, J. B. (2004). *Psychologie der Persönlichkeit*. Berlin: Springer-Verlag.

Buss, D. M. (1994). *The evolution of desire: Strategies of human mating*. New York: Basic Books.

Crichton, M. (1994). *Disclosure*. New York: Alfred A. Knopf.

Gray, J. (1999). *Männer sind vom Mars, Frauen von der Venus: tausend und ein kleiner Unterschied zwischen den Geschlechtern*. Landsberg: mvg

Mead, M. (2002). Geschlecht und Temperament in drei primitiven Gesellschaften. In: *Jugend und Sexualität in primitiven Gesellschaften*. Eschborn: Klotz

Shaver, P., & Hendrick, C. (Hrsg.) (1987). Sex and gender. Newbury Park: Sage Publications.

Kapitel

12 Stress, Anpassung und Auswirkungen auf die Gesundheit

In diesem Kapitel

Stimmt es, dass ständig besorgte Menschen Kopfschmerzen, bedrückte Frauen Brustkrebs und Typ-A-Männer Herzanfälle bekommen? Gibt es Persönlichkeitstypen, die allgemein anfällig für Krebs und Herzinfarkt sind? Gibt es den Selbstheilungs-Persönlichkeitstyp, der ein langes und gesundes Leben führt? Das sind einige der faszinierendsten, aber auch komplexesten Fragen in der Persönlichkeitspsychologie.

Anstrengende Arbeit, ständiger Druck und ausgeprägter Konkurrenzkampf erzeugen Stress und sind für manche Menschen ungesund, während andere wiederum gesund bleiben und in Zeiten starker Anspannung sogar noch aufblühen. Diese unterschiedlichen Reaktionen verstärken sich, wenn bereits eine Krankheit vorliegt. So stellt man z. B. bei manchen Diabetikern unter Stress einen gefährlichen Anstieg des Blutzuckerspiegels fest, bei anderen wiederum nicht (Stabler et al., 1987). Einige Menschen scheinen für alle Arten von gesundheitlichen Problemen anfällig zu sein, während andere nur selten krank werden. Menschen sind unterschiedlich. Sogar bei lebensbedrohlichen Erkrankungen können Menschen mit ähnlichen Beschwerden völlig unterschiedlich auf ihre Behandlung ansprechen. Manche Menschen verfügen anscheinend über etwas, das ihre Gesundheit schützt. Spielt die Persönlichkeit dabei eine Rolle?

Franz Alexander, ein führender Verfechter der psychosomatischen Medizin, beschrieb in den 40er Jahren den Fall zweier Frauen mittleren Alters, die an Brustkrebs erkrankt waren. Zwei Jahre nach ihren Brustamputationen lag Ginni im Sterben, während Celia wieder an ihren Arbeitsplatz zurückgekehrt war und sogar Verantwortung für neue Bereiche übernahm. Alexander konnte für diese unterschiedliche Entwicklung keine biologische Erklärung finden – der Krankheitsverlauf bei den Frauen und die Tumore ähnelten sich. Deshalb forschte er nach Unterschieden hinsichtlich der Persönlichkeit. Er stellte fest, dass Ginni auffällig tapfer war und stets behauptete, dass sie wieder gesund werden würde, doch sie schien nicht imstande zu sein, sich mit ihrer Krankheit oder dem Verlust ihrer Brust auseinander zu setzen. Celia dagegen war weder übermäßig optimistisch noch verzweifelt. Sie gab zu, dass der Verlust einer Brust nur schwer zu ertragen sei, und suchte nach einem Weg damit umzugehen (Alexander, 1950).

Sind solche psychologischen Faktoren möglicherweise von Bedeutung für die Gesundheit? Die Universität Yale führte eine zweijährige psychologische Studie mit 52 Frauen durch, die an Brustkrebs erkrankt waren (Jensen, 1987). Bei den Frauen, die sich hilflos fühlten, verdrängte Persönlichkeitsprobleme hatten und nicht imstande waren, negative Emotionen zum Ausdruck zu bringen, war die Ausbreitung der Krebsgeschwüre stärker. Wie wir noch sehen werden, gibt es verschiedene Gründe, warum das sein kann.

Wir haben alle schon von überarbeiteten Führungskräften gehört, die ganz plötzlich und noch relativ jung – mit vierzig oder fünfzig Jahren – starben. Viele prominente Persönlichkeiten wiederum haben bis weit über das 70. Lebensjahr hinaus ein anstrengendes und produktives Leben geführt. So haben beispielsweise Eleanor Roosevelt und Benjamin Franklin noch in hohem Alter zu weltpolitischen Themen bedeutende Beiträge geleistet. Könnte es sein, dass dieses Engagement für eine bessere Welt zu ihrer Gesundheit beigetragen hat?

Katharine Hepburn, Vladimir Horowitz, Pablo Casals und viele andere Künstler standen bis ins hohe Alter auf der Bühne, spielten und malten. Solche Künstler haben nicht nur lange gearbeitet, sie haben sich auch die Begeisterung erhalten, die das Publikum so anziehend findet. Der Biologe Jonas Salk, der Kinderarzt Benjamin Spock, die Anthropologin Margaret Mead und viele andere Wissenschaftler haben noch im hohen Alter wichtige Ideen beigesteuert.

Die Leistungsfähigkeit von Menschen muss nicht zwangsläufig nachlassen. Persönlichkeits- und Gesundheitsforscher liefern zunehmend Belege dafür, dass Menschen, die ein langes gesundes Leben führen, sich in ganz bestimmter Weise von denen, die frühzeitig sterben, unterscheiden. Die Langlebigkeit von außergewöhnlichen Persönlichkeiten wie Katharine Hepburn und Benjamin Franklin ist für sich kein wissenschaftlicher Beweis. Solche Persönlichkeiten untermauern jedoch die Ergebnisse wissenschaftlicher Forschung.

Dieses Kapitel untersucht die Zusammenhänge zwischen Persönlichkeit, Stress, Anpassung und Gesundheit. Dies geschieht durchaus kritisch, aber auch mit Faszination über die vielen verblüffenden Erkenntnisse, die in den letzten Jahren gewonnen wurden. Bei der Betrachtung der Persönlichkeit in Bezug auf die Gesundheit folgen wir dem Rat von Kurt Lewin, Gordon Allport, Sigmund Freud, Carl Rogers und anderen großen Theoretikern, der besagt, dass der Mensch am besten zu verstehen ist, wenn man ihn in seinem natürlichen sozialen Umfeld studiert. Es hat sich herausgestellt, dass wir nicht nur gesundheitliche Aspekte besser verstehen, wenn wir uns mit der Persönlichkeit befassen; wir gelangen auch zu einem besseren Verständnis der Persönlichkeit durch das Studium gesundheitlicher Aspekte.

12.1 Krankheitsanfällige Persönlichkeiten

Die psychosomatische Medizin beruht auf der Vorstellung, dass die *Psyche* (Seele) das *Soma* (Körper) beeinflusst. In den 1920er und 1930er Jahren entwickelten sich aus den psychodynamischen Theorien Sigmund Freuds viele interessante Ansätze in der psychosomatischen Medizin. So beschreibt Flanders Dunbar (1955) in einem Standardwerk aus den 1930er Jahren eine Patientin namens Agnes, eine unglückliche und unattraktive 50jährige Frau mit ernsthaften Herzproblemen, deren Ursachen von ihren Ärzten als „unbekannt“ erklärt wurden. Nach ständigen Krankenhausaufenthalten starb sie schließlich an ihrem Geburtstag im Krankenhaus. Warum starb sie an ihrem Geburtstag? Nach Dunbars Ansicht wollte Agnes schon immer die Verneinung ihres Daseins zum Ausdruck bringen.

Agnes wuchs in einem hasserfüllten Umfeld auf, und ihre Mutter erinnerte sie ständig daran, dass sie eigentlich ein „Versehen“ war – die Mutter hatte nie ein Kind gewollt. Dunbars Erklärung ist natürlich eine klassische psychoanalytische Interpretation: Der tiefe Konflikt mit einem Elternteil wird durch den Tod am eigenen Geburtstag symbolisch zum Ausdruck gebracht. Ist das mit dem heutigen Wissen um Persönlichkeit und Gesundheit zu vereinbaren? Können wir beeinflussen, *wann* wir sterben werden? Epidemiologische Studien belegen tatsächlich, dass einige Frauen imstande sind, ihr Leben um kurze Zeit zu verlängern, bis sie einen symbolisch bedeutungsvollen Zeitpunkt erreicht haben (Phillips, Van Vorhees & Ruth, 1992). Also ist der Zeitpunkt des Todes beeinflussbar.

Wesentlich schwieriger als die Beobachtung solcher Phänomene ist ihre *Erklärung* nach den Erkenntnissen der neuzeitlichen Wissenschaft. Warum und wie steht die Persönlichkeit in Bezug zur Gesundheit? Es gibt viele Beispiele, die gezeigt haben, dass die Persönlichkeit mit der Gesundheit in Verbindung steht. Eine Übersicht finden Sie in Abbildung 12.1.

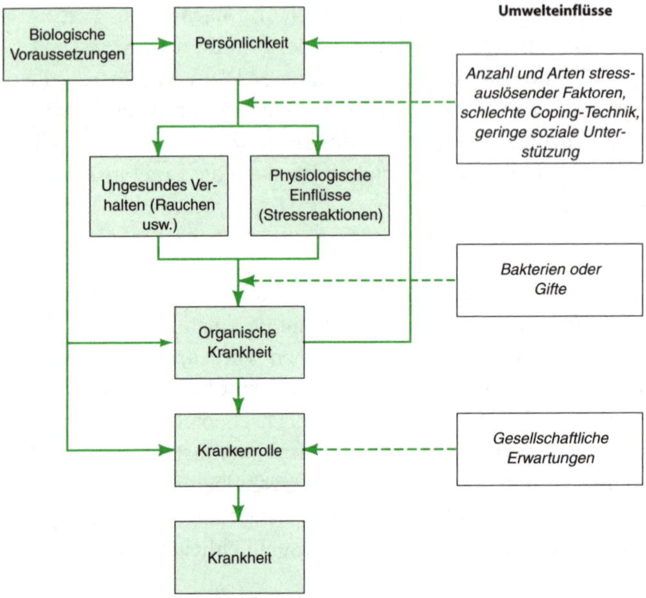

Abbildung 12.1: Verbindungen zwischen Persönlichkeit und Gesundheit. Das Verhältnis der Persönlichkeit zur Gesundheit ist komplex. Die Haupteinflüsse werden in dieser Übersicht dargestellt.

12.1.1 Gesundheitsbewusstsein

Der erste wichtige Hinweis auf den Zusammenhang zwischen Persönlichkeit und Gesundheit ist das Gesundheitsbewusstsein – das, was Menschen tun. Das heißt: Menschen mit bestimmten Persönlichkeitsstrukturen gehen größere Risiken für ihre Gesundheit ein und sterben deshalb früher. Diese Schlussfolgerung ist jedoch nicht so einfach, wie sie scheint.

Jeder kann von einem Auto erfasst oder von einem Lastwagen überfahren werden. Manchmal ist so etwas einfach ein schrecklicher Zufall. Doch wer wird wohl eher ziellos eine dicht befahrene Straße überqueren; ein glücklicher erfüllter Mensch oder ein einsamer, deprimierter, geistesabwesender Mensch? Wer wird eher nachts allein und ohne Sicherheitsgurt durch die Gegend fahren? Wer neigt eher dazu, sich illegale Drogen in die Adern zu spritzen? Der Schluss liegt nahe, dass sich mit größerer Wahrscheinlichkeit solche Menschen in ungesunde Situationen begeben, die deprimiert, einsam, wütend oder in anderer Weise psychisch gestört sind. Mit anderen Worten: Die Persönlichkeitsstruktur beeinflusst die Gesundheit durch Verhaltensweisen, die zu mehr oder weniger gesunden Gewohnheiten und Umgebungen führen.

Es ist bekannt, dass Rauchen und Alkoholgenuss mit zahlreichen Persönlichkeitsmerkmalen wie Aufsässigkeit, Aggressivität, Selbstentfremdung, mangelndem Selbstwertgefühl und Impulsivität in Verbindung stehen (Conrad, Flay & Hill, 1992; Hawkins, Catalano & Miller, 1992; Tucker et al., 1996). Oft sind es Persönlichkeits- und soziale Probleme in der Kindheit, die zu Rauchen, Drogenmissbrauch und Alkoholkonsum bei Jugendlichen führen (Chassin et al., 1991a, 1991b; Maddahian, Newcomb & Bentler, 1986; Webb et al., 1991). Solche ungesunden Verhaltensweisen führen wiederum zu einem erheblichen Anstieg von Gesundheitsrisiken und frühzeitigem Tod.

Inwiefern stehen diese besonderen Persönlichkeitsmerkmale in Zusammenhang mit diesen ungesunden Verhaltensweisen? Dafür gibt es zwei Gründe. Zum einen greifen Menschen, die ihre Gefühle schwer kontrollieren können, möglicherweise auf die stimulierenden oder beruhigenden Wirkungen von Zigaretten, Alkohol, Straßendrogen und sogar „Junk-Food" zurück, um ihre auf physiologischen Ursachen beruhende Stimmung zu heben (Wood et al., 1995). Wenn z. B. Ihr Temperament oder Ihre früheren Erfahrungen dazu führten, dass Sie sich oft schwer und träge fühlten, könnte das dazu führen, dass Sie nach Zigaretten greifen oder sich in Situationen begeben, die stimulierend wirken, wie Fallschirmspringen. Wenn Sie andererseits oft nervös oder unruhig sind, greifen Sie vielleicht nach Drogen, die beruhigend wirken.

Zum anderen fördern bestimmte soziale Faktoren ungesunde Lebensweisen. So wird z. B. ein unsicherer rebellischer Teenager nach einem Zusammenschluss oder einer Gruppe suchen, die Drogen konsumiert oder schnelle Motorräder fährt (Clapper, Martin & Clifford, 1994). Diese Verhaltensweisen führen wiederum zu Krankheit oder Traumata. Wenn ein unsicherer Teenager sich dagegen einer religiös eingestellten Gruppe (vielleicht sogar einer Sekte) anschließt, wird er oder sie sich eher wie ein Engel als ein Teufel verhalten. Darüber hinaus werden viele ungesunde Lebensweisen, die ein hohes Gesundheitsrisiko darstellen, durch Stress ausgelöst, was für emotional instabile Menschen ein ganz besonderes Problem darstellen könnte.

Risikobereitschaft, die Suche nach Nervenkitzel und Abenteuerlust sind bekanntlich Eigenschaften von relativ stabilen Persönlichkeiten. Der Psychologe Marvin Zuckerman (1979, 1983a, 1983b) entwickelte eine **Sensation-Seeking Scale**, die sich z. B. auf die Vorliebe für Reisen und Sport bezieht. (Darin finden sich Einteilungen wie Nervenkitzel, Abenteuersuche, Erfahrungssuche, Enthemmung und Neigung zu Langeweile.) Steht diese Neigung in Bezug zur Gesundheit? In einer Studie wurden die Persönlichkeitsmerkmale von Fahrern untersucht, die wegen Verkehrsdelikten wie zu schnellem oder rücksichtslosem Fahren vorbestraft waren (Furnham & Saipe, 1993). Verglichen mit den nicht vorbestraften Fahrern erzielten die vorbestraften Fahrer tatsächlich höhere Werte auf der Sensation-Seeking-Skala (also die Empfänglichkeit für Erregung oder Langeweile) und auch hohe Werte auf Eysencks Skala der Psychosen (eines der drei Hauptmerkmale von Eysencks Theorie).

Ein verwandter Ansatz ist Frank H. Farleys **Typ-T-Theorie** der psychobiologischen Bedürfnisse. Das „T" steht für „Thrill Seeking" – Suchen nach Nervenkitzel (Morehouse, Farley & Youngquist, 1990). Diese Theorie leitet sich von Eysencks Vorstellungen zur physiologischen Grundlage von Introversion und Extroversion ab. (Wie bereits ausgeführt, scheinen extrovertierte Personen ein größeres Bedürfnis nach Stimulation von außen zu haben.) Sie geht davon aus, dass ein psychobiologisches Bedürfnis nach Stimulation durch einen inneren Mangel an Erregung entsteht. Es wird die Auffassung vertreten, dass das Bedürfnis von Typ-T-Personen nach Stimulation und Risiko durch entsprechende Erfahrungen in entsprechenden Umfeldern gestillt werden kann und diese Personen sich weniger häufig in Schwierigkeiten bringen. Es könnte also ein Fehler sein, abenteuerlustigen Menschen ihre Herzklopfen verursachenden Aktivitäten zu verbieten. Stattdessen wäre es vielleicht besser, diese Bedürfnisse in sichere, aber ebenso aufregende Aktivitäten zu kanalisieren.

Kurz gesagt, es existieren viele Belege dafür, dass eine der Schlüsselverbindungen zwischen Persönlichkeit und Gesundheit mit dem Gesundheitsbewusstsein zu tun hat. Manche Menschen neigen aufgrund ihrer Biologie und Sozialisierung eher dazu, sich in riskante Situationen zu begeben, angefangen vom Rauchen bis hin zum Sprung aus einem Flugzeug. Solche Menschen sind krankheitsanfälliger und finden aufgrund ihres persönlichkeitsbedingten Verhaltens eher den Tod.

Abbildung 12.2:
Die Persönlichkeit kann Einfluss darauf ausüben, mit dem Rauchen und Trinken anzufangen – Verhaltensweisen, die negative Folgen für die Gesundheit haben. Man könnte also die Persönlichkeit als einen Risikofaktor für die Gesundheit ansehen.

Abbildung 12.3:
Typ-T-Personen auf der Suche nach Nervenkitzel sind möglicherweise imstande, die Stimulation, nach der sie suchen, durch Aktivitäten zu erlangen, die kein ernsthaftes Risiko für ihre Sicherheit darstellen. Achterbahnfahren kann z. B. ein guter Ersatz für wirklich gefährliche Unternehmungen sein, die für Typ-T-Personen oft so anziehend sind.

12.1.2 Die Krankenrolle

Ein zweiter Hauptgrund für eine Verbindung zwischen Persönlichkeit und Krankheit resultiert aus der gesellschaftlichen Vorstellung von der **Krankenrolle**. Bestimmte Menschen reagieren auf stressvolle Ereignisse im Leben, indem sie sich in die Krankenrolle begeben (Mechanic, 1968). Die Krankenrolle umfasst eine ganze Palette von gesellschaftlichen Erwartungen dazu, wie man sich verhalten sollte, wenn man nicht gesund ist – man sollte zum Arzt gehen, zu Hause bleiben statt zu arbeiten, sich schlecht fühlen, mürrisch oder übellaunig reagieren, Anstrengungen vermeiden usw.

Manchmal verharren Menschen sogar dann in der Krankenrolle, wenn es gar keine organischen (medizinischen) Ursachen für ihr Befinden und ihr Tun gibt. So reagieren z. B. Menschen, die starkem Stress ausgesetzt sind oder sich dem nicht anpassen können, auf die Anforderungen einer neuen Arbeitsstelle, indem sie versuchen, sich ihrer Verantwortung zu entziehen: Appetitlosigkeit, Verschlafen, Lethargie, der Arbeit fernbleiben und sich „krank" melden. Diese Handlungen und dieses „Krankheitsverhalten" können dazu führen, dass die Person als krank eingeschätzt wird. Nicht nur der klassische Hypochonder krankt mehr an seiner Persönlichkeit als an einer Krankheit. Auch viele neurotische Personen ziehen sich lieber in die sichere Krankenrolle zurück, als sich den Herausforderungen des Lebens zu stellen. Beachten Sie bitte auch, dass es in unserer Gesellschaft für eine Person wesentlich leichter und gesellschaftlich akzeptabler ist, ist, ärztliche Hilfe in Anspruch zu nehmen und die Krankenrolle einzunehmen als psychologische Hilfe bei einem emotionalen Problem zu suchen.

Behavioristen wie B. F. Skinner würden behaupten, dass die Flucht vor Stresssituationen in die „Krankheit" eher belohnt wird. Man erhält möglicherweise Krankengeld, freie Tage, Mitgefühl von Freunden, Pflege von Verwandten usw. Die Krankenrolle bestätigt also die Ansicht der Behavioristen, dass die Persönlichkeit im Umfeld „lokalisiert" werden kann.

Neben der behavioristischen Erklärung sind auch kognitive Faktoren relevant. Wann neigen wir eher zu Schmerzen oder beschließen, dass unser Körper nicht richtig funktioniert? Die Wahrnehmung von Symptomen wird von Faktoren wie der Aufmerksamkeit einer Person auf Körperempfindungen und das, was sie von diesen Empfindungen denkt, beeinflusst (Pennebaker, 1982; Pennebaker et al., 1977). Wenn Menschen z. B. denken, dass längere Erschöpfungszustände ein Krankheitssymptom sind, werden sie sich selbst eher als krank ansehen, wenn sie Ermüdung spüren. Andere wiederum sehen ihre Erschöpfung vielleicht als normalen Teil des täglichen Lebens. Die Deutung einer körperlichen Empfindung als Krankheitssymptom ist zusätzlich abhängig von der Stimmung und dem chronischen emotionalen Zustand einer Person. Negative Stimmungen wie Depressionen erhöhen die Wahrscheinlichkeit, Empfindungen als Zeichen von Krankheit zu deuten. Tatsächlich, so scheint es, ist in vielen Fällen die Aufzählung von Symptomen eher als Indikator für Neurosen anzusehen (Ängstlichkeit, Feindseligkeit und Depressionen) denn als Zeichen einer organischen Krankheit (Costa & McCrae, 1987b). Viele Personen lassen sich auf organische Krankheiten untersuchen (wie etwa kardiologische Tests auf Herzerkrankungen), obwohl ihre Schmerzen in Wirklichkeit psychophysiologische Reaktionen auf Stress sind. Die Schmerzen sind real, aber ihnen liegt keine organische Krankheit zugrunde, die von einem Arzt diagnostizierbar wäre. Kurz gesagt, Menschen mit neurotischen Persönlichkeitsstrukturen oder geringem Selbstwertgefühl können durch die sozialen und kognitiven Aspekte der Krankenrolle in der Gesellschaft krank werden.

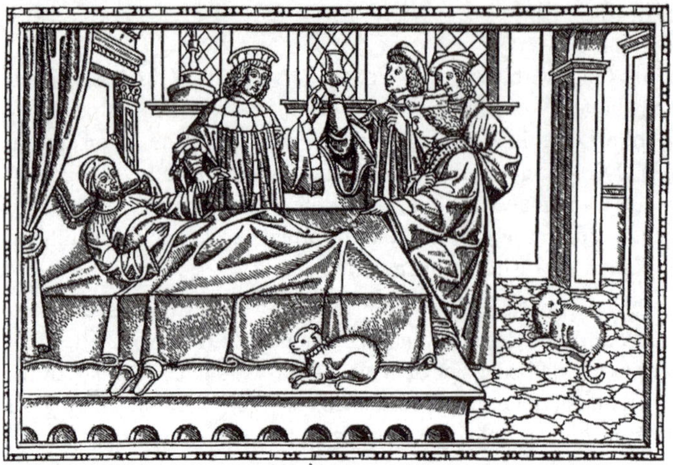

Abbildung 12.4: In jeder Epoche hatte jede Gesellschaft ihre eigenen gut entwickelten Verhaltensweisen, die mit Krankheit in Verbindung gebracht wurden – die Krankenrolle. Unabhängig von der Art der Krankheit existieren bestimmte, uns allen gemeinsam Erwartungen, wie sich eine kranke Person verhalten sollte.

12.1.3 Krankheitsbedingte Persönlichkeitsveränderungen

Der dritte Ansatz zur Verbindung zwischen Persönlichkeit und Gesundheit geht von der Auffassung aus, dass Krankheit die Persönlichkeit beeinflusst (und nicht umgekehrt: die Persönlichkeit als Krankheitsverursacher). Dies wird manchmal als somatopsychischer Effekt bezeichnet, da der Körper den Geist beeinflusst. Krankheit oder genetische Dispositionen können die Persönlichkeit beeinflussen. So kann die körperliche Schwäche oder eine mangelnde Sauerstoffzufuhr als Folge einer ernsthaften Krankheit zu Depressionen führen. Oder die genetische Veranlagung kann zu organischen Krankheiten und Auswirkungen auf die Persönlichkeit führen. So beeinflusst z. B. das Down-Syndrom die Persönlichkeit und die Gesundheit (Neigung zu früher Erkrankung an Alzheimer). In solchen Fällen ist die Verbindung zwischen Persönlichkeit und Gesundheit real und nicht eingebildet, und die Gesundheit kann nicht durch psychologische Eingriffe wiederhergestellt werden, da beide durch die zugrunde liegende dritte Variable (wie etwa genetische Veranlagung oder Infektion) verursacht werden.

Flanders Dunbar führte Agnes' Krankheit und den Tod an ihrem Geburtstag jedoch nicht auf solche Faktoren zurück, sondern auf den persönlichkeitsbedingten Stress. Dunbar verstand die Psychosomatik so, dass der Stress der schwierigen Kindheit unweigerlich zur „Rache des emotional empörten Systems am Körper in Form einer Krankheit, die Ärzte zwar diagnostizieren, aber nicht behandeln können", führt (1955, S. 10).

12.1.4 Persönlichkeitsstörungen

In der heutigen US-amerikanischen Gesellschaft ist die am weitesten verbreitete Form von schwerem Stress bei Kindern sexueller oder körperlicher Missbrauch. Dieser Stress und Missbrauch setzt die Person einem viel höheren Risiko aus, was spätere Probleme mit geistiger und körperlicher Gesundheit betrifft. Vor allem das Risiko einer Erkrankung an der so genannten Borderline-Persönlichkeitsstörung ist eindeutig erhöht.

Der Begriff **Borderline-Persönlichkeitsstörung** wird oft auf Personen angewendet, die ernste Probleme mit impulsivem, selbstschädigendem Verhalten, eine schwache Selbstidentität und Beziehungsschwierigkeiten haben (Herman, 1992; Kroll, 1998; Linehan, 2000). Diese instabilen Personen können plötzlich die Stimmung wechseln, Wutausbrüche erleiden oder mit einem Selbstmordversuch drohen, wenn sie sich leer oder verlassen fühlen. Es verwundert nicht, dass solche Menschen sich oft in psychologischer und psychiatrischer Behandlung befinden, doch sie zu verstehen und zu behandeln erweist sich als schwierig. Solche Störungen können das Ergebnis verschiedener Risiken sein, und eine Behandlung muss verschiedenen Perspektiven Rechnung tragen.

Vom psychoanalytischen Gesichtspunkt aus kann ein Kind, das schwere Störungen in der psychosexuellen Entwicklung erfährt, keine normale Persönlichkeit entwickeln. Die neoanalytische Konzentration auf die Identität scheint bei Kindesmissbrauch von besonderer Relevanz zu sein. Solche Kinder können nicht das Grundvertrauen und die Bindung entwickeln, die die Grundlage für spätere enge Beziehungen bildet. Offenbar stammen Menschen mit Borderline-Störungen häufiger aus Familien, in denen vermehrt affektive (emotionale) Störungen auftreten, was nahe legt, es könnte eine biologische Veranlagung für dieses erhöhte Risiko geben. (Nicht alle missbrauchten Kinder entwickeln später dieses Syndrom.) Solche Kinder werden oft von Eltern aufgezogen, die ihnen ein gestörtes Weltbild vermitteln, und sie können ihre Eltern nicht verstehen. Sie haben z. B. einen Vater, der sie missbraucht und eine Mutter, die diesen Missbrauch nicht wahrzunehmen scheint. Das ist somit eine Kombination gesundheitsschädlicher Einflüsse.

Grundsätzlich ist die Borderline-Persönlichkeit ein Beispiel für ein tief verwurzeltes anhaltendes Verhaltensmuster, das das Wohlbefinden und Leben eines Menschen beeinträchtigt. Man nennt solche Muster Persönlichkeitsstörungen. Persönlichkeitsstörungen haben sich gewöhnlich bis zum frühen Erwachsenenalter stabil herausgebildet und dauern dann viele Jahre fort. Solche Menschen können ausgesprochen misstrauisch, überemotional oder äußerst ängstlich sein. Eine Beschreibung von zehn weit verbreiteten Persönlichkeitsstörungen findet sich im Kasten „Damals und heute“.

Persönlichkeitsstörungen sind für die in diesem Buch wiedergegebenen Ansichten von besonderer Bedeutung, denn sie können nicht verstanden werden, indem man nur ein oder zwei Persönlichkeitsaspekte untersucht. Vielmehr scheint es eine biologische Disposition, eine gestörte Kindheit, beeinträchtigtes soziales Lernen und fortdauernde maladaptive soziale Beziehungsmuster zu geben, die allesamt dazu führen, dass eine Person ständig unter Problemen in ihrem Leben leidet. Deshalb überschneiden sich auch die verschiedenen Formen von Persönlichkeitsstörungen.

Damals und heute

Persönlichkeitsstörungen

Obwohl es keine scharfe Trennlinie zwischen normalen und abnormalen Persönlichkeitsstrukturen gibt, bestehen bei manchen Menschen doch anhaltende problematische oder maladaptive Formen von Verhalten. Diese Muster beeinträchtigen die Leistung und das Wohlergehen einer Person und werden als Persönlichkeitsstörungen bezeichnet. Zum Zeitpunkt des Erwachsenenalters haben sich diese Störungen bereits fest etabliert und dauern dann über viele Jahre fort. Solche Menschen verhalten sich extrem argwöhnisch, überemotional oder ausgesprochen ängstlich. Solchen überwiegend problembeladenen Menschen begegnen wir im täglichen Leben, doch sie leiden nicht unter Wahnvorstellungen oder Depressionen. Unten sind zehn verschiedene Arten von Persönlichkeitsstörungen aufgeführt. Sie werden manchmal in drei Gruppen unterteilt, je nachdem, ob Argwohn, Emotionalität oder Ängstlichkeit das Problem ist. Vielleicht erkennen Sie auch einige dieser Merkmale an sich selbst, was aber nicht bedeutet, dass Sie unter einer Persönlichkeitsstörung leiden. Vielmehr sind all diese Muster Extreme, die anhaltende Probleme erzeugen. Mit einem guten Verständnis der in diesem Buch aufgeführten acht Aspekte der Persönlichkeit können Sie sich eingehend Gedanken zu den verschiedenen in Wechselbeziehung stehenden Ursachen dieser Persönlichkeitsstörungen machen.

1. *Paranoid*: Paranoide Menschen sind sehr argwöhnisch und gehen davon aus, andere seien grundsätzlich gegen sie. Sie fühlen sich sehr leicht angegriffen und geraten oft am Arbeitsplatz in Schwierigkeiten. Sie sind misstrauisch und hegen tiefen Groll gegenüber ihren Ehepartnern und Kollegen.
2. *Schizoid*: Schizoide Menschen ziehen es vor, allein zu sein, und drücken im Allgemeinen ihre Gefühle nicht aus. Lob oder Kritik von anderen spielen für sie kaum eine Rolle. (Bemerken Sie, dass diese Menschen nicht übermäßig anfällig für Schizophrenie sind, was eine mit Wahnvorstellungen einhergehende Krankheit ist.) Sie haben nur wenige gute Freunde und wenige sexuelle Begegnungen.
3. *Schizotyp*: Schizotype Menschen sind ebenfalls extreme Einzelgänger, verhalten oder kleiden sich jedoch oft auf merkwürdige und exzentrische Art und Weise. So lachen sie z. B. in ungewöhnlichen Momenten oder tragen nicht der Jahreszeit entsprechende Kleidung. Sie neigen zum Glauben an Magie und Hexerei.
4. *Antisozial*: Menschen mit einer antisozialen Persönlichkeitsstörung sind sehr verantwortungslos und oft kriminell. So bleiben sie vielleicht als Jugendliche der Schule fern und neigen zu Lügen und Diebstahl. Solche Menschen weisen bestimmte konfrontative Verhaltensmuster auf und fühlen sich oft von illegalen Drogen angezogen. Oft zeigt sich bei ihnen auch ein Hang zur Tierquälerei.
5. *Borderline*: Borderline-Persönlichkeiten sind so überemotional und instabil, dass sie oft mit Selbstmordversuchen drohen. Möglicherweise wurden sie früher körperlich oder sexuell missbraucht und haben bedeutende Probleme mit ihrer Identität und ihrem Selbstwertgefühl. Sie neigen zu Völlerei, rücksichtslosem Fahren oder Promiskuität.

6. *Histrionisch*: Menschen mit einer histrionischen Persönlichkeitsstörung sind extrem überemotional und suchen ständig die Aufmerksamkeit anderer. Sie brauchen immer wieder Bestätigung, was ihre Attraktivität betrifft, und kleiden sich deswegen auch oft auffallend oder verführerisch.
7. *Narzisstisch*: Narzisstische Menschen sind selbstgefällig und versuchen andere für ihren eigenen Vorteil auszunutzen. Sie brauchen ständig die Anerkennung und Aufmerksamkeit anderer Menschen.
8. *Ausweichend*: Menschen, die zum Ausweichen oder Flüchten neigen, sind sehr ängstlich und leicht verlegen. Sie vermeiden engere Freundschaften, da sie übermäßig selbstkritisch sind und Angst vor Geringschätzung seitens anderer haben. Sie haben Minderwertigkeitskomplexe.
9. *Abhängig*: Abhängige Menschen tun so gut wie alles, um Anerkennung von anderen zu erhalten. In ihren Beziehungen verhalten sie sich mitunter äußerst unterwürfig und haben große Angst davor, verlassen zu werden. Sie übernehmen freiwillig unangenehme Aufgaben, nur um Anerkennung und Zustimmung von anderen zu erhalten.
10. *Obsessiv-zwanghaft*: Obsessiv-zwanghafte Menschen sind unbeugsame Perfektionisten. Sie neigen dazu, sich zu überarbeiten und zu sehr von Einzelheiten eingenommen zu werden, und sind ständig besorgt, ob auch alles nach ihren Vorstellungen läuft.

Es ist wichtig, sich daran zu erinnern, dass viele von uns zu einem gewissen Grade solche Merkmale aufweisen. Diese Etikettierungen können jedoch manchmal hilfreich sein, das Verhalten einer Person zu verstehen und jemandem zu helfen, der oder die zu extremen Mustern neigt und sich immer wieder in Schwierigkeiten oder Not bringt. Unserer Ansicht hat man mit einem Verständnis der acht grundlegenden Aspekte der Persönlichkeit den besten Zugang zu den verschiedenen hier aufgelisteten Persönlichkeitsstörungen.

12.1.5 Diathese–Stress

Für die verschiedenen Menschen können ganz unterschiedliche Dinge Stressfaktoren sein. Manche Menschen hassen es, vor ein Publikum treten zu müssen, andere macht die tägliche Schreibtischarbeit verrückt und wieder andere können Reisen, Hunde, Examen oder sogar Sex nicht ausstehen. Die meisten Menschen wissen das interessanterweise von sich selbst. Sir Francis Bacon drückte dies 1625 so aus: „Die beste Medizin, um gesund zu bleiben, ist zu wissen, was man mag und was man nicht mag.“

Ende der 1940er Jahre wurden an der Johns-Hopkins-Universität eine Reihe von Medizinstudenten hinsichtlich ihrer biologischen und psychologischen Veranlagungen untersucht. Die Studenten wurden unterteilt in entweder langsam und verlässlich (umsichtig, selbstbewusst), schnell und oberflächlich (cool, clever) oder unzuverlässig und unstet (launisch, fordernd). Dann wurden sie 30 Jahre lang beobachtet. In dieser Zeit entwickelten etwa die Hälfte von ihnen ernsthafte Gesundheitsprobleme. Die meisten (77 %) der zuvor als „unzuverlässig" und „unstet" eingeschätzten Menschen entwickelten in diesem Zeitraum erhebliche Störungen, aber nur ein Viertel der übrigen Probanden erlitt einen größeren gesundheitlichen Rückschlag. In einer Folgestudie mit Hopkins-Medizinstudenten späterer Jahrgänge waren die „Unzuverlässigen" und „Unsteten" wiederum viel krankheitsanfälliger oder starben früher (Betz & Thomas, 1979). Sie schienen von der Konstitution her für eine anfällige Gesundheit prädisponiert zu sein. Doch auch die Umgebung, in der sie aufwuchsen, war von Bedeutung.

Wie wir in Kapitel 13 über kulturelle und ethnische Persönlichkeitsunterschiede noch sehen werden, wirken verschiedene Einflüsse in unterschiedlichen Umgebungen und Kulturen auf die Persönlichkeit ein. In Japan sind die gesellschaftlichen Erwartungen hinsichtlich Zusammenarbeit in Gruppen und Respekt gegenüber den Gefühlen anderer klar definiert. Ein Japaner, der sich lautstark, aggressiv und brüsk verhält, wird von der Gesellschaft zurechtgewiesen und sich als Ergebnis davon vielleicht unglücklich fühlen. Er könnte als „krank" oder „verrückt" bezeichnet werden und tatsächlich erkranken. In den USA, Italien oder Israel ist das Gegenteil weit verbreitet. Hier ist es eher der schüchterne, zurückhaltende und übermäßig rücksichtsvolle Mensch, der sich vielleicht erfolglos und isoliert fühlt. Solche Diskrepanzen zwischen einer Person und der Gesellschaft können eine Hauptursache von Stress und wichtigen Krankheitsfaktoren sein.

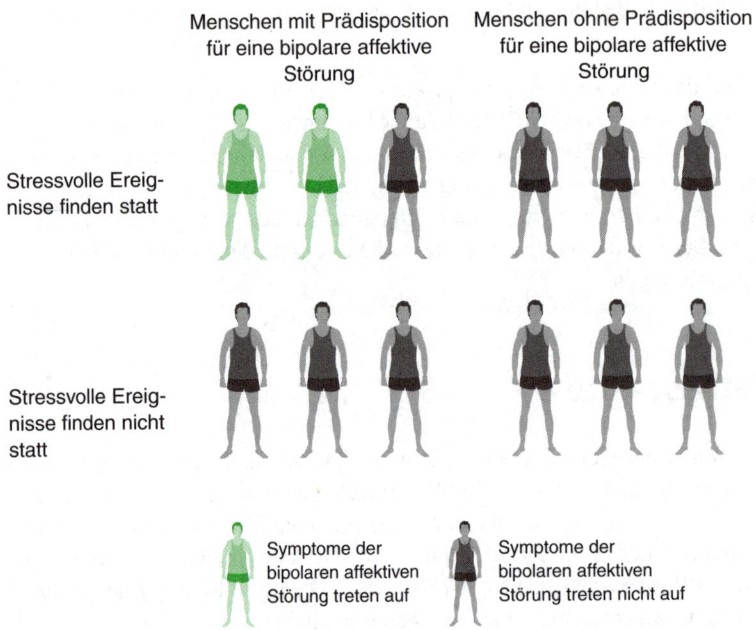

Abbildung 12.5: Das Diathese-Stress-Modell. Im Fall der bipolaren affektiven Störung (manisch-depressive Krankheit) sagt das Diathese-Stress-Modell voraus, dass sich eine Krankheit am ehesten in solchen Menschen manifestieren wird, deren genetische Veranlagung eine Prädisposition für eine bipolare affektive Störung aufweist, wenn sie im Leben stressvolle Ereignisse erfahren. (Die Darstellung gibt keine tatsächlichen Größenverhältnisse wieder.)

Gesundheitspsychologen verweisen in Bezug auf Krankheiten manchmal auf das **Diathese-Stress-Modell. Diathese** ist die Prädisposition (oft erblich bedingt) des Körpers für eine bestimmte Krankheit oder Störung. Die Prädisposition oder Schwäche kann genetisch oder erziehungsbedingt sein – z. B. eine schwach ausgebildete Rückenmuskulatur. Die Krankheit (wie etwa chronische Rückenschmerzen) manifestiert sich allerdings nicht, es sei denn die Umgebung löst sie aus, z. B. in Berufen in der Landwirtschaft oder im Straßenbau, die den Rücken belasten. Oder jemand, der eine Veranlagung zur Geisteskrankheit aufweist, könnte tatsächlich eine frühere Störung erlitten haben, aber keine weiteren Manifestationen einer Geisteskrankheit zeigen, bis die Umstände in der Umgebung sich entsprechend ändern (siehe Abbildung 12.5). Dieses Krankheitsmodell hat viel gemeinsam mit der Vorstellung, dass die Persönlichkeit mit der Umgebung interagiert, wie wir bereits in Kapitel 10 festgestellt haben. Das Studium von Persönlichkeit und Gesundheit hilft uns also auch, den interaktionistischen Ansatz zur Untersuchung der Wechselbeziehung von Person und Situation besser zu verstehen.

Stress

Bernard Lown, ein bekannter Kardiologe aus Harvard, hat wesentlich zum Verständnis von Herzerkrankungen und ihrer Behandlung beigetragen. Wir glauben, dass einige seiner größten Entdeckungen die Psychologie einschließen – nämlich sein Ansatz zu den emotionalen Reaktionen einer Person. Lown fand heraus, dass der stärkste Stress mit der Erinnerung an emotionsgeladene Geschehnisse in Zusammenhang steht. Diese Art von psychologischem Stress ist ganz individuell. Eine Frau entwickelte z. B. keine Herzrhythmusstörungen (technisch bezeichnet als ventrikulärer vorzeitiger Herzschlag), als sie erfuhr, dass sie einen bösartigen Tumor (Krebs) im fortgeschrittenen Stadium hätte – zeigte jedoch Herzrhythmusstörungen, als sie zur Homosexualität ihres Sohnes befragt wurde (Lown, 1987).

Es ist bekannt, das Stress zu einem Herzanfall führen kann (Kamarck & Jennings, 1991). Doch warum sterben nur manche Menschen durch einen emotionalen Schock? Lown schlägt ein dreiteiliges Modell zur Erklärung der unterschiedlichen Reaktionen auf plötzliche Stressfaktoren bis hin zum Herztod vor. Zunächst muss bereits eine elektrische Instabilität im Herzmuskel vorliegen; sie ist oft die Folge von teilweise verstopften Arterien. (Das ist die medizinische Diathese oder Prädisposition.) Zweitens muss sich die Person in einem stark emotionalen Zustand wie einer Depression befinden. (Das ist die psychische Diathese oder Prädisposition.) Drittens muss ein Geschehnis als Auslöser dienen, wie etwa der Verlust des Arbeitsplatzes oder der Tod eines geliebten Menschen, mit dem die Person nicht fertig wird. Mit anderen Worten, wie Gordon Allport oft argumentiert hat, sollten wir keine direkten Verbindungen zwischen Persönlichkeit und Gesundheit erwarten. Die krankheitsanfällige Person als solche gibt es nicht. Die Persönlichkeit ist komplex und existiert nicht im leeren Raum.

Anfang 1958 untersuchte eine bedeutende, groß angelegte Studie zu Persönlichkeit und Gesundheit 2000 Männer. Die Männer waren allesamt Mitarbeiter der Western Electric in Chikago. Zu jener Zeit (Ende der 50er Jahre) wurden einige Männer hinsichtlich Depressionen und schwierigen sozialen Beziehungen ziemlich hoch eingestuft. Das heißt, ihre Antworten auf Fragebögen zeigten, dass sie sich unglücklich fühlten, empfindlich auf Kritik reagierten, zu Schlafstörungen neigten, ein niedriges Selbstwertgefühl hatten usw.

In den folgenden 20 Jahren zeigte sich, dass diese depressiv veranlagten Männer eher an Krebs starben als die anderen. Wichtig: Dieses erhöhte Risiko blieb, selbst nachdem die Forscher Faktoren wie das Alter, die Rauchgewohnheiten, den Beruf und die Krankengeschichte der Familie hinsichtlich Krebs mit einbezogen. Natürlich entwickelten viele dieser depressiv veranlagten Männer keinen Krebs, doch die Depression war eindeutig ein Risikofaktor. Die depressiv veranlagten Männer starben darüber hinaus auch eher an nicht krebsbedingten Krankheiten als die Männer ohne Depressionen (Persky, Kempthorne-Rawson & Shekelle, 1987). Ähnlich zeigte die Vorläuferstudie der Johns-Hopkins-Universität, dass Ärzte, die offensichtlich soziale und emotionale Probleme hatten, eher gefährdet waren, an Krebs zu erkranken (Shaffer et al., 1987).

Depression und Angst

Diese Erkenntnisse erhielten in einer Studie über Lungenkrebs an 224 Männern und Frauen eine interessante Wendung. Lungenkrebs ist eine Krebsform, die für Persönlichkeitsforscher relativ einfach zu studieren ist, da die Erkrankten meistens innerhalb von einem oder zwei Jahren sterben. Diese spezielle Studie beobachtete Patienten, deren Diagnose innerhalb der letzten Monate gestellt wurde. Wie auf der Grundlage des biologischen Verständnisses von Lungenkrebs zu erwarten war, starben die meisten Patienten nach Ablauf eines Jahres. Wie auf der Grundlage des psychologischen Verständnisses der Krankheitsanfälligkeit zu erwarten war, starben Patienten mit einer zurückhaltenden (im Gegensatz zu einer extrovertierten) Persönlichkeit eher. Die überraschende Wendung war, dass Patienten mit einer Persönlichkeit, die entweder viel nüchterner und besonnener oder viel enthusiastischer als der Durchschnitt war, ebenso früher starben als der Durchschnitt (Stavraky et al., 1988). So wie extreme Verleugnung ungesund ist, ist auch übermäßige Emotionalität ungesund.

Diese Studien gestatten nicht zwangsläufig den einfachen Schluss, dass die Persönlichkeitsveranlagung Krebs verursacht. Zum einen sind die Assoziationen ziemlich dürftig. Viele Personen mit emotionalen Störungen erkranken nicht an Krebs, und viele andere Menschen mit Krebs weisen keine ungewöhnlichen Persönlichkeitsstrukturen auf. Zweitens versteht man unter Persönlichkeit eine Vielzahl von Verhaltensmustern, körperlichen Reaktionsmustern und sozialen Umständen, und diese können allesamt den Nährboden bilden, auf dem Krebs entstehen und sich entwickeln könnte. Andererseits ist das auch der Fall bei den so genannten allgemein bekannten Risikofaktoren. Viele von uns kennen einen Menschen um die 60, der sich fetthaltig ernährt, raucht, übergewichtig ist und nie Sport treibt. Wie kommt es, dass dieser Mensch immer noch lebt? Es ist nicht bekannt, warum manche Menschen der Wahrscheinlichkeit trotzen können. Viele Raucher erkranken nicht an Lungenkrebs, und nicht jeder, der Lungenkrebs hat, raucht(e). Mit anderen Worten: Bei vielen lebensbedrohlichen Krankheiten sind die Risikofaktoren weder notwendige noch hinreichende Gründe für die Entstehung von Krebs. Diese unsicheren Umstände machen genaue Vorhersagen unmöglich, was aber nicht heißt, dass Assoziationen falsch oder unwichtig sind. Um diese komplexen Muster besser zu verstehen, werden wir uns nun zwei Beispiele anschauen. Zunächst werden wir uns mit der These der zu Herzerkrankungen neigenden Persönlichkeit befassen. Dann werden wir eine Longitudinalstudie zu Persönlichkeit und Langlebigkeit, die über die Dauer eines Lebens lief, untersuchen.

12.2 Persönlichkeit und Neigung zu Herzerkrankungen

Vor einem Jahrhundert vertrat der kanadische Internist und Pathologe Sir William Osler die Auffassung, dass es eine Verbindung zwischen Persönlichkeiten, die fortlaufend mit stressvollen Aktivitäten beschäftigt sind, und dem Auftreten von Herzinfarkten gibt. In den 1930er Jahren stellten die bekannten Psychiater Karl und William Menninger (1936) die These auf, dass Herzerkrankungen ein typisches Charakteristikum von Personen mit Neigungen zur Aggression seien. Doch solche vagen Ansätze konnten erst in den 50er Jahren systematisch und gründlich untersucht werden, als zwei Kardiologen, Meyer Friedman und Ray Rosenman (1974), die These des **Typ-A-Verhaltensmusters** aufstellten. Einer ihrer Einblicke rührte daher, dass sie von ihrem Polsterer bei der Reparatur der Sessel in ihrer Praxis darauf hingewiesen wurden, dass nur die Vorderkanten der Polster abgewetzt waren, die eigentliche Sitzfläche aber noch so gut wie neu war. Ihre Patienten waren im wahrsten Sinne des Wortes nervös auf der Sesselkante herumgerutscht.

12.2.1 Das Verhaltensmuster des Typ A

Friedman und Rosenman sagten, Typ-A-Personen, die sich in einem ständigen Kampf befinden, immer mehr Arbeit in immer weniger Zeit zu erledigen, würden ihr Nervensystem so sehr überbeanspruchen, dass durch die Übererregung des sympathischen Nervensystems das Herz in Mitleidenschaft gezogen würde. Persönlichkeiten vom Typ A sind nach ihren Worten immer in Eile, ungeduldig, impulsiv, „überdreht“, potenziell feindselig und sehr angespannt – ein explosives Paket, das manchmal als „Workaholic“-Persönlichkeit bezeichnet wird. Diese Überlegungen führten zu Jahrzehnten intensiver Forschungsarbeit auf dem Gebiet der zu Herzerkrankungen neigenden Persönlichkeit.

Abbildung 12.6:
Die Typ-A-Persönlichkeit. (© Howard S. Friedman; Zeichnung von Robin Jensen.)

12.2.2 Der Kampf des Cholerikers

Nach der antiken Säftelehre zum Thema Gemütsverfassung, wie sie Hippokrates und Galen ist der Kampf einer Person vom Typ A höchstwahrscheinlich der eines „Cholerikers“ gegen willkürliche Kontrolle seiner Arbeit oder seines Lebens. Ein solcher Mensch hat im Allgemeinen auch schlechte zwischenmenschliche Beziehungen. Er ist eine verbitterte Person, die anfällig für Herzkrankheiten ist. Doch dieser Kampf könnte auch der innere Konflikt eines „Phlegmatikers“ sein: äußerlich zwar apathisch und angepasst, doch innerlich angespannt und zutiefst unglücklich. Untersucht man diese Personen nicht näher, so entsteht der Eindruck, es ginge diesen Personen gut – bis sie plötzlich einen Herzanfall erleiden.

Es gibt nun viele klare Belege dafür, dass Menschen, die ein auf Konfrontation, Druck und Wettbewerb beruhendes Leben führen, sehr viel eher an Herzerkrankungen leiden als Menschen, die das Leben allgemein leichter nehmen. *Doch es ist nicht die anstrengende Arbeit oder ein herausfordernder Beruf, der das Hauptproblem ist.* Vielmehr ist das Problem die kämpferische Einstellung zum Leben und zu anderen. Vielen Leuten wird gesagt: Immer langsam, nimm's leicht, mach mal Urlaub, häng' den Job doch an den Nagel. Tatsache ist jedoch: Es gibt nicht die Spur eines Belegs dafür, dass anstrengende Arbeit die Wahrscheinlichkeit einer Herzkrankheit bei gesunden Menschen erhöht. (Ein anderer Fall ist natürlich der Patient mit einem schwachen Herzen oder gar einem Herzfehler, der vom Arzt strikte Auflagen hinsichtlich seiner Belastbarkeit erhält.)

Jeder Mensch möchte gern ein gewisses Maß an Können oder Kompetenz erreichen. Solche Gefühle, das Leben unter Kontrolle zu haben, sind im Allgemeinen gesund. Doch Menschen, die zu Herz- und Gefäßerkrankungen (und anderen Krankheiten) neigen, treiben sich selbst zu extremen Spitzenleistungen und völliger Beherrschung ihrer Umgebung. Diese These vertrat David Glass, einer der ersten Forscher, die ernsthafte Studien der psychologischen Elemente hinter der Neigung zu Herzerkrankungen betrieben. In mehreren Studien zeigte Glass, dass Typ-A-Persönlichkeiten hart arbeiteten, um Erfolg zu haben, sich ihre Erschöpfung nicht eingestanden und besonders oft feindselig reagierten, wenn sie frustriert waren. Mit anderen Worten: Ihre übertriebene Streitsucht, gepaart mit Konkurrenzdenken, kann auf ein starkes Verlangen, die Umgebung zu kontrollieren, zurückgeführt werden (Glass et al., 1980). Diese Gefühle und das Verlangen nach Kontrolle sind nicht unbedingt nachteilig; sie sind ein natürlicher Aspekt guter Gesundheit bei den meisten Menschen. Nur in der Übersteigerung dieser Motive (Abbildung 12.6) liegt das eigentliche Problem.

12.2.3 Aufgeben

Was geschieht, wenn eine Person die gesamte Kontrolle verliert und „aufgibt“? Dies war das Schicksal vieler US-Soldaten, die im Korea-Krieg gefangen genommen und unter furchtbaren Bedingungen in Gefangenenlagern eingepfercht wurden. Die Soldaten nannten dieses Phänomen „Aufgeberitis.“ Diese Kriegsgefangenen starben in Gefangenschaft besonders schnell. Der Begriff Aufgeberitis klingt nun leider etwas amateurhaft. Wenn man eine wissenschaftliche Anerkennung dieses Symptoms erreichen und andere dazu bekommen möchte, Forschungen auf diesem Gebiet anzustellen, muss man eine Idee entwickeln, diese in einen begrifflich besser verständlichen Rahmen kleiden und dem Ganzen einen fantasievolleren Namen geben. Martin Seligman (1975) tat dies mit seiner einflussreichen „Theorie der erlernten Hilflosigkeit" (die wir bereits in Kapitel 7 als Teil einer kognitiven Perspektive kurz beschrieben hatten).

Die Grundidee ist einfach. Stellen Sie sich eine Situation vor, deren Entwicklung und Ausgang eine Person nicht kontrollieren kann – egal was sie tut. Diese Person könnte ein Kind sein, dem seine Eltern keinerlei Beachtung schenken, ein Erwachsener mit einem tyrannischen, unbeugsamen Chef oder ein Wissenschaftler in einem Labor mit Lärm, der nicht abzustellen ist. Sehr oft lernt diese Person, hilflos zu sein. Das heißt, er oder sie wird keine Anstrengungen auf sich nehmen, seine oder ihre Umgebung zu kontrollieren, selbst wenn er oder sie sich danach in einem kontrollierbaren Umfeld befände.

Anfang der 1940er Jahre nahmen mehrere junge gesunde Harvard-Studenten an einer Studie teil, bei der sie körperlich untersucht wurden und eine Reihe von Persönlichkeitstests absolvierten. Viele dieser jungen Männer wurden dann im Rahmen der Studie noch 40 Jahre lang beobachtet. Angesichts der jüngsten Entwicklungen auf dem Gebiet von Psychologie und Gesundheit holten die Forscher die alten Tests wieder aus dem Aktenschrank hervor und analysierten die 1946 erfassten Reaktionen dieser Studenten. Die Reaktionen wurden eingeteilt in zwei Kategorien: solche, die eine negative und pessimistische Grundhaltung, und solche, die eine positive und optimistische Grundhaltung bei den Probanden zeigten. Ein pessimistischer Man schrieb z. B.:„Ich leide unter Symptomen von Angst und Nervosität, ähnlich wie meine Mutter sie hatte." Was hatte dies nun für Auswirkungen auf die Gesundheit dieser Personen in den nachfolgenden Jahren? Es wurde festgestellt, dass bei diesen Männern etwa ab dem 45. Lebensjahr klare Unterschiede hinsichtlich Gesundheit und Lebensdauer auftraten. Die eher pessimistischen Männer waren nicht so lebendig und gesund wie die optimistischen Testpersonen (Peterson, Seligman & Vaillant, 1988).

Als der Humorist George Burns 80 Jahre alt war, sagte er, dass er sich nie zur Ruhe setzen wollte. „Ich glaube, der einzige Grund, aus dem man in den Ruhestand gehen sollte, ist, wenn man etwas zu tun findet, das einem mehr Freude bereitet als das, was man gegenwärtig tut. Ich weiß nicht, was das bloße Alter mit dem Ruhestand zu tun haben soll." (1976) Burns hatte Recht (und war bis zu seinem Tod aktiv). Soziologen haben gezeigt, dass der Altersruhestand für manche Menschen gesund ist, für andere wiederum nicht. Wenn der Ruhestand gleichbedeutend mit dem Aufgeben einer interessanten täglichen Routine, dem Verlust eines bestimmten finanziellen Status und dem Verlust von Freunden durch Umzug ist, dann wirkt sich der Ruhestand gesundheitlich eher negativ aus (Antonovsky, 1979). Mit anderen Worten: Es ist eine verhängnisvolle und zu starke Vereinfachung, zu glauben, dass sich die Gesundheit von Menschen verbessert, wenn sie sich erst einmal im Ruhestand befinden und das Leben ruhig angehen können. Im Jahre 1996 starb George Burns im hohen Alter von 100 Jahren. Der berühmte Cellist Pablo Casals sagte es folgendermaßen: „Aufzuhören und sich auch nur für eine kurze Zeit aus dem Berufsleben zurückzuziehen, ist der Beginn des Todes." (Kirk, 1974, S. 504) Kurz gesagt, harte Arbeit ist nicht unbedingt ungesund, ausgeprägte Feindseligkeit oder übermäßige Depressionen können sich jedoch sowohl auf die körperliche als auch geistige Gesundheit sehr nachteilig auswirken.

12.2.4 Andere Krankheiten

Auf dem Gebiet der Herzerkrankungen wurde geradezu ausufernde Forschungsarbeit geleistet, dagegen untersuchten nur wenige Studien den Zusammenhang zwischen der Persönlichkeitsstruktur und der Anfälligkeit für andere Krankheiten wie etwa Magengeschwüre. Um diese verschiedenen Studien in einem einheitlichen Rahmenwerk zusammenzufassen, wurde eine Metaanalyse durchgeführt (Friedman & Booth-Kewley, 1987). Eine **Metaanalyse** ist eine statistische Erhebungstechnik, bei der die Resultate verschiedener Studien zusammengefasst werden, um festzustellen, was die Gesamtheit der Ergebnisse besagt.

Die Auswirkungen bestimmter emotionaler Zustände auf Krankheiten wie Arthritis und Rheuma waren und sind Gegenstand weit verbreiteter Spekulationen. Ähnliches gilt für Krankheiten wie Kopfschmerzen und Magengeschwüren. Zum Glück gibt es aber in Bezug auf diese Gesundheitsprobleme auch eine ganze Reihe von wissenschaftlichen Forschungsarbeiten, und die Metaanalyse berücksichtigte auch diese. Zu Vergleichszwecken wurden auch Studien an Fällen mit Herz- und Gefäßerkrankungen mit in die Analyse einbezogen; wie wir bereits sahen, gibt es zahlreiche Belege dafür, dass psychosoziale Faktoren dabei eine Rolle spielen. Die Forscher sahen sich zunächst jede sachbezogene Studie an, die zwischen 1945 und Mitte der 80er Jahre veröffentlicht worden war; einige dieser Studien konnten nicht in statistische Analysen mit einbezogen werden. Manche der Forschungsberichte waren z. B. nur Fallstudien, in denen ein Krankenhausarzt berichtete, dass das Asthma eines Patienten seine Ursache offensichtlich in einer emotionalen Belastung hat. Doch insgesamt wurden über 100 Studien in diese statistischen Metaanalysen einbezogen. Die Studien ihrerseits schlossen Tausende von Personen ein. Sie enthielten nahezu alle relevanten veröffentlichten Werke zur Frage: „Warum werden manche Menschen eher krank als andere?“

Die Resultate zeigten, dass es zwischen verschiedenen psychischen Störungen (etwa chronischer Wut, Angst oder Depressionen) und mehreren anderen Krankheiten Zusammenhänge gibt. Mit anderen Worten: Es war nicht der Fall, dass Angst nur in Bezug zu Magengeschwüren und Bedrückung ausschließlich in Bezug zu Asthma stand. Vielmehr zeigten sich allgemeine Belege für eine „krankheitsanfällige Persönlichkeit“.

Vergessen Sie nicht, dass eine Krankheit nicht unbedingt oder ausschließlich durch ungesunde Emotionsmuster ausgelöst wird. Emotional unausgeglichene Personen können ein langes und gesundes Leben führen. Nur wenn die richtigen Maßstäbe an einer großen Zahl von richtigen Personen in den richtigen Situationen angelegt werden, treten diese Erkenntnisse klar hervor. Um Klarheit in die Angelegenheit zu bringen, ist es notwendig, eine große Zahl von Personen ihr ganzes Leben lang beobachtend zu begleiten. Dies wurde bei der Studie der so genannten „Human Termites“ getan.

12.3 Die „Human Termites“

Der Psychologe Lewis Terman war einer der führenden Forscher des 20. Jahrhunderts auf dem Gebiet der Intelligenz. Unter anderem entwickelte er den bekannten Stanford-Binet-IQ-Test. Im Jahr 1921 begann Terman eine der umfangreichsten Studien auf dem Gebiet der Psychologie. Um seine genetischen Theorien zur Intelligenz zu untersuchen, arbeitete Terman mit intelligenten kalifornischen Schülern und Schülerinnen – 856 Jungen und 672 Mädchen –, studierte ausgiebig ihre psychosoziale und intellektuelle Entwicklung und begleitete sie bis ins Erwachsenenleben. Die Teilnehmer nannten sich selbst Termans „Termites“ (nach dem Namen des Psychologen).

Obgleich es, wie wir gesehen haben, nur wenig Zweifel daran gibt, dass psychosoziale Faktoren bei Ausbruch und Fortschreiten vieler chronischer Erkrankungen und frühzeitigem Tod eine gewisse Rolle spielen, herrscht doch Ungewissheit über die Natur der Ursachen. Wie stehen Persönlichkeitsaspekte mit der Lebensdauer im Allgemeinen und Herzerkrankungen im Besonderen in Beziehung – und das ein ganzes Leben lang? Um diese Frage direkt anzugehen, müssen wir Menschen ein Leben lang beobachten. Für einen einzelnen Forscher ist diese Aufgabe ganz offensichtlich nicht zu bewältigen, doch mit den „Termites“ und den archivierten Forschungsergebnissen waren wir imstande, uns einer solchen Studie über eine ganze Lebensspanne anzunähern. Ende der 90er Jahre waren die meisten von Termans Teilnehmern an der Studie bereits tot; wir (Ihr Lehrbuch-Koautor und seine Kollegen) trugen ihre Sterbeurkunden zusammen und führten Protokolle zu Sterbedatum und Todesursache (Friedman et al., 1995).

Die Terman-Studie begann 1921/22, als die meisten Kinder im vorpubertären Alter waren (Terman & Oden, 1947). Termans Ziel war es, eine halbwegs zufällige Auswahl intelligenter kalifornischer Schüler und Schülerinnen sicherzustellen. So wurde also in vielen Schulen in den Großräumen San Francisco und Los Angeles nach intelligenten Kindern gesucht, wobei die Lehrer auf diese Kinder hinwiesen und die Kinder von Terman darauf getestet wurden, dass sie einen IQ von mindestens 135 haben. Von da an wurden sie in Zeiträumen von fünf bis zehn Jahren immer wieder aufgesucht. Bei dieser bemerkenswerten Studie ging trotz der langen Zeit nur ein kleiner Prozentsatz (weniger als 10 %) der Teilnehmer verloren. Analysen von Termans Forschern wie auch unsere eigenen Vergleiche zeigten, dass die Personen, deren Werdegang nicht weiter verfolgt werden konnte, sich nicht von den Verbliebenen unterschieden; es gibt also keine fälschlichen Abweichungen aufgrund dieser verlorenen Probanden.

Die „Termites“ bildeten eine intelligente, gut ausgebildete Gruppe, deren Mitglieder voll in das US-amerikanische Gesellschaftsleben einbezogen waren, und sie hielten regelmäßigen Kontakt zur Universität Stanford. Dies beseitigte bestimmte Probleme oder Verwirrungen, die anderen psychosozialen Gesundheitsstudien anhaften. Die Termites verstanden z. B. ärztlichen Rat und Verschreibungen, waren ausreichend ernährt und hatten Zugang zu medizinischer Behandlung. Andere Erklärungen für einen schlechten Gesundheitszustand wie etwa Armut, fehlende Bildung oder Diskriminierung reffen im Allgemeinen auf diese Mustergruppe nicht zu, weshalb sie zum Studium der Persönlichkeit besonders geeignet ist. Wenn diese Gruppe auch nicht repräsentativ für die gesamte US-amerikanische Bevölkerung ist, ist sie doch ein gutes Beispiel für intelligente weiße Kinder, die im 20. Jahrhundert lebten. In dieser Gruppe wie auch in der allgemeinen Bevölkerung lebten die Frauen bedeutend länger als die Männer – im Schnitt etwa sechs Jahre.

Gibt es Belege dafür, dass stabile robuste Persönlichkeiten – belastbar, verantwortungsbewusst, kontaktfreudig und optimistisch – ein gesundes Leben führen, während aggressive, leicht reizbare, impulsive oder neurotische Personen eher anfällig für Krankheiten und einen frühen Tod sind? Im Jahr 1922, als der Durchschnitts-Termite etwa elf war, sammelte Terman Persönlichkeitseinschätzungen der Kinder durch ihre Eltern und Lehrer. Die von ihm dazu verwendeten Skalen waren von ihrer Erscheinung her bemerkenswert modern und lieferten eine bessere Einschätzung als die primitiven Persönlichkeitstests, die zu jener Zeit verfügbar waren. Eine Beispielseite von einer der Skalen, die Terman benutzte, wurde in Kapitel 2 (Abbildung 2.1) wiedergegeben. Kann man vernünftigerweise davon ausgehen, dass Eltern und Lehrer eine gute Vorstellung davon haben, ob ein 11jähriges Kind kontaktfreudig und gesellig ist, ob es pflichtbewusst, selbstbewusst usw. ist? Howard Friedman und seine Kollegen bildeten sechs Persönlichkeitsmerkmale aus Termans Skalen und benutzten sie bis einschließlich 1986 zur Vorhersage der Lebenserwartung und Todesursache dieser Probanden, indem sie eine statistische Erhebungstechnik benutzten, die man als survival analysis (Lebensdaueranalyse) bezeichnet (Friedman et al., 1993; Friedman et al., 1995). Wir werden uns nun im Einzelnen die interessanten Entdeckungen anschauen.

Abbildung 12.7: Die „Termites" wurden erstmals als Kinder 1921 in Kalifornien von Lewis Terman studiert und werden nach wie vor von Howard Friedman und seinen Kollegen eingehend beobachtet. Einige der „Termites" gestatteten es sich, in der Öffentlichkeit aufzutreten. Linkes Bild: Shelley Smith Mydans, die als Journalistin für das *Life*-Magazin gearbeitet hat. Rechtes Bild: Jess Oppenheimer, der Erfinder der beliebten US-amerikanischen Sendung *I Love Lucy*. Die meisten der Kinder, die Terman studierte, wuchsen zu Menschen heran, die sich einen Platz in der Gesellschaft eroberten und in deren Sinne wirkten (wie Terman gehofft hatte), doch eine ganze Anzahl von ihnen ging schweren Zeiten entgegen und war einem hohen Risiko ausgesetzt frühzeitig zu Tode zu kommen. Bestimmte Schlüsselaspekte ihrer Persönlichkeiten scheinen dabei sehr relevant zu sein.
(Rechtes Foto mit freundlicher Genehmigung von www.lucynet.com.)

12.3.1 Gewissenhaftigkeit

Sagt die Kindheitspersönlichkeit etwas über ein vorzeitiges Ableben Jahrzehnte später aus? Die interessanteste Entdeckung ist, dass Kinder, die bereits früh sozial verlässlich und gewissenhaft handelten, später länger lebten. Kinder, vor allem Jungen, die als klug, gewissenhaft, ehrlich und frei von Eitelkeit eingeschätzt werden (vier separate Einschätzungen, von denen der Durchschnitt genommen wurde), leben erheblich länger; in jedem untersuchten Jahr war die Wahrscheinlichkeit, dass sie sterben, 30 % geringer als beim Durchschnitt. Die Persönlichkeit sagt also tatsächlich etwas über Kurz- oder Langlebigkeit voraus.

Die Entdeckung, dass die Persönlichkeit etwas über die Lebensdauer vorhersagt, wirft faszinierende Fragen auf, was die Ursachen betrifft. Warum ist die Wahrscheinlichkeit, dass gewissenhafte, verlässliche Kinder, die das Erwachsenenalter erreichen, länger leben, größer als bei ihren weniger gewissenhaften Gleichaltrigen? Weitere Lebensdaueranalysen legen nahe, dass der schützende Effekt der Gewissenhaftigkeit nicht primär auf eine Minderung von Verletzungsrisiken zurückzuführen ist. Worauf ist er also dann zurückzuführen? Obwohl eine Neigung bei weniger gewissenhaften Personen besteht, eher eines gewaltsamen Todes zu sterben, schützt die Gewissenhaftigkeit auch vor einem frühen Tod durch Herz- und Gefäßerkrankungen und Krebs. Betrachtet man ungesunde Gewohnheiten wie Rauchen und Trinken, erkennt man, dass diese zu einem gewissen Grade als Erklärungsmechanismen dienen können, doch bleibt hinsichtlich Gewissenhaftigkeit auch nach Berücksichtigung dieser und anderer Faktoren der Persönlichkeit ein signifikanter Effekt bestehen. Mit anderen Worten: Eine Person, die schon als Kind gewissenhaft war, erleidet nicht so schnell einen frühzeitigen Tod durch Verletzung und hat auch nicht so viele ungesunde Gewohnheiten, doch gibt es auch noch andere Gründe, aufgrund derer diese Menschen gesünder und langlebiger sind.

Abbildung 12.8:
In der Terman-Studie wurde festgestellt, dass Kinder, die von ihren Eltern und Lehrern als besonders gewissenhaft und pflichtbewusst eingeschätzt wurden, vergleichsweise länger lebten als durchschnittlich veranlagte Kinder.

12.3.2 Kontaktfreudigkeit

Obwohl manche Theorien zu psychosozialen Faktoren und Gesundheit positive Auswirkungen von Kontaktfreudigkeit vorhersagen, fand die Forschungsarbeit mit den Termites keine Belege dafür, dass das Persönlichkeitsmerkmal Kontaktfreudigkeit oder andere Elemente der Extroversion in einem engen Zusammenhang mit Gesundheit und Lebensdauer stehen. Vielmehr scheinen gesundheitsbeeinträchtigende Effekte auf Merkmale wie Impulsivität, Egozentrik, Hartnäckigkeit und mangelnde Verlässlichkeit zurückzuführen sein. So hatten z. B. Kindheitseinschätzungen von Faktoren wie Popularität und eine Vorliebe für das Spielen mit anderen Menschen keinen Einfluss auf Kurz- oder Langlebigkeit der Probanden.

Um die lebenslangen Aspekte der Kontaktfreudigkeit weiter zu untersuchen, verfolgte Friedman die Ergebnisse von Termans Studien an Wissenschaftlern (1954). Terman hatte entdeckt, dass Termites, die später Wissenschaftler wurden, in jungen Jahren viel weniger kontaktfreudig waren als Kinder, die später keinen wissenschaftlichen Beruf ergriffen. (Terman studierte allerdings nur männliche Wissenschaftler.) Terman betrachtete die Unterschiede hinsichtlich Kontaktfreudigkeit sogar als erheblich. Wir nahmen Termans Gruppen und verglichen ihre Lebensdauer bis einschließlich 1991. Unsere Lebensdaueranalysen ergaben jedoch bei den Wissenschaftlern keine Anhaltspunkte dafür, dass sie früher sterben. Tatsächlich lebten die Wissenschaftler im Schnitt eher länger (Friedman et al., 1994). Wir sehen also auch hier: Eine kontaktfreudige Persönlichkeit an sich ist noch keine Garantie für ein langes Leben.

12.3.3 Lebensfreude

Eine weitere interessante Entdeckung betraf die Lebensfreude in der Kindheit – d. h. die Einschätzung der Kinder in Bezug auf Optimismus und Sinn für Humor. Entgegen den Erwartungen stellten wir fest, dass die Lebensfreude in der Kindheit in einem umgekehrt proportionalen Verhältnis zur Lebensdauer stand. Die eher fröhlichen Kinder wuchsen zu Erwachsenen heran, die im Schnitt früher starben.

Verwundert über dieses Ergebnis betrachteten wir uns diejenigen Termites, die in ihrer Kindheit als besonders fröhlich eingeschätzt wurden. Wir entdeckten, dass sie im weiteren Verlauf ihres Lebens eher zum Rauchen, Trinken und Eingehen höherer Risiken neigten, auch wenn diese Gewohnheiten das höhere Risiko eines früheren Ablebens nicht voll erklären können (Martin et al., 2002). Es könnte sein, dass Fröhlichkeit hilfreich ist, wenn man, wie etwa bei einer Operation, Stress erfährt; wenn sie allerdings zu einem achtlosen leichtsinnigen Leben führt, wirkt sie sich negativ aus (Tennen & Affleck, 1987; Weinstein, 1984). Sie könnten sich z. B. sagen:„Es spielt keine Rolle, ob ich rauche oder nicht; es wird mir nichts ausmachen.“

12.3.4 Termites unter Stress

Was relevante soziale Faktoren betrifft, warf dieses Projekt auch einen Blick auf Kinder, die die Scheidung ihrer Eltern miterlebten. Es ist allgemein bekannt, dass die Trennung der Eltern in der Kindheit negative Auswirkungen auf die zukünftige geistige Gesundheit haben kann. Scheidungskinder, vor allem Jungen, sind einem höheren Risiko ausgesetzt, beobachtbare Verhaltens- und Anpassungsprobleme zu haben (Amato & Keith, 1991; Block, Block & Gjerde, 1986, 1988; Hetherington, 1991; Jellinek & Slovik, 1981; Shaw, Emery & Tuer, 1993; Zill, Morrison & Coiro, 1993). Auch hier zeigen die Erklärungen oft einen Mangel an sozialer Verlässlichkeit oder Ego-Kontrolle – d. h. Impulsivität und Nonkonformismus –, obwohl Neurotizismus oder eine geringe emotionale Stabilität auch oft eine Rolle spielen. Doch nie zuvor gab es eine lebenslange vorausschauende Studie zu Familienstress als Faktor für Lebensdauer und Todesursache, obwohl festgestellt wurde, dass Familienstress (vor allem eine Scheidung der Eltern) Vorbote ungesunder Lebensweisen wie Rauchen und Drogenkonsum in den Reifejahren sowie Auslöser schwerwiegender psychologischer Anpassungsprobleme sein können (Amato & Keith, 1991; Block, Block & Keyes, 1986, 1988; Chassin et al., 1984; Conrad, Flay & Hill, 1992; Hawkins, Catalano & Miller, 1992). Ziehen sich die nachteiligen Auswirkungen einer Scheidung der Eltern nun über ein ganzes Leben hin? Haben sie einen Einfluss auf Lebensdauer und Todesursache?

Friedman und seine Kollegen schauten sich alle Kinder an, deren Eltern sich bis zum Erreichen des 21. Lebensjahrs ihres Kindes entweder getrennt hatten oder zusammengeblieben waren. Kinder, deren Eltern sich getrennt hatten, waren einem um ein Drittel höherem Sterblichkeitsrisiko ausgesetzt als Kinder, deren Eltern zumindest bis zum 21. Lebensjahr ihres Kindes zusammenblieben. Bei Männern, deren Eltern sich scheiden ließen, als sie noch im Kindesalter waren, lag das erwartete Durchschnittsalter bei 76; bei Männern, deren Eltern zusammenblieben, lag das erwartete Durchschnittsalter bei 80. Bei Frauen lag das entsprechende Alter bei 82 bzw. 86 (Schwartz et al., 1995).

Nur 13 % der Personen in der Terman-Studie erlebten in ihrer Kindheit die Trennung der Eltern – anders als die Situation für Kinder heutzutage. Doch trotz der überwältigend großen Zahl von Belegen dafür, dass die Scheidung der Eltern negative psychologische Auswirkungen haben kann, wirft diese Studie doch einige ernsthafte Fragen auf. Der Tod eines Elternteils hatte nur sehr geringe Auswirkungen, was mit anderen Studien in Einklang steht, die aufzeigen, dass Streit im Elternhaus und Scheidung einen größeren psychopathologischen Einfluss hat als der Tod eines Elternteils (Tennant, 1988).

Unter Verwendung der Informationen, die aus den Sterbeurkunden gesammelt und ausgewertet wurden, untersuchten wir dann, ob die Scheidung der Eltern einen bestimmten Einfluss auf die Todesursache hat. Unsere Feststellung war, dass die Scheidung der Eltern nichts darüber aussagt, ob man eher an Krebs, einem Herzleiden oder an einer anderen Krankheit stirbt. Das allgemein höhere Sterblichkeitsrisiko kann auch nicht mit einer höheren Verletzungsrate hinwegerklärt werden, obwohl die Möglichkeit des besonders erhöhten Risikos eines Todes durch Verletzung nicht ausgeschlossen werden kann. Es zeigte sich auch, dass die Persönlichkeit und die Scheidung der Eltern unabhängige Faktoren bei der Vorhersage der Lebensdauer waren. Abbildung 12.9 zeigt die Auswirkungen von Gewissenhaftigkeit und Scheidung der Eltern auf die Lebensdauer der Männer, mit analogen Auswirkungen für Frauen. Es ist interessant, dass das Ausmaß der kombinierten Auswirkungen von Gewissenhaftigkeit und Scheidung der Eltern dem Effekt des Geschlechts auf die Lebensdauer gleichkommt – eine der größten bekannten Auswirkungen dieser Faktoren.

Liegt die Ursache für ein höheres Sterblichkeitsrisiko bei Scheidungskindern vielleicht in der Tatsache begründet, dass diese Kinder als Erwachsene sich ihrerseits häufiger als andere scheiden lassen? Tatsächlich stellte sich heraus, dass sich Personen, deren Eltern sich hatten scheiden lassen, auch eher von ihren Ehepartnern trennten. Personen, die selbst geschieden waren, manche von ihnen waren auch wiederverheiratet, berichteten, dass ihre Kindheit erheblich stressvoller war als die derjenigen, die nicht geschieden waren. Mit anderen Worten: Termans Studienteilnehmer, deren eigene Ehe in die Brüche ging, hatten eher als andere die Scheidung ihrer Eltern erlebt und berichteten auch häufiger von einer stressvollen häuslichen Umgebung im Kindesalter (wie etwa „starke Reibungen unter den Familienangehörigen"). Es gibt also einen Zusammenhang zwischen der Scheidung der Eltern und einer zukünftigen Scheidung der eigenen Ehe, wobei diese Scheidung wiederum ein höheres Sterblichkeitsrisiko bedeutet. Und es ist tatsächlich der Fall, dass einige der nachteiligen Auswirkungen einer elterlichen Scheidung - die Schwierigkeiten der eigenen Beziehungen im Erwachsenenalter. Doch trotz der Auswirkungen einer als Erwachsener erlebten Scheidung der eigenen Ehe, die zu Kontroll- und Vergleichszwecken von uns berücksichtigt wurde, bleibt die Scheidung der Eltern in der Kindheit ein bedeutender Faktor für ein vorzeitiges Ableben, was darauf hindeutet, dass eine Scheidung der Eltern noch weitere nachteilige Auswirkungen im Erwachsenenalter hat.

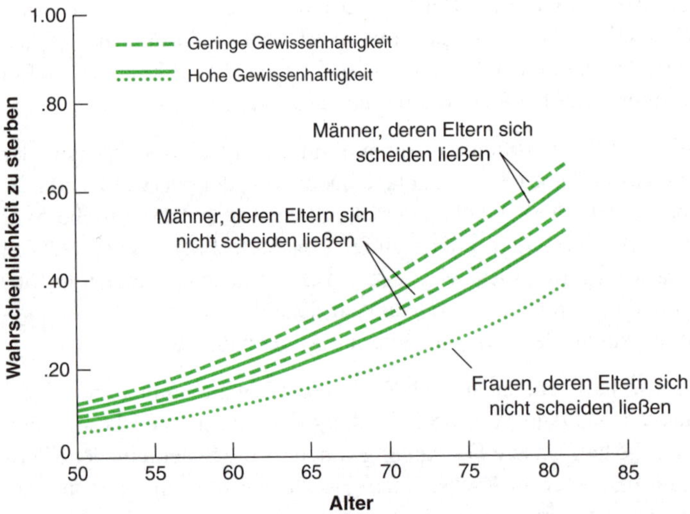

Abbildung 12.9: Persönlichkeit, Stress und Lebensdauer der Teilnehmer an der Terman-Studie. Beachten Sie, dass die Wahrscheinlichkeit, schon im Alter von 70 Jahren zu sterben, bei Männern, die einem hohen Risiko ausgesetzt sind, um 40 % höher ist. Bei Männern mit geringem Risiko liegt der Wert um 30 %, bei Frauen mit geringem Risiko um 20 % höher.

12.3.5 Psychische Verfassung

Was lässt sich zur Persönlichkeit und der psychischen Verfassung im Erwachsenenalter sagen? Im Jahr 1950 (die Termites waren zu jenem Zeitpunkt etwa 40 Jahre alt) wurden die Teilnehmer nach ihren Neigungen zu Nervosität, Angst oder Nervenzusammenbrüchen befragt. Auf der Grundlage ihrer Reaktionen, persönlicher Gespräche mit Teilnehmern und Familienangehörigen sowie relevanten Informationen, die schon ein Jahrzehnt zuvor gesammelt worden waren, schätzte Termans Team jeden Teilnehmer entlang von drei Skalen hinsichtlich Problemen mit der psychischen Verfassung ein: (1) zufrieden stellende Anpassung an die Lebensumstände; (2) einige Fehlanpassungen oder (3) ernsthafte Fehlanpassungen. Zu diesem Zeitpunkt hatte nahezu ein Drittel aller Teilnehmer zumindest einige Probleme mit der psychischen Verfassung erlebt. Bei den Männern ergab die psychische Verfassung 1950 signifikante Vorhersagen, was das Sterblichkeitsrisiko im Jahre 1991 betraf, wobei Männer mit instabiler psychischer Verfassung einem hohen Risiko frühzeitigen Ablebens ausgesetzt waren (Martin et al., 1995).

Alles in allem lässt sich also feststellen, dass mangelnde Verlässlichkeit, Impulsivität und Familienprobleme (Scheidung der Ehe der Eltern und der eigenen Ehe) die Wahrscheinlichkeit eines früheren Todes erhöhen. Es könnte sein, dass solche psychosozialen Faktoren eine ganze Reihe weiterer gesundheitlicher Verhaltensweisen nach sich ziehen: Trinken und Rauchen, körperliche Ertüchtigung, Ernährung, Verwendung von Prophylaktika, Einhalten von Verschreibungsvorschriften, Vermeiden von Umweltgiften usw. – die alle zusammen genommen einen großen Teil der Zusammenhänge zwischen Psychologie und Lebensdauer erklären können.

Es ist auch wahrscheinlich, dass hier psychosomatische Erklärungen, die sich auf Stress beziehen, mit ins Spiel kommen. Es existiert eine zunehmende Zahl von gut dokumentierten Zusammenhängen zwischen Stress und Herz- und Gefäßerkrankungen wie auch Auswirkungen auf das Immunsystem, die so genannte Psychoneuroimmunologie (Baum & Dougall, 1998; Temoshok, 1998). Deshalb ist es wahrscheinlich, dass es zwischen Persönlichkeit und Lebensdauer vielfältige Zusammenhänge gibt.

Obgleich sowohl die Persönlichkeit als auch Stressfaktoren direkte (psychosomatische) und verhaltensbedingte Auswirkungen auf die Gesundheit haben, wissen wir doch immer noch nichts über ihre relative Wichtigkeit. Insgesamt gibt es hinsichtlich körperlicher Gesundheit verlässliche Beweise für die Wichtigkeit dessen, was Psychologen als eine stabile psychische Verfassung oder Ich-Stärke bezeichnen: Verlässlichkeit, Vertrauenswürdigkeit und überlegt-umsichtiges Verhalten. Wie groß sind diese Auswirkungen? Auf die Lebensdauer bezogen sind diese Effekte kleiner als die des Geschlechts oder beispielsweise des Rauchens, aber sie sind mit den bekannten biologischen Risikofaktoren wie etwa dem systolischen Blutdruck und dem Cholesterinspiegel vergleichbar, sowie mit anderen bekannten Verhaltensrisiken wie mangelhafte Ernährung und körperliche Ertüchtigung, da all diese Faktoren einen Einfluss auf die Lebensdauer haben.

Lewis Terman starb 1956 im Alter von fast 80 Jahren. Als er 1921 begann, die einfachen Grundlagen von Intelligenz und Erfolg zu studieren, konnte er sich natürlich nicht vorstellen, dass seine umfangreichen Erkenntnisse uns eines Tages Aufschluss darüber geben würden, wie Persönlichkeit, Gesundheit und die Lebensdauer miteinander in Zusammenhang stehen.

12.4 Dem Opfer die Schuld geben

Die Gesellschaftskritikerin und Autorin Susan Sontag (1978) wies darauf hin, dass man einst dachte, Tuberkulose (TBC) wäre das Ergebnis einer schwachen oder einer romantisch angehauchten Persönlichkeit. Das heißt, man sah als Ursache der Tuberkulose den Charakter des Erkrankten an. Diese Ansicht wandelte sich jedoch dramatisch, als man den die Tuberkulose auslösenden Tuberkel-Bazillus entdeckte. Sontag vertritt die These, dass dieselbe Fehlwahrnehmung gegenwärtig auf ernsthaft Erkrankte wie Krebspatienten Anwendung findet: Ihnen wird ungerechtfertigterweise unterstellt, dass sie ihre Krankheit selbst verursacht hätten.

Diese (unlogische, aber starke) Neigung dazu, den Opfern die Schuld für ihre eigene Krankheit zu geben, besteht aus zwei Gründen. Zunächst einmal sorgen sich die meisten von uns über ihre eigene Gesundheit und Lebensdauer. Wenn unsere beste Freundin an Brustkrebs erkranken kann, können wir dann nicht genauso anfällig dafür sein? Psychologisch gesehen ist es für uns natürlich erstrebenswerter „nein" zu sagen – davon auszugehen, dass wir uns von ihr unterscheiden und unsere Freundin irgendwie für ihre Krankheit selbst verantwortlich ist. Auf diese Weise distanzieren wir und schützen wir uns vor einem Gefühl persönlicher Bedrohung. Oder, um es in religiösen Begriffen auszudrücken: Unsere Freundin muss irgendetwas Schlimmes oder Falsches getan haben, um dieses Schicksal zu erleiden. Der zweite Grund, aus dem wir dazu neigen, Menschen für ihre eigene Krankheit die Schuld zu geben, hat mit unserem Wunsch nach einer vorhersagbaren Welt zu tun. Wir möchten gern glauben, dass in unserem Leben alles einigermaßen gut läuft, wenn wir nur hart genug arbeiten und uns um unser Wohlergehen kümmern. Doch eine Krankheit bricht plötzlich aus und nimmt einen unvorhersagbaren Verlauf. Wenn wir also dem Opfer die Schuld geben, rückt dies die Vorhersagbarkeit von Ursache und Wirkung wieder ins richtige Licht, und unsere Welt ist wieder sicher und in Ordnung.

Es besteht die Gefahr, dass ein unkritischer Student zum Schluss kommt: Menschen mit einer Krankheit haben diese selbst herbeigeführt. Abgesehen vom inhumanen Charakter dieser Auffassung und einem Mangel an Mitgefühl für leidende Menschen, die in ihr hervortritt, kann dies zu weiteren Problemen und Leiden für das Opfer führen, da andere ihm dann ihre finanzielle oder emotionale Unterstützung versagen. Andererseits ist es weder für Gesunde noch Kranke eine Hilfe, zu behaupten, dass sie an ihrem Zustand und dessen Verlauf nichts ändern könnten. Es ist ein großes Problem, dass etwa die Hälfte aller US-Amerikaner mit der Auffassung übereinstimmt, man könne nicht viel tun, um die Entstehung von Krebs zu vermeiden. Ganz im Gegenteil, es gibt tatsächlich Dinge, die die Wahrscheinlichkeit von Krebs und frühzeitigem Tod verringern oder erhöhen. Wir müssen diese schmale Gratwanderung zwischen Schuldzuweisung an das Opfer einerseits und Freisprechen von jeder Verantwortung und Ursächlichkeit andererseits, was ihre eigene Rolle bei der Krankheit betrifft, unternehmen. Krebs und andere stigmatisierte Krankheiten sind keine Bestrafung für begangene Sünden, doch genauso wie wir wissen, dass es gesunde und ungesunde Lebensmittel gibt, so gibt es auch gesunde und ungesunde Persönlichkeitsstrukturen.

Wenn es zwischen Persönlichkeit und Krankheit / Gesundheit also Zusammenhänge gibt, dann ergibt es Sinn, dass es auch Persönlichkeitstypen gibt, die eher gesund bleiben als krank werden. Doch Ärzte tun nicht allzu viel dafür, ihre Patienten auch im Hinblick auf psychische und soziale Einflüsse gesundheitlich zu beraten. Auch wenn es hier Ausnahmen gibt – das medizinische Forschungs-Establishment (mit dem konventionellen medizinischen Krankheitsmodell) konzentriert sich ähnlich nur auf ein einziges Thema: die Behandlung von Krankheiten. Diese Orientierung stand der angemessenen Beachtung der Frage nach Aufrechterhaltung der Gesundheit im Wege.

12.5 Die selbstheilende Persönlichkeit

Mohandas Gandhi (auch genannt Mahatma) war einer der größten „Workaholics" aller Zeiten. Er war nicht krank oder schwach, obwohl er mehr als 2300 Tage im Gefängnis verbracht und zahlreiche selbst auferlegte Fastenzeiten durchgemacht hatte. Er verfügte über die persönliche innere Stärke und Hingabe, die ihn zu einer der einflussreichsten Führungsgestalten des 20. Jahrhunderts, ja vielleicht aller Zeiten machte. Er war einer der wichtigsten Verfechter des gewaltlosen politischen Widerstands (*satyagrapha*), sorgte für zahlreiche soziale Reformen und führte Indien in die politische Unabhängigkeit. Im Alter von 78 Jahren erlag er den Folgen eines Attentats. Was Gandhis Leben kennzeichnete, war seine Prinzipientreue. Mit steigendem Alter war er mit seinem Leben zunehmend zufrieden, verlor aber nie seine Bescheidenheit. Er war mit Sicherheit kein blinder Optimist. Für Menschen, die sich positiven Herausforderungen stellen müssen, ist es interessanterweise leichter, gesund zu bleiben.

Jedes Jahr werden Tausende von Magazin- und Buchseiten mit der Frage veröffentlicht, warum Frau X krank geworden ist, und was man tun kann um sie zu behandeln, aber nur wenige stellen die Frage, weshalb Frau Y gesund geblieben ist. Zum Glück haben sich einige Persönlichkeitsforscher, die sich mit der Gesundheit befassen, von den humanistischen und existenzialistischen Ansätzen inspirieren lassen, die tatsächlich einige positive Aspekte beinhalten (Friedman, 1991).

12.5.1 Kontrolle, Hingabe und Herausforderungen

Vor zwanzig Jahren erstellten Salvatore Maddi und Suzanne Ouellette Kobasa (1984) eine umfangreiche Analyse von Führungskräften eines großen Unternehmens im mittleren Westen der USA, die bestimmten Stresssituationen ausgesetzt waren. Sie untersuchten die psychologischen Unterschiede zwischen denen, die krank wurden, und denen, die gesund blieben. Über einen Zeitraum von acht Jahren traten schrittweise bestimmte Schlüsselfaktoren hervor. Ein wichtiger Aspekt zur Aufrechterhaltung der Gesundheit war, dass die Führungskräfte das Gefühl hatten, ihren Bereich unter Kontrolle zu haben. Diejenigen, die gesund blieben, fühlten sich angesichts äußerer Herausforderungen nicht machtlos, sondern hatten stattdessen ein Gespür für Macht und Kontrolle. Sie neigten zu der Auffassung, dass herausfordernde Situationen durch ihren persönlichen Einsatz positiv beeinflusst werden könnten. So mangelte es z. B. einer Führungskraft namens Andy klar an einem Sinn für Kontrolle. Er erschien höflich und darauf bedacht, es allen recht zu machen, obwohl der Druck der Verantwortung in seinem Job immer größer wurde. Sorgfältig gab er die Arbeitsanweisungen seiner Vorgesetzten an seine Mitarbeiter weiter, übte selbst aber wenig Autorität aus. Er hatte Angst, dass ihm sein Arbeitspensum außer Kontrolle geraten könnte. Zu Hause gestaltete sich die Beziehung zu seiner Frau und seinen Kindern immer schwieriger. Andy erkrankte an Magengeschwüren und musste sich einer strikten Diät unterwerfen. Er litt an Schlaflosigkeit, Appetitlosigkeit und starkem Herzklopfen. Obwohl er erst Mitte vierzig war, neigte er schon zu hohem Blutdruck. Seine Persönlichkeit war für die Anforderungen, die der Job an ihn stellte, und den damit einhergehenden Stress nicht stark genug.

Die zweite Eigenschaft von Führungskräften, die gesund blieben, war ihre Hingabe an eine Aufgabe, die in ihren Augen wichtig und bedeutend war. Diejenigen Personen, die sich ihrer Arbeit und ihren Aufgaben, ihrer Gemeinschaft und ihren Familien verschrieben hatten, wurden nicht so häufig krank. Eine Führungskraft, Bill, schien besonders erfolgreich und gesund zu sein, obwohl seine Frau sieben Jahre zuvor bei einem Verkehrsunfall ums Leben gekommen war. Er hatte ein gewisses Funkeln in seinen Augen und viel Vergnügen an seiner Arbeit. Er genoss es, aus seiner Arbeit zu lernen, fühlte ihre Wichtigkeit für die Gesellschaft und begriff Veränderungen im Unternehmen als lohnend und interessant.

Drittens: Führungskräfte, die gesund blieben, waren solche, die dem Leben mit Begeisterung und Energie begegneten. Sie hießen Veränderungen und Innovationen willkommen, während sie ihren grundsätzlichen Lebenszielen, die sie bereits für sich gesetzt hatten, treu blieben. Eine dieser erfolgreichen gesunden Führungskräfte, Chuck, war mit der schwierigen Aufgabe der Kundenbetreuung betraut. Als seine Firma sich neu zu organisieren begann, berichtete Chuck, er hätte das Gefühl stärker herausgefordert zu sein, sagte jedoch auch, dass dadurch seine Arbeit interessanter und aufregender sein würde. Er fühlte sich nicht bedroht. Chuck ist die Art von Führungskraft, die jedes Problem als eine Gelegenheit ansieht, den Status quo zum Besseren hin zu verändern. Im Gegensatz zu einigen populärwissenschaftlichen Psychologietheorien sind leichtlebige, nachlässige Menschen nicht besonders glücklich.

Berühmte Persönlichkeiten

Selbstheilend oder zum Scheitern verurteilt?

Als Übung und Anregung zu Gedanken hinsichtlich selbstheilender und krankheitsanfälliger Persönlichkeiten teilen Sie bitte die unten aufgeführten Personen aus dem öffentlichen Leben in die beiden Kategorien ein, und versuchen Sie Ihre Wahl mithilfe der Informationen aus diesem Kapitel zu untermauern.

Kofi Annan	Jodi Foster	Nelson Mandela	Jerry Seinfeld
Prinz Charles	Bill Gates	Dennis Miller	Matha Stewart
Hillary Clinton	Whoopi Goldberg	Willie Nelson	Donald Trump
Bill Cosby	Tom Hanks	Sean Penn	Mike Tyson
Tom Cruise	Jesse Helms	Julia Roberts	Robin Williams
Leonardo DiCaprio	Jesse Jackson	Chris Rock	Oprah Winfrey
Snoop Dogg	David Letterman	Dennis Rodman	Tiger Woods

12.5.2 Vertrauen und Zuwendung

Diese Auffassungen zur Selbstheilung wurden durch viele andere Studien, wenn auch oft nur indirekt, bestätigt. Der Persönlichkeitspsychologe Julian Rotter z. B. hat an der Idee und Messung von **Kontrollüberzeugungen** gearbeitet. (Dieses Konzept wurde in Kapitel 7 in Bezug auf kognitive Ansätze behandelt.) Manche Menschen fühlen sich von äußeren Kräften hin und her gerissen, während andere den Ausgangspunkt der Kontrolle über ihr Leben in sich selbst finden. Wir sahen bereits, dass dies für die Gesundheit und die Bewältigung von Problemen relevant ist. Eine ebenso prägnante Analyse von Rotter (1980) zum Thema *Vertrauen* wurde von den meisten Persönlichkeitspsychologen leider kaum zur Kenntnis genommen. Dabei geht Rotter davon aus (und liefert auch Belege dafür), dass Menschen, die anderen Menschen vertrauen, nicht so oft unglücklich, in Schwierigkeiten oder verhaltensgestört sind. Sie sind verlässlicher und haben mehr Freunde. Sie sind nicht unbedingt leichtgläubiger, sie sind nur nicht so zynisch. Kurz: sie sind gesünder. Dies ist kein moralisches Urteil, sondern lediglich eine Zusammenfassung empirischer Belege. Vertrauen ist eine Motivation, die in engem Bezug zur selbstheilenden Persönlichkeit steht.

Im Jahre 1978 wurde Anatoli (jetzt Nathan) Sharansky wegen Hochverrats im damals noch kommunistischen Moskau zu mehreren Jahren Zwangsarbeit verurteilt. Sein eigentliches Verbrechen bestand jedoch darin, dass er ein jüdischer Aktivist war und nach Israel auswandern wollte. Am Ende des Gerichtsverfahrens, dessen Ausgang schon vorher feststand, erhob sich Sharansky und brachte seinen Glauben an die Freiheit und seine Entschlossenheit seine Freiheit wiederzuerlangen zum Ausdruck. Sharansky überlebte viele Jahre in einem sowjetischen Straflager, wonach ihm schließlich erlaubt wurde, nach Israel auszuwandern. Zu diesem Zeitpunkt war er bei guter Gesundheit. Obwohl nur wenige Menschen im Westen vor Herausforderungen gestellt werden, wie Sharansky sie erfuhr, ist doch fast jeder Mensch einem gewissen Druck aus der Umgebung ausgesetzt. Trotzdem blühen viele hart arbeitende Leute auf, selbst wenn die Umstände anstrengend oder hektisch sind. Genau im Gegensatz zu dem, was einige Autoren oft über Workaholics und die Typ-A-Persönlichkeit behaupten, scheint es so zu sein, dass es einen Schutz vor Krankheit darstellt, aus dem Vollen zu leben. Ein Schlüsselelement dieses gesunden Lebensstils scheint jedoch die Hingabe an ein Ideal zu sein, das größer als die Person selbst ist.

Es ist nützlich, an zwei Haupttypen von selbstheilenden Persönlichkeiten zu denken. Der erste ist der eher aktive, eifrige Typ. Dies schließt den viel beschäftigten, selbstsicheren Rechtsanwalt mit ein, sowie die hart arbeitende produktive Führungskraft. Diese Personen suchen aktiv nach Stimulation, sind äußerst extrovertiert, spontan und lebenslustig.

Der zweite Haupttyp der selbstheilenden Persönlichkeit ist der ruhige, eher entspannte Typ. In der US-amerikanischen Gesellschaft wird dieses Image von immer zu Scherzen aufgelegten Komikern wie etwa Bob Hope, Bob Newhart oder Chevy Chase verkörpert – aktiv, wach, beteiligt und schlagfertig, aber auch ruhig, philosophisch und nachdenklich. Obgleich diese Personen auch die Anwesenheit von anderen erfreut, ziehen sie doch die Gesellschaft einiger weniger Freunde vor. (Siehe auch den Kasten „Berühmte Persönlichkeiten".)

Diese beiden Typen von gesunden Personen haben unterschiedliche hohe Stressniveaus, die für sie optimal sind. Für den zweiten, eher reservierten und zufriedenen Persönlichkeitstyp ist es besser, Konflikte zu lösen und die Stimulation unter Kontrolle zu haben.

Für den ersten, eher die Aufregung suchenden Persönlichkeitstyp ist ein höheres Niveau an Herausforderungen gesünder; ein ungelöstes Dilemma ist für ein solche Person kein Problem. Folgt man dieser Logik, so zeigen die Forschungsergebnisse, dass diese beiden Arten von Menschen in ähnlichen Situationen unterschiedliche Neigungen zu negativen Emotionen und Ausschüttung von Stresshormonen aufweisen. Zurückhaltende, aber zielorientierte Personen reagieren gestresster und schütten mehr Stresshormone aus, wenn Konflikte ungelöst bleiben. Spontane und den Nervenkitzel suchende Personen reagieren andererseits eher gestresst, wenn ein Mangel an Stimulation vorliegt; sie fühlen sich eigentlich nur bedroht, wenn ihnen die Herausforderungen über den Kopf wachsen. Hier sehen wir also wieder, dass verallgemeinerte Pauschalempfehlungen für die Gesundheit einer ganzen Population zu ernsthaften Problemen führen können. Es muss immer der individuelle Mensch berücksichtigt werden. Viele dieser Themen zu Gesundheit und Selbstheilung werden in Friedmans Buch The *Self-Healing Personality* (Friedman, 2000b) eingehend behandelt.

12.5.3 Hilfreiche Placebos

Über mehrere Jahrzehnte verkaufte Harry Hoxsey, ein ehemaliger Bergmann, eine „erfolgreiche“ Medizin gegen Krebs. Hoxseys Kliniken waren in 17 US-Bundesstaaten zu finden. Seine Patienten berichteten von Wunderheilungen, die durch seinen „Zaubertrank“ herbeigeführt worden sein sollten. Hoxseys Krebsheilmittel „wirkte“ bei einigen Menschen, denn es regte die Selbstheilungskräfte des Körpers an. Hoxseys Trunk war ein außergewöhnliches Placebo. Leider wirkte das Wundermittel nicht bei seinem Erfinder selbst: Mr. Hoxsey starb an Krebs.

Fast jeder hat schon vom so genannten Placebo-Effekt gehört, doch nur wenige verstehen seine Wirkungsweise oder Natur. Einfach ausgedrückt ist ein **Placebo** eine Substanz, die keine spezifische, erwartete, direkte physiologische Wirkung auf den Körper hat. Das könnte z. B. eine Zuckertablette sein, die einem Morphium-Extrakt zur Linderung von Schmerzen ähnlich sieht. Da der Zucker keine direkte pharmakologische Wirkung auf das Zentralnervensystem ausübt, sind alle „Wirkungen“ dieses „Medikaments“ Placebo-Effekte. Doch solche Placebo-Effekte, die natürlich auf psychologische statt direkt auf pharmakologische Mechanismen zurückzuführen sind, sind sehr real und können sogar beträchtlich sein. Gerade selbstheilende Persönlichkeiten können daraus einen Nutzen ziehen, und sie profitieren auch von einem gesunden Lebensstil, gesellschaftlichen Beziehungen und Verhaltensweisen, die mit einer stabilen, gut integrierten Persönlichkeit einhergehen.

Zusammengefasst gesagt, ist es wahrscheinlich kein Zufall, dass Künstler wie Katherine Hepburn, Vladimir Horowitz und Pablo Casals, die allesamt im hohen Alter noch erfolgreich waren, sich das Charisma, die Magie und Lebensfreude beibehalten haben, die das Publikum an ihnen so anziehend findet. Es gibt immer mehr Belege dafür, dass Erfüllung, Munterkeit und Spielgeist wichtige Aspekte der selbstheilenden Persönlichkeit sind.

12.6 Der Einfluss humanistischer und existenzialistischer Aspekte auf das Verständnis der Selbstheilung

Wie wir bereits in unserer Erörterung humanistischer und existenzialistischer Aspekte der Persönlichkeit feststellten, war der einflussreiche humanistische Psychologe Carl Rogers einer der ersten, der die wissenschaftliche Aufmerksamkeit auf persönliches Wachstum und Erfüllung lenkte – die Lust am Leben. Rogers ging davon aus, dass in jeder Person eine ihr innewohnende Neigung zu Wachstum und Selbstverbesserung existiert (die Entdeckung eines bis dahin verborgenen wahren Selbst), um stärkere positive Gefühle zu erzeugen. Die vollkommen selbstverwirklichte Person schöpft ihr gesamtes Potenzial aus und bringt all ihre Talente und Anlagen zur Blüte.

Rogers war vor allem an der psychischen Gesundheit interessiert, doch nun wissen wir, dass seine Beschreibung allgemein auf die gesamte Gesundheit Anwendung findet. Das ist nicht allzu überraschend, denn viele Patienten, die Rogers therapierte, sahen sich großen emotionalen Problemen ausgesetzt, die mit neuronalen und hormonellen Störungen in Verbindung gebracht wurden. Rogers' Therapie hilft Patienten Klarheit in ihr Gefühlsleben zu bringen, sodass sie ihre einzigartigen Lebenserfahrungen in ihr Konzept von sich selbst integrieren können.

Ein Beispiel aus unserer eigenen Forschung ist ein Mann, der einen Herzanfall erlitten hatte. Er arbeitete sehr hart an seinem Arbeitsplatz, doch zu Hause tat er kaum etwas anderes, als reglos auf dem Sofa zu liegen. Er war mit seiner beruflichen Karriere nicht zufrieden und hätte gern in einem anderen, etwas entspannteren Berufsumfeld gearbeitet. Er begann sich in dem Moment zu erholen, als er erkannte, dass er sich die falsche Arbeit ausgesucht hatte. Was er wirklich tun wollte, war etwas, das sich mit seiner Liebe zur Natur verbinden lassen könnte. Als er einmal zu dieser Einsicht gekommen war, begannen seine anderen Probleme sich in Luft aufzulösen. Diese Argumentation unterstützt die Ansicht, dass das, was eine Person sich selbst heilen lässt, für jeden Menschen individuell etwas anderes ist.

12.6.1 Wachstumsorientierung

Wie Rogers wandte auch der humanistische Psychologe Abraham Maslow einen großen Teil seines einflussreichen Berufslebens für die Konzentration auf die positiven wachstumsorientierten Aspekte des menschlichen Wesens auf. Wie wir bereits sahen, erkannte Maslow, dass gesunde Menschen zunächst einmal hinsichtlich ihrer biologischen Bedürfnisse einen Ausgleich herstellen und dann Zuwendung und Selbstrespekt erlangen müssen. Letztendlich lag Maslows Schwerpunkt in der Selbstverwirklichung. Menschen mit dieser Wachstumsorientierung sind spontan und kreativ, gut in der Lösung von Problemen, haben enge herzliche Beziehungen zu anderen und einen spielerischen Sinn für Humor.

Je mehr ein Mensch sich selbst verwirklicht, desto mehr beschäftigt er sich mit abstrakten Themen wie Schönheit, Gerechtigkeit und Verstehen. Solche Menschen entwickeln einen feinen Sinn für Humor, der eher philosophischer Natur als feindselig ist. Sie entwickeln eine größere Unabhängigkeit und verfolgen ihre eigenen Wege und Ideen. Sie entwickeln ein höheres Ethikniveau und befassen sich mehr mit dem Erreichen von Frieden und Harmonie unter den Menschen. Diese Eigenschaften der selbstheilenden Persönlichkeit sind nicht einfach nur die Gegensätze der Eigenschaften der krankheitsanfälligen Persönlichkeit wie Argwohn, bitterer Zynismus, Verzweiflung oder unterdrückte Konflikte. Vielmehr werden sie eigenständig von positiven bedeutsamen Motiven, Verhaltensweisen und Zielen geleitet. (Siehe den Kasten „Selbtverständnis“ auf Seite 559.)

Selbst positive Emotionen können zur Selbstverbesserung beitragen. Ein Ansatz, das so genannte **Broaden-and-Build-Modell** positiver Emotionen, besagt, dass Erfahrungen positiver Emotionen wie Freude, Interesse, Stolz, Zufriedenheit und Liebe das Denken und Fühlen von Menschen erweitern (engl. broaden) können, d. h., sie öffnen den Geist für verschiedene mögliche Tätigkeiten. Das wiederum hilft, soziale Ressourcen aufzubauen (engl. build), da die eigenen positiven Emotionen und die Kreativität ein Echo in den Menschen um uns herum erzeugen. Nach dieser Argumentation ist es hilfreich, positive Emotionen zum Abbau von Stress und zum Aufbau psychischer Stärke zu kultivieren (Fredrickson, 2001).

12.6.2 Identität und Zielsetzung

Wenn man mit Menschen spricht, die an einer schweren Krankheit leiden, ist es interessant, festzustellen, auf welch vielfältige Weise diese Menschen ihre Lebensphilosophie nach dieser Tuchfühlung mit dem Tod verändert haben. Man könnte doch erwarten, dass die Erkenntnis, wie flüchtig und zerbrechlich das Leben ist, zu gefühllosen hedonistischen Ausfällen führt: „Ich kümmere mich nur noch darum, Spaß zu haben, weil das Leben so kurz ist.“ Tatsächlich treten solche Reaktionen nur selten auf. Die Veränderungen, die Menschen vornehmen (viele tun es nicht), gehen fast immer in Richtung auf größere Selbsterfüllung. Hier sind einige repräsentative Bemerkungen:

„Ich versuche, mehr Zeit mit meiner Familie zu verbringen.“

„Ich bleibe stehen, um an einer Rose zu riechen.“

„Ich versuche, den Standpunkt des anderen einzunehmen.“

„Ich verbringe mehr Zeit mit Lesen.“

„Ich arbeite freiwillig im Krankenhaus.“

„Ich habe mit dem Malen angefangen.“

Ironischerweise hätten viele dieser Krankheiten vermieden werden können oder nicht zum Ausbruch kommen müssen, wenn diese Menschen solche Veränderungen schon früher in ihrem Leben vorgenommen hätten. Bemerken Sie bitte auch, dass diese Veränderungen ohne ein Verständnis der existenzialistischen Persönlichkeitspsychologie schwer nachzuvollziehen sind.

Erinnern Sie sich daran, dass Viktor Frankl, der Existenzialphilosoph und Therapeut, seine Theorien zu einer heilenden Persönlichkeit als Gefangener in einem Konzentrationslager der Nationalsozialsten entwickelte. Wenn auch die meisten Insassen starben, fanden doch diejenigen am schnellsten den Tod, die zuvor ihrer Identität und ihrer Lebensziele beraubt worden waren. Die Wahrscheinlichkeit zu überleben war andererseits für diejenigen am größten, die versuchten, ein bedeutungsvolles Leben zu führen – selbst unter widrigsten Umständen. Die Würde eines Menschen ist nicht nur aus psychischen und ethischen Gründen wichtig. Sie ist auch ein entscheidender Faktor für die Gesundheit. Schenkt man diesem entscheidenden Faktor in der medizinischen Behandlung nicht genügend Aufmerksamkeit, scheint dies Krebspatienten am meisten zu verärgern. Viel besorgniserregender als der Krebs selbst ist die Einstellung, ein „Krebs", ein „Tumor", eine „Krankheit" zu *sein*. Tausende von Krebskranken, die stellvertretend für Millionen Krebskranke stehen, haben inständig gebeten: „Sprechen Sie bitte nicht mit meiner Frau über mich auf eine Weise, als wäre ich nicht da", oder „Hören Sie auf, so zu tun, als wäre alles in Ordnung"; oder „Haben Sie keine Angst davor, mich anzusehen und zu berühren", oder „Behandeln Sie mich bitte wie eine Person, nicht wie eine Krankheit." Wenn ein gewisses Gefühl von Würde und Bedeutung nicht mehr vorhanden ist, schwindet auch der Lebenswille.

Selbstverständnis

Einschätzung der selbstheilenden Persönlichkeit mithilfe des nonverbalen Ausdrucksstils

Eine Möglichkeit, Persönlichkeitsaspekte in Bezug auf die Stabilität der Gesundheit einzuschätzen, besteht darin, einen Freund zwei Wochen lang täglich eine Stunde zu beobachten und den Freund einen selbst ebenfalls für diesen Zeitraum beobachten zu lassen. Zählen Sie dabei einfach die Anzahl expressiver Verhaltensaspekte zusammen, die auf eine gesunde psychoemotionale Verfassung hinweisen, und vergleichen Sie sie mit denen, die auf ein mögliches Problem hindeuten. Die folgende Checkliste ist natürlich nur eine ungefähre Vorgabe, doch sie nennt einige Hinweise, die von erfahrenen Krankenhausärzten genutzt werden (Chesney, Eagleston & Rosenman, 1980; Friedman, 1991; Hall, Friedman & Harris, 1986).

Nonverbale Hinweise, die gewöhnlich mit einer selbstheilenden Persönlichkeit in Verbindung gebracht werden:

- Ruhige, gut modulierte, gleichmäßige Sprache
- Gleichmäßige Handbewegungen, vom eigenen Körper weggerichtet
- Natürliches Lächeln, natürliche Begeisterung
- Offene, entspannte Körperhaltung (im Sitzen)
- Ruhiger Blick in die Augen anderer
- Fließende Körperbewegungen
- Scheint Charisma zu haben und optimistisch zu sein

Nonverbale Hinweise, die gewöhnlich mit einer krankheitsanfälligen Persönlichkeit in Verbindung gebracht werden:

- Ungleichmäßige oder sich beschleunigende Sprache; Unterbrechungen
- Laute Stimme mit explosionsartig hervorgebrachten Wörtern; spricht so schnell, dass man kaum antworten kann
- Seufzt, stottert, viele „Ähs"
- Geballte Fäuste, zusammengebissene Zähne
- Berührt und kratzt sich oft am eigenen Körper, zupft an sich herum
- „Geschlossene" Haltung von Armen und Beinen (im Sitzen)
- Zappelt herum, ist rastlos, klopft oder trommelt mit den Fingern
- Schnelle umherwandernde Augenbewegungen, Blick aber eher nach unten gerichtet
- Gesichtsausdruck spiegelt Angst oder Wut wider
- Stimme oder Körperhaltung bringt Ungeduld oder Intoleranz zum Ausdruck
- Überkontrolliertes Verhalten ohne Ausdruck von Emotionen; wirkt bedrückt oder zu ruhig

Abbildung 12.10:
Viktor Frankl war von den Nazis in ein Konzentrationslager deportiert worden, und doch konnte er zeigen, dass die Würde eines Menschen nicht nur von ethischer Wichtigkeit ist – sie ist auch ein entscheidender Faktor für die Gesundheit.

12.6.3 Kohärenzgefühl

Der Soziologe Aaron Antonovsky (1979, 1987) unternahm Anstrengungen, die Aufmerksamkeit der Forschung von der Krankheit auf die Gesundheit zu lenken. Er formulierte eine allgemeine Theorie, wie Menschen sich ihre Gesundheit erhalten, die er **Salutogenese** (Entstehung von Gesundheit, analog zu Pathogenese, Entstehung von Krankheit) nannte. Von zentraler Bedeutung für die Gesundheit, so Antonovsky, ist ein Kohärenzgefühl – die Zuversicht einer Person, dass die Welt verständlich, überschaubar und bedeutungsvoll ist.

Nach diesem Ansatz muss die Welt nicht unbedingt kontrollierbar sein, sondern im allgemeineren Rahmen kontrolliert und geordnet. So könnte z. B. eine Frau, die in sich ein starkes Gefühl verspürt, Gottes Willen auszuführen, ein stark entwickeltes Kohärenzgefühl haben. Antonovsky beschreibt den Fall eines männlichen Überlebenden des Nazi-Holocaust, der heute in Israel lebt (Antonovsky, 1987). Diese Person, ein Jude, war in seiner Jugend, die er während des Nationalsozialismus verlebte, ziemlich pessimistisch und bezweifelte, dass er überleben würde. Trotzdem hatte er nicht das Gefühl, persönlich angegriffen zu werden, und verzweifelte auch nicht. Er sah, dass alle Juden im selben sinkenden Schiff saßen, führte sein Leben so gut er konnte weiter und beteiligte sich am Widerstand. Nach dem Krieg schien es für ihn nur natürlich zu sein, nach Israel überzusiedeln und ein neues Leben zu beginnen. Dieser gesunde Mann war alles andere als ein Optimist; vielmehr hatte er eine bemerkenswerte Fähigkeit, es im Leben mit außergewöhnlichen Herausforderungen aufzunehmen.

Dieses Verständnis von Würde und Bedeutung, das übrigens unter Anthropologen und europäischen Denkern weiter verbreitet ist als unter US-amerikanischen Psychologen (die eher ethnozentrisch eingestellt sind), fügt unserem Verständnis davon, was die Gesundheit aufrechterhält, einen wichtigen neuen Aspekt hinzu. Für selbstheilende Personen zählt das Leben. Auf ihre Art gelangen diese Personen zu der Sichtweise, dass das Leben klar geordnet ist und nicht chaotisch und unerklärlich. Diese Menschen sind auf ihre Art intakt, blühen und gedeihen und sind keine isolierten weltfremden Träumer. Das bedeutet nicht, dass das Phänomen der Selbstheilung nicht mit wissenschaftlicher Strenge und Akribie untersucht werden sollte. Wie wir schon zuvor in diesem Buch gesagt haben, liefert vielmehr jeder der grundlegenden Ansätze zum Verständnis der Persönlichkeit einen Einblick, der sich für das vollständige Verstehen der menschlichen Psychologie als nützlich erweisen kann.

Perspektive	Gesundheitliche Folgen
Psychoanalytisch	Unterdrückte Konflikte im Unbewussten können sich in Krankheitssymptomen manifestieren; diese Idee war die Grundlage für die Entwicklung der psychosomatischen Medizin. Heute wird dieser Vorgang gewöhnlich *Somatisierung* genannt.
Neoanalytisch / Ego	Die Art der Erziehung von Kindern und der sich daraus ergebende Grad an Bindung und Sicherheit (oder Unsicherheit) führt Kinder zu gesunden Verhaltensmustern (gewissenhaft, eigenständig, vertrauensvoll, sozial integriert) oder ungesunden (Drogenkonsum, Promiskuität, Gewalt).
Biologisch	Eine Person unter Stress oder mit ungesunden Gewohnheiten wie Alkoholmissbrauch wird als krank angesehen; die Behandlung beinhaltet deshalb die Verabreichung von Arzneimitteln, die auf Hormone oder Neurotransmitter einwirken.
Behavioristisch	Gesunde und ungesunde Lebensgewohnheiten werden durch konditionierte Verstärkung erlernt; eine Stabilisierung der Gesundheit ist von der Art der Belohnung abhängig.

Tabelle 12.1: Gesundheit und die acht Aspekte der Persönlichkeit

Perspektive	Gesundheitliche Folgen
Kognitiv	Als Funktion dessen, wie Menschen Informationen verarbeiten, kommen sie zu einem Verstehen, wie ihr Verhalten die Gesundheit beeinflusst, und wie sie am besten ihre Gesundheit aufrechterhalten. Das Gefühl von Kontrolle sollte im Einklang mit dem Verantwortungsbereich der Person stehen.
Merkmale und Fähigkeiten	Bestimmte Merkmale wie Gewissenhaftigkeit werden als gesund angesehen, während andere wie Impulsivität, Zynismus und Suche nach extremem Nervenkitzel sich als ungesund erweisen können.
Humanistisch-Existenzialistisch	Selbstverwirklichung, persönliches Wachstum und Kohärenzgefühl stehen in Beziehung zur Selbstheilung. Gute selbstlose soziale Beziehungen sind von wesentlicher Bedeutung für die Gesundheit.
Interaktionistisch	Die Gesundheit optimiert sich, wenn die Person zu einer guten Übereinstimmung zwischen Selbst und Umwelt gelangt, wodurch die Homöostase (Gleichgewicht der Funktionen) maximiert wird.

Tabelle 12.1: Gesundheit und die acht Aspekte der Persönlichkeit *(Forts.)*

Zusammenfassung und Fazit

Wir können zu vielen Erkenntnissen in Bezug auf die Komplexität der Persönlichkeit gelangen, wenn wir Anwendungsbereiche wie Stress, Krankheit und Gesundheit studieren. Wenn wir uns die Persönlichkeit in einem Bereich wie Gesundheit anschauen, folgen wir dem Rat von Kurt Lewin, Gordon Allport und anderen bedeutenden Theoretikern, dass man den Menschen am besten verstehen kann, wenn man ihn im sozialen Umfeld seiner realen Welt studiert. Nicht nur, dass wir Gesundheit besser verstehen, wenn wir die Persönlichkeit studieren; wir verstehen auch umgekehrt die Persönlichkeit besser, wenn wir Gesundheit studieren.

Es gibt zahlreiche Ansätze, mit denen gezeigt wurde, wie die Persönlichkeit mit der Gesundheit in Beziehung steht. Eine Schlüsselbeziehung zwischen Persönlichkeit und Gesundheit sind Verhaltensweisen und Gewohnheiten. Aufgrund ihrer Biologie oder ihrer Sozialisierung ist es bei bestimmten Menschen wahrscheinlicher, dass sie riskante Verhaltensweisen an den Tag legen, die vom Rauchen bis zum Fallschirmspringen reichen können. Eine zweite Schlüsselverbindung zwischen Persönlichkeit und Krankheit entspringt der gesellschaftlichen Vorstellung von der Krankenrolle und den Belohnungen, die mit ihr einhergeht. Eine dritte Verbindung zwischen Persönlichkeit und Gesundheit betrifft Krankheiten, die einen Einfluss auf die Persönlichkeit ausüben – ein somatopsychischer Effekt, bei dem der Körper auf den Geist einwirkt. Die vierte und faszinierendste Verbindung zwischen Persönlichkeit und Gesundheit ist der Diathese-Stress.

Diathese ist die Prädisposition (oft Erbanlage) des Körpers für eine Krankheit oder Störung. Die Krankheit kommt jedoch nicht zum Ausbruch, bis sie von der Umgebung ausgelöst wird.

Jemand könnte z. B. zu einer krankhaften psychischen Verfassung neigen, die sich zuvor schon gezeigt hat, doch es kommt zu keinem weiteren Ausbruch, bis die Umstände der Umgebung sich entsprechend ändern. Dieses Krankheitsmodell hat viel gemeinsam mit der Vorstellung von einer Person, die mit der Situation interagiert.

Es gibt nun sichere Belege dafür, dass Menschen, die sich im Leben feindselig, konkurrenzbetont und ruhelos verhalten, eher an Herzleiden erkranken als Menschen, die gelassener reagieren. Doch ist es nicht die anstrengende Arbeit, Tätigkeit oder ein herausfordernder Job als solcher, der das eigentliche Problem darstellt. Vielmehr ist es der Kampf, den der Mensch austrägt. Wenn man andererseits in einer Situation ist, bei der man keine Kontrolle über den Ausgang hat, egal was man unternimmt, kann man Hilflosigkeit gewissermaßen erlernen, was zu Depressionen und Krankheiten führen kann. Es gibt Zusammenhänge zwischen verschiedenen psychischen Störungen (wie chronische Wut, Angst oder Depression) und mehreren Krankheiten. Mit anderen Worten: Es ist nicht der Fall, dass Angst spezifisch mit Magengeschwüren zusammenhängt oder Bedrückung einzig und allein mit Asthma. Vielmehr existieren Belege für eine allgemeine „krankheitsanfällige Persönlichkeit".

An der 1921/22 begonnenen Terman-Lebensstudie kann man die Auswirkungen der Persönlichkeit auf die Gesundheit über den Zeitraum eines gesamten Lebens studieren. Es wurde festgestellt, dass Verlässlichkeit, Gewissenhaftigkeit und Pflichtbewusstsein in frühen Kindheitsjahren Hinweise auf eine lange Lebensdauer sind. Kinder, vor allem Jungen, die schon in der Kindheit als umsichtig, gewissenhaft, ehrlich und frei von Dünkel oder Eitelkeit eingeschätzt wurden, leben erheblich länger. Eine Person, die schon in ihren Kindheitsjahren gewissenhaft und pflichtbewusst handelte, erleidet nicht so häufig einen Tod durch Verletzung und neigt auch nicht zu ungesunden Angewohnheiten, sondern bleibt gesünder und lebt auch aus anderen psychischen Gründen länger.

Beim Studium der Selbstheilung gelangten Persönlichkeitsforscher durch die humanistischen und existenzialistischen Ansätze, die eher die positiven Aspekte des Menschen hervorheben, zu vielen Einsichten. Es gibt zwei Haupttypen von selbstheilenden Persönlichkeiten: Der erste ist der eher aktive, eifrige Typ. Hierzu gehören der viel beschäftigte Anwalt und die hart arbeitende Führungskraft. Diese Personen suchen aktiv nach Stimulation, sind sehr extrovertiert, und neigen zu Spontaneität und Lebensfreude. Der zweite Haupttyp der selbstheilenden Persönlichkeit ist der eher ruhige, entspannte Typ. Beide Typen erreichen für sich eine Balance des Gemüts, die genau richtig für sie ist. Es häufen sich die Belege dafür, dass Erfüllung und Spielgeist im Leben Schlüsselaspekte der selbstheilenden Persönlichkeit sind.

Haupttheoretiker

Franz Alexander
Flanders Dunbar
Marvin Zuckerman
Frank H. Farley
Bernard Lown
Ray Rosenman und Meyer Friedman
David Glass
Lewis Terman
Aaron Antonovsky

Zentrale Begriffe

Psychosomatische Medizin
Sensation-Seeking Scale
Typ-T-Theorie
Krankenrolle
Somatopsychischer Effekt
Borderline-Persönlichkeitsstörung
Persönlichkeitsstörung
Diathese-Stress-Modell
Typ-A-Verhaltensmuster
Terman-Lebensstudie
Selbstheilende Persönlichkeiten
Placebo-Effekte
Broaden-and-Build-Modell
Salutogenese
Kohärenzgefühl

Literaturempfehlungen

Amelang, M., Bartussek, D. (1997). *Differentielle Psychologie und Persönlichkeitsforschung*. Stuttgart: Verlag W. Kohlhammer.

Asendorpf, J. B. (2004). *Psychologie der Persönlichkeit*. Berlin: Springer.

Friedman, H. S. (2000). *The self-healing personality: Why some people achieve health and others succumb to illness*. Lincoln: iUniverse.com.

Friedman, H. S., & Booth-Kewley, S. (1987). „The disease-prone personality": A meta-analytic view of the construct. *American Psychologist, 42*, 539–555.

Friedman, H. S., Tucker, J. S., Schwartz, J. E., Tomlinson-Keasey, C., Martin, L. R., Wingard, D. L., & Criqui, M. H. (1995). Psychosocial and behavioral predictors of longevity: The aging and death of the „Termites." *American Psychologist, 50*, 69–78.

Friedman, H. S., Tucker, J. S., Tomlinson-Keasey, C., Schwartz, J. E., Wingard, D. L., & Criqui, M. H. (1993). Does childhood personality predict longevity? *Journal of Personality and Social Psychology, 65*, 176–185.

Kobasa, S. C. (1979). Stressful life events, personality, and health: An inquiry into hardiness. *Journal of Personality and Social Psychology, 37*, 1–11.

Payer, L. (1966). *Medicine and culture: Varieties of treatment in the United States, England, West Germany, and France*. New York: Henry Holt.

Pennebaker, J. W. (1990). *Opening up: The healing power of confiding in others*. New York: Morrow.

Kapitel

13 Kulturelle und ethnische Unterschiede

In diesem Kapitel

Es geht das Wort, die US-amerikanische Psychologie sei das Studium von weißen College-Studenten und weißen Laborratten. Diese Kritik an der Psychologie, sich in der Forschung auch anderen Kulturen und Subkulturen zu widmen, trifft auf die Persönlichkeitspsychologie nicht unbedingt zu. Viele einflussreiche Persönlichkeitspsychologen wurden in Europa geboren und wurden vom europäischen Zeitgeschehen stark beeinflusst. Mit ihren engen Verbindungen zu vielen verschiedenen Nationen und Kulturen (und angesichts der vielen aus ethnischen Motiven geführten Kriege in Europa) hatten die Europäer schon immer ein Gespür für kulturelle Einflüsse auf die Persönlichkeit. Freud dachte z. B. intensiv über die Grundlagen von Kultur, Religion und Literatur nach; Jung studierte fernöstliche Philosophie und Mystizismus, und Lewin führte Experimente zu gruppenübergreifenden Beziehungen durch. Die Persönlichkeitspsychologie verfügt also über eine reiche Tradition, was Kulturbewusstsein betrifft, selbst wenn solche Dinge in der modernen Persönlichkeitspsychologie manchmal außer Acht gelassen werden.

Persönlichkeitspsychologen waren jedoch nicht so aufmerksam gegenüber kulturellen und ethnischen Einflüssen auf die Persönlichkeit in Gruppen, die Diskriminierung gesellschaftlicher oder wirtschaftlicher Natur ausgesetzt waren, wie etwa Amerikaner asiatischer Abstammung, Afroamerikaner und die amerikanischen Ureinwohner. Eine wichtige Ausnahme war Gordon Allport, der ausführlich über Antisemitismus und in Amerika vorherrschende Rassenvorurteile gegenüber Afroamerikanern und deren Diskriminierung schrieb. Allport glaubte, dass das Verhalten der Amerikaner ohne ein Wissen über die Verhältnisse zwischen Schwarzen und Weißen in Amerika nicht zu verstehen sei. Doch Allports (1954) aufschlussreiche Arbeit auf diesem Gebiet (aus den 1950er Jahren) wurde nur selten von anderen Persönlichkeitspsychologen nachvollzogen – selbst von denen, die Allports andere Ideen weiterverfolgten. Diese Unterlassung behinderte die Entwicklung der Persönlichkeitspsychologie.

Es gibt viele Gründe für die Wissenslücken hinsichtlich ethnischer und kultureller Aspekte der Persönlichkeit. Zum Teil liegt das daran, dass sich Laborstudien kaum für interkulturelle Ansätze eignen; es ist einfacher und bequemer Studenten zu studieren. Sie liegen aber auch darin begründet, dass US-amerikanische Universitäten bis jetzt noch keine größere Zahl von Professoren aufweisen, die in bestimmten Minderheitskulturen aufgewachsen sind, weshalb hier ein Mangel an Vertrautheit mit diesem Bereich vorliegt. Und schließlich ist die Begrenztheit bestimmter Gebiete in der US-amerikanischen Psychologie einfach traditionell begründet, d. h., die meisten jungen Forscher studieren das, was ihre Professoren studiert haben, und es kann eine Weile dauern, bis sich Studien von der Mainstream-Forschung weg bewegen und Schwerpunkte auf interkulturelle Aspekte legen und darin zu tragfähigen Theorien gelangen.

Da die Kultur ein bestimmender Hauptfaktor dabei ist festzustellen, was es bedeutet, eine Person zu sein, sollte, wie Allport bemerkte, das systematische Studium dieser Kultureinflüsse ein wesentlicher Teil der Persönlichkeitspsychologie sein. Die moderne Persönlichkeitspsychologie sollte sich auf ihre reichhaltige Tradition des Kulturbewusstseins stützen. Diese Einflüsse sind Thema dieses Kapitels.

13.1 Gruppeneinfluss

Der Dichter John Donne sagte einmal: „Niemand ist eine Insel." Damit meinte er, dass die Lebenswege der einzelnen Menschen mit denen der anderen verknüpft sind. Jeder Mensch ist in ein komplexes soziales System eingebettet – Familien, Freunde, Nachbarn, Gruppen und Gesellschaften.

Den stärksten direkten und unmittelbaren Einfluss auf die Persönlichkeitsentwicklung hat natürlich die Familie, weshalb sich die Persönlichkeitstheoretiker so ausführlich mit der Wirkung der Erziehung durch unsere Eltern beschäftigen. Doch wir werden genauso stark durch unseresgleichen beeinflusst. Harry Stack Sullivan betonte, wie wichtig es sei, gute Freunde oder „Kumpel" zu haben – vor allem zur Zeit der Pubertät, denn diese Jahre sind wichtig für die Bildung einer ethnischen Identität (Phinney, 1993). Doch selbst für uns als Erwachsene hängt das, was wir von und über uns selbst denken, von unseren Freunden und Bekannten ab. Stellen Sie sich z. B. vor, wir würden zehn Rechtsanwälte, zehn Chirurgen und zehn Psychologieprofessoren zu einer Cocktailparty einladen. Die Wahrscheinlichkeit ist groß, dass wir relativ leicht ausmachen können, wer zu welcher Gruppe gehört (vielleicht sogar noch bevor die Gäste zusammenkommen) – und zwar allein auf Grundlage von bestimmten Eigenheiten, Angewohnheiten und politischen Äußerungen oder auch nur aufgrund der Schuhmode oder anderer Äußerlichkeiten wie der Kleidung! Mit anderen Worten: Jede gesellschaftliche Gruppe (oder in diesem Falle Berufsgruppe) übt einen Einfluss auf ihre Mitglieder aus.

13.1.1 Kulturelle Auswirkungen

Über diese unmittelbaren sozialen Einflüsse hinaus existiert auch der Druck von Seiten gesellschaftlicher Institutionen. Die Selbstidentität der meisten Menschen wird durch ihre religiöse Erziehung, das Bildungssystem, durch die Regierung und die Nationalität definiert und beeinflusst. Eine Person, die in einer katholischen Privatschule in Boston aufgezogen wird, weist sicher andere Reaktionsmuster auf als eine Person, die in einer kommunistischen Kaderschule in Peking heranwächst. Diese Einflüsse reichen weit über genetische Unterschiede und solche in den jeweiligen Familienbeziehungen hinaus. Es sind **kulturelle Auswirkungen** – Verhaltensweisen und Bräuche, die wir miteinander teilen und durch die Institutionen in unserer Gesellschaft erlernen.

Es gibt auch erhebliche Unterschiede innerhalb jeder Kultur, die das Ergebnis der Auswirkungen von Ethnizität und gesellschaftlicher Klasse sind. Selbst in der gleichen Stadt, innerhalb derselben Schule entwickeln Menschen erstaunlich unterschiedliche Reaktionsmuster als Funktion der Geschichte ihrer ethnischen Gruppe (z. B. kulturelle Traditionen) und Schicht (z. B. Wirtschafts- und Bildungsstatus). So wird z. B. ein afroamerikanischer Schüler der Mittelschicht in einer Schule in Boston oft andere Erfahrungen machen als ein gerade immigrierter lateinamerikanischer Schüler oder ein Schüler deutscher Abstammung aus wohlhabendem Elternhaus. Dies soll nicht außer Acht lassen, dass die Mitglieder aller genannten Gruppen menschliche Wesen und Amerikaner sind. Vielmehr ist es wichtig zu verstehen, dass sowohl kulturelle als auch biologische und gesellschaftliche Einflüsse die Persönlichkeit von Grund auf formen.

13.2 Die Geschichte der Forschung auf den Gebieten Persönlichkeit und Kultur

Für einen Fisch ist der Lebensraum Wasser die einzig existierende Welt, denn dieser Lebensraum ist der einzige, den er kennen lernen wird. Ein ähnliches Problem stellt unser Wissen über Kulturen vor eine Herausforderung: Es ist schwierig, die Eigenarten unserer Kultur zu erkennen, wenn wir nicht die Außenperspektive einnehmen. Dinge, die uns natürlich und normal erscheinen, können oft nur als kulturspezifisch identifiziert werden, wenn man sie mit anderen Kulturen vergleicht. Für viele US-Amerikaner ist es z. B. ungewöhnlich und abstoßend, Insekten zu essen, doch für viele Afrikaner sind Insekten schmackhaft. Schweinefleisch (Speck und Schinken) zu essen kann wiederum für einen Afrikaner ungewöhnlich und abstoßend sein. Selbst komplexe Verhaltensweisen sind kulturspezifisch. So zeichneten Europäer traditionsgemäß ihre geschichtlichen Ereignisse in Büchern auf, während Afrikaner sich stark auf mündliche Überlieferungen stützten. Für die eine Kultur ist jede Methode der jeweils anderen ungewöhnlich (und unzureichend).

Alle Menschen haben einen biologischen Geschlechtstrieb. Doch Kulturen und Religionen können Menschen beeinflussen, vor der Ehe keine geschlechtlichen Beziehungen einzugehen, außereheliche Geschlechtsbeziehungen zu vermeiden und sich sexueller Aktivitäten sogar völlig zu enthalten, wie es bei Mönchen, katholischen Priestern und Nonnen der Fall ist. Die beim Geschlechtsverkehr bevorzugten Stellungen variieren von Kultur zu Kultur, ebenso wie Masturbationsobjekte, homosexuelle Praktiken, die Zurschaustellung von Nacktheit und Sodomie (Geschlechtsverkehr mit Tieren) (Kluckhohn, 1954). Die Gewohnheiten – einschließlich Vorschriften und Verboten – anderer Kulturen können einem naiven und unbedarften Beobachter oft ziemlich seltsam und sogar abstoßend erscheinen. Während der Kolonialzeit beschrieben die Europäer andere Völker und Kulturen oft als heidnisch, unzivilisiert und pervers (und schrieben ihnen für den Geschlechtsverkehr die „Missionarsstellung" vor). Andere Völker und Kulturen aus dem Gesichtspunkt der eigenen zu bewerten, bezeichnet man als Ethnozentrismus. Erst zu Beginn des 20. Jahrhunderts wurden Kulturen ernsthaft studiert und miteinander verglichen, statt sie herabzusetzen oder abzutun.

Abbildung 13.1:
Eine antike olmekische Figur aus Mexiko. Die Kultur beeinflusst unsere Wahrnehmung dessen, was wir anziehend oder abstoßend empfinden, ebenso wie das, was öffentlich zur Schau gestellt werden darf. Viele US-amerikanische Männer kaufen pornographische Artikel, an denen sie Gefallen finden. In vielen Schichten unserer Gesellschaft wird das als normal angesehen – doch für die meisten Menschen wäre es ein von der Norm abweichendes Verhalten, wenn solche Artikel auf dem Schreib- oder Küchentisch zur Schau gestellt würden.

13.2.1 Beiträge aus der Kulturanthropologie

Anfang des 20. Jahrhunderts entwickelte sich das Forschungsfeld der Kulturanthropologie, und viele aufgeschlossene Forscher wie Margaret Mead bereisten exotische Orte, um die Bräuche innerhalb von Eingeborenenfamilien und -gesellschaften zu studieren. Mead entsprach nicht den Erwartungen der US-amerikanischen Gesellschaft an eine wohlerzogene junge Frau, als sie sich in den 1920er Jahren auf den Weg nach Samoa machte (eine Inselkette im Südpazifik), um die dort lebenden Kinder und Jugendlichen zu studieren. Besondere Beachtung schenkte Mead in ihren Studien der Kindererziehung. So stellte Mead z. B. fest, dass die Schwierigkeiten des Pubertätsalters nicht in allen Kulturen dieselben sind. Das Jugendalter in den USA ist eine Zeit der Rebellion, in anderen Kulturen erleben Jugendliche einen sanften Übergang ins Erwachsenenalter. Natürlich spüren alle Jugendliche, egal wo sie leben, die hormonellen Veränderungen in der Pubertät. Doch die *Auswirkungen* der biologischen (hormonellen) Veränderungen können je nach der gesellschaftlichen Reaktion sehr unterschiedlich sein.

Die heutigen US-amerikanischen Forscher sind immer noch mit den „Problemen" des Erwachsenwerdens beschäftigt: Drogenmissbrauch, Promiskuität, Gewalt. Sind diese das Ergebnis eines inneren Entwicklungsprozesses? Nicht unbedingt. Es ist wichtig, sich an Meads pionierhafte Sicht der Dinge zu erinnern, nämlich, dass das Gesamtbild einer Person nicht in jedem Individuum allein lokalisiert werden kann; vielmehr sind die erheblichen Einflüsse der Gesellschaft ebenso relevant (Mead, 1929, 1939).

Wie Gordon Allport war auch Margaret Mead der Ansicht, dass die Neigung einer Person, auf bestimmte Weisen zu reagieren, relativ stabil ist, wenn man den kulturellen Kontext versteht. So studierte sie z. B. 1928 den Manus-Stamm auf den Admiralitäts-Inseln in Polynesien. 25 Jahre später suchte sie den Stamm noch einmal auf, nachdem er eine tief greifende gesellschaftliche Revolution durch den Einfluss modernen Lebens erlebt hatte. Mead stellte fest, dass sie stabile individuelle Muster erkennen konnte, obwohl sich die eigentlichen Verhaltensstrukturen als Funktion der Kultur verändert hatten (Mead, 1954).

Die Kulturanthropologen Beatrice Whiting und John W. Whiting (1975) studierten ausgiebig das Aufziehen von Kindern in verschiedenen Gesellschaften. In manchen Kulturen wie etwa den mexikanischen oder philippinischen müssen sich ältere Kinder um ihre jüngeren Geschwister kümmern und viele familiäre Aufgaben mit übernehmen. Diese Kinder wachsen zu prosozialen Individuen heran; mit anderen Worten, sie helfen und unterstützen andere. Im Gegensatz dazu lernen die meisten in der vorherrschenden US-amerikanischen Kultur (und nun in der asiatisch-amerikanischen Subkultur) heranwachsenden Kinder Erfolg zu erlangen, „ihr Potenzial zu erfüllen", indem sie aktiv Sport treiben, künstlerische Darbietungen liefern und gute schulische Leistungen bringen – kurz, die „Nummer Eins" zu werden. Diese Kinder sind oft weniger selbstlos eingestellt und legen ein starkes Konkurrenzdenken an den Tag. Diese aus interkulturellen Forschungsarbeiten abgeleiteten Ideen sind immer noch ziemlich wichtig, da die gegenwärtigen Forscher zu verstehen versuchen, warum und wie Kinder in öffentlichen Schulen aufblühen oder scheitern (Cook-Gumperz & Szymanski, 2001). So kann es z. B. ein Schüler lateinamerikanischer Abstammung in einer Klasse sehr schwer haben, in der ein rigoroser Leistungswettbewerb unter den Schülern herrscht.

In dem Versuch, freudianische psychoanalytische Ansichten zu beweisen oder zu widerlegen, untersuchten andere anthropologische Studien, wie sich Kinder verhalten, die offenen Kontakt zum Sexualverhalten anderer haben. Eine Analyse zog z. B. den Schluss, dass in einigen Gesellschaften sexuelle Aktivitäten nicht im Verborgenen stattfinden, wie es bei US-Amerikanern üblich ist. So können Kinder zum Teil Erwachsenen beim Geschlechtsverkehr zusehen (wenn z. B. die ganze Familie in einem Raum schläft), oder sie erhalten schon in jungen Jahren genaue Anleitungen (Ford & Beach, 1951). Zu Zeiten Freuds (und in einem großen Teil der heutigen US-amerikanischen Gesellschaft) wiederum wurde Kindern sexuelles Verhalten als etwas Schmutziges dargestellt, das nur im Geheimen stattfände, und sie wurden dafür, dass sie Neugier an der Sexualität zeigten, hart gestraft oder gedemütigt. Weil solche negativen Begegnungen zu Verdrängungen führen können, kamen anthropologische Studien zu der Ansicht, dass einige wesentlichen Aspekte der freudschen Theorie modifiziert oder ganz verworfen werden müssten. Mit anderen Worten: Die freudsche Vorstellung unterdrückter Sexualität kann vermutlich nicht ohne weiteres auf eine Gesellschaft übertragen werden, die ihre Mitglieder zu freizügigem sexuellen Verhalten ermuntert.

Im Jahre 1945 schrieb der Kulturanthropologe Ralph Linton ein einflussreiches Buch mit dem Titel *The Cultural Background of Personality* (deutscher Titel: *Gesellschaft, Kultur und Individuum*). Linton wies darauf hin, dass jeder Junge eines Jagdvolks, der sich nach Einbruch der Dunkelheit allein in einem Wald befindet, weiß, wie man sich einen Unterschlupf baut und die Nacht überlebt – selbst wenn er noch nie zuvor allein war und dies auch noch nie zuvor getan hatte. Lintons Argument ist, dass eine Person aufgrund eines großen Arsenals an Wissen aus ihrer Kultur gut mit allen möglichen Situationen umgehen kann. Wir teilen viele unserer Reaktionen mit denen, die in unserer Kultur (wie in der gegenwärtigen amerikanischen Kultur) oder Subkultur (wie die US-amerikanischen Teenager lateinamerikanischer Abstammung) leben. So hat z. B. der Alltag vieler US-amerikanischer College-Studenten vieles gemeinsam: aufwachen mit dem Radio, aus dem ein Popsong tönt, waschen, Zähne putzen, Brötchen oder Cornflakes zum Frühstück essen, Jeans anziehen, Freunde grüßen, Campus-Clubs besuchen usw. Es wäre ein Fehler, zeigen zu wollen, dass allein die Persönlichkeit des Individuums als Erklärung für all diese Verhaltensweisen dienen kann. Vielmehr werden Menschen durch ihre Kultur und Subkultur geformt und verhalten sich deshalb in vielerlei Hinsicht so wie andere in derselben Kultur oder Subkultur, aber anders als Individuen in anderen Kulturen.

Wenn wir Menschen aus einem anderen Kulturkreis als unserem eigenen begegnen, dann können die kulturell einheitlichen Aspekte ihres Verhaltens so hervorstechend sein, dass wir die individuellen Unterschiede hinsichtlich der Persönlichkeit bei den Mitgliedern jener Gruppe nicht sehen. So stellte z. B. der Anthropologe Bradd Shore (1996) in seiner Feldarbeit in Samoa fest, dass er erst dann imstande war, Persönlichkeitsunterschiede zwischen den Samoanern, denen er begegnete, auszumachen, als er mit der Kultur dieser Menschen vertraut wurde. Anfangs war er so überwältigt von den auffallend *gemeinsamen* (kulturell bestimmten) Aspekten der Persönlichkeit der Samoaner, dass er nicht imstande war festzustellen, dass sich die Individuen dieses Kulturkreises genauso voneinander unterschieden wie Individuen innerhalb seines eigenen Kulturkreises (Shore, 1996).

13.2.2 Lewins Experimente zur politischen Kultur

Als sich Ende der 1930er Jahre in Europa der Faschismus ausbreitete und sich die Anzeichen eines kommenden Krieges mehrten, nahm Kurt Lewin eine Reihe von Studien zur Effektivität verschiedener Führungsstile vor. Lewin war ein Genie darin, psychologische Einflüsse aus dem realen Leben auf kontrollierte Laborbedingungen zu übertragen. Er schuf dazu Gruppen, die entweder auf demokratischen Prinzipien und Führerschaft beruhten oder auf autokratischen (faschistischen) Prinzipien (Lewin, Lippitt & White, 1939; Lewin, 1947).

In einer Studie z. B. führten die Leiter von zwei Jugendclubs ihre Mitglieder entweder auf autokratische oder auf demokratische Weise. Die Mitglieder des demokratischen Clubs mochten den Club mehr (zeigten eine stärkere Moral). Doch die Auswirkungen des Führungsstils auf die Leistung bei Aufgaben waren weniger deutlich. Entsprechend zeigte es sich, so Lewin, dass die Diskussionen in der demokratischen Gruppe zu Themen wie Änderung der Einkaufsgewohnheiten von Hausfrauen und Arbeitsgewohnheiten von Werktätigen effektiver waren als die autokratischen Vorträge der anderen Gruppe. Obgleich spätere Studien Lewins Ergebnisse nicht immer untermauerten, hatte er doch gezeigt, dass kulturelle Fragen untersucht werden könnten und auch sollten – selbst unter streng kontrollierten Laborbedingungen.

13.2.3 Emische versus etische Ansätze

Persönlichkeitspsychologen, die sich mit interkulturellen Studien befassen, unterscheiden oft zwischen emischen und etischen Ansätzen. Ein **emischer Ansatz** ist kulturspezifisch und konzentriert sich auf eine einzige Kultur innerhalb ihrer eigenen Bedingungen – z. B. darauf, wie US-amerikanische Eltern ihren Kindern beibringen, die Toilette zu benutzen. Ein **etischer Ansatz** ist kulturübergreifend und sucht nach universellen Gesichtspunkten, anhand derer Kulturvergleiche vorgenommen werden können. So gibt es z. B. in allen Kulturen bestimmte Formen, sich zu begrüßen und zu verabschieden. Die Begriffe „emisch“ und „etisch“ leiten sich übrigens von einer Unterscheidung ab, die in der Phonetik zwischen sprachspezifischen und universellen Weisen, den Klang einer Sprache zu beschreiben, vorgenommen wird.

Was hat dies mit der Persönlichkeit zu tun? Probleme tauchen auf, wenn Konzepte, Maßregeln und Methoden, die in einer Kultur entwickelt wurden, achtlos auf eine andere Kultur übertragen werden, um zu versuchen, kulturübergreifende Generalisierungen hinsichtlich der Persönlichkeit vorzunehmen. Betrachten wir z. B. die so genannte F-Skala, die im kalifornischen Berkeley entwickelt wurde, um zu messen, wie sehr eine Person zu Unnachgiebigkeit und Autoritarismus neigt. Bei US-Amerikanern mit einer Neigung zu solchen Voreingenommenheiten funktioniert diese Skala auch relativ gut. Doch auf andere Kulturen kann sie nicht ohne weiteres und mit voller Gültigkeit übertragen werden. In einer Studie in Südafrika sagten die erzielten Ergebnisse unter weißen Südafrikanern kein rassistisches, gegen Schwarze gerichtetes Verhaltensmuster voraus (Pettigrew, 1958). Bedeutet dies, dass eine entsprechende autoritäre Persönlichkeitsstruktur in anderen Kulturen nicht isoliert werden kann? Keinesfalls. Vielmehr müssen verschiedene kulturspezifische Variablen dabei berücksichtigt werden.

Carl Gustav Jung, der Schweizer Psychoanalytiker, suchte nach den Wurzeln der Persönlichkeit in Mythologie, Religion, antiken Ritualen und Träumen. Wie bereits in Kapitel 4 erwähnt, beschrieb Jung das so genannte **kollektive Unbewusste,** für ihn ein Speicher des Gedächtnisses der menschlichen Evolution. Mit anderen Worten: Menschen entwickelten sich und teilten dabei gemeinsame Erfahrungen, Leitgedanken und Motive. Nehmen wir z. B. den Fall einer Mutter. Alle Menschen über alle Generationen hinweg haben eine Mutter. Jungs These (1959) lautete nun: Genauso wie das Kleinkind anfängt, an der Mutterbrust zu saugen, genauso haben alle Kinder eine angeborene Neigung, auf bestimmte Weise auf ihre Mutter zu reagieren. Deshalb ist es auch nicht überraschend, dass alle Gesellschaften Mythen, Sagen und Bilder haben, in denen Mütter eine Rolle spielen. Jung nannte diese universellen Formen Archetypen. **Archetypen** sind die universellen Strukturen des kollektiven Unbewussten. Alle Menschen werden geboren und erwarten (psychisch) eine Mutter zu haben. Doch die Rolle der Mutter unterscheidet sich von Kultur zu Kultur in vielerlei Hinsicht. Deshalb wies Jung darauf hin, dass die Persönlichkeitspsychologie zwar universell sein, gleichzeitig aber auch wichtige kulturbedingte Abweichungen berücksichtigen muss.

13.3 Kollektivismus versus Individualismus

Es gab schon viele interessante Ansätze, die festzustellen versuchten, wie Kulturen in Hinsicht persönlichkeitsbezogener Maßstäbe voneinander abweichen. Ein Hauptmaßstab hat mit der Zentralstellung des unabhängigen Individuums versus der Zentralstellung des Kollektivs zu tun. In westlichen Kulturen finden sich eher individualistische Themen, in den östlichen jedoch eher kollektivistische (Kitayama & Markus, 1999; Markus & Kitayama, 1991; Triandis & Trafimow, 2001). Individualisten betonen Autonomie und Unabhängigkeit, wohingegen Kollektivisten eher voneinander abhängig und gruppenorientiert sind. US-Amerikaner bewundern den einsamen Cowboy oder den Spitzensportler, während Asiaten eher den Leiter einer Gruppe oder ein Team bevorzugen. Viele asiatische Kulturen bestehen auf der fundamentalen Verbundenheit von Individuen; US-Amerikaner dagegen schätzen es, die eigene Sache individuell zu verfolgen. Die Forschung hat nachgewiesen, dass Euroamerikaner und Japaner entsprechend unterschiedliche Ansichten haben, was die Vorhersage zukünftiger Lebenserfahrungen betrifft. In einer Studie erwarteten japanische Probanden, dass positive Lebenserfahrungen häufiger von anderen als von ihnen selbst gemacht würden; US-Amerikaner legten eine solch pessimistische Grundhaltung nicht an den Tag (Chang, Asakawa & Sanna, 2001).

Wenn man eine kollektivistische Stadt wie Kalkutta in Indien besucht, in der es vor Menschen nur so wimmelt, stellt man fest, dass Gastfreundschaft dort sehr groß geschrieben wird. Wenn Sie dagegen New York City besuchen, erhalten Sie höchstwahrscheinlich einen nachhaltigen Eindruck darüber, was der Begriff „robuster Individualismus“ bedeutet. Nicht zufällig ist New York das Zentrum des Kapitalismus. Unterschiede im Verhalten von Personen könnten deshalb äußerst falsch eingeschätzt werden, wenn man das die betreffenden Personen umgebende kulturelle Milieu nicht mit in Betracht zieht.

Kulturelle Auswirkungen sind jedoch nicht immer so einfach. So verglich z. B. eine Studie Strategien der Entscheidungsfindung unter 1123 Heranwachsenden, die in Finnland aufgewachsen und durch einen westlichen individualistischen Erziehungsstil geprägt worden sind, und 428 Heranwachsenden, die in Estland zur Zeit der kollektivistischen Sowjetkultur aufgewachsen sind. Die Jugendlichen wurden gebeten, Probleme zu lösen, die mit Stichelei und Stehlen zu tun hatten. Die Forscher entdeckten, dass die (kollektivistischen) estnischen Heranwachsenden aggressiver waren und ein niedrigeres Niveau an sozialer Verantwortung zeigten als ihre finnischen Altersgenossen; auch neigten sie dazu, sich eher aus der problematischen Situation zurückzuziehen. Die These der Forscher war deshalb, dass sich persönliche Verantwortung nicht so deutlich entwickelt, wenn die Betonung kollektiver Identität die Initialentwicklung einer persönlichen Identität und Verantwortung beeinträchtigt (Keltikangas-Jarvinen & Terav, 1996). Deshalb ist es auch verständlich, dass viele US-Amerikaner, die in einem engen Familienverbund aufgewachsen sind, der sowohl auf individuelle Errungenschaften als auch auf Gerechtigkeit und Anstand Wert legt, zu wohltätigen, religiösen und friedfertigen Erwachsenen heranreifen – trotz der stark individualistisch eingestellten Gesellschaft.

Abbildung 13.2: Masako Owada besuchte die Universitäten Harvard und Oxford und war als Diplomatin für die japanische Regierung eine beruflich sehr aktive Frau. Dies änderte sich jedoch von Grund auf, als sie im Alter von 29 Jahren Kronprinz Naruhito heiratete. Owada „veränderte" sofort ihre Persönlichkeit, sie ging nicht mehr arbeiten, passte sich den Traditionen an und ließ ihrem Mann, dem Kronprinzen, den gesellschaftlichen Vortritt. Auch wenn einige Berichte darauf hindeuten, dass ihr diese Veränderung nicht immer leicht fiel: Glauben Sie, dass es für sie letztlich doch nicht so schwierig war, weil sie in einer kollektivistischen Gesellschaft lebte, in der die Menschen stark voneinander abhängig sind? Wäre es für eine US-amerikanische weibliche Führungskraft vielleicht schwieriger, sich auf ähnliche Weise zu „verändern", wenn sie einen Senator oder den Präsidenten heiraten würde? (Das linke Foto wurde nach ihrer Heirat aufgenommen, das rechte Foto davor.)

13.4 Fehler in der wissenschaftlichen Schlussfolgerung: Die Rassenfrage

Ein Kapitel über ethnische und kulturelle Einflüsse auf die Persönlichkeit in diesem Lehrbuch ist wichtig, da man daran die Bedeutung wissenschaftlich genauer und gründlicher Untersuchungen demonstrieren kann. Wir haben wiederholt festgestellt, dass die Nichtbeachtung sozialer und kultureller Einflüsse selbst die hellsten Köpfe unter den Wissenschaftlern zu Fehlern in ihren Einschätzungen verleitet. Galton und viele andere Forscher auf den Gebieten Fähigkeit und Intelligenz überzeugten sich z. B. davon, dass weiße Männer den höchsten Intelligenzquotienten aufwiesen, weshalb es nur passend war, dass sie an Universitäten, in Unternehmen und Regierungsstellen die führenden Positionen einnehmen. Für Freud war eine gesunde Frau diejenige, die eine gute Ehefrau und Mutter abgibt und die größte sexuelle Befriedigung aus dem Geschlechtsverkehr mit ihrem Ehemann zieht. Tatsächlich stellten Psychologen wie andere Leute in gehobener Stellung lange Jahre nur selten die Idee in Frage, dass ein Präsident, Senator, Firmenchef, Chirurg, Richter oder Professor etwas anderes als ein wohlhabender weißer Mann sein sollte.

Es ist wichtig zu verstehen, dass das nicht die Ansichten ignoranter oder böswilliger Eiferer waren. Es waren die Ansichten vieler bedachter und gebildeter Menschen. In einem interessanten Buch mit dem Titel *Joining the Club: A History of Jews and Yale* dokumentiert der Autor die Reaktionen der führenden Köpfe an der Universität Yale, als in den 1920er Jahren die Zahl frisch immigrierter jüdischer Studenten an den Elite-Universitäten zunahm (Oren, 1985). Das Buch beschreibt z. B. die Bemerkung eines Psychologen – und Studienberaters von Studenten im ersten Semester –, der empfahl, dass jüdische Studenten wegen persönlicher Makel von der Universität ausgeschlossen werden sollten, obwohl sie in ihrem Studium sehr gute Leistungen erbrachten: „Ich habe das Gefühl, dass diese Studenten ein Fremdkörper im Klassenorganismus sind. Sie tragen nur sehr wenig zum Klassenleben bei." (Oren, 1985, S. 43) Mit anderen Worten: Sie kamen aus einer anderen Kultur.

Solche Vorurteile führten dazu, dass für Studenten aus Minderheitengruppen Höchstquoten eingeführt wurden, die es bis Ende der 1960er Jahre nur einer kleinen Zahl dieser Studenten gestattete, ein Studium in Yale aufzunehmen (Frauen war bis dahin der Zugang zum Studium dort sogar gänzlich verwehrt). Die meisten anderen Elite-Universitäten verfuhren durch das 20. Jahrhundert hindurch mit ihren Randgruppen-Studenten ähnlich und schlossen viele talentierte Leute vom Studium aus (fast alle schlossen auch Frauen aus). Subtile kulturelle Vorurteile und Einflüsse trübten selbst das Urteilsvermögen der gebildetsten Männer in den USA.

13.4.1 Die Rasse als Ansatz zur Gruppierung von Menschen

Menschen bilden Gruppen, denen viele verschiedene Kriterien zugrunde liegen. Viele Gruppen beruhen auf erklärten Ansichten wie etwa politischen oder religiösen Überzeugungen. Politische Parteien sind ein Beispiel. Gewöhnlich ist es einer Person möglich, solche Gruppen zu wechseln (d. h. zu konvertieren), indem sie neue Ansichten übernehmen.

Andere Gruppen beruhen hauptsächlich auf kulturellen Gewohnheiten oder Bräuchen wie etwa dem Verzehr von Spaghetti oder Tacos oder dem Tragen von Kilts, Ketten oder Kaffiyehs (eine arabische Kopfbedeckung), möglicherweise zusätzlich zu religiösen Überzeugungen. Diese Gruppierungen bezeichnet man gewöhnlich als ethnische Gruppen. Irische Katholiken sind ein Beispiel.

Schließlich beruhen einige größere Gruppierungen auf körperlichen Merkmalen im Zusammenhang mit der geographischen Herkunft, z. B. Hautfarbe, Augenform oder Körpergröße. Solche Gruppierungen nennt man auch Rassen. Doch Rassengruppierungen sind Quelle vieler Verwirrungen und wissenschaftlicher Missverständnisse, denn sie sind sehr eng mit der Biologie verbunden. Menschen können leicht ihre Religion wechseln oder ihre Essgewohnheiten ändern, doch bei der Hautfarbe geht das natürlich nicht. Außerdem können wir sofort erkennen, ob jemand „schwarz", „weiß" oder „gelb" ist, jedoch nicht, ob jemand ein Katholik oder Buddhist ist.

Da körperliche Merkmale so offensichtlich sind, neigen wir oft dazu, auf ihnen beruhende Persönlichkeitsmerkmale zu stark zu verallgemeinern und ausschließlich diesen Merkmalen zuzuschreiben. Ein arabischer Mann, der in Saudi-Arabien lebt, hat vielleicht eine große Nase, dunkles Haar, spricht arabisch, trägt ein Kaffiyeh, ist politisch konservativ eingestellt, folgt traditionellen arabischen Bräuchen und verzichtet darüber hinaus auf den Verzehr von Schweinefleisch, wenn er ein Moslem ist. Doch wie steht es um den Enkel eines solchen Arabers, der in Los Angeles geboren und aufgewachsen ist und als Schauspieler arbeitet? Er hat vielleicht ebenfalls eine große Nase und dunkles Haar, doch würde er sonst seinem Großvater in keiner Weise ähneln. Es wäre nicht logisch, auf der Grundlage einiger weniger körperlicher Merkmale Verallgemeinerungen anzustellen und anzunehmen, dass diese beiden Männer ähnliche Verhaltensmuster aufweisen. Und doch ist diese Art von Verwirrung und zu starker Verallgemeinerung weit verbreitet, gerade wenn es um die Hautfarbe geht.

13.4.2 Das „amerikanische Dilemma"

In den USA ist eine der signifikantesten Gruppierungen die Unterteilung der Bevölkerung in Schwarze und Weiße, was hauptsächlich historische Gründe hat. Die USA wurden auf der Basis gegründet, dass „alle Menschen vor der Schöpfung gleich sind", und doch erlaubte die Verfassung der USA Sklaverei (und berechnete Sklaven z. B. bei der Steuer mit drei Fünfteln des Werts eines freien Menschen). Gunnar Myrdal (1944) nannte dieses Problem das **amerikanische Dilemma**. Wie kann es sein, dass in einem Land alle Menschen gleichwertige Geschöpfe sind, viele von ihnen aber als Sklaven gehalten wurden (bis Abraham Lincoln das Präsidentenamt antrat)? Wie kann es sein, dass in einer Gesellschaft alle Menschen vor der Schöpfung gleich sind – nur dass einige Menschen bestimmte Toiletten nicht benutzen dürfen, aus bestimmten Wasserhähnen nicht trinken dürfen und es ihnen verboten ist, im Bus einen Platz ganz vorn einzunehmen (bis zur Änderung der Bürgerrechte in den 1960er Jahren)? Dieser Stachel steckt so tief im Fleisch der US-amerikanischen Geschichte und der Kultur des Landes, dass es zum Verstehen der Persönlichkeit nach wie vor ein wichtiges Thema ist.

Im Jahr 1933 wurde eine Studie zur Rassenstereotypisierung unter männlichen Studenten der Universität Princeton durchgeführt (Katz & Braly, 1933). Die Studenten wurden gebeten, diejenigen Merkmale auszuwählen, von denen sie glaubten, dass sie zehn verschiedene so genannte Rassengruppen (Amerikaner, Chinesen, Iren usw.) am besten beschrieben. „Amerikaner“ (wie es die Studenten selbst waren) wurden als fleißig, intelligent und fortschrittlich beschrieben, bei anderen Rassengruppen traten dagegen deutliche, Vorverurteilungen hervor. So wurden z. B. „Neger“ als abergläubisch, faul, unbekümmert und musikalisch angesehen. Mitunter ist es bemerkenswert, wie unlogisch diese verzerrten Wahrnehmungen sein können. Kalifornien z. B. holte asiatische Arbeiter für manuelle Aufgaben ins Land, zwang sie, sich in abgetrennten Stadtteilen oder Regionen niederzulassen, und erging sich dann in Vorurteilen, dass diese Menschen ungebildet und übertrieben herkunftsbewusst seien.

Wie wir bereits in Kapitel 5 über die biologischen Aspekte der Persönlichkeit detailliert erörterten, ist es klar, dass die genetische Veranlagung einen wichtigen Einfluss auf die Persönlichkeit ausüben kann, doch tut sie dies auf komplizierte Weise. Die Hautfarbe ist nur eine beobachtbare Manifestation der Gene, ebenso wie Augenfarbe, Größe, Körperbau, Schuhgröße, Augenform, Nasenform usw. Wie wir sahen, sind solche körperlichen Eigenschaften ein schlechter Ersatz für eine gründlichere biologische, soziale, kognitive, existenzielle und kulturelle Analyse von Personen. Und eine Konzentration auf die Hautfarbe führt zu endlosen kontroversen politischen Konflikten, die eher für Reibung als für Aufklärung sorgt (Klineberg, 1935; Yee, Fairchild & Weizman, 1993; Spearman, 1925; Rushton, 1995). Im nationalsozialistischen Deutschland führte die Konzentration auf körperliche und so genannte Rassenunterschiede zu einem Massenmord an so unterschiedlichen Gruppen wie Kindern in Rollstühlen, Juden und Zigeunern – und dies alles im Namen des „wissenschaftlichen Fortschritts“ der Gesellschaft. In der gegenwärtigen US-amerikanischen Gesellschaft ignoriert oder verzerrt eine simplizistische Klassifizierung nach Rassen die Analyse solcher viel versprechenden Konzepte wie Unterschiede hinsichtlich Veranlagung und Temperament zwischen Personen oder kulturelle Einflüsse auf Verhalten und Entwicklung (siehe den Kasten „Selbstverständnis“).

Sollten Persönlichkeitspsychologen „Rasse“ studieren? Einerseits ist es sicherlich sinnvoll, wenn man berücksichtigt, dass die Persönlichkeit von den Reaktionen anderer beeinflusst wird und dass andere oft auf uns aufgrund wahrgenommener körperlicher Merkmale reagieren. (In den USA ist das häufig die Hautfarbe.) Diesbezüglich kann es richtig sein, bei Untergruppen von Menschen starke biologische Ähnlichkeiten (wie etwa eine genetisch bedingte Anfälligkeit für bestimmte Krankheiten) zu studieren, obwohl viele US-Amerikaner gemischter Herkunft sind. Andererseits ergeben sich aus dem Versuch, alle US-Amerikaner in eine von mehreren Rassen einzuteilen, keine bekannten wissenschaftlichen Vorteile (Graves, 2001). Viel ergiebiger ist es, die Auswirkungen ethnischer Identifikation, der Geschichte, Familie, Subkultur, Religion und der gesellschaftlichen Klasse zu studieren, da diese mit dem Temperament in Wechselwirkung stehen und die Persönlichkeit beeinflussen. Diese Klassifizierungen sind leichter definierbar und weniger anfällig für wissenschaftliche und gesellschaftliche Verzerrungen.

Selbstverständnis

Intelligenzforschung: The Bell Curve

Im Jahr 1994 veröffentlichten Richard Herrnstein und Charles Murray eine kontroverse Abhandlung mit dem Titel *The Bell Curve* (Die Glockenkurve). Sie behaupteten, dass sie Belege für die Existenz eines allgemeinen vererbten Intelligenzfaktors gesammelt hätten, der für die meisten Aspekte von Erfolg oder Versagen verantwortlich sei. Dieser Faktor lässt sich, so behaupten sie, ziemlich genau durch gegenwärtig verfügbare IQ-Tests messen. Die Autoren vertreten die Ansicht, dass der IQ („angeborene Intelligenz") in unserer Kultur in sehr engem Zusammenhang mit Erfolg steht, einschließlich Höhe des Einkommens (Armut versus finanzieller Erfolg), Umfang der Schulausbildung, Beschäftigung (versus Arbeitslosigkeit), beruflichem Erfolg (und der Stellung innerhalb des Unternehmens) einerseits, und Trägheit, Bezug von Sozialhilfe, Geburt unehelicher Kinder, Scheidungen und Verwicklung in kriminelle Machenschaften andererseits, sowie der Qualität der Kindererziehung, der Teilnahme am politischen und Gesellschaftsleben und dem Abstimmverhalten bei Wahlen (Herrnstein & Murray, 1994).

Eine solch breit und allgemein gefasste Zuordnung von Persönlichkeitsmerkmalen zu genetischen Faktoren sollte uns zunächst einmal misstrauisch machen (angesichts dessen, was wir bereits über die Komplexität der Persönlichkeit wissen), und tatsächlich bestätigt sich unser Misstrauen beim Lesen der nächsten Behauptung der beiden Autoren.

Sie vertreten die Ansicht, dass genetisch vererbte Intelligenz der Hauptfaktor für die Ursache von Unterschieden hinsichtlich Erfolg bei den verschiedenen ethnischen Gruppen sei. Das heißt: Statt gesellschaftliche und kulturelle Fortschritte und Traditionen als mögliche Ursachen unterschiedlicher Erfolgsniveaus zwischen verschiedenen ethnischen Gruppen in Betracht zu ziehen, behaupten die beiden Autoren, dass diesen Unterschieden in erster Linie Gruppenunterschiede beim IQ zugrunde liegen.

Diese Argumentation wurde von weniger gut informierten Leuten unkritisch übernommen. Wir lesen einen Artikel in einer größeren Zeitung, aus dem hervorgeht, dass die Gesellschaft sich nicht darum sorgen brauche, ein reicheres Bildungsangebot zur Verfügung zu stellen, da „Wissenschaftler bewiesen haben", dass Fähigkeiten und Erfolg durch die genetische Veranlagung vorbestimmt und unabänderbar festgelegt seien. Würden Sie als Student der Persönlichkeitspsychologie eine dermaßen vage und diffuse Behauptung akzeptieren?

Im Grunde sollten wir misstrauisch und sogar alarmiert sein, wenn jemand allein auf Grundlage ethnischer Aspekte versucht, zu allgemeingültigen Schlussfolgerungen zu gelangen. Selbst wenn es so wäre, dass solche Unterschiede biologisch zu begründen seien – was macht es für einen Unterschied? Selbst innerhalb einer Gruppe herrschen unter den Angehörigen enorme Unterschiede. Wenn wir *einen individuellen* Bewerber um einen Ausbildungs- oder Arbeitsplatz betrachten: Welche Rolle spielen dann ethnische oder genetisch-biologische Aspekte, wenn er oder sie der nächste Picasso oder die nächste Marie Curie (die erste Person, die zwei Nobelpreise gewann) sein könnte?

Sind Errungenschaften und Fehlschläge vorwiegend auf angeblich „rassenbedingte“ angeborene (Un-)Fähigkeiten zurückzuführen? Viele Psychologen haben diesen Argumenten widersprochen und wiesen auf Ungenauigkeiten bei den Belegen und Ungereimtheiten in der Beweisführung hin, die jegliche Schlussfolgerungen über einen angeborenen Erfolgs- oder Misserfolgsfaktor hinfällig machen. Es ist z. B. bekannt, dass hohe Erblichkeitswerte starke Auswirkungen umweltbedingter Veränderungen auf Leistung und Fähigkeit nicht ausschließen und oft nicht einmal begrenzen (Wahlsten, 1995). Das bedeutet: Selbst wenn die Intelligenz in hohem Maße erblich ist, kann doch schon eine kleinere umweltbedingte Veränderung (z. B. stabile, gebildete Eltern) das Leistungsniveau einer Person mit einem bestimmten IQ beträchtlich verändern. Es wurde auch Kritik an der unsachgemäßen Verwendung von Statistiken seitens der Autoren von *The Bell Curve* geübt (Fancher, 1995; Fraser, 1995; Bateson, 1995; Krishnan, 1995).

Aufgrund kultureller Einflüsse haben sich IQ-Tests schon oft als ungenau erwiesen, wenn sie falsch angewendet wurden. Obgleich sie bei der Messung bestimmter Fähigkeiten für viele Menschen mit ähnlichem Hintergrund relativ genau sind, hat sich doch immer wieder herausgestellt, dass sie Ursache für eine fehlerhafte Zuweisung von intelligenten Schülern zu Förderunterrichtsklassen waren (Siegel, 1995; Barrow, 1995). Deshalb ist *The Bell Curve* in den Augen mancher Leute nichts anderes als rassistische Polemik. Wie wir in diesem Lehrbuch schon mehrfach betont haben, bringen viele Persönlichkeitstheorien Annahmen über die menschliche Natur mit sich, die recht dramatische Konsequenzen haben können.

13.5 Sozioökonomische Einflüsse auf die Persönlichkeit

Es gibt im öffentlichen Gesundheitswesen ein faszinierendes Phänomen, das als **SÖS-Gradient** bezeichnet wird. Er bezieht sich auf den Umstand, dass das Risiko für eine Person krank zu werden und frühzeitig zu sterben umso geringer ist, je höher ihr sozioökonomischer Status (der SÖS – kurz für **sozio-ökonomischer Status** ist ein Maßstab für das Bildungs- und Einkommensniveau einer Person.) Diese Beziehung wurde schon zu verschiedenen Zeiten und an verschiedenen Orten festgestellt (Adler et al., 1994). Sie trifft auf jedes Alter und jede Einkommensgruppe zu. So leben z. B. ältere Frauen, die reich sind, länger als ältere Frauen, die unter bescheidenen Bedingungen leben.

Es gibt viele Erklärungen für diesen Gradienten, doch keine von ihnen ist wirklich hinreichend. Personen mit einem niedrigeren Bildungsniveau verdienen vielleicht weniger Geld und neigen vielleicht auch eher zu ungesunden Lebensgewohnheiten wie Rauchen; kränkliche Menschen könnten auf einen niedrigeren sozioökonomischen Status absinken; ärmere Menschen können sich keine hochwertigen Nahrungsmittel oder ausreichende ärztliche Behandlung leisten; und reichere Menschen sind imstande, in einem gesünderen Umfeld zu leben. All diese Möglichkeiten könnten für eine Wechselbeziehung zwischen sozioökonomischem Status und Gesundheit verantwortlich sein. Sicher trifft jeder dieser Mechanismen in einigen Fällen zu, doch das allgemeine Phänomen ist immer noch nicht voll verstanden.

Das für Persönlichkeitspsychologen Interessante an diesem Phänomen ist, dass die gesellschaftliche Stellung weit reichende Auswirkungen auf Personen haben kann. Die entsprechenden Auswirkungen auf die Persönlichkeit sind bisher weniger gut nachgewiesen. Doch wenn die gesellschaftliche Schicht einen Einfluss auf die Wahrscheinlichkeit einer Krankheit oder eines frühen Todes hat, dann hat sie wahrscheinlich auch beträchtliche Auswirkungen auf gewöhnliche psychische Reaktionsmuster (z. B. Pearson, Lankshear & Francis, 1989). Anders gesagt, die Auswirkungen der gesellschaftlichen Schicht auf die Persönlichkeit sind unbestreitbar. Selbst innerhalb der Mittelschicht bestehen Unterschiede zwischen der oberen, der durchschnittlichen und der unteren (Arbeiter-)Schicht. Solche Erkenntnisse sind für Forscher in Ländern wie Indien, das lange eine Kastengesellschaft war, offensichtlich (z. B. Dubey, 1987). In US-amerikanischen akademischen Zusammenhängen erscheinen Studien zur Gesellschaftsstruktur und Persönlichkeit allerdings hauptsächlich in der Soziologie (House, 1990). Persönlichkeitspsychologen äußerten sich dazu kaum.

13.5.1 Karl Marx und Entfremdung

In einem benachbarten Studienfeld betonen einige Wissenschaftler die Auswirkungen des Wirtschaftssystems auf das individuelle Verhalten. Dieser Ansatz nahm mit der Arbeit des deutschen Philosophen Karl Marx (1818–1883) formale Züge an. Marx studierte die Geschichte und die Auswirkungen ökonomischer Unterdrückung. Er zog den Schluss, dass viele gesellschaftliche Institutionen (einschließlich der Religion) hauptsächlich dazu dienten, die ökonomische Macht der Elite zu festigen (1872). Seine Ideen waren der Ursprung von Sozialismus und Kommunismus. Sozialisten glauben an eine Gesellschaft, die so strukturiert ist, dass die Menschen zum Nutzen der Gesellschaft statt für sich selbst arbeiten. Kommunisten sehen in der Revolution der Arbeiterklasse das Mittel zur Beseitigung des Privateigentums, da sie das Privateigentum als ein Übel begreifen, das zu einer selbstsüchtigen, entmenschlichten und entfremdeten Gesellschaft führt.

In welchem Bezug steht nun marxistisches Gedankengut zur Persönlichkeit? Marx behauptete, dass psychosoziale Eigenschaften wie Entfremdung direkt auf die Wirtschaftsstruktur einer kapitalistischen Gesellschaft zurückgeführt werden können. Er erkannte deshalb starke sozioökonomische Einflüsse auf die Person und darauf, was es bedeutet, eine Person zu sein. Die sozialistischen und kommunistischen Revolutionen des 20. Jahrhunderts bestätigen Marx´ Vorhersagen jedoch nicht; die Abschaffung des Privateigentums and die Durchsetzung der ökonomischen Gleichstellung führten nicht zu einem Arbeiterparadies und psychischer Befriedigung. Die grundlegende Orientierung von Marx und seiner Anhängerschaft jedoch – nämlich dass die sozioökonomische Klasse ein Schlüsselkonzept zum Verstehen menschlichen Verhaltens sei – wurde tatsächlich in vielen modernen Analysen in Soziologie, Sozialpsychologie und Politikwissenschaften übernommen. In der Persönlichkeitspsychologie übte Marx den größten Einfluss auf Erich Fromm und seine Kollegen aus, die tief greifende Überlegungen zur existenziellen Entfremdung in der modernen Gesellschaft anstellten (wie in Kapitel 9 erörtert).

Wie Marx bemühte sich auch Fromm darum zu ermitteln, was die grundlegende Natur des Menschen ist und welche Art von Kultur die geeignetste ist, die Bedürfnisse des Menschen am besten zu erfüllen. Interessanterweise akzeptierte und erweiterte Fromm die Idee, dass die sozioökonomische Basis der Gesellschaft ihre Kultur formen würde, aber er war nicht deterministisch oder pessimistisch eingestellt. Fromm glaubte, dass kapitalistische Gesellschaften ihrem Wesen entsprechend eine Konsumkultur schaffen müssten. Wenn Menschen nicht so geformt werden, dass sie sich ständig nach immer neuen und ausgefalleneren Produkten sehnen und diese konsumieren, dann kann die kapitalistische Gesellschaft nicht funktionieren. (Denken Sie z. B. an all die Unternehmen, die zugrunde gehen würden, wenn die meisten Menschen am liebsten Meditation betreiben oder sich mit den Nachbarn sportlich betätigen würden, oder wenn sie gute Gespräche miteinander führen könnten und mit schlichter Kleidung, einfachen Nahrungsmitteln und simplen Transportmitteln zufrieden wären.) Andererseits glaubte Fromm, dass Gesellschaften geschaffen werden könnten, die die Selbsterfüllung des Menschen durch die Betonung von Gemeinwohl, Liebe und Gegenseitigkeit fördern würden.

Abbildung 13.3:
Karl Marx war der Ansicht, dass individuelle Eigenschaften wie Entfremdung unmittelbar auf die Wirtschaftsstruktur einer kapitalistischen Gesellschaft zurückgeführt werden könnten statt auf die Biologie oder die individuelle Vergangenheit der Person.

13.6 Sprache als kultureller Einfluss

Die Sprache ist eines der zentralsten und einflussreichsten Merkmale einer jeden Kultur. In Kanada gab es zwischen den französischsprachigen Einwohnern von Quebec und den englischsprachigen im restlichen Land bei ihrem Bestreben, vollständige politische Unabhängigkeit zu erreichen, viele kulturelle Konflikte. In den USA sind Menschen aus spanischsprachigen Kulturen wie Mexiko, Kuba und Puerto Rico bemerkenswert erfolgreich darin, wesentliche Aspekte ihrer jeweiligen Subkultur beizubehalten, indem sie weiterhin die Sprache ihrer Kultur pflegten. Viele andere amerikanische Subkulturen sind ebenfalls bestrebt, die ursprüngliche Sprache ihrer Kultur zu bewahren.

Sprechen und Hören – also Sprache in ihrer Verbalform – ist ein Mittel der zwischenmenschlichen Interaktion in allen Gesellschaften und ein zentrales Element dessen, was wir sind. Jede natürliche menschliche Sprache, die je studiert wurde, ist bemerkenswert komplex, doch gleichzeitig weisen alle Sprachen viele gemeinsame Merkmale auf, die **„linguistische Universalien“** genannt werden – und zwar unabhängig vom Grad der technischen Entwicklung der gesellschaftlichen Gruppe, in der sie gesprochen wird (Hockett, 1966). Die Sprache macht uns also menschlich, und besondere Eigenschaften einer bestimmten Sprache machen aus uns eine bestimmte Art von Mensch.

13.6.1 Sprache und Identität: Idiolekte und Dialekte

Die Sprache ist eines der Merkmale, die die Identität einer Person definiert – Sie sind, was Sie sprechen. Um es mit den Worten des aus Martinique stammenden Psychiaters Frantz Fanon zu sagen: „Zu sprechen bedeutet, eine bestimmte Syntax zu benutzen und die Morphologie dieser oder jener Sprache zu begreifen, doch vor allem bedeutet es, eine Kultur anzunehmen und das Gewicht einer Zivilisation mitzutragen.“ (1952, 1967) Diese Rolle der Sprache ist bei ihrer Auswirkung auf die gesellschaftliche Identität ein zweischneidiges Schwert, denn sie schließt jene aus, die die Sprache der Gruppe nicht sicher beherrschen, und stärkt die Bande zwischen denen, die es tun.

Da jeder von uns andere Erfahrungen gemacht hat, spricht jeder eine eigene Version seiner Muttersprache, den so genannten **Idiolekt** (Das Präfix *Idio* bezieht sich auf das Selbst.) Der Idiolekt ist eine Form des Selbstausdrucks und somit ein Teil der Persönlichkeit (Johnstone & Bean, 1997). Aufgrund dieser Besonderheit konnten Historiker und Literaturwissenschaftler den Versuch unternehmen zu bestimmen, ob alle Shakespeare'schen Stücke tatsächlich von ein und derselben Person geschrieben und welche Bücher der Bibel vom selben Urheber verfasst wurden. Je größer die Ähnlichkeiten zwischen zwei beliebigen Menschen in Bezug darauf sind, wo sie gelebt haben, wo sie erzogen wurden, welcher gesellschaftlichen Schicht oder Religion sie angehören oder welche Interessen sie haben, desto größer ist auch die Ähnlichkeit ihrer Idiolekte. Abweichungen zwischen Gruppen von Menschen, die bestimmte regionale oder kulturelle Eigenschaften teilen, schaffen unterschiedliche **Dialekte**. Wenn zwei Gruppen ähnliche, aber voneinander unterscheidbare Dialekte sprechen, dann kann dieser Dialekt ein wichtiger Aspekt der Gruppenidentität sein. Innerhalb einiger afroamerikanischer Gruppewird die Gruppenidentität z. B. durch Sprechen des so genannten „Black English“ gestärkt – Mitglieder dieser Gruppe, die „weißes Englisch“ sprechen, haben sich in Augen der anderen von ihren Wurzeln losgelöst.

Regionale Abweichungen in der Art und Weise, wie Menschen sprechen – von Nichtlinguisten gewöhnlich als eine Variation des Akzents angesehen – ist genau genommen ein Beispiel für die Variation von Dialekten. Das alltägliche Konzept des „Akzents“ konzentriert sich auf die Aussprache, doch das Konzept des Dialekts ist viel umfassender und schließt auch Variationen im Vokabular und eigene Formen der Syntax mit ein. Es gibt z. B. viele subkulturelle Unterschiede bei umgangssprachlichen Begriffen. Gewisse Dialektforscher sind so geschult wie der fiktive Professor Henry Higgins (aus *My Fair Lady*), der genau bestimmen konnte, wenn er jemandem sprechen hörte, aus welcher Nachbarschaft oder welchem Dorf diese Person stammt, wodurch er wichtige Aspekte über die persönliche Identität in Erfahrung bringen konnte.

Die Frage danach, wie viel Unterschied genug Unterschied ist, um zwei regionale Sprachvarianten als separate Dialekte zu bezeichnen, verhält sich analog zu der Frage, wie groß die Abweichungen zweier Dialekte sein müssen, um sie mit Recht als separate Sprachen zu bezeichnen. In der Praxis ist die Bestimmung, ob zwei Varianten unterschiedliche Dialekte oder unterschiedliche Sprachen sind, nicht nur ein Thema der Linguistik. Einige Sprachen sind einander so ähnlich, dass Menschen, die eine der Sprachen beherrschen, zu einem gewissen Grade auch imstande sind, jemanden zu verstehen, der die andere spricht. Beispiele für solche Sprachpaare sind Spanisch und Portugiesisch sowie Schwedisch und Dänisch. In anderen Fällen sind einige Dialekte einer Sprache so unterschiedlich, dass sie keine gegenseitige Verständlichkeit gestatten (wie etwa Varianten der chinesischen Sprache). Warum betrachtet man die Paare im ersten Fall als verschiedene Sprachen und im zweiten Fall als verschiedene Dialekte ein und derselben Sprache? Weil nichtlinguistische Merkmale die Bestimmung beeinflussen. Die Nationalidentität ist ein bestimmender Faktor (Spanier sind keine Portugiesen, aber alle Chinesen sind Chinesen) ebenso historische Beziehungen (in den USA gehen wir davon aus, dass die Sprache, die die meisten von uns sprechen, Englisch sei; viele Briten würden jedoch einwenden, dass wir in Wirklichkeit Amerikanisch sprächen).

Wie dem auch sei: Die Sprache gestattet es Menschen, eine starke Identifikation mit ihrer Gruppe aufrechtzuerhalten; der Dialekt einer Subkulturgruppe wie etwa der einer Straßenbande dient vielen gesellschaftlichen Funktionen in derselben Weise wie die Fachsprache, die innerhalb einer kleinen wissenschaftlichen Gruppe verwendet wird. In beiden Fällen nutzen die Mitglieder der Gruppe Wörter und Begriffe, die für die Gruppe einmalig sind oder innerhalb der Gruppe ganz bestimmte Bedeutungen haben; die Sprache kann deshalb dazu genutzt werden, die Mitgliedschaft des Sprechers zur jeweiligen Gruppe herauszustellen, und es Außenstehenden unmöglich zu machen, die Kommunikation innerhalb der Gruppe zu verstehen.

13.6.2 Schaffung einer Kultur durch Verwendung einer gemeinsamen Sprache: Die Gruppe der Gehörlosen

Ein interessantes Beispiel für die Wichtigkeit einer gemeinsamen Sprache bei der Schaffung einer Kultur kommt aus der „Deaf Community“ (Gruppe der Gehörlosen). Es gibt eine „Kultur der Gehörlosen“, die viel größer ist als z. B. die der der Blinden. Ein Grund dafür liegt darin, dass Gehörlosigkeit in unserer Gesellschaft die Fähigkeit von Personen, mit dem größeren Teil der Gesellschaft zu kommunizieren, viel stärker einschränkt, als es bei Blinden der Fall ist (d. h. mit denjenigen, die die Gebärdensprache nicht beherrschen). Blinde Menschen begegnen im Leben vielen zusätzlichen Schwierigkeiten, doch gibt es für sie im Allgemeinen keine größeren Hindernisse, die gemeinsame Sprache der Gruppe zu benutzen. Dieser Unterschied kann vielleicht die Notwendigkeit und den Nutzen einer stark vertretenen Gehörlosenkultur und -gruppe erklären. Wie bei jeder anderen Gruppe, die innerhalb der Gruppe eine gemeinsame Sprache spricht, jedoch nicht außerhalb davon, bilden diese Menschen eine linguistische und gesellschaftliche Gruppe.

Die Gruppe der Gehörlosen unterscheidet sich von den weiter verbreiteten ethnischen und regionalen gesellschaftlichen und linguistischen Gruppen, da normal hörende Familienmitglieder der Gehörlosen oft nicht gänzlich Teil derselben Gruppe sind. Außerdem ist die Gruppe der Gehörlosen eindeutig Teil der größeren Kultur, und gehörlose Kinder sind bereit, die größere Kultur kennen zu lernen (Van Deusen-Phillips, Goldin-Meadow & Miller, 2001). Die bestehenden Unterschiede können uns jedoch helfen, einen Schritt beiseite zu treten und die Dinge aus einem anderen als unserem gewöhnlichen Blickwinkel zu sehen – und so wie die Fische zu werden, die lernen, dass die Welt nicht nur aus Wasser besteht.

13.6.3 Sprache als Politik: Die „English-Only"-Bewegung

Die „English-Only"-Bewegung in den USA liefert einen beeindruckenden Beleg für die psychologische Wichtigkeit, die die meisten Menschen mit der Vorstellung von ihrer Muttersprache als Teil dessen, was sie sind, verbinden. Betrachten wir zunächst all die Menschen, die jegliche Kommunikation von Regierungsstellen auf das Englische beschränkt sehen wollen (einschließlich Regierungsdokumenten, Wahlmaterialien und sämtliche Informationen, die von Regierungsangestellten telefonisch gegeben werden). Eine Interpretation ihrer Haltung ist, dass sie glauben, Einwanderer und ihre Kinder könnten nicht vollkommen an der Gesellschaft teilnehmen und zu ihr beitragen, wenn man sie nicht dazu zwingt, sich die Sprache anzueignen, die die Mehrheit spricht. Eine andere Interpretation ihrer Haltung ist, dass dieses Land von englischsprachigen Menschen gegründet wurde und dass die englische Sprache deshalb das Wesen des öffentlichen Lebens in den USA verkörpert. Aus Respekt vor dem Erbe dieser Nation, so glauben sie, muss Englisch die einzige „offizielle" Sprache bleiben.

Leute, die die andere Seite dieser Auseinandersetzung einnehmen, wollen, dass die Regierung weiterhin Dienste in den Sprachen anbietet, die von den Empfängern dieser Dienste bevorzugt werden. Für viele von ihnen ist die „English-Only"-Bewegung ein rassistischer, intoleranter und engstirniger Versuch, die Kulturen der Sprachminderheitsgruppen zu unterminieren. Für sie verfolgt die Bewegung die Absicht, den nichtenglischsprachigen Gruppen das Recht zu nehmen, ihr Leben nach den eigenen Vorstellungen zu leben und öffentliche Angelegenheiten und Geschäfte in der eigenen Muttersprache tätigen zu können. Wenn man sich diese beiden Seiten ansieht, wird klar, wie sehr die Menschen Anteil daran nehmen, welche Sprache im öffentlichen Leben verwendet wird, und für wie wichtig sie dieses Thema für die Gestaltung des öffentlichen Lebens und der nationalen Identität halten.

13.6.4 Sprache und Denken

Warum sollte es eine Rolle spielen, welche Sprache Menschen sprechen, solange alle an einer Konversation teilnehmenden Parteien sie verstehen und sich in ihr ausdrücken können? Wie schon angemerkt, ist das Thema Identität dabei das zentrale Anliegen, wobei die Sprache als Ausdruck eines kulturellen Zusammengehörigkeitsgefühls dient. Doch die Sprache hat auch Einfluss darauf, wie Menschen miteinander kommunizieren, und sie ist in gewissem Maße auch Ausdruck der Weltsicht der jeweiligen Kultur. Was leicht ausgedrückt werden kann und was in einer Äußerung enthalten sein muss, ist von Sprache zu Sprache verschieden. Die schwedische Sprache hat z. B. einen begrenzten Wortschatz für Wörter, die Emotionen zum Ausdruck bringen (ähnlich dem Englischen). Hebräisch, die älteste wiederbelebte Sprache, macht nur relativ wenig Gebrauch von abstrakten Begriffen und zwingt den Sprecher, konkrete Begriffe zu verwenden. In einigen uramerikanischen Sprachen verändert die Form eines Objekts, von dem man ausgeht, die Form des verwendeten Verbs. In all diesen Fällen werden die Erfordernisse einer Sprache Teil dessen, wie der Sprecher eine Absicht in Worte kleidet und wie diese Worte vom Zuhörer interpretiert werden. Jeder, der je versucht, ein Stück Prosa von einer Sprache in eine andere zu übersetzen (oder noch schwieriger: ein Gedicht), wird sich schon bald bewusst, wie enorm schwierig es ist, dessen Bedeutung bei der Übertragung in einer andere Sprache zu bewahren. Wörter in verschiedenen Sprachen haben nur selten identische Bedeutungen, und ihr Ausmaß an Überschneidung (sowohl hinsichtlich Haupt- als auch Nebenbedeutungen) variiert beträchtlich.

Eine noch stärkere Rolle spielen die individuellen Merkmale einer Sprache bei der Gestaltung der Kommunikation: Unsere Sprache hat nicht nur darauf Einfluss, wie wir bestimmte Dinge sagen, sondern auch darauf, wie wir über die Welt denken, sie verstehen und wahrnehmen. Das heißt: Die spezifischen Eigenarten unserer Sprache bestimmen nicht nur, wie unsere Gedanken in Worte übertragen werden, sondern formen auch unsere Gedanken. Diese Überlegung wird als Whorf-Hypothese oder Sapir-Whorf-Hypothese bezeichnet (nach den Anthropologen Benjamin Lee Whorf, der sie in den 1950er Jahren aufstellte, und Edward Sapir, der sie zehn Jahre früher veröffentlichte). Ihre These, genannt **linguistische Relativität**, lautet, dass unsere Interpretation der Welt zu einem großen Teil von dem linguistischen System abhängt, mit dem wir Einordnungen vornehmen. Stellen Sie sich z. B. vor, dass Ihre Sprache viele bekannte Worte für verschiedene Arten von Wolken (Begriffe wie „Nimbus“ und „Kumulus“) enthält, es ihr aber an einem allgemeinen Wort für „Wolke“ mangelt. Nach der Linguistische-Relativitäts-Hypothese denken Sie deshalb über Wolken ganz anders als jemand, dessen Muttersprache z. B. Deutsch oder Englisch ist, in denen ein allgemeines Wort für „Wolke“ existiert.

Die empirischen Daten zu dieser Frage sind allerdings uneinheitlich. Die methodologische Komplexität, die linguistische Relativität in einem tatsächlichen Experiment nachzuweisen, macht es schwierig, zu dieser Frage Forschungsstudien zu betreiben. Trotzdem gibt es vereinzelte Belege für die Bedeutung der sprachbeeinflussten Denkprozesse für die Persönlichkeit. Eine Studie stellte z. B. fest, dass Menschen, die dazu neigen, Verben in ihrer Aktivform zu verwenden, auch eher eine feldunabhängige Persönlichkeit haben (Doob, 1958); ihre Wahrnehmungen sind weniger passiv. Andere Belege kann man in der Literatur finden: Wie Roger Brown betonte (1970), ist eines der hervorstechendsten Merkmale in George Orwells fiktiver Zivilisation in *1984*, dass „Newspeak“ – die Sprache, die von der Diktatur in dem Roman erfunden wurde – es unmöglich macht, rebellische Ideen zum Ausdruck zu bringen oder auch nur entsprechende Gedanken zu denken (Orwell, 1949). Es gibt wenig Zweifel daran, dass einige Aspekte dessen, wer wir sind, sich aus den Worten und Redewendungen ableiten, die wir verwenden, wenn wir Dinge und Ideen vermitteln und zu verstehen versuchen.

13.6.5 Sprache und soziale Interaktion

Stellen Sie sich eine Welt vor, in der Sie – bevor Sie mit einer anderen Person sprechen können – zuerst herausfinden müssen, wo sich diese Person in der gesellschaftlichen Hierarchie in Relation zu Ihnen befindet. Wenn Sie feststellen, dass Sie sich in der „Hackordnung“ unter ihr befinden, werden Sie mit dieser Person anders sprechen, als wenn Sie über ihr stehen, und wiederum anders, wenn Sie sich auf derselben Stufe wie sie befinden. Damit ein solches System reibungslos funktioniert, muss die gesellschaftliche Rangordnung natürlich eindeutig sein – Sie müssen imstande sein zu erkennen, wo sich jeder befindet. Was einen hohen gesellschaftlichen Rang ausmacht, variiert von Gesellschaft zu Gesellschaft, beinhaltet aber oft Faktoren wie Reichtum, Alter, Geschlecht, Beruf, Familien- oder Sippenzugehörigkeit, Ethnizität und Bildungsniveau. In vielen traditionellen Gesellschaften wird der soziale Rang durch sichtbare Zeichen kenntlich gemacht (etwa durch Tätowierungen, Haartracht oder Kleidung). In einer Gesellschaft wie den heutigen USA ist die Hierarchie manchmal etwas schwerer zu bestimmen. Zum Glück erfordert das amerikanische Englisch von uns nicht, dass wir ein so fein kalibriertes Maß an Status haben müssen, wie es in vielen anderen Sprachen der Fall ist. Sicher passen Sie sich jedoch sowohl in Stil als auch Inhalt ihrem Gesprächspartner an, je nachdem ob Sie mit einem Gleichgestellten oder einer gesellschaftlich höher gestellten Person sprechen (also etwa Ihr Mitbewohner in der WG und Ihr Professor).

Abbildung 13.4:
Ein und dasselbe Verhalten oder Merkmal kann aus unterschiedlichen kulturellen Sichtweisen sehr unterschiedlich verstanden werden. Geschäftsverhandlungen in Japan sind von einer Art der Kommunikation geprägt, die (sowohl hinsichtlich des verbalen Inhalts als auch des nonverbalen Stils) indirekter ist, als es die meisten US-Amerikaner gewohnt sind. Gesprächsbemerkungen, die für US-Amerikaner angemessen sind und Offenheit und Direktheit ausdrücken, werden von ihren japanischen Gastgebern als aufdringlich, taktlos und unhöflich betrachtet.

Die Situation ist in vielen Sprachgemeinschaften ganz anders. Ein deutliches Beispiel dieses Phänomens ist der Gebrauch von Personalpronomina (Brown, 1970). In Sprachen, die sich aus dem Lateinischen ableiten (z. B. Französisch, Italienisch, Spanisch), und auch im Deutschen gibt es kein einheitliches Personalpronomen für die Ansprache wie das englische „you.“ Stattdessen verwendet man zwei unterschiedliche Formen – je nachdem ob man es mit vertrauten Menschen und Kindern oder Fremden und Respektpersonen zu tun hat. Im Französischen sagt man entsprechend *tu* oder *vous;* im Spanischen *tu* oder *usted;* im Deutschen *du* oder *Sie.* Es gibt zwar von Sprache zu Sprache einige Abweichungen hinsichtlich dessen, wann man die vertraute oder die höfliche Form wählt (und in welchen Situationen), doch ist es von großer Bedeutung, diese Unterscheidung korrekt zu treffen. Im Englischen benutzt man einheitlich „you", ohne auch nur die Möglichkeit, auf unterschiedliche Formen zurückzugreifen. Für viele Menschen, die nur die englische Sprache sprechen, ist deshalb das Erlernen einer anderen Sprache, die diese Unterscheidung vornimmt, alles andere als einfach. In diesen Sprachen muss man aufpassen, dass man eine höher gestellte Person nicht mit dem falschen Pronomen anspricht; es wäre z. B. ein grober Schnitzer, seinen spanischen Professor mit dem informellen *tu* anzusprechen. Ihren japanischen Chef sollten Sie außerdem keinesfalls mit seinem Vornamen ansprechen. Jede Sprachgemeinschaft stellt unumstößliche Regeln der Höflichkeit auf, die den korrekten Umgang im Gespräch miteinander festlegen und den Respekt vor dem Gesprächspartner zum Ausdruck bringen (Brown & Levinson, 1987).

13.6.6 Geschlecht und Sprache

Das Geschlecht ist ein Bereich, in dem Dinge wie Status, Macht und Identität einen starken Einfluss darauf ausüben, wie wir Sprache verwenden. Viele Sprachen beinhalten Unterscheidungen zwischen Wortformen, die von Frauen oder von Männern benutzt werden (und *über* Frauen oder Männer). Die englische Sprache nimmt nur sehr wenige solcher Unterscheidungen vor, die rein linguistischen Ursprungs sind. Wir haben im Englischen männliche und weibliche Pronomina für die dritte Person Singular („he" und „she") mit den dazugehörigen Formen („his" / „hers" und „him" / „her"). Abgesehen davon bin ich einfach „ich", egal ob ich ein Mann oder eine Frau bin; „du" oder „Sie" bzw. „you" sind ebenso neutral hinsichtlich des Geschlechts. Viele andere Sprachen haben für die erste, zweite und dritte Person unterschiedliche Pronomina für jedes Geschlecht (z. B. wir, ihr, sie) und kennzeichnen das Geschlecht auch mit entsprechenden Wortendungen. Das englische *cousin* ist im Französischen entweder *un cousin* (männlich) oder *une cousine* (weiblich); im Spanischen ist der Professor entweder *un profesor* (männlich) oder *una profesora* (weiblich). Der psychologische Einfluss der Notwendigkeit, diese Unterscheidung zu treffen, ist wahrscheinlich erheblich. Wenn ich im Englischen sage, „I am an American", dann ist meine Aussage dieselbe, ob ich nun männlich bin oder weiblich, und was es (für Sprecher und Zuhörer) bedeutet, bezieht sich möglicherweise auf ein wirklich geschlechtsneutrales Konzept. Vergleichen Sie das mit einer französischen Person, die entweder *Je suis Français* oder *Je suis Française* sagen muss; das sind zwei unterschiedliche Begriffe und sie können sehr unterschiedliche zugrunde liegende Konzepte bezeichnen – verschiedene Arten von Persönlichkeiten.

In den letzten Jahren verlangen die formellen Richtlinien zum Gebrauch der englischen Sprache (z. B. das im Stil der *New York Times* verfasste APA-Handbuch) geschlechtsneutrale Bezeichnungen, es sei denn, die Bezeichnung bezieht sich nur auf eine Gruppe. Das heißt, wir sollen nicht sagen: „Jeder Senator sollte nach seinem eigenen Gewissen abstimmen", oder „Wissenschaftler und ihre Frauen …". Jahrhundertelang begünstigten die Richtlinien der englischen Sprache allerdings den Gebrauch von „he / him / his" sowohl für rein männliche als auch für geschlechtlich gemischte Gruppen. Deshalb sah man es als korrekt an zu sagen, „Jeder Schüler sollte *seinen* Namen oben aufs Blatt schreiben und unten mit *seinem* Namen unterschreiben", solange diese Anweisungen nicht in einer reinen Mädchenschule gegeben wurden. Aus einer psychologischen Sicht ist das männliche Pronomen (wenig überraschend) eng mit männlichen Personen verbunden. Die politisch und ethisch motivierte Bewegung hin zu einer umfassenderen Sprache wird unterstützt durch Hinweise, dass das Männliche als generisches Pronomen alles andere als generisch ist. Experimente haben (in vielfältiger Weise) gezeigt, dass die Leute nicht an weibliche Beispiele denken, wenn sie „er" und „sein" hören (z. B. Gastil, 1990; McConnell & Fazio, 1996). Im Wesentlichen waren es Männer, die über die Jahrhunderte einen maßgeblichen Einfluss auf die Kodifizierung der Sprachregeln hatten (vor allem für die geschriebene Sprache), und reflektierten die männliche Erfahrung. Wenn wir noch einmal auf die Hypothese der linguistischen Relativität zurückkommen – selbst für Schreiber und Sprecher, die sich um eine egalitäre Sprache bemühen, kann es eine Herausforderung sein, bestimmte Ideen auf eine Weise zu formulieren, die zwar geschlechtsneutral, aber nicht linkisch oder unbeholfen klingt. Das Fehlen eines geschlechtsneutralen Pronomens in der dritten Person Singular in der englischen Sprache (für „he oder she") macht es schwer, manche Dinge elegant zu formulieren; dasselbe gilt fürs Deutsche. Die US-amerikanische Autorin und Feministin Andrea Dworkin (1981) formulierte es so: „Die männliche Vormachtstellung ist mit der Sprache verschmolzen, sodass jeder Satz sie sowohl verkündet als auch bekräftigt." (S. 17) Diese Aussage ist wahrscheinlich harscher, als es die meisten Menschen billigen würden, doch gibt sie den Widerstand der englischen Sprache gegenüber Geschlechtsneutralität angemessen wieder. Die Sprache, die wir benutzen, reflektiert und beeinflusst unser Denken und Verhalten.

Abbildung 13.5: Nach dem, was wir über die Psychologie der Sprache wissen, ist es klar, dass Ausdrücke wie das englische „Freshman" (Studienanfänger), das für beide Geschlechter verwendet wird, nicht wirklich geschlechtsneutral sind.

13.7 Kultur und psychologische Tests

Wie jedes intellektuelle Unterfangen beruhen auch psychologische Tests auf einer Reihe von Annahmen. In den Maße, wie die Annahmen zutreffen, kann der Test wertvolle Informationen liefern. Wenn die Annahmen jedoch nicht zutreffen und der Testleiter das nicht erkennt, kann sich der Test nicht nur als nutzlos, sondern obendrein auch als abträglich erweisen.

Eine Annahme bei vielen psychologischen Tests ist, dass bestimmte (hohe) Werte irgendwie besser als andere (niedrige) Werte seien; d. h., sie weisen unter Umständen auf eine bessere psychologische Anpassung, ein besseres intellektuelles Verstehen oder bessere Fähigkeiten im Umgang mit anderen Menschen hin (siehe Kapitel 2). Das trifft oft zu. Menschen mit einer psychischen Krankheit wie der bipolaren Störung (manisch-depressiv) haben im Leben Schwierigkeiten, leiden unter Schmerzen und schneiden bei psychologischen Anpassungstests „schlecht" ab.

Ein Problem entsteht, wenn die dem Test zugrunde liegenden Annahmen mit kulturellen Voreingenommenheiten behaftet sind. Ganz offensichtlich kann der Testinhalt einige kulturelle Erfahrungen nicht angemessen wiedergeben. So wird z. B. jemand, der auf einem Bauernhof aufgewachsen ist, andere Erfahrungen gemacht haben als jemand, der in der Stadt aufgewachsen ist, sodass bestimmte Fragen zum Allgemeinwissen oder psychologische Reaktionstests für eine Gruppe von Probanden passend sein können, für eine andere jedoch überhaupt nicht. In ähnlicher Weise könnte man in manchen Kulturen das „Hören der Stimmen von Engeln" als eine wertvolle religiöse Erfahrung ansehen, wohingegen man dies in einer anderen Kultur als Zeichen einer psychopathologischen Disposition (Schizophrenie) ansehen würde. Es ist auch bekannt, dass Testergebnisse von Umständen wie Motivation, früheren Testerfahrungen, der Kompetenz des Testleiters und dem sozioökonomischen Status beeinflusst werden.

13.7.1 Kulturfreie Tests

Ein Versuch, mit solchen Problemen umzugehen, war die Entwicklung so genannter kulturfreier Tests (culture-free tests). So analysieren z. B. Testpersonen in einem Intelligenztest, der als Raven-Progressive-Matrices-Test (Raven, 1938) bezeichnet wird, geometrische Figuren. Der Proband muss sich wiederholende Muster in Zeichnungen erkennen. Da alle Kinder Wahrnehmungsfähigkeiten entwickeln – lernen, die Welt zu sehen –, hofft man, dass solche Tests kulturunabhängig sind. Eine genauere Analyse der Umstände macht jedoch deutlich, dass sich in jeden dieser Tests einige kulturelle Annahmen einschleichen. (Kinder in manchen Kulturen haben z. B. mehr Erfahrungen gemacht, was das Absolvieren von Tests betrifft.) Deshalb gingen die Forscher dazu über Tests zu entwickeln, die kulturunabhängig sind.

13.7.2 Kulturunabhängige Tests

Kulturunabhängige Tests (culture-fair tests) versuchen Auswirkungen, die eher aus der Kultur als aus individuellen Unterschieden resultieren, zu kontrollieren oder ganz auszuschließen. Ein Intelligenztest könnte z. B. feststellen, wie schnell Probanden auf die Präsentation eines Stimulus wie etwa ein Geräusch oder ein Bild reagieren. Dem liegt die Idee zugrunde, dass die Reaktionszeit eher von der Biologie als von der Umwelt beeinflusst wird. Wir sahen jedoch bereits, dass alle biologischen Prozesse sich in einer bestimmten Umgebung entfalten. Einige Kulturen schätzen schnelle Reaktionen, andere fordern zu langsameren, überlegten Reaktionen auf. Und manche Kulturen sind stärker motiviert, was die Durchführung von Tests betrifft – dessen muss man sich auch bewusst.

Ein anderer Ansatz zu diesem Thema besteht darin, Messskalen einzuschließen, von denen bekannt ist, dass sie kulturell gefärbt sind, und andere Skalen, die als kulturunabhängiger angesehen werden (Cattells-Culture-Fair-Intelligenztest (CFT) wählt diesen Ansatz). Wenn ein Proband dann auf diesen beiden Messskalen unterschiedlich abschneidet, haben wir einen Hinweis darauf, dass ein standardgemäßes Testverfahren für diese Person ungeeignet sein könnte. Damit gehen z. B. viele Lehrer um, wenn sie feststellen, dass ein Schüler mit einem ungewöhnlichen kulturellen Hintergrund bei den meisten Aufgaben gut abschneidet, aber mit anderen Schwierigkeiten hat.

Einige Tests versuchen nun ausdrücklich, die Kultur zu berücksichtigen. Das von Jane Mercer (1979) entwickelte **System of Multicultural Pluralistic Assessment** (SOMPA) geht z. B. davon aus, dass sich Testergebnisse nicht von der jeweiligen Kultur trennen lassen können. Deshalb liegt der Schwerpunkt der Vergleiche auf Personen innerhalb einer Kulturgruppe und nicht zwischen Gruppen mit unterschiedlichem kulturellen Hintergrund. Solche Ideen wurden größtenteils auf Fähigkeits- und Intelligenztests angewendet, da die Sorge bestand, benachteiligte Schüler aus Minderheitengruppen hinsichtlich ihres intellektuellen Potenzials falsch einzuschätzen. Das ist oft eine Frage der Gerechtigkeit, wenn es um Themen wie Bildung und Arbeit geht. Weniger Aufmerksamkeit wurde Bereichen geschenkt wie der Einschätzung von Persönlichkeitsmerkmalen wie Gewissenhaftigkeit und Extroversion, doch werden dieselben Fehler begangen, wenn man kulturelle Aspekte nicht bewusst mit in Betracht zieht.

Wenn Tests entwickelt werden, stellt sich die schwierige Frage, welche Bestandteile kulturell gefärbt sind und welche auf gültige kulturelle Unterschiede hinweisen. Nehmen wir z. B. an, Gruppe A schneidet bei einer Frage, die eine Neigung zu Depressionen aufzeigen soll, besser ab als Gruppe B. Sollte diese Frage bei der Auswertung berücksichtigt werden? Wenn Gruppe A tatsächlich mehr zu Depressionen neigt, dann ja. Wenn die beiden Gruppen sich diesbezüglich aber nicht wirklich unterscheiden, dann ist die Frage das Resultat kulturell bedingter Abweichungen und sollte nicht berücksichtigt werden. Beachten Sie, dass die einzige Möglichkeit, dieses Problem zu lösen, darin liegt, einen Blick auf das geltende Kriterium zu werfen – d. h., sich nach anderen Informationsquellen zu den beiden Gruppen umzuschauen. Das trifft fast immer zu: Tests sind außerhalb des Kontextes, in dem sie entwickelt wurden, wertlos, können aber sehr nützlich sein, wenn man den Kontext gut versteht.

Betrachten wir nun einen eher praktischen Fall: Nehmen wir an, ein Problemlösungstest als Papier-und–Bleistift-Test (Paper-Pencil-Test) wird als Qualifikationstest für die Auswahl von Bewerbern als Feuerwehrmänner verwendet. Solch ein Test sagt vorab sicherlich nichts über die Größe des Muts, die Ausdauer oder die Fähigkeit aus, eine 70 Kilogramm schwere Person eine Feuerleiter hinunterzutragen. Der Test könnte jedoch von Bedeutung sein, die Strategie einer Mannschaft von Feuerwehrleuten festzulegen oder die korrekte, innerhalb von Sekundenbruchteilen erforderliche Entscheidung zu treffen. Kurz gesagt, es gibt keine einfachen Regeln, die zur Sicherstellung der vollständigen Gültigkeit sämtlicher Tests entwickelt werden können.

Eines der Hauptprobleme von Tests ist nicht, dass sie kulturell gefärbt sind, sondern dass sie auf unpassende Weise eingesetzt werden. Es spielt z. B. keine große Rolle, ob ein japanischer Psychologe einen Test entwickelt, der als Ergebnis zeigt, dass US-Amerikaner „zu extrovertiert" sind. Was vielmehr zählt, ist die Frage, was man mit dieser Schlussfolgerung anstellt. Unternimmt der japanische Psychologe einen Versuch, US-Amerikaner wegen ihrer „Unzulänglichkeit" zu verändern? Wird ein Versuch unternommen, US-Amerikaner vom Besuch Japans oder vom Kauf japanischer Produkte oder von der Lektüre japanischer Wissenschaftspublikationen abzuhalten?

Abbildung 13.6:
Ein weiterer Faktor bei der Betrachtung kultureller Aspekte von Tests geht über den Inhalt des Tests hinaus und berücksichtigt den Kontext, in dem der Test stattfindet: Die Beziehung zwischen Testleiter und Proband kann bei der Testperformanz ebenfalls eine wichtige Rolle spielen.

13.7.3 Bedrohung durch Stereotype

Selbst die unmittelbare Testsituation mit den sie begleitenden gesellschaftlichen Erwartungen kann von Belang sein. Der Psychologe Claude Steele (1997) zeigte, dass Menschen, die sich einer schwierigen Schätzaufgabe gegenübersehen – wie bei einem SAT-Test (Schulangst-Test) –, unter Umständen schlecht abschneiden, wenn sie sich mit einer Gruppe identifizieren, von der erwartet wird, dass sie schlecht abschneidet. So könnte z. B. eine Frau, die sich einem höheren Mathematiktest unterzieht, ängstlich und nervös werden, wenn sie glaubt, „Frauen sind in höherer Mathematik nicht so gut wie Männer"; und einer Afroamerikanerin, die einen GRE-Test (Auswahltest für Hochschulen) absolviert, erginge es möglicherweise nicht anders, weil sie meint, „schwarze Frauen sind an der Hochschule nicht so gut wie weiße". Das nennt man auf Englisch **Stereotype Threat** – die Bedrohung durch Stereotype – und es bedeutet, dass eine Person durch Urteile anderer oder ihr eigenes Verhalten negativ stereotypisiert wird. Sind diese Probanden allerdings der Ansicht, dass solche Charakteristika beim Test oder der Bewertung keine Rolle spielen (dass der Test also nicht geschlechts- oder rassenspezifisch ist), dann verbessert sich ihre Performanz. Mit anderen Worten: Diese Theorie kombiniert Ego-, kognitive und interaktionistische Ansätze, bei denen die Identität der Person in einer bestimmten Situation davon abhängt, wie sie die Herausforderung interpretiert, und beeinflusst das Verhalten auf vorhersagbare Weise.

Physiologische Reaktionen können ebenfalls aus einer Bedrohung durch Stereotype resultieren. So untersuchte eine Studie Veränderungen des Blutdrucks bei Afro- und Euroamerikanern, wenn für sie eine Bedrohung durch Stereotype vorlag. Die Studenten wurden willkürlich mit einer von zwei unterschiedlich bedrohlichen Situationen konfrontiert. Die Gruppe in der Situation einer starken Stereotyp-Bedrohung sah einen euroamerikanischen männlichen Professor, der erklärte, ein neuer Intelligenztest werde entwickelt und an den Universitäten Princeton und Stanford untersucht, mit dessen Hilfe festgestellt werden könnte, ob die Tests unausgewogen oder parteiisch sind. Die Gruppe in der Situation einer unbedenklichen Stereotyp-Bedrohung sahen einen afroamerikanischen Professor, der erklärte, dass Forscher an den Universitäten von Tulane und Howard versuchten, einen fairen, kulturell unvoreingenommenen Test zu entwickeln, bei dem schwarze und weiße Studenten im Allgemeinen gleichermaßen gut abschneiden würden. Dann wurde den Studenten beider Gruppen derselbe standardisierte Test vorgelegt. Die Ergebnisse zeigten, dass die Afroamerikaner, die sich einem herausfordernden Test in der Situation einer starken Stereotyp-Bedrohung unterzogen, schlechter abschnitten und unter höherem Blutdruck litten als die Afroamerikaner in der Vergleichsgruppe mit unbedenklicher Stereotyp-Bedrohung bzw. die Euroamerikaner in beiden Gruppen (Blascovich, Spencer, Quinn & Steele, 2001). Hier sehen wir einmal mehr, wie individuelle Unterschiede nicht einzig und allein mit Persönlichkeitsmerkmalen, der Biologie, der Situation oder der Kultur erklärt werden können; vielmehr spielen diese Elemente gemeinsam eine Rolle.

Was lässt sich zu den allgemeineren Auswirkungen sagen? Imperialismus ist die Ausweitung der eigenen Herrschaft auf andere Länder, und Kulturimperialismus ist die Ausweitung der eigenen kulturellen Ansätze auf solche einer anderen Kultur oder Subkultur. US-amerikanische Schulen wurden wegen ihres Unterrichts der Geschichte von Minderheitengruppen als imperialistisch verurteilt; so wurden die Kulturen der amerikanischen Ureinwohner oft herabgesetzt oder ignoriert. In letzter Zeit gab es gegensätzliche Klagen, dass der so genannte Multikulturalismus (der z. B. auf nichtwestliche Bücher in Literatur- und Philosophiekursen bestehen könnte) beim Angriff auf traditionelle westliche Formen der Wissenschaft zu weit gegangen sei.

Als Sozialwissenschaft nimmt die Psychologie in dieser Diskussion eine interessante Rolle ein. In den Naturwissenschaften wie der Chemie kann es zu solchen Fragen keine echte Auseinandersetzung geben – die Gesetze der Molekularstruktur sind in allen Kulturen dieselben. In den Geisteswissenschaften wiederum werden keine naturwissenschaftlichen Maßstäbe angewendet: Literaturwissenschaft und Philosophie operieren in einer ganz anderen Sphäre des Diskurses. Doch eine Sozialwissenschaft wie die Persönlichkeitspsychologie ist Gegenstand kultureller Einflüsse und Verzerrungen, während sie gleichzeitig nach den Standards wissenschaftlicher Methoden verfahren muss. Eine vollkommen gültige Persönlichkeitspsychologie muss kulturelle Abweichungen berücksichtigen, doch gleichzeitig auch Theorien aufstellen, die durch die Sammlung von Daten verifizierbar sind. Dies ist für die Zukunft der Persönlichkeitspsychologie eine erhebliche Herausforderung.

13.8 Ein allgemeineres Modell der Persönlichkeit und Kultur

Stellen Sie sich vor, die Polizei in San Francisco liest einen 5jährigen Jungen auf, der durch den Park läuft. Als die Polizeibeamten ihn ansprechen, weigert er sich zu antworten. Als sie ihm etwas zu essen geben, weist er das Besteck zurück und isst mit den Fingern. Als sie mit ihm einen Spaziergang machen, bleibt er stehen und uriniert an einen Baum. Für ein Kind, das in San Francisco aufgewachsen wäre, wäre dies ein sehr ungewöhnliches Verhalten. Doch nehmen wir nun an, Sie finden heraus, dass das Kind gerade mit seiner Mutter aus einer bettelarmen, von Kriegen heimgesuchten Region irgendwo auf der Welt in die USA eingewandert ist. Unser Urteil zum Verhalten des Kindes wäre nun ein anderes – und ein sehr viel milderes als zuvor. Der springende Punkt ist: Vorstellungen von der Persönlichkeit und von vorhersagbarem Verhalten sind außerhalb eines Bezugssystems – eines kulturellen Kontextes –, in dem sie zu verstehen sind, wertlos (Betancourt & Lopez, 1993).

Einige der traurigsten Beispiele für die Folgen, die sich aus dem Nichtverstehen der Rolle der Kultur für die Persönlichkeit ergeben, entstanden aus den Beziehungen zwischen Vertretern der US-Regierung und den amerikanischen Ureinwohnern. Nicht nur, dass sich eine blutige Spur unseliger Kriege gegen diesen Kulturkreis mit Vertrauensbrüchen und Missverständnissen durch die Geschichte zieht; selbst im 20. Jahrhundert waren die Beziehungen oft von Falschinformationen gekennzeichnet, denn die kulturellen Auffassungen der indianischen Kultur sind vollkommen anders als die der weißen. Das Interesse an diesen Dingen wuchs, als Erik Erikson (1950) eine Studie der Sioux in Süddakota unternahm. Er stellte fest, dass die weißen Lehrer von Indianern den Eindruck hatten, es gäbe hinsichtlich ihrer Persönlichkeit einen grundsätzlichen „Makel." Mit anderen Worten: Die Indianer fügten sich nicht in das traditionelle US-amerikanische Schulsystem oder taten sich damit schwer.

Erikson verfolgte das Problem zurück zu einer langen Reihe widersprüchlicher Richtlinien von Regierungsstellen: Man richtete zwar unabhängige Indianerreservate ein, doch die in diesen Reservaten lebenden Indianer wurden von der Regierung in eine existenzielle Abhängigkeit getrieben. Man predigte zwar Vertrauen und Kooperation, doch entsprechende Abkommen wurden oft gebrochen. Man gestand der indianischen Kultur zwar eine Andersartigkeit zu, doch Weisungen der Regierung versuchten oft, den Indianern in den Reservaten die Normen der vorherrschenden weißen Kultur aufzuzwingen. Es überrascht nicht, dass die indianischen Kinder sich nicht wie weiße US-Amerikaner verhielten. Doch erst in den letzten Jahren begann man, solche kulturellen Konflikte und Unterschiede in den Persönlichkeitsstrukturen eingehender zu untersuchen. Um die Persönlichkeitsstabilität und die Veränderungen mit zunehmendem Alter zu verstehen, scheint es ratsam zu sein, einen Blick auf die Prädisposition in jungen Jahren, auf das Entwicklungsstadium und die Kultur, in der sich diese Entwicklung vollzieht, zu werfen (Whitbourne et al., 1992).

Abbildung 13.7:
Der spanische Schauspieler Antonio Banderas. Im Laufe der Zeit haben die US-Amerikaner den Wert ethnischer Vielfalt immer mehr erkannt und deren Zugewinn für die amerikanische Kultur begrüßt.

13.8.1 Die Berücksichtigung der Kultur bei Persönlichkeitstheorien

Eine Lösung für die Probleme kultureller Ignoranz bei Ansätzen zur Persönlichkeitsforschung ist nicht, den Aspekt Kultur auszuklammern (oder ihn zu „beschränken"), sondern das Thema Kultur als Schlüsselfaktor und Grundelement der Persönlichkeit zu berücksichtigen. Jeder Mensch ist in irgendeiner Kultur aufgewachsen. Und die Kultur ist sicherlich Teil dessen, was es bedeutet, eine Person zu sein – es gibt keine Menschen ohne eine Kultur. Deshalb ist es sinnvoll, die Kultur bei der Erforschung und Aufstellung von Persönlichkeitstheorien zu berücksichtigen.

Als Gordon Allport (1954) Studien zu Vorurteilen durchführte, erkannte er, dass es ein Fehler ist, Vorurteile einzig und allein innerhalb der Persönlichkeitssphäre eines Menschen zu suchen. Welche soziokulturellen Umstände bilden den Nährboden für Vorurteile? Nach Allports Ansicht waren dies gesellschaftliche, wirtschaftliche, historische und Kommunikationsfaktoren, die sich hinsichtlich der inneren Persönlichkeitsdynamik gegenseitig ergänzen. Vorurteile kamen z. B. in Zeiten gesellschaftlicher Veränderungen häufiger auf: wenn wirtschaftliche Konkurrenzkämpfe entbrennen (z. B. um Arbeitsplätze), Politiker die Jagd auf irgendwelche vermeintlichen Sündenböcke eröffnen, gesellschaftliche Traditionen Feindseligkeit schüren und die Gesellschaft eine negative Einstellung zu Assimilation und Pluralismus an den Tag legt. Im letzten Jahrhundert traten solche Umstände auf, als der Erste Weltkrieg viele sozioökonomische und geographische Unterteilungen des späten 19. Jahrhunderts hinwegfegte, aber auch zur Depressionszeit, die in den USA 1929 begann und weltweit große wirtschaftliche Not und Chaos auslöste. Der Faschismus verbreitete sich in den 30er Jahren vor allem in solchen Ländern rasant, in denen Freiheit und Demokratie noch nicht seit langer Zeit verankert waren.

13.8.2 Kultur und Menschheit

Es wurde bereits angemerkt, dass die Kultur ein Individuum mit grundlegenden Informationen versorgt, was es bedeutet ein menschliches Wesen zu sein, selbst wenn der spezifische Inhalt jeweils voneinander abweichen mag (Shweder, 1990). Es scheint tatsächlich so, als ob der Mensch für eine Kultur auf einzigartige Weise geeignet (und angepasst) sei (Tomasello, 2000). Dinge, von denen neugeborene Kinder nichts wissen, die ihnen aber in den Kulturen beigebracht werden, enthalten Antworten auf diese fundamentalen Fragen: Was schätzt die Gesellschaft an mir, was erwartet sie von mir? Wer ist wie ich, wer ist auf meiner Seite, in meiner Familie? Was sollte ein Mann im Gegensatz zu einer Frau tun? Was kennzeichnet reifes rationales Verhalten und was ist kindisches und impulsives Verhalten? Es ist interessant sich daran zu erinnern, dass dies dieselben Fragen sind, die sich Sigmund Freud vor einem Jahrhundert gestellt hatte. Die Persönlichkeitspsychologie ist endlich zu einem Verstehen der Wichtigkeit der Kultur gelangt. In Tabelle 13.1 finden Sie eine Auflistung, wie die acht Aspekte der Persönlichkeitspsychologie sich dem Thema Kultur annähern.

Einige der modernsten Ansätze zu Persönlichkeit und Kultur konzentrieren sich auf Rollen und kognitive Elemente. Dadurch, dass die Kultur einen Einfluss darauf ausübt, welche Rollen wir annehmen, beeinflusst sie auch unser Verhalten. In der modernen US-amerikanischen Kultur schätzt man z. B. den Erfolg von Jungen in Wettkampfsportarten hoch ein, und so übernehmen viele von ihnen die Merkmale eines erfolgreichen Wettkampfsportlers. Außerdem hilft die Kultur dem heranwachsenden Kind, Mittel und Wege zu erkennen, wie es über die Welt denken sollte. Wenn z. B. ein heranreifendes Mädchen Sozialisierungserfahrungen gemacht hat, die sie hauptsächlich an Familie und Kinder sowie häusliche Pflichten denken lassen, ist die Wahrscheinlichkeit größer, dass sie bald nach Abschluss der Schule mit einem Partner eine Familie gründet (Caspi, Bem & Elder, 1989). Die Kultur hilft uns somit, unsere Ziele zu setzen. Mit dem Wissen über kulturelle Einflüsse auf die Persönlichkeit akzeptieren wir nicht mehr so schnell und leicht verallgemeinernde Aussagen über die Natur des Menschen und sind eher bereit, auch gesellschaftliche und Umwelteinflüsse mit einzubeziehen (Shweder & Sullivan, 1990).

Moderne Ansätze zeigen auch ein Verstehen von historischen und sozioökonomischen Einflüssen auf die Persönlichkeit, die es nicht ratsam erscheinen lassen, die aus der vorherrschenden Mainstream-Kultur hervortretenden Konzepte zu stark zu verallgemeinern (DuBois, 1969; Gaines & Reed, 1995). Wie schon angemerkt wird ein weißes italoamerikanisches Kind, das auf eine katholischen Schule in einem Vorort geht, ganz andere Erfahrungen machen als ein schwarzes Kind, das eine Schule in der Innenstadt besucht, die den Schwerpunkt auf die afrikanische Kultur legt. Es könnte sich als schwierig erweisen, die Persönlichkeiten dieser beiden Schüler zu vergleichen, ohne den jeweiligen Kulturkreis direkt zu berücksichtigen. Das bedeutet nicht, dass es keine allgemeingültigen Theorien zur Persönlichkeit geben könne; es bedeutet nur, dass diese Theorien diese kulturellen, historischen und sozioökonomischen Faktoren nicht außer Acht lassen dürfen.

Die Kultur ist auch wichtig für das Verstehen der Auswirkungen der Persönlichkeit auf angewandte Bereiche wie die körperliche Gesundheit. Die Kirche der Siebenten-Tags-Adventisten ist eine Gruppe von Menschen, deren Lehren sich auf ihren Glauben an den siebten Tag als Sabbat (Samstag, nicht Sonntag) und die Wiederkehr (lat. adventus, Ankunft) von Jesus Christus konzentrieren. Interessanterweise sind die Adventisten eine der gesündesten Gruppen in den USA. Von Beginn an war für diese Kirche ihre „Gesundheitsbotschaft" von größter Wichtigkeit. Diese Botschaft hält die Kirchenmitglieder dazu an, nicht zu rauchen, nicht zu trinken und auf den Verzehr von Fleisch zu verzichten (obgleich einige Adventisten in jüngerer Zeit begonnen haben, Fleisch zu essen). Da für die Siebenten-Tags-Adventisten ihr Körper etwas Heiliges und Gottgeweihtes ist, werden die Mitglieder aufgefordert, auch anderweitig ein möglichst gesundes Leben zu führen und regelmäßig Sport zu treiben sowie auf eine gesunde vollwertige Ernährung zu achten. Die Unterstützung, die sich Gruppenmitglieder gegenseitig zukommen lassen, kann ebenfalls förderlich für die Gesundheit sein. Adventisten glauben an sexuelle Enthaltsamkeit vor der Ehe, wobei die Gründe dafür eher moralischer als gesundheitlicher Natur sind. Zusammengefasst kann man sagen, dass diese stark verankerten Glaubensansichten die Entwicklung der Persönlichkeit der meisten Gruppenmitglieder mit formen, was dazu führt, dass die Adventisten in den USA zu den gesündesten und langlebigsten Gruppen zählen (Fraser, Beeson & Phillips, 1991). Eine Erklärung des Persönlichkeits- und Gesundheitsverhaltens eines Adventisten, die diese religiösen und kulturellen Milieueinflüsse außer Acht lässt, wäre nicht nur oberflächlich, sondern auch vollkommen unzulänglich.

Perspektive	Hauptansichten der kulturellen Aspekte der Persönlichkeit
Psychoanalytisch	Evolutionäre Kräfte aus der lang zurückliegenden Vergangenheit haben die primitiven Impulse des Es geformt, wobei jede Gesellschaft Mittel und Wege zur Kontrolle des Es entwickelt.
Neoanalytisch / Ich	Unterschiedliche Methoden der Kindererziehung und Bindung in verschiedenen Kulturen formen Kinder in Richtung auf bestimmte Tendenzen, wie etwa ruhiger und vertrauensvoller oder ängstlicher und aggressiver zu (re-)agieren.
Biologisch	Eine Kultur tritt hervor, nachdem die Evolution bestimmte genetische Tendenzen geformt hat.
Behavioristisch	Die Kultur ist ein Arrangement von Verstärkungsmöglichkeiten, die an einem bestimmten geographischen Ort oder einer gemeinsam geteilten Umgebung existieren.
Kognitiv	Als Funktion dessen, wie Menschen Informationen verarbeiten, gelangen sie zu einem bestimmten gemeinsamen oder individuellen Verstehen darüber, wie die Welt beschaffen ist und wie man sich am besten in ihr verhält.
Merkmale und Fähigkeiten	Die Kultur vermittelt gemeinsam geteiltes Wissen innerhalb einer Gruppe oder Zivilisation, doch die Persönlichkeit ist mehr als nur die subjektive Seite der Kultur; individuelle Merkmale oder Tendenzen zeigen sich auf eine Weise, die für jede Kultur einzigartig und trotzdem individuell sind.

Tabelle 13.1: Kultur und die acht Aspekte der Persönlichkeit

Perspektive	Hauptansichten der kulturellen Aspekte der Persönlichkeit
Humanistisch-Existenziell	Die Kultur ist die Verwirklichung des menschlichen Strebens nach Schaffung dauerhafter Werte und Sinninhalte im Leben.
Interaktionistisch	Die Kultur ist eine Sammlung gemeinsamer Situationen, doch kann man Verhalten ohne eine gleichzeitige Konzentration auf das bestimmte Individuum in bestimmten Situationen nicht verstehen; insofern kann kulturell beeinflusstes Verhalten schnellen Veränderungen unterworfen sein.

Tabelle 13.1: Kultur und die acht Aspekte der Persönlichkeit *(Forts.)*

Abbildung 13.8:
Der Ghanaer und siebte UN-Generalsekretär Kofi Annan ist nahezu auf der ganzen Welt anerkannt für seinen Einsatz für die Menschenrechte, Entwicklungsfragen, die Menschenwürde, Toleranz und Frieden. Er besuchte Schulen in Ghana, den USA und der Schweiz. Er spricht fließend englisch, französisch und mehrere afrikanische Sprachen und ist mit einer Schwedin (Nane) verheiratet. Mit seiner erstaunlichen Fähigkeit, unterschiedliche Kulturen zu würdigen und sich mühelos zwischen diesen zu bewegen, gewann Kofi Annan den Friedensnobelpreis.

13.8.3 Kultur und Theorie

Ein Verstehen von Kulturen beeinflusst auch unsere Entwicklung von Theorien. Kurt Lewin übernahm als Student und später als Forscher und Lehrer im Berlin der 20er Jahre auch Ideen von den Gestaltpsychologen, mit denen er zusammenarbeitete. Statt sich wie die Behavioristen auf bestimmte Reize und Reaktionen zu konzentrieren, versuchte Lewin komplexe Situationen aus der Praxis, wie Verhaltensweisen in einem Lokal und Führerschaft in Gruppen, und die Motivationen und Bestrebungen von Menschen zu verstehen (Ash, 1992). Er wusste, dass man die Persönlichkeit nicht einzig und allein im Innern einer Person finden konnte, sondern dass sie auch vom gesellschaftlichen und kulturellen Umfeld abhängig ist. Als die Nazis 1933 in Deutschland an die Macht kamen, floh Lewin, der jüdischen Glaubens war, in die USA.

Unter diesen Umständen, als ein Psychologe, der von einer autokratischen Gehorsamskultur wie im damaligen Deutschland in die relativ demokratische und freizügige Kultur der USA übersiedelte, begann Lewin über kulturelle Unterschiede auf verschiedenen Gebieten nachzudenken, et al. Kindererziehung, Bildung, Führerschaft und gesellschaftliche Erwartungen. Statt die unmittelbare Umgebung um ihn herum im Bewusstsein auszuklammern, war Lewin gezwungen, sich noch mehr auf das Umfeld selbst zu konzentrieren und übte so einen starken Einfluss auf die US-amerikanische Sozial- und Persönlichkeitspsychologie aus. Mit anderen Worten: Diese Art von Analyse legt nahe, dass die Persönlichkeitstheorien, die ein Forscher entwickelt, teilweise von seiner unmittelbaren Umgebung abhängig sind. Die Kultur beeinflusst also die Theorie (Bond & Smith, 1996; Gergen, 2001).

Bedeutet dies, dass die Theorien keine wissenschaftliche Gültigkeit haben können? Nicht unbedingt. Das menschliche Verhalten ist so komplex, dass es ganz natürlich ist, wenn verschiedene, sich jedoch überschneidende Theorien hervorgebracht werden, um Erklärungsansätze zu liefern. Wie wir schon häufiger in diesem Buch geraten haben, sollte jede Theorie und Erklärung dazu, was es bedeutet, eine Person zu sein, gründlich nach logischen und empirischen Gesichtspunkten ausgewertet werden; manche Theorien sind besser als andere. Wir sind jedoch auch der Auffassung, dass es hilfreich ist, jede Theorie in ihrem Kontext zu verstehen und aufgeschlossen gegenüber voneinander abweichenden Sichtweisen zu sein.

Damals und heute

Kultur und Persönlichkeit aus einer schwulen und lesbischen Perspektive

Die meisten Studenten wissen heutzutage, dass bestimmte Verhaltensmuster unter Schwulen und Lesben das Lebensgefühl einer bestimmten Subkultur und nicht einen angeborenen Teil einer homosexuellen „Persönlichkeit" widerspiegeln. Viele wären jedoch überrascht, wenn sie erführen, dass das Wesen dieser homosexuellen Subkulturen von Ort zu Ort erheblich voneinander abweichen kann.

Zeitgenössische Kulturen haben Stereotype für Menschen mit sexuellem Interesse am eigenen Geschlecht entwickelt. So wird Homosexuellen oft nachgesagt, dass sie die stereotypen Eigenschaften des „anderen Geschlechts" aufweisen würden; dies liefert ein einfaches, jedoch zu stark vereinfachtes Mittel zum Verständnis ihrer Neigung zur Homosexualität. Männern also, die sich zu ihresgleichen hingezogen fühlen, werden oft so genannte feminine Eigenschaften nachgesagt wie etwa Flatterhaftigkeit, Überemotionalität, ja selbst Feigheit oder Täuschung. Frauen, die sich zu ihresgleichen hingezogen fühlen, sind angeblich übertrieben maskulin und gehen eher auf Konfrontationskurs, sind aggressiv, sportlich interessiert, laut und sogar brutal oder drohend (Halberstam, 1998; Rottneck, 1999).

Hier gibt es jedoch von Kultur zu Kultur Abweichungen. Ethnographische Studien zeigen, dass verschiedene zeitgenössische schwule Subkulturen die angebliche Verbindung zwischen männlicher Homosexualität und stereotypen femininen Eigenschaften energisch zurückweisen. In manchen Subkulturen verbinden schwule Männer das Verlangen nach dem eigenen Geschlecht hauptsächlich mit einer übersteigerten Maskulinität (Connell, 1992; Murray, 1996).

Eine Vergleichsstudie von Kontaktanzeigen kam zu folgendem Ergebnis: Während bei schwulen Männern in mehreren westlichen Kulturen Interesse an ihrer Maskulinität weit verbreitet ist, weichen Definitionen der Maskulinität als Persönlichkeitszug von einer schwulen Subkultur zur nächsten erheblich voneinander ab (Allison, 2000). In den USA z. B. neigen Männer eher dazu, eine schwule Identität anzunehmen, die sie selbst als maskulin bezeichnen, doch in Frankreich lehnen schwule Männer die angloamerikanische Schwulenidentität zum größten Teil ab und setzen die Mitgliedschaft in einer schwulen Subkultur mit Effiminisierung gleich. Schwule in den Niederlanden verbinden ihre Maskulinität oft mit der Ablehnung von (gewöhnlich heterosexuellen) Bars und Diskos in den Großstädten, um stattdessen ihre Maskulinität mit dem Eingehen häuslicher Partnerschaften zu verbinden, wie es bei heterosexuellen Beziehungen üblich ist.

Andere Aspekte der schwulen oder lesbischen Persönlichkeit haben nichts mit Maskulinität und Feminität zu tun, sondern mit der in der Gesellschaft vorherrschenden Abneigung gegenüber homosexuellen Neigungen. Als schwule Männer z. B. erstmals regelmäßig in den größeren US-amerikanischen Fernsehsendern zu sehen waren, wurde ihnen oft die Rolle des „lustigen Schwulen von nebenan“ zugewiesen. Obgleich dies eine relativ erfolgreiche Strategie war, um das gesellschaftliche Unbehagen hinsichtlich der Homosexualität zu mindern, vermittelte ein solches ständig wiederholtes Bild manchen Fernsehzuschauern den Eindruck, schwule Männer seien von Natur aus humorvoll oder würden allesamt die Persönlichkeitszüge von Geist, Witz und Ausgelassenheit aufweisen. Obwohl schwuler Sarkasmus und Witz als Mittel des nicht auf Konfrontation ausgerichteten Widerstandes gegen die gesellschaftliche Ablehnung erkannt wurden, tritt eine solche Problemlösung mittels Humor nur zu bestimmten Zeiten und an bestimmten Orten hervor. Gesellschaftliche und selbst familiäre Zurückweisung hat viele Schwule und Lesben zur Aneignung ungesunder Verhaltensweisen getrieben, einschließlich Alkoholismus.

Überraschenderweise haben Studien, die in den 1950er Jahren von der Pionierin auf diesem Forschungsgebiet, Evelyn Hooker (1956, 1993), begonnen wurden, beim Vergleich der Persönlichkeit homosexueller mit der heterosexueller Menschen keine einheitlichen Unterschiede aufgedeckt. Das heißt: Forscher und Leiter klinischer Studien waren nicht imstande, klare Persönlichkeitsunterschiede zwischen Homosexuellen und Heterosexuellen festzustellen. Beiläufige Beobachter meinen vielleicht Persönlichkeitsunterschiede ausmachen zu können, doch meistens betrachten sie dabei subkulturelle Unterschiede.

Die Wahrnehmung der Gesellschaft in verschiedenen Kulturen zeichnet ein bestimmtes Porträt der „typischen“ Persönlichkeit eines Schwulen oder einer Lesbe, doch Schwule und Lesben innerhalb jeder dieser Kulturen akzeptieren diese Aspekte der stereotypen Persönlichkeit unter Umständen oder lehnen sie ab. Schwule und Lesben zeigen wie Heterosexuelle das volle Spektrum an Persönlichkeitsmerkmalen in den Gesellschaften, in denen sie leben. Ebenso wie bei anderen kulturellen Einflüssen muss man ihre Persönlichkeiten im Rahmen der Interaktion des Selbst mit der vorherrschenden Kultur und der jeweiligen Subkultur betrachten und verstehen.

Literaturempfehlungen:

Allison, T. L. (2000). *The good gay citizen: A cross-cultural analysis of the rhetoric of good gay citizenship.* (Doctoral Dissertation, University of California, San Diego, Literature, 2000). UMI No. AAT 9989256.

Connell, R. W. (1992). A very straight gay: Masculinity, homosexual experience, and the dynamics of gender. *American Sociological Review, 57*, 735–751.

Halberstam, J. (1998). *Female masculinity.* Durham, NC: Duke University Press.

Hooker, E. (1956). A preliminary analysis of group behavior of homosexuals. *Journal of Psychology, 42*, 217–225.

Hooker, E. (1993). Reflections of a 40-year exploration: A scientific view on homosexuality. *American Psychologist, 48*, 450–453.

Murray, S. O. (1996). *American gay.* Chikago: University of Chicago Press.

Rottnek, M. (Hrsg.). (1999). *Sissies and tomboys: Gender nonconformity and homosexual childhood.* New York: New York University Press.

13.9 Einige Forschungsentwicklungen aus jüngster Zeit

Ein interessanter Schwerpunkt der gegenwärtigen Forschung zu kulturellen Aspekten der Persönlichkeit hat mit der Natur des Selbst zu tun. Von besonderem Interesse sind die Unterschiede zwischen westlichen und östlichen (asiatischen) kulturellen Ansichten zum Selbst. In den USA erwachsen die zugrunde liegenden Ansichten über den Menschen aus der Vorstellung des unbegrenzten Potenzials eines göttlich inspirierten freien Wesens. In den USA geht man davon aus, dass jede Person nach Unabhängigkeit und Eigenständigkeit streben sollte. Wir konnten sehen, dass diese Ansicht in ihrer extremen Ausprägung dazu geführt hat, dass US-amerikanische Psychologen die Wichtigkeit biologischer Faktoren der Persönlichkeit unterschätzten oder übersahen. Da sie sich auf das Individuum und nicht auf den gesellschaftlichen Kontext konzentriert haben, führte diese Sicht ironischerweise zu einer mangelnden Betonung kultureller Aspekte der Persönlichkeit.

Im Gegensatz dazu ist in einer Gesellschaft wie der japanischen der Erfolg der gesamten Gesellschaft (statt dem des Individuums) von größter Wichtigkeit. Selbstlosigkeit und sogar Selbstaufopferung werden in der japanischen Kultur bewundert, in der US-amerikanischen Gesellschaft aber mit Verachtung gestraft. Für Amerikaner sind Helden oft diejenigen, die gegen gesellschaftliche Erwartungen rebellieren und diese sprengen, wie die Frauenrechtlerin Susan B. Anthony, der Bürgerrechtler Martin Luther King oder Steven Jobs, einer der Erfinder des Apple-Computers.

Schauen wir uns also die emotionalen Reaktionen von Menschen in den verschiedenen Kulturen an (Kitayama, Markus & Matsumoto, 1995). Wann fühlt sich eine Person z. B. verlegen, peinlich berührt oder beschämt? In der japanischen Gesellschaft könnte ein Fauxpas am Arbeitsplatz – z. B. eine Verletzung oder Nichtbeachtung eines bestimmten Grußrituals oder Ehrerweisung, die das Gegenüber erwartet – Anlass zu höchstem Missfallen und äußerst peinlich sein. Im Gegensatz dazu könnte im US-amerikanischen Geschäftsleben (oder im American Football) der Triumph über einen Widersacher Anlass zum Zelebrieren individueller Leistung sein. Beachten Sie, dass es ein Fehler wäre, diese unterschiedlichen Reaktionen eines Menschen ausschließlich auf seine Persönlichkeit zurückzuführen und den kulturellen Einfluss nicht zu berücksichtigen.

Auch viele afrikanische Kulturen konzentrieren sich auf den Erfolg der Gruppe statt auf den Sieg des Einzelnen. Ein Moslem, der im „Heiligen Krieg" an vorderster Front kämpft, findet größte Befriedigung in der Gewissheit, dass Allah seinen Mut und seine Tapferkeit mit einem Platz im Himmel belohnen wird; für US-Amerikaner sind Soldaten an vorderster Front nichts weiter als „Kanonenfutter". Asiatischstämmige Amerikaner und Afroamerikaner, die sich zu ihren kulturellen Wurzeln bekennen, befinden sich unter Umständen in einem persönlichen Konflikt, wenn sie versuchen, mit dem Druck klarzukommen, sowohl ein Individuum als auch ein Teil der Gesellschaft zu sein.

13.9.1 Die Situation kann kulturelle Unterschiede zutage fördern

Wie wir bereits in Kapitel 10 bei der Interaktion von Personen und Situationen sahen, gibt es Zeiten, in denen die ethnische Identität aus der gesellschaftlichen Situation herausgeschält werden muss. In einer experimentellen Demonstration dieses Phänomens setzte man angloamerikanische und hispanoamerikanische Studenten entweder einem kooperativen oder einem konkurrenzbetonten Feedback aus, während sie in kleinen (sechsköpfigen) gleichgeschlechtlichen Gruppen zusammenarbeiteten. Immer wenn die experimentelle Situation konkurrenzbetont war, waren die Reaktionsmuster dieser beiden ethnischen Gruppen ziemlich ähnlich. Die ethnische Zusammenstellung der Gruppe hatte allerdings in kooperativen Situationen einen starken Einfluss auf das Verhalten der hispanoamerikanischen Studenten. Sie waren äußerst konkurrenzbetont, wenn sie in der kleinen Gruppe in der Minderheit waren, doch sie verhielten sich kooperativ, wenn sie in der Mehrheit waren. Im Gegensatz dazu wurde das Verhalten der angloamerikanischen Studenten, die sich in einer kooperativen Feedbacksituation befanden, nicht durch Veränderungen in der ethnischen Zusammensetzung der Gruppe beeinflusst.

Mit anderen Worten: Die hispanoamerikanischen Studenten verhielten sich wie die angloamerikanischen, außer wenn die kooperativen Normen ihrer Kultur betont waren; in diesem Fall traten die ethnisch beeinflussten Aspekte ihrer Persönlichkeit stärker hervor (Garza & Santos, 1991). Solche von der Situation beeinflussten Aspekte kultureller Identität können vor allem in kollektivistischen Kulturen oder Subkulturen auftreten (Kanagawa, Cross & Markus, 2001). Nun, da die Hörsäle der (US-amerikanischen) Universitäten mit einer ethnisch stark gemischten Studentenschaft gefüllt sind, lassen sich oft stimulierende und reizvolle Manifestationen von kulturell bedingten Verhaltensmustern erkennen. Es ist jedoch noch mehr Forschungsarbeit notwendig, was natürlich auftretende Situationen mit kulturellen Minderheitsgruppen betrifft, wie etwa die Erfahrungen von US-amerikanischen Frauen der Arbeiterklasse mit mexikanischer Abstammung und geringer Anpassung an die amerikanische Kultur, die unter Umständen häufiger Zielscheibe sexueller Belästigung sind (Cortina, 2001).

13.9.2 Ethnische Sozialisierung

In ethnisch gemischten Gesellschaften stehen Eltern manchmal vor dem Dilemma, ihren Kindern Stolz und Selbstwertgefühl anzuerziehen, ohne in ihnen ein Gefühl falscher Überlegenheit wachzurufen, und sie auf den Umgang mit Vorurteilen vorzubereiten, ohne ihnen Angst einzuflößen. Afroamerikanische Eltern müssen ihre Kinder z. B. so sozialisieren, dass ihre Kinder den Umgang mit Diskriminierung verstehen (Allen & Boykin, 1992; Bowman & Howard, 1985; DuBois, 1969). Sollten Eltern mit ihren Kindern ausdrücklich über Rassenfragen sprechen? Sollten sie die einzigartigen Aspekte der afroamerikanischen Kultur betonen oder sollten sie die Unterschiede zwischen den Kulturen bagatellisieren – in der Hoffnung, dass ihre Kinder dann leichter mit der „Mainstream"-Gesellschaft umgehen und sich in sie eingliedern können? Diese Fragen stellen sich natürlich Eltern vieler ethnischer Gruppen, die versuchen, ihren Kindern einerseits Stolz und Tradition zu vermitteln und andererseits zu Erwachsenen zu erziehen, die voll am Gesellschaftsleben teilnehmen.

Die Antwort hängt zum Teil von einem Verstehen ab, wie Stereotype aufrechterhalten werden. Wie reagieren Menschen, wenn sich ihre stereotypartigen Informationen als unwahr herausstellen? Einige Forschungsarbeiten deuten darauf hin, dass die Beachtung von Informationen, die im Widerspruch zu Stereotypen stehen, von den eigenen stillschweigend angenommenen Theorien zu Persönlichkeitsmerkmalen abhängt. Das heißt, Menschen, die glauben, bestimmte Persönlichkeitszüge seien fixiert und unumstößlich, schenken Informationen, die im Einklang mit ihren Stereotyp-Informationen stehen, mehr Beachtung als solchen, die im Widerspruch dazu stehen (Plaks, Stroessner, Dweck & Sherman, 2001). Deshalb halten sie an ihren Stereotypen fest. Menschen, die die komplexe Natur der Persönlichkeit besser verstehen, sind unter Umständen flexibler und können ihre Ansichten leichter ändern.

Was lässt sich zu der Neigung mancher Menschen sagen, die negativen Erwartungen anderer zu bestätigen? Ist es gut, wenn Kinder wissen, dass sie manchmal einen Fehlschlag erleiden werden, obwohl er unter Umständen nicht auf einen eigenen Fehler zurückzuführen ist, sondern auf Vorurteile und Diskriminierung? Ist es besser solche potenziellen Hindernisse zu bagatellisieren – auch auf das Risiko hin, dass das Kind kein gefestigtes ethnisches Identitätsgefühl entwickelt? Auf solch komplexe Fragen gibt es keine einfachen Antworten, doch das Forschungsinteresse an solchen Fragen ist in letzter Zeit in den USA und vielen anderen Ländern erheblich gestiegen, da sich diese Länder nun immer häufiger den Konflikten stellen, die in ihren multiethnischen Gesellschaften existieren. Ein umfassendes und weit reichendes Verstehen der Persönlichkeit, das auch kulturelle Aspekte mit einschließt, wird für einen wirklich nennenswerten Fortschritt auf diesem Gebiet unabdingbar sein. (Siehe auch den Kasten „Berühmte Persönlichkeiten".)

Berühmte Persönlichkeiten

Die „model minority" ?

Sollten Amerikaner asiatischer Abstammung ihren Status als *model minority* (etwa vorbildliche Minorität) begrüßen oder beklagen? Betrachten wir dazu diese Analyse einer amerikanischen College-Studentin asiatischer Abstammung – der mit Auszeichnungen dekorierten Studentin Patricia Ja Lee:

„Psychiatrische Einrichtungen, Beratungszentren und psychologische Institutionen in öffentlicher Hand Gruppebehandeln nur selten Amerikaner asiatischer Abstammung. Bedeutet dies, dass diese ethnische Minderheit mental und emotional gefestigter und gesünder ist? Haben Amerikaner asiatischer Abstammung bestimmte Persönlichkeitszüge, die sie vor psychischen Problemen schützen?

Ein weit verbreitetes Stereotyp hinsichtlich dieser Bevölkerungsgruppe wird in dem Begriff *model minority* zusammengefasst. Sie habe sich, so die Vorstellung, an den Lebensstil der Mehrheit angepasst und sich in die Gesellschaft eingegliedert, und man betrachtet sie als gut gebildet und wohlhabend. Die vorherrschende Kultur verbindet mit der asiatischen Persönlichkeit Passivität, Disziplin, Arbeitseifer, Gehorsam, Opferbereitschaft und emotionale Unerschütterlichkeit – und damit genau die Charakterzüge, die angeblich für das erfolgreiche Leben einer Minderheitengruppe in der US-amerikanischen Gesellschaft erforderlich sind.

Sind Amerikaner asiatischer Abstammung finanziell wirklich so erfolgreich und psychisch so stabil? Forschungsdaten zeigen, dass diese Bevölkerungsgruppe (wie andere Amerikaner auch) über eine ganze Reihe psychischer Störungen klagt, die mit entsprechender Behandlung gelindert werden könnten. Einige dieser Störungen könnten sogar Folge der fälschlichen Einschätzung dieser Gruppe als *model minority* und der daraus resultierenden andersartigen Behandlung dieser Menschen sein.

Obgleich Amerikaner asiatischer Abstammung zum Teil ein hohes Bildungsniveau aufweisen, ist dies noch kein Garant für finanziellen Erfolg. Wenn sie einmal ins Berufsleben eintreten, finden sich Amerikaner asiatischer Abstammung oft in der Situation, dass sie an einem beruflichen Aufstieg innerhalb der Hierarchie ihres Unternehmens gehindert werden. Wegen bestimmter Persönlichkeitsmerkmale wie etwa Passivität, die man mit der *model minority* verbindet, wird dieser Gruppe oft der Zugang zu Positionen versagt, die zwischenmenschliche Beziehungen einschließen. Amerikaner asiatischer Abstammung treffen oft auf eine unsichtbare Barriere, die sie am Aufstieg in Führungspositionen hindert und Quelle starker Frustrationen bei diesen Menschen ist.

Alte überkommene Einstellungen tragen obendrein noch zu der Duldung dieser Diskriminierung bei. Allgemein sind Amerikaner asiatischer Abstammung der Ansicht, wenn sie nur hart genug arbeiteten – auch unter erschwerten oder unfairen Bedingungen –, dann würde sich dies schließlich irgendwann bezahlt machen. Sie beißen die Zähne zusammen, beklagen sich nicht und glauben, Ausdauer und Beharrlichkeit seien Tugenden, die eines Tages belohnt würden.

Diese Einstellung spiegelt sich in Passivität wider und könnte einer der Gründe sein, weshalb diese Bevölkerungsgruppe nicht den Rat eines Psychologen sucht, um die Folgen ihrer Frustrationen behandeln zu lassen. Außerdem stigmatisiert diese asiatische Minorität die Inanspruchnahme psychologischer Hilfe – in ihren Augen gehen nur Menschen zum Psychologen, die geisteskrank sind und keine innere Stärke und Ausdauer aufweisen. Das Aufsuchen eines Psychologen wäre für diese Menschen deshalb gleichbedeutend mit dem Eingeständnis innerer Schwäche und mangelnder Willenskraft und für den Betreffenden und seine Familie äußerst peinlich.

Obwohl Amerikaner asiatischer Abstammung also genauso an psychischen Problemen leiden und psychologische Behandlung genauso nötig hätten wie die Bevölkerungsmehrheit, ist für diese Minderheit der Gang zum Psychologen aus gesellschaftlichen und kulturellen Gründen viel weniger wahrscheinlich. Man könnte also sagen, die Nichtinanspruchnahme psychologischer Dienste hat nicht unbedingt damit zu tun, dass diese Menschen psychisch stabiler wären; vielmehr ist es die Folge davon, dass es diesem Kulturkreis viel stärker als der Mehrheit widerstrebt, psychologischen Rat in Anspruch zu nehmen."

Zusammenfassung und Fazit

Ein Verstehen kultureller Einflüsse ist für ein Verstehen aller acht grundlegenden Aspekte der Persönlichkeit, die wir in diesem Buch erörtert haben, wichtig. Kulturelle Unterschiede haben mit gemeinsamen Verhaltensweisen und Gebräuchen zu tun, die wir in unseren gesellschaftlichen Institutionen erlernen, und sind ein wesentlicher Bestandteil dessen, wer wir sind.

Viele einflussreiche Persönlichkeitstheoretiker wurden in Europa geboren und stark durch die europäische Kultur beeinflusst. Die Persönlichkeitspsychologie weist deshalb traditionell kulturelles Bewusstsein auf, obwohl es in der Forschung der modernen Persönlichkeitspsychologie manchmal vernachlässigt wird. Da die Kultur ein Schlüsselfaktor bei der Bestimmung dessen ist, was es bedeutet, eine Person zu sein, sollte das systematische Studium dieser kulturellen Einflüsse ein wesentlicher Teil der Persönlichkeitspsychologie sein, wie es auch Gordon Allport forderte. Eine Person, die eine katholischen Privatschule in Boston besucht, entwickelt mit großer Wahrscheinlichkeit andere Verhaltens- und Reaktionsmuster als eine Person, die in einer kommunistischen Kaderschule in Peking erzogen wird.

Es wäre ein Fehler, wenn man zeigen wollte, dass allein die Persönlichkeit des Menschen als Erklärung für solche Abweichungen dienen kann. In westlichen Kulturen steht das Individuum im Mittelpunkt der Aufmerksamkeit, in östlichen das Kollektiv (Triandis, 1994). In den USA sind die Unterschiede zwischen Schwarzen und Weißen aufgrund der Geschichte des Landes die bedeutendste kulturelle Unterteilung. Die USA vertreten sowohl Prinzipien der Gleichheit als auch der Rassentrennung – etwas, das Gunnar Myrdal als „amerikanisches Dilemma" bezeichnete.

Nun sollte klar sein, dass wir uns bei unserem Studium nicht so sehr auf diffuse Ansichten zu „Rassen“ konzentrieren sollten, sondern vielmehr auf die Auswirkungen ethnischer Identifikation sowie auf die Geschichte, die Familie, die Subkultur, die Religion und die gesellschaftliche Stellung bei ihrer Interaktion mit dem jeweiligen Temperament und entsprechendem Einfluss auf die Persönlichkeit. Diese Unterteilungen sind klarer definierbar und weniger anfällig für wissenschaftliche und gesellschaftliche Verzerrung.

Die Auswirkungen der gesellschaftlichen Stellung – der sozioökonomische Status – auf die Persönlichkeit kann erheblich sein. Für Forscher in Ländern wie Indien, in denen es lange strikt unterteilte Gesellschaftsschichten, so genannte Kasten, gab und noch gibt, sind solche Dinge offensichtlich, doch in den USA hatten die Persönlichkeitspsychologen über die Wechselwirkungen von Gesellschaftsstruktur und Persönlichkeit nicht allzu viel zu sagen. Karl Marx war der Auffassung, psychosoziale Merkmale wie etwa die Entfremdung könnten sich direkt auf die ökonomische Struktur der kapitalistischen Gesellschaft zurückführen lassen. Seine Abhandlungen übten einen starken Einfluss auf Erich Fromm und seine Kollegen aus, die sich eingehend mit der existenziellen Entfremdung in der modernen Gesellschaft befassten.

Die Sprache ist eines der Merkmale, die die Identität einer Person definiert. Da jeder von uns unterschiedliche Erfahrungen gemacht hat, spricht jede Person eine einzigartige Version ihrer Muttersprache, was als Idiolekt bezeichnet wird. Die „English-Only“-Bewegung in den USA liefert eindrucksvolle Belege für die psychologische Wichtigkeit, die die meisten Menschen mit ihrer Muttersprache als Teil dessen, was sie sind, verbinden. Unsere Sprache üben nicht nur einen Einfluss darauf aus, wie wir etwas sagen; sie hat auch einen Einfluss darauf, wie wir über die Welt denken, sie verstehen und wahrnehmen. Das Geschlecht ist ein wichtiger Bereich, in dem viele Umstände wie Status, Macht und Identität einen starken Einfluss darauf ausüben, wie wir Sprache verwenden.

Ein zentrales Problem von psychologischen Tests ist nicht nur, dass diese Tests mit kulturellen Voreingenommenheiten behaftet sind, sondern dass die Testresultate auf unangemessene Weise verwendet werden. Eine wirklich gültige Persönlichkeitspsychologie muss kulturelle Abweichungen berücksichtigen und gleichzeitig Theorien aufstellen, die durch wissenschaftliche Datensammlung verifizierbar ist. Eine Lösung für die Probleme der kulturellen Ignoranz in den Ansätzen der Persönlichkeitspsychologie ist nicht, den Aspekt Kultur auszuklammern (oder ihn zu „beschränken“), sondern ihn als ein Grundelement der Persönlichkeit anzusehen.

Haupttheoretiker

Margaret Mead
Beatrice und John Whiting
Ralph Linton
Harry Triandis
Karl Marx
Jane Mercer
Claude Steele

Zentrale Begriffe

Ethnozentrismus
Emischer versus etischer Ansatz
Archetypen
Individualistische versus kollektivistische Kulturen
Amerikanisches Dilemma
SÖS-Gradient
Idiolekt und Dialekt
Linguistische Relativität
Pronomina und Status
„English-Only"-Bewegung
„System of Multicultural Pluralistic Assessment"
Bedrohung durch Stereotype

Literaturempfehlungen

Asendorpf, J. B. (2004). *Psychologie der Persönlichkeit*. Berlin: Springer.

Bruner, J. (1997). *Sinn, Kultur und Ich-Identität*. Heidelberg: Auer.

Dana, R. H. (Hrsg.) (2000). *Handbook of cross-cultural and multicultural personality assessment.* Mahwah: Lawrence Erlbaum Associates.

Lonner, W. J., & Berry, J. W. (Hersg.) (1986). *Field methods in cross-cultural research.* Beverly Hills: Sage Publications.

Matsumoto, D. R. (1996). *Culture and psychology.* Pacific Grove: Brooks/Cole.

Mead, M. (2002). *Geschlecht und Temperament in drei primitiven Gesellschaften.* In: Jugend und Sexualität in primitiven Gesellschaften. Eschborn: Klotz

Stigler, J. W., Shweder, R. A., & Herdt, G. (Hrsg.) (1990). *Cultural psychology: Essays on comparative human development.* New York: Cambridge University Press.

Triandis, H. C. (1995). *Individualism & collectivism.* Boulder: Westview Press.

Kapitel 14 Liebe und Hass

In diesem Kapitel

Der Mythos erzählt uns die Geschichte der schönen Helena, Tochter des Zeus, deren Entführung durch Paris den schrecklichen Trojanischen Krieg auslöste. Liebe und Schönheit führen zu Tod und Zerstörung. Oder denken Sie an Kleopatra, die verführerische Königin aus dem antiken Ägypten, die Geliebte von Julius Cäsar und später die Gemahlin von Marcus Antonius. Sie vereinte Liebe, Lust und Macht, als aber ihre Intrigen aufgedeckt wurden, beging sie Selbstmord. Das junge Liebespaar Romeo und Julia (aus dem gleichnamigen Drama von Shakespeare) sahen sich mit Hass und Widerstand ihrer verfeindeten Eltern konfrontiert. Als Julias Vater darauf besteht, dass sie einen anderen heiraten soll, nimmt sie ein Gift, das sie in einen todesähnlichen Schlaf versetzt, damit Romeo kommen und sie retten kann. Bei seiner Rückkehr glaubt Romeo jedoch, Julia sei tatsächlich tot, und bringt sich voller Verzweiflung um. Als Julia erwacht, sieht sie ihren toten Geliebten und setzt ihrem Leben ebenfalls ein Ende. Hier hat die Liebestragödie jedoch einen positiven Aspekt: Die Familien beenden ihren Streit, als sie erkennen, was geschehen ist.

Als zentrale Aspekte der Identität scheinen Liebe und Anziehung offensichtlich eine große Rolle zu spielen. Diese Erkenntnisse werden wohl nirgendwo deutlicher als in Homers Epen oder Shakespeares Dramen, die Persönlichkeitspsychologie wiederum bemüht sich um wissenschaftlich gesicherte Beweise dafür. Wie wir gesehen haben, nimmt die moderne Persönlichkeitspsychologie die alten Erkenntnisse und Eingebungen und versucht sie mit systematischen, überprüfbaren Methoden auszuwerten. Ist die Liebe wirklich die stärkste Antriebskraft für das menschliche Verhalten – sowohl in negativem wie auch in positivem Sinne?

Oder ist der Hass die stärkste Kraft des menschlichen Antriebs? Warum haben ein Adolf Hitler oder ein Josef Stalin den Befehl zum Mord an Millionen unschuldiger Menschen gegeben? Warum waren so viele Menschen bereitwillige Helfer bei der Vernichtung ihrer Mitmenschen? Warum fliegt ein Terrorist wie Mohammed Atta eine Passagiermaschine in das World Trade Center und tötet Tausende von unschuldigen Zivilisten an ihrem Arbeitsplatz?

Adolf Hitler wurde im April 1889 geboren und beging im gleichen Monat des Jahres 1945 Selbstmord, als das Dritte Reich endgültig zusammenbrach. Zu Lebzeiten verbreitete er einen so stark ausgeprägten Hass, dass er imstande war, eine erstaunlich feindselige Stimmung unter vielen seiner Landsleute zu verbreiten. Das führte zu einer Politik, die im Tod von mehr als 11 Millionen Menschen gipfelte, die Zielscheibe dieses Hasses waren. Millionen von Kindern wurden abgeschlachtet, verhungerten, wurden erschossen und verbrannt. Hitler sagte: „Die Natur kennt vor allem nicht den Begriff der Humanität, der besagt, dass der Schwächere unter allen Umständen zu fördern und zu erhalten sei, selbst auf Kosten der Existenz des Stärkeren." (Bullock, 1962; Zitat aus einer Rede Hitlers vor Wehrmachtsoffizieren.)

Wie kann jemand so sehr hassen? Hitlers Vater starb, als sein Sohn noch ein kleiner Junge war, und seine Mutter war angeblich zu nachsichtig mit ihm. Hitler war ein schlechter Schüler und scheiterte als Künstler. Schon in seiner Jugend neigte er zu unbeherrschtem, intolerantem Verhalten und war nicht imstande, normale soziale Bindungen zu knüpfen. (Diese Vorgeschichte ist nicht weiter ungewöhnlich und kann deshalb natürlich auch sein späteres Verhalten nicht hinreichend erklären; sie ist nur *ein Teil* des Gesamtbilds.) Hitler zog als Freiwilliger in den Ersten Weltkrieg und setzte mehrfach sein Leben aufs Spiel (Davidson, 1977). Er war aber auch ein ausgesprochen scharfsinniger Politiker, der die Führer anderer Länder immer wieder aufs Eis führte. Trotz seiner eigenen ungewöhnlichen Wesenszüge verstand er doch oft die Wesenszüge anderer.

Serienmörder wie David Berkowitz, der „Son of Sam“, der sich an junge Männer und Frauen, die in geparkten Autos saßen, heranschlich und sie erschoss, üben auf uns eine seltsame Faszination aus. Man möge sich vorstellen: Was treibt einen Serienmörder wie Jeffrey Dahmer, ein offensichtlich gut aussehender und intelligenter junger Mann, dazu, eine ganze Reihe von männlichen Liebhabern zu erdrosseln, sich an ihren toten Körpern sexuell zu vergehen (Nekrophilie), ihre Köpfe in der Gefriertruhe aufzubewahren, einen Penis zu mumifizieren und das Fleisch seiner Opfer zu verzehren (er benutzte einen Fleischklopfer, wenn das Fleisch zu zäh war)? Kann die Persönlichkeitspsychologie diese scheinbar grundlose und unprovozierte Feindseligkeit erklären?

Abbildung 14.1: Shakespeares *Romeo und Julia* beleuchtet die zentralen Themen des menschlichen Dramas: Liebe und Hass. Selbst vierhundert Jahre nach seinem Entstehen fühlt sich das Publikum immer noch von diesem Schauspiel und seiner Darstellung der Intensivität, Leidenschaft und Unbekümmertheit junger Liebe und der Macht des Gruppenhasses, der das Leben zweier Personen zerstört, angezogen.

Wie die anderen Kapitel im dritten Teil dieses Buchs untersucht auch dieses Kapitel bestimmte Verfahren der Persönlichkeitspsychologie unter Berücksichtigung individueller Unterschiede. Wir sind der Ansicht, dass die Persönlichkeitspsychologie zwar streng wissenschaftlich vorgehen, jedoch auch die Grundlagen der menschlichen Natur in vollem Umfang berücksichtigen sollte.

14.1 Die Entstehung von Hass

Viele Jahre lang galten Liebe und Hass als gottgesandt. Der römische Gott Amor erschien z. B. als geflügelter Junge mit einem Bogen und Köcher voller Pfeile; traf einen einer dieser Pfeile, so der Mythos, würde die Wunde die Liebe wecken. Hass wurde oft als Folge eines teuflischen Besessenseins angesehen. Die christliche Kirche verfolgte z. B. über mehrere Jahrhunderte Hexen, und 1692 wurden zwanzig vermeintliche Hexen von dem berüchtigten Hexengericht in Salem, Massachusetts, grausam hingerichtet. Ziel war es, den Teufel auszutreiben. Als jedoch Charles Darwin auf die „animalische" Natur des Menschen hinwies, wurden die jahrhundertealten Geschichten von Engeln und Teufeln in psychologische und psychobiologische Theorien umgedeutet. Persönlichkeitstheorien und -forscher liefern unterschiedliche Erklärungen für die Beweggründe dafür, warum wir hassen. (Siehe auch den Kasten „Selbstverständnis".)

Warum ließ Hitler so viele Menschen verfolgen und ermorden? Warum fügte Dahmer mit seinen eigenen Händen anderen Leid zu? Warum folterte der Serienmörder Ted Bundy, ein nach außen attraktiv und normal erscheinender Mann, junge Frauen körperlich und sexuell? Frauen mochten ihn, und er gewann durch vorgetäuschte Verletzungen ihr Vertrauen (wie etwa durch einen Gipsverband). Er brachte mindestens zwanzig Frauen auf grausame Weise um.

Wie kam es, dass diese Mörder solch aggressive hasserfüllte Persönlichkeiten entwickelten? Was erzeugt Hass in einer Person? Ist er von Beginn an vorhanden, sozusagen angeboren, ein Teil der Persönlichkeit? Ist der Hass das Nebenprodukt irgendeines biologischen Defekts? Entsteht er aus den Erlebnissen oder Lernerfahrungen eines Menschen? Ist Hass Folge der eigenen kognitiven Wahrnehmungsdeutung? Oder können bestimmte Aspekte der Situation, in der sich die Person befindet, als Auslöser für hasserfülltes Verhalten wirken?

Selbstverständnis

Die autoritäre Persönlichkeit

Die Menschheitsgeschichte kennt viele Beispiele äußerst militaristischer und repressiver Führer, die allem zuwiderhandeln, was die meisten von uns als ethisch und moralisch ansehen. Die faschistischen Führer der 1930er und 1940er Jahre sind berüchtigte Beispiele. Was sagt die Persönlichkeitspsychologie dazu? Woran lässt sich ein Hang zum Faschismus erkennen?

Nach dem Zweiten Weltkrieg versuchte eine Reihe von Sozialwissenschaftlern dem Phänomen des Faschismus und dem brutalen Tod von Millionen, für die er verantwortlich war, einen Sinn abzugewinnen. Eine Forschungsgruppe an der Universität von Berkeley, Kalifornien, führte eine umfangreiche Studie zur „autoritären Persönlichkeit", wie sie von ihnen genannt wurde, durch (Adorno et al., 1950). Bei der Erstellung des Profils einer typischen Person mit antidemokratischen Tendenzen bezogen sie sich in erster Linie auf Freuds Theorien (berücksichtigten aber auch Ich-Aspekte und soziales Lernen).

Die autoritäre Persönlichkeit verfügt zwar über ein starkes Es, aber nur ein schwaches Ich, weshalb dieser Persönlichkeitstyp mit seinem Sexualtrieb und Aggressionen nicht auf vernunftgemäße Weise umgeht. Dafür hat er ein sehr starkes Über-Ich, was sich daran zeigt, dass er an konventionellen Werten festhält und eine unkritische Akzeptanz und Bewunderung von Autoritäten an den Tag legt. Die autoritäre Persönlichkeit geht mit ihrem Sexualtrieb typischerweise so um, dass sie ihn in die äußere Welt projiziert. Um jegliche Ängste und Unzulänglichkeiten hinsichtlich Macht und Sexualität unter Kontrolle zu halten, macht die autoritäre Persönlichkeit anderen Vorwürfe und erklärt sie zum Sündenbock. Im Falle eines psychisch schwachen bedrohten weißen Mannes könnte das Ergebnis davon eine bestimmte Stereotypisierung sein, etwa dass Schwarze einen unkontrollierbaren Sexualtrieb haben, dass Juden insgeheim die Weltherrschaft anstreben, dass körperbehinderte Menschen unmoralische Umweltverschmutzer seien, dass Asiaten nicht vertrauenswürdige Aasgeier seien usw. Die so ausgegrenzten Gruppen, die in Wirklichkeit längst nicht so machtvoll sind wie angenommen, werden als unmoralisch, gefährlich, machthungrig und wertlos dargestellt, sodass die autoritäre Persönlichkeit sich gut fühlen kann.

Autoritäre Persönlichkeiten wachsen gewöhnlich in sehr strengen Elternhäusern auf, in denen ein dominanter Vater, der intolerant gegenüber Veränderungen und Mehrdeutigkeiten ist, gewöhnlich auf körperliche Bestrafung zurückgreift. Oder es ist kein Vater vorhanden. Autoritäre Persönlichkeiten ringen mit ihren eigenen Ungewissheiten und Problemen in Beziehungen und glauben, dass irgendwo dort draußen in der Welt um sie herum irgendwelche wilden Feste und Orgien stattfinden – vor allem von Mitgliedern der stereotyp ausgegrenzten Gruppe. Sie haben großen Respekt vor Autoritäten und befürworten harte Strafen für Gesetzesbrecher, wie etwa Kastration von Sexualstraftätern.

Sie zeigen gern ein hartes Äußeres und vermeiden die Auseinandersetzung mit inneren Gefühlen. Diese Merkmale werden mithilfe der so genannten **F-Skala** (F für Faschismus) gemessen.

Obgleich das Konzept des Autoritarismus nicht völlig frei von Problemen ist, hat die Idee die Jahre überlebt. Er mag nicht unbedingt die Quelle der meisten Vorurteile sein, doch besteht wenig Zweifel daran, dass dieses Syndrom hilfreich beim Verstehen des Verhaltens bestimmter Personen mit verdrängten Problemen sein kann. Vorurteile formen tatsächlich bestimmte Muster. Solche Personen fühlen sich z. B. von maskulinen Symbolen wie etwa Uniformen oder Schusswaffen angezogen.

Die Voreingenommenheit, Engstirnigkeit und Abwehrhaltung vieler Menschen kann besser behandelt werden, wenn man die Persönlichkeitsdynamiken versteht, die solchen Mustern oft zugrunde liegen. Man sollte jedoch im Kopf behalten, dass das Tun autoritärer Persönlichkeiten stark von der Gesellschaft und den gesellschaftlichen Situationen, in denen sie sich befinden, beeinflusst werden.

14.1.1 Biologische Gründe für Hass

Einige Perspektiven der Persönlichkeitspsychologie sehen Aggression und ihre innere Manifestation in Form von Hass als einen natürlichen, biologisch begründeten Aspekt des Menschseins. Das heißt: Unser Hass ist biologisch veranlagt, bedingt durch unsere genetische Abstammung. Darauf berufen sich die psychoanalytischen und neoanalytischen Sichtweisen, die jedoch in der Zwischenzeit von moderneren biologischen Theorien abgelöst wurden. Heutzutage ist der ethologische Ansatz (Verhaltensforschung) wahrscheinlich der einflussreichste, und mit ihm werden wir nun beginnen.

Ethologische Erklärungsansätze

Ethologen (Verhaltensforscher) untersuchen das Verhalten von Tieren in ihrer natürlichen Umgebung und ziehen Schlüsse aus der Funktion des Verhaltens in Bezug aufs Überleben. Die Verhaltensforscher Konrad Lorenz (1967) und Irenäus Eibl-Eibesfeldt (1971, 1979) charakterisierten Aggression als Ergebnis eines adaptiven entwicklungsgeschichtlichen Prozesses. Demnach ist Hass angeboren, weil Aggression für die Entwicklung unserer Spezies ein adaptives Element war. So wie farbenprächtige männliche Fische in tropischen Gewässern ihre Artgenossen anfallen und töten, um ihre Rechte auf Territorium und Paarung zu schützen, so verteidigen auch Menschen todesmutig die Grenzen ihres Besitzes. Der Serienmörder David Berkowitz tötet vielleicht junge Paare beim Rendezvous zum Teil deshalb, weil er selbst es nie schaffte, sich mit einer Frau zu verabreden. Im Einklang mit der Evolutionstheorie sind mehr Männer als Frauen Massenmörder, und gewöhnlich sind es eher jüngere als ältere Männer. Despoten wie Hitler und Stalin und ihre Gefolgsleute sind immer Expansionisten – auf der Suche nach neuen Territorien für ihr Reich.

Diese ethologischen Theorien besagen auch, dass natürliche aggressive Tendenzen verzerrt sein können und manchmal unangemessen ausgedrückt werden. Weil unsere moderne Gesellschaft beispielsweise Aggression in ihre Schranken verweist, wird diese zurückgehaltene natürliche Aggression im modernen Menschen zu einem Aggressionsanstieg führen, der sich eine Art Ventil oder Ausdruck sucht. Im Einklang mit dieser Sichtweise gibt es einige Belege dafür, dass Serienmörder oft ungewöhnlich strenge Eltern haben, die die Aufstauung solcher aggressiven Gefühle noch fördern.

In einem größeren Maßstab könnten sich die Gründe für Hitlers territoriale Aggressionen – durch jahrelange gesellschaftliche Unterdrückung angestaut – durch die Gebietsverluste nach der Niederlage Deutschlands im Ersten Weltkrieg noch intensiviert haben. Folglich befahl er die Vernichtung aller Personen, die nach seiner Auffassung nichts in seinem Territorium zu suchen hatten, vor allem Juden und Zigeuner. Aus seiner Sicht waren Behinderte, Missgebildete und Homosexuelle „naturgemäß" abstoßend, was sich auf Hitlers biologisch begründete Aversion gegen Abweichungen gründete. Deshalb mussten auch diese Bevölkerungsgruppen beseitigt werden. Verhaltensforscher weisen darauf hin, dass Mutanten einer Spezies häufig getötet werden. (Diese Forscher stimmen zu, dass solch ein Verhalten nach unserem Dafürhalten abscheulich ist, bemerken jedoch, dass die Natur grausam ist).

Ernsthafte Probleme entstehen jedenfalls, wenn wir diese ethologischen Erklärungen als Richtschnur verwenden wollen, um die bösartigen Handlungen einer Person zu erklären. Diese theoretische Sichtweise hilft uns zu verstehen, warum Menschen ein tief verwurzeltes Aggressionspotenzial besitzen, doch warum finden wir so viele individuelle und interkulturelle Unterschiede hinsichtlich Aggressivität? Viele Menschen wachsen mit strengen Eltern auf, brechen aber nicht in feindselige Aggression aus. Sie bringen ihre Nachbarn nicht um und führen auch keinen Krieg gegen Kinder. In vielen Kulturen und Subkulturen (wie in Japan oder Wisconsin und West-Pennsylvania) kommen Aggression und Gewalt nur sehr selten vor, während die Zahl solcher Vorfälle in anderen extrem hoch ist (wie in den USA allgemein oder in Miami und New Orleans). Obgleich einige Evolutionspsychologen nicht überrascht wären, dass die bosnischen Serben bei ihrer Invasion bosnische Musliminnen vergewaltigen und schwängern wollten, stellt sich doch die Frage, warum einige Soldaten an diesen Plünderungen und Vergewaltigungen Vergnügen fanden, während andere sie verweigerten?

Ethologische Lösungen zum Problem der Aggression haben sich oft als ineffektiv erwiesen. Lorenz hält z. B. Mannschaftssportarten für eine sichere Methode, um innere aggressive Tendenzen bei Menschen abzubauen. Doch bei Sportveranstaltungen (wie Fußball- und Hockeyspielen) kommt es regelmäßig zu Schlägereien unter Zuschauern und manchmal sogar zu schweren Tumulten im Stadion. (Und zumindest die amerikanischen Streitkräfte veranstalten Kriegsspiele, um Härte und Aggressionen in der Truppe noch zu *stärken.*) Wettkampf und Konkurrenz scheinen aggressive Tendenzen oft sogar noch zu fördern statt sie abzubauen. Letztendlich führen die ethologischen Erklärungsansätze zu einer gewissen Zwangsläufigkeit der Aggression: Wenn sie als Veranlagung in unseren Genen zu finden ist, kann sie nicht verhindert werden (Silverberg & Gray, 1992; Stoff & Cairnes, 1996). Dieser Fatalismus ist ein Problem, das wir immer wieder in diesem Buch erörtert haben.

Abbildung 14.2:
Verhaltensforscher vertreten die Ansicht, dass Aggression bei Tieren (und im übertragenen Sinne auch bei Menschen) angeboren und adaptiv sind. Erklärt diese Sichtweise, warum kulturelle Unterschiede (historisch und räumlich) und individuelle Unterschiede (innerhalb einer Kulturgruppe) hinsichtlich Aggression so überraschend groß sind?

Störungen im Gehirn

Eine andere biologische Erklärung für Personen mit besonders aggressivem hasserfülltem Verhalten geht von strukturellen und durch Drogen herbeigeführten Störungen im Gehirn aus. So werden viele Morde beispielsweise unter dem Einfluss von Drogen, Alkohol oder Amphetaminen begangen (Brain, 1986). Es ist aus Versuchen an Labortieren bekannt, dass durch Stimulation bestimmter Hirnregionen unkontrollierte Wut ausgelöst werden kann (Adams et al., 1993). Tatsächlich wurden bei Menschen, die Wutausbrüche oder starke Hassgefühle erlebt haben, krankhafte Veränderungen der Gehirnstruktur festgestellt, denen Verletzungen am Hypothalamus und an den Schläfenlappen zugrunde lagen. Könnte Hitler eine solche Hirnanomalie gehabt haben? Es gibt einzelne Belege darüber, dass Hitler tatsächlich zeitweise zu heftigen Wutausbrüchen neigte. Da wir sein Zentralnervensystem im Nachhinein nicht untersuchen können, werden wir es nie mit Sicherheit wissen, doch darf nicht vergessen werden, dass Hitler und seine Gefolgsleute häufig ganz vernünftig in einer hoch entwickelten deutschen Gesellschaft agierten. Störungen des Gehirns werden gewöhnlich eher mit plötzlichen unkontrollierbaren Wutausbrüchen in Verbindung gebracht als mit dem kalten, berechnenden Plan, Millionen von Menschen umzubringen.

Studien mit Gehirnschnittbildern (Scans) unter Verwendung der Positronen-Emissions-Tomographie (PET) weisen darauf hin, dass Menschen mit einer geringen Dichte von Dopaminrezeptoren (D2-Rezeptoren) in der Basalganglienregion des Gehirns eher zu einer abgesonderten distanzierten Persönlichkeit neigen (Farde, Gustavsson, & Jonsson, 1997). Man weiß, dass Dopamin, ein Neurotransmitter (chemischer Botenstoff), die Stimmung beeinflusst. Damit haben wir ein weiteres Teilstück, um die biologischen Zusammenhänge der Persönlichkeit zu enträtseln, doch die Biologie ist letztlich nur ein kleiner Teil des Gesamtbildes.

Mitte der 1960er Jahre besetzte Charles Whitman den Campus-Turm der Universität von Texas und schoss vom Dach auf Dutzende von Menschen (die zum Teil Verletzungen davontrugen oder starben). Eine Obduktion seiner Leiche ergab, dass Whitman an einem bösartigen Hirntumor an einem der Schläfenlappen gelitten hatte. Wurde sein plötzlicher Gewaltausbruch durch diese Erkrankung verursacht? Oder hat sie lediglich neben anderen Einflüssen dazu beigetragen? Wenn ja, sollte man einem Mörder wie Whitman wegen seiner „Krankheit" seine Taten verzeihen? Solche Fragen zeigen, dass das Studium der Persönlichkeitspsychologie für viele gesellschaftlich relevante Belange Bedeutung hat.

Abbildung 14.3:
Bei der Obduktion des Heckenschützen Charles Whitman (hier im Kreis seiner Familie, hintere Reihe rechts) wurde ein bösartiger Hirntumor festgestellt. Erklärt (oder entschuldigt) das das gewalttätige Verhalten dieses ansonsten guten, braven Amerikaners?

14.1.2 Hass aus psychoanalytischer Sicht

Die Zerstörungen im Ersten Weltkrieg veranlassten Sigmund Freud, seine Vorstellungen von der aggressiven destruktiven Seite des Es als Gegenspieler zur lustbetonten Libido noch fortzuentwickeln. Erinnern Sie sich: Freud war stark von Darwin beeinflusst und ausgebildeter Biologe. Deshalb ist Freud'schen Erklärungen zufolge der Hass biologisch bedingt, wenn sie auch andere Quelle berücksichtigen.

Freud postulierte die Existenz eines aggressiven Instinkts oder Triebs. Tatsächlich besagte seine Theorie, dass allen Menschen eine gewisse Todessehnsucht gemeinsam ist: **Thanatos**, so nannte er diesen Trieb, ist der Drang zum Tod oder zur Selbstzerstörung. Selbstzerstörerisches Verhalten wird jedoch in der modernen Gesellschaft nicht akzeptiert (Weiniger, 1996). Ähnlich wie mit den gesellschaftlich nicht akzeptablen sexuellen Impulsen muss diese Energie entweder freigesetzt oder in ein anderes, gesellschaftlich akzeptables Verhalten umgewandelt werden. Während einige, wenn nicht alle Menschen ihre Instinkte unterdrücken und sich ihrer nicht bewusst sind, machen andere Menschen Gebrauch von anderen Verteidigungsmechanismen, um der Todessehnsucht Herr zu werden.

Einer dieser Mechanismen lenkt den nicht akzeptablen Todesimpuls auf ein oder mehrere Hassobjekte um – d. h., er weist dem Hass andere Quellen zu. So könnten diese Menschen z. B. andere als aggressiv, bösartig und gefährlich ansehen. Nach diesem Denkansatz führt die Projektion aggressiver Impulse zu Hass und Paranoia in Bezug auf das Objekt der Projektion. Wenn eine Person andererseits ein gefährliches unerwünschtes Objekt – z. B. seinen Vater – hasst, so wird sie möglicherweise diese feindseligen Gefühle auf ein passenderes und weniger bedrohliches Objekt lenken, etwa eine sozial benachteiligte Gruppe. Mit der freudschen Theorie lässt sich also voraussagen, dass die Probleme eines Diktators und sein ständiger Einsatz von Abwehrmechanismen ihn dazu veranlassen, eine gesellschaftliche Randgruppe zum Sündenbock zu machen (d. h., sie für alles, woran die Gesellschaft krankt, verantwortlich zu machen). Tatsächlich hat eine Studie zur

Untersuchung von Abwehrmechanismen gewalttätiger Personen ergeben, dass sie, was die Abwehrmechanismen betrifft, eher zu Projektionen neigen und dass das Wirken von Verdrängungsmechanismen den Unterschied zwischen gewalttätigen und friedfertigen Personen ausmachen (Apter et al., 1989).

In Begriffen der modernen Psychiatrie würde man vielen dieser hasserfüllten Menschen, einschließlich vieler Serienmörder, eine **antisoziale Persönlichkeitsstörung** diagnostizieren (Meyer et al., 1998). (Solche Menschen werden auch als „Psychopathen" bezeichnet) . Sie verstoßen schon als Kinder gegen die Regeln; so würde z. B. ein dreizehn Jahre alter Junge, der Insekten die Flügel ausreißt, seine Klassenkameraden mit einem Messer bedroht, mit Vergnügen Eigentum zerstört und allgemein andere belügt und betrügt, als Psychopath diagnostiziert werden. Es überrascht nicht, dass der Serienmörder Ted Bundy als Teenager Tiere quälte.

14.1.3 Hass aus neoanalytischer Sicht

Die Neoanalytiker gehen bei der Erklärung von Aggression noch über Freuds Beschreibung eines angeborenen Todesinstinkts hinaus. Jungs Hypothese war, dass von den allen Menschen gemeinsamen Persönlichkeitselementen – den **Archetypen** – in einem bestimmten Archetyp, dem Schatten, die primitiven animalischen Instinkte noch vorhanden sind. Nach Jung kann der unangebrachte oder unkontrollierte Ausdruck des eigenen Schattens zu einer Art „Ur-Hass" und Aggressionen wie bei Hitler führen. Erinnern Sie sich auch daran, dass Jung psychologische Typen auf der Grundlage von persönlichkeitsbedingten Eigenschaften beschrieb: Introversion / Extroversion und Denken / Fühlen / Empfinden / Intuition. Der rational-extrovertierte Typ wird als eigensinnig, intolerant und stur beschrieben, der nach strengen unbeugsamen Prinzipien strebt – also ein Typ, der sich sehr zum Diktator eignet.

Jung beschrieb auch, in welcher Weise Menschen Erfahrungen und Erinnerungen mit ihrer Persönlichkeit kombinieren. Ein Machtkomplex kann z. B. verstärkt die Wahrnehmung und Handlungsweise einer Person beeinflussen, bis es den Anschein hat, der Komplex sei unter Kontrolle. Man könnte Hitler sicher als einen Mann sehen, der von einem Machtkomplex beherrscht wurde. Um es in Jungs Begriffen zusammenzufassen: Jemand wie Hitler kann als ein Mann gesehen werden, bei dem ein ganz bestimmter Archetyp, der Schatten, andere Archetypen seiner Persönlichkeit beherrscht und somit seine animalisch-aggressive Natur mit einer rational-extrovertierten Ausprägung (starr und eigensinnig) betont – plus einem Machtkomplex, der ihn nach immer weiterer territorialer Expansion streben lässt.

Alfred Adler und Karen Horney waren auch (wie Freud und Jung) davon überzeugt, dass sich eine feindselige hasserfüllte Persönlichkeit bereits in der Kindheit entwickelt, doch diese Neoanalytiker behaupteten nicht, dass dem biologische Instinkte oder Triebe zugrunde liegen. (Dies steht im Einklang mit der neoanalytischen Betonung der Rolle der Gesellschaft.) Zur Erklärung der Ursachen von Feindseligkeit, die eine Person zum Ausdruck bringt, konzentrierte sich Adler auf frühe soziale Erfahrungen, besonders den Umgang mit Zurückweisung. Kinder, die von ihren Eltern zurückgewiesen werden, können zu der Ansicht gelangen, dass die Welt ein ungastlicher feindseliger Ort sei. Diese Kinder werden sich eher zu Kriminellen entwickeln. Adler betonte, dass Minderwertigkeitsgefühle zwar ein natürlicher Teil der Kindheitserfahrungen sind, die meisten von uns aber diese Minderwertigkeitsgefühle durch eine Vielzahl von Anstrengungen erfolgreich kompensieren. Menschen, die einen Minderwertigkeitskomplex entwickeln (mit Gefühlen von Hilflosigkeit und Unfähigkeit), neigen jedoch manchmal zur Überkompensation (Entwicklung eines Überlegenheitskomplexes), wobei sie andere angreifen und herabwürdigen, um ihr eigenes Gefühl von Wichtigkeit zu steigern. Hitler und Stalin scheinen in dieses Muster zu passen, das Adler den herrschenden Typ nannte – Menschen, die nur auf ihren eigenen Vorteil aus sind, ohne Rücksicht auf andere. (Siehe auch den Kasten „Berühmte Persönlichkeiten“ auf S. 620.)

Warum sprengte der 28jährige Timothy McVeigh das Verwaltungsgebäude in Oklahoma City in die Luft und mit ihm unter anderem 19 kleine Kinder? War er ein beliebter Klassensprecher in der High School? Nein, er war klein, dünn, der Sohn geschiedener Eltern, hatte keine Verabredungen mit Mädchen und war schon früh von Waffen fasziniert. War er ein Familienmensch mit einer liebenden Frau und vier Kindern? Nein, er wollte zu einer Spezialeinheit der Streitkräfte (Green Berets), genügte aber den Anforderungen nicht. Er las rassistische antisemitische Literatur und bewunderte Terroristen für ihren Individualismus.

Auch Karen Horney war der Ansicht, dass sich Hass in der Kindheit entwickelt, weil Kinder für eine gesunde Entwicklung ein Gefühl von Sicherheit brauchen. Wenn Kinder sich über längere Zeit nicht sicher und geborgen fühlen (wenn sie z. B. wiederholt übermäßig harte Bestrafungen erleben oder ihre Eltern sie bloßstellen oder herabsetzen), zehrt dies an ihrem Sicherheitsgefühl. Unterdrückte Angst wird zur Grundangst und Neurose.

Nach Horney greift ein missbrauchtes Kind auf Selbstschutzmaßnahmen zurück. Einer dieser Mechanismen besteht darin, Macht und Überlegenheit über andere zu erlangen und damit den Gefühlen von Unfähigkeit oder Misshandlung entgegenzuwirken. Sie nannte diese Persönlichkeitseigenschaften neurotische Tendenzen, und eine dieser Tendenzen bezeichnete sie als aggressive Persönlichkeit (gegen andere Menschen angehen). Eine Person mit einer aggressiven Persönlichkeit erlebt die meisten anderen Menschen um sich herum als feindselig und glaubt, dass nur der Fähigste und Gerissenste überlebt; entsprechend verhält sie sich – sie ist bösartig und feindselig, verleumdet und missbraucht andere (und hält so das Gefühl von Macht und Kontrolle aufrecht). Josef Stalin (der unbarmherzige sowjetische Diktator) wurde als Kind von seinem betrunkenen Vater schwer geschlagen. Er war zwar körperlich stark, aber von kleiner Statur, und sein Gesicht war durch Narben von einer Windpockenerkrankung in der Kindheit entstellt. Ähnlich wie Hitler wurde er von einem starken Willen und Rachegefühlen geleitet. Stalin bezeichnete sogar seinen eigenen Sohn als „Schwächling“. Millionen Bauern fielen seiner Zwangskollektivierung der Landwirtschaft und Produktion sowie seinen politischen Säuberungsaktionen zum Opfer.

Nach Erik Eriksons Theorie sind Menschen in jeder Lebensphase mit der Bewältigung von Konflikten befasst, und Aggression entsteht während der Sozialisierungsphase in der frühen Kindheit. Drei unbewältigte psychosoziale Phasen können nach Erikson zu einem ängstlichen, feindseligen und bösartigen Menschen führen: (1) Ein Kind, das in der Kindheit kein angemessenes Vertrauen entwickeln konnte, wird sehr wahrscheinlich im späteren Leben ein Muster fortgesetzten Misstrauens entwickeln; (2) ein Kind, das feindselig behandelt wird, wenn es versucht, Selbstständigkeit zu erlangen, kann zu Destruktivität und Wut neigen; (3) und schließlich wird das Kind kein gesundes Über-Ich entwickeln, wenn seine Initiative bestraft oder unterdrückt wird, statt im richtigen Maße und gezielt gefördert zu werden. Eine solche Person, deren Eltern in diesen drei wichtigen Stadien der psychosozialen Entwicklung kläglich versagen, kann sich zu einem bösartigen aggressiven Erwachsenen entwickeln.

Zusammenfassend kann man sagen, dass der neoanalytische Ansatz sowohl biologische als auch nichtbiologische Erklärungen für Hass umfasst. Neoanalytiker sehen die Ursache für Hass in der unzulänglichen Kanalisierung von Trieben und in nicht gelösten Konflikten in der Kindheit. Obwohl es machtvolle Instinkte gibt, ist Aggression nicht unvermeidlich, sondern eher das Ergebnis einer mangelhaften Erziehung und eines instabilen gesellschaftlichen Umfeldes. Aus dieser Sicht erklärt man heute allgemein die Entstehung von Gewalt in Städten, die von Kindern unreifer, allein erziehender Mütter ausgeht.

Abbildung 14.4: Unter Stalins Herrschaft verschwanden während der Zeit des „großen Terrors" Millionen von Menschen (Bauern, ranghohe Offiziere, Politiker und Gewerbetreibende). Sie verhungerten, wurden exekutiert oder zur Zwangsarbeit in einem Gulag verurteilt. Das Foto zeigt Mitglieder von Stalins kommunistischer Jugendliga beim Ausgraben von Getreidesäcken, die zuvor von Bauern auf einem Friedhof versteckt worden waren, um sie vor dem Zugriff durch Stalins totalitäres Regime zu schützen. Liegt Karen Horney richtig, wenn sie sagt, dass sich aggressive Persönlichkeiten als Folge eines Missbrauchs in der Kindheit herausbilden?

Berühmte Persönlichkeiten

Der Mord an Cara Knott

Cara Knott war eine aufgeweckte, energiegeladene College-Studentin aus San Diego, die erwürgt unter der Brücke einer viel befahrenen Straße gefunden wurde. Was an dem Mord an ihr so überraschend war, war die Tatsache, dass die 20jährige Cara eine sehr vorsichtige und gewissenhafte Person war, die nie etwas Unüberlegtes tat. Sie hätte sich niemals mit jemandem eingelassen, den sie nicht kennt.

Noch überraschender jedoch war die Identität ihres Mörders: Craig Peyer war ein angesehener Vertreter der California Highway Patrol (CHP) mit einer bis dahin makellosen beruflichen Laufbahn bei der Polizei. Peyer war verheiratet und Vater von drei Kindern. Man kannte ihn als einen freundlichen Mann und eine „ehrliche Haut".

Als man Caras Körper in der Nähe einer Autobahnausfahrt fand, tappte die Polizei zunächst völlig im Dunklen. Doch dann meldete sich eine ständig wachsende Zahl junger Frauen – es waren Dutzende –, die von Caras Schicksal erfahren hatten. Alle sagten aus, sie seien auch schon einmal nachts an derselben Ausfahrt von einem Polizisten herausgewunken und festgehalten worden. Auch diese Frauen waren allesamt hübsch und allein unterwegs. Offensichtlich nutzte Peyer seine Amtsautorität aus, um den Frauen ein Gespräch aufzuzwingen – bis irgendetwas offensichtlich sehr falsch lief, als er dies mit Cara Knott zu tun versuchte.

Dies war sicher ein sehr ungewöhnlicher Fall ist, doch viele Menschen hielten ihn schlichtweg für unvorstellbar: Wie kann ein solcher Mann – ein unauffälliger, treuer Gesetzeshüter – ein Mörder sein?

Wie wir in diesem Buch gesehen haben, können oberflächliche Widersprüche hinsichtlich der Persönlichkeit tiefen inneren Kräften entspringen. Sollte es uns verdächtig vorkommen, wenn jemand zu „perfekt" ist? Es wurde berichtet, Craig Peyer sei ein äußerst verantwortungsbewusster Polizeibeamter gewesen; die Bezirksstaatsanwälte waren über die Zusammenarbeit mit ihm bei verschiedenen Fällen sehr angetan gewesen. Seine Dienststelle hatte ihn wiederholt wegen seines souveränen und freundlichen Auftretens als Pressesprecher im Fernsehen eingesetzt. Andere Kollegen übernahmen bei Schichtwechsel gern den Streifenwagen, mit dem Peyer zuvor unterwegs gewesen war – weil er den Wagen so sauber hielt! Doch denken Sie daran, dass dieser Vorzeigepolizist Autorität zu schätzen schien und sie im Rahmen seines Berufs auch auszuüben gelernt hatte – notfalls mit tödlichen Folgen.

Solche ungewöhnlichen Fälle zeigen uns immer wieder, wie komplex das Böse mitunter ist. Einfache Erklärungen reichen hier nicht, doch in einem gewissen Maße lässt sich auch ein solches Verhalten verstehen.

Wenn Sie heute auf dem Highway I-15 in San Diego fahren, führt der Weg Sie über die Cara Knott Memorial Bridge.

14.1.4 Hass und Autoritarismus: Erich Fromm

Wie viele andere Sozialwissenschaftler versuchte auch Erich Fromm, eine Erklärung dafür zu finden, warum viele Deutsche sich so bereitwillig dem totalitären System der Nazis fügten. Fromm betonte das kulturelle Milieu wie auch die persönliche Geschichte des Einzelnen als Ursprung von Feindseligkeit und Hass. Nach Fromm wächst bei Menschen das Gefühl von Einsamkeit und Isolation mit zunehmendem Fortschritt einer Zivilisation und mit wachsender individueller Freiheit. Um diesen Gefühlen von Einsamkeit und Entfremdung entgegenzuwirken, sind nach Fromms Auffassung manche Menschen bereit, ihre Freiheit, ihre Individualität und ihre Prinzipien bedingungslos aufzugeben, um der Gruppe anzugehören.

Doch Fromm, ein Psychoanalytiker, betonte auch die Wichtigkeit frühkindlicher Beziehungen. Er akzeptierte psychische Mechanismen im Innern der Person, ähnlich der von Karen Horney beschriebenen neurotischen Tendenz. Menschen des autoritären Persönlichkeitstyps haben oft eine grausame Neigung zur Ausübung von Macht über andere sowie zu

Missbrauch dieser Menschen und Aneignung ihres Besitzes. Mit anderen Worten: Die autoritäre Persönlichkeit möchte anderen tatsächlich Leid zufügen. Dieses Persönlichkeitsmerkmal entwickelt sich nach Fromm durch eine besonders negative Beziehung zu den eigenen Eltern. Hier vollzieht Fromm einen Spagat zwischen biologischen und nichtbiologischen Faktoren des Hasses. In unserer biologischen Herkunft sieht er die Anlage für Gewalt, und aus der nicht gelungenen Kanalisierung von Trieben in der Kindheit können seiner Ansicht nach lebenslange Probleme entstehen. Die größte Schuld an einem verfehlten Lebenssinn gibt er jedoch einer sinnentleerten Gesellschaft. Damit vereinigt er Elemente der existenzialistischen und der humanistischen Ansichten zum Thema Hass.

Der britische Schauspieler Anthony Hopkins war imstande, eine einsame Kindheit und Alkoholprobleme als Erwachsener zu überwinden, und brillierte in der Rolle des Psychopathen Hannibal Lecter in dem Horrorfilm *Das Schweigen der Lämmer* (1991). Lecter (der Protagonist) machte den Eindruck, ein charmanter und intelligenter Mann zu sein, doch er biss jemandem, der ihm zu nahe kam, die Nase ab. Hopkins gelang es in seiner Rolle eine Beziehung zwischen den dunklen Zwängen der Persönlichkeit, die das Motiv für ein solch abscheuliches Verhalten waren, herzustellen, während er selbst seine eigenen Zwänge und Verdrängungen überwinden konnte.

14.1.5 Hass aus humanistischer Sicht

Humanistische Psychologen nehmen einen nahezu gegensätzlichen Standpunkt zum biologischen Ansatz ein. Die humanistische Theorie betont im Gegensatz zu den Verhaltensforschern die großen Unterschiede zwischen Menschen und Tieren. Sie unterstreichen die Bedeutung von Moral, Gerechtigkeit und Hingabe, die komplexe Denkprozesse und ein Ich-Bewusstsein bedingen. Im Gegensatz zu den Psychoanalytikern und Neoanalytikern betonen die humanistischen Psychologen eher die mündige Selbstverwirklichung als das unbeherrschte bösartige Individuum. Sie beschäftigen sich mehr mit den positiven als mit den negativen Einflüssen der Erziehung. Aus ihren Theorien können jedoch auch Erklärungen für individuellen Hass abgeleitet werden.

Der humanistische Psychologe Carl Rogers glaubte, dass negative Gefühle einem Mangel an positiver Aufmerksamkeit im Leben des Einzelnen entspringen, besonders von Seiten der Eltern während der Kindheit. Rogers betonte die Bedürftigkeit eines jeden Menschen nach bedingungsloser Zuwendung, Anerkennung und Liebe von anderen, ganz besonders von der eigenen Mutter. Eltern, die ihre Liebe mit Bedingungen verknüpfen (wie etwa eine Mutter, die bei jedem Fehlverhalten des Kindes mit Liebesentzug reagiert), werden sehr wahrscheinlich ein ängstliches Kind aufziehen. Solche Kinder fürchten sich beim Heranwachsen davor, ihr volles Potenzial zu entfalten, und sie schrecken vor Erfahrungen zurück, die ihr Selbstbewusstsein herausfordern. Je größer die Diskrepanz zwischen der eigenen Selbstwahrnehmung und den eigenen realen Erfahrungen ausfällt, desto größer ist die Tendenz zur Wirklichkeitsverzerrung und sogar der möglichen Entwicklung einer Psychose. Jemand, der z. B. hoffte, eine freundliche, anerkannte und respektierte Führungsperson zu sein, wegen innerer Ängste und Unsicherheiten aber die negativen Reaktionen von seinen Kameraden ausblenden oder verzerren musste, kann nicht zu einem selbstbewussten, gesunden und wachsenden Individuum heranreifen. Stattdessen wird eine solche Person eher stagnieren und sich grausam und antisozial verhalten. Rogers (1961) war jedoch so optimistisch zu glauben, dass *alle* Menschen – unabhängig von den Umständen – in der Lage sind, solche inneren Tendenzen in positives Wachstum umzuwandeln.

Abraham Maslow (1968) betonte auch, dass unsere Ängste und Zweifel über uns selbst die Ursachen für Unreife und Hass sind. Er konzentrierte sich auf nicht erfüllte Sicherheitsbedürfnisse, die den neurotischen Erwachsenen quälen. Wie Rogers bestand auch Maslow darauf, dass Bösartigkeit und Hass nicht grundsätzlich Teil der Persönlichkeit sind, sondern das Resultat der Erfahrungen mit einem unzulänglichen Umfeld. In einer Welt ohne Kindesmissbrauch, Armut, Scheidungen und Diskriminierung würde der Anteil der Kinder, die sich zu hasserfüllten Erwachsenen entwickeln, sehr wahrscheinlich stark zurückgehen. Anders als Rogers forderte Maslow jedoch nicht die bedingungslose Annahme anderer. Vielmehr führte er als Argument an, dass Kinder (und Erwachsene) Strukturen und Verhaltensregeln brauchen, ebenso wie Liebe und ein Gefühl von Sicherheit. In Anbetracht von Hitlers Gräueltaten, teilte Maslow allerdings nicht Rogers optimistische Einstellung, dass jede Person rehabilitiert werden kann.

14.1.6 Hass als Eigenschaft

Anfang 1979 wurden mehrere Frauen, die sich auf einer Wanderung in der Bucht von San Francisco befanden, überfallen und ermordet. Man klagte schließlich David Carpenter des Mordes an ihnen an. Er war von seinem Vater emotional und von seiner Mutter körperlich missbraucht und von seinen Spielkameraden wegen seines Stotterns lächerlich gemacht worden. Er quälte Tiere, neigte zu Jähzorn und hatte einen starken Sexualtrieb (Douglas, 1995). Erinnern Sie sich: Der Eigenschaftsforscher Gordon Allport (1961) beschrieb so genannte Kardinaldispositionen (Hauptwesenszüge) als Persönlichkeitsmerkmale, die allgegenwärtig sind, einen starken Einfluss auf eine Person ausüben und das tägliche Verhalten beherrschen. Wenn wir Carpenter und andere ähnlich bösartige und aggressive Menschen (wie Ted Bundy) als Beispiel nehmen, scheint es klar zu sein, dass dies Kardinaldispositionen sind, die den Charakter einer Person definieren.

Für Eigenschaftsforscher sind Wesenszüge wie Aggression Teil der dynamischen Organisation der Persönlichkeit und Teil der Persönlichkeit selbst, die bestimmen, wohin eine Person mit ihrem Verhalten neigt. Raymond Cattell (1966) benutzte Faktoranalysen, um allgemeine menschliche Charaktereigenschaften herauszustellen, und isolierte diese grundlegenden Merkmale heraus, die – wenn sie sich in extremem Ausmaß manifestieren – charakteristische Merkmale eines Mörders sind. Personen mit einem niedrigen Faktor A sind distanziert, kalt und kritisch, Personen mit einem niedrigen Faktor C sind emotional instabil, Personen mit einem hohen Faktor E sind dominant und aggressiv, Personen mit einem niedrigen Faktor I sind hartherzig und solche mit einem hohen Faktor L sind misstrauisch. Extremwerte bei diesen Faktoren könnten im Zusammenwirken einen kaltblütigen Mörder beschreiben. Da diese Wesenszüge beschreibend sind (abgeleitet aus Faktoranalysen), sind sie nicht kompatibel mit anderen theoretischen Formulierungen. Sie sind lediglich eine andere Sichtweise des gleichen Phänomens.

Für Hans Eysenck ist die Persönlichkeitsprägung, die dem Hass am meisten ähnelt, der Psychotizismus. Wie wir bereits sahen (Kapitel 8), ist ein entsprchend geprägter Mensch impulsiv, grausam, hartherzig und antisozial. (Gemäß dem **Fünf-Faktoren-Modell** wäre das Gegenstück ein Mangel an Liebenswürdigkeit und Gewissenhaftigkeit.) Für Eysenck liegen diese Unterschiede hinsichtlich der Veranlagung in neurophysiologischen Abweichungen (oft erblich) begründet. Bis heute hat jedoch noch niemand das physiologische Muster, das dieser Orientierung zugrunde liegen könnte, entdeckt.

In der angewandten Forschung zur Aggression sah der Psychologe Seymour Feshbach (1971) die Wut als eine emotionale Reaktion, die in hasserfülltem Verhalten kulminiert. Feshbach entdeckte, dass andere emotionale Reaktionen wie Einfühlungsvermögen und Selbstlosigkeit der Aggression entgegenwirken können. Das bedeutet: Nach Feshbach verhindert das Einfühlungsvermögen die eigene negative Reaktion auf den sozialen Kontext, der aggressive Gefühle und Verhaltensweisen auslöst. Kinder mit größerem Einfühlungsvermögen sind weniger aggressiv, Kinder mit geringerem Einfühlungsvermögen sind aggressiver (Feshbach & Feshbach, 1969). Interessanterweise verringerte die Teilnahme an einem Programm zum Training des Einfühlungsvermögens sowohl Aggressionen bei aggressiven als auch weniger aggressiven Kindern (Feshbach & Feshbach, 1982).

Wäre es hilfreich, einen Wesenszug wie etwa Rachsucht zu verstehen zu versuchen? Eine Studie untersuchte Rachsucht, definiert als die Veranlagung, nach einem zwischenmenschlichen Angriff Vergeltung zu üben. Dies wurde durch Selbsteinschätzung auf einer Skala des Vergebens gemessen. Das Ergebnis war, dass rachsüchtige Menschen schwerer vergeben können, in höherem Maße negative Gefühle haben und weniger zufrieden mit dem Leben sind. Sie neigten auch dazu, noch längere Zeit über Angriffe nachzugrübeln. Gemäß dem Fünf-Faktoren-Modell waren sie weniger zu Übereinstimmungen bereit und zeigten eine größere neurotische Tendenz (McCullough, Belah, Kilpatrick & Johnson, 2001).

14.1.7 Hass aus kognitiver Sicht

Wie bereits erwähnt, berücksichtigt der kognitive Ansatz zur Persönlichkeit kaum den biologischen Hintergrund und die Erfahrungen aus der Kindheit. Vielmehr betont die kognitive Psychologie, dass es nicht die realen Erfahrungen einer Person sind, sondern die Art und Weise, wie eine Person ihre Beziehungen und Erlebnisse interpretiert (auslegt), bestimmt, wie sie handelt. Demnach hängen Hass und Aggression davon ab, wie wir lernen, uns die Welt zu erklären.

George Kelly untersuchte beispielsweise persönliche Konstrukte und Beziehungen zu anderen. Er entdeckte, dass manche Menschen wenig Unterschiede zischen anderen Menschen ausmachen – sie nehmen andere Menschen eher so wahr, dass einer so wie der andere ist. Personen, die eher autoritär sind, verhalten sich so und weisen damit Merkmale auf, die Kelly (1963) als **kognitive Simplizität** bezeichnete. Das ermöglicht es, ganze Gruppen von Menschen als „Feinde“ abzustempeln.

Kelly führte ergänzend aus, dass Feindseligkeit dann entstehen kann, wenn die Einschätzung anderer nicht durch persönliche Erfahrungen zustande gekommen ist. Ausgeglichene Menschen beurteilen andere realistisch und revidieren ihre Sicht, wenn sich ihre Einschätzung als falsch erweist; verhaltensgestörte Menschen tun das nicht. Feindselige Menschen versuchen, andere eher in ihre Deutung der Umstände hineinzuzwingen, als dass sie ihre Einschätzung der Wirklichkeit überdenken und ändern. Hitler wollte die Zusammensetzung einer ganzen Nation umformen, damit sie in seine Wahrnehmungsdeutung passte. Hat Berkowitz vielleicht all jene „eliminiert", die nicht seinem Bild von der Wirklichkeit entsprachen? Tatsächlich hat man Unterschiede festgestellt, wie gewalttätige Menschen im Vergleich zu friedfertigen Menschen Bedrohungen wahrnehmen. So deuten beispielsweise gewalttätige Kriminelle Ereignisse eher als bedrohlich und vermuten eher feindliche Absichten bei anderen Menschen. Man glaubt, dass Psychopathen sowohl soziale als auch kognitive Aufgaben schlechter bewältigen können (Serin & Kuriychuk, 1994).

Diese Verzerrungen in der Deutung menschlicher Interaktionen beginnen schon in jungen Jahren. Dodge und seine Kollegen fanden heraus, dass jüngere und ältere Jugendliche mit aggressivem Verhalten eher dazu neigen, in ihren sozialen Beziehungen anderen Feindseligkeit zu unterstellen (Lochman & Dodge, 1994). Deshalb resultieren aus kognitiver Sicht extreme Feindseligkeit und Hass oft aus der Fehleinschätzung von Situationen, in denen Ereignissen und Menschen, die tatsächlich positiv bzw. wohlwollend sind, böse Absichten unterstellt werden.

14.1.8 Lerntheorie: Hass als erlerntes Verhalten

B.F. Skinner war der Ansicht, dass wir außer Verwirrung nichts von der Beurteilung haben, ob jemand bösartig ist, aggressive Neigungen besitzt oder angriffslustig ist. Stattdessen sollten wir einfach registrieren, wie und wann jemand (oder eine Taube im Labor) Aggressionen zeigt. Wenn wir uns direkt auf das Verhalten konzentrieren, können wir feststellen, welche Umweltbedingungen die aggressive Handlungsweise wahrscheinlicher machen. Die Lerntheorien besagen, dass Aggression durch die gleichen Mechanismen wie alle anderen Verhaltensweisen entsteht.

Die klassische Lerntheorie besagt, dass Hassgefühle konditionierte Reaktionen sind, wohingegen die operante Lerntheorie bei der Formung erlernter Aggression die Rolle von Verstärkung und Bestrafung betont. Die soziale Lerntheorie geht davon aus, dass das bösartige Verhalten anderer modelliert, beobachtet, imitiert und so indirekt verstärkt wird.

Was ist mit dem Serienmörder, der nur Frauen umbringt? Eine Reihe von Ereignissen wie etwa ein schwerer Missbrauch durch die Mutter in der Kindheit würde nach der Theorie des konditionierten Lernens schließlich zu einer Verbindung der konditionierten Hassreaktion mit der Aggression gegenüber Frauen führen, selbst wenn in der Gegenwart gar kein Missbrauch stattfindet. Dieser Hass wird sich besonders gegen Frauen richten, die ähnlich aussehen oder bestimmte Eigenschaften wie der ursprüngliche unkonditionierte Stimulus – die Mutter – aufweisen. Oder die hasserfüllten Gefühle könnten sich ganz allgemein gegen eine größere Gruppe von Menschen – z. B. Frauen mittleren Alters – richten. Das bedeutet: Das Auftreten des konditionierten Stimulus (jede Frau) löst hasserfüllte Gefühle aus und würde das damit einhergehende Verhalten hervorrufen. Untersuchungen über die Kindheit und Lebensgeschichte mehrerer Massenmörder zeigten, dass viele von ihnen tatsächlich unter Menschen gelitten hatten, die ihren Opfern ähnlich waren, woraus sich der Schluss ableiten lässt, dass zumindest in einigen Fällen Hass eine konditionierte Reaktion ist.

Es ist sicherlich wahr, dass eine Person sich weiterhin feindselig verhalten und die Aggression tatsächlich eskalieren könnte, wenn sich hasserfülltes Verhalten (gegen eine Gruppe) verstärkend auswirkt – entweder weil eine sonst nicht beachtete Person dadurch Aufmerksamkeit erhält, weil es Lob von anderen einbringt oder weil materielle Besitztümer (Beute) damit verbunden sind.

Als Dollard und Miller die Theorie der konditionierten Reaktion weiterentwickelten, zeigten sie, dass Verteidigungsmechanismen wie Projektionen und Gefühle (einschließlich Wut und Feindseligkeit) konditioniert werden können. Einige davon können zu einer zweiten Antriebskraft werden, die viele der Handlungen einer Person steuert. Hass kann also erlernt und zu einer Antriebskraft für aggressives, feindseliges Verhalten werden.

Kinder, die in einem hasserfüllten Elternhaus aufwachsen (streitende Eltern), werden als Heranwachsende oft selbst bösartig und erlernen die Feindseligkeit von ihren Eltern. Außerdem werden Personen, die als Kind missbraucht wurden, später als Eltern eher Missbrauch ausüben als Personen, die dieses Schicksal nicht erfahren haben. Diese sozialen Lernprozesse – indirektes Lernen und Modellieren – können sehr machtvoll sein.

14.1.9 Hass und kulturelle Unterschiede

Anthropologen haben viele Belege dafür geliefert, dass innerhalb einer Gesellschaft das durchschnittliche Niveau (und die kulturelle Akzeptanz) von Feindseligkeit sehr unterschiedlich ist (Goldstein & Segall, 1983). Einige Gesellschaften wurden als extrem aggressiv charakterisiert, während andere Hass und Feindseligkeit zwischen ihren Mitgliedern nur in geringem Grad aufwiesen. Ganz offensichtlich hat das etwas mit der sozialen Struktur zu tun.

Selbst innerhalb der Grenzen der USA konnte man anhand von kulturellen Unterschieden den jeweiligen Grad an Feindseligkeit vorhersagen. Nisbett und Cohen (1996) verglichen den nördlichen Teil der USA mit dem südlichen und stellten fest, dass die höhere Mordrate im Süden offensichtlich die Folge einer anderen Auffassung von Ehre ist, die Gewalttätigkeiten als Vergeltungsmaßnahmen für wahrgenommene Ehrverletzungen eher rechtfertigt.

Bei Afroamerikanern gibt es interessanterweise kaum regionale Unterschiede in der Nord- / Süd-Mordrate, was vermuten lässt, dass sie etwas mit der weißen Kultur im Süden zu tun hat und nicht mit dem Leben dort (Nisbett & Cohen, 1996). Auch der weit verbreitete Waffenbesitz trägt zu einem Kreislauf der Gewalt bei, in dem Streit zu tödlicher Vergeltung führt. Persönlichkeitstheorien, die sich nur auf die Wesenszügedes individuellen Menschen konzentrieren, sind angesichts der dramatischen kulturellen und subkulturellen Aggressionsunterschiede eindeutig unzureichend. Deshalb ist als Ansatz ein so genannter interaktionistischer Person- / Situationsbezug (wie in Kapitel 10 beschrieben) notwendig.

Abbildung 14.5: In den USA weisen die Südstaaten eine höhere Mordrate unter Weißen auf als die Nordstaaten. Bestimmte kulturelle Ansichten, Einstellungen oder Gewohnheiten in dieser Region können für diesen Effekt verantwortlich sein.

Damals und heute

Terrorismus aus interaktionistischer Sicht

Am Morgen des 11. September 2001 flog eine kleine Gruppe von Terroristen zwei entführte Linienmaschinen in das New Yorker World Trade Center und zerstörte es vollkommen. Sie zerstörten auch einen Teil des Pentagon in Washington, wo ebenfalls viele Leute, die sich zu jener Zeit in ihren Büros befanden, getötet wurden. Was sind das für Menschen, die solche Taten begehen? Eine einzige Erklärung wird nicht ausreichen, aber eine Kombination von Persönlichkeit und Umfeld kann uns einige wichtige Hinweise liefern.

US-Präsident George W. Bush nannte die Terroristen bösartig (engl. evil). In dem Sinne, dass ein junger Mann sein Leben opfert, um ohne Vorwarnung und nur aus Gründen des Terrors wahllos Tausende von Zivilisten mit sich in den Tod zu reißen, passt jede Definition des Begriffs „bösartig" auf diesen Angriff. Solcher Bösartigkeit muss jedoch ein moralisches oder sogar religiöses Motiv als Erklärung zugrunde liegen. Und tatsächlich haben beide Seiten behauptet, „Gott ist auf unserer Seite und wird uns helfen, die Teufel auf der anderen Seite zu zerstören". Wir sahen bereits, dass solche Erklärungen für menschliches Verhalten durch alle Zeitalter hindurch zwar weit verbreitet, aber natürlich alles andere als wissenschaftlich begründet waren. Die Psychologie hält nach rationaleren, wissenschaftlichen Erklärungen Ausschau.

Auf der untersten biologischen Ebene entwickelt sich die Veranlagung zur Bösartigkeit aus unserer Evolutionsgeschichte, die dem Menschen das Potenzial für schreckliche Gewalt und Aggression gibt. Es ist kein Zufall, dass die bei den Angriffen am 11. September beteiligten Terroristen allesamt junge Männer und nicht Frauen mittleren Alters waren.

Wie wir schon sahen, herrscht bei jungen Männern ein größeres Aggressionspotenzial vor. Wichtig ist jedoch festzuhalten, dass die meisten jungen Männer nicht gewalttätig sind. Wir müssen uns um ein tiefer gehendes Verstehen bemühen, was diese Männer und ihre Situation betrifft.

Die Angriffe waren nicht unbedingt „geistlos“ oder „verrückt.“ Die Anführer unter den Terroristen hatten ein hohes Bildungsniveau, waren intelligent und verfolgten ganz bestimmte Ziele. Sie erfreuten sich aber wahrscheinlich keiner allzu großen Beliebtheit und waren auch nicht unbedingt freundliche oder hart arbeitende extrovertierte Menschen. Vielmehr waren sie auf eine gewisse Art und Weise unzufrieden, vielleicht entfremdet, zynisch und depressiv veranlagt. Doch selbst das reicht noch lange nicht als Erklärung für ihr Verhalten aus. Wir müssen die Situationen verstehen, die aus solchen Menschen gewissenlose Mörder machen.

Zunächst ist da einmal die emotionale Ideologie, die dieses Verhalten unterstützt. Genauso wie Hitler umfassende Theorien zur Überlegenheit der arischen Rasse gesponnen hatte, so war auch bei den Terroristen des 11. September komplexes religiöses und kulturelles Gedankengut vorherrschend – vor allem die Ideologie, dass die US-Amerikaner ihre Feinde sind. Diese Ideologie half den Terroristen, ihre Opfer nicht als Menschen zu sehen, was dazu führte, dass sie in ihren Augen keine unschuldigen Werktätigen und Besucher der Stadt töteten, sondern Teufel, Dämonen, Feinde und wertloses Ungeziefer. Und nicht zuletzt hat diese Ideologie sowie ein starkes Solidaritätsgefühl in den Ausbildungslagern der Terroristen dazu beigetragen, dass sich unter ihnen ein Gefühl von Kameradschaft und Pflichtbewusstsein entwickelt hat. Sie „verloren“ sozusagen ihre Selbstidentität oder ihr Ich, das unter die Ziele einer gemeinsamen Sache gestellt wurde.

Zu einem gewissen Grade waren die Terroristen auch indoktriniert, Gehorsam gegenüber Autoritäten zu zeigen (Milgram, 1974). Es ist nicht so, dass sie eines Tages aufwachten und den Beschluss fassten, ihr Studium abzubrechen und Tausende von Zivilisten umzubringen. Vielmehr sahen sie sich als Fußsoldaten, die nichts weiter taten, als die Befehle ihres obersten Anführers auszuführen; sie selbst hatten nicht den Beschluss zum Angriff gefasst.

Die schlimmsten Bösartigkeiten treten oft dann auf, wenn Individuen ihre Selbstidentität ablegen, ihre Zukunftsziele und Selbstverwirklichung aufgeben und sich stattdessen als Teil eines großen Systems oder einer Armee sehen, die den Weisungen ihrer Befehlshaber Folge leisten muss.

Einige Fachleute sehen die Motivation zum Terrorismus in der Armut begründet. Doch durch die gesamte Geschichte hindurch und überall auf der Welt haben die meisten Menschen, die in Armut leben, nicht auf bösartige Handlungen zurückgegriffen. Andere sehen die Ursache in einem niedrigen Bildungsniveau. Doch die Angriffe waren minutiös und intelligent durchgeplant und ausgeführt worden. Ein hohes Bildungsniveau allein verhindert noch keine Bösartigkeit. Vielmehr verringert sich die Wahrscheinlichkeit des Auftretens von Bösartigkeit, wenn die Gesellschaft weniger Menschen hervorbringt, die für Bösartigkeit anfällig sind, und es stattdessen mehr gesellschaftliche Institutionen und Umstände gibt, die der Bösartigkeit entgegenwirken.

Denken Sie an ein Kind, das unter den folgenden Bedingungen aufwächst: Es wird in einem stabilen Elternhaus großgezogen, hat ein gutes Verhältnis zu beiden Elternteilen, entwickelt einen Sinn für Leistung und Zukunftsziele, hat gute Beziehungen zu Freunden und Bekannten, wird für die Hilfe, die es anderen zukommen lässt, belohnt, lernt Verantwortung zu übernehmen, stellt Autoritäten in Frage, falls angebracht, lebt in einer Gesellschaft, in der das menschliche Leben ein wertvolles Gut ist, respektiert andere, ermöglicht offene Gespräche ohne Drohungen und entwickelt Helden, die sich mit ihren friedfertigen Taten für andere einsetzen. Vergleichen Sie nun dieses Kind mit einem, das von Eltern aufgezogen wird, deren Verhalten unvorhersagbar ist und die das Kind schlagen, wenn sie selbst unglücklich sind; ein Kind, das in der Schule von Klassenkameraden lächerlich gemacht und von überarbeiteten Lehrern nicht beachtet wird; ein Kind, das im Vergleich zur Masse der anderen Kinder im Abseits steht und deshalb die Gesellschaft einer kleinen Gruppe von exzentrischen „Freunden" sucht; das in einer geschlossenen Gesellschaft lebt, die freie Rede unterdrückt und Menschen, die eines Verbrechens angeklagt sind, ohne Umschweife inhaftiert, schlägt und exekutiert. Ein Kind, das unter solchen Verhältnissen aufwächst, lernt möglicherweise, andere, vor allem Frauen, lediglich als Besitz und Untergebene zu sehen, und glaubt blind an alle religiösen Dogmen als Weg zur Erlösung. Es lebt in einer Kultur, in der autoritäre machtvolle Männer durch Einschüchterung von Andersdenkenden herrschen, und findet eine Art Identität darin, die Ideologie eines Diktators zu übernehmen und sich mit anderen machtvollen Kräften zusammenzuschließen. Bei welchem Kind ist die Wahrscheinlichkeit größer, dass es irgendwann bösartige Handlungen begeht?

Kurz: Obgleich es sicher wahr ist, dass bestimmte Personen eher Terroristen werden als andere, ist es doch die Interaktion solcher Persönlichkeiten mit den entsprechenden Umständen als Auslösern, die tatsächlich einen Terroristen hervorbringen. Der Hass unter Menschen wird wohl nie verschwinden, doch die richtige Kombination von Menschen und Situationen kann zu einer deutlichen Verringerung der Zahl bösartiger Handlungen führen.

Abbildung 14.6: Obgleich bei bestimmten Menschen die Wahrscheinlichkeit größer ist, dass aus ihnen Terroristen werden, ist es doch die Interaktion solcher Persönlichkeiten mit den entsprechenden Umständen als Auslösern, die tatsächlich einen Terroristen hervorbringen.

14.2 Auswertung: Hass

Zusammenfassend lässt sich feststellen, dass es gewöhnlich keine einfache Erklärung für Hass und Aggression gibt. Wie wir in diesem Buch bereits festgestellt haben, gehen die verschiedenen Perspektiven der Zweige der Persönlichkeitspsychologie von unterschiedlichen Annahmen aus und kommen deshalb zu voneinander abweichenden Ergebnissen hinsichtlich dessen, was es bedeutet, eine Person zu sein – in diesem Fall, eine böse hasserfüllte Person.

Gelegentlich lässt sich Hass durch einen Hirntumor oder andere schwerwiegende Umstände erklären, doch sind diese einfachen Fälle sehr selten. Oft scheinen Hass und Aggression vielmehr aus einer Kombination verschiedener Kräfte zu erwachsen. Grundsätzlich scheint es eine angeborene Veranlagung dafür zu geben. Viele Tiere schützen ihre Nachkommen, ihr Revier und ihre Gruppe durch bösartig-aggressives Verhalten. Und es gibt bestimmte Teile des Gehirns, die bei der Entstehung von Wutgefühlen von zentraler Bedeutung sind. Die Forschungsergebnisse stützen die Überzeugung, dass wir zwar von Natur aus eine Veranlagung für Hass und Aggression haben, sie aber nicht zwangsläufig ausleben müssen.

Es herrscht bei vielen Ansätzen Übereinstimmung darüber, dass die Entstehung von Hass und Aggression durch Missbrauch oder eine instabile Kindheitsumgebung begünstigt wird. Diese Ansicht lenkt die Aufmerksamkeit von der Biologie weg und hin zu den Identitäten und Mustern, die durch die Beziehungen zwischen Eltern und Kind entstehen. Kinder, die Opfer von Missbrauch oder Verachtung durch ihre Eltern oder ihre Umgebung werden, können selbst zu Missbrauch ausübenden und verachtungsvollen Erwachsenen werden. Die Art und Weise, wie wir lernen, Ereignisse zu bewerten, und die Belohnungen, die wir sehen und erhalten, können dramatische Auswirkungen auf die Wahrscheinlichkeit eines aggressiven Verhaltens unsererseits haben. Sogar ganze Gesellschaften unterscheiden sich ganz erheblich hinsichtlich des Ausmaßes an Hass und Aggression, das in ihnen besteht und gezeigt wird. Entscheidend kann aber auch eine spezielle Situation sein, da sich bestimmte Menschen in bestimmten Situationen eher aggressiv verhalten.

Interessant ist, dass die angeblich einfachen „Lösungen" für Hass und Aggression nach unserer komplexen Analyse im Allgemeinen *nicht* als Gesamtlösung brauchbar sind: Verabreichung von Medikamenten oder hirnchirurgische Eingriffe an gewalttätigen Straftätern, schulische Erziehungsprogramme, Androhung von Prügel oder Tod, organisierte Sportwettkämpfe oder die Hoffnung, dass sich letztlich das angeborene Gute in jedem Menschen durchsetzt. Solche einfachen Lösungen werden oft von Politikern vorgeschlagen, sind aber zu begrenzt, um allgemein wirksam zu sein. Vielmehr können Tendenzen zu Hass und Aggression nur minimiert werden, wenn ernsthafte Anstrengungen unternommen werden, eine Gesellschaft körperlich gesunder Menschen (die keine Drogen konsumieren) hervorzubringen, die gute Beziehungen zu ihren Eltern entwickeln; eine Gesellschaft, die nur kooperatives Verhalten formt und belohnt; eine Gesellschaft, die Gerechtigkeit unterstützt und ihren Bürgern einen disziplinierten und produktiven Lebensweg vorgibt. Doch selbst in einer so stabilen und ausgeglichenen Gesellschaft werden einzelne Menschen besondere Hilfe benötigen.

14.3 Der Ursprung der Liebe

Ist Liebe das Gegenteil von Hass? Sind Liebe und Hass zwei Seiten derselben Medaille? Oder ist die Liebe die mächtigste Antriebskraft des Verhaltens? Wie erklären Persönlichkeitspsychologen das Phänomen Liebe?

14.3.1 Entwicklungsgeschichtliche / ethologische Erklärungen der Liebe

Der britische Journalist Woodrow Wyatt (1981) sagte: „Ein Mann verliebt sich mit den Augen, eine Frau mit den Ohren." Er meinte damit, dass sich ein Mann von der Schönheit einer Frau angezogen fühlt, während eine Frau von dem, was sie über den Status eines Mannes hört, angezogen wird. Für Entwicklungspsychologen hat sich die Liebe in Millionen von Jahren durch Anpassungsnotwendigkeiten entwickelt. Für die Fortpflanzung ist die Anziehung des anderen Geschlechts offenbar notwendig. Um Nachkommen zu zeugen, die heranwachsen und selbst Nachkommen zeugen, sind zwei Grundvoraussetzungen unabdingbar: Es müssen Bedingungen herrschen, die sicherstellen, dass (1) ein gesundes Kind geboren wird, und (2) das hilflose Kind (bis zum fortpflanzungsfähigen Alter) überlebt.

Diese Argumente liegen der Forschungsarbeit von Evolutionspsychologen wie David Buss zugrunde, der wiederum auf die Arbeiten des Biologen Robert Trivers (1996) und der Psychologen Martin Daly und Margo Wilson (Daly, Wilson & Weghorst, 1982) zurückgreift. Buss behauptet, dass Männer und Frauen bei der Partnerwahl aufgrund unterschiedlicher biologischer Rollenverteilung während der Fortpflanzungsphase unterschiedliche Prioritäten setzen. Nach dieser Argumentation fühlt sich der Mann zu Frauen hingezogen, die alle körperlichen Merkmale zeigen, Kinder empfangen und gesund austragen zu können. Deshalb sollte sich ein Mann von jungen, sportlichen und gesunden Frauen angezogen fühlen – und diese Merkmale machen zum Teil ihre körperliche Attraktivität für ihn aus. Eine andere mögliche Konsequenz aus dieser Theorie besagt, dass ältere Männer sich zu jüngeren Frauen hingezogen fühlen. Für Buunk, Dijkstra, Kenrick und Warntjes (2001) bewahrheitete sich diese Annahme: Männer aller Altersstufen wünschen sich Beziehungen mit Frauen im gebärfähigen Alter.

Zu einem gewissen Grade fühlen sich auch Frauen von körperlich attraktiven Männern angezogen, da die körperliche Attraktivität auf Fruchtbarkeit und genetische Gesundheit hindeutet. (Kranke und gebrechliche Männer eignen sich weniger als qualifizierte Genträger.) Frauen müssen jedoch ein Kind neun Monate austragen und es dann in der langen schutzbedürftigen Säuglingszeit und Kindheit behüten. Da die Frau ihre Kräfte auf die Aufzucht der Kinder konzentriert, braucht sie einen Mann, der ihr während dieser Zeit alles Lebensnotwendige, wie Nahrung und Schutz, bietet. Deshalb bevorzugen Frauen Männer, die dazu imstande sind. Nach Buss bedeutet dies, dass Frauen sich von Männern angezogen fühlen, die über Fähigkeiten verfügen, diese Ressourcen verfügbar zu machen (Buss & Schmitt, 1993; Buss et al., 1998). Entwicklungsgeschichtlich relevante Ansichten scheinen auch heute ihre klar hervortretende Gültigkeit nicht verloren zu haben.

Buss hat seine Überlegungen mit mehreren empirischen Studien belegt. In einer Studie zeigten z. B. deutsche und US-amerikanische Männer und Frauen verlässliche Unterschiede hinsichtlich dessen, was für sie jeweils anziehend ist: Männer betonten regelmäßig die Wichtigkeit der körperlichen Attraktivität für ihre Wahl; für Frauen hingegen war bei der Partnerwahl immer wieder die Fähigkeit des Mannes, ein gutes Einkommen zu erzielen, besonders wichtig (Buss, 1989).

Hängen diese Unterschiede nur mit den geschlechtsspezifischen Rollenerwartungen zusammen? Belege aus interkulturellen Untersuchungen lassen den Schluss zu, dass diese Präferenzen die angeborenen genetischen Anlagen widerspiegeln. Bei der Analyse von Vergleichsstudien aus 33 Ländern verschiedener Kulturkreise stellte Buss fest, dass Frauen unabhängig vom Kulturkreis Männer bevorzugen, die ihre Versorgung mit den notwendigen Ressourcen sicherstellen können. In allen Kulturkreisen schätzen Frauen ehrgeizige, hart arbeitende Männer (Buss, 1989). Außerdem fühlten sich Männer aller Kulturkreise eher von jungen und körperlich attraktiven Frauen angezogen.

Was hat das mit Liebe zu tun? Aus männlicher Sicht (nicht aus weiblicher) ist es notwendig, dass klar ist, wer die Nachkommen gezeugt hat. (Frauen wissen, dass sie die Mutter ihres Kind sind; Männer können sich über ihre Vaterschaft nicht so sicher sein.) Die emotionale Beziehung und Bindung zwischen den Geschlechtspartnern ist wichtig, da sie die Monogamie fördert und somit sicherstellt, dass die Frau sich nicht mit anderen Männern einlässt. Aus der Sicht der Frauen stellt die Liebe und die damit einhergehende Verpflichtung sicher, dass der Mann so lange bleibt und Ressourcen bereitstellt, bis das Kind herangewachsen ist (Buss & Schmitt, 1993).

Einer der Gründe, warum sich diese Ideen so schwer untermauern lassen, liegt darin, dass wir nicht mit Sicherheit wissen, welchen spezifischen entwicklungsgeschichtlichen Anforderungen unsere Vorfahren ausgesetzt waren. So wissen die meisten von uns, dass Männer gesunde und anziehende Frauen bevorzugen und Frauen zuverlässige Männer mit Talenten und Anlagen. Insofern war die „Vorhersage" der Evolutionspsychologie nicht besonders schwierig oder verblüffend. Frauen fühlen sich auch zu Männern mit einem Sinn für Humor hingezogen. Welche evolutionären Kräfte mögen dem zugrunde liegen? Die Argumentationslinie ist viel versprechend, wenn auch noch lange nicht bewiesen.

Abbildung 14.7: Die Evolutionspsychologie behauptet, dass der optimale Beziehungspartner für Frauen und Männer jeweils andere Eigenschaften aufweist. Ein Mann sollte Frauen bevorzugen, die jung und fruchtbar erscheinen, während eine Frau Männer bevorzugen sollte, die imstande zu sein scheinen, für den Nachwuchs die erforderlichen Ressourcen bereitzustellen.

14.3.2 Psychoanalytische Erklärungen für die Liebe

Freud betrachtete die Liebe als etwas, das den Sexualtrieben entspringt. In der oralen Phase der Entwicklung bereitet die Mutter dem Kleinkind seine ersten erotischen Vergnügungsmomente – nämlich die der oralen Befriedigung. Als Resultat davon wird die Mutter zum ersten Liebesobjekt des Kleinkindes. Viel später, in der genitalen Phase, erfährt das Kind, dass sexuelle Befriedigung durch einen Sexualpartner erzielt werden kann. Das starke Gefühl, das eine reife sexuelle Anziehung begleitet, ist nach Freud die Liebe. Das heißt: Liebe ergibt sich aus der Tatsache, dass der Sexualpartner für die geschlechtliche Befriedigung verantwortlich ist. Die Liebe erwächst aus dem geschlechtlichen Zusammensein von zwei Erwachsenen, so wie die Liebe das erste Mal aus der oralen Befriedigung erwuchs. Diese Ansicht legt nahe, dass das, „was ich aus Liebe tue", ich in Wirklichkeit zum Zwecke rein sexueller Befriedigung tue – eine etwas beschränkte und pessimistische Anschauung (Miller & Siegel, 1972).

Freuds Anhänger übernahmen diese Anschauung. Melanie Klein und die Objektbezugstheoretiker bemerkten, dass für nahezu alle Kinder die Mutter die Ernährerin ist und deshalb das erste eindeutige Liebesobjekt darstellt. Die Objektbeziehungstheorie weicht von der freudschen Theorie an diesem Punkt ab und vermeidet Freuds Verweis auf die ödipale Phase zur Erklärung der Verschiebung der Liebesgefühle auf den gleichgeschlechtlichen Elternteil. Stattdessen betonen die Objektbeziehungstheoretiker die Wichtigkeit dieser ersten Mutter-Kind-Beziehung und sagen, dass das Kind die Natur dieser Beziehung verinnerlicht, die in einem gewissen Sinne zum Prototypen oder Modell für spätere Liebesbeziehungen wird. Unsere Erwachsenenliebe beruht auf unserer Mutterliebe und imitiert diese entweder oder schlägt ins Gegenteil um. Wenn die Mutter das Kind beim Stillen neckt und ihm mal die Brust hinhält und dann wieder nicht, dann suchen wir vielleicht später, wenn wir erwachsen sind, einen Liebhaber, der uns ebenfalls neckt (im anderen Extremfall vermeiden wir solche Menschen vollkommen). Einige Theoretiker betonen die Elemente Stillen und Triebreduktion in der frühen Beziehung, während andere die Bindungsaspekte betonen – die angenehmen Berührungen und das Gefühl von Sicherheit, das die eigene Mutter vermittelt.

14.3.3 Neoanalytische Erklärungen für die Liebe

Erik Erikson (1963) konzentrierte sich auf die sechste Stufe der psychosozialen Entwicklung (wenn der Mensch Anfang 20 ist und eine Erwachsenenidentität entwickelt hat) als die Zeit, in der sich die reife Liebe entwickelt. Erikson bemerkte, dass der junge Erwachsene in dieser Phase – Intimität versus Isolation – bereit ist, sich an jemanden zu binden, eine intime Beziehung aufzubauen und die damit einhergehende Liebe zu erfahren. Nach Erikson sind nur die Personen imstande, wahre Intimität – und Liebe – zu erfahren, die ihre eigene Identität gefunden haben, wohingegen diejenigen, deren Selbstidentität unvollständig ist, entweder isoliert bleiben oder sich auf falsche Beziehungen einlassen, indem sie sexuell promiskuitiv sind oder nur oberflächliche Beziehungen eingehen. Erikson sah also die Liebe als Ergebnis einer gesunden normalen Entwicklung.

Ein moderner Ansatz vom Psychologen Phillip Shaver und seinen Kollegen bezieht sich ebenfalls auf die Entwicklung eines Kindes, doch Shaver benutzt Modelle der während der Kindheit erfahrenen Bindung, um Unterschiede in der Qualität von Erwachsenenbeziehungen zu erklären. Der Grundgedanke dabei ist, dass das Wesen der Bindung in der Kindheit sich in gewissem Ausmaß später in romantischen Beziehungen widerspiegelt (Brennan & Shaver, 1995; Hazan & Shaver, 1987; Shaver, Collins & Clark, 1996). Beachten Sie, dass sich dieser Denkansatz direkt aus der neoanalytischen Theorie von Karen Horney (1945) in Bezug auf Grundängste sowie aus Studien zur biologischen Grundlage der Kleinkind-Bindung ableitet (Ainsworth, 1979; Ainsworth & Bowlby, 1991; Bowlby, 1969).

Nach Shaver und seinen Kollegen gibt es drei Arten romantischer Bindung in Beziehungen: (1) **sicher Liebende,** die mit anderen leicht enge Beziehungen eingehen und andere in ihre unmittelbare Nähe lassen; (2) **vermeidend Liebende,** die sich unwohl fühlen, wenn sie anderen zu nah sind oder diese ihnen zu nah sind, und die ein Problem haben anderen zu vertrauen und Vertrauen von anderen zu erhalten (erwachsene Kinder von Alkoholikern fallen oft in diese Kategorie); (3) **ängstlich-ambivalent Liebende,** die ihrem Partner näher kommen wollen, sich jedoch unsicher über die Beziehung fühlen und durch ihre Sorge wegen der Beziehung den Partner eventuell verschrecken. In der Studie wurde festgestellt, dass etwa die Hälfte aller Personen sicher Liebende waren, doch die andere Hälfte waren leider vermeidend und ängstlich-ambivalent Liebende. Die Art der Erwachsenenbindung bei diesen Personen konnte durch die Qualität der Beziehungen zu ihren Eltern vorhergesagt werden, was wiederum die Theorie bestätigt, dass Menschen Modelle dieser frühen Beziehungen formen, die einen Einfluss auf spätere Bindungen ausüben.

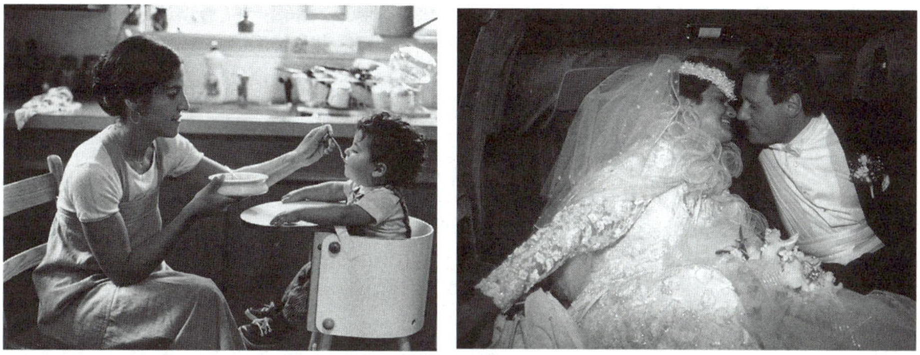

Abbildung 14.8: Psychoanalytische und neoanalytische Theorien betonen den nachhaltigen Einfluss der Mutter als erstes Liebesobjekt. Ist es nur Zufall, dass der kleine Junge im linken Bild als Erwachsener, rechtes Bild, eine Frau geheiratet hat, die seiner Mutter in jungen Jahren verblüffend ähnlich sieht?

14.3.4 Kognitive Ansätze zur Liebe

Lassen sich die verschiedenen Arten, wie man lieben kann, beziffern? Der kognitive Ansatz zur Liebe versucht die verschiedenen Arten der Liebe zu klassifizieren und unsere Leidenschaften von unseren Gedanken zu unterscheiden. Es scheint klar zu sein, dass wir einige gute Freunde haben, die wir zwar sehr mögen, mit denen wir aber nicht intim verkehren möchten; oder Freunde, denen wir uns offenbaren, zu denen wir uns aber körperlich nicht hingezogen fühlen. Und dann sind da noch diejenigen, für die wir eine starke Leidenschaft entwickeln, die wir aber nicht so sehr mögen usw.

Leider hat sich die Liebe jedem einfachen Klassifizierungsschema entzogen. Die meisten Ansätze unterscheiden zwischen Zuneigung und Respekt einerseits und Liebe und Leidenschaft andererseits. Andere Ansätze unterscheiden zwischen respektvoller kameradschaftlicher Liebe und emotionaler Hingabe. Wiederum andere versuchen, mit mehreren von diesen Ansätzen gleichzeitig zu arbeiten und vergleichen Verliebtheit mit sexueller Ausbeutung und wirklicher Liebe usw. Was aus diesen Analysen klar hervorgeht, ist, dass unsere Gedanken eng mit unseren Gefühlen verbunden sind. Es gibt so viele Arten von Liebe, wie es unterschiedliche Methoden gibt, über unsere Triebe, Motive und zwischenmenschlichen Beziehungen zu reflektieren und sie zu interpretieren (Beall & Sternberg, 1995; Berscheid, 1994; Fehr & Russell, 1991; Rubin, 1973; Sternberg & Barnes, 1988).

14.3.5 Liebe aus humanistisch-existenzialistischer Sicht

Die humanistischen Persönlichkeitspsychologen haben viel Energie aufgewendet, um die Ursachen und Hintergründe der Liebe zu erklären. Sie lehnen die einfache behavioristische Ansicht ab, dass wir jemanden lieben, der uns Verstärker liefert. Ihre Theorien betonen, dass Menschen, die ihr Potenzial verwirklichen und das Beste aus sich machen, diejenigen sind, die die Liebe in ihrer wahren Form erfahren können. Sie betonen auch die

Idee, dass eine Person sich selbst akzeptieren (und lieben) muss, bevor sie anderen echte Liebe zukommen lassen kann. Carl Rogers sagte z. B., dass Kinder, die gelernt haben, sich selbst zu akzeptieren, sich zu gesunden, voll funktionsfähigen Erwachsenen entwickeln können, die imstande sind andere wirklich zu lieben.

Maslows Ansichten zum Liebebedürfnis

Abraham Maslow platzierte das Liebesbedürfnis auf die dritte Stufe seiner Bedürfnispyramide. Seiner Ansicht nach lässt sich das Bedürfnis nach Liebe und Bindung (Zugehörigkeit) erst stillen, wenn die physiologischen Bedürfnisse (wie etwa nach Nahrung) und die Sicherheitsbedürfnisse (wie etwa nach Ordnung) gestillt wurden. Wenn sich die Person auf dieser Bedürfnispyramide nach Maslow erfolgreich nach oben bewegt und ihre Zugehörigkeits- und Achtungsbedürfnisse gestillt werden, ist sie eher imstande, in vollem Umfang Liebe zu geben und zu empfangen und sich selbst zu verwirklichen.

Maslow (1968) beschrieb zwei Arten von Liebe: die **S-Liebe** (kurz für Seins-Liebe) und die **D-Liebe** (kurz für Defizit-Liebe)). Die D-Liebe ist selbstsüchtig, eigennützig und bedürftig, wohingegen die S-Liebe selbstlos und uneigennützig ist und sich um die Bedürfnisse anderer kümmert. S-Liebende sind eher selbstverwirklicht und fördern auch eher die Selbstverwirklichung ihrer Partner. Daraus folgt, dass Menschen unterschiedliche Persönlichkeitsorientierungen in die Liebe einbringen – sich selbst verwirklichende Menschen lieben selbstlos (S-Liebe), doch bedürftige unreife Menschen sind nur imstande, die D-Liebe zu erleben. Wir kennen alle einige unreife Personen, die nach eigennütziger D-Liebe verlangen. Tatsächlich ergaben Forschungsstudien mit Ehepartnern, dass Partner in glücklichen und langlebigen Ehen den jeweils anderen als eine fürsorgliche empfindsame Persönlichkeit wahrnehmen, die sich wie ein guter Freund verhält (Huston, Niehuis & Smith, 2001).

Erich Fromms Theorie der Liebe

Erich Fromm kombiniert die humanistisch-existenziellen und psychoanalytischen Sichtweisen in seiner Theorie der Liebe. Erinnern wir uns, dass Fromm der Ansicht war, dass der moderne Mensch unter einem von der Gesellschaft verursachten Gefühl der Entfremdung und Einsamkeit leidet (siehe Kapitel 9). Anders als Freud, der Liebe und Sexualität als Ausdruck der instinkthaften animalischen Natur des Menschen ansah, begreift Fromm die Liebe als eine besondere Eigenschaft, die Männer und Frauen erst zu Menschen macht. Um Gefühle von Einsamkeit zu lindern, suchen Menschen den Kontakt mit der Welt um sie herum und vor allem mit anderen Individuen. Die Liebe ist somit das positive Resultat des Verlangens nach Kontakt zu anderen.

Fromm beschreibt weiterhin Eigenschaften, die zwischen den verschiedenen Qualitäten und Arten der Liebe unterscheiden. So ist die Liebe z. B. unreif, wenn das Nehmen von Liebe im Vergleich zum Geben von Liebe stark überwiegt, was in (unreifen) Erwachsenen- als auch Erwachsenen-Kind-Beziehungen auftreten kann. Ist jedoch die Persönlichkeit des Menschen ausgereift, ist er oder sie imstande, wirklich zu geben und somit echte reife Liebe zu schenken.

In der reifen Liebe sorgt jeder Partner für den anderen. Außerdem spüren Partner in einer reifen Liebesbeziehung ein Gefühl von Verantwortlichkeit für den anderen, doch nicht aus einer zwanghaften Verpflichtung heraus, sondern aus freien Stücken (Miller & Siegel, 1972). Die reife Liebe umfasst also auch Respekt vor dem Partner und seiner persönlichen Entwicklung. Und schließlich muss jede Person ihren Partner gut kennen, damit sich die reife Liebe entfalten kann. Für Fromm ist die Liebe also als etwas sehr viel Komplexeres als lediglich ein Mittel zum Abbau sexueller Spannungen. Fromms Sichtweise der reifen Liebe wurde von den meisten modernen Ehetherapeuten übernommen.

Für Fromm ist die **Mutterliebe** vollkommen einseitig und ungleich: Die Mutter gibt bedingungslose Liebe und verlangt im Gegenzug nichts. Durch diese Liebe erlangt das Kind ein Gefühl von Stabilität und Sicherheit. Die **Nächstenliebe** schließt alle anderen mit ein – die gesamte Menschheit. Diese Art von Liebe vereint das isolierte Individuum wieder mit den anderen. Die **erotische Liebe** ist jedoch auf einen einzelnen Menschen gerichtet; sie ist eine momenthafte, kurzlebige Intimität. In solchen Fällen (wenn diese Liebe vorherrscht) wird die Person möglicherweise relativ schnell und häufig den Liebespartner wechseln. Menschen, die sich ausschließlich der erotischen Liebe hingeben, erleben keine wahre reife Liebe, sondern eher die Befriedigung ihres sexuellen Verlangens und den Abbau von Ängsten und Kontrollmechanismen. Echte reife Liebe ist nach Fromm viel mehr als lediglich Sex; sie schließt auch Nächstenliebe und Selbstliebe mit ein. Man muss imstande sein, sich selbst zu lieben, und man muss ein Gefühl von Hingabe entwickeln, das mit der Nächstenliebe einhergeht, bevor man mit Erfolg die reife Liebe mit einem Partner erleben kann. Im Gegensatz zu Freud war Fromm interessanterweise der Ansicht, dass die unmittelbare sexuelle Befriedigung die Liebe nicht fördert, sondern wirklich tiefe sexuelle Befriedigung erst auf die wahre Liebe folgt. Dem liegt die Vorstellung zugrunde, dass die erfüllendsten sexuellen Beziehungen in den reifsten und liebevollsten Beziehungen zu finden sind.

Wenn eine Frau auf der Suche nach der Beziehung ist, die sie nie mit ihrem Vater haben konnte, oder wenn ein Mann sich nach kindlicher Mutterliebe sehnt, wird dies für beide nie wirklich vollkommen befriedigend sein. Das sind typische Beispiele für die neurotische Liebe. Wenn eine Person in ähnlicher Weise ihre Selbstidentität aufgibt und nur noch den Partner anbetet, ist das Ergebnis eine Form von Pseudoliebe.

Rollo May: Die verschiedenen Arten der Liebe

Da Fromm die Liebe als entscheidenden Aspekt bei der Antwort auf Fragen des Lebenssinns und der Existenz ansah, kann man seinen Ansatz als eine existenzialistische Sichtweise betrachten. In den 70er Jahren schloss sich Rollo May, der existenzialistische Psychotherapeut und Autor, den Gedanken Fromms an und veröffentlichte mehrere einflussreiche Bücher, die den modernen Menschen als Wesen beschreiben, das durch die moderne Kultur und Technologie eine immer größere Entpersönlichung erfährt. Er war der Ansicht, dass dies zu einer Abstumpfung der Liebesfähigkeit eines Menschen führt. Das Ergebnis ist nach ihm Gewalt und Entmenschlichung (May, 1972).

Rollo May beschrieb verschiedene Arten der Liebe. Diese sind der **Sexus** (sexuelle Liebe, Lust, Spannungsabbau), der **Eros** (erotische Liebe, Genuss und Erfahrung), die **Philia** (Nächstenliebe, Zuwendung), die **Agape** (Hingabe an andere; selbstlose Liebe) und die

authentische Liebe, die alle zuvor genannten Arten der Liebe in sich vereint. May vertrat die Ansicht, dass die moderne Gesellschaft leider die Aufteilung in diese verschiedenen Arten der Liebe allzu sehr begünstigt. Doch er glaubte, dass die Liebe verschiedene Aspekte aufweist und aus unterschiedlichen Blickwinkeln betrachtet werden sollte – was dieselbe Ansicht ist, die wir in diesem Buch wiederholt vertreten haben.

May entwickelte diese Theorien während und nach der sexuellen Revolution in den 70er Jahren – auf dem Höhepunkt der Hippiekultur. May war der Ansicht, dass unser hochtechnologisches Zeitalter wichtige negative Folgen für die Liebe hat, was dazu führt, dass Menschen unabhängig von anderen Aspekten der Liebe auf Sex fixiert sind. Als Ergebnis fehlen bei der sexuellen Vereinigung oft Zärtlichkeit und Nähe. (Es ist nicht überraschend, dass die Scheidungsrate in den 70er Jahren drastisch anstieg.)

Abbildung 14.9:
Nach Rollo May war die von den Hippies praktizierte „freie Liebe" keine Idealform der Liebe; es mangelte ihr an Disziplin und Willen, die für eine sinnerfüllte und dauerhafte Liebesbeziehung charakteristisch sind.

Liebe und Wille

Als Existenzialist betonte May die Bedeutung des Willens. Er stellte fest, dass Liebe und Wille untrennbar miteinander verbunden sind – dass die Liebe des Willens bedarf (oder einer aktiven Bestrebung), um dauerhaft und sinnerfüllt zu sein. Er bemerkte, dass die Schwierigkeit bei den Hippies war, dass sie in Bezug auf die Liebe zwar freigebig waren, es ihnen jedoch an Willenskraft mangelte. Sie verhielten sich zu zügellos und unverantwortlich (May, 1969). Die Hippiekultur entledigte sich aller sexuellen Komplexe und Blockaden, die Folge der sexuellen Unterdrückung waren, ging dabei aber manchmal zu weit, wenn auch alle Disziplin und Verantwortung fallen gelassen wurde. Rollo Mays Wahrnehmung des Einflusses, den der Wille ausübt, ähnelt Fromms Einbeziehen von Wissen, Fähigkeit und Entwicklung in die reife Liebe.

14.3.6 Kulturelle Unterschiede hinsichtlich der Liebe

So wie der kulturelle Kontext einen Einfluss auf aggressive Tendenzen ausübt, gibt es auch kulturelle Unterschiede in der Erfahrung der Liebe und der Erwartungen an sie. Dies legt wiederum nahe, dass die Liebe nicht einfach nur ein biologisches oder instinktives (Es-gelenktes) Phänomen sein kann, und nicht einmal ein einfaches auf der Familie beruhendes Konzept.

In vielen Kulturen und zu allen Zeiten wurden Ehen durch die Eltern von Braut und Bräutigam angeordnet. Dabei spielten wirtschaftliche, religiöse und gesellschaftliche Faktoren eine entscheidende Rolle. Ehestifter(innen) waren in der Gesellschaft wichtige Kräfte. Doch heutzutage würden es wohl nur wenige College-Studenten wollen, dass ihre Eltern einen Ehepartner für sie aussuchen. Wir gehen oft davon aus, dass es irgendwo dort draußen einen idealen Partner für uns geben müsse, und alles, was wir tun müssten, sei diese Person zu finden und uns dann richtig zu verlieben. Doch wenn die Neoanalytiker und Humanisten / Existenzialisten in ihren Ansichten richtig liegen, könnte es durchaus sinnvoller sein, wieder zu einer gewissen Form von Ehestiftung zurückzukehren. Statt als Wahlkriterium die unmittelbare sexuelle Anziehung oder die Erfüllung kindlicher Bedürfnisse heranzuziehen, würde ein erfahrener Ehestifter seine Wahl auf der Grundlage von Respekt, Reife und eines vorhandenen Potenzials zu tiefer integrativer Liebe als auch möglicher körperlicher Anziehung treffen. Das Ergebnis könnten besser funktionierende Ehen und innige Liebe unter den Ehepartnern sein. Das ist ein weiteres Beispiel dafür, wie ein Verstehen der Annahmen zur Natur des Menschen, die mit den verschiedenen Ansätzen zur Persönlichkeit einhergehen, uns helfen können, ein differenzierteres Verstehen vieler wichtiger Themen in unserem Leben zu erlangen.

Eine Studie mit 80 verheirateten mexikanischamerikanischen und euroamerikanischen Freiwilligen stellte fest, dass praktische Einstellungen zur Liebe und weniger Idealismus hinsichtlich Sex in direktem Zusammenhang mit dem Niveau an Akkulturation innerhalb der mexikanischamerikanischen Gruppe stehen – wobei die stärker hispanoamerikanisch orientierten Personen mehr Pragmatismus an den Tag legten. Leidenschaftliche Liebe wurde jedoch in allen Gruppen direkt mit der Zufriedenheit in der Ehe in Bezug gesetzt (Contreras, Hendrick & Hendrick, 1996). Wir wollen sicher nicht so weit gehen und die Überlegung überstrapazieren, dass leidenschaftliche Liebe und Anziehung unwichtig seien. Ein Gleichgewicht zwischen den beiden Ansätzen ist wohl das, was gebraucht wird. Weitere Studien belegen, dass Angehörige eines eher individualistisch orientierten Kulturkreises stärker dazu neigen, die Betonung auf Romantik und persönliche Erfüllung zu legen, als Angehörige von eher kollektivistisch eingestellten Gesellschaften, was jedoch nicht bedeutet, dass sie liebevoller wären (Dion & Dion, 1993; Levine et al. 1995). Wan, Luk und Lai (2000) stellten außerdem fest, dass Persönlichkeitsübereinstimmungen hinsichtlich der Art der Liebe bei Probanden aus dem Osten und solchen aus dem Westen voneinander abwichen.

Fromm war beunruhigt über die moderne kapitalistische Gesellschaftsstruktur, in der die höchsten Lebensziele oft nur Konsum und „Spaßhaben“ zu sein scheinen. Das Ergebnis eines solchen Lebensstils ist häufig Einsamkeit.

Abbildung 14.10: Die meisten US-amerikanischen College-Studenten würden nicht wollen, dass ihre Eltern (oder eine Ehestifterin, wie sie in diesem Bild rechts neben der Mutter der voraussichtlichen Braut in einer Szene aus dem Musical *Anatevka* zu sehen ist) für sie einen Ehepartner aussuchen, wie es auch heute noch in vielen traditionellen Kulturen üblich ist. Junge Erwachsene verwenden bei der Wahl ihres Partners höchstwahrscheinlich andere Kriterien als ihre Eltern oder eine Ehestifterin.

14.3.7 Einsamkeit: Der Eigenschaftsaspekt und der interaktionistische Aspekt

Betrachten wir folgenden Fall: Joe, ein 20jähriger Student, ist in gewisser Weise ein Einzelgänger. Er bleibt meistens für sich allein, hat Schwierigkeiten im Umgang mit anderen und teilt sich und seine Gedanken und Gefühle anderen nicht mit. Obwohl Joe über seinen Mangel an zwischenmenschlichen Kontakten unglücklich ist, spricht er doch kaum über seine Einsamkeit.

Eine große Zahl von Menschen hat Schwierigkeiten damit, Liebe zu finden und sinnerfüllte Beziehungen aufzubauen. Sie fühlen sich einsam und isoliert. Gibt es zwischen Persönlichkeit und Einsamkeit eine Wechselbeziehung? Das Studium der Einsamkeit liefert ein aufschlussreiches Bild der typischen Persönlichkeit einer einsamen Person.

Einsame Menschen haben ein Problem damit, Beziehungen aufzubauen, anderen zu vertrauen und Nähe zu erfahren. Es fällt ihnen schwer, über sich selbst zu sprechen, anderen ihre Gefühle zu offenbaren, gesellschaftliche Kontakte zu knüpfen und sich allgemein in sozialen Interaktionen wohl zu fühlen (Berg & Peplau, 1982; Peplau & Caldwell, 1978). Sie scheinen allgemein weniger kontaktfreudig zu sein (Perlman & Joshi, 1987). In Begriffen der Eigenschaftspsychologie sind sie sehr introvertiert und rangieren ziemlich tief auf der Skala der emotionalen Stabilität und Aufgeschlossenheit. Mit anderen Worten: Einsamkeit ist ein weit verbreiteter und „stabiler" Zustand. Die Theoretiker der kognitiven Persönlichkeitspsychologie weisen darauf hin, dass einsame Menschen oft zu einer negativen Deutung ihrer Umgebung neigen – sie glauben die meisten Dinge außerhalb ihrer Kontrolle und sehen andere auch eher in einem negativen Licht (Snodgrass, 1987).

Andere Persönlichkeitsmerkmale, die nicht so unmittelbar zutage treten, ließen sich ebenfalls zur Einsamkeit in Bezug setzen. Menschen, die sowohl sehr stark ausgeprägte maskuline als auch feminine Züge aufweisen (androgyne Menschen) scheinen am seltensten einsam zu sein; vielleicht weil sich diese Personen aufgrund ihrer Androgynität in vielen gesellschaftlichen Situationen wohl fühlen und leicht Freundschaft mit Menschen schließen, die viele verschiedene Interessen und Anschauungen haben (Berg & Peplau, 1982). Ihre gesellschaftlichen Fähigkeiten und ihr Selbstwertgefühl ist größer.

Eine Studie mit älteren Erwachsenen stellte fest, dass Einsamkeit sowohl mit psychosozialen Problemen wie gesellschaftlichen Missverhältnissen und gesellschaftlicher Isolation als auch mit instrumentellen Problemen wie gesundheitlichen Beschwerden und niedrigem Einkommen einhergeht (Perlman, Gerson & Spinner, 1978). Wie Erik Erikson erwartet hätte, beeinflussen verschiedene Faktoren die Einsamkeit, wenn wir älter werden. Das legt nahe, dass Umwelteinflüsse ebenfalls einen beträchtlichen Anteil haben. Für einen Behavioristen wie Skinner resultiert die Einsamkeit, die Studenten an einem College spüren, aus der Tatsache, dass sie sich in eine Umgebung begeben müssen, in der sie nicht ihre gewohnten Reaktionen zeigen können, um Belohnungen zu erhalten.

Dieser gedankliche Ansatz legt nahe, dass Einsamkeit durch die Entwicklung von Fähigkeiten und einen Umgebungswechsel überwunden werden kann. Das ist auch der Grund, weshalb viele Therapeuten, die einsame Menschen behandeln, diesen vorschlagen, sich in gesellschaftlichen Gruppen und Vereinigungen zu engagieren, die ihren Interessen, Kenntnissen und Fähigkeiten entsprechen, selbst wenn sie sich dabei zunächst unwohl und unbeholfen fühlen. Einsamkeit sollte nicht nur als ein Persönlichkeitsmerkmal angesehen werden; vielmehr bedarf es einer interaktionistischen Sichtweise, die die Situation in allen Aspekten berücksichtigt (Rook, 1988; 1991). Einsamkeit tritt dann auf, wenn ein Missverhältnis zwischen den tatsächlichen Beziehungen einer Person und denen, die sie braucht, herrscht (Perlman & Peplau, 1998).

14.4 Liebe auf Abwegen: gewalttätiges oder riskantes Sexualverhalten

Wie es viele Dichter bereits vermutet haben, stehen Liebe und Hass auf paradoxe Weise in enger Beziehung miteinander. Intimbeziehungen sind meistens von inniger Liebe geprägt, doch kommt in ihnen manchmal auch starker Hass und Aggression zum Vorschein. Welche Persönlichkeitszüge könnten einen Menschen dazu bringen, sich auf riskante sexuelle Praktiken einzulassen? Dieser Frage wird wegen der Ausbreitung von AIDS immer mehr Aufmerksamkeit geschenkt. Und welche Persönlichkeitszüge bringen einen Menschen dazu, sich auf gewalttätige sexuelle Aktivitäten einzulassen?

Viele Forscher waren daran interessiert, die Beziehungen zwischen der Persönlichkeit und dem Sexualverhalten zu analysieren – vor allem die zwischen der Persönlichkeit und riskantem Sexualverhalten. Grundsätzlich sind extrovertierte Menschen sexuell abenteuerlustiger, weil sie nach zusätzlichen Stimuli verlangen. Man hat festgestellt, dass extrovertierte Menschen bei Zärtlichkeiten eher zu Zungenküssen neigen und sich auf eine größere Zahl verschiedener sexueller Aktivitäten einlassen (Fontaine, 1994; Barnes, Malamuth & Check, 1984). Menschen mit einer Disposition zur Impulsivität neigen auch in ihren sexuellen Begegnungen zu impulsivem Verhalten. Menschen, die sich nicht zwanghaft unter Kontrolle haben und kontaktfreudiger sind, gehen auch mehr sexuelle Risiken ein. Eine Studie unter Studenten stellte z. B. fest, dass diejenigen, die eher impulsive Entscheidungen treffen und in ihrem täglichen Leben viele Risiken eingehen, auch hinsichtlich ihres sexuellen Verhaltens eher Risiken eingehen. Das galt für alle, unabhängig von ihrem Verständnis von sicherem Sex; Risiken einzugehen ist also nicht unbedingt ein kognitiver Faktor (Seal & Agostinelli, 1994). Diese Studenten waren auch empfindsamer für Signale in bestimmten Situationen, was nahe legt, dass sie sich durch die momentane Situation eher davontragen lassen – eine Reaktion, die sich auch darin widerspiegelt, dass diese Leute keine Kondome benutzen.

Solche Menschen sind im Allgemeinen extrovertierter, weniger beherrscht, kommen in ihren Beziehungen schneller zum Sex, haben mehr als einen Sexualpartner gleichzeitig und leben in eher lockeren Beziehungen ohne größere Verpflichtungen (Simpson & Gangestad, 1991). Ethologisch betrachtet, bevorzugen solche Menschen körperliche Attraktivität und sind sexuell aktiver im Vergleich zu Menschen, die mehr Wert auf partnerschaftliche Beiträge legen und deshalb wählerischer (und gehemmter) sind. Menschen, die sexuell aktiver und weniger wählerisch sind, haben jedoch nicht unbedingt einen stärkeren Sexualtrieb und erleben auch nicht zwangsläufig eine größere sexuelle Befriedigung.

Auch der Psychotizismus steht in Bezug zu sexuell riskantem Verhalten. Tatsächlich ist, wie Eysenck feststellte, dies eines der Kernelemente des Psychotizismus. Fontaine (1994) verwendete Eysencks Persönlichkeitsfragebogen, um die Persönlichkeiten von Männern im Alter von 18 bis 35 und ihre sexuellen Aktivitäten zu untersuchen. Er stellte fest, dass hohe Psychotizismuswerte in direktem Bezug zu riskanten sexuellen Praktiken standen, z. B. Sex mit mehreren Partnern gleichzeitig, ohne Schutzmaßnahmen, mit bisexuellen Partnern und solchen, die intravenös Drogen konsumieren.

Eine Studie untersuchte über die Spanne eines Lebens die Beziehung zwischen sexueller Aktivität im Teenageralter und dem Sterblichkeitsrisiko später im Leben, indem Daten aus dem Archiv der Terman-Studie herangezogen wurden, die 1920/21 begann (siehe Kapitel 12). Teenager, die sexuell aktiver waren, hatten Jahre später im Leben ein erhöhtes Sterblichkeitsrisiko. Im Einklang mit Eysencks Konzept des Psychotizismus waren solche Teenager auch weniger gewissenhaft, griffen als Erwachsene eher zum Alkohol und waren weniger bereit, eine gründliche Ausbildung anzustreben und abzuschließen (Seldin, Friedman, & Martin, 2001).

Wie kann es sein, dass Sex, den wir häufig mit Liebe gleichsetzen (oder zumindest mit Fürsorglichkeit), so oft einen Beigeschmack von Wut, Druck und Gewalt hat? Neil Malamuth und seine Kollegen haben die Persönlichkeitsmerkmale untersucht, die mit sexueller Aggression gegenüber Frauen und Vergewaltigung einhergehen. Sie stellten fest, dass das Niveau an männlicher Dominanz, Feindseligkeit gegenüber Frauen, Neigung zu Gewalt gegenüber Frauen und ein höherer Psychotizismuswert allesamt eine stärker ausgeprägte sexuelle Aggression vorhersagen (Malamuth, 1986; Barnes, Malamuth & Check, 1984). Mit anderen Worten: Sexuell aggressive Menschen neigen dazu, kaltherzig, impulsiv, hart und grausam zu sein. Sie sind vielleicht ein wenig sonderbar, aber doch charmant wie Ted Bundy. Bei Serienmördern fand man oft pornografische Sammlungen (wobei natürlich die meisten Menschen , die sich mit Pornografie beschäftigen, keine Räuber oder Mörder sind).

Die so genannte „Attraction to Sexual Aggression Scale“ (Skala der Neigung zu sexueller Aggressivität, Malamuth, 1989) ist imstande, Männer zu identifizieren, die eher dazu neigen, gegenüber Frauen sexuell gewalttätig zu sein. Solche Männer glauben z. B. daran, dass Frauen es genießen, vergewaltigt zu werden, und dass sie ein starkes Bedürfnis nach Dominanz verspüren. Sie neigen von ihrer Einstellung her eindeutig zu sexueller Aggression. Für Freud war es klar, dass solche Männer ihren Ödipuskomplex nicht überwunden und auch kein ausreichendes Über-Ich entwickelt hatten. Für die Neoanalytiker wiederum war klar, dass solche Männer einem schwierigen Elternhaus entstammten. Aus einem kognitiven Gesichtspunkt mangelt es diesen Menschen am Verstehen der Menschlichkeit anderer. Aus der Perspektive der Eigenschaftspsychologie mangelt es ihnen an Einfühlungsvermögen, und oft sind sie sich vieler Regeln, die die Gesellschaft aufgestellt hat, nicht bewusst. Für einen humanistischen Psychologen sind diese Menschen einfach unmoralisch. In all diesen Fällen herrscht Übereinstimmung darüber, dass es schwierig ist, das Verhalten eines sexuell aggressiven Menschen zu ändern. Immer häufiger werden diese Menschen nach Begehung von Straftaten zu lebenslänglichen Haftstrafen verurteilt. Die Ansichten der Gesellschaft gleichen sich immer mehr an die der Psychologie an.

Zusammengefasst lässt sich sagen: In Bezug auf die Liebe stimmen die meisten psychologischen Perspektiven darin überein, dass sie eine biologische Basis hat, und zwar wahrscheinlich eine, die in Bezug zum Nutzen erfolgreicher Fortpflanzung mit einem sexuell attraktiven und hilfreichen Partner steht. Diese Erklärung bedeutet jedoch noch lange nicht, dass Liebe vorwiegend biologisch begründet ist. Und die genauen Einflüsse der Biologie auf die Liebe sind bisher kaum verstanden.

In der US-amerikanischen Gesellschaft herrscht das romantische Ideal vor, dass wir denjenigen heiraten sollten, in den wir uns leidenschaftlich verlieben. Es gibt jedoch eine Menge Belege dafür, dass die Liebe auch aus einer sinnerfüllten Freundschaft erwachsen kann. Viele der erfahrensten Persönlichkeitspsychologen haben betont, dass wahre dauerhafte und nachhaltige Liebe dann am besten gedeiht, wenn sie Teil einer selbstlosen, reifen Hingabe zum Partner ist.

Zusammenfassung und Fazit

Dieses Kapitel versucht, die acht grundlegenden Aspekte der Persönlichkeit und ihre Implikationen für das Verstehen von Liebe und Hass zu beleuchten. Wir sind schockiert über das Verhalten von Massenmördern, die ein Opfer nach dem anderen töten, und brutalen Diktatoren, die Menschen zu Tausenden umbringen, und gleichzeitig fasziniert von ihnen. Sie zeigen uns wahrhaftig die dunkle Seite des Menschen. Doch wir sind auch durch die Hingabe und wahre Liebe inspiriert, zu der Menschen imstande sind. Wir sahen, dass eine einfache Erklärung dieser komplexen Motive und Verhaltensweisen nicht möglich ist.

Ethologische Ansätze beschreiben Aggression als das Produkt adaptiver entwicklungsgeschichtlicher Prozesse. Das heißt, Hass ist uns angeboren, da Aggression adaptiv für die Entwicklung unserer Spezies war.

Diese natürlichen aggressiven Neigungen können aufgrund von biologischen Fehlentwicklungen, Drogenmissbrauch oder ungewöhnlichen Umgebungsbedingungen verzerrt und manchmal unangemessen und grotesk zum Ausdruck gebracht werden. Warum jedoch bestehen so viele individuelle und interkulturelle Unterschiede hinsichtlich Aggression? Alle Menschen haben grundsätzlich ein Hassvermögen, doch wird dieses Potenzial gewöhnlich nicht aktiviert.

Für Freud lässt sich der Hass in letzter Instanz auf Verteidigungsmechanismen gegen den Todesinstinkt – Thanatos – zurückführen. Er kann auf andere verlagert, projiziert oder unterdrückt werden, nur um auf heftige oder dramatische Weise wieder hervorzubrechen. Doch für die Neoanalytiker entsteht Hass aus den Ungewissheiten, Ängsten und Traumata der Kindheit, vor allem in Eltern-Kind-Beziehungen. In einer Welt mit intakten Elternhäusern, und emotionaler Stabilität käme Aggression äußerst selten vor. Für die Eigenschaftspsychologen geben aggressive oder dominante Verhaltensmuster Aufschluss darüber, wie das Individuum mit seiner oder ihrer Welt interagiert.

Aus humanistisch-existenzialistischer Sicht resultiert Aggression aus der Unterdrückung natürlicher Neigungen zur Erfüllung von Bedürfnissen. Sie ist die Folge der Kombination von Fehlschlägen im familiären und gesellschaftlichen Leben und das Ergebnis individuellen Wahlverhaltens. Ebenso nichtbiologisch sind die Lernansätze, die die Belohnungsmechanismen und Aggressionsmodelle untersuchen, die Gewalt zum Ausdruck bringen und aufrechterhalten.

Der kognitive Ansatz zeigt, dass hasserfüllte Menschen oft zu starken kognitiven Simplizitäten neigen. Dies führt dazu, dass sie ganze Gruppen von Menschen als „Feinde" verurteilen. Gewalttätige Kriminelle nehmen Ereignisse eher als bedrohlich wahr und unterstellen anderen auch eher bösartige Motive für ihr Verhalten. Psychopathen weisen bei der Bewältigung gesellschaftlicher und kognitiver Aufgaben Defizite auf. Aus dieser Sichtweise folgt, dass Aggression abgebaut werden kann, wenn man Menschen beibringt, die sie umgebende Welt genauer und mit mehr Wohlwollen zu betrachten. Aufgrund der drastischen Unterschiede hinsichtlich Aggression von Kultur zu Kultur müssen auch nichtbiologische Einflüsse eine wichtige Rolle spielen. Bei der Suche nach den Ursachen des Terrorismus erkennen wir, dass es wichtig ist, die Interaktion von Persönlichkeit und Situation zu berücksichtigen.

Ist die Liebe und nicht der Hass die stärkste Antriebskraft für unser Verhalten? Evolutionspsychologen sagen, dass Männer und Frauen bei der Partnerwahl aufgrund ihrer unterschiedlichen biologischen Rollen bei der Fortpflanzung auch unterschiedliche Auswahlkriterien verwenden. Der Mann fühlt sich von Frauen angezogen, deren körperliche Merkmale zeigen, dass sie gesunden Nachwuchs zur Welt bringen können. Da die Energie der Frau auf die Aufzucht des Kindes ausgerichtet ist, braucht sie einen Mann, der sie und das Kind, solange es noch klein ist, mit allem Lebensnotwendigen versorgt, z. B. Nahrung und Schutz. Liebe erwächst aus ihrem adaptiven Wert für die Förderung des Überlebens.

Für Freud ist das, was wir aus Liebe tun, in Wirklichkeit eine Befriedigung des Es und seines Sexualtriebs. Freuds Nachfolger wie etwa die Objektbezugstheoretiker betonen die Wichtigkeit der ersten Mutter-Kind-Beziehung und sagen, dass das Kind das

Wesen dieser Beziehung verinnerlicht, was dann gewissermaßen zum Prototyp oder Muster für spätere Liebesbeziehungen wird. Doch nach Erikson und anderen Ich-Psychologen sind nur diejenigen, die ihre Selbstidentität gefunden haben, imstande, wahre Intimität – und Liebe – zu erleben. Menschen mit unvollständiger Selbstidentität bleiben entweder isoliert oder lassen sich auf oberflächliche oder promiskuitive Beziehungen ein.

Die humanistischen Persönlichkeitspsychologen wenden beträchtliche Energie auf, um das Phänomen Liebe zu erklären, und lehnen die einfache behavioristische Sichtweise ab, dass wir jemanden lieben, der uns mit Verstärkern versorgt. In einer reifen Liebesbeziehung sorgt jeder Partner für den anderen. Partner in einer reifen Liebesbeziehung spüren ein Gefühl von Verantwortung füreinander, doch geben sie Liebe uneigennützig und aus freien Stücken. Nach Maslows Ansicht helfen sich die Partner in einer selbstlosen S-Liebesbeziehung (nicht jedoch Partner in einer D-Liebesbeziehung, die auf Mangelliebe beruht) gegenseitig bei der Selbstverwirklichung. Existenzialisten wie Rollo May betonen die Bedeutung des Willens: Liebe braucht Willenskraft (oder aktive Bestrebungen), um sinnerfüllt, dauerhaft und nachhaltig zu sein.

Gebräuche und Gefühle der Liebe weichen durch die Zeit hindurch und in verschiedenen Kulturen erheblich voneinander ab und gemahnen uns, unsere geläufigen Vorstellungen von der Liebe nicht einfach unhinterfragt zu akzeptieren. Einsamkeit, sexuelle Promiskuität und sexuelle Gewalt sind komplexe Themen am Kreuzungspunkt von Liebe und Hass, und um sie besser zu verstehen, ist es am nützlichsten, diese Themenkomplexe aus vielen verschiedenen Perspektiven zu betrachten.

Zusammengefasst können wir sagen: In diesem Teil des Buchs – also den Kapiteln 11, 12, 13 und 14 – haben wir versucht, die acht grundlegenden Perspektiven der Persönlichkeit auf wichtige Themen hinsichtlich individueller Unterschiede anzuwenden: männliche und weibliche, gesundheitliche und kulturelle Unterschiede und solche in Bezug auf Liebe und Hass. Wir sahen, dass das Studium der Persönlichkeit keinesfalls eine trockene akademische Übung oder ein geschichtliches Kuriosum darstellt. Vielmehr dringt das Studium der Persönlichkeit zum Kern dessen vor, was es bedeutet, eine Person zu sein.

Im letzten Kapitel dieses Buchs werfen wir einen Blick auf die Zukunft der Persönlichkeit und der Persönlichkeitspsychologie.

Haupttheoretiker

Seymour Feshbach
David Buss
Melanie Klein
Phillip Shaver
Neil Malamuth

Zentrale Begriffe

Ethologische Theorien
Thanatos
Antisoziale Persönlichkeitsstörung
Herrschender Typ
Neurotische Neigungen
Autoritärer Persönlichkeitstyp
Kognitive Simplizität
Evolutionspsychologie
Romantische Bindungsstile
„S-Liebe" versus „D-Liebe"
Erich Fromms Arten der Liebe
Rollo Mays Arten der Liebe
Skala der Neigung zur Aggression

Literaturempfehlungen

Birbaumer, N., & Schmidt, R. F. (1996). *Biologische Psychologie*. Berlin: Springer.

Douglas, J. E. (1995). *Mindhunter: Inside the FBI's elite serial crime unit* (J. Douglas & M. Olshaker, Hrsg.). New York: Scribner's.

Fromm, E. (1956). *The art of loving*. New York: Harper & Row.

Fromm, E. (2003). *Anatomy der menschlichen Destruktivität*. Reinbek: Rowohlt

Fromm, E. (1995). *Die Kunst des Liebens*. Zürich: Manesse-Verlag.

Herrnstein, R. J., & Murray, C. (1994). *The bell curve: Intelligence and class structure in American life.* New York: Free Press.

Lifton, R. J. (1986). *The Nazi doctors: Medical killing and the psychology of genocide.* New York: Basic Books.

Peplau, L. A., & Perlman, D. (Hrsg.) (1982). *Loneliness: A sourcebook of current theory, research, and therapy.* New York: Wiley Interscience.

Schneewind, K.A., Graf, J. (1998). *Der 16-Persönlichkeits-Faktoren-Test. Revidierte Fassung. (16 PF-R).* Bern: Verlag Hans Huber.

Silverberg, J., & Gray, J. P. (Hrsg.) (1992). *Aggression and peacefulness in humans and other primates.* New York: Oxford University Press.

Kapitel

15 Wo werden wir die Persönlichkeit finden?

In diesem Kapitel

Warum sollte irgendjemand Persönlichkeitspsychologie studieren wollen? Warum sollten Studenten einen Kurs über Persönlichkeitspsychologie belegen, wenn sie die Zeit dazu nutzen könnten, sich nützliche Computer-, Buchhaltungs- oder technische Kenntnisse anzueignen – oder durch das Studium der Literaturwissenschaften, der Musik oder der Kunst kulturelle Bereicherung zu erfahren? Wen interessiert es, wie Menschen funktionieren? Obwohl es zu diesem Thema nur wenige Forschungsergebnisse gibt, sind mithilfe des California Psychological Inventory (CPI), einem gut gestalteten Persönlichkeitstest, der von dem Psychologen Harrison Gough (Gough, 1987) in Berkeley entwickelt wurde, doch einige interessante Entdeckungen gemacht worden. Eine der CPI-Skalen bezeichnet man als „Psychological-mindedness" (Sinn für psychologische Zusammenhänge); sie identifiziert Personen, die an den Bedürfnissen, Motiven und Erfahrungen anderer interessiert sind. Solche Menschen können gewöhnlich auch gut einschätzen, was andere fühlen. Es gibt einige Belege dafür, dass dieser Sinn für psychologische Zusammenhänge durch Studium (von Kursen zur Persönlichkeitspsychologie z. B.!) noch verfeinert werden kann und einen reiferen lebenserfahrenen Erwachsenen hervorbringt (Donohue, 1995; Gough, Fox, & Hall, 1972; Helson & Roberts, 1994; Staudinger, Lopez, & Baltes, 1997). Andererseits fühlen sich durchaus auch Menschen mit psychischen Problemen zum Studium der Psychologie hingezogen.

Was lässt sich zu den demographischen Merkmalen von Studenten der Persönlichkeitspsychologie sagen? Obwohl zu diesem Thema kaum Dokumentationen existieren, hat es den Anschein, dass die dominanten und machtvollen Menschen in der Gesellschaft keine Studenten der Persönlichkeitspsychologie sind. In der US-amerikanischen Gesellschaft z. B. wurden keine Präsidenten, Senatoren, Gouverneure oder Kabinettsmitglieder aus den Reihen der Persönlichkeitspsychologen gewählt oder ernannt; allerdings gibt es auch nicht allzu viele Persönlichkeitspsychologen, die man hätte wählen oder ernennen können. Studenten der Persönlichkeitspsychologie und Sozialpsychologie sind in der Mehrheit Frauen; sie nehmen in diesem Fachbereich die meisten Plätze in den Hörsälen ein. Historisch gesehen waren die Studenten dieser Disziplinen oft Immigranten, Amerikaner jüdischen Glaubens oder katholische Amerikaner – Personen, die sich Vorurteilen ausgesetzt sahen und sich um ihren Platz in der größeren Gesellschaft Sorgen machten. Diejenigen Mitglieder der vorherrschenden Kultur, die sich mit diesen Gebieten befassen, verfolgen zuweilen starke philosophische oder religiöse Bestrebungen, spüren mitunter ein spirituelles Unwohlsein oder haben den ungewöhnlichen Wunsch nach innen zu schauen, wie es bei Jung, Allport und Rogers der Fall war. Sie wenden sich der Persönlichkeitspsychologie zu, um ein besseres Verstehen des Lebens und seiner Bedeutung zu erlangen.

In diesem Buch haben wir einen umfassenden Blick auf die Persönlichkeit geworfen. Die Persönlichkeitspsychologie ist nicht nur eine trockene akademische Übung; sie beinhaltet auch eine weiter gefasste philosophische Sichtweise dessen, was es bedeutet, eine Person zu sein. Wir haben viele grundlegende und seit langem bestehende Themen zur menschlichen Natur behandelt, doch taten wir dies in Begriffen der konzeptuellen und empirischen Fortschritte in der Psychologie Anfang des 20. Jahrhunderts. Deshalb ist es keineswegs überraschend, dass viele der führenden Forscher, die auf dem Feld der Persönlichkeitspsychologie entscheidende Beiträge geleistet haben, sich nicht einfach damit zufrieden gaben, ihre Abhandlungen auf die Erforschung individueller Unterschiede, auf Wandlungsprozesse oder aufschlussreiche Ansätze in der Psychotherapie zu beschränken; vielmehr gingen sie weiter und formulierten Visionen für die Neustrukturierung von Gesellschaften, die Schaffung von Utopien und die Errichtung neuer Welten. Dieser Prozess hält bis heute an.

15.1 Die „Schöne neue Welt" der Persönlichkeit

Drei wissenschaftliche Entwicklungen von großer Tragweite im 21. Jahrhundert werden sehr wahrscheinlich die Art und Weise, wie Psychologen darüber nachdenken, was es bedeutet, eine Person zu sein, verändern. Erstens: Ein besseres Verständnis der Biochemie des Gehirns wird die Entwicklung von chemisch gelenkten **Designer-Persönlichkeiten** möglich machen. Zweitens: Eine genauere Kontrolle umweltbedingter Gefahren und Eventualitäten wird es der Gesellschaft ermöglichen, individuelles Verhalten mithilfe eines so genannten „**Social Engineering**" (Erhöhung des gesellschaftlichen Sicherheitsbewusstseins) zu steuern. Drittens: Ein besseres Verstehen des genetischen Codes des Menschen könnte zu einem tief greifenden Wandel unseres Verständnisses der genetischen Grundlagen der Persönlichkeit führen – durch Untersuchung des Einflusses der Gene auf das Verhalten, der so genannten Verhaltensgenetik („**Behavioral Genomics**").

15.1.1 Designer-Persönlichkeiten

Seit Beginn jeher hat der Mensch auf psychoaktive Substanzen wie Alkohol und Opium zurückgegriffen, um das Gehirn und damit das Verhalten zu beeinflussen. Die Azteken und andere frühe Ureinwohner des amerikanischen Kontinents benutzten z. B. Peyote, einen kleinen stachellosen Kaktus mit halluzinogenen Wirkungen, der in Texas und Mexiko beheimatet ist. Wie und warum solche Substanzen das menschliche Verhalten und die Persönlichkeit beeinflussten, spielte keine große Rolle; sie wurden entweder im Rahmen eines religiösen Rituals zur Erlangung bestimmter Erfahrungen oder einfach zur Entspannung benutzt. Heutzutage jedoch machen es Durchbrüche im Verständnis der Gehirnchemie – vor allem hinsichtlich der **Neurotransmitter**, mit denen Gehirnzellen untereinander in Kommunkiation stehen – möglich, Drogen herzustellen, die ganz gezielt und auf wissenschaftlicher Basis Veränderungen der menschlichen Natur und Identität herbeiführen können.

Die eigentlichen Forschungsarbeiten hierzu begannen mit der Absicht, Menschen, die an Depressionen, chronischen Angstzuständen, Schizophrenie und anderen Geisteskrankheiten litten, das Leben leichter zu machen. Vor einem Jahrhundert war Freud ein eifriger Verfechter des Gebrauchs von Kokain, das er auch selbst konsumierte (Kokain war sogar eine der ursprünglichen Zutaten von Coca-Cola), bis man sein Suchtpotenzial erkannte. Amphetamine zur Behandlung von Depressionen und Beruhigungsmittel wie Valium zur Behandlung von Angstzuständen sind seit nahezu einem Jahrhundert erhältlich. Sie werden in großer Zahl legal verschrieben und in ebenso großer Zahl illegal konsumiert. Doch heute sind wir an dem Punkt, wo synthetische Designer-Drogen im Labor hergestellt werden, um Designer-Persönlichkeiten hervorzubringen. Das wohl beste Beispiel für diese neue Art von Droge ist Prozac (Fluoxetin), im deutschsprachigen Raum unter dem Namen „Fluctin" bekannt.

Prozac hemmt die Resorption (Wiederaufnahme) des Neurotransmitters Serotonin im Gehirn und hellt dadurch die Stimmung des Konsumenten auf, ebenso wie es emotionale Reaktionsmuster verändert. Prozac wurde ursprünglich zur Behandlung schwerer Depressionen eingesetzt. Heute wird es jedoch von Menschen eingenommen, die eine breite Palette von Problemen – von Schüchternheit über Launenhaftigkeit bis hin zu Zwangsneurosen – lösen wollen. Da Prozac Tendenzen zu Zwangsneurosen entgegenzuwirken scheint, wird es sogar bei der Behandlung von zwanghafter Spielsucht und zur Behebung von Konzentrationsstörungen eingesetzt. Obgleich die genaue Zahl von Menschen, die Prozac einnehmen, um ihre gewöhnliche Persönlichkeit zu „verbessern", nicht dokumentiert ist, scheint das Mittel doch erheblichen Absatz zu finden: Prozac wird Jahr für Jahr millionenfach verschrieben. Ein populäres Buch, *Glück auf Rezept*, beschreibt, dass Prozac als Stimmungsaufheller für mürrische Menschen Wunder wirkt (Kramer, 1993).

Um 1960 herum war Timothy Leary ein bekannter Psychologieprofessor an der Universität Harvard, der wichtige Beiträge zu unserem Verständnis der zwischenmenschlichen Natur der Persönlichkeit leistete. Nachdem Leary von einem befreundeten Anthropologen mit so genannten „Magic Mushrooms" (Pilze, die den psychoaktiven Wirkstoff Psilocybin enthalten) bekannt gemacht wurde, begannen er und andere mit dem Studium der psychedelischen Droge Lysergsäurediäthylamid (LSD). Er wurde zu einem eifrigen Verfechter dieser Droge, weil er in ihr ein Potenzial zur Erweiterung des Bewusstseins und zur Förderung von Kreativität und Wohlbefinden sah. LSD, eine im Mutterkornpilz vorkommende Substanz, ist eine halluzinogene Droge, die traumähnliche Zustände und starke Veränderungen der Wahrnehmung und des Denkens hervorruft. Die Hollywood-Psychiater waren mit dabei: Einer der berühmtesten Schauspieler, von dem bekannt ist, dass er LSD benutzte, war Cary Grant (Psyche in 3-D, 1960). Das Dumme an LSD war, dass viele Menschen in ihren Wahnvorstellungen glaubten, fliegen zu können, und aus Fenstern sprangen. Als man die Wirkungsweise von LSD – unter anderem Sinnestäuschungen, Wahnvorstellungen und bizarres Verhalten – besser verstand, musste Leary in Harvard seinen Lehrstuhl räumen; er blieb ein Verfechter der Droge. Besitz und Konsum von LSD wurden gesetzlich verboten.

Die meisten Menschen stimmen darin überein, dass Patienten mit einer klinischen Langzeit-Depression bewusstseinsverändernde Drogen verschrieben werden sollten – Menschen, die unter Weinkrämpfen leiden, erwerbs- oder arbeitsunfähig sind oder nicht imstande sind, ein normales Leben zu führen. Doch wie sollte man die Behandlung von Traurigkeit, schlechter Konzentration oder Schüchternheit angehen? Es gibt Belege dafür, dass etwa 10 bis 30 % der Bürger in den USA eine biologische Neigung zur Schüchternheit aufweisen. Sollten wir ihre Kontaktfreudigkeit mit Pillen fördern?

Mit einem umfassenden Verständnis der Persönlichkeit, das wir uns in den vorangegangenen Kapiteln erworben haben, können wir erkennen, dass ein solch simpler Ansatz vollkommen naiv ist und von Unkenntnis zeugt. Solche Behandlungen werden sich langfristig nicht als effektiv erweisen. Die Persönlichkeit besteht aus mehr als nur der Freisetzung von Chemikalien im Gehirn, auch wenn solche Elemente der Biologie sicher sehr wichtig sind. Die Persönlichkeit ist eine Funktion vieler Systeme im Gehirn und weist sowohl einen kognitiven als auch einen Fähigkeitsaspekt auf. Die Persönlichkeit ist stark abhängig von den Lernerfahrungen, der Sozialisierung und der gesellschaftlichen Situation. Und die Persönlichkeit, die wir darstellen, besteht auch aus den wichtigen Elementen geistige Freiheit, Bewusstsein und Menschenwürde, was mitunter gefährlicherweise übersehen wird.

Was wäre das für eine Welt, wenn jeder von uns seine oder ihre Gehirnchemie ständig neu anpassen könnte, sodass uns niemand anschreien, niemand uns vorauseilen würde, um sich einen Vorteil zu verschaffen, niemand weinen müsste und keiner sich Sorgen machen brauchte, ob er oder sie den Herd abgestellt hat? Für jedes psychosoziale Problem gäbe es eine entsprechende Pille. Künstler könnten Kreativitätspillen zu sich nehmen, um die Qualität ihrer Arbeit zu steigern, und Akademiker könnten Intelligenzpillen schlucken, um klarer denken zu können. Selbst wenn eine solche Welt nicht allzu attraktiv klingt – solche Fragen bleiben aktuell und werden uns weiterhin begleiten. Immer mehr Drogen, die unser Denken und Fühlen verändern, werden erfunden und produziert, und die Gesellschaft wird entscheiden müssen, ob, wann und wie sie mit ihnen umgehen will.

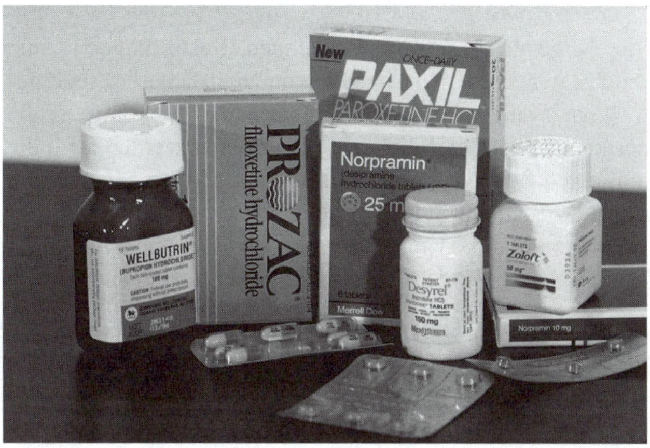

Abbildung 15.1: Einige der Medikamente, die zur Verhaltensmodifizierung eingesetzt werden.

15.1.2 Eine utopische Welt versus den Missbrauch von Belohnung und Bestrafung

Henry David Thoreau (1854) betonte die Freiheit und Würde des Individuums und war der Ansicht, eine Person solle sich an ihren eigenen Maßstäben orientieren, und nach Einfachheit, Integrität und Individualität Ausschau halten. In B. F. Skinners Version von Utopia ist die vollkommene Gemeinschaft eine, in der Konventionen und gesellschaftliche Restriktionen und Zwänge allesamt ausgemerzt und durch ein Belohnungssystem ersetzt werden, das die Wünsche der Menschen an die Bedürfnisse der Gemeinschaft anpasst. Da Freiheit und Würde nur als Illusionen angesehen werden, kann sich Skinner über sie hinwegsetzen und an einen Ort begeben, an dem die Gesellschaft die Arbeitnehmerschaft auf angenehme Weise durch positive Verstärkung zu besserer Leistung anreizt. Alle Aufgaben werden bereitwillig erledigt, denn die Reinigung von Abwasserkanälen wird sehr viel höher belohnt als die Arbeit in den Blumengärten der Gemeinschaft.

Skinners Ideen fanden auch ihren Weg in die moderne Arbeitswelt, in der die Androhung einer Entlassung wegen schlechter Leistungen durch verlockende Belohnungsanreize ersetzt wurde: ein Kurzurlaub als Bonus für Vertreter mit herausragenden Verkaufszahlen, Vorzugsbehandlung in Fitness- oder Wellness-Studios oder sogar ein ausdrückliches Lob vom Chef in schriftlicher Form. Schüler in Großstädten, die Gefahr laufen, den Schulabschluss nicht zu schaffen, könnten dafür, dass sie Bücher lesen, finanziell belohnt werden. Vorschulkinder könnten Süßigkeiten oder kleine Aufmerksamkeiten erhalten, wenn ihr Verhalten dem Wunsch des Lehrers entspricht. Anzeigen- und Werbekampagnen werden auf der Grundlage umfassender Studien des sozialen Lernens entwickelt. Man kann einer Person besonders effektive Belohnungen anbieten, wenn man mehr über ihre früheren Vorlieben und Erfahrungen weiß. Firmendatenbanken füllen sich schnell mit solchen Daten zu jedermann.

Weniger effektive Methoden der Kontrolle – Zwang, Drohungen, Bestrafungen – sind jedoch immer noch weit verbreitet. Ebenso erhalten der Bau von Hochsicherheitsgefängnissen, harte Gefängnisarbeit, lange Freiheitsstrafen und sogar die Todesstrafe große Unterstützung aus der (US-amerikanischen) Öffentlichkeit. Befürwortet werden auch die körperliche Züchtigung von renitenten Schülern, Geldstrafen, steuerliche Abgaben und der Besitz von Waffen und anderen Mitteln zur Selbstverteidigung. Obwohl man mittlerweile viel über die Formung der Persönlichkeit durch Lernen und Belohnungen weiß, bleibt doch abzuwarten, welcher Ansatz sich in der Gesellschaft durchsetzen wird.

In unserer Erörterung von Designer-Persönlichkeiten stellten wir einige Fragen dazu, wie eine von Drogen beherrschte Welt aussehen würde. Wie wäre es, wenn das Verhalten jeder Person kontinuierlich durch umweltbedingte Faktoren geformt würde? Für jedes psychosoziale Problem gäbe es eine neue Konditionierung, die ihm Abhilfe verschaffte. Selbst wenn uns eine solche Welt nicht allzu attraktiv erscheint, muss man sich den Fragen, die sich hieraus ergeben, stellen. Wir müssen uns zum Thema Persönlichkeit ständig neues Wissen aneignen.

15.1.3 Genetische Supermenschen

Im Kapitel über die biologischen Aspekte der Persönlichkeit sahen wir, dass zumindest einige manisch-depressive Persönlichkeiten eindeutig genetisch bedingt sind. Einige der genetischen Grundlagen von Krankheiten wie etwa Chorea Huntington (Veitstanz), Tay-Sachs-Erkrankung, Brustkrebs, Mukoviszidose, amyotrophe Lateralsklerose (Lou-Gehrig-Krankheit) und andere sind bereits dokumentiert (Internationale Konferenz 1996; Palmer, 1996; Sharp & Ross, 1996). Im Zuge weiterer Entdeckungen über das menschliche Genom werden sich für unser Verstehen der genetischen Grundlagen der Persönlichkeit unweigerlich neue Implikationen ergeben. So scheinen z. B. genetische Unzulänglichkeiten bei der Regulierung des Neurotransmitters Serotonin bei einigen Formen der Depression eine Rolle zu spielen. Dieses neue Studiengebiet der Verhaltensgenetik, des Einflusses der Gene auf das Verhalten, im Englischen „**Behavioral Genomics**" genannt (Plomin & Crabbe, 2000), ist vielleicht die größte Herausforderung für die Schöne neue Welt der Persönlichkeit. Für einige Forscher ist das ultimative Ziel ihrer Arbeit die Human-Gentherapie – der Eingriff in die menschlichen Gene –, ähnlich der Genmanipulation von einigen Nutzpflanzen, die inzwischen üblich ist.

Wie wir bereits sahen, wird der biologische Ansatz zur Persönlichkeit oft missverstanden. Ein Großteil dieser Verwirrung lässt sich auf die wahrgenommene Trennung von Geist und Körper zurückführen, die Anfang des 17. Jahrhunderts von René Descartes einer Analyse unterzogen wurde. Die als „kartesianischer Dualismus" bekannte Teilung entsprang einer Weltsicht, in der der Geist, der göttlicher Abstammung ist, sich in einer eigenen Welt jenseits des Irdischen aufhält. Seit Darwin wissen wir jedoch, dass zumindest der „Verstand" zum Teil eine physische Grundlage haben muss. Wie wir sahen, bedeutet das nicht, dass die Persönlichkeit rein biologischer Natur ist oder auf die Biologie allein reduziert werden kann. Nehmen Sie z. B. den Fall von Menschen, die unter genbedingten Stimmungsschwankungen leiden. Es muss zu diesen Stimmungsschwankungen physiologische Entsprechungen im Gehirn der Person geben. Das heißt nicht, dass die Stimmung der Person nicht auch von ihren Wahrnehmungen, ihren Interaktionen mit Freunden und der Familie, ihren frühen Kindheitserfahrungen, ihren religiösen Überzeugungen, ihren Lernerfahrungen in bestimmten Situationen und vielen anderen Faktoren, die wir in diesem Buch bereits erörtert haben, beeinflusst wird.

Der genetische Code beeinflusst die Entwicklung unseres Gehirns, unserer Nerven und unserer Hormone und Neurotransmitter. Mit anderen Worten: Der genetische Code beeinflusst die biologische Basis unserer Verhaltensmuster. Das Aktivitätsniveau unseres Nervensystems ist wiederum verantwortlich für einen Großteil der Unterschiede hinsichtlich des Temperaments bei Säuglingen und Kleinkindern. Was nicht heißt, dass die Persönlichkeit vererbt wird. Mit der Entschlüsselung des menschlichen Genoms im Jahr 2000 und weiteren zukünftigen Forschungsergebnissen in diesem Bereich scheint es nun jedoch wahrscheinlich, dass die biologischen Veranlagungen, die teilweise unseren Persönlichkeitsmerkmalen zugrunde liegen, detaillierter dokumentiert werden. Wahrscheinlich werden wir einige dieser Veranlagungen in naher Zukunft durch Anwendung der Gentechnik verändern können – doch wer trifft die Entscheidung, wessen und welche es sein sollen?

Was wäre das für eine Welt, in der alle Föten ein gentechnisch vorprogrammiertes Verhalten aufwiesen? Bei jedem psychosozialen Problem würde man einen neuen gentechnischen Eingriff vornehmen, ebenso wie wir es jetzt schon beim Mais tun, um dessen Widerstandsfähigkeit und Ernteertrag zu steigern. Selbst wenn eine gentechnisch manipulierte Welt genauso wenig attraktiv klingt wie eine Welt voller Designer-Persönlichkeiten oder Utopien als Ergebnis von Konditionierungen, werden diese Themen nicht einfach von der Tagesordnung verschwinden. Wir müssen uns Kenntnisse aneignen, wenn wir wissen wollen, was es bedeutet, eine Person zu sein.

In unserer sich rasch wandelnden Welt werden zweifellos auch noch ganz andere Ideen und Auffassungen zur Persönlichkeit an die Oberfläche treten. So werden z. B. Gehirnfunktionen und Verhaltensmuster immer häufiger am Computer simuliert, und natürlich existieren viele computergestützte Technologien, die unser tägliches Verhalten verändern. All diese Veränderungen können jedoch sorgfältig ausgewertet werden, wenn man über eine umfassende Kenntnis der acht grundlegenden Aspekte der Persönlichkeit verfügt.

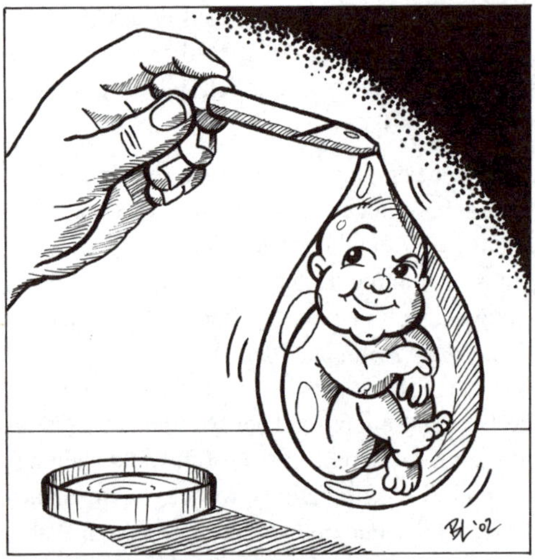

Abbildung 15.2:
Der Fortschritt bei den reproduktiven Technologien könnte Eltern demnächst erlauben, bestimmte Eigenschaften und Merkmale, die ihr Kind aufweisen soll, auszuwählen. Auf welche wird die Wahl fallen? In einer vom Magazin *Ladies Home Journal* durchgeführten Umfrage (Clifford, 2001) sagten fast 60 % aller Teilnehmer, sie würden für ihr Kind ein freundliches liebenswürdiges Wesen auswählen; 30 % wünschten sich Intelligenz für ihr Kind und nicht einmal 15 % würden sich für gutes Aussehen und sportliche Fähigkeiten entscheiden. Wenn die nächste Generation freundlicher und intelligenter wäre, würde dies unsere Welt besser machen?

15.2 Die acht Perspektiven im Überblick

In diesem Buch haben wir die Persönlichkeit in Begriffen der acht grundlegenden Perspektiven studiert. Wir sind der Auffassung, dass es wichtig ist, ein umfassendes Verständnis der vielfältigen Hintergründe zu diesem Gebiet zu erlangen, um das moderne Verstehen der Persönlichkeit wirklich schätzen zu lernen. Wir haben die psychoanalytischen Aspekte der Persönlichkeit betrachtet, die sich auf die komplexen inneren Abläufe im Verstand konzentrieren, ebenso die Ich-Aspekte, die sich auf das Selbst konzentrieren. Die biologische Perspektive hat gegenwärtig große Fortschritte beim Verständnis der Evolution und Neurowissenschaften zu verzeichnen. Der behavioristische Ansatz vermittelt uns Erkenntnisse aus den Lerntheorien. Die kognitive Perspektive bezieht sich auf Erkenntnisse der modernen Experimentalpsychologie; der Ansatz der Eigenschaftspsychologie befasst sich mit den allgemeinen Konsequenzen für das Individuum. Der humanistische und existenzialistische Ansatz beruft sich auf die reiche Tradition der

Geisteswissenschaften zum Verständnis der menschlichen Existenz. Die interaktionistische Perspektive betrachtet den Menschen in seinem Umfeld. Tabelle 15.1 auf den Seiten 656-657 gibt einen Überblick über diese Perspektiven.

15.2.1 Gibt es die eine richtige Perspektive?

Welche Perspektive trifft am ehesten zu? Auf diese Frage gibt es keine einfache Antwort. Theorien, die zu überprüfbaren Hypothesen führen, können durch Datensammlung ausgewertet werden, doch die acht grundlegenden Perspektiven sind eigentlich eher Philosophien als wissenschaftliche Theorien. In diesem Sinne ist der Beweis für die Gültigkeit einer Perspektive ungefähr so schwierig zu erbringen wie der Beweis für die Existenz Gottes. Es ist keine rein wissenschaftliche Angelegenheit. Man sollte jedoch anmerken, dass die Theorien, die bestimmten Perspektiven entspringen, tatsächlich einer Prüfung unterzogen werden können. Wie wir feststellen konnten, sind einige Theorien zu bestimmten Aspekten der Persönlichkeit anderen vorzuziehen. Empirische Daten zeigen, dass manche Vorhersagen und Hypothesen zur Persönlichkeit falsch sind, andere wiederum korrekt, und dass viele Ansätze noch weiter ausgewertet werden müssen.

Müssen wir uns für eine von uns bevorzugte Perspektive entscheiden, ungefähr so wie wir uns für eine Religion oder politische Philosophie entscheiden? Nicht unbedingt. Offen zu sein für unterschiedliche Auffassungen hinsichtlich der menschlichen Natur kann theoretische Potenziale vergrößern und das Ausfindigmachen von Problemen, die sich aus festgefahrenen Vorstellungen ergeben, erleichtern (Gergen, 2001). Es ist wichtig, sich bewusst zu sein, dass jede Perspektive ihre Gefahren und Schwachpunkte hat; wenn wir also von einer „ neuen“ Idee zur Persönlichkeit hören, können wir (mit unseren jetzt vorhandenen Informationen) diese Idee auf ihre Stichhaltigkeit überprüfen und einschätzen, ob sie gut oder schlecht, erfolgreich oder einen Fehlschlag sein wird. Wir sollten z. B. sehr misstrauisch sein, wenn man eine neue „Wunderdroge“ ankündigt, von der behauptet wird, sie löse alle Verhaltensprobleme von Schülern. Ebenso sollten wir argwöhnisch sein, wenn man uns eine „Wundertherapie“ anbietet, die angeblich alle Eheprobleme löst. Skepsis ist auch angebracht, wenn man uns einen Fragebogen vorlegt, von dem behauptet wird, er könne unsere „finanzielle Persönlichkeit“ einschätzen und uns Ratschläge geben, wie wir unser Geld investieren sollten. Und wir sollten vorsichtig sein, wenn wir von einem Seminar zum Thema „Traum und Bewusstsein“ hören, das verspricht, unsere Neurosen zu lösen und unsere Krankheiten zu heilen. Wir sollten jedoch diese Ansätze nicht von vornherein als in sich wertlos verwerfen. Vielmehr sollten wir imstande sein, solche Ideen und Techniken aus der Perspektive einer Person zu sehen, die ein hohes Bildungsniveau aufweist und ein umfassendes Verstehen der Persönlichkeit und all ihrer Aspekte erlangt hat.

Perspektive	Freier Wille?	Strukturen	Schlüsselbegriffe	Hauptmethoden	Vision von Utopia
Psychoanalytisch	Nein	Es, Ich, Über-Ich	Psychosexuelle Phasen, Ödipuskomplex, Abwehrmechanismen	Freie Assoziation, Traumanalyse	Konfliktfreie psychosexuelle Entwicklung, Reifung der Es- Instinkte durch Sozialisierung
Neoanalytisch / Ich	Gewöhnlich nein	Unbewusstes, bewusstes Selbst, soziales Selbst	Identität, soziokulturelle Einflüsse auf das Selbstwertgefühl, Lebensziele	Reicht von freier Assoziation bis zu situationsbedingten und autobiographischen Konzepten, mit Betonung auf dem Konzept des Selbst	Das reife Selbst passt sich an viele unterschiedliche Situationen an
Biologisch	Nein	Gene, Instinkte, Gehirnstruktur	Evolution, Hormone und Neurotransmitter	Neurowissenschaften, Vererbungsstudien	Verbesserung durch Eingriffe in die Gehirnchemie und Genmanipulation oder Selektion; Verstehen, wie unser biologisches Erbe die Gesellschaft beeinflusst
Behavioristisch	Nein	Belohnungen gemäß äußeren Regulationsmechanismen	Verstärkung, Konditionierung, Lernen, Löschung	Experimentalanalyse des Lernvorgangs bei Tieren	Konditionierung und Verstärkung individueller Verhaltensweisen, sodass die Person das tun möchte, was für die Gesellschaft nutzbringend ist
Kognitiv	Manchmal ja	Konstrukte, Erwartungen, Erkenntnisse, Schemata	Wahrnehmung, Beobachtung, der Mensch als Wissenschaftler/Entscheidungsträger	Entscheidungsaufgaben, biographische Analysen	Rationale Entscheidungen durch Verstehen der Denkprozesse, Computersimulation der Persönlichkeit
Merkmale und Fähigkeiten	Manchmal ja	Eigenschaften, Motive, Fähigkeiten	Grundlegende Dimensionen der Persönlichkeit, einzigartige Persönlichkeitsstile / -dispositionen	Faktoranalysen, persönliche Berichte, Testen von Fähigkeiten und Eigenschaften	Verstehen der Einheit eines jeden Individuums, genaue Einschätzung von Fähigkeiten
Humanistisch	Ja	Der Geist in der materiellen Welt	Selbstverwirklichung, Entfremdung	Interviews, Selbsterforschung, Kunst, biographische Analyse der Kreativität	Selbstverwirklichung, Überwindung von Existenzkrisen, Liebe und Würde
Interaktionistisch	Gewöhnlich ja	Prädispositionen, Situationen	Die Person in der Situation	Beobachten und Testen einheitlichen Verhaltens in verschiedenen Situationen, Klassifizierung der Situationen	Verstehen, wie das Indivi duum angemessene oder unangemessene Rollen und Identitäten erschafft und beibehält

Tabelle 15.1: Die acht grundlegenden Aspekte der Persönlichkeit

Einige führende Vertreter	Hauptstärke	Hauptschwäche
S. Freud	Aufmerksamkeit auf unbewusste Einflüsse, Wichtigkeit des Sexualtriebs selbst in nichtsexuellen Bereichen	Viele Ideen wurden durch Ergebnisse der neueren Gehirnforschung abgelöst; viele Spekulationen sind nicht verifiziert oder verifizierbar und sind durch historisch bedingte sexistische Auffassungen beeinflusst
C. Jung, A. Adler, K. Horney, E. Erikson	Betonung des Selbst bei seiner Auseinandersetzung mit inneren Emotionen und Trieben und äußeren Forderungen von Anderen	Manchmal ein Mischmasch von Ideen aus unterschiedlichen Strömungen, die nur schwer einem gründlichen Test zu unterziehen sind
. Pawlow, R. Plomin, H. Eysenck, S. Scarr, M. Daly	Betonung der Veranlagungen und Grenzen, die dem Individuum durch biologische Vererbung auferlegt sind; ist mit anderen Ansätzen kombinierbar	Neigt dazu, das menschliche Wachstums- und Wandlungspotenzial abzuwerten; Gefahr des ernsthaften Missbrauchs durch Politiker, die die Erkenntnisse auf diesem Gebiet allzu sehr simplifizieren
B. F. Skinner, . Dollard, N. Miller	Kann eine wissenschaftlichere Analyse der Lernerfahrungen, die die Persönlichkeit formen, erzwingen	Kann unter Umständen das einzigartige menschliche Potenzial durch Vergleiche mit Ratten und Tauben zu sehr entmenschlichen; könnte Fortschritte in der kognitiven und Sozialpsychologie außer Acht lassen
G. Kelly, A. Bandura	Erfasst die aktive Natur menschlichen Denkens und greift auf moderne Kenntnisse aus der kognitiven Psychologie zurück	Lässt oft die unbewussten und emotionalen Aspekte der Persönlichkeit außer Acht
G. Allport, R. B. Catell, H. Eysenck	Gute individuelle Einschätzungstechniken	Geht bei der Klassifizierung eines Individuums in nur wenige Kategorien manchmal zu weit; bewertet Menschen allein auf der Basis von Testergebnissen
A. Maslow, . Rogers, . Fromm	Würdigt die geistige Natur einer Person, betont das Streben nach Selbsterfüllung und Würde	Vermeidet unter Umständen Quantifizierung und wissenschaftliche Methodik, die für das Studium der Persönlichkeitspsychologie notwendig sind
H. Murray, H. S. Sullivan, W. Mischel	Versteht, dass wir unterschiedliche Personen in unterschiedlichen Situationen sind	Keine geeigneten Methoden zur Definition von Situationen oder zum Studium vieler Komplexitäten bei Interaktionen

15.2.2 Gibt es genau acht Perspektiven?

Sind acht grundlegende Perspektiven zu viel oder zu wenig? Das ist eine Sache der persönlichen Präferenz. Statt über die genaue Anzahl von Perspektiven in Streit zu geraten oder sich unnötig lange mit der Frage aufzuhalten, welche Theoretiker welcher Perspektive zugeordnet werden sollte, sollte man zu verstehen versuchen, was genau die jeweilige Perspektive zu bieten hat und wo ihre Stärken und Schwächen liegen. Diese breit gefächerte Sichtweise zu vermitteln und allen Aspekten gerecht zu werden, war unser Hauptanliegen in diesem Buch. Da alle Perspektiven versuchen, bestimmte Verhaltensmuster im Leben von Menschen zu erklären, gibt es auch unweigerlich Überschneidungen zwischen ihnen. Es ist interessant anzumerken, dass einige Personen, die zunächst nur Teile dieses Lehrbuchs gelesen hatten, Bemerkungen machten wie etwa „ich wusste doch, dass sie (also wir, die Autoren) im Grunde Freudianer sind", oder „das Lehrbuch steht den humanistischen Ansätzen wohlwollend gegenüber", oder „herausragende Kenntnisse und starker Einfluss der biologischen Perspektive" usw. Mit anderen Worten: Der Leser könnte feststellen, dass wir jeder Perspektive etwas Wertvolles abgewinnen können. Für diejenigen, die dieses Buch vollständig durcharbeiten, sollte es klar sein, dass wir nicht der Auffassung sind, eine einzige Perspektive könne alle Fragen rund um die Persönlichkeit beantworten.

15.2.3 Sind die Perspektiven miteinander vereinbar?

Sollten wir versuchen, diese acht Perspektiven zu einem übergeordneten Ansatz zu kombinieren? Wir könnten das tatsächlich auf verschiedene Weise tun. So könnten wir z. B. Ausschau halten nach den entwicklungsgeschichtlichen und biologischen Grundlagen psychoanalytischer Abwehrmechanismen wie etwa Verdrängungen (Nesse, 1990). Freud war als Biologe ausgebildet und würde sich heute höchstwahrscheinlich mit der modernen biologischen oder evolutionären Perspektive identifizieren. Wir sahen auch (in Kapitel 3), dass Ansichten zum Unbewussten viel mit den modernen kognitiven Ansätzen gemeinsam haben.

Oder wir könnten nach den kognitiven oder biologischen Grundlagen des Fünf-Faktoren-Modells oder des Ansatzes über die Big-Three in der Eigenschaftpsychologie suchen. Persönlichkeitsmerkmale liegen wahrscheinlich in angeborenen Unterschieden hinsichtlich Wahrnehmung und Temperament begründet. Oder man könnte die Ansätze der sozialen Lerntheorie mit denen der kognitiven Psychologie verknüpfen. Beide betonen das experimentelle Studium des Denkens und Lernens.

Arbeiten aus der behavioristischen und der Lernperspektive fügen sich hervorragend in die gegenwärtige Sicht ein, dass sich die Persönlichkeit in unterschiedlichen Situationen auch unterschiedlich manifestiert. In ähnlicher Weise überschneiden sich die Perspektiven der Ich-Psychologie mit modernen interaktionistischen Ansätzen, die davon ausgehen, dass wir in unterschiedlichen Situationen auch ein unterschiedliches Selbst zeigen. Humanistische und existenzialistische Auffassungen zu Freiheit und Selbsterfüllung überschneiden sich mit Auffassungen zu Motiven und Fähigkeiten und bestärken nicht nur die Aspekte Selbstwertgefühl, Menschenwürde und freier Wille, sondern greifen auch Skinners behavioristische Ideen entschieden an. Die existenzielle Perspektive beschäftigt sich natürlich auch mit den verschiedenen Konzepten des Selbst. Kurz, zwischen den Perspektiven bestehen eine Menge Überschneidungen.

15.2.4 Warum es bedeutsam ist, multiple Perspektiven beizubehalten

Oft ist es jedoch so, dass die verschiedenen Perspektiven nicht miteinander verknüpft werden können und sollten; vielleicht ist die Persönlichkeit ja zu komplex, als dass man sie aus einer einzigen Perspektive heraus verstehen könnte. Genauso wie es in der Biologie wissenschaftlicher Analysen auf unterschiedlichen Ebenen bedarf – der biochemischen Ebene, der zellularen Ebene, der organischen Ebene und der Populationsebene –, so braucht auch die Persönlichkeitspsychologie verschiedene Arten von Analysen, um zu einem umfassenden Verständnis der verschiedenen Fragen zu gelangen. Wie wir gesehen haben, bedeutet das nicht, dass jede Theorie oder Idee oder Hypothese gleichermaßen gültig oder wahr ist. Innerhalb jedes Themenbereichs zeigen wissenschaftliche Analysen, dass einige Hypothesen wahr und andere falsch sind. Es gibt im Gehirn keine Über-Ich-Region; das Gehirn hat sich aus verschiedenen entwicklungsgeschichtlichen Elementen entwickelt und weist viele spezialisierte Funktionen auf. Das Phänomenen der infantilen Amnesie (kein bewusster Zugriff auf frühe Kindheitserinnerungen) existiert zwar, doch wird es nicht durch sexuelle Unterdrückung oder Verdrängung herbeigeführt. Auch wenn die Forschungsergebnisse neue Erkenntnisse zutage fördern, sollte man ältere Konzepte nicht vollständig verwerfen, sondern nur verfeinern.

Beim Studium der Persönlichkeit haben wir gesehen, dass es keine einfache Methode zum Verstehen des Selbst (Ich) gibt. Es existieren Aspekte unseres Selbst, die unserem Blick verborgen sind, doch unser bewusstes Selbstkonzept ist ein wichtiges Element dessen, was und wer wir sind. Auch wenn extrovertierte Menschen in introvertierter Manier handeln können, weisen Menschen über die Zeit hinweg doch ein relativ beständiges Verhaltensmuster auf. Auch wenn es zwischen den Kulturen große Unterschiede gibt und die Kultur beim Studium der Persönlichkeitspsychologie berücksichtigt werden muss, kann man die Natur der Persönlichkeit über lange Zeiträume und Epochen gut verstehen. Es ist nun auch ziemlich klar, dass jeder von uns eine einzigartige Person ist, die sich in einzigartigen Situationen befindet. Das heißt: Unser soziales Selbst definiert und gestaltet sich ständig neu, während wir neue Rollen und durch das Leben hindurch neue gesellschaftliche Identitäten annehmen.

Das Studium der Persönlichkeitspsychologie findet in einem konstanten Spannungsfeld zwischen Selbsterfüllung und deterministischer Kontrolle statt. Wir sahen, dass es viele Möglichkeiten gibt, wie das, wer wir sind und was wir tun, von Kräften außerhalb unserer Kontrolle und oft ohne unser Wissen beeinflusst wird – durch unsere Gene und unsere früheren Sozialisierungs- und Belohnungserfahrungen sowie durch unsere Gedanken und Vorlieben als auch den Anforderungen der Situation. Andererseits gibt es gute Gründe anzunehmen, dass dem Menschen eine kreative und spirituelle Natur zu eigen ist und er mitunter bewusste Entscheidungen für eine spirituelle Selbsterfüllung oder selbstloses Handeln trifft. Die Schauspielerin

Mae West hat diese nicht gelösten Spannungen in dem Western *My Little Chickadee* (deutscher Titel: *Mein kleiner Gockel,* 1940) wohl am besten zum Ausdruck gebracht: „Im Allgemeinen vermeide ich Versuchungen – es sei denn, ich kann Ihnen nicht widerstehen."

Beim Studium der Persönlichkeit sahen wir, dass es notwendig ist, sowohl das Individuum als auch die Gruppe zu untersuchen. Frauen haben z. B. bestimmte Eigenschaften größtenteils mit anderen Frauen gemeinsam, doch ist jede Frau wiederum anders als alle anderen Frauen. Sowohl nomothetische (allgemeingültige Gesetzmäßigkeiten erforschende) als auch idiographische (einzelne Individuen oder Ereignisse untersuchende) Analysen erweisen sich als nützlich. Wie Gordon Allport (1955) bemerkte, ist die Psychologie größtenteils auf der Suche nach allgemeinen Prozessen und Gesetzen des Verhaltens, doch die Persönlichkeitspsychologie konzentriert sich hauptsächlich auf individuelle Unterschiede – das Individuum steht im Mittelpunkt. Deshalb fragte Allport immer wieder: „Wie soll eine Lebensgeschichte geschrieben werden?"

Zusammenfassung und Fazit

Warum sollte jemand einen Kurs in Persönlichkeitspsychologie belegen? Wie wir gesehen haben, beeinflusst unser Wissen über die „menschliche Natur" viele der wichtigsten Entscheidungen, die wir als Individuen und Gesellschaft treffen. Außerdem leiten sich die Fragen zur Persönlichkeit von faszinierenden, uralten intellektuellen Rätseln ab. Doch wo die Philosophen sich auf die Theologie, auf Beobachtung und logische Analyse beriefen, verwenden die Persönlichkeitspsychologen systematische empirische Untersuchungen der Wechselbeziehungen und Ursachen individueller Unterschiede.

Viele an der Persönlichkeit interessierte Menschen werden Mittel und Wege ersinnen, wie die Gesellschaft verbessert oder sogar ein Utopia erschafft werden kann. Das Ziel könnten Designer-Persönlichkeiten oder eine „Schöne neue Welt" sein. Wir spekulierten bereits darüber, wie die Welt aussehen würde, wenn jeder Mensch mithilfe von Medikamenten kontinuierlich seine Gehirnchemie an die entsprechenden Umstände anpassen könnte, wenn das Verhalten durch umweltbedingte Einflüsse kontinuierlich geformt würde und allen Föten ihr zukünftiges Verhaltensmuster durch Anwendung der Gentechnik vorprogrammiert werden würde. Solche Möglichkeiten sind tatsächlich nicht weit hergeholt. Gerade jetzt spielen viele Politiker rund um die Welt mit genau solchen Überlegungen. Andere vollkommen neue Konzepte zur Persönlichkeit werden zweifellos ebenfalls hervortreten, etwa die Benutzung des Computers zur Simulation von Gehirnfunktionen und Modifizierung des Verhaltens, um die Gesellschaft zu „verbessern". Diese Veränderungen können sorgfältig ausgewertet und verstanden werden, wenn man über ein gutes Verständnis der grundlegenden Aspekte der Persönlichkeit verfügt.

Wir haben die Persönlichkeit in Begriffen acht grundlegender Aspekte studiert. Wir sahen, dass es keine einfache Antwort auf die Frage gibt, welche Perspektive die richtige ist – jede von ihnen hat ihre Stärken und Schwächen. In einem gewissen Maße überschneiden sich die Perspektiven auch. Das ist nicht weiter überraschend, denn allen Perspektiven ist gemeinsam, dass sie dieselbe Sache erklären wollen – die Persönlichkeit.

Vielleicht fühlen sich manche von Ihnen wohler, wenn sie die verschiedenen Ideen und Erkenntnisse in ihre eigene Theorie darüber integrieren, was es bedeutet, ein Mensch zu sein, und weshalb jede Person ein einzigartiges Wesen ist. Unserer Ansicht nach ist hierbei der wichtigste Punkt, dass die Mängel und Gefahren jedes einzelnen Ansatzes nicht übersehen werden dürfen; es könnte möglicherweise zu abträglichen oder sogar schädlichen Ergebnissen kommen, wenn diejenigen unter uns mit einer Hochschulausbildung die Folgen und Konsequenzen, die sich aus jeder Perspektive für den Menschen ergeben, nicht vollständig anerkennen und würdigen.

Die Persönlichkeit hat noch längst nicht all ihre Geheimnisse preisgegeben. Diese werden erst zutage treten, wenn die besten Studenten der Persönlichkeitspsychologie die Kombination komplexer Theorien mit gesicherten empirischen Daten fordern. Aus diesen Gründen kann die Persönlichkeitspsychologie eines der Gebiete akademischer Forschung sein, das einige der größten Herausforderungen an uns stellt, dafür aber auch mit den meisten Belohnungen aufwartet.

Literaturempfehlungen

Hogan, R., Johnson, J., & Briggs, S. (Hrsg.) (1997). *Handbook of personality psychology.* San Diego: Academic Press.

Kramer, P. D. (1995). *Glück auf Rezept.* München: Kösel.

Pervin, L. A. (1985). Personality: Current controversies, issues, and directions. *Annual Review of Psychology, 36,* 83–114.

Pervin, L. A. (1999). Constancy and change in personality theory and research. In L. A. Pervin & O. P. John (Hrsg.), *Handbook of personality: Theory and research.* New York: Guilford.

Glossar

Abwehrmechanismen In der psychoanalytischen Theorie die Prozesse, die die Wirklichkeit verzerren, um das Ich zu schützen.

Advanced Progressive Matrices (APM) Etwas schwierigerer Matrizentest, der anhand figuraler Aufgaben schlussfolgerndes Denken misst.

Agape Nach Rollo May eine Art uneigennütziger Liebe, die sich durch Hingabe an das Wohl anderer auszeichnet.

Aggressionstrieb Alfred Adlers Gedanke, dass ein Individuum auf wahrgenommene Hilflosigkeit, auf die Unfähigkeit, etwas zu leisten oder zu bewältigen, aggressiv reagiert.

Aggressive Persönlichkeit Nach Karen Horney neurotische Tendenz, die meisten Menschen als feindselig zu erleben; zu glauben, dass nur die Fähigsten und Schlauesten überleben; und sich anderen gegenüber feindselig zu verhalten, um ein Gefühl der Kontrolle und der Macht zu behalten.

Aggressiver Stil Nach Karen Horney die Art, in der sich Menschen der Welt anpassen, die glauben, dass man durch Kämpfen im Leben weiterkommt.

Allgemeine Eigenschaften Von Gordon Allport verwendeter Begriff für Persönlichkeitsmerkmale, die alle Menschen in einer Population teilen.

Alzheimer Krankheit Eine vor allem bei älteren Menschen auftretende Erkrankung des Kortex des Gehirns, die zu Verhaltensstörungen und Gedächtnisverlust führt.

Amerikanisches Dilemma Gunnar Myrdals Begriff für das Paradox, dass in den USA Sklaverei erlaubt war und gebilligt wurde, obwohl der Staat vorgeblich auf dem Prinzip gründete, dass alle Menschen gleich sind.

Amerikanisches Paradoxon Die heutige Situation in den USA, in der materieller Überfluss zusammen mit sozialem Rückschritt und psychischer Depression auftritt.

Anale Phase Nach Freud die Phase der psychosexuellen Entwicklung um das zweite Lebensjahr, in der Kinder zur Sauberkeit erzogen werden.

Androgenisierte Frauen Genetisch weibliche Individuen, die pränatal hohen Dosen von Androgenen ausgesetzt waren und entweder mit männlichen oder nicht eindeutigen äußeren Genitalien geboren werden.

Androgynie Die Konsolidierung sowohl von weiblichen als auch männlichen Merkmalen.

Angst Ein Zustand starker Besorgnis oder Unsicherheit, der aus der Erwartung eines bedrohlichen inneren oder äußeren Ereignisses oder Problems herrührt; Aufgabe des Ich ist, vor Angst zu schützen, sein Versagen führt zu psychischen Problemen.

Ängstlich-ambivalent Liebende Nach Phillip Shaver Menschen mit einem partnerbezogenen Bindungsstil, dem gemäß sie Nähe suchen, aber in der Beziehung unsicher sind.

Anima Nach Jung der Archetyp, der das weibliche Element eines Mannes repräsentiert.

Animus Nach Jung der Archetyp, der das männliche Element einer Frau repräsentiert.

Annäherungs-Annäherungs-Konflikt (Appetenz-Appetenz-Konflikt) Von Dollard und Miller verwendeter Begriff für einen Konflikt, bei dem eine Person von zwei gleich attraktiven Wahlmöglichkeiten angezogen ist.

Annäherungs-Vermeidungs-Konflikt Von Dollard und Miller verwendeter Begriff für einen Konflikt zwischen primären und sekundären Trieben, der auftritt, wenn eine Bestrafung die Konditionierung einer Angstreaktion auf einen Trieb zur Folge hat.

Anterograde Amnesie Die Unfähigkeit, neue bewusste Erinnerungen zu bilden.

Antisoziale Persönlichkeitsstörung Eine Persönlichkeitsstörung, bei der ein Individuum übermäßig impulsiv ist, die gesellschaftlichen Regeln verletzt und weder Angst noch Schuld wegen seines Verhaltens empfindet.

Antworttendenz Charakteristische Form der Beantwortung von Testfragen, die in keinem Zusammenhang mit dem gemessenen Persönlichkeitsmerkmal steht.

Archetypen In Jungs neoanalytischer Theorie emotionale Symbole, die allen Menschen gemeinsam sind und seit Anfang der Zeiten gebildet wurden.

Attributionstheorien Theorien, die untersuchen, wie Individuen aus dem Verhalten anderer Menschen Schlüsse ziehen.

Aufmerksamkeitsdefizit/Hyperaktivitätsstörung Eine Störung, bei der eine Person atypische Aufmerksamkeitsprozesse hat.

Ausdrucksstil Begriff, der zur Beschreibung nonverbaler sozialer Fertigkeiten verwendet wird, z.B. stimmliche Merkmale, Gesichtsausdruck, Gebärden und Bewegungen.

Authentische Liebe Nach Rollo May eine Art der Liebe, die alle anderen Liebesarten einschließt.

Autoritäre Persönlichkeit Eine Person mit antidemokratischen Tendenzen; eine solche Person neigt dazu, engstirnig, rigide, und defensiv zu sein und Vorurteile gegenüber Minderheitengruppen zu zeigen.

Autoritärer Persönlichkeitstyp Nach Erich Fromm eine Person, die dazu neigt, auf grausame Weise Macht über andere auszuüben, sie zu misshandeln und sich ihren Besitz anzueignen; ein solches Persönlichkeitsmerkmal kann aus einer besonders negativen Beziehung zu den Eltern herrühren.

Barnum-Effekt Die Tendenz, vage Verallgemeinerungen über die eigene Person zu glauben.

Bedürfnis Begriff, mit dem Herny Murray die Bereitschaft umschreibt, unter bestimmten Umständen auf eine bestimmte Weise zu reagieren.

Behaviorismus Die von John Watson eingeführte psychologische Lerntheorie, die die Untersuchung beobachtbaren Verhaltens betont.

Belohnungsverzögerung Spezifischer Aspekt der Selbstkontrolle, der auftritt, wenn ein Individuum sich dafür entscheidet, zugunsten eines späteren, besseren Verstärkers auf einen unmittelbaren Verstärker zu verzichten.

Bem Sex Role Inventory Von Sandra Bem entwickeltes Testverfahren zur Klassifizierung von Individuen als maskulin, feminin, androgyn oder undifferenziert (mit niedrigen Werten sowohl bei Maskulinität als auch Femininität).

Beobachtungslernen Ein Individuum lernt ein Verhalten durch Beobachtung bei anderen, während es das Verhalten selber nicht ausführt und auch nicht dafür belohnt oder bestraft wird.

Bereitschaft Grad der Wahrscheinlichkeit, in dem Individuen in einer bestimmten Situation angemessen reagieren, als eine Funktion ihrer früheren Erfahrungen mit dieser Situation.

Berufsaufgaben Alfred Adler zufolge eine soziale Grundaufgabe, bei der man eine berufliche Laufbahn wählen und verfolgen muss, die einem ein Gefühl des Selbstwerts vermittelt.

Bestrafung Unangenehme Konsequenz eines Verhaltens, das die Wahrscheinlichkeit der zukünftigen Ausführung dieses Verhaltens mindert.

Beurteilung-Wahrnehmung-Skala Unterklassifikation des Myers-Briggs-Indikators, die widerspiegelt, ob eine Person auf die Bewertung oder Wahrnehmung von Dingen ausgerichtet ist.

Biologischer Determinismus Überzeugung, dass die Persönlichkeit eines Individuums vollständig von biologischen (und vor allem von genetischen) Faktoren bestimmt wird.

Borderline-Persönlichkeitsstörung Kombination von impulsivem, selbstschädigendem Verhalten, schwacher Ich-Identität und Beziehungsschwierigkeiten.

Broaden-and-build-Model Geht davon aus, dass Erfahrungen positiver Emotionen wie Freude, Interesse, Stolz, Zufriedenheit und Liebe das Repertoire an Gedanken, Reaktionen und Handlungen vergrößern.

Bruderliebe Nach Erich Fromm die Art von Liebe, die die Liebe für die ganze Menschheit einschließt und isolierte Individuen wieder miteinander verbindet.

Cartesianischer Dualismus Von René Descartes vorgebrachte Idee, dass es eine Trennung von Körper und Geist gibt.

Choleriker Persönlichkeitstyp, der auf dem von Hippokrates und Galen gebildeten altgriechischen Säftelehreberuht; diese Person reagiert ärgerlich auf willkürliche Kontrolle des eigenen Lebens und hat im Allgemeinen schlechte zwischenmenschliche Beziehungen.

Chumship Harry Stack Sullivan's Gedanke, abgeleitet vom soziologischen Konzept des sozialen Selbst, dass für einen Vorpubertären die Kameraden (Chumps) als sozialer Spiegel bei der Formung der Identität dienen.

Coloured Progressive Matrices (CPM) Sehr einfacher Matrizentest, der anhand figuraler Aufgaben schlussfolgerndes Denken misst.

Corpus callosum Die Nervenfasern, die die beiden Großhirnhemisphären verbinden.

Dämon Nach Jung der Archetyp, der die Grausamkeit und das Böse verkörpert.

Deduktive Methode Eine Herangehensweise an die Psychologie, bei der die Folgerungen logisch aus den Prämissen oder Annahmen folgen.

Defizitbedürfnisse Nach Abraham Maslow Bedürfnisse, die für das Überleben entscheidend sind, einschließlich physiologischer Bedürfnisse und der Bedürfnisse nach Sicherheit, Zugehörigkeit, Liebe und Wertschätzung.

Defizit-Liebe (D-Liebe) Nach Abraham Maslow Liebe, die egoistisch und bedürftig ist und dem kompensatorischen Ausgleich eines bei sich selbst erlebten Defizits dient.

Deklaratives Gedächtnis Gedächtnis für Fakten bezüglich einer Aufgabe oder eines Ereignisses.

Demographische Informationen Bevölkerungsrelevante Informationen wie Alter, Kulturgruppe, Geburtsort, Religion und Ähnliches.

Denken-Fühlen-Skala (analytische und gefühlsmäßige Beurteilung) Unterklassifikation des Myers-Briggs-Typen-Indikators, die zeigt, ob eine Person logisch und objektiv oder persönlich und subjektiv ist.

Designer-Persönlichkeiten Durch den Einsatz von Drogen gezielt veränderte Persönlichkeiten.

Dialekt Regionale Abweichungen im Wortschatz und in syntaktischen Formen.

Dialektischer Humanismus Erich Fromms Persönlichkeitstheorie, die versucht, die biologische, getriebene Seite der Menschen und die Zwänge der gesellschaftlichen Struktur miteinander in Einklang zu bringen, indem sie sich auf die Überzeugung konzentriert, dass Menschen über diese Kräfte erhaben sein oder sie überwinden und spontan, kreativ und liebevoll werden können.

Dialektische Spannung Von Mihaly Csikszentmihalyi verwendeter Begriff für die Vorstellung, dass kreative Menschen oft Persönlichkeitszüge aufweisen, die scheinbar unvereinbar sind, aber für ihre Kreativität eine Funktion haben.

Diathese Die oft erbliche Prädisposition des Körpers zu Krankheiten oder Störungen.

Diathese-Stress-Modell Krankheitsmodell, dem zufolge eine Krankheit nur auftritt, wenn sie von der Umgebung ausgelöst wird, obwohl genetisch oder durch Erziehung eine Prädisposition für sie besteht.

Diskrimination Der Grundgedanke, dass eine konditionierte Reaktion nicht für alle möglichen Stimuli auftritt, d.h., dass ein Tier lernen kann, unterschiedliche Stimuli voneinander zu unterscheiden.

Diskriminative Validität Das Maß, in dem eine Messmethode nicht zu erfassende Größen außer Acht lässt.

Disposition (Eigenschaft, Wesenszug) Nach Gordon Allport eine generalisierte neuropsychische Struktur oder Kerntendenz, die Verhalten immer zugrunde liegt.

Distanzierter Stil Nach Karen Horney die Art, in der sich Menschen der Welt anpassen, die glauben, dass es am besten ist, sich emotional überhaupt nicht zu engagieren.

Dokumentanalyse Methode zur Einschätzung von Persönlichkeit, die Persönlichkeitstheorien auf die Untersuchung von Tagebüchern, Briefen und anderen persönlichen Aufzeichnungen anwendet.

Effektstärke Statistischer Index für die Größe des gemessenen Effekts, der erfasst, wie viel Unterschied eine Variable ausmacht.

Egoistische Dominanz Nach Whiting und Edwards der Versuch, das Verhalten anderer zu steuern, um die eigenen Bedürfnisse zu befriedigen.

Ektomorph Nach W. H. Sheldon ein Körpertyp, der schlanke, schwächliche Menschen beschreibt.

Elektrodermale Messungen Messungen, die über Elektroden die elektrische Aktivität der Haut kontrollieren.

Elektroenzephalographie Technik zur Messung der elektrischen Aktivität der Hirnströme mittels Elektroden, die auf dem Schädel angelegt sind.

Emischer Ansatz Ein kulturspezifischer Ansatz, der sich auf eine einzige Kultur gemäß ihrer eigenen Bedingungen konzentriert.

Endomorph Nach W. H. Sheldon ein Körpertyp, der einen übergewichtigen, gutmütigen Personentyp beschreibt.

Enkodierungsstrategien Nach Walter Mischel das Schema und die Mechanismen, mit denen man Informationen verarbeitet und enkodiert.

Ergebniserwartung Erwartete Konsequenz eines Verhaltens, die Albert Bandura zufolge den signifikantesten Einfluss darauf hat, ob das Individuum ein beobachtetes Verhalten wieder ausführen wird. Auch das Ausmaß, in dem ein Individuum ein positives Ergebnis seiner Performanz erwartet.

Erklärungsstil Gruppe kognitiver Persönlichkeitsvariablen, zu denen die Mittel zählen, mit denen eine Person gewöhnlich die Ereignisse in ihrem Leben interpretiert.

Erlebende Person Carl Rogers phänomenologischer Theorie zufolge werden wichtige Fragen von jedem Menschen für sich selbst definiert, im Rahmen seiner sämtlichen Erfahrungen.

Erlernte Hilflosigkeit Martin Seligmans Begriff für die Situation, in der die wiederholte Erfahrung einer unvermeidbaren Bestrafung dazu führt, dass ein Organismus später Bestrafung akzeptiert, auch wenn sie dann vermeidbar *ist*.

Eros Nach Rollo May eine Art von prokreativer Liebe, die auf Erleben und Genuss ausgerichtet ist.

Erotische Liebe Nach Erich Fromm die Art von Liebe, die auf eine einzige Person gerichtet ist; eine kurz andauernde Intimität, die sexuelle Bedürfnisse befriedigt und Angst lindert.

Es In der psychoanalytischen Theorie der undifferenzierte, nicht sozialisierte Persönlichkeitskern, der die psychische Grundenergie und die elementaren Bedürfnisse enthält.

Ethnische Gruppe Eine Gruppe, bei der die Zugehörigkeit in erster Linie auf gemeinsamen kulturellen Gewohnheiten oder Sitten beruht.

Ethnische Voreingenommenheit Eine Art der Verzerrung, bei der ein Test die relevante Kultur oder Subkultur der getesteten Person nicht berücksichtigt.

Ethnozentrismus Die Bewertung anderer aus der Sicht der eigenen Kultur.

Ethologie Die Untersuchung des Verhaltens von Tieren in ihrem natürlichem Umfeld.

Etischer Ansatz Transkultureller Ansatz, der kulturübergreifend nach Allgemeingültigkeiten sucht.

Eugenik Die von Francis Galton begründete Bewegung, die dafür eintrat, den Genpool der Elite zu erhalten oder zu reinigen, um menschliche Blutlinien zu verbessern.

Evolution Theorie, der zufolge sich diejenigen individuellen Eigenschaften entwickeln, die es dem Organismus ermöglichen, Gene an die Nachkommen weiterzugeben.

Evolutionäre Persönlichkeitstheorie Ein Forschungsbereich, der die biologische Evolutionstheorie auf die menschliche Persönlichkeit anwendet.

Existenzialismus Eine philosophische Strömung, die sich mit dem Sinn der menschlichen Existenz befasst.

Experience Sampling Method of Assessment Methode, bei der Teilnehmer ihre augenblickliche Tätigkeit oder Gedankenprozesse festhalten, sobald sie während des Tages in unterschiedlichen Abständen per Funkruf vom Experimentator dazu aufgefordert werden.

Explizites Gedächtnis Gedächtnisinhalt, der bewusst erinnert oder wiedererkannt wird.

Expressives Verhalten Verhalten, das das emotionale Wohlergehen der eigenen sozialen oder familiären Gruppe betrifft; steht im Gegensatz zu instrumentellem Verhalten.

Externale Kontrollüberzeugung Nach Julian Rotter die Überzeugung, dass Dinge außerhalb des Individuums bestimmen, ob erwünschte Konsequenzen eintreten.

Extroversion Von Jung verwendeter Begriff für die Ausrichtung der Libido oder psychischen Energie auf Dinge in der Außenwelt. In Hans Eysencks biologisch begründeter Theorie beschreibt der Begriff Menschen, die im Allgemeinen gesellig, aktiv und kontaktfreudig sind und von denen man annimmt, dass sie ein relativ niedriges Niveau an Hirnaktivierung haben und daher dazu neigen, Stimulation zu suchen. Nach dem Fünf-Faktoren-Modell bezieht sich dieser Begriff auf die Persönlichkeitsdimension, die Begeisterungsfähigkeit, Selbstbewusstsein und Geselligkeit umfasst; Personen mit einer geringen Ausprägung dieser Dimension gelten als introvertiert.

Faktorenanalyse Statistische Technik, bei der Korrelationen zwischen einer Reihe einfacher Skalen auf wenige Basisdimensionen reduziert werden.

Fehlervarianz Abweichungen von Messwerten, die auf irrelevante, zufällige Schwankungen zurückzuführen sind.

Feldabhängigkeit Das Maß, in dem die Problemlösung eines Individuums von prägnanten, aber irrelevanten Aspekten des Kontexts, in dem das Problem auftritt, bestimmt wird.

Feldtheorie Kurt Lewins persönlichkeitspsychologischer Ansatz, der davon ausgeht, dass Verhalten durch komplexe Interaktionen zwischen der inneren psychischen Struktur einer Person, den Kräften der äußeren Umgebung und den strukturellen Beziehungen zwischen der Person und der Umgebung bestimmt wird.

Feldunabhängigkeit Das Maß, in dem die Problemlösung eines Individuums *nicht* von prägnanten, aber irrelevanten Aspekten des Kontexts, in dem das Problem auftritt, bestimmt wird.

Feminität Die mit dem Frausein assoziierten Eigenschaften.

Fester Intervall-Verstärkungsplan Ein Verstärkungsmuster, das nach einem festgelegten Zeitintervall auftritt.

Fester Quoten-Verstärkungsplan Ein Verstärkungsmuster, das nach einer festgelegten Zahl von Reaktionen auftritt.

Fiktionale Ziele Nach Alfred Adler das Streben nach Selbstvervollkommnung, das von Person zu Person variiert, aber die individuelle Auffassung von Perfektion widerspiegelt.

Forced Choice Recognition Verfahren, bei dem eine Person z. B. eine Liste von Wörtern lernt und anschließend aus Wortpaaren das Wort auswählt, das auf der Liste stand.

Freie Assoziation In der Psychoanalyse eingesetzte Methode, bei der eine Person alles berichtet, was ihr in den Sinn kommt.

Freies Erinnern (free recall) Verfahren, bei dem eine Person eine Liste von Wörtern studiert und anschließend alle Wörter aufschreibt, an die sie sich erinnern kann.

Freudsche Fehlleistung Psychisch bedingter Fehler beim Reden oder Schreiben, der etwas über das Unbewusste der Person offenbart.

F-Skala An der University of California, Berkeley entwickelte Skala, mit der die Neigung einer Person zu Autoritarismus und Härte gemessen wird.

Fünf-Faktoren-Modell (Big Five) Verfahren zur Messung von Eigenschaften (auch Traits), das von zahlreichen Untersuchungen gestützt wird und dem zufolge die meisten der herkömmlichen Eigenschaftsklassifizierungen in fünf Dimensionen zusammengefasst werden können: Extroversion, Verträglichkeit, Gewissenhaftigkeit, Neurotizismus und Offenheit.

Funktionalismus Psychologischer Ansatz, dem zufolge sich Verhalten und Denken abhängig von ihrer Funktionalität für das Überleben entwickeln.

Funktionell äquivalent Gordon Allports Auffassung, dass viele Verhaltensweisen von Individuen eine ähnliche Bedeutung haben, weil die Individuen dazu neigen, viele Situationen und Stimuli gleich zu beurteilen; für Allport ist die Eigenschaft die innere Struktur, die diese Gesetzmäßigkeit verursacht.

Funktionell autonom Von Gordon Allport verwendeter Begriff für die Vorstellung, dass im Erwachsenenalter viele Motive und Neigungen sich von ihren Ursprüngen in der Kindheit lösen und es daher nicht wichtig ist herauszufinden, wo solche Neigungen entstanden sind.

Generalisierte Erwartung Nach Julian Rotter Erwartungen, die sich auf mehrere Situationen beziehen.

Generalisierte Verstärkung Nach Dollard und Miller eine sekundäre Verstärkung, die mit verschiedenen primären Verstärkern assoziiert wird.

Generalisierung Die Tendenz ähnlicher Stimuli, die gleiche Reaktion hervorzurufen.

Genetisches Geschlecht Das Geschlecht, das die Chromosomen eines Menschen aufweisen: XX-Chromosomen (weiblich) oder XY-Chromosomen (männlich).

Genitale Phase Freud'sche, mit der Adoleszenz beginnende Phase der psychosexuellen Entwicklung, in der sich die Aufmerksamkeit auf heterosexuelle Beziehungen richtet.

Geschlechterrollen Mit dem Geschlecht verbundene gesellschaftliche Rollen.

Geschlechts-Schema-Theorie Theorie, der zufolge unsere Kultur und Geschlechterrollen-Sozialisation uns Geschlechtsschemata liefern.

Geschlechtstypisiert Beschreibt ein Individuum, dessen Selbstbild und Bild von anderen ungewöhnlich stark an Geschlechtsschemata orientiert ist.

Gesellschaftliche Aufgaben Nach Alfred Adler eine soziale Grundaufgabe, bei der man Freundschaften und ein soziales Netz knüpfen muss.

Gestalt Als ganzheitlich wahrgenommenes Muster oder Struktur.

Gestaltpsychologie Psychologischer Ansatz, der die integrative und aktive Natur von Wahrnehmung und Denken betont und darauf hinweist, dass das Ganze mehr als die Summe seiner Teile sein kann.

Gewissenhaftigkeit Nach dem Fünf-Faktoren-Modell die Persönlichkeitsdimension, die Zuverlässigkeit, Vorsicht, Ordnung und Verantwortung einschließt. Personen mit niedrig ausgeprägten Werten in dieser Dimension sind impulsiv, unvorsichtig und unzuverlässig.

Gewohnheiten Einfache Assoziationen zwischen einem Reiz und einer Reaktion.

Gewohnheitshierarchie In der sozialen Lerntheorie eine erlernte Hierarchie von Wahrscheinlichkeiten, nach denen eine Person bestimmte Reaktionen in bestimmten Situationen ausführen wird.

Gipfelerlebnisse Nach Abraham Maslow beeindruckende, bedeutsame Erlebnisse, bei denen Menschen ihr Selbst zu übersteigen scheinen, eins mit der Welt sind und sich vollkommen erfüllt fühlen; Mihaly Csikszentmihalyi beschreibt sie als „Flow“, der mit dem völligen Aufgehen in eine Tätigkeit verbunden ist.

Gleichzeitige Kausalität Kurt Lewins Vorstellung, dass Verhalten im Augenblick seines Auftretens von allen zu diesem Zeitpunkt im Individuum vorhandenen Einflüssen verursacht wird.

Grundangst Nach Karen Horney die Angst eines Kindes, allein, hilflos und unsicher zu sein, die von Schwierigkeiten mit den Eltern herrührt.

Held Nach Jung der Archetyp, der eine starke und gute Macht repräsentiert, die mit dem Feind kämpft, um jemanden aus einer Gefahr zu retten.

Hemisphärenaktivität Der Aktivitätslevel innerhalb einer zerebralen Hemisphäre (links oder rechts).

Herrschender Typ Nach Alfred Adler ein Personentyp, der ohne Rücksicht auf andere seinen Gewinn sucht.

Human-Genom-Projekt Der Versuch, jedes der Tausende von Genen in unseren Chromosomen zu identifizieren.

Humanismus Philosophische Richtung, die den persönlichen Wert des Individuums und die Bedeutung menschlicher Werte betont.

Human Potential Movement Existenzialistisch-humanistische Bewegung, in der Menschen ermutigt werden, durch Selbsterfahrungsgruppen und Introspektion ihre inneren Potenziale zu verwirklichen.

Hypermnesie Wenn ein späterer Versuch, etwas zu erinnern, Informationen ergibt, die bei einem früheren Erinnerungsversuch nicht abrufbar waren.

Hypnose Verfahren, bei dem eine Person in einen Trancezustand versetzt wird, in dem Handlungen teilweise von einer anderen Person gesteuert werden.

Hysterie Bezeichnung für verschiedene Formen psychischer Erkrankung, für die keine organische Ursache gefunden werden und die manchmal durch psychologische oder soziale Einflüsse geheilt werden konnten.

Ich In der psychoanalytischen Theorie die Persönlichkeitsstruktur, die sich entwickelt, um sich mit der realen Welt auseinander zu setzen; in der neoanalytischen Theorie bezieht sich dieser Begriff auf die Individualität einer Person, die der zentrale Kern der Persönlichkeit ist; vor allem für Jung ist es der Persönlichkeitsaspekt, der bewusst ist und das Selbstgefühl verkörpert.

Ich-Du-Dialog Von dem Philosoph Martin Buber verwendeter Ausdruck für eine persönliche, wechselseitige Beziehung, in der jeder dem anderen einen einzigartigen Wert zuerkennt.

Ich-Entwicklung Der Grad der psychischen Reife eines Individuums.

Ich-Es-Monolog Bezeichnung des Philosophen Martin Buber für eine Zweckbeziehung, in der eine Person andere benutzt, sie aber nicht um ihrer selbst willen schätzt.

Ich-Krise In Erik Eriksons Identitätstheorie jede der acht „Krisen" (Konflikte oder Entscheidungen), die für eine optimale Entwicklung der Reihe nach bewältigt werden müssen.

Ich-stark (Ego resilient) Ein Begriff, mit dem Menschen beschrieben werden, die gelassen, ungezwungen, vernünftig und nicht ängstlich sind.

Ideales Selbst Karen Horneys Begriff für das Selbst, das wir als vollkommen betrachten und zu erreichen hoffen; dieses Ideal wird geprägt von dem Gegenteil dessen, was wir als Unzulänglichkeiten wahrnehmen.

Identitätsbildung Der Prozess, in dem sich die eigene individuelle Persönlichkeit und das Selbstbild entwickeln.

Identitätskrise Von Erik Erikson vorgeschlagener Begriff für die Unsicherheit bezüglich der eigenen Fähigkeiten, Verbindungen und Zukunftsziele.

Idiographisch Befasst mit der Untersuchung einzelner Fälle.

Idiolekt Die einzigartige Version, die jede Person von ihrer Muttersprache hat.

Illusion der Individualität (Individualitätsillusion) Harry Stack Sullivan zufolge ist die Vorstellung, dass eine Person eine einzige, feste Persönlichkeit hat, nur eine Illusion.

Implizite Persönlichkeitstheorie Neigung, von einer Kombination bestimmter Eigenschaften auszugehen und bei der Beurteilung der Persönlichkeit anderer Menschen Konsistenzen wahrzunehmen.

Implizites Gedächtnis Gedächtnisinhalt, der nicht bewusst erinnert wird, aber dennoch Verhalten oder Denken beeinflusst.

In-der-Welt-Sein Die existenzialistische Vorstellung, dass das Selbst nicht ohne eine Welt und die Welt nicht ohne eine Person oder Lebewesen existieren können, die sie wahrnehmen.

Individualpsychologie Alfred Adlers Persönlichkeitstheorie, nach der die Motivationen von Individuen einzigartig sind und jede Person ihren Platz in der Gemeinschaft finden muss.

Induktive Methode Psychologische Methode, bei der systematisch Beobachtungen gesammelt und anhand der Daten Konzepte entwickelt werden.

Infantile Amnesie Das Phänomen, dass Erwachsene sich nicht an die ersten drei oder vier Lebensjahre erinnern können.

Inhaltsvalidität Der Grad, in dem ein Test den zu messenden Bereich erfasst.

Instrumentelles Verhalten Verhalten, das auf aufgabenorientierte Ziele bezogen ist, die außerhalb unseres interpersonalen Systems liegen; Gegensatz zu expressivem Verhalten.

Internale Kontrollüberzeugung Nach Julian Rotter die generalisierte Erwartung, dass das eigene Handeln zu erwünschten Ergebnissen führt.

Internationale Grundschul-Lese-Untersuchung (IGLU) Internationale (PIRLS: Progress in International Reading Literacy Study) und nationale Schulleistungsstudie (Messung schulischer kognitiver Fähigkeiten bei Viertklässlern, in Deutschland neben Lesen auch Mathematik, Naturwissenschaften und Orthographie).

Interne Konsistenz-Reliabilität Grad an Konsistenz zwischen untergeordneten und äquivalenten Teilen eines Tests.

Interpersonale Theorie der Psychiatrie Harry Stack Sullivans Persönlichkeitstheorie, die sich auf die wiederkehrenden sozialen Situationen konzentriert, mit denen ein Individuum konfrontiert ist.

Intimitätsmotiv Das von Dan P. McAdams untersuchte Bedürfnis nach vertrauter Gemeinsamkeit.

Introversion Begriff Jungs für die Ausrichtung der Libido oder psychischen Energie auf die Innenwelt. In Hans Eysencks biologisch begründeter Theorie beschreibt der Begriff Menschen, die im Allgemeinen ruhig, zurückhaltend und nachdenklich sind und von denen man annimmt, dass sie wegen eines relativ hohen Niveaus an Hirnaktivierung stimulierende soziale Situationen meiden. Nach dem Fünf-Faktoren-Modell bezieht sich dieser Begriff auf Menschen mit einer geringen Ausprägung in der Persönlichkeitsdimension Extroversion. Introvertierte Menschen sind schüchtern, unterwürfig, zurückhaltend und ruhig.

Inventar zur Erfassung interpersonaler Probleme Eine Skala, die Leid misst, das auf erfahrene interpersonale Probleme zurückzuführen ist.

Item-Interkorrelation Ausmaß, in dem Test-Items aufeinander bezogen sind.

Item Response Theory (IRT) Statistische Methode zur Auswahl von Test-Items, bei der die Wahrscheinlichkeit einer positiven Antwort auf eine bestimmte Testfrage untersucht wird – unter Berücksichtigung der Gesamtplatzierung der Person auf der zugrunde liegenden Eigenschaft, die durch die anderen Antworten über den Test erfasst wird.

Kardinaldispositionen Von Gordon Allport verwendeter Begriff für persönliche Dispositionen, die das Verhalten entscheidend beeinflussen.

Kastrationsangst Nach Sigmund Freud eine unbewusste Angst vor Kastration. Sie resultiert aus dem Bemühen eines Jungen, mit der Liebe für seine Mutter umzugehen, in dem Wissen, dass er seinen Vater nicht überwinden kann.

Kategorisierung Der Wahrnehmungsprozess, durch den äußerst komplexe Informationen in eine kleine Zahl von identifizierbaren und bekannten Objekten und Einheiten gefiltert werden.

Kerneigenschaften Begriff Gordon Allports, mit dem er persönliche Dispositionen im Blick auf die einzigartigen Ziele, Motive und Verhaltensstile einer Person umschreibt.

Klassische Konditionierung Die Grundidee, dass nach der wiederholten Paarung eines unkonditionierten Stimulus, der eine unkonditionierte Reaktion auslöst, und eines neutralen Stimulus der zuvor neutrale Stimulus schließlich die gleiche Reaktion wie der unkonditionierte Stimulus auslösen kann.

Kognitive Intervention Menschen darin schulen, ihre Denkprozesse zu verändern.

Kognitive Komplexität Das Maß, in dem eine Person eine größere Zahl an Unterscheidungen, Unterscheidungsmerkmalen oder einzelnen Elementen, in die ein Wesen oder Ereignis aufgeteilt ist, versteht und anwendet; und der Grad, in dem die Person diese Elemente integrieren kann, indem sie Verknüpfungen oder Beziehungen unter ihnen herstellt.

Kognitiver Fähigkeitstest (KFT) Misst schulnahe Intelligenz, unterteilt in sprachliche, mathematische und figural-räumlich-vorstellende Fähigkeiten.

Kognitiver Stil Die unverwechselbare Art eines Individuums, die alltäglichen Aufgaben der Informationsaufnahme und Problemlösung zu bewältigen.

Kognitive Simplizität Nach George Kelly die Tendenz, keine Unterschiede zwischen anderen Menschen machen zu können und sie als austauschbar wahrzunehmen.

Köhärenzgefühl Das Vertrauen einer Person, dass die Welt verstehbar, überschaubar und sinnvoll ist.

Kollektives Unbewusstes Nach Jung eine tiefere Schicht des Unbewussten, die die allen Menschen gemeinsamen Archetypen enthält.

Kompetenzen Nach Walter Mischel Fähigkeiten und Kenntnisse einer Person.

Komplex Gruppe affektiv aufgeladener Gedanken, Gefühle und Vorstellungen, die sich auf ein bestimmtes Thema beziehen.

Konstruktvalidität Das Maß, in dem ein Test tatsächlich ein theoretisches Konstrukt misst.

Kontrollgruppe Eine Vergleichsgruppe, die einen Maßstab zur Bewertung einer Theorie oder einer Technik liefert.

Kontrollierbarkeit der Kausalität Nach Bernhard Weiner die Erkenntnis, dass Ereignisse entweder durch kontrollierbare Faktoren oder durch Einflüsse außerhalb der Kontrolle eines Individuums verursacht werden.

Kontrollüberzeugung In Julian Rotters Theorie die Variable, die misst, in welchem Maß ein Individuum normalerweise Ergebnisse auf internale oder externale Faktoren (innerhalb oder außerhalb der eigenen Kontrolle) zurückführt.

Konvergente Validität Das Maß, in dem eine Messung sich auf die zu messende Größe bezieht.

Körperbautypologie (Somatotypologie) W. H. Sheldons Theorie, die den Körpertyp mit Persönlichkeitsmerkmalen in Zusammenhang bringt.

Korrelationskoeffizient Mathematischer Index für den Grad von Übereinstimmung oder Assoziation zwischen zwei Maßen.

Krankenrolle Komplex gesellschaftlicher Erwartungen, wie sich eine Person verhalten sollte, wenn sie krank ist.

Kriteriumsvalidität Der Grad, in dem eine Messung Ergebniskriterien anderer Messmethoden vorhersagt.

Kritische Periode Der Punkt in der Entwicklung, an dem ein Organismus optimal bereit ist, ein bestimmtes Reaktionsmuster zu lernen.

Kulturimperialismus Das Ausweiten der eigenen kulturellen Sichtweisen auf diejenigen einer anderen Kultur oder Subkultur.

L-Daten Von R. B. Cattell verwendeter Begriff für Daten über das Leben eines Menschen aus Schulunterlagen oder ähnlichen Quellen.

Längsschnittstudie Nach Jack Block die genaue, umfassende, systematische, objektive, Langzeituntersuchung von Individuen über signifikante Lebensphasen.

Latenter Inhalt Die einem Traum oder anderen Aspekten psychischen Erlebens zugrunde liegende, verborgene Bedeutung.

Latenzperiode Nach Sigmund Freud die Zeitspanne zwischen dem fünften und elften Lebensjahr.

Law of Effect (Effekt-Gesetz) Edward Thorndikes Gedanke, dass die Konsequenz eines Verhaltens dieses entweder stärken oder schwächen wird; d. h., wenn eine Reaktion auf einen Stimulus folgt und zur Befriedigung für den Organismus führt, stärkt dies die Verbindung zwischen Reiz und Reaktion. Wenn jedoch die Reaktion Unbehagen oder Schmerz zur Folge hat, wird die Verbindung geschwächt.

Lebensaufgaben Von Nancy Cantor verwendeter Begriff für altersabhängige Probleme und Aufgaben, auf die man sich gegenwärtig konzentriert.

Lebenslaufansatz Avshalom Caspis Persönlichkeitstheorie, die betont, dass Verhaltensmuster sich sowohl in Abhängigkeit von Alter, Kultur und sozialen Gruppen, Lebensereignissen etc. als auch von inneren Trieben, Motiven und Eigenschaften ändern.

Lebensraum In Kurt Lewins Theorie alle inneren und äußeren Kräfte, die auf ein Individuum einwirken.

Leistungsbedürfnis Nach Henry Murray das Bedürfnis, bei gesellschaftlich vorgegebenen Aufgaben erfolgreich zu sein.

Leistungsmotivation Nach David McClelland die Neigung, nach Erfolg zu streben.

Libido In Sigmund Freuds psychoanalytischer Theorie die sexuelle Energie, die psychischer Spannung zugrunde liegt; in C. G. Jungs neoanalytischer Theorie wird der Begriff für eine allgemeine psychische Energie verwendet, die nicht notwendigerweise sexueller Natur ist.

Liebesaufgaben Alfred Adler zufolge die soziale Grundaufgabe, einen passenden Lebenspartner zu finden.

Linguistische Relativität Auffassung von Benjamin Lee Whorf und Edward Sapir, der zufolge unsere Interpretation der Welt weitgehend von dem linguistischem System abhängt, mit dem wir sie einordnen.

Linguistische Universalien Eigenschaften, die alle bekannten Sprachen aufweisen.

Locus Of Causation (Ort der Kausalität) Nach Bernard Weiner die Wahrnehmung, dass Situationen entweder durch in einem Individuum liegende, internale oder durch situationsbezogene, externale Faktoren verursacht werden.

Löschung Der Prozess, durch den die Häufigkeit, mit der ein Organismus eine Reaktion erzeugt, allmählich abnimmt, wenn dem Reaktionsverhalten kein Verstärker mehr folgt.

LSD (Lysergsäurediäthylamid) Halluzinogene, aus einem Pilz gewonnene Droge, die traumähnliche Veränderungen der Wahrnehmung und des Denkens hervorruft.

Lustprinzip Funktionsprinzip des Es, um Lust zu stillen und innere Spannung zu reduzieren.

Machtbedürfnis Nach Henry Murray das Bedürfnis, nach Positionen und Ämtern zu streben, in denen man Kontrolle über andere ausüben kann.

Manifester Inhalt Der Teil von Träumen oder von anderen Aspekten psychischen Erlebens, der erinnert und über den bewusst nachgedacht wird.

Manische Depression Eine Störung, bei der ein Individuum regelmäßig zwischen Anfällen grenzenlos enthusiastischer Energie und hoffnungsloser Depression schwankt.

Männlicher Protest Nach Alfred Adler das Bestreben eines Individuums, fähig und unabhängig und nicht nur Produkt seiner Eltern zu sein.

Maskulinität Die mit dem Mannsein assoziierten Eigenschaften.

Menière-Krankheit Erkrankung des Innenohrs, die zu Schwindel, Übelkeit und Störungen des Hörvermögens führt.

Mesomorph Nach W. H. Sheldon ein Körpertyp, der einen muskulösen, grobknochigen, athletischen Menschen beschreibt.

Metaanalyse Statistische Technik, um die Ergebnisse mehrerer Forschungsstudien miteinander zu verbinden.

Minderwertigkeitskomplex Nach Alfred Adler die übertriebenen Gefühle persönlicher Unfähigkeit, die aus einem überwältigenden Gefühl der Hilflosigkeit oder einer Erfahrung der Machtlosigkeit resultieren.

Minnesota Multiphasic Personality Inventory (MMPI) Umfassender Persönlichkeitsfragebogen zur Selbstdeutung, der sich auf die Messung und Beurteilung von Psychopathologie konzentriert.

Motive Innere, psychobiologische Kräfte, die Ursache von Verhalten sind oder die ausgedrückt werden wollen.

Multiple Intelligenzen Howard Gardners Theorie, der zufolge alle Menschen mindestens sieben verschiedene Arten haben, die Welt zu begreifen, und sich in der relativen Stärke jeder dieser sieben Verstehensarten unterscheiden.

Multitrait-Multimethod-Ansatz (MTMM) Anwendung verschiedener Messmethoden und Merkmale zur Ermittlung der Testvalidität.

Muster (Patterns) Die einer Persönlichkeit zugrunde liegenden Basismechanismen, die dynamisch die Aktivität steuern und relativ stabil bleiben.

Mutter Nach Jung der Archetyp, der Generativität und Fruchtbarkeit verkörpert.

Mutterinstinkt Der Funktionspsychologie zufolge eine angeborene emotionale Neigung zur Pflege, die durch Kontakt mit einem hilflosen Kleinkind ausgelöst wird.

Mutterliebe Nach Erich Fromm die Art von Liebe, die vollkommen einseitig und ungleich ist, bei der die Mutter Liebe gibt und nichts fordert und die dem Kind ein Gefühl der Sicherheit und Stabilität vermittelt.

Myers-Briggs-Typenindikator Häufig eingesetzter Indikator zur Messung von Introversion und Extroversion und einigen anderen von Jung definierten Unterklassifizierungen.

Narrativer Ansatz Dan P. McAdams persönlichkeitstheoretischer Ansatz, der die Untersuchung von Motivationen anhand von Biographien einschließt, um den vollen Lebenskontext der Person zu verstehen.

Narzistische Persönlichkeitsstörung Störung, bei der sich jemand ohnmächtig und abhängig fühlt, jedoch herrisch und selbstverherrlichend auftritt.

Natürliche Selektion Der Prozess, durch den bestimmte adaptive Merkmale sich über Generationen herausbilden.

Negative Verstärkung Ein aversives Ereignis, das bei Ausführung eines Verhaltens endet und so die zukünftige Wahrscheinlichkeit dieses Verhaltens steigert.

Neoanalytischer Ansatz Persönlichkeitspsychologischer Ansatz, der sich mit dem Selbst-(Ich-)Bewusstsein als dem Persönlichkeitskern befasst.

Neurotische Tendenz Nach Karen Horney eine selbstschützende Maßnahme, um Macht und Überlegenheit über andere zu erlangen; wirkt dem Gefühl entgegen, unfähig zu sein und schlecht behandelt zu werden.

Neurotizismus Im Fünf-Faktoren-Modell die Persönlichkeitsdimension, zu der Nervosität, Anspannung und Angst gehören; Personen mit einer niedrigen Ausprägung in dieser Dimension sind emotional stabil, gelassen und zufrieden. Dieser Begriff ist auch einer von Hans Eysencks drei Persönlichkeitsdimensionen und schließt emotionale Instabilität und Besorgnis ein.

Neurotransmitter Chemischer Stoff, den die Nerven zur Übertragung verwenden.

Nichtdeterministisch Der Gedanke, dass es allzu vereinfachend ist, Menschen als von festen physikalischen Gesetzen bestimmt zu sehen.

Nichtgeteilte Umweltvarianz Merkmale des Umfelds, die Kinder, die in derselben Familie aufwachsen, unterschiedlich erleben.

Nomothetisch Bemühungen, Gesetzmäßigkeiten zu formulieren.

Normal symbiotisch Nach Margaret Mahler das Entstehen einer Bindung zwischen Kind und Mutter, in der das Kind Empathie und das Bewusstsein entwickelt, eine eigenständige, aber in Liebe verbundene Person zu sein.

Nullbeobachtung (Zero Acquaintance) Beobachtung und Beurteilung einer Person, mit der man nie Kontakt hatte.

Objektbeziehungstheorie Persönlichkeitstheoretischer Ansatz, der sich auf die Objekte psychischer Triebe und die Bedeutung der interpersonalen Beziehungen für den Prozess unserer Selbstdefinition konzentriert.

Objektive Erfassung Messverfahren, das nicht von der Selbstbeurteilung des Individuums abhängt.

Ödipuskonflikt Freuds Begriff für die sexuellen Gefühle eines Jungen für seine Mutter und die Rivalitäten mit seinem Vater.

Offenheit Im Fünf-Faktoren-Modell die Persönlichkeitsdimension, zu der Fantasie, Witz, Originalität und Kreativität zählen. Personen mit einer niedrigen Ausprägung in dieser Dimension sind oberflächlich, einfach und schlicht.

Operante Konditionierung Änderung eines Verhaltens durch Beeinflussung seiner Konsequenzen.

Orale Phase Freudsche Phase der psychosexuellen Entwicklung im ersten Lebensjahr, in der Säuglinge ihren Hunger- und Dursttrieb befriedigen wollen.

Organismisch Begriff zur Bezeichnung von Theorien über die Entwicklung, die von innen aus dem wachsenden Organismus kommt; diese Theorien nehmen für jeden Organismus eine natürliche Entfaltung oder einen natürlichen Lebensverlauf an.

Organminderwertigkeit Alfred Adlers Gedanke, dass jeder mit irgendeiner physischen Schwäche geboren wird. Diese ist der Punkt, an dem Unvermögen und Krankheit sich am ehesten manifestieren, aber der Körper versucht, diese Unzulänglichkeit in einem anderen Bereich zu kompensieren.

Östrogen Sexualhormon, gilt üblicherweise als das weibliche Sexualhormon.

Partielle Verstärkung Eine große, unvorhersehbare Belohnung; auch intermittierende Verstärkung genannt.

Passiver Stil Nach Karen Horney die Art, in der sich Menschen der Welt anpassen, die glauben, dass sie durch Nachgiebigkeit am besten vorankommen.

Penisneid Begriff Freuds für das Phänomen, dass ein Mädchen wegen seines fehlenden Penis Minderwertigkeitsgefühle und Eifersucht entwickelt.

Perfektionsstreben Nach Alfred Adler das Bestreben eines Individuums, durch Ausschaltung wahrgenommener persönlicher Fehler fiktive Ziele zu erreichen.

Persona Nach Jung der Archetyp, der die gesellschaftlich akzeptierte, den anderen präsentierte Seite verkörpert.

Personality Research Form (PRF) Ein Fragebogen zur Selbstbeurteilung, der durch vorformulierte Antworten auf kurze, standardisierte Testfragen Bedürfnisse erfasst.

Personal Orientation Inventory Selbstbeurteilungsfragebogen, der Personen auffordert, sich auf mehreren Dimensionen für verschiedene Beurteilungsmerkmale im Blick auf Selbstverwirklichung oder psychische Verfassung einzustufen.

Persönliche Bestrebungen Von Robert Emmons verwendeter Begriff zur Beschreibung abstrakter, übergreifender Ziele, die durch unterschiedliche Verhaltensweisen erreicht werden können.

Persönliche Dispositionen Begriff Gordon Allports für die einem Individuum eigentümlichen Eigenschaften.

Persönliche Projekte Begriff von Brian Little für aktuelle, spezifische Aufgaben, die Personen täglich motivieren.

Persönliches Unbewusstes Nach Jung der Teil der Psyche, der Gedanken und Gefühle enthält, die gegenwärtig nicht bewusst sind.

Persönlichkeitspsychologie Die wissenschaftliche Untersuchung der psychischen Kräfte, die Menschen zu einmaligen Individuen machen.

Persönlichkeitsstörung Tief verwurzeltes, permanentes Verhaltensmuster, das das Funktionieren und Wohlbefinden der Person beeinträchtigt.

Persönlichkeitstest Standardisierter Stimulus, der bei unterschiedlichen Individuen unterschiedliche Reaktionen hervorruft und diese Unterschiede misst.

Personologie Henry Murrays Bezeichnung für seine Persönlichkeitstheorie, die den Reichtum jedes menschlichen Lebens sowie die dynamische Natur des Individuums betont, das als komplexer Organismus auf eine spezifische Umwelt reagiert.

Phallische Phase Nach Freud Phase der psychosexuellen Entwicklung um das vierte Lebensjahr, in der sich die sexuelle Energie eines Kindes auf die Genitalien konzentriert.

Phänomenologie Konzept, dem zufolge die Wahrnehmungen und subjektiven Realitäten von Personen stichhaltige Daten für Untersuchungen sind.

Philia Nach Rollo May eine Art brüderlicher Liebe oder Zuneigung.

Phlegmatiker Persönlichkeitstyp, der auf dem von Hippokrates und Galen entwickelten altgriechischen Säftelehre beruht; diese Person ist nach außen teilnahmslos und nachgiebig, aber innerlich angespannt und beunruhigt.

Phobie Übermäßige oder lähmende Angst.

Placebo Jede Intervention, die keinen spezifischen, erwarteten physiologischen Effekt auf den Körper hat.

Positivismus Philosophische Weltsicht, die sich auf die Gesetze konzentriert, die das Verhalten von Objekten in der Welt steuern.

Posttraumatische Belastung Angst, Alpträume und Flashback-Episoden, die auftreten, wenn das Bewusstsein mit sehr verstörenden Erinnerungen nicht fertig wird.

Prägung Von Ethologen verwendeter Begriff für eine Art des Lernens, die zu einem besonders frühen Zeitpunkt im Leben eines Organismus auftritt und später nicht geändert werden kann.

Primäre Verstärkung Dollard und Miller zufolge ein Ereignis, das einen primären Trieb mindert.

Primärtrieb Elementarer, angeborener Verhaltensmotivator, insbesondere Hunger, Durst, Sexualität oder Schmerz.

Programme for International Student Assessment (PISA) Internationale und nationale Schulleistungsstudie (Messung schulischer kognitiver Fähigkeiten bei 15jährigen Schülern).

Projektion Abwehrmechanismus, bei dem Angst erregende Impulse nach außen verlagert werden, indem sie anderen zugeschrieben werden.

Projektiver Test Technik der Persönlichkeitserfassung durch den Einsatz relativ unstrukturierter Stimuli, Aufgaben oder Situationen.

Prolaktin Hormon, das die Laktation verursacht.

Proprium Gordon Allports Begriff für den definierenden Kern der Persönlichkeit; Allport ging von einem biologischen Pendant des Propriums aus.

Prospektives Design Die Vorhersage späterer Ergebnisse anhand vorhergehender Messungen.

Prozac Medikament, das die Resorption des Neurotransmitters Serotonin im Gehirn blockiert, damit die Stimmung hebt und emotionale Reaktionsmuster verändert.

Prozedurales Gedächtnis Gedächtnis für den Ablauf einer Aufgabe.

Psyche Die Essenz des menschlichen Geistes und der Seele; in der Theorie Jungs die Persönlichkeit als die dynamische Summe ihrer Teile.

Psychoanalyse Sigmund Freuds Methode, menschliches Verhalten zu verstehen; bezeichnet auch freudsche psychotherapeutische Techniken.

Psycho-Chirurgie Chirurgische Eingriffe in das Gehirn, die Persönlichkeitsprobleme beheben sollen.

Psycho-hydraulisches-Verschiebungs-Modell Sigmund Freuds Begriff, der darauf hinweist, dass sich während der Verschiebung – wie Dampf in einem Kessel – Druck aufbaut und verringert werden muss.

Psychologische Situation Nach Julian Rotter die für eine Person individuelle Verbindung von potenziellen Verhaltensweisen und dem Nutzen, den sie für die Person haben.

Psychopharmakologie Die Erforschung der Rolle von Arzneimitteln und anderen toxischen Substanzen bei der Verursachung und Behandlung psychischer Störungen.

Psychosomatische Medizin Behandlung, die auf dem Grundgedanken beruht, dass die Seele den Körper beeinflusst.

Psychotherapeutisches Gespräch Gespräch, bei dem ein Klient über die wichtigen oder problematischen Aspekte seines Lebens spricht.

Psychotizismus Eine von Hans Eysencks drei Persönlichkeitsdimensionen; sie schließt eine Tendenz zur Psychopathie sowie Impulsivität, Grausamkeit, Härte und Verschlagenheit ein.

Q-Daten Von R. B. Cattell verwendeter Begriff für Daten, die aus Selbstbeurteilungen und Fragebögen gewonnen werden.

Q-Sort Methode zur Persönlichkeitserfassung, bei der eine Person einen Stoß Karten, die unterschiedliche Eigenschaften symbolisieren, in Stapeln sortieren muss.

Radikaler Determinismus Die Überzeugung, dass jegliches menschliche Verhalten eine Ursache hat und die Menschen keinen freien Willen haben.

Rasse Große Gruppierungen, die auf körperlichen Merkmalen wie Hautfarbe, Augenform oder Körpergröße verknüpft mit geographischer Herkunft basieren.

Rationalisierung Abwehrmechanismus, bei dem nachträglich Verhaltensweisen logisch erklärt werden, hinter denen in Wahrheit innere unbewusste Motive standen.

Reaktionsbildung Abwehrmechanismus, bei dem Handlungen und Denkweisen, die bedrohlichen Impulsen entgegengesetzt sind, übermäßig betont werden.

Realitätsprinzip In der psychoanalytischen Theorie Freuds die Funktionskraft des Ich zur Lösung realer Probleme.

Regression Abwehrmechanismus, bei dem man zu früheren, sichereren Phasen seines Lebens zurückkehrt, um gegenwärtigen Bedrohungen zu entgehen.

Reife Liebe Nach Erich Fromm die Art von Liebe, bei der jeder Partner für den anderen sorgt, sich für ihn verantwortlich fühlt und ihn uneingeschränkt liebt.

Relatives Selbst Die philosophische Idee, dass es kein zugrunde liegendes Selbst gibt, sondern das wahre Selbst sich lediglich aus Masken zusammensetzt.

Reliabilität Die Konsistenz von Messwerten, von denen man erwartet, dass sie gleich sind.

Rogers-Therapie Die von Carl Rogers entwickelte klientenzentrierte Psychotherapie, bei der der Therapeut für gewöhnlich unterstützend, nicht direktiv und empathisch ist und den Klienten vorbehaltlos akzeptiert.

Role Construct Repertory Test Von George Kelly entwickeltes Erfassungsinstrument, um das persönliche Konstruktsystem einer Person zu verdeutlichen, indem Vergleiche zwischen Dreiergruppen von im Leben der erfassten Person wichtigen Menschen gezogen werden.

Romantischer Bindungsstil Nach Phillip Shaver der Beziehungsstil in Liebesbeziehungen im Erwachsenenalter, der die Natur der Bindungsbeziehung zu den Eltern oder Betreuern in der Kindheit nachbildet und widerspiegelt.

Salutogenese Aaron Antonowskys Theorie, wie Menschen gesund bleiben; seinem Ansatz zufolge muss die Welt für das gesunde Individuum nicht notwendigerweise geregelt und geordnet sein, aber das Individuum muss ein Kohärenzgefühl haben.

Schatten Nach Jung der Archetyp, der die dunkle und unannehmbare Seite der Persönlichkeit repräsentiert.

Schema Kognitive Struktur, die Kenntnisse und Erwartungen bezüglich der eigenen Umwelt ordnet.

Schizophrenie Zustand, dessen Symptome verzerrte Realitätswahrnehmung, seltsame emotionale Reaktionen und manchmal Paranoia und / oder Wahnvorstellungen einschließen.

Seins-Liebe (S-Liebe) Nach Abraham Maslow Liebe, die uneigennützig ist und sich um die Bedürfnisse anderer kümmert; eine Person, die diese Liebe praktiziert, verwirklicht sich in stärkerem Maße selbst und fördert die Selbstverwirklichung des Partners.

Sekundäre Triebe In der sozialen Lerntheorie Triebe, die durch Assoziation mit der Befriedigung primärer Triebe erlernt werden.

Sekundäre Verstärkung Dollard und Miller zufolge eine konditionierte Verstärkung; ein zuvor neutraler Stimulus, der nach seiner Paarung mit einem primären Verstärker zum Verstärker wird.

Selbstdarstellungsbedürfnis Nach Henry Murray das Bedürfnis, anderen die eigene Person zu zeigen und sie zu unterhalten, zu amüsieren, zu schockieren und zu provozieren.

Selbstpräsentation Mark Snyders Begriff für gesellschaftlich erwartetes Verhalten.

Selbstregulation Die Beobachtung des eigenen Verhaltens, die aus den eigenen inneren Prozessen der Zielsetzung und Selbstverstärkung resultiert.

Selbstüberwachung Mark Snyders Konzept der Selbstbeobachtung und Selbstkontrolle, die von situativen Anhaltspunkten für die soziale Angemessenheit des Verhaltens geleitet werden.

Selbstverwirklichung Angeborene Tendenz zu spirituellem Wachstum und zur Verwirklichung des eigenen Potenzials.

Selbstwertsystem Nach Albert Bandura die kognitiven Prozesse, durch die eine Person ihr eigenes Verhalten wahrnimmt, bewertet und anpasst, so dass es der Umwelt angemessen ist und Ziele effektiv erreicht.

Selbstwirksamkeit Erwartung oder Überzeugung bezüglich der eigenen Fähigkeit, ein Verhalten in einer bestimmten Situation auszuführen.

Sensation-Seeking Scale Von Marvin Zuckermann entwickelte Skala, die die Empfänglichkeit einer Person für Erregung oder Langweile misst.

SES-Gradient Phänomen im Gesundheitswesen, bei dem das Risiko einer Erkrankung und eines frühzeitigen Todes diametral entgegengesetzt zum sozioökonomischen Status einer Person ist.

Sicher Liebende Nach Phillip Shaver Personen mit einem romantischen Bindungsstil, bei dem sie leicht enge Beziehungen mit anderen knüpfen und Nähe zulassen.

Signalerkennungstheorie Methode, um die Erinnerung einer Person an ein Ereignis (oder ihr Verständnis einer Botschaft) zu untersuchen; dieses Verfahren reagiert empfindlich auf die Tatsache, dass Reaktionen durch Belohnungen und Bestrafungen für richtige und falsche Ja- und Nein-Antworten beeinflusst werden.

Sinneswahrnehmung-Intuition-Skala Unterklassifikation des Myers-Briggs-Typenindikators, die angibt, ob eine Person eher realistisch oder fantasievoll ist.

Shaping (Verhaltensformung) Prozess, in dem undifferenzierte operante Verhaltensweisen durch Verstärkung sukzessiver Annäherungen allmählich verändert oder zu einem erwünschten Verhaltensmuster geformt werden, so dass das Verhalten immer mehr dem Zielverhalten gleicht.

Skinner-Box Kasten, in dem ein Experimentator durch Kontrolle der Verstärkung und exakte Messung der Reaktionen das Verhalten eines Tieres formen kann.

Skript Schema, das in sozialen Situationen Verhalten steuert.

Somatopsychischer Effekt Erkrankung oder genetische Prädisposition für Krankheit, die sich auf die Persönlichkeit auswirkt.

Sozialdarwinismus Die Auffassung, dass Gesellschaften und Kulturen naturgemäß um das Überleben der Tauglichsten konkurrieren.

Soziale Intelligenz Der Gedanke, dass Individuen die besonderen Kenntnisse und Fähigkeiten, die in zwischenmenschlichen Situationen gefordert sind, unterschiedlich beherrschen.

Soziale Lerntheorie Theorie, der zufolge Gewohnheiten im Sinne einer Hierarchie sekundärer Triebe aufgebaut werden.

Soziale Rollen Geschlechterrollen und viele andere die Arbeit und das Familienleben betreffende Rollen, die mit bestimmten Erwartungen an die Person verbunden sind.

Soziale Rollentheorie Alice Eaglys Theorie, dass die Geschlechterunterschiede im Sozialverhalten in sozialen Rollen verankert sind; d. h., die unterschiedlichen Rollen, in denen sich Männer und Frauen vorfinden, spezifizieren ihre Verhaltensweisen.

Soziales Selbst George Herbert Meads Grundidee, dass die Interaktionen mit unseren Mitmenschen bestimmen, wer wir sind und wie wir über uns selbst denken. Der Begriff steht auch für unsere Identität in der sozialen Welt.

Soziale Verträglichkeit Im Fünf-Faktoren-Modell die Persönlichkeitsdimension, die Freundlichkeit, Kooperation und Herzlichkeit einschließt. Personen mit einer schwachen Ausprägung dieser Dimension sind kalt, streitsüchtig und unfreundlich.

Soziobiologie Studium des Einflusses der Evolutionsbiologie auf das soziale Verhalten.

Sozioökonomischer Status Ein Maß für Bildungsgrad und Einkommenshöhe einer Person.

Spezifische Erwartung Nach Julian Rotter die Erwartung, dass einem Verhalten in einer bestimmten Situation eine Belohnung folgen wird.

Stabilität der Kausalität Nach Bernard Weiner die Wahrnehmung, dass die Ursachen von Ereignissen entweder langfristig oder vorübergehend und veränderlich sind.

Standard Progressive Matrices (SPM) Einfacher Matrizentest, der anhand figuraler Aufgaben schlussfolgerndes Denken misst.

Stereotyp Schema oder Meinung über die Persönlichkeitseigenschaften, die häufig charakteristisch für Angehörige einer Gruppe sind.

Stereotype Threat (Bedrohung durch Stereotype) Die Gefahr, dass eine Person durch Urteile anderer oder ihr eigenes Verhalten negativ stereotypisiert wird.

Strategien Nach Walter Mischel die individuell unterschiedlichen Bewertungen von Stimuli und Verstärkung, die von früheren Erfahrungen mit Situationen und ihren Belohnungen geprägt sind.

Strukturiertes Interview Systematisches Interview, bei dem der Interviewer ein festgelegtes Schema einhält, so dass von jedem Interviewten ähnliche Informationen ermittelt werden.

Subjektive Bewertung Messung, die sich auf die Interpretation der Person stützt, die die Erfassung durchführt.

Subjektives Wohlbefinden Wie Individuen den Grad ihres Glücks oder ihrer Lebensqualität einschätzen.

Sublimierung Abwehrmechanismus, bei dem gefährliche Triebe in positive, sozial akzeptierte Motivationen umgewandelt werden.

Subliminale Wahrnehmung Nicht bewusste Wahrnehmung und Verarbeitung schwacher Reize.

Symbiotisch-psychiotisch Nach Margaret Mahler Ausbildung einer emotionalen Bindung, die so stark ist, dass das Kind kein Selbstgefühl entwickeln kann.

Systematische Sensibilisierung Allmähliche Löschung einer Phobie durch Loslösung des gefürchteten Reizes von der Angstreaktion.

Systeme Nach Henry Murray dynamische Einflüsse mit Rückkoppelung.

System of Multicultural Pluralistic Assessment Von Jane Mercer entwickeltes Verfahren, das davon ausgeht, dass Testergebnisse nicht von der Kultur losgelöst werden können; diese Methode konzentriert sich auf Vergleiche zwischen den Individuen einer Kulturgruppe.

T-Daten Von R. B. Cattell verwendeter Begriff für Daten, die dadurch erhoben werden, dass man die Antworten einer Person in einer kontrollierten Testsituation festhält oder bewertet.

Teleologie Die Grundidee, dass es einen großen Plan oder ein Ziel für das persönliche Leben gibt.

Temperament Stabile individuelle Unterschiede in der emotionalen Reaktivität.

Tendenz sozialer Erwünschtheit Tendenz, sich selbst in einem günstigen Licht zu präsentieren oder zu versuchen, den Experimentator oder Testadministrator zufrieden zu stellen.

Testosteron Sexualhormon, gilt üblicherweise als das männliche Sexualhormon.

Test-Retest-Reliabilität Grad der Konsistenz zwischen den Ergebnissen des gleichen Tests, der bei unterschiedlichen Gelegenheiten durchgeführt wurde.

Thanatos Nach Freud der Trieb zu selbstzerstörerischem Verhalten oder zum Tod.

Thema Nach Henry Murray eine typische Kombination von Bedürfnissen und Anforderungen.

Thematic Apperception Test (TAT) Projektiver Test, bei dem ein Teilnehmer zu einem präsentierten Bild eine Geschichte (einschließlich ihres zukünftigen Fortgangs) erfinden soll.

Theorie der persönlichen Konstrukte Von George Kelly vorgelegter Ansatz, der den Gedanken betont, dass Menschen sich aktiv bemühen, die Welt zu deuten oder zu verstehen, und sie ihre eigenen Theorien über menschliches Verhalten entwickeln.

Third International Mathematics and Science Study (TIMSS) Internationale und nationale Schulleistungsstudie (Messung schulischer kognitiver Fähigkeiten bei Schülern unterschiedlicher Klassenstufen).

Transzendieren Biologische Triebe und gesellschaftliche Anforderungen überwinden.

Turing-Test Standardtest, um festzustellen, ob ein Computer einen Menschen adäquat simulieren kann; in diesem von Alan Turing entwickelten Test kommuniziert ein menschlicher Beurteiler mit zwei verborgenen Partnern und versucht zu entscheiden, welcher der Mensch und welcher der Computer ist.

Turner-Syndrom Anomalie, bei der ein Individuum mit nur einem einzigen X-Chromosom geboren wird; solch eine Person hat weibliche äußere Genitalien, aber keine Eierstöcke.

Typ-A-Verhaltensmuster/Typ-A-Persönlichkeit Angespannter, konkurrenzbetonter Verhaltensstil, der die Wahrscheinlichkeit von Herzkrankheiten deutlich erhöht.

Typ-T-Theorie Frank Farleys Theorie, nach der ein psychobiologisches Bedürfnis nach Stimulation auf ein inneres Erregungsdefizit zurückzuführen ist; Typ T steht für „Thrill Seeking" (Nervenkitzel suchend).

Typen Persönlichkeitstheoretischer Ansatz, bei dem Personen in separate Kategorien oder Klassen eingeteilt und nicht entlang eines Kontinuums platziert werden.

Über-Ich In der freudschen psychoanalytischen Theorie die Persönlichkeitsstruktur, die sich entwickelt, um gesellschaftliche Regeln zu internalisieren und das Verhalten entsprechend zu steuern.

Überleben der Tauglichsten (Survival of the Fittest) Die Auffassung, dass Arten sich entwickeln, weil die in ihrem Lebensumfeld nicht konkurrenzfähigen Individuen sich häufig weniger erfolgreich fortpflanzen.

Überlegenheitskomplex Nach Alfred Adler eine übertriebene Arroganz, die ein Individuum entwickelt, um einen Minderwertigkeitskomplex zu überwinden.

Umweltdruck Der in Henry Murrays Persönlichkeitstheorie hervorgehobene Druck durch die Situation; von anderen Menschen oder Ereignissen in der Umwelt ausgehende Wirkung, die eine Person beeinflusst und steuert.

Unreife Liebe Nach Erich Fromm die Art von Liebe, in der mehr Liebe genommen als gegeben wird.

Unbewusste Der Bereich der Psyche, der bewusstem Denken nicht zugänglich ist.

Validität Der Grad, in dem ein Test die zu erfassende Größte misst.

Variabler Intervallplan Muster, in dem in unregelmäßigen Zeitabständen Verstärkung erfolgt.

Variabler Quotenplan Muster, in dem nach einer variierenden Zahl von Reaktionen durch den Organismus Verstärkung erfolgt.

Verachtetes Selbst Karen Horneys Begriff für den Teil der Persönlichkeit, der aus Wahrnehmungen unserer Minderwertigkeit und Schwächen besteht. Er beruht oft auf den negativen Beurteilungen durch andere und unserer daraus resultierenden Hilflosigkeit.

Verdrängung Abwehrmechanismus, der bedrohliche Gedanken ins Unbewusste drängt.

Verhaltensgenetik Die Erforschung, wie Gene Verhalten beeinflussen.

Verhaltenspotenzial Julian Rotters Begriff für die Wahrscheinlichkeit, dass ein bestimmtes Verhalten in einer spezifischen Situation auftritt.

Verhaltenssignatur Nach Walter Mischel die Gruppe von Situations-Verhaltens-Beziehungen, die typisch für ein Individuum sind und zur offensichtlichen Konsistenz der Persönlichkeit eines Individuums beitragen.

Verleugnung Ein Abwehrmechanismus, bei dem sich eine Person weigert, Angst auslösende Stimuli wahrzunehmen.

Vermeidend Liebende Nach Phillip Shaver Menschen mit einem partnerbezogenen Bindungsstil, bei dem Nähe und Vertrauen Schwierigkeiten bereiten.

Vermeidungs-Vermeidungs-Konflikt (Aversions-Aversions-Konflikt) Von Dollar und Miller verwendeter Begriff für einen Konflikt, bei dem eine Person mit zwei gleichermaßen unerwünschten Wahlmöglichkeiten konfrontiert ist.

Verschiebung Ein Abwehrmechanismus, bei dem das Ziel eigener unbewusster Ängste oder Wünsche von der eigentlichen Ursache auf etwas anderes verlagert wird.

Verstärkung Ein Ereignis, das ein Verhalten stärkt und so die Wahrscheinlichkeit steigert, dass sich dieses Verhalten in der Zukunft wiederholt.

Verstärkungspläne Die Häufigkeit und das Intervall von auf Zeit und Reaktionen basierender Verstärkung.

Verstärkungsprinzip Die Theorie, dass die Häufigkeit eines Verhaltens davon abhängt, welche Konsequenzen oder Ergebnisse ihm folgen.

Verstärkungswert Das Maß, in dem ein Individuum die erwartete Verstärkung einer Handlung schätzt.

Verwandtenselektion Die Idee, der zufolge die Weitergabe der Gene eines Individuums, auch wenn dieses sich nicht fortpflanzt, durch das Überleben seiner engen Verwandten wahrscheinlich ist.

Wahres (reales) Selbst Karen Horneys Auffassung vom inneren Kern unserer Persönlichkeit, wie wir sie wahrnehmen, einschließlich des Potenzials zur Selbstverwirklichung.

Wissenschaftliche Inferenz Die Verwendung von systematisch gesammelten Belegen zur Prüfung von Theorien.

Zentrale Dispositionen Von Gordon Allport verwendeter Begriff für verschiedene persönliche Dispositionen, die den Kern der Persönlichkeit bilden.

Zugehörigkeitsbedürfnis Nach Henry Murray das Bedürfnis, anderen nahe zu kommen und ihre Zuneigung zu gewinnen.

Zustimmungstendenz Neigung der Befragten, auf Fragen beliebigen Inhalts mit Zustimmung zu reagieren.

Literaturverzeichnis

Abelson, R. P. (1981). Psychological status of the script concept. *American Psychologist, 36,* 715–729.

Abramson, L. Y., Metalsky, G. I., & Alloy, L. B. (1989). Hopelessness depression: A theory-based subtype of depression. *Psychological Review, 96*(2), 358–372.

Adams, D. B., Boudreau, W., Cowan, C. W., & Kokonowski, C. (1993). Offense produced by chemical stimulationof the anterior hypothalamus of the rat. *Physiology & Behavior, 53,* 1127–1132.

Adams, H. E., Wright, L. W. & Lohr, B. A. (1996). Is homophobia associated with homosexual arousal? *Journal of Abnormal Psychology, 105,* 440–445.

Adler, A. (1930). *The neurotic constitution; outlines of a comparative individualistic psychology and psychotherapy* (B. Glueck & J. E. Lind, Trans.). New York: Dodd, Mead.

Adler, N. E., Boyce, T., Chesney, M. A., & Cohen, S. (1994). Socioeconomic status and health: The challenge of the gradient. *American Psychologist, 49,* 15–24.

Adler, A. (1959). The practice and theory of individual psychology. Totowa: Littlefield Adams.

Adorno, T. W., Frenkel-Brunswik, E., Levinson, D., & Sanford, N. (1950). *The authoritarian personality.* New York: Harper.

Aiken, L. R. (1996). *Personality assessment: Methods and practices* (2nd ed.). Seattle, WA: Hogrefe & Huber.

Ainsworth, M. S. (1979). Infant-mother attachment. *American Psychologist, 34,* 932–937.

Ainsworth, M. S., & Bowlby, J. (1991). An ethological approach to personality development. *American Psychologist, 46,* 333–341.

Albright, L., Kenny, D. A., & Malloy, T. E. (1988). Consensus in personality judgments at zero acquaintance. *Journal of Personality and Social Psychology, 55,* 387–395.

Alessandri, S. M., Sullivan, M. W., Bendersky, M., & Lewis, M. (1995). Temperament in cocaine-exposed infants.In M. Lewis & M. Bendersky (Hrsg.), *Mothers, babies, and cocaine: The role of toxins in development* (pp. 273–286). Hillsdale, NJ: L. Erlbaum Associates.

Alexander, F. (1950). *Psychosomatic medicine.* New York: W. W. Norton.

Allen, B. A., & Boykin, A. W. (1992). African-American children and the educational process: Alleviating cultural discontinuity through prescriptive pedagogy. *School Psychology Review, 21,* 586–596.

Allison, T. L. (2000). *The good gay citizen: A cross-cultural analysis of the rhetoric of good gay citizenship.* (Doctoral Dissertation, University of California, San Diego, Literature, 2000). UMI No. AAT 9989256.

Allport, G. W. (1937). *Personality: A psychological interpretation.* New York: Holt, Rinehart & Winston.

Allport, G. W. (1954). *The nature of prejudice.* Cambridge, MA: Addison-Wesley.

Allport, G. W. (1955). *Becoming: Basic considerations for a psychology of personality.* New Haven, CT: Yale University Press.

Allport, G. W. (1961). *Pattern and growth in personality.* New York: Holt, Rinehart & Winston.

Allport, G. W. (1965). *Letters from Jenny.* New York: Harcourt Brace.

Allport, G. W. (1968). *The person in psychology.* Boston: Beacon Press.

Allport, G. W., & Odbert, H. S. (1936). Trait names: A psycholexical study. *Psychological Monographs, 47*(211), 171.

Allport, G. W., & Vernon, P. E. (1933). *Studies in expressive movement.* New York: Macmillan.

Amato, P. R., & Keith, B. (1991). Parental divorce and the well-being of children: A meta-analysis. *Psychological Bulletin, 110,* 26–46.

Ambady, N., & Rosenthal, R. (1993). Half a minute: Predicting teacher evaluations from thin slices of nonverbal behavior and physical attractiveness. *Journal of Personality and Social Psychology, 64,* 431–441.

Amelang, M., Bartussek, D. (1997). *Differentielle Psychologie und Persönlichkeitsforschung.* Stuttgart: Verlag W. Kohlhammer.

American Psychiatric Association. (1994). *Diagnostic and Statistical Manual of Mental Disorders* (4th ed.). Washington, DC: Author.

Andersen, S. M., & Berk, M. S. (1998). The social-cognitive model of transference: Experiencing past relationships in the present. *Current Directions in Psychological Science, 7,* 109–115.

Antonovsky, A. (1979). *Health, stress, and coping.* San Francisco: Jossey-Bass.

Antonovsky, A. (1987). *Unraveling the mystery of health: How people manage stress and stay well.* San Francisco: Jossey-Bass.

Appelbaum, P. S., Uyehara, L. A., & Elin, M. R. (Hrsg.). (1997). *Trauma and memory: Clinical and legal controversies.* New York: Oxford University Press.

Apter, A., Plutchik, R., Sevy, S., Korn, M. L., & others. (1989). Defense mechanisms in risk of suicide and risk of violence. *American Journal of Psychiatry, 146*(8), 1027–1031.

Ardrey, R. (1966). *The territorial imperative: A personal inquiry into the animal origins of property and nations.* New York: Atheneum.

Arenberg, I. K. (1990). Van Gogh had Meniere's disease and not epilepsy. *Journal of American Medical Association, 264,* 491–493.

Aronson, E. (1978). *The jigsaw classroom.* Beverly Hills, CA: Sage.

Asch, S. E., (1952). *Social psychology.* New York: Prentice-Hall.

Asendorpf, J. B. (2004). *Psychologie der Persönlichkeit.* Berlin: Springer-Verlag.

Ash, M. G. (1992). Cultural contexts and scientific change in psychology: Kurt Lewin in Iowa. *American Psychologist, 47,* 198–207.

Atkinson, J. W. (Hrsg.) (1958). *Motives in fantasy, action, and society.* Princeton, NJ: Van Nostrand.

Auden, W. H. (1970). *Behaviorism. A certain world.* New York: Viking Press.

Bacon, F. (1625). *The essayes or counsels, civill and morall of Francis Lo. Verulam, Viscount St. Alban.* Newly enlarged. London: Printed by John Haviland for Hanna Barret and Richard Whitaker.

Baddeley, A. (1990). *Human memory: Theory and practice.* Boston: Allyn and Bacon.

Bailey, J. M., Dunne, M. P., & Martin, N. G. (2000). Genetic and environmental influences on sexual orientation and its correlates in an Australian twin sample. *Journal of Personality & Social Psychology, 78*(3), 524–525.

Bailey, J. M., & Pillard R. C. (1991). A genetic study of male sexual orientation. *Archives of General Psychiatry, 48,* 1089–1096.

Bailey, J. M., & Pillard, R. C. (1995). Genetics of human sexual orientation. *Annual Review of Sex Research, VI,* 126–150.

Baker, L. A., & Daniels, D. (1990). Nonshared environmental influences and personality differences in adult twins. *Journal of Personality & Social Psychology, 58,* 103– 110.

Balch, R. W. (1995). Waiting for the ships: Disillusionment and the revitalization of faith in Bo and Peep's UFO cult. In J. R. Lewis (Hrsg.), *The gods have landed: New religions from other worlds* (pp. 137–166). Albany, NY: State University of New York Press.

Bales, R. F. (1958). Task roles and social roles in problemsolving groups. In E. E. Maccoby, T. M. Newcomb, & E. L. Hartley (Hrsg.), *Readings in social psychology* (3rd ed.). New York: Holt. Bandura, A. (1969). *Principles of behavior modification.* New York: Holt, Rinehart & Winston. Bandura, A. (1973). *Aggression: A social learning analysis.* Englewood Cliffs, NJ: Prentice-Hall.

Bandura, A. (1977). Self-efficacy: Toward a unifying theory of behavioral change. *Psychological Review, 84*(2), 191– 215.

Bandura, A. (1978). The self system in reciprocal determinism. *American Psychologist, 33,* 344–358.

Bandura, A. (1982). Self-efficacy mechanism in human agency. *American Psychologist, 37*(2), 122–147.

Bandura, A. (1992). Exercise of personal agency through the self-efficacy mechanism. In R. Schwarzer (Hrsg.), *Self-efficacy: Thought control of action* (pp. 3–38). Washington, DC: Hemisphere.

Bandura, A. (1997). *Self-efficacy: The exercise of control.* New York: W. H. Freeman.

Bandura, A. (1998). Health promotion from the perspective of social cognitive theory. *Psychology & Health, 13*(4), 623–649.

Bandura, A., & Walters, R. H. (1963). *Social learning and personality development.* New York: Ronald Press.

Barkley, R. A. (1997). Attention-deficit/hyperactivity disorder, self-regulation, and time: Toward a more comprehensive theory. *Journal of Developmental & Behavioral Pediatrics, 18*(4), 271–279.

Barkley, R. A., & Edwards, G. H. (1998). Attention Deficit/Hyperactivity Disorder (ADHD). In H. S. Friedman (Hrsg.), *Encyclopedia of mental health* (Vol. 1, 169–182). San Diego, CA: Academic Press.

Barnes, G. E., Malamuth, N. M., & Check, J. V. (1984). Personality and sexuality. *Personality and Individual Differences, 5*(2), 159–172.

Barrick, M. R., & Mount, M. K. (1991). The Big Five personality dimensions and job performance: A meta-analy-sis. *Personnel Psychology, 44*(1), 1–26.

Barrow, R. (1995). Keep them bells a-tolling [Special issue: Canadian perspectives on *The Bell Curve*]. *Alberta Journal of Educational Research, 41*(3), 289–296.

Bartlett, F. C. (1932). *Remembering: A study in experimental and social psychology.* Cambridge, UK: Cambridge University Press.

Bateson, D. J. (1995). How can *The Bell Curve* be taken seriously? [Special issue]. *Alberta Journal of Educational Research, 41*(3), 271–273.

Baum, A., & Andersen, S. M. (1999). Interpersonal roles in transference: Transient mood effects under the condition of significant-other resemblance. *Social Cognition, 17*(2), 161–185.

Baum, A., & Dougall, A. L. (1998). Stress. In H. S. Friedman (Hrsg.), *Encyclopedia of mental health* (Vol. 3, 599–606). San Diego, CA: Academic Press.

Baumeister, R. F., Dale, K., & Sommer, K. L. (1998). Freudian defense mechanisms and empirical findings in modern social psychology: Reaction formation, projection, displacement, undoing, isolation, sublimation, and denial. *Journal of Personality, 66* (n6): 1081– 1124.

Baumeister, R. F., & Leary, M. R. (1995). The need to belong: Desire for interpersonal attachments as a fundamental human motivation. *Psychological Bulletin, 117*(3), 497–529.

Bayne, R. (1995). *The Myers-Briggs type indicator: A critical review and practical guide.* New York: Chapman and Hall.

Beall, A. E., & Sternberg, R. J. (1995). The social construction of love. *Journal of Social and Personal Relationships, 12*(3), 417–438.

Beck, A. T., & Freeman, A. (1989). *Cognitive therapy of personality disorders*. New York: Guilford.

Becker, B. J. (1986). Influence again: An examination of reviews and studies of gender differences in social influence. In J. S. Hyde & M. C. Linn (Hrsg.), *The psychology of gender: Advances through meta-analysis.* Baltimore: Johns Hopkins University Press.

Beer, J. M., & Horn, J. M. (2000). The influence of rearing order on personality development within two adoption cohorts. *Journal of Personality, 68*, 789–819.

Bellak, L. (1993). *The Thematic Apperception Test, the Chil-dren's Apperception Test, and the Senior Apperception Technique in clinical use* (5th ed.). Boston: Allyn and Bacon.

Bem, D. J. (1996). Exotic becomes erotic: A developmental theory of sexual orientation. *Psychological Review, 103,* 320–335.

Bem, D. J., & Allen, A. (1974). On predicting some of the people some of the time: The search for cross-situa-tional consistencies in behavior. *Psychological Review, 81,* 506–520.

Bem, D. J., & Funder, D. C. (1978). Predicting more of the people more of the time: Assessing the personality of situations. *Psychological Review, 85*(6), 485–501.

Bem, S. L. (1974). The measurement of psychological androgyny. *Journal of Consulting and Clinical Psychology, 42*(2), 155–162.

Bem, S. L. (1981). Gender schema theory: A cognitive account of sex typing. *Psychological Review, 88*(4), 354– 364.

Benassi, V. A., Sweeney, P. D., & Dufour, C. L. (1988). Is there a relation between locus of control orientation and depression? *Journal of Abnormal Psychology, 97,* 357–367.

Benjamin, L. T. (Hrsg.) (1988). A history of psychology: Original sources and contemporary research. New York: McGraw-Hill.

Benjamin, L. S. (1996). A clinician-friendly version of the Interpersonal Circumplex: Structural Analysis of Social Behavior (SASB). *Journal of Personality Assessment, 66*(2), 248–266.

Berg, J. H., & Peplau, L. A. (1982). Loneliness: The relationship of self-disclosure and androgyny. *Personality and Social Psychology Bulletin, 8*(4), 624–630.

Bernstein, A. (1976). Freud and Oedipus: A new look at the Oedipus complex in the light of Freud's life. *Psychoanalytic Review, 63,* 393–407.

Berscheid, E. (1994). Interpersonal relationships. *Annual Review of Psychology, 45,* 79–129.

Bertini, M., Pizzamiglio, L., & Wapner, S. (Hrsg.). (1986). *Field dependence in psychological theory, research, and application: Two symposia in memory of Herman A. Witkin.* Hillsdale, NJ: L. Erlbaum Associates.

Betancourt, H., & Lopez, S. R. (1993). The study of culture, ethnicity, and race in American psychology. *American Psychologist, 48,* 629–637.

Betancourt, H., & Weiner, B. (1982). Attributions for achievement-related events, expectancy, and sentiments: A study of success and failure in Chile and the United States. *Journal of Cross-Cultural Psychology, 13*(3), 362–374.

Betz, B., & Thomas, C. (1979). Individual temperament as a predictor of health or premature disease. *Johns Hopkins Medical Journal, 144,* 81–89.

Binet, A., & Simon, T. (1916). The development of intelligence in children (E. S. Kite, Trans.). Baltimore: Williams and Wilkins.

Biondi, M., Parise, P., Venturi, P., Riccio, L., Brunetti, G., & Pancheri, P. (1993). Frontal hemisphere lateralization and depressive personality traits. *Perceptual and Motor Skills, 77*(3), 1035–42.

Birbaumer, N., & Schmidt, R. F. (1996). *Biologische Psychologie*. Berlin: Springer. Kap. 25 und 26 Motivation und Emotion, 606–680.

Blascovich, J. (2000). Using physiological indexes of psychological processes in social psychological research. In H. T. Reiss & C. M. Judd (Hrsg.), *Handbook of research methods in social and personality psychology* (pp. 117– 137). New York: Cambridge University Press.

Blascovich, J., Spencer, S. J., Quinn, D., & Steele, C. (2001). African Americans and high blood pressure: The role of stereotype threat. *Psychological Science*, *12*(3), 225– 229.

Blass, T. (1991). Understanding behavior in the Milgram obedience experiment: The role of personality, situations, and their interactions. *Journal of Personality & Social Psychology, 60*(3), 398–413.

Blatt, S. J., Cornell, C. E., & Eshkol, E. (1993). Personality style, differential vulnerability, and clinical course in immunological and cardiovascular disease. *Clinical Psychology Review, 13,* 421–450.

Block, J. (1993). Studying personality the long way. In D. C. Funder, R. D. Parke, C. Tomlinson-Keasey, & K. Widaman (Hrsg.), *Studying lives through time: Personality and development* (pp. 9–41). Washington, DC: American Psychological Association.

Block, J. (1995a). A contrarian view of the five-factor approach to personality description. *Psychological Bulletin, 117*(2), 187–215.

Block, J. (1995b). Going beyond the five factors given: Rejoinder to Costa and McCrae (1995) and Goldberg and Saucier (1995). *Psychological Bulletin, 117*(2), 226–229.

Block, J. (2001). Millennial contrarianism: The five-factor approach to personality description 5 years later. *Journal of Research in Personality, 35*(1), 98–107.

Block, J. H. (1984). *Sex role identity and ego development.* San Francisco: Jossey-Bass.

Block, J. H., Block, J., & Gjerde, P. F. (1986). The personality of children prior to divorce: A prospective study. *Child Development, 57,* 827–840.

Block, J., Block, J. H., & Gjerde, P. F. (1988). Parental functioning and the home environment in families of divorce: Prospective and concurrent analyses. *Journal of the American Academy of Child & Adolescent Psychiatry, 27,* 207–213.

Block, J., Block, J. H., & Keyes, S. (1988). Longitudinally foretelling drug usage in adolescence: Early childhood personality & environmental precursors. *Child Development, 59,* 336–355.

Block, J. H., Gjerde, P. F., Block, J. (1991). Personality antecedents of depressive tendencies in 18-year-olds: A prospective study. *Journal of Personality & Social Psychology, 60,* 726–738.

Bloom, F. E. & Kupfer, D. J. (Hrsg.). (1995). *Psychopharmacology: The fourth generation of progress.* New York: Raven Press.

Boekaerts, M., Pintrich, P. R., & Zeidner, M. (Hrsg.). (2000). *Handbook of self-regulation.* San Diego, CA: Academic Press.

Bohan, J. S. (Hrsg.). (1992). *Seldom seen, rarely heard: Women's place in psychology.* Boulder, CO: Westview Press.

Bohm, E. (1974). Der Rohrschach-Test. Bern: Hans Huber.

Bolger, N., & Zuckerman, A. (1995). A framework for studying personality in the stress process. *Journal of Personality & Social Psychology, 69*, 890–902.

Bond, A. J. (2001). Neurotransmitters, temperament and social functioning. *European Neuropsychopharmacology, 11*, 261–274.

Bond, M. H., & Smith, P. B. (1996). Cross-cultural social and organizational psychology. *Annual Review of Psychology, 47,* 205–235.

Borkenau, P., & Liebler, A. (1993). Convergence of stranger ratings of personality and intelligence with self-rat-ings, partner ratings, and measured intelligence. *Journal of Personality and Social Psychology, 65,* 546–553.

Borkenau, P., Riemann, R., Angleitner, A., & Spinath, F. M. (2001). Genetic and environmental influences on observed personality: Evidence from the German Observational Study of Adult Twins. *Journal of Personality & Social Psychology, 80*(4), 655–668.

Borys, S., & Perlman, D. (1985). Gender differences in loneliness. *Personality and Social Psychology Bulletin, 11*(1), 63–74.

Bottome, P. (1957). Alfred Adler: A portrait from life. New York: Vanguard.

Bouchard, T. J. (1999). Genes, environment, and personality. In S. J. Ceci & W. M. Williams (Hrsg.), *The nature– nurture debate: The essential readings* (pp. 97–103). Malden, MA: Blackwell Publishers.

Bouchard, T. J., Lykken, D. T., McGue, M., & Segal, N. L. (1990). Sources of human psychological differences: The Minnesota study of twins reared apart. *Science, 250*(4978), 223–228.

Bowman, P. J., & Howard, C. (1985). Race-related socialization, motivation, and academic achievement: A study of Black youths in three-generation families. *Journal of the American Academy of Child Psychiatry, 24,* 134–141.

Bowlby, J. (1969). *Attachment and loss*. New York: Basic Books.

Brähler, E., Holling, H., Leutner, D., Petermann, F. (Hrsg.) (2002). Brickenkamp Handbuch psychologischer und pädagogischer Tests. Göttingen: Hogrefe.

Brain, P. F. (Hrsg.). (1986). *Alcohol and aggression*. London: Croom Helm.

Brennan, K. A., & Shaver, P. R. (1995). Dimensions of adult attachment, affect regulation, and romantic relationship functioning. *Personality and Social Psychology Bulletin, 21*(3), 267–283.

Brenner, C. (1994). The mind as conflict and compromise formation. *Journal of Clinical Psychoanalysis, 3*, 473–488.

Breuer, J., & Freud, S. (1957). *Studies on hysteria*. New York: Basic Books.

Briggs, S. R., & Cheek, J. M. (1988). On the nature of selfmonitoring: Problems with assessment, problems with validity. *Journal of Personality & Social Psychology, 54,* 663–678.

Britt, T. A., & Shepperd, J. A. (1999). Trait relevance and trait assessment. *Personality & Social Psychology Review, 3*(2), 108–122.

Brome, V. (1981). Jung: Man and myth. New York: Atheneum Books.

Broverman, I. K., Vogel, S. R., Broverman, D. M., Clarkson, F. E., & Rosekrantz, P. S. (1972). Sex-role stereotypes:A current appraisal. *Journal of Social Issues, 28,* 59–78.

Brown, P., & Levinson, S. C. (1987). *Politeness: Some universals in language usage.* Cambridge, UK: Cambridge University Press.

Brown, R. (1965). *Social psychology.* New York: Free Press.

Brown, R., et al. (1970). *Psycholinguistics: Selected papers by Roger Brown.* New York: Free Press.

Brown, R. I. (1986). Arousal and sensation-seeking components in the general explanation of gambling and gambling addictions. *International Journal of the Addictions, 21*(9–10), 1001–1016.

Bruner, J. S., Goodnow, J. J., & Austin, G. A. (1956). *A study of thinking.* New York: Wiley. Buber, M. (1937). *I and thou* (R. G. Smith, Trans.). Edinburgh: T. & T. Clark.

Bruner, J. (1997). *Sinn, Kultur und Ich-Identität.* Heidelberg: Auer.

Buck, R. (1979). Individual differences in nonverbal sending accuracy and electrodermal responding: The exter-nalizing-internalizing dimension. In R. Rosenthal (Hrsg.), *Skill in nonverbal communication* (pp. 140–170). Cambridge, MA: Oelgeschlager, Gunn, & Hain.

Buck, R. (1984). *The communication of emotion.* New York: Guilford Press.

Buhrich, N., Bailey, J. M., & Martin, N. G. (1991). Sexual orientation, sexual identity, and sex-dimorphic behaviors in male twins. *Behavior Genetics, 21,* 75–96.

Bullock, A. (1962). *Hitler, a study in tyranny* (Rev. ed.). Harmondsworth, UK: Penguin.

Burns, G. (1976). *Living it up.* New York: Putnam.

Burnstein, E., Crandall, C., & Kitayama, S. (1994). Some neo-Darwinian decision rules for altruism: Weighing cues for inclusive fitness as a function of the biological importance of the decision. *Journal of Personality & Social Psychology, 67,* 773–789.

Burwick, S., & Knapp, R. R. (1991). Advances in research using the Personal Orientation Inventory. *Journal of Social Behavior and Personality, 6,* 311–320.

Buss, A. H., & Plomin, R. (1984). *Temperament : Early developing personality traits.* Hillsdale, NJ : L. Erlbaum Associates.

Buss, D. M. (1989). Sex differences in human mate preferences: Evolutionary hypotheses tested in 37 cultures. *Behavioral and Brain Sciences, 12*(1), 1–49.

Buss, D. M. (1990). Toward a biologically informed psychology of personality. *Journal of Personality, 58,* 1–16.

Buss, D. M. (1991). Evolutionary personality psychology. *Annual Review of Psychology, 42,* 459–492.

Buss, D. M. (1994). *The evolution of desire: Strategies of human mating.* New York: Basic Books.

Buss, D. M. (1995a). Evolutionary psychology: A new paradigm for psychological science. *Psychological Inquiry, 6,* 1–30.

Buss, D. M. (1995b). Psychological sex differences: Origins through sexual selection. *American Psychologist, 50,* 164–168.

Buss, D. M. (2004). Evolutionäre Psychologie. München: Pearson Studium.

Buss, D. M., & Angleitner, A. (1989). Mate selection preferences in Germany and the United States. *Personality and Individual Differences, 10*(12), 1269–1280.

Buss, D. M., Haselton, M. G., Shackelford, T. K., Bleske, A. L., & Wakefield, J. C. (1998). Adaptations, exaptations, and spandrels. *American Psychologist, 53,* 533– 548.

Buss, D. M., Larsen, R. J., Westen, D., & Semmelroth, J. (1992). Sex differences in jealousy: Evolution, physiology, and psychology. *Psychological Science, 3,* 251–255.

Buss, D. M., & Schmitt, D. P. (1993). Sexual Strategies Theory: An evolutionary perspective on human mating. *Psychological Review, 100*(2), 204–232.

Buss, D. M. (1994). The evolution of desire: Strategies of human mating. New York: Basic Books.

Butcher, J. N. (1990). *MMPI-2 in psychological treatment.* New York: Oxford University Press.

Buunk, B. P., Dijkstra, P., Kenrick, D. T., & Warntjes, A. (2001). Age preferences for mates as related to gender, own age, and involvement level. *Evolution & Human Behavior, 22,* 241–250.

Bylsma, W. H., & Major, B. (1994). Social comparisons and contentment: Exploring the psychological costs of the gender wage gap. *Psychology of Women Quarterly, 18*(2), 241–249.

Cacioppo, J. T., Berntson, G. G., Sheridan, J. F., McClintock, M. K. (2000). Multilevel integrative analyses ofhuman behavior: Social neuroscience and the complementing nature of social and biological approaches. *Psychological Bulletin, 126*(6), 829–843.

Cacioppo, J. T., Crites, S. L., Berntson, G. G., & Coles, M. G. (1993). If attitudes affect how stimuli are processed, should they not affect the event-related brain potential? *Psychological Science, 4,* 108–112.

Campbell, D. T. (1960). Recommendations for the APA test standards regarding construct, trait, and discriminant validity. *American Psychologist, 15,* 546–553.

Campbell, D. T. (1988). *Methodology and epistemology for social science: Selected papers* (E. S. Overman, Hrsg.). Chicago: University of Chicago Press.

Campbell, D. T., & Fiske, D. W. (1959). Convergent and discriminant validation by the multitrait-multimethod matrix. *Psychological Bulletin, 56,* 81–105.

Campbell, J. M., Amerikaner, M., Swank, P. R., & Vincent, K. (1989). The relationship between the HardinessTest and the Personal Orientation Inventory. *Journal of Research in Personality, 23,* 373–380.

Camras, L. (1982). Ethological approaches to nonverbal communication. In R. S. Feldman (Hrsg.), *Development of nonverbal behavior in children* (pp. 3–28). New York: Springer-Verlag.

Canli, T., Zhao, Z., Desmond, J. E., Kang, E., Gross, J., & Gabrieli, J. D. E. (2001). An fMRI study of personality influences on brain reactivity to emotional stimuli. *Behavioral Neuroscience, 115*(1), 33–42.

Cantor, N. (1994). Life task problem solving: Situational affordances and personal needs. *Personality & Social Psychology Bulletin, 20*(3), 235–243.

Cantor, N., Norem, J. K., Niedenthal, P. M., Langston, C. A., et al. (1987). Life tasks, self-concept ideals, and cognitive strategies in a life transition [Special Issue]. *Journal of Personality & Social Psychology, 53*(6), 1178–1191.

Cantor, N., & Kihlstrom, J. F. (1987). *Personality and social intelligence*. Englewood Cliffs, NJ: Prentice-Hall.

Carlson, R. (1980). Studies of Jungian typology: II. Representations of the personal world. *Journal of Personality & Social Psychology, 38,* 801–810.

Carter, C. S., Krener, P., Chaderjian, M., Northcutt, C., & Wolfe, V. (1995). Asymmetrical visual-spatial attentional performance in ADHD: Evidence for a right hemispheric deficit. *Biological Psychiatry, 37*(11), 789– 797.

Carver, C. S., & Scheier, M. F. (1981). *Attention and self-regu-lation: A control-theory approach to human behavior.* New York: Springer-Verlag.

Carver, C. S., & Scheier, M. F. (1990). Principles of self-reg-ulation: Action and emotion. In E. T. Higgins & R. M. Sorrentino (Hrsg.), *Handbook of motivation and cognition: Foundations of social behavior* (Vol. 2, 3–52). New York: Guilford Press.

Cash, T. F., Mikulka, P. J., & Brown, T. A. (1989). Validity of Millon's computerized interpretation system for the MCMI: Comment on Moreland and Onstad. *Journal of Consulting and Clinical Psychology, 57*(2), 311–312.

Caspi, A. (2000). The child is father of the man: Personality continuities from childhood to adulthood. *Journal of Personality & Social Psychology, 78*(1), 158–172.

Caspi, A., & Bem, D. J. (1990). Personality continuity and change across the life course. In L. A. Pervin (Hrsg.), *Handbook of personality: Theory and research* (pp. 549–575). New York: Guilford Press.

Caspi, A., Bem, D. J., & Elder, G. H. (1989). Continuities and consequences of interactional styles across the life course [Special Issue: Long-term stability and change in personality]. *Journal of Personality, 57,* 375–406.

Catania, C., & Harnard, S. (Hrsg.) (1988) *The selection of behavior: The operant behaviorism of B.F. Skinner: Comments and consequences*. New York: Cambridge University Press.

Cattell, R. B. (1966). *The scientific analysis of personality.* Chicago: Aldine.

Cattell, R. B. (1990). Advances in Cattellian personality theory. In L. A. Pervin (Hrsg.), *Handbook of personality: Theory and research* (pp. 101–110). New York: Guilford Press.

Chang, E. C., Asakawa, K., & Sanna, L. J. (2001). Cultural variations in optimistic and pessimistic bias: Do Easterners really expect the worst and Westerners really expect the best when predicting life events? *Journal of Personality and Social Psychology, 81*, 476–491.

Chapman, A. H. (1976). *Harry Stack Sullivan: His life and his work.* New York: Putnam.

Chassin, L., et al. (1984). Predicting the onset of cigarette smoking in adolescents: A longitudinal study. *Journal of Applied Social Psychology, 14,* 224–243.

Chassin, L., Presson, C. C., Sherman, S. J., & Edwards, D. A. (1991a). Four pathways to young-adult smoking status: Adolescent social-psychological antecedents in a midwestern community sample. *Health Psychology, 10,* 409–418.

Chassin, L., Rogosch, F., & Barrera, M. (1991b). Substance use and symptomatology among adolescent children of alcoholics. *Journal of Abnormal Psychology, 100,* 449– 463.

Cheek, J. M. (1989). *Conquering shyness: The battle anyone can win.* New York: Putnam.

Cheek, J. M., & Melchior, L. A. (1990). Shyness, self-es-teem, and self-consciousness. In H. Leitenberg (Hrsg.), *Handbook of social and evaluation anxiety* (pp. 47–82). New York: Plenum Press.

Chesney, M. A., Eagleston, J. R., & Rosenman, R. H. (1980). The Type A Structured Interview. *Journal of Behavioral Assessment, 2,* 255–272.

Chesney, M. A., & Rosenman, R. H. (Hrsg.). (1985). *Anger and hostility in cardiovascular and behavioral disorders.* Washington, DC: Hemisphere.

Chipuer, H. M., Plomin, R., Pedersen, N. L., McClearn, G. E., & Nesselroade, J. (1993). Genetic influence on family environment: The role of personality. *Developmental Psychology, 29,* 110–118.

Chodorow, N. J. (1999). Toward a relational individualism: The mediation of self through psychoanalysis. In S. A. Mitchell & L. Aron (Hrsg.), *Relational psychoanalysis: The emergence of a tradition.* Relational perspectives book se-ries (Vol. 14, pp. 109–130). Hillsdale, NJ: Analytic Press.

Chomsky, N. (1973) . *For reasons of state* (1st Hrsg.). New York: Pantheon.

Chua-Eoan, H. (1997, April 7). Imprisoned by his own passions. *Time, 149,* 40–43.

Clapper, R. L., Martin, C. S., & Clifford, P. R. (1994). Personality, social environment, and past behavior as predictors of late adolescent alcohol use. *Journal of Substance Abuse, 6*(3), 305–313.

Clark, L. A., & Halford, G. S. (1983). Does cognitive style ac-count for cultural differences in scholastic achievement? *Journal of Cross-Cultural Psychology, 14*(3), 279– 296.

Clifford, J. (2001, August 11). Would you let your baby be branded? *The San Diego Union Tribune,* p. E-1.

Cloninger, C. R. (1998). The genetics and psychobiology of the seven-factor model of personality. In K. R. Silk (Hrsg.), *Biology of personality disorders* (pp. 63–92). Washington, D. C.: American Psychiatric Press.

Cohen, J., Nuttin, J., & Maslow, A. (1968). The psychology of man: Today. *Psychological Scene, 2,* 5–16.

Cohen, J. D., & Schooler, J. W. (Hrsg.). (1997). *Scientific approaches to consciousness.* Mahwah, NJ: L. Erlbaum Associates.

Coles, R. (1970). Erik Erikson: The growth of his work. Boston: Little, Brown.

Collings, R. D. (2001). An examination of vigilance and behavior inhibition deficits related to Attention-Deficit/Hyperactivity Disorder Inattentive and Combined types (Doctorial Dissertation, University of California Riverside, 2001).

Commons, M. L., Nevin, J. A., & Davison, M. C. (1991). *Signal detection: Mechanisms, models and applications.* Hillsdale, NJ: L. Erlbaum Associates.

Conley, J. J. (1984). Longitudinal consistency of adult personality: Self-reported psychological characteristics across 45 years. *Journal of Personality and Social Psychology, 47*(6), 1325–1333.

Connell, R. W. (1992). A very straight gay: masculinity, homosexual experience, and the dynamics of gender. *American Sociological Review, 57*, 735–751.

Conrad, K. M., Flay, B. R., & Hill, D. (1992). Why children start smoking cigarettes: Predictors of onset. *British Journal of Addiction, 87,* 1711–1724.

Contreras, R., Hendrick, S. S., & Hendrick, C. (1996). Perspectives on marital love and satisfaction in Mexican American and Anglo-American couples. *Journal of Counseling and Development, 74*(4), 408–415.

Conway, M. A. (Hrsg.). (1996). *False and recovered memories.* Oxford, UK: Oxford University Press.

Cook-Gumperz, J., & Szymanski, M. (2001). Classroom "families": Cooperating or competing-girls' and boys' interactional styles in a bilingual classroom. *Research on Language & Social Interaction, 34*(1), 107–130.

Cooper, M. L., Agocha, V. B., & Sheldon, M. S. (2000). A motivational perspective on risky behaviors: The role of personality and affect regulatory processes. *Journal of Personality, 68*(6), 1059–1088.

Cortina, L. M. (2001). Assessing sexual harassment among Latinas: Development of an instrument. *Cultural Diversity & Ethnic Minority Psychology, 7*(2), 164–181.

Costa, P. T, & McCrae, R. R. (1987a). On the need for longitudinal evidence and multiple measures in behavioralgenetic studies of adult personality. *Behavioral & Brain Sciences, 10,* 22–23.

Costa, P. T., Jr., & McCrae, R. R. (1987b). Role of neuroticism in the perception and presentation of chest pain symptoms and coronary artery disease. In J. W. Elias & P. H. Marshall (Hrsg.), *Cardiovascular disease and behavior* (pp. 39–66). Washington, DC: Hemisphere Publishing.

Costa, P. T., & McCrae, R. R. (1992a). Four ways five factors are basic. *Personality & Individual Differences, 13,* 653– 665.

Costa, P. T., & McCrae, R. R. (1992b). Normal personality assessment in clinical practice: The NEO Personality Inventory. *Psychological Assessment, 4,* 5–13.

Costa, P. T., Jr., & McCrae, R. R. (1994). Set like plaster: Evidence for the stability of adult personality. In T. F. Heatherton & J. L. Weinberger (Hrsg.), *Can personality change?* (pp. 21–40). Washington, DC: American Psychological Association.

Costa, P. T., & McCrae, R. R. (1995a). Primary traits of Eysenck's P-E-N system: Three- and five-factor solutions. *Journal of Personality & Social Psychology, 69*(2), 308–317.

Costa, P. T., & McCrae, R. R. (1995b). Solid ground in the wetlands of personality: A reply to Block. *Psychological Bulletin, 117*(2), 216–220.

Costa, P. T., Zonderman, A. B., McCrae, R. R., Cornoni-Huntley, J., et al. (1987). Longitudinal analysis of psychological well-being in a national sample: Stability of means levels. *Journal of Gerontology, 42*(1), 50–55.

Coyne, J. C., & Whiffen, V. E. (1995). Issues in personality as diathesis for depression: The case of sociotropy–de-pendency and autonomy–self-criticism. *Psychological Bulletin, 118*(3), 358–378.

Craig, R. J. (Hrsg.) (1993). *The Millon Clinical Multiaxial Inventory: A clinical research information synthesis*. Hillsdale, NJ: L. Erlbaum Associates.

Craik, K., Hogan, R., & Wolfe, R. N. (Hrsg.) (1993). Fifty years of personality psychology. New York: Plenum Press.

Crews, F. (1996). Forward to 1896? Commentary on papers by Harris and Davies. *Psychoanalytic Dialogues, 6*(2), 231–250.

Crider, A., & Lunn, R. (1971). Electrodermal lability as a personality dimension. *Journal of Experimental Research in Personality, 5,* 145–150.

Crichton, M. (1994). Disclosure. New York: Alfred A. Knopf.

Crockett, L. (1994). *The Turing test and the frame problem: AI's mistaken understanding of intelligence.* Norwood, NJ: Ablex.

Cross-National Collaborative Group. (1992). The changing rate of major depression: Cross-national comparisons. *Journal of the American Medical Association, 268,* 3098–3105.

Csikszentmihalyi, M. (1996). *Creativity : Flow and the psychology of discovery and invention*. New York: HarperCollins.

Csikszentmihalyi, M. (2000). *Beyond boredom and anxiety.* San Francisco: Jossey-Bass.

Csikszentmihalyi, M., & Larson, R. (1984). *Being adolescent: Conflict and growth in the teenage years*. New York: Basic Books.

Cunningham, M. R. (1977). Personality and the structure of the nonverbal communication of emotion. *Journal of Personality, 45,* 564–584.

Dabbs, J. M., Jr. (1993). Salivary testosterone measurements in behavioral studies. In D. Malamud & L. A. Tabak (Hrsg.), *Annals of the New York Academy of Sciences, Vol. 694, Saliva as a diagnostic fluid* (pp. 177–183). New York: New York Academy of Sciences.

Daly, M., & Wilson, M. (1988). Evolutionary social psychology and family homicide. *Science, 242,* 519–524.

Daly, M., & Wilson, M. (1988). *Homicide.* Hawthorne, NY: Aldine de Gruyter.

Daly, M., Wilson, M. I., & Weghorst, S. J. (1982). Male sexual jealousy. *Ethology and Sociobiology, 3*(1), 11–27.

Dana, R. H. (Hrsg.) (2000). *Handbook of cross-cultural and multicultural personality assessment.* Mahwah: Lawrence Erlbaum Associates.

Daniel, D. (1997, April 14). The beginning of the journey. *Newsweek, 129*, 36–37.

Darwin, C. (1859). *The origin of species by means of natural selection: or, The preservation of favored races in the struggle for life.* London: J. Murray.

Davidson, E. (1977). *The making of Adolf Hitler.* New York: Macmillan.

Davidson, R. J., & Fox, N. A. (1989). Frontal brain asymmetry predicts infants' response to maternal separation. *Journal of Abnormal Psychology, 98*(2), 127–131.

Dawes, R.M. (1998). Standards for psychotherapy. In H.S. Friedman (Hrsg.), *Encyclopedia of mental health* (Vol. 3, 589–597). San Diego, CA: Academic Press.

De Rivera, J. (Hrsg.) (1976). *Field theory as human science: Contributions of Lewin's Berlin Group.* New York: Gardner Press.

Deaux, K., & Lewis, L. (1984). Structure of gender stereotypes: Interrelationships among components and gender label. *Journal of Personality and Social Psychology, 46*, 991–1004.

Deaux, K., & Major, B. (1987). Putting gender into context: An interactive model of gender-related behavior. *Psychological Review, 94,* 369–389.

DeGiustino, D. (1975). *The conquest of mind: Phrenology and Victorian social thought.* Totowa, NJ: Rowman and Littlefield.

Dell, G. S. (1995). Speaking and misspeaking. In L. Gleitman & M. Liberman (Hrsg.), *Language: An invitation to cognitive science,* Vol. 1 (2nd Hrsg.) (pp. 183–208). Cambridge, MA: MIT Press.

DeNeve, K. M., & Cooper, H. (1998). The happy personality: A meta-analysis of 137 personality traits and subjective well-being. *Psychological Bulletin, 124*, 197–229.

DePaulo, B. M., Blank, A. L., Swain, G. W., & Hairfield, J. G. (1992). Expressiveness and expressive control. *Personality and Social Psychology Bulletin, 18,* 276–285.

DePaulo, B. M., & Friedman, H. S. (1997). Nonverbal communication. In D. Gilbert, S. Fiske, & G. Lindzey (Hrsg.), *Handbook of Social Psychology,* (4th Hrsg.). New York: McGraw-Hill.

DePaulo, B. M., & Friedman, H. S. (1998). Nonverbal communication. In D. T. Gilbert, S. T. Fiske, & G. Lindzey (Hrsg.), *The handbook of social psychology,* Vol. 2 (4th Hrsg.). Boston: McGraw-Hill.

Derlega, V. J., Winstead, B. A., & Jones, W. H. (1991). *Personality: Contemporary theory and research.* Chicago: Nelson-Hall.

Descartes, R. (1961). *Essential works.* New York: Bantam.

De Waal, F. (2001). *The ape and the sushi master: Cultural reflections of a primatologist.* New York: Basic Books.

Diener, C. I., & Dweck, C. S. (1980). An analysis of learned helplessness: The processing of success. *Journal of Personality and Social Psychology, 39*(5), 940–952.

Diener, E. (2000). Subjective well-being: The science of happiness and a proposal for a national index. *American Psychologist, 55*(1), 34-43.

DeSteno, D., & Salovey, P. (1996). Evolutionary origins of sex differences in jealousy? Questioning the "fitness" of the model. *Psychological Science, 7,* 367–372.

DiLalla, D. L. (1998). Genetic contributors to mental health. In H. S. Friedman (Hrsg.), *Encyclopedia of mental health* (Vol. 2, 277–287). San Diego, CA: Academic Press.

Dion, K. K. (1972). Physical attractiveness and evaluation of children's transgressions. *Journal of Personality & Social Psychology, 24,* 207–213.

Dion, K. K. (1973). Young children's stereotyping of facial attractiveness. *Developmental Psychology, 9,* 183–188.

Dion, K. L., & Dion, K. K. (1993). Gender and ethnocultural comparisons in styles of love [Special issue]. *Psychology of Women Quarterly, 17*(4), 463–473.

Dole, A. A. (1995). Why not drop race as a term? *American Psychologist, 50*(1), 40.

Dollard, J., & Miller, N. E. (1950). *Personality and psychotherapy; an analysis in terms of learning, thinking, and culture.* New York: McGraw-Hill.

Dollard, J., Doob, L. W., Miller, N. E., & Mowrer, O. H. (1961). *Frustration and aggression.* New Haven, CT: Yale University Press.

Dollard, J., Miller, N. E., Doob, L. W., Mowrer, O. H., Sears, R. R., et al. (1939). *Frustration and aggression.* New Haven, CT: Yale University Press.

Donohue, M. V. (1995). A study of the development of traits of entry-level occupational therapy students. *American Journal of Occupational Therapy, 49*(7), 703–709.

Doob, L. W. (1958). Behavior and grammatical style. *Journal of Abnormal and Social Psychology, 56,* 398–401.

Douglas, J. E. (1995). *Mindhunter: Inside the FBI's elite serial crime unit* (J. Douglas & M. Olshaker, Hrsg.). New York: Scribner.

Dubey, S. N. (1987). Personality characteristics of the socioculturally deprived class. *Perspectives in Psychological Researches, 10*(2), 51–53.

DuBois, W. E. B. (1969). *The souls of black folk.* New York: Signet. Dunbar, Flanders. (1955). *Mind and body: Psychosomatic medicine.* New York: Random House. Dunn, J., & Plomin, R. (1990). *Separate lives: Why siblings are so different.* New York: Basic Books.

Dunn, J., & Plomin, R. (1990). Separate lives: Why siblings are so different. New York: Basic Books.

Dworkin, A. (1981). *Pornography: Men possessing women.* New York: Perigee Books/ G. Putnam.

Eagly, A. H. (1978). Sex differences in influenceability. *Psychological Bulletin, 85,* 86–116.

Eagly, A. H. (1987). *Sex differences in social behavior: A socialrole interpretation.* Hillsdale, NJ: L. Erlbaum Associates.

Eagly, A. H. (1995). The science and politics of comparing women and men. *American Psychologist, 50*(3), 145– 158.

Eagly, A. H., & Carli, L. L. (1981). Sex of researchers and sex-typed communications as determinants of sex differences in influenceability: A meta-analysis of social influence studies. *Psychological Bulletin, 90,* 1–20.

Eagly, A. H., & Crowley, M. (1986). Gender and helping behavior: A meta-analytic review of the social psychological literature. *Psychological Bulletin, 100*(3), 283– 308.

Eagly, A. H., & Johnson, B. T. (1990). Gender and leadership style: A meta-analysis. *Psychological Bulletin, 108*(2), 233–256.

Eagly, A. H., Karau, S. J., & Makhijani, M. G. (1995). Gender and the effectiveness of leaders: A meta-analysis. *Psychological Bulletin, 117*(1), 125–145.

Eagly, A. H., Makhijani, M. G., & Klonsky, B. G. (1992). Gender and the evaluation of leaders: A meta-analysis. *Psychological Bulletin, 111*(1), 3–22.

Eagly, A. H., & Steffen, V. J. (1986). Gender and aggressive behavior: A meta-analytic review of the social psychological literature. *Psychological Bulletin, 100*(3), 309–330.

Efron, R. (1990). *The decline and fall of hemispheric specialization*. Hillsdale, NJ: Lawrence Erlbaum Associates.

Ehrlichman, H., & Eichenstein, R. (1992). Private wishes: Gender similarities and differences. *Sex Roles, 26,* 399–422.

Eibl-Eibesfeldt, I. (1971). *Love and hate: The natural history of basic behaviour patterns* (G. Strachan, Trans.). London: Methuen.

Eibl-Eibesfelt, I. (1972). Similarities and differences between cultures in expressive movements. In R. Hinde (Hrsg.), *Non-verbal communication.* Cambridge, MA: Cambridge University Press.

Eibl-Eibesfeldt, I. (1979). *The biology of peace and war: Men, animals, and aggression* (E. Mosbacher, Trans.). New York: Viking Press.

Eisenman, R. (1995). Why psychologists should study race. *American Psychologist, 50*(1), 42–43.

Ekman, P. (1973). Cross-cultural studies of facial expression. In P. Ekman (Hrsg.), *Darwin and facial expression.* New York: Academic Press.

Elder, G. H., Jr., & Caspi, A. (1988). Human development and social change: An emerging perspective on the life course. In N. Bolger, A. Caspi, G. Downey, & M. Moorehouse (Hrsg.), *Persons in context: Developmental processes. Human development in cultural and historical contexts* (pp. 77–113). New York: Cambridge University Press.

Eliot, G. (1859). *Adam Bede.* New York: Harper & Brothers.

Elliot, A. J., Sheldon, K. M., & Church, M. A. (1997). Avoidance personal goals and subjective well-being. *Personality and Social Psychology Bulletin, 23,* 915–927.

Elliott, E. S., & Dweck, C. S. (1988). Goals: An approach to motivation and achievement. *Journal of Personality and Social Psychology, 54*(1), 5–12.

Ellis, A,. & Harper, R. A. (1975). *A new guide to rational living.* Hollywood, CA: Wilshire Books.

Ellis, H. (1913). *Analysis of the sexual impulse, love, and pain* (2nd Hrsg.). Philadelphia: F. A. Davis.

Ellis, H. (1936). *Studies in the psychology of sex.* New York: Random House. (Originally published 1899.)

Emde, R. N., Plomin, R., Robinson, J., Corley, R., DeFries, J., Fulker, D. W., Reznick, J. S., Campos, J., Kagan, J., & Zahn-Waxler, C. (1992). Temperament, emotion, and cognition at fourteen months: The MacArthur Longitudinal Twin Study. *Child Development, 63*(6), 1437–1455.

Emmelkamp, P. M. G., Krijn, M., Hulsbosch, L., de Vries, S., Schuemie, M. J., & van der Mast, C. A. P. G. (2002). Virtual reality treatment versus exposure in vivo: A comparative evaluation in acrophobia. *Behaviour Research & Therapy, 40,* 25–32.

Emmons, R. A. (1986). Personal strivings: An approach to personality and subjective well-being. *Journal of Personality and Social Psychology, 51,* 1058–1068.

Emmons, R. A. (1992). The repressive personality and social support. In H. S. Friedman (Hrsg.), *Hostility, coping, & health* (pp. 141–150). Washington, DC: American Psychological Association.

Engler, B. (1991). *Personality theories: An introduction* (3rd ed.). Boston: Houghton Mifflin.

Erdelyi, M. H. (1996). *The recovery of unconscious memories: Hypermnesia and reminiscence.* Chicago: University of Chicago Press.

Erikson, E. H. (1950). *Childhood and society.* New York: W. W. Norton.

Erikson, E. H. (1958). *Young man Luther: A study in psychoanalysis and history.* New York: W. W. Norton.

Erikson, E. H. (1963). *Childhood and society* (2nd ed.). New York: W. W. Norton.

Erikson, E. H. (1969). *Gandhi's truth: On the origins of militant nonviolence*. New York: W. W. Norton.

Erikson, E. H. (Hrsg.). (1978). *Adulthood.* New York: W. W. Norton.

Evidence found for a possible aggression gene [Research News]. (1993). *Science, 260,* 1722–1723.

Exline, R. V. (1972). Visual interaction: The glances of power and preference. *Nebraska Symposium on Motivation, 19,* 163–206.

Exline, R. V., Ellyson, S. L., & Long, B. (1975). Visual behavior as an aspect of power role relationships. In P. Pliner, L. Krames, & T. Alloway (Hrsg.), *Nonverbal communication of aggression* (pp. 21–52). New York: Plenum.

Exner, J. (1986). *The Rorschach: A comprehensive system* (2nd ed.). New York: Wiley.

Eysenck, H. J. (1967). *The biological basis of personality.* Springfield, IL: Charles C. Thomas.

Eysenck, H. J. (1990). Biological dimensions of personality. In L. A. Pervin (Hrsg.), *Handbook of personality: Theory and research* (pp. 244–276). New York: Guilford Press.

Eysenck, H. J. (1992). Four ways five factors are not basic. *Personality and Individual Differences, 13*(6) 667–673.

Eysenck, H. J. (1994). The Big Five or giant three: Criteria for a paradigm. In C. F. Halverson, Jr., G. A. Kohnstamm, & R. P. Martin (Hrsg.), *The developing structure of temperament and personality from infancy to adulthood* (pp. 37–51). Hillsdale, NJ: L. Erlbaum Associates.

Eysenck, H. J., & Eysenck, M. W. (1985). *Personality and individual differences: A natural science approach.* New York: Plenum.

Fagala, G. E., & Wigg, C. L. (1992). Psychiatric manifestations of mercury poisoning. *Journal of the American Academy of Child and Adolescent Psychiatry, 31*(2), 306– 311.

Fairbanks, L. A. (2001). Individual differences in response to a stranger: Social impulsivity as a dimension of temperament in vervet monkeys (Cercopithecus aethiops sabaeus). *Journal of Comparative Psychology, 115*(1), 22– 28. Fairbanks, L. A., Melega, W. P., Jorgensen, M. J., & Kaplan, J. R. (2001). Social impulsivity inversely associatedwith CSF 5-HIAA and fluoxetine exposure in vervet monkeys. *Neuropsychopharmacology, 24*(4), 370–378.

Fancher, R. E. (1995). The bell curve on separated twins. *Alberta Journal of Educational Research, 41*(3), 265–270.

Fanon, F. (1952/1967). *Black skin, white masks* (C. L. Markmann, Trans.). New York: Grove Press. (Original work published in 1952 as *Peau noire, masques blancs.*)

Farde, L., Gustavsson, J. P., & Jonsson, E. (1997, Feb. 13). D2 dopamine receptors and personality traits [letter]. *Nature, 385,* 590.

Fausto-Sterling, A. (1985). *Myths of gender: Biological theories about women and men.* New York: Basic Books.

Fazio, R., Jackson, J. R., Dunton, B., & Williams, C. J. (1995). Variability in automatic activation as an unobtrusive measure of racial attitudes: A bona fide pipeline? *Journal of Personality and Social Psychology, 69*, 1013–1027.

Fehr, B., & Russell, J. A. (1991). The concept of love viewed from a prototype perspective. *Journal of Personality and Social Psychology, 60*(3), 425–438.

Feingold, A. (1994). Gender differences in personality: A meta-analysis. *Psychological Bulletin, 116*(3), 429–456.

Feingold, A. (1995). The additive effects of differences in central tendency and variability are important in comparisons between groups. *American Psychologist, 50*(1), 5–13.

Fernandez, E., & Turk, D. C. (1995). The scope and significance of anger in the experience of chronic pain. *Pain, 61,* 165–175.

Feshbach, N. D., & Feshbach, S. (1969). The relationship between empathy and aggression in two age groups. *Developmental Psychology, 1,* 102–107.

Feshbach, N. D., & Feshbach, S. (1982). Empathy training and the regulation of aggression: Potentialities and limitations. *Academic Psychology Bulletin, 4,* 399–413.

Feshbach, S. (1971). Dynamics and morality of violence and aggression: Some psychological considerations. *American Psychologist, 26,* 281–292.

Feshbach, S. (1984). The catharsis hypothesis, aggressive drive, and the reduction of aggression. *Aggressive Behavior, 10,* 91–101.

Findley, M. J., & Cooper, H. M. (1983). Locus of control and academic achievement: A literature review. *Journal of Personality & Social Psychology, 44,* 419–427.

Firestone, S. (1970). *The dialectic of sex: The case for feminist revolution.* New York: Morrow.

Fisher, B. C. (1998). *Attention Deficit Disorder misdiagnosis: Approaching ADD from a brain-behavior/neuropsychological perspective for assessment and treatment.* Boca Raton, FL: CRC Press.

Fisher, M., & Pressley, S. A. (1997, March 29). Crisis of sexuality launched strange journey. *Washington Post,* p. A1.

Fisher, S., & Greenberg, R. P. (1996). *Freud scientifically reappraised: Testing the theories and therapy.* New York: John Wiley & Sons.

Fiske, D. W. (1971). *Measuring the concepts of personality.* Chicago: Aldine.

Fisseni, H.J. (2003). *Persönlichkeitspsychologie: Ein Theorienüberblick.* Göttingen: Hogrefe.

Flannery, W. P., Reise, S. P., & Widaman, K. F. (1995). An item response theory analysis of the general and academic scales of the Self-Description Questionnaire II. *Journal of Research in Personality, 29*(2), 168–188.

Fontaine, K. R. (1994). Personality correlates of sexual risktaking among men. *Personality and Individual Differences, 17*(5), 693–694.

Ford, C. S., & Beach, F. A. (1951). *Patterns of Sexual Behavior.* New York: Harper & Paul B. Hoeber.

Frank, A. (1952). *The diary of a young girl* (B. M. Mooyaart, Trans.; Eleanor Roosevelt, Intro.). Garden City, NY: Doubleday.

Frankl, V. E. (1962). *Man's search for meaning: An introduction to logotherapy* (Rev. ed.; I. Lasch, Trans.). Boston: Beacon Press.

Frankl, V. E. (1984). *Man's search for meaning.* (Rev. and updated.) New York: Washington Square Press.

Franklin, B. (1906). *The autobiography of Benjamin Franklin, with illustrations.* Boston: Houghton Mifflin.

Fraser, G. E., Beeson, W. L., & Phillips, R. L. (1991). Diet and lung cancer in California Seventh-day Adventists. *American Journal of Epidemiology, 133,* 683–693.

Fraser, S. (Hrsg.). (1995). *The Bell Curve wars: Race, intelligence, and the future of America.* New York: Basic Books.

Fredrickson, B. L. (2001). The role of positive emotions in positive psychology: The broaden-and-build theory of positive emotions. *American Psychologist, 56*(3), 218–226.

Freedman, M. B., Ossorio, A. G., & Coffey, H. S. (1951). The interpersonal dimension of personality. *Journal of Personality, 20,* 143–161.

Freud, A. (1942). *The ego and the mechanisms of defense* (C. Baines, Trans.). London: Hogarth Press.Freud, A. (1981). *The writings of Anna Freud.* New York: International Universities Press. Freud, S. (1913). *The interpretation of dreams* (3rd ed.; A. A. Brill, Trans.). New York: Macmillan.

Freud, S. (1917/1924). *A general introduction to psychoanalysis.* J. Riviere (Trans.). New York: Washington Square Press. Original work published 1917.

Freud, S. (1917/1924). Vorlesung zur Einführung in die Psychoanalyse. Leipzig: Internat. Psychoanalyt. Verlag

Freud, S. (1924). *Collected papers.* (Trans.). London: Hogarth Press.

Freud, S. (1947). *Leonardo da Vinci: A study in psychosexuality.* New York: Random House.

Freud, S. (1952). *Totem and taboo: Some points of agreement between the mental lives of savages and neurotics.* New York: Norton.

Freud, S. (1963). *Three case histories: The "Wolf Man," the "Rat Man," and the psychotic Doctor Schreber.* (P. Reiff, Hrsg.). New York: Macmillan.

Freud, S. (1963). Introductory lectures on psychoanalysis. In J. Strachey (Hrsg. & Trans.), *The standard edition of the complete psychological works of Sigmund Freud,* Vol. 16. London: Hogarth Press. (Original work published 1916–1917).

Freud, S. (1966). *On the history of the psycho-analytic movement.* New York: W. W. Norton.

Freud, S. (1966). Character and anal eroticism. In J. Strachey (Hrsg. & Trans.), *The standard edition of the complete psychological works of Sigmund Freud,* Vol. 9. London: Hogarth Press. (Original work published 1908).

Freud, S. (1967). Analysis of a phobia in a five-year-old boy. In J. Strachey (Hrsg. & Trans.), *The standard edition of the complete psychological works of Sigmund Freud,* Vol. 10. London: Hogarth Press. (Original work published in 1909.)

Freud, S. (1982). Studienausgabe. Frankfurt a. M.: Fischer.

Freud, S. (1990). Das Ich und das ES. Frankfurt a. M.: Fischer.

Freud, S. (2003). Vorlesungen zur Einführung in die Psychoanalyse und Neue Folge. Frankfurt a.M.: Fischer.

Friedan, B. (1963). *The feminine mystique.* New York: Norton.

Friedman, H. S. (1979). The concept of skill in nonverbal communication: Implications for understanding social interaction. In R. Rosenthal (Hrsg.), *Skill in nonverbal communication* (pp. 2–27). Cambridge, MA: Oelgeschlager, Gunn, & Hain.

Friedman, H. S. (2000a). Long-term relations of personality and health: Dynamism, mechanisms, tropisms. *Journal of Personality, 68*(6), 1089–1107.

Friedman, H. S. (2000b). *The self-healing personality: Why some people achieve health and others succumb to illness.* Lincoln, NE: iUniverse (www.iuniverse.com).

Friedman, H. S., & Booth-Kewley, S. (1987a). "The diseaseprone personality": A meta-analytic view of the construct. *American Psychologist, 42,* 539–555.

Friedman, H. S., & Booth-Kewley, S. (1987b). Personality, Type A behavior, and coronary heart disease: The role of emotional expression. *Journal of Personality and Social Psychology, 53,* 783–792.

Friedman, H. S., DiMatteo, M. R., & Taranta, A. (1980). A study of the relationship between individual differences in nonverbal expressiveness and factors of personality and social interaction. *Journal of Research in Personality, 14,* 351–364.

Friedman, H. S., & Miller-Herringer, T. (1991). Nonverbal display of emotion in public and private: Self-monitor-ing, personality, and expressive cues. *Journal of Personality and Social Psychology, 61,* 766–775.

Friedman, H. S., Prince, L. M., Riggio, R. E., & DiMatteo, M. (1980). Understanding and assessing nonverbal expressiveness: The Affective Communication Test. *Journal of Personality & Social Psychology, 39,* 333–351.

Friedman, H. S., & Riggio, R. E. (1981). Effect of individual differences in nonverbal expressiveness on transmission of emotion. *Journal of Nonverbal Behavior, 6,* 96– 104.

Friedman, H. S., Riggio, R. E., & Casella D.F. (1988). Nonverbal skill, personal charisma, and initial attraction. *Personality and Social Psychology Bulletin, 14,* 203–211.

Friedman, H. S., Riggio, R. E., & Segall, D. O. (1980). Personality and the enactment of emotion. *Journal of Nonverbal Behavior, 5,* 35–48.

Friedman, H. S., Tucker, J. S., Martin, L. R., Tomlinson-Keasey, C., Schwartz, J. E., Wingard, D. L., & Criqui, M. H. (1994). Do non-scientists really live longer? *The Lancet, 343,* 296.

Friedman, H. S., Tucker, J. S., Schwartz, J. E., Tomlinson-Keasey, C., Martin, L. R., Wingard, D. L., & Criqui, M. H. (1995). Psychosocial and behavioral predictors oflongevity: The aging and death of the "Termites." *American Psychologist, 50,* 69–78.

Friedman, H. S., Tucker, J. S., Tomlinson-Keasey, C., Schwartz, J. E., Wingard, D. L., & Criqui, M. H. (1993). Does childhood personality predict longevity? *Journal of Personality and Social Psychology, 65,* 176–185.

Friedman, M., & Rosenman, R. H. (1974). *Type A behavior and your heart.* New York: Knopf.

Fromm, E. (1941). *Escape from freedom.* New York: Farrar & Rinehart.

Fromm, E. (1947). *Man for himself: An inquiry into the psychology of ethics.* New York: Rinehart.

Fromm, E. (1956). *The art of loving.* New York: Harper & Row.

Fromm, E. (1973). *The anatomy of human destructiveness.* New York: Fawcett Crest.

Funder, D. C. (1987). Errors and mistakes: Evaluating the accuracy of social judgment. *Psychological Bulletin, 101,* 75–90.

Funder, D. C., & Colvin, C. R. (1988). Friends and strangers: Acquaintanceship, agreement, and the accuracy of personality judgments. *Journal of Personality and Social Psychology, 55,* 149–158.

Funder, D. C., & Colvin, C. R. (1991). Explorations in behavioral consistency: Properties of persons, situations, and behaviors. *Journal of Personality and Social Psychology, 60*(5), 773–794.

Funder, D. C., & Dobroth, K. M. (1987). Differences between traits: Properties associated with inter-judge agreement. *Journal of Personality and Social Psychology, 52,* 409–418

Funder, D. C., Furr, R. M., & Colvin, C. R. (2000). The Riverside Behavioral Q-sort: A tool for the description of social behavior. *Journal of Personality, 68*, 451–489.

Funder, D. C., & Sneed, C. D. (1993). Behavioral manifestations of personality: An ecological approach to judgmental accuracy. *Journal of Personality and Social Psychology, 64*(3), 479–490.

Funder, D. C., Kolar, D. C., & Blackman, M. C. (1995). Agreement among judges of personality: Interpersonal relations, similarity, and acquaintanceship. *Journal of Personality and Social Psychology, 69*(4), 656–672.

Funder, D. C., & Ozer, D. J. (1983). Behavior as a function of the situation. *Journal of Personality and Social Psychology, 44*(1), 107–112.

Furnham, A., & Saipe, J. (1993). Personality correlates of convicted drivers. *Personality and Individual Differences, 14*(2), 329–336.

Gaines, S. O., & Reed, E. S. (1995). Prejudice: From Allport to DuBois. *American Psychologist, 50,* 96–103.

Gadlin, H., & Ingle, G. (1975). Through the one-way mirror: The limits of experimental self-reflection. American Psychologist, 30, 1003–1009.

Gale, A. (1983). Electroencephalographic studies of extra-version-introversion: A case study in the psychophysiology of individual differences. *Personality & Individual Differences, 4,* 371–380.

Gallaher, P.E. (1992). Individual differences in nonverbal behavior: Dimensions of style. *Journal of Personality and Social Psychology, 63,* 133–145.

Galton, F. (1869). *Hereditary genius: An inquiry into its laws and consequences.* London: MacMillan.

Galton, F. (1907). *Inquiries into human faculty and its development* (2nd ed.). London: J. M. Dent.

Gangestad, S. W. (1989). The evolutionary history of genetic variation: An emerging issue in the behavioral genetic study of personality. In D. M. Buss & N. Cantor (Hrsg.), *Personality psychology: Recent trends and emerging directions* (pp. 320–332). New York: Springer-Verlag.

Garcia, J., & Koelling, R. A. (1966). Relation of cue to consequence in avoidance learning. *Psychonomic Science, 4*(3), 123–124.

Garcia-Palacios, A., Hoffman, H. G., See, S. K., Tsai, A., & Botella, C. (2001). Redefining therapeutic success with virtual reality exposure therapy. *CyberPsychology & Behavior, 4*(3), 341–348.

Gardner, H. (1983). *Frames of mind.* New York: Basic Books.

Garza, R. T., & Santos, S. J. (1991). Ingroup/outgroup balance and interdependent interethnic behavior. *Journal of Experimental Social Psychology, 127,* 124–137.

Gastil, J. (1990). Generic pronouns and sexist language: The oxymoronic character of masculine generics. *Sex Roles, 23,* 629–643.

Gay, P. (1988). *Freud: A life for our time*. New York: W. W. Norton.

Geary, D. C. (1995). Reflections of evolution and culture in children's cognition: Implications for mathematical development and instruction. *American Psychologist, 50*(1), 24–37.

Gergen, K. (2001). Psychological science in a postmodern context. *American Psychologist, 56*, 803–813.

Gifford, R. (1994). A lens-mapping framework for understanding the encoding and decoding of interpersonal dispositions in nonverbal behavior. *Journal of Personality and Social Psychology, 66,* 398–412.

Glass, D. C., Krakoff, L. R., Contrada, R., Hilton, W. F., Kehoe, K., Mannucci, E. G., Collins-Snow, B., & Elting, E. (1980). Effect of harassment and competition upon cardiovascular and plasma catecholamine responses in type A and type B individuals. *Psychophysiology, 17,* 453–463.

Glick, P., Gottesman, D., & Jolton, J. (1989). The fault is not in the stars: Susceptibility of skeptics and believers in astrology to the Barnum effect. *Personality & Social Psychology Bulletin, 15*(4), 572–583.

Glick, S. D. (Hrsg.) (1985). *Cerebral lateralization in nonhuman species.* New York: Academic Press.

Goffman, E. (1967). *Interaction ritual: Essays in face-to-face behavior.* Chicago: Aldine.

Goldberg, L. R. (1990). An alternative "description of personality": The Big-Five factor structure. *Journal of Personality and Social Psychology, 59*(6), 1216–1229.

Goldberg, L. R. (2001). Analyses of Digman's child-person-ality data: Derivation of Big-Five Factor scores from each of six samples. *Journal of Personality, 69*(5), 709– 743.

Goldberg, L. R., & Saucier, G. (1995). So what do you propose we use instead? A reply to Block. *Psychological Bulletin, 117*(2), 221–225.

Goldsmith, H. H. (1989). Behavior-genetic approaches to temperament. In G. A. Kohnstamm, J. E. Bates, & M. K. Rothbart (Hrsg.), *Temperament in childhood* (pp. 111– 132). Chichester, England: John Wiley & Sons.

Goldstein, A. P., & Segall, M. H. (1983). *Aggression in global perspective.* New York: Pergamon Press.

Goldstein, K. (1963). *The organism, a holistic approach to biology derived from pathological data in man.* (Foreword, K. S. Lashley.) Boston: Beacon Press.

Goleman, D. (1995). *Emotional intelligence.* New York: Bantam.

Gottesman, I. I. (1991). *Schizophrenia genesis: The origins of madness.* New York: Freeman.

Gottesman, I. I., & Moldin, S. O. (1998). Genotypes, genes, genesis, and pathogenesis in schizophrenia. In M. F. Lenzenweger & R. H. Dworkin (Hrsg.), *Origins and development of schizophrenia: Advances in experimental psychopathology* (pp. 5–26). Washington, DC: American Psychological Association.

Gottlieb, B. (1998). Support groups. In H. S. Friedman (Hrsg.), *Encyclopedia of mental health* (Vol. 3, 635–648). San Diego, CA: Academic Press.

Gottlieb, G. (2000). Environmental and behavioral influences on gene activity. *Current Directions in Psychological Science, 9*, 93–97.

Gough, H. G. (1987). *CPI, California Psychological Inventory: Administrator's guide*. Palo Alto, CA: Consulting Psychologists Press.

Gough, H. G., Fox, R. E., & Hall, W. B. (1972). Personality inventory assessment of psychiatric residents. *Journal of Counseling Psychology, 19*(4), 269–274.

Gould, S. J. (1981). *The mismeasure of man*. New York: W. W. Norton.

Gould, S. J. (1981/1996). *The mismeasure of man* (2nd ed.). New York: W. W. Norton. (Originally published 1981.)

Graf, P., Mandler, G., & Squire, L. R. (1984). The information that amnesic patients don't forget. *Journal of Experimental Psychology: Learning, Memory, & Cognition, 10*, 164–178.

Graves, J.L., Jr. (2001). *The emperor's new clothes: Biological theories of race at the millennium*. New Brunswick, N.J. : Rutgers University Press.

Gray, J. A. (1987). Perspectives on anxiety and impulsivity: A commentary. *Journal of Research in Personality, 21*, 493–510.

Gray, J. (1992). *Men are from Mars, women are from Venus: A practical guide for improving communication and getting what you want in your relationships*. New York: Harper-Collins.

Gray, J. (1999). *Männer sind vom Mars, Frauen von der Venus: tausend und ein kleiner Unterschied zwischen den Geschlechtern*. Landsberg: mvg

Graziano, W. G., & Eisenberg, N. (1997). Agreeableness: A dimension of personality. In R. Hogan, J. Johnson, & S. Briggs (Hrsg.), *Handbook of personality psychology* (pp. 795–824). San Diego, CA: Academic Press.

Greenbaum, C. W., Auerbach, J. G., Guttman, R. (1989). Fathers' and mothers' perceptions of temperament in Israeli neonates: Effects of adoption and social class. *Israel Journal of Psychiatry and Related Sciences, 26*(1–2), 85–95.

Greer, G. (1971). *The female eunuch*. New York: McGraw-Hill.

Grunberg, N. E., Klein, L. C., & Brown, K. J. (1998). Psychopharmacology. In H. S. Friedman (Hrsg.), *Encyclopedia of mental health* (Vol. 3, 335–344). San Diego, CA: Academic Press.

Guilford, J. P. (1940). Human abilities. *Psychological Review, 47*, 367–394. Haier, R. J. (1998). Brain scanning and neuro-imaging. In H. S. Friedman (Hrsg.), *Encyclopedia of mental health* (Vol. 1, 317–329). San Diego, CA: Academic Press.

Halberstam, J. (1998). *Female masculinity*. Durham, NC: Duke University Press.

Halberstadt, A. (1991). Family patterns of nonverbal development. In R. S. Feldman & B. Rime (Hrsg.), *Fundamentals of nonverbal behavior.* Cambridge, UK: Cambridge University Press.

Hall, J. A. (1990). *Nonverbal sex differences: Accuracy of communication and expressive style.* Baltimore: Johns Hopkins University Press.

Hall, J. A., Friedman, H. S., & Harris, M. J. (1986). Nonverbal cues, the Type A behavior pattern, and coronary heart disease. In P. D. Blanck, R. Buck, & R. Rosenthal (Hrsg.), *Nonverbal communication in the clinical context* (pp. 144–168). University Park, PA: Pennsylvania State University Press.

Hall, J. A., & Halberstadt, A. G. (1986). Smiling and gazing. In J. S. Hyde & M. C. Linn (Hrsg.), *The psychology of gen-der: Advances through meta-analysis.* Baltimore: Johns Hopkins University Press.

Hall, J. A., & Veccia, E. M. (1990). More "touching" observations: New insights on men, women, and interpersonal touch. *Journal of Personality & Social Psychology, 59,* 1155–1162.

Hall, M. H. (1967). An interview with "Mr. Behaviorist": B. F. Skinner. *Psychology Today, 1,* 68–71.

Halpern, D. F. (1992). *Sex differences in cognitive abilities* (2nd ed.). Hillsdale, NJ: L. Erlbaum Associates.

Hamer, D., Copeland, P. (1999). Das unausweichliche Erbe. Bern: Scherz Verlag.

Hamilton, D. L., & Sherman, J. W. (1994). Stereotypes. In R. S. Wyer, Jr., & T. K. Srull (Hrsg.), *Handbook of social cognition* (pp. 1–68). Hillsdale, NJ: L. Erlbaum Associates.

Hammer, A. L. (Hrsg.). (1996). *MBTI applications: A decade of research on the Myers-Briggs Type Indicator.* Palo Alto, CA: Consulting Psychologists Press.

Hansen, K. (1983). The anals of history: Unintentional humor from freshman composition. *English Journal, 72.* Hare, A. P., & Blumberg, H. H. (1988). *Dramaturgical analysis of social interaction.* New York: Praeger.

Hastorf, A. H., & Cantril, H. (1954). They saw a game: A case study. *Journal of Abnormal and Social Psychology, 49,* 129-134.

Hargreaves, D. J. (1987). Psychological theories of sex-role stereotyping. In D. J. Hargreaves & A. M. Colley (Hrsg.), *The psychology of sex roles* (pp. 27–44). Cambridge, UK: Hemisphere.

Hargreaves, D. J., & Colley, A. M. (Hrsg.). (1987). *The psychology of sex roles.* Cambridge, UK: Hemisphere.

Harlow, H. F. (1986). *From learning to love: The selected papers of H. F. Harlow* (Clara Mears Harlow, Hrsg.). New York: Praeger.

Harlow, H. F., & Mears, C. (1979). *The human model: Primate perspectives.* Washington, DC: V. H. Winston.

Harris, C. R. (2000). Psychophysiological responses to imagined infidelity: The specific innate modular view of jealousy reconsidered. *Journal of Personality & Social Psychology, 78*, 1082–1091.

Harris, J. R. (1999). *The nurture assumption*. New York: Touchstone.

Harsch, N., & Neisser, U. (1989). *Substantial and irreversible errors in flashbulb memories of the Challenger explosion*. Poster presented at the meeting of the Psychonomic Society, Atlanta, GA.

Hartmann, H. (1958). *Ego psychology and the problem of adaptation* (D. Rapaport, Trans.). New York: International Universities Press.

Hartshorne, H., & May, M. A. (1928). *Studies in the nature of character,* Vol. 1. New York: Macmillan.

Hatfield, E., & Sprecher, S.(1986). Measuring passionate love in intimate relationships. *Journal of Adolescence, 9,* 383–410.

Hawkins, J. D., Catalano, R. F., & Miller, J. Y. (1992). Risk and protective factors for alcohol and other drug problems in adolescence and early adulthood: Implications for substance abuse prevention. *Psychological Bulletin, 112,* 64–105.

Hazan, C., & Shaver, P. (1987). Romantic love conceptualized as an attachment process. *Journal of Personality & Social Psychology, 52*(3), 511–524.

Heath, A. C., Eaves, L. J., & Martoin, N. G. (1989). The genetic structure of personality: Multivariate genetic item analysis of the EPQ. *Personality and Individual Differences, 10,* 877–888.

Heatherton, T. F., & Hebl, M. R. (1998). Body image. In H. S. Friedman (Hrsg.), *Encyclopedia of mental health* (Vol. 1, 257–266). San Diego, CA: Academic Press.

Heidegger, M. (1962). *Being and time* (J. Macquarrie & E. Robinson, Trans.). New York: Harper.

Helson, R., & Roberts, B. W. (1994). Ego development and personality change in adulthood. *Journal of Personality and Social Psychology, 66*(5), 911–920.

Helzer, J. E., Robins, L. N., & McEvoy, L. (1987). Post-trau-matic stress disorder in the general population. *New England Journal of Medicine, 317,* 1630–1634.

Henley, N. (1977). *Body politics: Power, sex, and nonverbal communication*. Englewood Cliffs, NJ: Prentice-Hall.

Herman, J. L. (1992). *Trauma and recovery.* New York: Basic Books.

Hermans, H., Kempen, H., & van Loon, R. (1992). The dialogical self. *American Psychologist, 47,* 23–33.

Herrnstein, R. J., & Murray, C. A. (1994). *The bell curve: Intelligence and class structure in American life.* New York: Free Press.

Herschberger, S. L. (1998). Homosexuality. In H. S. Friedman (Hrsg.), *Encyclopedia of mental health* (Vol. 2, 403–420). San Diego, CA: Academic Press.

Hetherington, E. M. (1991). Families, lies, and videotapes. *Journal of Research on Adolescence, 1,* 323–348.

Higgins, E. T. (1999). Self-discrepancy: A theory relating self and affect. In R. F. Baumeister, (Hrsg.), *The self in social psychology* (150–181). Philadelphia, PA: Taylor & Francis Psychology Press.

Hines, M., & Sandberg, E. C. (1996). Sexual differentiation of cognitive abilities in women exposed to diethylstilbestrol (DES) prenatally. *Hormones & Behavior, 30,* 354–363.

Hockett, C. F. (1966). The problem of universals in language. In J. H. Greenberg (Hrsg.), *Universals of language* (2nd ed.). Cambridge, MA: MIT Press.

Hoeller, K. (Hrsg.). (1990). *Readings in existential psychology and psychiatry.* Seattle: Review of Psychology and Psychiatry.

Hofstadter, R. (1959). *Social Darwinism in American thought* (Rev. ed.). New York: G. Braziller.

Hogan, R., Johnson, J., & Briggs, S. (Hrsg.) (1997). *Handbook of personality psychology.* San Diego: Academic Press.

Hooker, E. (1956). A preliminary analysis of group behavior of homosexuals. *Journal of Psychology, 42*, 217–225.

Hooker, E. (1993). Reflections of a 40-year exploration: A scientific view on homosexuality. *American Psychologist, 48*, 450–453.

Horner, M. S. (1972). Toward an understanding of achieve-ment-related conflicts in women. *Journal of Social Issues, 28*(2), 157–175.

Horney, K. (1942). *Self-analysis*. New York: W. W. Norton.

Horney, K. (1945). *Our inner conflicts: A constructive theory of neurosis*. New York: W. W. Norton.

Horney, K. (1950). Neurosis and human growth. New York: Norton.

Horney, K. (1951). Der neurotische Mensch unserer Zeit. München: Kindler.

Horney, K. (1968). *Self-analysis.* New York: W. W. Norton.

Horney, K. (1980). The adolescent diaries of Karen Horney. New York: Basic Books.

Horney, K. (1987). *Final lectures* (D. H. Ingram, Hrsg.). New York: W. W. Norton.

Horney, K. (1991). The goals of analytic therapy [Special issue] (A. Dlaska, Trans.). *American Journal of Psychoanalysis, 51*(3), 219–226.

Horowitz, L. M., Rosenberg, S. E., Baer, B. A., Ureno, G., et al. (1988). Inventory of interpersonal problems: Psychometric properties and clinical applications. *Journal of Consulting & Clinical Psychology, 56*(6), 885–892.

Horowitz, M. J. (1998). Psychoanalysis. In H. S. Friedman (Hrsg.), *Encyclopedia of mental health* (Vol. 3, 299–313). San Diego, CA: Academic Press.

House, J. S. (1990). Social structure and personality. In M. Rosenberg & R. H. Turner (Hrsg.), *Social psychology: Sociological perspectives* (pp. 525–561). New Brunswick, NJ: Transaction.

Howells, K. (1987). Sex roles and sexual behavior. In D. J. Hargreaves & A. M. Colley (Hrsg.), *The psychology of sex roles* (pp. 268–286). Cambridge, UK: Hemisphere.

Hrdy, S. B. (1999). Mother nature: A history of mothers, infants, and natural selection. New York: Pantheon Press.

Huesmann, L. R., Eron, L. D., & Yarmel, P. W. (1987). Intellectual functioning and aggression. *Journal of Personality & Social Psychology, 52*(1), 232–240.

Hull, C. L. (1940). *Mathematico-deductive theory of rote learning.* New Haven, CT: Yale University Press.

Hull, C. L. (1943). *Principles of behavior: An introduction to behavior theory.* New York: D. Appleton-Century.

Huston, T. L., Niehuis, S., & Smith, S. E. (2001). The early roots of conjugal distress and divorce. *Current Directions in Psychological Science, 10*, 116–119.

Hyde, J. S. (1986a). Gender differences in aggression. In J. S. Hyde & M. C. Linn (Hrsg.), *The psychology of gender: Ad-vances through meta-analysis.* Baltimore: Johns Hopkins University Press.

Hyde, J. S. (1986b). Introduction: Meta-analysis and the psychology of gender. In J. S. Hyde & M. C. Linn (Hrsg.), *The psychology of gender: Advances through metaanalysis.* Baltimore: Johns Hopkins University Press.

Hyde, J. S. (1991). *Half the human experience: The psychology of women* (4th ed.). Lexington, MA: D. C. Heath.

Hyde, J. S., & Linn, M. C. (1986). *The psychology of gender: Ad-vances through meta-analysis*. Baltimore: Johns Hopkins University Press.

Ickes, W., Gesn, P. R., & Graham, T. (2000). Gender differences in empathic accuracy: Differential ability or differential motivation? *Personal Relationships, 7*, 95–109.

Ickes, W., Snyder, M., & Garcia, S. (1997). Personality influences on the choice of situations. In R. Hogan, J. A. Johnson, & S. Briggs (Hrsg.), *Handbook of personality psychology* (pp. 165–195). San Diego, CA: Academic Press.

International Conference on Carcinogenesis and Risk Assessment (1996). Genetics and cancer susceptibility: Implications for risk assessment. *Proceedings of the Eighth International Conference on Carcinogenesis and Risk Assessment.* New York: Wiley-Liss.

Izard, C. E. (1992). Basic emotions, relations among emotions, and emotion-cognition relations. *Psychological Review, 99,* 561–565.

Jacklin, C. N., Wilcox, K. T., & Maccoby, E. E. (1988). Neonatal sex-steroid hormones and intellectual abilities at six years. *Developmental Psychobiology, 21*(6), 567–574.

Jackson, D. N., & Messick, S. (Hrsg.). (1967). *Problems in human assessment.* Huntington, NY: R. E. Krieger.

Jaeger, J. (1992). 'Not by the chair of my hinny hin hin': Some general properties of slips of the tongue in young children. *Journal of Child Language, 19,* 335–366.

James, W. (1890). *Principles of psychology.* New York: Henry Holt.

Janet, P. (1907). *The major symptoms of hysteria: Fifteen lectures given in the Medical School of Harvard University.* New York: Macmillan.

Jaycox, L., & Foa, E. B. (1998). Posttraumatic stress. In H. S. Friedman (Hrsg.), *Encyclopedia of mental health* (Vol. 3, 209–218). San Diego, CA: Academic Press.

Jellinek, M. S., & Slovik, L. S. (1981). Current concepts in psychiatry. Divorce: impact on children. *New England Journal of Medicine, 305*(10), 557–560.

Jensen, A. R. (1995). Psychological research on race differences. *American Psychologist, 50*(1) 41–42.

Jensen, M. R. (1987). Psychobiological factors predicting the course of breast cancer. *Journal of Personality, 55,* 317–342.

John, O. P. (1990). The "Big Five" factor taxonomy: Dimensions of personality in the natural language and in questionnaires. In L. A. Pervin (Hrsg.), *Handbook of personality: Theory and research* (pp. 66–100). New York: Guilford Press.

Johnstone, B., & Bean, J. M. (1997). Self-expression and linguistic variation. *Language in Society, 26,* 221–246.

Jones, E. (1953). *The life and work of Sigmund Freud.* New York: Basic Books.

Jones, E. E., & Nisbett, R. E. (1987). The actor and the ob-server: Divergent perceptions of the causes of behavior. In E. E. Jones, D. E. Kanouse, H. H. Kelley, R. E. Nisbett, S. Valins, & B. Weiner, (Hrsg.), *Attribution: Perceiving the causes of behavior* (pp. 79–94). Hillsdale, NJ: L. Erlbaum Associates.

Jones, M. C. (1924). The elimination of children's fears. *Journal of Experimental Psychology, 7,* 383–390.

Jung, C. G. (1910). The Association Method. *American Journal of Psychology, 31,* 219–269.

Jung, C. G. (1921/1967). Psychological types. In *Collected works of C. G. Jung,* Vol. 6. Princeton, NJ: Princeton University Press. (Original work published 1921.)

Jung, C. G. (1933). *Modern man in search of a soul.* New York: Harcourt, Brace.

Jung, C. G. (1959). Psychological aspects of the mother archetype. In *Collected works of C. G. Jung,* Vol. 9, Part I. Princeton, NJ: Princeton University Press.

Jung, C. G. (1961a). *Memories, dreams, reflections* (A. Jaffe, Hrsg.). New York: Pantheon.

Jung, C. G. (1961b). The psychogenesis of mental disease. In *Collected Works,* Vol. 3. New York: Pantheon.

Jung, C. G. (1961c). On psychological understanding. In *Collected Works,* Vol. 3. New York: Pantheon.

Jung, C.G. (1980) Gesammelte Werke. Olten: Walter.

Jung, C. G. (1990). *The basic writings of C. G. Jung* (R. F. C. Hull, Trans.). Princeton, NJ: Princeton University Press.

Jung, C.G. (1992). Die Archetypen und das kollektive Unbewusste. Zürich: Rascher

Kagan, J., Snidman, N., & Arcus, D. (1995). The role of temperament in social development. In G. P. Chrousos, R. McCarty, K. Pacak, G. Cizza, E. Sternberg, P. W. Gold, & R. Kvetnansky (Hrsg.), *Stress: Basic mechanisms and clinical implications. Vol. 771, Annals of the New York Academy of Sciences* (pp. 485–490). New York: New York Academy of Sciences.

Kagan, J., & Moss, H. A. (1962). *From birth to maturity.* New York: Wiley.

Kagan, J., Reznick, J. S., Snidman, N., Gibbons, J., & Johnson, M. O. (1988). Childhood derivatives of inhibition and lack of inhibition to the unfamiliar. *Child Development, 59,* 1580–1589.

Kagan, S., & Madsen, M. C. (1972). Experimental analyses of cooperation and competition of Anglo-American and Mexican children. *Developmental Psychology, 6*(1), 49–59.

Kagan, S., & Zahn, B. L. (1975). Field dependence and the school achievement gap between Anglo-American and Mexican-American children. *Journal of Educational Psychology, 67*(5), 643–650.

Kamarck, T. W., & Jennings, J. R. (1991). Biobehavioral factors in sudden cardiac death. *Psychological Bulletin, 109,* 42–75.

Kanagawa, C., Cross, S. E., & Markus, H. R. (2001). "Who am I?" The cultural psychology of the conceptual self. *Personality & Social Psychology Bulletin, 27*(1), 90–103.

Kaplan, H. S. (1983). *The evaluation of sexual disorders: Psychological and medical aspects*. New York: Brunner/Mazel.

Katz, D., & Braly, K. (1933). Racial stereotypes of one hundred college students. *Journal of Abnormal & Social Psychology, 28,* 280–290.

Keebler, J. (1996, November). A feature-packed family hauler. *Motor Trend,* 101.

Kelly, G. A. (1955). *The psychology of personal constructs: A theory of personality.* New York: Norton.

Kelly, G. A. (1963). *A theory of personality: The psychology of personal constructs*. New York: Norton.

Kelly, O. E. (1979). *Until tomorrow comes*. New York: Everest House.

Keltikangas-Jarvinen, L., & Terav, T. (1996). Social deci-sion-making strategies in individualist and collectivist cultures: A comparison of Finnish and Estonian adolescents. *Journal of Cross-Cultural Psychology, 27,* 714– 732.

Kenny, D. A., Horner, C., Kashy, D. A., & Chu, L. C. (1992). Consensus at zero acquaintance: Replication, behavioral cues, and stability. *Journal of Personality and Social Psychology, 62*(1), 88–97.

Kenrick, D. T., Neuberg, S. L., Zierk, K. L., & Krones, J. M. (1994). Evolution and social cognition: Contrast effects as a function of sex, dominance, and physical attractiveness. *Personality & Social Psychology Bulletin, 20,* 210–217.

Kenrick, D. T., & Funder, D. C. (1988). Profiting from controversy: Lessons from the person-situation debate. *American Psychologist, 43*, 23-34.

Kernberg, O. F. (1984). *Object-relations theory and clinical psychoanalysis*. New York: J. Aronson.

Kernis, M. H., Brown, A. C., & Brody, G. H. (2000). Fragile self-esteem in children and its associations with perceived patterns of parent–child communication. *Journal of Personality. 68*, 225-252.

Key, S. (1995). The definition of race. *American Psychologist, 50*(1), 43–44.

Kihlstrom, J. F. (1987). The cognitive unconscious. *Science, 237,* 1445–1452.

Kihlstrom, J. F. (1998). Hypnosis and the psychological unconscious. In H. S. Friedman (Hrsg.), *Encyclopedia of mental health* (Vol. 2, 467–487). San Diego, CA: Academic Press.

Kihlstrom, J. F., & Barnhardt, T. M. (1993). The self-regula-tion of memory: For better and for worse, with and without hypnosis. In D. M. Wegner & J. W. Pennebaker (Hrsg.), *Handbook of mental control* (pp. 88–125). Englewood Cliffs, NJ: Prentice-Hall.

Kihlstrom, J. F., & Glisky, E. L. (1998). Amnesia. In H. S. Friedman (Hrsg.), *Encyclopedia of mental health* (Vol. 1, 83–93). San Diego, CA: Academic Press.

Kinsey, A. C., Pomeroy, W. B., & Martin, C. E. (1948). *Sexual behavior in the human male.* Philadelphia: W. B. Saunders.

Kircher, T. T. J., Senior, C., Phillips, M. L., Benson, P. J., et al. (2000). Towards a functional neuroanatomy of self-processing: Effects of faces and words. *Cognitive Brain Research, 10*, 133–144.

Kirk, H. L. (1974). *Pablo Casals: A biography.* New York: Holt, Rinehart & Winston.

Kitayama, S., & Markus, H. R. (1999). Yin and Yang of the Japanese self: The cultural psychology of personality coherence. In D. Cervone & Y. Shoda (Hrsg.), *The coherence of personality: Social-cognitive bases of consistency, variability, and organization* (pp. 242–302). New York: Guilford Press.

Kitayama, S., Markus, H. R., & Matsumoto, H. (1995). Culture, self, and emotion: A cultural perspective on “selfconscious” emotions. In J. P. Tangney & K. W. Fischer (Hrsg.), *Self-conscious emotions: The psychology of shame, guilt, embarrassment, and pride* (pp. 439–464). New York: Guilford Press.

Klein, M. (1975). *The writings of Melanie Klein.* London: Hogarth Press.

Klineberg, O. (1935). *Race differences*. New York: Harper.

Kluckhorn, C., & Murray, H. A. (Hrsg.). (1948). *Personality in nature, society, and culture.* New York: Alfred A. Knopf.

Knight, R. G., & Longmore, B. E. (1994). *Clinical neuropsychology of alcoholism.* New York: Psychology Press.

Kobasa, S. C. (1979). Stressful life events, personality, and health: An inquiry into hardiness. *Journal of Personality and Social Psychology*, 37, 1–11.

Koestler, A. (1967). *The ghost in the machine.* London: Hutchinson.

Kohler, W. (1947). *Gestalt psychology: An introduction to new concepts in modern psychology.* New York: Liveright.

Kohut, H. (1971). *The analysis of the self: A systematic approach to the psychoanalytic treatment of narcissistic personality disorders.* New York: International Universities Press.

Koss, M. P., & Harvey, M. R. (1991). *The rape victim: Clinical and community interventions* (2nd ed.). Newbury Park, CA: Sage Publications.

Krahe, B. (1990). *Situation cognition and coherence in personality.* New York: Cambridge University Press.

Kramer, P. D. (1993). *Listening to Prozac.* New York: Viking.

Kramer, P. D. (1995). *Glück auf Rezept.* München: Kösel.Pervin, L. A. (1985). Personality: Current controversies, issues, and directions. *Annual Review of Psychology, 36,* 83–114.

Kretschmer, E. (1925). *Physique and character; an investigation of the nature of constitution and of the theory of temperament.* New York: Harcourt, Brace.

Kretschmer, E. (1934). *Medizinische psychologie* [Medical psychology]. Translated with an introduction by E. B. Strauss. London: Oxford University Press.

Krishnan, P. (1995). *The Bell Curve:* Some statistical concerns [Special issue]. *Alberta Journal of Educational Research, 41*(3), 274–276.

Kroll, J. (2001). Borderline personality disorder. In H.S. Friedman (Hrsg.), *The disorders* (pp. 107–116). San Diego, CA: Academic Press.

Kuhn, T. S. (1962). *The structure of scientific revolutions.* Chicago: University of Chicago Press.

Ladd, C. O., Owens, M. J., & Nemeroff, C. B. (1996). Persistent changes in corticotropin-releasing factor neuronal systems induced by maternal deprivation. *Endocrinology, 137,* 1212–1218.

LaFrance, M., & Mayo, C. (1976). Racial differences in gaze behavior during conversations: Two systematic observational studies. *Journal of Personality & Social Psychology, 33,* 547–552.

Lagerspetz, K. M. J., & Bjorkqvist, K. (1994). Indirect aggression in boys and girls. In L. R. Huesmann (Hrsg.), *Aggressive behavior: Current perspectives. Plenum series in so-cial/clinical psychology* (pp. 131–150). New York: Plenum.

Larrance, D. T., & Zuckerman, M. (1981). Facial attractiveness and vocal likeability as determinants of nonverbal sending skills. *Journal of Personality, 49,* 349–362.

Larsen, R. J. (1989). A process approach to personality. In D. M. Buss & N. Cantor (Hrsg.), *Personality psychology: Recent trends and emerging directions* (pp. 177–193). New York: Springer-Verlag..

LeVay, S. (1991). A difference in hypothalamic structure between heterosexual and homosexual men. *Science, 253,* 1034–1037.

LeVay, S. (1993). *The sexual brain.* Cambridge, MA: MIT Press.

Levenson, H. (1981). Differentiating among internality, powerful others, and chance. In H. Lefcourt (Hrsg.), *Research with the locus of control concept.* New York: Academic Press.

Levesque, M. J., & Kenny, D. A. (1993). Accuracy of behavioral predictions at zero acquaintance: A social relations analysis. *Journal of Personality and Social Psychology, 65,* 1178–1187.

Levine, R., Sato, S., Hashimoto, T., & Verma, J. (1995). Love and marriage in eleven cultures. *Journal of Cross-Cul-tural Psychology, 26*(5), 554–571.

Lewin, K. (1935). *A dynamic theory of personality: Selected papers* (D. K. Adams & K. E. Zener, Trans.). New York: McGraw-Hill.

Lewin, K. (1947). Group decision and social change. In T. M. Newcomb & E. L. Hartley (Hrsg.), *Readings in social psychology* (pp. 330–344). New York: Holt.

Lewin, K., Lippitt, R., & White, R. K. (1939). Patterns of aggressive behavior in experimentally created "social climates." *Journal of Social Psychology, 10,* 271–299.

Lewis, C. (1987). Early sex-role socialization. In D. J. Hargreaves & A. M. Colley (Hrsg.), *The psychology of sex roles* (pp. 95–117). Cambridge, UK: Hemisphere.

Lewis, C. A. (1996). Examining the specificity of the oralitydepression link: Anal personality traits and depressive symptoms. *Journal of Psychology, 130,* 221–223.

Lifton, R. J. (1986). *The Nazi doctors: Medical killing and the psychology of genocide.* New York: Basic Books.

Lilienfeld, S. O., Wood, J. M., & Garb, H. N. (2000). The scientific status of projective techniques. *Psychological Science in the Public Interest, 1*, 27–66.

Lindzey, G. (1961). *Projective techniques and cross-cultural research.* New York: Appleton-Century-Crofts.

Linehan, M. M. (2000). The empirical basis of dialectical behavior therapy: Development of new treatments versus evaluation of existing treatments. *Clinical Psychology: Science & Practice, 7*, 113–119.

Linton, R. (1945). *The cultural background of personality.* New York: Appleton-Century.

Lips, H. M., & Colwill, N. L. (1978). *The psychology of sex differences.* Englewood Cliffs, NJ: Prentice-Hall.

Little, B. R. (1993). Personal projects and the distributed self: Aspects of a conative psychology. In J. M. Suls (Hrsg.), *The self in social perspective* (pp. 157–185). Hillsdale, NJ: L. Erlbaum Associates.

Lochman, J. E., & Dodge, K. A. (1994). Social-cognitive processes of severely violent, moderately aggressive, and nonaggressive boys. *Journal of Consulting and Clinical Psychology, 62*(2), 366–374.

Locke, J. (1690/1964). *An essay concerning human understanding* (A. D. Woozley, Hrsg.). Cleveland: Meridian Books, 1964.

Loehlin, J. C. (1992). *Genes and environment in personality development.* Newbury Park, CA: Sage Publications.

Loevinger, J. (1996). The meaning and measurement of ego development. *American Psychologist, 21,* 195–206.

Loevinger, J. (1997). Stages of personality development. In R. Hogan, J. A. Johnson, & S. R. Briggs (Hrsg.), *Handbook of personality psychology.* San Diego, CA: Academic Press, pp. 199–208.

Loevinger, J. (1987). Paradigms of personality. New York: W. H. Freeman & Company.

Loevinger, J., et al. (1985). Ego development in college. *Journal of Personality and Social Psychology, 48*(4), 947– 962.

Loewald, H. W. (1988). *Sublimation: Inquiries into theoretical psychoanalysis.* New Haven, CT: Yale University Press.

Loftus, E. F., & Ketcham, K. (1991). *Witness for the defense: The accused, the eyewitness, and the expert who puts memory on trial.* New York: St. Martin's Press.

Lonner, W. J., & Berry, J. W. (Hersg.) (1986). *Field methods in cross-cultural research.* Beverly Hills: Sage Publications.

Lord, C. G. (1982). Predicting behavioral consistency from an individual's perception of situational similarities. *Journal of Personality & Social Psychology, 42,* 1076–1088.

Lorenz, K. (1937). The companion in the bird's world. *Auk, 54,* 245–273.

Lorenz, K. (1967). *On aggression* (M. Kerr, Trans.). Toronto: Bantam Books.

Lown, B. (1987). Sudden cardiac death. *Circulation, 76*(Suppl. 1), 186–196.

Lown, B. (1988). Reflections on sudden cardiac death: Brain and heart. *Transactions and Studies of the College of Physicians of Philadelphia, 10*(1–4), 63–80.

Lowrey, R. (1973). *A. H. Maslow: An intellectual portrait.* Monterey, CA: Brooks-Cole.

Lucas, R. E., & Diener, E. (2001). Understanding extraverts' enjoyment of social situations: The importance of pleasantness. *Journal of Personality & Social Psychology, 81*(2), 343–356.

Lyon, D., & Greenberg, J. (1991). Evidence of codependency in women with an alcoholic parent: Helping out Mr. Wrong. *Journal of Personality and Social Psychology, 61,* 435–439.

Lyubomirsky, S. (2001). Why are some people happier than others? The role of cognitive and motivational processes in well-being. *American Psychologist, 56*, 239– 249.

Lyubomirsky, S., & Ross, L. (1999). Changes in attractiveness of elected, rejected, and precluded alternatives: A comparison of happy and unhappy individuals. *Journal of Personality & Social Psychology, 76*(6), 988–1007.

Maccoby, E. E., & Jacklin, C. N. (1974). *The psychology of sex differences.* Stanford, CA: Stanford University Press.

MacDonald, K. (1995). Evolution, the five-factor model, and levels of personality. *Journal of Personality, 63,* 525–567.

Maddahian, E., Newcomb, M. D., & Bentler, P. M. (1986). Adolescents' substance use: Impact of ethnicity, income, and availability. *Advances in Alcohol & Substance Abuse, 5,* 63–78.

Maddi, S. R. (1970). Alfred Adler and the fulfillment model of personality theorizing. *Journal of Individual Psychology, 26,* 153–160.

Maddi, S. R., & Kobasa, S. (1984). *The hardy executive.* Chicago: Dorsey.

Madigan, S., & O'Hara, R. (1992). Initial recall, reminiscence, and hypermnesia. *Journal of Experimental Psychology: Learning, Memory, & Cognition, 19*, 421–425.

Magnus, K., Diener, E., Fujita, F., & Payot, W. (1993). Extraversion and neuroticism as predictors of objective life events: A longitudinal analysis. *Journal of Personality & Social Psychology, 65,* 1046–1053.

Magnusson, D. (1990). Personality development from an interactional perspective. In L. A. Pervin (Hrsg.), *Handbook of personality: Theory and research* (pp. 193–222). New York: Guilford Press.

Magnusson, D., & Endler, N. S. (Hrsg.). (1997). *Personality at the crossroads: Current issues in interactional psychology.* Hillsdale, NJ: L. Erlbaum Associates.

Mahler, M. S. (1979). *Infantile psychosis and early contributions.* New York: J. Aronson.

Major, B. (1993). Gender, entitlement, and the distribution of family labor. *Journal of Social Issues, 49*(3), 141–159.

Major, B., Schmidlin, A. M., & Williams, L. (1990). Gender patterns in social touch: The impact of setting and age. *Journal of Personality and Social Psychology, 58*(4), 634– 643.

Malamuth, N. M. (1986). Predictors of naturalistic sexual aggression. *Journal of Personality and Social Psychology, 50*(5), 953–962.

Malamuth, N. M. (1989). The Attraction to Sexual Aggression scale: II. *Journal of Sex Research, 26*(3), 324–354.

Mansfield, E. D., & McAdams, D. P. (1996). Generativity and themes of agency and communion in adult autobiography. *Personality & Social Psychology Bulletin, 22,* 721–731.

Manstead, A. (1991). Expressiveness as an individual difference. In R. S. Feldman & B. Rime (Hrsg.), *Fundamentals of nonverbal behavior.* Cambridge, UK: Cambridge University Press.

Marcus-Newhall, A., Pedersen, W. C., Carlson, M., & Miller, N. (2000). Displaced aggression is alive and well: Ameta-analytic review. *Journal of Personality & Social Psychology, 78,* 670–689.

Markus, H. R., & Ruvolo, A. (1989). Possible selves: Personalized representations of goals. In L. A. Pervin (Hrsg.), *Goal concepts in personality and social psychology* (pp. 211–241). Hillsdale, NJ: Lawrence Erlbaum Associates.

Markus, H. R., & Kitayama, S. (1991). Culture and the self: Implications for cognition, emotion, and motivation. *Psychological Review, 98,* 224–253.

Martin, L. R., Friedman, H. S., Tucker, J. S., Tomlinson-Keasey, C., Criqui, M. H., & Schwartz, J. E. (2002, in press). A life course perspective on childhood cheerfulness and its relation to mortality risk. *Personality and Social Psychology Bulletin.*

Martin, L. R., Friedman, H. S., Tucker, J. S., Schwartz, J. E., Criqui, M. H., Wingard, D. L., & Tomlinson-Keasey, C. (1995). An archival prospective study of mental health and longevity. *Health Psychology, 14,* 381–387.

Marx, K. (1872). *Das kapital: Kritik der politischen oekonomic.* Hamburg, Germany: O. Meissner.

Maslow, A. H. (1942). Self-esteem (dominance-feeling) and sexuality in women. *Journal of Social Psychology, 16,* 259–294.

Maslow, A. H. (1968). *Toward a psychology of being* (2nd ed.). Princeton, NJ: Van Nostrand.

Maslow, A. H. (1970). *Motivation and personality.* New York: Harper & Row.

Maslow, A. H. (1987). *Motivation and personality* (3rd ed.). New York: Harper & Row.

Maslow, A. H. (1994). *Motivation und Persönlichkeit.* Reinbek bei Hamburg: Rowohlt. May, R. (1969). *Love and will.* New York: Norton.

Masson, J. (1984). *The assault on truth: Freud's suppression of the seduction theory.* New York: Farrar, Strauss, & Giroux.

Masters, W. H., & Johnson, V. E. (1966). *Human sexual response* (1st ed.). Boston: Little, Brown.

Matarazzo, J. D. (1992). Psychological testing and assessment in the 21st century. *American Psychologist, 8,* 1007–1018.

Mathews, A., & MacLeod, C. (1986). Discrimination of threat cues without awareness in anxiety states. *Journal of Abnormal Psychology, 95,* 131–138.

Matsumoto, D. R. (1996). *Culture and psychology.* Pacific Grove: Brooks/Cole.

May, R. (1969). *Love and will.* New York: W. W. Norton.

May, R. (1972). *Power and innocence.* New York: W. W. Norton.

May, R. (1977). *The meaning of anxiety* (Rev. ed.). New York: W. W. Norton.

Mayr, E. (1991). *One long argument: Charles Darwin and the genesis of modern evolutionary thought.* Cambridge, MA: Harvard University Press.

McAdams, D. P. (1988). Biography, narrative and lives: An introduction. *Journal of Personality, 56,* 1-18.

McAdams, D. P. (1991). Self and story. In D. J. Ozer, J. M. Healy, Jr., & A. J. Stewart (Hrsg.), *Perspectives in personality* (pp. 133–159). London: Jessica Kingsley Publishers.

McCartney, K., Harris, M. J., & Bernieri, F. (1990). Growing up and growing apart: A developmental meta-analysis of twin studies. *Psychological Bulletin, 107,* 226–237.

McClelland, D. C. (1961). *The achieving society.* Princeton, NJ: Van Nostrand.

McClelland, D. C. (1984). *Motives, personality, and society.* New York: Praeger.

McClelland, D. C., Atkinson, J. W., Clark, R. A., & Lowell, E. L. (1953). *The achievement motive.* New York: Irvington.

McClintock, M. K., & Herdt, G. (1996). Rethinking puberty: The development of sexual attraction. *Current Directions in Psychological Science, 5,* 178–186.

McConnell, A. R., & Fazio, R. H. (1996). Women as men and people: Effects of gender-marked language. *Personality & Social Psychology Bulletin, 22,* 1004–1013.

McCrae, R. R., & Costa, P. T., Jr. (1985). Updating Norman's "adequacy taxonomy": Intelligence and personality dimensions in natural language and in questionnaires. *Journal of Personality and Social Psychology, 49,* 710–721.

McCrae, R. R., & Costa, P. T., Jr. (1987). Validation of the five-factor model of personality across instruments and observers. *Journal of Personality and Social Psychology, 52,* 81–90.

McCrae, R. R., & Costa, P. T., Jr. (1989). Reinterpreting the Myers-Briggs Type Indicator from the perspective of the five-factor model of personality. *Journal of Personality, 57,* 17–40.

McCrae, R. R., & Costa, P. T., Jr. (1997a). Conceptions and correlates of openness to experience. In R. Hogan, J. Johnson, & S. Briggs (Hrsg.), *Handbook of personality psychology* (pp. 825–847). San Diego, CA: Academic Press.

McCrae, R. R., & Costa, P. T., Jr. (1997b). Personality trait structure as a human universal. *American Psychologist, 52,* 509–516.

McCrae, R. R., & John, O. P. (1992). An introduction to the five-factor model and its applications [Special issue]. *Journal of Personality, 60,* 175–215.

McCullough, M. E., Bellah, C. G., Kilpatrick, S. D., & Johnson, J. L. (2001). Vengefulness: Relationships with forgiveness, rumination, well-being, and the Big Five. *Personality and Social Psychology Bulletin, 27,* 601–610.

McDougall, W. (1908). *Introduction to social psychology.* London: Methuen.

McGue, M., & Lykken, D. T. (1992). Genetic influence on risk of divorce. *Psychological Science, 3,* 368–373.

McLaughlin, M., & Lester, D. (1997). Brain hemisphere dominance and personality. *Perceptual & Motor Skills, 85*(3, Pt 1), 786.

McMahon, R. C., & Richards, S. K. (1996). Profile patterns, consistency and change in the Millon Clinical Multiaxial Inventory-II in cocaine abusers. *Journal of Clinical Psychology, 52,* 75–79.

Mead, G. H. (1968). *George Herbert Mead: Essays on his social philosophy* (J. W. Petras, Intro.). New York: Teachers College Press.

Mead, M. (1929). *Coming of age in Samoa: A psychological study of primitive youth for Western civilisation* (F. Boas, Foreword). London: Jonathan Cape.

Mead, M. (1935). *Sex and temperament in three primitive societies.* New York: William Morrow.

Mead, M. (1939). *From the South Seas; Studies of adolescence and sex in primitive societies.* New York: W. Morrow.

Mead, M. (1954). Cultural discontinuities and personality transformation. *Journal of Social Issues*, Suppl. No. 8, 3–16.

Mead, M. (2002). *Geschlecht und Temperament in drei primitiven Gesellschaften.* In: Jugend und Sexualität in primitiven Gesellschaften. Eschborn: Klotz

Mechanic, D. (1968). *Medical sociology: A selective view.* New York: Free Press.

Mehrabian, A. (1969). Significance of posture and position in the communication of attitude and status relationships. *Psychological Bulletin, 71,* 359–372.

Meier, H. (1984). *Auf der Suche nach Sinn: Logotherapie mit Viktor E. Frankl.* FIM-Psychologie - Erlangen.

Melburg, V., & Tedeschi, J. T. (1989). Displaced aggression: Frustration or impression management? *European Journal of Social Psychology, 19,* 139–145.

Mencius. (1898). *The four books; or, The Chinese classics in English compiled from previous works.* Hong Kong: Man Yu Tong.

Menninger, K. A., & Menninger, W. C. (1936). Psychoanalytic observations in cardiac disorders. *American Heart Journal, 11,* 1–12.

Menza, M. A., Forman, N. E., Goldstein, H. S., & Golbe, L. I. (1990). Parkinson's disease, personality, and dopamine. *Journal of Neuropsychiatry and Clinical Neurosciences, 2,* 282–287.

Mercer, J. R. (1979). In defense of racially and culturally non-discriminatory assessment. *School Psychology Review, 8,* 89–115.

Meyer, R. C., Wolverton, D., & Deitsch, S. E. (1998). Antisocial personality disorder. In H. S. Friedman (Hrsg.), *Encyclopedia of mental health* (Vol. 1, 119–128). San Diego, CA: Academic Press.

Meyer-Bahlburg, H. F. L., Ehrhardt, A. A., Rosen, L. R., & Gruen, R. S. (1995). Prenatal estrogens and the development of homosexual orientation. *Developmental Psychology, 31*(1), 12–21.

Milgram, S. (1974). *Obedience to authority,* New York: Harper & Row.

Miller, B. (2001). Pick's Disease. Paper presented at American Academy of Neurology, Philadelphia, May, 2001.

Miller, H. L., & Siegel, P. S. (1972). *Loving: A psychological approach.* New York: Wiley.

Miller, N. E., & Dollard, J. (1941). *Social learning and imitation.* New Haven, CT: Yale University Press.

Millett, K. (1974). *Flying*. New York: Knopf.

Millon, T. (1997). (Hrsg.) *The Millon inventories: Clinical and personality assessment.* New York: Guilford Press.

Milner, B. (1962). Les troubles de la memoire accompagnant des lesions hippocampiques bilaterales. In P. Passonant (Hrsg.), *Physiologie de l'hippocampique*. Paris: Centre National de la Recherche Scientifique.

Mischel, W. (1968). *Personality and assessment.* New York: Wiley.

Mischel, W., (1973). Toward a cognitive social learning reconceptualization of personality. *Psychological Review, 80*, 252-283.

Mischel, W. (1977). On the future of personality assessment. *American Psychologist, 32*, 246-254.

Mischel, W. (1990). Personality dispositions visited and revisited: A view after three decades. In L.A. Pervin (Hrsg.), *Handbook of personality: Theory and research.* New York: Guilford Press.

Mischel, W., & Shoda, Y. (1995). A cognitive-affective system theory of personality: Reconceptualizing situations, dispositions, dynamics, and invariance in personality structure. *Psychological Review, 102,* 246– 268.

Mishnah, Torah, Hilchot Teshuva, 5.1.

Mitchell, S. A. (2000). *Relationality: From attachment to intersubjectivity.* Hillsdale, NJ: Analytic Press.

Moir, A., & Jessel, D. (1991). *Brain sex: The real difference between men & women.* London: Mandarin.

Moore, T., & Merikle, P. (1991). *In the mind's eye: Enhancing human performance.* Washington, DC: National Academy Press.

Morawski, J. G. (1985). The measurement of masculinity and femininity: Engendering categorical realities [Special Issue]. *Journal of Personality, 53*(2), 196–223.

Morehouse, R. E., Farley, F. H., & Youngquist, J. V. (1990). Type T personality and the Jungian classification system. *Journal of Personality Assessment, 54,* 231–235.

Moreland, K. L., Eyde, L. D., Robertson, G. J., Primoff, E. S., et al. (1995). Assessment of test user qualifications: A research-based measurement procedure. *American Psychologist, 50*(1), 14–23.

Morell V. (1993). Evidence found for a possible "aggression gene." *Science, 260* (5115), 1722–1723.

Mowrer, O. H., & Mowrer, W. A. (1928). Enuresis: A method for its study and treatment. *American Journal of Orthopsychiatry, 8,* 436–337.

Murphy, G. (1949). Historical introduction to modern psychology. New York: Harcourt, Brace.

Murray, H. A. (1938). *Explorations in personality: A clinical and experimental study of fifty men of college age, by the workers at the Harvard Psychological Clinic.* New York: Oxford University Press.

Murray, H. A. (1948). *Assessment of men.* New York: Rinehart.

Murray, H. A. (1962). *Explorations in personality.* New York: Science Editions.

Murray, S. O. (1996). *American gay.* Chicago: University of Chicago Press.

Murther, T. C., Kanfer, R., & Ackerman, P. L. (1996). Toward an interactionist taxonomy of personality and situations: An integrative situational-dispositional representation of personality traits. *Journal of Personality & Social Psychology, 71,* 193–207.

Mussell, M. P., & Mitchell, J. E. (1998). Anorexia nervosa and bulimia nervosa. In H. S. Friedman (Hrsg.), *Encyclopedia of mental health* (Vol. 1, 111–118). San Diego, CA: Academic Press.

Myers, D. G. (2000). *The American paradox: Spiritual hunger in an age of plenty.* New Haven, CT: Yale University Press.

Myers, I. B. (1962). *The Myers-Briggs type indicator.* Princeton, NJ: Educational Testing Service.

Myers, I. B., & McCaulley, M. H. (1985). *Manual, a guide to the development and use of the Myers-Briggs type indicator* (R. Most, Hrsg.). Palo Alto, CA: Consulting PsychologistsPress.

Myrdal, G. (1944). *An American dilemma: The Negro problem and modern democracy.* New York, London: Harper & Brothers.

Nakano, K. (1990). Effects of two self-control procedures on modifying Type A behavior. *Journal of Clinical Psychology, 46*(5), 652–657.

National Institutes of Health. (1998). Diagnosis and Treatment of Attention-Deficit/ Hyperactivity Disorder. *Consensus Statement, 16*(2), 1–37.

Needleman, H. L., & Bellinger, D. (1991). The health effects of low level exposure to lead. *Annual Review of Public Health, 12,* 111–140.

Nelson, K. (1993). The psychological and social origins of autobiographical memory. *Psychological Science, 4,* 7–14.

Nesse, R. M. (1990). The evolutionary functions of repression and the ego defenses. *Journal of the American Academy of Psychoanalysis, 18,* 260–285.

Neubauer, P. B. (1994). The role of displacement in psychoanalysis. *Psychoanalytic Study of the Child, 49,* 107–119.

Newcomb, M. D., Maddahian, E., & Bentler, P. M. (1986). Risk factors for drug use among adolescents: Concurrent and longitudinal analyses. *American Journal of Public Health, 76,* 525–531.

Newcombe, N. S., Drummey, A. B., Fox, N. A., Lie, E., & Ottinger-Alberts, W. (2000). Remembering early childhood: How much, how, and why (or why not). *Current Directions in Psychological Science, 9* (2), 55–58.

Newman, L. S., Duff, K. J., & Baumeister, R. F. (1997). A new look at defensive projection: Thought suppression, accessibility, and biased person perception. *Journal of Personality & Social Psychology, 72,* 980–1001.

Nicholson, J. (1993). *Men and women: How different are they?* Oxford: Oxford University Press.

Nisbett, R. E., & Cohen, D. (1996). *Culture of honor: The psychology of violence in the South.* Boulder, CO: Westview Press.

Noel, J. G., Forsyth, D. R., & Kelley, K. N. (1987). Improving the performance of failing students by overcoming their self-serving attributional biases. *Basic & Applied Social Psychology, 8,* 151–162.

Norem, J. K. (1989). Cognitive strategies as personality: Effectiveness, specificity, flexibility, and change. In D. M. Buss & N. Cantor (Hrsg.), *Personality psychology: Recent trends and emerging directions* (pp. 45–60). New York: Springer-Verlag.

Norman, W. T. (1963). Toward an adequate taxonomy of personality attributes: Replicated factor structure in peer nomination personality ratings. *Journal of Abnormal and Social Psychology, 66*(6), 574–583.

Norman, W. T., & Goldberg, L. R. (1966). Raters, ratees, and randomness in personality structure. *Journal of Personality and Social Psychology, 4*(6), 681–691.

North, M. M., North, S. M., & Coble, J. R. (1998). Virtual reality therapy: An effective treatment for phobias. *Studies in Health Technology and Informatics*, *58*, 112–119.

Oakley, A. (1972). *Sex, gender and society.* New York: Harper & Row.

Olson, J. M., Vernon, P. A., Harris, J. A., & Jang, K. L. (2001). The heritability of attitudes: A study of twins. *Journal of Personality & Social Psychology, 80*(6), 845– 860.

Omoto, A. M., & Snyder, M. (1995). Sustained helping without obligation: Motivation, longevity of service, and perceived attitude change among AIDS volunteers. *Journal of Personality & Social Psychology, 68,* 671–686.

Oren, D. A. (1985). *Joining the club: A history of Jews and Yale.* New Haven, CT: Yale University Press.

Orwell, G. (1949). *1984.* New York: Harcourt Brace.

Orgler, H. (1963). *Alfred Adler: The man and his work.* New York: Capricorn.

Otten, C. M. (1985). Genetic effects on male and female development and on the sex ratio. In R. L. Hall (Hrsg.), *Male–female differences: A biocultural perspective.* New York: Praeger.

Overmier, J. B., & Seligman, M. E. (1967). Effects of inescapable shock upon subsequent escape and avoidance responding. *Journal of Comparative and Physiological Psychology, 63,* 28–33.

Owens, J., Bower, G. H., & Black, J. B. (1979). The "soap opera" effect in story recall. *Memory and Cognition, 7,* 185–191.

Ozer, D. J. (1986). *Consistency in personality: A methodological framework.* New York: Springer-Verlag.

Ozer, D. J. (1993). The Q-sort method and the study of personality development. In D. C. Funder, R. D. Parke, C. Tomlinson-Keasey, & K. Widaman (Hrsg.), *Studying lives through time: Personality and development* (pp. 147–168). Washington, DC: American Psychological Association.

Palmer, J. P. (Hrsg.). (1996). *Prediction, prevention, and genetic counseling in IDDM.* New York: Wiley.

Panksepp, J. (1991). Affective neuroscience: A conceptual framework for the neurobiological study of emotions. In K. Strongman (Hrsg.), *International reviews of studies in emotions* (pp. 59–99). New York: Wiley.

Parker, E. S., & Noble, E.P. (1977). Alcohol consumption and cognitive functioning in social drinkers. *Journal of Studies on Alcohol, 38*(7), 1224-1232.

Parsons, J. E. (1980). Psychosexual neutrality: Is anatomy destiny? In J. E. Parsons (Hrsg.), *The psychobiology of sex differences and sex roles.* Cambridge, UK: Hemisphere.

Paulhus, D. L, Trapnell, P. D., & Chen, D. (1999). Birth order effects on personality and achievement within families. *Psychological Science, 10*(6), 482–488.

Payer, L. (1966). *Medicine and culture: Varieties of treatment in the United States, England, West Germany, and France*. New York: Henry Holt.

Pavlov, I. P. (1927). *Conditioned reflexes: An investigation of the physiological activity of the cerebral cortex*. London: Oxford University Press.

Pearce, J. (1985). Harry Stack Sullivan: Theory and practice. *American Journal of Social Psychiatry, 5*(4), 5–13.

Pearson, P. R., Lankshear, D. W., & Francis, L. J. (1989). Personality and social class among eleven-year-old children. *Educational Studies, 15*(2), 107–113.

Pedersen, N. L., Plomin, R., McClearn, G. E., & Friberg, L. (1988). Neuroticism, extraversion, and related traits in adult twins reared apart and reared together. *Journal of Personality & Social Psychology, 55,* 950–957.

Pederson, D. R., Moran, G., Sitko, C., Campbell, K., Ghesquire, K. & Acton, H. (1990). Maternal sensitivity and the security of infant–mother attachment: A Q-sort study. *Child Development, 61*, 1974–83.

Pennebaker, J. W. (1982). *The psychology of physical symptoms.* New York: Springer-Verlag.

Pennebaker, J. W. (1990). *Opening up: The healing power of confiding in others.* New York: W. Morrow.

Pennebaker, J. W., Burnam, M. A., Schaeffer, M. A., & Harper, D. C. (1997). Lack of control as a determinant of perceived physical symptoms. *Journal of Personality & Social Psychology, 35,* 167–174.

Pennebaker, J. W., & Graybeal, A. (2001). Patterns of natural language use: Disclosure, personality, and social integration. *Current Directions in Psychological Science, 10*(3), 90–93.

Pennebaker, J. W., & Keough, K. A. (1999). Revealing, organizing, and reorganizing the self in response to stress and emotion. In R. J. Contrada & R. D. Ashmore (Hrsg.), *Self, social identity, and physical health: Interdisciplinary explorations* (pp. 101–121). New York: Oxford University Press.

Pennebaker, J. W., & Seagal, J. D. (1999). Forming a story: The health benefits of narrative. *Journal of Clinical Psychology, 55*(10), 1243–1254.

Peplau, L. A., & Perlman, D. (Hrsg.) (1982). *Loneliness: A sourcebook of current theory, research, and therapy.* New York: Wiley Interscience.

Peplau, L. A., & Caldwell, M. A. (1978). Loneliness: A cognitive analysis. *Essence, 2*(4), 207–220.

Perlman, D., Gerson, A. C., & Spinner, B. (1978). Loneliness among senior citizens: An empirical report. *Essence, 2*(4), 239–248.

Perlman, D., & Joshi, P. (1987). The revelation of loneliness. *Journal of Social Behavior and Personality, 2*(2, Pt. 2), 63–76.

Perlman, D., & Peplau, L. A. (1998). Loneliness. In H. S. Friedman (Hrsg.), *Encyclopedia of mental health* (Vol. 2, 571–581). San Diego, CA: Academic Press.

Perry, H. S. (1982). *Psychiatrist of America: The life of Harry Stack Sullivan.* Cambridge, MA: Belknap Press.

Perry, H. S. (1985). Using participant observation to construct a life history. In D. N. Berg & K. K. Smith (Hrsg.), *Exploring clinical methods for social research* (pp. 319–332). Beverly Hills, CA: Sage Publications.

Perry, R. J., & Miller, B. L. (2001). Behavior and treatment in frontotemporal dementia. *Neurology, 56* (Suppl. 4), S46–S51.

Persky, H. (1987) *Psychoendocrinology of human sexual behavior.* New York: Praeger.

Persky, V., Kempthorne-Rawson, J., & Shekelle, R. (1987). Depression was a general risk factor for early death. *Psychosomatic Medicine, 49*(5), 435–449.

Pervin, L. A. (Hrsg.). (1990). *Handbook of personality: Theory and research.* New York: Guilford Press.

Pervin, L. A. (1999). Constancy and change in personality theory and research. In L. A. Pervin & O. P. John (Hrsg.), *Handbook of personality: Theory and research.* New York: Guilford.

Pervin, L. A. (2000). *Persönlichkeitstheorien: Freud, Adler, Jung, Rogers, Kelly, Cattell, Eysenck, Skinner, Bandura et al.* München: Reinhardt.

Peterson, C., & Barrett, L. C. (1987). Explanatory style and academic performance among university freshmen. *Journal of Personality and Social Psychology, 53,* 603–607.

Peterson, C., & Seligman, M. E. (1987). Explanatory style and illness. *Journal of Personality, 55,* 237–265.

Peterson, C., Seligman, M., & Vaillant, G. E. (1988). Pessimistic explanatory style is a risk factor for physical illness: A thirty-five year longitudinal study. *Journal of Personality and Social Psychology, 55*(1), 23–27.

Peterson, R. (1978). Review of the Rorschach. In O. Buros (Hrsg.), *The eighth mental measurements yearbook.* Hyland Park, NJ: Gryphon.

Petrinovich, L. F. (1995). *Human evolution, reproduction, and morality.* New York: Plenum.

Pettigrew, T. (1958). Personality and sociocultural factors in intergroup attitudes: A cross-national comparison. *Journal of Conflict Resolution, 2,* 29–42.

Pezdek, K., & Banks, W. P. (Hrsg.). (1996). *The recovered mem-ory/false memory debate.* San Diego, CA: Academic Press.

Phares, E. J. (1991). *Introduction to personality* (3rd ed.). New York: HarperCollins.

Phillips, D. P., Van Voorhees, C. A., & Ruth, T. E. (1992). The birthday: Lifeline or deadline? *Psychosomatic Medicine, 54*(5), 532–542.

Phinney, J. S. (1993). A three stage model of ethnic identity development in adolescence. In M. E. Bernal & G. P. Knight (Hrsg.), *Ethnic identity: Formation and transmission among Hispanics and other minorities* (pp. 61–79). New York: State University of New York Press.

Piaget, J. (1952). *The origins of intelligence in children.* New York: International University Press.

Pickering, A. D., & Gray, J. A. (1999). The neuroscience of personality. In L. A. Pervin & O. P. John (Hrsg.), *The handbook of personality* (2nd ed.). New York: Guilford.

Pillemer, D. B., & White, S. (1989). Childhood events recalled by children and adults. In H. W. Reese (Hrsg.), *Ad-vances in child development and behavior,* Vol. 21 (pp. 297–340). New York: Academic Press.

Pinizzotto, A. J., & Finkel, N. J. (1990). Criminal personality profiling. *Law and Human Behavior, 14,* 215–233.

Plaks, J. E., Stroessner, S. J., Dweck, C. S., & Sherman, J. W. (2001). Person theories and attention allocation: Preferences for stereotypic versus counterstereotypic information. *Journal of Personality and Social Psychology, 80*(6), 876–893.

Plomin, R. (2001). Genetics and behaviour. *Psychologist, 14*(3), 134–139.

Plomin, R., & Crabbe, J. (2000). DNA. *Psychological Bulletin, 126*(6), 806–828.

Plomin, R., & Neiderhiser, J. M. (1992). Genetics and experience. *Current Directions in Psychological Science, 1*(5), 160–163.

Plomin, R., & Nessselroade, J. R. (1990). Behavioral genetics and personality change. *Journal of Personality, 58,* 191–220.

Plutchik, R., & Conte, H. R. (1997). *Circumplex models of personality and emotions.* Washington, DC: American Psychological Association.

Porter, C.A., & Suedfeld, P. (1981). Integrative complexity in the correspondence of literary figures: Effects of personal and societal stress. *Journal of Personality and Social Psychology, 40,* 321–330.

Posner, M. I., Petersen, S., Fox, P., & Raichle, M. E. (1988). Localization of cognitive operations in the human brain. *Science, 240,* 1627–1631.

Prince, R. J., & Guastello, S. J. (1990). The Barnum effect in a computerized Rorschach interpretation system. *Journal of Psychology, 124*(2), 217–222.

Psyche in 3-D. (1960, March 28). *Time.*

Quay, H. C. (1997). Inhibition and Attention-Deficit/Hy-peractivity Disorder. *Journal of Abnormal Child Psychology, 25*(1), 7–13.

Quinn, S. (1987). A mind of her own: The life of Karen Horney. New York: Simon & Schuster.

Rabin, A. I., Zucker, R. A., Emmons, R. A., & Frank, S. (Hrsg.). (1990). *Studying persons and lives.* New York: Springer-Verlag.

Rausch, M. L. (1977). Paradox, levels, and junctions in per-son–situation systems. In D. Magnusson & S. S. Endler (Hrsg.), *Personality at the crossroads* (pp. 287–303). Hillsdale, NJ: L. Erlbaum Associates.

Raven, J. C. (1938). *Progressive matrices.* London: Lewis.

Reder, L. M., & Gordon, J. S. (1997). Subliminal perception: Nothing special, cognitively speaking. In J. D. Cohen & J. W. Schooler (Hrsg.), *Scientific approaches to consciousness* (pp. 125–134). Mahwah, NJ: L. Erlbaum Associates.

Reicher, S., Spears, R., & Postmes, T. (1995). A social identity model of deindividuation phenomena. *European Review of Social Psychology, 6*, 161–198.

Reiss, D. (1997). Mechanisms linking genetic and social influences in adolescent development. *Current Directions in Psychological Science, 6*, 100–105.

Revenstorf, D. (1982). *Persönlichkeit. Eine kritische Einführung.* München: Gerhard Röttger.

Riggio, R. E. (1986). Assessment of basic social skills. *Journal of Personality and Social Psychology, 51,* 649–660.

Riggio, R. E. (1992). Social interaction skills and nonverbal behavior. In R. S. Feldman (Hrsg.), *Applications of nonverbal behavioral theories and research* (pp. 3–30). Hillsdale, NJ: L. Erlbaum Associates.

Riggio, R. E., & Friedman, H. S. (1986). Impression formation: The role of expressive behavior. *Journal of Personality and Social Psychology, 50,* 421–427.

Rippl, S., & Boehnke, K. (1995). Authoritarianism: Adolescents from East and West Germany and the United States compared. In J. Youniss (Hrsg.), *After the wall: Family adaptations in East and West Germany* (pp. 57–70). San Francisco: Jossey-Bass.

Roberts, B. W., & DelVecchio, W. F. (2000). The rank-order consistency of personality traits from childhood to old age: A quantitative review of longitudinal studies. *Psychological Bulletin, 126*(1), 3–25.

Robins, R. W., Fraley, R. C., Roberts, B. W., & Trzesniewski, K. H. (2001). A longitudinal study of personalitychange in young adulthood. *Journal of Personality, 69,* 617–640.

Roemer, L., Litz, B. T., Orsillo, S. M., & Wagner, A. W. (2001). A preliminary investigation of the role of strategic withholding of emotions in PTSD. *Journal of Traumatic Stress, 14*(1), 149–156.

Rogers, C. R. (1951). *Client-centered therapy: Its current practice, implications, and theory.* Boston: Houghton Mifflin.

Rogers, C. R. (1961). *On becoming a person: A therapist's view of psychotherapy.* Boston: Houghton Mifflin.

Rogers, C. R. , & Dymond, R. F. (Hrsg.). (1954). *Psychotherapy and personality change; Co-ordinated research studies in the client-centered approach.* Chicago: University of Chicago Press.

Rogers, C. R., & Stevens, B. (1967). *Person to person: The problem of being human.* New York: Simon & Schuster.

Rogers, C. R. & Stevens, B. (1986). *Von Mensch zu Mensch: Möglichkeiten, sich und anderen zu begegnen*. Paderborn: Junfermann.

Rogers, C. R. (2000). *Die klientenzentrierte Gesprächspsychotherapie*. Frankfurt a. M.: Fischer.

Rook, K. S. (1988). Toward a more differentiated view of loneliness. In S. Duck, D. F. Hay, S. E. Hobfoll, W. Ickes, & B. M. Montgomery (Hrsg.), *Handbook of personal relationships: Theory, research and interventions* (pp. 571–589). Chichester, UK: John Wiley.

Rook, K. S. (1991). Facilitating friendship formation in late life: Puzzles and challenges. *American Journal of Community Psychology, 19,* 103–110.

Rose, R. J., Koskenvuo, M., Kaprio, J., Sarna, S., & Langinvainio, H. (1988). Shared genes, shared experiences, and similarity of personality. *Journal of Personality and Social Psychology, 54,* 161–171.

Rosenman, R. H. (1978). Role of type A behavior pattern in the pathogenesis of ischemic heart disease, and modification for prevention. *Advances in Cardiology, 25,* 35– 46.

Rosenthal, R. (Hrsg.). (1979). *Skill in nonverbal communication: Individual differences.* Cambridge, MA: Oelgeschlager, Gunn & Hain.

Rosenthal, R., & Rosnow, R. L. (1991). *Essentials of behavioral research: Methods and data analysis* (2nd ed.). New York: McGraw-Hill.

Ross, L. & Nisbett, R.E. (1991). *The person and the situation: Perspectives of social psychology.* New York: McGraw-Hill.

Roth, E. (1981). Persönlichkeitspsychologie. Eine Einführung. Stuttgart: Kohlhammer.

Rothbart, M. K. (1981). Measurement of temperament in infancy. *Child Development, 52*, 569–578.

Rotter, J. B. (1954). *Social learning and clinical psychology.* Englewood Cliffs, NJ: Prentice-Hall.

Rotter, J. B. (1966). Generalized expectancies for internal versus external control of reinforcement. *Psychological Monographs, 80*(1, Whole No. 609).

Rotter, J. B. (1980). Interpersonal trust, trustworthiness, and gullibility. *American Psychologist, 35*(1), 1–7.

Rotter, J. B. (1982). *The development and applications of social learning theory: Selected papers.* New York: Praeger.

Rotter, J. B., Chance, J. E., & Phares, E. J. (Hrsg.). (1972). *Applications of a social learning theory of personality.* New York: Holt, Rinehart & Winston.

Rottnek, M. (Hrsg.). (1999). *Sissies and tomboys: Gender nonconformity and homosexual childhood.* New York: New York University Press.

Rubin, Z. (1973). *Liking and loving: An invitation to social psychology.* New York: Holt, Rinehart & Winston.

Rumelhart, D. E. (1980). Schemata: The building blocks of cognition. In R. Spiro, B. Bruce, & W. Brewer (Hrsg.), *Theoretical issues in reading comprehension.* Hillsdale, NJ: L. Erlbaum Associates.

Rushton, J. P. (1995). Construct validity, censorship, and the genetics of race. *American Psychologist, 50*(1), 40– 41. Rychlak, J. F. (1997). *In defense of human consciousness.* Washington, DC: American Psychological Association.

Sabatelli, R. M., & Rubin, M. (1986). Nonverbal expressiveness and physical attractiveness as mediators of interpersonal perceptions. *Journal of Nonverbal Behavior, 10,* 120–133.

Sagan, C. (1996). *The demon-haunted world: Science as a candle in the dark.* New York: Random House.

Sahakian, W. S. (Hrsg.). (1968). History of psychology: A sourcebook in systematic psychology. Itasca: F. E. Peacock Publishers.

Salinger, J. D. (1951). *The catcher in the rye.* Boston: Little, Brown.

Sapir, E. (1956). *Culture, language and personality.* Berkeley, CA: University of California Press.

Sartre, J. P. (1956). *Being and nothingness: A phenomenological essay on ontology* (H. E. Barnes, Trans.). New York: Washington Square Press.

Saudino, K. J. (1997). Moving beyond the heritability question: New directions in behavioral genetic studies of personality. *Current Directions in Psychological Science, 6,* 86–90.

Saudino, K. J., Pedersen, N. L., Lichtenstein, P., & Mc-Clearn, G. E. (1997). Can personality explain genetic influences on life events? *Journal of Personality and Social Psychology, 72,* 196–206.

Scarr, S., & McCartney, K. (1990). How people make their own environments: A theory of genotype to environment effects. *Child Development, 54,* 424–435.

Schacter, D. L. (1987). Implicit memory: History and current status. *Journal of Experimental Psychology: Learning, Memory, and Cognition, 13,* 501–518.

Schacter, D. L. (1992). Understanding implicit memory: A cognitive neuroscience approach. *American Psychologist, 47*, 559–569.

Scheier, M. F., & Carver, C. S. (1985). Optimism, coping, and health: Assessment and implications of generalized outcome expectancies. *Health Psychology, 4,* 219– 247.

Scheier M. F., & Carver, C. S. (1988). A model of behavioral self-regulation. In L. Berkowitz (Hrsg.), *Advances in Experimental Social Psychology* (Vol. 21, 303–346). New York: Academic Press.

Scherer, K. R. (1978). Personality inference from voice quality: The loud voice of extroversion. *European Journal of Social Psychology, 8,* 467–487.

Scherer, K. R. (1982). Methods of research on vocal communication: Paradigms and parameters. In K. R. Scherer & P. Ekman (Hrsg.), *Handbook of methods in nonverbal behavior research* (pp. 136–198). Cambridge, UK: Cambridge University Press.

Schiffman, J., & Walker, E. (1998). Schizophrenia. In H. S. Friedman (Hrsg.), *Encyclopedia of mental health* (Vol. 3, 399–410). San Diego, CA: Academic Press.

Schneewind, K.A., Graf, J. (1998). *Der 16-Persönlichkeits-Faktoren-Test. Revidierte Fassung. (16 PF-R).* Bern: Verlag Hans Huber.

Schultz, D. P. (1986). *Theories of personality* (3rd ed.). Monterey, CA: Brooks/Cole.

Schuster, B., Forsterling, F., & Weiner, B. (1989). Perceiving the causes of success and failure: A cross-cultural examination of attributional concepts. *Journal of Cross-Cultural Psychology, 20*(2), 191–213.

Schwartz, J. E., Friedman, H. S., Tucker, J. S., Tomlinson-Keasey, C., Wingard, D. L., & Criqui, M. H. (1995). Sociodemographic and psychosocial factors in childhood as predictors of adult mortality. *American Journal of Public Health, 85*(9), 1237–1245.

Scott, S. G., & Bruce, R. A. (1995). Decision-making style: The development and assessment of a new measure. *Educational and Psychological Measurement, 55,* 818–831.

Seal, D. W., & Agostinelli, G. (1994). Individual differences associated with high-risk sexual behaviour: Implications for intervention programmes. *AIDS Care, 6*(4), 393–397.

Sears, R. R. (1951). A theoretical framework for personality and social behavior. *American Psychologist, 6,* 476–483.

Sears, R. R., Maccoby, E. E., & Levin, H. (1957). *Patterns of child rearing.* Evanston, IL: Row, Peterson.

Sears, R. R., Rau, L., & Alpert, R. (1966). *Identification and child rearing.* Stanford, CA: Stanford University Press.

Sears, R. R., Whiting, J. W. M., Nowlis, V., & Sears, P. S. (1953). Some child-rearing antecedents of aggression and dependency in young children. *Genetic Psychology Monographs, 47,* 135–234.

Segal, N. L. (1999). *Entwined lives: Twins and what they tell us about human behavior.* New York: Dutton/Penguin Books.

Segall, M. H., Dasen, P. R., Berry, J. W., & Poortinga, Y. H. (1990). *Human behavior in global perspective: An introduction to cross-cultural psychology.* New York: Pergamon Press.

Seldin, D. R. , Friedman, H. S., & Martin, L. R. (2002). Sexual activity as a predictor of life-span mortality risk. *Personality and Individual Differences, 12.*

Seligman, M. E. P. (1975). *Helplessness: On depression, development, and death.* San Francisco: W. H. Freeman.

Seligman, M. E. P., & Csikszentmihalyi, M. (2000). Positive psychology: An introduction. *American Psychologist, 55*(1), 5–14

Seligman, M. E. P., Reivich, K., Jaycox, L., & Gillham, J. (1995). *The optimistic child.* Boston: Houghton Mifflin.

Seligman, M. E. P. (1991), *Learned optimism.* New York: A.A. Knopf.

Serin, R. C., & Kuriychuk, M. (1994). Social and cognitive processing deficits in violent offenders: Implications for treatment. *International Journal of Law and Psychiatry, 17*(4), 431–441.

Shaffer, J., Graves, P. L., Swank, R. T., & Pearson, T. A. (1987). Clustering of personality traits in youth and the subsequent development of cancer among physicians. *Journal of Behavioral Medicine, 10*(5), 441–444.

Sharp, A. H., & Ross, C. A. (1996). Neurobiology of Hunt-ington's disease. *Neurobiological Disease, 3*(1), 3–15.

Shaver, P., & Hendrick, C. (Hrsg.) (1987). Sex and gender. Newbury Park: Sage Publications.

Shaver, P. R., Collins, N., & Clark, C. L. (1996). Attachment styles and internal working models of self and relationship partners. In G. J. O. Fletcher & J. Fitness (Hrsg.), *Knowledge structures in close relationships: A social psychological approach* (pp. 25–61). Mahwah, NJ: L. Erlbaum Associates.

Shaw, D. S., Emery, R. E., & Tuer, M. D. (1993). Parental functioning and children's adjustment in families of divorce: A prospective study. *Journal of Abnormal Child Psychology, 21,* 119–134.

Sheldon, K. M., Elliot, A, J., Kim, Y., & Kasser, T. (2001). What is satisfying about satisfying events? Testing 10 candidate psychological neHrsg. *Journal of Personality & Social Psychology, 80*(2), 325–339.

Sheldon, W. H., & Stevens, S. S. (1942). *The varieties of temperament: A psychology of constitutional differences* (4th ed.). New York: Harper.

Shields, S. A. (1975). Darwinism and the psychology of women: A study in social myth. *American Psychologist, 30*(7), 181–195.

Shoda, Y., Mischel, W., & Wright, J. C. (1994). Intraindividual stability in the organization and patterning of behavior: Incorporating psychological situations into the idiographic analysis of personality. *Journal of Personality and Social Psychology, 67*(4), 674–687.

Shore, B. (1996). *Culture in mind: Cognition, culture, and the problem of meaning.* New York: Oxford University Press.

Shostrom, E. L. (1974). *Manual for the Personal Orientation Inventory.* San Diego, CA: EdITS/Educational and Industrial Testing Service.

Shweder, R. A. (1990). In defense of moral realism: Reply to Gabennesch. *Child Development, 61,* 2060–2067.

Shweder, R. A., & Sullivan, M. A. (1990). The semiotic subject of cultural psychology. In L. A. Pervin (Hrsg.), *Handbook of personality: Theory and research* (pp. 399–416). New York: Guilford Press.

Siegel, L. S. (1995). Does the IQ god exist? [Special issue]. *Alberta Journal of Educational Research, 41*(3), 283–288.

Siegler, R. S. (2000). Unconscious insights. *Current Directions in Psychological Science, 9*(3), 79–83.

Silverberg, J., & Gray, J. P. (Hrsg.). (1992). *Aggression and peacefulness in humans and other primates.* New York: Oxford University Press.

Silverman, K., Svikis, D., Robles, E., Stitzer, M. L., & Bigelow, G. E. (2001) A reinforcement-based Therapeutic Workplace for the treatment of drug abuse: Sixmonth abstinence outcomes. *Experimental & Clinical Psychopharmacology,* 9(1), 14–23.

Simonton, D. K. (1994). *Greatness: Who makes history and why.* New York: Guilford Press.

Simpson, J. A., & Gangestad, S. W. (1991). Personality and sexuality: Empirical relations and an integrative theoretical model. In K. McKinney & S. Sprecher (Hrsg.), *Sexuality in close relationships* (pp. 71–92). Hillsdale, NJ: L. Erlbaum Associates.

Simpson, J. A., Ickes, W., & Blackstone, T. (1995). When the head protects the heart: Empathic accuracy in dating relationships. *Journal of Personality and Social Psychology, 69*, 629–641.

Simpson, J. A., & Kenrick, D. T. (Hrsg.). (1997). *Evolutionary social psychology.* Mahwah, NJ: L. Erlbaum Associates.

Skinner, B. F. (1938). *The behavior of organisms: An experimental analysis.* New York: Appleton-Century-Crofts.

Skinner, B. F. (1948). *Walden Two.* New York: Macmillan.

Skinner, B. F. (1974). *About behaviorism* (1st ed.). New York: Knopf.

Skinner, B. F. (1971). *Erziehung als Verhaltensformung*. München-Neubiberg: Keimer.

Skinner, B. F. (1971). *Beyond freedom and dignity.* New York: Knopf.

Smith, C. P. (1992). Reliability issues. In C. P. Smith, J. W. Atkinson, D. C. McClelland, & J. Veroff (Hrsg.), *Motivation and personality: Handbook of thematic content analysis* (pp. 126–139). New York: Cambridge University Press.

Smith, J. W., Frawley, P. J., & Polissar, N. L. (1997). Six- and twelve-month abstinence rates in inpatient alcoholics treated with either faradic aversion or chemical aversion compared with matched inpatients from a treatment registry. *Journal of Addictive Diseases, 16*(1), 5–24.

Snodgrass, M. A. (1987). The relationships of differential loneliness, intimacy, and characterological attributional style to duration of loneliness. *Journal of Social Behavior and Personality, 2,* 173–186.

Snyder, C. R., Shenkel, R. J., & Lowery, C. R. (1977). Acceptance of personality interpretations: The "Barnum effect" and beyond. *Journal of Consulting & Clinical Psychology, 45*(1), 104–114.

Snyder, D. K., Wills, R. M., & Grady-Fletcher, A. (1991). Long-term effectiveness of behavioral versus insightoriented marital therapy: A 4-year follow-up study. *Journal of Consulting & Clinical Psychology, 59,* 138–141.

Snyder, M. (1974). Self-monitoring of expressive behavior. *Journal of Personality and Social Psychology, 30*(4), 526– 537.

Snyder, M. (1987). *Public appearances/Private realities: The psychology of self-monitoring.* New York: Freeman.

Sommer, R. (1969). *Personal space: The behavioral basis of design.* Englewood Cliffs, NJ: Prentice-Hall.

Sommer, R. (1971). *Design awareness.* San Francisco: Rinehart Press.

Sontag, S. (1978). *Illness as metaphor.* New York: Farrar, Straus and Giroux.

Sorrentino, R. M., & Roney, C. J. R. (2000). *The uncertain mind: Individual differences in facing the unknown.* New York: Psychology Press.

Spearman, C. (1925). The new psychology of "shape." *British Journal of Psychology, 15,* 211–225.

Sroufe, L. A., & Fleeson, W. (1986). Attachment and the construction of relationships. In W. W. Hartup & Z. Rubin (Hrsg.), *Relationships and development.* Hillsdale, NJ: L. Erlbaum Associates.

Srull, T. K., & Wyer, R. S., Jr. (1989). Person memory and judgment. *Psychological Review, 96,* 58–83.

Stabler, B., Surwit, R. S., Lane, J. D., Morris, M. A., et al. (1987). Type A behavior and blood glucose control in diabetic children. *Psychosomatic Medicine, 49,* 313–316.

Stagner, R. (1937). *Psychology of personality* (1st ed.). New York: McGraw-Hill.

Staudinger, U. M., Lopez, D. F., & Baltes, P. B. (1997). The psychometric location of wisdom-related performance. *Personality and Social Psychology Bulletin, 23,* 1200–1214.

Stavraky, K. M., Donner, A. P., Kincade, J., & Stewart, M. A. (1988). The effect of psychosocial factors on lung cancer mortality at one year. *Journal of Clinical Epidemiology, 41,* 75–82.

Steele, C. M. (1997). A threat in the air: How stereotypes shape intellectual identity and performance. *American Psychologist, 52,* 613–629.

Stelmack, R. M. (1990). Biological bases of extraversion: Psychophysiological evidence [Special Issue]. *Journal of Personality, 58,* 293–311.

Stelmack, R. M., & Pivik, R. T. (1996). Extraversion and the effect of exercise on spinal motoneuronal excitability. *Personality & Individual Differences, 21,* 69–76.

Sternberg, R. J., & Barnes, M. L. (Hrsg.). (1988). *The psychology of love.* New Haven, CT: Yale University Press.

Steyer, R., Eid, M. (2001). Messen und Testen. Berlin: Springer.

Stigler, J. W., Shweder, R. A., & Herdt, G. (Hrsg.) (1990). *Cultural psychology: Essays on comparative human development.* New York: Cambridge University Press.

Stirman, S. W., & Pennebaker, J. W. (2001). Word use in the poetry of suicidal and nonsuicidal poets. *Psychosomatic Medicine, 63*(4), 517–522.

Stockard, J., & Johnson, M. M. (1992). *Sex and gender in society* (2nd ed.). Englewood Cliffs, NJ: Prentice-Hall.

Stoff, D. M., & Cairns, R. B. (Hrsg.). (1996). *Aggression and violence: Genetic, neurobiological, and biosocial perspectives.* Mahwah, NJ: L. Erlbaum Associates.

Stone, A. A., Kessler, R. C., & Haythornthwaite, J. A. (1991). Measuring daily events and experiences: Decisions for the researcher [Special issue]. *Journal of Personality, 59*(3), 575–607.

Storms, M. D. (1981). A theory of erotic orientation development. *Psychological Review, 88,* 340–353.

Strachan, E., Pyszczynski, T., Greenberg, J., & Solomon, S. (2001). Coping with the inevitability of death: Terror management and mismanagement. In C. R. Snyder, (Hrsg.), *Coping with stress: Effective people and processes* (pp. 114–136). New York: Oxford University Press.

Strelau, J., & Eysenck, H. J. (Hrsg.). (1987). *Personality dimensions and arousal.* New York: Plenum.

Strube, M. J. (1989). Evidence for the Type in Type A behavior: A taxometric analysis. *Journal of Personality & Social Psychology, 56,* 972–987.

Suddath, R. L., Christison, G. W., Torrey, E. F., & Casanova, M. F. (1990). Anatomical abnormalities in the brainsof monozygotic twins discordant for schizophrenia. *New England Journal of Medicine, 322*(12), 789–794.

Suinn, R. M. (1995). Schizophrenia and bipolar disorder: Origins and influences. *Behavior Therapy, 26,* 557–571.

Sullins, E. S. (1989). Perceptual salience as a function of nonverbal expressiveness. *Personality and Social Psychology Bulletin, 15,* 584–595.

Sullivan, H. S. (1953). *The interpersonal theory of psychiatry.* New York: Norton.

Sullivan, K. T., & Christensen, A. (1998). Couples therapy. In H. S. Friedman (Hrsg.), *Encyclopedia of mental health* (Vol. 1, 595–606). San Diego, CA: Academic Press.

Sulloway, F. J. (1996). *Born to rebel: Birth order, family dynamics, and creative lives.* New York: Pantheon.

Swann, W. B., & Read, S. J. (1981). Acquiring self-knowl-edge: The search for feedback that fits. *Journal of Personality and Social Psychology, 41*(6), 1119–1128.

Swanson, J. M., Posner, M. I., Cantwell, D., Wigal, S., Crinella, F., Filipek, P., Emerson, J., Tucker, D., & Nalcioglu, O. (1998). Attention-deficit/hyperactivity disorder: Symptom domains, cognitive processes, and neural networks. In R. Parasuraman (Hrsg.), *The attentive brain* (pp. 445–460). Cambridge, MA: MIT Press.

Swets, J. A. (1996). *Signal detection theory and ROC analysis in psychology and diagnostics: Collected papers.* Mahwah, NJ: L. Erlbaum Associates.

Tangney, J. P., & Fischer, K. W. (Hrsg.). (1995). *Self-conscious emotions: The psychology of shame, guilt, embarrassment, and pride.* New York: Guilford Press.

Tangney, J. P., Wagner, P. E., Hill-Barlow, D., & Marschall, D. E. (1996). Relation of shame and guilt to construc-tive versus destructive responses to anger across the lifespan. *Journal of Personality & Social Psychology, 70*(4), 797–809.

Tavris, C. (1992). *The mismeasure of woman.* New York: Simon & Schuster.

Taylor, S. E., & Crocker, J. (1981). Schematic bases of social information processing. In E. T. Higgins, C. P. Herman, & M. P. Zanna (Hrsg.), *Social cognition: The Ontario symposium,* Vol. 1. Hillsdale, NJ: L. Erlbaum Associates.

Taylor, S. E., Kemeny, M. E., Reed, G. M., Bower, J. E., & Gruenewald, T. L. (2000). Psychological resources, positive illusions, and health. *American Psychologist, 55*(1), 99–109.

Temoshok, L. (1998). HIV and AIDS. In H. S. Friedman (Hrsg.) *Encyclopedia of mental health* (Vol. 2, 375–392). San Diego, CA: Academic Press.

Tennant, C. (1988). Parental loss in childhood: Its effect in adult life. *Archives of General Psychiatry, 45,* 1045–1050.

Tennen, H., & Affleck, G. (1987). The costs and benefits of optimistic explanations and dispositional optimism. *Journal of Personality, 55,* 377–393.

Terman, L. M. (1917). The intelligence quotient of Francis Galton in childhood. *American Journal of Psychology, 28,* 208–215.

Terman, L. M. (1921). *Suggestions for the education and training of gifted children.* Stanford, CA: Stanford University Press.

Terman, L. M. (1954). Scientists and nonscientists in a group of 800 gifted men. *Psychological Monographs, 68,* No. 7.

Terman, L. M., & Oden, M. H. (1947). *The gifted child grows up: Twenty-five years' follow-up of a superior group.* Stanford, CA: Stanford University Press.

Tett, R. P., & Guterman, H. A. (2000). Situation trait relevance, trait expression, and cross-situational consistency: Testing a principle of trait activation. *Journal of Research in Personality, 34*(4), 397–423.

Thomas, A., Chess, S., & Korn, S. J. (1982). The reality of difficult temperament. *Merrill-Palmer Quarterly, 28,* 1– 20. Thompson, R. F. (1993). *The brain: A neuroscience primer* (2nd ed.). New York: Freeman. Thoreau, H. D. (1854). *Walden: or, Life in the woods.* Boston: Ticknor and Fields.

Thorne, A. (1987). The press of personality: A study of conversations between introverts and extraverts. *Journal of Personality & Social Psychology, 53,* 718–726.

Tomasello, M. (2000). Culture and cognitive development. *Current Directions in Psychological Science, 9*(2), 37–40.

Torestad, B., Magnusson, D., & Olah, A. (1990). Coping, control, and experience of anxiety: An interactional perspective. *Anxiety Research, 3*(1), 1–16.

Triandis, H. C. (1989). The self and social behavior in differing cultural contexts. *Psychological Review, 96*(3), 506–520.

Triandis, H. C. (1994). *Culture and social behavior.* New York: McGraw-Hill.

Triandis, H. C., & Trafimow, D. (2001). Cross-national prevalence of collectivism. In C. Sedikides & M. B. Brewer (Hrsg.), *Individual self, relational self, collective self* (pp. 259–276). Philadelphia: Psychology Press/Taylor & Francis.

Triesman, A. M. (1964). Selective attention in man. *British Medical Bulletin, 20,* 12–16.

Trivers, R. L. (1996). Parental investment and sexual selection. In L. D. Houck & L. C. Drickamer (Hrsg.), *Foundations of animal behavior: Classic papers with commentaries* (pp. 795–838). Chicago: University of Chicago Press.

Tucker, L. A. (1983). Muscular strength and mental health. *Journal of Personality and Social Psychology, 45,* 1355– 1360.

Tucker, J. M., Friedman, H. S., Tomlinson-Keasey, C., Schwartz, J. E., Wingard, D. L., & Criqui, M. H. (1995). Childhood psychosocial predictors of adulthood smoking, alcohol consumption, and physical activity. *Journal of Applied Social Psychology, 25,* 1884–1899.

Tulving, E., & Osler, S. (1968). Effectiveness of retrieval cues in memory for words. *Journal of Experimental Psychology, 77,* 593–601.

Turkheimer, E., & Waldron, M. (2000). Nonshared environment: A theoretical, methodological, and quantitative review. *Psychological Bulletin, 126*(1). 78–108.

Twenge, J. M. (2000). The age of anxiety? The birth cohort change in anxiety and neuroticism, 1952–1993. *Journal of Personality & Social Psychology, 79*(6), 1007–1021.

Twenge, J. M. (2001). Birth cohort changes in extraversion: A cross-temporal meta-analysis, 1966–1993. *Personality & Individual Differences, 30*(5), 735–748.

Ullian, D. Z. (1976). The development of conceptions of masculinity and femininity. In B. Lloyd & J. Archer (Hrsg.), *Exploring sex differences* (pp. 25–47). London: Academic Press.

Ulrich, R. E., Stachnik, T. J., & Stainton, N. R. (1963). Student acceptance of generalized personality interpretations. *Psychological Reports, 13,* 831–834.

Uttal, W. R. (2000). *The war between mentalism and behaviorism.* Mahwah, N. J.: L. Erlbaum Associates.

Vaidya, C. J., Austin, G., Kirkorian, G., Ridlehuber, H. W., Desmond, J. E., Glover, G. H., & Gabrieli, J. D. (1998). Selective effects of methylphenidate in attention deficit hyperactivity disorder: A functional magnetic resonance study. *Proceedings of the National Academy of Sciences*, *95*(24), Nov. 24, 1998.

Vaillant, G. E. (Hrsg.). (1986). *Empirical studies of ego mechanisms of defense.* Washington, DC: American Psychiatric Press.

Vaillant, G. E., Bond, M., & Vaillant, C. O. (1986). An empirically validated hierarchy of defense mechanisms. *Archives of General Psychiatry, 43*(8), 786–794.

Van Deusen-Phillips, S. B., Goldin-Meadow, S., & Miller, P. J. (2001). Enacting stories, seeing worlds: Similaritiesand differences in the cross-cultural narrative development of linguistically isolated deaf children. *Human Development, 44*(6), 311–336.

Van Heck, G. L. (1997). Personality and physical health: Toward an ecological approach to health-related personality research. *European Journal of Personality, 11*, 415– 443.

Vandenberg, B. (1991). Is epistemology enough? An existential consideration of development. *American Psychologist, 46*(12), 1278–1286.

Volkow, N. D., Wang, G.-J., Fowler, J. S., Logan, J., Gerasimov, M., Maynard, L., Ding, Y.-S., Gatley, S. J., Gifford, A., & Franceschi, D. (2001). Therapeutic doses of oral methylphenidate significantly increase extracellular dopamine in the human brain. *Journal of Neuroscience*, *21*(2), RC121,1–5.

von Helmholtz, H. L. F. (1866/1925). *Handbuch der physiologischen optik,* Vol. III. Liepzig. In Southall, J. P. C. (Trans.), *Helmholtz's Treatise on Physiological Optics,* Vol. III. Rochester, NY: Optical Society of America. (Origi-nal work published in 1866.)

Wahlsten, D. (1995). Increasing the raw intelligence of a nation is constrained by ignorance, not its citizens' genes [Special issue]. *Alberta Journal of Educational Research, 41*(3), 257–264.

Waller, N. G., Kojetin, B. A., Bouchard, T. J., & Lykken, D. T. (1990). Genetic and environmental influences on religious interests, attitudes, and values: A study of twins reared apart and together. *Psychological Science, 1,* 138– 142.

Wan, W. W. N., Luk, C.-L., & Lai, J. C. L. (2000). Personality correlates of loving styles among Chinese students in Hong Kong. *Personality & Individual Differences, 29,* 169– 175.

Wang, A. Y. (1994). Passionate love and social anxiety of American and Italian students. *Psychology: A Journal of Human Behavior, 31*(3–4), 9–11.

Warrington, E. K., & Weiskrantz, L. (1978). Further analysis of the prior learning effect in amnesic patients. *Neuropsychologia, 16,* 169–176.

Wason, P. C., & Johnson-Laird, P. N. (1972). *Psychology of reasoning: Structure and content.* Cambridge, MA: Harvard University Press.

Watson, D. (1989). Strangers' ratings of five robust personality factors: Evidence of a surprising convergence with self-report. *Journal of Personality & Social Psychology, 57,* 120–128.

Watson, J. B. (1914). *Behavior.* New York: Holt, Rinehart & Winston.

Watson, J. B. (1919). *Psychology from the standpoint of a behaviorist.* London: Routledge/Thoemmes Press.

Watson, J. B. (1925). *Behaviorism.* New York: People's Institute.

Watson, J. B., & Rayner, R. (1920). Conditioned emotional reactions. *Journal of Experimental Psychology, 3,* 1–14.

Watts, A. (1961, April 21). *Life Magazine,* p. 21.

Webb, J. A., Baer, P. E., McLaughlin, R. J., McKelvey, R. S., et al. (1991). Risk factors and their relation to initiation of alcohol use among early adolescents. *Journal of the American Academy of Child & Adolescent Psychiatry, 30,* 563–568.

Wegner, D.M. (1994). Ironic processes of mental control. *Psychological Review, 101,* 34–52.

Weiner, B. (1985). An attributional theory of achievement motivation and emotion. *Psychological Review, 92*(4), 548–573.

Weininger, O. (1996). *Being and not being: Clinical applications of the death instinct.* Madison, CT: International Universities Press.

Weinstein, N. (1984). Why it won't happen to me: Perceptions of risk factors and susceptibility. *Health Psychology, 3,* 431–457.

Weiss, A. S. (1991). The measurement of self-actualization: The quest for the test may be as challenging as the search for the self. *Journal of Social Behavior and Personality, 6,* 265–290.

Westen, D. (1998). The scientific legacy of Sigmund Freud: Toward a psychodynamically informed psychological science. *Psychological Bulletin, 124*(3), 333–371.

Wexler, D. A., & Rice, L. N. (1974). *Innovations in client-cen-tered therapy.* New York: Wiley.

Whalen, R. E., Geary, D. C., & Johnson, F. (1990). Models of sexuality. In D. P. McWhirter, S. A. Sanders, & J. M. Reinisch (Hrsg.), *Homosexuality/heterosexuality: Concepts of sexual orientation* (The Kinsey Institute Series, Vol. 2). New York: Oxford University Press.

Whitbourne, S. K., Zuschlag, M. K., Elliot, L. B., & Waterman, A. S. (1992). Psychosocial development in adulthood: A 22-year sequential study. *Journal of Personality & Social Psychology, 63,* 260–271.

White, R. W. (1959). Motivation reconsidered: The concept of competence. *Psychological Review, 66,* 297–333.

Whiting, B. B., & Edwards, C. P. (1988). *Children of different worlds: The formation of social behavior.* Cambridge, MA: Harvard University Press.

Whiting, B. B., & Whiting, J. W. (1975). *Children of six cultures: A psychocultural analysis.* Cambridge, MA: Harvard University Press.

Whitman, W. (1871). *Democratic vistas.* New York: J. S. Redfield.

Whitney, K., Sagrestano, L. M., & Maslach, C. (1994). Establishing the social impact of individuation. *Journal of Personality and Social Psychology, 66,* 1140–1153.

Whitson, E. R., & Olczak, P. V. (1991). The use of the POI in clinical situations: An evaluation. *Journal of Social Behavior and Personality, 6,* 291–310.

Williams, M. D., & Hollan, J. D. (1982). The process of retrieval from very long-term memory. *Cognitive Science, 5,* 87–119.

Wilson, E. O. (1975). *Sociobiology: The new synthesis.* Cambridge, MA: Belknap Press.

Windholz, G. (1991). I. P. Pavlov as a youth. *Integrative Physiological and Behavioral Science, 26,* 51–67.

Winter, D. G. (1973). *The power motive.* New York: Free Press.

Winter, D. G. (1987). Leader appeal, leader performance, and the motive profiles of leaders and followers. *Journal of Personality and Social Psychology, 52,* 196–202.

Winter, D. G. (1992). Power motivation revisited. In C. P. Smith, J. W. Atkinson, D. C. McClelland, & J. Veroff (Hrsg.), *Motivation and personality: Handbook of thematic content analysis* (pp. 301–310). New York: Cambridge University Press.

Winter, D. G. (1993). Power, affiliation, and war: Three tests of a motivational model. *Journal of Personality & Social Psychology, 65,* 532–545.

Witelson, S. F. (1991). Neural sexual mosaicism: Sexual differentiation of the human temporo-parietal region for functional asymmetry. *Psychoneuroendocrinology, 16,* 131–153.

Witkin, H. A. (1949). Perception of body position and of the position of the visual field. *Psychological Monographs, 63* (7, Whole No. 302).

Witkin, H. A., & Berry, J. N. (1975). Psychological differentiation in cross-cultural perspective. *Journal of Cross-Cultural Psychology, 6,* 4–87.

Witkin, H. A., & Goodenough, D. R. (1977). Field dependence and interpersonal behavior. *Psychological Bulletin, 84,* 661–689.

Woike, B. (2001). Working with free response data: Let's not give up hope. *Psychological Inquiry, 12*, 157–159.

Wolpe, J., & Plaud, J. J. (1997). Pavlov's contributions to behavior therapy: The obvious and the not so obvious. *American Psychologist, 52,* 966–972.

Wood, P. B., Cochran, J. K., Pfefferbaum, B., & Arneklev, B. J. (1995). Sensation-seeking and delinquent sub-stance use: An extension of learning theory. *Journal of Drug Issues, 25*(1), 173–193.

Wood, R., & Bandura, A. (1989). Impact of conceptions of ability on self-regulatory mechanisms and complex decision making. *Journal of Personality & Social Psychology, 56*(3), 407–415.

Wood, W., & Eagly, A. H. (2000). A call to recognize the breadth of evolutionary perspectives: Sociocultural theories and evolutionary psychology. *Psychological Inquiry, 11*, 52–55.

Wood-Sherif, C. (1980). A social psychological perspective on the menstrual cycle. In J. E. Parsons (Hrsg.), *The psychobiology of sex differences and sex roles.* Cambridge, UK: Hemisphere.

Woodworth, R. S. (1919). *Personal data sheet.* Chicago: Stoelting.

Woodworth, R. S. (1934). *Psychology* (3rd ed.). New York: H. Holt.

Wortman, C. B., & Silver, R. C. (1991). The myths of coping with loss. In A. Monat & R. S. Lazarus (Hrsg.), *Stress and coping: An anthology* (3rd ed.). New York: Columbia University Press.

Wyatt, W. (1981). *To the point*. London: Weidenfeld and Nicolson.

Yee, A. H., Fairchild, H. H., Weizmann, F., & Wyatt, G. E. (1993). Addressing psychology's problem with race. *American Psychologist, 48,* 1132–1140.

Yerkes, R. M. (Hrsg.). (1921). *Psychological examining in the United States Army. Memoirs of the National Academy of Sciences.* Washington, DC: U.S. Government Printing Office.

Young-Bruehl, E. (1988). Anna Freud: A biography. New York: Summit.

Zelenski, J. M., & Larsen, R. J. (2000). The distribution of basic emotions in everyday life: A state and trait perspective from experience sampling data. *Journal of Research in Personality, 34*(2), 178–197.

Zill, N., Morrison, D. R., & Coiro, M. J. (1993). Long-term effects of parental divorce on parent-child relationships, adjustment, and achievement in young adulthood. *Journal of Family Psychology, 7,* 91–103.

Zivin, G. (1982). Watching the sands shift: Conceptualizing development of nonverbal mastery. In R. S. Feldman (Hrsg.), *Development of nonverbal behavior in children* (pp. 63–98). New York: Springer-Verlag.

Zori, R. T., Hendrickson, J., Woolven, S., & Whidden, E. M. (1992). Angelman syndrome: Clinical profile. *Journal of Child Neurology, 7,* 270–280.

Zuckerman, M. (Hrsg.). (1979). *Sensation seeking: Beyond the optimal level of arousal.* Hillsdale, NJ: L. Erlbaum Associates.

Zuckerman, M. (Hrsg.). (1983a). *Biological bases of sensation seeking, impulsivity, and anxiety.* Hillsdale, NJ: L. Erlbaum Associates.

Zuckerman, M. (1983b). Sensation seeking and sports. *Personality and Individual Differences, 4*(3), 285–292.

Zuckerman, M. (1994). *Behavioral expressions and biosocial bases of sensation seeking.* New York: Cambridge University Press.

Zuckerman, M. (1999). *Vulnerability to psychopathology: A biosocial model.* Washington, DC : American Psychological Association.

Zuckerman, M., & Kuhlman, D. M. (2000). Personality and risk-taking: Common biosocial factors. *Journal of Personality, 68*(6), 999–1029.

Zuckerman, M., Joireman, J., Kraft, M., & Kuhlman, D. M. (1999). Where do motivational and emotional traits fit within three factor models of personality? *Personality & Individual Differences, 26*(3), 487–504.

Personenregister

A

B

C

D

E

F

G

H

I

J

K

L

M

N

O

P

Q

R

S

T

U

V

W

Y

Z

Sachregister

A

B

C

D

E

F

G

H

I

K

L

M

N

O

P

T

U

V

W

Y

Z